写真 0-1　中央構造線と中部の集落

中央構造線のただ中にある佐久間町

写真 0-2　中央構造線と今田、沢井の集落

写真 0-3　久根鉱山と船着場

写真 0-4　久根鉱山全景（昭和 30 年代）

近代産業史に
刻んだ
歩み

写真 0-5　王子製紙中部工場全景

写真0-6　二俣町観光協会「観光の二俣と天龍下り」より（佐久間ダム建設前）

ダム建設前の天竜川流域

写真 0-7　佐久間村観光協会「観光のさくま」より（佐久間ダム建設中）

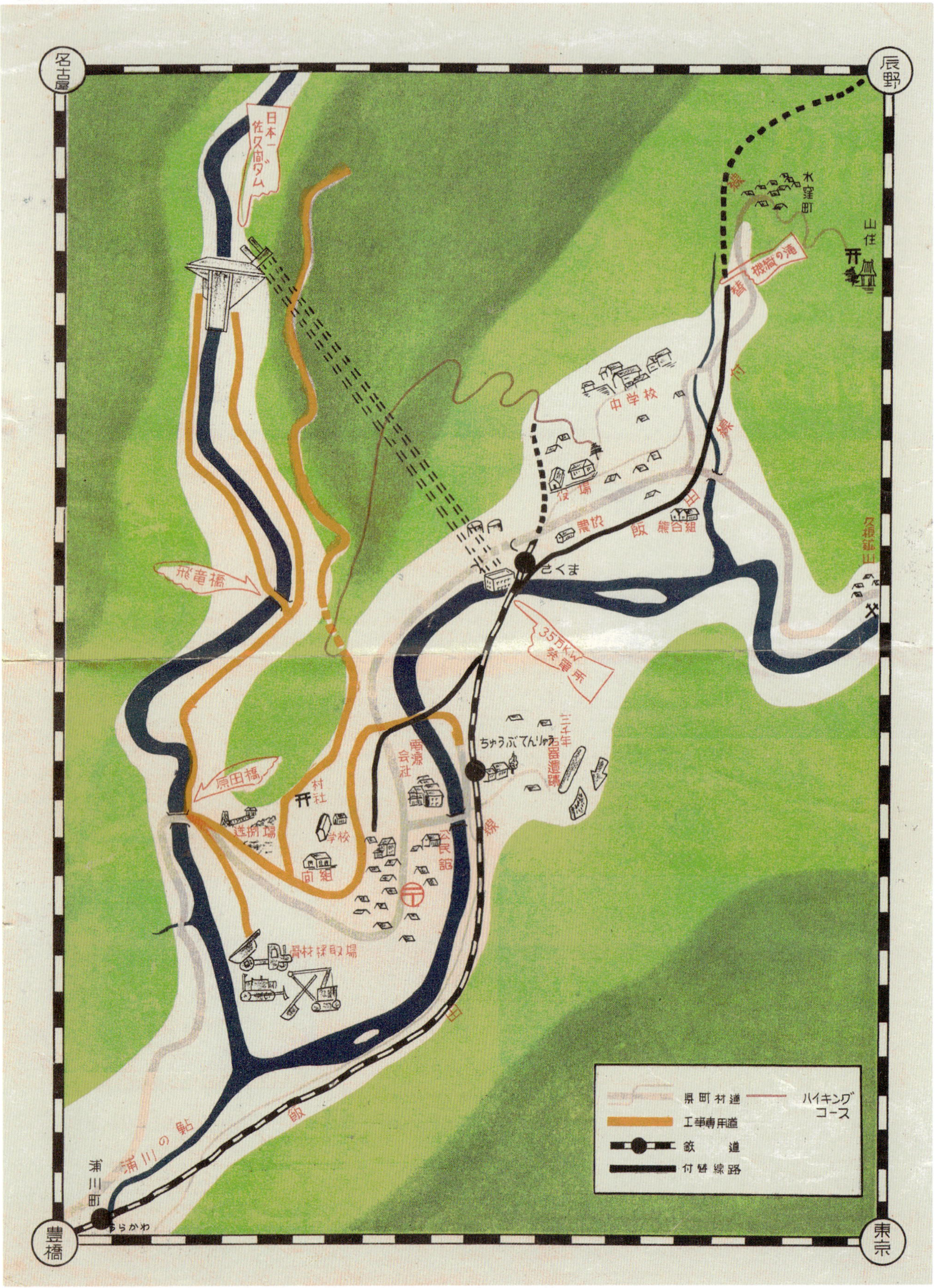

ダム建設中の佐久間

写真 0-8　佐久間ダム下流（原田橋～中部付近 昭和 30 年代）

総天然色の佐久間ダム

写真 0-9　佐久間ダム堰堤

写真 0-10　佐久間ダム下流部（昭和 30 年代）

写真 0-11　佐久間ダム湖（昭和 30 年代）

写真 0-12　アバ（水窪川流材防止楯枠 左岸側から撮影）

川で運ばれていた木材（ダム以前の風景）

写真 0-13　写真 0-12 撮影地の現況（2015 年撮影）

写真 0-14　西渡の筏組立場（昭和 10 年 8 月 22 日の風景）

写真 0-15　筏流し

写真 0-16　昭和 30 年代頃の西渡商店街

川の港 西渡

写真 0-17　戸口橋から見た現在の西渡と船着場付近（2015 年撮影）

写真 0-18　プロペラ船による天龍川下りの広告チラシ（名古屋鉄道管理局）

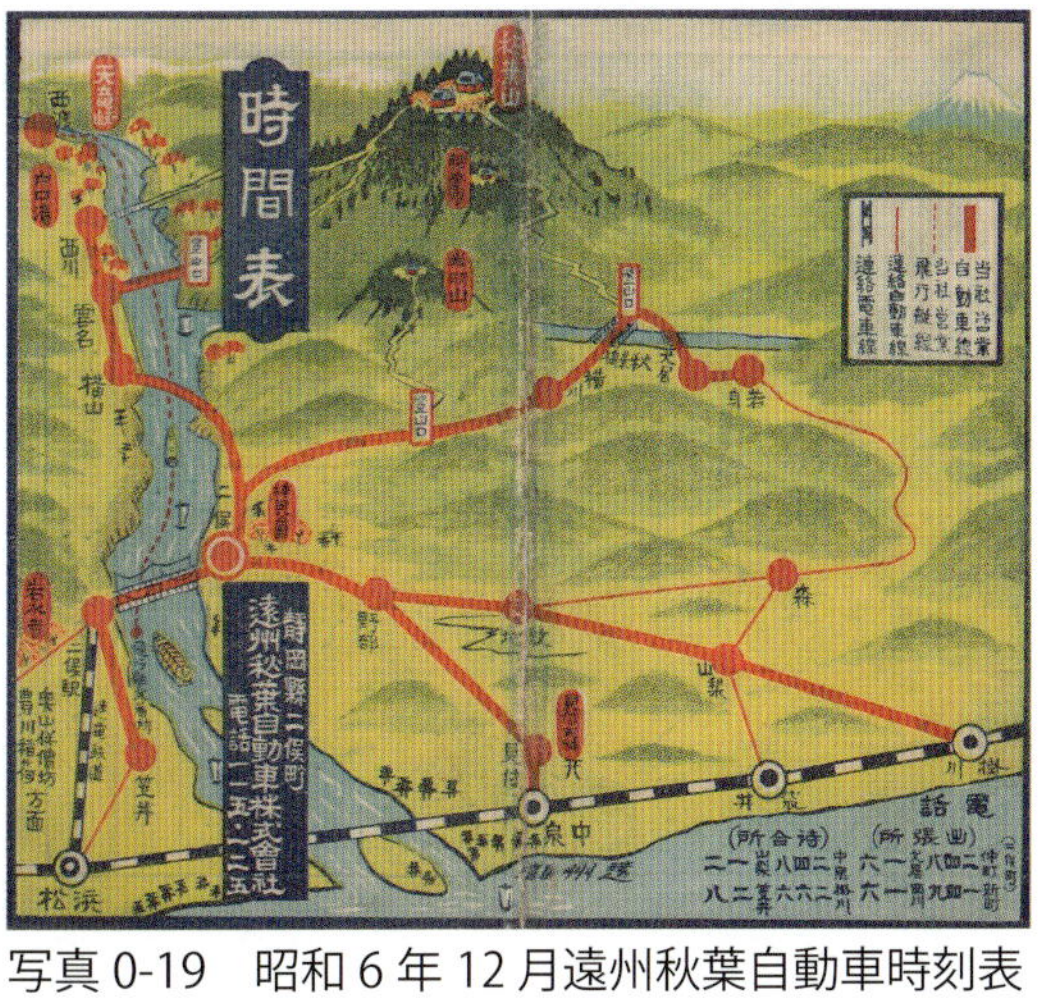

写真 0-19　昭和 6 年 12 月遠州秋葉自動車時刻表

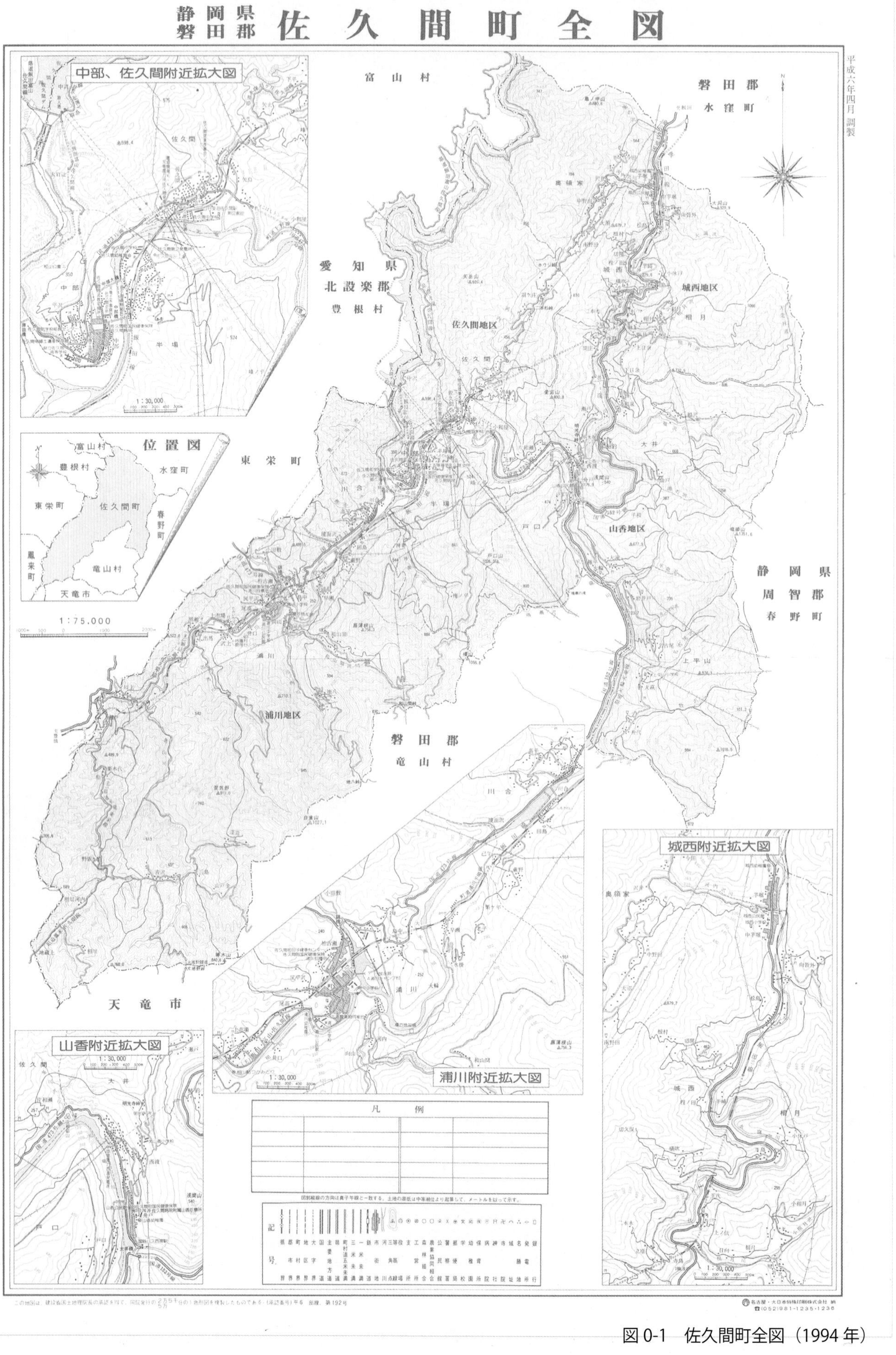

図 0-1　佐久間町全図（1994 年）

はじめに

私たちが平成二四年（二〇一二）に『水窪の民俗』を刊行してから、既に五年が経過しました。その「はじめに」のなかで、前年に起きた東日本大震災の教訓を生かして、自然に対する謙虚な気持ちを忘れないで生きていきたいと書きました。しかし、世の中の流れは、人間の都合だけで進められているように思われてなりません。一昨年は、米大統領選挙が行われ、トランプ氏が選ばれましたが、不寛容な、本音をむき出しにしたその言動は世界中に不安を広げています。この「ポピュリズム」の傾向は、アメリカだけでなく、世界中に広がって、自国の富は自分たちだけで分け合おうというナショナルな考え方が強まっているようです。そのため各国が自国の軍事力を増強し、国際間の対立が鮮明となり、いつの間にか世界の緊張感が高まってきたように思われます。

私たちの暮らす社会も、「土地とも人とも切り離され、社会の中で個人が孤立している」（二〇一七年一月一日付『朝日新聞』「私たちはどこにいるのか」山極寿一）状態にあるといわれ、地域共同体は崩れ、家族のきずなも弱まっています。共同体の中で、「協力したり、争ったり、慮ったりしながら、たがいの思いをくみ取って信頼関係を築き、安心を得る」（前掲記事）ことを煩わしく思い、個人の自由を最優先しようとする生き方が主流になってきてはいないかと不安に思われます。こうした考え方を国家に置き換えれば、国際社会との協調のために様々な煩わしさを引き受けるよりも、自国の利益のみを追求して行動した方が得策だとする考えが強まっても不思議ではない気がします。

しかし、このようなナショナリスティックな考え方は、国際的な緊張を高め、軍拡競争に走り、人類を破滅に導くことにつながることは必至です。国内においても、国の指導者の中から教育勅語の復活を求める声が平然と唱えられることに、現代の危うさを感じざるを得ません。私たちは、人とのつながりによって社会性を育み、安心を得ています。協調していくためのコミュニケーションを煩わしいことと回避していくことは、自らの首を絞めることに等しいのではないかと思います。

自然環境の厳しい北遠においては、人々が協力して生きていくことが不可欠であり、それゆえに地縁血縁のきずなは強固なものに育まれてきたといえるでしょう。現代のような人間関係が希薄化する社会の中で、佐久間地域の民俗を調査し、学ぶことができたのは、現代社会を生きていく私たちにとって、大変有益な学びであったと思います。

佐久間町は、昭和三一年（一九五六）に浦川町、山香村、城西村、佐久間村の一町三村が合併して成立した町です。その後、平成一七年（二〇〇五）に、北遠の水窪町、春野町、龍山村などと共に浜松市と合併し、天竜区の一地域となりました。

私たちの調査は、昭和三一年にできた佐久間町の地域を対象としていますが、この合併以前にあった一町三村の個性が、現在にも受け継がれ、四つの地域がそれぞれ独自の文化を形成して、佐久間町の多様性を示しているように思われます。浦川地区は愛知県に接し、大千瀬川などの河川や鉄道などを通して、三河からの物資や文化を受け入れてきました。城西地区は、明治三六年（一九〇三）に奥山村から分離した城西村がもとになっており、奥山村を構成していた水窪町との結びつきが強く、それゆえ信州の遠山谷ともつながっています。山香地区は、天竜川や秋葉街道によって遠州から文物が流れ込み、遠州とのつながりが深い地域です。佐久間地区は、信州の飯田・下伊那などの天竜川上流域の地域と深く結びついています。三河、遠山谷、下伊那、そして遠江と、四方に通じる文化圏を持ち、まさに三信遠が交差する場所がこの佐久間の地だといえます。

また、地形的には、中央構造線が町域の西側を通り、その谷にほぼ沿うかたちで天竜川、大千瀬川、相川が流れています。天竜川は、町の中央部で町を西東に横断し、水窪川を併せて遠州平野に流れ下っています。これらの険しい地形の山と川が、佐久間町の人々の生活の糧でもあり、また災いをもたらす元凶でもありました。

佐久間町はこのような地域的な多様性と同時に、時代の変化にも大きく影響を受けています。渋沢栄一によって創設された王子製紙は、明治二二年（一八八九）に気田に進出して製紙工場を操業しますが、明治三二年（一八九九）には佐久間村中部に工場を移設し、遠山川流域の森林資源を原料として新聞用紙などの紙を生産し、大正一三年（一九二四）までここで操業を続けました。

江戸時代に開かれたという久根鉱山は、明治三三年（一九〇〇）に古河市兵衛によって買収され、古河鉱業による本格的な採掘がはじまって、昭和四五年まで操業が続けられました。西渡は賑わいを増し、まるで熱海のようだと評され、事実、電気や水道は使い放題、都会から赴任する職員は大学を出たエリートたちであり、都会の文化や生活様式が大量にもたらされました。

鉄道の整備も佐久間町に大きな影響を及ぼしました。南からは、明治三三年（一九〇〇）に豊橋―大海間が豊川鉄道として結ばれ、さらに大正一二年（一九二三）に、鳳来寺鉄道として三河川合まで延伸されました。一方、北からは、伊那電気鉄道が昭和二年（一九二七）に辰野から天竜峡まで路線を伸ばしました。そして、三河川合と天竜峡の間をつなぐ「三信鉄道」の敷設工事が昭和八年（一九三三）から始まり、南北から徐々に路線を伸ばしていきました。昭和九年（一九三四）一一月には三河川合から中部天竜まで延伸し、昭和一二年（一九三七）に小和田―大嵐間が結ばれて、遂に三信遠がつながることになったのです。険しい山間地を走る三信鉄道のルート開拓にあたっては、アイヌ人の測量技師であった川村カネトたちの筆舌に尽くしがたい苦難があったことが、今日まで語り継がれています（『飯田線ものがたり　川村カネトがつないだレールに乗って』参照）。

昭和二八年（一九五三）からは、国土総合開発の一環として佐久間ダムの建設工事が始まり、昭和三一年（一九五六）に最大出力三五万キロワットの電力を生み出す巨大なダムが完成しました。この工事には、延べ三五〇万人の労働者が従事したといわれ、アメリカからもアトキンソン社の技術者が参加し、中部の社宅に家族と共に居住しました。このため、中部にはアメリカ人の食生活に併せた食肉店も開業しました。ダム建設で水没することになった飯田線は、トンネルで水窪を迂回することになり、その付け替え工事も進められて、水窪駅が開業したのは昭和三〇年（一九五五）でした。

このように、大資本が進出し、大規模な公共事業が行われた佐久間町では、地域の経済も大いに潤いましたが、ダム建設や鉄道敷設は一時的な事業であり、昭和四五年（一九七〇）には久根鉱山が閉山し、地場産業である林業も次第に不振になって、急激な人口減少をみることになりました。ダム工事中の昭和三〇年（一九五五）には二万六千人余に増えた人口は徐々に減少し、平成二七年（二〇一五）には三、九七三人と、四千人を切ってしまいました。

しかし、外部の資本や人材が流入し、都市や海外の文化、文物がこの地域にもたらされたことにより、三信遠に受け継がれてきた文化と近代的な文化が混在することになり、特殊な文化的環境を形成したといえます。さらに、平成の市町村合併により浜松市の一部となったことにより、地域の生活は大幅な見直しを迫られることになりました。中部の平賀孝晴氏が心血を注いで資料収集、開設した「さくま郷土遺産保存館」も閉館となり、平成二八年（二〇一六）には建物も取り壊されました。豊かな山村の生活を伝える貴重な民俗資料が、私たちの目の前から遠ざけられていくことは、慙愧に堪えません。

巨大産業や大規模な公共事業は、過疎地を潤す特効薬になると同時に、ひとたび撤退すれば、地元に急激な変化を及ぼすことになります。佐久間町も現在そのような状況下にあるといえるでしょう。地域経済を活性化するためには、その土地にあった産業の振興を進めていくことが必要であり、そのためには、地域の民俗や歴史を見直していくことが必要なのではないかと考えます。

本調査にあたりまして、多くの方々にご協力をいただきました。かつて佐久間町史の編纂に深く関わってきた中部の平賀孝晴さんからは、長年蓄積した知識と見聞に基づき、様々なご助言をいただき、貴重な資料も提供していただきました。佐久間図書館の長谷川陽子さんは、平賀さんの作成した佐久間の年表をこの報告書に掲載するべく、そのデータ化に熱心に取り組んでくださいました。また、浦川の伊東明書さんは、長年にわたり発行されてきた「樫の木通信」の膨大なデータを提供してくださいました。北条峠の佐久間伝承館を運営されている「歴史と民話の郷さくまを守る会」の奥山浩行理事長は、様々な年中行事を再現し、公開してくださいました。このほか、地元のたくさんの皆さまが我がことのようにこの調査に関心を寄せてくださり、並々ならぬ御協力をいただくことができました。佐久間を愛し、佐久間を何とかかつてのような活気に満ちた町にしようと、力を振り絞って頑張っておられる様子が、痛いほど伝わってまいりました。

私たちの調査が、その熱意にこたえられるものになったかどうか、自信はありませんが、地元の皆さまと同じ気持ちになってこの報告書を作らせていただいたことだけは確かであると思っています。お世話になった皆さまにつきましては、巻末にお名前を記させていただきました。多くの方々にお話を伺い、ご指導をいただきましたが、お話のすべてを掲載することは、紙面の都合などでかないませんでした。謹んでおわび申し上げます。

平成三〇年一〇月一〇日

遠州常民文化談話会代表　名倉　愼一郎

目次

第一章　環境と生業

第一節　自然環境

一　自然地形

写真 1-1　青崩峠

写真 1-2　青崩峠の外帯と内帯を示すモニュメント

浜松市天竜区佐久間地区は平成一七年（二〇〇五）に浜松市に編入合併されるまで、磐田郡佐久間町であった。現在の佐久間地区は天竜区の北西端にあり、西側は県境であり、愛知県の北設楽郡《きたしたらぐん》豊根村《とよねむら》、同東栄町《とうえいちょう》、新城市《しんしろし》に接している。

旧佐久間町は、浦川《うらかわ》地区（旧浦川町）、佐久間地区（旧佐久間村）、山香《やまか》地区（旧山香村）、城西《しろにし》地区（旧城西村）の四地区に分かれる。旧町域の西部の浦川地区では、西側から浦川が東へ流れ、北からの大千瀬《おおちせ》川と合流して大千瀬川が北東へ向かう。佐久間地区では天竜川がその中心部分を北西から南東に向かってS字に大きく蛇行して貫流する。佐久間ダムが建設された分地と矢岳《やたけ》山との間を天竜川は南へ流れ、中部《なかべ》で蛇行し、北からの河内《こうち》川が合流する。北東の城西地区では、水窪《みさくぼ》川が北から流れてきて、北西の北条《ほうじ》峠から流れてきた河内沢《こうちざわ》川が水窪川に合流し、東からは相月《あいづき》川が流れ込む。南東の山香地区では、北東から流れてきた水窪川が、途中東から福沢川が合流した後、浅間山《あさまやま》を東に大きく迂回し、舟戸《ふなと》で天竜川に東方向から合流する。このように、大小の河川が山間地を削りながら天竜川に合流し、天竜川は天竜区域を南流している。

また、佐久間地区は特徴的な地質構造を示していることが以前より注目されてきている。『佐久間町史 上巻』に平賀勝郎さんの「佐久間町の地質」が掲載されている。この中で、佐久間町の地質の概要は中央構造線と赤石裂線《あかしれっせん》という二本の有名な構造線によって特徴づけられているという。大きく彎曲する中央構造線と赤石裂線にはさまれた複雑な地質構造がこの地区の地質的特徴である。

西南日本を内帯と外帯とに分けている中央構造線は、四国、紀伊半島をほぼ東西に縦断し、豊川、天竜川の旧佐久間町域で南西から北東に大きく彎曲《わんきょく》し、長野県に入って北にその方向を転じている。鳳来《ほうらい》町の巣山《すやま》、一色《いっしき》を通り、浦川地区に入って吉沢《よしざわ》を通り、万田《まんだ》付近で北方に方向を転じ、川上南方で再び南西から北東に向かい、出馬《いずんま》から浦川の町を縦断して、中部、佐久間から下平《しもだいら》を通り、二本杉峠、北条峠を経て、南野田《のた》、中野田、今田《いまだ》へ抜けている。赤石裂線は、水窪から南へ久根《くね》の東、峰之沢《みねのさわ》を経て二俣《ふたまた》に抜ける天竜川沿いの南北の左横ずれの断層である。この旧佐久間町域では向《むかい》皆外《がいと》―上日余《かみひよ》―福沢《ふくざわ》―仙戸《せんど》の西側を通り、名古尾《なごお》の東を通り、旧町域の東部地区を縦断している。この裂線の西側は三波川《さんばがわ》結晶片岩帯が、東側は四万十《しまんと》帯が分布する。

『佐久間町史 上巻』では旧佐久間町域を中央構造線より内側、北西側を「内帯（領《りょう》家《け》帯）」と呼び、中央構造線と赤石裂線との間を「外帯（三波川変成帯）」と呼び、赤石裂線の東側を「外帯（秩父帯と光明《こうみょう》層群）」としている。「内帯（領家帯）」は領家帯の花崗岩類が分布し、標高九二六mの矢岳山を作り出し、佐久間ダムの基盤を形成している。「外帯（三波川変成帯）」は変成岩系である三波川結晶片岩類が、標高一〇二六mの戸口山や一〇五九mの樫山《かしやま》や一〇二七mの白倉《しらくら》山等を形成している。この外帯には久根鉱山、名合支山《なごうしざん》等の銅山が分布する。「外帯（秩父帯と光明層群）」は福沢から北東方向にのび、北側は秩父古生層が、南は光明層群が分布している。旧佐久間町域の最高峰、一三五一mの竜頭山《りゅうとうざん》がこの光明層群に属する。（口絵8頁参照）

二　自然地形と集落

佐久間の自然地形と集落の関係を見ると、河川の流れ方が大きく関係している。表1-1は、旧佐久間町の集落ごとに、世帯数、人口、河川と関係する地形の種類、水田面積、その集落を流れる河川名、標高（集落のほぼ中央部分の海抜高）を示したものである。『佐久間町史 下巻』掲載の「平坦地と緩斜面の分布」（図1-2）では、「山頂緩斜面」「山腹緩斜面」「河岸段丘」「谷底」に分けており、この図を参考に自然環境を観察し、旧佐久間町の四一の集落を「山腹緩斜面」「河岸段丘」「谷底平野」の三種に大別してみた。山腹緩斜面は山塊の中腹にある集落で、河川または沢で水を得ることができ、日当たりの良い緩斜面に集落ができている。

河岸段丘は河川の流路に沿って発達した階段状の地形で、河川の作用によって造られた段丘が平面、緩斜面を造り出している。谷底平野は山間を流れる河川がその流路に沿って平野を造り出している。谷底平野が河川の浸食で階段状になったものが河岸段丘であるが、両者が厳密に区分できないものもある。階段状の地形になっている場合は河岸段丘の集落とした。また山頂緩斜面を今回区分に入れていないのは、四一の集落においてそれに相当するものはなく、『佐久間町史 下巻』においても明らかに山頂緩斜面であるのは竜頭山から北に伸びた尾根沿いの箇所のみで、現在では人が居住する領域ではないため、この山頂緩斜面は外した。昭和三一年（一九五六）に合併する前の城西村、山香村、佐久間村、浦川町の各町村域においてこれらの自然地形と集落を見ていく。

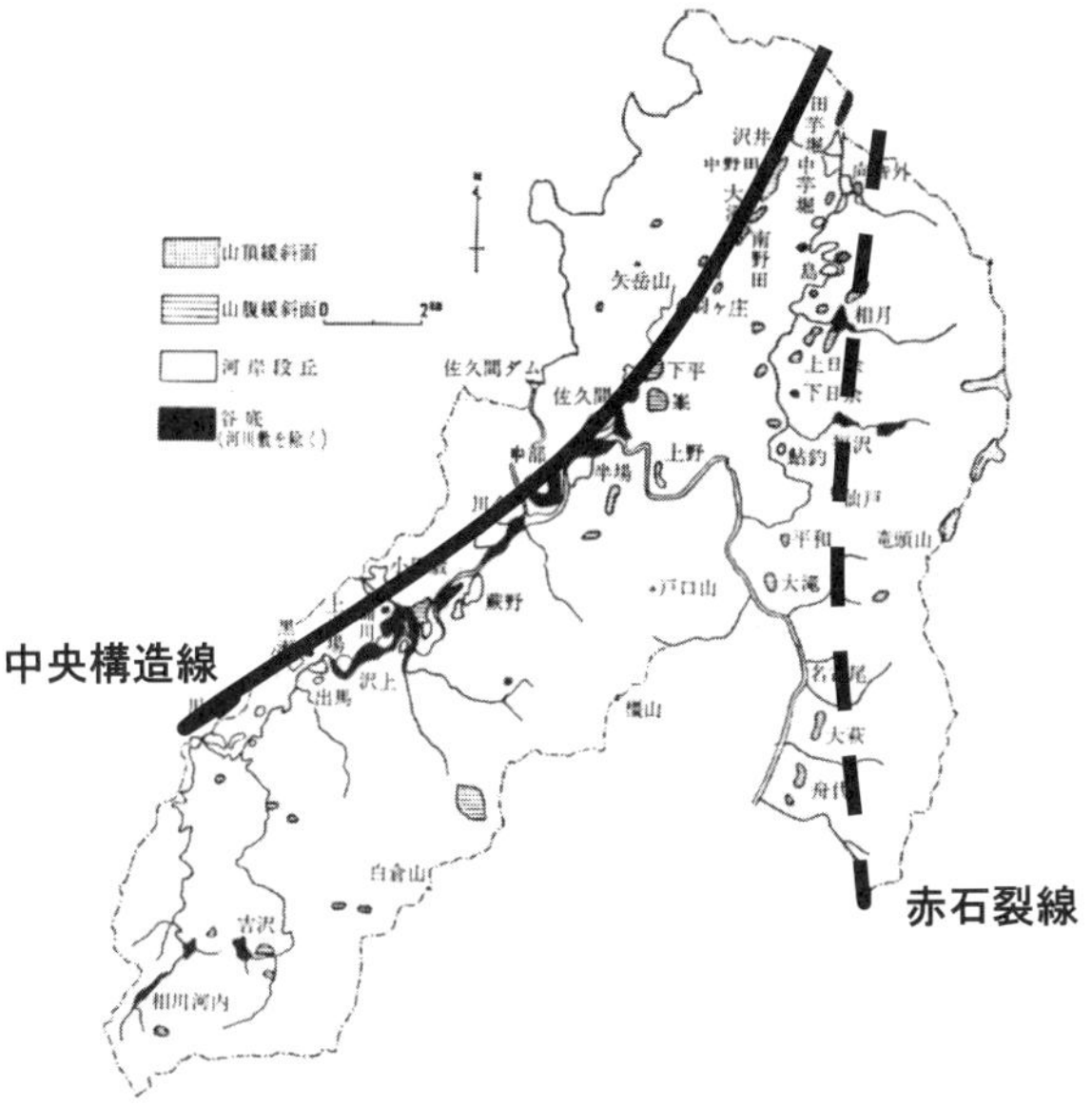

図 1-1　中央構造線と赤石裂線

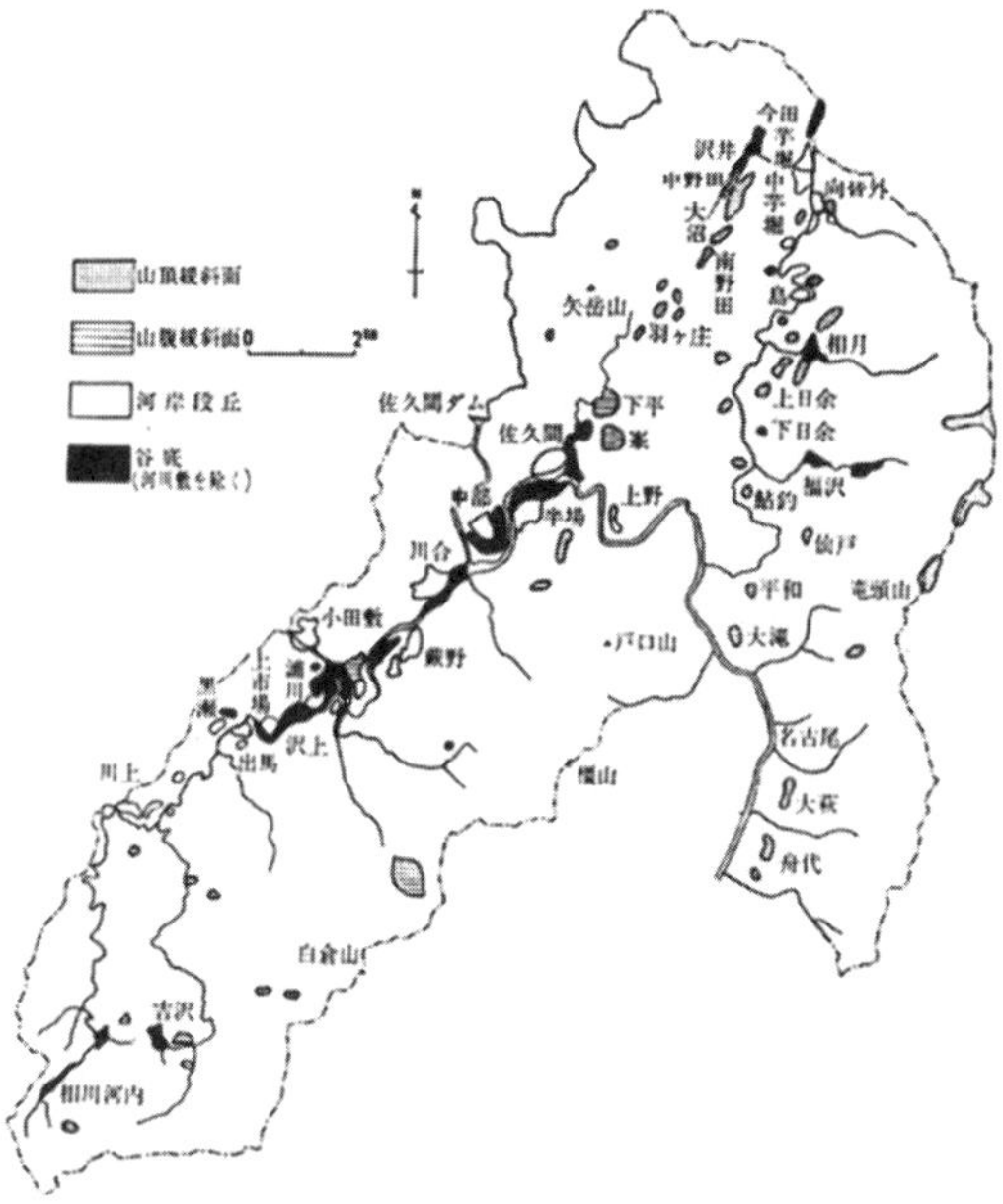

図 1-2　佐久間町の平坦地と緩斜面の分布

（一）旧城西村の自然地形と集落

城西村は南野田に発する河内沢川（旧佐久間町では北条峠を分水嶺として北西に流れ芋堀《いもほり》で水窪川に合流する河川を河内川と呼び、また北条峠から南南西に流れ、佐久間で天竜川に合流する河川をも河内川と呼んでいる。平成一〇年（一九九八）に刊行された佐久間町全図等、行政が発刊している地図等ではこの両者を使い分ける意味で、北西に流れ水窪川に合流する河川を「河内沢川」としている。この報告ではこの使い分けを用いる。）が水窪川に合流するところ、また水窪川沿いに向皆外（左岸）、芋堀（右岸）から相月、下日余までである。東は井戸口《いどぐち》山、北東は大洞山《おおぼらさん》、北西は亀甲山、西は天竜川、南西は北条峠までである。北西へ流れる河内沢川沿いから、この川が水窪川に合流し、南流するその流域が旧城西村の居住空間である。河内沢川と水窪川の合流地である芋堀が平地、緩斜面の広がる区域である。集落は河川沿いの河岸段丘または河川、沢の水が確保できるところに立地している。野田地区、特に南野田はこの地区では最も標高が高い、四〇〇mを超える場所にも棚田が切り開かれている。横吹には昭和四五年（一九七〇）時点でも水田はなかった。今田、中野田、大沼、南野田は河内沢川が切り開く緩斜面、平地を利用して、水田、畑において農業を営んできた集落である。また、茶栽培、林業が生業として成り立ってきた。

（二）旧山香村の自然地形と集落

水窪川が蛇行して南流する右岸では間庄《ましょう》、左岸では和泉から、天竜川への合流地点である西渡《にしど》、舟戸、戸口《とぐち》、さらに天竜川が南流して旧龍山村に接するところまでが、旧山香村である。天竜川左岸では名古尾、大萩、舟代を経て、近世村落の上平山村まで、右岸では、戸口の南、鳴瀬《なるせ》沢、鳴瀬の滝までである。

東は竜頭山の南北の尾根、現在のスーパー林道までである。西は水窪川の右岸の愛宕《あたご》山まで、そして天竜川より南は戸口山、櫃山までが山香村の領分であった。東側の井戸口山、竜頭山、秋葉山の山稜から、南流する水窪川や天竜川へは、多くの沢が流れ込んでいる。北から、大洞沢、小相月沢、相月沢、福沢川、湯の沢、半血沢《はんちざわ》、カンバキ沢、名古尾沢、牧沢、ハンガレ沢である。これらの沢の中下流域の、水を得ることができるところに集落ができている。このうち、福沢川流域では常時水が流れ、棚田が営める地域になっている。

水窪川は、山香村域に入ると浅間山を大きく迂回するように東へ蛇行する。その先の天竜川と合流する地

	集落名	世帯数(昭45)	人口(昭45)	地形	水田面積(a)	河川	標高(m)
浦川地区							
1	吉沢	53	185	谷底平野	341	奥山川、相川	485
2	川上	68	297	河岸段丘	312	相川	232
3	出馬	39	195	河岸段丘	275	相川、出馬川	167
4	沢上	17	78	谷底平野	286	相川	164
5	上市場	89	354	谷底平野	501	相川	182
6	町区	231	948	谷底平野	201	相川	155
7	柏古瀬	147	511	谷底平野	80	大千瀬川	154
8	小田敷	11	65	河岸段丘	166	大千瀬川	181
9	島中	73	281	谷底平野	208	大千瀬川	167
10	河内	53	220	谷底平野	—	和山間沢川、川内川	158
11	地八	21	94	山腹斜面	0	川内川	428
12	和山間	20	100	山腹斜面	0	和山間沢川	352
13	早瀬	53	277	河岸段丘	56	大千瀬川	176
14	神妻	48	174	谷底平野		神妻沢川	169
15	川合	131	534	河岸段丘	20	大千瀬川、白沢、唐沢	147
佐久間地区							
1	佐久間	340	1,297	河岸段丘	27	天竜川	146
2	中部	511	1,851	河岸段丘・谷底平野	0	天竜川	141
3	半場	203	720	河岸段丘	57	天竜川	139
4	下平	31	129	河岸段丘	177	河内川	162
5	峰	28	113	山腹斜面	2	河内川	396
6	羽ヶ庄	24	117	山腹斜面	178	河内川	552
7	上野	16	70	山腹斜面	0	天竜川	241
8	久根	18	47	山腹斜面	0	天竜川、釜川沢	220
山香地区							
1	大滝	28	135	山腹斜面	0	半血沢	365
2	大輪	16	51	山腹斜面	0	天竜川	186
3	平和	8	25	山腹斜面	0	水窪川	343
4	仙戸	17	83	山腹斜面	20	湯の沢	334
5	鮎釣	14	60	山腹斜面	0	水窪川	262
6	福沢	39	171	谷底平野・河岸段丘	113	福沢川	331
7	和泉	22	101	山腹斜面	0	水窪川	242
8	間庄	15	60	山腹斜面	0	水窪川	212
9	瀬戸	48	211	山腹斜面	0	水窪川	320
10	西渡	184	657	山腹斜面	0	天竜川	178
11	舟戸	69	234	山腹斜面	0	天竜川	157
12	戸口	36	142	山腹斜面	0	天竜川	196
13	上平山	67	306	山腹斜面	22	名古尾沢	458
城西地区							
1	芋堀	77	320	河岸段丘	45	水窪川、河内沢川	236
2	野田	94	474	山腹斜面、河岸段丘	280	河内沢川、今田沢川	415
3	松島	136	598	河岸段丘	17	水窪川	225
4	横吹	96	443	山腹斜面、河岸段丘	0	水窪川	381
5	相月	106	485	山腹斜面	98	相月川、小相月沢	333

表 1-1　佐久間町の集落

点に西渡、舟戸、戸口の集落がある。特に西渡は、天竜川と水窪川の合流地点にある交易上の要地であり、林業、佐久間ダム建設、久根鉱山が隆盛を極めた昭和三〇年代には、旧佐久間町の繁栄を象徴する街が形成された。西渡からは、浅間山を東に迂回せず、明光寺《みょうこうじ》峠を経て直線的に北へ上る山道がある。信州街道、秋葉街道とも呼ばれた街道であり、瀬戸《せと》などの集落がある。

旧山香村は平地に乏しく、一三の集落の地形は大半が山腹斜面である。福沢川流域の福沢を除くと、この地域で水田が営める集落は見当たらない。仙戸、上平山で戦後棚田が二〇aほどあった程度で、米の自給にはほど遠い零細さであった。福沢川の中流域には川から直接導水した棚田が広がっていた。山香村南部の名古尾には、久根鉱山の名合支山があり、戦後はこの支山に採鉱の中心が移ったが、鉱脈は豊かとは言えず、昭和四五年に閉山となった。

（三）旧佐久間村の自然地形と集落

旧佐久間村は、昭和三一年（一九五六）に一町三村が合併して佐久間町ができた時に、中心地となった地域である。真北から流れてきた天竜川が矢岳山の西で大きく蛇行する箇所が、この旧佐久間村の中心であった。旧佐久間村北部の天竜川の対岸は、愛知県北設楽郡富山村、豊根村である。天竜川は中部で大きく東へ蛇行するが、ここで東流する大千瀬川に合流する。中部の天竜川対岸の集落が「川合《かわい》」である。大千瀬川と天竜川との合流地点で、近世より木材運搬の要地、ドバがあった地点である。旧佐久間村の東端の集落は片和瀬で、天竜川左岸の緩斜面にある久根は、昭和四五年（一九七〇）まで久根鉱山で栄えた集落である。

南の旧村域は、天竜川右岸の半場から神妻《かづま》川沿いに楅山北側まで及び、東は戸口山まで達する。旧村域の北部には、天竜川の左岸から矢岳山を経て北条峠を分水嶺にして南流する河内川沿いに、羽ケ庄《はがしょう》、下平、峰《みね》などの集落がある。天竜川左岸は村落ができるような平地に乏しく、唯一山室《やんぶろ》が、佐久間ダム建設により水没移転を余儀なくされるまであった（昭和二九年（一九五四）に集落解散式）。天竜川と大千瀬川との合流地点の川合から二kmほど北の地点に佐久間ダムが建設された。昭和三一年、佐久間ダムの竣工を機に、浦川町、山香村、城西村と合併して佐久間町が形成されたが、役場が置かれ、政治の中心としてその中核となったのがこの旧佐久間村である。

（四）旧浦川町の自然地形と集落

昭和三一年に一町三村が合併する時、旧浦川町の面積は六四・三〇平方kmあり、一番広大であった。相川が白倉山西から北へ流れ出し、東栄町との境の川上を経て北西に流れ、浦川で北の東栄町から南流してくる大千瀬川と合流する。この合流地に、浦川、島中《しまなか》、柏古瀬《かしゃごぜ》、尻平沢《しりひらさわ》、尾高《おだか》、向山《むかいやま》等の平地の集落が形成されている。

大千瀬川は静岡県との県境で南流し、大きく東へ屈曲し北東方向へ流れる。大千瀬川沿いには小田敷《こざしき》、柏古瀬、河内、島中、早瀬、蕨野《わらびの》、田島、高平《たかだいら》、川合の集落が並ぶ。相川沿いには、上流より相川、相川河内、野坂、栗木代《くりのきしろ》、瀬戸、川上、黒瀬、出馬、上市場、沢上、井口、尾高、尻平沢、向山の集落が並ぶ。相川の一本東側は、川上で合流する奥山川が北流しており、この川沿いにも深造《しんぞう》、山戸金《やまつがね》、三島、吉沢等の林業の小規模な集落が点在する。旧浦川町の南の旧天竜市、旧龍山村との境は大地野《おおちの》峠、箒木《ほうき》山、白倉山、地八《じはち》峠、和山間《わさんま》峠、楅山である。この相川には南の箒木山、白倉山の山稜から北流する沢や川があり、西から、この奥山川、出馬川、川内川、和山間沢川がある。川内川沿いには地八という集落があり、その南の先に地八峠があり、龍山村へと続いている。また和山間沢川沿いには和山間の集落があり、その南の先に和山間峠がある。地八、和山間は山腹斜面にあり、林業を主な生業とし、水田はない集落である。一方吉沢は、奥山川沿いに棚田が切り開かれている山間の林業の集落であり、相川沿い、大千瀬川沿いには水田が開かれ、佐久間町に合併した一町三村の中で最も水田稲作が行われている地域である。相川南側に箒木山、登気野《ときの》、白倉山と山林が広がり、この地域は明治期の早い段階からスギの植林事業が進み、金原財団が林業振興に努めてきた植林地が広がっている。

第二節　社会環境

ここでは、歴史学における網羅的な歴史事項の整理ではなく、本報告で記録される佐久間地区の住民の生活誌に関わる歴史的な事項について概観する。

なお、旧佐久間町の歴史については、『佐久間町史』上・下巻を参考にしたが、今回、平賀孝晴さん（昭和八年生まれ・中部）の尽力と厚意により、佐久間町の詳細な年表を採録することができた（資料編「佐久間町の年表」参照）。これは『佐久間町

	表題	時代	西暦	社会的特徴	主な出来事
第１期	近世村落の時代	江戸時代 ～明治22年町村制施行	～1889年	停滞的 農林業が中心	14の近世村落 明治22年の合併で４村
第２期	４町村独自の展開期	明治22年 ～昭和31年４町村合併 佐久間町誕生	1889年 ～1956年	農林業が中心であるが第２次産業の振興	大正２年王子製紙最盛期、昭和12年三信鉄道全線開通
第３期	戦後の産業隆盛期	昭和31年 ～昭和45年久根鉱山閉山	1956年 ～1970年	外部資本導入で第２次産業の急激な振興	昭和31年佐久間町成立、ダム竣工、昭和32年天皇ダム視察
第４期	久根鉱山閉山以後	昭和45年 ～平成17年浜松市との合併	1970年 ～2005年	基幹産業の衰退と同時に人口の流失	昭和45年久根鉱山閉山、昭和53年人口１万人割る
第５期	浜松市との編入合併以後	平成17年～	2005年～	人口減少、高齢化社会を迎え、浜松市の縁辺化	平成17年浜松市に編入合併、平成29年佐久間高校が分校化

表1-2　佐久間町の５つの画期

史』の編纂に携わられた平賀さんが、当時手持ちの資料としてまとめられていたものである（町史の中で活字になっているのは昭和三一年（一九五六）から昭和五一年（一九七六）の二〇年間だけであり、それも町史に相応しいもののみが選抜されている）。表１‐３の年表は『佐久間町史』、北井三子夫著『天竜の山村に生きて』および資料編の「佐久間町の年表」等を参照して作成した。

一　避前村《さくまえむら》

中世の文書に見ることができる「避前村」という地名表記に注目したい。『佐久間町史 上巻』の「天野氏と奥山氏」に記載されている『加賀前田天野文書二静岡県史料四』によれば、一三世紀後半、「避前・大結・福沢」等は天野氏の所領となっていたとされる。また天野義景の所領として「遠江国奥山郷避前村」が出てくる。

「避前村」は「さけまえむら」と音読でき、「さけまえ」が「さくま」と転訛《てんか》する前の地名と考えることができる。平賀孝晴さんの説によると、天竜川は中部山岳地帯に入り、大きく陥入蛇行して急流が続き、現在の佐久間共働センターの近くの、天竜川が北東に蛇行するところには「豆こぼし」という岩礁の難所があった。この豆こぼしの上流に佐久間の集落（佐久間村の中心地）があり、上流の信濃から船で下ってきた時に、豆こぼしを避ける手前にあるので、ここを「避前村」（＝避ける前の村）と言った、とのことである。天竜川の自然条件、それも上流からの船舶交通を踏まえた興味深い「佐久間」の地名伝承である。

二　五つの画期

平成一七年（二〇〇五）、浜松市に編入合併した旧佐久間町の社会的環境を歴史的に見ていくとき、（一）近世村落の時代、（二）四町村独自の展開期、（三）戦後の産業隆盛期、（四）久根鉱山閉山以後、（五）浜松市との編入合併以後、の五つの画期をもって整理することができる。

（一）　近世村落時代

旧佐久間町域には浦川村、川合村、半場《はんば》村、戸口村、中部村、佐久間村、大井村、相月村、領家村、上平山村の一〇の近世村落があった。江戸時代初期の一時期駿府藩領であったが、元和五年（一六一九）以降は幕府領であった。

『佐久間町史 上巻』にある天保八年（一八三七）の浦川村の「村方明細帳」によると、村の生業の様子を次のように描いている。

一　田畑肥ニは藤之葉、馬竹柴用申候、
一　田畑土黒く石砂交ニ御座候、
中略　谷川之水□用ひ、天水溜池無御座候、
一　川魚猟鮎取申候
是は大千瀬川、相川両川ニ而前々ゟ網御運上納仕候、　中略
一　当村ゟ茶楮式割増上納売出申候、其外分一出候もの無御座候、尤杉桧其外柿板等百姓持山ゟ少々宛売出柿板類は三州江売出、材木ハ天竜川江川下仕、同川通之売人江売渡申候、
一　蚕前々ゟ桑御年貢上納、少々宛飼申候、

このように、浦川村では水田と畑が耕作されていて、その他に、川漁、茶、楮《こうぞ》、林業、柿板生産、養蚕を行っていたことが分かる。またこれらの生業の合間に、男女の稼ぎについて次のように記録されている。

男女稼耕作之間は、男は猪、鹿垣を拵、尤女は野老葛を掘、粟稗ニ交朝□之給料ニ仕申候、女は□布を織、又は藤布を織稼仕、或は当国周智郡並信州遠山村々江、三州ゟ送り候塩其外諸物を背負、駄賃銭取之稼ニ仕、且又相川大千瀬川通出水之節ハ、畑方江押込候間、石砂交之土地ニ而作物出来兼候、山秣場等拾ヶ年も相立地味疲候而秣取兼候節は、伐明焼畑仕、蕎麦、稗、大豆、粟之類壱両年ニ作付

和暦	西暦	内容
		南野田遺跡(縄文早期紀元前8000～4000年頃　昭和40年発掘)
		佐久間遺跡(縄文中期・晩期紀元前3000～200年頃　昭和25年発掘)
		上市場遺跡(縄文中期・晩期　昭和37年発掘)
		川上遺跡(縄文晩期　昭和39年発掘)
		半場遺跡(縄文中期及び弥生中期紀元元年頃　昭和8及び38年発掘)
大化2	646	大化の改新により遠江、駿河の2郡がおかれる。
貞応2	1223	天野政景氏山香荘の新補地頭となり、城を犬居におく。これに伴い、従来の領家方との抗争が起こり、領家方(野田、芋堀)と地頭方(佐久間、中部、相月、大井)に分かれる。
正和2	1313	鎌倉将軍下知状に奥山郷避前(さくま)村(佐久間村)の名が初めて現る。
延元3	1338	奥山氏、遠山郷を支配する。
天正18	1590	堀尾吉晴浜松城に入り、北遠はその支配下となる。
元和5	1619	北遠が徳川幕府直轄領となる。
明治6	1873	上平山を学区とし、横山小学校上平山分校開校
明治7	1874	浦川学校、浦川学校川合分校・川上分校、佐久間学校、佐久間学校中部分校・半場分校・羽ヶ庄分校、大井学校開校 西渡、浦川、水窪郵便局開設
明治8	1875	浦川村吉沢学校を浦川学校川上分校付属とする。
明治11	1878	名古屋の人佐藤新吾、久根銅山を再興する。
明治12	1879	大小区制(当時は11大区、19小区で、瀬尻、戸口、大井、佐久間、中部、半場、川合、浦川が属した)を廃止し、豊田郡となる。水窪、城西は周智郡となる。
明治14	1881	水窪、西渡間の道路開通
明治15	1882	福沢学校開校
明治17	1884	瀬尻、上平山、大井、佐久間の各村、戸長役場を設置。浦川銀行創立
明治19	1886	浦川、川合、半場、中部連合役場を組織し、戸長役場を浦川におく。 大井、佐久間、戸口、瀬尻、下平山連合役場を組織し、戸長役場を大井におく。
明治20	1887	水窪製糸会社設立
明治21	1888	天竜川筏に筏税賦課
明治22	1889	町村制施行により、浦川村、川合村を合わせ浦川村とし、役場を浦川村区内におく。 豊田郡佐久間村・中部村・半場村が合併し、佐久間村となる。 豊田郡大井村・戸口村・上平山村・下平山村・瀬尻村が合併し、山香村となる。 周智郡地頭村・山住村・相月村・奥領家村が合併し、奥山村となる。
明治23	1890	佐久間村峯火災、民家6戸、山林10町歩消失
明治26	1893	浦川、佐久間、山香村農会設立。久根銅山、原久根銅山として再掘
明治29	1896	浦川村・佐久間村・山香村が豊田郡から磐田郡に移行する。
明治30	1897	原秀二郎氏、片和瀬銅山釜川沢に真吹炉を構えて、銅を吹く。 反対運動が起こり、原氏、古河市兵衛氏に売却
明治32		佐久間村中部に王子製紙の工場が設置される。
明治34	1901	磐田郡山香村の一部(下平山・瀬尻)と磐田郡龍川村の一部(戸倉・大嶺)が合併し、磐田郡龍山村が発足
明治35	1902	久根銅山火災、山林13町歩、家屋13戸消失
明治36	1903	奥山村から相月、野田、芋堀が分村し、城西村となる。
大正1	1912	浦川村町区大火、全焼132戸
大正2	1913	王子製紙の職工数が男213人、女22人となり、最盛期を迎える。
大正4	1915	原田橋開通
大正6	1917	西渡大火132戸焼失、浦川大火132戸焼失
大正9	1920	磐田郡浦川村が町制施行し、浦川町となる。
大正13	1924	王子製紙が原木の減少をきたし、中部工場を閉鎖する。
大正14	1925	周智郡奥山村が町制施行、改称し水窪町となる。
昭和9	1934	三信鉄道中部天竜まで開通
昭和11	1936	三信鉄道(現JR飯田線)の全線開通
昭和12	1937	三信鉄道全線開通
昭和13	1938	中部橋竣工。鏡山一行大相撲久根銅山に来る。
昭和18	1943	三信鉄道国鉄に買収され、国鉄飯田線となる。
昭和19	1944	羽黒山一行久根銅山に巡業
昭和22	1947	佐久間・西渡間道路開通
昭和26	1951	城西村・水窪町が、周智郡から磐田郡に移行する。
昭和27	1952	10月、電源開発株式会社が佐久間ダム建設を決定 12月15日、佐久間村中部に佐久間ダム建設所を開設
昭和28	1953	5月5日、県知事に佐久間ダム工事着手届提出
昭和29	1954	6月27日、高松宮・同妃が佐久間を視察。国鉄飯田線付替え工事起工 12月20日山室部落解散式
昭和30	1955	飯田線峯トンネル貫通、飯田線大原トンネル貫通 11月11日、飯田線付替線開業
昭和31	1956	9月30日、磐田郡浦川町・佐久間村・山香村・城西村が合併し、町制施行し、佐久間町となる。 10月15日、佐久間発電所構内で佐久間ダム竣工式が挙行 10月25日、佐久間ダム完成祝賀式を挙行
昭和32	1957	1月4日、佐久間町役場庁舎落成移転 4月8日、組合立佐久間高等学校開校 6月10日、佐久間ダムを中心に天竜県立公園に指定 9月25日、皇太子佐久間ダムを視察する。 10月28日、天皇、皇后が佐久間ダムを視察する。
昭和33	1958	10月28日、第1回佐久間ダム殉職者慰霊祭を執行
昭和34	1959	4月1日、佐久間高等学校が県立に昇格し、静岡県立佐久間高等学校となる。
昭和36		浦川診療所落成開所
昭和37		2月25日、天竜市において「国鉄佐久間線建設促進総決起大会」が沿線4市4町2村の主催で開催 7月1日、佐久間病院完成
昭和41	1966	浦川・佐久間・山香・城西四森林組合合併、佐久間町森林組合となる。
昭和42	1967	国鉄佐久間線起工
昭和44	1969	1月10日、佐久間町を含めた天竜奥三河一帯があたらしく「天龍奥三河国定公園」に指定される。
昭和45	1970	大久根小学校閉校、55年の歴史を閉じる。 1月16日、久根鉱山名合支山閉山。11月23日、久根鉱山閉山
昭和46	1971	佐久間町第4次建設計画開始。羽ヶ庄分校、野田分校、吉沢小学校、横吹分校閉校。滝口橋、大井橋完成
昭和48	1973	全国山村振興シンポジウムを佐久間で開催し、山村問題を多角的に検討する。
昭和50	1975	佐久間町第5次建設計画開始。戸口橋完成
昭和52	1977	佐久間電力館開館
昭和53	1978	佐久間町の人口1万人を割る。
昭和56	1981	さくま郷土遺産資料館建設
昭和63	1988	佐久間線建設規制同盟会解散
平成7	1995	「浜背負い祭り」がはじめて開催される。
平成11	1999	7月、市町村合併特例法改定・公布
平成13	2001	9月、佐久間町・水窪町合併調査研究連絡会設置
平成15	2003	9月、小原町長が合併協議会設置議案を町議会に提案し、佐久間町議会はこの議案を賛成達数で可決 10月、天竜川・浜名湖地域合併協議会発足(佐久間町も参加)
平成17	2005	6月22日、特定非営利活動法人「がんばらまいか佐久間」設立 7月1日、佐久間町は、浜北市や天竜市をはじめ2市7町1村とともに浜松市に編入合併 佐久間町にあった字の名称は佐久間町と冠したものに変更

表 1-3　佐久間町関係年表

候而、秣相立右之
類稼ニ仕候

主な生業の合間に、男は猪《いのしし》や鹿の出没に備えて垣根を設け、女は粟《あわ》や稗《ひえ》に入れて食べるために野老《ところ》葛を掘り出したり、藤布を織ったりした。周智郡や信州遠山の村々へ三河から塩やその他の荷物を背負い、駄賃《だちん》稼ぎをした。相川や大千瀬川の増水で洪水が押し寄せると、耕作不能になってしまうので、以前より秣場にしていた土地を焼畑にして蕎麦《そば》、稗、大豆、粟などの雑穀を一、二年栽培したという。

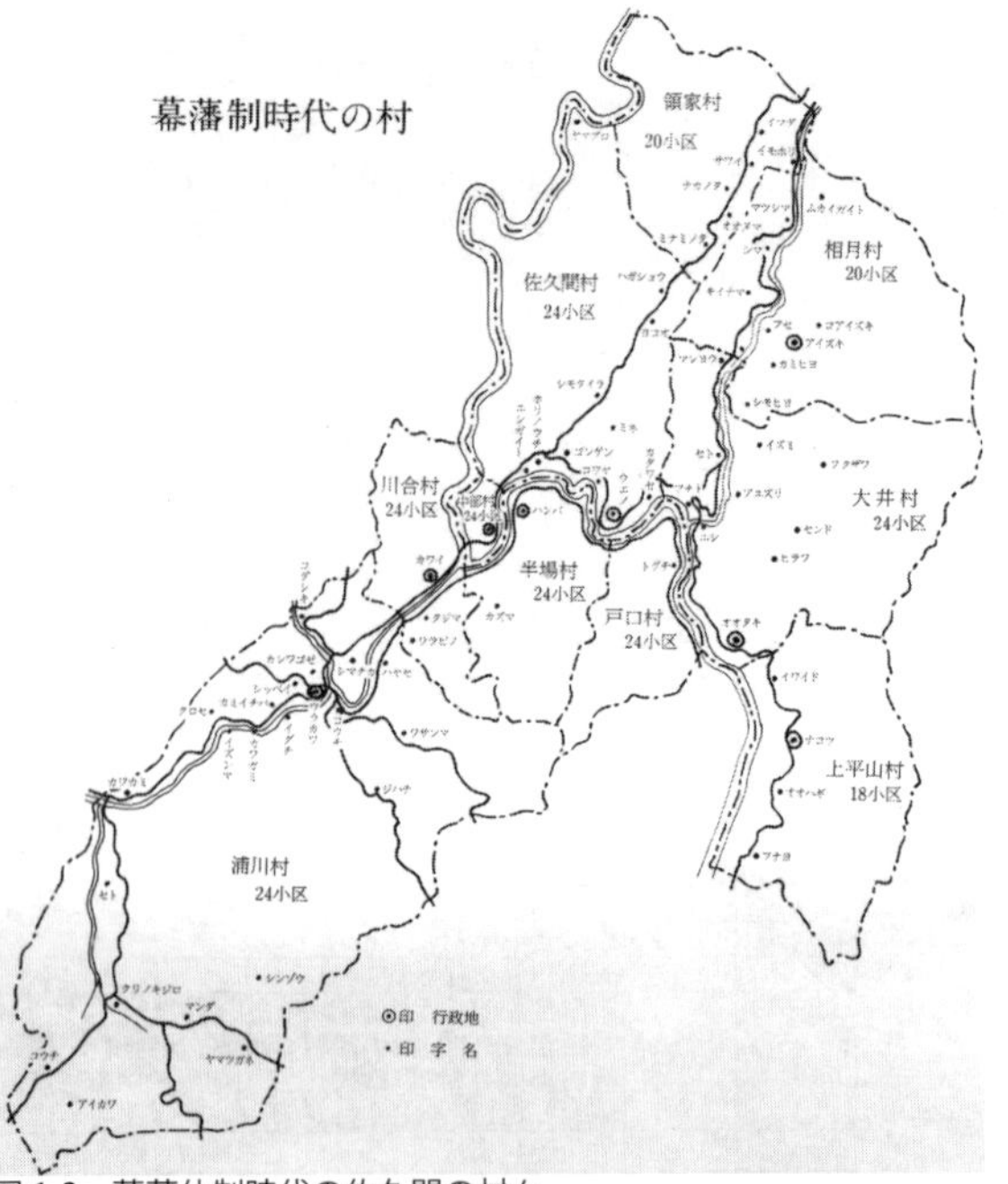

図 1-3　幕藩体制時代の佐久間の村々

この天保八年の「浦川村 村方明細帳」のほか、『佐久間町史 上巻』および『佐久間町史 資料編』に江戸時代の佐久間の村々の生業、生活を読み取ることができる史料がある。農業の項でいくつか取り上げて、近世の農業の様子を垣間見る。

近世における林業については、『佐久間町史 上巻』および『佐久間町の「山・川に生きる諸用具」等保存活用』でその様子を把握できる。佐久間町を含め天竜川流域の山村において植林が広域に行われるようになったことが確認できる史料は、宝暦一四年（一七六四）に石谷備後守が天竜川流域二三カ村に、御林ならびに百姓所持の地に杉・檜《ひのき》を植林することを奨励する中泉代官所の御用書である。また、天保一三年（一八四二）に天竜川流域の村々の役人の惣代である戸倉《とくら》村の次郎左衛門等が中泉代官に出した願書によると、四〇から五〇年もすると立派な成木《なりき》となるので、それを伐採して売り、植林をし、伐採した木材は天竜川を筏《いかだ》で下ろし、掛塚湊《かけつかみなと》へ毎日送っていた、という。また、安政四年（一八五七）に十分一税騒動が起こるが、これは山間の佐久間の村々において林業が中核的産業に発展してきたことを物語るものである。

（二）四町村独自の発展

四町村独自の発展期としたこの時期は、旧佐久間の浦川町、佐久間村、山香村、城西村が独自に山村という自然条件の中で地域発展を模索していった時代である。明治二一年（一八八八）の町村制施行により、近世村落としての浦川村、川合村が、浦川村になり、半場村、中部村、佐久間村が佐久間村になり、戸口村、大井村、上平山村が山香村になり、相月村、奥領家村、地頭方《じとうがた》村、山住《やまずみ》村が奥山村になった。奥山村の旧相月村域、奥領家《おくりょうけ》村域は、明治三六年（一九〇三）に奥山村から分離し、城西村になる。昭和一一年（一九三六）に浦川村は町制に移行していく。そして昭和三一年（一九五六）佐久間ダム竣工を機に、浦川町、佐久間村、山香村、城西村が合併して佐久間町となる。この時期は、近世村落が明治近代への町村制整備の中で四村（一町三村）に統合され、天竜川流域の村として歩み出し、戦後の国家一大プロジェクトとして天竜川中流域に建設された佐久間ダム完成の時にこの地の力を結集すべく一町三村が合併していく、そんな時期である。この間に農業や商業における旧佐久間町の発展や変革はもちろんあったのであるが、ここでは、この時期の産業振興の象徴的なものとして、王子製紙と林業の振興について触れる。

王子製紙は明治三二年（一八九九）に佐久間村中部に木材パルプ工場を建設した。王子製紙は、渋沢栄一が文化と経済の基盤として製紙と印刷の重要性を政府に説き、明治六年（一八七三）に開設された我が国最初の製紙会社で、東京府王子村の工場は明治八年から操業を開始した。明治二二年（一八八九）には周智郡気多村気田にわが国最初の木材パルプ工場を建設した。そしてパルプの大量生産のため、原料の樅《もみ》、栂《つが》、栃《とち》、ブナ、栗材等が豊富な森林資源に近く、砕木の動力としての水力が得られる場所を探した結果、明治二九年に中部にパルプ工場を建設することが決定された。明治三二年（一八九九）五月下旬から本格的な操業が開始されるが、天竜川の水害や利水、火事の問題で開業以来損失が続き、期待どおりのパルプ生産ができずに推移する。工場施設はたびたびの天竜川大出水で破損する。また天竜川の水を引く水路トンネルの欠陥のため、動力や抄紙用の利水が機能せず、生産が何度も停止する事態に窮する。三度にわたる大きな火災（明治三三、四〇、四二年）は中部工場に大きな損害を与える。明治三八年（一九〇五）にはパルプ生産が六六二一tを記録するが、大正に入り、既述の三つの問題が生産条件を制約し、決定的には原木の確保量が減少し、大正一三年

（一九二四）に工場閉鎖に至ったといわれる。

林業はこの時期「育成林業」の段階に入り、日本の経済構造の中に組み込まれていき、日本全体の林業の隆盛と衰退との中で、この地の林業も盛衰の道を歩んだ。育成林業とは、材木の市場価格と輸送費と育成費との関係性の中で、収益が確保できる林業地域で成立し得るシステマテックな林業をいう（『佐久間町の「山・川に生きる諸用具」等保存活用』参照）。

<table>
<tr><th>幕末・明治初
村名</th><th>明治 12 年
郡区町村編制法</th><th>明治 22 年
町村制</th><th>明治 29 年
郡制</th><th>明治</th><th>昭和</th><th>昭和 31 年
町村合併</th></tr>
<tr><td>浦川村</td><td rowspan="7">豊田郡
豊田・山名・磐田郡（役所－見附）</td><td rowspan="2">浦川村</td><td rowspan="8">磐田郡
（郡制－廃止）</td><td rowspan="2">浦川村</td><td rowspan="2">昭和 11 年
町制</td><td rowspan="10">佐久間町</td></tr>
<tr><td>川合村</td></tr>
<tr><td>半場村</td><td rowspan="3">佐久間村</td><td rowspan="3">佐久間村</td><td rowspan="8"></td></tr>
<tr><td>中部村</td></tr>
<tr><td>佐久間村</td></tr>
<tr><td>戸口村</td><td rowspan="3">山香村</td><td rowspan="3">山香村</td></tr>
<tr><td>大井村</td></tr>
<tr><td>上平山村</td><td rowspan="3">周智郡（役所－森町）</td></tr>
<tr><td>相月村</td><td rowspan="2">奥山村※</td><td rowspan="2">周智郡（郡制－廃止）</td><td rowspan="2">明治 36 年
城西村</td></tr>
<tr><td>奥領家村</td></tr>
</table>

※奥山村は相月村、奥領家村、地頭方村、山住村（地頭方村と山住村は水窪町へ）からなる。

表 1-4　佐久間町沿革一覧 PDF のコピー

明治期前半まで、天竜川中流域から出材された丸太は、天竜川本流の各土場で筏に組まれ、筏師によって操作された筏が天竜川を下り、掛塚まで運ばれ、ここで木挽き職人によって板材、角材などの製品に加工され、掛塚の廻船で東京まで運ばれていた。明治二二年（一八八九）の東海道本線開通後は鉄道輸送が進み、戦後はトラック輸送に切り替わっていく。天竜川中流域において本格的な育成林業が開始されたのは、明治二〇年（一八八七）からの金原明善の植林事業からであろう。明治二八年（一八九五）に豊田郡浦川村山林組合と山香村山林組合が設立されるなど、天竜川中流域の山村では明治三〇年前後に山林組合が整備される。その規約を見ると、苗木の植え付け方法から、下刈りの実施時期、伐採方法、木材の搬出方法まで配慮したものとなっている。戦後においては育成林業の展開とともに拡大造林の推進に傾斜していく。天竜川中流域だけでなく、戦前からの林業振興地において国の林業施策により、拡大造林が図られていく。

（三）戦後の産業隆盛期

太平洋戦争の敗戦がもたらした旧佐久間町域の一町三村への影響は小さいものではなかった。特に跡継ぎの長男まで徴兵された山間の村々では、壮年期の生産年齢の男性を急激に失ったことは、物理的にも精神的にも大きな痛手となった。戦後を迎え、基盤産業が林業であるこの地に、久根鉱山の再興と佐久間ダム建設という、経済・産業復興としてこの上ない幸運が舞い込んだ。この時期は、戦後復興から昭和四五年（一九七〇）の久根鉱山閉山までになる。佐久間ダム建設の昭和三一年には、一町三村が合併して佐久間町となり、地方行政区としても大きな画期となった。ここでは、久根鉱山の再興と佐久間ダム建設について整理しておく。

久根鉱山は、佐久間村久根と山香村名合にあった銅山である。層状含銅硫化鉄鉱床の鉱山で、明治期後半から大正期にかけて硫化鉄鉱の産出量では日本一を誇ったこともあり、銅鉱石の産出としても日本有数であった。享保一六年（一七三一）に備中の藤井五郎兵衛が開坑したと伝えられ、明治二五年（一八九二）石田庄七、原秀次郎の共同経営で銅山を再開し、明治二九、三〇年に一大鉱脈を掘り当て、明治三二年（一八九九）に日本鉱業界の大手である古河市兵衛が買収する。精錬所は建設されず、銅鉱石を産出する銅山として鉱脈探査を続け、戦後山香村名合（名古尾）の支山を中心に増産を図る。銅粗鉱生産量には三つのピークがあり、一つ目は第一次世界大戦中の大正六年（一九一七）、二つ目には太平洋戦争の拡大とともに増産に努めた昭和一八年（一九四三）、三つ目は名合支山の増産が進んだ昭和三五年（一九六〇）から昭和三七年（一九六二）に迎えた。しかし、名合支山も昭和三八年（一九六三）から産出量が減り、探鉱もうまく行かず、昭和四五年一月に閉山となり、本山も一一月に閉山となる。昭和二八年（一九五三）には久根鉱山全体では一五二棟の社宅に三三〇戸の世帯が住み、一五六六人が居住していた。久根には大久根小学校があり、病院、共同浴場、購買など福利施設を運営する同心会が鉱山関係者の生活を活発に支えていた。本山倶楽部と呼ばれる娯楽施設もあり、その建物は久根銅山の隆盛の象徴的建物であった。

佐久間ダムは、天竜川が矢岳山東を南流した後、大きく東へ屈曲し、大千瀬川と合流する地点から約二km上流に建設された、コンクリート重力式ダムである。戦後の日本復興のための国策会社として設立された電源開発株式会社の手がけた、最初の巨大ダム建設工事であった。昭和二八年（一九五三）に着工され、アメリカの大型機械を導入してわずか三年で完成に導き、昭和三〇年（一九五五）一〇月一五日に完成祝賀会が開催された。この年には、旧佐久間町の一町三村が世帯数四七五〇戸、人口二六六七一人とピークを迎え、産業隆盛の頂点を迎えた時であった。その象徴的建造物が佐久間ダムであったといえる。

（四）久根鉱山閉山以後

昭和三〇年（一九五五）に人口二万六千人を超え、昭和三二年（一九五七）に昭和天皇が竣工直後の佐久間ダムを視察に合併直後の佐久間町に来町したことが、戦後佐久間町の隆盛の極みとして語り継がれている。しかしその後、昭和四五年（一九七〇）の久根鉱山閉山に象徴される産業の空洞化、人口流失という町勢の衰えを経験することになる。久根鉱山閉山以後は、昭和四五年（一九七〇）から平成一七年（二〇〇五）に浜松市に編入合併し、佐久間町が消滅するまでの期間である。

昭和四八年（一九七三）一一月三、四日に、佐久間町を舞台に「第一回全国山村振興シンポジウム」が開催された。全国から山村に関わりのある国・県・市町村役場の職員、森林組合関係者などが約四〇〇人集まり、山村問題、山村振興について討議と研究が行われた。これについては当シンポジウムの記録として『第一回全国山村振興シンポジウム報告書』がある。この時の次第を見ると、このシンポジウムで討議された内容が端的に理解できる。それは佐久間町がこの久根鉱山閉山以後に抱えた問題意識、問題への取り組み方向を示している。

特別講演

日本経済の動向（加藤寛）・日本型福祉の動向（坂本二郎）・山村振興と過疎対策（伊藤善市）・山村振興と地場産業（矢島鈞次）・日本農林業の将来（並木正吉）・現代日本の教育（鈴木重信）

基調講演　地域開発の動向　下河辺　淳

分科会とその課題

・第一分科会　「多様化する福祉社会」
・第二分科会　「山村の福祉と行政」
・第三分科会　「都市化の進展と農山村」
・第四分科会　「これからのレジャーと自然保護」
・第五分科会　「山村振興と地場産業」
・第六分科会　「これからの教育の場としての山村」
・第七分科会　「山村の産業開発のあり方」

佐久間町時代の政治家で、まず第一に挙げられる人は北井《きたい》三子夫《さこお》氏であろう。この全国山村シンポジウムを企画し、誘致したのも北井氏であった。昭和二五年（一九五〇）に佐久間村長になり、佐久間ダム建設推進の中心人物となって国策事業をこの地に持ってきた代表格であると言えるであろう。昭和三一年（一九五六）に佐久間町ができた時の初代町長であり、その後二期務めて県議になり、再び昭和四五年（一九七〇）、つまり久根鉱山が閉山になった翌年に佐久間町の再興を期待されて町長に迎えられ、二期務め、昭和五四年（一九七九）に退職している。北井氏が町長を退職した翌年である昭和五五（一九八〇）年に、静岡新聞に次の文を寄せている。退職当時、彼が抱いていた佐久間町の今後のリアルな展望が示されている。

佐久間町の人口はさらに減り、過疎化はいっそう進むだろう。しかしそれを最小限度に食い止める努力が必要だ。工場誘致も必要であるが、基本的な心構えとしては、都会にないもの、あるいはすでに失われたもの、この山の町にしかないものを大切にし活用することを基本とした地域発展策を立てることから始めなければいけないと思う。

（五）浜松市への編入合併

市町村合併特例法が平成一一年（一九九九）に制定され、国と地方の財政難を背景に、政府が主導して「平成の大合併」が動き出した。静岡県内では平成一五年（二〇〇三）に静岡市・清水市の合併から始まり、平成一七年（二〇〇五）七月に、一二の市町村（浜松市、舞阪町、雄踏町、三ヶ日町、細江町、引佐町、浜北市、天竜市、龍山村、春野町、佐久間町、水窪町）が合併して「浜松市」ができた。平成一五年に県内に七四あった市町村は、平成二二年（二〇一〇）三月までに三五市町村に再編された。合併規模は一二市町村が合併した浜松市（平成一七年七月　七八万六〇〇〇人）が最大だった。この平成一七年の合併以降が現在の佐久間地区の実態である。人口減少、高齢社会の現実の中、政令指定都市の浜松市の縁辺の行政区域となり、日本の山村で過疎、高齢社会が抱える最先端の問題に直面し、模索を続けている。

第三節　地形図と佐久間の歴史

五万分の一の地形図を四枚掲載する。発行年は明治四四年（一九一一）、昭和二三年（一九四八）、昭和四一年（一九六六）、平成二五年（二〇一三）である。

一　明治四四年発行地形図

図１-４は明治四四年に大日本帝国陸地測量部から発行された地形図で、「明治四十一年測図、明治四十四年製版」とある。近代においてこの地域で最も古い実測図である。浦川村、佐久間村、山香村、城西村の村名が見える。明治二六年（一八九三）に原久根鉱山として再掘が始まり、明治三二年（一八九九）からは古河鉱業の経営となった久根鉱山が、片和瀬《かたわせ》に「久根銅山」の名称で記されている。明治三二年建設の王子製紙中部工場も確認できる。この地形図にはまだ鉄道路線は見られず、近世から明治年間までの自然地形をそのまま確認することができる。天竜川沿いの集落として、大千瀬川合流地点より上流の左岸に白神《しらなみ》、山室の村落名が見える。中部には町屋が見えるが、佐久間の天竜川沿いの平野部にはまだ家屋が建てられておらず、天竜川の屈曲部、大千瀬川との合流地点及び佐久間村の天竜川沿いは、天竜川の氾濫原になっていたことが分かる。まだ原田橋が架かっておらず、天竜川を渡る橋は西渡の橋以外には見られない。明治一四年（一八八一）に水窪─西渡間の山の中腹に整備された荷車道が記されている。西渡から明光寺峠まで上がり、瀬戸を経て、間庄、立原《たっぱら》、横吹《よこぶき》、島、切開《きいなま》、芋堀、そして水窪へ至る道である。

二　昭和二三年発行地形図

図１-５は「四町村独自の展開期」に当たる昭和二三年（一九四八）に地理調査所から発行された地形図で、「明治四十一年測図、昭和八年要部修正測図、昭和二十三年資料修正（鉄道）」とある。この図には国鉄飯田線（前身 三信鉄道）の路線が記され、北から白神、天龍山室、豊根口、佐久間、中部天竜《ちゅうぶてんりゅう》、下川合、早瀬、浦川の駅が南西方向に連なっている。後に飯田線となる三信鉄道は、昭和九年（一九三四）一一月に愛知県の三信三輪（現 東栄）から佐久間（現 中部天竜）まで延伸し、さらに昭和一一年（一九三六）一一月に天龍山室まで延伸、そして昭和一二年（一九三七）七月に最後の小和田《こわだ》─大嵐《おおぞれ》間の開通により全線が開通した。三信鉄道はその後昭和一八年（一九四三）八月に国有化され、国鉄飯田線となった。この地形図では、後の佐久間ダム建設に伴って付け替えられる前の、天竜川左岸沿いを走る旧路線が記されている（後述参照）。また、久根鉱山が明示され、大久根小学校、久根郵便局も地図記号でその位置が示されている。

この地形図には、合併前の一町三村の役場が、浦川町は浦川に、佐久間村は佐久間に、山香村は西渡に、城西村は芋堀に、地図記号で示されている。天竜川と大千瀬川合流地点より七〇〇m北に、大正四年（一九一五）に架けられた原田橋がある。三河から浦川を経て水窪へ、また龍山《たつやま》、船明《ふなぎら》、二俣へ陸路で行くには、天竜川をこの中部で渡らなければならない。原田橋は浦川村と佐久間村を結ぶ交易上重要な橋である。佐久間─西渡間の道路は昭和二二年（一九四七）に開通しており、この地図でも自動車道路が確認できる。明治四四年（一九一一）の地形図には明示されていた王子製紙中部工場は大正一三年（一九二四）に閉鎖され、この地形図には載っていない。

三　昭和四一年発行地形図

図１-６は、佐久間町が産業的に最盛期を迎えた昭和三〇年代を示している地形図で、「昭和三十八年測量、昭和四十一年補測」とある。天竜川と大千瀬川の合流地点から四km上流に佐久間ダムの堰堤が築かれ、その上流に佐久間湖が見える。佐久間ダムの竣工は昭和三一年（一九五六）一〇月一五日であった。昭和二八年（一九五三）五月に着工し、三年六カ月という短期間で建設された。

このダム建設に伴い、国鉄飯田線は天竜川沿いで水没区間ができるため、大きく水窪へ迂回路線を建設することになり、昭和二九年（一九五四）六月に付替え工事が着工し、昭和三〇年（一九五五）一一月に付替え線が開業する。この付替え線は佐久間から水窪川沿いへ峯トンネル（全長三・二km）で抜け、水窪川沿いに北へ伸び、水窪の尾呂から大原トンネル（全長五km）で観音山の山稜、大津峠の下を抜け、天竜川の

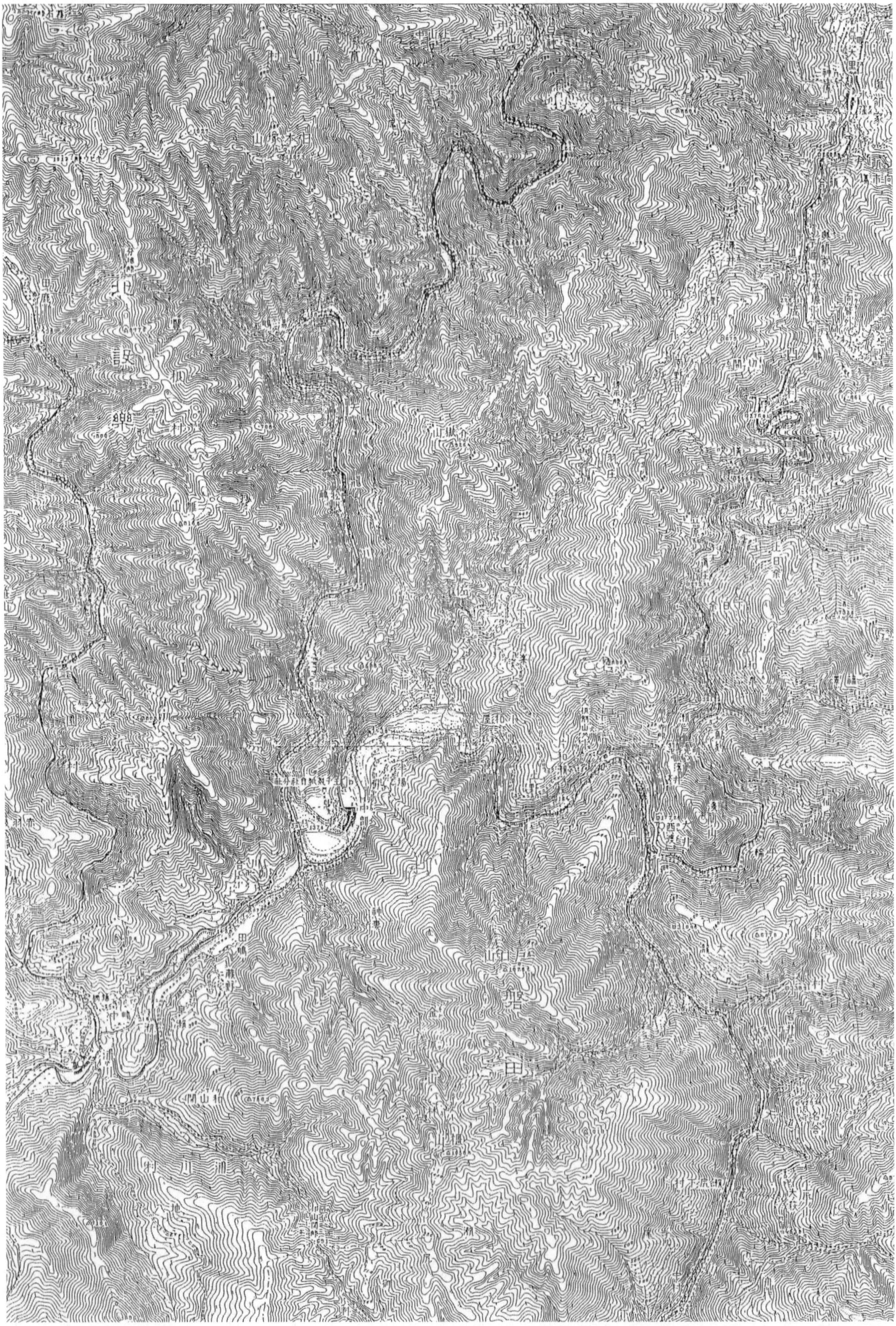

図 1-4　明治 44 年発行地形図

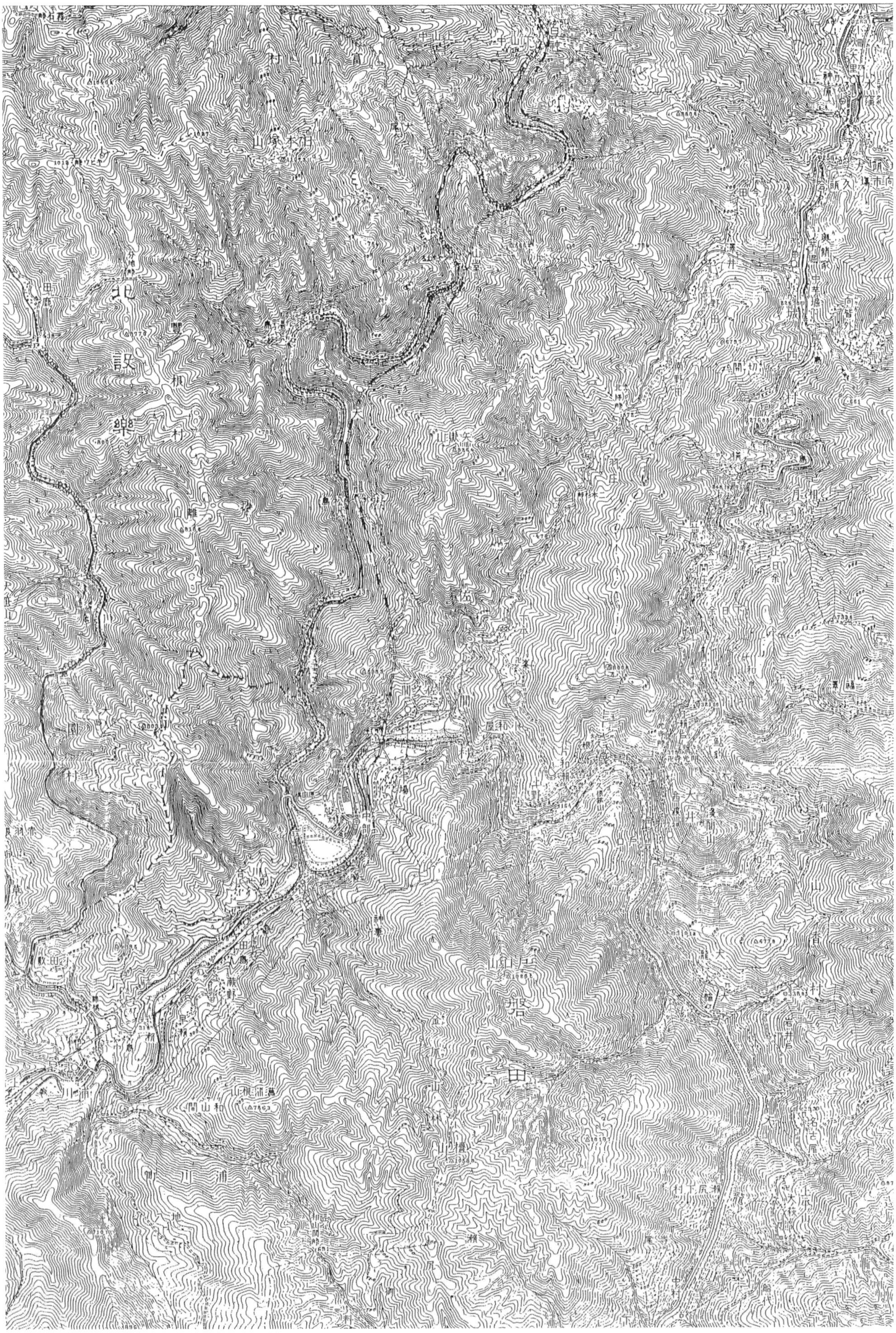

図 1-5　昭和 23 年発行地形図

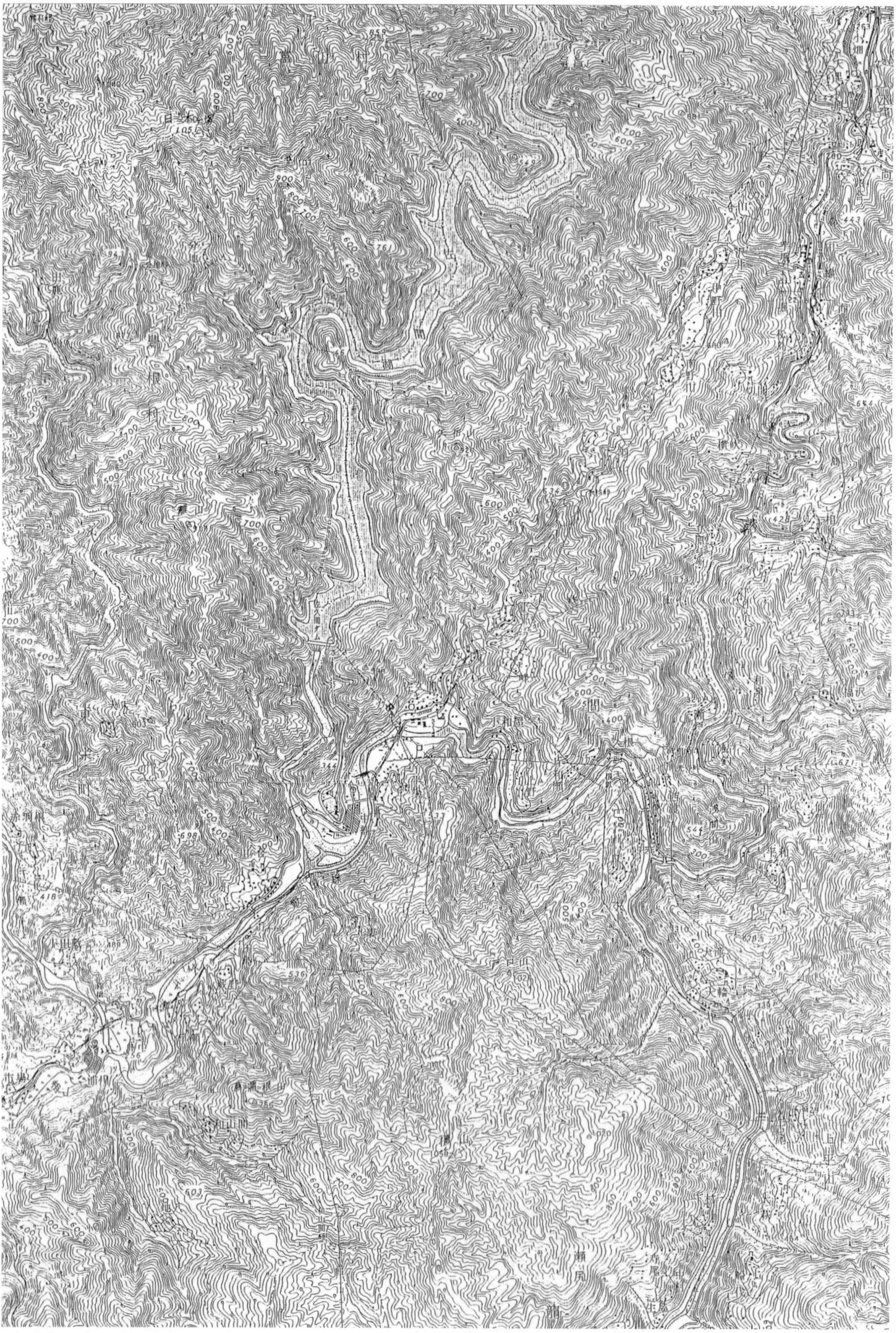

図 1-6　昭和 41 年発行地形図

図 1-7　平成 25 年発行地形図

左岸大嵐に出る迂回路線である。峯トンネルは愛宕山の山稜を突き抜ける大工事の末、昭和三〇年五月に貫通し、大原トンネルは峯トンネルより五〇日ほど遅れて七月に貫通した。

佐久間ダム建設により巨大な貯水湖ができ、山林だけでなく、水田、畑、原野、宅地も水没した。水没関係補償は一四七万坪に及んだ。水没家屋は佐久間村山室で一四世帯、愛知県豊根村豊根で六世帯であった。天竜川左岸においては山室の集落が完全に水没し、この地形図上からも消えている。

昭和三一年（一九五六）九月三〇日、磐田郡浦川町、佐久間村、山香村、城西村の一町三村が合併し、佐久間町となった。佐久間村の旧村役場が町役場になり、昭和三二年（一九五七）一月に新庁舎が落成した。同年四月に地域が待ち焦がれていた組合立佐久間高校が開校し、この地形図にも、天竜川が大きく蛇行して大千瀬川と合流する地点近くの中州に地図記号で示されている。地形図では、佐久間ダムの貯水湖の左岸にある取水塔から、完成当時日本最大の三五万kWの出力を誇った佐久間発電所へ延びる導水トンネルが記されているほか、右岸側にはダムの水を愛知県の豊川水系に分水する佐久間導水路が南西方向に延びているのが確認できる。

また、この地形図の作られた時期は、戦後の久根鉱山の最盛期であり、当時、名合支山の産出量がピークを迎えていた。鉱石運搬用の索道が、名合（名古尾）から天竜川右岸の戸口山中腹を経て、久根鉱山本山に引かれている。本山の選鉱場からは、さらに索道が山を越えて、飯田線中部天竜駅南西の貨物積み込み所まで延びていた。選鉱された銅鉱石は、こうして飯田線で運ばれていった。

四　平成二五年発行地形図

図1-7は、現在の浜松市天竜区佐久間町の地形図である。平成一五年測図とある。久根鉱山は、昭和四五年（一九七〇）一月に名合支山が、一一月に本山が閉山し、久根鉱山の名称は地形図から消えている。昭和四一年（一九六六）の地形図からの変化は、基本的には道路網の整備が挙げられるくらいである。地形図の上で大きな物理的な変化が読み取れないことは、この地における半世紀近くの停滞を意味していると考えることもできる。

第四節　産業と人口の推移

一　戦前の産業と人口の推移

幕末から明治初めにかけての旧佐久間町の人口は、明治五年（一八七二）の資料から見ることができる。旧佐久間町全域で六八九〇人、うち浦川村二二四八人、佐久間村一四三〇人、山香村一三三九人、城西村一八七三人であった。江戸時代から明治の初めまで、旧佐久間町域は七〇〇〇人を下回る規模であったと考えられる。浦川村、城西村は山間の集落として、畑作、林業が生業の基盤となり、大千瀬川、相川、水窪川の水運による交易に支えられ、さらに狭隘な棚田で水田稲作農耕を営むことで、この人口規模を支えてきたものと考えられる。

明治期の詳細な推移は手元にないものの、大正九年（一九二〇）の国勢調査では一万六一五三人という記録があり、明治五年（一八七二）から大正九年の間に旧佐久間町域の人口は二倍に増加したことがわかる。その後も大正年間、そして戦時下の昭和一五年（一九四〇）においても概ね一万五〇〇〇人の規模で推移した。『佐久間町史』による人口統計によれば、大正九年前後から太平洋戦争時まで、人口は安定的に一万五千人前後であったことが示されている。これは既述の（二）四町村独自の展開期に当たる時期であり、天竜川という大河川の中流域、山間地の集落が、林業を生業として安定していた時期と位置付けることができる。この時期、浦川村、佐久間村、山香村は天竜木材という育成的林業を展開し、天竜川を筏で流送することで、比較的安定した林業を定着させることができた。この時期、農業は焼畑を含め、雑穀栽培の畑作が自給的に行われ、河川沿いの棚田を設けることができる集落では水田稲作農耕も行われた。城西村南野田などでは、「米は食べられなかった」というような寒村のイメージではなく、白米も十分に食することができる農業が営まれてきた。もっとも佐久間の農業は畑作、それも麦（大麦、小麦）が中心であったことは確かであり、稗、粟などの雑穀類も盛んに作られてきたことは、第二節農業のところで後述する。

この時期の旧佐久間町域の近代産業を支えた象徴的存在が、久根鉱山と王子製紙であった。既述であるが、明治二二年（一八八九）に開始された金原明善の植林事業や、明治三〇年前後の各村の森林組合の設立もあり、林業の振興が図られた時期である。これらの条件が重なって、明治五年から大正九年までの人口増加、そしてその後の太平洋戦争の時期までの人口安定期がもたらされたと考えられる。

二　戦後の産業と人口の推移

昭和一五年（一九四〇）に一万三六五四人であった旧佐久間町域の人口は、昭和二二年（一九四七）に一万七二九六人に増加した。終戦に伴う兵士の帰還や、戦争中勤労動員で豊橋、豊川へ移出していた人たちの帰還などの社会的要因によるものであった。そして昭和二五年（一九五〇）には一万七五七七人に微増し、その後昭和三〇年（一九五五）には四七五〇戸、二万六六七一人に急増してピークを迎えた。昭和二八年（一九五三）五月に着工した佐久間ダムの建設が大きな要因である。また、久根鉱山は戦後その主力を名合支山に移しながら、大正年間と比肩するほどに産出量が急増し、昭和三五年（一九五五）に戦後のピークを迎えた。久根鉱山の活況は、戦後の人口増加をダム建設と共に支えるものであった。

しかし、昭和三一年（一九五六）の佐久間ダム竣工後、ダム関係の仕事の減少により建設関係者は全国へ散っていった。人口流出は激しく、昭和三五年（一九六〇）には一万八八五八人に減少し、昭和四五年（一九七〇）の久根鉱山閉山により決定的な産業衰退が招来し、人口減少はさらに加速した。昭和五〇年（一九七五）には一万〇六五七人、昭和五三年（一九七八）には一万人を割り、さらに平成一二年（二〇〇〇）には六七七七人という、自給的な農業生産でも賄える近世後半の明治初年頃の人口規模にまで減少した。平成一七年（二〇〇五）の浜松市への編入合併後も人口減少は為す術もなく、平成二七年（二〇一五）には四〇〇〇人を割り、平成二八年（二〇一六）には三八五五人となった。

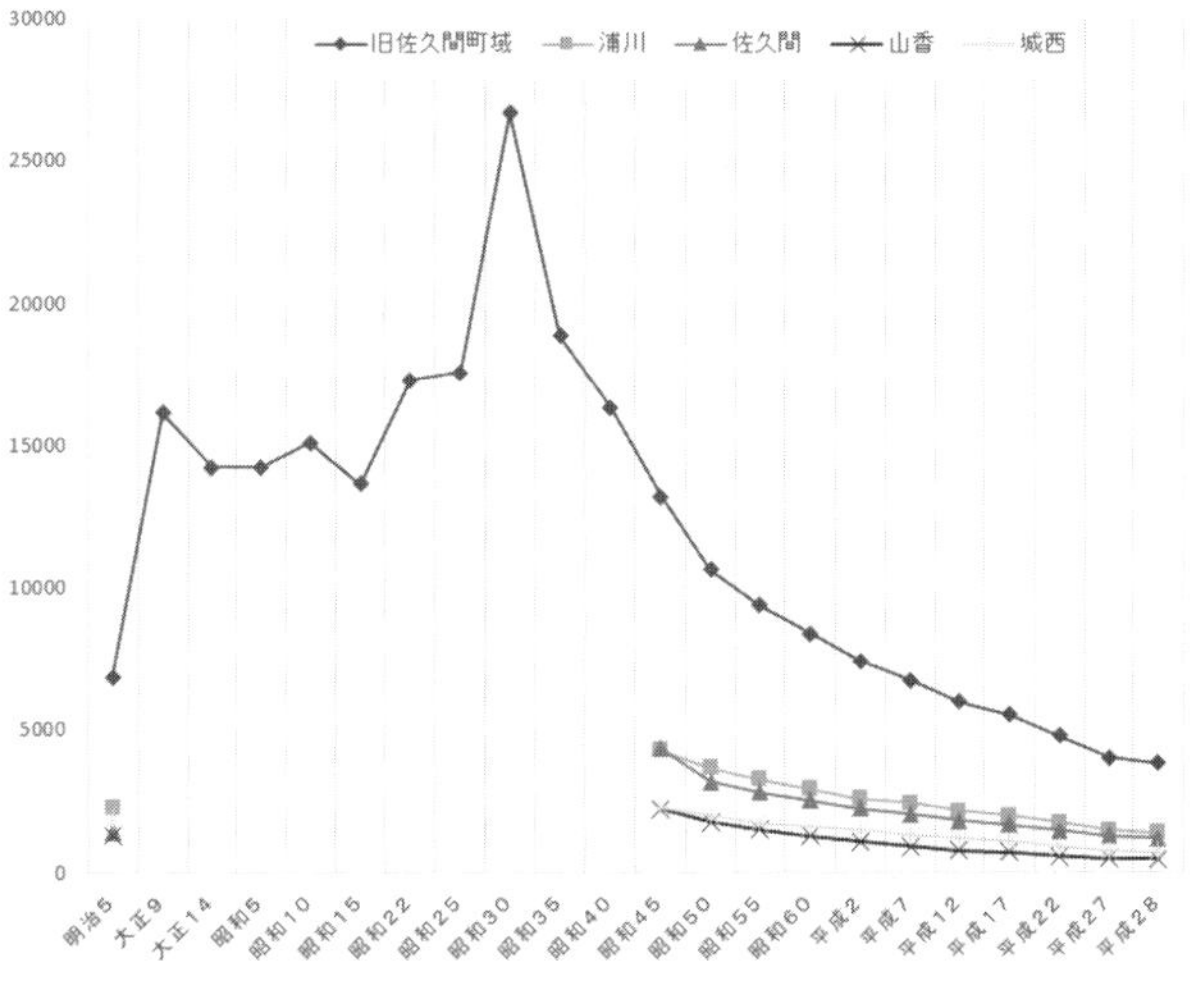

図 1-8　佐久間町の人口動態グラフ

	西暦	旧佐久間町域	浦川	佐久間	山香	城西
明治5	1872	6,890	2,248	1,430	1,339	1,873
大正9	1920	16,153				
大正14	1925	14,228				
昭和5	1930	14,252				
昭和10	1935	15,103				
昭和15	1940	13,654				
昭和22	1947	17,296				
昭和25	1950	17,577				
昭和30	1955	26,671				
昭和35	1960	18,858				
昭和40	1965	16,351				
昭和45	1970	13,213	4,313	4,344	2,236	2,320
昭和50	1975	10,657	3,688	3,194	1,768	2,007
昭和55	1980	9,405	3,282	2,828	1,532	1,763
昭和60	1985	8,401	2,947	2,550	1,289	1,615
平成2	1990	7,444	2,605	2,271	1,086	1,482
平成7	1995	6,777	2,449	2,062	937	1,329
平成12	2000	6,008	2,175	1,835	797	1,201
平成17	2005	5,536	2,002	1,703	725	1,106
平成22	2010	4,801	1,768	1,501	598	934
平成27	2015	4,040	1,481	1,304	490	765
平成28	2016	3,855	1,422	1,225	472	736

表 1-5　佐久間町の人口動態表

		世帯数	人口（人）	人口減少率（%:昭35→45）
1	吉沢	53	185	49.9
2	川上	68	297	29.9
3	出馬	39	195	18.7
4	沢上	17	78	9.3
5	上市場	89	354	21.8
6	町区	231	948	30.9
7	柏古瀬	147	511	14.1
8	小田敷	11	65	13.3
9	島中	73	281	20.2
10	河内	53	220	17.6
11	地八	21	94	42.0
12	和山間	20	100	29.6
13	早瀬	53	277	10.4
14	神妻	48	174	36.5
15	川合	131	534	18.2
	浦川地区	1,054	4,313	25.3
1	佐久間	340	1,297	11.3
2	中部	511	1,851	増10.8
3	半場	203	720	1.1
4	下平	31	129	19.4
5	峰	28	113	31.1
6	羽ヶ庄	24	117	35.7
7	上野	16	70	43.5
8	久根	18	47	95.8
	佐久間地区	1,171	4,344	22.5
1	大滝	28	135	38.6
2	大輪	16	51	91.0
3	平和	8	25	80.3
4	仙戸	17	83	30.2
5	鮎釣	14	60	37.5
6	福沢	39	171	32.7
7	和泉	22	101	36.9
8	間庄	15	60	54.5
9	瀬戸	48	211	33.4
10	西渡	184	657	40.7
11	舟戸	69	234	45.6
12	戸口	36	142	53.6
13	上平山	67	306	41.7
	山香地区	563	2,236	48.7
1	芋堀	77	320	23.8
2	野田	94	474	19.5
3	松島	136	598	26.8
4	横吹	96	443	69.3
5	相月	106	485	25.3
	城西地区	509	2,320	25.5
	計	3,297	13,213	29.9

表 1-6　佐久間町集落別世帯数と人口（昭和 45 年）

第二章　産業

第一節　農業

一　時代による変容

（一）近世の農業

『佐久間町史 上巻』に掲載されている近世史料から、近世における旧佐久間町域の生業、生活を瞥見してみる。

「遠州豊田郡川合村高反別指出品々明細帳」（寛保二年（一七四二））に川合村の農業の様子が書かれている。川合村は高一三九石余の村で、戸数五九、人数二八六人という村柄であった。

一　村居は山添川端ニ立申候、

一　畑之儀墨土、赤土、砂土、石まじりニ而御座候、

一　畑方ニハ麦作　白麦、赤麦、宮麦、米麦、　夏作ハ　稗、きび、芋、粟
　秋ハ　大根、蕎麦　作り来候、

一　畑こやし之儀当村山ニ藤葉、芝草を刈こやし仕候、

一　古来ゟ御料所ニ而、御私領ニ相渡り候儀無御座候、

一　田方当村ニ無御座候ニ付、御年貢米無御座候、

集落は、天竜川と大千瀬川の川沿いに形成されていて、畑作は麦が中心で、焼畑が行われ、焼畑の夏作では稗《ひえ》、黍《きび》、芋（里芋）、粟《あわ》が作られ、秋作では大根、蕎麦《そば》が作られていたことが分かる。畑の肥やしは藤葉、芝草を刈って用いた。川合村には水田がなかったため、年貢米を収めることはなかった。

同じ寛保二年（一七四二）の浦川村の「指出明細帳」では、浦川の農業は以下のようであった。

一　村居は山添川端ニ立申候、

一　田畑稲の名白えひ作御座候、

一　田畑黒ぶく、砂石まじりニ而御座候、

一　田方麦作仕付候場御座候、水入ニ而麦田難成御座候、

一　畑方麦の名　赤麦、白麦、ひき麦、よな麦、青麦
　夏作　芋、稗、ささげ、きび、茄子
　秋作　大根、蕎麦　右之通仕付申候、

一　田畑こやし藤の葉、馬草計ニ而仕来申候、

とあり、浦川村では水田が若干存在していたことが分かる。「寛文拾年戌二月、遠州豊田郡西手領浦河之内御検地帳」（寛文一〇年（一六七〇）の検地帳）によれば、「四畝七歩　下々田」の水田があった。川合村と同様に畑作が中心であって、その畑では麦作が多く作られていた。そして焼畑が行われ、ここでの夏作は芋、稗、ささげ、黍、茄子《なす》であり、秋作が大根、蕎麦であった。

また、水窪川、天竜川流域の大井村の記録である「大井村　高反別村指出帳」（文政一一年（一八二八））を見ると、以下のような山村の生業であった。

一　土地は黄色にて大石小石交ニ御座候

一　農業之間、男は猪鹿防第一ニ御座候、次薪伐採申候、女は藤はたを心掛、亦

村名	城西村	山香村	佐久間村	浦川村	全地域	
水田	17.4町 -0.92%	3.1町 -0.22%	6.50町 -0.52%	42.1町 -1.95%	69.10町	1.03%
畑	162.7町 -8.57%	149.1町 -10.65%	141.5町 -11.36%	233.5町 -10.82%	686.6町	10.25%
宅地	12.2町 -0.64%	19.6町 -1.40%	33.07町 -2.65%	23.9町 -1.11%	88.77町	1.32%
山林	1704.3町 -89.78%	1228.6町 -87.73%	1063.7町 -85.40%	1843.7町 -85.50%	5840.3町	87.16%
原野	1.34町 -0.07%	0.06町 0.00%	0.7町 -0.05%	14.0町 -0.90%	16.1町	0.24%
総面積	1898.3町	1400.46	1245.47	2157.2町	6700.87町	

表 2-1　民有地の地目別面積（昭和 5 年）

農産物	作付面積	収穫高	農産物	作付面積	収穫高
米	381反	680石	カボチャ	4反	2,400貫
麦	806反	840石	スイカ	2	850
大豆	38反	21	ナス	31	19,220
小豆	15	9	生大根	52	56,270
粟	37	47	カブラ	1	500
稗	5	7	人参	5	1,920
キビ	13	11	ごぼう	6	2,330
とうもろこし	23	27	サトイモ	93	35,150
ソバ	46	48	ネギ	3	1,740
甘藷	159	55,960貫	キャベツ	1	570
ジャガイモ	20	5,416	ツケナ	13	7,800
梅	280本	40石	こんにゃくいも	28	4,907
桃	150	300貫			
ビワ	45	70	茶	115戸	1,702貫
生柿	15.51	663			
干柿		497	繭春	334戸	8,626貫
エンドウ	2	2	繭秋	347戸	10,537貫
ソラマメ	7	9	繭計		19,163貫
キウリ	4	2,000石			

表 2-2　浦川村農産物状況（昭和 5 年）

焚芝馬之草を苅申候、惣而薪等売買無御座候、

一　雑穀之儀、畑方並山焼畑ニ作付申候得共、年中之夫食不足仕、他所ゟ買入仕候、尤猪鹿猿沢山ニ而作毛相荒し申候、

一　かての菜大根、かぶ、からし、くさき、ぎょうふな、とち菜、芋からの類相用申候、

大井村では畑作、焼畑が行われていたが、食糧不足となり、他所より買い入れていた。農業の合間、男は猪鹿を防ぐべくシシ垣を設ける作業をし、女は藤の繊維で機織りをし、薪の柴を刈り、馬の飼料用草を刈る作業をした。猪、鹿、猿が沢山出て畑を荒らすため困っていたことがよく分かる。

寛保二年（一七四二）の「中部村　高反別指出明細帳」で中部村の農業の様子を見る。

一　当村田方無之候ニ付、用水無御座候、　中略

一　畑方真土砂雑り黒ぶく赤土ニ而御座候、

一　当村田方一切無御座候ニ付、稲種無御座候、

一　畑方麦之名　赤麦　ふるぞう　ひき麦　米麦

夏作　芋　稗　小角豆　粟　黍

秋作　大根　蕪　茄子　牛蒡

川合村、大井村と同様、水田はなく、常畑と焼畑で耕作が行われ、麦栽培が盛んであった。

以上、川合村、浦川村、大井村、中部村の指出明細帳を見て、各々の江戸時代の農業の様子を垣間見た。

(二) 戦前の農業

昭和五年（一九三〇）三月に刊行された『民俗芸術』に、早川孝太郎の「歌舞を基調とする祭り」という報告文が掲載されている。この中で早川は「諏訪湖を出た水が、伊那谷の盆地を流れて、あれからだんだん山地へ落ち込んでゆく信濃路を離れると、今度は三河と遠江の間を流れる。この辺が天竜川の流域を通じてもっとも山深い交通不便の土地である。その国境線にあるのが三河の北設楽郡で愛知県下ではあるが、同じ県内でも名古屋地方の人は言うまでもなく岡崎とか豊橋辺の人でも、猪か猿の住処ぐらいに考えて、しかも天竜川が三河地内に沿うて流れることには気づかぬが多い、それほど世に忘れられてきた地方である。中にも三河の富山という村から遠江の磐田郡川合という村へ出る間の五里余の流域は、三河地内にちりぢりに五軒、遠江地内に山室という十戸ほどの部落が一カ所あるだけで、両岸は三千尺近い峻峰で固められている。天竜峡下りの客がもっとも壮快を叫ぶ地点であるが、それだけに至って寂しいのである。」と記している。そのような「猪か猿の住処」と考えられていた地域である。

昭和五年「村勢一覧表」（『佐久間町史　下巻』所収）により、昭和の初め頃における佐久間地区の農林業の様子を見ることができる。また、同じ昭和五年の浦川村の「農産物状況」が「統計台帳」に記載されている。

まず水田を見ると浦川村が四二・一町あった。畑、山林、宅地、原野全ての面積のうち、それでもわずか一・九五％である。旧佐久間町全域の平均が一・〇三であったからその倍近くあり、浦川村がこの地域では水田が一番開けていたことは確かである。次が城西村の一七・四町である。浦川村においては相川および大千瀬川沿いに水田が開けていた。城西村において河内沢川、福沢川、水窪川沿いに水田が設けられていたが、水窪川沿いは極小規模の棚田であった。一方、山香村は三・一町しか水田はなく、ほとんど水田を持たない畑作の村であった。

畑は四村とも全域の一〇％前後が確保されていた。これは麦類を主な穀類として栽培していた様子が見て取れる。麦類は常畑で主に栽培された。赤麦、白麦、青麦、ふるぞう、米麦、小麦などがその品種であった。近世の「高反別村指出帳」を見ると常畑で専ら作られ、焼畑では麦類は作らず、蕎麦、稗、粟、黍等の穀類が焼畑で作られた。

昭和五年の「浦川村農産物状況」を見ると、当時の佐久間の農産物が分かる。麦の作付面積が八〇六反といちばん面積が大きく、主穀であったであろう。ただこの麦も多種であり、食べ分ける物であった。米の作付面積が三八一反で麦の半分以下であったが、旧佐久間町四村の中では水田が一番切り開かれていた。作付面積が広いものを挙げると、粟が三七反、とうもろこし二三反、蕎麦四五反、さつまいも一五九反、じゃがいも二〇反、茄子三一反、大根五二反、里芋九三反、こんにゃく二八反である。常畑のものが多いであろうが、焼畑の作物を近世の「高反別村指出帳」で見ると、夏作が稗、黍、里芋、粟、茄子などであり、秋作が大根、蕎麦、蕪《かぶ》、牛蒡《ごぼう》などである。

佐久間の各戸では、家の近くの常畑には「アキ畑」と呼んだ小さい区画の畑を持ち、そこで自家消費の農作物を作っていた。アキは道端にあり、耕作しやすい場所にあった。南野田の中嶋靖雄さんが昭和二〇年代に作っていたものとして、黍、じゃがた（じ

地区	集落	耕地面積(a)	水田(a)	普通畑(a)	茶畑(a)	桑畑(a)	山林(ha)	総戸数(戸)	農家戸数	主販売品
浦川	吉沢	1,153	341	606	206	―	579	53	33	茶
	川上	1,437	312	851	57	138	406	68	43	麦
	出馬	796	275	387	52	74	418	39	30	麦
	沢上	572	286	269	16	0	29	17	16	米
	上市場	954	501	275	30	110	68	89	36	麦
	町・河内	594	201	379	11	0	71	284	31	
	柏古瀬	350	80	182	6	59	89	147	23	麦
	小田敷	221	166	50		0	181	11	10	鶏
	島中	809	208	498	12	88	122	73	29	まゆ
	地八	500	0	393	107	0	43	21	18	茶
	和山間	504	0	234	95	175	236	20	20	まゆ
	早瀬	1,120	56	454	49	560	85	53	40	まゆ
	川合(蕨野・田島)	469	52	293	24	97	41	48	14	まゆ
	川合	973	20	586	54	313	122	131	58	まゆ
	小計	10,449	2,498	5,457	719	1,614	2,488	1,054	401	
佐久間	上野・久根	179	0	93	25	61	43	34	11	まゆ
	峯	859	2	489	191	177	79	28	26	茶
	下平	769	177	259	71	262	36	31	28	まゆ
	羽ヶ庄	682	178	359	128	25	122	24	20	茶
	佐久間	645	27	484	106	18	377	340	43	茶
	中部	125	0	102	20	0	73	511	9	鶏
	半場	1,144	57	610	128	309	186	203	41	まゆ
	小計	4,403	441	2,388	669	916	1,171	178	15	
山香	大滝・大輪	822	0	181	630	11	101	44	25	茶
	平和	188	0	129	59	0	1	8	8	茶
	仙戸	171	20	97	54	0	27	17	11	茶
	福沢	498	113	222	149	0	300	39	25	茶
	鮎釣	165	0	62	103	0	3	14	6	茶
	和泉	660	0	151	509	0	37	22	20	茶
	間庄	231	0	104	127	0	44	15	12	茶
	瀬戸	371	0	173	198	0	18	48	25	茶
	西渡・舟戸	512	0	317	185	9	34	217	31	茶
	戸口	412	0	198	213	0	63	36	24	茶
	船代	634	0	148	486	0	83	20	18	茶
	大萩	404	0	62	342	0	53	21	13	茶
	名古尾	611	22	156	423	9	154	18	14	茶
	岩井戸	247	0	27	220	0	157	8	7	茶
	小計	5,926	155	2,027	3,698	29	1,075	527	239	
城西	南野田	815	193	362	215	45	97	18	16	茶
	大沼	618	63	422	133	0	65	17	17	茶
	中野田	610	87	397	108	20	46	22	18	茶
	沢井	624	149	236	220	19	46	19	14	茶
	今田	853	51	382	420	0	63	18	17	茶
	芋堀	338	45	176	115	2	99	77	24	茶
	中芋堀	384	58	223	90	0	18	67	21	茶
	向皆戸	552	57	341	129	25	34	33	22	茶
	松島	359	17	203	126	13	25	36	12	茶
	切開	939	0	558	322	56	71	32	27	茶
	横吹	437	0	227	169	39	34	22	19	茶
	島	371	0	191	170	10	34	32	15	茶
	立原	186	0	80	106	0	49	10	6	茶
	相月	997	98	432	401	66	74	53	30	茶
	上日余	610	33	259	311	7	68	34	16	茶
	下日余	532	0	244	288	0	48	19	14	茶
	小計	9,225	851	4,731	3,323	302	288	509	288	
佐久間町合計		30,003	3,945	14,603	8,409	2,797	5,350	3,261	1,106	

表 2-3　集落別耕地面積および戸数（昭和 45 年農業センサス）

ゃがいもの在来品種)、さつま、大豆、小豆、こきび、たかきび、大麦、小麦、こんにゃく、里芋、茄子、牛蒡、そら豆、えんどう、胡瓜《きゅうり》、南瓜《かぼちゃ》等を挙げてくれた。

その他、柿が一五反栽培され、干柿生産が盛んであったことが分かる。また、茶の栽培農家が一一五軒あり、一，七〇二貫の生産、養蚕農家が三三〇戸以上あり、春繭八六二六貫、秋繭一万五三七貫の収穫があった。

(三)　戦後の農業

旧佐久間町域の戦後の農業を見るにあたり、昭和四五年（一九七〇）の農業センサスの資料を検討してみる。昭和四五年は佐久間町において画期となった久根鉱山閉山の年でもある。日本全体においても、高度経済成長の真っ只中で、第二次・第三次産業のほぼ全てが右肩上がりの好景気に沸き上がり、都市への人口の社会的流入が顕著になりつつある時期である。佐久間町は、既にこの時期、人口流出が激しく、高齢化社会への流れが見えていて、全国でも山村の過疎化、高齢化がいち早く問題化している市町村であった。佐久間町における農業の新技術導入は戦後積極的には行われず、この昭和四五年当時において、農業は昭和二〇～三〇年代の農業のあり方をそのまま残すか、特に養蚕関係においては消滅しつつある状況であった。昭和四五年当時、旧佐久間町域全体の人口は一万三二一三人で、うち旧浦川町地区四三一三人、旧佐久間村地区四三四四人、旧山香村地区二三三六人、旧城西村地区二三二〇人であった。旧浦川町地区は総戸数一〇五四戸のうち農家四〇一戸（農家率三八・〇%）、旧佐久間村地区は総戸数一一七一戸のうち農家一七八戸（農家率一五・二%）、旧山香村地区は総戸数五二七戸のうち農家二三九戸（農家率四五・六%）、旧城西村地区は総戸数五〇九戸のうち農家二八八戸（農家率五六・六%）であった。旧城西村地区は半分以上が農家で、農業が生業の中心であったが、旧佐久間村地区は農家率が一五・二%と低く、第二次・第三次産業が中心の地区であった。

表2-3は、昭和四五年の農業センサスから作成した旧佐久間町集落別耕地面積および戸数表であり、旧佐久間町の旧一町三村の農業の特色を読み取ることができる。

一）旧浦川町地区は、山間の村でありながら水田稲作が作付面積の三割を占めている稲作振興地であった。

二）旧佐久間村地区は、昭和四五年の段階でも桑畑が耕作地の四分の一を占め、養蚕が昭和四〇年代まで盛んな村であった。

三）旧山香村地区は、茶園が耕作地の六割以上を占め、茶園が農業の中心に据えられた村であった。

四）旧城西村地区は、茶畑が耕地の三分の一を占めるほか、麦を栽培する常畑が二割を占める村であった。

旧浦川町地区は、吉沢、川上、出馬、沢上、上市場、町・河内、島中で稲の作付面積が二ha以上ある、水田が耕地の三割ほどある集落が相川、大千瀬川沿いに広がる。水田はこの浦川村だけでも二五haある。常畑は五四haあり、やはり麦類の栽培を中心としていた。浦川村でも昭和四五年頃までまだ養蚕が盛んに行われており、一六haの桑畑が広がっていた。とくに早瀬ではこの地域では最後まで(昭和五〇年代前半まで)養蚕が行われていた。農家率は三八・〇%で、商業の街、林業の振興地としての性格もあった。

旧佐久間村地区は、茶畑が六・七haほど広がり、茶畑が戦後ヤブキタ種の導入で拡大してきた。また養蚕が一番最後まで残った地区であった。この昭和四五年時点で桑畑が八・五haあり、耕地面積の二〇%以上を占めるほど広がっていた。水田は桑畑の半分ほどの作付面積しかなく、この昭和四五年当時、天竜川流域の谷底平野は佐久間ダム関連の施設で占められていた。この地区は、農家率は一五・二%と低く、佐久間ダムをはじめ第二次・第三次産業が占める佐久間町の中心地となっていた。

旧山香村地区は、江戸時代から在来種の茶を栽培していたが、戦後特にヤブキタ種の導入により、茶園が拡大し、この昭和四五年時点で全耕地面積の六一・四%を占めるほどの作付面積があった。大滝、大輪、和泉、上平山に茶畑が大きく広がっていた。水田は福沢川沿いに棚田が設けられているくらいであった。農家率はこの時期四五・六%を占め、まだ農業、特に茶栽培が盛んな地域であった。

旧城西村地区は、旧山香村地区と同様、戦後茶畑が拡大した地域で、茶畑が耕地面積の三六・〇%を占めていた。また、河内沢川沿いに水田が切り開かれており、この川沿いの集落では、導水できるところは棚田を開き、緩斜面の面積が取れるところには茶畑が開かれ、常畑も集落周辺に設けられた。山間の集落における、その工夫した農業については、後述の南野田の農業を参考にしてほしい。農家率は五六・六%で、旧佐久間町の旧町村の中では一番高く、河内沢川や水窪川沿いにおいて、旧町内では最も盛んに農業が営まれていた地区であることが分かる。

		1月	2月	3月	4月	5月	6月	7月	8月	9月	10月	11月	12月
祭礼等		1/15 モチイ	2/7 山の講			5/15 久根山神様祭礼		7/15 浅間神社祭礼		9/15 八幡・貴船神社祭礼	10/7 山の講		
常畑作	麦	麦踏み	寒ゴエ 中耕				収穫				種撒き ホリゴミ		
	ソバ						堆肥入れ	種撒き		収穫			
	コキビ				種撒き		苗植え			収穫			
	サツマイモ				種撒き		苗植え			収穫			
	蒟蒻				堆肥入れ	種芋植え					収穫		
	ジャガイモ			堆肥入れ 種芋植え		収穫							
	茶					一番茶		二番茶		カッポシ刈り	施肥 茶株ならし		
焼畑（サクハタ）1年目		立木伐採	立木伐採	立木伐採	地ごしらえ				立木伐採 山焼き	立木伐採 ソバ種撒き	立木伐採 ソバ収穫	立木伐採	立木伐採
炭焼き		炭焼き	炭焼き	炭焼き	炭焼き	炭焼き		薪炭材用意	薪炭材用意	薪炭材用意	薪炭材用意	窯作り	最初の炭焼き
川漁				ヘタブリ（ヤマメ）	ヘタブリ（ヤマメ）		ヒッカケ（アユ） ヒケバリ（ウナギ）	ヒッカケ（アユ） ヒケバリ（ウナギ）	ヒッカケ（アユ） ヒケバリ（ウナギ）	スクイアミ（アユ）	スクイアミ（アユ）		

表 2-4　大井の生業暦（藤澤春雄さんからの聞き取り：山仕事以外）

二　西渡の農業

（一）藤澤家の生業暦

藤澤春雄さん（大正九年生まれ）の御自宅は旧山香村大井で、西渡から明光寺峠へ上がる途中、浅間山西側中腹に位置する。眼下に天竜川が蛇行して流れ、南西に開いた傾斜面にあり、山林の間に畑を切り開いて農業を営み、背後に控えた山林で山仕事に従事してきた。コラムでも紹介しているので、春雄さんの生い立ちはそちらを参照してほしい。終戦後、苦労して佐久間に帰還され、大井で農業、林業に従事し続けてきた力強さが表情に現れている。ここでは藤澤家の生業暦を確認し、山香地区の西渡の農業について見ていく。

春雄さんは昭和二二年（一九四七）から現在まで西渡に住み、森下木材店（大井にあった山仕事を請け負う会社）に雇われ山仕事に従事しながら、西渡に四反二畝の茶畑を持ち、都合一反ほどの常畑を耕作することを生業としてきた。ここで記録するのは昭和四〇年代の農業を中心とした生業暦である。春雄さん宅周辺の五反ほどの畑を茶栽培中心にしていったのは、やぶきた（藪北）種がこの地に入ってきた昭和三〇年頃以後である。佐久間ダム建設に沸き返る昭和三〇年前後に、山香地区でも在来の茶から一斉にやぶきた種に切り替わり、生産量が増え、開墾地も拡大していった。春雄さんの義理の父、民泰さん（明治二八年生まれ）は、この地で四反ほどの畑をさつまいも専門で耕し、終戦直後の食糧難の時期には良質のさつまいも栽培に成功し、「サツマ成金」と呼ばれるほどの名士となった。民泰さんから春雄さんの代に代わった昭和三〇年代、春雄さんはさつまいも畑を茶畑に切り替えていき、昭和四〇年代には屋敷周辺の四反二畝の茶畑で茶栽培を展開した。茶工場を持ち、粗茶まで作る「自園自製」の茶農家であった。茶畑のほか、麦、小黍《こきび》、さつまいも、じゃがいも、こんにゃく、自家用の野菜などを栽培する常畑があった。

（二）焼畑

春雄さんは、木材店の「庄屋」として人夫を引き連れて佐久間の山に入り、木材を伐採、搬出する作業にも従事していた。また、戦後しばらく、昭和三〇年代までは山香でも「山作（ヤブ焼きともいう）」とよばれる植林地における焼畑が行われ、春雄さんも伐採の跡地を借り受けて焼畑をやり、一年目は蕎麦、二年目はじゃがいもを作った。冬季を中心に炭焼きに山に入ることも昭和四〇年代まで盛んに行った。そして、

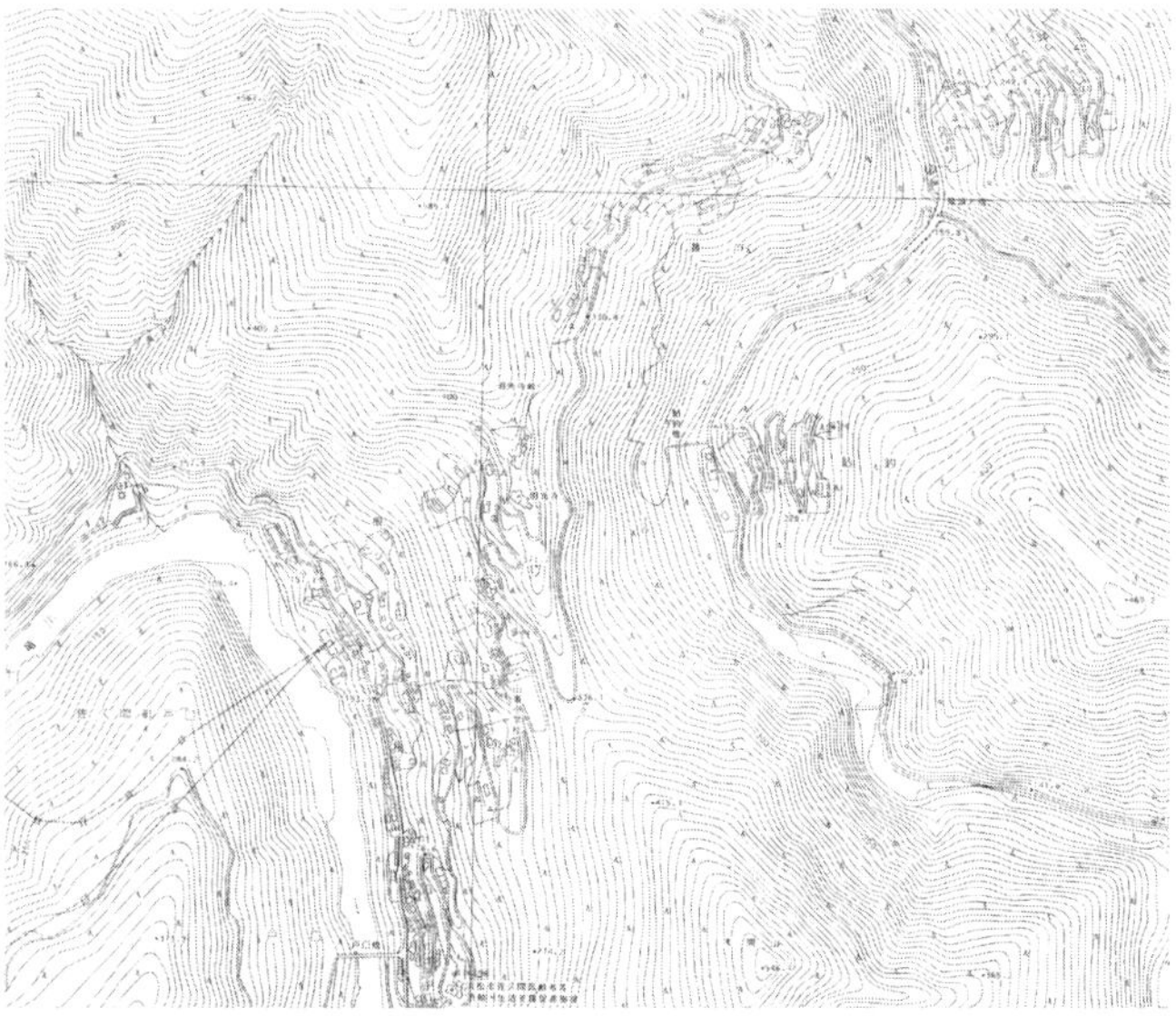
図 2-1　藤澤家周辺の実測図

写真 2-1　藤澤家と周辺の茶畑

写真 2-2　藤澤春雄さん宅

写真 2-3　庭で農作業をする藤澤春雄さん

		1月	2月	3月	4月	5月	6月	7月	8月	9月	10月	11月	12月
主な年中行事		1／31 若宮神社の祭礼					6 ／ 15 祇園祭り		8 ／ 15 盆、			11 ／ 18 白山神社の祭礼	
水田		イナギキリ・田起こし		ホリザラエ ジャガタ作り		コボウリ（中耕） 苗代 砕土機 アゼヌリ	田植え 代掻き	一番草 二番草	三番草		稲刈り		イナギキリ 脱穀、調整
常畑作	ムギ	麦踏み	寒ゴエ 中耕				収穫				種撒き ホリゴミ		
	キビ						堆肥入れ	種撒き		収穫			
	ジャガイモ		堆肥入れ	種芋植え		収穫							
	サツマイモ				堆肥入れ	種撒き				収穫			
	蒟蒻				堆肥入れ	種芋植え				収穫			
	大豆						堆肥入れ	種撒き		収穫			
茶				肥料入れ	除草	一番茶 製茶・出荷	二番茶			採草・敷き込み	整枝		
山仕事		立木伐採 川狩り 枝打ち・間伐		地ごしらえ	植林	下刈り			立木伐採 カワムキ		スラ・キンマ出し		川狩り 枝打ち・間伐
狩猟		イノシシ・シカ										イノシシ・シカ	
炭焼き		炭焼き						薪炭材用意				窯作り	最初の炭焼き
椎茸栽培		原木調達			植菌							水入れ	収穫

表 2-5　南野田の生業暦（中嶋靖雄さんの昭和 33 年農業日誌に従い作成）

春雄さんは天竜川の川漁が好きで、佐久間ダムができる前まではアユ、ウナギ、ヤマメなどを獲りに天竜川に出た。「春さの持ち場」という岩場が西渡の天竜川川岸にあり、その持ち場で盛んに川漁をした。

（三）茶栽培

春雄さんは四反二畝の茶園をやっていた。西渡では五月初旬の八十八夜頃から中旬が一番茶の時期で、昼は摘み取り、夜は茶工場で粗茶製造と、一年間で最も忙しい時期であった。春雄さんの茶園でも大井の女性四、五人に頼み、二週間ほど手摘みをしてもらった。「茶摘み衆」と呼んでいた。二番茶は六月の下旬から七月の中旬まであった。また九月には、周辺の山に茅刈りに入り、それを乾燥させて茶園に入れた。カッポシ刈りと呼んでいた。茶株ならし、施肥などの作業は、秋に山仕事の合間に行った。

（四）常畑

常畑の作業は、冬作の麦（大麦、小麦）の作業が中心であった。そのほかコキビ、サツマイモ、ジャガイモ、などの自家用野菜の栽培を山仕事の合間に行った。コンニャクは昭和二〇から三〇年代の一時期、山香地区でも拡大し、春雄さんもしばらく栽培したという。サツマイモ、ジャガイモは自家で食する程度の生産量であった。

三　南野田の農業

（一）南野田の農業

南野田は江戸時代には奥山村に属していた。水窪川沿いの城西の中心地から、河内川沿いに北条峠へ向けて南西方向に向かうと、今田、沢井、中野田、そして南野田の集落があり、南野田は城西村最奥の集落である。明治三六年に城西村が水窪川の中流域で一村をなす際に大字相月と合併し、城西村を形成した。昭和四五年の農業センサスによると、南野田地区には八一haの耕地があり、水田が一九・三ha、普通畑が三六・二ha、茶畑が二一・五ha、桑畑が当時四・五haあった。山林は九・七ha。総戸数一八戸、農業戸数一八戸、主要販売品はお茶と記録されている集落である。近世村落で見ると、佐久間村、中部村、大井村、戸口村、上平山村、相月村は水田がない集落があるが、この奥領家村の城西で水窪川と合流する河内川沿いの集落である南野田、大沼、中野田、沢井、今田、芋堀の集落には水田が切り開かれていた。北条峠が分水嶺となって北流する河内川沿いに、南野田をはじめとして棚田を切り開いた集落が南北に並んでいる。特に東側の愛宕山から南北に連なる山稜から西に、沢がいくつも河内川へ出ており、この沢沿いに棚田が設けられた。南野田はその典型的な棚田を有し、普通畑（焼畑ではない常畑を指す）を集落周辺に持ち、矢岳山（集落の西側の山稜）側と愛宕山側に山林を所有して山仕事に従事する人々が多い。茶は戦前からあったが、戦後拡大し、特に昭和四〇年代、ヤブキタの品種が入ってきて、茶畑の耕作面積が急速に拡大した。

（二）中嶋家の農業

今回、中嶋靖雄さん（昭和一三年生まれ）から、南野田の稲作、茶栽培、林業について詳しく聞くことができた。特に棚田における水田稲作農耕の集約的農法は、現在でも高い生産性を確保し、美味しいお米を生産していることは注目に値する。ここでは棚田の水田稲作を中心に記録する。

中嶋靖雄さんは、南野田で息子さん夫婦、孫二人と一緒に暮らしている。中嶋さんの家は代々、三八町歩ある山林を管理し、二反五畝の茶畑を経営し、二町五反もの棚田を耕してきた。靖雄さんは昭和三三年に一八歳で高校を卒業すると、父の久司さんが営む水田、茶、山林の仕事を手伝うようになった。

南野田での棚田における水田稲作農耕は、機械化も思うように進まず、収量も肥料の大量投下によって平地のように伸びず、ウンカなどの病虫害にも会い、苦戦の連続であったという。その中でも絶えず工夫しながら農業経営を継続してきた。ここ数年前から棚田の畔にミントを植えるようにしたと言って、そのよく生え揃った畔の列を指し示してくれた。畔を歩くとミントの香りが漂う。畔に植えるようにしてから特に害虫が付かなくなったという。このような普段の創意工夫が、南野田で豊かな棚田を維持することができた英知であろう。

（三）中嶋家の生業暦

中嶋家の農作業暦を表2-1-5に示した。これは中嶋家で昭和五〇年代から現在まで、水田を営みながら常畑で雑穀、野菜等を栽培し、茶園を設けて茶栽培をし、山仕事をしながら炭焼き、シイタケ栽培を行ってきた作業暦である。靖雄さんが記録続けてきた『農業日誌』（章末）にも記されているが、ここでは年間の栽培作物ごとにその作業手順を聞き、暦としてまとめたものである。常畑での栽培作物は、麦、キビなどの雑穀類がなくなり、ナス、トウモロコシ、キュウリ等の自家用野菜の栽培に変化してきている。山仕事は現在では見回りに行くぐらいになり、炭焼きも昭和五〇年代にやめている、という変化はあるものの、中嶋家は現在でも基本的に水田稲作と茶栽培を中心に生業が成り立っている南野田の農家である。

　この南野田の農家において、水田耕作は生業暦の中心となっており、棚田での水稲栽培が重要な位置を占めてきた。六月に入って始まる田植え、一〇月の中旬に始まる稲刈り（これは昭和三〇年代の日程であり、現在では二、三週間早まっている。）があり、このときは一家、親族総出であり、さらに村の「ユイデマ」で南野田挙げての労働供出になるほど中核的なものとなっている。

　茶園での作業を見ると、一番茶摘みは五月中旬で、このときは南野田だけでなく、手配できる五、六人の茶摘みの女性労働を期待した。これも最優先される作業である。二番茶は七月に入ってからであり、これは家族労働で済ませてきた。常畑での作業は、水田稲作、茶栽培、山仕事の合間にやる性格のものであった。それでも雑穀のうち、大麦、小麦は昭和三〇年代までは二反以上栽培しており、その収穫は六月上旬であり、相当の労働を必要とした。この生業暦を一瞥しただけでも、五、六月の繁忙期の仕事内容は過密なものであった。

　南野田での生業暦において、祭礼等の年中行事との関連は靖雄さんもよく口にする。正月の畑ジメ（一月一一日）、小正月であるモチイ、二月七日の山の講、三月三日の桃の節供、五月後半のタコヤブリ、六月一五日の祇園祭、八月一三、一四、一五日のお盆、一一月中旬の山住神社の祭礼、南野田の白山神社の祭礼、一二月年末の餅つき、年取りの行事は、丁寧に行われ、生業暦の中にうまく配置されている。特に五月後半のタコヤブリは、田、畑、山での仕事の繁忙の極みのときに休むものである。また、田植えは六月一五日の祇園祭までに終えられればよいと位置付けられ、稲刈りは一一月一八日の白山神社の祭礼に間に合うように終えることを目指していた。年中行事は今でも生業暦と関連をもって行われている。

（四）中嶋家の水田稲作

　佐久間町の農業というと、浜松の平野部に住む人びとにとっては山間の農業として焼畑＝雑穀栽培という印象を持つかもしれないが、佐久間でも最奥といってもよいこの南野田でも、近世より水田は切り開かれており、水田稲作が営まれてきた。

　この南野田の水田も「棚田」と呼ばれるが、棚田と平地の水田の差異はあるのだろうか。全国的に緩斜面に開かれた階段状の水田のことを「棚田」と呼んでいるが、「棚田」の明確な構造的規定はない。山腹や沢の傾斜面に石積みで段差を作り、階段状に作られた水田、というようなアウトラインは描くことができるであろう。水利慣行は地域によって様々であることは香月洋一郎などが報告しているが、それだけで「棚田」を一括りにはできないであろう。この南野田、城西地区における「棚田」では、水路を始めとした導水施設はあるものの、排水についての施設は基本的にないのが特徴になっている。排水口がない理由として、南野田では水を温かくするためだといわれている。沢水を取って直接田に入れているこの地では、排水口を設けて水の流れをよくすると、低水温で生育が悪くなるおそれがあり、それを防ぐ工夫である。

　全体で二反五畝ある水田で中嶋家では「一年中白い米が食べれらた」といわれるほど、この南野田の山間の水田は驚くほどの生産性があった。反当たりの米の収穫高は七・八俵ほどと安定的に穫れ、粒ぞろいの美味の米であり、他地域にも自慢できる上質の米である。中嶋家の屋敷の眼前「家の前」には見事な棚田が整然と並ぶ。中嶋家では、この「家の前」のほか、南の河内川を上ったところにある「フジタイラ」と、北側の集落である沢井の田の口沢に並ぶ棚田である「タノクチ」の二ヵ所の水田も耕していた。

　「家の前」の棚田の位置、水利については図2-2に示した。中嶋家は、愛宕山から北北東へ連なる山稜から西へ傾斜した緩斜面にある。屋敷の一〇〇mほど南にカキ沢が流れている。年中流れを絶やさない沢で、大河内沢川へ注いでいる。この沢に水口を二ヵ所設け、道上の水田と道下の水田に導水している。沢からパイプで水を引き、水路まで導水してその後はオープンカットの幅二〇cmほどの狭い水路で水田に引いている。図2-2を見ると、一枚一枚の田の水口の位置が分かる。水口はあるが排水口はない。導水は各田面にするものの、畔越しの水、石垣から染み出る水により下の田は潤う。この棚田は、先祖が代々作ってくれたドテと呼ばれる石垣と「トコ」とよばれる床土によって守られているという。ドテはいつ作られたか靖雄さんも知らないというが、割石を複雑に組んでいる。石工士（石屋）とよばれた人が作った一m以上の段差のドテもあるが、三〇～四〇cmほどの段差の石屋の仕事ではないものもある。石で組まれたドテの最上部には、人の手で田を鋤いて盛り上げたアゼが載る。畔塗りで

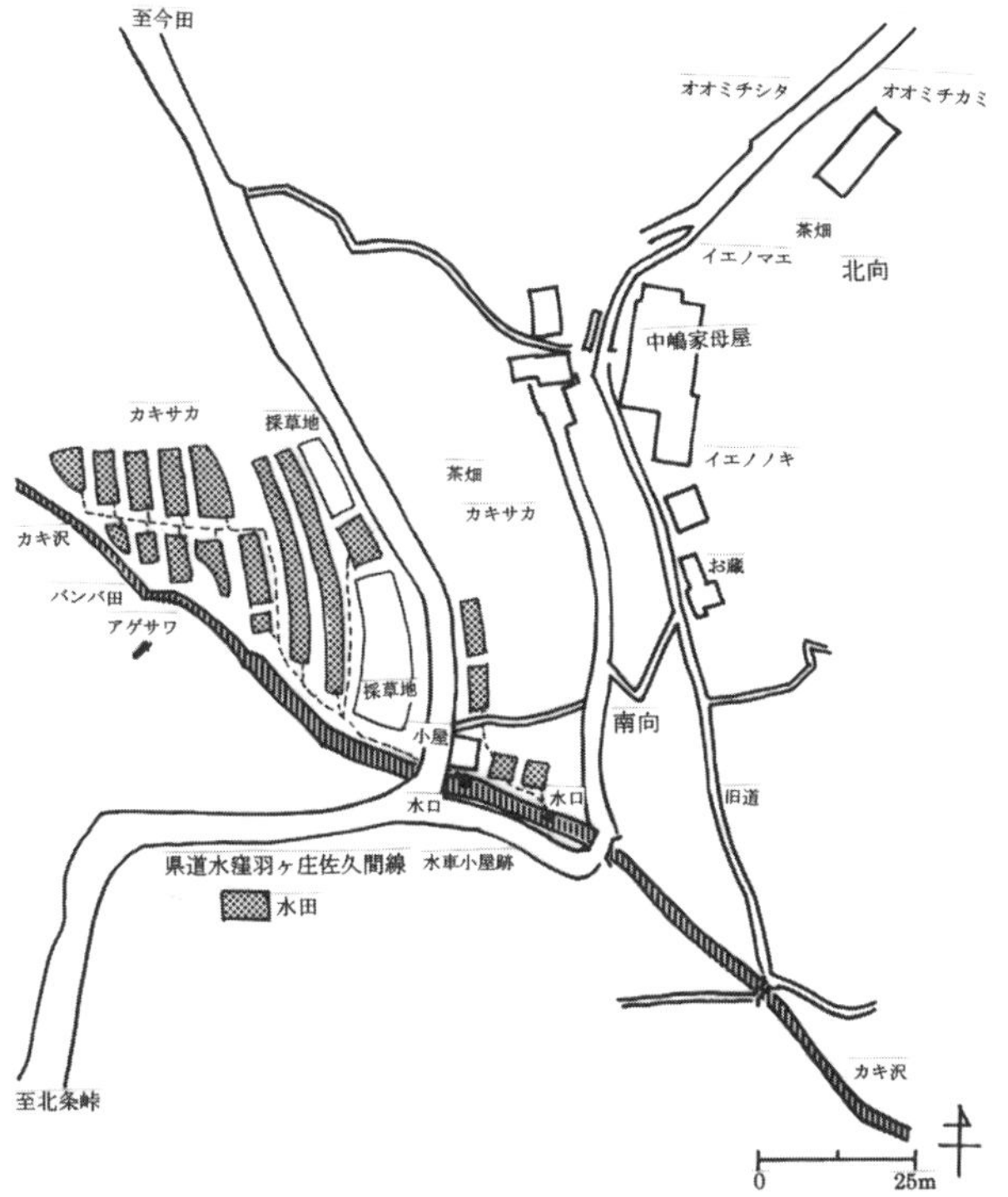

図 2-2　中嶋靖雄さん宅および周辺の水田

このアゼをしっかり塗り固めないと、水漏れして水位が保てない。これを維持するのは現在耕す人の役割である。トコも先祖代々、少しずつ冬季に山の赤土を取ってきては田の底に二〇cm程敷き詰めてきた。この床土を入れることを「トコジメ」とよぶ。御先祖様がやってくれたもので、中嶋家の財産になっている。現在でも水持ちが悪くなった田面の補修としてやることもあるという。

「農業日誌」にもよく出てくるが、「あぜかけ」＝畔塗りが重要な作業になっている。鍬で畔を水田内の泥で丁寧に塗り上げることをしないと、棚田の水位が一定に保てない。ある程度田に水を入れて、畔塗りをしておいて、カッポシ（干し草）を敷き込んで、水田の水位にして、「こぎる」鍬や耕運機を用いて砕土し、代掻きをして田植えに備える。これらの作業は五月上旬に行われ、六月に入って田植えが行われる。

田面は「道下の、沢より上から五番目」とか呼んで特定するという。田面は小さいので一面一面の管理をするという。水田の水位もそうであるが、窒素分が足りなくなって黄色くなるのも、この棚田の一面一面の単位である。ある田面が黄色くなったら、そこには窒素リン酸カリの肥料を投下するというやり方である。

写真 2-4　中嶋靖雄さんの「農業日誌」

南野田の棚田には、必ず草刈り場とよばれる採草地がある。道下の田の最上部に七、八畝ほどの草刈り場、採草地を設けている。ここでススキが育ち、それを刈り込んで乾燥させ、それを田や茶畑に入れる。大切な緑肥になる。明確に区画された採草地を設けているということが、緑肥を大切にしていることの証左で、まず採草地で刈った草を優先的に田や茶畑に入れる。田には春から初夏にかけて育った草を刈って干し、代掻きのときに入れる。茶畑には主に秋刈って、十分に干した後、茶畑に敷き込む。採草地に育つ草は一年中有効に使われる。

（五）中嶋家の『農業日誌』

中嶋家では、どこでどのような仕事をしたのかを、昭和三三年から実に五九年間一日も欠かさず記録し、平成二九年現在も続けている。時には南野田地区の年中行事や氏神の白山神社の祭事などの記録も見える。今回、佐久間の農業を記述するに当たり、この『農業日誌』の今日現在までを全て見せていただいた。その中で今回は、昭和三三年（一九五八）の一月一日から一二月三一日の記録と平成二二年（二〇一〇）の一月一日から一二月三一日について採録させていただいた。この記録は、靖雄さん自身がどこでどのような仕事をしたのかという記述が中心であるが、それに加えて父、母、嫁の仕事内容を簡潔に記している日もある。屋敷周辺の棚田における水田稲作農耕も勿論であるが、畑地での種々の農作物の栽培、茶園における茶栽培、林業における山仕事等についても記されている。

ア　昭和三三年（一九五八）の『農業日誌』

この日誌に見える農作物を挙げてみると、昭和三三年の日誌には、米、茶、大麦、小麦、こんにゃく、さつまいも、椎茸、黍、じゃがいも、豆、小豆、柿の一二種の農作物が見える。平成一七年では、米、茶、じゃがいも、茄子、さつまいもが見えるが、麦、こんにゃく、椎茸、黍、豆、小豆等は見えない。実際、靖雄さんに話を聞くと、こんにゃく、大麦・小麦、黍、小豆は昭和四〇～五〇年代に栽培を終えている。ただ、イエノマエなどの野菜畑で、自給用の野菜である茄子、大根、胡瓜等の野菜は小規模に作られ続けているという。

「一月一日　元旦家で宿正月」宿正月とは家で寝正月し

写真 2-5　中嶋家とカキサカの茶畑

写真 2-6　カキサカの棚田

写真 2-7　茶畑下の棚田

写真 2-8　元棚田で現在はスギ林のアケザワ

写真 2-9　棚田とカキ沢

写真 2-10　棚田の石垣

写真 2-11　畦叩きを使う中嶋さん

写真 2-12　スジヒキを持つ中嶋さん

写真 2-17　棚田の間の水路稲架

写真 2-15　棚田の導水

写真 2-13　除草機（コロバシ）を使う中嶋さん

中嶋靖雄さんの農作業

棚田の米づくりと道具たち

写真 2-18　水路の溝清掃

写真 2-14　稲刈りをする中嶋さん

写真 2-19　棚田の水管理をする中嶋さん

写真 2-16　棚田の稲架

生涯記録し続ける『農業日誌』

南野田の農業を記録する中嶋靖雄さん

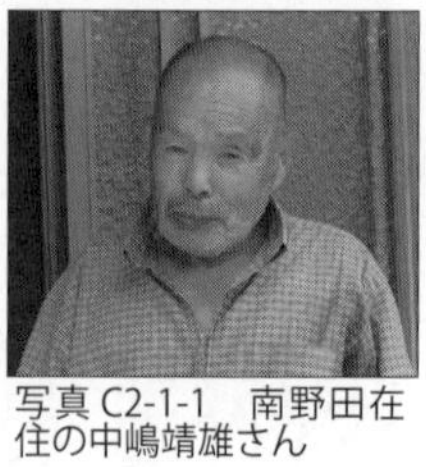
写真 C2-1-1　南野田在住の中嶋靖雄さん

記録者の以前の同僚である元高校教諭の実兄が中嶋靖雄さん（昭和一三年生まれ）である。現在でも、南野田で水田、茶畑、森林管理を生業とされている。この南野田で息子さん夫婦、孫二人と一緒に暮らしている。靖雄さんの家は代々、三八町歩ある山林を管理し、二反五畝の茶畑を経営し、二町五反もの棚田を耕してきた。靖雄さんは昭和三三年（一九五八）に一八歳で高校を卒業すると、父の久司さんが営む水田、茶、山林の仕事に従事するようになった。この昭和三三年四月から靖雄さんは毎日「農業日誌」を書いてきた。

南野田での棚田における水田稲作農耕は機械化も思うように進まず、収量も肥料の大量投下によって平地のように伸びず、ウンカなどの病虫害にも会い、苦戦の連続であったという。その中でも絶えず工夫しながら農業経営を継続してきた。ここ数年前から棚田の畔にミントを植えるようにしたと言って、そのよく生え揃った畔の列を指し示してくれた。畔を歩くとミントの香りが漂う。畔に植えるようにしてから、特に害虫が付かなくなったという。

昭和三三年からの「農業日誌」

平成二八年（二〇一六）現在でも毎日記録している。どこでどのような仕事をしたのかをメモしている。時には南野田地区の年中行事や氏神の白山神社の祭事なども記録している。六〇年間、一日として欠かしたことのない記録である。今回、佐久間の農業を記述するに当たり、この「農業日誌」を採録させていただき、参照させていただいた（表２-６）。

昭和三三年四月二七日　雨　苗代田へモミをまく（二つ）　苗代田こぎる　城西支所にて第一回評議員会地区団「七月六日　朝　富士平田かき（二番かき）　富士平畑をうなってあずき植えてくる」「一〇月二一日　茶部屋大工手伝い　屋敷と道下畑の麦つくり」と、その記録内容は至って簡潔であるが、一日たりとも漏らさず記録されていることを知ると、この記録の生活誌としての価値に圧倒される。

石屋のヨシニー

中嶋家の水田は、南野田という旧佐久間町城西地区の河内川沿いの奥にあり、この山間部に水田を拓いた人々の英知と努力が偲ばれる山中の美田である。屋敷の周辺の「家の前」と呼んでいる一反ほどの棚田が眼前に広がっている。中嶋家の母屋、蔵などの屋敷は急斜面にあるが、石垣によって基礎が頑丈に守られている。水田、茶園も段差が石垣で守られている。

石垣は専門の石屋によって積まれた。佐久間地区では石垣を積む人を石屋とよび、その土木技術を必要としてきた。南野田には竹本家が代々石屋をやり、「イシヤサン」「ヨシニー」とよ

写真 C2-1-2　靖雄さんが記した農業日誌

写真 C2-1-3　南野田の中嶋家

コラム 2-1

ばれた。城西村では、また「石工士（セッコウシ）」ともよんでいた。玄能（ゲンノウ、頭の両端の尖らないハンマーで、石を割ったり、鑿の頭を叩いたりする道具）一つで石垣を作り上げた。靖雄さんはその技術に感嘆したと言い、「セッコウシはゲンノウ一つで稼げる。威張ったものだ。」と述懐してくれた。中嶋家の屋敷、棚田、茶園の石垣もヨシニーが積み上げたものであった。石屋が積み上げた石垣により、南野田の家々の屋敷が、棚田が、茶園が、道が作られた。この地区でも石屋による石垣作りは昭和四〇年（一九六五）頃には姿を消している。

タコヤブリ

南野田地区では端午の節供のとき、初子の祝いに鯉のぼりと幟旗を立てる。これらを下し、収めるのが「タコヤブリ」の日だという。「タコヤブリまで立てたままだ。」という言い方をする。タコヤブリは、五月下旬、二八日頃の一日で、城西地区では昭和二〇年代まで地区で一斉にとる「農休み」の日でもあった。端午の節供の鯉幟、幟旗はこのタコヤブリの日まで立てたままにした。「凧破り」の漢字を当てることができる。「凧」は端午の節供を意味し、それが終わる日を意味したものと思われる。「ヤブリ」は「破り」で終了したことを意味した。五節供が重要視された近世の山村で意識され、使われ、現在も残る民俗語彙として興味深い一語である。中嶋さんが記録し続けている「農業日誌」（表2－6、2－7）にも記載されている。

ユイデマ

また南野田地区では、この仕事は「ユイデマだ」という言い方をする。「結」（組とは違い、隣近所の労働互助的な共同体、四、五戸で構成）の「手間（労働）」のこと。自分の家の仕事としてするものではなく、当然仕事として物質的な利益が直接もたらされる仕事ではなく、地縁で結ばれた近所の人のためにする作業をこうよぶ。田植え、お茶摘み、盆道作り、稲刈りなど、仲間の家のための仕事であり、ユイ仲間同士の間ではどうしても果たさねばならない仕事であった。自分の家の仕事よりも優先しなくてはならなかった。ユイデマでお願いする仕事は限られたもので、我が家だけではできない、生業上欠くことが出来ない仕事であるが、寡婦の家ではユイデマを多くしても当然と考えられていたし、戸長が出られない条件がある場合は免除もされた。緩やかな互助共同体であったが、稲作や茶業においては必須の労働であった。

中嶋家が入るユイデマは7軒で構成されていた。平賀家、伊藤家、坪井家、鈴木家、太田家、細沢家そして中嶋家であった。南野田地区というより、棚田や茶園が隣接しあった家々である。『農業日誌』の中では「八月一九日　晴　下刈り鈴木ノ山」とあり、この日、鈴木家の山林の下刈りに出向いたことが記されている。中嶋家ではユイデマに出向くことの方が多かったようであるが、田植え、茶摘み、稲刈りのときはこの労働力が大きな力となった。現在では水田稲作では機械化されており、また休耕田になってしまったことでユイデマが行われなくなった。茶摘みも手摘みの茶園が限られるようになり、親族による手摘みで行われ、ユイデマではなくなっている。

写真 C2-1-4　中嶋家の蔵と石垣

写真 C2-1-5　棚田を見回る靖雄さん

表 2-6　中嶋靖雄さんの「農業日誌」昭和 33 年　　※横書きの日誌ですが、図表として右から左へ掲載します。

昭和33年	記述内容
1月1日	元旦家で宿正月
1月2日	正月　家であそぶ
1月3日	正月　佐久間ダム見学(水窪小畑劇場にて映画を見る「ひばりの森の石松」)
1月4日	正月　浜松・豊橋へ行ってくる　上のねいさんと
1月5日	正月　遊ぶ
1月6日	大久保でボタギ切り　二人
1月7日	七草　遊ぶ
1月8日	晴　富士平の田おこし　たきぎしょい
1月9日	晴　たきぎしょい　富士平田おこし
1月10日	曇り後雨　坂口山たきぎしょい　富士平の田をおこしてしまう　おじと二人
1月11日	曇　畑しめ
1月12日	晴　麦へ肥かけおじと二人　母は看病　父はにゅうぎ切り
1月13日	晴　もちつき
1月14日	晴　にゅうぎをまつる(年とり)
1月15日	晴　ねいさん来る(小正月、成人式)
1月16日	曇後雨　井上幸子さん帰る(墓まいり)
1月17日	晴　大久保ホダショイしょってしまう
1月18日	晴　浜松へ行き、西浦より幸子さんの山の間尺、利男さんが来る
1月19日	晴　西浦へ　　行き宿る
1月20日	兼子も来る
1月21日	晴　たきぎしょい
1月22日	たぎきしょい
1月23日	丸太切り
1月24日	晴　丸太切り
1月25日	晴　丸太切り　父と二人
1月26日	晴　沢奥の旧倒木切ってしまう(ヨコアザ間尺をする曽我さん)
1月27日	晴　町政を聞く　町長・町議が来て会談
1月28日	雪　家で勉強
1月29日	晴　たきぎ切り
1月30日	晴　たきぎ切り
1月31日	晴　たきぎ切り
2月1日	細沢武夫さんのおじ死亡しとむらい行く　父と二人行く
2月2日	畑うない
2月3日	晴　水窪医者へ行って来る　兼々風邪ひき
2月4日	晴　水窪医者へ行って来る　麦畑の土かけ
2月5日	晴　丸太切り　お父と二人
2月6日	晴　丸太切り　おじと2やしかけ
2月7日	晴　ヤマノコウ遊ぶ
2月8日	晴　麦畑うなう
2月9日	晴　麦畑うなう
2月10日	晴　下刈り
2月11日	晴　下刈り
2月12日	晴　ホウジ下刈り
2月13日	晴　兼子をつれていく
2月14日	晴　西浦観音様へ行く午後十二時
2月15日	晴　下刈り(ホウジ)七時頃来る
2月16日	晴　朝父をのせてはりいへ行く　午後麦へ肥をかける
2月17日	雨　横山へ研究発表見学聴取にいく　大橋新三先生の家へ宿る
2月18日	晴　二俣事務所へ研究会
2月19日	晴　父をつれてゆく　麦の草取り
2月20日	晴　父を岡本へつれて行き　午後麦の草取り、田おこし
2月21日	晴　セガブチの検尺　三五〇石　横山材木へ売る
2月22日	晴　父を岡本へつれてゆく
2月23日	晴　たきぎしょい　麦の草取り
2月24日	晴　父を岡本へつれてゆく　麦の草取り
2月25日	晴　大田仁平さん所、結婚式　ふみさん
2月26日	晴　サワオクの検尺
2月27日	岡本へ行って来る
2月28日	浜松へ遊びに行く　健と二人オートバイにて
2月29日	朝　切開山を見に行き午後丸太切り
3月1日	晴　岡本へ行って来て午後から家の前の田おこし
3月2日	晴　切開山上村の惣十山を買う「二十九万円」
3月3日	晴　節句　井上のねいさんと　かやねいさんが来る　夕方かやねいさん帰る
3月4日	晴「シイタケボタ」のそうじ「ナカネ」
3月5日	晴　麦へ肥かけ　下平ノキ
3月6日	晴　高氏のねいさんが草取りにくる
3月7日	晴　切開山にみ行く
3月8日	お白さと竹本としさんが草取りにくる　じゃがた畑うなう
3月9日	雨
3月10日	野田青年団役員　昭和35年4月1日　支部長　中島靖雄　副部長　清水勝男　中島町江　会計　高橋正博　　評議員　中島靖男　清水勝男　中島町江　高橋正博　白坂せん
3月11日	晴　麦の草刈り
3月12日	晴　明日のしたく
3月13日	晴　物置の屋根を平板でふく
3月14日	晴　物置の屋根を平板でふく　坪井さんで二人来てくれた　坪井栄太郎さん　村上敬一さん来る
3月15日	晴　物置の屋根を平板でふく　三井さん村上さんもくる　手伝い
3月16日	三井さん手伝い　向井でたきぎ切る
3月17日	麦の草取り　三井栄太郎宅へ平板二枝持って行く
3月18日	二俣林業事務所へ行って来る
3月19日	麦の草取り
3月20日	佐久間へ行って来る
3月21日	芋堀へ行って来る
3月22日	雨　家自習
3月23日	じゃがた田んぼ耕す
3月24日	晴　青年植林参加(男七名　女七名)十四名、羽ヶ庄伊東嘉市宅の世話山村　男450　女350
3月25日	水窪高木ヘドバイ修理、坂口山へ杉80本植る
3月26日	雨　研修旅行のしたく、母は婦人会支部長渡す
3月27日	晴　旅行　静岡市久能山、登呂遺跡、清水港、日本平
3月28日	晴　家の植林　青年支部長引受ける
3月29日	晴　第2かい資金獲得事業青年植林　羽ヶ庄池ノ場世話人(山林)
3月30日	晴　西浦伊藤宇一宅へしゅうげんに呼ばれる　井上ねいさんのところに宿る
3月31日	雨　昼寝

昭和33年	記述内容
4月1日	青年予算案きめる　スギ植え
4月2日	晴　消防旅行に参加　自衛隊、オート見学
4月3日	晴　切開山スギ植え　半次郎山スギ植える
4月4日	切開山、惣十山杉植える　15の本
4月5日	同
4月6日	晴　二俣、浜松動物園へ行ってくる（自家用車）
4月7日	晴　井上兼子を家までつれていく
4月8日	晴　水窪高木自動車からコレダオートバイ持ってくる　60年型　150cc
4月9日	晴　高木自動車屋へ内金渡す　大久保へ行って風倒木を切る
4月10日	曇後雨　切開山へスギを70本植える　スギ苗小さなのを富士平へうける1200本（組合）
4月11日	晴　切開山へスギ50本植える　ヨコアザへ60本植える
4月12日	しいたけとり　杉植え
4月13日	しいたけとり　杉植え
4月14日	雨後晴　風倒木切り、大久保　平松山へ100本杉植える
4月15日	晴　平松山へ杉200本植える　父と二人
4月16日	きのことり
4月17日	風倒木切る
4月18日	二俣林業事務所へ寄っ来る　父森下仲間山スギ植え
4月19日	曇　きの子とり　父は森下と仲間山向井スギ植え　水といつくり
4月20日	雨　家庭自習
4月21日	晴　池の掃除　水といをほる二本　父は森下と仲間山スギ植え150本
4月22日	切開山へスギ植に行く
4月23日	苗代田のあぜかけ〔畦塗り〕
4月24日	家の前苗代田耕す（二つ）下の苗代田あぜ作り
4月25日	雨　家で勉強　中学校の家庭訪問
4月26日	今日佐久間高校修学旅行健も行く　五時半の電車（琴平）
4月27日	雨　苗代田へモミをまく（二つ）　苗代田こぎる〔砕土する〕　城西支所にて第一回評議員会地区団
4月28日	雨　家庭自習
4月29日	佐久間町城西地区団通常総会第一回
4月30日	雨降りだったので勉強　旅行帰り健来る午前八時電車で帰る
5月1日	平松スギ植え100本　父と二人
5月2日	曇後雨　きの子とり　父は水窪大里へ金納する
5月3日	水といこしらえる。ロロ山検尺
5月4日	晴後雨　白山神社の長屋の屋根ふき　井口の兄さん来る
5月5日	雨のち晴　子供の日　浜松へ行って来る　朝井口の兄さん帰る　昼頃羽ヶ庄のおじさん来る
5月6日	曇　芋堀へ行って来る　水といつけ　井口のねいさん来る
5月7日	曇　富士平あぜかけ　おじと二人にて
5月8日	晴　富士平あぜかけ　春期大掃除　子供五人とおじと母とで行う　井上ねいさん帰る
5月9日	晴　富士平あぜかけ　向井の用材をおじと父と三と良平さんと朝飯まで出す
5月10日	雨降り
5月11日	センドバシ山坪井と仲間　坪井で三人家で母と二人ヒノキ十本植える
5月12日	富士平のあぜかけ
5月13日	午前中富士平へ行ってあぜかけ　かっぽしひろげ　午後バンバ田あぜかけ　太田こぎる
5月14日	雨　富士平こぎる　道上一つ残る　父と二人
5月15日	雨のち晴　バンバ田あぜかけ
5月16日	水窪若木屋へキノコ持って行く
5月17日	お茶つみ　十四貫二百（太田仁平へもって行く）
5月18日	二俣林業事務所へ行く　県外林業先進地　お茶つみ（三貫）おじと父
5月19日	雨　二俣街道不通のため東海道～舞坂～豊橋～新城～佐久間　家に帰る
5月20日	お茶つみ（坪井へ持って行く）
5月21日	お茶つみ　十五貫三百十匁摘む　父、母、おじ四人にて　道子、坪井
5月22日	お茶はさめ
5月23日	バンバ田こぎる　茶の木はさみ
5月24日	バンバ田こぎる　三人
5月25日	バンバ田こぎる　三人
5月26日	富士平のどて草刈り　成孔関西方面へ修学旅行
5月27日	曇　富士平のどて草取り　父浜松へ行く
5月28日	たこやぶり　成孔帰る　富士平のどて草刈り
5月29日	雨降り　一回昼間青年学級中学校
5月30日	富士平どて草刈り
5月31日	朝麦刈り　本田役員と支部巡廻　佐藤団長以下五名　田植え二つ植える（こつぼ）
6月1日	晴　富士平田植え　道上二つのこる　父、母、おじ、道子、四人にて
6月2日	バンバ田草刈り
6月3日	バンバ田へ米植える
6月4日	屋敷へキビ植える
6月5日	下手の上と屋敷の上の畑の麦を刈ってしまう（麦かたづく）
6月6日	屋敷と道下へキビ植える（ロロ巻作る大人二五〇　小人二五〇　五百枚）
6月7日	一日中こんにゃく畑うなう
6月8日	朝こんにゃく畑（青草をいれる　午後いも畑うない）
6月9日	豆畑うなう
6月10日	豆畑うなう
6月11日	豆草刈り
6月12日	城西中学校にて五支部バレー大会行う　野田出席六人
6月13日	田植え　さつまさし
6月14日	田植え　野田青年団主催映画会「真白き富士の嶺」ニュース「血槍無双」マンガ
6月15日	ギオン　浜松、二俣方面行って来る
6月16日	家の前田植え
6月17日	家の前の田んぼ皆植えてしまう　車屋向う一つ残る
6月18日	家の前の小つぼ田んぼ植える
6月19日	晴後雨　仁平さんへ田植えにいく　花山さん来ててれびなおす　私設電話引く
6月20日	母と父半日ずつ平賀さんの所へ田植え　おじと二人で富士平の杉苗の草取り
6月21日	曇後雨　父は柿坂へ田植え　亀久保へ行く　母とおじは草取り
6月22日	雨　家だけ農休み
6月23日	坪井へ田植えに行く
6月24日	
6月25日	南農休み　バンバ田田かき〔代掻き〕　国文法の本買う
6月26日	晴　野田分校バレーの支部参加六名
6月27日	雨　キビ畑うなう
6月28日	晴　キビ肥をかける
6月29日	晴　麦をこなす　坪井さんと孔明さん来て手伝い　十六俵
6月30日	晴　ジャガタこぎ　麦からしまう

昭和33年	記述内容
7月1日	鈴木清五郎宅　遺骨
7月2日	鈴木清五郎宅とむらい　父母二人行く
7月3日	茶部屋横のジャガタ畑うなう　おじと二人で草刈り　母がマメ手植える
7月4日	ジャガタ畑へマメ手植え草をきせてしまう　父母おじ、四人
7月5日	朝　富士平田かき（二番かき）父母おじ、四人　富士平畑をうなってあずき植えてくる
7月6日	晴　芋畑うなう（バンバ田に晩かき　苗代田）　みち子平賀へ茶摘み
7月7日	芋畑うなう　家の前のキビ畑へ青草を入れる
7月8日	
7月9日	雨　勉強
7月10日	キビ草刈り
7月11日	キビ草刈り
7月12日	キビ草刈り　城西支部青年評議員会
7月13日	晴　キビ草刈り　平賀の麦こなしに行く
7月14日	キビ草刈り
7月15日	キビ草刈ってしまう
7月16日	芋草刈ってしまう
7月17日	雨後晴　佐久間小学校にて青年の集い　午前八時半～五時まで　夜は映画観賞
7月18日	晴　サツマ草刈り
7月19日	晴　家の前のサツマ畑へ草を入れる
7月20日	晴　サツマ畑草を入れてしまう　夕方まで道の草取り
7月21日	晴　名古屋地方37度5分　朝の草取り　朝飯からバンバ田と家の前の苗代田かく　昼から富士平（大きいたんぼ三つかく）
7月22日	草取り
7月23日	草取り
7月24日	草取り
7月25日	農協へイモチ病　ウンカ病　持ってくる
7月26日	米のしょうどく　富士平　前の田　バンバ田
7月27日	畑の草取り
7月28日	下刈り
7月29日	下刈り
7月30日	佐久間小学校林業研修総会
7月31日	青年旅行弁天島　九各と二人
8月1日	道つくり　父は大里から提灯を持って来て羽ヶ庄へやる
8月2日	晴後雨　中野田山下刈り
8月3日	晴後雨　中野田山下刈り
8月4日	晴後雨　中野田山下刈り　父と二人
8月5日	晴　中野田山下刈り　昼前かたづく　父と二人
8月6日	畑の草取り
8月7日	七夕祭　映画を見る
8月8日	南盆踊り練習　竹本山の下刈り
8月9日	今田盆踊り練習　竹本山の下刈り
8月10日	雨　青年団ゆかた代4名不足　中根喜恵山下刈りに行く
8月11日	雨　台風四国接近強風雨十一号
8月12日	雨　台風十二号接近す　夜野田分校にて盆踊り練習
8月13日	雨　台風十三号接近す
8月14日	おぼん
8月15日	晴　おぼん　野田分校にて盆踊り大会　八時半～十二時まで
8月16日	晴　おぼん　野田分校にて盆踊り大会
8月17日	晴　やぐらくましと砂場の砂を出す　男八名女六名　午後四時まで遊ぶ
8月18日	下刈り　　ちゃま行う　体育大会の練習
8月19日	下刈り　鈴木喜恵ノ山　大会の練習
8月20日	下刈り　鈴木喜恵ノ山　大会の練習
8月21日	下刈り　大会の練習
8月22日	下刈り　大会の練習
8月23日	下刈り　大会の練習
8月24日	裏ぼん　七時半～八時大会練習　九時～十時ぼんおどり
8月25日	休む
8月26日	鈴木医院へ行く
8月27日	井口兼子西浦へ行く　父おくる
8月28日	休む
8月29日	休む
8月30日	休む
8月31日	休む
9月1日	喜恵ノ山下刈り　父、おじ三人　大会練習
9月2日	晴　中根下刈り　父、おじ三人　大会練習
9月3日	中根下刈り　大会練習
9月4日	朝理髪へ行って来て坂口山へ下刈り　大会練習
9月5日	切開山下刈り　父と二人　大会練習
9月6日	ホウノホツ下刈り　大会練習
9月7日	ホウノホツ下刈り昼までやる
9月8日	ホウノホツ下刈り　坪井で二人来てくれる
9月9日	仕事休む
9月10日	下刈り
9月11日	下刈り　父オウツボ
9月12日	雨　勉強
9月13日	雨　勉強
9月14日	雨　勉強　羽ヶ庄・水窪お祭り
9月15日	晴　下刈り
9月16日	雨　大会総練習を行う　下刈り
9月17日	晴　体育大会のしたく　城西へ行く
9月18日	雨　秋季陸上競技大会　野田二位　千五百米二位、八百米二位、に入る　慰労会を行う
9月19日	晴　午前十時より慰労会の片付を行い午後五時に終る
9月20日	休む
9月21日	
9月22日	晴　区民大会支度く
9月23日	晴　区民大会　野田学校にて　夜映画をやる「弥次喜多」「父ちゃんこ」（マンガ）静岡十六ミリ
9月24日	浜松へ行って来る　名古屋の兄さんが来る
9月25日	下刈り
9月26日	下刈り
9月27日	下刈り
9月28日	下刈り
9月29日	下刈りヨコアザ
9月30日	下刈りヨコアザ　おじと二人　体育大会の練習

昭和33年	記述内容
10月1日	下刈りヨコアザ　あじと二人
10月2日	雨降り
10月3日	米刈り　富士平　バンバ田
10月4日	米刈り　富士平　バンバ田
10月5日	米刈り　沢井
10月6日	米刈り　沢井
10月7日	雨　やまのこう
10月8日	下刈り（ホウジ峠）
10月9日	佐久間町5地区体育大会行う　八百の選手に出て六位に入る
10月10日	下刈り　おじ畑うなう
10月11日	下刈り（ホウジ峠）おじ畑うなう　沢井米刈り
10月12日	
10月13日	
10月14日	大エの手伝い　米刈り
10月15日	大エの手伝い　米刈り　評議員会中学校にて
10月16日	大エの手伝い　米刈り　文化祭の話をする
10月17日	雨　豊橋に行って来る　大エの手伝い
10月18日	晴　茶部屋　高柿吉秀さんの手伝い　劇の練習
10月19日	茶部屋大エ手伝い　劇の練習
10月20日	茶部屋大エ手伝い　劇の練習
10月21日	茶部屋大エ手伝い　屋敷と道下畑麦つくり　劇の練習
10月22日	茶部屋立てる　平賀さん、金蔵さん手伝いに来る　劇の練習
10月23日	茶部屋の屋根ふき　劇の練習
10月24日	屋敷の口のサツマイモこぐ　劇の練習
10月25日	ハザバ畑うなう　屋敷の口へ麦を作る　劇の練習
10月26日	家の前こんにゃく畑うなう　母新城に行って来る　劇の練習
10月27日	さつまほり
10月28日	家の前　麦作り
10月29日	曇　家の前　麦作り
10月30日	雨　浜松へ行って来る　大エ仕事休み
10月31日	晴　道の上うなう　水窪へ行って来る　大エの手伝い
11月1日	大エの手伝い
11月2日	大エの手伝い　大エ仕事終わる
11月3日	文化の日　大エさん十二時頃帰る　健と二人で浜松へ行って来る（松菱、動物園、文泉堂）
11月4日	家の廻りの掃除
11月5日	雨後晴　こんにゃく畑を見廻る
11月6日	晴　大久保シイタケ木切り　金蔵さんと父と三人にて切る
11月7日	晴　大久保シイタケ木切り　金蔵さんたのんで三人で切る
11月8日	晴　大久保シイタケ木切り　父と二人　午後アズキコナス（母、おじ三人）
11月9日	茶畑うない
11月10日	茶畑うない
11月11日	米こなし
11月12日	米こなし　四十七俵
11月13日	浜松へ行って来る
11月14日	畑うない
11月15日	西浦遠山広士さん所へたてまいに行く
11月16日	父芋堀へ口ヨコ持ちに行く
11月17日	山住祭　父と参る　畑うない
11月18日	雨後晴　麦へ肥かけ
11月19日	お祭りの招待状を羽ヶ庄、佐久間、西渡、水窪
11月20日	よい祭り　招待状くばり　学校へ舞台かけ
11月21日	お祭り　演芸会を行う　六時～一時まで
11月22日	お祭り　舞台の跡かたずけ　慰労会
11月23日	浜松へ行く　清水君と二人
11月24日	帰る　井口ねいさん朝帰る
11月25日	文化祭　城西明亀座にて開園 劇の部　1中芋堀　2芋堀　3横吹　4野田　5相月 踊の部　1中芋堀黒田節　2中芋堀おてもやん
11月26日	明亀座かたづけ、正午まで行う　父、高野山参り
11月27日	文化祭　佐久間町浦川講堂にて行う 城西から劇の部　次郎の恋（中芋堀）　踊の部　黒田節、おてもやん
11月28日	
11月29日	晴　しぶがきとり　富士平と中野田、向井をとる
11月30日	曇　たきぎしょい　父をむかいに行く
12月1日	晴　たきぎしょい
12月2日	晴　麦畑うなう
12月3日	晴　新道交法で水窪へ講習に行く　井上兼子西浦へ行く
12月4日	曇後雨　ムカイからかっぽししょう　午後富士平へ田おこし
12月5日	富士平田おこし　おじと二人
12月6日	曇　富士平田おこし　おじと二人
12月7日	晴　タアの炭木しょい　家の前と屋敷の道下肥かけする
12月8日	晴　タアの炭木しょい　午後サカネの炭木きり
12月9日	晴　ナカネへ行って炭木きり
12月10日	ナカネへ行って炭木きり
12月11日	ナカネへ行って炭木きり
12月12日	市民病院へ行く
12月13日	畑うない
12月14日	市民病院へ行く
12月15日	たきぎきり
12月16日	新城市民病院へ行く
12月17日	たきぎきり
12月18日	新城病院へ行く
12月19日	田おこし
12月20日	新城へ行って来る
12月21日	田おこし
12月22日	
12月23日	新城へ行って来る
12月24日	クリスマスイヴ　城西中学校にて行う　野田出席四名　六時～十一時まで行う
12月25日	雨　クリスマス
12月26日	
12月27日	曇　午前八時の電車で名古屋の兄さんの所へ行く
12月28日	曇後雪　電車で帰る
12月29日	雪　水窪へ行って来る　炭かまの火たき
12月30日	もちつき
12月31日	年とり　昼前神様へまつる　夜テレビを見に近所の子供達が来る

表 2-7　中嶋靖雄さんの「農業日誌」平成 22 年

平成22年	記述内容
1月1日	晴　新年会
1月2日	晴　お正月休み
1月3日	晴　入野へ母会いにいく
1月4日	晴　孫と遊ぶ
1月5日	晴　孫と遊ぶ
1月6日	曇　孫と遊ぶ
1月7日	曇　七草　孫と遊ぶ
1月8日	晴　ナカネ枝落し
1月9日	晴　ナカネ枝落し
1月10日	晴　入野へ母会いにいく
1月11日	雪　袋井へ行く
1月12日	雪　休み
1月13日	晴　小正月したく　にゅうぎ外だけまつる
1月14日	曇　小正月まつる
1月15日	曇　小正月まつる
1月16日	曇　小正月つぶら参り　井上年始いく
1月17日	晴　子守り　たけ子草木年始
1月18日	晴　朝フジタへ年賀にいく　子守り
1月19日	晴　子守り
1月20日	曇後雪　白山様お祭　羽ヶ庄年始いく
1月21日	晴　袋井へいく
1月22日	晴　朝天竜いき　午後水元年始いく
1月23日	曇　西浦伊藤一周忌いく
1月24日	曇
1月25日	晴　セイレイ病院へ行ってくる
1月26日	晴
1月27日	晴　子守り
1月28日	晴　子守り
1月29日	曇　お茶講習
1月30日	晴　子守り　たけ子助信へ一周忌いく
1月31日	曇　宿る
2月1日	小雪　宿る
2月2日	雪　水道掃除
2月3日	雪　水道掃除
2月4日	晴　袋井へいく
2月5日	晴　家の横枝落し　たけ子豊川稲荷いく
2月6日	晴　セドクボ枝落し　たけ子といく
2月7日	晴　浜松セイレイへいく
2月8日	雨降り　茶機械修理平野くる
2月9日	晴　午後家の前茶肥料入る
2月10日	晴　入野へ母会いにいく
2月11日	晴　北向茶畑肥料入れうなう　一人でやる
2月12日	晴　家の前茶畑肥料入れる（12袋）
2月13日	晴　セトクボ狩猟
2月14日	晴　朝狩猟　午後茶畑うない（家前）
2月15日	晴　朝狩猟　午後茶畑うない
2月16日	雨降り
2月17日	晴　午前中タア除伐やる
2月18日	晴　セトクボより土を運ぶ　庭へ入れる（一車）
2月19日	雨降り　浜松入野へ行ってくる
2月20日	晴　午前中タア除伐　午後北向茶畑肥料入れる（16袋魚ぼかし）
2月21日	晴　袋井へいく
2月22日	晴
2月23日	曇　子守り
2月24日	曇　子守り
2月25日	晴　子守り
2月26日	晴　瀬尻の平野25K中揉機持ってくる（火入機に使用）
2月27日	晴　家の前茶畑肥料入れうなってしまう
2月28日	晴　子守り　茶工場機械取付け
3月1日	晴　家の前土を上げる
3月2日	晴　天竜へいく　午後モチつき
3月3日	曇　子守り　杉苗浜北より70本買う
3月4日	雨　袋井へいく
3月5日	晴　井戸道枝落し　田んぼ枝落し
3月6日	晴　井戸道枝落し　田んぼ枝落し
3月7日	晴　浜松こぼりへ
3月8日	晴　ドックへいく
3月9日	晴　子守り
3月10日	晴　浦川ブロックブロック持ってくる135個
3月11日	雨降り　朝水窪山下へクツ買う
3月12日	曇　ゴミへ材料会にいく　たけ子入野へ行ってくる
3月13日	晴　ゴミ入つくり（二つ作る）
3月14日	晴　子守り
3月15日	晴　浜北青山へ背広会にいく
3月16日	晴　セトクボ補植30本スギ　午後ヤシキうなう
3月17日	曇後雨　休み　平野茶機械修理くる
3月18日	晴　朝セトクボ見廻り　午後キビ畑うない
3月19日	晴　フジタ結婚式で浜松へ行く
3月20日	晴　中日　ヤシキジャガタ作り
3月21日	晴　ジャガタ作り　弟昼頃来る
3月22日	雨降り　浜松入野へ行ってくる寄る　母元気
3月23日	雨降り
3月24日	晴　大腸検査良好
3月25日	晴　休み
3月26日	晴　家の前石積の所床掘り
3月27日	晴　家の前石積の所床掘り
3月28日	雨降り　子守り
3月29日	晴　森林組合こん話会城西にて
3月30日	晴　本郷より重機借りてくる　家の前床掘り
3月31日	晴　ブロック積み（50ヶ）

平成22年	記述内容
4月1日	晴　ブロック積み
4月2日	曇　ブロック積み　下ごしらえ(グリ入れ)
4月3日	晴　家の前下ごしらえ
4月4日	晴　ブロック積み二段つむ
4月5日	晴　整形外科にいく
4月6日	晴　ブロック積みの所
4月7日	小雨　孫の入園式　家の前型組みおわり
4月8日	晴　家の前石積み完成
4月9日	晴　孫の誕生日で浜松へ
4月10日	曇　家の前畑整地
4月11日	曇　畑へ土を上げる
4月12日	雨降り　石積の上ランカン溶接やる
4月13日	晴　銃検査城西にて　午後フェンスへペンキぬり
4月14日	晴　田んぼこまげる
4月15日	晴　田んぼアゼなおし
4月16日	晴　田んぼアゼ作り
4月17日	晴　山住様参りをたけ子と二人で　午後茶畑草取り
4月18日	晴　ジャガタ肥かける　土場前
4月19日	晴　朝　水元骨折の為見舞いく　ジャガタ肥かける
4月20日	晴
4月21日	晴　田んぼ草刈り
4月22日	晴　道上田んぼこぎる　たけ子岡崎いく
4月23日	晴　道路下こぎる大きいの五つのこる
4月24日	晴　道路下こぎる
4月25日	晴　田んぼこぎる　道路下おわる
4月26日	晴　田んぼこぎる
4月27日	晴　田んぼこぎっちゃう　お茶講習沢井にて
4月28日	晴　田植えおわる
4月29日	晴　茶工場掃除やる
4月30日	晴　ジャガタ土よせ　午後こつぼ米植える(一番上)
5月1日	晴　水道掃除　白山神社昇口へ街燈柱立つ
5月2日	晴　水道掃除　水道もれなし
5月3日	晴　お茶摘み47kg
5月4日	晴　お茶摘み24kg
5月5日	晴　お茶摘み31．6kg
5月6日	晴　お茶摘み29．6kg
5月7日	雨後晴　浜松入野へ行ってくる
5月8日	晴　お茶摘み　156キログラム(5ホイロ)　太田茶66kg
5月9日	晴　お茶摘み
5月10日	晴　お茶摘み　60kg　太田茶24kg
5月11日	晴　お茶摘み　121kg
5月12日	曇後雨　お茶摘み　60kg
5月13日	曇雨　お茶摘み　60kg
5月14日	晴　火入機板はりくる
5月15日	曇雨　お茶摘み　60kg
5月16日	晴　お茶ひずりやる
5月17日	晴　お茶摘み　22kgつむ二人でひずりやる
5月18日	曇　お茶はさみ家の前
5月19日	晴　お茶袋つめする
5月20日	晴　お茶ひずりやる　30kg分　午後天竜へいく
5月21日	晴　お茶はさみ家の前
5月22日	曇雨　城西小学校運動会　草木茶　午後もむ90kg
5月23日	晴　田んぼ草刈り　午後草木茶60kgもむ　たけ子草木茶摘み
5月24日	晴　お茶はさみ　草木茶ひずりやる
5月25日	晴　お茶はさみ　茶こんぽうやる
5月26日	晴　お茶はさみおわる
5月27日	晴　茶畑草取り(ノキ)
5月28日	晴　お茶肥料入れる　肥料35kg
5月29日	晴　茶畑草取り
5月30日	雨　休み
5月31日	セドクボ工事個所見廻り
6月1日	晴　田んぼ草取り　午後山香公民館にて茶講習
6月2日	雨　休み
6月3日	晴　田んぼ一番がき
6月4日	晴　家の前草取り
6月5日	晴　浜松入野へ行く　母元気　たけ子と二人でいく
6月6日	晴　さくまの里へ母の所手続にいく　たけ子と二人で
6月7日	晴　北向き茶畑草取り
6月8日	晴　ナス、イモへ肥かける
6月9日	晴　茶畑草取り北向　ジャガタこく
6月10日	曇　茶畑草取り　家の前
6月11日	曇雨　岡崎へジャリ十袋持っていく
6月12日	晴　家の前草刈り
6月13日	晴　田んぼ草刈り　入野へいく
6月14日	晴　茶畑草取り家の前
6月15日	雨降り　母の衣類入れ買う
6月16日	雨　ギオン様　田んぼ草刈り
6月17日	晴　セトクボ見廻り　午後茶畑草取り
6月18日	晴　浜松入野へ行く　母きげん悪い
6月19日	晴　米消毒　ジャガタこぐ(全部)
6月20日	晴　小堀へ行ってくる
6月21日	晴　二番茶摘む(31kg)　午後草取り
6月22日	晴　浜松小堀へ
6月23日	曇雨　前石垣草焼きやる　田んぼと
6月24日	晴　ノキ草刈り
6月25日	晴　ヤシキ上草刈り
6月26日	晴　ホウノホツ下刈り除伐やる
6月27日	晴　お茶摘み61kgハサミにて
6月28日	晴　お茶摘み62kgハサミにて
6月29日	雨後晴　昼よりお茶摘み59kg
6月30日	晴　子守り

平成22年	記述内容
7月1日	今日より浜松市になる　雨降り　二番茶ひずりやる
7月2日	曇　休み　たけ子浜松へやまびこ売出し
7月3日	曇雨　ホウノホツ除伐　午後茶工場エントツ片付け
7月4日	雨降り
7月5日	晴　お茶はさむ北向と家の前
7月6日	晴家の前お茶刈る　たけ子浜松へヤマビコ
7月7日	晴　お茶はさみ　たけ子浜松行く
7月8日	晴　母を入野から佐久間の里へ入所する　母元気良かった
7月9日	雨降り　お茶少し刈る
7月10日	曇晴　ホウノホツ下刈り　午後少し茶刈る　たけ子浜松
7月11日	晴　お茶はさみ　たけ子浜松いく
7月12日	晴　お茶はさみ　たけ子浜松いく
7月13日	晴　浜松小堀へ　午後母の所へよる
7月14日	晴　朝さくまの里いく　茶畑肥料入れし、うなう道下
7月15日	晴　北向茶畑肥料入れうなう
7月16日	晴　米肥料追肥やる　茶畑草取り
7月17日	晴　北向茶肥料入れうなう　前草取り
7月18日	晴　家の前茶畑肥料入れる
7月19日	晴　田んぼどて草刈る　午後ノキ茶畑草取り
7月20日	晴　ヤシキへ肥を出す　午後草取り
7月21日	晴　朝さくまの里へ行く　道路下草刈る
7月22日	晴　朝さくまの里へ行ってくる。道路下草刈る
7月23日	曇後小雨　登り坂道下草刈り
7月24日	晴　岡崎より見にいく　夕方帰る
7月25日	晴　子守り
7月26日	雨
7月27日	晴　さくまの里へ行く　午後草刈り
7月28日	晴　ノキ草刈り　茶畑へ入る
7月29日	晴後雨　茶畑草刈り(ノキ)
7月30日	晴　畑草取り
7月31日	晴　盆道作り
8月1日	晴　昼前水道つけ(ホージ)　午後草取り
8月2日	晴　米消毒二回目
8月3日	晴　ノキ茶畑草取り
8月4日	晴　ノキ草取り
8月5日	晴後小雨　昼前盆礼　午後田んぼ草刈り
8月6日	雨降り　カゼで病院へいく
8月7日	晴　ロロロ祭り
8月8日	晴
8月9日	晴　カゼで休み　おせがき
8月10日	晴　タア見廻り　午後ナカネ水道下刈り
8月11日	晴　ホウノホツ切拾やる
8月12日	晴後雨　井上之中元使う　夜佐久間で中山間地説明
8月13日	晴　お盆したく
8月14日	晴　おぼん
8月15日	晴　おぼん
8月16日	曇　朝つぶら参り
8月17日	晴　午後新城までいく
8月18日	晴　家の前草刈り
8月19日	曇後雨　朝草取り　午後袋井クボタへタイヤもらいにいく
8月20日	晴　池の廻り草刈り
8月21日	雨降り
8月22日	雨降り　田んぼ草やきやる
8月23日	雨降り　休む
8月24日	晴　浜松パルパルへ孫つれていく　六人にて
8月25日	雨降り　台風十一号接近の為雨
8月26日	晴
8月27日	晴　たけ子ソバまきいく
8月28日	晴
8月29日	晴　朝役場へ中山間地の書類山車に行く
8月30日	曇後雨　米ハゼ作り(八間)
8月31日	晴
9月1日	晴　防災訓練白山神社へ行く
9月2日	晴　北向茶畑草取り終わる　道上米少し刈る
9月3日	晴　さくまの里へ作業奉仕
9月4日	晴後雨　米刈り道路下五つ刈る　たけ子と二人で
9月5日	雨降り　セイレイへいく
9月6日	晴　米刈りやる
9月7日	雨　台風十四号の為雨
9月8日	晴　浜松医大へ見舞いにいってくる　午後サワオク見廻り
9月9日	晴　道路下米刈りおわる
9月10日	晴　さくまの里へ会議にいく　午後子守り
9月11日	晴　道路下へホージ峠の土を入れる
9月12日	晴　道路下へ土を入れる(半日で終わる)
9月13日	晴　茶部屋横うない
9月14日	晴　肥出しキビ畑へ出す　佐久間病院へ母の様子聞く
9月15日	晴　道畑草刈り
9月16日	晴　米刈り　午後たけ子岡崎へ行く
9月17日	
9月18日	晴　シルバーで相月三輪へ米刈り　たけ子と二人
9月19日	晴　岡崎へ行く
9月20日	晴　白山様祭の仕度　午後お祭り
9月21日	曇　たんぼ草刈り
9月22日	晴　残りの米を刈る
9月23日	晴　岡崎へ孫の運動会見にいく　たけ子と二人
9月24日	曇小雨　井上宅、水元へお墓参りいく
9月25日	晴　家の前茶うね刈り　午後フジタイラ拾切り
9月26日	晴　フジタイラ除伐
9月27日	曇　北向茶うね刈り　午後ホージ見廻り
9月28日	雨降り
9月29日	晴　下平熊谷田んぼ草刈り三時まで
9月30日	晴　北向茶すそ刈り　たけ子ホージ

平成22年	記述内容
10月1日	晴　北向茶うね刈りおわり　物置下刈る　ホージ峠　観月祭　たけ子出る
10月2日	晴　母病気急変　夜十一時二十四分死亡する　享年87歳
10月3日	晴　葬式したく組合衆くる
10月4日	雨　葬式したく　午後一時火葬する
10月5日	雨　葬式十二時より自宅にて　無事終了　母お墓へ納める
10月6日	晴　葬式かたづけ
10月7日	曇後雨　かたづけ　会計はらい
10月8日	雨降り
10月9日	曇後雨　家でかたづけ
10月10日	雨降り
10月11日	晴　浦川よりブロック持ってくる
10月12日	晴　県道下床掘りブロック積むしたく
10月13日	晴　午後道路下ブロック積みしたく
10月14日	晴　県道下ブロック積む　たけ子と二人で
10月15日	小雨　お茶少し刈る　家の前　たけ子ホージ
10月16日	晴　城西体育祭
10月17日	小雨　石積二段積む　コンクリ(０．７㎥)
10月18日	雨降り　田んぼ土出し少し
10月19日	晴セイレイへ　道路下石積みおわる
10月20日	晴　北向茶刈ってしまう
10月21日	晴　米こなし　たけ子と二人でこなす
10月22日	晴　かたづけ
10月23日	晴　家の前茶刈り終わる　たけ子ホージ
10月24日	晴　小豆ひき　たけ子小堀へいく
10月25日	晴　山香アユズレ有賀宅へお茶はさみ　たけ子といく　夜狩猟講習サクマ
10月26日	晴　亀久保茶刈り　たけ子と二人で
10月27日	晴　昼前亀久保茶刈り　午後ノキ茶畑草取り
10月28日	晴　ノキ茶畑草取り　たけ子と二人で
10月29日	雨降り　ヤシキ少しうなう　たけ子ダム祭りしたく
10月30日	晴　セイレイへ行ってくる
10月31日	晴　ヤシキあき畑へ肥出し
11月1日	晴　ヤシキほりごみ　米こなし
11月2日	曇雨　ヤシキうなう　午後ノキ茶刈り　たけ子ホージ
11月3日	晴　四十九日用で浦川へ行ってくる(おかめ)
11月4日	晴　サツマこぐ　午後田んぼこまげる　たけ子ホージ
11月5日	曇雨　田んぼおこし　道路下土を入れる(六パイ)
11月6日	晴　田んぼこまげる道路下
11月7日	晴　茶畑草取り
11月8日	晴　茶畑家の前
11月9日	晴　茶畑家の前草取り
11月10日	晴　昼前田おこし(道上)　お茶はさみ(池ノ上)
11月11日	晴　母の四十九日法要行う　15戸集まる　朝十時より行う　18名
11月12日	晴　法要あとかたづけやる
11月13日	晴　家で片づけ　朝サワオク見廻り
11月14日	晴　家でタキギ切り
11月15日	晴　家でタキギ切り
11月16日	晴　道路下草刈り　午後サカグチ山下刈り
11月17日	晴　昼前サカグチ山除伐　午後草刈り場下刈り　狩猟
11月18日	晴　小堀へ行く　夜区会
11月19日	晴　ナカネ井戸道上除伐　午後サカグチ山除伐
11月20日	晴　浜松へ買物
11月21日	晴　朝狩猟ホージ
11月22日	晴　朝竜山へサツマのお礼　米5kg　午後ナカネ下刈り　たけ子岡崎へ
11月23日	晴　ナカネ下刈り一日
11月24日	晴　家で小仕事　野菜へ肥かけ　たけ子ホージ
11月25日	晴　ナカネ下刈り
11月26日	晴　ナカネ下刈り　たけ子ホージ
11月27日	晴　ナカネ下刈り
11月28日	晴　ナカネ下刈り
11月29日	晴　沢向こう下刈り半日　たけ子ホージ
11月30日	晴　サカグチ山下刈り
12月1日	晴　今朝吉山下刈り
12月2日	曇　タキギ割り
12月3日	晴　タキギ切り　たけ子ホージ
12月4日	曇後雨　防災訓練　忘年会　たけ子ホージ
12月5日	曇雪　城西で交通旗振り
12月6日	曇　雪で休み
12月7日	晴　ナカネ下刈り
12月8日	晴　ナカネ下刈り
12月9日	晴　午後見舞にいく
12月10日	曇小雨　サワオク下刈り　午後井戸道下除伐
12月11日	晴　家で小仕事
12月12日	曇雪　芋掘でシルバー交通整理半日
12月13日	曇雪　芋掘でシルバー交通整理半日
12月14日	曇　芋掘でシルバー交通整理一日
12月15日	晴　芋掘でシルバー交通整理一日(富永)
12月16日	晴　シルバー交通整理一日
12月17日	曇　シルバー交通整理一日
12月18日	小雪　シルバー交通整理三時半まで
12月19日	晴　シルバー交通整理四時半まで
12月20日	晴　シルバー交通整理四時半まで
12月21日	晴　便所くみとり
12月22日	雪　午後よりシルバー出る
12月23日	雪　シルバー四時半まで
12月24日	晴　浜松へ見舞いにいく　たけ子と二人
12月25日	晴　浜松へ葬式にいく(通夜)
12月26日	晴　浜松へ葬式にいく
12月27日	晴　家で休む
12月28日	晴　朝新城までいく
12月29日	晴　セトクボ見廻り　たけ子ホージ
12月30日	晴　家で年とりしたく
12月31日	晴　年とり

て過ごすことをいう。正月は日ごろの働き者は休むものだとされていた。

「一月三日　正月佐久間ダム見学」　靖雄さんが生まれて初めて佐久間ダムを見たのがこのときだったという。昭和三一年に佐久間ダムは竣工し、佐久間町の経済的繁栄をもたらし、町が活況を呈していたが、南野田で農業に勤しむ靖雄さんにとってはこのときが初めてのダム訪問となる。雪もない、穏やかな正月であったので、この時はオートバイで北条峠を経、佐久間に出て、佐久間ダムまで行ったという。

「一月一一日　曇　畑しめ」　家の前の畑で畑ジメをした。新年に畑で行う豊穣祈願の行事。しめ竹を二本立て、御幣をかけ、焼き米を供えた。

「一月一四日　にゅうぎをまつる（年とり）　一月一五日ねいさん来る（小正月、成人式）　一月一六日　墓まいり」　小正月の様子が端的に示されている。一四日は小正月の十二月と書いた半切の棒材を門口に立てること。一五日が小正月の日であった。そして一六日に墓まいりをする。柳田國男は小正月が大正月より古い正月のあり方を示していて、墓参り、先祖供養を伴っていたことを説いているが、南野田の小正月でも墓参りを行ってきたことが分かる。

「一月二一日晴　たきぎしょい　一月二二日丸太切り」　薪を近くの山から切り出してきて、家の燃料とした。その仕事をたきぎしょいとよんだ。丸太切りも間伐材や雑木林を伐った材である丸太を割り切り、薪とした。このような家の燃料調達は農閑期の重要な仕事であった。

「二月七日晴　ヤマノコウ遊ぶ」　山仕事は休みになり、ヤド、庄屋と呼ばれる山仕事の親方の家に行き、ボタ餅と酒をいただいて山仕事の仲間が遊ぶ日である。

「二月八日晴　麦畑うなう」　うなうとは耕すことであるが、これは中耕のことで、鍬で除草とともに土を柔らかくするため浅く掘り起こす作業。

「二月一四日晴　西浦観音様へ行く午後十二時」　西浦田楽は旧暦一月一八日に行われるが、この年は二月一四日がその日であった。靖雄さんの奥さんのたけ子さんは水窪町草木の出身で、西浦田楽に靖雄さんと一緒に里帰りしながら祭りを見に行った。

「三月三日晴　節句、井上のねいさんと　かやねいさんが来る　夕方かやねいさん帰る」　桃の節供には家から嫁いだ娘たちが帰ってきて遊んで戻って行った。

「三月二三日じゃがた田んぼ耕す」　田んぼでジャガイモを植えた。この春先に水田で田植えをする前にジャガイモを作ることは水窪、佐久間でよく行われてきた。「タンボジャガタ」とよばれるもので、小粒だが串芋にすると美味しいジャガイモが水田の二毛作でできた。六月の下旬にこのジャガイモは収穫され、その直ぐ後に代掻きをして田植えをした。

「四月三日晴　切開山スギ植え、半次郎山スギ植える　四月四日切開山、惣十山杉植える　一五〇本　四月一〇日曇後雨　切開山へスギを七〇本植える　スギ苗小さなのを富士平へうえる一二〇〇本（組合）　四月一一日晴　切開山へスギ五〇本植える　ヨコアザへ六〇本植える」　四月に入ると植林の記録が続く。特にこの昭和三三年は多く、前年広域に伐採した切開の山等に植林する年に当たっていて、植林の作業は五月に入っても続く。

「四月二三日苗代田の畔かけ（畔塗り）　四月二四日家の前苗代田耕す（二つ）下の苗代田あぜ作り」　四月下旬になって苗代にするところの田を耕し、水を入れ、畔塗りをした。苗代の準備がこの頃に行われたことが分かる。

「五月七日曇　富士平あぜかけ　おじと二人にて　五月一三日　午前中富士平へ行ってあぜかけ　かっぽしひろげ　午後バンバ田あぜかけ　太田こぎる」　あぜかけとは畔塗りのことである。棚田においては田面の水位を保つことが重要な条件である。かっぽしとは干し草のことであり、採草地で刈った草を干し、それを水田や茶畑に敷き込んだ。バンバ田とは家の前の水田の南、カキ沢の左岸にあった狭い棚田である。この水田はバンバ＝婆の水田であった。興味深いもので、その収穫物を自由にできるのは婆であった。その東側（上手）にはジンジ田があった。こぎるとは小切る、つまり砕土することである。

「五月一七日お茶摘み　一四貫二百（太田仁平へもって行く）」　この年は五月一七日に茶摘みが始まった。この日は手摘みである。昭和三三年当時は五月二二日になると茶ハサミ（鋏）を用いるようになった。

「五月二八日たこやぶり　成孔帰る　富士平のどて草刈り」　たこやぶりとは端午の節供が終了した（やぶる）として、その日休みを取ることをした。しかしこの日は富士平という南にある棚田のドテ＝棚田の段差にある草を刈ったという。

「五月三一日　朝麦刈り」　この年麦刈は五月三一日に始まった。

「六月三日　バンバ田へ米植える　六月四日屋敷キビ植える　六月五日　下手の上と屋敷の上の畑の麦をかってしまう（麦かたづく）」　バンバ田（カキ沢左岸側の

棚田）の田植えを行い、屋敷上にある常畑にキビを撒き、やはりここにあった麦畑の麦を刈ってしまった。

「六月八日　朝こんにゃく畑（青草をいれる　午後いも畑うない）　六月九日豆畑うなう」こんにゃく畑は一番耕作した昭和三〇年代の頃には一反以上作ったという。いも畑、豆（大豆）畑を「うなう」＝耕す、うなうというと、耕して苗を移植してしまうまで、種を播くものは種を播くまでをいう。これら常畑で作った作物の作業が続いた。

「六月一七日　家の前の田んぼ皆植えてしまう　車屋向う一つ残る　六月一八日家の前の小つぼ田んぼ植える　六月一九日晴後雨　仁平さんへ田植えにいく」六月一七日田植えがほぼ終える段階になった。そして六月一九日に同じ南野田で水田をやっている太田仁平さんのところの田植えを手伝いに行く。これを南野田では「ゆいでま」とよんだ。

「六月二七日雨　キビ畑うなう　六月二八日晴　キビ肥をかける　六月二九日晴　麦をこなす　坪井さんと孔明さん来て手伝い　十六俵　六月三〇日晴　ジャガタこぎ　麦からしまう」キビ畑を耕し、播種して、肥をかける。麦をこなすとは脱穀することである。ゆいでまの人たちが来てくれて手伝ってくれる。ジャガタこぎとは収穫のことである。

「七月五日朝　富士平田かき（二番かき）父母おじ、四人　富士平畑をうなってあずき植えてくる　七月六日晴　芋畑うなう（バンバ田に晩かき　苗代田）みち子平賀へ茶摘み」「かき」とは除草のことをいう。特に除草車を用いて株間の草を掻くことをいう。富士平の棚田では二回目の除草が行われた。小豆を播いている。バンバ田でも除草車を入れている。みち子さんは靖雄さんの妹に当たる女性で、隣の平賀良平さんの茶園に行って茶摘みを手伝っている。

「七月一三日晴　キビ草刈り　平賀の麦こなしに行く」　キビ畑の草刈りが連日続く。隣家平賀家の麦の脱穀作業の手伝いに行く。

「七月二一日　草取り」この時期の草取りは茶畑の草取りである。連日猛暑の中での作業である。

「八月七日　七夕祭　映画を見る　八月八日南盆踊り練習　竹本山の下刈り八月九日今田盆踊り練習　竹本山の下刈り　・・中略・・　八月一五日　晴　おぼん野田分校にて盆踊り大会　八時半～一二時まで」八月七日に七夕祭を行い、八日から盆踊りの練習が始まった。この暑い中、山の下刈り作業が連日続いた。八月一五日のお盆には野田分校の校庭で盆踊り大会を夜の八時半から一二時までやった。

「九月六日　ホウノホツ下刈り　・・中略・・　九月二五日　下刈り」八月から九月にかけて連日、山の下刈り作業が続いているのがよく分かる。四、五、六、そして七月の上旬まで、水田、茶畑、常畑での多種の農作物栽培の作業が連続した。七月後半から水田、茶畑等での草刈りが続き、お盆の前後から九月にかけて山の下刈り作業が連日続く。

「一〇月三日　米刈り　富士平　バンバ田　一〇月四日　米刈り　富士平　バンバ田　一〇月五日　米刈り　沢井」この年稲刈りは一〇月三日に始まった。

「一〇月二四日　屋敷の口のサツマイモこぐ　劇の練習　一〇月二五日　ハザバ畑うなう　屋敷の口へ麦を作る　劇の練習　一〇月二六日　家の前こんにゃく畑うなう　母新城に行って来る　劇の練習　一〇月二七日　さつまほり」サツマイモの収穫が続く。劇の練習が続くが、これは一一月二一、二二日の南野田の白山神社の祭礼での演芸会で披露する劇を練習している。

「一一月七日晴　大久保シイタケ木切り　金蔵さんたのんで三人で切る　一一月八日晴　大久保シイタケ木切り　父と二人　午後アズキコナス（母、おじ三人）一一月九日　茶畑うない　・・中略・・　一一月一一日　米こなし　一一月一二日米こなし　四十七俵」シイタケのホダ木伐りをしている。アズキコナスとは小豆を乾燥させて脱穀することである。茶畑の株間の中耕が行われている。米こなしは脱穀作業のことで、四七俵分を脱穀した。昭和三三年当時は脱穀機を用いての作業であった。稲の収穫を終え一一月一七日の山住神社、そして二一、二二日の白山神社の祭礼になる。楽しい祭礼を迎えるこの時期、どれほど心が躍ったことであろうと想像する。

「一二月二日晴　麦畑うなう　・・中略・・　一二月四日曇後雨　ムカイからかっぽししょう　午後富士平へ田おこし　一二月五日　富士平田おこし　おじと二人　一二月六日　くもり　富士平田おこし　おじと二人　一二月七日　晴　タアの炭木しょい　家の前と屋敷の道下肥かけする」麦畑では耕され、播種し終える。「かっぽししょう」とは、干し草を背負い運び込むということである。水田ではこの時期田起こしをした。水を抜いた田を大きな鍬で大きく荒起こしをする作業である。重労働の一つである。また炭焼きの作業はここに入ってくる。「しょい」とは焼いた炭を運び込む作業である。肥かけは家の周辺の畑に肥を入れる作業である。

「一二月二九日雪　水窪へ行って来る　炭かまの火たき　一二月三〇日　もちつき　一二月三一日　年とり　昼前神様へまつる　夜テレビを見に近所の子供達が来る」年末を迎え、母の実家に顔を出し、炭窯の火焚きをし、三〇日には餅つきをし、三一日は年とりの晩になる。昭和三三年に佐久間でもテレビを持っている家は少なかったであろう。近所の子供たちがテレビを見に中嶋家に集まって来た。（50頁参照）

イ　平成二二年の『農業日誌』との比較

ここでは、昭和三三年（一九五八）と平成二二年（二〇一〇）の『農業日誌』を比較し、農作業を中心にその内容が現在も伝承されているのか、それとも変化しているのか、特にこの南野田の民俗、農作業において重要と思われる点を要約してまとめてみたい。

一）小正月は相変わらず一月一三日にニュウギを立てるところから、一六日に墓参り、つぶら参りをする重要な民俗がまだ丁寧に行われている。妻のたけ子さんが水窪の草木の実家に帰り年始の挨拶をすることも小正月の大切な年始回りとして行われている。

二）鉄砲、狩猟を行うようになった。一〇年ほど前より南野田の仲間から誘われ、鉄砲をやるようになった。猪、鹿の農作物被害は目を覆うばかりになり、鉄砲をやらざるを得なくなったという。二月の一番寒い時期に特に集中して行う。林業農作物被害による個体数調整の狩猟が多くなったという。

三）平成二二年の田植えが終わったのが四月二八日であったが、昭和三三年では田植えが全て終わったのが六月一八日であった。五〇日以上早くなったことが分かる。また、稲刈りは平成二二年では九月六日には始まっている。昭和三三年では一〇月三日にようやく始まっている。これも一ヵ月ほど早まっている。

四）お茶摘みは一番茶が昭和三三年では五月一七日に始まっているが、平成二二年では五月三日には始まっている。茶摘みは五〇年間で二週間も早まっているのが分かる。二番茶は昭和三三年には七月六日にその作業が見えるが、平成二二年には六月二一日に二番茶を刈っていることが分かる。

五）お盆は平成二二年も南野田の地区で丁寧に行われていて、八月一六日朝つぶら参り（墓参り）の記述が見える。しかし、昭和三三年当時盛んに行われた盆踊り、そしてその練習は全く行われなくなった。一一月二一日の白山神社のお祭りの祭日も変更されている。平成二二年の『農業日誌』では白山神社の祭礼が一三日「くもり　お祭り仕度く」、十四日「はれ　お祭り」とのみが記載されている。

六）山の仕事で下刈りは、平成二二年もよくその作業が読み取れる。ただし、昭和三三年では農繁期の終わった七月中下旬から八月にかけて盛んに下刈りに出掛けたが、平成二二年では数も少なくなり、それも一一月下旬から一二月上旬に集中するようになっている。

細部を見れば、まだ際限なく挙げることができるであろう。詳細は昭和三三年の『農業日誌』と平成二二年の『農業日誌』の全てを採録したので、比較し確認してほしい。（表2-6、2-7参照）

四　上平山の農業

上平山（大萩）の山本富男さん（昭和一七年生まれ）から、上平山の農業についてお聞きした。

（一）上平山の環境と変容

上平山は、浜松市天竜区の大輪橋から天竜川左岸を一km下り、そこから急斜面の坂道を六km上がったところにある。天竜川沿いの道が標高一二〇m、上平山地区が標高四三mである。この急斜面に昭和二〇年代には八〇戸が生活していたが、現在は二五戸に減少している。このうち後継者のいる家庭は四戸である。

上平山にはかつて小学校があり、高等科は龍山村瀬尻に通った。また山香中学校上平山分校もあった。昔の移動手段はすべて徒歩で、背板、風呂敷で背負って荷物を運んだ。自転車は一台もなかった。この徒歩の道に沿って自動車道が昭和三二年（一九五七）に開通した。この自動車道の地元負担の基準には、は、持山割、所得割、戸数割があった。スーパーカブの自動二輪車が走ったことを鮮明に記憶している。昔は秋葉道が通り、柏屋、中野屋、売り屋、鍛冶屋などと屋号で呼ばれる家があり、宿屋などがあったと推察される。

昭和三〇年代までは、ほとんどの家が山仕事をしていた。植林、下刈り、間伐、木馬曳きなどの仕事をしていた。急斜面のため、木馬曳きは危険な仕事で、事故で亡くなった人もいたが、何といっても高給であった。木材は天竜川を筏で流送した。

高度経済成長期の昭和四〇年前後から、長男も他所へ就職するようになり、女子は大部分が紡績に就職した。久根、峰之沢鉱山に勤める人も五人くらいいた。久根、峰之沢鉱山が廃業すると、一部の人は新城市の横浜ゴムに再就職したと聞いている。久根鉱山が平山地区で掘った坑道があり、そこで地滑りが起きて一〇戸ほどが離村した。特に、茶畑を持たない家が家族離村していった。木材の運搬も、木馬から鉄索になり、鋸がチェーンソーになり、木材輸入の自由化で、家族離村はさらに増えた。行先は浜北、浜松が多い。古老からは、戸数によって山を平均に分けたと聞いている。多くの家は山と農業の複合経営をしていた。山間部の最大の収入源であった養蚕は、半二階の家屋が二、三戸あるので、その家ではやったかもしれないが、自分は養蚕は見たことがない。上平山地区の家屋は大部分が一階建てで、急斜面のためか広い家屋がない。山の上部には炭焼窯の跡はあるが、地区の人が炭焼小屋で炭焼きをしたのは知らない。炭焼き、シイタケ栽培は、自家用程度のつくりであった。地区に炭焼窯を築く先生がいて、自家用の炭窯があった。上平山地区の換金作物は茶生産のみである。

(二)　茶栽培の実態

茶畑は多い人で四~五反歩、平均すると二反程度である。茶樹の型は、一株六〇cmの円形で、枝の高さは一m五〇cmくらいである。お茶の年間作業は、一番茶が五月で一五日から二〇日間くらい、二番茶は七月で七日間くらい、三番茶は八月で七日間くらいを要し、すべて手摘みである。三番茶が終わると樹高一mくらいに台刈りをする。摘み手は水窪から娘さんたちが来た。戸毎に水窪へ娘さんたちの募集に行ったりした。水窪は茶栽培が小面積で、労働力に余裕があり、小遣い稼ぎができた。伸びた枝に出た茶葉を四、五本まとめ、先をこくって摘んだ。上手な人は古葉が入らなかった。摘んだ茶の古葉は、人の手で選び出した。また、古葉を選別する機械も導入した。一一月には、「枝先揃え」といって、台切りしてから伸びた枝先を揃えた。

山草刈は一〇月に行ったが、刈った草を、山へ平らに干した。草刈り場を「かっぽし」といった。二月には、山に干してある草を取り入れる「干し草入れ」を行った。干し草を背板で背負い、畑に入れた。草を抑え、肥料にもなった。化学肥料より香りの深いお茶ができた。化学肥料は、見栄えの良い製品はできるが味は落ちる。現在は、化学肥料を多く使っている。春の施肥は「芽出し肥」、秋は「お礼肥」と呼んでいる。

摘んだ茶葉は、自分の家で「茶揉み」をする。「自園自製」をめざし、家族で、前日に摘んだ葉を朝の四時頃から揉む。茶葉の蒸し方は、蒸す時間によって渋みや甘みが違い、各農家の秘伝であった。

農協への製品の販売は、農協が静岡市場に運び、売れた値段から手数料を差し引いて支払いを受けるシステムになっている。その他、島田市の原田製茶への販売もしている。以前は買い子が西渡の和泉屋旅館に泊り、各農家の工場に来て製品の見栄えや味を見て値段を決めた。島田地方の方言で「おぞい」といって製品にケチをつけ、値切って値段をつけるので、値段の駆け引きがあった。二番茶、三番茶の値段も決めて帰った。しかし、この買い子は酒が好きだったので、夜二里半の道程を歩いて和泉屋まで行って彼に酒を勧め、意気が高揚したところで高値で買わせるようにした。すぐに売値がわかり、農協より高値で売ることができた。昭和四〇年代が最後であった。上平山の茶の製品は、よく川根茶に混ぜて売れた。現在は、戸別売りをしている。

(三)　茶栽培の変遷

山林には、自然に生えている茶樹がたくさんあり、誰が摘んでもよいという習慣があった。「ボウラ」という背負籠に摘み入れて運んだ。これは、昭和二〇年代までやった。

昭和四二年（一九六七）、上平山の下の方から山火事が起こり、山の頂上を越えて春野町の区域にまで燃え広がる大火事があった。この火事で茶園が燃え、これを機にやぶきた茶に改植した。樹形は一株立から等高線と平行の畝状に改植された。この時は、農協が苗代を補助し、挿し木で苗を作って販売する農家も現れた。昭和五〇年代までは、茶の景気は良かった。

茶景気に陰りが見えてきた昭和六〇年頃、他の作物への転作を農協が勧めた。引佐郡で栽培されていた花の枝物等であったが、昭和五〇年代の好景気が忘れられなかったことや、後継者がいないということもあり、転作は進まなかった。また、鹿児島で茶の大量栽培が始まったことも、深く気に留めなかった。その結果、現在でも、茶の不景気は続いており、深刻度は増しているといえる。現在茶農家は八戸で、一〇年前から大部分の農家は一番茶のみ摘むようになっている。知人からの注文があれば二番茶も摘むという程度である。

(四)　その他の作物

段々畑には、特別の土留めはなく、上に土が上がるように備中鍬〔びっちゅうぐわ〕

で耕している。肥料は青草であった。

こんにゃくは、お茶より手がかからなく、収入は茶と同じくらいあった。四月に密植して、草取りはやらない。人間の手を嫌い、肥料は青草を入れ、三年で収穫する。一〇月下旬に蒟蒻屋が買いに来た。

小黍、粟、稗、麦は、昭和三〇年頃までは食料として栽培していた。さつまいもはおやつにし、もろこし（高黍）は蒸して食べたり、きび団子にして食べた。

また、山の水で水稲栽培をした。一軒の家が持っている棚田を四、五人で耕作した。唐箕や千歯扱きを使った。水車も二個あった。

五　切開の農業

切開《きいなま》地区では、大石すみさん（昭和五年生まれ）、遠山ふみさん（昭和三年生まれ）、坂中貞さん（昭和一二年生まれ）の三人の方にお話を伺った。

（一）　切開の環境と変容

旧城西《しろにし》村切開は、西渡から一五一号線を北上し、水窪とのちょうど中間点のあたりで西側の斜面の急な坂を二kmほど登ったところにある。この坂道は、各戸が毎月積み立てたお金（一戸当たり百数十万円）と補助金で、昭和五四年（一九七九）から六〇年（一九八五）にかけて順次開通させたものである。切開は昭和三〇年代には三八戸あったが、現在は一八戸に減じている。

昭和三〇年代には、山仕事を引き受ける人がいて、その人の計画で働く人が多くいた。製材所、久根鉱山に勤める人もいた。高度成長経済の昭和四〇年頃から長男も他所へ就職するようになり、家族離村も増えていった。現在後継者がいる家庭は二戸のみである。離村家庭の農地は耕作放棄地となっている。

（二）　養蚕

大石さんは、昭和二九年（一九五四）に嫁してから四八年（一九七三）まで養蚕に携わった。働き手は義父母と嫁で、ご主人は山仕事や土木工事に従事していた。蚕室は母屋の一〇畳の二間で、その部屋の畳をあげて板の間にし、筵《むしろ》四枚分の棚を作った。この棚は六、七段になり、二通り作った。棚は毎年使うので、資材は保存しておいた。棚に竹で編んだ「かごろじ」という敷物を敷き、その上に筵を敷き、その上に渋紙を敷いた。

【春子】五月の一番茶がすむと蚕が始まる。五〇cmの正方形を二つ折りにした紙に蚕の卵が付いている。卵から幼虫が出ると、鶏の羽根で棚の桑の葉の上に掃き落とす。（昭和三三年頃は、一cmほどの幼虫を浦川地区の川合から買ってきた。）

【桑】大石家は、段々畑四反に「どぞう」という桑が、畝間五〇cm、間隔四〇cmに、直径二五cm、高さ四mの柿の木のような桑が植えてあった。義父は木に登り、太い枝は鋸で、細い枝は鎌で伐る。枝の長さは一・五mくらいのものもある。嫁は、直径五〇cmの枝の束を作る。背板で三束を背負い家に運んだ。子どもは枝の葉をもいで取る。何回か飼葉を与えるので、余りの枝は六畳の間に立てて、濡らした敷布等を掛けておく。露のある葉は食べさせない。人の寝る間は二階の間か、一階の余りの間で寝る。蚕が桑の葉を食べる音が雨の降るような音になって聞こえた。

【繭つくり】六月末、蚕が黄ばんでくると、繭つくりをする。「すがき」という竹に縄をまいて山を作り、繭をつくる空間をつくる。黄ばんだ蚕を「すがき」に入れ、繭をつくらせる。（後には、段ボール箱に繭をつくる空間が仕切ってあるものを使った。）

【繭の出荷】ボウラ籠に繭を詰めて、背板で城西の農協まで運んだ。

【夏子】八月、桑の枝が一mくらいに伸びるので、葉を摘む器具を指に付けて葉を摘んだ。

【秋子（晩秋産）】九月、桑の枝が一・五mくらいに伸びるので、葉を摘む器具を指に付けて葉を摘んだ。（玉繭　二匹で一つの繭をつくったもの。家でほじいて真綿にした。ふとんの打ち直しの時の真綿にした。）

【養蚕の終了】農協でたばこの栽培を勧めたら、蚕が病気になったり、死んだりしたので、昭和四八年（一九七三）で養蚕をやめた。その後にやぶきた茶を植えた。（坂中貞さんの所も昭和四五年（一九七〇）まで養蚕をした。桑畑が一反あった）

（三）　茶

【茶摘み】今は一番茶のみ収穫している。消毒はしていない。二月に配合肥料、三月に芽出し肥として硫安を施している。五月に茶摘みをしているが、坂中家は六畝を手摘みしている。遠山家では、五反歩の茶樹を手鋏で刈る。五、六年前までは、機械鋏を使っていた。大石家は、手鋏を使うが、裾は手でこくっている。茶摘みの時は、子供や孫たちが来て手伝う。茶摘みでは、一人一日一二貫（五〇kg）前後摘んだ。日雇いは、出来高払いもした。

茶は枝が五〇～八〇cmの高さに伸びていて、新芽の出ている三〇cmくらいの葉をこくり取る。五月に一番茶、七月に二番茶を摘み、それが済むと「台刈り」といって、地上八〇cmくらいで切りそろえ、新芽を夏中伸ばす。一〇月下旬に新芽の先を揃える。

【製茶】生葉は共同茶工場で加工する。加工する一単位を「ほいろ」といい、六〇kgを一単位として摘む。端数は他家のものと一緒にして加工する。製品は一族、友達で分けてしまう。加工賃が高く、家の経済にとっては、利益はない。

三〇年前までは、個人で手揉みして製茶した。まず、蒸し器で茶葉を蒸し、その葉を手で上下させて水分を取った（葉打ち）。その後、渋紙を貼った焙炉に茶葉を移し、炭火で暖めながら渋紙の上で茶葉をひねり、茶葉の水分を蒸発させていく。揉んでいくと葉がまるまり細い一本の葉になる。近所には茶の手揉師がいた。

【茶畑の管理】七月に、前年秋に刈っておいた草を敷き入れる。一〇月、一一月には、ススキなどの秋の草を刈り、干し草にする。草刈り場は段々畑の土手であったが、鹿や猪で絶えそうになっている。乾燥は、ススキの上部を束ね、円錐状に立てて乾燥させる。これを背板で運んで小屋に入れておく。

茶畑は段々畑であるが、特別な土留めはない。茶畝は斜面で横のかまぼこ型である。

（四）たばこ

遠山家では、農協の勧めによって、たばこを二反ほど栽培していた。三夫婦で働いたが、手間がかかる割に収入が少ないので二年間でやめた。

【植付け】麦、大麦、蕎麦、黍の後作地に、株間五〇cm、畝間六〇cmに、農協から買った三cmの苗を植え付ける。

【取入れ】八月、下葉が黄色になると、下葉から葉をかいていき、その葉を二階の間に陰干ししておく。二階の間には縄を張っておいて、夜、嫁が独りで葉を縄に差し込み、乾燥させた。

【販売】販売は男の役目であった。

（五）生姜

農協の勧めで始めた。種生姜一俵一二貫で、出来高は一二俵あった。背板で国道まで背負って運んで出荷したが、苦労であった。収入が少ないため、五年でやめた。

（六）野菜

種類が非常に多く、少量生産であった。それぞれ保存に気を配ったが、さつまいもは、家の中にある室にもみ殻を入れ、その中に入れて寒さを防いだ。白菜は、新聞紙に包み、家の中に入れた。大根は、土寄せをしてシートをかぶせた。野菜の初物は、みな神様に供えた。

六　佐久間の農業

佐久間に住んでいる小田正さん（昭和一八年生まれ）からお話を伺った。

（一）佐久間の環境と変容

佐久間は、JR飯田線中部天竜駅から一・五km東へ行った、旧佐久間町役場のあったところである。昭和二〇年初頭には二〇〇戸、現在は一六〇戸（電源開発六戸）である。職業は多様で、久根鉱山三〇、山仕事一五～二〇、JR二〇、郵政一〇、教員五～六、役場職員一〇などである。平成一〇年頃から戸数が減り始めた。平成になると子供たちの高学歴化が進み、大学を卒業すると地元に戻らないケースが増えた。

（二）小田家の農業

【農地】佐久間は両側に山があり、河内川が北から流れ込み、前方には天竜川が真横に流れている、湾状の三角州である。河内川、天竜川から、さらさらした砂質土が積もった土地である。畑六反、茶畑三畝、野菜畑五反七畝である。山間地の畑は皆戸《かいど》土《つち》といって、細かい山石や砂も混じり、水はけがよく、茶、野菜、芋類、筍《たけのこ》等が栽培されていた。大部分は、旧佐久間町役場の跡地の畑であった。

【作物】作物の種類は、非常に多岐にわたっていた。筍、牛蒡、人参、さつまいも、じゃがいも、里芋、生姜《しょうが》、大根、丸大根、水菜、ほうれん草、えんどう豆、そら豆、小豆、栗、干し柿、串柿、こうじみかん、茄子、胡瓜、南瓜、西瓜《すいか》、トマト、とうもろこし、しゃもじ菜、白菜、キャベツなど。種子は自家採取をして連作した。タキイ種苗から買ったものもある。サツマイモはさつま床（棚）を作って種イモを伏せ、蔓《つる》を出してそれを挿した。

【肥料】化学肥料は農協より購入した。下肥《しもごえ》は久根鉱山の社宅や佐久間で農地を持たない家からもらった。畑には溜池という三和土でできた槽があり、そこに下肥を入れ、腐らせて水と混ぜて作物に施した。堆肥は特別には作らなかったが、天竜川の堤からススキを刈って来て里芋等の敷草にした。

【野菜の貯蔵】母屋の縁の下に深さ一・三m、広さ二平方mの室を掘り、もみ殻を入れ、寒さに弱いさつまいも、種生姜等を入れ、はしごで出入りをした。

畑には、直径、深さ一・三mの室を一〇個くらい掘った。掘る場所は、毎年同じ場所であった。入れた作物は主に里芋であった。寒さを嫌う生姜は一・五m四方、深さ二mで四方を板で囲った特別な室を一個作った。上部を麦わら等で覆い、上に土を置いた。年二、三回、気温がマイナス四度まで下がるのが例年である。この生姜は種生姜として販売した。大根は干し大根にして樽につけ、たくあんにして販売した。また、生鮮野菜としても販売した。

【農地】六反の農地の所有は、地域で突出した広さである。佐久間地区は天竜川を流れる砂質土が浅瀬に堆積し、土地が広くなった。その土地を地域の人たちで「割地」といって分配した。四代前からこの割地を少しずつ買い増して、六反の農地を持つようになった。野菜作りの農業はよい収入になり、山林も買い増した。

【養蚕】確かな年代は分からないが蚕もやって、母屋の南面の二間を蚕室に使ったことは親から聞いていた。

【道具の年取り】正月には、鍬《くわ》や鎌、そのほかの農具を洗い、歳神様と一緒に餅を供えて拝んだ。

（三）久根鉱山への野菜の販売

小田家で作った野菜は、久根鉱山の社宅まで四kmの道程を、両親がリヤカーで運んで販売した。リヤカーは後ろを長く改造し、竹で編んだ特別な箱を入れた。この箱を区切って野菜を種類別に積み、この上に八百屋《やおや》籠《かご》という箱を積んだ。久根の町は上層の人たちが一戸建ての社宅で下の方に住んでいた。その人たちに販売し、上の方にある長屋には行かなかった。

久根鉱山への野菜売りは閉山まで続き、それ以降は佐久間町中部の人たちに販売した。昭和五五年（一九八〇）に父が死亡し、その後、母一人で昭和六〇年（一九八五）に亡くなる直前まで続けた。

なお、子供の頃久根鉱山の社宅に住んでいた金田勝さん（昭和六年生まれ）によれば、久根鉱山の従業員は昭和四年（一九二九）に三〇〇人、昭和一八年（一九四三）には七〇〇人であったという。社員は、同心会という会社の購買組合から必要品を購入していたが、野菜類はどうしても地元で調達しなければならなかった。そのため、社宅周辺の空き地に野菜を自家栽培していたが、籠に背負って野菜を売りに来た佐久間の農家も多数いたとのことである。

七　羽ヶ庄の農業

羽ヶ庄に住む細澤忠良さん（昭和一〇年生まれ）と萬里子さん（昭和一三年生まれ）のご夫婦にお話を伺った。

（一）羽ヶ庄の環境

羽ヶ庄は、佐久間から二本杉峠を越えて七キロの所にあり、水窪に通じる街道が通っていた。また、標高は五五〇mあり、夏は涼しいが、冬の寒さは厳しい土地である。

昭和二〇年頃、集落には三〇戸あり、大部分の家は山林の仕事で生計を立てており、農業は女性の仕事であった。四輪の大八車を馬に曳かせる運搬業が三、四軒、日用雑貨を売る茶店が一軒あった。昭和三五年（一九六〇）に自動車が通る道が開通した。現在、戸数は九戸で、後継ぎのいる家庭は三戸であり、人口減が最大の課題である。

農業の面では、重要な収入源である養蚕は、三〇戸中二〇戸が昭和一五年頃までやっており、水稲は一八戸で栽培していた。お茶は、昭和三〇年頃、在来種からやぶきた種に転換した。

（二）細澤家の農業

細澤家は広い山林を所有しており、かつては所得のすべてを山林から得ていたので、農産物はすべて自家用と贈答用に使われた。養蚕は忠良さんの先代の頃にやっていたようであるが、ご本人の記憶はないという。

【農地】水田が二反八畝、畑が四反七畝あった。水田は棚田で、大きな田が七枚、小さい田が五枚あり、畑は、茶畑が三反、白畑が一反七畝あった。山間の農地なので棚田、段々畑であったが、祖父の代に石垣を積み、地崩れのない農地になった。畑も傾斜が緩やかで、土が下に流れないように注意して耕せば、困ることはなかった。

棚田の用水路は、二km上流から個人で開鑿した。普通の所は土を掘ったままの部分と、直径一〇cmの土管を埋設した部分とがある。沢を横切る時は木の丸太を二つに割り、中央を樋のように彫って水を通した。土管を埋設したところは、継ぎ目に草の根が入ることがあったので、煙突掃除用のブラシで掃除をした。この水を使って水車も回した。水は冷たくて、稲の実りは良くなかった。実際に羽ヶ庄の水稲を見ると、平地の稲の三分の二程度の背丈で、株も半分程度であった。

元号	西暦	内容
明和２	1765	この前年に中泉代官所が川合村に杉、檜、栗を空き地に植林することを奨励するが、川合村では植林できる空き地がないと代官所に申し出た。
安永２	1773	佐久間村御室太郎兵衛の由緒書によると信州の榑木が天竜川を利用して流され、佐久間村に御榑木御網場があったと記されている。
天明５	1785	川合村の作次右衛門から平賀助太夫にあてた一札によると川合では既に筏を組む「土場」があり、木材の売買が行われたことが分かる。
寛政２	1790	浦川村名主平三郎らが、中泉代官所に提訴した書状によると、百姓の持林から伐り出した材木は川合まで運び出され、ここで筏に組んで天竜川を下して売買していたことが分かる。
天保13	1842	天竜川に沿って開けた村々の役人惣代である戸倉村の次郎左衛門等が中泉代官に出した願書によると、40年から50年もすると立派な成木となるのでそれを売り、一方で植林をしながら、伐採した木は天竜川を筏で下ろし、掛塚湊へ毎日送っていたという。掛塚から江戸まで廻船で木材を運んでいたが、江戸での遠州の「白木」の値段が高騰し、掛塚からの積荷の量は増える一方であった。
弘化３	1846	正月に江戸で大火があり、木材の値段が急騰した。廻船もその木材を運ぶため多忙を極め、運賃の値上げを行った。それに対して、大井村の名主源次郎など天竜川中流域の山村の名主たち８名と掛塚の廻船問屋との間で値上げは認めるが、滞りなく木材を輸送することを約束する「済口証文」が交わされた。
弘化４	1847	大井村名主源次郎の「天竜川御拾分一請負願書」によると、遠州豊田郡、周智郡などの山中の村々では、食糧（米、麦）を買い付けるため、村周辺の山の雑木を伐採して売り、そのあとに「用木」を植え付けていたことが分かる。また、この「願書」から、５年に一度、下刈りを行っていたこと、40年～50年を伐期としていたことが分かる。
嘉永１	1848	周智郡、豊田郡下の73ヶ村の惣代大井村源次郎が出した「請負願書」によると、天竜川沿いの山間の73ヶ村では、川筋に田畑を開いているが、猪、鹿が多く、荒らされ、農業では生計が立たず、薪炭を売り、杉・檜を伐採し、植え付け、下刈りをして40年～50年で育林することで生計を立てている様子が記されている。
明治９	1876	東京に送られる木材の主産地の第１位は紀伊国であり、第２位は遠江国（全体の16.8％を占有しており、主な樹種はスギ、ヒノキ、マツであった。）であった。
明治12	1879	金原明善手記「天竜川堤防始末記」によると天竜川中流域から出された木材は掛塚湊から年間20万石を廻船によって東京に移送されていた。
明治20	1887	金原明善は遠江国豊田郡瀬尻村字河内奥の二等官林６００町歩を改良し、杉苗240万本、扁柏苗30万本を一坪に一本半を植え付ける植林事業に着手する。
明治20	1887	掛塚湊から東京に移送される出荷量は23万石を超え、ピークを迎える
明治22	1889	瀬尻御料林の他、金原林と呼ばれる佐久間村内神妻山、榿山、大井村福沢山計500町歩を買い上げ、御料林同様植林事業を起こす。
明治23	1890	天竜川流域では初めて龍山村雲折字西ヶ池沢で木馬が使用された。
明治24	1891	天竜川下流の掛塚、中野町に製材工場の新設が急増する。これにより木挽製材が終焉を迎える。
明治28	1895	豊田郡浦川村助役山本八十次は、静岡県知事の認可を受けて浦川村山林組合を設立する。また同年山香村山林組合も設立される。
明治29	1896	天竜川中下流域の製材工場数、製材能力が全国一位を占める。
明治32	1899	佐久間村に天竜川中下流域で３番目の製材工場である王子製紙中部工場が設立される。これは王子製紙が天竜川中流域の原木を原料にし,天竜川の水を利用して製紙を行おうとしたものである。
明治35	1902	佐久間村、浦川村で木材の鉄線運搬が行われ始めた。
明治36	1903	浦川村に最初の製材工場である吉沢製材所が設立された。
明治40	1907	佐久間村、浦川村、城西村で木馬が初めて導入される。
明治41	1908	天竜川本川流出材採集材積では最大の材積になり、総出材量に占める割合も26％と最高値に達した。
明治41	1908	浦川町に製材所である恩田製板所が設立された。
明治44	1911	東京市に屋根葺制限触令が公布され、東京における柿板の需要がほとんど無くなる。

表 2-8　佐久間町林業関係年表（『佐久間町史 下巻』及び『佐久間町の「山・川に生きる諸用具」等保存活用』を参考に作成）

【水稲】冬の間に、「田起こし」と言って、刈り取った田の耕作土を、備中鍬で大きな塊で反転させ、風化させる。春になって田に水を入れ、畦の土を槌で叩き、水漏れの穴を塞ぐ。「畦掛け《あぜけ》」といって、平鍬で水を含んだ土を畦に乗せ、ジョレンで畦の側面に塗り付ける。

五月の節句前に田に水を入れ、苗代を作って種もみを播く。これは一番茶の前に必ず済ます。苗代は、畳一畳くらいの大きさに土を盛り、上面を鍬か板で叩いて平らにする。これをいくつも作ってそこに種を播く。種籾は、あらかじめ水に漬けておき、芽の出る頃にこれを手でパラパラと一面に播く。

一方、田植えの準備も始め、田に水を入れ畦の草を刈った後、肥料を田に振り入れる。戦前は「うな粉」という蚕の糞を使ったが、戦後は豆粕や化学肥料を使うようになった。その後、鍬（現在は耕運機）で耕し、土の塊を細かくする。さらに、「エンブリ」というT字型の道具で田の面を平らにし、「代掻き《しろか》」をする。田植えは、二人が縄を張り、その縄に沿って一〇人くらいで苗を植える。この時は雇人をお願いし、食事は一〇時と三時と夕方の三回準備したという。

お盆までに田の草を取る。腰を曲げて稲株の間の草を取り、その草を足で土の中に踏み入れる。また、幅二〇cm、直径二〇cmくらいの刃の付いた車に柄を付けた「コロバシ」という道具を手で押して草を取った。それぞれ一シーズンに一回ずつくらい行った。このほか、追肥として「うな粉」などを振り入れた。

稲刈りは、鎌で刈り、刈り取った稲を田に並べた。「ハカマ」（枯れた葉）を取って三、四株ずつ束ね、それを三〇～四〇束、背板で背負って運び、「ハザ」に掛けた。「ハザ」の作り方は、先が錐のようにとがった鉄の棒で地面に深さ三〇cmほどの穴を掘り、そこに五mくらいの立棒を立てる。二間の間隔で五本の立棒を立て、筋交いの棒を縛り付けて倒れないようにする。この立棒に七段の横木を藤づるで縛りつける。この横木に稲束を下の方から掛けていき、上方に掛けるときは下から稲束を投げ上げる。

脱穀は一〇月に行われたが、乾燥した稲の穂を、足踏み脱穀機で脱穀し、籾は南京袋や木箱、俵などに入れて保存した。

食べる分だけを唐臼で籾摺りし、玄米にした。唐臼は、直径九〇cm、高さ四〇cmの木製の円盤二つを重ねたもので、重なったところに洗濯板のような歯があり、上の円盤には直径五～八cmの垂直の穴が開いている。この穴に籾を入れ、上部の円盤を回すと玄米ともみ殻に分かれる。上の円盤を回しやすいように天井から紐でやや上に浮くように吊って回した。米ともみ殻を唐箕にかけてもみ殻を取り、米選機で二等米を取った。動力籾摺機が導入されたのは、昭和三九年（一九六四）である。

精白は自家の水車で行い、他家の玄米も精白した。この水車は明治四五年（一九一二）に作られたもので、田に入れる水で水車を回した。また、この水で大正一二年（一九二三）から昭和二九年（一九五四）までは自家発電し、その後は中部電力から電気を買った。一〇戸が共同で自家発電もした。他家ではふみ臼で精米することもあった。ふみ臼は、横木の先に杵があり、後方を足で踏むと杵が上がり、足を放すと自重で杵が石臼に落ちる。杵の落ちる所には縄の筒があり、筒の周りには籾があり、振動で順次籾が筒の中に落ちる。千石通し、米選機で二等米を除いて玄米にする。細澤家では、平成二三年（二〇一一）まで水稲栽培をしていたという。

【茶】以前栽培していた在来種の茶は、山草・すすき・青草を一回すべての畑に敷き入れた。すすきは鹿に食べられて絶滅してしまった。樹形は直径八〇cmくらいの円形で、高さは八〇cmから一mくらいだった。茶摘みが終わると一五cmほど低く刈り込んで整枝した。一番茶は五月の節句過ぎ、二番茶は七月に摘んだ。基本的に手摘みであったが、遅れ芽は鋏で摘んだ。忠良さんの父上は、葉を蒸して手揉みで加工していたという。

やぶきた種を栽培するようになって、樹形はかまぼこ形の畝状の樹形にした。春秋二回、備中鍬《びっちゅうぐわ》で畝と畝の間を耕し、配合肥料をおいて、芽出し肥料は春のみ二回おく。一番茶は五月、二番茶は七月に摘んでいる。以前は野田の茶工場に加工を委託していたが、昭和三七年に製茶機械を導入した。手摘みの生葉三五kgを、ボイラーで一日六回蒸す。摘み手は半場から十人雇い、一人一日二〇kg摘んでもらう。

製茶の工程は、粗揉機に四五分、揉捻《じゅうねん》機に三〇分、中揉機に四〇分、整揉機に四五分、乾燥機に四五分かけると、生葉の五分の一の重さの茶ができる。この後、篩《ふるい》にかけて粉を取り、長さを揃えて裁断する。一キロを袋詰めにして茶箱に納め、倉に保存する。

【椎茸】自家の山林の中で、もみじの頃、直径二〇cm程度のナラ、シデの木を「椎茸木」として伐る。春になってこの「椎茸木」を一mの長さに切って榾木《ほだぎ》を作り、二月に菌打ちを行う。以前は鉈《なた》で傷をつけた。榾木を杉の枝で湿らせる。翌年、榾木を杉林に立てると、少し椎茸が採れた。その翌年からは椎茸が普通に収穫できる。三月下旬から四月中旬まで収穫する。

収穫した椎茸を炉の炭火で乾燥し、干し椎茸を作る。椎茸の傘の下を六〇cm程度の竹串に挿し、炉の炭火の周りに立てる。熱が逃げないように椎茸の周りを囲った。その後、天日で乾燥させる。現在では乾燥機で処理するのが一般的になった。

【小麦・大麦】昭和三五年（一九六〇）頃まで栽培した。畑はなだらかな斜面なので土を上げるような気持ちで耕すが、特別な土留めはない。備中鍬でさつま芋のつるや刈草に土をかぶせ、三〇～四〇cmの畝を作り、平鍬《ひらぐわ》で平らにする。畝に下肥を播き、平鍬の巾に種を播く。種は去年収穫した麦である。一二月になると、畝と畝の間を耕し、麦踏をする。「土入れ器」という穴の開いた鍬に土を入れ、麦の上に土を振りかける。四月頃、麦の穂が出る前に、倒伏を防ぐため二、三m間隔に一・五mの竹を畝に斜めに挿す。梅雨の前に、家族だけで麦刈りをし、稲ハザに麦束を七・三に分けて交互に掛ける。ハザの上の方に掛ける時は、竹の先に麦束を挿して上にいる人に渡す。

大麦は飯に入れて食べた。小麦は手で回す石臼や水車で挽き、篩にかけて粉にし、パンやうどんを作った。うどんは作ったらすぐに食べた。

【さつまいも】さつま芋は、五月下旬に苗床をつくり、杉の葉を踏み込んで土を入れ、種芋を入れる。畝は、幅四〇cm、高さ三〇cmのかまぼこ型に土盛りをする。六月頃、五、六節のつるを畝の中央に横に並べ、土をかける。収穫は、備中鍬でこぎ、室に入れる。室は畳二畳の広さで、深さが一m。もみ殻を入れて寒さを防ぎ、腐りを予防する。

さつまいもを収穫すると、「あめ芋」で干し芋を作った。蒸してから包丁やピアノ線を張った道具で切り、天日に干して作った。藁の中に入れると、白い有用なカビが生える。戦後の食糧難の時代に盛んに作り、直径五〇cm、深さ五〇cmのボウラ籠に一〇〇杯ほども作ったが、これは久根鉱山の人たちが買いに来た。

【蕎麦】盆の頃、とうもろこしの畝《うね》の間に種を播《ま》いた。十月に刈り取り、直径一五cmの束にする。ハザの横棒に蕎麦の束を掛け、天日で乾燥させる。乾いた蕎麦の束を筵の上に置き、二人で向き合って五〇cmくらいの棒で交互に蕎麦を叩いて脱穀し、唐《とう》箕《み》で選別する。

蕎麦はいろいろな食べ方をした。「蕎麦ぼっとり」は炉の灰の中で焼いた蕎麦団子で、醤油をつけて食べた。「立て粉」は蕎麦の粉で、湯で溶いて食べた。また、蕎麦団子に豆まきの豆を入れて焼いた「とじくり」もうまかった。

【黍（とうもろこし）】五月頃苗代に種を播き、麦を収穫した後に移植した。一五cmくらいになった苗を二本ずつ、三〇cm間隔に植えた。根付いたら下肥をやった。

収穫した後は、屋根の下に吊るした横棒に、黍の穂四本を束ねてかけ、乾燥させた。乾燥させた黍の実は、手動の石臼で粉にし、きび団子を作った。これを炉の灰の中に入れて焼き、食事やおやつに食べた。

【野菜】大根や茄子、胡瓜などさまざまな野菜を作った。冬は寒くて野菜も凍るので、白菜は家の中で新聞紙にくるんで貯蔵し、大根は一カ所に並べ、土をかけて貯蔵した。

第二節　林業

一　天竜川流域の林業の展開

旧佐久間町域は近世において、浦川《うらかわ》村、川合《かわい》村、半場《はんば》村、戸口《とぐち》村、中部《なかべ》村、佐久間《さくま》村、大井《おおい》村、相月《あいづき》村、領家《りょうけ》村、上平山《かみひらやま》村の一〇カ村があった。水系で大別すれば、天竜川本流沿いの半場村、戸口村、中部村、佐久間村、大井村、上平山村と、天竜川支流の大千瀬川《おおちせがわ》、相川《あいかわ》沿いの浦川村、川合村と、天竜川支流の水窪川沿いの相月村、領家村に分けることができるであろう。大河川天竜川という交通手段を用いて近世から交通交易が盛んで、林業においても一早く育成的林業を展開していったのが天竜川本流沿いの村々と、西側の支流大千瀬川沿いの村々であった。

ここで、天竜川中流域とは便宜上、静岡県内の旧天竜市、旧春野町、旧龍山村、旧佐久間町、旧水窪町の地域を指すものとする。この地域の林野率は大半が九〇%を超え、高い森林占有率を示している（『天竜林業技術史』）。人工林率も旧水窪町で七一%、旧天竜市で八三%、旧龍山村で九二%、旧佐久間町では八五%に達する。

この地域は、天竜川及びその支流が開削した急峻な地形が多く、典型的な壮年期のV字谷が形成されている。土壌は概ね秩父層にあたり、結晶片岩地帯が広く分布し、樹木の育成に適している。年平均気温一四～一五℃、年降水量二二〇〇～二五〇〇㎜と恵まれ、スギ・ヒノキの育成には良好な条件が揃っている。

この地域における本格的な育成的林業は、旧龍山村瀬尻地区、旧佐久間町浦川地区で明治一九年から行われた金原明善による植林事業から始まった。それ以前は、天然林の山に入って必要とする樹種の巨木を伐り出す素朴な林業であり、樫《かし》、樅《もみ》、栂《つが》、松、欅《けやき》、栗、杉、檜《ひのき》などの樹種を伐《き》り出した。

佐久間町を含む天竜川流域の山村において植林が広域に行われるようになったことが確認できる史料は、宝暦一四年（一七六四）石谷備後守から天竜川流域二三カ村に対し、御林並びに百姓所持の地に杉・檜の挿木《さしき》を奨励した中泉《なかいずみ》代官所の御用書である。また、明和二年（一七六五）には、その前年に中泉代官所が川合村に、杉、檜、栗を植林するよう奨励したのに対し、植林できるような空き地はないと川合村が代官所に申し出た記録がある。また、寛政二年（一七九〇）に浦川村の名主平三郎らが中泉代官所に提訴した書状によると、百姓の持林から伐り出した材木は川合まで運び出され、ここで筏《いかだ》に組んで天竜川を下して売買していたことが分かる。天保一三年（一八四二）に、天竜川に沿って開けた村々の役人の惣代である戸倉村《とくらむら》の次郎左衛門等が中泉代官に出した願書の記事によれば、四〇～五〇年もすると立派に成木《なりき》となるのでそれを売り、一方で植林をしながら、伐採した木は天竜川を筏で下ろし、掛塚湊《かけつかみなと》へ毎日送っていたという。掛塚から江戸まで廻船で木材を運んでいたが、江戸で遠州の「白木」の値段が高騰し、掛塚からの積荷の量は増える一方であった。

安政四年（一八五七）には十分一税騒動が起こる。中泉代官所が天竜川流域の山間の村々の願いを無視して一方的に新請負人を指名したことに対し、村々は一致して反対し、山中の百姓三〇〇〇人余が蓑笠《みのかさ》を被《かぶ》り、代官所近くの万能橋《まんのうばし》付近にまで押し寄せ、この決定を覆させるという蜂起が起こった。この騒動で一方的に勝ったのは山間の百姓たちであり、木材を伐り出して生計を立てていた林業従事者が幕藩体制の地方機関である代官所の決定の取り消しを強要するほどの力が備わっていたことを示すものであった。また、この天竜川中流域の山間の村々において、林業は中核的産業に発展していたことを物語っている。

明治九年（一八七六）に東京に送られた木材の主産地の第一位は紀伊国、第二位は遠江国（全体の一六．八％、主な樹種は杉、檜、松）であった。杉、檜についてはいずれも紀伊国に次ぐものであった。材価においても、遠州の檜は尾州材に次ぎ、杉については尾鷲材に次ぐ良質のものであった。この傾向は太平洋戦争後まで続き、天竜川中流域を産地とする材木は「遠州材」として、東京を中心に全国の中でもトップクラスの良質木材として定着するのである。

二　山香の林業　藤澤春雄さんの山仕事

藤澤春雄さんは、大正九年に旧城西村下日余の神官家である守屋家の次男に生まれ、現在佐久間町西渡に住んでいる。昭和八年に城西尋常小学校を卒業、昭和九年に大井尋常高等小学校高等科を一年で終え、昭和一一年（一六歳）のとき、二俣の山林家の大平氏の下で山林の仕事に就くことになる。そして、そのまま昭和一二年に大平氏の共同経営者でもあった平野社団の山林部に雇われ、平野社団が持っていた春野の勝坂《かつさか》、京丸、山香村相月での山仕事に従事するようになる。山仕事をしながら、昭和一五年に徴兵検査を受け、乙種第一補充に合格し、昭和一七年四月一〇日に静岡の陸軍三四連隊に配属される。入隊後の戦歴、苦難はコラム（62頁）を参照していただきたい。

昭和二一年三月六日、奇跡的に中支から無事帰還。父の守屋清次郎の下でしばらく山仕事の手伝いをする。このときは水窪川での川狩りが主な仕事であった。そして昭和二二年二月に大井の藤澤家に婿入りする。このとき鈴木寅次郎氏に誘われて、寅次郎氏の下で山林の「庄屋」の仕事をし始める。庄屋は人夫を五～一〇人ほど雇い、山に入って伐採、出材、植林の仕事を手配、指揮する人のことをいう。その後、寅次郎氏は昭和三〇年に丸正木材店（森下木材店、当時西渡の西渡橋のたもとで大きく木材を扱っていた木材商）の傘下に入り、春雄さんも丸正木材の従業員として庄屋の仕事を任せられるようになる。

昭和四五年から五〇年にかけて大病して山仕事から離れざるを得なかった時期はあるものの、七〇歳（昭和六四年）まで丸正木材の下で山香地区の山を中心に庄屋として山仕事に従事してきた。その後も七八歳（平成九年）まで、丸正木材の山仕事を手伝いながら山へ入っていた。森林組合でなく木材店の下で山仕事に従事していたため、春雄さんは伐採から出材、運搬の仕事、そして植林に至るまで、山仕事の全ての工程の仕事をしてきた。

三　山仕事の生業暦

藤澤春雄さんから聞いた山仕事の生業暦を記録する。昭和三〇年代は「山ケイキ」と呼ばれ、「その頃、ホントに木はよく売れた」と語ってくれた。大木だけでなく、間伐した直径七、八cmの木材も製材所では買ってくれた。象徴的に思えたのは、ヘリコプターをほとんど見たことがない戦後昭和三〇年代の後半の頃、ヘリコプターで杉苗を運んだことがあった。それほど林業の景気が良かったのだという。戦後は、木材の伐採、出材、運搬についての技術革新が著しく、生業暦も大幅に変転している。ここでは昭和三〇年代にチェーンソウが導入される以前、まだ屋根材として杉皮の需要があった頃、機械化される前の生業暦を中心に記録し、その後に機械化後の生業暦を示し、変転を考察する。

伐採作業は八月に入ると始まる。春から七月頃までは伐採しない。この時期に伐採すると、虫が付き、不良な木材になってしまう。またこの時期は木が十分に水分を吸い上げているため、木に水分が多く、重く、その後の乾燥にも時間がかかってしまう。このため、八月から一〇月末頃までが伐採期とされていた。また杉皮の需要があった昭和三〇年代までは杉皮を剝《む》く作業をした。本来伐採は冬季、木全体に水分が回っていない時期に行うのがよいとされるが、八、九月の時期は水分が回っていて樹皮が木質部から剥がしやすいため、杉の伐採はこの時期となった。

山へ入る前に、山の所有者または代理人と丸正木材との間で交渉があり、入る山が決まる。庄屋という山仕事の仕切り役を務めていた藤澤さんは、五人から一〇人ほどの伐採夫を伴って山に入るが、その人夫たちにクジを引かせ、伐採する区域を担当させた。クジは、山を三〇〇本前後の立木のある区域ごとに番号をつけたものであった。伐採作業に入る前に、山の神祭りをやった。人夫の数だけの赤い御幣《ごへい》を用意し、庄屋がまとめる班が一度に山の神祭りをやる。御幣を立て、お神酒を供え、手を合わせるというものだが、安全を祈願しての祭りであり、庄屋は敬虔《けいけん》な気持ちでこの祭りを準備、執行した。

伐採する一～二週間前に、伐採する部分より二〇～三〇cm下部の木の根元に、幅二、三cmの切込みを全周に施した。これを「水トメ」といった。カワムキをしていた頃、この水トメをしないと皮は容易に剝けなかったという。本格的な伐採は一〇、一一月である。

春雄さんが戦後山仕事に携わり始めた昭和二〇年代、義父の民泰さんが小庄屋を務める甚平組《じんべえぐみ》の一員として日雇《ひよう》小屋をかけ、一ヵ月以上大井に戻らず、山に泊まり込みで伐採の仕事をしたことがあった。甚平組は平野財団の傘下で、三〇人ほどがグループを組んで伐採の仕事に当たった。山仕事の熟練者である庄屋の甚平と、小庄屋（帳面付けを主な仕事にした）の民泰さんが組を率いていた。「甚平ニー」「民泰サー」と人夫は呼んでいた。「ニー」「サー」は名前の下に付ける愛称で、「ニー」は集団の長の存在、「サー」は近しいが尊敬の念を込めて使うものであったという。この他「サマ」があり、これは元村役人の家の者を呼ぶ時に用いられた。

日雇小屋は伐採する山の沢沿いの平場に建てられた。作業人夫の寝泊まりができる簡易な平屋建ての建物であった。二間三尺×一〇間が基本であった。奥行一〇間の板

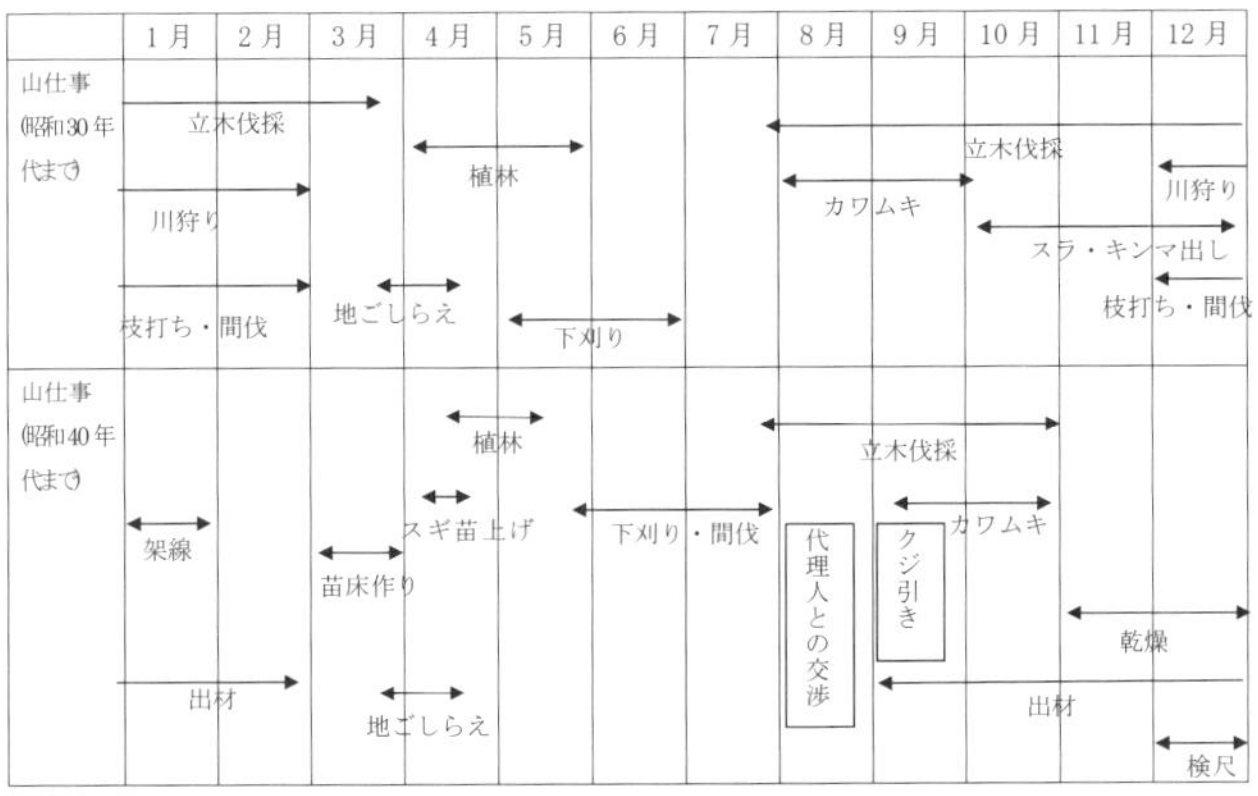

表 2-9　大井の生業暦（藤澤春雄さんからの聞き取り）

写真 2-20　丸正の法被を着る藤澤さん

写真 2-21　オオガを持つ藤澤さん

写真 2-22　荷札を並べる藤澤さん

の間の中央に三尺の土間があり、両側の一間に人が横に寝るようになっていた。土間には囲炉裏が三ヵ所ほど設けられていて暖を取る構造になっていた。人夫小屋には付属施設として、竈が二つほどある炊事場が設けられていた。庄屋の寝泊まり用には、ダンナ小屋という二間×三間ほどの別棟が建てられた。昭和四〇年代になると、丸正木材の人夫たちは日雇小屋を建てて泊まり込む伐採はしなくなり、自宅から通える範囲内の伐採になったという。

　カワムキは伐採期にやってしまい、伐採木は、一三尺（約四ｍ）または一〇尺（約三ｍ）の長さに玉切りにして、そのまま山で乾燥させた。チェーンソウやトラック輸送が入って機械化される前までは、伐採木は伐採後から冬季の間に出材した。春になり雪が消え、寒さが緩んだ四月に杉苗を植林地に上げた。杉苗運びは女性の仕事とされた。三、四月には植林地の整地が行われた。山香村の山では四、五月が植林の時期になっていた。五月一五日に久根の山神社の祭礼が行われたが、山香の山仕事従事者はそれまでに植林の仕事を終えていた。山の下刈り、間伐作業は一番茶が終わった五月末頃から夏までの時期に行った。下刈り、間伐《かんばつ》が終わって、伐採の作業に入るという山仕事の季節的なサイクルが決まっていた。

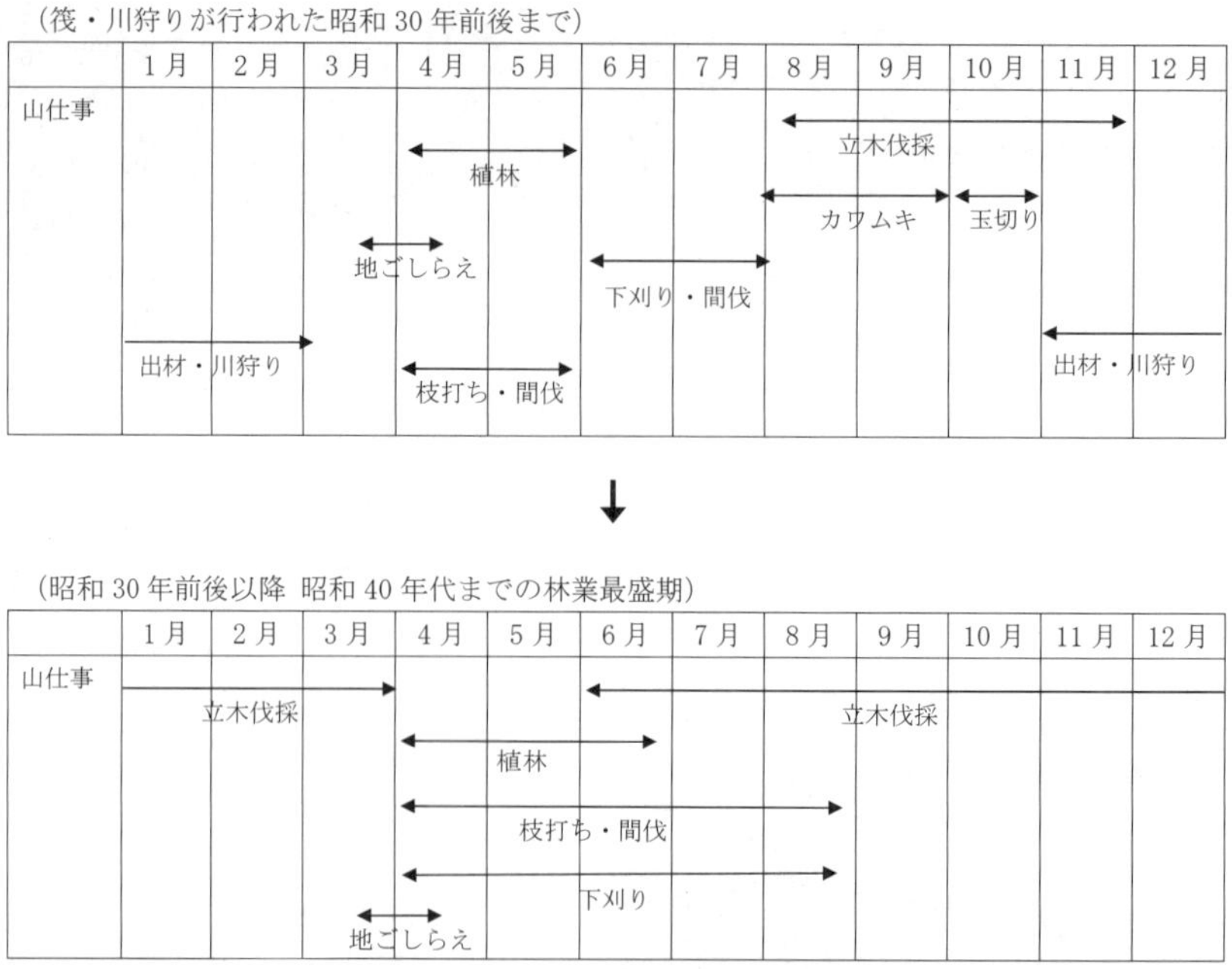

表 2-10　佐久間の林業生産暦の変化

　久根銅山は昭和四五年（一九七〇）に閉山になるが、閉山になるまで坑道の支柱には栗材や赤松材が用いられた。特に栗材は腐らず、変形せず、強固なため需要があり、久根では信州から取り寄せていたぐらいで、地元山香村でも栗材が出れば、買い上げてくれた。藤澤さんが入った山香村から城西村にかけての山はほとんどが杉林であったが、日余には檜材が出る山林があった。藤澤さんのいた丸正木材は、野田、瀬戸、福沢、日余、落井、仙戸、西渡、平輪、大滝、岩井戸、名合、大萩、舟代、戸口の山に入って伐採、搬出作業をしたという。藤澤さんは、野田、福沢、日余、瀬戸の山は一本一本の杉の木を覚えているくらい、山を知り尽くすほどに通ったという。

四　伐採の技術

　昭和三〇年前後まで、山林労務者は、伐採師、杣師《そまし》、木挽《こび》き職、木馬曳《きんまひ》き、筏師・川狩り師に専門的に分かれていた。杣師は「ハビロ」とよばれる木材調整用のヨキで製材する特殊技能を持った技術者で、昭和一〇年代まで佐久間にもいた。製材工場が天竜川流域にできるとその仕事は消滅していった。木挽き職人も、大鋸《おおが》などのノコギリを用いて大木から板材を切り出す特殊技能で、これも製材工場ができて消滅した。木馬曳きも、索道《さくどう》が張り巡らされてくると、木馬やスラで出材する機会が少なくなり、昭和期に入って佐久間でも消滅していったが、福沢、大輪、吉沢などでは平成の初め頃まで木馬道が敷設され、木馬での出材が行われていた。筏師は、天竜川流域の山村に居住し、下流に筏を流すことを生業としていた。『天竜川筏の実態並びに対策調査報告書』によると、旧佐久間町だけでも八六名の筏師が筏組合に加盟していたという。

　伐採師の服装は、昭和三〇年代までは、上はダシマ（絣）の和服に、下はカルサン（作業用袴）を穿《は》き、脛《すね》にはハバキ（脚半《きゃはん》）を付け、足元は地下足袋（戦前までは足袋に草鞋《ぞうり》）であった。伐採作業に必要な道具は背板（背負子《しょいこ》）に括《くく》り付け山に入った。伐採道具はダイギリノコ（伐採用鋸《のこ》）、コブクラノコ（玉切り、枝切鋸）、コシノコ（枝払い用小型鋸）、ネギリヨキ（伐採木の根を落とす斧《おの》）、エダキリヨキ（枝払い用の斧）、ナタ（枝打ち用両刃の鉈《なた》）、キリハンギリ（コクインキリ）、ヤスリ、トイシ、トウグワ、目立て道具箱、竹トビ等であった。

　木を伐採する時は、まず根掘りをする。根掘りは伐採予定の木の根元をトウグワで掘り、余分な山土を取り除いておくことである。根元部分をできるだけ有用材として伐採したいために、根元部分を露わにする作業である。イカリ落としは、イカリと呼んでいる根元の張り根部分を、ネギリヨキで切り落とすことである。

伐採する木にまず、受け口を付ける。これはネギリヨキで伐採する方向（通常は斜面の山側の方向に倒す）に、深さ一尺ほどの切れ込みを入れる。次に、受け口の反対方向からダイキリノコを用いて挽いていく。ノコギリを挽くのに力が必要になってくると、切り口に矢を打ち入れていく。矢はシラカシ等硬い木でできたもので、ネギリヨキの峰で打ち入れる。ダイキリノコを挽いては矢を打ち入れていく作業を繰り返し、木を受け口のある方向に伐採することができる。

伐採した木は枝払いを行う。細い枝をナタで切り落とし、普通の枝はエダハライヨキで、それより太い枝はネギリヨキで、ヨキで払えそうにない枝は、コシノコで挽いて切り落とす。カワムキは水トメしていないと容易にできない。根元から約三尺（一mほど）幅にカワムキガマで切込みを入れる。するとカワムキガマの背で木質部と樹皮は容易に剝けていく。樹皮が剝けた丸太材を「ナンキン」とよぶ。

伐採した木は玉切りして乾燥させる。玉切りは伐採木を規格の長さに切りそろえ、出材に備えることである。玉切りは佐久間では基本的には一三尺（約四m）または一〇尺（約三m）であった。この長さは竹とびの丈で測った。竹トビは伐採木を転がすときに用いる道具であるが、長さは剣先から柄の端まで六尺五寸でできていた。竹トビ二つ分が一三尺であった。竹トビの竿には下端から三尺五寸のところに切り込みが入っている。六尺五寸とこの三尺五寸で一〇尺になるようになっている。

写真 2-23　カンブチ

写真 2-24　カワムキガマ

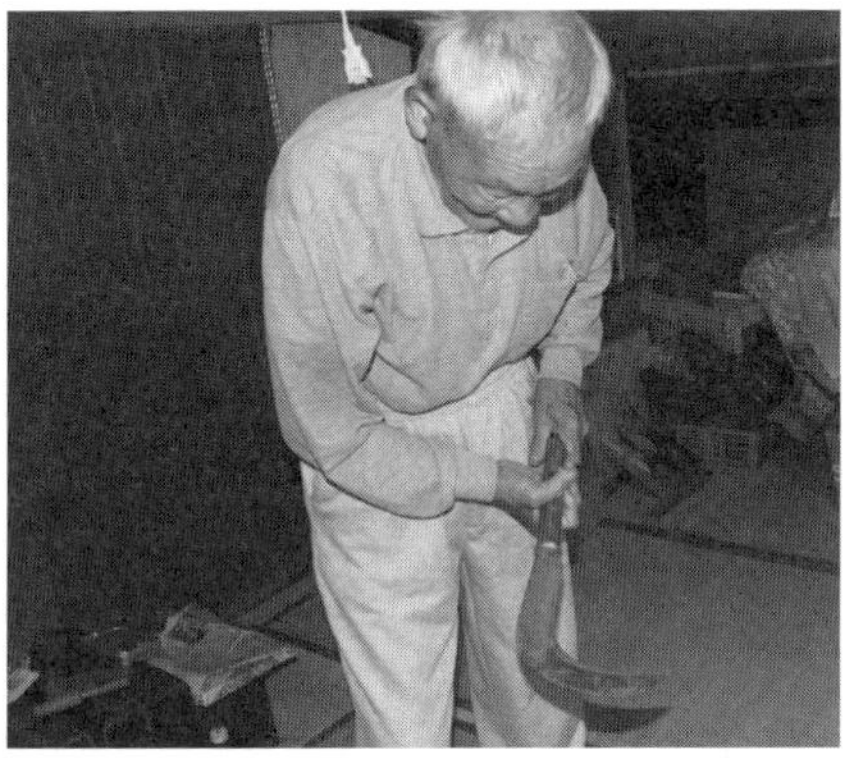
写真 2-25　明善ガマ

玉切りにはコブクラノコとよばれるやや小型の横挽きノコギリが用いられた。玉切りした木は、そのまま出材すると小口の端部が損傷するおそれがあるため、玉切りの際、トキンつけを行った。ナタまたはヨキで小口の端部を削ることをトキンという。末口にも元口にもこのトキンを施す。玉切りを終えた丸太材にはキリハンを元口から一mほどのところに入れる。キリハンはその材木の所有者が分かるようにする目印である。キリハンギリ（コクインギリ）と呼ばれる筋を切り入れる刃物で簡単な記号を切り入れる。×印とか二本棒であるとか、簡単な記号を切り入れる（第四章参照）。

五　山仕事の機械化に伴う変化

佐久間においても、林業の技術革新は昭和三〇年代に顕著に進んだ。佐久間では、天竜川という木材の運搬路が昭和三一年（一九五六）の佐久間ダム建設を境に完全に遮断されるという、画期的な転換があった。ほかにもこの時期には機械化の波が押し寄せた。木材伐採にチェーンソウが導入され、索道による動力集材が進み、木材運搬にトラックが用いられるようになった。出材や運搬の方法が劇的に変わり、それまでのトビで木材を転がし、ソリ、キンマで出材し、川狩り、筏による河川流送で丸太を搬送する技術は消滅していった。また、屋根葺き等に使われていた杉皮の需要もなくなり、それまでのように杉皮を剝くことなく、伐採した丸太は樹皮がついたまま玉切りし、多様な規格で出材されるようになった。これら林業の機械化は、佐久間の山仕事を根底から変革するものであったが、一方で、木材の輸入自由化により昭和四〇年代以降材価は現在に至るまで低迷を続けており、山間地である佐久間町の基幹産業であった林業は、活力を取り戻せていない。

そのような変化の中で、林業の生産暦も表2-10のように変化した。瞬時に起こった変化ではないが、昭和三〇から四〇年代、山仕事に従事する人々の生活を漸次変えていった。春に地ごしらえ、植林をし、秋から冬にかけて伐採に入り、冬に川狩り、筏流し、出材を行うという季節性がなくなり、植林が春に行われるほかは、機械化された山仕事がいつでも行われるようになっていった。これは佐久間という北遠地域に限ったことではないが、佐久間の林業の変化としてここに記録しておく。

春が来た「大陸打通作戦従軍記」

藤澤春雄さん（大正九年生まれ）からの聞き書き

山男の出征

　藤澤春雄さん（旧姓守屋春雄さん大正九年下日余生まれ）は、現在、天竜区佐久間町山香地区西渡に住んでいる。太平洋戦争前から佐久間で山仕事に従事してきた「山の男」で、山林従事者を束ねる「庄屋」もやっていたこともあり、山仕事の話を聞かせてもらおうとたびたび伺ったが、春雄さんの戦争体験に圧倒され、訪問する度に聞かせてもらえた中支における従軍についてここで記しておきたい。春雄さんは文字によって記録が残されることを切に願い、時間をかけて丁寧に語ってくれた。

　春雄さんは大正九年（一九二〇）に旧城西村下日余で神官家の守屋清次郎さん（明治一六年生まれ）の長男として生まれる。守屋家は北遠の水窪、佐久間で多い神官の家の一つで、祖父の太郎八は「諏訪様」とよばれる神官であった。御嶽教の神官として下日余だけでなく、広くこの地域の家々で祈祷を行い、多くの篤い信者を持っていた。春雄さんは「守屋春雄」で召集されて戦後を迎え、昭和二二年（一九四七）に西渡の藤澤家に婿養子として入る。藤澤家は城西村福沢に元々は居住しており、妻の久子さんの父親の民康さんの代に現在の旧山香村西渡に住まうようになる。民康さんは山仕事、畑仕事に精を出し、この地で山林、畑を広く所有することになったという。特に戦中、戦後しばらくはこの西渡の斜面の畑でサツマイモ栽培がうまくいき、「サツマイモ成金」とよばれるほどであった。

　春雄さんは昭和一五年（一九四〇）に徴兵検査を受けて乙種第一補充に合格し、昭和一七年四月一〇日に静岡の陸軍歩兵三四連隊に配属される。三ヶ月間の内地訓練を終えて、三四連隊第二機関銃隊所属で、中支（中国中央部長江流域）勤務を命ぜられる。

写真 C2-2-1　従軍当時の写真を持つ藤澤春雄さん

　春雄さんは語る。「下日余から戦争に行った者で戻ってきたのは二人だけだった。全部で七人行ったが…。城西村で、一〇人が乙種の第一補充に合格したが、わしだけだ。還ってきたのは。」太平洋戦争では、日本全国の青年が陸軍・海軍の兵員として召集され、戦地へ赴いていった。昭和二〇年（一九四五）には七一六万人の陸海兵員数があったといわれ、日中戦争から太平洋戦争までの戦没者は三一〇万人、兵員戦没者二三〇万人であった（厚生省調べ）。

三四連隊が大陸打通作戦へ

　佐久間町域からも多くの兵士を戦場へ送った。春雄さんが、旧城西村の様子を語ってくれた。城西村尋常高等小学校を卒業した男子は47名いた。昭和一五年に全員徴兵検査を受けた。甲種合格者五名、乙種合格のうち第一補充合格者は一〇名、第二補充合格者は二〇名、丙種合格者は一〇名、不合格者は二名であった。不合格の二名はともに結核の患者であった。乙種第一補充合格者一〇名のうち九名が戦死している。一〇名とも静岡の三四連隊に所属したが、行き先は様々で、ビルマ、仏印（ベトナム）、セレベス（スラウエシ）島、ニューギニア島等であった。過酷な戦場ばかりであった。春雄さんも中支、長江の流域、武漢に赴き、九死に一生を得て帰還している。城西村でこの年合格した四五名のうちでも、

コラム 2-2

正確の数は分からないが半数以上は帰らなかっただろうという。乙種第一補充の九名の戦死者は西渡の貴船神社内にある忠霊塔に、その名前を刻んでいる。

春雄さんは何度も「野戦は地獄だ。」と呟いた。いつ殺されるのか分からず、特に大陸打通作戦に加わっていたときは夜も警戒するためほとんど眠ることができなかったという。恐怖の中で長距離の行軍をし、眼前で上司の大尉、中尉が続けて銃撃されて即死するのを見ていたこともあった。「野戦」ということばを使うのは、「野戦勤務」つまり戦場に配属され、戦地に赴くことを意識してのことである。三四連隊の派遣先は過酷な、死を覚悟しなければならない戦場ばかりであった。

馬は嫌いです。

機関銃隊所属に決まったとき、上官の中尉から「お前は馬が好きか。」と聞かれた。とっさに「馬は嫌いです。」と答えた。機関銃隊にとって馬は野戦において重い機関銃の輸送には大切運び手であった。この馬の手綱を持つ馬方の仕事がやれるかという問いであったという。春雄さんはそのとき幼少の頃に体験した馬への恐怖心から「嫌い」と率直に答えた。

佐久間の西渡では荷駄を運ぶ馬が沢山往来していた。特に西渡から米を、秋葉街道を通って水窪まで運搬するのに馬を用いていた。ちなみに西渡から水窪では米は馬で運び、その他の荷駄は明光寺峠までハマショイ、女性の力で担ぎ上げ、そこからは大八車で山道を水窪まで運んだ。昭和の初め頃の話という。西渡には「だるま屋」という西渡一大きい米屋があった。この米屋の前には常に数頭の馬が繋がれていた。馬は西渡に着いた米の荷をこの米屋の前で馬の背に二俵ずつ積載し、二頭の馬を前後に連結して急勾配が続く秋葉街道を馬方がうまく先導して運んだ。子ども心に二頭の馬が背に米俵を載せて行く姿は興味深く、何度も立ち止まってその姿を眺めた。二頭連結した馬は特に後ろの馬は気が荒く、好奇心の旺盛な若い馬が用いられた。この後ろの馬が、道の傍らで興味深く見ている子どもに惹かれるように寄ってきたという。大きな馬にまるで襲われるような気持ちになったという。そんな経験から春雄さんは馬には近づきたくない、嫌いという感情を持つようになった。馬が駄獣交通の手段として盛んに使われた山香村、城西村での幼い日の体験である。

昭和一七年（一九四二）八月一八日、宇品（広島港）から大陸へ渡る船に乗った。上海を経て、揚子江（長江）を遡上し、漢口に着いた。長江は三〇〇〇t級の船でも楽々航行することができ、まるで湖を行く巨大な貨物船の航行を思わせた。漢口の北二〇〇km程にある河南省の信陽に入った頃は一一月になっていた。信陽の市街地から北西へ二〇km程のところに遊河鎮があった。城壁で囲まれたこの遊河鎮には第三師団の司令部、本部があった。ここを拠点にこの遊河鎮を守るように、中国の蒋介石軍および共産党軍と戦った。歩兵三四連隊第二機関銃隊は一二名ほどで構成されていたが、この隊で遊河鎮およびその周辺で野戦を繰り返していった。昭和一八年二月には大別山作戦で成功した。その際、祝宴が催され、餅が配られ、歓喜したのを覚えているという。

昭和一八年の一〇月にニューギニアのウィッセル守備隊の派遣に加わるよう要請が第三師団にあった。第三師団は当時「中支の虎」と呼ばれていたという。その戦力は強力で勇壮であると解されていた。その主要構成連隊である三四連隊もこの派遣隊に遊河鎮から兵を送ることになった。そのウィッセル守備隊の一員に守屋春雄の名があった。春雄さんは遊河鎮から離れ、ニューギニアに渡るため漢口まで行ったところで、突然理由も聞かされず、原隊へ戻るよう命令が下った。理由は今でも不明であるが、「中支の虎」とまで言われた部隊から兵を抜くことはできるだけ避けたい事情があったためであろうと推測されるという。いずれにせよ、もしこの守備隊に加わり、ニューギニアに渡っていたら万に一つの生還もなかったであろうという。この守備隊は壊滅し、ほとんどの者が戦死している。

窮地の連続、大陸打通作戦

昭和一九年五月より、遊河鎮に駐屯していた第三師団は、所謂「大陸打通作戦」とよばれる中国大陸を南北に縦断する鉄道の交通線を確保しようとする作戦に加わることになる。大陸打通作戦は大本営主導による作戦であったといわれ、黄河鉄道を修復し、北京から信陽までを打通するものと、河南省、漢口から広西省までを打通するものとに分けられる。究極においては釜山から北京、鄭州、信陽、漢口、長沙、衡陽、桂林、柳州、南寧を経て、ハノイ、そしてシンガポールまで達しようとする壮大な計画であった。春雄さん所属の三四連隊第二機関銃隊も加わった第三師団の隊列は、漢口より南下して行った。第三師団はその後、戦いとして著名な湘桂作戦で蒋介石軍と正面衝突し、更に南下し、桂林に向かう。桂林の手前の茶陵の攻防戦は激しく、春雄さんの記憶の中でも最も惨憺たる、恐怖で慄いた戦いであったという。

昭和一九年七月の早朝であった。西脇副官（中尉）が大隊の兵を集めて指示を出そうとした。そのとき蒋介石軍から狙撃され、中尉は胸を貫通する銃撃を受けた。その場にいた松永大尉も頭部を貫通する銃撃を受けた。春雄さんは眼前で、二人が銃撃されるのを目撃した。言葉では語れない恐怖心で、隊全体が凍り付いたという。

その後、桂林に入り、柳州まで進んだ。更に南下し南寧に入る直前で、第三師団の派遣隊に重慶へ進攻命令が下る。貴陽の方、北へ向かえの指令である。そして北へ向かって貴陽に入る手前、昭和二〇年（一九四五）二月、今度は反転命令が出る。来た道を戻れという指令である。失意の中、隊列は元来た道を、どこから現出するか分からぬ蒋介石軍、そして農民の中に混じり夜襲をかけてくる共産党軍に怯えながら行軍していった。

日本の敗戦を知る

漢口を経て、揚子江沿いに東へ向かい、蕪湖についたのは昭和二〇年の八月一九日であった。兵は、服はボロボロ、武器弾薬も尽き、失意の中、聞かされたのは終戦の報であった。八月一九日に初めて日本の敗戦を知った。翌日の二〇日にラジオ放送で中支派遣軍司令部からということで天皇の敗戦の玉音放送が流れた。この放送を不安の中、聞いたことを覚えているという。

このとき、春雄さんたち兵は蕪湖に居た女性と子どもだけは守ろうと、南京まで護送した。その後、南京に居た兵の多くは丹陽にあった捕虜収容所に入る。南京から東へ七〇ｋｍのところで、春雄さんたち三四連隊第二機関銃隊は丹陽にある仏教の寺院に収容された。九月上旬から翌年の昭和二一年三月までこの寺で春雄さんはじっとしていた。春雄さんは「中国の人はいい人だった。日本軍人にも親切にしてくれて、人情的な人が多かった。今考えると本当によくしてくれたと思う。」と述懐していた。

写真 C2-2-2　大井貴船神社境内にある忠魂碑と藤澤春雄さん

第二機関銃隊は行動を共にし、上海から引き揚げ船に乗り、三月三日佐世保に着いた。海軍兵学校の兵舎に泊まり、その後、佐世保から下関へ、そして名古屋へ汽車に乗って帰った。三月五日、名古屋の駅舎の中で解散式が行われ、井上三四連隊長の解散命令が出た。名古屋から特別列車に乗り、浜松に降りたのは三月六日の晩であった。駅前の松菱はなく、焼け野原で、浜松空襲の惨事を目の当たりにした。春雄さんは、三四連隊所属だった四人と一緒に二俣まで帰ろうとした。今でも浜松から帰る列車に乗ったことを鮮明に覚えているといい、その発車時刻もしっかり覚えているという。「二三時一〇分」常盤町発の遠州鉄道の二俣行。常盤町の駅なのは浜松駅の遠州鉄道の駅が浜松空襲の後まだ再建されていなかったからである。

春が来た。春が来た。

四人して二俣の西鹿島の駅に着いた

コラム2-2

のは○時を回っていた。駅から車道《くるまどう》の秋葉バスの車庫まで歩いたが、既に水窪行のバスはなく、野宿しようとしていたところ、車庫前のタバコ屋が泊まっていけと声を掛けてくれた。深夜にもかかわらず風呂まで用意してくれて、日本に、故郷に生きて帰ってきたと実感でき、そのやさしい対応に感動した。翌朝、仲間とは別れ、七時一○分発のバスに乗った。下日余のバス停で降り、守屋の実家へ辿り着いた。

　家には父の清次郎さんと妹と弟がいた。父がそのとき「春が来た。春が来た。」と大きな声で喜んでくれたことを今でも思い出すという。家族にとって春雄の帰りは春の到来だったのだろう。戦後になって分かったことだが、このとき父も兄弟も、春雄さんは戦死したと思い込んでいたという。あの大陸打通作戦に加わるために丹陽まで来て出した昭和一九年五月の手紙が、実家に着いた最後の便りであった。父の清次郎さんは、それ以後音信がなく昭和二一年の春を迎えて、もう大陸のどこかで死んだんだろうと思っていた。

第三節　久根鉱山

一　久根鉱山の歴史

（一）久根鉱山の歴史

【原久根鉱山】久根鉱山は、佐久間町旧山香村の久根にあった、主に銅鉱石を産出した鉱山であった。昭和四五年（一九七〇）に閉山となったが、銅鉱石の産出量は、大正年間には足尾銅山に次ぐ日本で有数の銅山の一つであった。久根鉱山は層状含銅硫化鉄鉱床の鉱山であり、明治後期から大正期にかけて硫化鉄鉱山として日本一の地位を占めた。この銅山が開いた村には小学校や病院があったほどで、一つの集落が形成され、繁栄を極めた。それが現在、廃墟と化して佐久間の山の中に残存する。ここでは久根鉱山およびその集落の様子を記録する。

　『佐久間町史　下巻』によると、片和瀬鉱山とも呼ばれていた久根鉱山は享保一六年（一七三一）に備中の川上郡の藤井五郎兵衛が開坑したと伝えられる。明治一一年（一八七八）になり名古屋の佐藤新吾や愛知県知多郡の榊原源吉が再開したりするが、短命に終わる。その後、明治二五年（一八九二）に大阪の石田庄七と和歌山県の原秀次郎が共同経営を始め、原の名を付し原久根鉱山とよばれた。この原久根鉱山では、明治二九年（一八九六）から三〇年（一八九七）に一大鉱脈を掘り当て、これが『磐田郡誌』にも掲載されている富鉱脈、主要鉱脈「奥ヒ」であろうとされる。

【鉱毒・亜硫酸ガス】ここで採掘された銅鉱は、久根で在来の方法で精錬されたため、大きな鉱毒問題を引き起こした。設備が旧式で粗末なため、亜硫酸ガス等の有毒ガス（煙）が大量に発生し、周辺の樹木や作物が急に枯死するようになった。精錬所から一町以内の土地では草木が全く枯死して跡形もない状態になり、岩石の表面が酸化されて剥脱崩壊する状態になった。一町より外の山林でも樹種によって被害が違い、落葉広葉樹と赤松は枯れるものが多く、杉、檜では幼木は枯れやすいが成木は葉端だけ枯れ、常緑広葉樹は亜硫酸ガスには強かった。このときの被害は、第一には山林と農作物であったが、住民の健康被害、河川汚染による川魚の被害、禿山化による水害のおそれ、岩石の風化による山崩れなども報告された。

　図２－５の「原久根銅山烟害地略図」は有害煙による被害地を示している。第一被害地として釜川沢を中心に広域に森林が枯死した地域を示している。また、第二被害地として天竜川右岸域の戸口を中心とした地域が示されているが、この「第二被害」がどのような被害なのかは明確ではない。なお、この地図は片和瀬、落居（落井）、西渡、戸口の概略を分かりやすく示している。この地図には片和瀬の北西の尾根近くに字上野の「耕地」が記載されており、これは太平洋戦争直後まで耕作されていた水田である。愛宕山から続く山々の清水が確保できる場所であったようで、久根の戦前の様子を知っている人たちには印象的であった山上の棚田である。

　明治三二年（一八九九）、久根鉱山は日本鉱業界の大手である古河の手に渡る。古河市兵衛が買収し、古河鉱業が昭和四五年（一九七〇）の閉山まで七二年の長期にわたり経営することになる。大川英三著の『鉱山の一生』では久根鉱山について、山元

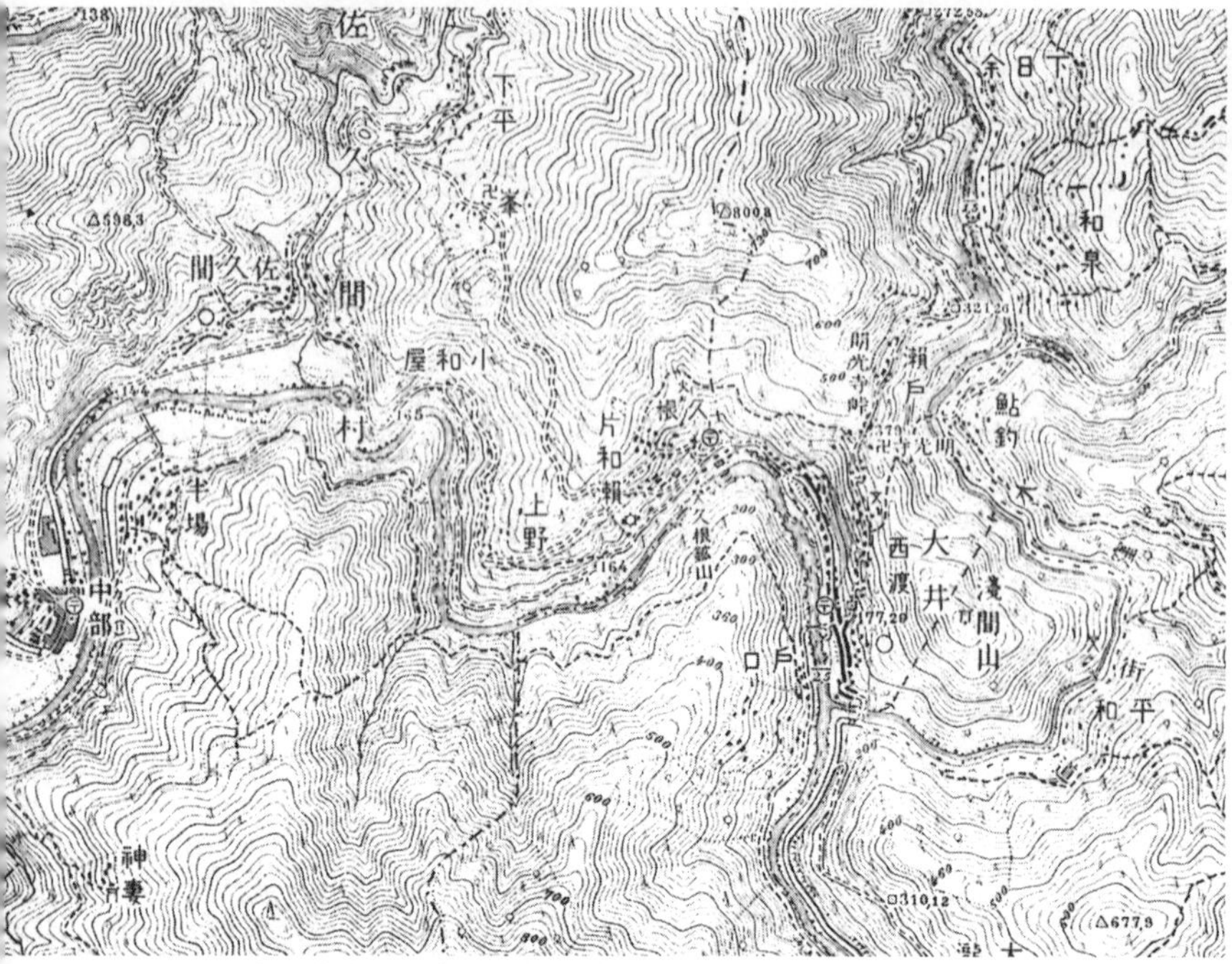

図 2-4　昭和 11 年地形図（陸地測量部刊）

写真 2-26　久根鉱山と鉱石運搬船（大正時代）

写真 2-27　現在の久根鉱山

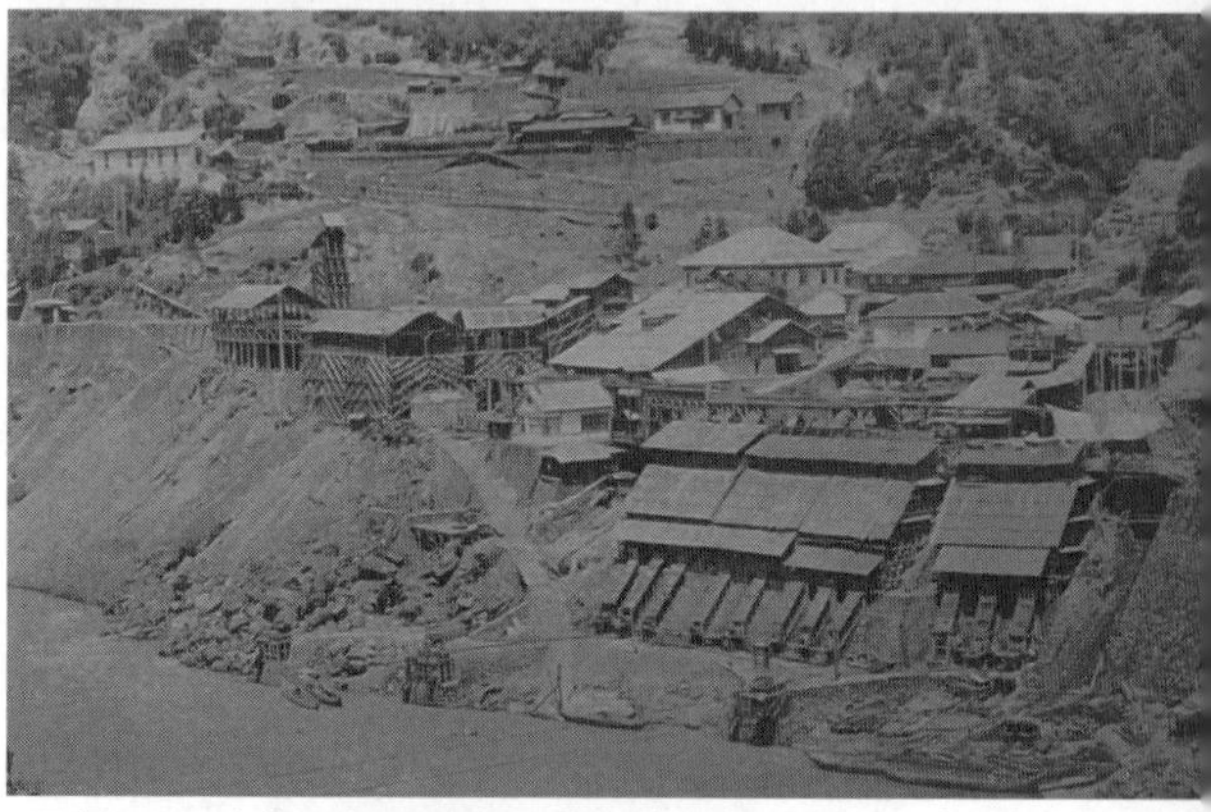

写真 2-28　中央の大きな屋根の建物が選鉱場

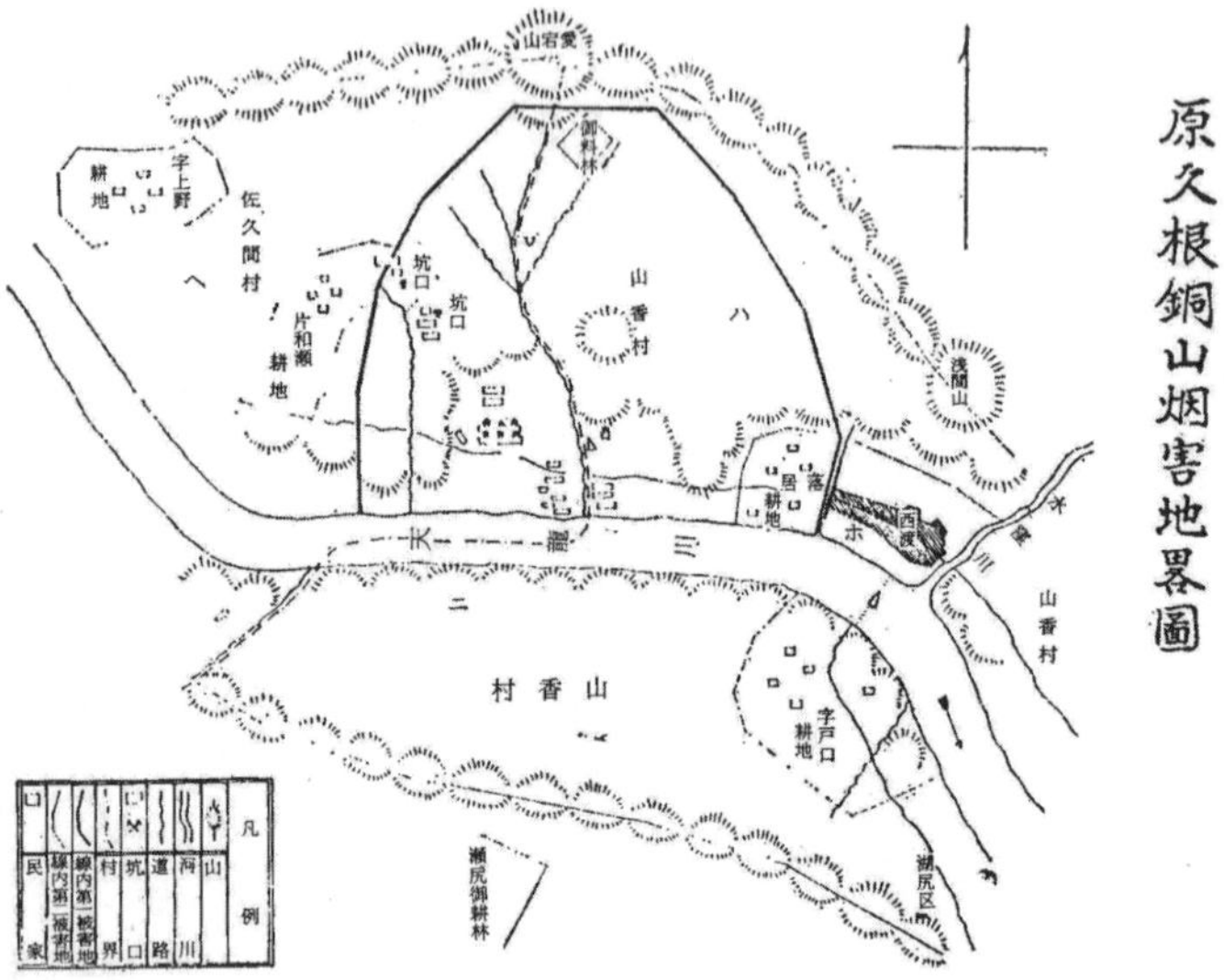

図 2-5　原久根銅山烟害地略図

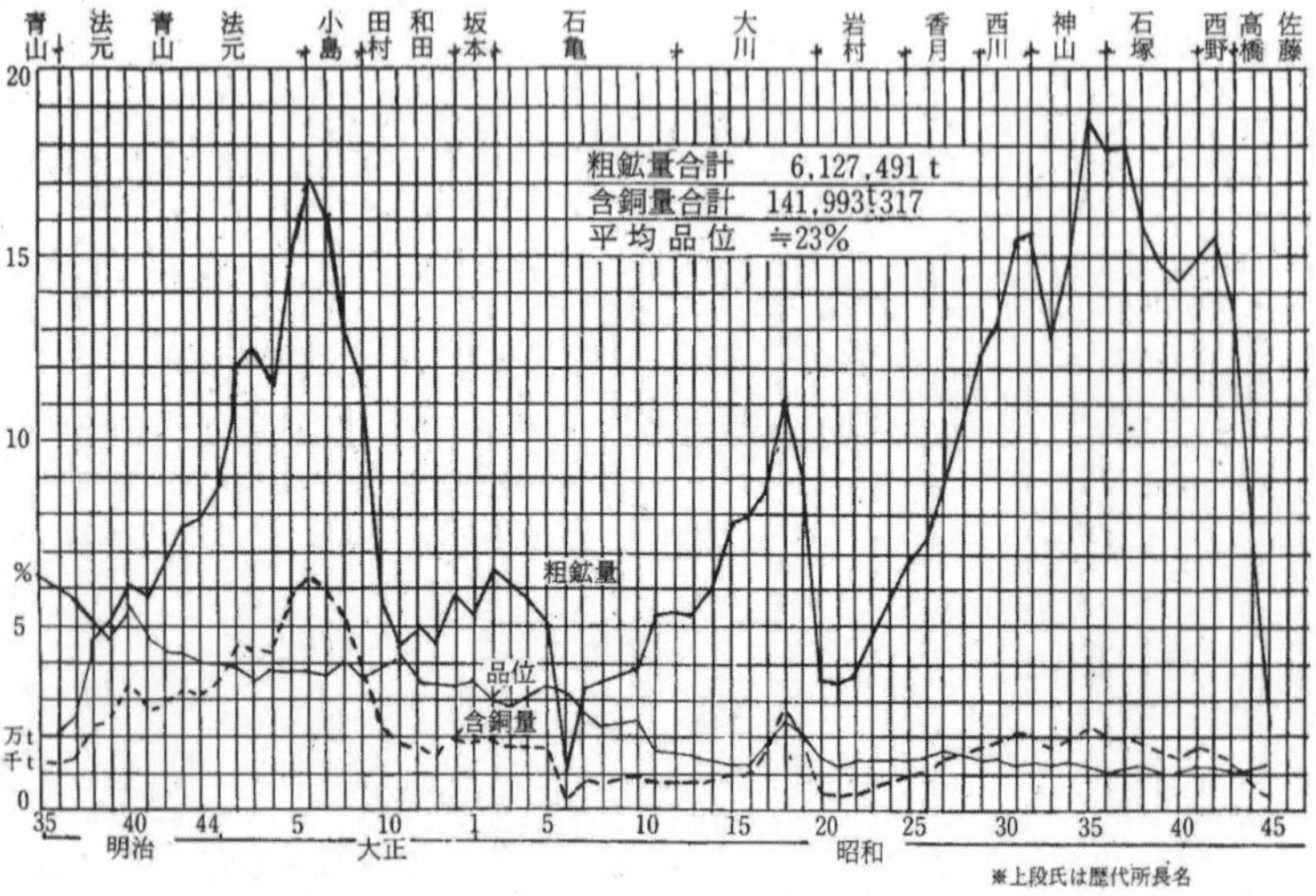

図 2-6　久根鉱山産銅量の推移

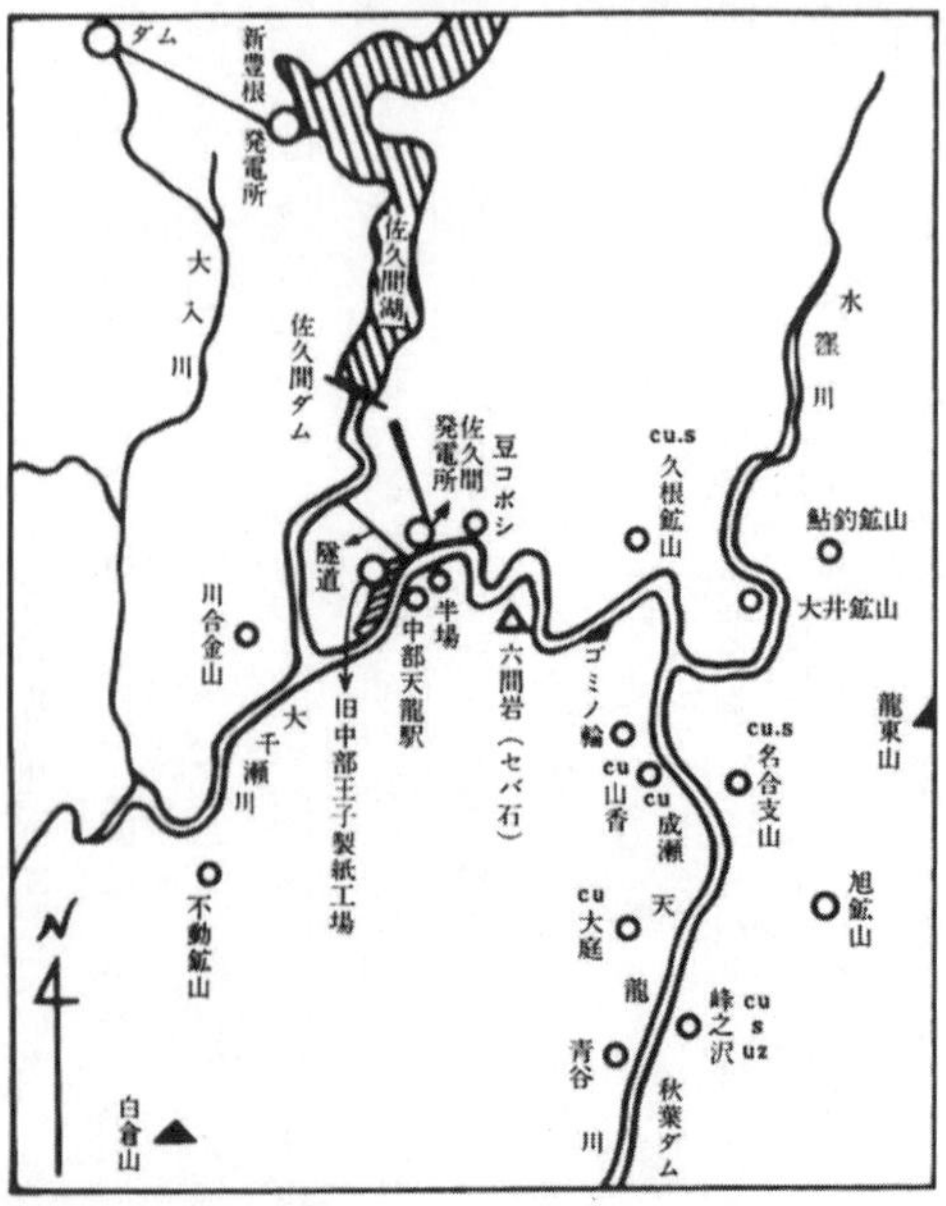

図 2-3　久根付近略図

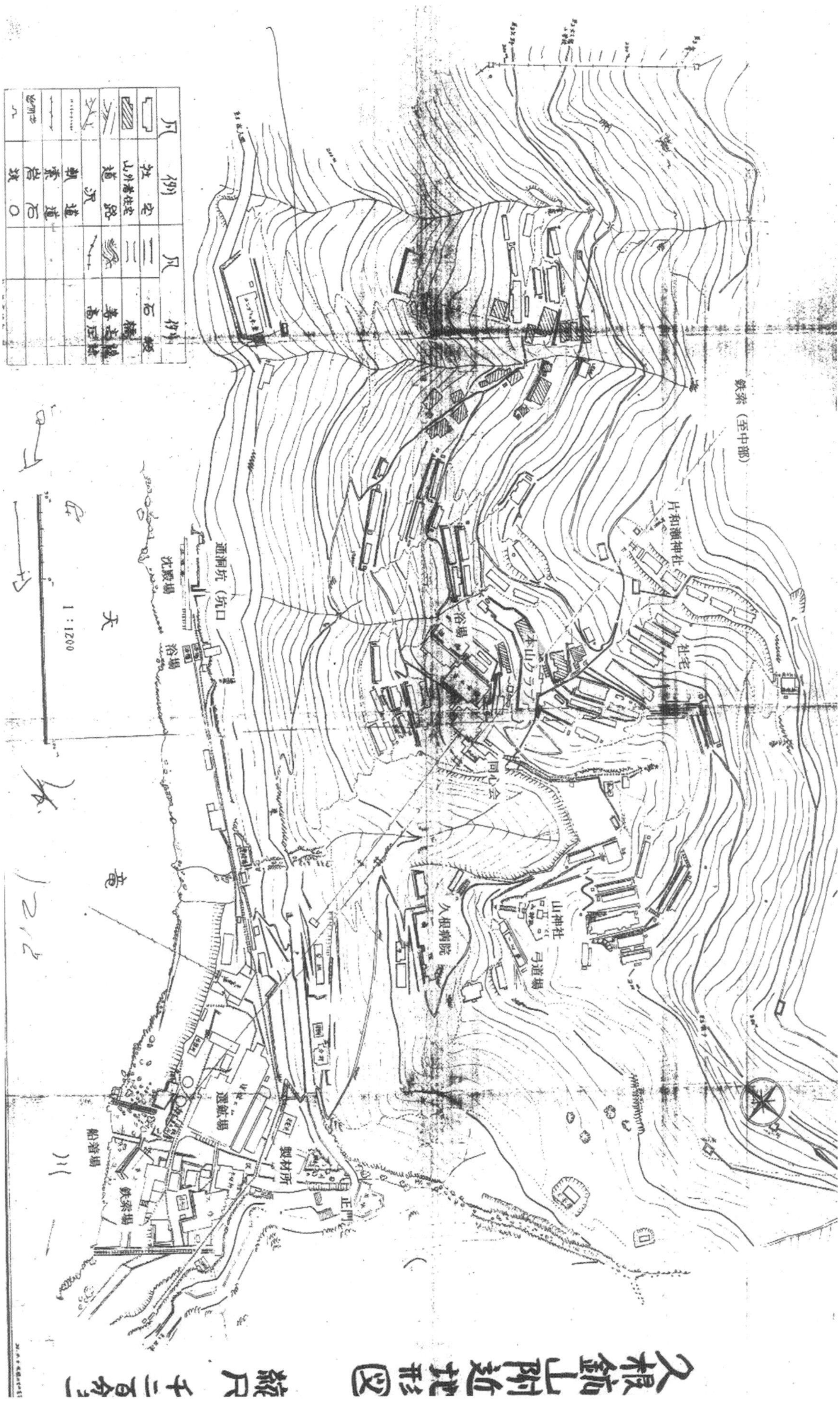

図 2-7　久根鉱山付近地形図

和暦	西暦	内容
享保16	1731	備中国川上郡藤井五郎兵衛が片和瀬鉱山を開坑
明治11	1878	名古屋の佐藤新吾が再開し、愛知県知多郡の榊原源吉が継承したがじきに休山
明治22	1889	荒木英次郎が鉱夫20名を使い、後に上七坑と呼ばれる最上位の坑道を開削したがこれも短命に終わる。
明治25	1892	大阪の石田庄七、和歌山県の原秀次郎の共同経営で原の名を付した原久根鉱山が始まる。
明治29	1896	原久根鉱山で一大鉱脈を掘り当て、在来の精錬法で銅としたため大きな鉱毒問題が起こった。
明治30	1897	山香村及佐久間村煙毒地人民総代の片桐旭（大井）、天野景保（瀬尻）、御室坦三（佐久間）、杉本錦太（戸口）が農商務大臣山田信道に「鉱業除害法施設之儀請願」
明治30	1897	農商務省技師三村鐘三郎林学士が鉱毒について佐久間村中部と佐久間に各一泊して詳細に調べる。
明治30	1897	11月小笠郡南郷村出身の県会議員河井重蔵が銅鉱毒取締法制定の建議書を提出。久根銅山の鉱毒被害が既に周辺部に現われていることを指摘し、これを放置するならば、足尾鉱毒による渡良瀬川沿岸地のような惨状を招きかねない、と述べている。
明治31	1898	１月に主要鉱脈「奥ヒ」を発見
明治31	1898	4月知事から再び鉱毒について農商務省に上申した結果、中嶋東京鉱山監督署長が再度久根を視察したが「予防工事を設計するの外策なしと言へり」
明治31	1898	５月に御室坦三、北井市作、三井儀平、杉本錦太が上京し願意を達し、５月15日限りで採鉱、精錬の停止が命ぜられる。
明治32	1899	２月日本鉱業界の大手である古河市兵衛が久根鉱山を買収
明治32	1899	精錬所の候補地に掛塚、船明が挙がる。
明治33	1900	古河鉱業「久根銅山及天竜沿岸調査書類」が提出される。「鉱毒問題ヲ予想シ置クヘキ事項」が書き出されている。精錬所設立の希望について、福田村の人寺田彦八郎が福田港に精錬所建設を希望していることが記されている。
明治34	1901	4月古河市兵衛が鉱山宛に月々１万ｔを天竜川の舟運で達成するよう指示を出す。当時鉱石船で久根から中野町まで運び、東海道線天竜川駅から貨車で発送した。
明治35	1902	古河鉱業により本格的な銅鉱の採掘、搬出が始まる。
明治35	1902	久根鉱山の通洞立入の掘進が火薬によりなされる。本山の主要出入口となる水平坑道、通洞坑の大工事が始まる。
明治38	1905	ダイナマイトの火薬製造が始まる。
大正元年	1912	国鉄足尾線の開通により、久根から足尾へ直接鉱石を送り、精錬することが経済的に成り立つようになる。
大正2	1913	山香村半血沢の水で大滝発電所が運転を始め、久根鉱山の坑内照明の電灯、削岩機の電源となり、機械化が大きく進んだ。
大正2	1913	名合支山が開坑
大正6	1917	年産17万ｔに達し、太平洋戦争前において産出のピークを迎える。
大正6	1917	最大出力2,160ｋＷの豊根発電所が完成し、久根鉱山に電力を供給
大正6	1917	古河合名会社から鉱業部門が分離して古河鉱業株式会社が創立
大正8	1919	大久根小学校が開校、男児149人、女児114人
大正9	1920	徳望を集めた和田盛一が所長に就く（大正14まで）。直轄鉱員制を実施
大正13	1924	浮遊選鉱法を採用し、比重選鉱法と併行して選鉱が行われるようになった。
昭和3	1928	下一番坑西五百尺に4万ｔの直利の富鉱が発見された。古河鉱業挙げての大祝賀会が開催される。
昭和9	1934	11月中部天竜まで三信鉄道が開通し、本山から駅まで3kmの空中索道を通し、舟運を全廃した。
昭和9	1934	上三番坑東百尺の中段切羽から自然発火による坑内火災が起こる。
昭和16	1941	下三番坑東向一号ヒの近く本ヒの上盤側に大東亜ヒを発見する。
昭和18	1943	太平洋戦争時の国策として銅生産の増産を図り、年産11万ｔの第２のピークを迎える。
昭和28	1953	名合支山の出鉱量は約7万ｔに上り、本山の2倍に達した。
昭和28	1953	鉱員652人（うち坑内361人）、職員77人（採鉱課30人、保安監督課2人、選鉱課7人、工務課8人、総務課10人、経理課5人、労務課7人、医局5人、同心会3人）
昭和35	1960	戦後の生産の主力が名合支山に移り、年間18万ｔの久根鉱山史上最大の産出量に達する。名合支山はその7割を占めた。
昭和41	1966	名合支山の既開発地区の残鉱が減り月産含銅130ｔの維持が難しくなる。
昭和43	1968	名合支山は月当たり含銅100ｔを割り、50ｔを維持するのがやっととなった。
昭和44	1969	全従業員330人になる。
昭和45	1970	１月16日に名合支山が閉山、11月23日に本山も閉山、全員解雇が決定

表 2-11　久根鉱山関係年表

写真 2-29　現在の遮蔽された坑口

写真 2-30　通洞坑跡

写真 2-31　坑口前の風呂跡

での精錬を全く行わず、鉱害のない山として足尾鉱毒の罪滅ぼしをしたことが強調されている。初期段階においては、鉱石を天竜川の舟運で運び、天竜川沿岸で精錬を行うことが検討されたこともあったという。精錬所の候補地として天竜川沿いの船明や、河口の掛塚が挙げられていたが、これらは川船輸送を前提としていたため、その後昭和九年に三信鉄道が開通し、川船輸送が全廃されたことで、精錬所建設構想はなくなった。

【久根鉱山鉱毒反対運動】久根から採掘される銅鉱石の精錬所建設については、『静岡県史　近現代資料編』に詳しく史料が載り、経過が示されている。原久根鉱山時代の明治三〇年（一八九七）一一月、小笠郡南郷村（掛川市）出身の県会議員河井重蔵が銅鉱毒取締法制定の建議を提出した（『静岡県史　近現代資料編』資料一八一に掲載）。建議は一一月二九日の通常県会で審議され、採択されたが、河井は建議書の中で久根鉱山の鉱毒被害が既に周辺部に現れていることを報告し、放置すると足尾銅山鉱毒のような惨状になりかねない、と指摘した。久根鉱山の新たな事業主である古河鉱業においても鉱毒問題を予想して調査が行われているが、対策は巨大な煙突建設や汚水の地下通水などの手段が提示されているだけで、そのまま明治末年まで推移する。

古河鉱業が精錬所設立計画の建設予定地を天竜川河口の磐田郡掛塚町（現磐田市竜洋）にしたのに対して、明治四一年に精錬所設立反対運動が天竜川流域地方に展開されたことが「久根鉱山の調査（抄）明治三三　久根鉱山及天竜沿岸調査書類」（『静岡県史 資料編一八 近現代三』）という史料から知ることができる。掛塚町会は受け入れを承認したようであるが、周辺村は強く反対し、県知事に設立反対陳情を行った。この反対運動に署名したのは磐田郡袖浦村、於保村、河輪村、五島村、芳川村、白脇村、十束村、長野村、天竜村の九ヵ村に及んでいる。反対運動は高揚し、最終的には磐田郡長の斡旋によって計画中止となり、これを受けて古河鉱業も精錬所設置計画を断念した。

（二）久根鉱山の銅粗鉱生産の推移

図２‐６は、本格的な生産が始まった明治三五年（一九〇二）から昭和四五年（一九七〇）の閉山までの久根鉱山産銅量の推移である。採掘された銅鉱石（粗鉱）の全量は六一三万ｔ、うち名合支山は二〇〇万ｔであった。名合支山は天竜川を六〇〇ｍほど下った天竜川左岸にある久根鉱山の支鉱である。本山に比べ銅含有率が低い低品位鉱であったが、戦中、戦後の銅鉱石の需要の高まりと機械化の進展により産出量が増加し、太平洋戦争の後には久根鉱山の主要鉱山となっていった。

久根鉱山の銅粗鉱生産量の推移をみると、三つの山があるのが分かる。第一の山は大正六年（一九一七）で、年産一七万ｔに達した。第一次世界大戦の好景気で大増産となったものである。その後、大正一〇年（一九二一）から昭和一二年（一九三七）までの一七年間は、世界大恐慌を挟み、経営難が続いた低迷期であった。

写真 2-32　釜川沢から正門の方向

写真 2-33　現在の久根鉱山事務所

写真 2-34　選鉱事務所跡

写真 2-35　シックナー跡

写真 2-36　案内する守屋文雄さん

写真 2-37　久根鉱山跡から天竜川を見下ろす

しかし、昭和一二年に始まった日中戦争により増産に転じ、戦争の拡大とともに増産の一途をたどり、昭和一八年（一九四三）が第二の山となる。終戦後の混乱で昭和二〇年から二三年にかけては五万ｔを下回るが、古河鉱業は戦後、足尾銅山より先に久根の再興に力を注ぎ、特に名合支山で採掘が進められた。昭和三五年（一九六〇）から昭和三七年（一九六二）は年生産が一八万ｔという史上最大の出鉱が記録される。これが第三の山である。しかし、名合支山の産出量も昭和三八年（一九六三）より減少し、名合の鉱脈の下部探鉱もうまく進まず、ついに昭和四五年一月に名合支山が閉山、本山も一一月に閉山となり、鉱夫、職員は全員解雇となった。

古河鉱業による七二年間の操業で久根鉱山から生産された銅量は一二・二万ｔであり、昭和四八年（一九七三）に閉山した足尾銅山、別子銅山が各々八〇万ｔに達したのに比べれば及ばないものの、大正期、昭和期において日本の産業発展を支えた重要な銅山の一つであった。

鉱石運搬については、昭和九年（一九三四）の三信鉄道の開通が大きな転機となった。それまでは鉱石は川船に載せられて天竜川を下り、東海道線の天竜川駅から鉄道輸送されていたが、豊橋より中部天竜まで鉄道が敷設されてからは、鉱石は本山の選鉱場から中部天竜の駅まで三㎞の空中索道により運搬され、そこから三信鉄道で運ばれるようになった。『鉱山の一生』によると昭和九年時点で、久根鉱山の粗鉱は香川県の直島にあった三菱金属精錬所へ、硫化精鉱と硫化微粉鉱は古河鉱業の大阪精錬所等へ、東海道線を使い鉄道で輸送されるのが中心であった。

二　久根鉱山・久根の集落

（一）久根鉱山実測図

図２-７「久根鉱山附近地形図は、瀬戸にお住まいの三井信男さんに提供いただいた久根鉱山および住宅地区の実測図である。三井さんは昭和三九年（一九六四）まで久根鉱山で測量士の仕事をしていた。坑道の実測が主な仕事であったが、そのほか久根鉱山の周辺や住宅地区の測量をした。この実測図は一二〇〇分の一の縮尺で作られており、久根鉱山の本体である選鉱場、工作所、坑口などの施設のほか、本山倶楽部、病院、小学校、住宅地などの居住区も正確に掲載されている。鉱山本体の正確な実測図は『天竜川中流域の銅鉱山遺構―久根鉱山と峰之沢鉱山―』にも掲載されているが、居住区も含めた全体が載る実測図の公開は今回が初めてで最後になることであろう。

遠州常民文化談話会では、平成二七年（二〇一五）一一月三日に金田勝さんの案内で久根および大輪の集落、社宅を実地見学した。また平成二八年（二〇一六）三月二八日に守屋文雄さんの案内及び久根鉱山事務所の御協力により、久根鉱山本山施設を実地見学した。

久根鉱山については、天野武弘・永井唐九郎の『天竜川中流域の銅鉱山遺構―久根鉱山と峰之沢鉱山―』に、その産業遺産としての価値に言及し

写真 2-38　三井さんご夫妻
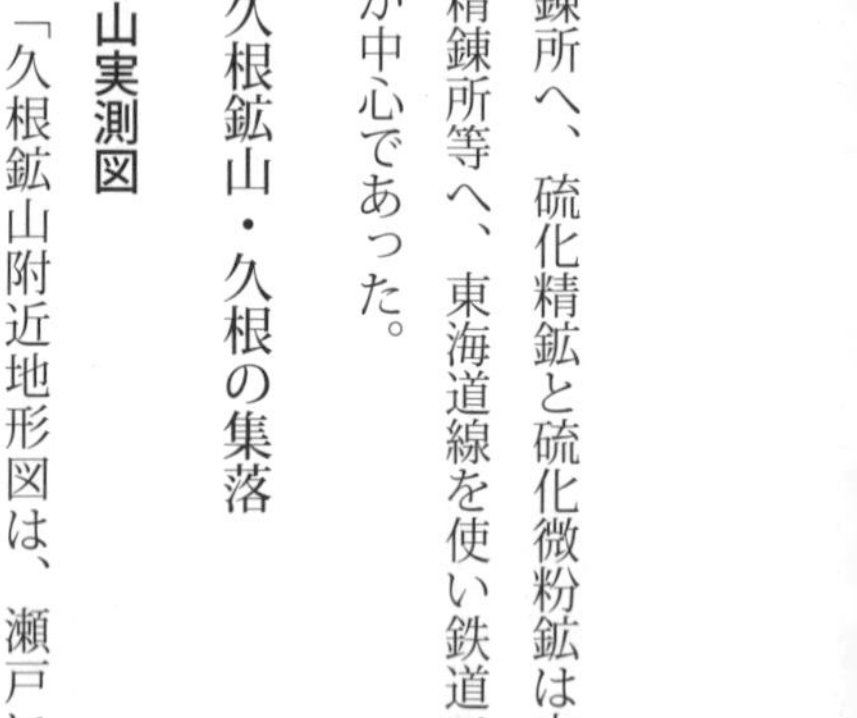

写真 2-39　久根鉱山と本山の集落
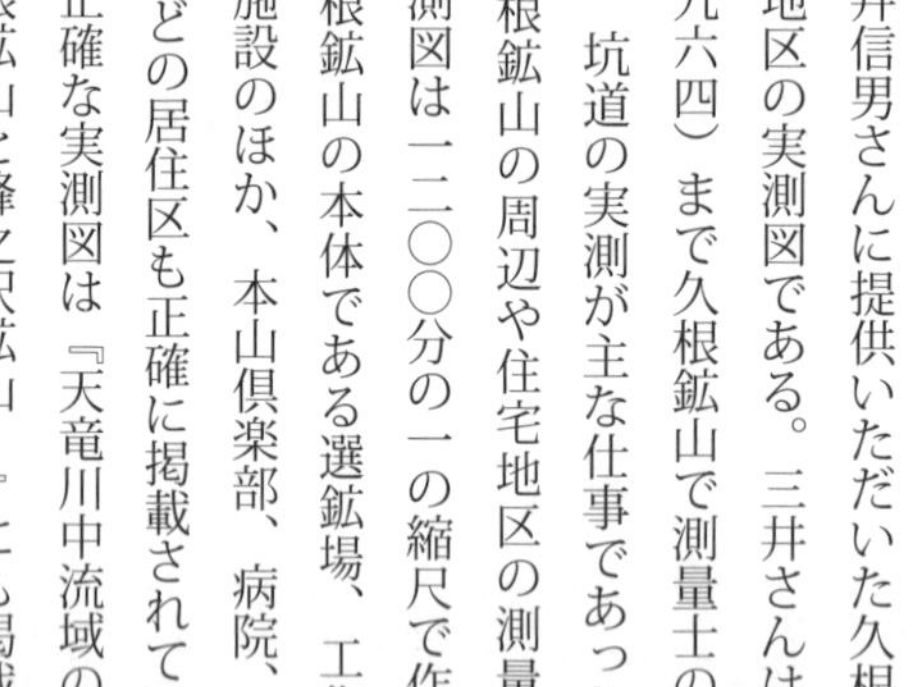

写真 2-40　久根鉱山本山の集落
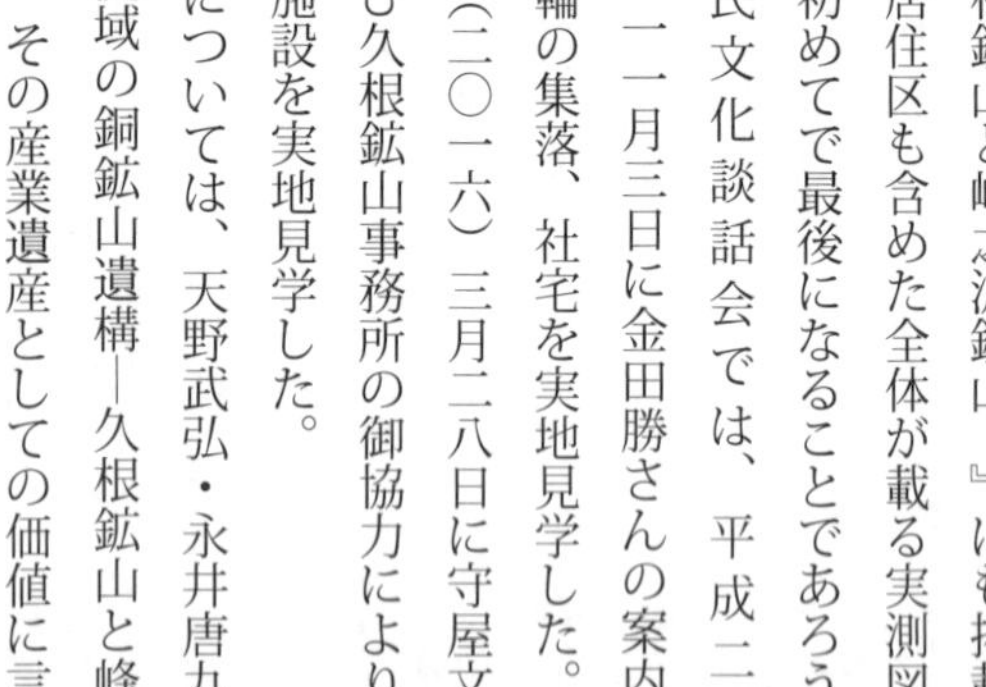

写真 2-41　久根鉱山本山集落への登り口

写真 2-42　本山集落内の山火事注意看板

写真 2-43　現在の山神社

ながら、鉱山遺跡の詳細が記録されている。この調査報告に掲載されている「図三　久根本山選鉱場付近の図（昭和三一年五月現在、久根鉱業所提供図を元に作成）」と「図四　久根本山の選鉱場付近の残存状況（一九九八年九月現在、久根鉱業所提供の図を元に作成）」の二つの図がその実態を明確に示している。図２－７と併せて参照すると、久根鉱山本山と久根の集落を空間的によく把握することができると思われる。

（二）現在の久根鉱山

昭和四五年（一九七〇）に久根鉱山本山は閉鎖になり、労働者、居住者は去った。一部の施設は移転したりしたものの、久根鉱山関係の施設、工場、住宅等の生活施設はそのまま残され、時間の経過とともに老朽化し、施設、建物は朽ち落ち、廃墟と化している。

図２－７「久根鉱山附近地形図」の中央下に本山の通洞坑、坑口がある。この正面には沈殿場があり、坑口より出た廃水を沈殿させている施設である。またこの通洞坑の西側には充電室跡が残る。通洞坑より二〇mほど北東に労働者が入った坑口がある。「現在の坑口」とよばれるもので、この坑口から鉱夫は坑道内に入り、すぐのところに勤務表の受け渡しが行われた事務所受付があった。この坑口の前には浴場があった。現在も浴槽が剥き出しになって残り、当時の浴場の位置が確認できる。本山には坑内に入る坑口が何ヵ所かあった。片和瀬神社を北へ上がっていったところに、上七坑とよばれる坑口が設けられていた時代もあった。これらほかの坑口から坑道に入った場合でも、出る時はこの浴場のある坑口から出て、浴場で汗や泥を流し、仕事を終えたという。

通洞坑前からは鉱石運搬用の電車軌道が敷設されていた。現在も一部の軌道は確認できる。この軌道は、救護隊の小屋前を経て、名合からの鉄索の到着場所である鉄索場の前を通り、第一選鉱場に伸びていた。鉱石はここで下ろされ、選鉱場内に運ばれた。軌道はさらに北東へ伸び、現在の事務所の位置にあった製材所、当時の事務所前、工作所を経て、一番北東の端の製材所があったところまで続いていた。この最奥の製材所では、本山と名合支山の坑道の支柱に使われるマツ材の加工を行っていた。

久根鉱山本山の正面玄関は、現在の国道四七三号線が釜川沢と交わるところにあった。釜川沢は鉱山の北東端を北方向から流れ下る沢で、この沢の天竜川との合流点付近に本山の施設が並び建てられていた。正門の北側に用水が設けられて釜川沢からの水が貯められ、本山の選鉱場をはじめ、鉱山で必要な水の供給源となった。正門には、古河鉱業久根鉱山の看板と門柱が立てられ、そこを階段で釜川沢沿いに降りていくと、沢の左岸に本山事務所が建っていた。

閉山前の本山を撮った写真を見ると、一番大きな中心的な建物は、釜川沢右岸の選鉱場であった。選鉱の過程は、第一選鉱場、第二選鉱場、第三選鉱場の三段階に分かれ、軌道から鉱石を下ろした箇所より、西から東へ向かって並んでいた。第一

写真 2-44　現在の広場跡、奥が坑口跡

写真 2-45　同心会の浴場跡

写真 2-46　同心会入り口

写真 2-47　本山集落内の石垣

写真 2-48　本山集落内の一般民家跡

写真 2-49　大輪社宅の住居

選鉱場には、ジャイレートリー・クラッシャー（粉砕機）が、第二選鉱場にはコーンクラッシャー（粉砕機）が、第三選鉱場にはボールミルが、それぞれ鉱石を段階的に粉砕するように据え付けられていた。これら粉砕機は閉山とともに移設されたが、その下段にあった三つのシックナー（泥砂処理設備）は、現在でも円形の大きな槽を剥き出しにして残存している。三つの選鉱場で粉砕され、シックナーで攪拌されて分別された銅粗精鉱と硫化微粉精鉱が、釜川沢左岸の精鉱ビンに運び込まれる。ビンとは貯蔵施設のことで、この精鉱ビンの南側には鉄索場が設けられ、索道での搬出が行われた。この索道は「中天索道」とよばれ、ここから三信鉄道（のち飯田線）の中部天竜駅まで二kmにわたって空中運搬された。第一選鉱場の南側には鉱石ビンがあり、名合支山から索道で送られて来る鉱石と、本山の坑口から電車軌道で送られてくる鉱石がこのビンに貯蔵され、選鉱工程に載せられていった。

また、鉱石の索道運搬のためにあった施設が、第一選鉱場の西側にあった名合に繋がる鉄索場であり、もう一つがこの釜川沢の天竜川との合流地点左岸にあった中部天竜駅に繋がる鉄索場であった。なお、この鉄索場の下は船着き場になっており、鉄索が敷設される前の昭和九年（一九三四）までは、この船着き場から選鉱を終えた鉱石を、天竜川の舟運で運び出していた。鉄索場、船着き場はコンクリートで造成され、現在もその跡を確認できる。

現在事務所がある建物は、閉山前は製材所、倉庫などに用いられたところで、この建物の西側が変電室であった。またシックナーから天竜川に向かうインクラインが現在でも残っている。シックナーで鉱石粉の攪拌作業をする際に大量の水を必要としたため、シックナー下の河原に揚水機が設置されていたが、大水が出た時にこの揚水機を引き上げるのにこのインクラインが用いられた。

釜川沢右岸の、正門から上流に二〇〇mほど行ったところに火薬庫があり。集落からも鉱山施設からも孤立した林の中に設置されていた。また、坑口上の国道四七三号線沿いを中部方向へ二〇〇mほど行ったところの道の上方に、コンプレッサー室が設けられていた。本山の坑道内に空気を送り込む送風装置の中心施設であった。久根の坑道内は常に二〇℃以上あり、空気が滞留する場所は三〇℃以上の高温になった。コンプレッサーによる送風が坑道内の作業を支えていた。

（三）現在の久根鉱山集落跡

図2-7と、金田勝さん手書きによる図2-8から2-10により、久根鉱山の集落を明確にすることができる。

本山の社宅は、本山（字片和瀬）と落井（字落井）とに大別できる。本山社宅は、鉱山施設がある場所から国道四七三号線を隔てて山側の位置に広がっていた。落井は、西渡がある大井の集落の西端にあり、大井の集落の一部であった。本山社宅は、進さく工、運搬工、支柱工、選鉱など、現場作業員が居住するところで、一方、落井の社宅は、古河鉱業から直接派遣されてきた職員が居住するところで、保養施設の落井クラブや所長宅もあった。

久根鉱山最盛期の昭和二八年（一九五三）には、鉱員六五二人、職員七七人がいた（『佐久間町史　下巻』）。大井や中部の集落から直接鉱山へ通っていた鉱夫もいたが、本山の社宅には鉱員だけでも戦後の最盛期で二〇〇名以上、家族を含めると五〇〇人以上が暮らしていた。本山の社宅周辺は一つの集落を形成していた。本山には朝鮮半島から連れて来られた「朝鮮人労務者」が居住した独身寮等の施設もあった。竹内康人著『天竜の銅鉱山』によると、一九四二年から一九四五年までに「久根鉱山には五〇〇人ほどの朝鮮人が強制連行」されたという。

久根鉱山正門から五〇mほど西へ行ったところに、集落への登り口がある。ここから二〇〇mほど登ったところにまず久根病院があった。入院施設もあり、常駐の医師

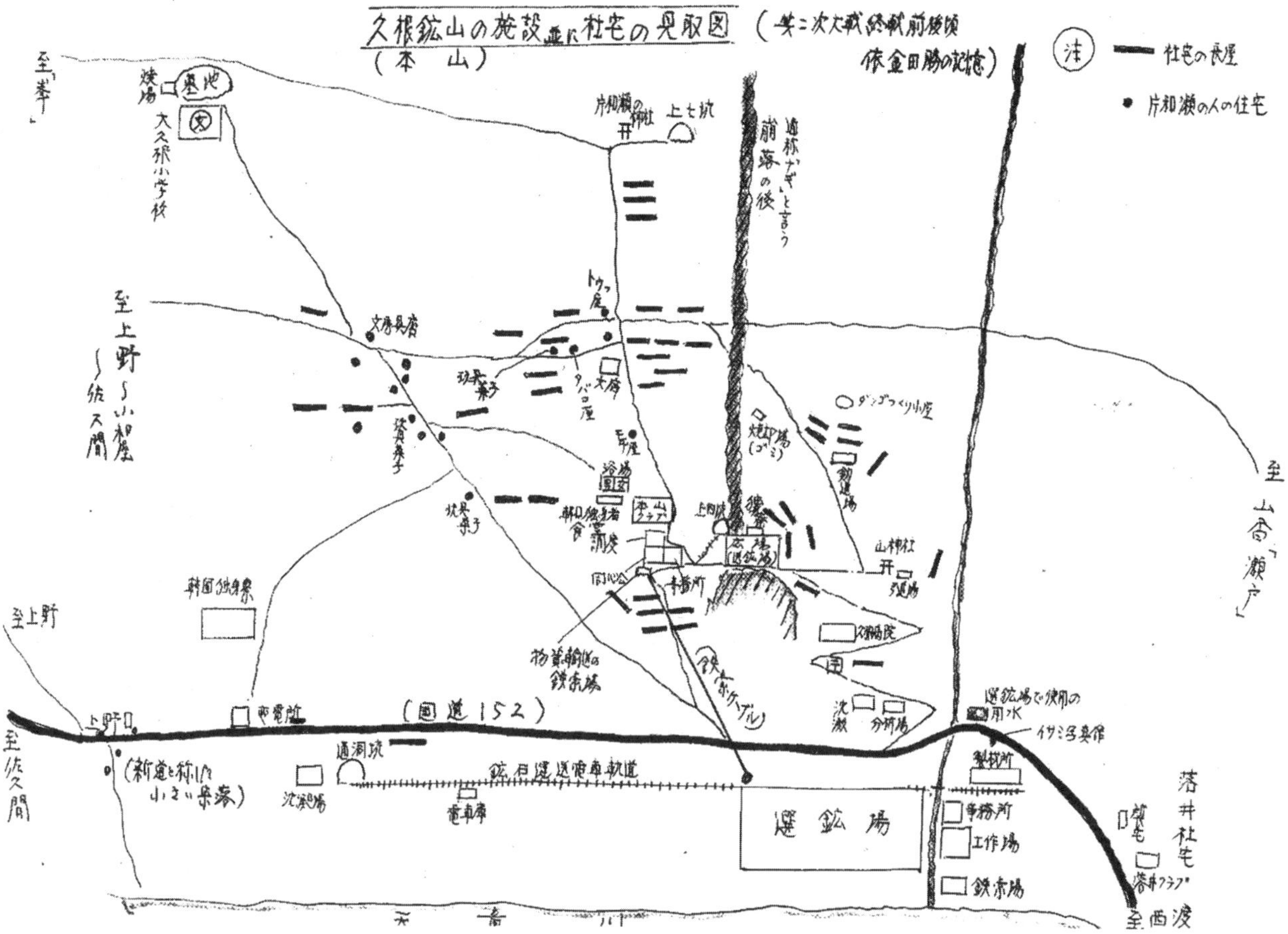

図 2-8　久根鉱山の施設ならびに社宅の見取図

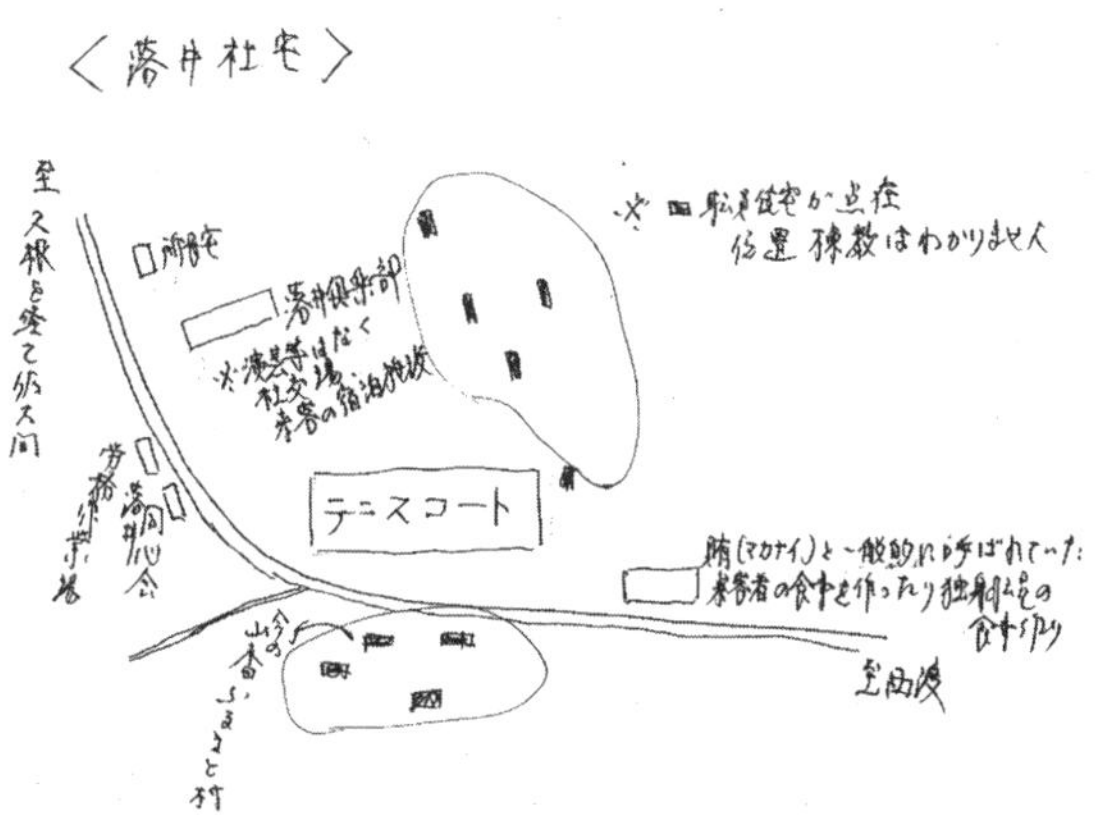

図 2-9　落井社宅の見取図

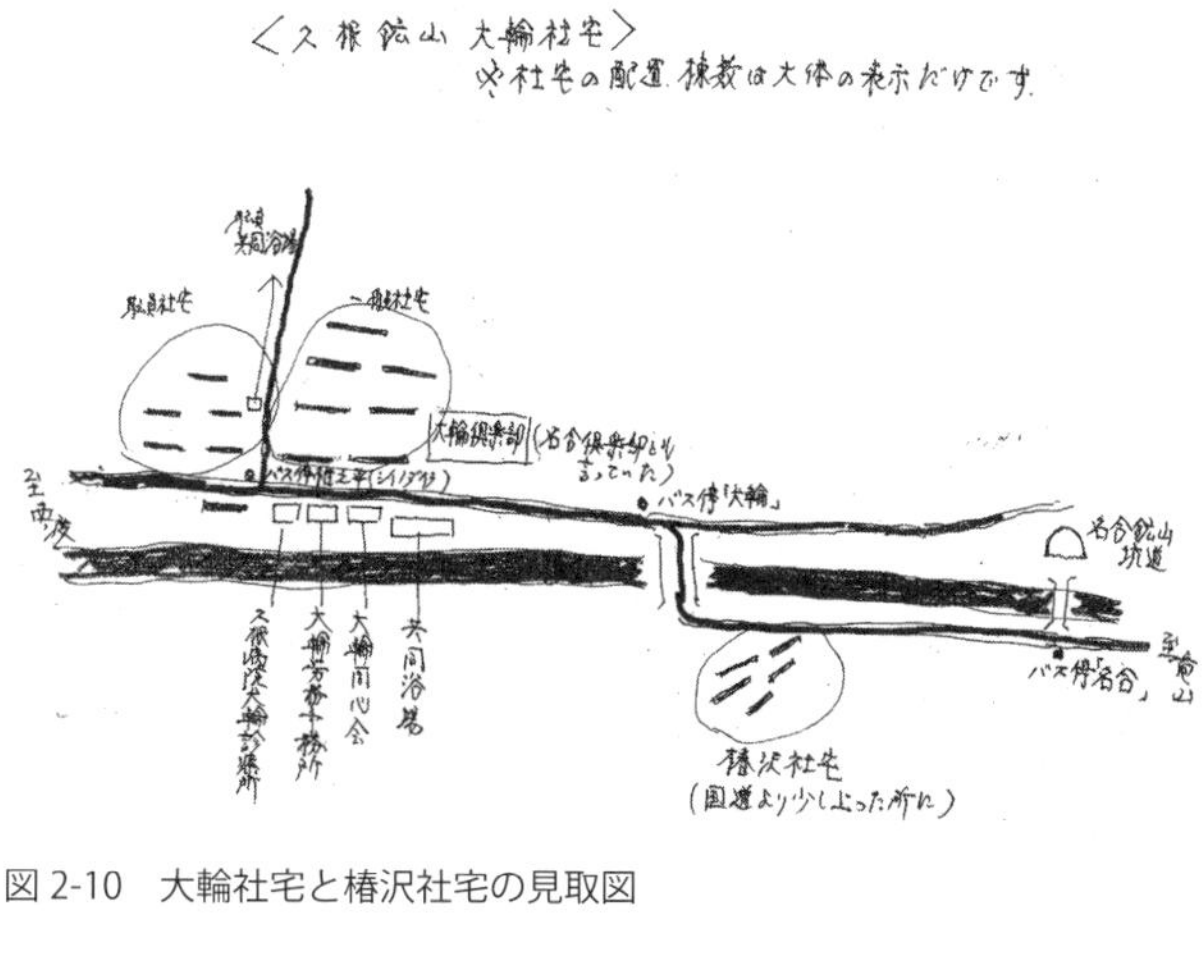

図 2-10　大輪社宅と椿沢社宅の見取図

も複数いる病院であった。その向かいが郵便局であった。さらにその上に行くと。見上げる山の中腹に山神社があった。「やまじんじゃ」とはよばず、久根では必ず「さんじんじゃ」と呼んでいた。久根鉱山は「やま」とは言わず「さん」「ざん」と言った。「本山《ほんざん》」「鉱山《こうざん》」「山神社《さんじんじゃ》」である。山神社の東下には弓道場があった。戦前、佐久間では弓道がさかんで、祭礼の際に弓道大会が開かれた。

山神社のすぐ北側には社宅群が建ち並んでいた。山神社からしばらく西に行くと広場がある。現在は貯水池となっているが、鉱石の残滓や運び込んだ土砂を貯める作業用の広場であった。この広場の奥には上四番坑という坑口があった。ここから山の斜面を横切ると、緩斜面の開けた中心地に出る。同心会とよばれた購買所、厚生施設があった。日用品、食料品など、日常必要な物は概ねここで調達できた。

この中心地のさらに中心的な建物が、本山クラブの劇場であった。本山クラブは久根鉱山関係者の保養施設として用いられ、その中には収容人員一五〇〇以上であったという本格的劇場があった。舞台には花道が付き、一階に座敷、二階に客席が設けられていた。映画も上映された。

劇場の西側には大浴場があった。鉱山関係者は誰でも利用でき、鉱夫の家族はもちろん、大井や中部など周辺の集落からもこの大浴場へ入りに来た。この本山クラブの西側から北側の山の斜面には、四〇～五〇棟の社宅が建てられた。本山クラブから西の山にある片和瀬神社へ上る道沿いが、この集落の一番賑やかな通りであった。豆腐屋があり、餅屋があり、たばこ屋があった。集落内には雑貨屋、駄菓子屋、文房具屋などもあった。

久根鉱山鉄索場から索道が本山クラブの上を通り、片和瀬神社の境内にある鉄塔で支えられ、久根の集落を西へ横切っていた。鉱石を運搬するバケットが頻繁に集落の頭上を往来した。

集落の中心地から北西の、子供の足で三〇分ほど上った尾根近くに大久根小学校があった。大正八年（一九一九）に開校され、古河は当時五千円を佐久間村に寄付し、それまで山香村の大井小学校（山香小学校）に通わせていた男児一四九名、女児一一四名を大久根小学校に引き取った。また、この大久根小学校の北側に火葬場と共同墓地があり、久根鉱山関係者はここで火葬された。

この本山の社宅群の中には、鉱山関係の仕事ではなく、山仕事や農業に従事していた片和瀬の住民の家もあった。特に集落の西側には鉱山関係の住民ではない、片和瀬の住民が社宅群の中に混じって生活していた。

また、久根鉱山には、本山の社宅のほか、名合支山近くに大輪社宅と椿沢社宅があった。甲子園やプロ野球で活躍した江川卓氏は、父親が古河鉱業の職員として久根鉱山に勤務していた関係で、久根鉱山の社宅で少年時代を過ごし、大輪社宅にも一時住んでいたという。

三　久根鉱山の組織

(一) 久根鉱山の組織、労働者

図2-11の「久根鉱山組織図」は金田勝さんから提供いただいた資料で、「久根鉱山の職制」（一九五一年七月一日現在）に掲載されている組織図である。古河鉱業の久根鉱山は所長の下、医局も含め八つの課に分かれていた。このうち総務課、労務課、経理課は、久根の本山の本部事務所、または名合支山事務所に勤務し、「オヤクニン」と呼ばれた事務職が中心の古河鉱業直属の人たちで、落井の社宅に居住していた。そして屋外で実働労務をしていたのが採鉱課、選鉱課、工務課に属していた人たちであった。大正九年（一九二〇）に飯場制度が廃止されて以降、古河鉱業が直接雇用する形をとった。採鉱課は本山採鉱係と名合採鉱係とに分かかれ、本山と名合支山の鉱夫が所属した。選鉱課は本山のみにあり、第一選鉱、第二選鉱、第三選鉱に分かれていた。

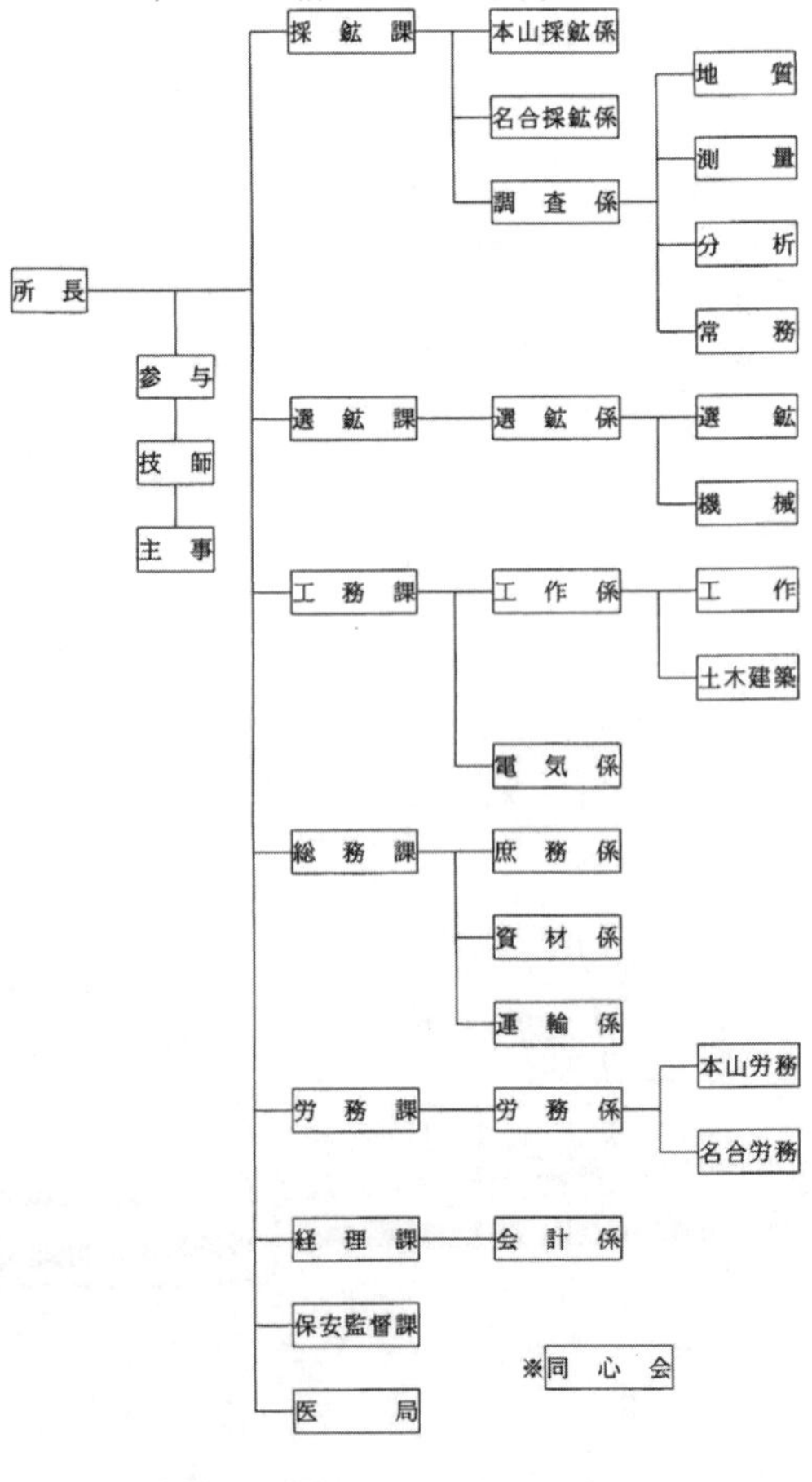

図 2-11　久根鉱山組織図

鉱夫は本山、名合支山とも、進さく（鑿）工、運搬工、支柱工の三種に大別されていた。進さく工は岩盤に穴を穿ち、ダイナマイトを仕掛けて爆破する作業、運搬工は爆破で粉砕された銅鉱石をトロッコ等で坑内から運び出す作業、支柱工は、爆薬で伸展していく坑道に支柱を設けていく作業であり、各々が専門の職種であった。

久根鉱山にはどれくらいの従業員、関係者がいたかについての七二年間の継続的な統計は見当たらないが、好況の大正六年（一九一七）には船夫七八八人、鉱夫一一一四人（内訳：採鉱夫三〇〇人、手子（採鉱夫助手）二九三人、支柱夫六〇人、選鉱夫二一五人、工作夫二一人、機械夫五二人、雑夫一七三人）がいたという。また、久根鉱山の職員の規模は、昭和二八年（一九五三）には鉱員六五二人（うち坑内三六一人）に対し、職員は七七人で、採鉱課三〇人、保安監督課二人、選鉱課七人、工務課八人、総務課一〇人、経理課五人、労務課七人、医局五人、購買組合（同心会）三人となっている。閉山一年前の昭和四四年（一九六九）には、全従業員が三二〇人に減っている。

世帯の統計としては、昭和二八年に久根鉱山全体で、一五二棟の社宅に三三〇戸の世帯が住み、一五六六人が居住していた。三三〇戸は、久根本山が約二〇〇戸、大輪が一〇〇戸、落井が三〇戸であった。また、近隣の西渡を中心とした集落からの通勤者も多く、やはり昭和二八年の統計によると従業員七二九名のうち約二五〇名が通勤していた。

鉱山の労働組織は一般に親方・飯場制度をとっていて、元来現場の作業が親方の一括請負で行われるという近世に成立した組織形態であったが、古河はいち早く近代化を進め、会社の組織化、作業の効率化・機械化を図り、大正九年（一九二〇）には全国でも早い段階で飯場制度を廃止した。飯場頭による金品の貸与、物品売買、飯場賄を禁止し、鉱夫の直接管理を強化し、購買組織である同心会売店の拡充や共同炊事施設、共同浴場の拡充を図っていった。これら久根鉱山に係る人々の生活については、聞き取りによってまだ詳細に記録することができる。

（二）久根会名簿

豊川市在住の堀内一二さんより『久根会名簿』（久根会実行委員会　昭和六二年）を見せていただいた。この冒頭に掲載されていた「久根鉱山のあゆみ」を転載させていただく。

久根鉱山のあゆみ

本山坑発見
享保一六年　備中の人　藤井五郎兵衛による。
明治一一年　名古屋の人　佐藤新吾
明治二五年　大阪の人　石田庄七
和歌山の人　原秀次郎
明治三一年　探鉱の結果奥⊠に逢着
明治三二年　二月　古河市兵衛翁之を譲り受ける。
明治三五年　二月　本格的出鉱を始めた。
初代　青山金弥　明治三二年〜明治四一年
明治三五年　上四坑奥⊠に着脈
明治三五年　五月　通洞坑の開坑に着手
二代　法亢盛良　明治四二年一月〜大正六年１１月
通洞坑着脈　西向親竪坑　下五迄掘下り
大正二年〜大正九年　名合支山地表近くを採鉱
大正二年　大滝発電所完成
大正四年　豊根発電所完成
日本最初のジャイレートリークラッシャー、ロックドリル
新式自動捲揚機購入
三代　小島甚太郎　大正六年一二月〜大正九年四月
大正七年九月　スペイン風邪大流行
大正八年六月　大沼山林購入
大正七年七月　大川英三氏赴任
四代　田村吉蔵　大正九年五月〜大正九年七月
五代　和田盛一　大正九年八月〜大正一四年五月
大正一一年　落井マカナイ所火災
大正一二年九月一日　関東大震災
大正一四年　電気溶接機入る。
大滝発電所木樋を鉄板溶接パイプに取替え
大正一四年　下七番坑迄掘下り完成
六代　坂本修作　大正一四年六月〜昭和二年五月
大正一四年　坑内採掘にカーリット使用
上七番坑に百馬力シロッコ型扇風機設置
鉱業所事務所火災
七代　石亀　清　昭和二年六月〜昭和一二年四月
昭和四年　選鉱浮選操業に入る。（大正一三年から実験）
昭和九年　坑内大火災発生
昭和一一年　ボールミル設置
電気探鉱実施　満州事変　飛行艇走る
八代　大川英三　昭和一二年五月〜昭和二〇年三月
昭和一二年　名合支山開発
昭和一三年五月　名合支山通洞百五十米で着脈

昭和一三年　中天索道完成　鉱石運搬船廃止
昭和一四年　名合鉱山橋完成
昭和一九年　名合索道完成
支那事変　大東亜戦争　大東亜⊠大直利
横綱羽黒山一行来山　航空本部慰問団来山
九代　岩村　清　昭和二〇年四月～昭和二五年一一月
昭和二〇年八月　終戦　韓国労務者帰国　復員　食糧難
昭和二〇年一二月　労働組合結成（鉱職員七三二名）
昭和二三年　本山くらぶにて復興祭を開催
昭和二三年　珪肺措置要綱決定
昭和二五年　挑戦動乱勃発　鉱職組分離
一〇代　香月利夫　昭和二五年一二月～昭和二九年三月
昭和二八年　河内発電所完成
名合下部開発促進　クラッシャー据付　キャップランプ採用
選鉱工場増設　社宅改善進行
朝鮮動乱ブーム
一一代　西川次郎　昭和二九年四月～昭和三二年四月
昭和二九年～三一年　秋葉ダム補償工事（本山―名合護岸）
昭和三二年　名合スライム輸送開始
昭和三三年　全鉱四二日間ストライキ　精鉱野積
昭和三一年八月　銅価値上り（三四八，〇〇〇円）
昭和三一年　珪肺特別法制定
一二代　神山貞二　昭和三二年五月～昭和三六年五月
昭和三五年　磁鉄鉱回収開始
昭和三五年二月　好間炭砿閉山　従業員受入
名合七五〇米竪坑完成
名合通勤バス（三台）購入運転
一三代　石塚義彦　昭和三六年六月～昭和四一年四月
昭和三六年六月　伊那谷豪雨　精鉱流失　スライム施設被害

昭和三七年　就職斡旋により一五二名山を去る
昭和三八年　坑内外時間短縮実施
昭和四〇年九月　久根集中豪雨　事務所流失
昭和四一年一月　本山社宅火災
一四代　西野孝之　昭和四一年五月～昭和四三年三月
昭和四二年二月　名合坑切羽支保Ｖ型鋼枠切替実施
昭和四二年八月　本山大切坑口二〇米間コンクリート可縮枠化完成
昭和四三年二月　本山坑スライム充填開始
探鉱促進　新職長制度実施　銅価一時的に六八万円を記録
一五代　高橋　守　昭和四三年四月～昭和四五年三月
昭和四三年四月　本山クルー作業実施
昭和四三年八月三〇日　台風一〇号被害
本山坑口崩壊　名合スライムパイプ一三〇米流失
県道大輪橋　飯田線浦川駅橋流失　大滝発電所送水管被害
昭和四三年九月　本山通洞坑口五〇米間の鋼枠支保完成
鉱源枯渇　古河探査陣全員による名合下部　本山西山の探鉱長期実施
昭和四五年一月　名合閉山
一六代　佐藤栄一　昭和四五年四月～昭和四七年一〇月
昭和四五年四月　本山、大輪社宅廃止　落井社宅に集中
名合通洞上部佐々木組より採鉱再開
創業合理化推進　選鉱週三日操業　各職場から応援
昭和四五年一一月二三日　閉山　本山坑口に於いて閉山式
昭和四六年～四七年　機械転用　本山、大輪社宅撤去」

あとがき

何回かの久根会の集まりがありました。
五〇年三月に浜松市在住者を中心とした久根会、五一年四月地元山香中学校での久根会、五七年一〇月に浜松、浜北周辺の有志による大川英三氏米寿祝賀久根会、六〇年一一月浜北市職業訓練センターで浜松、浜北が中心になった久根会などによって引きつがれて来ました。

・・・中略・・・今回は特に戦時中に学徒動員で久根で働いて下さいました沼津工業の方々も名簿に加えさせてもらいました。・・・略・・・

山香ふるさと村内　久根会実行委員会事務局

久根銅山のうた

見たか聞いたか　久根銅山を
東に聳ゆる竜頭山
前を流るる天竜の速瀬
冬は雪見ぬ暖かさ
夏は緑の風そよそよと
地の利も天の時を経て
今じゃ掘り出す地中の宝
一夜明くれば幾十万
国の富増す大直利　ドンドン

「大直利（だいなおり）」の「直利」とは、『佐久間町史　下巻』によると坑内用語であるという。昭和三年（一九二八）に下一番鉱で四万トンの富鉱が発見された。この時も「なおり（直利）」が発見されたと大評判になった。この朗報は古河鉱業の東京本社に伝えられ、古河市兵衛の孫の虎之介社長は歓喜し、久根に来鉱し、久根始まって以来の大祝賀会が開催されたという。直利は富鉱発見を意味する、久根鉱山においては縁起の良い、めでたい言葉であった。

四　久根鉱山の仕事

久根鉱山では、坑内の仕事は進さく、運搬、支柱に分けられたが、一つの坑には一グループ五人が割り当てられた。進さく一名、運搬二名、支柱二の構成で、班と呼ばれていた。本山、名合事務所が各々一月ごとにこの五人組を決めた。運搬工は爆破で粉砕された銅鉱石を、トロッコ等を用いて坑内から運び出す作業、支柱工は爆破されて伸展していく坑道に支柱を設けていく作業であり、各々が専門の職種であった。一グループが必ず一つの坑は分担するという分担表が事務所で作られていた。

実際の坑道内に入ってする作業は、グループ一緒ではなく、進さく、運搬、支柱の各仕事ごとに分かれ、入坑時間も出坑時間もこの三種の仕事で分かれていた。守屋文雄さんの記憶によると、昭和四〇年前後の頃、鉱夫は名合支山だけで、進さく工が約七〇人、運搬工が約一〇〇人、支柱工が約七〇人いたといい、戦後採掘量の中心が名合支山に移っていたものの、本山にはこれと同数、又はそれ以上の鉱夫がいたであろうという。名合支山にいたオヤクニンは七、八人であった。オヤクニンは本山を含む全体で五〇人ほどいて、多くが落井の社宅に居住していた。

久根鉱山に関係した人は、盛んに「アカリ」の仕事と坑内の仕事を峻別した。坑内の仕事のうち、進さく工が圧倒的に危険度が高く、賃金も高かった。運搬工、支柱工も落盤事故等による危険と常に隣り合わせていた。坑内の危険な仕事に対し、外の明るいところの仕事は安全という認識であった。「アカリ」の仕事は、選鉱、オヤクニンの事務仕事、道路修理敷設作業等の工務作業等で、じん肺の心配もないことから、安全で安易な仕事であるという意味で用いられた。

戦後の作業効率を上げる勤務体制の下で、一日は次のような流れであった。朝、坑内に運搬工が入り、夜中にダイナマイトによる発破で粉砕された鉱石を運び出し、並行して支柱工が丸太材を次々に組み上げて枠組みを作り上げ、坑道の補強作業をしていく。午後になると進さく工が入り、径約一〇㎝、深さ一ｍに及ぶ穿孔をし、そこにダイナマイトを仕込む。その日の夜ダイナマイトを爆破させて岩盤を粉砕する。その粉塵は朝方までにはある程度収まる。そして朝、坑内に運搬工、支柱工が入っていく。これを繰り返すのが採掘の作業となる。

（一）進さく

進さく工は、削岩機で岩盤に穴を穿ち、ダイナマイトを仕掛けて爆破する作業を受け持つ。久根鉱山ではただ「進さく」と呼んだ。進さくは、一番（五〇㎝の長さ）から五番（一間＝一八〇㎝）の削岩機用の鑿《のみ》を進五本ほど持ち、径二㎝、長さ約二〇㎝のダイナマイトを六〇〜七〇本入れたリュックを背負っていた。頭にはキャップランプ付きのヘルメットを被り、その充電器を腰に装着していた。靴は必ず安全靴を履くことになっていた。午前中に運搬工が鉱石を運び出し、支柱工が支柱を設けた坑道の最奥部に、午後一時から入っていく。最奥部の岩壁面に削岩機を用いて径約一〇㎝の穴を穿っていく。削岩機には最初は一番短い鑿を装着して穴を掘る。次に二番、三番、四番、五番の鑿を着け換えして穿孔していく。五番を用いると深さ一ｍ以上の深さの穴が空く。それらの穴に、リュックで背負って運び入れたダイナマイトを一本一本装填していく。一つの穴に長さ二〇cm程度のダイナマイトを三、四本詰め込む。これに雷管と導火線を装着し、穴の口にはアンコという赤土の粘土を詰めて固定する。坑道の最奥部は高さ七尺、横幅五尺が一つの規格であったが、なかなか規格通りにはいかず、壁面は凹凸もあり、横幅が七尺は取れない場合も多かった。一つの最奥の壁面には一〇～一五程度の穿孔を設け、ダイナマイトを仕掛けた。発火器までの導線を確認し、十分安全な距離を確保して、電動発火器を用意し終えると、一つの坑道の爆破準備が完了する。担当する坑道はいくつもあり、戦後の最盛期には一日で二〇～三〇ヵ所に発破をかけた。

発火装置を作動させて爆破するのは、久根鉱山では夜中の午前〇時からと決まっていた。発火装置を作動させ、爆破するまでが進さく工の仕事である。二人一組で発火の当番が決められ、夜中の〇時に坑道内に入る。そして発火装置のボタンを押す。発火装置は縦坑のエレベーター降り口付近まで導火線が延長され、安全が確保されていたため、ダイナマイトの爆発は、遠くで地響きがする程度で、夜中の発火に危険は感じなかったという。多い日には二〇ヵ所以上も爆破させたという。爆破を終えると当番の二人は坑外へ出て、帰路に着いた。

爆破した箇所が実際翌日採掘可能かどうかを確認するため、確認当番三人が輪番で割り振られた。朝、通常の出一時間前の七時に出勤した三人が、夜中に爆破した箇所を見回った。まだ噴煙が充満している場合も多く、爆破した箇所が採掘できるかどうか確認して、それを事務所に報告した。

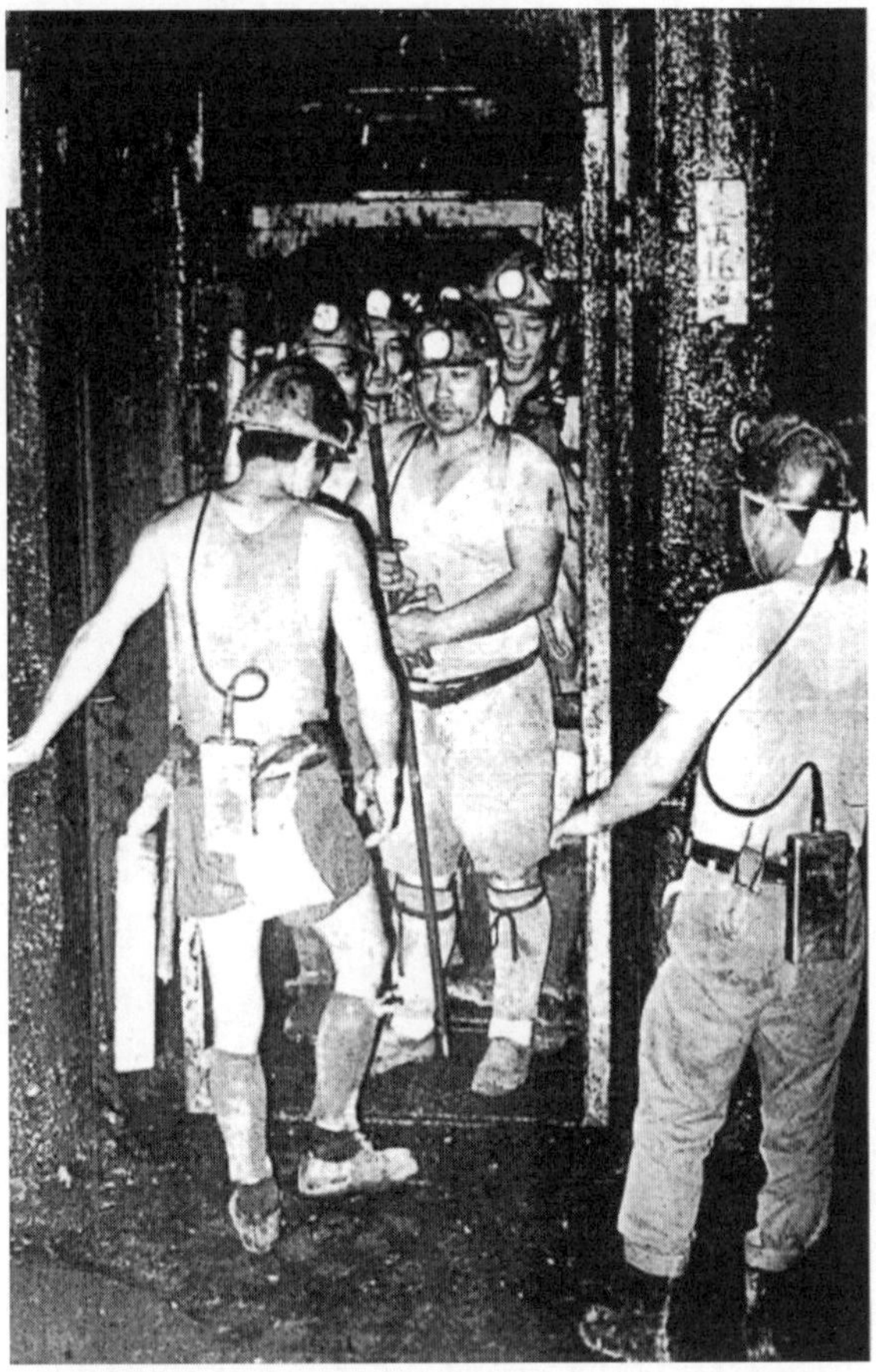
写真2-50　スカシ棒を手にした支柱工。手前の支柱工は腰に手ノコ、石頭をぶら下げている

（二）運搬工

運搬工は坑内からダイナマイトで粉砕された銅鉱石を坑外へ運び出す仕事をした。夜中爆破した後の朝、八時過ぎに出勤し事務所に寄り、その日の作業鉱区、場所を確認し、近い坑口から入って粉砕された鉱石を運び出した。運搬工は手にホッパー（鉱石を掻き集める三角形の身を持つ鍬）やカナアミ（細かく粉砕された鉱石を集める鋤簾）を持って入った。朝、坑道の奥に入る時は、まだダイナマイトの火薬の匂いがし、粉塵が立ち込めていた。作業を始める前にホースで散水してまずこの粉塵を収めた。坑道奥にはダイナマイトで砕かれた大小の鉱石が散らばっており、これをホッパーで掻き集め、カナアミでトロッコに載せた。トロッコに乗らない大きな鉱石の塊については、ダルマハンマーとよばれる頭部が鉄製の槌で運べる大きさに叩き割る作業もした。足元に転がっている岩石をハンマーで叩き砕き、ホッパーで鉱石をトロッコ近くまで掻き出し、そこでカナアミを使ってトロッコに載せる。トロッコは横幅九〇cm、長さ一二〇cm、高さ一〇〇cmの規格で軌道が敷設され、竪坑のエレベーターまでは人力でトロッコを押して運んでいく。運搬工の仕事は準備の後、午前九時過ぎ頃から始まり、昼の休みをはさんで午後三時前後までであったが、坑道内で長時間にわたる過酷な作業であった。進さく、支柱に比して一番運動量の多い重労働であった。

坑内で仕事をする運搬工は、その日の坑内で割り当てられた箇所の仕事量によって終了時間は班によって違ったが三時前後に搬出作業は終え、片付けが済むと、受付に行って勤務表を受け取り、坑外へ出る。本山でも名合でも、坑口の近くには共同浴場が設けられていた。本山では、坑口を出た右手に浴場があり、粉塵で汚れた身体を洗った。夏の高温で汗まみれになり、泥だらけになった後に風呂に入る爽快感は、何ものにも代え難かったと、守屋文雄さんは語った。坑内で働く運搬工、進さく工、支柱工は、坑外へ出た後、まず真っ先に向かうのが共同浴場であった。

（三）支柱工

発破をかけた翌朝、坑道内に運搬工が入って行く後を追うように、坑道内に木製の支柱を次々と架けていくのが支柱工の作業である。支柱工は腰のベルトに、鞘に刺した手ノコ（小型鋸）と石頭（せっとう）をぶら下げ、釘が満たされている釘袋を持っている。各自支柱の長さを測るため、五ｍの巻き尺を必ず携行した。また、全員ではないが、手に一・五ｍほどの長さの鉄の棒であるスカシ棒を持つ鉱夫もいた。キャップランプの付いたヘルメットと、脚絆、安全靴は、進さくや運搬工と同じ出で立ちであった。支柱工は朝、運搬工とほぼ同時に坑道に入った。受付で番割された坑道は、前夜ダイナマイトで岩盤が爆破された箇所であった。まず現場に着くと、スカシ棒を持っている支柱工が、その鉄棒で天井や壁面の浮いた岩を剥がしていく。この作業のことを「点検」と呼んだ。天井から大きな岩石が落下する場合もあり、熟練を要する危険な作業であった。

　支柱には、本山の製材所で、径八寸、長さ四ｍに加工されたマツ材を用いた。名合支山の坑道では基本的に、縦二ｍ、横九尺の枠組みをこの丸太材で組んだ。支柱の材は、久根鉱山ではマツに限っていたといい、戦後においては信州産で、昭和三〇年頃までは筏で組んで久根に運び込まれた。赤マツの良材は佐久間など遠州の山にはなかったという。マツは耐久性があり、湿度、温度にも歪みが生じにくく、腰ノコで切ったりする加工にも適していた。クリ、ツガ材を用いることもあったが、坑道の安全を支える支柱を作り上げるには、赤マツ材を用いることがどうしても必要であったという。腰ノコで径八寸、四ｍの材を切り、縦二ｍ、横九尺の支柱を一つ組み上げると、次にその奥へ二ｍから一間（一・八ｍ）の間隔を取り、次の縦二ｍ、横九尺の枠を組み立てていく。スカシ棒での点検が甘いと、支柱を組み立てる作業中に落石があったり、天井が崩落する危険があった。

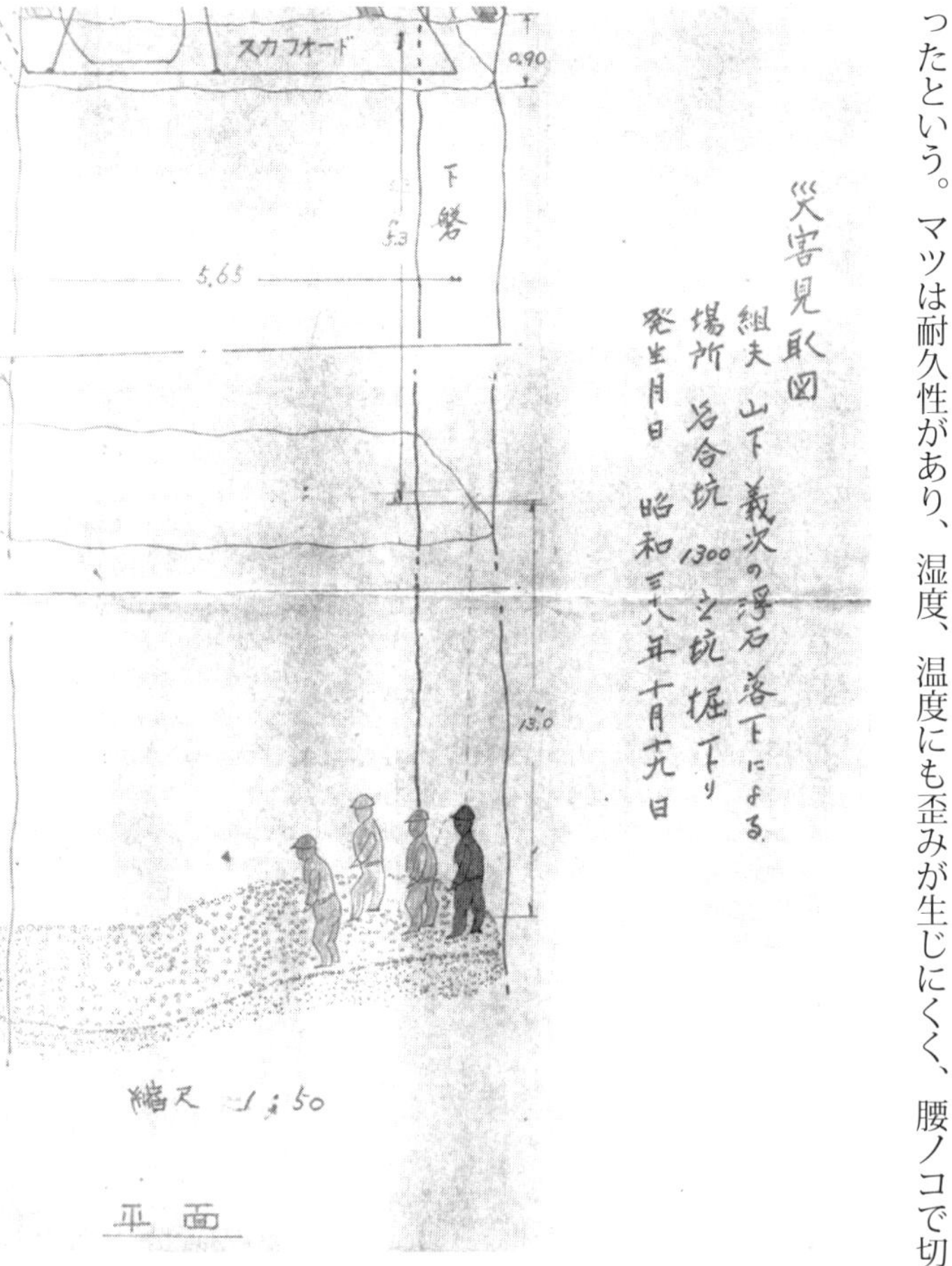

図 2-12　災害見取図（昭和 38 年 10 月 19 日）

　坑道内は、冬場でも半袖シャツやランニング姿でも十分な温度で、夏場は三〇℃を常に超える蒸し暑い作業場であった。坑道内にはコンプレッサーによってエアーが常に送られていたが、坑道が複雑に延長しているため、そのエアーが行き届かず、熱が溜まってしまう場所がどうしてもあり、そこの気温は三八℃にもなったという。そのようなところでは、一〇分ごとに休んではするという過酷な条件で作業することもしばしばあったという。

（四）久根の落盤事故

　落盤事故は、岩盤が脆弱な場合にはどんな作業場面でも起こり得るが、特にそれが起こりやすい作業もあった。進さく工の作業では、削岩機で岩盤を掘っている時、前の爆破の際不発で残っていたダイナマイトに削岩機を当ててダイナマイトが目の前で炸裂し、進さく工が即死する事故も多かったという。また、落盤事故に遭うのは、進さく、支柱工に比べ、運搬工が一番多かった。運搬工は発破をかけた翌朝、一番先に坑道内に入り、下を向いて黙々とホッパーや金網で粉砕された鉱石を集める作業を何時間も続けるので、うつむいた背や頭部に落石が直撃し、死亡事故につながりやすかった。支柱工の作業では、支柱枠を組む前に、発破で空いた坑道の天井をスカシ棒で突いて浮いた岩を落とす点検作業中に落盤が起きることが多かった。またこの点検作業が甘いと、支柱を組む作業中に落石に遭うことがあった。

　図２-12は、昭和三八年（一九六三）一〇月一九日に名合支山一三〇〇立坑掘り下げ工事の際に運搬工の四人が遭遇した事故の図である。三〇〇分の一の見取図で、下の平面図はこの立坑を上から見て四人がどの位置にいたのかを名前入りで示している。浮石が落下した事故で、山下さん、水島さん、水島さん、坂藤さんの四人が落石に遭い、山下さんは頭部に落石が直撃して死亡した。

　守屋文雄さんは、名合支山で一七年間支柱工を勤めたが、その間に九件の落盤事故

久根鉱山の支柱工

守屋文雄さん

久根鉱山とじん肺訴訟

　守屋文雄さんは、昭和四五年（一九七〇）まで佐久間町西渡に住んでいて、そこから久根鉱山の名合支山に通い、支柱工を勤めていた。「もう私しか、ずっと（久根鉱山に）働いていて、話せる者は他におらん。」と言って、久根鉱山のことを私たちに語ってくれた。現在、全国じん肺患者同盟静岡県連行会久根支部長を務めている。久根鉱山の歴史のこと、久根鉱山で働いた人たちの多くが罹ったじん肺のこと、などを奥さんの政子さんと一緒に感慨深く、静かにときに訴えるように話してくれた。

　文雄さんは、現在、浜北区西美薗に住んでおられる。昭和六年（一九三一）に西渡に生まれ、昭和二一年（一九四六）に西渡で筏乗りになった。終戦直後ではあるが山香村では山林の仕事が戦後復興の中、徐々に活況を取り戻しつつある中、憧れの職である筏乗りの仕事に就き、西渡で筏を組んで、西渡から船明、西鹿島まで、それを操り、天竜川を下る仕事を続けていった。その筏師の仕事も、佐久間ダム建設で筏による木材運搬ができなくなり、廃業の憂き目に会う。そのとき日本有数の銅山である久根鉱山が、戦後その中心的な採掘を本山から久根名合支山に移していったとき、文雄さんは支柱工として名合に採用される。昭和二八年（一九五三）から昭和四五年の久根鉱山閉山まで、一八年間ずっと支柱工として働き続ける。閉山にともない、昭和四五年に佐久間の地を離れ、浜北市の西美薗に移り住み、浜松の高塚にあった遠州製作に就職し、それ以後はずっと西美薗である。

　平成一九年（二〇〇七）、身体に変調が感じられるようになる。寝汗をよくかくようになり、坂道を上ると息が切れるようになる。風呂に入って体温が上がると息が荒くなり、ときどき咳が出ると止まらなくなり、声も嗄れるという症状が出るようになる。佐久間の西渡診療所の海老原勇医師を訪ね、診察してもらうと急性気管支炎という診断が出る。父のことが頭に去来し、文雄さん自身、久根鉱山で支柱工をやった経歴から、海老原医師との相談の上、珪肺患者の認定の申請を出すことになる。その後は西美薗から西渡診療所へ毎週、海老原医師の診察を受けに通い、現在はじん肺患者久根支部長を務めている。

写真 C2-3-1　守屋文雄さん・政子さんご夫婦

進鑿夫とヨロケ

　文雄さんの父、光由さんは隧道工事を専門にする掘削の人夫をしていた。光由さんは明治三六年（一九〇三）に山香村平和の禰宜の家系である守屋家に生まれ、昭和の初め頃、平和から西渡に出て住み着き、久根鉱山で鉱夫の仕事を続けた。隧道工事で岩盤を掘削する技術があった人で、久根鉱山でも掘削の技術は、進鑿夫（しんさくふ）として大切なものとされ、重宝がられたという。戦前、戦中、戦後と光由さんは久根鉱山本山で進鑿夫として岩盤を掘削機で削る作業を続ける。この進鑿夫をした者は殆ど「ヨロケ（じん肺、珪肺）」に罹った。光由さんもよく咳き込んで動けなくなる姿を文雄さんは見たという。光由さんは昭和二〇年代の後半頃、本山の落盤事故で背中を強く打ち、椎間板ヘルニアになり、「アカリ（明るいところ）へ出よ。」と言われ、坑道内の暗い仕事を辞めて、大輪にあった名合支山の事務所の雑役をやるようになったという。珪肺の認定を受け、蒲郡市民病院、西渡診療所、浜松日赤病院等の診療を受けながら、

コラム 2-3

昭和五五年（一九八〇）に七七歳で逝去されている。

久根鉱山の支柱工

守屋文雄さんは昭和二八年から昭和四五年の閉山まで久根鉱山名合支山で支柱工として働いた。久根鉱山で働く者は、鉱夫（進鑿夫、坑道内で削岩をする仕事）、車夫（運搬夫、鉱石をトロッコに積載して運び出す仕事）、支柱夫（保全屋、坑道内で支柱を施す仕事）、そして事務員に大別できた。各々が専門職であり、久根鉱山では兼務することはなかった。文雄さんはこの中の支柱夫の仕事に従事した。

銅鉱山での採掘作業は、一つの坑道で五人が一グループを作って当たる。構成は進鑿一名、運搬二名、支柱二名が一般的であった。運搬（車夫）は一番方と呼ばれ、午前八時から午後二時までの勤務。支柱工（保全屋）は二番方と呼ばれ、正午から午後六時までの勤務。進鑿は午後三時からの勤務となった。

前日の夕方から夜にかけて坑道の先端部分に「ハッパ（発破）」を掛けることから始まる。戦後は電動の発火装置で遠隔操作したが、戦前にはまだ導火線で爆破が行われた。進鑿夫は削岩機で岩盤に奥行二mほどの穴をあける。あけた穴を粉塵がないようによく掃除をした後、直径一・五cmほど、長さ二〇cmほどのダイナマイトを五本ほど穴に詰め込む。雷管を付け、そこから導火線を二mほど出す。穴の入り口はアンコとよばれる赤土で導火線を固定し塞ぐ。導火線一mを「ミチ火」とよばれる導火が二分で渡るという。二mの導火線にミチ火を付けた場合、四分で爆破に至る。この四分で安全なところまで避難する。爆破は夜中に行われた。

写真 C2-3-2　久根鉱山の現地を説明する守屋文雄さん

発破を掛けた翌朝、車夫が坑道内に入る。一晩経過していても坑道内は粉塵が立ち込めていた。坑道内は火薬の匂いが漂い、その中、ホースで散水しながらの作業になる。戦後の名合支山の坑道内の作業では防塵マスクを付けることは殆どなかったという。削岩機を扱う進鑿夫があまりの粉塵のためにマスクを付けることもあったが、車夫も支柱工もマスクなしで粉塵が立ち込める坑道内での作業となった。車夫は、枕木と線路を延長する作業をし、トロッコが近くまで敷設されるようにする。そして爆破された箇所から鉱石を手またはスコップでトロッコに載せる。トロッコは幅九〇cm、長さ一二〇cm、高さ九〇cmの規格になっていて、鉱石を満載し、坑道内を車夫が二人して押して大竪坑のところまで運搬し、竪坑はバケットで人力で上の通洞坑口まで運んだ。通洞坑口からは電動トロッコに鉱石を載せ、鉄索場まで運んだ。

この車夫が鉱石を運び出す作業をしている中、支柱工の二人が坑道の支柱を建てていく作業をする。支柱工はまず点検をいう作業を行う。これはスカシ棒という二〇〇cmほどの鉄の棒で浮いている土、岩を落としていく作業である。浮いている岩を鉄棒で落とすのであるから相当危険な作業であった。

写真 C2-3-3　現在の久根鉱山管理事務所

このスカシ棒で突く作業だけで落盤事故になる場合があった。守屋文雄さんはこの点検の作業で生き埋めになって即死した支柱工を一七年間で九人見たという。

支柱工が使う支柱として、径八寸、長さ四mの規格の松の丸太材が、坑道外の製材所で用意される。松は南信濃から天竜川を利用して運ばれて来た。松は腐らず、加工しやすいために用いられた。支柱工がこの規格の支柱をトロッコで運び、坑道内で手鋸（刃渡り三二cm）のヨキで、支柱を適当な長さに裁断して、高さ二mほど、幅九尺の

コラム 2-3

木の枠を延長していく。まだ安定していない坑道内での仕事で、文雄さん自身、支柱の枠を組んでいるときに天井から座布団くらいの大きさの岩が突然落ちてきて、左足を直撃したことがあった。左足首をこの落石で骨折したが、この石が頭上に落ちていたら即死は間違いなかっただろうという。

文雄さんの知人で持永民蔵さんという進鑿夫がいた。昭和四〇年頃の名合支山での事故であったが、削岩機で岩盤に穴をあける際、「残りダイ」（爆破で残ったダイナマイト）に削岩機の先端が触れてしまい、残りダイが爆破し、即死だったという。落盤事故はしばしば起こった。死者が出ても、その遺骸は医師が来るまで坑道内から外へ搬出できなかった。坑道内での死が確認できないと労災認定にならなかったからである。

写真 C2-3-4　久根鉱山を案内する金田勝さん

昭和四五年、久根鉱山は名合支山も含め、閉山が決まった。このとき名合支山で支柱工は三〇人ほどいた。そのうち一〇人ほどは足尾銅山へ行き、他は転職して全国に散っていった。閉山後、久根に勤めていた三〇〇人を超える労働者は蜘蛛の子を散らすように山香から去っていった。

久根鉱山の同心会

文雄さんは名合支山に勤め、住まいは西渡にあった。名合支山の同心会(購買施設）は大輪にあった。同心会では米、薪、炭、砂糖、塩、たばこ、酒、魚などの日常生活物資が手に入った。同心会でなくても、西渡の町は八百屋、魚屋、呉服屋もある商店街があり、生活物資には事欠くことがなかった。昭和二八年久根鉱山で支柱工をやっていると一ヶ月の賃金が四万円ほどであったという。この当時、都市生活者でも四万円は高給取りであった。昭和四五年閉山時には一ヵ月九万円ほどになっていた。佐久間ダム建設、久根鉱山、林業がもたらした昭和二〇年代後半から三〇年代にかけての好景気は、今から想像がつかないほどの繁栄振りだったという。

遠州常民文化談話会では、平成二七年（二〇一五）六月二〇日の磐田中泉公民館での例会で、子供の頃久根鉱山の社宅に住んでいた金田勝さん（昭和六年生まれ、半場在住）をお招きして久根鉱山の歴史や人々の生活についてお話しいただき、一一月三日には、現在も残る久根鉱山の同心会跡等を金田さんに御案内いただいた。

写真 C2-3-5　現在も残る同心会の浴槽

じん肺患者同盟久根支部

平成二九年（二〇一七）現在、全国じん肺患者同盟静岡県連合会久根支部は二八人の構成員がいる。じん肺患者に認定されるには海老原医師の診断がないと厚生労働省の認可が下りないという。久根支部はすべて久根鉱山労働者というわけではないが、久根鉱山での労働によってじん肺になった者はこの久根支部の構成員になった。昭和五〇年代には一〇〇人を超える数の支部員がいて、週一度は西渡診療所に行き、海老原医師の診察を受けた。現在では高齢者が多くなり、西渡診療所に通うこともなかなか難しい患者もいる。守屋文雄さんはそんな久根支部の状況の中、「まだまだ久根で働いた人の中にはじん肺と認められてもいい人がいる。支部長として果たす役割がある。多くの人に久根鉱山のこと、じん肺患者のことを知ってもらう必要がある。」と現在のこれからの、久根鉱山がもたらしたじん肺という災厄について、自身の役割を語った。

があり、六人死亡したという。六人のうち、二人が進さく工、四人が運搬工であった。落盤事故があると、その場にいる鉱夫は手に持っている石頭や鏨で配管パイプを思い切り打ち鳴らした。また、配管がないところでは、石頭と鏨を叩いて大きな音を出して落盤を知らせた。この音は「カンカン」と響いた。坑道奥から「カンカン」という音が聞こえると、悪寒が全身に走ったという。鉱夫の間では、石頭と鏨を打ち鳴らすことを禁忌としていた。遊びでもこの「カンカン」という音は不気味に聞こえ、鉱夫はこの音を嫌った。

金田勝さんは「久根鉱山の施設並びに社宅の見積もり（第二次大戦終戦前後頃　依金田勝の記憶）」に、次のような注を付けてくれた。

～久根本山の見取図の注～

一　右下の落井社宅は、課長・係長等役職をもつ人の社宅。役職をもつ人ということで、本山（ほんざん）の人は「ヤクニン」と呼んでいました。

二　右下の工作場は、機械器具の整備修理

三　鉄索場は

・名合支山から鉄索のバケットで送られた鉱石を受けて選鉱場へ

・選鉱場で選鉱された精鉱をバケットで中部天竜駅へ送り出すプラットホーム

四　製材所　坑内の支柱の材を製材　その他木材関係を

五　分析場　鉱石の分析を行っての調査

六　沈殿　～鉱水に鉄屑を浸しこんで有効な鋼鉄を取り出す

七　久根病院　当時は外科、内科　二階に入院室

八　山神社　毎年五月十四～十六日祭典

九　弓道場　有志によって使用

十　剣道場　毎月十日間、夕食後六～八時頃まで小学校五年生以上、青年から有段の大人まで十日の最終日にはどっさりの賞品が

十一　広場　一般に「センコウバ」と呼ばれる広場　後になって一角に独身寮ができる

十二　事務所　労務関係の事務所ということで住宅関係、社宅のゴミ処理、水道を社宅の生活保持を担当

十三　同心会　購売所で味噌、醤油、食品そのた生活用品（衣料は西渡で購入が多かった）

十四　調度　購売所ですがこちら米、薪炭の販売

十五　本山クラブ　本山倶楽部（ともに楽しむ所）とあって毎月の映画、祭、盆、正月は演芸を楽しんだ。下の観客席の板をはずすと角力の土俵がそなわっていました。

十六　浴場共同浴場　坑内の作業員は三時半には仕事を終えて入浴のようでした

十七　文庫　文化活動の場ということですが図書室としての記憶はありません撞球場としても使用

十八　ダンゴ作り小屋　坑内でのダイナマイトを仕掛ける際、穴に土のダンゴをつめた

十九　社宅以外の人で社宅の人を対象にして開いていた店屋さん

・トウフ屋　・タバコ屋　・文房具　・モチ屋（自分の所でついたモチと菓子を）　・玩具菓子　主として子供を対象とした店

二十　墓地　小学校裏にあって葬儀の際は棺をそこまで運びあげて火葬　火葬はそこに火葬人がいて行うようになっていました

二十一　韓国独身寮　浴場の下の専用の食堂で食事をして生活

二十二　大久根小学校　小一～小六まで一五〇名前後の児童数　小六終了後の尋常高等小学校高等科は主として佐久間小学校へ四km近い道を徒歩で通学

二十三　ゴミ焼却場　家庭のゴミは社宅にゴミ箱が設置され、そのゴミは労務作業員が収集して焼却場で処理するようになっている。

※大輪、落井社宅については正確な記憶をもちません。公共物、社宅の概ねぐらいなら

五　久根鉱山とじん肺

(一) よろけ

城西区今田の一宮西側にお住まいで一宮の禰宜を務めていた故鈴木直一さん（昭和四年生まれ）から、今田の花の舞の話をお聞きした際、以前は夜中まで舞っていたが、

今では「コンキヨクナルので舞わなくなった。」と語られたことがあった。「ヨロケだ。」という。「コンキヨクナル」とは息をするのが辛くなることでじん肺を意味していた。「ヨロケ」は、全国の鉱山で江戸時代から用いられ、鉱山病の代表的なものである。坑内の採鉱労務者が罹り、採鉱の際の鉱塵によって起こる珪肺（けいはい）を主とした病気のことである。この病気に罹ると、足腰が不自由になり、ヨロケル、ということから「ヨロケ」とよばれるようになった。西渡でも北澤明さん（昭和八年生まれ）は、昭和四〇年前後、西渡銀座で、久根で進さく工をやっていた人が、酔ったわけではないが足腰が立たず、道に座り込んでいるのをよく見かけた、という。

故鈴木直一さんは、久根鉱山名合支山で支柱工をやっていた。支柱工は、前夜発破をかけた坑道内に、朝、運搬工と一緒にまだ坑内に粉塵やダイナマイトの臭気が漂う中を入っていく。直一さんは、珪肺と海老原勇医師から診断され、珪肺の治療を続けながら、平成二一年（二〇〇九）まで全国じん肺患者同盟静岡県連合会久根支部長を務めた。直一さんの後、久根支部長になったのが守屋文雄さんである。「ヨロケ」については守屋文雄さん、堀内一三さん、北澤明さんのコラムで触れているので参照してほしい。

久根鉱山で進さく工、運搬工、支柱工という坑内での作業を行った人たちの多くがヨロケになった。守屋文雄さんによれば、特に進さくをやった人は必ず罹患したという。次になる率の高かったのは運搬工で、その次が支柱工だった。五、六年坑内で仕事をした人で罹患しなかった人はほとんど知らないという。昭和四五年閉山当時の支柱工は三〇名余いたが、そのうち（高齢もあるが）二人しか存命の人はおらず、その二人も珪肺であるという。選鉱場で働いたような「アカリの人」も珪肺になったという。久根鉱山では、坑内で働く人と坑外で働く人を分け、坑外で働く人を「アカリの人」と呼んだ。鉱夫たちは「アカリに居る人とは違う。」といい、自らの危険をも顧みない勇気を称え、それに伴う賃金の良さを誇っていた。

(二) 全国じん肺患者同盟静岡県連合会久根支部

じん肺の危険性については、昭和四五年に久根鉱山が閉山になる前から佐久間では語られていたし、全国においても炭鉱や銀山、銅山などの鉱山でその被害が報告されていた。戦後、鉱山で働き、鉱塵によって珪肺（けいはい）となった方を救済する目的で、昭和三〇年（一九五五）に珪肺等特別保護法が制定された。その後、昭和三五年（一九六〇）には、すべての珪肺患者を対象としたじん肺法が制定されることになる。全国でじん肺患者の組織化の運動が展開されるようになり、佐久間でも昭和三七年（一九六二）に久根じん肺患者自治会が結成される。そして、昭和四一年（一九六六）、静岡県じん肺患者同盟連合会が結成される。

昭和四三年（一九六八）、佐久間にあった千葉大学の研究所に海老原勇医師が研修医として入所する。その後海老原氏は、西渡の山香診療所を拠点に久根鉱山でのじん肺患者の治療にあたり、その後の遠州じん肺訴訟でも中心的な働きをする。昭和四五年（一九七〇）に久根鉱山は本山、支山ともに閉山となる。昭和五四年（一九七九）に遠州じん肺訴訟が起こされ、久根鉱山における鉱山労働者の粉塵問題が法廷で明らかになる。そして昭和六四年（一九八九）、古河鉱業が元鉱夫らに賠償金を支払うことで和解が成立し、この訴訟は一応の終結を迎えることになる。

No.	氏名	認証年	久根での職種	生年
1	Y氏	平成13年	支柱工	昭和６年
2	M氏	平成14年	進さく工	昭和８年
3	H氏	平成16年	運搬工	大正11年
4	T氏	平成17年	支柱工	昭和６年
5	M氏	平成19年	支柱工	昭和８年
6	S氏	平成19年	進さく工	昭和６年
7	S氏	平成19年	運搬工	昭和６年
8	T氏	平成21年	運搬工	昭和10年
9	N氏	平成21年	運搬工	昭和３年
10	S氏	平成21年	運搬工	昭和５年
11	T氏	平成21年	選鉱	昭和10年
12	K氏	平成22年	運搬工	昭和13年
13	S氏	平成24年	運搬工	昭和12年
14	S氏	平成27年	支柱工	昭和12年
15	S氏	平成28年	進さく工	昭和10年
16	S氏	平成28年	進さく工	昭和９年
17	S氏	平成28年	進さく工	昭和９年

表 2-12　じん肺患者同盟 静岡県連合会久根支部会員（平成 29 年現在）

和解が成立した後も、じん肺患者同盟久根支部は活動を続けた。じん肺は鉱塵を吸い込んだ直後に珪肺の症状が現れるわけではなく、数年、場合によっては一〇年以上も潜伏した後で発症ということもある。久根支部では、久根鉱山で働いた人、特に坑内で働いた鉱夫たちが、閉山後全国に四散し、その後連絡が取りにくくなった中で、連絡を取りつつ健康状態を聞き、不安な人に珪肺患者を診察する医療機関を紹介する活動を継続してきた。珪肺患者の認定には、海老原医師はじめ専門的な医師の判断が必要で、それらの医師、医療機関を丁寧に紹介する活動は、現在も今後も、久根鉱山の元鉱夫にとってだけでなく、全国の珪肺患者に必要な取組となっている。

表２-12は、守屋文雄さんに見せていただいた平成二九年度の久根支部会員名簿のうち、久根鉱山鉱夫経験の会員について、久根鉱山での職種を書き加えたものである(平成二九年（二〇一七）現在一七名)。なお、久根支部にはこのほか、久根鉱山で働いた以外のじん肺患者も会員として入っている。逝去された会員は、その都度二本線で消去されていたが、

簿には消去の跡が多くあり、また新たに加えられた名前もあった。認定された年が平成二〇年代の人もおり、平成二八年（二〇一六）にも三人が加えられている。

ヨロケで死ぬのは当たり前だ

堀内一二さん（昭和一二年生まれ）

写真 C2-4-1　堀内一二さん（豊川市市田町在住）

久根鉱山での選鉱の仕事

久根鉱山で選鉱の仕事をされていた堀内一二さん（昭和一二年生まれ）は、現在愛知県豊川市市田町御所ヶ谷津で鉄骨建築の会社を経営されている。佐久間町戸口に戦後住まれ、久根鉱山に昭和四五年（一九七〇）に閉山になるまで働いていた。「私たち選鉱の者はよかったが、しん探をやっていた者はみんなよろけで死んだ。」「坑内で働く者は、給料は良かったが長くは続かんよ。じん肺で死ぬのは当たり前だった。」と久根鉱山で働いた日々を思い出しながら語ってくれた。

一二さんの父、梅吉さん（明治四五年生まれ）は磐田市掛塚に生まれた（掛塚での住まいは現在では不明になっている。）。二五歳のとき名古屋の西区栄生町の日本陶器に就職した。一家を栄生町で構え、昭和一九年（一九四四）までに妻の松子さん（西渡の山口家より嫁ぐ）との間に長男の一二さん、次男の英夫さん、三男の孝夫さんの三人の子供をもうけた。昭和一九年に日本陶器の仕事で朝鮮半島に渡り、チョンジンで終戦を迎える。昭和二〇年の暮れに帰還し、家族で久根鉱山が繁栄している山香村戸口へ転住する。戸口に森田佐平さんという、当時久根鉱山の鉱石運搬船を仕切っていた船頭がいて、森田家の養子として佐久間に来て、久根鉱山に就職した。梅吉さんはその後選鉱の仕事を久根鉱山閉山まで続ける。閉山後、妻の松子さん、長男の一二さん達と愛知県豊川市東豊町へ移り住む。豊川へ来たときは既にじん肺を患っていて、久根病院、海老原医師の元へ通うが「よろけ」の症状治まらず、八五歳で亡くなられた。梅吉さんは選鉱場第一鉱場で長年選鉱の仕事をしたため肺を患ったとして、じん肺患者の認定を受けている。一二さんも梅吉さんの晩年、よく咳き込んでうずくまる姿を見たという。

じん肺「よろけ」

「よろけ」で死んだ方で忘れられないのは、久根鉱山閉山後に佐久間から豊川に一緒に引っ越してきた沼田守弐（もりじ）さんのことだという。沼田さんは昭和八年生まれで、久根鉱山の社宅に住み、久根鉱山名合支山で戦後ずっと鉱夫、しん探をしてきた頑強な人だった。しん探をやっていた者の御多分に漏れず、やはりじん肺にかかり、「のろけ」の症状である、ふらふら歩きや、咳き込んでうずくまることを繰り返し、亡くなっている。

写真 C2-4-2　久根鉱山第３選鉱場前にて　選鉱一同の記念撮影 昭和 30 年

選鉱の一同による記念撮影

一二さんは昭和一二年（一九三七）に名古屋市西区栄生町で生まれた。昭和一九年（一九四四）になると太平洋戦争時、名古屋もB29の空襲を受け、市街地に住む者は周辺の農村地帯へ疎開した。特に名古屋空襲の後、子供の

コラム2-4

多くは東海地域の山間地へ分け入り、米軍の爆撃を避けようとした。父の梅吉さんが山香村戸口に住んでいた久根鉱山の鉱石船を仕切っていた森田佐平の養子になった縁で、一二さんは昭和一九年、小学校一年の時、母と弟二人と一緒に戸口へ越してきた。昭和二〇年暮れには父の梅吉さんも無事帰還し、戸口に来て久根鉱山の鉱石船の船頭となった。昭和三〇年頃、佐久間ダム建設により鉱石船が廃止になり、梅吉さんは選鉱の第一工場、坑内より運び出した鉱石を最初に砕く工程で働いた。息子の一二さんは機械に強いことで、第二工場の機械保守点検の仕事に就いた。第一工場では鉱石を大きく砕き、第二工場で豆粒ほどの大きさに更に砕くことをした。粉塵の量は第一工場の方がはるかに多く、父親の梅吉さんがじん肺になったのは第一工場で粉塵を沢山吸い込んだためだと語る。幸いにも一二さんはそれほど粉塵を吸わなかったらしく、肺への負担は今のところ小さいものであった。それでも咳が止まらなくなるときがあるので、父が通っていた豊橋東病院で肺の検診を受け、CTを撮ったところ、「肺に石灰性の点がある。」と言われたという。

写真 C2-4-3　久根鉱山全景

　写真C-2-4-2は、昭和三〇年、一二さんが一八歳の頃の写真で、選鉱の一同で撮ったものである。後ろにある建物が久根鉱山の第三選鉱場である。この写真には当時第一選鉱場にいた父の梅吉さんがいる。また、久根鉱山で測量士として働いた三井信男さん（昭和八年生まれ、瀬戸在住）も写っている。一二さんはこの写真の見ながら指で指し示しながら「この人もヨロケで亡くなった。この人も…。」と寂しそうに語った。

第四節　佐久間ダム

一　佐久間ダムの歴史的価値

（一）　戦後復興へ国を挙げてのプロジェクト

本報告は佐久間ダム建設に関する歴史的事実を検証する場ではないので、『佐久間町史　下巻』、『佐久間ダム』、『佐久間ダム　その歴史的記録』、『天竜の山村に生きて』、『広報　さくま』等をもとに作成した佐久間ダム関係年表により、建設についての概略を確認するに留める。また、伝承により記録化できた水没集落の山室についての報告や、佐久間ダム建設犠牲者慰霊祭についての報告を主とする。

佐久間ダムは天竜川の中流の南アルプス山稜部の急流に、天竜川水系の基幹ダムとして、近代科学の粋を結集して建設された。天竜川が山間部で大きく蛇行し大千瀬川と合流する地点より二・五kmほど上流地点に堰堤が設けられ、その上流三三kmにわたりダム湖ができた。国策の特殊会社である電源開発株式会社により昭和二八年に着工され、昭和三一年に竣工した佐久間ダムは、我国のダム建設史上初めて全面的な機械化により施工され、三年間という短期間で完成した。ダムの堤高は一五五・五m、発電量は最大出力三五万kWで建設当時においては日本一の規模を誇った。有効貯水量二億五四四万m³、現在日本で一〇番目の規模である。天竜川はダム銀座ともよばれることもあり、「国土交通省中部地方整備局浜松河川国道事務所」のHPによると「河川の水を貯留したり、取水するために設置するダムで、地盤から堤長までの高さが一五m以上のもの」をダムとして挙げれば、天竜川には一五のダムがある（うち本流には七つ）。上流より美和ダム（長野県伊那市、三峰川、昭和三四年竣工）、高遠ダム（長野県伊那市、三峰川、昭和三三年竣工）、大久保ダム（長野県駒ケ根市、岩倉川、

昭和一一年竣工）、南向ダム（長野県上伊那郡中川村、天竜川、昭和四年竣工）、小渋ダム（長野県上伊那郡中川村、小渋川、昭和四四年竣工）、松川ダム（長野県飯田市、松川、昭和四九年竣工）、泰阜ダム（長野県下伊那郡泰阜村、天竜川、昭和一〇年）、岩倉ダム（長野県下伊那郡売木村、岩倉川、昭和一一年竣工）、和知野ダム（長野県下伊那郡阿南町、和知野川、昭和一四年竣工）、平岡ダム（長野県下伊那郡天龍村、天竜川、昭和二六年竣工）、佐久間ダム（静岡県浜松市天竜区、天竜川、昭和三一年竣工）、新豊根ダム（愛知県北設楽郡豊根村、大入川、昭和四七年竣工）、水窪ダム（静岡県浜松市天竜区、戸中川、昭和四四年竣工）、秋葉ダム（静岡県浜松市天竜区、天竜川、昭和三三年竣工）、船明ダム（静岡県浜松市天竜区、天竜川、昭和五二年竣工）の一五である。

『佐久間町史 下巻』では、佐久間ダムの政治・経済的な側面として、「国策会社ともいうべき電源開発会社の成立最初の仕事であったこと」、「大量の国家資金を投入したいわゆる財政投融資による産業基盤強化政策の具体化第一号であること」、「日本において多数の新型土木機械を投入した最初の工事であること」、「着工以来三年半という驚異的な短時日で完成させたこと」、「この工事をきっかけに日本の土木工業界の人海戦術的工事法がいっぺんしたこと」、「このダム工事は三信遠国境の山間地帯に大きな影響を及ぼしたこと」を挙げている。

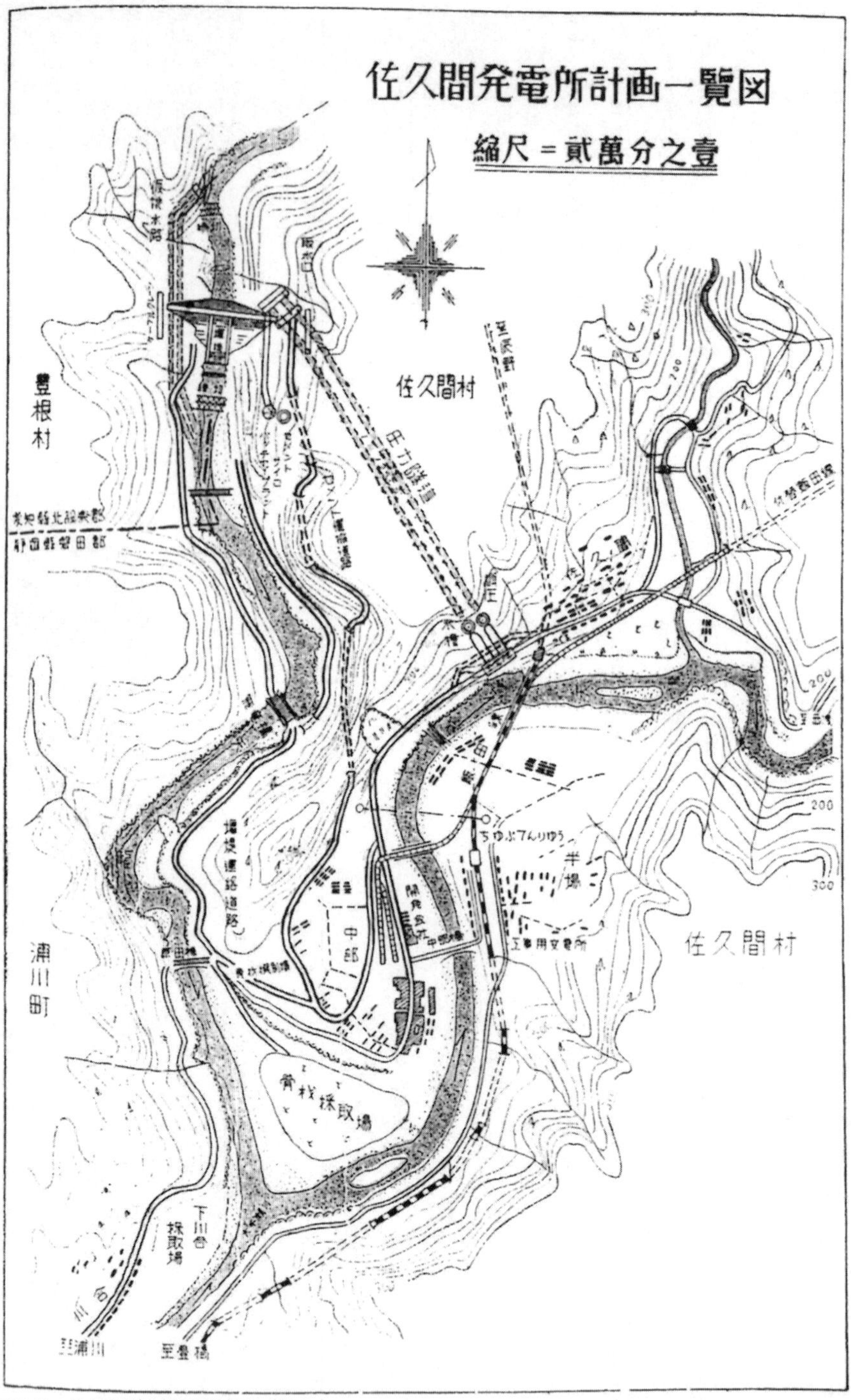

図 2-13　佐久間ダム発電所計画一覧図

No.	ダム名	河川名	ダム所在地	ダム湖名	ダム竣工年	発電所名
1	美和ダム	三峰川	長野県伊那市	美和湖	1959	美和発電所（12,200kW）
2	高遠ダム	三峰川	長野県伊那市	高遠湖	1958	春近発電所（23,600kW）
3	大久保ダム	天竜川	長野県駒ヶ根市	―	1927	大久保発電所（1,500kW）
4	南向ダム	天竜川	長野県上伊那郡中川村	―	1929	南向発電所（26,700kW）
5	小渋ダム	小渋川	長野県上伊那郡中川村	小渋湖	1969	小渋第1発電所（3,000kW） 〃 第2発電所（6,500kW） 〃 第3発電所（550kW）
6	松川ダム	松川	長野県飯田市	―	1974	松川ダム管理用発電所（1,200kW）
7	泰阜ダム	天竜川	長野県下伊那郡泰阜村	―	1935	泰阜発電所（52,500kW）
8	岩倉ダム	岩倉川	長野県下伊那郡売木村	―	1936	豊発電所（14,500kW）
9	和知野ダム	和知野川	長野県下伊那郡阿南町	―	1939	和知野発電所（63,000kW）
10	平岡ダム	天竜川	長野県下伊那郡天龍村	―	1951	平岡発電所（101,000kW）
11	佐久間ダム	天竜川	静岡県浜松市天竜区	佐久間湖	1956	佐久間発電所（350,000kW）
12	新豊根ダム	大入川	愛知県北設楽郡豊根村	みどり湖	1972	新豊根発電所（1,125,000kW※） ※佐久間湖からの揚水含む
13	水窪ダム	戸中川	静岡県浜松市天竜区	―	1969	水窪発電所（50,000kW）
14	秋葉ダム	天竜川	静岡県浜松市天竜区	秋葉湖	1958	秋葉第1発電所（45,300kW） 〃 第2発電所（34,900kW） 〃 第3発電所（46,900kW）
15	船明ダム	天竜川	静岡県浜松市天竜区	―	1977	船明発電所（32,000kW）

表 2-13　天竜川流域の発電ダム

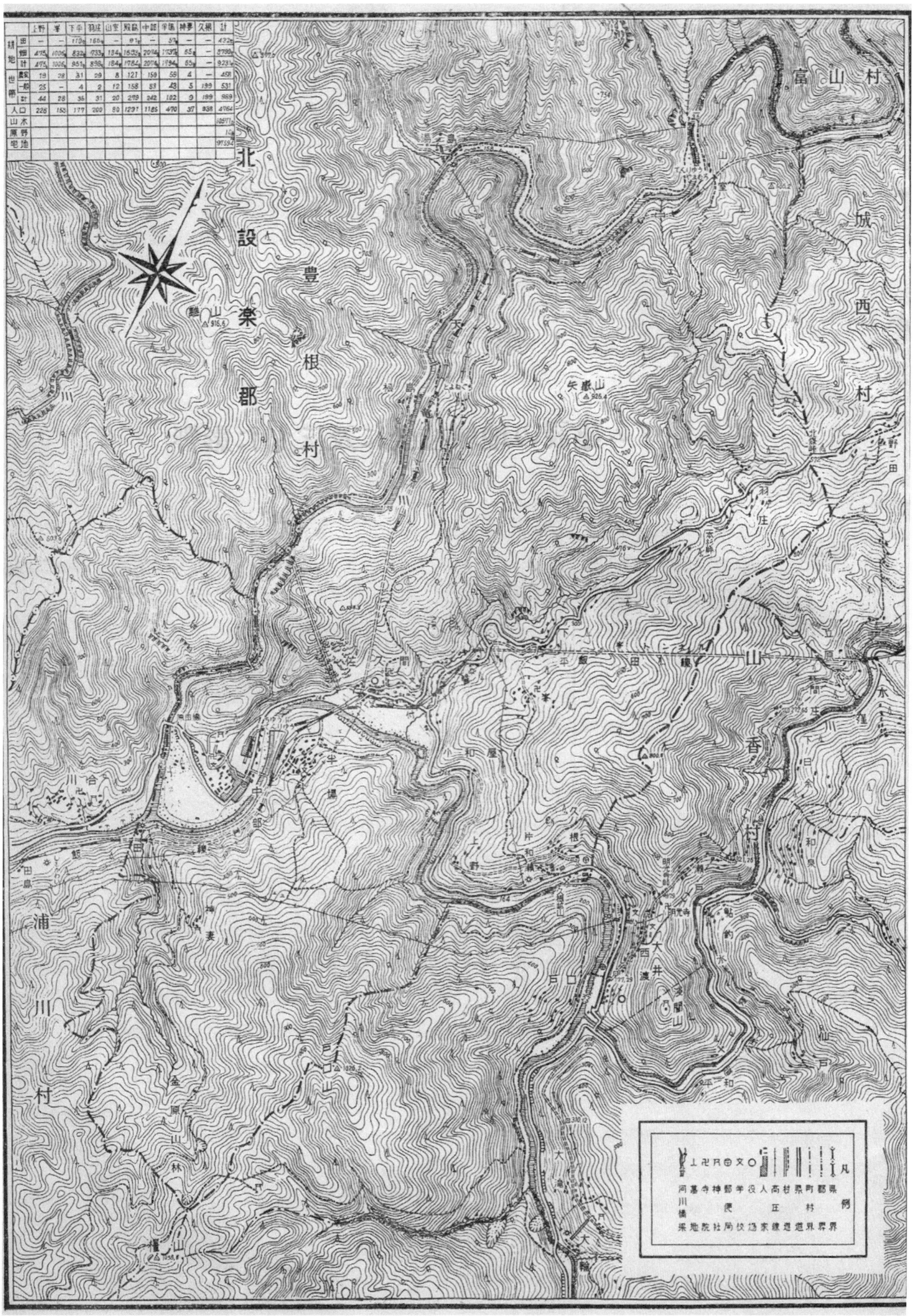

図 2-14　佐久間ダム建設直前地形図

写真 2-51　佐久間ダム

写真 2-52　天竜奥三河国定公園の記念碑

写真 2-53　天皇皇后来訪記念碑

（二）佐久間ダムの特色

電源開発は佐久間地点の特色として十項目の利点を挙げている。（『佐久間発電所計画概要』より）

①ダム地点の地形は極めて良好で、ダムの体積にくらべて、貯水容量が多い。

②大ダム工事の成否を制するコンクリート用骨材が下流三km付近で容易に入手できる。

③中部天竜・佐久間駅があって物資輸送に便利で、工事費も割安で工期も短くなる。

④大貯水池の割に、浸水家屋、潰地共に少ない。

⑤貯水池容量が非常に大きく、上流の二貯水池泰阜・平岡によって埋没への寿命が長い。

⑥年間可能発電量約一三億kwは石炭換算で一〇〇〇万tにあたる。

⑦需要中心地に近接しており送電損失が少なく、貯水池式であるから火力代用として有効利用可能。

⑧一ダムで三五万kwは電力不足解消にきわめて有効。

⑨洪水調整、下流の利水・治水に好都合。

⑩開発推進に役立つ。

太平洋戦争後、日本は復興のため国土の総合開発に着手し、それが昭和二五年に国土総合開発法の制定となっていく。国土資源の活用を図りながら経済自立を達成する方策として、敗戦後に喧伝されたアメリカのTVA方式（テネシー河流域総合開発）を範として国土開発を行い、全国・都道府県・地方・特定地域の四種の計画が全国計画を基本に策定されることになった。特定地域に天竜東三河が組み込まれ、天竜東三河特定地域総合開発計画が策定され、その中核に佐久間ダム建設が位置づけられ、昭和二九年六月実施に移されることになる。

二　佐久間ダムの歴史

（一）佐久間ダムの着工前史

佐久間ダムの建設は、昭和二七年（一九五二）一〇月二〇日に開催された国の第四回電源開発調整審議会（内閣総理大臣を会長、大蔵・農林・通称産業・建設・自治の各省大臣と経済企画庁長官、及び総理大臣の任命する学識経験者八名の計一四名により構成）において決定した。佐久間ダムの建設計画がどのような状況の中で生まれ、国家プロジェクトとして計画され、着工し、完成に至ったか、その経過をたどってみる。

現在のダムがある箇所、大千瀬川との合流地点から上流へ二・五kmあたりの地点は、水量が多く、天竜川の両岸が切り立ち、強固な岩盤がむき出しになっていることなどにより、早くからここにダムを建設し、貯水して発電させようという開発案があった。大正七年（一九一八）、堰堤を設けるものではなかったが、大入川に三四〇〇kwの発電所が建設された。そして大正一〇年（一九二一）、大入川発電所から久根鉱山に電力を供給しようとしたが、発電量が足りず、天竜川水力発電株式会社を設立して、需要電力量を賄うべく天竜川の水力を利用してダムおよび発電所を新たに建設しようとの企画が検討され出した。この年、名古屋電

写真 2-54　下から見た佐久間ダム堰堤

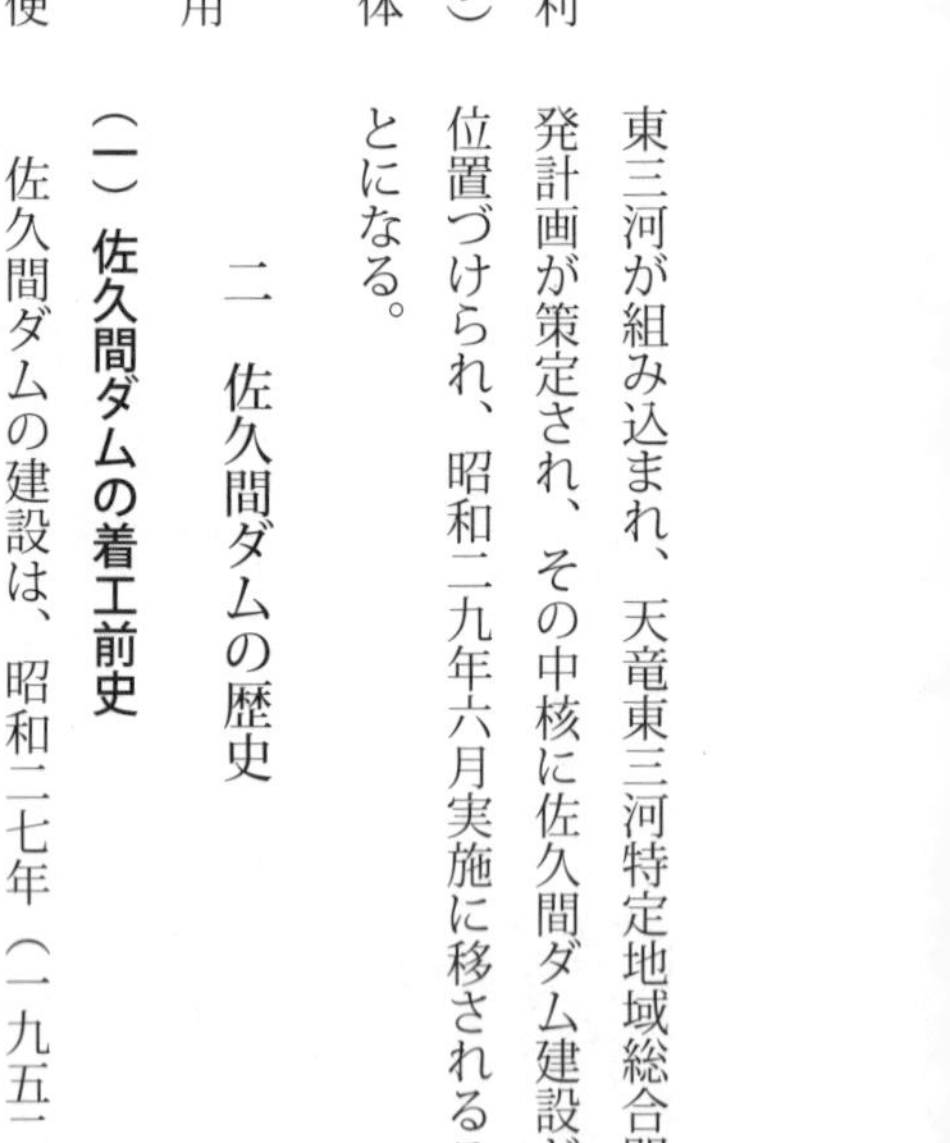

写真 2-55　佐久間ダム湖

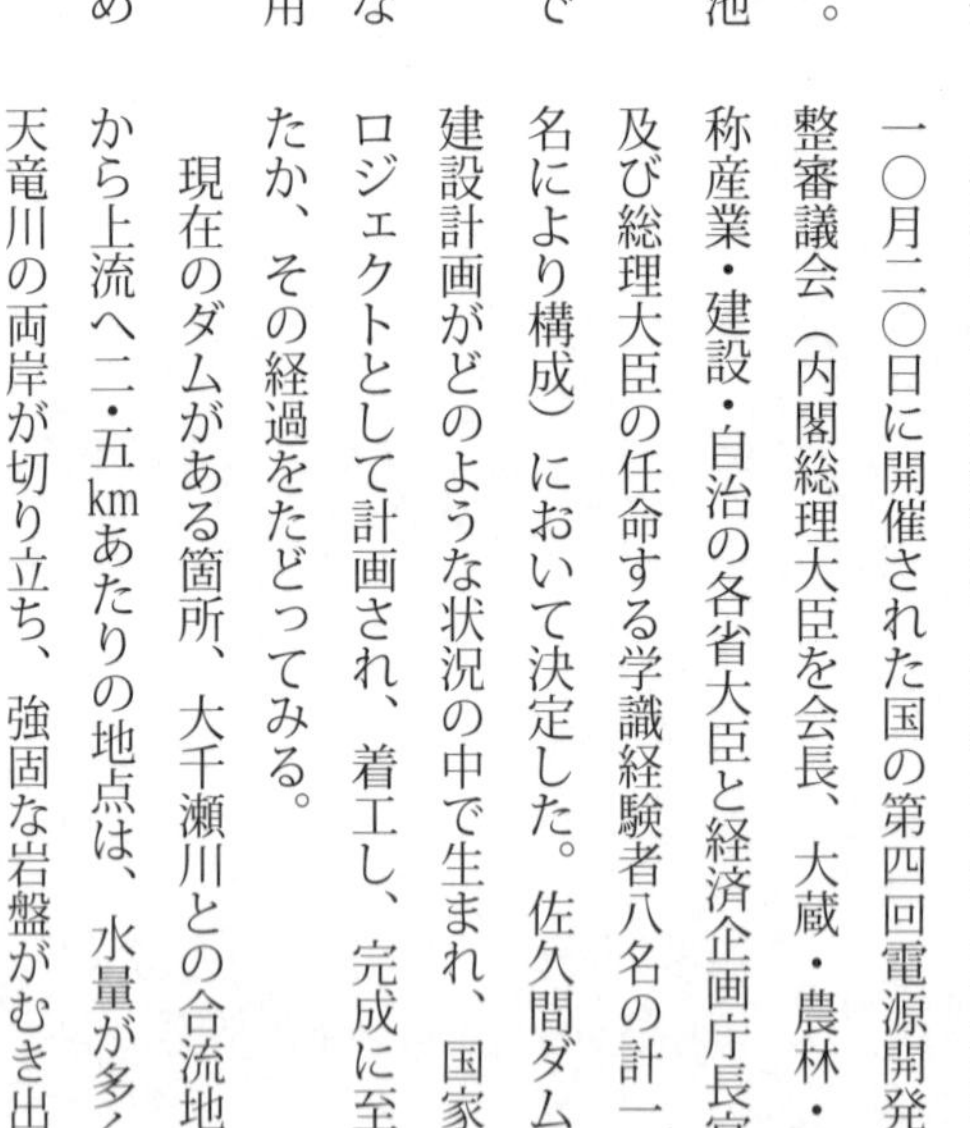

写真 2-56　佐久間ダム堰堤内通路

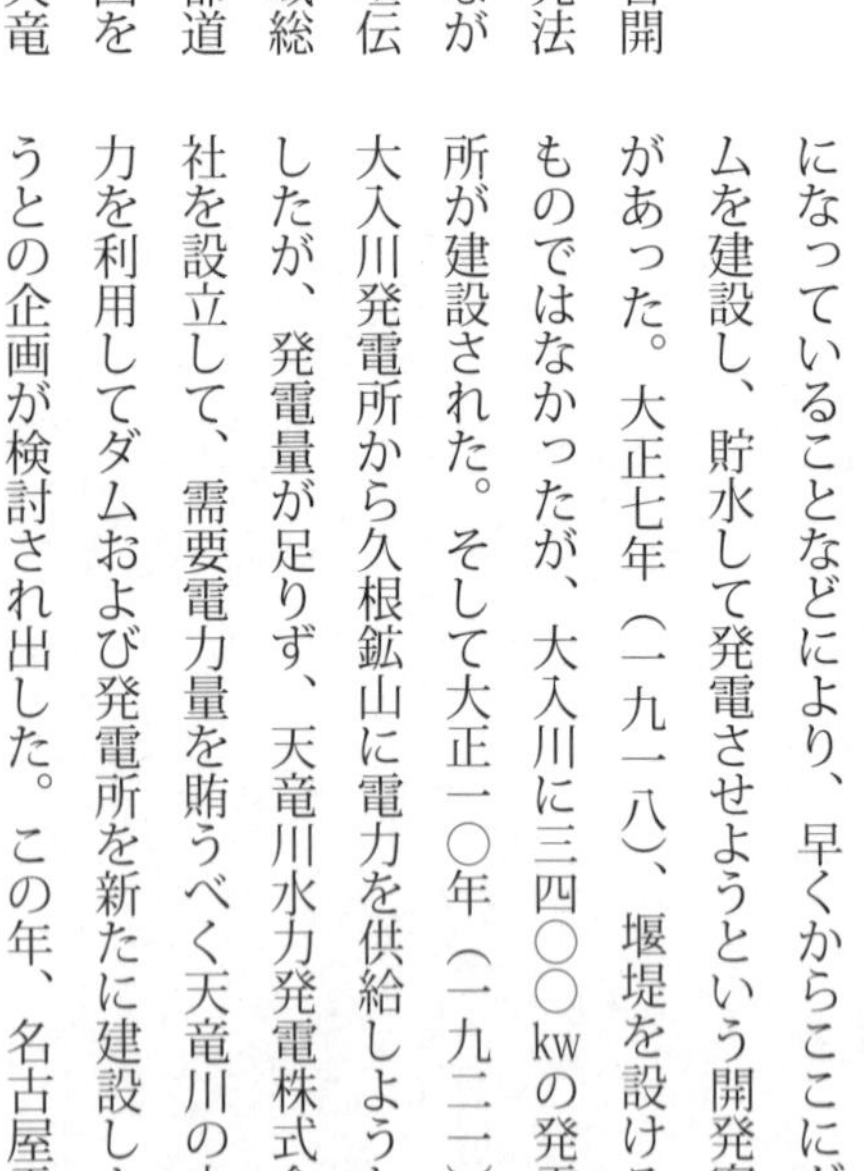

和暦	西暦	月日	内容
大正７	1918		大入川に3400ｋＷの発電所を建設
大正10	1921		久根鉱山の必要電力は大入川発電所で賄えず、天竜川水力発電株式会社を設立 名古屋電灯は天竜川佐久間地点の水利権を得、水路式１２万キロワットの発電所建設計画が立てられる。
大正11	1922		佐久間発電所計画中止
昭和14	1939		政府出資の特殊会社日本発送電株式会社（通称日発）が発足
昭和21	1946		特殊会社日本発送電株式会社（通称日発）名古屋支店が佐久間地点を調査し、ダム発電所建設計画を立てる。
昭和24	1949		ダムの高さ150メートル、出力３６万キロワットの計画が策定される。
昭和27	1952	7月31日	電源開発促進法成立
昭和27	1952	9月16日	政府出資を主体とする特殊会社の電源開発株式会社発足
昭和27	1952	9月13日	第１回電源開発調整審議会（内閣総理大臣を会長、大蔵・農林・通商産業・建設・自治の各省大臣と経済企画庁長官、および総理大臣の任命する学識経験者８名の計１４名により構成）
昭和27		9月17日	第２回電源開発調整審議会
昭和27		9月27日	第３回電源開発調整審議会、十勝川、北上川、熊野川、庄川の各水系分の電源開発であり、佐久間は計画に入っていない。
昭和27	1952	10月20日	第４回電源開発調整審議会において、電源開発会社が佐久間地点の開発が決定
昭和27	1952	10月30日	ダムの高さ150メートル、出力３５万キロワットの発電所を作ることが決定
昭和27	1952	12月15日	電源開発は佐久間建設所を設置
昭和28	1953	4月15日	佐久間ダム建設の正式契約調印
昭和28	1953	4月20日	熊谷組労務者約2000人を佐久間に入れる。佐久間ダム着工
昭和28	1953	5月6日	「佐久間外三か村陳情書」が提出される。
昭和28	1953	7月16日	佐久間ダム個人補償について電発が補償基準を三県連合協議会に提出
	1953	8月25日	飯田線付替路線が全長１８．３kmとなり、国鉄飯田線工事事務所が佐久間村に設置される。
昭和28	1953	9月20日	富山村が電発との補償交渉を始める。
昭和28	1953	11月28日	富山村が電発との補償交渉を妥結する。
昭和28	1953	12月20日	城西村が電発との補償交渉を妥結する。
昭和29	1954	1月22日	佐久間村豊根口が電発との補償交渉を妥結する。 飯田線付替工事の起工式挙行
昭和29	1954	3月28日	水窪町が電発との水没関係個人補償を妥結する。
昭和29	1954	5月22日	筏夫の補償について木材業者の損害補償、ダム完成以後における豊根口の恒久的陸揚施設設置の調印終了
昭和29	1954	7月9日	最後まで残った山室部落が電発との補償交渉を妥結する。
昭和29	1954	10月23日	山室の熊野神社にて最後の花の舞が行われる
昭和29	1954	12月19日	山室の北井福次郎氏宅で山室地区解散式が行われる。
昭和30	1955	1月6日	ダム建設地点の岩盤検査が無事終了
昭和30	1955	1月8日	コンクリート打ち込み開始
昭和30	1955	5月	水没集落山室および豊根口の移転すべて終了
昭和30	1955	6月4日	原田橋が開通
昭和30	1955	9月11日	毎日新聞に井上靖の「満ちてくる潮」の連載始まる（電源開発の技師が主人公で佐久間ダム工事現場が重要な場面となる小説。昭和31年5月31日まで連載）
昭和30	1955	9月30日	佐久間村、浦川町、城西村、山香村の１町３村が合併して佐久間町となる。
昭和30	1955	10月14日	ダム建設犠牲者慰霊祭が行われる。
昭和30	1955	10月15日	佐久間ダム完成式典がダムサイトで挙行される。
昭和30	1955	11月11日	十河国鉄総裁他関係者600人が参集して飯田線開通式が水窪中学校校庭で行われる。付替線はこの日から営業運転開始
昭和30	1955		佐久間町は世帯数４７５０戸、人口26,671のピークを迎える。
昭和31	1956	3月19日	佐久間ダム発電を開始
昭和31	1956	4月22日	佐久間発電所営業運転を開始
昭和31	1956	9月10日	４カ町村、それぞれ町会、村会を開催して合併決議を承認
昭和31	1956	9月28日	佐久間村、山香村、城西村、浦川町が解散式を開催
昭和31	1956	9月30日	４カ町村が合併し、新生佐久間町が発足
昭和31	1956	10月15日	佐久間ダム完成祝賀会開催
昭和31	1956	12月末	佐久間発電所見学者この年20万4350人に達する。
昭和32	1957	9月25日	皇太子佐久間ダム視察
昭和32	1957	10月28日	天皇、皇后佐久間ダム視察
昭和33	1958	10月28日	第１回佐久間ダム殉職者慰霊祭を執行
昭和36	1961	2月11日	河川法施行令が出され、治水目的に関し洪水調整対策第１号に分類される。
昭和40	1965	10月	佐久間周波数変換所設立
昭和44	1969	1月10日	佐久間ダム一帯が天竜奥三河国定公園の一部に指定される。
昭和48	1973	11月3日	第１回全国山村振興シンポジウムが開催
昭和49	1974	３月	佐久間町役場総務課「佐久間ダム建設による影響」を発表
平成14	2002	10月	「さくまの清流をとりもどす運動推進協議会」（会長は佐久間町長）を設立

表 2-14　佐久間ダム関係年表

灯は天竜川佐久間地点の水利権を得、水路式一二万kwの発電所建設計画が立てられるが、折からの日本経済全体の不況下で、建設計画は断念せざるを得なくなる。大正一二年（一九二三）、佐久間の水利権は東邦電力に引き継がれ、大正末年から昭和の初めにかけて、中部地点でのダム建設計画が検討された。佐久間村中部字狐岩にダムを築いて天竜川をせきとめ、旧王子製紙中部工場跡付近に発電所を設けようとするものであった。昭和四年から始まった世界大恐慌がこの計画をも消滅させることになる経緯は、『佐久間町史　下巻』の「佐久間ダムの建設」に詳しい。

昭和一四年（一九三九）、政府出資の特殊会社日本発送電株式会社（通称日発）が発足し、天竜川水系の開発も東邦電力から日発に引き継がれた。日発は中部より三〇km上流の平岡地点に目をつけ、堰堤の高さ五九mのダム、出力九万kwの発電所を建設することとし、昭和一九年より工事を開始したが、戦争の激化に伴い、資材、労働力等が不足し、工事は遅々として進まない中、敗戦を迎えた。

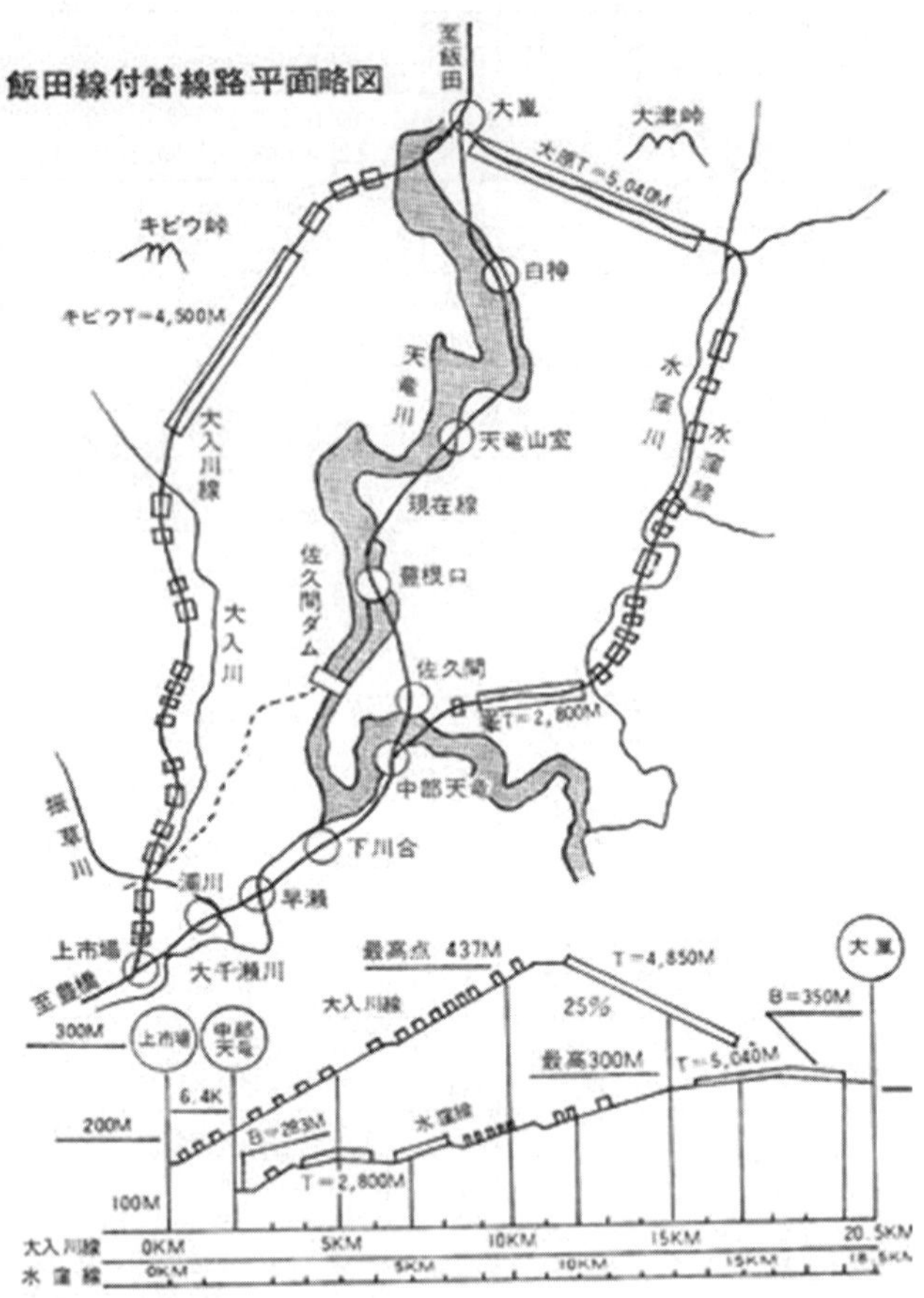

図 2-15　飯田線付替線路平面略図

昭和二七年七月三一日に電源開発促進法が成立した。この法律は、戦後復興の一つの方途として巨大ダムを建設して水力発電開発を行うための国策会社として、電源開発会社を設立する目的で立法化された。この法律によって内閣総理大臣を会長とする電源開発調整審議会が設置され、全国の大規模ダム建設が検討されていく。

第一回の審議会は九月一三日に開催され、内閣総理大臣を会長、大蔵・農林・通称産業・建設・自治の各省大臣と経済企画庁長官、および総理大臣の任命する学識経験者八名の計一四名により構成されていた。戦後復興の画期的事業、国策事業であった。第二回は九月一七日に、第三回は九月二七日に開催されたが、ここまでは天竜川でのダム建設、佐久間ダム建設は議題にも上ってこなかった。そして一〇月二〇日に第四回電源開発調整審議会が開催され、佐久間ダムの建設計画が決定する。電源開発株式会社が担当し、「関係官庁の斡旋のもとにさらに開発会社と中部・東京両電力の間で協議する。」ことになる。一〇月三〇日佐久間ダムの高さ一五〇m、出力三五kwの発電所を作ることが決定する。ここから電源開発は急転直下のダム建設に突き進む。

この年一二月一五日に、電源開発は佐久間建設所を設置し、所長を石川栄次郎中部電力副社長とした。そして翌昭和二八年（一九五三）四月十五日には間組、熊谷組、そしてアメリカのアトキンソン社との間で正式契約が調印される。早くも四月二〇日には熊谷組は労務者約二〇〇〇人を佐久間に送り込んだ。

着工当時は、浦川町、佐久間村、山香村、城西村の一町、三村であったが、佐久間ダム建設に向けての対応には各々の思惑があったと、『佐久間町史　下巻』は述べている。浦川町は、ダムによって生ずる筏流しや漁業への補償についてであり、城西村・山香村は、国鉄飯田線の付替えがどのような路線で行われるのか、そしてダム本体の建設される佐久間村においては、今まで経験のない多額の固定資産税が入ってくることや、地域開発への期待であった。

（二）ダム建設着工、竣工

このようにして佐久間ダム建設が始まった。大型土木機械設備の大量輸入によって、日本における機械化土木工事のモデルケースが始まった。『佐久間町史　下巻』によると、着工当時、佐久間村においてはダム建設賛成が圧倒的多数であり、「歓迎の空気が強かった」という。莫大な固定資産税の獲得と地域開発への期待であった。

昭和二八年（一九五三）四月一五日に調印された佐久間ダム建設正式契約の概要が『佐久間町史　下巻』に掲載されている。三社との契約金額は八四億円に上り、契約工期が着工：昭和二八年四月一六日　竣工：昭和三一年五月三一日であった。「工期三年について、『佐久間町史　下巻』にはこんなエピソードが載っている。「ダム決定当時、佐久間村内では「工期三年」ということは誰も信用していなかったという。一〇年でできれば早い方であり、その間には多数の人間が入ってくるからケイキがよくなるだろうと話し合われていた。それが土木機械を駆使した工事の進展をみて、これでは太平洋戦争に負けるのは当然だという話になっていったという。」実際の工事の主役はアメリカから輸入された大型土木機械であった。昭和二八年当時、日本の土木現場ではまだ見かけることのできないディーゼル・パワーショベル、ブルドーザー、一五tダンプトラック、トランシットミキサー、ドリルジャンボー、ケーブルクレーン、コンクリートバケット等が多数導入された。ダム地点、発電所地点への道路新設が始められ、ダムの仮排水路（バイパス）工事にも着手した。

ダム建設により、天竜川左岸を走っていた国鉄飯田線が水没することから、鉄道の付替工事が必要になり、昭和二八年八月二五日、全長一八．三㎞の飯田線付替工事が開始される。この付替工事において、峯トンネルは全長二八〇〇m、大原トンネルは五〇四〇mもの長さがあり、いずれも地質の悪さが理由で崩落事故が続いたが、峯トンネルは昭和二九年（一九五四）五月三一日に、大原トンネルは七月二一日にそれぞれ貫通している。この二つのトンネルの短期完成は、ドリルジャンボーはじめ大型機械導入による機械化工法の成果であった。この年六月四日に佐久間村と天竜川右岸を結ぶ原田橋が開通し、一二月にはバイパスの導坑二本が貫通した。

昭和二九年末までに、ダム堰堤建設地点とその周囲の掘削は終わり、その総掘削量は七〇万立方mに及んだ。昭和三〇年（一九五五）一月六日岩盤検査も無事終了し、一月一八日からコンクリートの打ち込みが始まった。コンクリートの総打設量は一〇六万立方mに達し、当時の世界記録と言われた（長谷部成美著『佐久間ダム』）。

発電所施設は、ダムの堰堤から南東一・二㎞の天竜川河岸に建設された。発電所設置箇所の掘削、建物工事とともに、ダム取水口から発電所入口まで長さ約一一五五m、内径七mの圧力トンネルを二本掘る工事が行われた。これもジャンボードリルによる巨大掘削機械による突貫工事であった。

昭和三一年（一九五六）に入り、三月一九日に発電所での発電が開始され、四月二二日に営業運転を開始した。八月二五日にはダム堰堤、発電所、それをつなぐ導水トンネルなど、ダム関係施設が完成し、国、県による完工検査が完了し、湛水許可が下り、九月二七日初の満水となった。一一月一一日には、国鉄飯田線付替線の営業運転が開始された。

また、佐久間ダムの水の一部は、愛知県の豊川水系へ分水されることになり、宇蓮川支流亀淵川に繋がる長さ一四・六㎞の佐久間導水路が設けられた。この結果、佐久間ダムの水は豊川用水を経て、渥美半島の伊良湖まで及ぶこととなった。

この年の一〇月一五日、佐久間ダムの完成式がダムサイトで挙行され、通産大臣、建設大臣、郵政大臣、経企省長官、自治省長官以下関係者四〇〇人余が出席する盛大な式典となった。

その後、ダムおよび発電所に全国からの見学客が押し寄せる。昭和三一年だけでも発電所の見学者は二〇万人に達した。ダム完成が国家レベルで注目されたことの象徴のように、昭和二九年（一九五四）六月二七日に高松宮・宮妃、昭和三二年（一九五七）九月二五日に皇太子（平成天皇）、昭和三二年一〇月二八日に昭和天皇・皇后が来訪した。

ダム完成記念式典前日の一〇月一四日に犠牲者慰霊祭が行われた。ダム建設犠牲者は九六人に上り、その氏名は湖畔の慰霊碑に刻まれた。この慰霊祭が後に現在の佐久間ダム祭りに変容していく。この慰霊祭の変容については、寺田篤生が「ポスト佐久間ダム開発期における地域文化統合様式の歴史変容」（『開発の時間　開発の空間』所収）に段階に分けて整理しているので、参照いただきたい。

三　北井三子夫村長と佐久間ダム

（一）北井三子夫村長

佐久間ダム建設について、北井三子夫氏を触れずに済ますことはできないであろう。昭和二五年（一九五〇）から昭和三〇年（一九五五）まで佐久間村村長、昭和三一年（一九五六）佐久間町初代町長に就き二期務めた後、昭和三八年（一九六三）から県会議員になり、昭和四六年（一九七一）再び佐久間町長に就き、昭和五四年に辞職するまでの長い間、佐久間町の政治的リーダーとして町政を牽引した人物である。北井三子夫氏の生き様はコラム2-5を参考にしてほしい。

北井氏は昭和五八年（一九八三）に自叙伝として『天竜の山村に生きる』を上梓している。この中でも佐久間ダム建設について果たした役割を記録している。

和暦	西暦	年齢	月日	内容
明治44	1911		6月18日	佐久間村峯の北井家長男として生まれる。
大正13	1924	12	9月	王子製紙中部工場閉鎖
昭和3	1928	16		浜松第一中学校卒業
昭和8	1933	21		日本大学専門部法律科中退
昭和12	1937	25	11月	北遠銀行に入る。
昭和22	1947	35		佐久間村森林組合に入る。佐久間村会議員
昭和25	1950	38	2月	佐久間村長に就任（38歳）
昭和27	1952	40	9月16日	政府出資を主体とする特殊会社の電源開発株式会社発足
昭和27	1952	40	10月20日	第４回電源開発調整審議会で、電源開発会社が佐久間地点の開発を決定
昭和27	1952	40	12月15日	電源開発が佐久間建設所を設置
昭和28	1953	41	4月15日	佐久間ダム建設の正式契約調印
昭和28	1953	41	4月20日	熊谷組労務者約2000人を佐久間に入れる。佐久間ダム着工
昭和28	1953	41	5月6日	「佐久間外三ヶ村陳情書」が提出される。
昭和28	1953	41	7月16日	佐久間ダム個人補償について電発が補償基準を三県連合協議会に提出
昭和28	1953	41	9月20日	富山村が電発との補償交渉を始める。
昭和28	1953	41	12月20日	城西村が電発との補償交渉を妥結する。
昭和29	1954	42	1月22日	佐久間村豊根口が電発との補償交渉を妥結する。 飯田線工事の起工式挙行
昭和29	1954	42	7月9日	最後まで残った山室部落が電発との補償交渉を妥結する。
昭和29	1954	42	12月19日	山室の北井福次郎氏宅での山室地区解散式に出席する。
昭和29	1954	42	6月27日	高松宮・妃佐久間ダム視察（渋沢敬三が同行）を迎える。
昭和30	1955	43	5月	水没集落山室および豊根口の移転すべて終了
昭和30	1955	43	6月	佐久間村長辞職
昭和30	1955	43	9月30日	佐久間村、浦川町、城西村、山香村の１町３村が合併して佐久間町となる。
昭和30	1955	43	10月15日	佐久間ダム完成式典が挙行される。
昭和30	1955	43	11月11日	飯田線開通式が水窪中学校校庭で行われる。
昭和30	1955	43		佐久間町は世帯数4,750戸、人口26,671人のピークを迎える。
昭和31	1956	44	11月	佐久間町初代町長に就任
昭和32	1957	45	4月	組合立佐久間高校開校
昭和32	1957	45	10月28日	第１回佐久間ダム建設犠牲者慰霊祭、昭和天皇・皇后佐久間ダム視察を迎える。
昭和32	1957	45	9月	皇太子佐久間ダム視察を迎える。
昭和33	1958	46	4月	佐久間高校が県立に移管
昭和34	1959	47	9月26日	台風15号（伊勢湾台風）襲来
昭和35	1960	48		佐久間町長再選
昭和35	1960	48	6月10日	佐久間ダム一帯が「天竜川県立公園」に指定
昭和38	1963	51		静岡県議会議員当選
昭和44	1969	57	1月10日	「天竜奥三河国定公園」に指定
昭和45	1970	58		久根鉱山閉山
昭和45	1970	58	7月9日	浦川地区「今後の洪水時における措置」を電源開発と調印
昭和45	1970	58	8月	『広報さくま』で「明日の佐久間を考える―過疎とは何か」の特集始まる。
昭和46	1971	59	4月30日	山田保夫氏に代わり佐久間町長就任
昭和48	1973	61	11月2日	山村振興シンポジウム開催
昭和50	1975	63	4月29日	佐久間町長再選
昭和50	1975	63		「第５次佐久間町建設計画」策定
昭和54	1979	67		退職
昭和58	1983	71	8月31日	『天竜の山村に生きる』を出版
平成6	1994	82	3月18日	心不全のため自宅で逝去

表 2-15　北井三子夫氏関係年表（北井三子夫著『天竜の山村に生きて』、『佐久間町史』、町村敬志編『開発の時間 開発の空間』より作成）

北井三子夫氏が『電源』（Ｎｏ．一三五　一九七六年）に寄せた次の文章がある。

「佐久間ダムは地元が促進に動いた全国唯一のものといってよい。そのもっとも重い責任者の一人は私であった。私の頭の中にはＴＶＡの理想がいっぱいにはりめぐらされていた。天竜川をテネシーにすることによって、新しい開発と地域の未来を夢みた人間がいたとしても誰もわらい得るだろうか。が、昭和二〇年代の後半は今よりもっと人びとの心の中に理想追求への火が燃えていたのである。

時あたかも、政府では全国特定地域総合開発計画の構想を立て、天竜東三河地域もそのひとつであった。われわれの仕事はまず特定地域の指定を受けることから始まった。特定地域の二つの柱は資源開発と国土保全であり、資源開発の最大目標は、いうまでもなく電源開発であり、天竜川佐久間地点が指示されていた。

電源開発（株）が創立されたのは昭和二七年九月一六日で高碕達之介が初代総裁に就任した。満州帰りの高碕総裁の抱負と経験がまた私をゆさぶった。この人なら破れた満州での理想を天竜で実現してくれるだろう、敗戦日本の復興と地域の開発振興を矛盾なく解決してくれるだろうと思ったのである。

私は、時と人を得たことを確信し、挙村一致促進に邁進しようと決意した。さらに愛知、長野、静岡三県一一ヵ町村の協力体制結成を進めた。

大正一三年、明治二〇年代より続いた王子製紙が工場を閉じ跡地を東邦電力（株）に譲渡して富山県に移転して以来、天竜川の水力発電計画は待ち続けられてきた。王子製紙中部工場と古河鉱業久根鉱業所の二大事業所に支えられてきた佐久間村にとって企業の存否は村の盛衰にかかっていた。耕地の少ない山村にとり、工場の存在は人びとの運命を左右さえしていた。

昭和初年以来の不況にあえいでいた佐久間村の人びとにとり、佐久間ダムの建設はかつての繁栄の日の再現であり、絶好期到来の感を抱かしめたのも疑い得ぬ事実であった。私は人びとのこうした心理の上にＴＶＡの理想の灯を大きく掲げて、誘致と促進に向かってひたむきに走ったのである。

かくしてダムは建設され、発電所は三一年三月一九日記念すべき発電を開始、四月二二日営業運転を始めた。ここでとくに書いておきたいのは、創立当初は発電でなく開発会社と呼ばれていたことである。こう呼ばれても誰もいっこうに不思議に思わなかった。事程左様に総合開発が期待され、電発は総合開発会社だとさえ思いこまれていたのである。

電源の開発は有史以来の記録的な早さで成功し、それによって日本経済は大きく発展し今日の基礎を築いた。また、高碕総裁による米国機械の導入は日本の土木技術を一変させるなど佐久間ダムの建設は日本の戦後発展に大きく寄与した。その意味では促進者も工事担当者とともに栄誉の一体を担い得るのかも知れない。

しかし、地域は開発され、繁栄し、最初に挙げたＴＶＡの理想は実現されたのかどうか、私は決して電力オンリーとも、電発まかり通ったとも思わない。しかし私たちの町が、今、人口減少に悩み、ダム建設当時の人口の三分の一は故郷の土を捨て、生活を他郷に求めた事実もまた直視しなければならない。

住みよくなるべき開発の目標地点が年々過疎の旋風に吹きまくられようとは誰が予期しただろうか。佐久間は変貌した。地域は新しくなった。しかし、人びとはこの地を去っていく、それが今日の佐久間の現実である。

佐久間ダムの建設促進をした人間は、いま何を考え、何をなすべきだろうか。」

四　佐久間ダム建設水没集落と水没補償

（一）ダム建設補償

佐久間ダム建設補償については、『佐久間町史　下巻』及び『佐久間ダム』に概略が記されている。『佐久間ダム』の「佐久間ダム補償スケールの概貌」には、静岡県・愛知県・長野県三県合計のスケールとして補償物件の総額が種目別に記されている。水田が約一万坪、普通畑七万七三〇〇坪、茶畑が五四一〇坪、桑畑一万七二六七、用材林地五万八四一七三坪、薪炭林地六九万一一一二坪、宅地（墓地を含む）二万一〇六一坪、合計一四七万八五〇七坪が「水没地域関係補償物件」とされ、建物一六五三坪、移転世帯四八戸が「事用地関係補償物件」とされ、筏業者二二九人、木材業者八〇人、漁業者一八一四人、舟乗八人が「特殊補償対象」とされた。

『佐久間町史　下巻』に、補償問題の経緯が記録されている。これによると、補償交渉について、建設が決定した昭和二七年（一九五二）には、電源開発株式会社はまだ何も動き出していなかった。昭和二八年（一九五三）一月七日に関係三県一一ヵ町村の統一的な交渉団体として、佐久間村長を会長とする天竜川総合開発対策三県連合協議会が設立された。

『天竜の山村に生きて』を書き残した佐久間町長

故　北井三子夫さん

佐久間村長 そして 佐久間町初代町長

昭和三一年（一九五六）九月に一町三村が合併して佐久間町が誕生し、一一月に初代の町長に選ばれたのが北井《きたい》三子夫《さこお》さんであった。佐久間町が浜松市に編入合併する平成一七年（二〇〇五）までのおよそ五〇年間のうち、昭和三一年から昭和三八年までの二期、そして昭和四六年から昭和五四年までの二期、通算一五年にわたり町長を務めた人物である。

戦後の佐久間町の町勢を人口規模で単純化して見た場合、最多人口二万六〇〇〇人を数えた昭和三〇年前後を最盛期ととらえることができ、この時期の町の三大産業は、林業、佐久間ダム、久根鉱山であった。

北井三子夫さんは、佐久間村峯の広大な山林を所有する北井家に生まれた。山林を経営し、昭和四一年に誕生した佐久間町森林組合の初代組合長を務め、佐久間の山林を知り尽くした林業家であった。『遠州現代人物史』（政経春秋社　昭和四四年刊）によると「昭和四一年七月、佐久間町内の浦川、佐久間、山香、城西の四森林組合が合併して佐久間町森組が誕生したとき、県会議員で同組合理事だった北井さんが組合長にえらばれたのは当然のなりゆき。・・・こと林業行政全般にかけて、これほど知り過ぎた人はいないというのが一般評で経歴からみても林務生え抜きの人。」と記されている。

写真 C2-5-1　佐久間町長時代の北井三子夫さん

佐久間ダム建設と北井さん

そして佐久間ダムについての貢献も、神山育美氏の「佐久間町における「地域リーダー」の変遷」（『開発の時間　開発の空間』東京大学出版会　平成一八年刊　所収）では「佐久間村出身の北井が（通算四期）にわたって町長に選出されたことの背景には、彼自身の人望があったにせよ、佐久間ダムの誘致に貢献したという実績が、町長の人選にも大きな影響を及ぼしたと考えられる。」と、北井さんの佐久間ダムへの貢献を表現している。ただ、佐久間ダムへの貢献は一面的に語られてはならない。彼ほどポスト佐久間ダムに腐心した人はいないだろう。

「北井三子夫さん関係年表」をまとめてみた。明治四四年六月佐久間峯生まれ。昭和三年浜松第一中学校卒、昭和八年日本大学専門部法律科中退、昭和一二年北遠銀行、昭和一七年佐久間村森林組合、昭和二二年佐久間村森林組合、同年佐久間村会議員、昭和二五年佐久間村長、昭和三一年佐久間町長、昭和三五年町長再選、昭和三八年静岡県議会員、昭和四一年佐久間町森林組合長、昭和四六年佐久間町長、昭和五〇年町長再選、昭和五四年退職、平成六年三月逝去、享年八二。

三子夫さんは佐久間村峯に生まれ、昭和一二年に北遠銀行に就職し、この就職を機に帰郷、後もずっと峯の八坂神社の西側の北井家に住んだ。三子夫さんの父親は陶四郎氏でやはり峯で林業を営みながら、昭和一二年から昭和一九年まで佐久間村村長を務めた。三子夫さんは長男として生まれ、佐久間村森林組合に勤務しているとき、昭和二五年に榊原康雄さんの後の佐久間村村長になっている。北井家のすぐ西側に居住の高見秀男さん（昭和八年生まれ）から三子夫さんについて聞くことができた。三子夫さんは「陣頭に立つ」ことができる人で、「行動力のある」人であったという。峯は昭和初期でも二八戸の小さな集落であり、平成二七年現在では一六戸の規模である。この集落で代々名主をして、地域の名望家である北井家が、佐久間村の村長を輩出し、佐久間町になった昭和三一年に初代町長を出している、このことに誇りを峯の人は持っているという。

三子夫さんは町長を退職した四年後の昭和五八年に『天竜の山村に生きて』という著作を出版している。彼の生きざまと佐久間町長としての政治姿

コラム 2-5

勢はこの著作によく現れている。また、三子夫さんは昭和二八年（一九五三）一〇月に『広報さくま』を創刊した時の町長であり、この広報誌に町長名で毎回のように報告文、所感を記している。ほかに、三子夫さんの著作の中から佐久間への思いを挙げておく。

（1）「国の最も小さい分子である村の状態はどうなのだろうか。ここには、国のそれよりも、さらにきびしい事実が日々生まれているのである。村の平地の畑は、殆どなくなっています。山室や豊根口では数十戸の部落全部が、山や畑とともに水底に沈み、筏乗り船頭の人達は完全に失業者となる。飯田線の付替は、富山、豊根や水窪、城西から出てきた人達を素通りにさせるのである。しかも、それなのに人口はよそから入り込んだ人達で、逆にどんどんふえているのである。かように、わが村にとっては、いくつかの悪い条件が重なりあって出てきているのである。われわれは、よほどしっかりしないと、とんでもない、とりかえしのつかぬことになる。」（昭和二九年『広報さくま』）

（2）「佐久間発電所竣工式の行われた三一年に、浦川町、佐久間、山香、城西村の一町三村による町村合併がおこなわれたのも私のかねてからの念願の実現であった。電源開発から入る固定資産税は、合併によって人口が増加すれば、それだけ増収になったのである。今では県立の佐久間高校も、設立当初は組合立で、校舎建設費からその他の諸経費まですべてを佐久間町で負担したのである。それを可能にしたのは、固定資産税だったといえる。換言すれば、佐久間ダムがなければ佐久間高校はできなかったかもしれないし、できたとしてもずっと遅れたにちがいない。」（昭和五八年『天竜の山村に生きて』まえがき）

（3）「私ははっきりと言います。考えを変える時がきたと。高度経済成長は国内はもちろん、世界的にも終わりです。経済万能、金儲け第一の時代は終わりをつげました。経済成長のなれの果ての大都市の荒廃は、決して人間が健全な生活をするところでないことを教えてくれました。」(昭和五一年『広報さくま』)

（4）「こんな生活のなかに育った私は天竜川の自然破壊の代表のようにいわれる佐久間ダム建設の積極的推進者であり、そのときの村の責任者でもあった。またその他のいくつものダムにも関係した。私はダム建設により多くの被害とマイナスを生んだことを否定しない。しかし、ダムをつくり電気をおこすことは、単に企業者としての電力会社やその電力を利用し産業を経営する人びとの利益につながるのみではなく、われわれにも必ずプラスになり、われわれの生活の近代化にも役立つとの確信を持って進めてきたのである。

私もまた自然の循環、摂理の今日における重大さを知らないわけではない。また、あまりに非人間化されて自然から離れてしまった開発至上主義が人間に及ぼす恐ろしさを思わないわけでもない。しかし、都会で現代文化を十分享受し、それに溺れすぎたゆえに、あるいは、それに侵されたために、たまたま自然の中で数日の休息をし、元気を取り戻して都会へ帰る人びとや、観光的に数時間通りぬける人たちがどんなに山の生活はすばらしいといっても、それだけは肯けないのである。」(昭和五五年『天竜川』ひくまの出版)

写真 C2-5-2　昭和 29 年 12 月 19 日 山室地区解散式 熊野神社前にて（後列左から 4 人目が北井三子夫さん、前列右から 2 人目が榊原博さん）

（5）「佐久間町の人口はさらに減り、過疎化はいっそう進むだろう。しかしそれを最小限度に食い止める努力が必要だ。工場誘致も必要であるが、基本的な心構えとしては、都会にないもの、あるいはすでに失われたもの、この山の町にしかないものを大切にし活用することを基本とした地域発展策を立てることから始めなければいけないと思う。」（昭和五五年『静岡新聞』八月）

（6）「明治、大正から昭和へ、貧困・不況から開発・高度成長へ、そしてまた過疎・再不況の時代へと、この小さな天竜の一山村佐久間もその時代とともに歩んできた。だれが何をすることによって、山村は未来を持ちうるだろうか。それが現代の最大の課題だろう。」（昭和五八年『天竜の山村に生まれて』まえがき）

電発は昭和二八年二月一五日になって佐久間補償推進本部を設立する。三月になってもダム建設に伴う湛水線が明示されないため、水没予定者や山林所有者等は不安にかられる状態であったという。そんな中で提出されたのが「佐久間外三ヶ村陳情書」であった。「発電所の位置さえ決定しないのに工事施行者を現地に乗り込ませて混乱をひきおこしている。他方補償問題は遅々として進まず、地元町村との連絡も不十分のまま、一部交渉という姑息なやり方をしている。飯田線の付替問題などははじめから判っているのに、三月中旬になってようやく国鉄へ付替え申込をする始末で、今以て路線の決定をみていない。これらはすべて電発の怠慢というべきものとしている。」と記している。このように、補償条件が未確定なうちにも、電発による工事準備は進められていった。補償問題の解決はみないものの、地元佐久間においてはダム建設反

Ⅰ）水没地域関係補償物件			
	水田	（坪）	10,930
	普通畑	（坪）	77,304
	茶畑	（坪）	5,410
	桑畑	（坪）	17,267
	用材林地	（坪）	584,173
	薪炭林地	（坪）	691,112
	竹林地	（坪）	44,531
	採草地	（坪）	23,048
	原野	（坪）	3,671
	宅地（墓地を含む）	（坪）	21,061
	合計	（坪）	1,478,507
Ⅱ）工事用地関係補償物件			
	各種目的の買収または借入れ用地　計	（坪）	269,791
	建物	（建坪）	1,653
	移転世帯	（戸）	48
Ⅲ）特殊補償対象			
	筏業者	（人）	229
	木材業者	（人）	80
	漁業者	（人）	1,814
	舟乗	（人）	8

表 2-16　佐久間ダム補償スケールの概貌

	山林（反）	耕地（反）				宅地（坪）	採草地原野（反）	合計（反）
		田	素畑	茶園畑	計			
水没	1,252.50	0	19.816	3.52	23.406	843	0.308	1,269.02
潰地	9.3	0	320.504	31.526	352.1	958	9.825	374.423
小計	1,251.80	0	340.32	35.116	375.506	1.801	10.203	1,643.51
鉄道付替潰廃地	3.507	9.6	37.526	11.304	58.5	234	0.727	63.528
計	1,255.31	9.6	377.916	46.42	434.006	2.035	11	1,707.11
村採集調査結果	1,282.70	5.703	―	―	600.824	13.354	5.423	1,939.30

表 2-17　地目別水没・潰廃面積（個人有関係）昭和 29 年 4 月現在

種別	地域	住宅				倉庫・作業場		納屋・畜舎		その他		計	
		棟数	世帯数	人員	延坪数	棟数	延坪数	棟数	延坪数	棟数	延坪数	棟数	延坪数
水没	山室	13	14	71	329	4	42	―	―	―	―	17	371
	豊根	6	6	23	51	1	6	―	―	1	8	8	65
潰廃	殿島	15	20	89	250	1	42	4	68	1	39	21	399
小計		34	40	183	630	6	90	4	68	2	47	46	835
鉄道付替潰廃地		4	4	20	53	―	―	―	―	―	―	4	53
計		38	44	203	683	6	90	4	68	2	47	50	888

表 2-18　水没・潰廃地域要移転建物物件（個人有関係）昭和 29 年 4 月現在

集落名	世帯数	人口		計
		男	女	
殿島	270	641	657	1,298
中部	244	567	610	1,177
半場	104	237	251	488
神妻	9	19	20	39
山室	21	39	43	82
下平	36	87	87	174
羽ヶ庄	30	94	99	193
久根	197	455	452	907
上野・片和瀬	43	110	113	223
峯	26	87	75	162
計	980	2,336	2,411	4,747

表 2-19　佐久間村集落別世帯数および人口（昭和 26 年）

対の動きは起こらなかった。

ダムの補償問題は、個人補償と公共補償とに分かれるが、地域住民にとっては水没による直接的な個人補償が際立って関心が深い領域になっている。個人補償について電発は、昭和二八年七月一六日に補償基準を三県連合協議会に提示した。しかし、この連合協議会を構成する一一カ町村の足並みは揃わず、個別の交渉に移っていった。ここで北井村長は、個人補償は当事者と電発とで交渉するものであり、村は公共補償交渉のみに関係するという考えを鮮明にしていた。

愛知県北設楽郡富山村は、独自に昭和二八年九月二〇日に要求書を提出して交渉を開始した。豊橋市在住の市原鬼三郎さん（大正一〇年生まれ・元中部　当時佐久間村役場勤務）は、この時の相場について、今でも語り継がれるほど「いい値段であった。」という。「佐久間相場」とよばれ、佐久間ダム補償の相場が他の事業に影響を与えるのではとの危惧がなされるようになる。これら土地、建物、立木補償、固定施設補償などの補償額については『佐久間ダム』に詳細が報告されている。一一月二八日、富山村は電発との補償交渉を妥結することになる。富山村の補償交渉が早期に妥結したのは、補償価格が良かったこともあるが、富山村の佐竹政七氏が豊橋市の高師の天白原開拓地へ移住を決めたことが影響していると『佐久間町史　下巻』にはある。実際、この佐久間ダム建設の際に二一戸が天白原開拓地に移住している。この後、移住を余儀なくされた家の移住先は豊川市、豊橋市に点在し、これほどまとまった移住先の確保はなかった。

その後、補償交渉は一気に競うように順調に進んでいく。静岡県側では一二月二〇日、城西村が電発との補償交渉を妥結する。昭和二九年（一九五四）に入ると一月二二日に佐久間村豊根口が電発との補償交渉を妥結し、三月二八日に水窪町が電発との水没関係個人補償を妥結する。五月二二日には、筏夫の補償について木材業者の損害補償、またダム完成以後における豊根口の恒久的陸揚施設設置の調印が終了する。そして最後に部落全戸が水没する山室が、七月九日に電発と補償交渉を妥結するに至る。山室の補償交渉は北井福次郎さんが中心になったと、豊川市在住の榊原博さん（昭和五年生まれ）はいう。北井家は山室駅の直ぐ西側で、部落の中では最も大きな構えと屋敷を持つ林業家であった。この北井家で昭和二九年一二月一九日に山室地区解散式が、村長の北井三子夫氏を招いて盛大に行われている。福次郎さんが補償交渉に妥結すると、山室の一三戸全戸が妥結したという。

図 2-16　佐久間村および周辺市町村関係図

第18代佐久間村村長
榊原康雄さんの『村長日誌』

　榊原康雄さんは、昭和二四年（一九四九）五月二〇日無投票で佐久間町長に当選し、この年一二月九日に正式に辞任が認められる間の半年余りの期間、町長を務めた。辞任が認められた翌々日の一二月一一日、喉頭癌のため亡くなった。享年五一であった。

　現在豊川市西豊町に在住の榊原博さん（昭和五年山室生まれ）は康雄さんの長男であり、父康雄さん関係の文書は、榊原家が山室から転居した後も箪笥の引き出しにずっと保管されてきた。これらは最近浜松市に寄贈され、保存されている。これら『榊原博家文書』の中で、昭和二四年に執筆された『村長日誌』を取り上げたい。引き出しには、康雄さんの葬儀の写真も保存されていた。山室の自宅南側の庇の下に座棺が据えられ、葬儀参列者に見守られる中、金桂寺住職が読経する様子が見られる。棺桶の脇でうなだれ、俯いている長男、博さんの姿がある。母屋の西側に天竜川の河谷が広がっているのが分かり、博さんの家に残されていた当時の家の間取り図からも、この写真が撮られた方向や母屋の様子がよく理解できる。

　榊原康雄さんは、明治三一年（一八九八）に山室で、榊原滝十の長男として生まれる。榊原家は山室で山仕事に従事し、林業を生業とし、周辺の畑で麦やソバを栽培する山間の家であった。康雄さんは青年時代に東京で書生をしていたこともあったと博さんは聞いている。二〇歳代前半に、山室に戻ってきて、山林の仕事をしながら、飯田線の前身である三信鉄道に関係した仕事をしていた。

写真 C2-6-1　榊原康雄さん

　昭和二四年の村長就任当時、佐久間村には佐久間、中部、半場、下平、峰、羽ヶ庄、上野、久根、山室の9地区があった。山室は昭和二九年の廃村時点で二七世帯、一一〇名（山室、豊根口の集落で水没補償の対象となった世帯、居住者の数）の規模の集落であった。太平洋戦争で佐久間村も多くの出征兵士を出し、地域社会共同体が崩れ、敗戦後混乱の中にあった昭和24年当時、大きく村議会を巻き込んで浮上していた問題は、一つには中部の現佐久間病院の向かいにあった豊川海軍工廠の分工場の払い下げ問題、二つには、戦後の教育制度である六三制導入にあたり、中部地区と佐久間地区のどちらに中学校を整備するのかという問題であった。本来なら佐久間地区、または中部地区で村長を出すべき時期であったが、これらの問題が紛糾する中、山室の榊原康雄さんが人格、行動力ともに相応しいということになって、五月二〇日、無投票で村長に選出されることになった。佐久間村の山室という小さな集落の有力者であった康雄さんは町長としての仕事に邁進し、この二つの問題を中心に粉骨砕身、村政に尽くすことになる。

　当選後も康雄さんは山室の自宅に住み、天龍山室駅から佐久間駅まで飯田線に乗って通っていた。榊原博さんのお宅に残されていた『村長日誌』は昭和二四年六月一一日の新旧村長送迎会の記述から始まる。

「六月一一日　午後七時より新旧村長送迎会を宿直室にて開催した。出席者、前村長、前村議会長、村議会議員、吏員、地方事務所嘱託事務員の□□あり　会合に出席され村内事務について議員及リコール代表者と種々指示並に懇談を遂げた一二時散会した　混迷状態に懸案の好転変化なし」

「六月一五日　日勤
一　リコール村民投票　昭和二四年六月二四日として準備成る
一　中遠西　所ヨリ請求ニヨル本村負担金支払金六万一千一百円
一　中部耕地内機銃分工場払下ケノ件調査

「六月一八日　出張日　浜松市内一泊　磐田地方事務所の町村長会へ出頭し六三制補助金の件陳情し関係町村長

コラム 2-6

の陳情書へ調印をなし　浜松市財務部へ出頭し六月一四日交渉の件を依頼した」

「六月一九日　雨天　日曜は午後一時五〇分帰宅する　自宅休養する

付記六月一七日　村内学校長会議を午後一時より開催した（役場内）　神谷校長病気欠席

「六月二〇日　晴、曇　本日午前七時三〇分乗車の際　佐久間林産会社全焼したるを駅長より聞いた　佐久間駅下車すると同時に林産会社へ火災見舞いの挨拶に訪問した　八時半出勤、宿直室には消防団幹部の方々と受薬と疲労の様相が認められた　隣町村に対し謝礼挨拶のため、消防団役員並びに役場員と共にそれぞれ出発した　村議会会場の準備を命じた」

「七月一日　内勤　上り電車不通徒歩　午前八時山室発　佐山トンネル南口約百米の地点に山崩れの現場には二百有余の鉄道保線関係者の集合を見復旧工事は五日間の予定との話　午後一〇時役場着　直に学校へ出張して前日より御配慮に対し謝意を表した　佐久間通学生は帰宅せしむ手配をなした　午後一時三〇分現場行き臨時電車にて諸先生の引率保護のもとに帰宅した。学校当局の御心労を心から感謝した

「七月二日晴天　日勤　午前中の農家に対する米穀配給に関し農家現在に於ける窮状に鑑み七月分を配給する計画を立てた。本件については配給公団及農協組合の出庁を求めて協議をなした。村長責任として配給することにした。退庁後、半場小学校児童福祉懇談会を開催、出席した。会場は盛況」

「七月八日　午後六時半　左記戦死者遺骨帰郷シタ　羽ヶ庄、早川治利　久根、塩沢登　佐久間駅着

遺族援護ノ立場カラ榊原康雄個人トシテ駅広場ニ出迎エ並ニ遺族ノ方ニ挨拶シタ」

「七月二七日　晴天　内勤　午後一〇時出庁事務整理　午後四時　□□□□2名□□□同伴シ出庁あり　村長面接した　会談要旨　□□中部の一六班その他に於いて農家耕作地面積不正及馬鈴薯作付割当不当あり　更に三畝歩以下の農家に対する借出保存除外する事を主張した（村会の回答求）　村長回答　本件に関して不正あれば農業調整の機関に計り（ママ）適正化する方針である。農業計画については十分考慮する　食糧問題については特に細心の努力を傾注した　関係官庁へ陳情して居る　五時半会談終了」

「七月三〇日　晴天　土曜日　健康不良にして病症昂進し　出庁予定中のところ遂に病症に伏した　容体　体温三九℃　咳嗽頻発　全身倦怠症　胸痛一肋膜炎と推定（急性的）　一絶対安静をとる　本日　豊川工廠ノ件に付き重要書類一切を□□氏に送達して浜松市行きを一任した　本日午後□□□□三名来訪あり　約一時間面接した　申込要旨に関しては一切謝絶した」

写真 C2-6-2　榊原康雄さん葬儀の写真（昭和 24 年）

「七月三一日　病症　不良」

「八月五日　病症　稍々良　本日助役来訪あり」

「八月一〇日　病症経過稍々良好　本日　北井三子夫氏御来訪御見舞を賜る（正午頃）村議会議員選挙投票日　七時出発八時半投票して帰宅」

「八月一九日　出勤　七月三〇日以来病気欠勤し　本日午前一〇時出勤し吏員一同に対する挨拶をなした　欠勤中に於ける事務処理の件、助役より説明あり　午後六時退庁した」

「八月二九日　出勤　事務整理　正午より発熱あり（三八、五度）　本日□□□氏と会談　三〇日浜松市出張を約す　午後六時五〇分帰宅した　発熱降下せず　直ちに寝床した」

「九月五日　月曜日　午後一〇時出勤　午後より助役同伴久根鉱業所へ出張する　午後六時久根出発　佐久間発下り終電にて帰宅した　可なり疲労を感じた　久根鉱業所、次長□□氏、経理課□□氏、□□氏と会談を遂げた　目的　法人に賦課する村民税に関して事前交渉」

「九月六日　欠勤　理由　病状充分なる快復せず　前日の強行徒歩により極度の疲労」

「九月九日　晴天　金曜日　本日午

コラム2-6

前七時半出発八時出勤　九時三〇分西渡行バスにて久根鉱業所へ出張した。北井三子夫氏と立会して鉱業所に至り、所長、次長、経理課長と面接し尚村議長立会の上、左記ノ件につき懇談を遂げた　久根鉱業所に対する本年度村民税賦課の件協議　内容については両者間に於いて調定成立して午後一時半同会談を円満に了した　北井君と一別して午後四時二〇分久根発にて役場へ帰った　協議内容　法人久根鉱業所に対する村民税賦課額一二万円として特種寄附金三万五千円とする」

「九月一〇日　曇天　午後雨　本日は前日の疲労のため欠勤した

「九月一一日　晴天　出勤午前八時退庁午後八時　総務委員会　村議会協議会　目的　村民税賦課につき等級の審議　本日　久根鉱業所労働組合より陳情書を提出され　会議に発表し会計代表□□氏及労組代表により左記につき説明あり　本年一〇月一日より銅補給金撤廃につきては休山の止むなき事態にあるので是が対策として全国的に関係機関と協力して政府に対し工業政策を樹立せしむべく猛運動を起こし産業合理化を達成せんとする（注）前記差額を国家が補給金として交附されていた久根鉱山の休山閉鎖の危機は佐久間村財政の危機に関連する事は明白である」

「九月二一日　晴　一八日以来の活動に極度の疲労感あり　正午山室発にて中部小中学校視察のため出張したるが身心異状を起こし日課を果たし得ず小沢宅に休憩し午後四時半帰宅した今日登庁せず」

「九月二二日　病気欠勤　本日より大豪雨」

「九月二三日　秋季中日　病気欠勤大豪雨」

「九月二四日　曇天　病気欠勤　佐山トンネル南口崩土のため一番電車より不通となる」

「九月二五日　日曜日　病症にあり経過不良を呈す」

「九月二六日　晴　月曜日　病気欠勤　経過不良　本日午前一〇時田中書記の来宅あり　事業税徴税令書持参し村長職印を押捺す」

「九月二七日　晴天　病気欠勤病状稍々良好を認む　本日午後四時半より上下電車運転する」

「九月二八日　晴天　病気欠勤病状経過良好」

「一〇月一五日附託職　□□助役満期年月は　昭和二四年一〇月一四日　退職申立日時昭和二四年一〇月六日　右は任期満了により退職申立ありたり」

『佐久間ダム―近代技術の社会的影響』は、日本人文科学会がまとめた佐久間ダム建設の記録である。日本の敗戦直後の復興期、人文科学の学問領域においても、戦後最初の国家的巨大ダム建設プロジェクトを記録している。ハードカバーの大分に及ぶ学会の権威をかけての報告書であるが、政府、電源開発株式会社、中部電力、間組等の協力なしには、短期間にこれだけの資料をまとめ上げることはできなかったであろう。この報告書には、富山村の水没前の集落の様子、交渉結果の補償内容について詳細に掲載されている。ところが、集落全てが水没した山室については、概略の補償額が記載されている程度で、集落における生活、文化については全く記録がない。これは補償交渉が遅れ、最後の妥結になった集落であったことが理由なのか、詳細は不明である。

（二）水没集落

佐久間村には昭和二九年（一九五四）当時において、一〇の集落（部落）があった。殿島、中部、半場、神妻、山室、下平、羽ケ庄、久根、上野・片和瀬、峯である。山室は、現在の佐久間ダム堰堤から天竜川を一一kmほど上流に遡った左岸に位置していた。天竜川沿いにあり、天竜川を介して上流の南信濃や下流の中部、浦川とも交流はあったものの、三信鉄道（飯田線）以外では山道で佐久間村の中部に出るか、矢岳山の山稜を越えて城西村の野田または羽ケ庄へ出るかしかない最奥の集落であった。天竜川左岸の川沿いには陸路はなく、急傾斜地の谷底を天竜川が流れている区域にあった。山室は近世村落で、明治二二年（一八八九）の町村制施行まで二〇戸前後の山間の集落で、居住者は山仕事やわずかな畑作を主な生業とする小集落であった。

佐久間村広報誌『さくま』第八号（昭和二九年八月一〇日）によると、佐久間ダム建設により「全水没」となり、電源開発による補償を受けて全村移転となったのは、佐久間村では山室が唯一の集落であった。

『佐久間ダム―近代技術の社会的影響』の第Ⅲ部の第二章「ダム建設と補償問題」に次のような記述がある。「ダム建設地点として、佐久間村のもつ好条件にしばしば水没被害の僅少が挙げられている。確かに、湖底に沈む村として感傷的に喧伝される意味では佐久間村の被害は少ない。水没世帯の数字も資料により異なるが、県の昭和二八年度総合開発調査報告書によれば、表２-17、表２-18の通りである。他の資料からの推定では潰廃《かいはい》も含めて六〇乃至《ないし》七三世帯となっているが、当時の佐久間村の全世帯数の五％内外である。山林・耕地の水没・潰廃面積も不確定であるが、宅地その他を含めて佐久間村全面積の、同様約五％余である。」

山室、豊根口の水没面積は、畑一町七反、山林三町二反、宅地一三八〇坪で、この地区の人たちは昭和三〇年五月末までに移転を終えなければならない。それも家屋は全て取り壊し、土地は更地にすることが条件とされていた。この『さくま』八号には「山室部落（豊根口を含む）移転者名簿」が掲載されている。

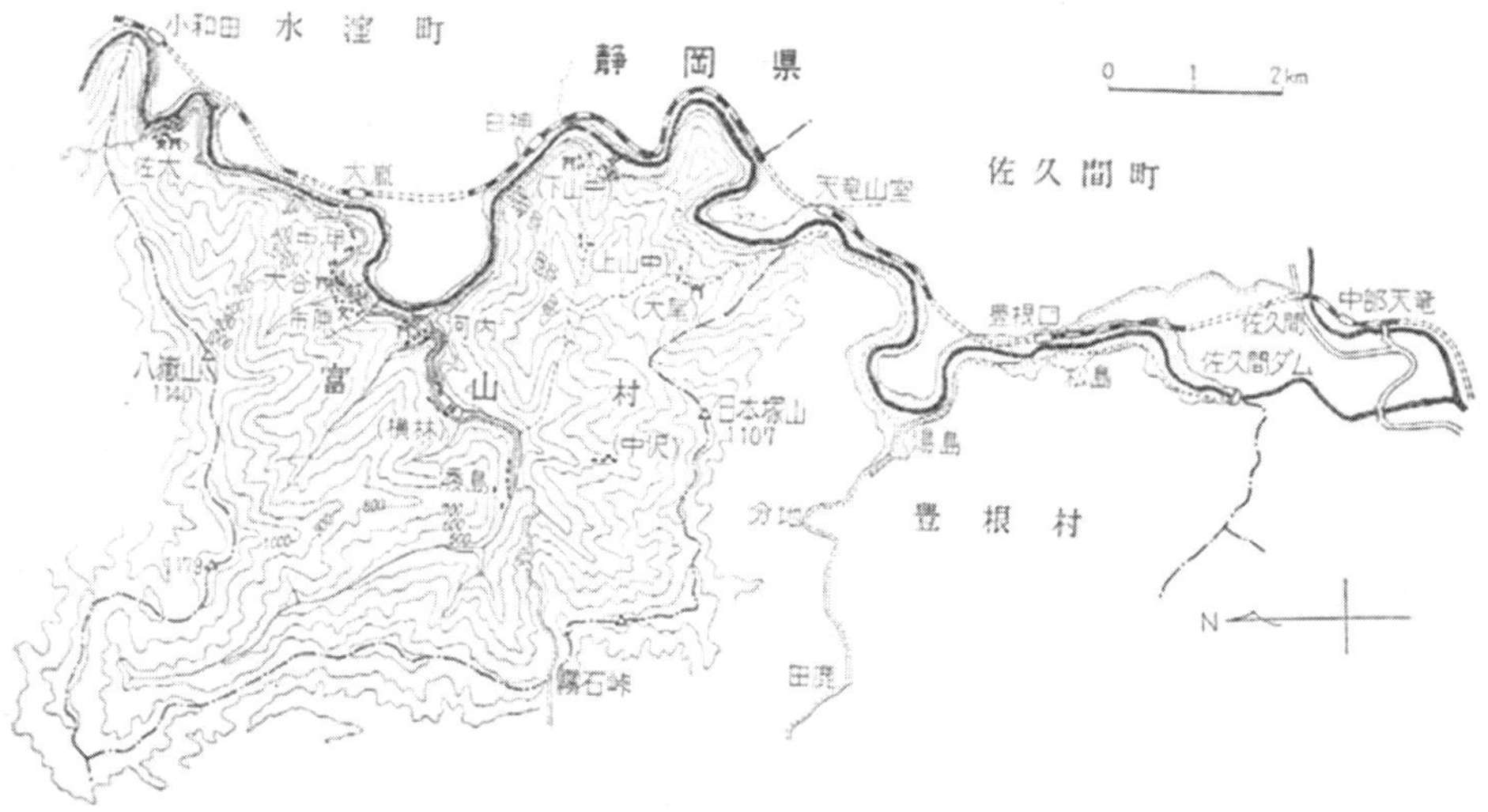

図 2-17　富山村附近水没関係略図

写真 2-57　山室集落全景

写真 2-58　天龍山室駅

五　水没集落・山室

(一) 山間の集落山室

山室が佐久間ダム建設に伴って全戸が水没するに当たり、電源開発株式会社との補償交渉を昭和二九年（一九五四）七月九日に終えた。その妥結の様子を佐久間村の広報誌『さくま』が昭和二九年八月一〇日号に、次のような記事により紹介している。

「山室部落は既に緊急移転をした豊根口四戸を除けば本村有為何時の全水没の部落で、これが補償交渉は長期に亘って行われ其間、県開発事務局大竹課長、県係官、本村長も屡々立会して交渉を続け一時は暗礁に乗りあげた感もあったが関係者の努力が遂に功を奏し交渉の妥結を見るに至り、七月九日山室部落対策委員長、北井福次郎氏と電源開発佐久間建設所長、永田年氏との間に本村長立会者となって調印式を行い同月十二日には補償金の支払を行った。

尚個人補償と併行して行われて来た氏神の社の移転の問題と山室特有の電燈の共同設備の補償も同時に解決する運びとなった。因に山室部落の概要を左に記す

記

水没移転該当者の氏名

北井　福次郎
宮下　元目
谷口　今朝平
榊原　五六治
榊原　博
竹内　今朝太郎
藤原　忠利
喚田　花枝
熊谷　うめ
古谷　熊吉

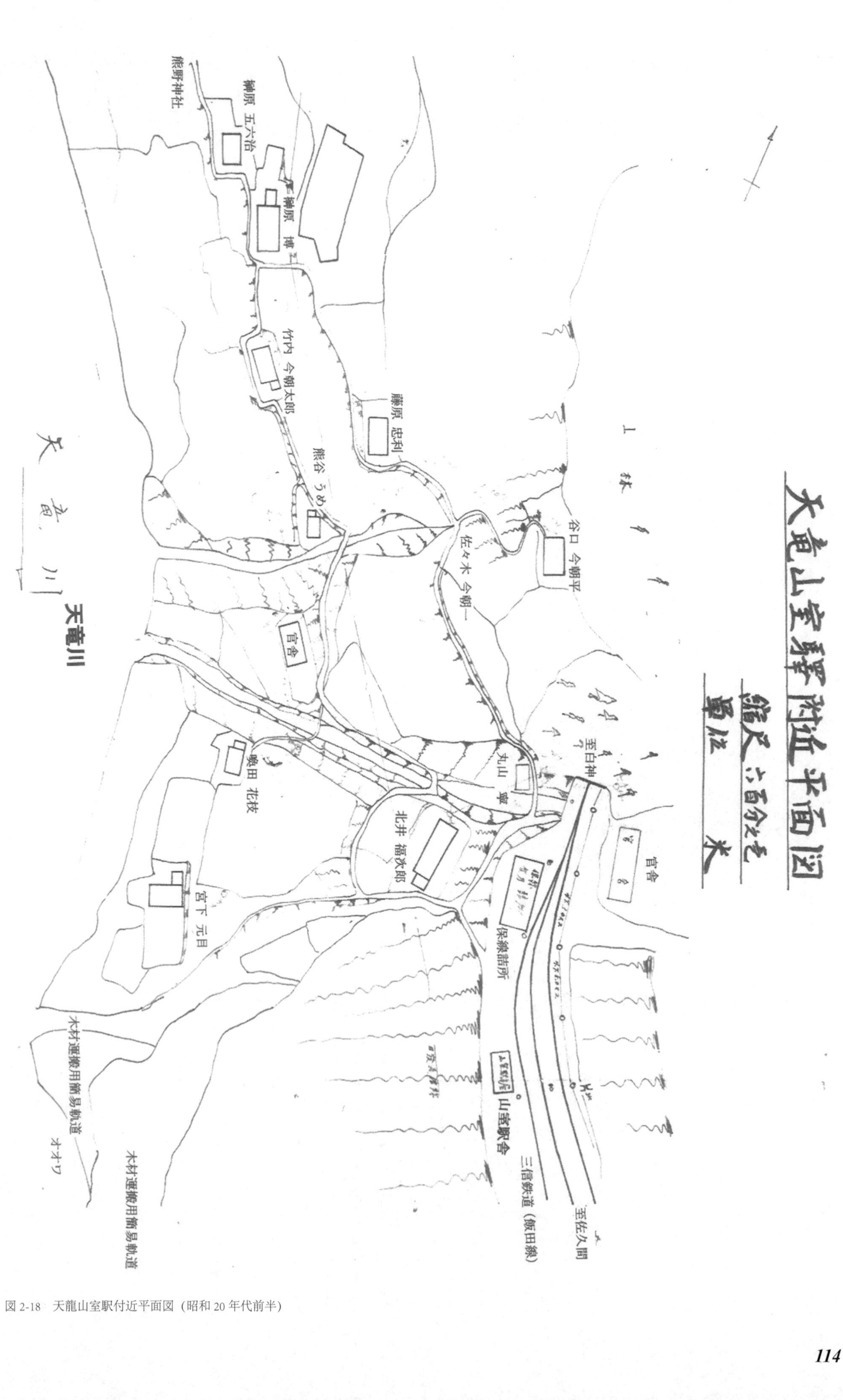

図 2-18　天龍山室駅付近平面図（昭和 20 年代前半）

丸山　寧
杉山　和夫
関口　保

右の外山室部落に土地其他の物件を有する者、十名がある。

土地建物其他

一、畑　一五反一畝
一、田　〇反〇畝
一、宅地　一三七九坪
一、林地　三一反七畝
一、採草地　一反七畝
一、原野　一反二畝
一、竹林　一反九畝
一、建物　四一〇坪
一、茶園　二反〇畝」

また『さくま』第一二号（昭和三〇年一月一日）には、山室部落移転者名簿が記載されている。

榊原博さんは昭和二四年（一九四九）に村長を務めた榊原康雄さんの長男で昭和三一年（一九五六）に山室から豊川市西豊町に移出した。博さん宅には山室集落の記録が写真などとともに残されている。その中に、山室の各家屋も明示され、これまで山室以外の人の目には触れることのなかった山室集落の実測図「天竜山室駅附近平面図」（図２-18）がある。この実測図に榊原博さん（昭和五年生まれ、豊川市在住）及び藤原忠光（昭和二〇年生まれ、豊川市在住）さんからの聞き取りを重ねて、昭和二九年（一九五四）当時の集落平面図（図２-19）を作成した。山室の各戸の位置図である。

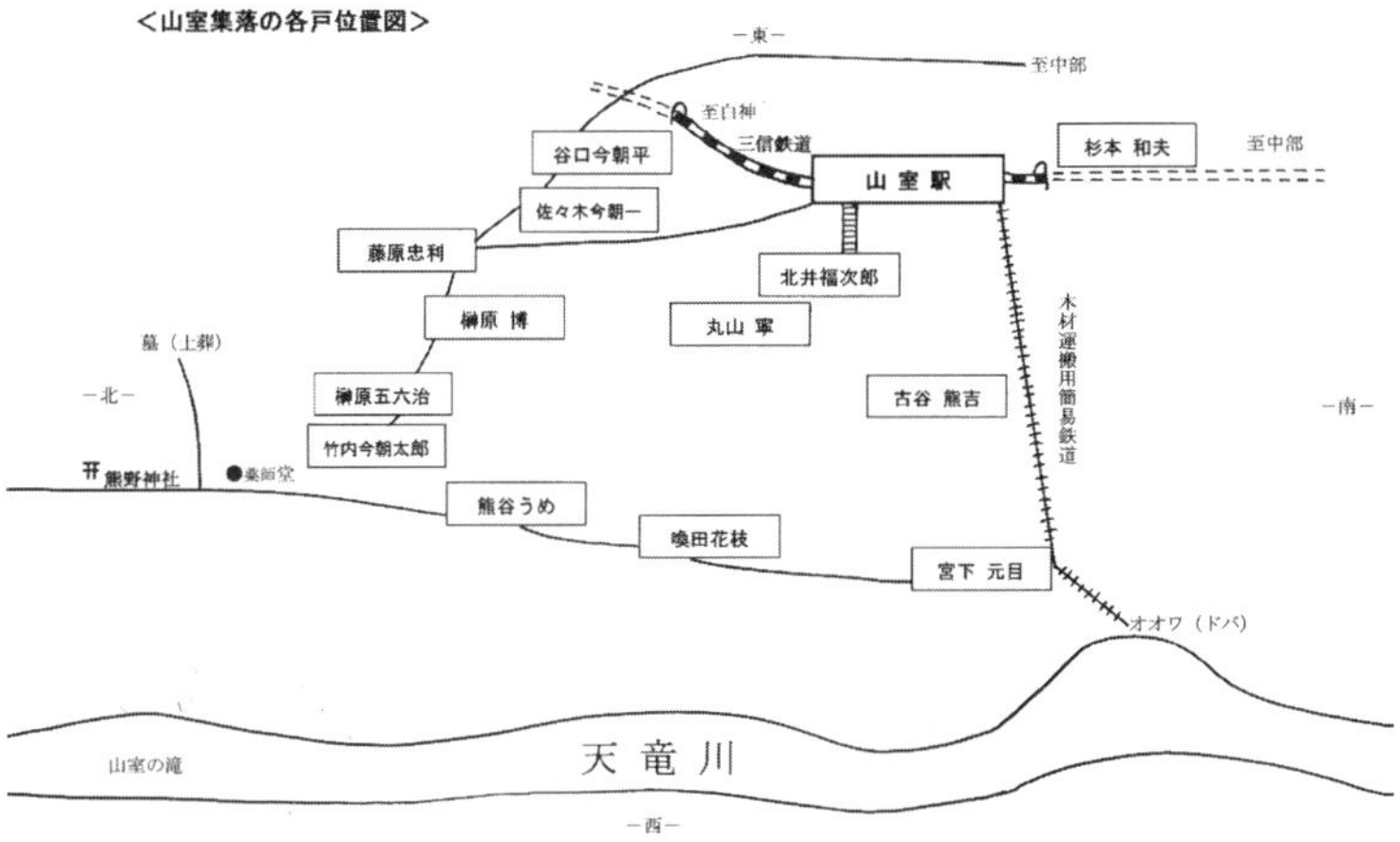

図 2-19　山室集落の各戸配置図（昭和 20 年代後半）

ダム建設による水没補償交渉が妥結した昭和二九年当時の山室の集落の様子は次のとおりであった。

山室の集落は天竜川左岸にある、西向きに開いた緩斜面の集落である。国鉄飯田線（三信鉄道）は北の白神駅から天竜川沿いに南に下ってきて、天龍山室駅に達する。駅は集落を見下ろすように一段高い場所にあり、駅からは眼下に天竜川の急流が見渡せたという。右手には「山室の滝」の激流が見える。駅から真下の天竜川左手には本流が淀みを作り、ドバとなる砂地のオオワが見える。筏が係留され、その筏を解く作業がよく見えたという。このオオワから木材運搬用の軌道が宮下家を経て駅に向かって敷設されていた。駅のすぐ西下が山室の旧家である北井家で、集落の中心的な存在の大きな屋敷構えであった。昭和二九年当時、戸主の北井福次郎氏は区長を務め、この北井家で昭和二九年一二月一九日、山室集落解散式が行われた（後述）。

北井家からは北へ道が付いていて、佐々木家の前を通って藤原家へ繋がっている。藤原家は前出の藤原忠光さんが小学校四年まで住んでいた家で、父親の　代まで山室の熊野神社の禰宜をしていた家筋である。花の舞でも舞手となり、神事を行った。また忠光さんによると、藤原家は花の舞の「ヤド（宿）」として用いられ、庭に湯釜が据えられ、舞い家の中で舞われた。昭和二八年（一九五三）まで旧暦の一一月八日が熊野神社の祭礼の日で、花の舞が熊野神社で舞われたが、その前日の七日には藤原家で総仕上げの練習が行われた。家には一二畳の座敷があって、花の舞の練習場所となり、ヤドとして舞が奉納された。

藤原さんの家から西には、天竜川へ下りるように道が付いていて、榊原博家、榊原五六治家があり、竹内家へと繋がっていた。榊原博さんの父親、榊原康雄さんは昭和二四年（一九四九）に佐久間村の村長となり、その年に四四歳で亡くなっている。榊原康雄さんの『村長日誌』についてはコラム2-6を参照してほしい。竹内家から天竜川沿いに南へゆるりと下る道を行くと熊谷家があり、そこから北井家へのぼる道がある。また南の喚田［よびた］家へ、そして宮下家へ繋がっている。

佐々木家から東へ上る道があり、少し上った先に谷口家がある。ここからさらに道は南へ続く。これが中部天竜へ出る道であった。ここから険しい道が続き、大人の足

佐久間ダム水没集落「山室」の記録

最後の山室「花の舞」を舞った藤原忠光さん

「もう山室のこと忘れたなあ」

昭和二九年（一九五四）一二月一九日佐久間町山室の北井福次郎氏宅において、佐久間ダム建設のため水没する山室の「村部落解散式」が行われた。この山室に住んでいた藤原忠光さん（昭和二〇年生まれ）の一家も昭和三〇年三月二五日に住み慣れた地から飯田線沿いに下り、豊川市豊川町留通に転居した。

写真 C2-7-1　藤原忠光さん（豊川市豊川町留通在住）

水没集落の山室のことについて尋ねると、「もう山室のこと忘れたなあ。一〇歳のときのことだもの。」と開口一番、山室のことは忘却の彼方であることを強調された。が、「水没移転該当者の氏名」の一覧を示すと、忘却の彼方の記憶が次々と溢れ出てきた。

藤原家は代々、山室の産土神である熊野神社の神官家であり、忠光さんの祖父の忠利さんは、山室で山仕事をしながら山室の熊野神社の禰宜を務め、当地では荒神祓いをしてくれる「ネギさん」であった。忠利さんは明治二六年生まれで、昭和三〇年の移転の時には六二歳になっていた。

忠光さんは、山室から佐久間まで毎日飯田線に乗って佐久間小学校へ通っていた。昭和二九年当時山室から通う小学生は一〇人ほどいたという。

移転補償が決まった後、家が取り壊され、重機で地ならしされ、藤原家も一度全くの更地になった。しかし、すぐに移転予定先の豊川に住宅は建てられず、新住宅が完成するまで、仮に山室の住宅跡地の更地に小屋を掛けて一家で短期間住んだという。山室の藤原家で使われていた木材のうち使える良材は飯田線の貨物に積んで豊川まで運ばれ、新住宅の部材として用いられた。現在では家屋の表に見える材としては使われていないものの、屋根裏材等、現在の家屋の一部が山室の藤原家の材であるという。

写真 C2-7-2　最後の熊野神社の花の舞（昭和 29 年）

最後の花の舞

忠光さんは、昭和二九年一〇月二三日に熊野神社で最後の花の舞が舞われた時、小学四年生で、三つの舞を舞ったという。この時の様子は『さくま』第一二号（昭和三〇年一月一日発行）に写真入りで紹介されている。

水没山室　最後の花の舞

東洋一佐久間ダムの建設により水没となる山室部落では一〇月二三日、三百有余年の歴史を誇る古典神事花の祭を催した。そらはあきなく澄み渡り、小春日和りのこの日、永遠に姿を消すことになる名残り惜しき此の古典文化祭を国際映画、佐久間ダムに織込まんと岩波映画のロケ等あって最後の花を飾り別れを告げた。

写真C2-7-2は「四つの舞」の舞手で、着飾った四人の子供が日の丸の扇子を手にしており、

コラム 2-7

その右から二人の男児が忠光さんである。また、写真2-4-12の記念撮影にも忠光さんが映っている。忠光さんはこの日の舞のことを現在でもよく覚えているという。

記憶の中の山室

図2-19は、忠光さんが昭和二〇年代の写真を見ながら記憶を呼び起こして書き描いてくれた図を基に作成した、「山室集落」の各戸の位置概略図である。残念ながらダム建設による水没時に集落各戸がどのようにあったのか、集落内の様子を知ることはできない。榊原博さん（コラム2-8参照）のお宅に写真及び山室集落の測量図が残されており、これらと忠光さん、博さんの記憶によってどこまで復元できるかというのが実情である。

天竜川の激流は、山室あたりではほぼ北から南方向に流れていて、これに沿い河岸段丘に集落が南北に形成されていた。一段高いところを南北に飯田線が走り、駅舎の直ぐ下の集落中心に北井福次郎家があった。天竜川は集落に近いところに若干の溜まり状の淀みを形成していて、これがオオワとよばれるドバ（貯木場）になっていた。このオオワから天龍山室駅へ木材運搬用簡易軌道が敷かれていた。集落内を巡る小道があり、上記の13戸の家々が間隔を置いて並んでいた。集落の北側に薬師堂がありそこから更に北へ道を天竜川沿いに上がる産土の熊野神社がある。薬師堂から東側へ斜面を上っていくと「ハカ」とよんでいた土葬の墓地があった。

忠光さんもこれらの集落各戸の位置は写真を見て何とか思い出すくらいで、正確な復元は今となっては難しい。

でも歩いて一時間三〇分ほどかかって佐久間村中部へ出た。また、この谷口家上方より矢岳山越えで城西村野田へ、羽ヶ庄へでる山道もあった。

榊原博さんの家から榊原五六治さんの家を経て、天竜川沿いに北へ上る道をしばらく行くと薬師堂があり、その北側に山室の産土神の熊野神社がある。熊野神社前は広場になっていて、ここで解散式の宴が催され、記念撮影が行われた。熊野神社と薬師堂の間に、東の山へ上る道があり、そこをしばらく上がると共同墓地がある。山室の人たちはこれをただ「ハカ」と呼び、石塔はなく、座棺で土葬する埋め墓であった。山室の人たちの墓所はこの「ハカ」だったが、多くの家が峯の金桂寺（曹洞宗）の檀家であった。天龍山室駅上には国鉄の官舎があり、その南側には杉本家があった。一三軒の家が駅を中心とした狭い空間に分布していた。

(二) 最後の花の舞

山室集落が全て水没移転するまで、山室の熊野神社には奥三河に分布する「花祭」の一つが伝承されていた。山室の花祭については早川孝太郎の名著『花祭』（昭和五年刊　岡書院）にもその記録を見ることができる。

「天竜川の事実上の奥地を中心として行はれて居た各種の祭りの中で、伝播の最も著しいのは花祭りである。花祭りは一に花神楽とも言うて、愛知県北設楽郡を中心に行はれつゝあつた。其形式は一種の冬祭りで、歌舞を基調とするものである。今之が分布の状態を見ると、先づ愛知県北設楽郡内に二十ヵ所を数へる事が出来る。之等の土地は何れも郡を東西に分つた分水山脈を境界として、それより東部即ち天竜谷に面した地方に限られて居る。更に之を天竜川を中心にして、同一形式の祭りの行はれて居た土地を求めると、名称をも同じくするものが、静岡県地内に三ヵ所、長野県地内に一ヵ所あつて、何れも北設楽郡に地理的に接壌せる地方である。」

ここで、静岡県内に三ヶ所あるとしているが、この後の記述では、北設楽郡外のものは三ヵ所だけ挙げられていて、それが佐久間村大字山室、浦川村大字川合、長野県下伊那郡神原村大字大川内となっていて、静岡県内については二ヶ所が挙げられているだけである。『花祭』記載の「地図（各種祭祀の分布）」でも静岡県内には川合と山室の二ヵ所が示されている。いずれにせよ、昭和五年当時、早川孝太郎が確認した静岡県内の花祭は二ヵ所で、その一つがこの山室であった。また、『花祭』記載の「花祭一覧表」によると愛知県内の花祭は一二月・一月に日送りに祭礼の行われる日が一ヵ所ずつずれて決まっていた。その中で、山室が旧暦の一一月八日、川合が旧暦の一一月一四日に設定されていたと記録されている。

山室の熊野神社では、毎年旧暦の一一月八日に、湯立ての神事が執り行われ、「花の舞」が舞われていた。山室では「花祭り」と呼んでいたと藤原忠光さん（昭和二〇年生まれ、豊川市在住）はいう。現在でも奥三河地方で伝承され国の重要無形民俗文化財に指定されている「花祭」が静岡県にも伝承されたものの一つが、この山室の「花の舞」であった。静岡県内の花祭は、戦後、現在の我々が確認できるのは、四ヶ所である。この川合（浦川村）、山室（佐久間村）、そして峰（佐久間村）、今田（城西村）である。残念ながら峯の花の舞は、平成二〇年（二〇〇八）から舞われていない。この山室の花の舞も、集落の水没と運命を共にし、昭和二九年（一九五四）を最後に廃絶してしまった。旧暦の一一月八日は新暦では一二月の寒い時期にあたり、年末になる年もあった。この日は熊野神社の祭礼で、夜通し明け方近くまで舞われる花の舞を楽しみに、山室から出た人も実家に戻り、山間の静かな里が活気を取り戻す日であった。また、前日の一一月七日は、禰宜である「ヤド」の藤原家で、花の舞の総仕上げの舞が舞われた。

ところで、佐久間ダム建設に伴う補償交渉は、着工した昭和二八年（一九五三）の一一月に富山村、一二月に城西村が妥結し、昭和二九年に入って一月に佐久間村豊根口、三月に水窪町が妥結した。その一方で山室との妥結は遅れた。そんな中で昭和二九年六月二七日、高松宮・宮妃の佐久間ダム視察が行われた。ダム視察の後には、中部の電源開発迎賓館に宮を迎えて宴が催され､その宴で山室の花の舞が披露された。電源開発迎賓館は、中部の現在の馬背神社のすぐ南側に当時あったゲストハウスである。

写真 2-59　電発迎賓館で舞われた山室の花の舞

写真 2-60　電発迎賓館で高松宮を迎えた際の記念写真（昭和 29 年 6 月 27 日）

写真 2-61　最後の山室花の舞（昭和 29 年 10 月 23 日）

写真 2-62　熊野神社前 花の舞の舞手たちと山室の人たち（昭和 29 年 10 月 23 日）

写真 2-63　熊野神社拝殿前での記念撮影（昭和 29 年 10 月 23 日）

写真２-60はその際に撮られた記念写真である。中央に高松宮と宮妃、その隣に渋沢敬三、その真後ろに当時佐久間村長であった北井三子夫氏が映っている。そして高松宮の後ろに、当時三〇代半ばの藤原重義氏（大正二年生まれ）と榊原博さん（昭和五年生まれ）、また、宮妃の後ろに、山室熊野神社禰宜で、白の和服に黒の紋付き烏帽子を被った藤原忠利氏（明治二六年生まれ、重義氏の父親）がいる。渋沢敬三は、あの渋沢栄一の孫であり、第一銀行頭取や日銀総裁を務めるなど、財界の重鎮である一方で、民具学を提唱した民俗学者でもあり、また当時高松宮家の財政顧問を務めていた。渋沢は、早川孝太郎から伝え聞いていた奥三河の花祭りに興味を持ち、奥三河へも何度か足を運び、実際の花祭りを見ている。花祭りが天竜川の右岸の静岡県側にも伝承されているということで、山室の花の舞にも興味を持っていたものと思われ、この席で花の舞が舞われたのは、渋沢敬三の働きかけがあったからと想像される。その一〇日後の七月九日に、遅れていた山室の補償交渉が妥結した。水没集落の民俗芸能を高松宮の歓迎の宴に呼んだことが、補償交渉の妥結に全く影響しなかったとは言い難いだろう。

藤原忠光さんは、この禰宜の忠利氏の孫、重義氏の長男に当たる方で、父の重義氏からこの夜のことを何度か聞かされたという。重義氏はこの迎賓館に、山室花の舞の舞手として禰宜の父とともに出席したが、高松宮に気後れして隅で畏まっていた。それを記念撮影のとき、父の忠利氏は重義氏に「前へ出ろ」と言われ、恐る恐る前に出て宮の後ろで記念撮影に収まったのだという。

山室での最後の花の舞は、昭和二九年（一九五四）一〇月二三日に熊野神社で奉納された。本来なら旧暦の一一月八日に行われるが、この年昭和二九年は、七月に移転の補償交渉が妥結し、昭和三〇年の五月までに立ち退くこととされたため、山室の人達は一〇月二三日に熊野神社の祭礼を執行し、日中に「花祭り」花の舞を奉納した。そして村外からの見物客も大勢来ている中、記念撮影も明るいうちに行われた。例年の「花祭り」が厳寒の一一月に夜通し行われるのと違い、一〇月の日中に行うものとなった

表2-20の山室居住者の移転先を見ると分かるように、昭和三〇年（一九五五）一月一日現在、四件の家は移転先が未定であった。この時点で決まっていた九軒の家の移転先は、愛知県豊橋市が二軒、愛知県豊川市が二軒、愛知県宝飯郡一宮村が一軒、佐久間村殿島二軒、浦川町が二軒という内訳であった。移転先は散っているが、天竜川、豊川沿い（飯田線沿い）であることは注目に値する。

この後、豊橋市に移住した北井福次郎氏を中心に、藤原家、榊原家、佐々木家、杉山家、殿島に残った谷口家や宮下家や、その後長篠に移住した喚田家などと連絡を取って「山室会」が作られた。この会は年に一度花祭りの日（旧暦の一一月八日）に、

No.	移転先	氏　名
1	豊橋市池田町八通り五の一	北井　福次郎
2	豊川市豊川止通り	藤原　忠利
3	豊川市豊川町与通り	榊原　博
4	佐久間村佐久間字殿島	谷口　今朝平
5	佐久間村佐久間字殿島	丸山　寧
6	未定	宮下　元目
7	浦川町島中	榊原　五六治
8	未定	古谷　熊吉
9	未定	喚田　花枝
10	未定	熊谷　うめ
11	浦川町島中	竹内　今朝太郎
12	愛知県宝飯郡一宮村長山字土橋	佐々木　今朝一
13	豊橋市曙町字測点	杉山　和夫

表 2-20　山室居住者の移転先

写真 2-64　佐久間神社前で奉納される山室花の舞
（昭和 57 年 2 月 21 日）

写真 2-65　佐久間神社での山室会の記念撮影
（昭和 57 年 2 月 21 日）

豊橋市の北井福次郎さん宅又は豊川市の藤原重義さん宅へ集まって宴を催した。禰宜であった藤原忠利氏がお元気な頃には湯立てを行い、舞もいくつか舞った。昭和五七年（一九八二）二月二一日に山室会は、佐久間町佐久間の佐久間神社で山室の花の舞を奉納した。この時の記録映像は、昭和五七年（一九八二）四月二三日にテレビ静岡で放映された番組「山室の人々」に収録されている。番組の中で、放映時佐久間町長、水没移転当時佐久間村長でもあった北井三子夫氏が登場し、「まつりを思い出す。今残っていないのが一番残念である。山室の部落は平和だった。・・・佐久間ダム建設、山室の水没移転は決して無駄ではなかった。・・・集落がまつりを作り、まつりが集落を作ってきました。」と語っていた。北井福次郎さんはこの時太鼓を叩いている。

（三）山室集落解散式

昭和二九年（一九五四）七月に山室集落の水没移転補償交渉が妥結し、翌年五月までに移転することになった山室の人びと、山室、豊根口の二七世帯一一〇人は、昭和二九年一二月一九日、山室の旧家北井福次郎氏宅に集まり「地区解散式」を行った。広報誌『さくま』第一二号にこの時の様子が記録されている。

幸福あふれる日祈る　佐久間ダムで水没する山室村部落解散式

佐久間ダム建設の為め全区が水没となる山室、豊根口、二十七世帯一一〇名の「地区解散式」を十九日山室北井福次郎氏宅で行った。

同所の水没面積は畑一町七反、山林三町二反、宅地千三百八十坪でこの区の人達は来年の五月末迄に移転を終るが既に移転先の定まった十一名始それぞれが準備中である。

この日県知事代理、各種団体長の送別の辞につづいて小中学校生徒代表が別れを惜しんで会場をしんとさせた代表の別れのあいさつがあって、先祖以来三百年の歴史を捨てて皆さまともおわかれしてゆきます日本一の発電所を将来笑顔で眺める覚悟です、村の発展をお祈りしますと区長宮下元目さん謝辞があって閉式宴会三時半終了した。

また、この記事の後に、佐久間中学校、佐久間小学校の「生徒代表のあいさつ」が掲載された。

一九五四年も余すところ後わずかにせまった、十二月十九日

の今日、佐久間村山村区はいよいよ御解散なされることになりました。長年この緑の山に抱かれ、平和だった、佐久間に住み慣れた皆様には天竜の清き流れをのぞみ見、時に感じてその激流、岩をかむ天竜に下り又アユ釣りに楽しみ、いかだを流し、あくことなく親しんで来たこの偉大な自然がたとえ運命とはいえ、国土総合開発によるダム工事の為に、額に汗しその尊き一滴一滴によって固く築き上げた、この地を湖底に沈めてしまう事になろうとは。

そうしてこの愛しみ慈しんで来た地を永遠に離れなければならない時がくるとは夢にも思ってはいなかった事でしょう。

啄木の歌に　かにかくに　渋民村は　恋しかり　思い出の山　思い出の川　とありますが、自分の生れ故郷を立ち出るのみならず、失うという事はどんなにさびしい事でしょう、子を失った母の如く肉親を失った兄弟の如く。佐久間村にしてもこの山室区が解散なさるということはどんなに悲しいどんなに大きな損失でしょう。然しこれも八千万同胞が立ち上る為には目をふさがなくてはならないのです。

日本に残された資源といったら水だけです、そしてそれがもたらす電源は工業で立ち上るにも一番必要なものなのです。

私達生徒一同はこれから無事に移転されますことを願ってやみません、他の地においでになりましても、ここ佐久間村をお忘れなく明日への幸福のために一生懸命努力なされんことを心からお祈りして止みません。

たとえ山室区は御解散なされても後に残る自然と共に私達の胸にいつまでも生きるのです。

山室区の皆さんさようなら。

昭和二十九年十二月十九日　佐久間村立佐久間中学校　生徒代表　秋野一二

清らかにすんだ天竜川の水も赤石の山々も、冬の色しだいにこまやかな今日ここに山室の旧家北井さんのおたくで、湖底にふかくしずんでゆく山室部落の解散の式おあげになるにさいし、私供子供の立場からごあいさつ申し上げますことは、私にとりましても一生の思い出となることでありますことに（ママ）光栄にぞんじます。

考えてみまするに、みなさん先祖が天竜川のほとりに山室の地を安住の地とさだめられ、斜面に石垣をきずき畑をつくり山を切り開いて木を植えられましたるこ

写真 2-66　北井福次郎氏宅で行われた山室集落解散式（昭和 29 年 12 月 19 日）

写真 2-67　熊野神社前での解散式の宴（昭和 29 年 12 月 19 日）

写真 2-68　解散式の時 山室の戸主の方々の記念撮影（昭和 29 年 12 月 19 日）

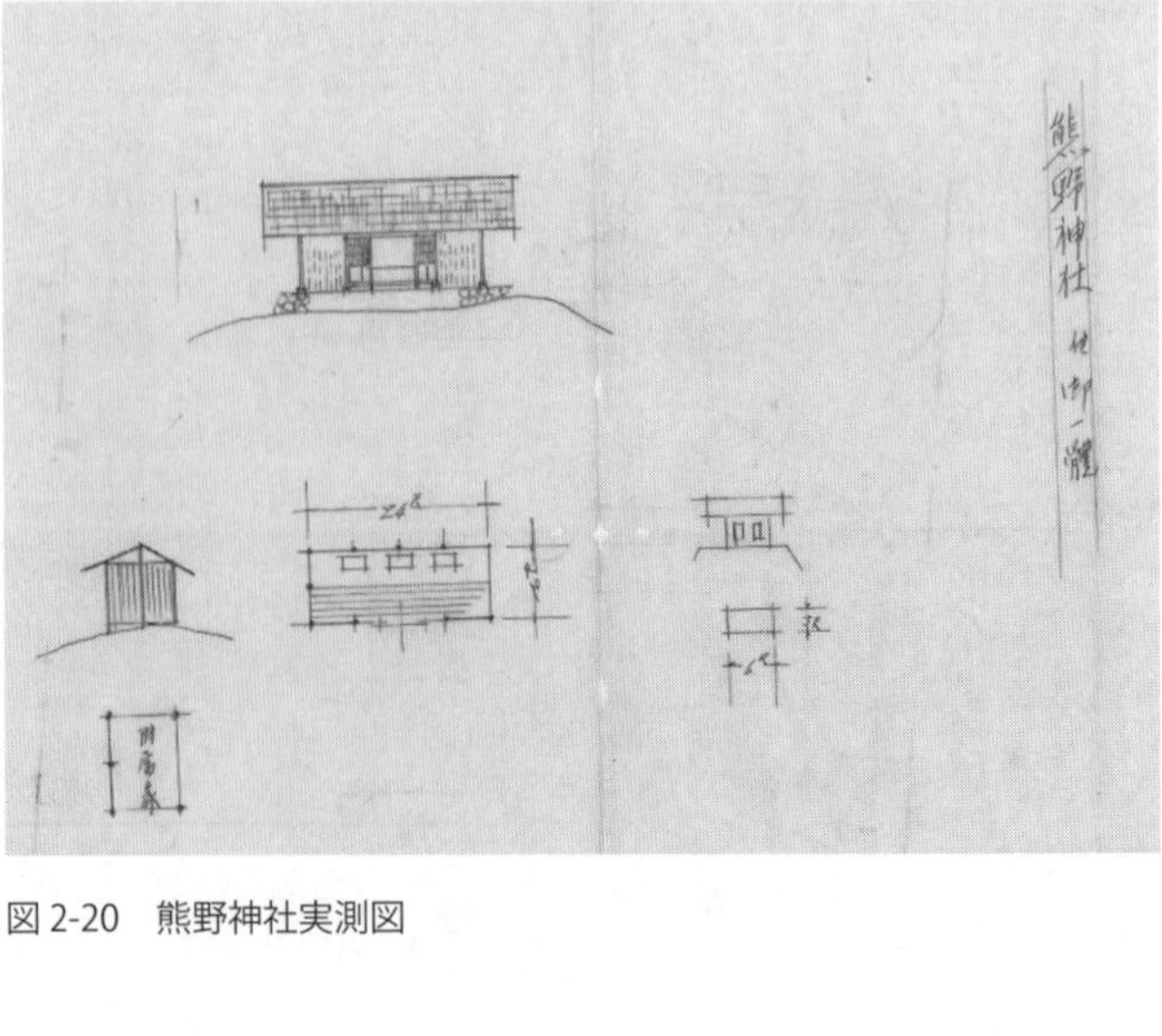
図 2-20　熊野神社実測図

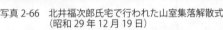

とは、千年にちかい昔とされ、郷土げいじつ（ママ）花の舞はその時はじめられたこととききいています。

山に川に天産物にとみみかんの花咲くあたたかい土地、昭和十一年頃より飯田線は開通し天竜山室駅もできまして、交通にもめぐまれ戸数十二戸の人達は人情もこまやかにて楽しい生活をせられ何一つ不自由もございませんでした。が昨年四月より佐久間ダム工事がはじまりここに、全部落はみずうみの底に深く沈んでゆく運命となり、家族のように仲よくしていらっしゃった山室の人たちもちりちりばらばらになり、他の土地をもとめてゆかれまうことはまことにおきのどくにたえません。

古いかきものをみますと、明治三四年の四月に山室夜学会ができ冨田金蔵先生がいらっしゃったこと、学む委員として守屋鶴吉さん、榊原滝十さん、北井さん、竹内さんのおなまえが見えています。飯田線ができましてからは子供は本校へかよい今でもたくさんのお友達がきて仲よくべんきょうしています。このお友達ともばらばらにおわかれしなくてはなりません。まことに淋しいおもいがします。佐久間ダムができあがりますと、山室のすべては水の底となりトンネルをくぐる電車の響も、山室の滝の水音もきこえなくなり、ひろびろとした湖水に影をおとす雑木林のみ、人のすがたもなくさびしいところとなるでしょう。

今私どもの目にうつるすべてのも一木一草にいたるまで湖底にしずんでゆきます。かれんに咲くつばきの花水仙の花にもなんとも云えぬ愛着をかんじます。

いくさにやぶれた日本がたちあがり国民が幸福になるためにはどうしても電気が必要だそうです。

八千万の日本人が幸福になるためには山室の人たちにぎせいになっていただくのも又、やむをえないことですどうぞ皆さんがまんして下さい。

人間至るところに青山ありと昔の人たちは教えています。どこへまいりましても日本人のすべてはあたたかい心で皆さんをおむかえすることでしょう。

時折は皆さん同志お集りになり三十五万キロの堂々たる発電所やまんまんたる湖水をごらんになり昔話に花をさかせて下さい。

たとえこの山室部落が永久に地上より姿をけしましてもおたがいの心の中には、はっきりとうかび滝のひびきもきこえてまいります。皆さんがいつまでもいつまでも心と心をかよわせてたがいに力を合せ、強く強く生きてゆかれますことをお願致します。

意義深いこの解散式にあたりまして、山室最後の日までごらんになられます皆さんの上に又わたくしどものお友達の上にダムの水より多い幸福がたくさんまいりますことをお祈り致しましてごあいさつといたします。

佐久間小学校　生徒代表　鳥居和子

榊原博さんはこの日のことを、今でも昨日のことのように思い出すという。北井氏の座敷には、襖を取り払っても立錐の余地がないほど人が寄り合い、そんな中、北井三子夫村長が村を代表して話をし、北井福次郎地区長が地区解散の宣言、佐久間中学校生徒代表の挨拶、佐久間小学校児童代表の挨拶となった。この小学校児童代表の鳥居さんの話には、多くの住民が涙したという。式の後、各々思い出を語り合い、北井家の庭で記念撮影をした。そして熊野神社前の広場、河原で宴を張り、ここでも記念撮影をした。既に一二月一九日の時点で移転を終えていた家もあったが、大半の家は一月から三月に移転を控えた、慌ただしい師走であった。榊原博さんはこの時二五歳で、昭和二四年（一九四九）の父の他界の後、家督を継ぎ、国鉄で働いていた。この時まだ移転先は決まっていなかったが、豊川市西豊町へ移転し、国鉄勤務を継続しようと考えていた。落ち着いて別離の感慨に耽る余裕はなかったという。

この解散式と前後して、集落の各戸は山室から次々と移転していった。今まで住んでいた家屋を取り壊し、更地にしなければならなかった。移転補償の条件である五月までに家屋の残滓がないように片付ける作業は辛く、重労働であった。取り壊し作業は互いに手伝うのが当然のことと考え、お互いに助け合った。また、取り壊した家屋の柱等の材は、移転先へ持ち込み、そこで家を建てる材に用いた。

（五）先祖祀り

山室の各戸は、水没に伴う家屋の取り壊しと移転を進めた。一三軒のうち四軒は昭和二九年（一九五四）のうちにほぼ取り壊し、移転を終えていたが、後の九軒は昭和三〇年（一九五五）に入って慌ただしく移転先を決め、家屋を取り壊して移転し、新転地の家屋の建設を順次進めていた。その折、多くの家では山室に住んで来た各戸の先祖の霊を慰め、移転する作業を行った。これを先祖祀りと呼び、各戸では集落の住人や親戚、縁者を呼んで丁寧に行った。この先祖祀りの様子について、現在豊川市に

「うれしいな、山室のことを聞いてくれて」

榊原博さん・幸子さん

写真 C2-8-1　榊原博さん・幸子さんご夫妻

山室の榊原家の長男

佐久間ダム建設によって水没した集落 山室に住んでいた榊原博さんは、廃村の年、昭和三一年（一九五六）の春に、現在住む愛知県豊川市西豊町に越してきた。博さんは昭和五年（一九三〇）、佐久間村山室の榊原家の長男として生まれ、昭和二〇年代は国鉄職員として働き、天龍山室駅から飯田線に乗って中部天竜まで通った。昭和二九年（一九五四）に佐久間ダム建設により山室の集落が水没することが決まり、山室の各戸は部落解散式を開催し、電源開発と補償契約を結び、村外へ移転していく。榊原家も電源開発から「八〇〇万円」の補償金をもらい、移転することになる。

博さんの実父の康雄さんは、第一八代佐久間村長を務めた人で、昭和二四年（一九四九）に現職のまま、喉頭癌で壮絶な死を遂げる。博さんはこの時まだ若干二〇歳であったが、喪主を務め、葬儀の様子は博さんの記憶の中に鮮明に残っている。その葬儀の写真が残っている。写っている屋敷は榊原家であり、写真の左側に天竜川の河谷が広がる様子が窺われる。榊原博さんの家は、天龍山室駅の下、北井福次郎さんの家の北側にあった。榊原家には「明治二三年一月二四日　豊田郡佐久間村佐久間　榊原源蔵」と記された屋敷の間取り図が残っている。源蔵氏は博さんの祖父である。この間取り図には方位も入り、屋敷の南側からこの写真が撮影されたことがよく分かる。源蔵氏は弘化二年（一八四五）生まれで、屋敷は明治二三年（一八九〇）、源蔵氏四六歳のときに新築され、当時としては相当大きな屋敷であったことが想像できる。

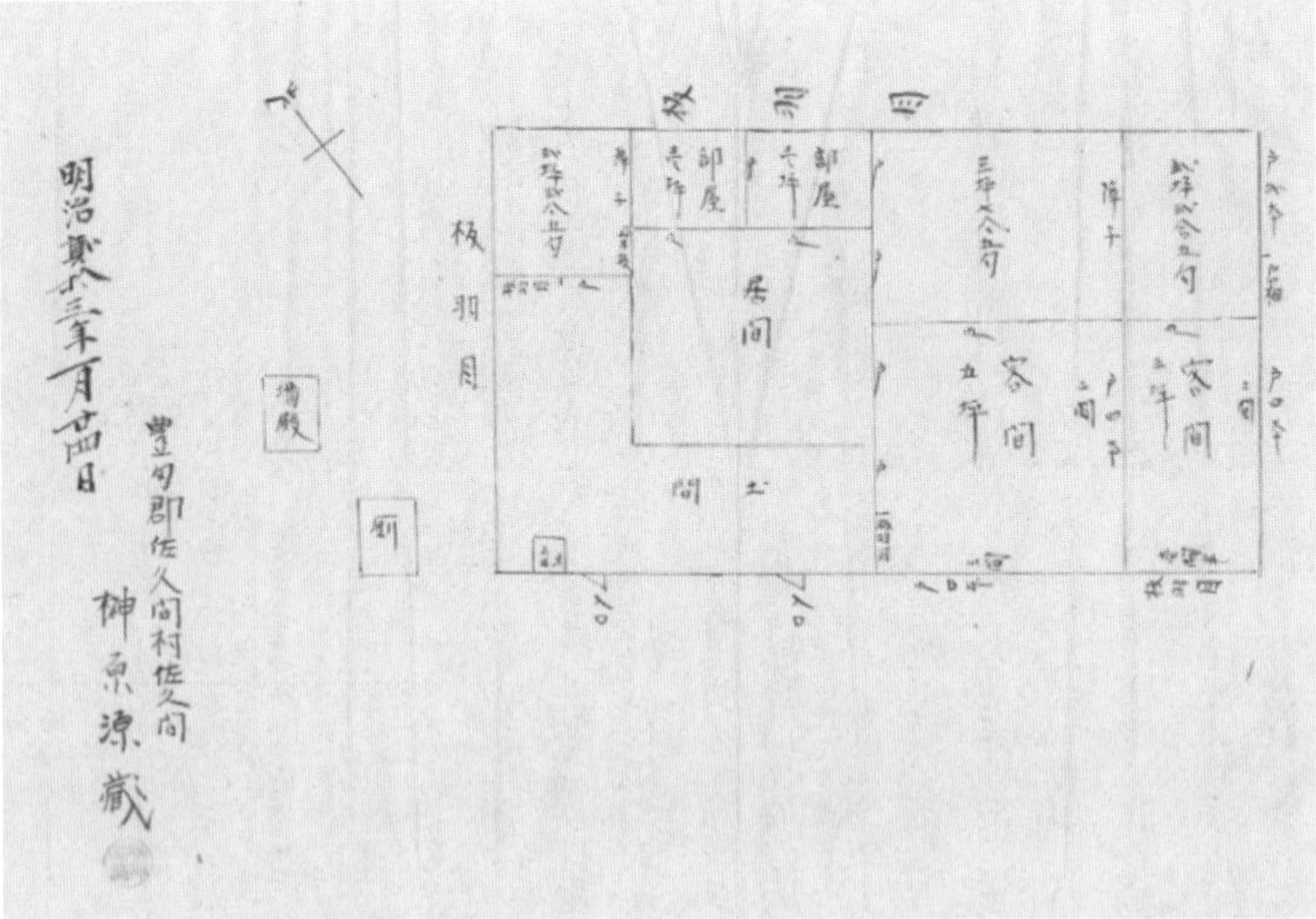

図 C2-8-1　明治 23 年榊原家の間取り図

博さんが昭和三一年に豊川市西豊町に建てた新住宅の材料には、解体した山室の榊原家の部材が用いられたという。大黒柱、梁材、棟材など、多くの材を飯田線で運んだ。元の家の梁材に使われていた桜の良材も解体して運搬した。それらの材は現在の家屋の基礎となっているが、建築する時、表に見える材には用いなかったという。

『さくま』（佐久間村役場発行広報誌）昭和三〇年一月一日号に、水没集落山室の「地域解散式」のことが記載されている。佐久間ダム建設のため全区が水没となる山室と豊根口の二七世帯、一一〇名の「地区解散式」が昭和二九年（一九五四）一二月一九日に山室の北井福次郎氏宅で行われた。そこには山室部落（豊根口を含む）の移転者名簿が掲載されている（表2-20参照）。名簿にある戸主一七名のうち、平成二八年（二〇一六）七月現在お話を聞ける唯一の存在が博さんである。また、博さんは、昭和二九年六月二七日に高松宮・宮妃が来訪した際、中部の電源開発迎賓館で催された宴に出席され、記念写真（写真2-61）に高松宮の後ろの位置で映っている。

博さんは、昭和三二年（一九五七）三月に幸子さんと結婚した。幸子さんは昭和七年（一九三二）に愛知県豊根村古真立分地（こまだてぶんち）の鈴木家に生まれた。古真立分地は天竜川右岸にあり、天竜川を挟んで山室の対岸にある集落である。昭和二一年（一九四六）まで分地で暮らしていた。その後豊橋の女学校に入り、豊橋で就職し、そのまま博さんと結婚した。分地はわずか一二軒の小集落で、子どもの頃から対岸の山室を見て暮らしてきた。ここも佐久間ダム建設時の昭和三〇年前後に全ての家が移転した。結婚後、西豊町に住み、戦後洋品店を経営しながら、陶芸家としても活躍してきた。

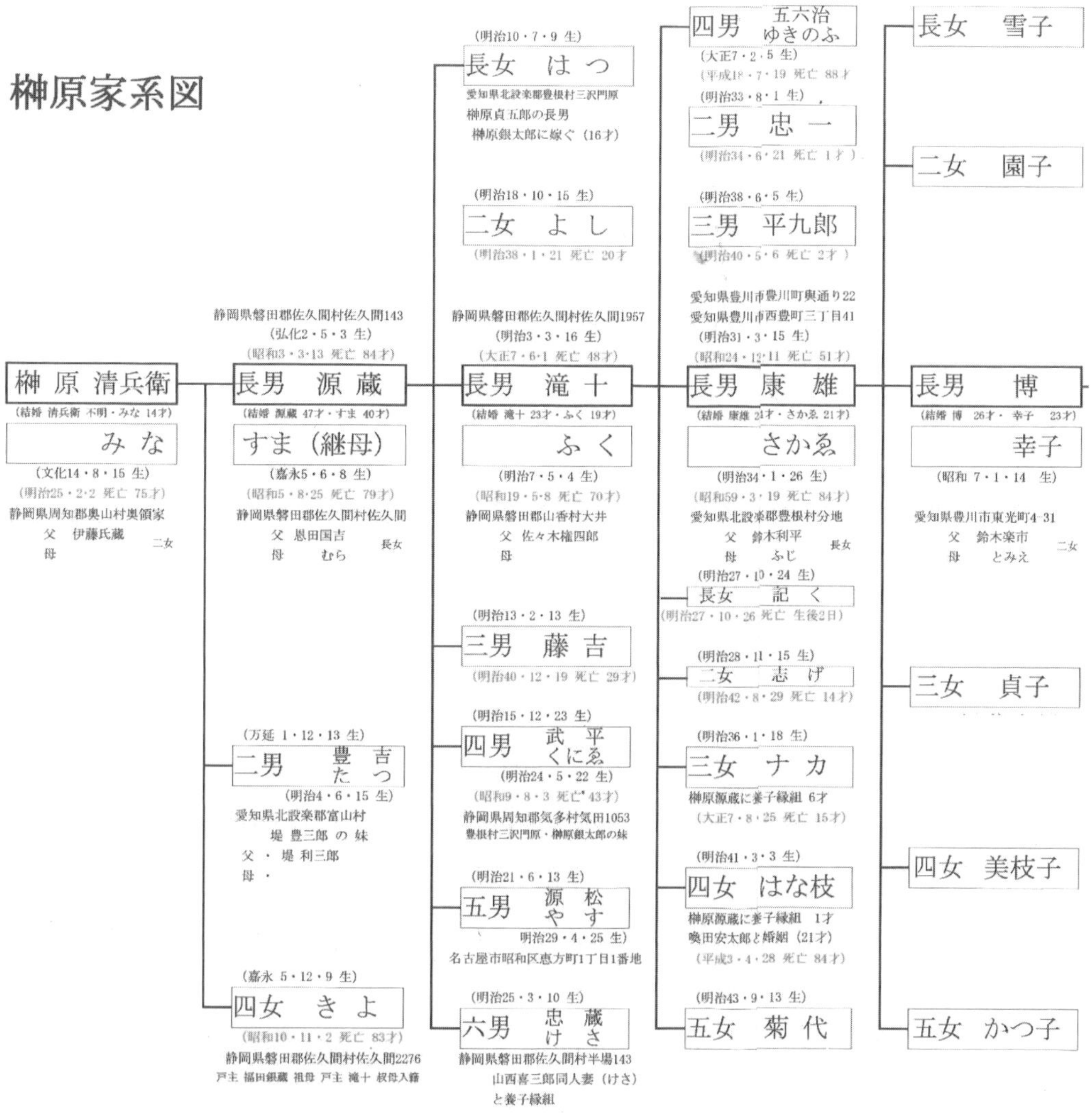

図 C2-8-2　榊原博さん家系図

山室の人たちの気性

博さんと幸子さんは「ヤンブロ（山室）」の人の気性について、「山室はみんなお殿様だって」という。「いごかないムラ」という。いごく＝動くことであり、山室は畑が広く確保でき、農作物が豊かに穫れて「ビンボウ人（貧乏な人）がいないムラ」であった。この周辺地域では豊かで安定した集落であったという。また特別な大地主がいたわけでなく、みんな平等で住みやすいムラであった。

ヤブ医者

今使われる「ヤブ医者」は、医術のつたない医師、見立ての悪い不評の医師のことであるが、戦前、戦中までの佐久間の小さな山村には、医師免許を持っていないが見立てをし、病人、怪我人の相談に乗り、場合によっては簡

コラム2-8

単な医療行為をする「やぶ医者」と呼ばれる人がいた。博さんの実父の康雄さんは山室で「引っ張りだこ」の「ヤブ医者」であった。

写真 C2-8-2　小澤雪子さん

天竜川の激流・山室の滝

中部にあるさくまの里に入所している小澤雪子さん（大正一一年生まれ）にお会いした。山室での生活のことを訪ねると、「思い出すと泣けてきちゃう」と言ってハンカチを目頭に当てた。

雪子さんは榊原博さんの姉である。山室に生まれ、佐久間尋常高等小学校を卒業して、家族の反対もあったが、昭和一七年（一九四二）から新居町にあった紡績工場に三年間勤め、戦争の空襲が激しくなった昭和二〇年（一九四五）に山室に戻り、その後中部の小澤家に嫁いだ。山室は思い出の詰まった故郷であるが、昭和三〇年に集落が水没して以来、一度もその地を訪ね見たことはない、という。

山室はどのような村でしたかと尋ねると、言葉に詰まりながら、「天竜川の激流が思い出される。あれは山室の滝と言われていた。」と話す。山室は天竜川の左岸、東側に開かれ、山室の少し上流に行ったところが滝のように急流になっていて「山室の滝」と地域では呼ばれていた。

写真 C2-8-3　筏流し（山室の滝を下る）

住む榊原博さんと藤原忠光さんからの聞き取りをもとに記録する。

先祖祀りは、山室では全戸水没移転が決まり、ハカと呼ばれていた共同墓地から先祖代々の墓を村外へ移転する時に特に行った。榊原家では昭和三〇年五月までに移転先を明確に決めることができなかったが、先祖祀りは昭和二九年一〇月に行った。この時の写真が何枚か残されており、貴重な資料として掲載させていただいた。

この日、区長の北井福次郎氏はじめ山室の人、親戚、峯の金桂寺の僧侶、山室熊野神社禰宜・藤原重義氏等の五〇名ほどが集まった。まず、戸主はじめ（この時榊原家は博さんが務めた。）、禰宜、親戚がハカに行って、御先祖様の骨を持ってきた。この骨は、家族が前もってハカに行き、榊原家が土葬をする区画を掘り起こして拾い集めた骨を、自分の畑に持って行き、枯れた柴等を被せて焼き、これを集めておいたものである。ハカは集落の北の外れ、少し東の高台にあり、山から下ろすという感覚だったという。また、榊原家は、熊野神社の南側にあった「若宮神社」と書かれた自然石と、何も銘文はないものの水神様とされて置かれてあった自然石をこの時下げて、榊原家に運び込んだ。次に家で先祖祀りが行われた。家の仏壇や神棚がある座敷には、位牌、熊野神社の御札が並んだ祭壇が設けられ、注連飾りや注連縄が張られた。僧侶の読経の後、神官が先祖祀りの祝詞を上げた。この先祖祀りの記念写真が写真２-70である。中心に榊原博さん夫婦、区長の北井氏、金桂寺僧侶、禰宜の藤原氏の姿が見える。

この後、榊原さんは昭和三一年（一九五六）三月に現在の居住地、豊川市西豊町に新居を建てた。山室の家から飯田線の貨車に載せられて、仏壇や桐の箪笥、薬箱の棚、神棚等、多くの家具が持ってこられた。明治二二年に作られた位牌を仏壇に納め、熊野神社のお札を神棚に納めた。また、先祖祀りの時に下ろした若宮様と水神様の自然石も運び込まれた。庭の北西の位置に、大正一二年銘の「若宮神社」と書かれた自然石、

写真 2-69　山室榊原家での先祖祀り

写真 2-70　榊原家の先祖祀りの後の記念撮影

写真 2-71　先祖祀りでハカから先祖の骨を下ろすところ
（藤原家蔵の写真）

写真 2-72　先祖祀りの様子（藤原家蔵の写真）

写真 2-73　榊原家の位牌（明治 22 年作）

写真 2-74　現在の榊原家の仏壇と神棚

写真 2-75　現在の榊原家（豊川市西豊町）

写真 2-76　現在の榊原家の庭にある水神様、若宮様等

大正二年銘の「大山祇命」と書かれた自然石、水神様の自然石、そして「諏訪大明神守護　天保二年」と「津島牛頭天王　文化九年」の棟札が二枚入った小祠が建てられ、並んで祀られている。また、西豊町の自宅の側に東山墓地という共同墓地があり、そこに榊原家の墓を造成した。先祖祀りの時に山室のハカから下ろした先祖代々の骨は、この東山墓地に納めた。榊原博さんはいう。「山室の家の中でも骨を掘ってこない者がいた。そういう家はバチが当たって家が潰れた。□□家もそうだ。□□家もそうだ。先祖祀りしてちゃんと御先祖様を連れてこなくちゃいかん。」

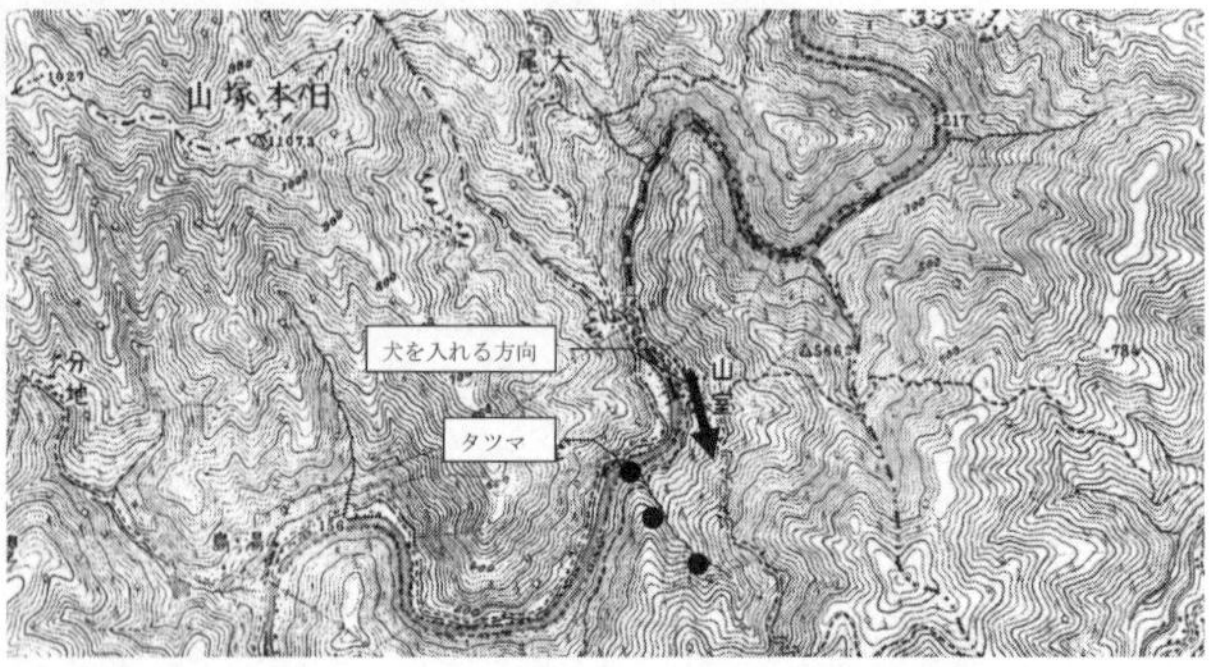

図 2-21　山室狩猟図

（五）山室での狩猟

榊原博さんが、父の榊原康雄さん、同じ集落の北井福次郎さん、谷口今朝平さんの四人でイノシシ猟に行った時のことを語ってくれた。

昭和二〇年代前半のことで、正確なことは不明としながらの記録である。山室一三戸のうち銃の所持許可を持って狩猟をする家は、榊原康雄さん、北井福次郎さん、谷口今朝平さんの三軒であり、他の家では狩猟は行わなかった。山室周辺の山にはイノシシが多数生息していて、集落の周辺の畑を荒らすこともしばしばあり、イノシシ猟は集落の農業の害獣対策としても必要な狩猟であった。山室周辺ではニホンジカはほとんど見られなかった。峻険な矢岳山の西側のこの地域はシカが生息できる環境ではなかったとも言われる。小規模であったがノウサギやカモシカを獲ることもあった。

榊原康雄さん、息子の博さん、北井福次郎さん、谷口今朝平さんの四人で猟に行く場合は、博さんがセコとして犬をかける役割をし、康雄さん、北井さん、谷口さんの三人がタツマを請け負った。山室の集落の東側の矢岳山の山稜に、狩猟に入ることが多かったという。よく入った狩猟の代表的なコースをたどる。東側の山からオオノ沢という沢が山室の集落に下りているが、その沢沿いにセコが入った。タツマの三人は集落の南の尾根下に陣取る。一人は天竜川の左岸沿いに位置する。二人はその南東の山の中に位置する。タツマが鉄砲を構えて待つこの場所のことをマチバと呼んだ。セコは三匹の犬をこのオオノ沢沿いに連れていき、南に向かって犬を放つ。犬をかけるとイノシシは南に向かうが、しばしば天竜川へ下りていくコースを取るため、天竜川沿いのタツマの前に現れることが多かった。博さんは二〇歳前後でこの猟に参加したが、タツマが配置できていないにもかかわらず犬を放してしまったことが何度かあり、「早すぎてはいかん。いいか二〇分待ってから犬を放て。」とよく叱られたという。三軒の家の四人前後で行う小規模なイノシシ猟が大半であったという。

写真 2-77　佐久間ダム建設犠牲者慰霊碑

写真 2-78　96 人の犠牲者名を刻んだプレート

六　佐久間ダム建設犠牲者慰霊祭

（一）佐久間ダム完成記念式典

昭和三一年（一九五六）一〇月一五日、着工より三年という予定どおりの短期間で佐久間ダム建設は完成竣工式を迎えた。この日、ダムサイトにおいて、通産大臣、建設大臣、郵政大臣はじめ関係者四〇〇余名が参列して、国の挙げての盛大な完成祝賀式典が行われた。町村敬志が『開発の時間　開発の空間』（二〇〇六年）で、この式典が日本において「戦後史における最初の巨大開発プロジェクト」の完成記念式典として、戦後日本の巨大開発事業の象徴的式典であったと述べている。

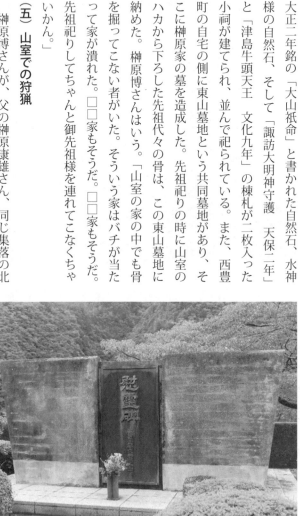

写真 2-81　天竜川から昇る龍神

写真 2-81　佐久間ダム祭りで披露される龍神の舞

写真 2-79　第4回慰霊祭での龍神の舞（昭和 36 年）

この竣工式の一月前の昭和三一年九月一〇日には佐久間村、山香村、城西村、浦川町の四ヵ町村がそれぞれ町会、村会を開催して、合併決議を承認した。九月二八日には、佐久間村、山香村、城西村、浦川町がやはりそれぞれ解散式を開催した。そして九月三〇日に四ヵ町村が合併し、ここに佐久間町が発足した。合併当時、昭和三〇年（一九五五）の国勢調査によると、四ヵ町村の人口は二万六〇〇〇人に達していた。

敗戦後の日本において皇室の地方視察は、国策としての開発事業の象徴的な行事となっていた。佐久間ダム建設においても、建設中の昭和二九年（一九五四）六月二七日に高松宮・同妃が視察し、渋沢敬三が同行して、山室の花の舞が来訪を歓迎して舞われた。ダム完成後の昭和三二年（一九五七）九月二五日に皇太子が、一〇月二八日に昭和天皇・皇后がダム視察に来訪している。特に昭和天皇の来訪時には、町役場からダムまでの道に歓迎の町民が詰めかけた。

『広報さくま』第四号（昭和三二年十二月一〇日号）に次の記事が掲載された。

「三億二六〇〇万立米の水を湛えた大貯水池にも感嘆の御様子であらせられ、思いの外時を過され、あづき色の御料車は秋の陽を照返して午后二時佐久間発電所に御到着になられた。発電所構内で奉迎した遺族、高齢者一二〇〇人が実際に御目にかかる、何とも云い表し様もない感激にうち振る日の丸の手旗も一入大きく揺れて、僅か十数分間の奉迎は終わったものの、奉迎にあたり、口から煙草をはなしたことがないと云う程煙草好きの老人が、その日は好きな煙草をじっとこらえ両陛下をお迎したと云う話もあり、その感激は一入で終生忘れ得ぬものが御座居ましょう。

研究心の御強い両陛下は、十五分の御視察予定を数分延長になり、発電所内の御視察を終えられて、この日二万有余の奉迎者の振る日の丸の中を午后二時二〇分御帰路につかれた。」

市原鬼三郎さん（大正一〇年生まれ　昭和三二年当時、町役場勤務）は、「天皇陛下を迎える時は緊張した。滞在は短い時間であったが、その盛り上がりは忘れられない。佐久間ダムのおかげで佐久間は栄えたとその時思った。」と語ってくれた。佐久間町住民の中には、この天皇の来訪を、佐久間町の繁栄の象徴として捉えた人が大勢いた。

（二）佐久間ダム建設犠牲者慰霊祭と「龍神の舞」

佐久間ダム完成祝賀式典の前日、一〇月一四日にはダム湖畔に建設時の犠牲者の慰

佐久間ダム建設慰霊祭

「龍神の舞」を創始した丸山弘人さん

浅草の「金龍の舞」を導入

　現在、佐久間ダム祭りは毎年一〇月の最終日曜日に龍神の舞を中心に開催され、平成二八年（二〇一六）で五六回目を数える、半世紀を超える歴史ある行事となっている。この龍神の舞を創始したのは中部の商店街の店主達であり、その中心的な役割を果たしたのが丸山弘人さんであった。『開発の時間　開発の空間』所収、寺田篤生の「ポスト佐久間ダム開発期における地域文化統合様式の歴史変容」には、「佐久間の「龍神の舞」起源は、中部商栄会の丸山弘人（のちの龍神保存会初代会長）が東京・浅草を訪ね、「金龍の舞」関係者から手ほどきを受けた「舞」を、佐久間に持ち帰ったことにはじまる」と記されているが、丸山さん自身は浅草を訪ねたことはなく、また初代会長でもない。丸山さんは、平成二八年現在会長を務める大見芳さんの前の代、平成六年（一九九四）から平成一二年（二〇〇〇）まで会長を務めた。

写真 C2-9-1　丸山弘人さん

　昭和三五年（一九六〇）の佐久間ダム慰霊祭から龍神の舞が舞われるようになったが、その経緯をよく知っているのが丸山弘人さんである。丸山さんから、龍神の舞が導入された当時のこと、その後の慰霊祭のことなどを聞くことができた。丸山弘人さんは昭和三年（一九二八）佐久間中部で生まれた。父は王子製紙に勤務していた。戦後中部で父が丸山洋品店を始め、そこで手伝いをしながら洋品店の西側に丸金精肉店を独立させた。佐久間町議を六四歳まで務め、平成二八年八月に旭日単光章の叙勲を受けた。

龍神の舞

　龍神の舞は、昭和三五年に、間組を介して東京の浅草、浅草寺に伝わる「金龍の舞」を教えてもらい、佐久間に導入したという。浅草寺では秋の彼岸に舞われるものであったが、佐久間では昭和天皇が佐久間ダムを視察した一〇月二八日の近くの日曜日ということで、一〇月最終日曜日にやるようにした。佐久間ダム建設に来ていた間組の労務班の中に「金龍の舞」に詳しい者がいて、中部の宥泉寺で、当時の中部の商店街の組織（中部商栄会）の者がその指導を受けて習ったという。この宥泉寺は、佐久間ダム建設のとき工事で殉職した者を安置する寺であり、慰霊の舞を練習するのに相応しい場所であった。

写真 C2-9-2　天竜川から上る龍神

　丸山氏が強調するこの佐久間の龍神の特色は、鱗にあるという。龍神の頭は中華人民共和国や日本でも九州とくに長崎などで見られる龍神と同じであるが、佐久間の龍神の鱗は大きく、鯉の鱗を表現しているという。浅草寺の金龍はじめ日本の他地域に伝わる龍の鱗は細かくて、蛇の鱗を表しているという。確かに佐久間の龍神の鱗は鯉昇りの鯉

コラム 2-9

の鱗と同じもののように見て取れる。ここには佐久間ダム完成を祝って皇室から下賜された鯉が今も佐久間ダムに居て、それが飛翔し龍となり、ダム祭りに現われ、建設犠牲者の慰霊をするのだと説かれる。

宝珠は犠牲者の御霊

丸山氏は今一つ、宝珠に着目するようにと言われた。宝珠は佐久間ダムの犠牲者96人の御霊の象徴であるという。これを守護するのが龍神の舞であり、慰霊碑の前で、昭和三五年から休むことなく続いて伝承されてきている。犠牲者を慰撫する大切な祀り、舞である。その気持ちが現在でも中部の商店街の店主には宿っていて、毎年のダム祭りでの龍神の舞の奉納になっている。

『広報さくま』の第八号には町長名の「祭詞」が載っている。

「山美しく水清き茲日本一の佐久間ダムの湖水のほとりに静かに眠ります九六柱の御霊に対し奉り心より御慰霊の言葉を申上げます。

思えば昭和二八年若葉のかおる頃より着工いたしました佐久間ダム建設工事に際し、電源開発株式会社、株式会社間組、株式会社熊谷組の数千の男飛龍達は、世紀の大工事であり且日本産業界の最も要望する電源開発の大事業に感激と希望に満ちて、この難工事に取組みました。

写真 C2-9-3　昭和天皇皇后の佐久間ダム訪問（昭和 32 年）

日本三大急流の一つである大天竜をせき止め、三億三千万立方米の水を湛え三五万キロの発電を行わんとする大工事を、わずかに三ケ年の短期間に完成せんとするものであり、近代科学の進歩とは申しながら風雨と戦い寒暑を凌ぎ大自然に挑む苦労はなみたいていのものではなりません。

高松宮妃殿下の御歌（ママ）にも

「雄々しさの　限りなりけり天竜の流れに挑む人の力は」

誠に雄々しさの限りと申さなければなりません。その努力は遂に実を結び、昭和三一年一〇月一五日見事に完成、満々たる大湖水と三五万キロの発電が実現、我が国産業界に偉大なる光明を点したのであります。この完工に感激と喜びを挙げたのは赤石山系にこだまとなり響きわたったのであります。

驚くべき科学の勝利とは申しながら、電源開発株式会社、間組、熊谷組各位の御苦労に対し心より感謝するとともに、その功績を称えたいと存じます。

然しこの大工事の礎石として痛ましくも尊い生命を捧げられました九六柱の御魂のあることを忘れてはなりません。年老いた父母をのこし、いつくしみの妻子をのこし、ひたすらにこの難工事の完成を瞼にえがいて血と汗の敢斗（ママ）を続け、若い生命を捧げられました方々は洵にお気の毒でした。然しその雄々しさはまことに殉国の英霊にひとしく、ただただ頭の下る思いがいたします。

昨年の九月には皇太子殿下、菊花香る一〇月二八日には天皇、皇后両陛下聖駕をこの地に進め給い英霊の功績を御賞讃遊ばし、

「たふれたる 人のいしふみ 見てぞ思う たぐいまれなる そのいたつきを」

の御歌を賜り、まことに光栄でございました。

日本一佐久間ダムは、佐久間町の中心をなし、電源と観光地として欠くべからざるものとなり、年間数千万人の人達が来町し、英霊の手になる佐久間ダムの偉容に驚異の目を見張り、その偉業をたたえています。

ねがわくば魂魄永久にこの地に鎮まりまして佐久間ダムを守り、遺家族の皆様の上に御加護下さいますよう、お祈り申上げます。

本日茲に慰霊祭を執行するにあたり衷心より御冥福を祈り、電源開発株式会社、間組、熊谷組の隆昌と遺家族各位の御幸福を念願して止みません。

昭和三三年一〇月二八日　祭主　佐久間町長　北井三子夫」

現在の佐久間ダム祭

「龍神の舞」保存会会長の大見　芳さん

龍神の舞のストーリー

平成二八年（二〇一六）の佐久間ダム祭りは一〇月三〇日（日）に開催された。この年、異様なまでの暖かさが続く中で、この日は平年並みの一〇月下旬の気温になり、朝は冷えを感じる日であった。現在の佐久間ダム祭りは、七人の男衆が勇壮に操る龍の登場する「龍神の舞」が中心となって、ダム広場で行われる。一〇月の最終日曜日に行われるが、これは昭和三二年（一九五七）一〇月二八日に、昭和天皇・皇后が完成した佐久間ダムを視察に訪れたことに因んでいる。このとき、ダム建設犠牲者の慰霊祭が行われた。その後、この一〇月二九日の直前直後の日曜日（一〇月最終日曜日）に慰霊祭が行われるようになった。龍神の舞は、昭和三五年の第四回の慰霊祭のときに中部商栄会（中部の商店街の店主の組織）により奉納されたのが始めであり、平成二八年で五六回目を迎えた。

写真 C2-10-1　龍神の舞を先導する大見芳さん

この龍神の舞について、佐久間町制四〇周年記念要覧『まほろばの郷』（平成九年刊）では、「皇居のお堀に住む緋鯉と真鯉がダムの守護神として放流されたことから」、龍神が舞われるようになり、その龍神の胴の鱗は鯉の鱗であるという。また、このとき天竜川を渡御した後に龍神を先導するのは、先頭に御幣を持った龍神保存会長（現在の保存会長は大見　芳さん）と宝珠である。この宝珠は、佐久間ダム建設時の犠牲者九六柱の慰霊だとされる。宝珠を守護して龍神が勇壮に舞うと解釈されている。この解釈は現在ダム祭りの龍神の舞の説明でも用いられている。

昭和天皇から下賜された鯉が佐久間ダム湖に棲み、それが龍神となって佐久間ダム祭り・ダム建設慰霊祭のときにダム湖上に現われ、湖面を渡御する。龍神はダム湖岸に上陸し、宝珠を守護するように同行し、ダム犠牲者が祀られる慰霊碑まで昇り、そしてダム広場で龍神の舞を観客に披露する。このダム広場は昭和天皇皇后が視察したときに行啓記念で建てられた歌碑の眼下にある。これが昭和三二年（一九五六）に竣工した佐久間ダムを記念して始められたダム祭り、龍神の舞のストーリーである。

現在の佐久間ダム祭り

現在の佐久間ダム祭りおよびその中で行われる龍神の舞について記録しておく。

平成二八年一〇月三〇日（日）に「第五九回　佐久間ダム竜神まつり」が行われた。現在では主催が浜松市になっており、運営は天竜区観光協会佐久間支部である。協賛団体はＪ－ＰＯＷＥＲグループおよび（株）安藤・間となっている。プログラムは以下のようになっている。

「第五九回佐久間ダム竜神まつり
一〇／三〇（日）
一〇：〇〇～一〇：一五（ステージ）
開会式
一〇：二〇～一〇：五〇（ダム湖）
竜神渡御
一〇：五〇～一一：二〇（ステージ）
さくまるジャンケン大会
一一：二〇～一一：五〇（広場）
竜神の舞（午前の部）
一一：五〇～一二：二〇（ステージ）
ご当地〇×クイズ
一二：二〇～一二：四〇（広場）
佐久間飛龍太鼓
一二：四〇～一三：一〇（ステージ）
浜松ベンチャーズ
一三：一〇～一三：三〇（広場）
佐久間飛龍太鼓
一三：三〇～一三：五〇（ステージ）
浜松ベンチャーズ
一三：五〇～一四：一〇（ダム湖）

コラム 2-10

湖上打上げ花火
一四：一〇～一四：四〇（広場）
竜神の舞（午後の部）
一四：四〇～一五：〇〇（ステージ）
景品付き餅投げ大会」

龍神の舞の準備は前日、中部龍神保存会の人達によってダム湖の右岸側に渡御の船二槽と、御幣、宝珠、龍神、楽器を運びこんでおく。祭典当日、午前一〇時に先頭の船に御幣を持つ保存会長、宝珠、そして龍神を持つ七人の男衆が乗り込む。そして後ろの二槽目に楽器を持つジャッパ（シンバル）二、小ジャッパ二、ドラ（銅鑼）一が乗り込む。二槽の船はダム湖の西岸から湖面を大きく蛇行するように渡御する。先の船よりスモークが焚かれ、龍神が霧の中、飛び舞うような演出がなされる。一〇時四〇分、ダム湖の東岸、慰霊碑のある高台の下、ダム広場下に着岸する。そこから階段がダム広場まで通じていて、御幣を持った保存会長、宝珠、七人が支える龍神、楽人、付き人が順次上っていく。ダム広場を横切り、その上にあるダム建設犠牲者の慰霊碑にまず参拝する。参拝は慰霊碑の前で、保存会長、宝珠、そして龍神が一列に並び、慰霊碑に向かい拝礼する。その後、昭和天皇の御歌の碑の下の階段を下り、ダム広場の西端に龍神が一度置かれる。

一一時二〇分になると据え置かれていた太鼓、そしてドラ、カネ、ジャッパが威勢よく打ち鳴らされ、爆竹が轟き渡り、宝珠を先頭に龍神が舞い出す。龍神は頭を先頭に最終尾の尾を棒で支え持つ七人の男衆が巧みに龍神を操り、ダム広場を右回りに大きく回り舞う。龍神は全長一三m、全重量六〇kg、頭だけで五kgの重さがあるものである。その舞う様は宝珠を追い求めるように、宝珠を守護するように舞う。五周ほど舞い回るとき、爆竹が鳴らし続けられ、打楽器の楽が奏せられ続けられる。広場でもスモークが焚かれ、雲上で龍神が飛翔するような幻想的な演出がなされる。最後、広場の中心に龍神が据えられ、龍神の舞は拍手の中終了する。

写真 C2-10-2　佐久間ダム祭りの龍神の舞

写真 C2-10-3　慰霊碑を参拝する龍神

昭和天皇の佐久間ダム視察

昭和三二年（一九五七）一〇月二八日に昭和天皇皇后が完成記念に国体静岡大会に臨席した際に佐久間ダムを視察したことが『広報佐久間』第四号（昭和三二年一二月一〇日号）に掲載された。

「天皇皇后両陛下は、第十二回国民体育大会の開会式に臨まれるため、一〇月二五日皇居を御発ちになり当日静岡県庁に於て県特産品陳列などを御視察になられ、御昼食の後、明治天皇より御下賜金を賜り設立された済生会を御視察になられた。翌二六日には県営草薙競技場に於いて行われた国体開会式に臨まれ、午後より各種の競技を御覧になられ、二八日佐久間ダム及び佐久間発電所を御視察になられた。

当日は秋晴れの好天に恵まれ、両陛下がおそろいでお出ましになることは始めてのことでお迎えするに又とない機会であり、隣接町村、近郷からの歓迎者で沿道は人でうずもれ、かつてない人出の中を定刻より少し遅れて大輪橋を御通過になり一二時二〇分流静クラブにお着きになられた。御休憩の後、電源長田理事の御案内で第一展望台に向かわれ、昭和二八年天竜総合開発の一環として建設された世紀の大事業、本邦第一の一五〇米という高堰堤を正面より御覧になり、長田理事の説明にもいちいち頷かれ感慨深げな御様子であらせられた。」

霊碑の序幕式、犠牲者慰霊祭が行われた。この慰霊祭では九六人の犠牲者の名を刻んだプレートも公開された。佐久間ダム建設工事は、延べ三五〇万人のダム建設労働者が投下され、重軽症者四八〇〇人余、死者九六人を出した巨大建設工事であった。

また、昭和三三年一二月一〇日発行の『広報さくま』第八号には、同年一〇月二八日に佐久間ダム建設犠牲者慰霊祭が初めて行われた記事が掲載されている。

「菊香一〇月二八日、昨年の今日天皇皇后両陛下聖駕をこの地に進め給ったよき日に、佐久間ダム建設犠牲者の慰霊祭を電源開発株式会社、間組、熊谷組の共賛〔ママ〕を得て盛大に挙行した。

この日ダムは満々と水を湛え、全山を覆う紅葉は湖水に映えて美しく、九六柱の御霊を祀る慰霊碑は菊の花で囲まれ、参列者と折からの観光客で碑の前は人でうずまる中を白衣の神官によって厳粛に行われ、町長、発電所長、佐高生徒代表の祭詞に続いて間組より剣舞の奉納があり、正午に慰霊祭は終了致しました。

なお遺族には三名の代表に出席願いましたが、招待出来なかった遺家族へは当日供へた供物を送りましたところ、遠く鹿児島県からも丁寧な礼状を戴き係員を感激させており慰霊祭は出来る限り毎年実施したいと存じます。」

当時の『広報さくま』の「編集兼発行人」は北井三子夫となっており、この記事の「したいと存じます」の主語は町長・北井三子夫であろう。

昭和三四年（一九五九）の第二回ダム建設犠牲者慰霊祭では、川合花の舞が奉納されている。また、昭和三六年（一九六一）の第四回慰霊祭では、中部地区の商店街有志による「龍神の舞」が導入される。丸山弘人さんたち中部商栄会の人たちが、どのような思いから、どのようにこの龍神の舞をダム祭りで披露したのかについては、コラム2-9を参照してほしい。寺田篤生氏は「ポスト佐久間ダム開発期における地域文化統合様式の歴史変容」（『開発の時間　開発の空間』所収）で、犠牲者慰霊祭が昭和三八年（一九六三）の第六回殉職者慰霊祭あたりから祝祭に変容していった、とも指摘している。現在では「さくまる」君が登場し、御当地クイズが行われ、バンド演奏も繰り広げられる。

七　ダム建設の影響

昭和四九年（一九七四）三月に佐久間町役場総務課は、「佐久間ダム建設による影響」をまとめた。『佐久間町史　下巻』にその全文が掲載されている。

そこには佐久間ダム建設のメリットが五つ、デメリットが六つ挙げられている。メリットは　一 我国電力開発への貢献　二 固定資産税（大規模償却資産）の増収　三 人口流失への歯止め　四 観光地としての価値　五 全国的な知名度の高まり　の五つである。いずれも日本の高度経済成長の終焉とともに忘れ去られたものである。

そしてデメリットとして次の六つが挙げられている。

一　水害への不安

佐久間ダム建設と秋葉ダム建設によって、その間にはさまれた当地域は、水害問題が地域住民の最も不安とするところであります。当地方はダム建設以前の昔より水害はあったと伝えられていますが、建設以後において水害回数とその状況は、建設前と著しく変わり、住民の間ではダムの影響ではないだろうかと云われ、雨期における住民の不安はかくせないようです。特に、昭和四三、四四年に連続して発生した浦川地域を中心とした水害は秋葉ダム撤去の住民運動にまで発展したことがありました。

二　魚類の天然そ上の壊滅

佐久間ダムと秋葉ダムの建設は、魚類の天然そ上を永久に失うことになりました。特に清流として、鮎釣場として名声の高い天竜川が養魚の放流で蘇生されていることは全く淋しい限りであります。昔は、夏期における子供の遊び場として欠くことの出来ない天竜川も、今では魚もいない、住民から遠くに去った川になりました。

三　コミュニティーの混乱

都市化により新しい地域社会に発展したものの、しかしその背後には地域住民間の連帯感はおどろくほど失われてしまいました。いわゆる、山村でありながら都会人になったような気分の人が多くなったと思われます。

四　地域開発（環境整備）の欠除

佐久間ダム建設は天竜東三河総合開発計画の内にあって実施されたのでありますが、改めてこの開発計画の重点施策についてかえり見ると、「この地区の自然的、社会的、経済的諸条件並びに開発効果を総合勘案し、開発の主目標を電源、農産及び林産の資源開発と国土保全とにおき、次の諸点に重点をおいてこの計画を策定した」とのべられております。その諸点とは、一資源開発―電源開発　二林産開発　三農産開発　四国土保全（治山治水）　五その他　六地下資源の開発　七水産開発　八観光地帯の整備など八項目で組立てられております。

しかし、この中では生活環境整備の施策は全く伺うことなく、電源開発重点主義の開発計画であったのではないかと地域住民に懸念されています。

五　生活意欲の乏しい住民の定着

全国各地より流入した労働者の内、病弱とかその他の理由により、工事終了後もこの地に定着し永住しようとする世帯があります。これらの内には意欲的に佐久間町で産業を起こした人もいますが、中には生活困窮世帯もあり生活保護世帯として保護している世帯も少なくありません。

六　諸物価の高騰要因の誘発

ダムブームによって一かく千金を夢みたのが、地元商店街であり大工事現場を巡業している業者であります。地元住民においても補償金で富を得た者、雇用の機会に恵まれて所得を得た者（婦人の労務者は極度に増大する）など、さまざまでありますが、ともかくブームに浮かれ、無意識のうちに諸物価高騰要因を誘発いたしました。

そして、今日でも水窪町に比べても高く、また周囲からも佐久間は高いと云われています。

第三章　社会組織

第一節　佐久間町域の概要

佐久間町域は概《おおむ》ね赤石山脈の末端と奥三河設楽《したら》の山地の間にある。竜頭山《りゅうとうざん》（標高一三五一ｍ）を最高とし、南に戸口山《とぐちやま》（一〇二六ｍ）、南西に地八《じはち》峠（九五三ｍ）、北に亀ノ甲山《かめのこうやま》（八八〇ｍ）などの山々が連なり、天竜川と水窪川および大千瀬川《おおちせがわ》水系の河谷は急峻で耕地は乏しい。山地の中腹に点在する村落を結ぶ道は、尾根伝いに古くから開かれた修験の道や、秋葉山・鳳来寺への参詣の道が中心で、村々を繋ぐ道は山肌を伝い、細く険しい道であった。従って、対岸との交通は極めて不便で、時代と共に数か所に渡船、あるいは吊橋やハネ橋が架けられていった。

近代になって経済活動が活発になるにつれて、地域の要求と、県や国の施策により、町村道、県道が開設された。二俣・水窪間の県道が開通したのは、ようやく昭和九年（一九三四）のことである。

町を形成する四つの地域（浦川《うらかわ》・佐久間《さくま》・山香《やまか》・城西《しろにし》）は、その位置と地形から判るように、全体としては北から南へと流れる天竜川・水窪川と深く関わっているが、浦川地域だけは、西南部の三河北設楽から流れ、大入《おおにゅう》・振草《ふりくさ》・相川《あいかわ》を集めて天竜川に合する大千瀬川に沿っているので、他の地域より三河方面とのかかわりをより深く持っている。

佐久間地域は、信州から深い峡谷を刻んで南下してきた天竜川が、急激に弯曲して谷を開き、古来「僻前《さくまえ》」と呼ばれてサクマの語源となった広い谷間を形成している。流れは中部・半場間では完全に逆流し、北に、そしてやがて東へ赤石山脈を横断する形となっている。北流する辺りを、地域の人は「信濃恋し」と呼ぶという。このような流れは中部地区に広大な平地をもたらした。ここを古来「出来島《できしま》」と呼ぶ。佐久間村の中心部は「殿島」と呼ぶが、これは領主の館があったからだという。中部の地名は、「ナカツヘ」に由来する。延長二百キロに及ぶ長大な天竜川の中ほどに位置する重要な津、即ち渡し場（川湊）であった。佐久間から北へ登ると北条《ほうじ》峠であるが、これも元来は榜示《ぼうじ》峠で、この峠を境に北は領家の地、南は武家の支配する土地であることを示す榜示（境界の標識）があったことに由来する。北条峠より南、羽ケ庄集落の先に、二本杉がそびえていた。明治一一年（一八七八）、村人や通行人の仰敬する二本杉は伐採されてしまった。当時の記録によると、高さ二〇間（三六ｍ）、周囲六丈（一八ｍ）という巨木であった。地元ではこの峠を「二本杉峠」、縮めて「杉峠」と呼んで親しんできた。その切り株は後年永く保存されてきたが、今は跡形もなく、由緒書の看板のみが残されている。

北条峠を北に越えると、城西地区である。河内川に沿って水窪川に至る谷の両岸に広がる村が野田地区であり、河内川が水窪川と合流する地点一帯の芋堀地区とともに、かつては水窪地区に属していた。明治三六年（一九〇三）、この二つの区は、当時の奥山村から分離し、もうひとつの相月村とともに城西村を創設したのだった。村名の由来は、地域内の松島区向皆外《むかいがいと》にあった古城、「若子城」に因むものである。

城西の南に接する山香地区は、水窪川の両岸に連なる多くの集落からなる旧大井村と、天竜川に沿った旧戸口村、旧上平山村の三村が合併して成立した旧山香村の地域である（明治二二年（一八八九）の町村制施行時は、瀬尻《せじり》・下平山も含まれていたが、この二村は明治三四年（一九〇一）に龍山《たつやま》村に編入された）。この地域は、天竜・水窪両河川の東西両岸に点在する多くの集落を、信州街道（秋葉街道）が繋いでいた。その中で、大井地区の中心である西渡《にしど》は、二つの川の合流地点にあって物資の集散地であり、かたや隣接する佐久間地区の久根《くね》は、明治以後日本の近代産業を支えた古河鉱業久根鉱業所の盛衰と共にあった集落である。

第二節　津島御師《おし(おんし)》手代の記録から見る佐久間地域のムラとマチ

昔ははやり病があっても医療の知識が乏しく、医師も少ない山村では神仏への祈願に頼ることが多かった。

文化八年（一八〇四）および同一〇年の痘瘡《とうそう》（天然痘）流行の際、北遠一帯では御師が活躍した記録がある。御師とは、津島あるいは伊勢の神札を配置し、祈祷をする人たちのことである。以下は当時北伊勢桑名在の太夫《たゆう》村に住み、津島の牛頭《ごず》天王《てんのう》社（現津島神社）の御師氷室《ひむろ》家の手代であった人が、東三河・遠州の檀那（信徒）を巡回して、祈祷（布教）と神札配布をしたことを書き遺したもので、表題に「文化十二乙亥《きのとい》年而入三州遠州旦廻手引」と記されている（『浦川風土記』所収）。

（前略）其日二神原《かんばら》村（水窪）中回り、朝いそぎ荷物芋堀江《いもほりえ》送り出シ、水久保《みさくぼ》向市場《むかいちば》へ立寄り、御初尾受取、芋堀村へ出、沢井村泊りと行。朝はやく沢井村を出、峯村泊り、此間道遠く、立寄多し。其心得ニてよし。峯村より片和瀬《かたわせ》・上野・佐久間村々江立寄り、中部泊り。此所より御庄屋ニて船越す頼もらひ、向へ越し、半場村へ移り、半場村旦廻勤《だんまわり(だんかまわり)》泊りて、戸口村より送り置候荷物ハ川合村へ継もらひ、神妻《かづま》江立より御札納め、川合村泊りと心得べし。川合村へ着候ハヽ、其日ニ上下ハらひの共に旦廻相勤、翌朝浦川組之内、早瀬村又嶋中村、柏古瀬《かしやごぜ》ノ御札納、浦川町御屋敷へ出ル。浦川町泊り、但シ荷物ハ早瀬村より直ニ浦川江継場心得ニ而、嶋中、柏古瀬のお札に取出ししてよし。浦川町柴田東作殿江着候ハバ、昔の御宿伊藤長右衛門殿呼もらい、此長右衛門殿案内ニ、置札之村々相勤ル。夫より町内旦廻勤仕舞荷物よく調べ荷仕舞ス。(後略)

文中柴田東作とあるのは、名主の柴田家のことで、古くは遠州横砂(横須賀)の城主であったが、今川家に属して、北遠五村(熊・浦川・川合・半場・戸口)の押さえとして遣わされていたが、徳川の世になって間もなく郷士となって浦川に定住し、幕末まで名主を務めた。柴田の姓もここの地名によって「日名地」と改め、いまも浦川に定住している。また伊藤長右衛門については、「伊東」の誤記と考えられるとのことである。

なお、浦川地域の配札地に、地八・和山間《わさんま》・上市場・沢上・出馬《いずんま》の名はない。この旅日記に書かれているように、浦川は「マチ」と呼ばれている。因みに、上市場の漢方医家二代三輪見龍が吉田(現豊橋市)の羽田野敬雄に送った手紙に、万延元年(一八六〇)の町区火災の記録として「近辺市中大火、六七十軒焼失」とあるが、市中という表現から町並が窺える。(田崎哲郎『三輪見龍の手紙』による)

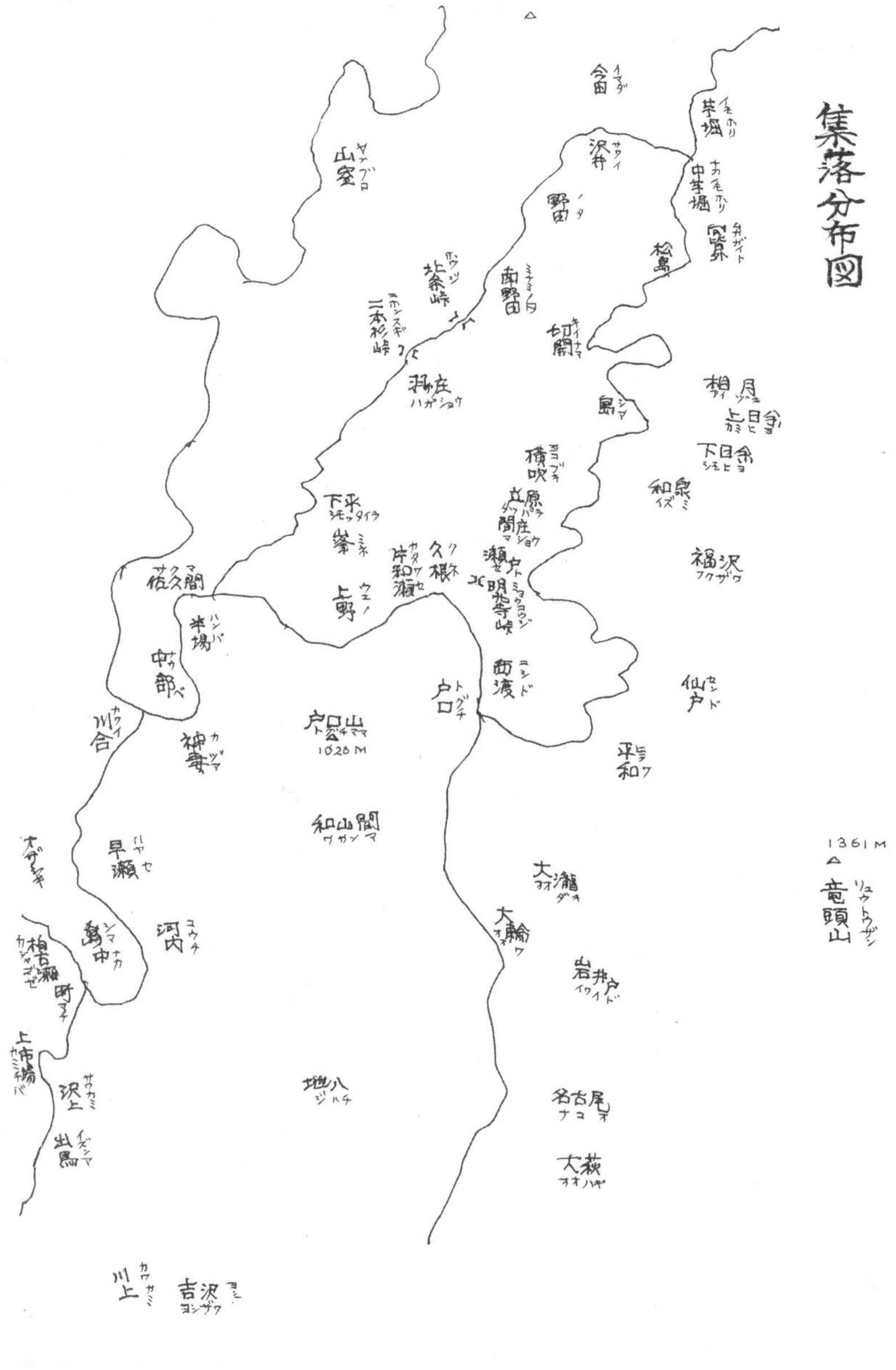

図 3-1　佐久間町内集落分布図

第三節　浦川地区

一　浦川というところ

浦川地区は古来西手奥山と呼ばれた荘園で、天暦年間(九四七~九五六年)龍出《りゅうず》ケ峯(竜頭山)に山姥《やまんば》がいて人を害したので、都から討伐の武士団が遣わされ山姥を退治したとの記録があり、それが山姥伝説となって語り継がれている。当時の武士の中で、平賀・矢部の二氏が地元に定着し、今日まで地元に貢献している。

その後武家の支配を受ける時代には、今川・武田・徳川と移り変わる支配者とのかかわりが多々あり、特に今川氏の支配時代、遠州横須賀から遣わされた柴田氏が地域の支配者となり、徳川氏の世に変わっても引き続きこの地を支配する名主となった。前述のとおり、姓もこの地名に拠り日名地と改めたが、幕末動乱期、日名地家の嫡男は突然家督を次弟に譲り、江戸に出て男谷門下で剣道を修行した。郷土に戻って中泉代官所剣術師範を勤めた後、再び郷里浦川に帰って土地の紛争を収め、住民の推挙により名主となった。これが矢高濤一《やだかとういち》である。当時たびたびの洪水により荒廃する浦川で、何よりも必要としていた治水、河川改修の工事を幕府の手を借りず進め、やがて明治を迎えて新政府からその実行力を認められて戸長となり、同時に天竜川普請専務となって地域に貢献した。矢高翁については後述する。

明治二二年（一八八九）町村法施行により浦川村と川合村は合併して豊田郡浦川村となり、同二九年（一八九六）郡制変更により磐田郡に属することになった。昭和一一年（一九三六）には町制施行で浦川町となり、佐久間地域で唯一の町が誕生した。

浦川町の集落は、一五以上あるが、現在は一四の区に編成されている。吉沢・川上・出馬《いずんま》・沢上・上市場・町・柏古瀬・小田敷《こざしき》・嶋中・河内・地八・和山間《わさんま》・早瀬・川合で、蕨野《わらびの》は神妻に編入されている。この中で、浦川の中心部の、旧町役場、地域で唯一の小学校、JR飯田線浦川駅のある地域は「町（マチ）区」と呼ばれているが、これは古く文化一三年（一八一五）の御師の記録の中に既に記されている呼び名である。

二　マチ区

この地区がどのような繁栄ぶりであったかを示す記録がある。マチは大正元年（一九一二）大火災により町域のほとんどの一三二戸が焼失し、残ったのは村役場、小学校、円光寺、銀行くらいのものであったのだが、それから間もない大正中期の記録には、戸数一三二とある。その詳細を見ると、屋号を持つもの五七、事業をする家九二、その職業は実に多種多様で、三七の職種があった。

まず目につくのは船問屋（水運業）が二軒、船頭が八軒あることで、大千瀬川の水運が重要であったことが分かる。比較して、陸上の交通は道路開設がなかなか進まず、交通不便の中ではあったが、三河方面との交易などで人の交流も盛んになり、宿泊の必要から旅館（宿屋・木賃宿も含む）が六軒を数える。陸上での運輸交通では、馬車曳き（いわゆる馬力、馬方）が八軒、更に人力車三軒、客馬車二軒などがあり、他の地区と比較して特別な存在となっている。

客商売としては、料理屋三軒、芸妓置屋・寿司屋各一軒などがあり、理髪店二軒と髪結一軒は、時代の風俗を映している。あとは日常生活に必要な各種の職業として、大工四軒、左官・畳屋・桶屋・石屋（石工、くろくわ）各二軒、提灯屋・いかけ屋・下駄屋各一軒、鍛冶屋四軒、酒屋・菓子屋・豆腐屋各三軒、衣料品店・薬屋各二軒、米屋・薪炭屋・傘屋・塩煙草屋・時計店などがあった。他に繭仲買、製糸工場、木挽き、製材工場があり、材木商が三軒あり、酒造業、味噌醤油醸造業も各一軒あった。

因みにこのマチ区の人口は、大火災時の大正元年に七八八人、大正一四年（一九二五）に八六三人、昭和五年（一九三〇）の第三回国勢調査では八八八人と急速に増加したが、その後四〇年を経て、人口減少が加速した。昭和四五年（一九七〇）に九四八人であったのが、三〇年後の平成一二年（二〇〇〇）には五五五人と半減した。

三　小田敷《こざしき》区の日曜戸主会

小田敷は、浦川地区の最北に位置する戸数一〇戸ばかりの小集落であるが、浦川のムラのはじまりのところということである。手元の記録では、明治初年にも戸数一〇戸ばかりとあり、それ以後増減はなく、佐久間の地区別世帯数、人口の統計にも、昭和四五年（一九七〇）以来平成一二年（二〇〇〇）までの三〇年間、他の地域が急激に減少している中で唯一世帯数数一〇を維持し続けてきた。人口はさすがに六五人から三五人へと半減しているが、これは他の地域と同様である。

このような集落に、かつて素晴らしい自治組織があり、自治活動の成果を上げていた記録を紹介しなくてはならない。

明治維新後、新政府は改革の一つとして明治五年（一八七二）、太陰暦（旧暦）を廃し太陽暦に改め、その年一二月三日を明治六年一月一日とした。その新暦に基づいて発足したのが小田敷日曜戸主会であった。以下、会の内容を『佐久間町史 下巻』から記す。

小田敷日曜戸主会経歴書

一　創立　明治六年
二　名称　小田敷日曜戸主会ト称ス
三　位地　本村ノ最北部山間ニ在リテ戸数僅少ヲ以テ成ル小部落トス
四　会日　毎月第一日曜ヲ以テ会日トス
五　会場　壱回一戸毎ニ順回会場トス
六　規約

一　敬神崇拝祖先遵奉スル
二　本日ハ戸主必ズ出席スル、但病気事故等ハ会場迄口頭ニテ届ル
三　時間ヲ励行スル
四　三大節大祭日ハ国旗ヲ掲ゲ休業スル
五　年始ニハ必ズ礼服ヲ着用シ年末ニハ忘年会ヲナス
六　共同貯金ヲ実行スル
七　官署ヨリノ佉令示達等ヲ通知シ産業ノ研究会ノ協議事項ヲ定ムル
八　処女教育ノ目的ヲ以テ蔬菜料理ヲナシ膳部配膳等凡テ婦女子ヲ以テ之ニ任ズベシ
九　農事繁忙期は後ルル者を更けて相互の親睦ヲナス事業

明治七年（一八七四）十二月ヨリ、同九年四月マデニ亘リ、周囲七百九拾間余ノ柵（ホリワチ）ヲ築造シ、毎年二回（春秋）修理シ有、害鳥獣ノ襲来ヲ防禦シ其目的ヲ遂ゲタリ
明治八年　荒蕪地開発、茶樹養成、緑茶生産
同年　楮栽培、長野県へ搬出、小田敷楮ト名声博ス
明治十八年　小田敷島中往還道路開通、公共ノ便計ル
明治十年　冠婚葬祭ノ経費節約スル規約ナス
明治二七年　四ツ門キン氏、橋（錦橋）ヲ架設スルニ当リ、共同一致救援尽力
大正三年（一九一四）　錦橋ノ碑石建設ニ当リ、共同一致後援
大正四年　甘藷栽培ノ有利ヲ認メ村農会ニ技手ノ出張ヲ請ヒ伝習ヲ受ク
大正弐年　養蚕ノ発展スルト共ニ、楮全廃シ桑苗ヲ共同購入シ、桑園ニ改植、一般副業的事業トシテ熱心研究良成績挙グ
大正七年　遠三電気ヲ当辺ニ点燈スルヤ、電柱□本、人夫入金□円寄付ス

此の経歴書は、大正十一年浦川村役場へ提出されたものである。

四　拡産会社の設立

明治一七年（一八八四）。浦川で地元有志により「拡産会社」が設立された。この会社が設立された動機は、「当時乱伐された山林を植林保護育成して治水その他百年の計を立てなければならないが、各自の持山は相当広大で巨額の金がかかり、自己資金だけでは困難だ。そこで大衆の資金を集めて、これを融通する機関を作り実効を上げるべきである」というものであった。当時の株主は五二名で、うち浦川村が四一名、その他も大体周辺村落の山持ちであった。設立発起人は、伊東覚蔵、片桐嶋太郎、酒井長太郎、青山善右衛門、太田周二、大石是須計の六人、本店は豊田郡浦川村二六八番地に置き、貸付金を以て第一の営業目的とする、純粋の銀行類似会社であった。

明治一七年三月に創立総会を開き、社則ならびに申合規則等を議定した。役員は選挙により、社長伊東覚蔵（浦川）、取締役酒井長太郎（浦川）、山田右一（浦川）、天野景保（瀬尻）、取締役支配人片桐嶋太郎（浦川）、検査委員大石豊太郎（浦川）、太田周二（戸倉）と決定した。社則によれば、県庁に創立□書提出、資本金一万円、一株二〇円とし、一人にて数株を所有するも随意、とある。

別の記録によれば、支配人は四人で、前期の山田、片桐のほかに矢部六三郎と柴田孫治郎の名があり、また監査役には、宮部弥五郎、前崎宇平が挙げられている。

申合規則によると、社長支配人は賞与を以て給料とし、取締役の日当は四〇銭、手代一名の月俸は四円となっている。また第一一条には「金庫鎖□ハ社長之ヲ保管スベシ」、第一三条には「当会社ニ於テハ飲酒遊興ニ類スル所為ハ厳禁タルベシ」などと規定されていた。

当時金利は一般に高率で、ことに山間僻地のため預金利率は年八分乃至一割、貸出金は一割八分乃至二割となっていた。『静岡銀行史』によると、開業早々三カ月足らずで七一三円の利益を挙げていた。

この拡産会社が地域の殖産興業のために果たした役割は極めて大であった。静岡県内でこの種の組織は六三社が設立されたが、浦川の拡産会社は三七番目、北遠では唯一のものであった。

明治二六年（一八九三）、銀行条例が公布されるとともに拡産会社は浦川銀行と改称され、昭和三年（一九二八）の銀行法により普通銀行として継続し、昭和初頭の大不況の中で多くの銀行が閉店する中でも活動を続けたが、大戦末期、銀行統合の国策により県内三行（静岡・駿河・清水）となる中で、静岡銀行浦川支店となったのである。

五　三信鉄道の建設

昭和一一年（一九三六）の浦川町制施行時の新聞記事（『浦小の百年』に所収）を以下に記す。

「静岡県磐田郡浦川村はけふ十一月三日の明治節の佳辰をトして町制を施行、仙峡の躍進都邑として浦川町は明朗に誕生した。この日午前十一時から浦川小学校で初代町長矢部和作は晴ればれとして町制施行式と祝賀式を挙行し、（中略）浦川町は山紫水明の水郷で戸数九百戸、人口五千、二俣以北十一ヵ町村の要路に当っている。地勢は遠江の最北端に位し、静岡県庁より愛知県庁に近く、静岡県下の近接都市たる浜松市より遥かに豊橋市に近く、従って人馬の往来、文化経済産業等の取引も豊橋市を心に三河との間に行はれ北設楽郡に属するものの如く、関東と関西二つの文化潮流に支配される珍しい土地柄である。

昭和九年十一月三信鉄道南線が中部天竜まで延長開通するに及び、浦川には新時代的な変遷を招来した。（中略）浦川町はおよそ四方里、木材の年産額十一万五千円を筆頭に、椎茸二万円、木炭一万五千円、養蚕収入六万円、水産業（鮎）一万円、普通工業一万円、その他合して年産額三十万円を算出し、昭和十一年度浦川村の予算計上額も六万円に達し、農商工の三業を等分総合して目覚ましい発展の途上にあり、三信鉄道の敷設設備工事従業員や大千瀬川に木材を狩る百数十名の人々、ここに屯して近時著しい隆盛を極めている。（以下略）」

ここに記されている三信鉄道（現飯田線）に関連して、以下浦川と鉄道の歴史を略記する。

「昭和二年（一九二七）、三河川合、天竜峡間免許、三信鉄道株式会社設立。同三年、測量開始。人跡未踏の区間に北海道よりアイヌの川村カネト（一八九三～一九七七）を頭とする十数人を招き、この難事業を委託、彼らの献身的活躍により、同七年（一九三二）ようやく着工、同九年（一九三四）に至り開通開業、翌一〇年、佐久間駅を中部天竜駅と改称、続いて同一三年（一九三七）、佐久間水窪口駅を佐久間駅と改める。昭和一八年（一九四三）、国策により三信鉄道は豊川鉄道、鳳来寺鉄道、伊那電鉄と共に国有化され、国鉄飯田線（豊橋、辰野間）となる。昭和六二年（一九八七）、国鉄分割民営化され、東海旅客鉄道（ＪＲ東海）に改組、発足。」

鉄道敷設を直接体験した荒河ふさ（旧姓荒岡、一九一三～二〇〇四）からの聞き取りを以下に記す。

沢上地区の荒河家に嫁いだ翌年、昭和八年（一九三三）工事が始まった。この地域で鉄道用地の六分の五は荒河家の土地であった。工事は山を削り切通しをつくり、水田に土盛りをした。相川沿いの六〇坪ほどの敷地に飯場が二棟建てられた。飯場には、日本人と朝鮮人が一緒に住んでいて家族連れもいた。飯場の人は荒河家の臼で米を搗いた。ドブロクを作って我が家でももらった。飯場の人たちと争いごとはなかった。昭和八年、長女出産の時には、祝い品を頂いた。よい付き合いだった。ピーヤ（橋脚）の工事が始まると、飯場の人たちは奥地へ移った。

鉄道の開通に大きな貢献をされた川村カネト氏に対し、その功に報いようと有志たちで昭和三五年（一九六〇）、川村さん一家を飯田線の旅に招待し、浦川の亀楽旅館に宿泊していただいた。

鉄道工事の開始に先立つ昭和四年（一九二九）七月、浦川駅の位置変更を求める町民一四七名からの陳情書が出されたため、着工の認可が遅れる一方で、昭和大不況の中、早期の工事開始を切望する陳情書も五百名を超す多数の調印を以て昭和五年（一九三〇）四月に提出されるという状況であった。その陳情書の内容の一部を、『佐久間町史下巻』から以下に記す。

私共、目下ノ生活状態ハ実際意想外ノ困窮デアリマス。食スルニ糧無ク、労スルニ仕事ナク　愛児ノ空腹ニ叫ブ姿ヲ見テハ　私共ハ一刻モ仕事ニ有リツイテ生活ノ安定ヲ得タイト思ヒマス（中略）五百名以上モ調印シテ三信鉄道ノ速進ヲ切望シテ居リマスガ　其ノ後ノ経過ヲ見ルニ或ル一部ノ反対行為ノ為メニ荏苒今日ニ至ルモ遅々トシテ進マズ　私共ノ生活ハ刻々困窮ニ陥ルノミデ有リマス…

六　消防組の活動

明治一八年（一八八五）、浦川村は独自で私設消防組織を編成した。これについては、当時上市場の漢方医師、三輪家に滞在し、地域医療に貢献していた森応助の指導があった。森は江戸の町火消に倣い、イロハの文字の順で組名をつけた。『浦川史記5』に依れば、「浦川全村を十二組に分け、各組の名称は次のとおりとする。ま組（町区）・か組（上市場）・さ組（沢上）・い組（出馬）・川組（川上）・吉組（吉沢）・柏組

（柏古瀬）・し組（島中）・は組（早瀬）・わ組（和山間）・じ組（地八）・川合組（川合）。これを統括する役員として全村に大頭取一、副頭取二、各組に小頭取一を置いた」とのことである。

明治二七年（一八九四）に静岡県令消防規則が施行されると、それに従って組名もイロハを廃し、番号で第一部から第一〇部及び川合部という編成となった。これが第二次の改編であった。

浦川でのこの動きは直ちに隣村に波及し、まず中部村が「な組消防」を設立、以後佐久間全村に消防組織づくりが及んでいった。

ところで、浦川では大正元年（一九一二）、町区大火という未曽有の災厄があり、その反省に基づき消防組の大改革が行われた。

当時、新しい農機具の販売を拡げるためにたびたび浦川を訪れ、交流があった見付町（現磐田市）の佐藤六平という人がいた。この人は営業の傍ら、自ら火の用心居士を名乗るほど消防防災に熱心で、豊富な知見を持っていたので、折から消防の改革に取り組んでいた前崎理一は、この人から様々な指導助言を受けて事業を進めた。その内容は、まず第一に組織全体を統括する本部が重要で、その下で各部の統一を図ること。それには本部と各部にそれぞれ伝令を置き、連絡を密にすること。次にポンプ操法の訓練を徹底すること。また罹災者の救済に当たる救護班を設置することなどであった。

これらは直ちに実践された。まず本部組頭に三高《さんたか》貞次郎、副組頭に前崎理一、理事長には大友明太郎が就任。大友は軍歴があったので、すべて軍隊式の訓練方式を採用し、規律を重視した。その上、服装まで改め、本部役員は洋装となり、角帽に金筋金章、腰には指揮刀（サーベルと呼んだ）をぶら下げるという派手なもので、一部町民から派手過ぎるとの批判も受けたが、この服装が後々危急の時に役立つことになった。

ここで大正元年の町区大火災の概要を、『浦川村沿革誌』から以下に記す。

大正元年十月七日午後十二時町区ニ火災起リ、翌朝六時鎮火ス、焼失戸数百三十二戸、半焼二戸ナリ。学校、役場、銀行、寺院、人家二戸焼失ヲ免レタノミニシテ、一部落全滅ノ惨害ヲ蒙レリ。（註　火元は浮森下の柴田善作製糸工場（現内山煙草店隣）。西村屋敷に設けられた芝居小屋、二代目旭座も類焼している）コノ被害ニ対シ罹災救助トシテ村費二百六円余、県費救助金千百五十八円余、外ニ県ヨリ制限外救助金二百七十八円余、下付セラル。此ノ火災ノ為、浦川尋常高等小学校校舎ハ、一分罹災民収容場ニ充テタル為、十月十六日マデ休業セリ。

畏クモ天皇皇后両陛下ニハ火災ノ趣被聞、金三百円罹災者救恤ノ補助トシテ下シ賜ハル。

火災の状況については、前崎理一の回想録『明治大正の埋れ木』に詳しいが、ここにその一部を記す。

（前略）消防組もあり、町区のポンプは一号ポンプで演習の時は第一番の水勢があり、又各区毎の消防もよく行き届き、立派な存在であった。ポンプも手押しポンプを各区で競争して買い整えていた。ところが用水池の設備がなかったから、手提げで水を運び、手押しポンプであるから火勢が強くなると直接放水で消せない。出火点が繭の乾燥品や生糸が保管されているようなところだから、火の回りは早い。たちまち両隣に移る。この頃は家屋は皆杉皮葺きであったから、屋根伝いに蛇の舌のようになめ尽して行く。町区に隣接している柏古瀬と上市場の消防も警鐘を聞いて飛び起き、仕度をし、器具蔵置所へ係ごとに勢揃いして、「オイショ、オイショ」の掛け声で現場に着くまでに三十分はかかった。それから消火場所を見定めて放水するまでには小一時間はかかる。火は十分を争う。猛火となれば、火道を絶つより方法はない。結局町区百三十二戸が全焼。

この大火災の報せは、たまたま沼津御用邸に居られた皇太子殿下（後の大正天皇）のお耳に達し、特別な御下賜金を賜ることになった。円光寺に其の記念樹の桜が植えられている。

このようにして浦川消防組は近代化の歩みを始めたのだが、その矢先の大正一二年（一九二三）九月一日、関東大震災が起こった。消防組は、浦川大火で受けた恩を返そうと東京の宮城に向かったが、その顛末を前崎理一の『明治大正の埋れ木』から以下に記す。

浦川のような針の孔ほどもない小さな町の火災に、天皇陛下から御下賜金を頂いている。今、傍観している時ではないと各部長を集めて本部で出動の協議をした。その時警察署長から命令があり、静岡以東は全て不明で危険極まりない様子故、出動禁止を通達してきた。そこで便法として消防手は一人も連れず、本部役員と各部の長だけで出張することにし、駐在巡査には『彼らは夜逃げするように知らぬ間に出かけた。帰ってから署長に謝罪する』と言ってあとは救護班二名を加え、食パンを携帯して出動した。

幸い静岡からは沼津行きの二番列車が出たので、それで沼津郡役所へ出向く。郡長からは感謝の言葉と共に、伊東方面に朝鮮人三百の暴徒が出て、その取締に尽くしているが、小山・山北方面の被害が甚大で、救助の手が届かないから、その方面に出動してくれとのこと。我々は宮中安泰の為にやむなく出動したのだからというと、宮中には近衛がいるから心配はいらない、それよりは県内の救援を、と言われてそれに従うことにした。

その夜は郡役所で仮寝。表に出てみると、沼津の消防手は日本刀を落とし差しにし、自転車で市中警護。朝鮮人が井戸に毒を投げ込むという大騒動中であった。翌朝漸く開通した小山行きの列車で小山の役場に到着。この村の民家は草葺き屋根で、そのまま倒壊して、まるで稲叢のようにチョボンとなり、その合掌造りのような屋根に出入り口を開けて、住居にしていた。聞けば老婆が孫二人を両脇に抱えて、自分は梁の下敷きになって圧死、子供二人は助かったとか。橋を渡って逃げる途中で落橋し、川に落ちて水死した話とか。山北の工場では、下敷きになった女工を声を頼りに救出した等の悲惨な話が聞かれ、難を逃れた女工たちも倒れた土管の中で暮らしていた。

我々の活動は先ず東京方面からの罹災者の群れを迎え入れる道路作りであった。罹災者たちは土砂崩れで埋まっている線路を頼りに群れを成して通るのだが、小山の向う方に鉄橋が片側落ちているのを四つん這いになって渡る。中には臨月に近い婦人もあった。

徹夜で工事を急ぐ工夫たちも、手をひいたりおぶったりして避難者を送るとか、仕事を休み見ている状態だから、私たちは回り道の新設についた。時は九月初め、暑さは暑し、土砂で濁った川に飛び込んで水泳、その時村からナンバンキビ（トウモロコシ）のうでたのをサービスしてくれ、水の中で食したがその旨さは今でも記憶に残っている。

我々の宿所は小学校であったが、時々余震が起きると、土台が外れた校舎は振動が激しくてその度に夢を覚まされて外に飛び出る。机を並べてその陰に居れば例え倒れれても下敷にはならぬといっても聞き入れられない。その事を聞いた村では宮さまが泊るという安全な建物に宿所を変更してくれた。

このような救助活動を一週間続けて、再び郡役所で報告をし感謝の言葉を受け、記念写真の撮影もしてくれた。帰りの列車では、清水に来た時、海からの避難が続々とあり驚いた。その人たちを列車の窓から押し込むとわれわれは中から引っ張りこむ。病人らしい。車内に入ると眠ってしまう者もあった。我々の救護班が薬にもならぬ携帯の仁丹や赤玉を与えると蘇生して、「ありがとう、ありがとう」と泣いて喜ぶ。それより以西の各駅では、婦人たちがお茶をふるまって罹災者たちを喜ばせていた。

帰って駐在に告げると、発つときとはうって変わって、署長が大喜びで、県から君たちの行動に感謝があったとの事。我々の奉仕がきっかけとなって県では各市町村に向けて勤労奉仕を呼びかけることになり、浦川でも青年団が出動した。しかし、われわれの行動の価値は労働の奉仕そのものより、あの混乱の中で素早く出動したことで、土地の人を始め県や郡の役所の安心感にあったと思う。

七　青年会・青年団の活動

明治三九年（一九〇六）、浦川青年聯合会が発足した。それ以前にも青年会と呼ぶ集団はあったが、組織としての規定もなく、任意に集まってお祭りの行事に当たったり、南宮神社の参道に桜の植樹をする等、地域への奉仕活動をしていた。青年同志会と呼ばれるものであった。そこで新たに規約を定め、小学校高等科卒業者は直ちに全員入団を義務付け、年齢制限は二五歳までとした。活動（事業）の内容としては、農作物（米麦）の品評会、養蚕については指導員について学び、特に繭の品評会では郡の技師を招いて専門的に品質の評価を行った。ただし、これらはすべて男子のみが対象で、女性の組織はようやく大正四年（一九一五）に処女会の名で発足を見ているが、活動の内容は不明である。大正一三年（一九二四）、青年会は青年団と改称された。

これらの活動の場所としては、広大な小学校の空き教室が活用された。青年会はここに事務所を置き、会議などもできた。当時学校側も校長以下多くの教師たちが協力的であったので、安心して使うことができた。当時会長を務めた前崎理一の回想録には、次のとおり記されている。

私は自宅の囲炉裏が三尺四方であったから、郡技師の指導を受けて、その上に手製の繭乾燥設備を設置し、管理することで、より品質の良い乾繭を製することができた。青年会では会報も発行したが、その編集作業も職員室の二階で行うことができた。

　会報は私の会長時代だけのものであったようだが、保存しておいたものが後任の会長時代に、青年会の沿革誌と共に紛失され、先代の苦労の事蹟が湮滅されてしまった。今後の人たちは、自分たちが実践してきた事の記録を大切に保存してほしいものだ。これは、美しい村づくり、国づくりに役立ち、時代々の文学や思想がわかり、後代の文化向上に役立つものと思うからである。

　この頃、郡下各町村に青年会が組織され、明治三九年には郡連合会が生まれた。佐久間村では、中部地区が、明治四一年（一九〇八）、他に先んじて独自に佐久間村中部青年会を設立した。会長は平賀喜十、会員数六六であった。会則は十二条に及び、その第三条に、

　本会ハ中部尋常高等小学校ト連絡シ、青年ノ学徳ヲ錬磨シ、実業及教育ノ改良ヲ図リ、風紀ヲ改良スルヲ以テ目的トス

と掲げ、続く第四条には、前条の目的達成のための事業が九項目にわたって記されている。即ち、

　一夜学会、二壮丁予備教育、三実業その他の講話会、四図書館及び新聞雑誌縦覧所設置、五毎年二回以上総会開催、六勤倹貯蓄の思想養成、七風紀の改良、八会員五時互助法制定、九撃剣角力器械体操碁会将棋会等の開催

第六条「役員」では、筆頭に監督一名として、これには中部尋常高等小学校長を充てる、と規定している。

　三年後の明治四四年（一九一一）、佐久間村では全域を九区に分けて各区毎に会長を置く区青年会が設立され、これを統合して佐久間村青年会が誕生した。会則は、各区共通のもので、その第二条「目的」には「教育勅語及戊辰証書ノ聖旨ヲ奉戴シ、常ニ国家的観念ヲ以テ国法ニ遵ヒ、智徳ヲ修養シ、身体ヲ鍛錬シ、共同自活ノ精神ヲ養成スルヲ目的トス」と記されている。これは、佐久間に先んじて始まった中部青年会のそれとはかなり趣きを異にするものであった。

　また、中部青年会の事業の中に「図書館及新聞雑誌縦覧所設置」が見えるが、浦川の場合その点より先進的で、『郷土誌浦川村』によると明治四四年、既に私立浦川村青年団図書館が創設され、大正一〇年（一九二一）には図書館新築の記録も見える。今日その実態を知ることができる記録は入手できないが、当時の地域の人々の見識と意欲を感じさせられるものである。

八　婦人会の活動

　婦人会という団体組織の始まりは、明治二四年（一八九一）にさかのぼる。日清戦争直前の国家的組織で、後には愛国婦人会と称した。その後、日本が日清・日露の二つの戦争に続いて、第一次世界大戦でも勝利者の側に立ち、いわゆる欧米列強に伍して軍事大国を目指す中で、国民の意識も高揚していった。その一つの現れが大日本愛国婦人会であった。モンペに白いエプロン、白鉢巻に白襷といういでたちが象徴的であった。

　やがて第二次大戦（太平洋戦争）で日本は大敗し、壊滅的に荒廃した社会から、徐々に復興への道を歩き始めた中で、昭和二七年（一九五二）、当時全国的に推進された生活改善運動の一環として、婦人会は独自の活動を始めた。その一つが貸衣裳部の創設であった。その時、会員に向けて出された趣意書の前文には、次のような内容が書かれていた。

　（前略）ここに思いを寄せ、私達浦川町婦人会は、生活改善の一端として、去る一月五日婦人会幹部にて、結婚式式服の設備を図り、結婚式の冗費を省き、結婚改善運動を展開致すことに相成りました。少しでも無駄を省き、私達の子孫の為に明るい住みよい土地や国を作りたいとの私達婦人会の念願を何卒御理解下さいまして、右運動に御賛意下さり、御芳志下されますことを御願い致します。昭和二七年一月十九日　浦川町婦人会一同

　これにより、婦人会の会員たちは地域の人々から資金の寄付を募り、そのお金で貸衣裳を購入し活用を始めた。

　それから半世紀、時移り世も変わった平成一三年（二〇〇一）一月、浦川公民館で浦川地区婦人会臨時総会が開かれ、出席者五〇名、委任状一四六名により賛成多数で貸衣裳部の廃止が議決された。その後、婦人部が所有する貸衣裳の入札が行われ、総額一〇万八〇二〇円で売却された。

　もう一つの大事業は幼稚園の創立であった。以下『浦川風土記』等に依る。

「役場を待っていては、いつのことかわからん」と、浦川町婦人会役員たちが幼稚園創設に乗り出した。幼児教育の重要さを痛感しての「立志」であった。関係者によると、発起人は荒河ふさゑ・伊東好・大友たか・小野田すみ・熊谷峯子・庄田れん・武田まん、西村糸子、堀つね・本間京・三室ひさ・三輪朝子・山田千代の皆さんだった（五十音順、うち庄田・本間の両名は町会議員）。

用材は廃校になった川合分校の校舎を活用することにし、材料の汚れはひとつひとつ、役員が水で洗い流した。一番苦労したのは資金集めで、提灯をつけて夜間に出掛けることもあった。時には「女だてらに何をやるのか」と叱られたこともあったという。念願がかない、昭和二九年（一九五四）秋に開園した。昭和二四年（一九四九）生まれの子どもたちが最初の園児となった。当初の案は「保育園」であったが、保育園ではすぐに許可が下りないが、幼稚園ならすぐ認可されるということだったので、創立時は幼稚園としての出発になった。

昭和二九年一〇月一日、第一回入園式を浦川中学校裁縫室で行った。園舎が間に合わないので、浦川中学校の理科室で当座の保育を始めた。初代園長は浦川町婦人会長山田千代が務め、園児は一年保育（五歳児）三学級一一五名であった。

一〇月三〇日に園舎落成式が行われ、一一月二日、新園舎で保育を開始した。園名は当初浦川町婦人会立浦川幼稚園だったが、同年度中に婦人会から町へ移管されて浦川町立浦川幼稚園と改称し、園長は浦川小学校長紙谷正の兼務となった。

昭和三一年（一九五六）九月日には町村合併により佐久間町立となった。同三三年（一九五八）八月の台風一七号では遊具と倉庫が流失し川原となった。同三七年（一九六二）九月からミルク給食を始めた。同四一年（一九六六）四月に新園舎改築落成式を行い、二年保育を開始し、平成八年（一九九六）五月から三年保育を実施した。

九　矢高《やだか》涛一《とういち》

矢高濤一は文政三年（一八二〇）の生まれで、浦川村の庄屋、日名地家の嫡男であったが、一八歳の年、志を立てて江戸に出た。剣術修行を目指したなど、様々な記録はあるが、明らかではない。一七年後帰郷したが、当時浦川は庄屋と地元民との間で争いが長く続き、村政も乱れて、村は疲弊していた。涛一はこの状態を放置できず、代官に懇願を重ねて、遂に問題を解決したので、村民の信頼を得、その推挙により代官より名主を仰せ付けられた。若き日、我が志を遂げるため家督を弟に譲って出奔した涛一にとっては、思いがけない因縁であったということだろうか。安政六年（一八五九）、涛一三九歳のことである。

これより一三年前の弘化三年（一八四六）、大千瀬川の大洪水により、早瀬・島中の堤防が決壊して民家七戸が流失し、水没した田畑は荒廃したまま、村政の混乱の中で放置されていた。村民には修復の力はなく、代官所への歎願も容れられず、涛一は遂に私財を投じて必要な工費二九二〇工を負担することで村民を励まし、翌万延元年（一八六〇）から文久元年（一八六一）までの足かけ二年を費やして、石垣堤防、早瀬七〇間（一二六ｍ）、島中三百間（五四〇ｍ）を完成させた。続いて翌文久二年には、相川の堤防、上市場沢神の一五〇間（二七〇ｍ）も完成させた。旧来浦川一帯には水田が少なく、食米を他地域に依存してきたが、この状態を変えるため、各所に灌漑用水路を通して、三〇町歩に及ぶ水田を作り、村の米産額を倍増させた。この結果、村民の生活、村の財政も安定し、水主の争乱に係る村債二五〇〇余円の償還も果たしえて、「村民始メテ安堵ノ思ヲ為スニ至ル」。しかし、涛一にとって安堵の時はまだまだであった。時は流れて明治の代となる。

相川の下流、マチ区では、直流してまた相川が浮森《うきもり》の岩盤に突き当たり、急に左折して浮森を迂回し、大千瀬川に合流するという、屈曲の激しい複雑な地形のため、流れが停滞して溢れた水が住宅や田畑を浸害することが常であった。これを解決しようと浮森開鑿計画を立て、明治二年（一八六九）に官許を得て工事に着手した。涛一はここでも自らの不動産を抵当に三百円を借入れ、岩盤破砕のための石工傭銭を調達した。この工事は、それまでの築堤とは異なり、一枚岩を高さ二〇間（三六ｍ）、長さ五〇間（九〇ｍ）の範囲で除去して、そこに相川を流通させようというものであった。岩を砕く工法として、当時用いられていたのは、岩の上で火を焚いて熱したところへ水をかけて急冷し、岩の割れ目を作ってそこからノミを入れて岩を砕くというものであった（浮森工事の記録にはないが、近隣他地域での実施記録からの類推である。）。工事は遅々として進まず、人皆工事の成功を疑ったが、彼は自ら岩を削り、道具を運んで働きつつ、村人を激励するのに、「永遠ノ大利ヲ以テ鞠躬尽力衆ヲ励マシ」、遂に起工から四年目の明治五年（一八七二）に工事は完成した。工事費八三四〇工のうち、涛一の自弁五八四〇工、村民の負担は二五〇〇工であった。借入金三〇〇円も、一〇カ年賦で償還した。

この工事により、浮森を迂回して大千瀬川に合流していた元の河道三町歩は、良質の耕地となり、これを工事に参加した住民七〇余名に平等に配分して労に報いたが、涛一自身一坪も取ることはなかった。

この間、明治四年（一八七一）に濤一は静岡藩より「勧農堤防取締」とされ、苗字帯刀を許され、地位も「御蔵番格」とされたが、新政府の改革は急で、廃藩置県となり、廃刀令も出され、この恩典はすべて有名無実となった。

続いて浜松県庁より浦川村戸長を命ぜられたが、これは戸籍法を制定して租税と兵役の実施を急ぐ政府の方針によるもので、戸長となった涛一は、全戸の地籍調査報告と苗字の付与という大役実行を課せられた。苗字については、涛一独自の目的を以て付与した苗字が、後々禍根を残す結果となったものである。

明治五年（一八七二）には浜松県庁から「堤防方付属」、さらに「天竜川普請専務」を命じられたが、この役を契機として、同役であった金原明善の知友となった。明治六年（一八七三）に「堤防方付属」を免ぜられ、今度は「学区取締兼務」とされたが、間もなく役職を返上し、以後農業一筋の暮らしに入った。特に茶桐（詳細実態不明）数万本を植栽したという。

金原明善との交流は深まり、明善が担当した瀬尻官林の植林については、地元にいて東京の明善と連絡を取り、植林の準備にあたった。こうした交流の中で、涛一は「浦川学校への揮毫を榎本武揚に願いたいと話し、明善はこれを御料局長の品川弥次郎に依頼し、品川が榎本への斡旋の労をとった結果、揮毫は実現した。浦川學校の揮毫の書と、それによって作成された扁額は、今も浦川小学校に保存掲示されている。

明治二二年（一八八九）には南宮神社再興のことがあり、涛一はこれに尽力した。

明治二八年（一八九五）、七五歳になった涛一は、息子の住む信州飯田に移り、二年後の明治三〇年（一八九七）に七七歳で病気のため死去した。

明治四四年（一九一一）、矢高涛一翁の遺徳を慕う村民有志により、翁由縁の南宮神社境内に碑が建設された。題額選文は金原明善によるものである。文面は一行二四文字、二七行半、すべて漢文で、完全な読解は困難であったが、翁の生い立ちから、一代の事跡と思想が克明に述べられていることは理解できた。『磐田郡誌』には、この碑文の読み下し文が掲載されているということである。

一〇　原田橋と原田久吉

天竜川に架かり、中部地区と浦川地区を結ぶ原田橋は、平成二七年（二〇一五）一月三一日の崩落事故で世間一般の耳目に触れることになった。間もなく新しい橋が完成して、みな何事もなく行き来することになるだろうが、この橋がなぜ原田橋と呼ばれるのか知っている人がどれだけいるだろうか。

もともとこの橋は原田《はらだ》久吉《きゅうきち》という人がその費用の全部を寄付して造られたものだったので、その功績に感謝して「原田さんの橋」と命名されたものである。以下、佐久間町史の記述に依る。

原田久吉は、天保八年（一八三七）遠江国豊田郡中部に生まれた。父は松井茂助、母は（原田）里津、兄弟は四男三女で、久吉は二男であったが、生まれてすぐに母の生家を継ぎ、原田姓となった。安政二年（一八五五）、一八歳になった久吉は志を立て江戸に上り、大工の技を磨き、特に製図の才に秀でていた。安政年間の日本は鎖国を解き、急速に開国が進んだが、その中でも江戸に近い神奈川の港（横浜）は外国商社の進出に伴い、商館や社宅の建設が盛んであった。その需要を見越して横浜に移った久吉は、製図の才能を活かし、外国人の求めに応じて洋風建築に携わり、優れた才能と着実な技術で信用を高め、仕事は繁盛し、富を蓄積していった。こうして成功した久吉であったが、一方では常に望郷、報恩の思いを強く持ち続けていた。生まれ育った北遠山間地に暮らす人々の生活環境、特に道路や橋の整備が緊急の課題であり、一方教育の充実にはまず校舎建設、教材の充実が急務であると考え、その費用に私財を惜しまず投じたのであった。

その業績を列記すると

一　明治一九年（一八八六）、中部大火（五二戸）への見舞金　二〇八円（罹災各戸四円ずつ）

二　明治二四年（一八九一）、佐久間・中部間の新道（原田新道）開設　一二〇〇円

三　原田橋建設　大正二年（一九一三）起工、同四年竣工。長さ六三間（一一三m）、巾八尺（二・四m）の橋脚のない鉄製吊橋であった。総工費　一万六八〇〇円（当時の米価を一石二〇円として計算すると、一九五三俵の値段に匹敵）

四　中部小学校校舎新築及び増築、通学路改修整備、教材として地球儀・幻灯機・ブランコ二台等の寄贈

五　その他の土木費（厚血川橋等）等

以上合計三万三四三八円余の巨額に上る。

時の流れと共に学校の移転、統廃合や、道路の改修により、その業績を示すものは失われ、遂にはその名を残す原田橋まで往時の姿は見られなくなり、その恩恵すら忘れ去られてしまっている。当時地元民により建てられた顕彰碑の存在も顧みられず、また碑文の内容が現代人には読み取り困難であることから、これをぜひとも平易な現代文に移し替えて掲示してほしいと思う。

一一　おきん橋

浦川の大千瀬川に架かる「おきん橋」は、橋の名が「錦橋」と書かれているので、「きん」なのか「にしき」なのか知らない者にはわかりかねるが、これは紛れもなく「おきん橋」である。今の錦橋は位置こそ多少動いているが、四ツ門《よつかど》きんさんが架けた橋の後裔である。

四ツ角きんは、浦川村小田敷の人で、実業家でもなく、莫大な資産家でもない、一介の村民であり、労働者であったという。天保一三年（一八四二）に生まれ、川舟の湊を往復する中で、大千瀬川を渡るのに難渋し、自分だけでなく、そこを往来する多くの人々のために橋を架けなくては、との一途な思いから、私財二四〇〇余円を投じて明治三六、三七年（一九〇三、四）の二年がかりで橋を架けた。長さ四十間（七二m）巾一間（一・八m）という長大な木造吊り橋であったという。当時の村費（村の予算）が四三〇〇円であったというから、このような高額な私財を公共のために捧げられた行為は、常人では到底考えられないことであった。折りしもその翌年一二月に大千瀬川は大洪水となり、村内三〇余の橋は悉く流失した中にあって、おきん橋のみは流失を免れた。四ツ角きんは明治三九年（一九〇六）に六四歳で永眠したが、その後、時の県知事が来村して現地を視察され、その美挙を賞し、翌四〇年、賞勲局より銀杯一組が下賜された。また、大正三年（一九一四）には地域の有志たちにより、顕彰碑が建てられた。

その後錦橋は、大正一二年（一九二三）に二代目が流失、続く一四年（一九二五）に三代目錦橋の架け替え工事竣工の記録が『浦川村郷土誌』に記されているが、詳細は分からない。

第四節　佐久間地区

一　佐久間というところ

佐久間の古い時代については、『佐久間村沿革誌』の記録に沿って述べる。

北遠には南北朝時代（一四世紀）の由機良《ゆきよし》親王伝説が広く存在しているが、その親王に供奉して水窪に入った奥山氏は、久頭合《くずごう》（葛郷）に城を築き拠点とした。城西の若子《わかこ》城、山香の小川《こかわ》城と共に佐久間の水巻《みずまき》城は一族による支城の一つであった。佐久間の殿島《とのしま》に本城と蔵屋敷があり、堀を巡らせていたが、殿島とか堀之内という地名にわずかにその痕跡を残している。しかし、長い年月と近代化の波に洗われて、かつての城の実態を知ることはできない。城は中部地区の高台に築かれたが、その跡には、城主由縁の宥泉寺と、明治初期に開設された中部小学校が立地し、かつては城の石垣も見られたという。

中部については、同じ資料に、「中部ハ奥山郷佐久間村ノ分村。往古天竜川ノ流レナリシモ砂礫堆積シテ陸ヲナス。故ニ出来島ノ号アリ。初メハ戸数十八戸トカ、後二十六戸トナリ、二十八戸トナリ、明治二十八年頃マデハ七十二戸、ソノ後王子製紙会社中部分社設立以来益々其数ヲ増シ、現今ハ三百七十戸ヲ算ス。」との記述がある。

半場については、奥山庄西手（天竜川右岸の領家を指す）、馬引渕、狭石《せばいし》（河之塞所《かわのふさがるところ》）、半場橋羽地（橋場）の記載がある。中部渡場《わたしば》については、昔ここは新井（東海道新居の裏番所と呼ばれ、奥山村奥山平右衛門もしくは浦川村日名地氏の手形がなければ通行を許されなかったとしている。この渡しについては、別項津島御師の旅日記にも記され、江戸時代の裏街道として重要であったことが分かる。また、『沿革誌』の第十項口碑伝説の五に、半場の大日神社について貴重な記録があるので、全文を掲載する。

今ヨリ二百三十八年前、延宝年間紀州高野ノ聖人某、一ノ木像ヲ背負ヒ来リ。本区即チ半場村ニ滞在数日ニ及ブ。村民之ヲ優遇ス。聖人所持ノ木像ヲ当村ノ氏神トナサバ、永ク本村ハ栄ヘント。村民大イニ喜ビ、聖人ノコトバニ従ヒ其木像

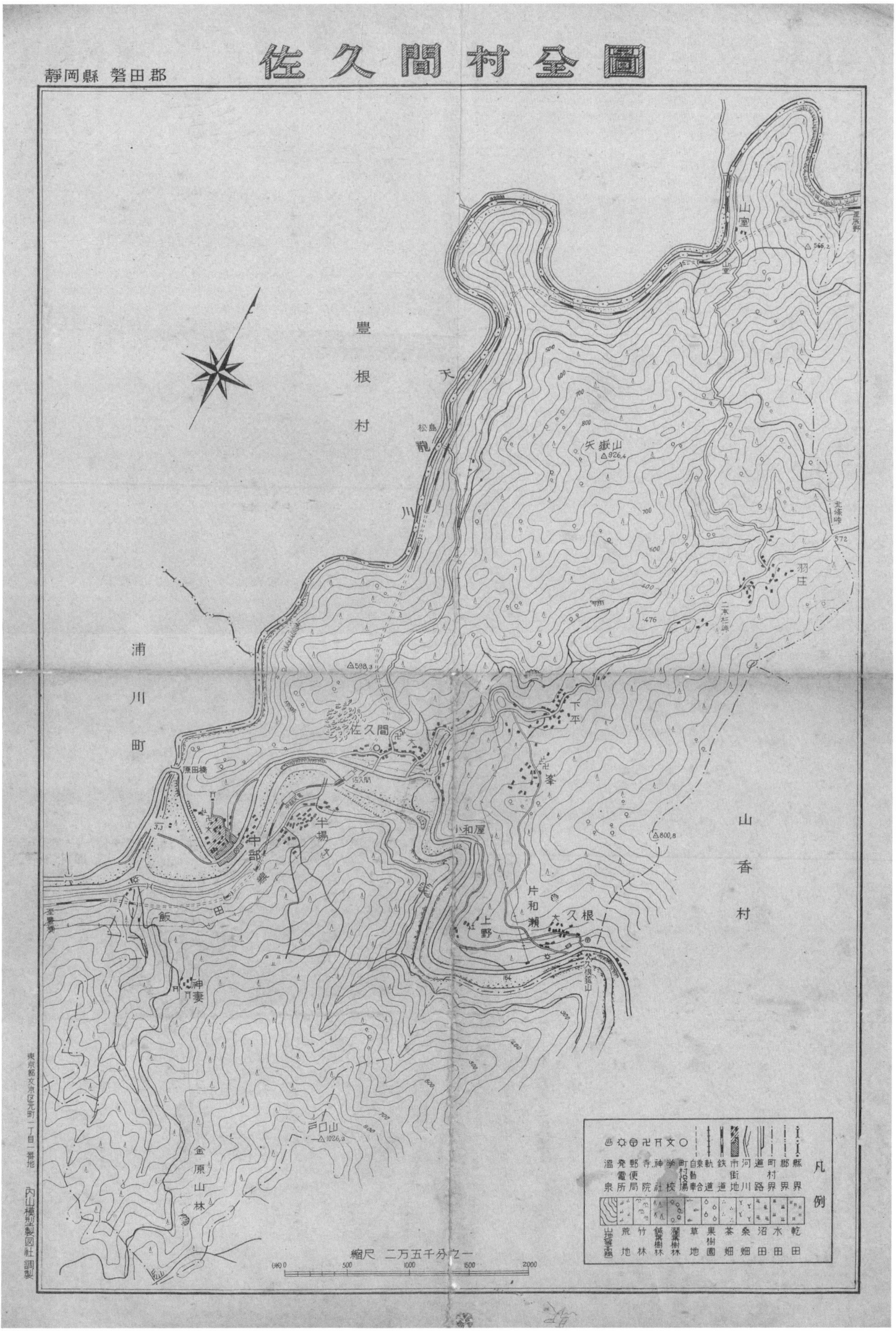

図 3-2　佐久間村全図（飯田線付替前）

ヲ安置スル宮ヲ建テ、以テ今日ニ至ルト云フ。其後シバシバ社殿ニ修繕ヲ加ヘ、今ナオ区有地内ニアリテ、区民の崇敬一方ナラズ。彼ノ聖人ハ其后村民ニ請フテ一ノ穴ヲ掘ラセ、之ニ入ルニ先ダチテ曰ク、一本ノ丸竹ノ節ヲ取除キタルモノヲ土中ニ通シテ此ノ穴中ニ其ノ一端ヲ接続シ他ノ一端ハコレヲ地上ニ出ス様ナシ、以テ呼吸ニ便セヨト。我穴ニ入ラバ身体ヲ圧セザル設備ヲナシ穴上ニ土ヲ盛ルベシ。絶命ノ時ハ所持ノ鉦鼓ヲ打チ鳴ラスベケレバ集マリ来リテ通気ヲ絶チ、而シテ埋土上ニ墓碑ヲ立テ、永ク祭ラルベシ。然ル時ハ我又本村ヲ守護シ本村ノ繁栄ヲ計ラン云々ト。村民其請イノ如クス。今ナオソノ当時建立ノ石碑存ス。

ここには明治政府による神仏分離政策以前、永く続いていた神仏習合と、聖人自身による即身成仏の実際を垣間見ることができる。

明治二二年（一八八九）の町村制施行で、佐久間・中部・半場の三ヵ村は佐久間村となり、初代村長は御室坦三、殿島の円通寺を仮役場として発足した。当時の戸数三一五戸、人口一七九二人であった。

佐久間地区は現在七つの自治会で構成されている。佐久間・中部・半場・下平・峰・羽ヶ庄・上野である。かつては片和瀬・久根もあったが、鉱山の閉鎖により地域そのものが消滅してしまった。

二　王子製紙

明治二九年（一八九六）、佐久間地域にとって大変革の波がやってきた。王子製紙中部工場の設立である。新聞用紙製造を目的としたこの工場は、このような山間地には稀な、二万坪を越える平地のある中部の出来島に着目し、その北側半分を用地とするため、当時五〇戸（別資料では七二戸）ばかりであった民家と耕作地を集約移転させる買収を行った。こうして一万余坪の工場敷地を得ると、当時機械の動力は水力であったので、地形を利用して西側の山腹に導水トンネルを設けて天竜川の水を引き込み、工場内の堀に六台の大型水車を設置した。水車動力の能力は全体で一八〇〇馬力、その内一台は電灯用であった。これによって工場に電灯が灯った時、村の人たちは大変驚き、山坂を越えて見物に来たということである。こうして村に文明の明かりを灯した工場も、原料の木材（栂《つが》、樅《もみ》）を南信州からの流送に依存していたため、天竜川や支流の渇水や洪水で安定した供給が得られず、一方では製品の輸送も陸送の手段はなく、天竜川の川舟に依存していたため順調には行かず、さらに工場動力源の水の供給も天竜川の水位水量に左右されるという悪条件が重なったため、遂に大正一三年（一九二四）工場は閉鎖された。

昭和三〇年頃に王子製紙の跡地について書かれた『王子製紙中部工場おぼえ書』という記録があるので、一部を紹介する。

製紙博物館ではかねてから、これまで廃止になった各地の製紙工場の跡を訪ねようとしていた。たまたま機を得て中部工場の旧跡に歩を向けることにした。以下は昭和三十年七月九日成田館長と共に同地を訪れて得た最近の状況である。

十時に東京を発った急行列車は豊橋へ午後三時着（新幹線は未だない）。もとこの地は中部工場への出入り口で、駅前の岡田屋旅館が定宿であった。むろん豊橋も戦災で全市焼失し、岡田屋を見つけることはできなかった。

大正末の当時は豊橋を朝六時に発ち、私鉄豊川鉄道のガタガタに乗って終点長篠まで一時間、それから人力車かガタ馬車（地元ではトテ馬車）で十二里の道を揺られ、尻をいい加減痛くした頃、浦川に辿《たど》り着き、さらに一時間歩かなければ中部へ辿り着けないという旅程であった。十二時間はゆうにかかった。ところが今日は午後四時十五分発飯田線（国鉄）の快速電車を捉えたので、この間を僅か一時間二十分で走り、午後五時四十分に中部天竜駅に到着。三十年の時の流れを感得した。この駅は中部の対岸になるので天竜川に架する橋（中部橋。昭和十二年当時三信鉄道全通に合わせて架けられた吊橋）を渡って中部集落に入った。中部部落の状況は、去る昭和二十八年春、佐久間ダム工事が始まって以後、急に人口が数倍になり家が不足で借家・借間ブームとなっているという。街を見ると家々のたたずまいは昔と変わらないが、店の商売や、店の人たちは殆んど変わってしまっていた。

中部工場の社員住宅は、工場閉鎖の時、地主に縁故譲渡したのだが「後日売り戻しするときは、元の畑地の原形に復す」との黙約があったので、例え建物を若干高額で処分したところで、地所を畑にして返すことなどできず、何回も折衝の結果家屋を坪一円乃至二円という安値で地主に引き取ってもらい、地所は現状のままということで話を付けていた。だから社宅跡は元の畑になっているかと思ったら、以外にもバラック式の小さな家がごみごみと建ち並んでいた。

平沢の民家は畑と共に取り壊され、外人住宅（ダム建設を指導する米国アトキンソン社の社員・技師たち。一時は八、九十人いたとか）、請負組の事務所や社宅などがびっしり建ち並び、そのため元来耕地の乏しい中部では、外来者はもとより、地元の人々さえ野菜を遠方から仕入れた品を求めねばならず、物価高騰の原因になっていることを知った。

工場引き払い当時記念として中部区に寄贈した倶楽部は、現在公会堂となり在りし日の中部工場の良い記念物として活用されているということであった。

工場の跡を訪ねると、工場の建物は跡形もなく取り払われ、水路・放水路も埋め立てられて、かの日露戦争時分（明治三十七、八年）内地製新聞巻取紙の供給源として気を吐いた面影は夢と化し、ただ一つだけの記念物として眼前に赤煉瓦倉庫群の一棟が、在りし日の姿のままに、されどさめはてた赤い地肌をさらしていた。今その工場跡地は更に大きく変貌し、周波数変換所として日本の電力の東西融通を支えていることを知る人が少ないことは誠に残念である。（以下略）

この『おぼえ書』が書かれた翌年の昭和三一年（一九五六）には佐久間ダムが完成し、併行して進められていた佐久間発電所も稼働し、三五万kWという電力を供給して、戦後復興の大きな原動力となった。そして、時を同じくして北遠四ヵ町村の大同合併が行われ、佐久間町の誕生を見ることになった。

中部の街並みの中ほどの街道沿いの川手に、平賀家がある。今は商売をやめてひっそりとしているが、天野屋の屋号で江戸時代から続く商家であった。天野屋という屋号については、昔この地方を支配した一族天野氏にゆかりがあるのだろうとのことである。同家には、『懐中帳　戊申弘化五歳』と記された一冊の和綴じの大福帳が残されている。嘉永元年（一八四八）に書かれた平賀喜重（初代）自筆の手控えで、近隣の戸口・瀬尻村辺りで行商をした記録である。年月日・取引相手の氏名・売買商品名と数量、金額・収支が克明、詳細に記され、骨身惜しまず働き、商取引に抜け目なく励んだことが窺われる。

明治以後、物資の流通が増大する中で、舟運に携わる商家の存在は大きかった。街道に面した間口は三間ばかりだが、奥行はその何倍もあり、屋敷の裏はすぐ天竜川の河原で、昔そこではたくさんの舟を造ったり修繕をしたりしていたという話を聞いた。浦川で入手した記録によれば、中部の船は七〇艘、船頭は六〇何人もいたということから、その盛況ぶりが想像される。

明治三二年（一八九九）にこの地で王子製紙の工場が操業を開始すると、その資材や製品の運送を請負った天野屋はますます営業の実績を増し、王子の仕事を示す㊤（まるおう）の名で一般に呼ばれるようになったことから、会社の承認を受けて運送店の正式な呼称になったという。

三　羽ケ庄

『佐久間村沿革誌』の「十　口碑伝説、その二　天神森〔てんじんもり〕・矢嶽山〔やたけやま〕」の項に、羽ケ庄の名の由来についての伝承が次のように記されている。

樋口次郎兼光〔ひぐちのじろうかねみつ〕家臣兵部五郎ナル者アリ、兼光ガ妻ヲ守護シ佐久間村迄落チ来タリシ時、何者ノ軍兵カ七十五人追イ来リ今ハ遁ルルコト能ハズト、遂ニ兼光ノ妻自殺セリト、故ニ其ノ場所ヲ墓所ト云フ（今羽賀庄）、兵部五郎ハ該妻ノ死体ヲ匿シ、小高キ山ニ上リ（今天神森ト云ヒテ小祠アリ）、其西山（石ヤスミ）マデ長サ数百間藤橋ヲ掛ケ字黒タアーと名ヅクル山上ニカガリ火ヲタキ道ニ一人ノ老女ヲ遊バシメ追兵ノ七十五人ヲ欺キ誘ハシメ同藤橋ヲ渡ラント七十五人橋上ニ至レバ、五郎橋ヲ切リ小川（此ノ川ハ今ナオ天竜川ニ流入ス其源ハ山谷ヨリ発ス）字アカ樽谷間ニ陥シ入レ、前々集メ置カシ石ヲ落シ七十五人ヲ殺シタリト、其血小川ヲ流ルルコト七日七夜故ニ其川ヲ厚血川ト云フ

（中略）

其レヨリ五郎ハ樋口ガ妻ノ死体ヲ高キ山上ニ厚ク葬リ（其ニヨリ八嶽山ト云ヒ村民秋彼岸中日ヲ以テ祭ル）、五郎ハ自ラ着シタル黒皮威鎧及緋威シノ鎧（此ノ鎧ハ樋口妻ノ着シタルナラント云ヘリ）二具ヲ置キ何レカ行キタルヤ生死明ニナラズ、村人追兵ノ七十五人ヲ祭リテ後ニ天神森トイフ、而シテ其二具ハ羽ケ庄伊藤定次郎方ニアリタリト云フ（後略）。

史書を参考に説明を加えると、寿永三年（一一八四）源平争乱の時代、頼朝より先に征夷大将軍となった木曽（源）義仲は一族の頼朝方の軍勢に攻められて敗死した。この戦いの時、義仲の四天王の一人、樋口次郎兼光は敗軍の中で最後まで奮闘し、捕えられて斬られた。一族が家臣たちと共に敗走する中で、前述の事件があったと考え

られる。樋口の妻の自害とその墓については、史実といえるかもしれないが確証はなく、兵部五郎という家臣の行動やその状況に至っては、後世の物語かもしれない。ただ、この時代に木曽を拠点とする落人がこの地を通って木曽へ向かおうとしていたとすれば、この街道が古くから重要な道筋であったと考えられ、興味深い。

羽ヶ庄集落の細澤家へ初めて訪れたのは平成一六年（二〇一四）八月二四日のことであった。細澤家では、当主忠良さん（昭和一〇年生まれ）、萬里子さん（同一三年生まれ）御夫妻が揃って歓待してくださり、村のこと、同家のことなどいろいろ伺うことができた。忠良さんは大変几帳面な方で、一方で写真やビデオでの記録を趣味としても続けていらっしゃり、話が始まると早速古いノートや写真を出してきて見せてくださった。

羽ヶ庄地区は、昭和四五年（一九七〇）には二四軒あったが、その後漸減して、平成二年（一九九〇）に二〇軒、平成一二年（二〇〇〇）には一五軒になったとのことで、現在住宅地図に載っている二〇軒のうち、五軒が無住になっているという。

また、この地域は水窪との婚姻が多く、約半分の家が水窪と婚姻関係にあるという。忠良さんの場合、お母様と奥様が二代続いて水窪の方であり、他地域へ転出した家のうち二軒も水窪から嫁さんを迎えているというから、地域としてかなり親密な関係である。

神社は日月熊野神社で、下からやってきたものだという。神職は二人いて、月花《げっか》利治さんは地元に住み、訪問当時八二歳、もう一人の伊藤桂太郎さんは離村して雲名に移られたという。

寺院は曹洞宗福聚山玖延寺があったが、無住となり明治初期には学校としても使われた。今は峰にある松岩山金桂寺（須永義明住職）の御世話になっているという。

この地区の一番高い所には巨大な杉が二本あり、それにちなんで二本杉峠（略して杉峠）と呼んでいた。佐久間の水巻城の城主だった奥山美濃守が領内通行の折にここで食事をし、使った杉の箸を地に刺したものが根付いたとの言い伝えがある。明治一〇年（一八七七）（明治一一年とも言われる）に伐採されたが、高さ二〇間（三六ｍ）、周囲六丈（一八ｍ）、径二丈（六ｍ）もあったという。別の記録（『佐久間村沿革誌』）では、峠道を挟んで東の木は周囲四丈七尺、西の木は三丈九尺とされていて。かなりの相違はあるが、木理（年輪）が五百余あったということで、稀なる巨木であったことは確かである。切り株は保存されていたが、自然に風化消滅し、今は説明の看板だけが残っている。昭和初期にはここは水窪小学校六年生の遠足の目的地であったことを付記しておく。

その羽ヶ庄にも、明治七年（一八七四）に学校が設けられ、佐久間学校羽ヶ庄分校と呼ばれた。その後たびたび制度の改変があり、教場も玖延寺から明治二二年（一八八九）には茂原平というところに新築されたとの記録もある。明治二五年（一八九二）に一時独立して羽ヶ庄尋常小学校となったが、間もなく佐久間尋常小学校の分校に戻った。その後一時期分校の名が消えて家庭教育という扱いになったこともあり、教員配置その他の村政上の事情かと思われるが、詳細は不明である。ともあれ様々な経過の中で学校統合の時代を迎え、昭和四五年（一九七〇）、羽ヶ庄分校は閉鎖された。細澤忠良さんは昭和一七年（一九四二）からここで学校教育を受けられ、小学校高学年と新制中学三年間は、佐久間まで八キロの峠道を風雨や降雪の日も徒歩で通われた。当時の道は今の県道と全部が同じではない山道で、行きは下りで楽だったが、帰りは上りばかり、疲れてはいるし腹は減っているしで、それは大変だったという。思い出の学校は廃校後一時茶工場などとして活用されていたが、浜松に合併されると、市有財産ということで特に利用されるでもなく立ち入り禁止とされたと、割り切れない思いを洩らされていた。

その忠良さんが平成二九年（二〇一七）一月、八一歳で急逝された。老後はまだこれから、もっともっとお話をうかがいたかった。早すぎたご他界であった。謹んでご冥福をお祈りしたい。

第五節　山香地区

一　山香というところ

山香の呼称は古く、荘園の名として知られているが、ここでは近代、明治以降の山香について扱う。

明治二二年（一八八九）、町村制施行により豊田郡山香村が誕生した。維新以後行政の組織の再編はたびたび行われ、明治一一年（一八七八）に「郡区町村編成法」ができて、当地は大井村外四ヵ村（戸口・瀬尻・下平山・佐久間）による組合村となって、戸長がこれを治めていたのだが、新しい町村制になって佐久間を分離し、上平山を加えた五ヵ村で、「山香村」という新しい村を結成したのであった。戸長は廃されて、村長が置かれた。それから一二年後、新たな動きが起こり、瀬尻・下平山が山香村から分離し、隣接する龍川村の一部と共に龍山村を創設した。山香村は以後三つの大字（大井・戸口・上平山）の村として五七年の歴史を刻み、昭和三一年（一九五六）に佐久間町に合併して、村の名は消えた。

二　道路整備

大正二年（一九一三）、二俣から山香村大井（西渡）までの道路改良促進を目的とする組合が、沿線の五ヵ村により結成され、各町村が工事費を分担することになった。その比率は二俣二〇、光明《こうみょう》一〇、龍川二三、龍山三七、山香一〇というもので、この活動が県を動かして、府県道として認可された。この組合は以後も続けられた。昭和五年（一九三〇）までの一八年間に、山香村は合計三万一一〇一円という巨額な費用を村費から拠出し続けた。ところが実際の工事は二俣を起点として北進するということであったから、山香村内には何の変化も恩恵ももたらさなかった。そこで村民の不満が高まり、村税滞納や納付拒否が続出する事態に至った。これに対し組合は、県に請願を行い、西渡を起点とする南進工事を認めさせ、ようやく昭和五年、大井橋より南進百弐拾間（二一六ｍ）の工事を施行し、続く六年には更に百七拾間（三〇六ｍ）が実現の運びとなったが、これは当時の経済恐慌に対する失業対策でもあった。

それにしても、この工事量は如何にも少ないと思われるが、現地の地形・地質や、当時の土木事業の用具・方法を考えれば、これぐらいでも実施できたことの効果を認めなくてはならない。ともあれ、続く昭和七、八年をもってようやく西渡（大井橋）―大輪渡船場間二kmの県道が開通した。別途に工事が進められていた西渡―水窪間一五kmも開通して、昭和九年（一九三四）、県道二俣水窪線は全通した。当初はトラックによる貨物輸送が主であったが、間もなく二俣の秋葉自動車がバスを水窪まで乗り入れ、北遠の新時代を迎えることになった。大正一三年（一九二四）頃の地方紙「民友新聞」に、「二俣から北には道はない」という記事があったことを思うと、まさに隔世の感あり、であろう。

三　戸口橋

山香村政にとってもう一つの大きな課題は、長年に亘って交流を続けて来ながら、大天竜を挟んだ対岸の集落「戸口」に渡船でしか行き来できない状態であり、西渡から戸口へ橋を架けるという課題があった。そもそも「戸口」という地名も、元来は「渡口」であったのだ。それについて『山香村沿革誌』から一部を引用する。

（前略）従来渡船ニヨリテ交通ノ便計リツツモ、夏期降雨出水ノ場合ハ交通杜絶数日ニ亘リ、一年ヲ通ジテ三十日以上ニ及ビ、此間小学校児童ノ通学及日用品供給ノ途ヲ絶タレ、生活上ニモ脅威ヲ受ケツツアル有様ニテ、区民ノ苦痛甚ダシク、且ツ同区ハ肥沃ニシテひろしかん高漠ナル土地ヲ包蔵スルヲ以テ、他郷林業家ノ植林事業多ク、林業上交通ノ不便尠《すく》ナカラズ、特ニ大正六年西渡大火災ノ如キ惨禍ヲ大ナラシメタルハ交通ノ不便ガ其一因ナルコトハ一般ノ認ムル所ニシテ、爾来両区間ノ架橋ハ区民ハ勿論一般ノ渇望スル所ナルヲ以テ…（後略）

こうした悲願を実現するための行動を詳細克明に記録したものが、『西渡戸口間橋梁架設協議会日誌』である。

大正拾参年拾月五日午后、区長日名地清十方ニ於テ天竜川戸口西渡間ニ橋梁架設ニ係ル協議会ヲ開催、会スル者左記ノ氏名、区長日名地清十、佐々木米作、竹島甚平、日名地令一、伊口千代太郎、宮田宗平、宮沢庄太郎、水口松太郎（後略）

以下日を追って、いつ、どこで、誰が、何を話し、どのような結果結論を得たか、という具合に記録すること三五項に及んでいる。膨大なその日誌の要点のみを記すと、まず橋の必要性を全員で確認し、協力して架設に向けて事を進めること。最大の案件である費用については、まず上限を五〇〇〇円とし、それ以上かかれば計画は中止、費用調達の第一歩は区有財産の処分で、二〇〇〇円乃至《ないし》三〇〇〇円を目途とし、不足分は村からの補助と寄付金を充てると決めた。橋の維持修繕費は区民平等に負担を仰ぎ、各戸毎月三〇銭（毎日一銭ずつ）の貯金をしてこれを銀行預金として資金とする。橋の設計は、隣村龍山村瀬尻の笹原伝吉に依頼するなど、基本条件を決め、一〇月九日区民総会に諮る。区民は、直接負担金についての抵抗感はあったが、結局は原案に賛同し、橋梁架設委員七名を選出して以後の実施に当たらせることになった。委員長栗田伊平、委員佐々木米作、伊口千代太郎、宮田宗平、竹島猪蔵、宮沢庄太郎、日名地令一である。委員たちは早速村長三井伊太郎を訪ねてこの事業に賛成を求めるとともに、村長としても各方面への働きかけを要請した。それは最大の財源である区有財産の処分について、関係方面への了解を得る必要があったからである。

次には寄付金集めが重要で、委員たちは手分けして関係の山林所有者や山林事業者を訪れて寄付の要請に奔走した。結果、東京の野原氏ほか三〇人から合計三一〇〇円の寄付を受け、一方区有財産処分等で二九〇〇円、合計六〇〇〇円にて計画通りの架設工事が進み、発起より一年余の大正一四年（一九二五）一〇月三一日に竣工の運びとなった。長さ四拾弐間（七五・六m）、巾六尺（一・八m）、木造で鋼線による吊橋であった。

四　災害への対応

『山香村自治回顧録―自治制度実施五十周年紀念』と題する、手書きの謄写版刷りで二〇ページほどの小冊子がある。表紙の裏には、「昭和十三年五月十日　磐田郡山香村長森下和十」の銘で、短い序文が漢文で書かれている。前半は、山香村自体の地理的歴史的な認識、後半は、村が独立して五〇年、この間に関わったことを各種の記録を参考にまとめたもので、読者は将来への参考にし、先達の努力を無にしないでほしい、と結んでいる。ちなみに森下和十氏は、昭和七年（一九三二）から一三年（一九三八）まで二期続けて村長を務めた方で、遡れば、山香村発足の明治三四年（一九〇一）に若くして収入役に就任、その任期中に日露戦役に応召し、出征された経歴をもつ。五〇年間の回顧にあてるには僅少の紙数なので、内容の大半は村三役の人事であり、そのほかには村にとって緊急の課題である学校の建設などであったが、読み進めていくと、たび重なる自然災害と西渡地区の火災の記録に目を奪われた。自然災害・火災ともに八件ずつと、極めて多いのである。その中でも特に、明治三一年（一八九八）の天竜川増水五七尺（一七m）、三七年の八五尺（二五m）は想像を絶するものであり、火災八件のうち大正六年（一九一七）の焼失一三二戸の記録は、浦川マチ区（大正元年）や、水窪本町（大正一四年）の火災と同規模の大火災であったことで、村の歴史の中で忘れられない事柄であったろう。

対照して『山香村沿革誌』を調べてみると、山香独特の「災異地変之部」という記録が存在していた。この記録は前の回顧録とは異なり、一件ごとにその状況を克明に記録しているので、これらの事変が山香にとって何であったのかをよく知らしめ、考えさせてくれるものであることが分かった。特に大正六年（一九一七）の西渡大火災は、幾多の悪条件が重なり、地区の全域に亘って焼き尽くす大災害となったのだが、その中で、対岸戸口への橋があったならという思いが、戸口橋架橋への機運を高めたのであった。

膨大な記録から、まず災害の概略を、年次を追って記す。

①明治二二　暴風雨。家屋全半壊二、流失三、湛水一四、破損四〇〇

②〃　二四　暴風雨。家屋破損一八二、天竜川増水五丈八尺（一七・四メートル）水窪川橋梁悉皆流失

③〃　二五　火災。家屋焼失一八、焼死一七、全氏名記録あり

④〃　〃　暴風雨。全村域の被害、家屋全半壊三一、厩一四、雪隠（厠）三七、船流失二、その他詳細に記録、損害甚大の四戸に対し天皇陛下より恩賜金下渡

⑤〃　二八　火災。家屋焼失六、及び大井小学校

⑥〃　三一　暴風雨。家屋全半壊五〇、死者一、傷者二、天竜川増水五丈七尺（一七・一メートル）、船流失七

⑦〃　三六　強風、驟雨、降雹。直径三センチ、重さ一五グラム、農作物被害甚大、特に楮二十町歩二割減

⑧〃　三七　暴風雨。家屋全半壊一五、流失一九、死者三、天竜川増水八丈五尺（二五・五メートル）

⑨〃　四〇　火災。家屋焼失一八の外、西渡郵便局

⑩〃　四四　暴風雨。家屋全半壊一七、流失一八、行方不明二

⑪大正六　火災。家屋焼失一三二の外、裁判所出張所、巡査部長派出所、西渡郵便局

⑫〃　一四　火災。上平山小学校全焼

⑬〃　一五　暴風雨。家屋全半壊一四、負傷者四、三〇年来稀なる暴風、天皇皇后両陛下より恩賜金一四円余、県より義捐金二六円余交付あり

⑭昭和五　火災。罹災戸数五二、罹災者二五一、義捐金三一九九円余、義捐物資白米二四俵その他

⑮〃　一〇　〃　家屋全半焼三三、及び西渡郵便局、山香信用組合事務所
⑯〃　二一　〃　大井小学校旧校舎及び教員住宅

以上、五七年の間にこれだけの災害が頻発していたことは、村民の暮らしと村政の運営に大きな影を落としてきた事だろう。

記録の中で特に着目する点が二つあった。一つめは、前記③明治二五年（一八九二）の火災による焼死者の住所氏名一覧である。夜半の出火で、鎮火まで一時間半の間に一八戸焼失、死者一七人、「その惨状究まり無し」と書かれた後に、死者の出身地と氏名が明記されている。それによると、遠方から団体で来泊していた人が多く、この時代に西渡が交流の拠点であったことを示す貴重な記録である。以下その名簿を記す。

「長野県下伊那郡平岡村平民野竹利八、鎌倉啓三郎、野竹和三郎、野竹宗一郎、野竹浦次郎、板倉亀三郎、松井栄作、松田省吾、清水庄蔵、長野県下伊那郡上久堅村平民田中善吉、富山県新川郡東長井町平民原田延平、岐阜県加茂郡古井村渡辺仁蔵、静岡県長上郡飯田村平民斎藤信太郎、同引佐郡都田村平民波多野孜太郎、同人妻まさ、山香村大井家留平民芦部はま、芦部りち」

二つめは、前記⑬大正一五年（一九二六）の暴風雨災害に対して、天皇皇后両陛下よりの救恤御下賜金と、県からの義捐金があったことで、これ以後の災害には、他市町村からの義捐金、県の罹災規程による給付があったことが記され、これを受けて、村当局もそれらの金品の公正な配当活用を特別委員会を設けて対応したことが詳細に記されていてよくわかり、時代と共に災害に対する防御と被災者救援の手段方法の進化が見えて興味深い。

五　明光寺《みょうこうじ》峠と秋葉道（信州街道）に連なるムラ

天竜川の左岸を秋葉山から北上し、下平山から上平山を経て旧山香村字大井の大輪大滝から平和《ひらわ》（古くはヒラワバ）に至る。ここは竜頭山の西麓である。天竜川は大きく西に折れ、そこに水窪川が合流している。その合流点を西へ渡れば西渡である。古くは「ニシノド」、略して「ニシ」と呼んだ。

今は上流に作られた水窪ダムにより水量が激減し、川床に土砂が堆積しているが、かつて水窪川はその豊かな水で谷を深く刻み、両岸は断崖絶壁の連続であった。昔そこに木造の跳ね橋があったという。洪水のたびに流されてしまうので、明治四一年（一九〇八）、県費補助を得て木造吊り橋を架設した。昭和九年（一九三四）に県道二俣水窪往還が開通すると、西渡には近代的な鉄橋、大井橋が架けられた。昭和二八年（一九五三）以後、佐久間、秋葉の二つのダム建設に関連して、道路と共に橋も架け替えられた。

大井橋を渡ってここから水窪川右岸を北上する道が、一般には秋葉街道と呼ばれている。出発点（中継点と呼ぶべきか）の西渡は、山香村大井の中心で、橋を渡り川に近い区域が舟戸《ふなと》（船戸）、街並みはとぎれず、西渡・落井へと続く。秋葉街道はその街並みの最も繁華なところから急に外れ、八丁坂という名が残る明光寺峠への上り坂にかかる。人家と畑の散在する中を抜けて、石段と旧坂の九十九折りの道であった。今は生活道路として車の通行できる道が作られ、八丁坂はその断片をそちこちに残すのみとなり、峠まで二kmほどの道を数分で駆け上がってしまう。

峠にあるのが曹洞宗大鏡山明光寺である。江戸初期の開基であるが、火災により焼失した時期もあり、明治の廃仏毀釈の難にも遭われたとか。「お彼岸の御経を読みに、私も和尚を助けて大滝や平和・仙戸当たりを歩きましたよ」と、昭和三一年（一九五六）に名古屋からここへ嫁いでこられた今川淳子さん（昭和二年生まれ）は話された。ここは山香で最も高い所であろう。広い山香に散在する多くの村々を、昔から寺の僧侶は檀家を訪ね、また檀家の人たちは山坂を上り下り、川を渡って御寺参りに往来してきたのだ。

峠という字は、下から登って頂上に達すると、そこからは逆に下っていくことを示しているが、この峠は少し違っていて、南からの上り八丁は誠に急峻であるが、峠から北への下り道は全体になだらかで、少しずつ下っていく道筋に、山香村大井の部落が、瀬戸《せと》、間庄《ましょう》と続き、その先は城西村相月の立原《たつぱら》、横吹《よこぶき》、切開《きいなま》、松島といくつもの村落が連なり、中芋堀に至って昭和時代に開かれた新道に合流する。新道即ち国道一五二号を横切る形で旧道は川沿いに芋堀へと続き、古い家並みの一角に大日堂が建っている。道は村はずれの「馬渡《うまわたし》」と呼ばれた瀬で水窪川を渡り、そこからは水窪町（旧奥山村）地頭方《じとうがた》の久頭合《くずごう》（葛郷とも）へと続いている。

ここでもう一度峠に立ち戻って、自動車による運送以前、重要な物資運搬の役目を担った浜背負いのことを記しておきたい。昭和六一年（一九八六）磐田市史編纂のため調査で訪れた時の記録に、「その名の由来となった八丁（約九〇〇ｍ）にも及ぶ長

い坂道を、セータ（背板＝ショイコ）に重い荷を付けて、荷《に》ん棒《ぼう》（杖）を頼りに足を踏みしめながら一歩一歩、喘ぎ喘ぎ登って行ったハマショイ（浜背負い）の労苦の跡など、今はどこにも見られず、注意深く見れば途中所々に昔の坂道の断片が見つかり、想像の手掛かりになるくらいである。（以下略）」とある。

「西渡から明光寺まで、昔はハマショイが荷揚げしたもんだ（大正初年から昭和初期までの四半世紀が最も盛んであった）。浜背負いの女房は力持ちで、旦那が米二俵（一二〇㎏）背負えないのに、女房が二俵背負ったのもいた。とにかく、あの力持ちの女房にはたまげた。それでもさすがに、五寸（一五㎝）の高さの石段をなかなか上がれず、ホッホッと弾みをつけて上がったもんだ。重労働だよ。明治生まれはバカだね。」とは、沢田猛著『くにざかいの記録』に記された当時の地元の人の話で、浜背負いの何たるかが窺い知れよう。

こうした浜背負いの労苦によって運び上げられた荷物は、峠から水窪方面へと馬の背や荷車によって運ばれていった。今も旧街道の一部に残る轍《わだち》の跡がそういう暮らしの証拠である。だが、街道はもともとずっと以前から、その名が示すように秋葉詣での人々、信州から筏を流して西渡の土場で降り信州へ帰る筏師、富山の薬売りなどの行商人、旅芸人、材木や山の産物を買う商人など、いろいろな人たちが行き来したようだ。時代と共に南部との交流が盛んになると、西渡から舟で二俣、鹿島を経て浜松方面へ、また佐久間、浦川から三河、豊橋方面へも往来する人が多くなっていった。

瀬戸の人はそういう通行人を相手に、街道沿いでいろいろな商いをした。図3-3の絵図は、図中にも記されている水越今朝五郎の息子、仁平（明治四二年生まれ）が自身の記憶を辿り、周囲の人たちにも聞いて描いたものである。これによると、往時の瀬戸部落は北から仙平組（一一戸）、北村組（一七戸）、南組（一五戸）、大井戸組（一四戸）、名古尾組（一三戸）、峠組（一七戸）の、計六組八七戸ということが分かる。人口の記録はないが、一般に親子孫三世代で暮らす当時の風習から、推計六百人以上の大集落であったと考えられる。

このうち大井戸組というのは図中に記された大井戸沢と呼ぶこの地域最大の水源で、村中の重要な生活用水源で、村の洗濯場でもあった。村の中央、小高い所に三井儀平の名がみえるが、この家は古くからの村の大家で、儀平氏は山香村成立の初期、明治二六年（一八九三）から三二年（一八九九）まで二期続けて村長を務めた。また街道下に三井伊太郎が記されているが、これも三井家の一統で、明治三五年（一九〇二）から二期、その後大正二年（一九一三）から昭和二年（一九二七）まで、連続して長期にわたって村長を務めた。

一番南、峠を上り詰めたところの一七軒が峠組で、組の一番外れに西沢金徳《きんとく》の名がみえるが、道沿いに四つもの部屋がある家で、富山の薬売りなどが泊った。その息子浅一さんは鍛冶の仕事ができるので、久根鉱山で鉱石を掘るノミの鍛造や修理をしていた時期があって、父親の仕事場へ弁当を届けに行ったと、浅一さんの息子昭桜《あきお》さん（昭和五年生まれ）が話してくれた。浅一さんとその一家はやがて浜松へ出て工場勤めをしたが、戦争が激しくなり空襲の被害を受けるようになると故郷の山香にしばらく疎開避難し、その後浜松に戻って、今は印刷業を自営している。ここから北へ、道は急に下りとなり、紺屋坂《こうやざか》と呼んでいた。坂を下ったところの片桐伊之助が紺屋をしていたからだろうが、仕事の中身は不明である。反対側、峠のてっぺん、佐々木精一と平出清吉は茶店で、佐々木の方では菓子も売っていた。峠組の中の加納伴三郎は傘屋だった。傘はいわゆる番傘で、提灯と共に当時の生活必需品であった。地場産業の一つで、材料は当地で入手できるものばかりで、竹と和紙、そして糊はこんにゃく、油は荏胡麻《えごま》の油である。あとは細工の道具と職人の腕次第。「そこらにいっぱい干してあったね」と西沢さんは言った。紺屋坂から大井戸へ向かう途中に、この辺の言葉で「ナダの悪い」ところがあって、大規模な山崩れ（土地ではナギと呼ぶ）があったそうだ。

南組の三井岩次郎は隣の伊太郎家の分家で、孫にあたる信男さん（昭和七年生まれ）は測量の技能を活かして、久根鉱山の名古尾の坑道の測量に携わったという。ご自宅をお尋ねすると、街道から下の庭前まで跨座式のモノレールがあって、重い荷物があっても容易に上り下りすることができるのに感心した。家屋は二階建てであるが、もともとは平屋で、養蚕が盛んだったころ、オカイコを育てる場所として改築をしたということだった。「この辺は風当たりが強いもんで、二階は低く造っただ」という話だった。庭前に鉄製のかまどが据えてある。ここでこんにゃくや筍《たけのこ》などを茹でたり煮たりするのだとのこと、これは同じ街道沿いの横吹でも見聞きしたことで、この辺一帯、山地農村に共通のものであるように思う。

瀬戸集落を過ぎてしばらくは人家がなく、急斜面の山肌に沿って街道が続く。対岸

図 3-3　瀬戸部落絵地図

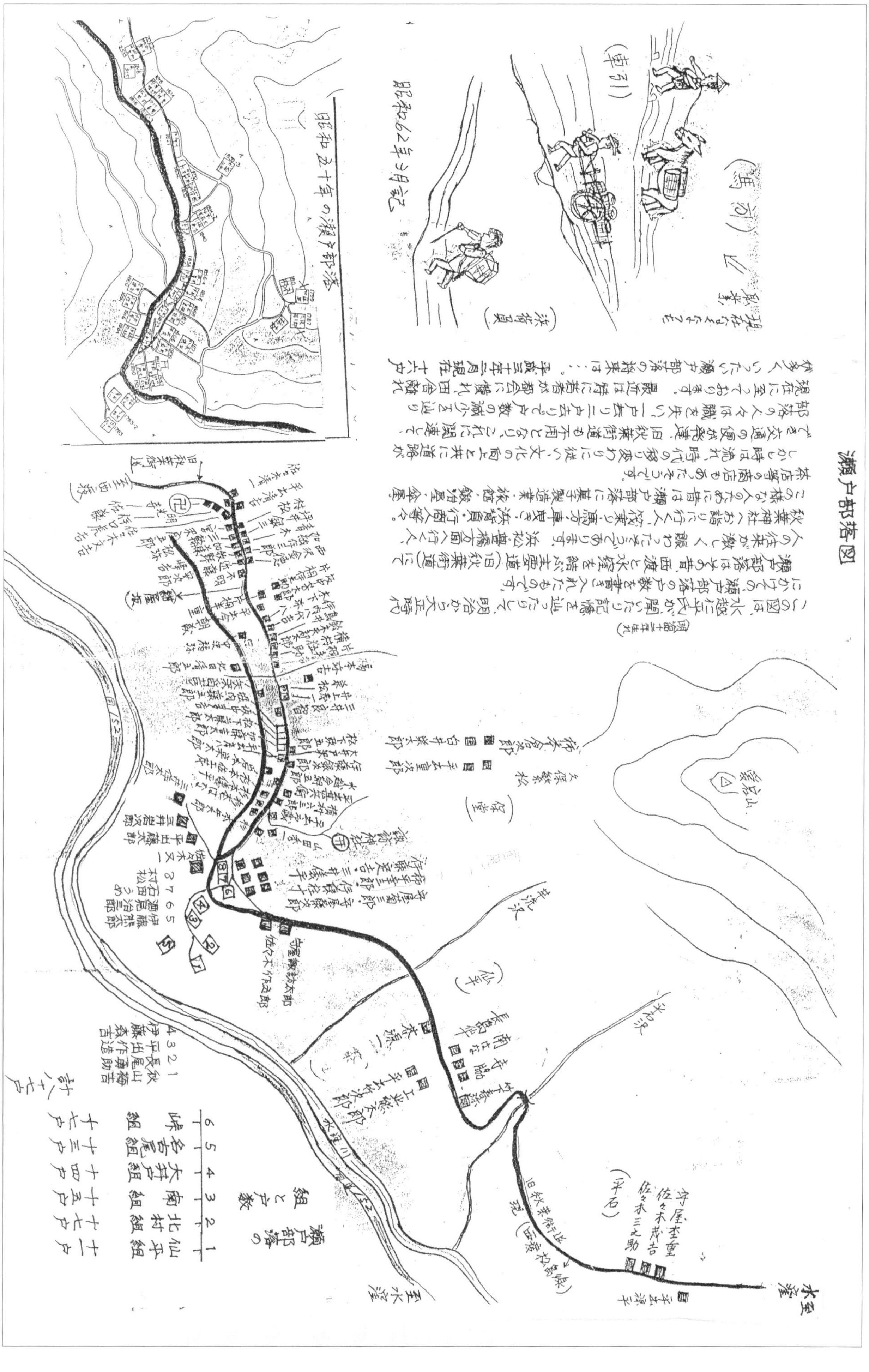

には和泉の集落が見える。ここまでは山香の地域である。向こう岸に下日余、続いて上日余が見えるが、そこはもう城西（相月）の地区である。こちら側は山香の北端、間庄集落である。ここはかつて「公門《くもん》」と呼ばれた庄屋、片桐家があって、この一帯を支配していたという。ずっとのちの昭和の時代、間庄の小・中学生が山香小・中学校へ通学する際は、山を下って水窪川に架かる橋を渡り、西渡までバス通学が認められていた。ところが通学距離はあまり違わないのに対岸の福沢の子どもたちにはそれが許されず、反対に瀬戸の橋を渡って坂を上って通学しなければならなかったので大変不満であったと、佐久間協働センターを訪ねた際にお話しした福沢出身の藤沢さんは話していた。

間庄を過ぎるとすぐに立原で、ここからは城西（相月）である。次は横吹で、ここの出身の方々から、故郷横吹についていろいろな話を聞くことができた。横吹の村の家は昔から二五軒あって、苗字の外に屋号（呼び名）を持っていた。ここではそれを説明するために、南向きの急斜面に並んだ家に高い所から順に仮の番号を付けて示す。全体の配列としては、西側と東側、そして集落の下の方を通る街道沿いの二軒とに番号・苗字・屋号と説明をつける。

【西側】 1井戸坂（アカイシ　集落の一番上で尾根の直下、尾根の向こうは南野田）2勝木《かつき》（ナカネ）3桐山《きりやま》（キリクボ）4奥山《おくやま》（カリュウダ・カルイザー）5守屋（モリウエ、白山神社の森の上）6渥美（ギオンド）　7向井（コムカイ）8奥山（フネゴ）9久保（テラクボ）10森藤（ニシ）11荒山（ホツ）12大通《おおどおり》（オオド）13南山（ミナミ）14渥美（オオシモ）15大溜（オオダマリ）16鍬竹（シンモウ）

【東側】 17渥美（カミ）18守屋（ワゼ）19森下（コカミ）20伊藤（ハマイバ）21久保（イドバタ）22松野（トウゲ）23新間（シンヤ）

【一番下】 街道沿いに24荒山（ウマサ）25荒山（カキサ）

以上である。

村の暮らしは、山仕事と自家畑作で、作物は椎茸、さつまいも、じゃがた（じゃがいもの在来種）、麦、蕎麦《そば》、大豆、小豆、生姜《しょうが》など。茶の栽培もしたが、摘み手はシモ（南の方）の人で、その人たちはここの干藷《ほしいも》、干柿《ほしがき》を欲しがった。茶工場を持っていたのは、勝木、守屋、松野の三軒だけで、製茶機は動力なしの手回し。一時養蚕もやったが、タバコ栽培が始まるとできなくなった。

個々の家について、次のお話をお聞きした。24荒山家では、開《ひらく》さんが一代学校の教員を務め、校長にまでなった。その子孫は村中で一番早く東京へ出てしまった。23新間家では、勉さん（昭和三五年生まれ）が佐久間中学卒業後、湖西市のフジ鉄工に勤めたが、父親の剛《たけし》さん（昭和一〇年生まれ）が地元を離れたくないとの願いにより、地元に戻って佐久間町半場に新居を定め、現在地元の高校に勤務しながら地域活性化の活動の一環として秋葉街道ウォークなどにも取り組んでいる。2勝木家が新間家の隣に転居してきた。

9久保家については、この家の出身で元看護師の岡田典子さん（昭和三〇年生まれ）が詳しく話してくださった。岡田さんの祖父は権吉といい、昭和三二年（一九五七）に亡くなったのであまり覚えていないというが、「オジイ」と呼んでいた。山仕事の頭だった人で、普段は家に居ず、遠く三河の足助まで仕事に行っていて、そこで典子さんの祖母なみと知り合って結婚し、光子と一枝の二子をもうけた。その光子が典子さんの母親である。ところが、権吉が仕事でけがをして入院した時に世話をしてくれた看護婦はんと親しくなり、妻なみを離別してはんを家に入れた。こうした事情を子供たちは知らず、はんを祖母（オバア）として育てられ、その経緯は後に母親から聞いたという。昔の人にしてはアルファベットもローマ字も読み書きできる人だった。父久男（大正一五年生まれ）は、間庄の東條家の生まれで、山香尋常高等小学校高等科卒業後上京、科学研究所（詳細は不明）に入所したが、志半ばで終戦となり帰郷した。当時は大戦中の総理大臣と同姓ということで、周囲から迫害を受けたので一時夏目姓を名乗っていた。帰郷後は東京での経験を活かし、当時盛況であった峰之沢鉱山に就職し、削岩機を使う坑夫として働いた。その間に久保家の婿養子となり、光子と結婚して三男一女、四人の子の父となった。昭和四〇年代になると鉱山の仕事が減り、昭和四五年（一九七〇）には閉山になったのだが、久男はそれより早く退職し、浜松市野口町の村木配管工業所に転職して浜岡原発の建設にも携わった。これらの仕事が久男の健康を害したのか、昭和五三年（一九七八）、胃がんにより五二歳で死去した。典子さんによると、父は若い時東京で科学を学んだので知識が豊富で、技術も優れていた。家の庭前に据え置きのかまどがあって、筍を茹でたりするのに使っていたが、そのかまどで鋏を煮沸消毒して、刺抜きやけがの手当て、マムシに噛まれた時の瀉血などを手際よくやった。典子さんは、そういう時いつも手伝いをさせられ、手術を受けるけが人や負傷者の手足を押さえる役だった。その経験は、後年看護師になって役立ったという。

もう一つの横吹での思い出は、学校のことだという。城西には中芋堀に本校があり、相月、野田、横吹に分校があった。横吹分校は一番小さくて、初めは一教室だけ（昭和二四年校舎建設の記録がある）。一教室に一年から四年まで一緒に入っているので、授業になんかならない。そのうちに人数も増えたので、間仕切りをして二教室になり、一、二年と三、四年でそれぞれ複式の授業を受けた。五年からは本校へ通うのだが、下の県道（国道一五二号線）まで下りて、本校まで歩いて通った。典子さんが通う頃には分校も大きくなって、教室の横にもう一教室建て増しされ、そこは半分が職員室で、残りの半分は図書室になっていた。先生は地元出身の人の他、水窪の先生が多かった。教室には冬の間薪ストーブが置かれ、アルミの弁当箱を載せて温めて食べられるのがうれしかったという。

22トウゲの松野明さん（昭和一二年生まれ）からもお話を聞いた。松野さんは七人兄弟の末っ子で、横吹分校、城西の本校、それから城西中学校を出るとすぐ浜松に出て就職した。因みにこれら三つの母校はすべて廃校になって、今はない。就職先は浜松市中区和合町交差点角の長谷川自転車店で、住み込みで八年修業後、独立して現在の松野輪業店を開き、以来今日まで仕事を続けてきた。一緒に苦労してきた妻のゑつ子さん（昭和一五年生まれ）を乳がんのため五四歳で亡くした。最近娘婿に店を任せて隠居となり、町の自治会役員などをやる傍ら、好きな手仕事をやっている。一五万円で本格ミシンを購入し、それで帽子づくりに取り組んでいる、と言って、自作の御自慢の帽子を見せてくださった。兄弟たちもみなそれぞれ他所に出てしまい、横吹の家には今は誰もいないが、ときどき車で通って管理している。家は、ホツの火の見櫓の傍らにあり、急斜面を削って造成した敷地一杯に、間口六間半、奥行三間半くらいの広さで建っている。家の間取りは、西の方が座敷で、東側に土間があって、そのスミが台所。母屋の東に別棟の茶工場がある。茶工場の真ん中に製茶機械がある。動力は手回しだ。屋敷の上に二坪くらいの小屋があって、以前は中に三〇体もの石碑があったが、いつの間にか減ってしまって今は六体だけ残っている。それとは別に野ざらしのものが四体あるが、どれも何を祀ったものかは知らない。

松野家の由来はよくわからないが、先祖は水窪本町にいた天野シンイチロウという人の子孫で、ここにやってきて住み着き、そこに一本の松の木があったので松野姓を名乗るようになったということだそうだ。

六　福沢

福沢には、平成二七年（二〇一五）一一月と一二月の二回探訪した。福沢は竜頭山の北麓に深く切れ込んだ谷の中の村である。山香村の大字大井は、中心となる西渡地区を除けば、水窪川の両岸に多くの小集落が散在している。その中の一つが福沢で、ここには明治一五年（一八八二に、字森下に学校が設置されたと『沿革誌』に記され、さらに同二五年（一八九二）には、山香村立福沢尋常小学校と改称された独立校であった。ところが、同四一年（一九〇八）に小学校の義務年限が四年から六年に延伸されたことと関係するのか、その年、大井小学校の分教場とされた。その後、同四三年（一九一〇）の大風により校舎が倒壊したため、そのまま同校は廃校となった。以後、大井地区には大井小学校一校のみとなり、児童たちは遠隔地から山坂を上り下りし、川を渡っての通学を余儀なくされた。ところで、戦後間もない頃大井小学校で学んだという人から、遠足の目的地が福沢だったと聞いた。学校で水田や稲作の話を聞くだけではよくわからないので、実地見学の目的地に選ばれたという。

西渡から水窪川に沿って、国道一五二号線を北上すると、右手から福沢川が流れ込んでいて、それを跨ぐ竜神の飾りの付いた立派な橋がある。橋の手前から右に折れ、福沢川に沿った狭い道を一・五㎞ばかり進むと、急に谷が開け、山の斜面に茶畑に囲まれるように家々がある。晩秋の茶畑は、来年の摘採に供えて、実に丁寧に刈り込まれ、ここに暮らす農家の仕事ぶりが、気持ちよく、頼もしく感じられた。

初日は突然の訪問だったのだが、守屋利夫さんに快く迎えられ、まず村の様子を、ということで、ふだん仕事に使われているであろう軽トラックで村内を一巡した。かつて五三軒あった福沢も今は一五軒ほどで、無住の家や独り暮らしの家が多く、かつての活気はない、とのことであった。

守屋家に戻って来て、利夫さんから主に仕事についての話を聞いた。利夫さんは昭和六年（一九三一）生まれで、山香小学校の高等科を卒業すると、家の山畑の手伝いを一年やって、以後三九歳までの二五年間、山仕事をした。金原財団の山で、伐採・出材が主な仕事だった。初めは下刈りから、出材では木馬を使うので、まず後押しとかカスガイを運搬する仕事とか、こういう役割を「勢子《せご》」と呼んだ。二〇歳代中頃になると、自分で木馬を曳く「木馬曳き《きんまひ》」という仕事師になった。木馬道は、今のキャンプ場から三〇分くらい奥に入ったところから川口までで、現在車が通る道が概ねそれに当たる。木馬道の盤木《ばんぎ》は、丈夫な檜や樫を山持ちから買って自分で作り、自分が曳きよいように自分で敷いた。

　こうしている間に、水窪の土木仕事の人から紹介されて、二七歳の時に結婚した。妻のえひ子さんは利夫さんと同い年の、富山村（愛知県北設楽郡）の大家の娘さんで、同じ北設楽でも富山からは遠く離れた三輪村（現東栄町）の女学校を出ている。

　その後、昭和四五年（一九七〇）には、かつて景気の良かった鉱山も次々閉鎖され、山の仕事も景気が悪くなってきた。一方で生活の仕方が変わり、現金収入の道を求めていたところへ、労働力を求める企業進出が盛んとなり、佐久間にも「富士機工」という工場ができたので、そこに就職した。

　川沿いの水田も、骨を折って作るより、手軽にコメが手に入るようになり、平地の少ない福沢では、水田が集会所や駐車場の敷地に変わってしまった。

　人がどんどん出ていってしまうので、今のうちにどこにどんな家があって、どんな人がいたのかを記録しておきたいと思っているのだが…。そういう思いの人が何人かいるので、実現したいものだと結ばれた。

　二回目には、利夫さんの本家にあたる守屋正徳家を訪ねた。村の中心にある大きな構えのお宅であった。当主の正徳さん（昭和二五年生まれ）は、仕事に出られてお目にかかれなかったが、義母のとし子さんの歓迎を受けた。ここでは、当家累代の活躍ぶりと、とし子さんの出身である水窪町大里の鈴木家にまつわる思い出話を聞かせていただいた。

　とし子さん自身、九〇歳になんなんとする年齢を感じさせない元気さで、今でも故郷水窪ほかあちこちの会場へ車を運転して出かけ、西川流の舞踊を教授、指導していらっしゃるというのには驚いた。とし子さんの話では、この守屋家は遡って七代前までは当主の名前が分かっているということで、書き留めた名前と経歴を列記する。

　寿人さん（とし子さんの孫、三八歳、秋葉ダム勤務の技術者）、その父正徳さん（とし子さんの息子、昭和二五年生まれ、横山石油販売所長）、その父義雄さん（とし子さんの夫、大正一五年生まれ、故人）、その父照正さん（とし子さんの義父、昭和八年村会議員、故人）、と遡り、その父織平さん（とし子さんの義祖父）は長期にわたって村政に携わり、明治四三年（一九一〇）から四期続けて大正末まで村議を務め、この間の明治三七年（一九〇四）に収入役、同四三年（一九一〇）から四期連続助役、昭和二年（一九二七）から二年間村長を務められた。さらにその父（義曽祖父）は、その名も諏訪太郎といい、山香村発足当時の村議でもあったが、とし子さんの話では、当守屋家は村の鎮守である諏訪神社の宮司を代々務めてきた家柄であるといい、それにふさわしい名前であると思った。その先代、六代前の御先祖の名前は豊吉という人であった。

　この後、話は故郷水窪のことになり、懐かしさに次々とたくさん話題に上がったが、ここではとし子さんの実家、菓子屋だった「明治さ」のことを書いておきたい。父は明治生まれで名前は鈴木明治といい、出身は三河の蒲郡辺りのようで、兄と二人で水窪へやってきた。その訳は分からない。兄は本町で金物屋をはじめ、弟明治は大里で菓子製造販売、つまり菓子屋を始めた。両家とも故郷を偲んでか屋号を「竹島屋」とし、兄の店は子孫に引き継がれて今も続いているが、弟の菓子屋は戦時中に食糧統制で仕事がやれなくなり、後継者もなかったため、一代限りで店を閉じた。後継者であるとし子さんの兄は医師になり、戦時には軍医として出征もしたが、戦後郷里に帰り、医院（その名も昭和医院）を開業し、一代地域医療に尽力した。

　昔から、そして今も、山奥から新天地を求めて都会に出、活躍する人も多く、就中《なかんづく》中部の原田久吉のように、その成果を郷里にまでもたらした人もあった。その一方で、とし子さんの実家のように、南から、あるいは北の信濃などからこの山深い地域に入って、そこで仕事や商機を見つけて定着し、自らの天地を開くとともに、地域の繁栄に貢献する人びとがあってこそ、西渡や水窪のかつての繁華があったのだと思う。

第六節　城西地区

一　城西というところ

　この地域は、旧佐久間町四ヶ町村の中で、格別な地域性を持っている。一つめは、地域全体が水窪川の流域であること。二つめは、さして広くない地域内に、秋葉と三州の二つの街道があることである。そして三つめは、上流部の水窪と古来密接な関係があり、それゆえに水窪からの分離独立という歴史を刻むことになったことで、人やモノの交流、婚姻関係も多く、風俗習慣にも共通する部分が多いことである。明治以来の一五〇年を見ても、共通関連する事柄が多く見られる。ここでは、城西小学校の記念誌『蛍窓百年のあゆみ』の記録を手掛かりに地域の歩みをさぐる。

明治四年（一八七一）街道交通の需要が高まり、水窪西渡間道路開削進む。

明治七年（一八七四）領家村（現水窪町のことで、城西地区はその一部であった）を奥領家村と改称。領家の名は県内各地にあったので、区別するためであった。

明治九年（一八七六）信州街道を、仮定県道に編入。明治二二年（一八八九）町村制施行により北遠四ヶ村（奥領家・地頭方・山住・相月）を以て周智郡奥山村となる。この奥山村名も近接する引佐郡奥山と混同され、郵便の誤配等の問題も生じた。

明治二三年（一八九〇）水窪・西渡間に荷車の使用始まる。

街道の交通が、人馬から車の使用にまで改良されたのは大きな進歩であった。こうした時代の進展の中で、いよいよ城西村誕生の時を迎える。明治三六年（一九〇三）、城西地区は奥山村から分離独立することになった。県に提出された上申書には、次のように記されている。

当村自治区の儀は遠陽北極に位し山間僻地殊に地盤拡大にして東西五里（二〇km）、南北八里（三二km）余、戸数一三九八戸の民家各所に散在し、人口八〇六三人にして実に県下その比を見ざる所にして施策上不便なること不少且つ本村南部北部とは民情を異にし、常に相容れざる事不少、此の如き自治区にては、将来村民の蒙る不幸莫大なるは明らかなる事実にて、従来恐るべき惨状を呈するやと保し難し、依て西は奥領家イタバシ沢、東はエンノコ沢を境界とし、甲乙二村に分裂、自治区を構成し、将来の安寧を保持せんと欲する所以なり。

これに対して県は分裂認可第五一号の一三を発令した。

「周智郡奥山村大字相月、大字奥領家の内野田区、及び芋堀区の内字芋堀を分割して城西村を置き、其の役場位置を大字相月字松島と定む。右明治三十六年十二月一日より施行す。（後略）」

こうして発足した新しい村の名「城西」は、向皆外の古城址若子城に因むものである。この若子城は、往時上流の水窪、地頭方久頭合（葛郷）の高根城に拠って当地方を支配した奥山一族の支城の一つであった。時代の推移と共に、その一族は土着して今日まで続いている。

成立当時の城西村は、戸数は三九一、人口は二三五八であった。村の独立とともに、それまで奥山尋常高等小学校の分教室であった学校は、城西村立城西小学校となり、その学区は芋堀区および大字相月のうち中芋堀・向皆外・松島となった。区域の戸数一三五、人口七六四である。村内に三分教室を設けた。それが野田（奥領家のうち、野田・今田・沢井、戸数九七、人口五九〇）、横吹（大字相月のうち、切開・横吹・島・立原、戸数九五、人口五六二）、相月（大字相月のうち、相月・上日余・下日余、戸数六四、人口四四二）であった。

明治四五年（一九一二）、北遠四ヵ村による道路改良組合（奥山・城西・佐久間・浦川）の設立によって道路改良の促進が図られたが、実態は遅々として進まなかった。

大正六年（一九一七）、奥山村に有志による電灯会社が設立され、城西の一部にも電灯が灯った。

昭和五年（一九三〇）、ようやく道路改良が進み、水窪自動車商会が設立され（この少し前、大正一四年（一九二五）に奥山村は水窪町に変わっている）、水窪・城西間二キロに乗合自動車（乗客定員五）が運行されるようになった。運賃は片道二〇銭であった。この会社は、昭和一〇年（一九三五）に二俣の秋葉自動車と合併、時を同じくして県道二俣水窪線が開通した。昭和一二年（一九三七）には二俣・水窪間にバスが運行されるようになり、この地域の交通事情は急速に変わった。昭和一〇年代前半には、奥山村と城西村の境あたりでバスが転落し、乗客の水窪善住寺住職ほか数人が脚の骨折などの重傷を負う事故もあった。なお当時は、山香村大輪と下流の龍川村横山には、天竜川に架かる橋がなく、大輪では客と荷物だけの渡船、横山では大型の台船に人車ともに載せて渡す渡船が運行していた。

この地域唯一の交通手段であった秋葉自動車によるバスの運行は、戦後すぐの昭和二一年（一九四六）に経営が国に移管され、鉄道省の省営バスとして復活継続した。終戦直後は資材も燃料も不足で、木ガス燃料のいわゆる「木炭車」が辛うじて走り、車両の整備も十分にできなかったためか、西渡の手前の湯の沢でハンドルの故障による転落事故もあった。

城西村と水窪町は、昭和二六年（一九五一）に周智郡から磐田郡に移行した。これは、幕政時代長く中泉代官所の支配に属していたことを思い出させるものであった。

二　相月

大字相月は、昔百軒、今六〇軒という所で、相月・上日余《かみひよ》・下日余の三つの小字（今は支部と呼ぶ）があり、さらに相月は一組（小相月）、二組（相月）、三組（布瀬）に分かれ、上日余には四・五・六組があり、下日余には七・八組があって、冠婚葬祭などの近隣の付き合いはこの組ごとに行っている。

『佐久間村沿革誌』所収の「佐久間村遺跡には、「相月は古来山香郡綾付村と称し、由機良親王御通過あり」と記され、親王の足跡が詳しく述べられている。

親王は大井村福沢から比丘尼峠を越えて、日余で沓替えをしたので、そこを沓打場と言う。峠から四町下って十間四方の平地に出ると、遅れてきた従者が土地の者に親王の行方を尋ねたので、土地の者はあの坂を越えて行かれたと答えた。そこを「アノサカ」と呼んで、今相月への通り道である。村人が案内した所を「コエタ」と言い、これは当地の西尾家の屋号になっている。親王がさらに坂を越えて半里（二キロ）進むと小さな集落があり、峠にはお堂があってそこに子供が群れ遊んでいた。それをご覧になった親王が、「良い子休堂である」と仰せられたのが、今、「コヤスンド（小休所）」の地名となっている。

さらに親王は、奥山（水窪）にまで進まれ、行宮を営まれたので、そこを内裏（大里）と呼び、近郷五カ村（相月・奥山・地頭方・大井・佐久間）を以て奥山郷とした。また、親王は芋堀に政所を置いたので、その土地の守屋民蔵家は、屋号を「マンドコロ」という。「芋堀」という地名も、古くは「イモヨリ（妹頼）」で、後にそれが転化して「イモホリ」になったので、植物の芋とは無関係であるという。

このように記され、伝えられているが、そもそも由機良親王その人について実証はされていない。記述されていることのどこまでが史実であるかは断定できないとしても、この地域の歴史をうかがい知ることはできよう。

佐久間には多くの諏訪神社があるが、相月の諏訪神社は社殿も社叢も立派である。社殿は折々改修され、最近では昭和三七年（一九六二）と五二年（一九七七）に大改修されている。年々の例祭も欠かさず、最近は年一回、七月二六日と定めているが、その前後の土・日曜日に実施されるようになった。宮司も古来安達家世襲で、今日まで伝えられている。

昭和六〇年（一九八五）に、神社創建五五〇年を記念して刊行された、前宮司安達三四郎著『諏訪神社』によれば、「当社は永享七年（一四三五）信州諏訪より遠州山香郡綾着村字蛇山《じゃやま》に勧請されたもので、その境内地は非常に広大で平坦な敷地であった」と記されている。しかし、「村の中心から遠く、参詣その他不便であるとして、寛政五年（一七九三）村内字日余の現在地に遷座された。」移転した跡地は、昭和二〇年代の末、佐久間ダム建設に伴う飯田線迂回工事のため、トンネル掘削工事の土砂置場とされたので、昔日の景観は失われてしまった。

宮司の安達家に伝わる話として、元亀年間（一五七〇〜七三）、三方原合戦に敗れた徳川家康が、山住神社に戦勝祈願に行く途上、東手、信州街道筋のここ安達家に立ち寄り、小休止をした。後に天下人となった家康を尊び、安達家では屋号を「コヤスンド」と称した、ということであるが、前記由機良親王の事跡とどう整合するのであろうか。

ともあれ、現在の神域はうっそうとした森に包まれて見事であり、社殿と共に森厳の気に満ちている。昭和五二年（一九七七）には社殿を改修する費用に充てるため、この森から二四本を伐採した。昭和五五年（一九八〇）に境内の樹木を悉皆調査した記録によれば、樹木合計一五五、内訳は、杉一〇六、榊・樫《かし》各一四、楓五、桜二、欅・榎《けやきえのき》・椿・栃・榧《かや》・樅・山桐《やまぎり》各一と記録され、杉の木立の壮大さと樹種の多様さに驚かされる。杉の最大のものは、周囲五・九二m（直径約二m）で、町の天然記念物に指定されている。

三　野田《のた》

野田は、芋堀と共に奥山村から分かれた地区で、地籍は大字奥領家である。古くから開けたもう一つの主要な街道である三州街道（現在は県道）に沿って、北條峠から流れ下る河内沢川の谷筋に、下から今田・沢井・中野田・大沼・南野田という集落が中央構造線上に並んでいる。峠に立って北を眺めると、今田の集落の上、山のくぼみを透かして水窪の翁川の谷が続き、その果てには遠信国境の青崩峠が臨まれる。古書によれば、野田の地名は、かつては沼田（ヌタ）村と記されている。地域の中ほどに周囲八町（九〇〇m）もの大池があり、竜神が住んで村人や通行人に災いをした。ある山伏がこれを退治しようと瓢箪に針をたくさん詰めて池に沈めたところ、これを飲んだ竜神はもがき苦しみ、遂に池の堤を破って逃走したとされている。池のあったところが今の大沼であろうか。このような地形や地質のため、村には山崩れ対策の組織があったという。

写真 3-1　ウゲによるアユ漁（中部付近の天竜川）

写真 3-2　ウゲ

写真 3-3　水鏡でカジカを追う子供

中部付近の天竜川での川漁写真（平賀孝晴氏提供）

写真 3 - 1 ウゲによるアユ漁（中部付近の天竜川）

終戦後数年くらい（昭和 25 年頃）までの時期（佐久間ダム建設前）。写真は中部の天竜川で、飯田線の路線とトンネルが見える。漁のねらいはアユで、当時は下流にダムはなく、アユは天然遡上した。大水の後などにはウナギやその他の魚も入った。

写真 3 - 2　ウゲ

長さ 120 から 130㎝、円錐の底の直径が 70 から 80㎝。外枠は昔は竹、撮影当時は番線（8 番線）へと変わり、内側には金網を張った。

写真 3 - 3　水鏡でカジカを追う子ども。

カジカを追っている。

第四章　交通・交易・運搬

第一節　木材の運搬

一　木材流送

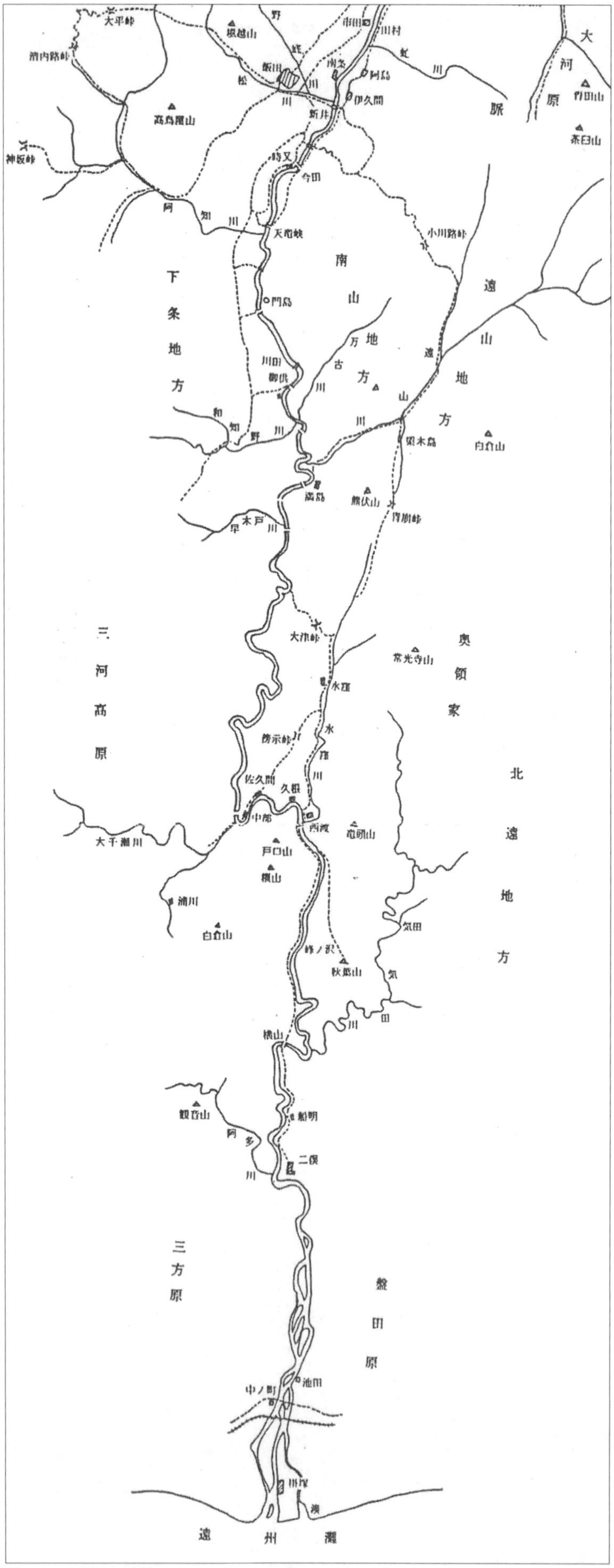

図 4-1　天竜川水系図

天竜川流域の木材流送概要

　道路事情が悪く、車両による運搬が未発達だった昭和二〇年代まで、天竜川流域の山林で伐り出された木材の運搬は、河川による流送が主であった。古くは天竜川河口の掛塚まで流され、そこから船で運ばれたが、明治二二年（一八八九）に東海道本線が開通後、明治三〇年頃から本格的に天竜川右岸の中ノ町や左岸の池田で引き揚げられて鉄道で運ばれるようになり、掛塚まで流されることはなくなった。昭和一五年（一九四〇）の二俣線開通後は二俣町鹿島等での引き揚げも増えた。昭和三一年（一九五六）の佐久間ダム完成により、天竜川での木材流送はできなくなり、トラック等による陸送に切り替わった。

　天竜川本流や水量の多い気田川では、木材は筏に組まれ、筏師が操って流したが、水量の少ない水窪川等の支流では筏に組まず、木材をバラで流す管流《くだなが》し（川狩り）により、天竜川との合流点まで運ばれた。

　天竜川では明治から大正時代、生活物資を始め、各種産品や原材料、久根鉱山や峰之沢鉱山の鉱石や王子製紙の製品等、大量の物資が船で運ばれる一方、木材の出材量も増加し、明治四二年（一九〇九）の河川取締規則で、四月から九月の出水期の管流し（川狩り）が本流、支流とも禁止された。しかし、川狩りの認められた一〇月から三月は水量が少なく、流送が難しいほか、途中で滞留した木材が川原に放置されることにより材が傷むことにもつながったため、天竜川材木商協同組合の働きかけにより、昭和三年（一九二八）に河川取締規則が改正され、白木材（スギ、ヒノキ）に限り、

写真 4-1　切判切り

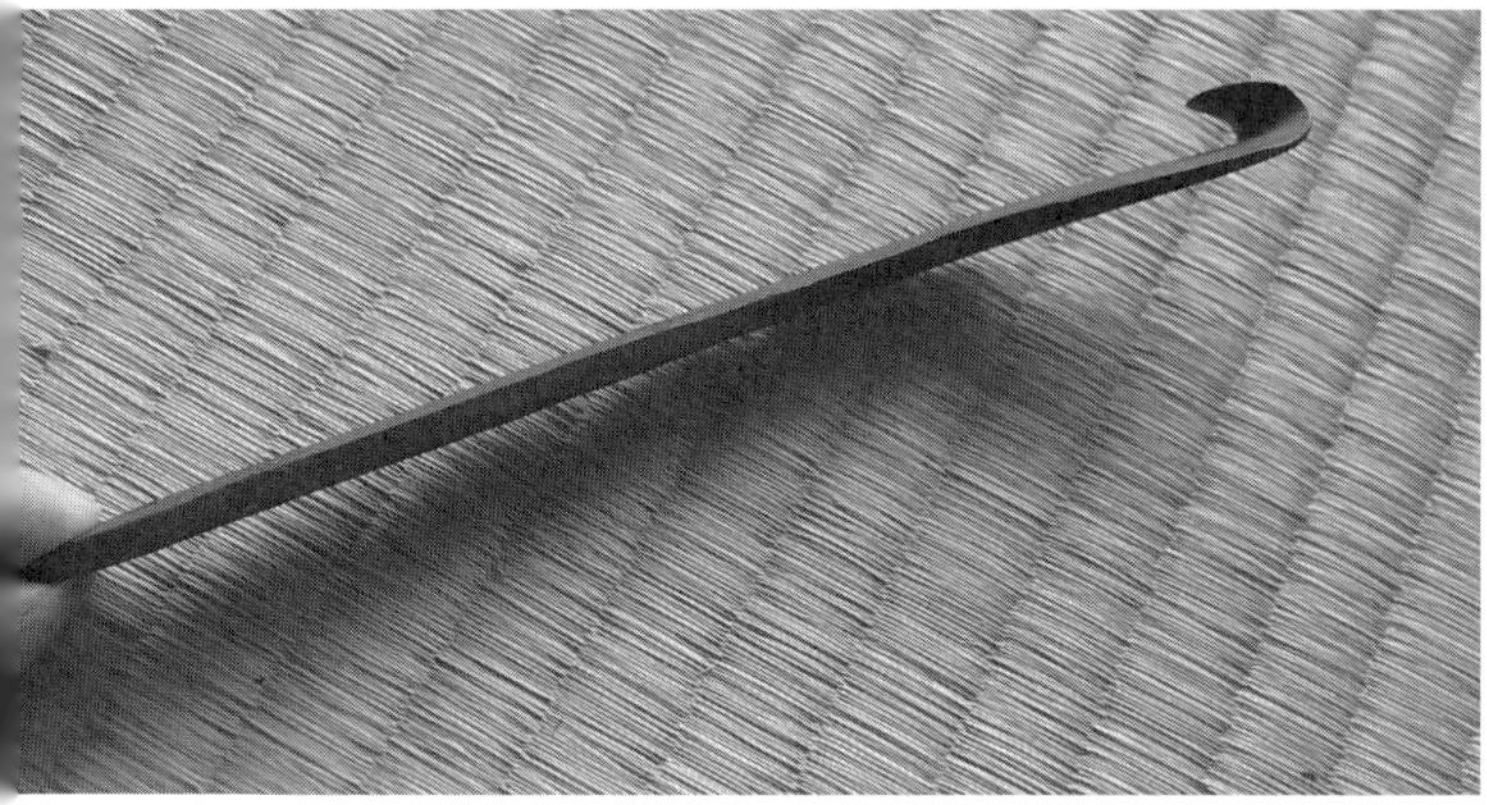

写真 4-2　切判切り

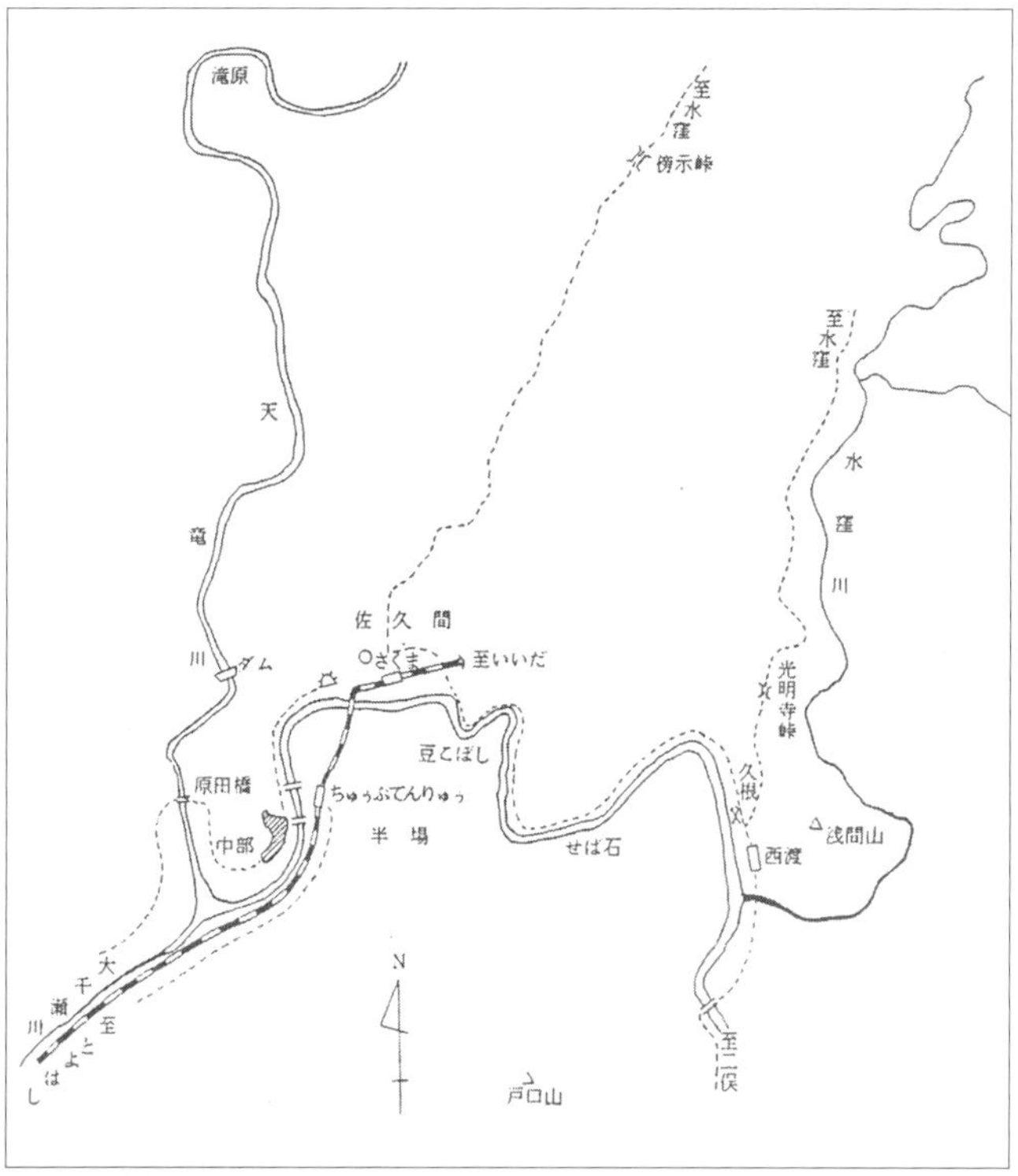

図 4-2　中部佐久間西渡要地図

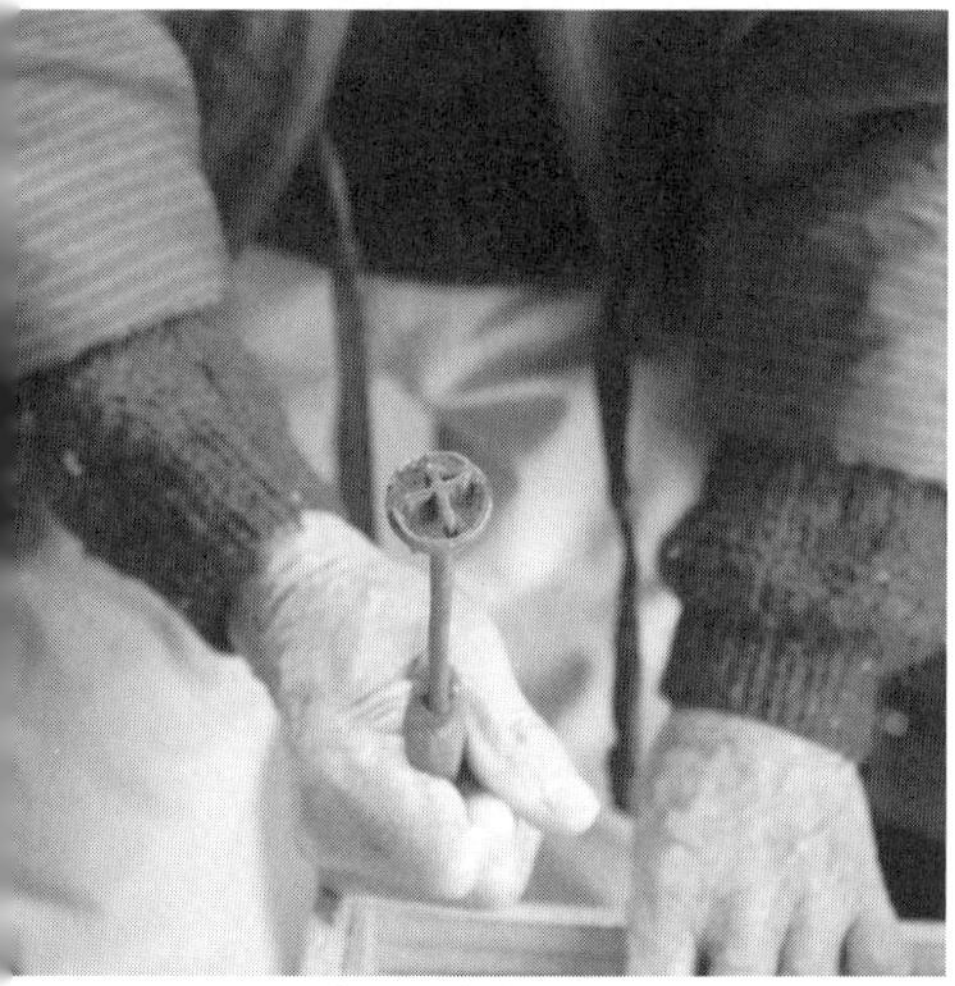

写真 4-4　極印

写真 4-3　切判切りの使い方

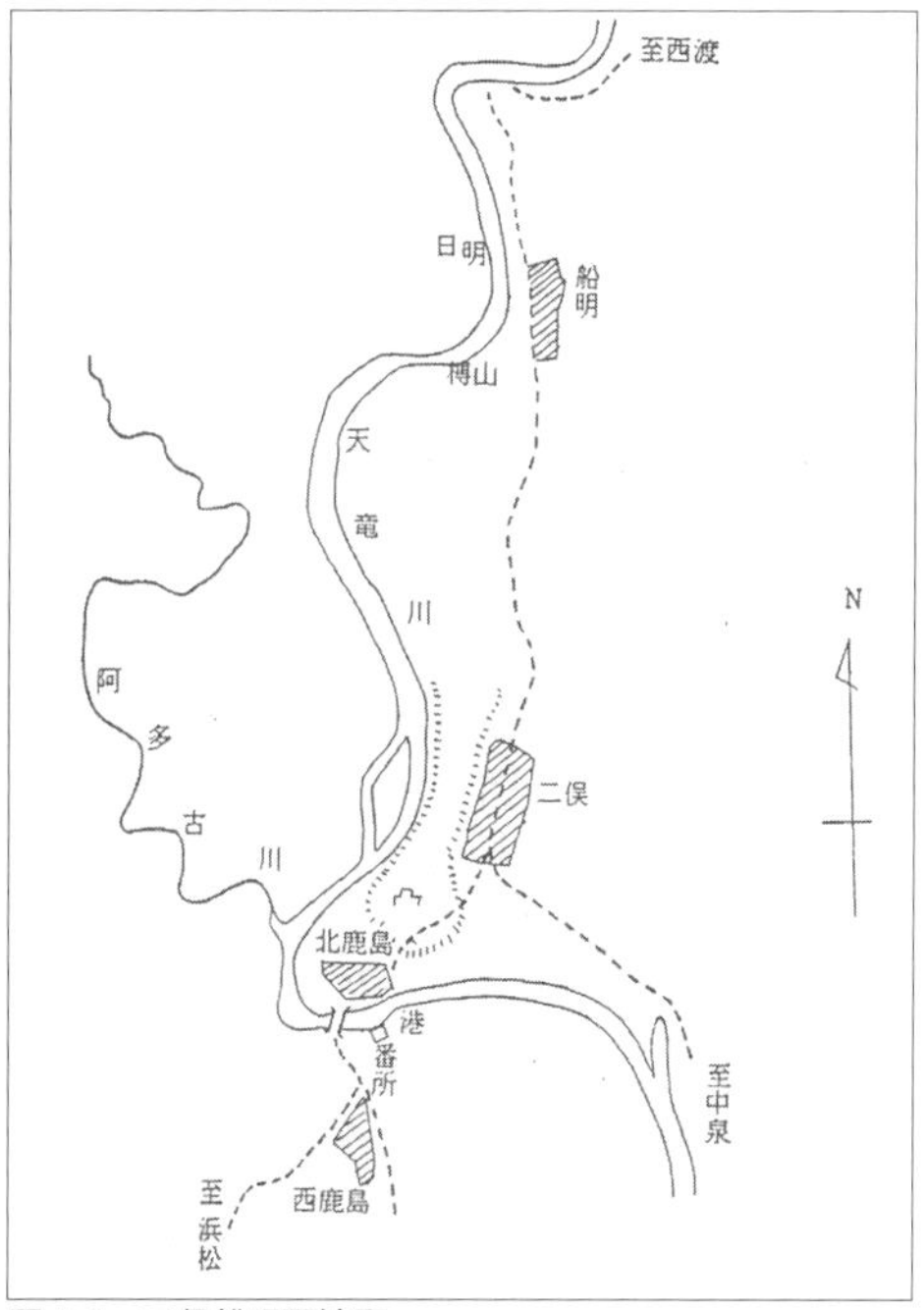

図 4-3　二俣船明要地図

支流での川狩りが通年で認められることになった。

西渡は、水窪川水系の木材を集積し、筏に組んで天竜川本流に流す拠点であった。天竜川上流から流れてきた筏も、一部は西渡で組み直された。ここから出発した筏は、筏師に操られて鹿島（直通）や中ノ町（船明経由）等へ運ばれた。大千瀬川水系の木材は、以前は川合等で筏に組まれて天竜川を下ったが、三河方面からの鉄道の延伸や道路の整備が早かったため、水窪川水系よりも陸送への移行が早かった。

判分け

丸太は伐採現場で樹皮が剝かれた後、流送の際の所有の識別のため、根元から約五〇cmのところに会社ごとの識別マーク（切判《きりはん》）を彫りつけて川に流した。切判を彫る道具は「切判切《きりはんき》り」と呼ばれ、先端に湾曲した刃の付いた長さ二〇cm程の金属製の道具で、手前に引いて彫りつけた。藤澤春雄さん（大正九年生まれ・西渡（下日余出身））は、切判切りが小さいため、山で落としても目立つように赤いひもを付けていたという。後には切判切りから墨を付けた極印《こくいん》を打つ方法に変わった（極印を打つことを「極《こく》を打つ」と言った）。

筏を組む際には、切判や極印を目印に会社ごとに丸太を仕分け（「判分けをする」と言った）、それぞれの会社の丸太ごとに筏が組まれた。

『佐久間町史 下巻』（一九八二）に、切判・極印の例が掲載されている。

写真 4-5　水窪川での川狩り

写真 4-6　水窪川に堆積する木材

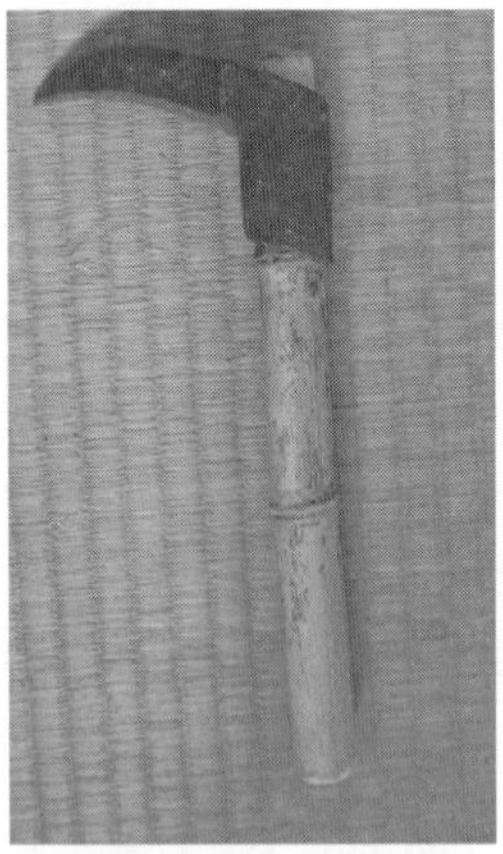
写真 4-8　川狩り用トビ（柄は切断済）

写真 4-9　川狩り用トビの柄の末端（笛になる）

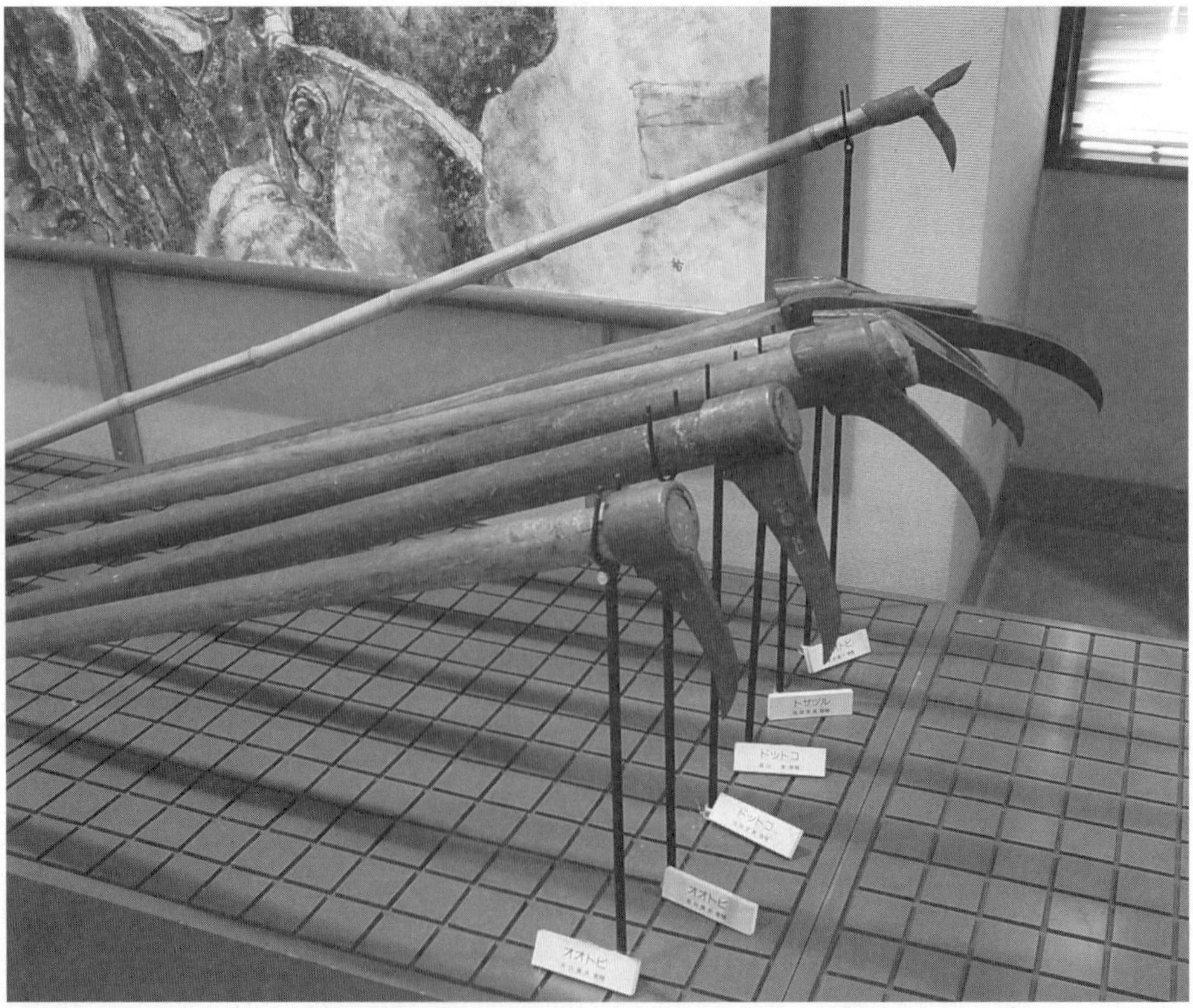

写真 4-7　大トビ

写真 4-12　水窪川流材防止楯枠（アバ：下流側から撮影）

写真 4-10　水窪川流材防止楯枠（アバ：左岸から撮影）

写真 4-13　4-12 撮影地の現況（2015 年撮影）

写真 4-11　水窪川流材防止楯枠（アバ：左岸上流側から撮影）

川狩り

天竜川支流の水窪川では、筏の組立場のある天竜川との合流点の西渡まで、丸太をバラで流す川狩りが行われた。長さ一二尺の材をとるため、通常一三尺五寸（約四ｍ）の丸太を流した。

守屋貞一さん（昭和六年生まれ・切開《きいなま》）は一七歳頃から川狩りに従事された。懐《ふところ》に白樺の皮を入れて焚き火の焚き付けにしたそうである。四回分〈朝・昼・昼・夜〉の食事の世話をしたこともあった。切開に住んでいたが、西渡あたりで仕事をする時は柳行李と布団を持って泊まり込むこともあったとのことである。

また、藤澤春雄さんは、土場では大トビを使ったが、川狩りに使うトビは小さめで、柄は竹製だった、トビの柄の末端は笛になっていて、丸太を流す時は二回、詰まった時は一回吹いて合図をした、と話している。

アバ

水窪川から天竜川本流への丸太の流出を防ぐため、大正七年（一九一八）から大正一三年（一九二四）にかけて、天竜川木材商協同組合により、天竜川との合流点から五丁（約五五〇ｍ）上流付近（大井から水窪に行く今の国道のトンネルのやや上流付

写真 4-14　水窪川流材防止楯枠（アバ：上流側から撮影）

写真 4-15　4-14 撮影地の現況（2015 年撮影）

近）に、木を組んで石を詰めた、高さ二間、幅二間、長さ二間半の栂枠を二つ前後につなげ、わずかの幅で横に五基並べた石塁、通称「アバ」が設置された。

ここから天竜川との合流点の筏の組立場まで川狩りする際には、川の途中に丸太で滑り台状の「スラ（修羅）」を設けたりした。スラには藁やコケ、ボロ着などを詰め込んで滑りをよくしたとのことである。

また、天竜川支流の大千瀬川の、更に支流の大入川の、大千瀬川との合流点の約五〇〇m上流付近にも、大正一五年（一九二六）から両岸の岩にアンカーボルトを打った金属製の流木繋留装置（綱場）が整備され、上流から流されてきた丸太が留められた（写真4-16）。板倉英雄さん（昭和七年生まれ・中芋堀）によれば、そこから丸太を川狩りして小田敷付近で陸揚げし、浦川マルモのトラックで浦川駅に運び、鉄道で島田（駿河木材や日本木槽木管等）などに運ばれていた、とのことである。

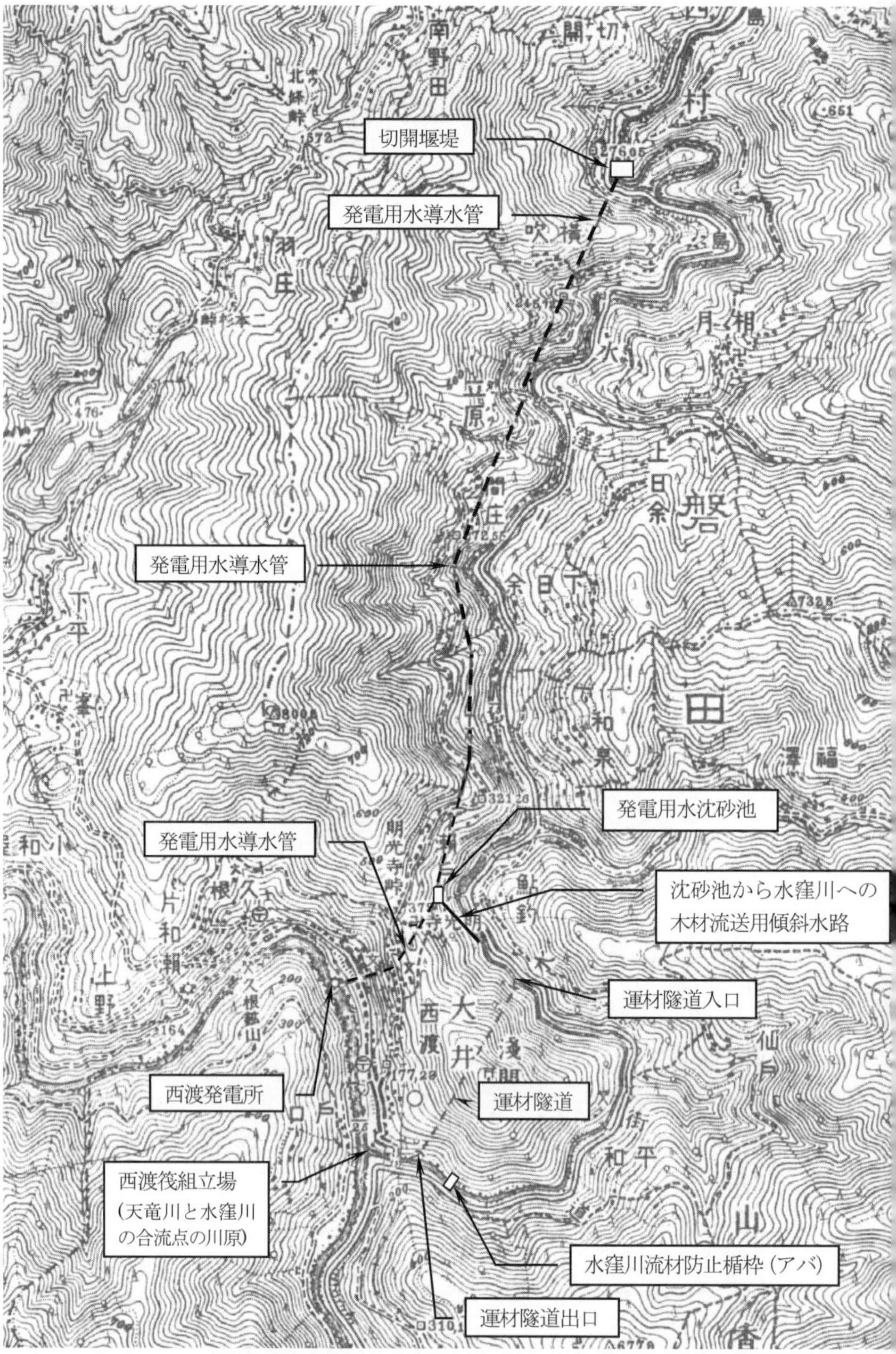

図 4-4　水窪川流域の木材流送関連施設（西渡発電所稼働後、佐久間ダム建設以前）

写真 4-16　大入川綱場（位置は図 4-15 参照）

発電用水の導水管による木材流送

昭和二年（一九二七）、水窪川水力発電株式会社（後の日本発送電、現中部電力）は、西渡の天竜川河畔に西渡発電所を建設した（現在も稼働）。

発電用水は水窪川の切開堰堤《きいなまえんてい》で取水され、山の中腹に掘られた導水管で西渡発電所まで送られることになった。このため、切開堰堤から下流の水窪川の流量が減り、従来のように川狩りができなくなることを危惧した天竜川材木商協同組合は、着工前から発電会社に対し代替策を要求した。その結果、切開堰堤から明光寺峠東側の水窪川右岸の山腹に位置する沈砂池まで発電用水の導水管に丸太を流し、沈砂池を分岐点として、発電用水は南西方向への導水管で発電所に送る一方、これとは別に丸太を沈砂池から水窪川に落とす専用の傾斜水路が南東方向に設けられ、丸太を鮎釣の下流付近に落とし、二〇〇mほど水窪川を流した後、発電会社が運材専用に水窪川右岸の浅間山の下に掘削した隧道を通して、西渡の大井橋付近まで流す方式がとられた。

写真 4-20　切開堰堤 (左岸から撮影：2015)

写真 4-21　切開堰堤 (右岸から撮影：2015)

写真 4-22　切開堰堤での木材堆積

写真 4-23　切開堰堤から発電導水管への木材投入

写真 4-17　西渡発電所 (2015 年撮影)

写真 4-18　西渡発電所直上の導水管（2015 年撮影）

写真 4-19　西渡発電所導水管建設工事

写真 4-25　沈砂池 (2015 年撮影)

写真 4-24　沈砂池 (2015 年撮影)

写真 4-29　傾斜水路と水窪川の合流点

写真 4-26　傾斜水路側から仰ぎ見る沈砂池（2015 年撮影）

写真 4-27　沈砂池近くの傾斜水路は埋没 (2015 年撮影)

写真 4-28　傾斜水路の遺構 (2015 年撮影)

写真 4-32　4-31 撮影地すぐ下流にある堰堤(2015 年撮影)

写真 4-31　運材隧道入口付近 (推定) に残る構造物(2015 年撮影)

写真 4-30　運材隧道入口付近 (推定) の現況 (2015 年撮影)

写真 4-36　水窪川と天竜川の合流点 (手前の川原が筏組立場、右端に運材隧道出口からの傾斜水路あり)

写真 4-37　4-36 撮影地の現況 (2015 年撮影)

写真 4-33　運材隧道出口から水窪川への傾斜水路 (西渡)

写真 4-34　4-33 撮影地の現況 (大井橋上流側、2015 年撮影)

写真 4-35　牛 (城西付近)

沈砂池は、現在の国道一五二号線の鮎釣付近の吊り橋を渡り、細い道を登ったところにある。明光寺峠の手前で右に行く林道の切り通しを抜け、お犬様あたりから山道を降りて行ってもたどり着く。沈砂池は現在は金網に囲まれ立入禁止であるが、沈砂池から水窪川へ丸太を落とした傾斜水路の遺構は残っている。

父親が西渡発電所の導水管建設工事に携わったという北澤明さん(昭和七年生まれ・西渡)は、子供の頃この沈砂池で遊んだという。切開から沈砂池へ入ってくる導水管のトンネルは高さ二m以上あったが、水の深さは子供の首が出るくらいだった。沈砂池はちょっとしたプールのような感じで、幅五m位、長さ二〇~三〇m位で、底は丸く、中ほどは深かったが、端は子供が立って首が出る位だった、導水管の中でも泳いだ。鮎もたくさんいた。沈砂池へ入ってくる導水管の左手に丸太を寄せるスペースがあった。そこから先に、丸太を流す水路の出口があった。右側に西渡発電所へ発電用水を送るトンネルがあった。丸太を流す傾斜水路のゲートは、鉄枠に丸太がはめられたもので、ギアで上に巻き上げて開けた、とのことである。

また、藤澤春雄さんによれば、沈砂池にはフジクラさんという番人がいて、沈砂池と切開取水口との間は直通電話で結ばれ、合図をしながら丸太を流したという。沈砂池の水は青く、切開の取水口から鮎がたくさん入ってきて、沈砂池に子供がよく獲りに行った。点検の際に切開から沈砂池まで導水管のトンネルを通ったことがある。導水管のトンネルは直径二・五m位の寸法で、四m材と二m材を流すため、それらが途中で詰まらないように設計され、コンクリート張りだった、とのことである。

水窪川へ丸太を落とす傾斜水路はコンクリート三面張りで、底面だけ角材を敷いてボルトで締め、流す丸太が痛むのを防いだ。途中には水路を跨ぐ小さな橋がところどころに渡されていた。水窪川との合流点は、丸太が痛まないよう工夫されていた。

傾斜水路から水窪川に落とされた丸太は、そこから二〇〇mほど下流の堰堤まで川狩りされ、鮎釣の対岸(水窪川右岸)にある運材隧道の入口から西渡の大井橋付近に抜ける出口まで流された。運材隧道の入口は「カミグチ」と呼ばれ、歯車と輪で操作するゲートがあったという。

運材隧道の出口から水窪川への傾斜水路の跡は、現在の大井橋から上流側に見おろすことができる(吊り橋時代の大井橋は現在よりも上流に架けられ、傾斜水路の真上あたりにあった)。平賀奈美枝さん(昭和一五年生まれ・西渡出身(森町在住))によれば、西渡では年上の子は天竜川で泳いだが、小さな子供は溺れることがあるので、水窪川で泳いだ。運材隧道《ずいどう》の出口からの水路の前を横切る際、水路の流れが急な時は皆で手を繋いで渡った。勇気のある子は運材隧道からの傾斜水路の上を飛び越えて渡ったとのことである。

運材隧道から出てきた丸太は、丸太を三角錐状に組んで石で重しをした「牛《うし》」で留めて貯め、筏を組む砂地のところまでは、川に「牛」を二、三個沈めてよどみ(深いところ)を作って流した。

なお、上述のアバ(水窪川木材流出防止楯枠)は、発電所建設後も、運材隧道を経由せずに水窪川本流を川狩りして流された丸太や、大水で流出した丸太を受け止め、天竜川本流への流出防止の役割を引き続き果たした。水窪川本流経由で西渡にもたらされる木材は、運材隧道経由の木材と同じくらいの量があったという。

西渡の筏師

北澤明さんは、昭和二四年(一九四九)から二七年(一九五二)まで西渡の筏組合に所属し、筏の組み立てや筏乗りに従事された方である。北澤さんの祖父は明治の初めに芋堀で生まれ、三〇歳で西渡に来て、大八車での輸送に携わった後に筏師になり、明さんまで三代筏師を務めた。祖母は水窪の竜戸の出身で、西渡に来て、川の荷揚場から明光寺峠まで荷物を背負って運ぶ浜《はま》背負《しょ》いの仕事をしていたとのことである。

北澤さんが筏組合にいた頃、西渡には筏師が七〇~八〇人おり、カドごとに筏乗りがいた(佐久間ダムの完成で筏が終わってから、若い人の多くは久根鉱山に入り、久根鉱山をやめた後、舟戸の通りには船頭上がりが多く住んでいたそうである。)。筏師には、「美濃衆」と呼ばれる岐阜県の長良川や木曽川の船頭もいて、先生になっていた。川狩りは和泉や鮎釣の人が多かったとのことである。また、板倉英雄さんによれば、筏師は下川合出身の人が多かったとのことである。

筏組合の小屋は、水窪川と天竜川の合流点の右岸の川岸にあった。また、西渡の入口にあった吾妻屋は、筏関係の日用品を扱い、旅館や食堂を営んでいた。

筏の組み立て

西渡での筏の組み立てについて、北澤明さんから次のお話を伺った。

筏の組み立ては、天竜川と水窪川の合流点の川原の砂地の水際で行われ、まず、水の中に直径一五、六cmの丸太(「マクラ」と呼んだ)を一本つなぎ、その上に幅四m

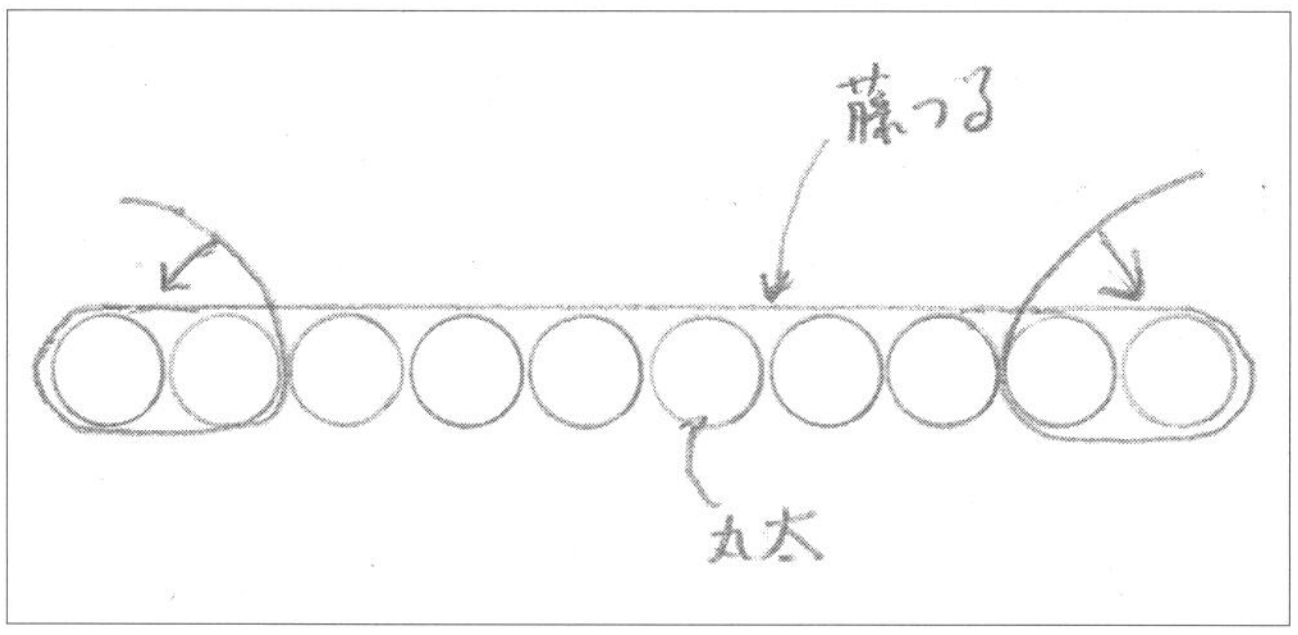

図 4- 5　筏の台座作成時の藤づるの巻き方 (両端各 2 本のみ下から上へ巻き込み、ステップルで留める)

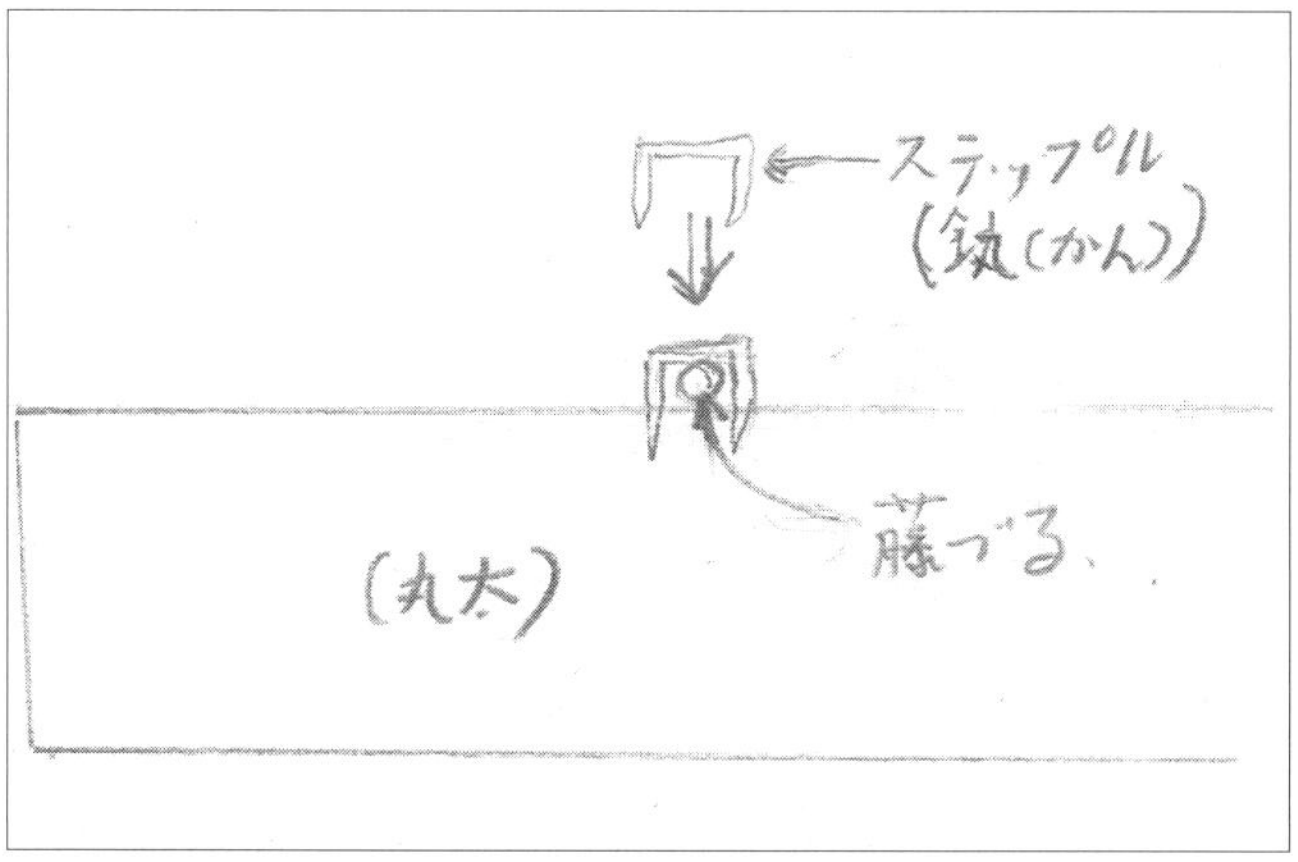

図 4-6　ステップルで藤づるを留めるイメージ図

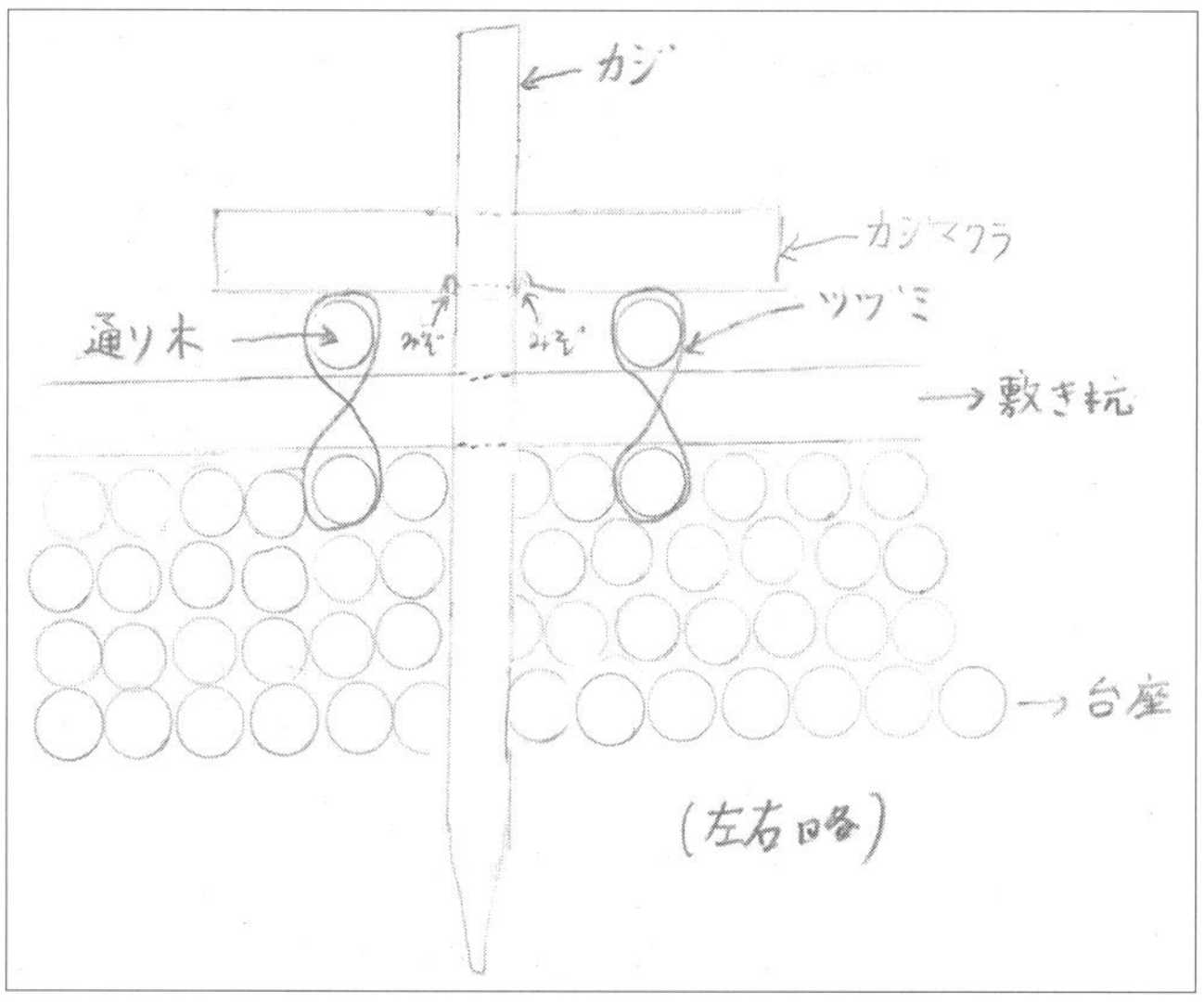

図 4-7　通り木を締め付ける縛り方 (ツヅミ) のイメージ図
(筏前面から。他の藤づるは略)

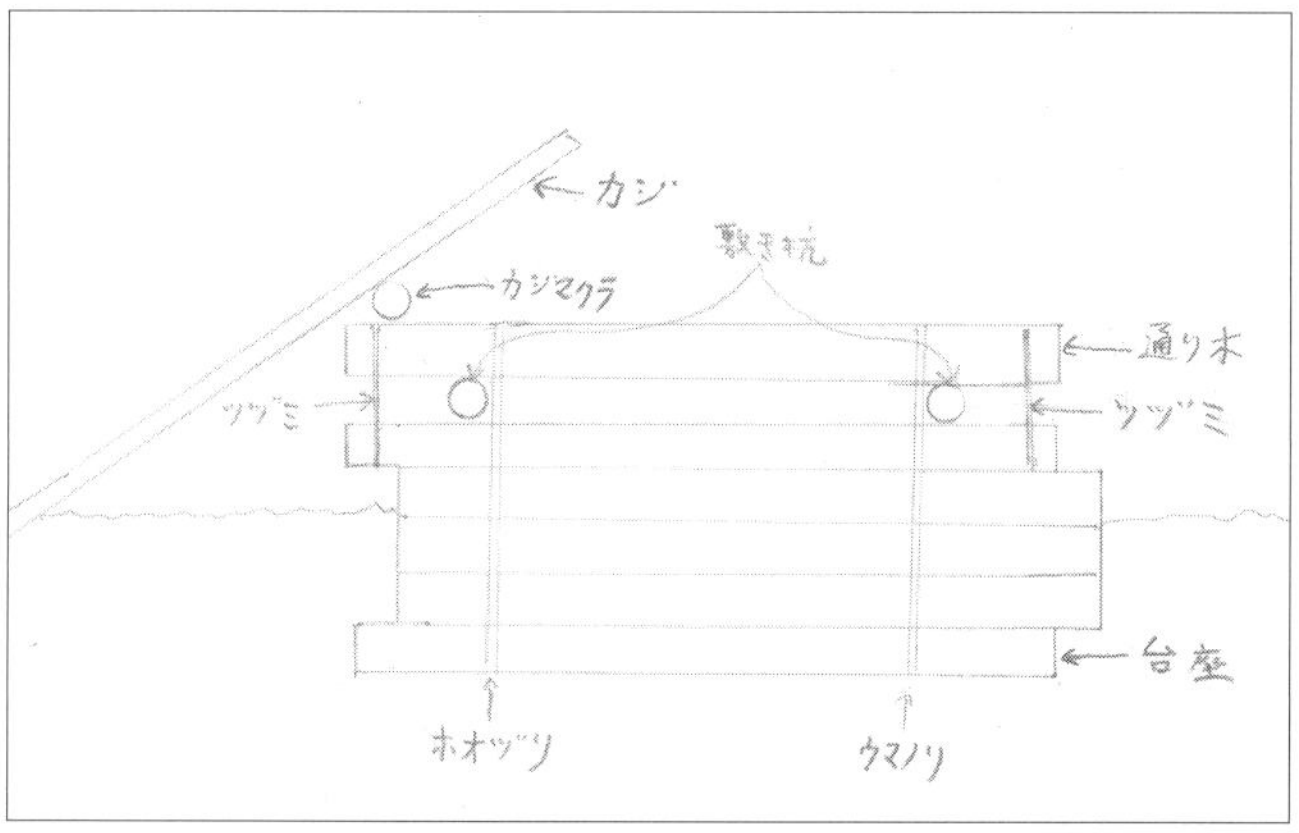

図 4-8　ホオズリ、ウマノリ (筏側面からのイメージ図、後の筏は略)

写真 4-38　筏の水切り作業 (「マクラ」に丸太を並べているところと思われる)

写真 4-39　筏の組立 (掻立) 作業

程度丸太を並べた（丸太の長さは三・六mから四m）。丸太は末と根本で太さが違うので、何本か逆の向きに並べ、前後が同じ幅になるようにし、これを台座とした。

台座の上面の、前後の木口からそれぞれ五〇cmくらいにところに藤蔓《ふじづる》を巻き、台座の両端から藤づるを下面に回して、台座の両端各二本を巻き込んで藤づるを上面に出し、よく引っ張って外側に曲げ、番線で作った「ステップル」を打ち込んで藤蔓を台座に留めた（藤蔓はステップルで台座の丸太の一本一本にも留める）。

通常、台座の両端各二本以外は、台座の下面に藤づるを回さなかったが、大水などで川

写真 4-40　筏の模型（台座が前に出ている）

写真 4-41　筏の断面

が荒れている時は台座の下面全てに藤づるを巻くことがあり、これを胴回しと呼んだ。信州の筏は流れが急なのでぐるぐる縛ってあった。

次に、台座の上に丸太を何段か積んだ（「筏を積む」と言った）。筏が川底に突っ込まないよう、筏の先を少し浮かせるため、台座はその上に積む丸太より少し前に出した。今の相津の「花桃の里」のあたりで、筏がよく川底に引っかかった。

その上に「敷き杭」を直角に前後二本積み、台座から藤蔓を上に通して敷き杭を縛った。

敷き杭の上に直角に「通り木」二本を、筏より五〇cm程度前に突き出す形で左右に積み、その先に直角に一本積んで、「カジ棒」を支える「カジマクラ（梶枕）」とした。藤づるを「ロウハ（両端の丸太）」から上に積まれた材木の外側に廻し、通り木のところを通して引っ張って締めた。この藤蔓を、前は「ホオヅリ」、後は「ウマノリ」と呼んだ。

敷き杭のすぐ下の面の材木のうち、通り木の下に位置する二本は、通り木と同じくらい（四〇～五〇cmくらい）前に出し、カジマクラのところで通り木とその木を「ツヅミ」という縛り方（鼓を横から見たような形）で縛った。その際、通り木の後ろを少し上げ、通り木の前のツヅミをかけてから後ろを下ろして後ろのツヅミをかけ、ピンと張らせた。

カジ棒をカジマクラに藤づるで縛る時にずれないようにするため、カジマクラの中ほどの下面に溝を二つ入れた。カジ棒は丸太を平たく削って刃のようにしたもので、カジ棒を固定する藤づるは特に「カジネリ」と言い、藤づるのなかでもよい物を使った。筏で下る際は、藤づるの予備も持っていった。自分のやっていた頃は、丸太を縛るのも番線が多くなっていたが、カジネリは藤づるが使われていた。

材木を何段積むかは、流れや木の太さ、重さで様々だが、通常三、四段で、細くて軽い良い木の場合は五、六段積むこともあった。一m三〇cm位の高さだったと思う。筏が緩むのに備え、直径六ミリから八ミリのワイヤーを積んでいった。

一組の筏を「一《ひと》たき」と呼んだ。筏は二枚繋ぐ形が多く、前の筏を「さき」、後の筏を「あと」と呼んだ。抵抗を少なくするため、後の筏の幅は前の筏より少し狭くなるように作った。前後の筏の通り木の外側に「寄（よせ）」と呼ばれる丸太を縛ってつなげるとともに、台座から太い藤づる（「モヤイ」と呼んだ）を前後につないだ。一石は三・五九㎥で、筏二枚で五〇石だった。

筏を三つ列ねる場合もあり、「さんぼう（三方）」と呼んだ。二枚だけでは組み切れない時に行われ、前に二つのかじ、後に一つのかじを置いた。

山の中で藤づるのよいところを切って背負子に乗せて、筏小屋まで売りにくる人を「フジダチ」と呼んだ。藤づるは目方で取引をした。自分も山香小学校の頃、祖父と一緒に山へ取りに行き、五〇～六〇kgの束を背負って売りに行ったことがある。

でき上がった筏は大岩の下の方につないで出発まで繋留した。筏の繋留には、棕櫚《しゅろ》の皮を綱に編んでロープにしたもの（「アカボウ」と呼んだ）をもやいにした。

なお、筏を組み立てることを、筏を掻《か》くともいい、『天竜川東三河特定地域 天竜川流筏の実態並びに対策調査報告書 昭和二八年度総合開発調査』（一九五四）中の写真では「筏の掻立場」としている。同報告書に筏組についての記述があるので、参考に転記する。

筏組の方法は、各流域の水量、水速に応じてそれぞれ適当な方法があり、往年は天竜本流筏、気田川筏、信州筏、鴨掻筏の四通りで会ったが、現在は本流筏と気田川筏の区別があるのみで、これも丸太の並べ方を一段にするか二段にするか

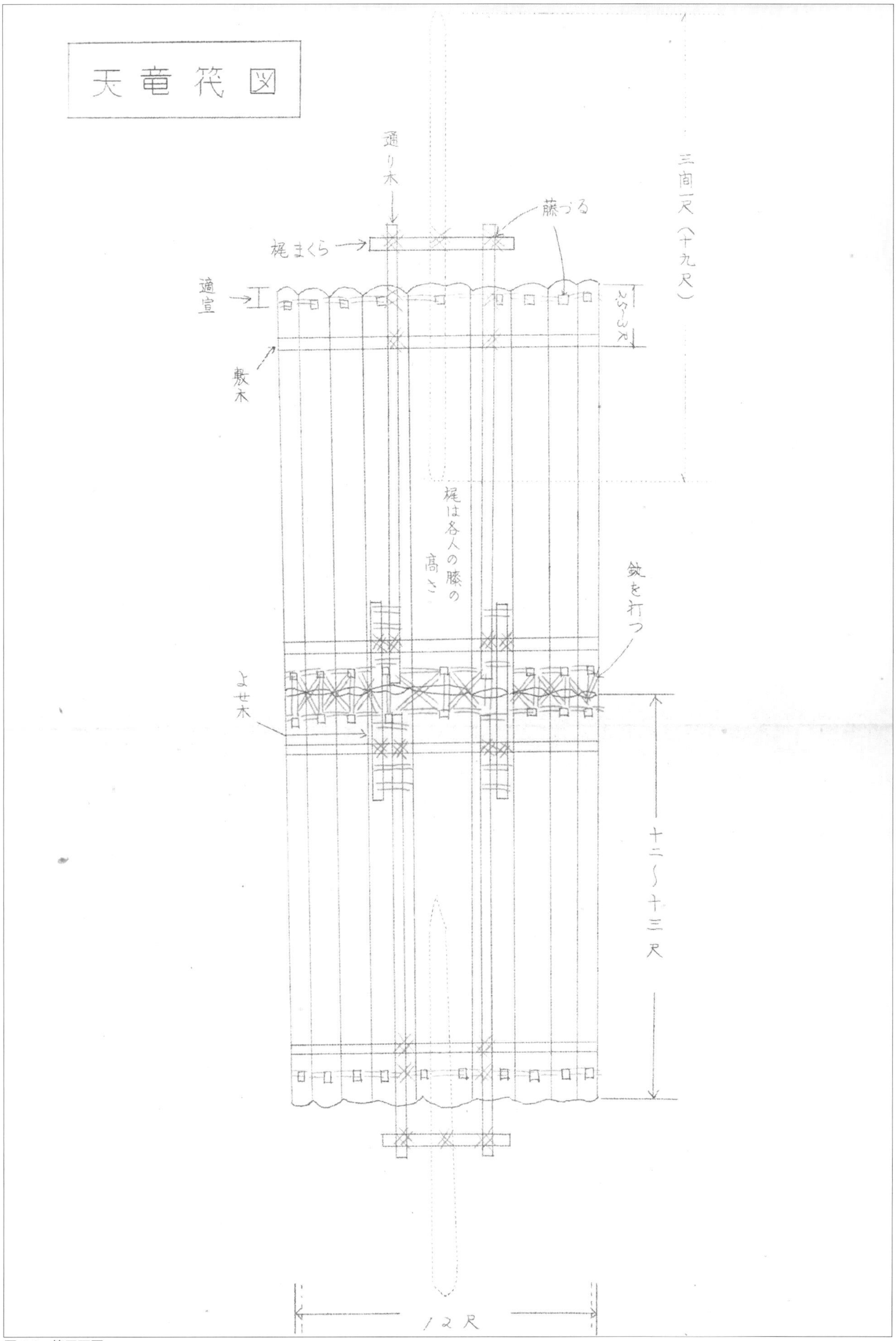

図 4-9　筏平面図

北澤さんの山仕事

北澤明さん（昭和七年生まれ　佐久間町大井）

写真 C4-1-1　大井在住の北澤明さん

北澤明さんは、終戦直後の昭和二二年（一九四七）から林業に従事し、昭和三一年（一九五六）に佐久間ダムが竣工する前の昭和二三年（一九四八）から二五年（一九五〇）まで、天竜川で筏師をしていた。その後、久根鉱山、古河鉱業が所有する山林の管理を、昭和三五年（一九六〇）から昭和四七年（一九七二）に自動車の部品製造工場に勤めるまで行った。明さんの妹の夫入木さんは、久根鉱山に勤めていてじん肺で平成一二年（二〇〇〇）に亡くなっている。

明さんの祖父、春吉さんは明治三〇年代に芋堀から大井に引っ越してきたという。春吉さん（明治七年生まれ、九六歳で逝去）は車引きを生業にしていた。大八車を曳き、木材、米などを載せて西渡と水窪間を行き来した。その妻のしかさん（旧水窪町竜戸の出身）はハマショイをしていた。家事をしながら、ハマショイをしていたしかさんの元気な姿が子ども心にも印象的であったという。

筏師は危険な仕事であったことを今でも鮮烈に思い出すという。西渡で筏を組み、中野町まで筏を操作した。途中の船明で天竜の本流筏を組み替えて薄くして、遠州平野に入って浅瀬になる天竜川を下った。久根の山林も昭和二四、二五年頃が林業も最も盛んな時期だった。

昭和二三年に初めて筏に乗ったときの恐怖は今でも忘れられないという。信州筏は小さくて丁度いいと思い、戸口橋の下から乗った。モヤイ（岸に繋ぐ縄）を外したとき「しまった。」と思った。想像以上の恐怖感に圧倒されてそう思ったという。

明さんは林業をしながらヤブ焼きも昭和四〇年前後まで行っていた。雑木林だったところは、木を伐採した後、山を焼き、そこにスギの苗を植え、幼木の間にサトイモ、ソバ、ヒエ、アワなどを栽培した。作物は六、七年その山で続け、苗木が育ってきたところで、作物栽培はやめて、植林地にしていた。旧佐久間町では昭和三〇年頃まで伐採地を焼畑として用い、その後植林して山を返すということを「ヤブ焼き」とよび、戦後でも造林地において焼畑は継続的に行われていた。植林地での焼畑だけは戦後しばらくまで伝えられたが、山に小屋をかけて入り、雑木林を計画的に焼き、広大な焼畑を管理するいわゆる「焼畑」は古老でも見聞きしたことがない、過去の技術である。

写真 C4-1-2　街道沿いにある千枚石の石積み（大井）

あの衆は黒鍬だ

旧佐久間町、旧水窪町には石積みが見事に施されている急斜面が至る所にある。これらは、石積みを専門的に施工した「石屋《いしや》」という職人集団が築いたものが大半である。北遠では「あの衆は黒鍬だ」というと、石積みをやる土木の専門家のことを指した。近世における黒鍬衆に直結するのかは不明だが、日常的に「黒鍬」は「石積みをやる石屋」だということであった。

明さんはこの消え去った北遠の石屋の話しをしてくれた。北沢さんは戦後、大井に住み、木材の運搬の仕事に従事していた。筏師もやり、川狩りもした。

昭和三〇年から昭和三五年頃までの五年ほど、龍山村の瀬尻にあった宗賀組という石屋に勤め、旧龍山村から旧佐久間町、旧水窪町の石積みをする仕

コラム 4-1

事をしていた。道路脇の壁面のほか家屋の前面の急斜面や茶畑の造成、そして水田の棚田の石垣、段々畑の石垣などの造成にも携わった。天竜川流域のこの地域では、急傾斜地、断崖が多く、石屋が施す石積みは欠くことのできない重要な斜面補強の工事であった。

戦後でもこの地では大型のコンクリートミキサーを乗り入れることができず、昭和三〇年代まで「石屋」が石積みをして急斜面、壁面を補強するのが普通であった。石積みの作業は、「石屋」を手配するオヤカタとよばれる者がいて、オヤカタの下には「手子《てご》」とよばれる石積みの作業をやる工夫が所属した。明さんは宗賀組の「手子」であった。

石屋の技術

石積みをする際、その資材となる石は基本的にその施工場の近くで調達することになっていた。現在でも旧佐久間町に残る石積みを見ると、丸い河原石が積まれたものと、「千枚石」とよばれる剥がして薄くした石を積んでいるものとに大別できる。これは河原石が調達できる河原の近くではそれを使い、「千枚石」が近くで調達できる所ではそれを用いて石積みした。

写真 C4-1-3　河原石を積んだ石積み（大井）

明さんによると、千枚石の調達は難しかったという。千枚石は「青石《あおいし》」で、「緑泥片岩」とも呼び、剥がしやすいが丈夫な岩で、石積みには最も相応しいものであった。この千枚岩を剥がすことができる岩が天竜川沿いに点在し、それをノミとハンマーで薄く剥がすのが石屋の技術であったという。その石屋も昭和三〇年代後半には北遠でもいなくなり、石屋の技術ももう伝承されていない。

千枚石を剥がして積んだ石垣は、ほとんどが戦前のものであるという。戦後明さんが石屋をやった頃には、河原石を積むことが大半であった。千枚石を剥がし、それを幾何学的に見事に積んでいく技術は、戦前に既に消滅していた。千枚石が幾何学的に精巧に積まれた石垣は、佐久間町内でまだ随所に見られる。

写真 C4-1-4　天竜川沿いの急斜面にある河原石積みと千枚石積み（大井）

の差がある程度で、基本的に異るわけではない。

〔本流筏〕

これは二間丸太三段二本接、巾二間のもので、前後に櫂を付け、人夫二人を持って漕ぎ下るもので、普通筏一双は四五石～五〇石であるが、上拵が小丸太材の時は四段に及ぶこともあり、その結束は主として藤づるを用いるが、今日では多く鉄線十番乃至一六番線を併用している。

なお、筏組の具体的方法は、中心に木材の太いもの即ち径の大きいものを、その両側に順次径の小さいものを並べ、更に両端に太いものを置き、端より端に藤づるの丈夫なものでゆわえ（これを大ねりという）、各木材の目戸（※釻〔かん〕（前述の「ステップル」を打つ所）毎にこの大ねりに目縫をする。前木と後木は、もやいと云ってX型に連繋する。これで筏の形は出来上る。この上に敷木を横に前に二本後に二本合計四本並べて、この敷木の上に通り木を縦に前後二本宛合計四本並べ、その中央に立って人間の膝に高さに応じてかい上げをして梶枕をゆわえ、各目戸から木材を吊り上げる。前後の通り木と連繋した中央部は寄せといって木材二本をおき、これに木材の目戸へ藤づるを通して吊上げ、全く固定したものによる。梶枕の上に長さ三間一尺の梶を人間の両手を伸ばして一尋の所を梶枕

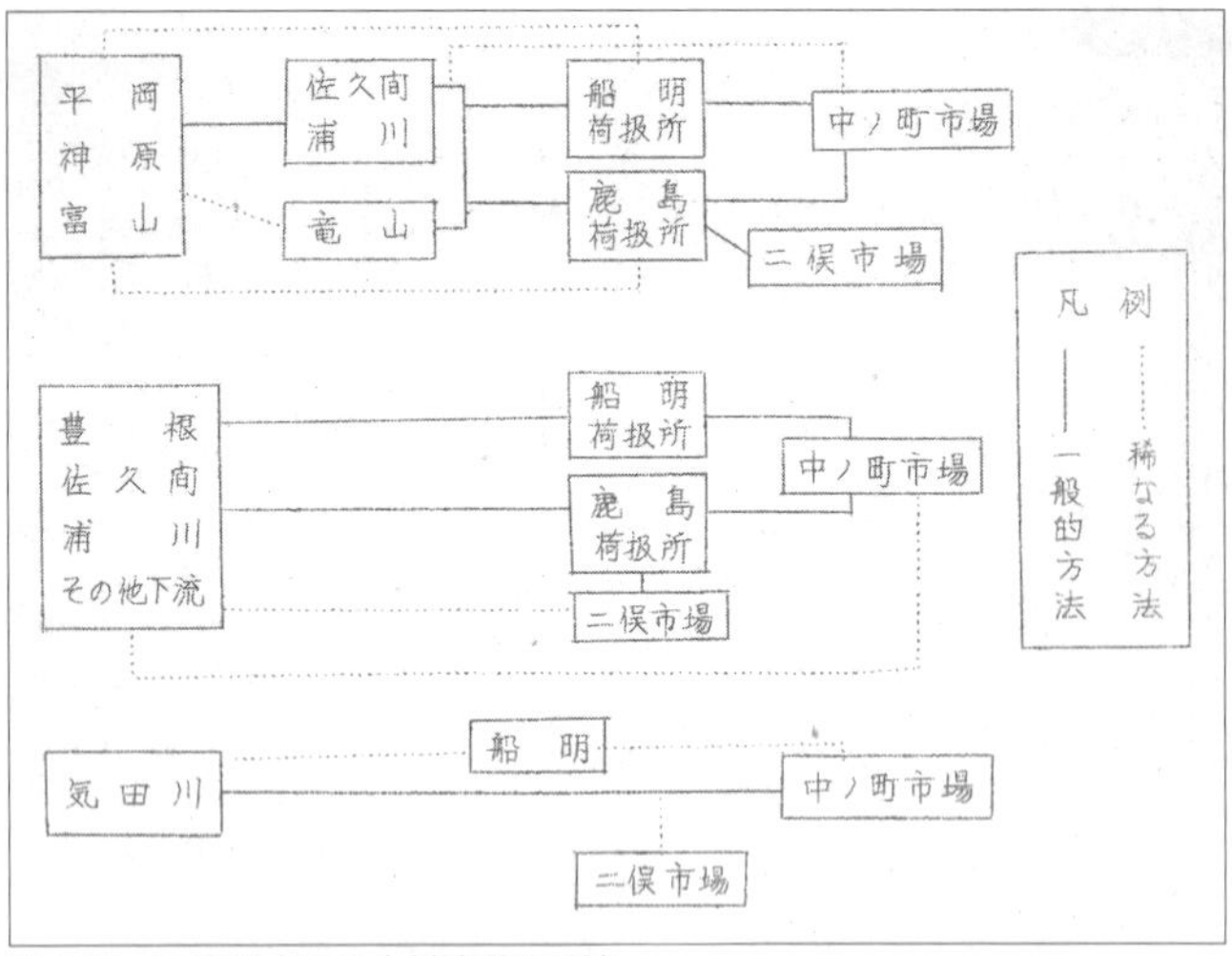

図 4-11　天竜川水系の木材流送の系統

に堅くゆわえ、完全に乗下し出来るようにして繋留中の藤づるの綱をつけ、尚手頃で丈夫な藤づるの命綱を備えて危険に備える。

〔気田川筏〕

気田川金川以下を流すもので、水流の関係上二間丸太一本並べ、巾二間のものを一結とし、それを二～三連結し（二連筏、三連筏と呼称する）、これに人夫二人乗込み漕ぎ下るもので、一双の筏が普通三〇石である。

〔鴨掻筏〕

阿多古川で行われていたものであり、巾は約一間、中央を高く盛上げそれに人夫一人乗り込み、櫂を用いずに竿にて乗り下るもので、一双は一〇～一五石程度であったが、現在は全く行われていない。

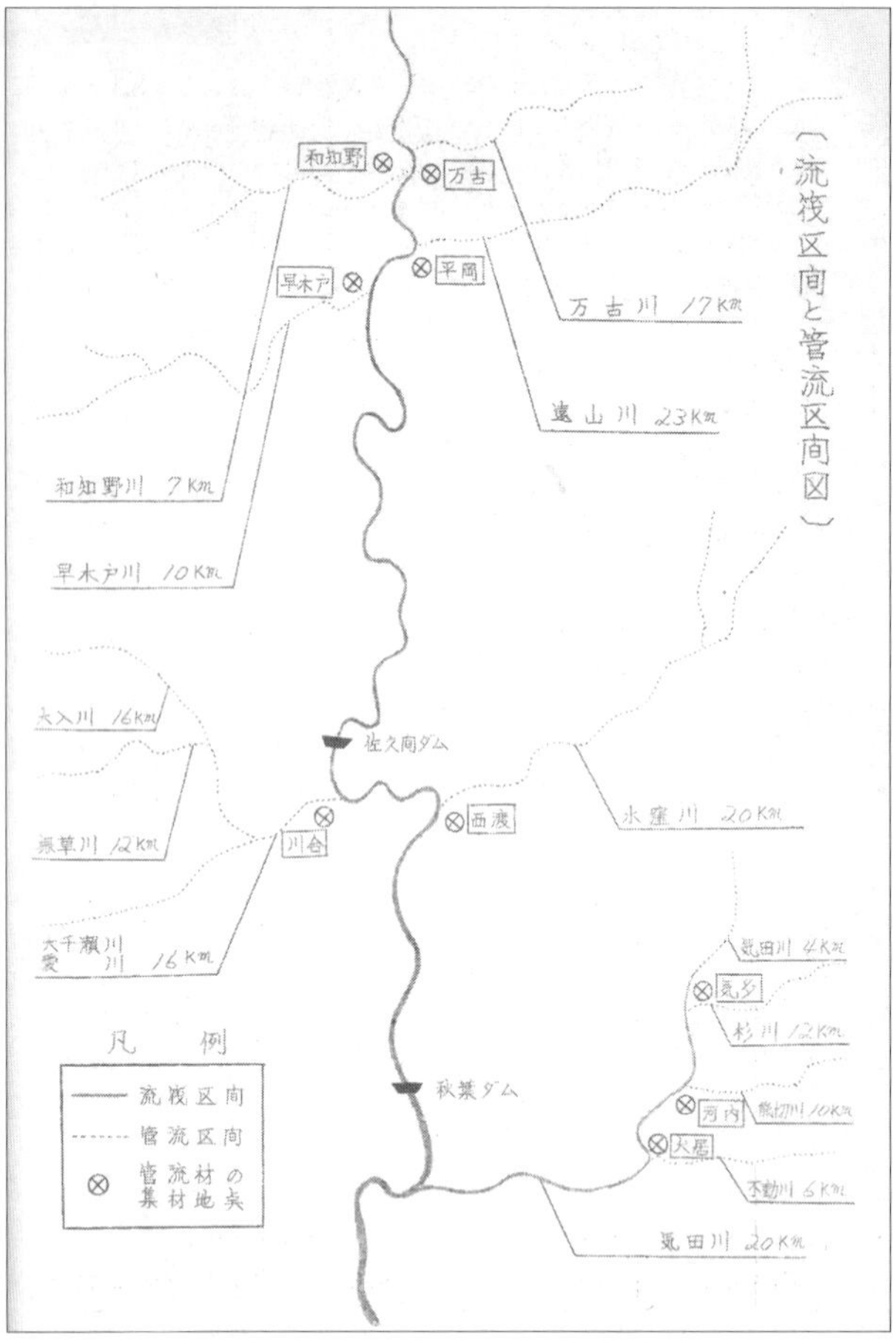

図 4-10　流筏区間と管流区間

筏乗り

引き続き、北澤明さんのお話による。

筏の前を「舳先《へさき》」、後ろを「艫《とも》」と呼び、筏を操ることを「筏をこぐ」と言った。

筏乗りの新米は、最初は艫に乗せて指導した。そうでない場合、前後の乗り方はいろいろだった。

二本の通り木の間のことを「通り」といい、筏師はそこに立った。通常はかじの右に人間が立つが、場合によっては左に立ってかじを漕ぐこともあった。

筏に乗る時は通常地下足袋だったが、冬は凍ることがあるので、鉄製の「カンジキ」（アイゼンのようなもの）を履いた。

満島（平岡）のダム（昭和二六年（一九五一）竣工）ができてからは、ダムの放流を待ち、川に棒を立てて水が増え始めたら、それが引かないうちに出発した。朝五～六時の暗いうちに出発し、船明には一〇時か一一時頃に着き、筏を岸に着けて休憩した。筏は通常一〇たきくらい流された。

途中、筏がばらけて川に投げ出されたこともある。

船明で筏を留める時は、船明の岸は岩場だったので、筏を岸に寄せて岸に飛び移り、長い棕櫚縄《しゅろなわ》をとって筏につないで係留した。一本の棕櫚縄に、続々流れてくる筏をつないだ。筏が多い時は二本の棕櫚縄に繋いだ。

船明に届けた筏は、船明の筏師が組み直した。上流では水深があるため五、六段積むこともあったが、下流は浅いため薄くした。船明は中ノ町に運ぶための中継地で、西鹿島まで運ぶ場合は西渡から西鹿島まで直行した。

下った後の筏の「カジ棒」は、トラックに乗せて西渡に持ち帰り、何回も使った。以前は担いで運んでいた。

船明の土場の上の、現在の船明荘のあたりに船宿があり、下ってきてそこで昼飯を食べた。昼食後、自転車やバスで西渡に帰った。以前は泊まっていたが、昭和二〇年代は日帰りだった。

天竜川の西渡の上流から来る小さな筏（平岡からくる信州筏や、大千瀬川の川合から来る以前からのもの）を西渡で乗り継いで運ぶ「のりうけ」もあった。上流ほど川幅が狭いので、筏は小さくなる。

筏を操る際に相方に呼びかける用語として、次のものがあった。

「のってこい」

筏を岸に寄せたり、岸から遠ざからせたりする際、舳先と艫が同じ方向に平行移動するようにカジ棒の「へら」を漕ぐように指示する際の言い方。へらは水面から上げて漕いだ。

「あわせろ」

舳先の進む方向に合うよう、艫のカジの向きを合わせること。

また、守屋貞一さんによると、信州から来る筏では、山室《やんぶろ》の大滝と豆こぼしが難所であり、豆こぼしは上流から左に曲がるカーブで岩にぶつかりそうになった、とのことである。

また、『浦川風土記』に、西渡より上流の半場等を起点に筏乗りをしていた佐藤来作さんから聞き取りをまとめた中根修巳さんの記事があり、参考に転記する。

写真4-42　筏流し（中部飛龍橋付近）

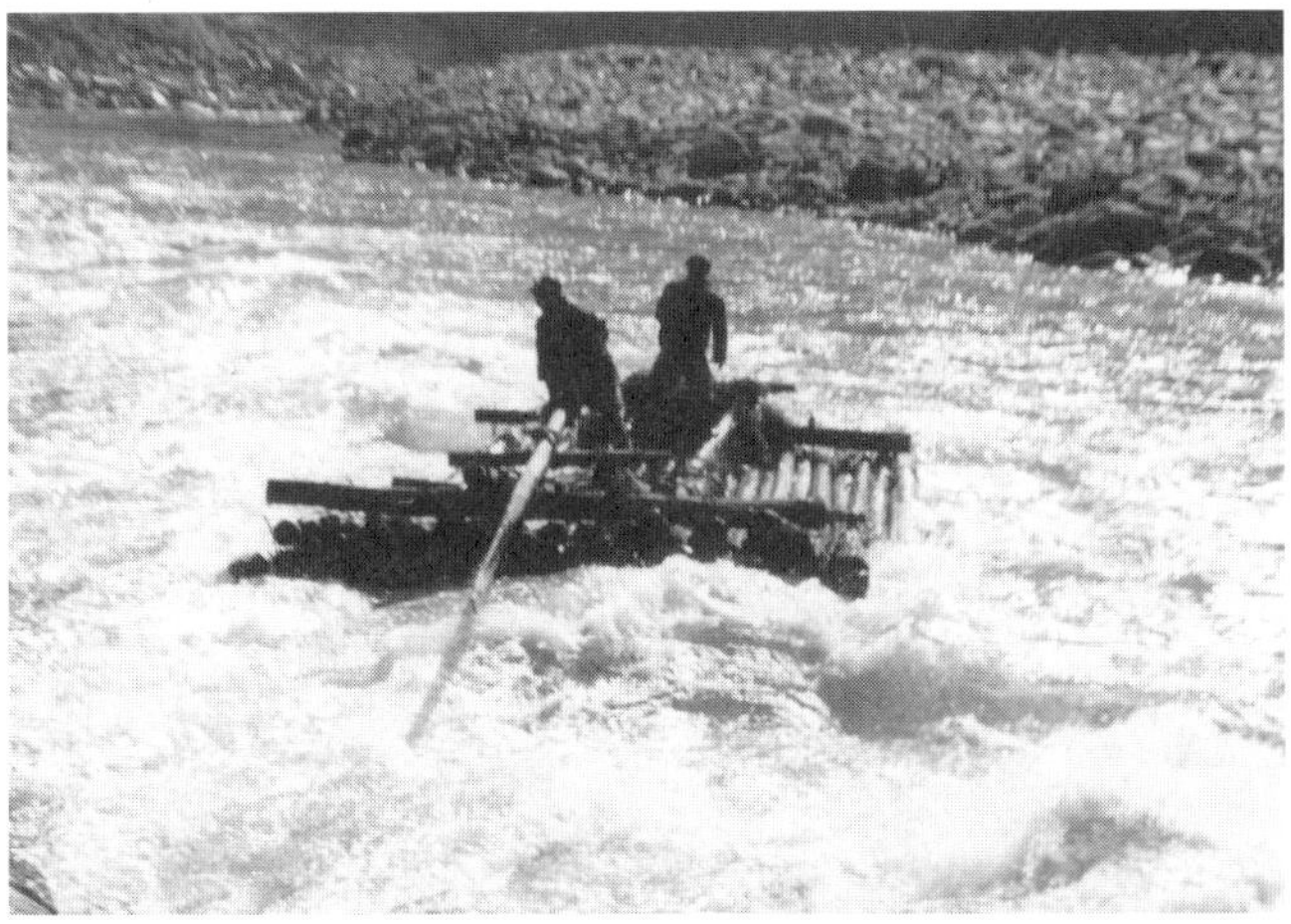
写真4-43　筏流し

昭和一二～一五年頃筏乗りをして、天竜（船明）までいった。

河内、早瀬、川合で小さい筏に組んで半場まで運んだ。出馬や上市場の材木は川狩り（材木をばらにして川に流す）して早瀬あたりまで流し、そこで筏にして、半場まで運んだ。早瀬には、川に太いワイヤーを斜めに張り貯木した。

貯木は「サンタ」と言う材木を組み合わせる方法で行った。筏に組む時は、サンタを取り外して組んだ。

洪水の時は「サンタ」が流れないようにと船頭が筏小屋に集まり、警戒をした。「アサボウ」というシュロの毛で編んだひも（直径一〇cmほど）の紐で引っ張って流さないようにした。洪水で「サンタ」を流してしまったことはない。

半場までの筏の大きさは、横約二m、縦約四mで、それを縦に三～四つ組んだ。高さは材にして五本は組んだ。下の二本が水につかり、三本は上に出ていた。

半場では、横二mのを横にもう一つ組んで四mとした。それを後ろにもう一組組んで天竜川を下った。

筏は舳先一人、後ろに（トモ）が一人乗り込んだ・大千瀬川を下る時に筏は一

写真4-44　筏流し（筏に帰りの自転車を載せている）

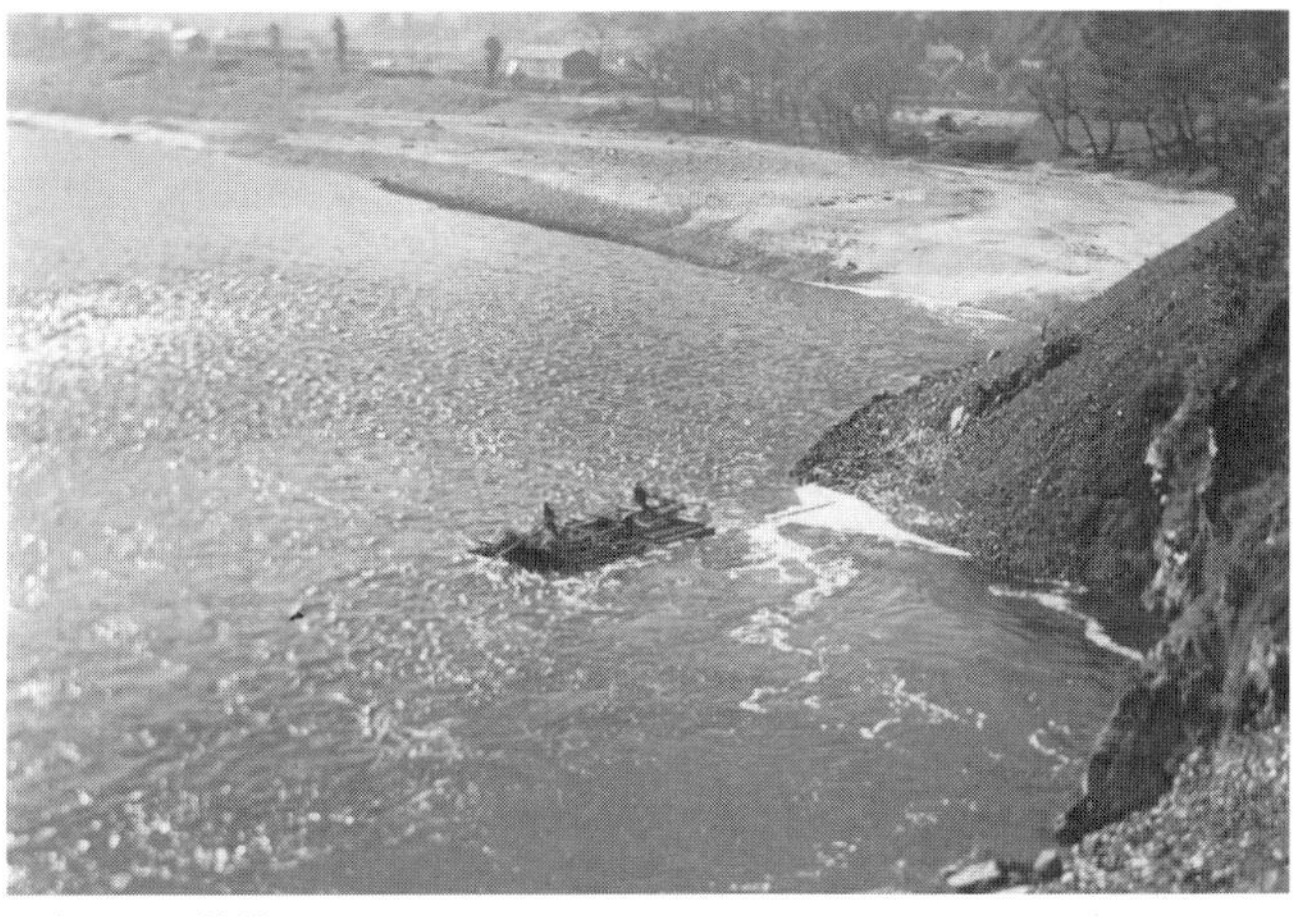
写真4-45　筏流し

写真 4-46　筏流し

写真 4-47　筏流し

写真 4-48　筏流し（気田川秋葉橋付近）

人だけだった。

大千瀬川には、その頃船も往来して、小学校の下まで来ていた。「はつぼし」という問屋が学校下にあった。川底が浅かったので、渇水時には「くまで」と呼ぶもので川底の石などをさらった。

朝暗いうちに家を出て、半場から筏に乗り込み、午前中には船明に着き、帰りは自転車で帰った。

三輪材木店の材木は、天竜川と気田川の合流点の千草まで運んだが、他の材木商のは二俣まで運んだ。

浜松の中野町までは行ったことがないので、おそらくここから別の船頭が中野町まで運んだのではなかろうか。

自転車で帰ってから、夕刻までに明日の筏を組んだ。

若い者は先を争って自転車で帰ったが、多くの人は二俣あたりに泊まり、帰りは徒歩で和山間を越えた。また豊橋まわりで帰った人もあったが、そういう人は少なかった。

自転車は往きの筏に積んで行って帰りはそれに乗って帰った。

筏を組む時、問屋からワイヤーや藤づるや「かん」（ひもをとめるもの）とか舵を取って来て組んだ。筏の行き先や誰と組むかは、庄屋の指示に従った。賃金は日当で、月々にまとめて庄屋からもらった。

庄屋は材木屋から仕事を取ってくる人で、筏師に賃金を払って仕事をしてもらう人のことだ。

「舳（へ）」（先で操る人）も「とも」（後ろで操る人）も賃金は同じだった。

天竜川には難所が数箇所あった。一番の難所は「豆こぼし」だった。カーブを曲がる時は、岩にあたらないよう反対側の川岸に出るように舵をとった。他の難所は、万太郎（久根鉱山の下）や「きょうど」と呼ばれる豆こぼしの下側だった。西渡までは難所の連続で、横山あたりにくると蛇行も少なくなり、鼻歌が出るほどでのんびりと川を下った。

冬の筏乗りは大変だった。わらじをはいて仕事に行ったが、水に濡れて冷たかった。そのため、筏に石油缶を積み、その中で火をたいて暖をとった。暗いうちに家を出たので、川の流れがゆるやかになった頃、その火でいろいろなものを焼いて食べた。

浦川には筏乗りが多かった。早瀬には当時三〇人ほどいた、川合には五〇人ほどいたと思う。それだけの人がいても、仕事にあぶれる人はなかったから、材木の商売は繁盛していた。

写真 4-49　鹿島全景（天龍橋（現 鹿島橋）付近）

写真 4-50　筏流し（天龍橋＝現 鹿島橋＝付近）

写真 4-51　『観光の二俣』表紙（昭和 15 年発行）

筏乗りは危険な仕事ではない。自分の知っている限り、事故で死んだということは聞かない。かえって木馬曳きの方が事故が多かったと思う。

なお、天竜区鹿島の旧家 田代家近くの、昔船宿だったと伝えられる建物で開催された「天竜川水運物語展」（二〇一七年九月一八日～一一月一九日）で展示されていた高須智子氏の論文『天竜川の筏師』に、天竜川各地の特色ある筏の構造、筏の流し方、繋留の方法、筏師の生活、天竜川の難所等が、船明、東雲名、愛知県富山村及び長野県平岡の大正生まれの筏師からの聞き取り等に基づき詳しく記録されていた（平成の初め頃に、大石伝次氏の指導を受けながら大学の卒業論文としてまとめられたものとお聞きしたが、正確な執筆年や大学名等は不明である。）。

飯田線天龍山室駅経由の木材輸送

佐久間ダム建設で水没した山室《やんぶろ》出身の榊原博さん（昭和七年生まれ・豊川市在住）に拝見させていただいた電源開発株式会社作成の写真集に、山室集落下の天竜川河岸にある「オオワ」と呼ばれたよどみに、筏が係留されている写真がある。昭和一一年（一九三八）一一月に三信鉄道（後の飯田線）が山室まで開通した後、佐久間ダムの建設で集落が水没するまでの期間、天竜川上流から流れてきた信州筏の一部はここで

写真 4-52　二俣町鹿島に繋留の筏、左側 黒木筏（モミ、ツガ等）、右側 白木筏（スギ、ヒノキ）、上側 竹筏）

写真 4-53　二俣貯木場に繋留の筏

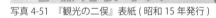

図 4-12　天竜川筏原発地揚地図

陸揚げされ、オオワの土場から簡易軌道と索道で急斜面を天龍山室駅まで引き揚げられて、鉄道で輸送されていた。

なお、平賀孝晴さん（昭和八年生まれ・中部）によれば、飯田線の駅からの木材輸送は、大嵐［おおぞれ］駅からも行われていたという。

佐久間ダム湖での筏での出材

佐久間ダム建設で筏師は補償をもらい、天竜川での筏流送は終焉を迎えたが、守屋貞一さんは佐久間ダム完成後、ダムの上流で半年ほど筏で出材した経験を語られた。

佐久間ダムの上流の電源開発の豊根分地発電所の隣にある、中部電力の湯の島発電所あたりから丸太を筏に組んで船で引っ張り、ダムの堰堤の三〇〇m上流でクレーンで引き揚げ、パルプ用と白木（杉・檜）を別にして出したことがある、と。

二　出材作業

杉皮剥き

木は伐採後、伐ったところで玉切りして皮を剥かれた。トタンが普及する前、杉皮は家屋の屋根材としての需要があり、樹皮の利用も前提に伐採が行われた。以下、藤澤春雄（大正九年生まれ・西渡（下日余出身））さんと守屋貞一さん（昭和六年生まれ・切開）のお話による。

木は、春は虫を食い、彼岸を過ぎると木が水を上げなくなってきれいに剥けなくなるので、出荷用の杉皮を剥くには、木が水を上げる七月半ばの梅雨明けから九月頃までの夏から初秋が旬の時期だった。

皮剥きの道具には、夏用の「皮剥き鎌」と、冬用の「こそぎ鎌」があった。皮剥き鎌は長さ約二〇㎝の柄に約八㎝の刃が外側に付いていて、刃の先で皮に筋をつけ、押して皮を剥いた。こそぎ鎌は一ｍくらいの柄に普通の鎌のように内側に刃がある刃が付き、引いて皮をこそぐように剥いた。

出荷用の杉皮を剥くのに使うのは皮剥き鎌である。皮剥き鎌で三尺一寸の幅で筋を入れて皮を剥いていく。剥いた皮は三尺一寸の正方形になるように並べ、次の段は繊維が直交になる向きに交互に積んでいった。大径木は幅が広く、厚い皮が剥ける。このため、皮を積む際は、両端に幅の広い皮、まん中は幅の狭い皮を敷く形で調整した。

杉皮は二枚で一間《けん》で、七五間分積んだものを「一《ひと》はい」と呼んだ。これを干し、二五間分毎に束ね、背負って県道まで出し、三輪トラックが取りに来た。杉皮の背負い賃は女子供の駄賃になり、庄屋（伐採の親方）から声がかけられた。

屋根用としては一枚一尺四寸、二枚二尺八寸の寸法が普通だったが、建築屋の要望で幅が決められることもあり、そのまま三尺一寸の幅で使われることもあった。

検尺・玉取り

伐採の責任者である庄屋をしていた藤澤春雄さんから、次のお話を伺った。

売りたい山がある話があると、木を買う側である元締が山を見に来て、山主と売る相談がまとまると、

写真4-54　山室地区天竜川河岸「オオワ」に繋留された筏と軌道

写真4-55　飯田線天龍山室駅下の軌道

写真4-56　飯田線天龍山室駅下に引き揚げられた木材

庄屋の自分に手付金として三分の一が支払われ、人夫を五、六人集めて伐採した。

伐採の際は、木のてっぺん（「カラスドマリ」と呼んだ）が下になるように倒した。倒して一、二ヵ月乾かして、末口いくらを何メートル、という算段で玉切りした。

検尺の際は、元締が読み上げるのを庄屋が記帳した。本数を記帳する際、5の覚えとして「正」の字ではなく「**田**」（「田」の字の左縦一本のない記号）を書いた。検尺した丸太の末口に直径と長さを書き込み（五寸五分は55など）、末口を互いに五寸出す形で積んだ。（なお、『佐久間町史下巻』によれば、末口の寸法は、一寸以下が「マル」、一寸五分が「インゴ」、二寸が「ニ」、二寸五分が「ニゴ」、三寸が「サンペイ」、四寸が「ヨツヤ」、五寸が「ゴヘイ」、六寸が「リク」、七寸が「ナナ」、八寸が「ヤゾウ」、九寸が「クスン」、一尺が「シャク」、一尺二寸が「シャクニ」、一尺三寸が「シャクサン」などの符牒で呼ばれていたという。）

昔は一寸とびで、寸足らずは切り捨てだった。庄屋は売る方、元締は買う方で、切り下げれば元締のもうけになり、駆け引きがあった。庄屋は人夫も元締の両方を立てなければならず、大変だった。

尺に丈をかける（寸面×寸面×長さ）と石数が出、一石いくらで手間賃が決められた。元締めから金が来るまで請負の自分が立て替えた。戦後は立米単位になった、とのことである。

また、玉取りについて、北澤明さん（昭和七年生まれ・西渡）から次のお話を伺った。板材にする五寸くらいの木は、一二尺（三m六〇cm）取れるよう、それより少し長めに切った。四寸（一二cm）以下の木は、長めに四m二〇cmくらい取った。細い木は切って使うこともあるので、長く切って出していた。二間材は三m六〇cm、三m八〇cmと四m二〇cm、一間材は六尺五寸（二m）で出していた、とのことである。

リン積み

藤澤春雄さんと守屋貞一さんから次のお話を伺った。

冬は皮を剥いた丸太を、山の斜面に重ね積みして乾かした。これを「リン積み」と言い、重ねたものを「リン」と呼んだ。リン積みには「リ

写真 4-57　伐木、皮剥きの状況（右は積み上げられた杉皮）

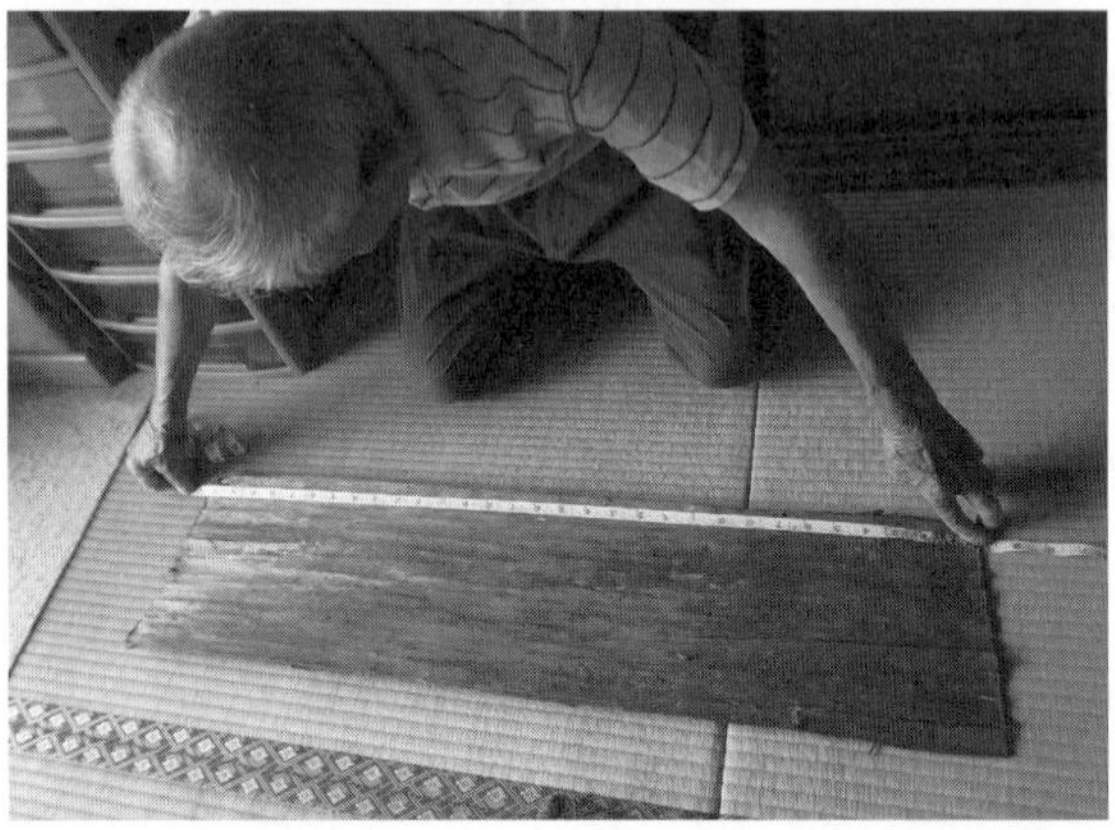

写真 4-58　杉皮の寸法 (3 尺 1 寸の幅)

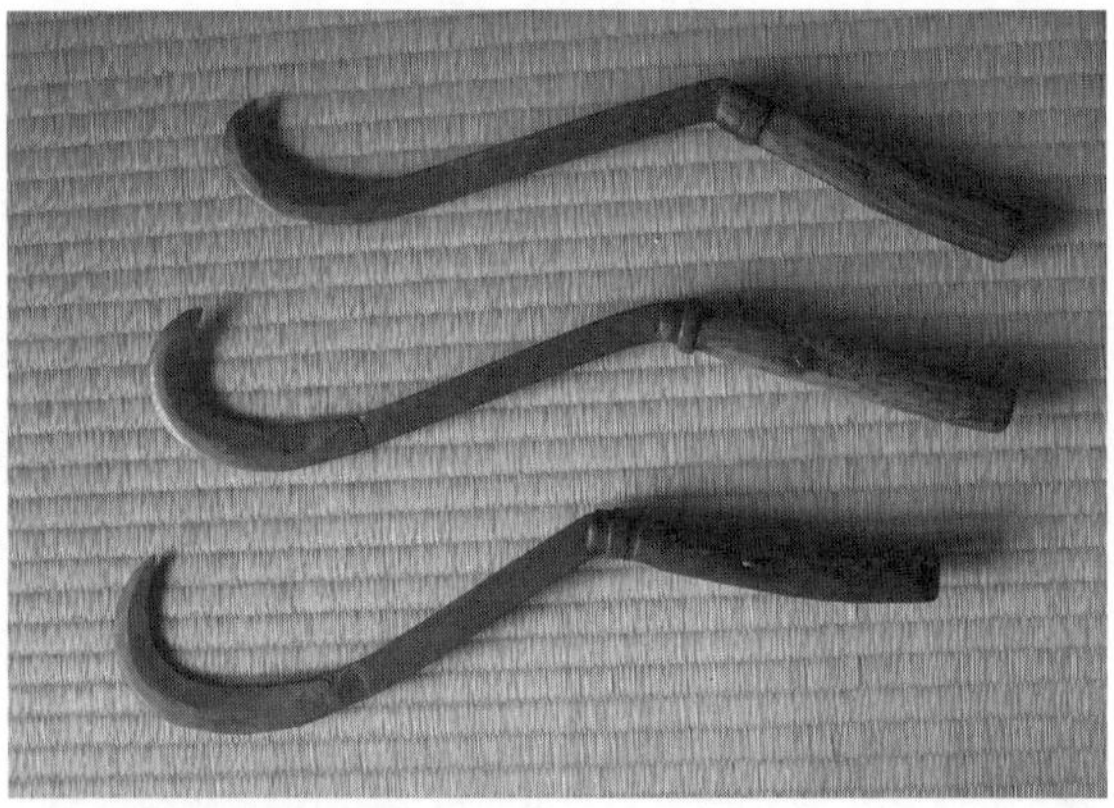

写真 4-59　皮剥き鎌

写真 4-60　こそぎ鎌（表）

写真 4-61　こそぎ鎌（裏）

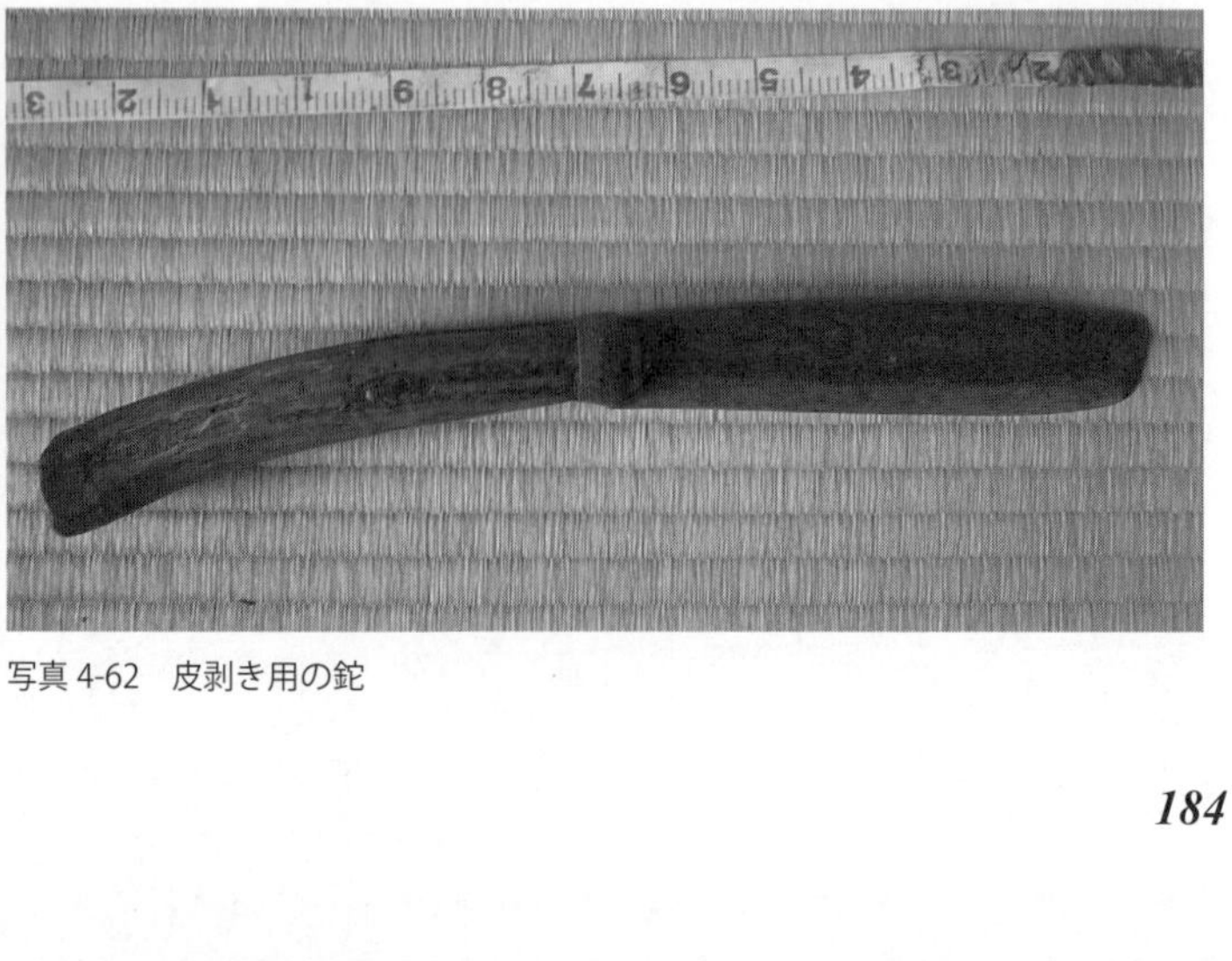

写真 4-62　皮剥き用の鉈

写真 4-63　リン積の状況

ン材師」の免許が必要だった。

最初の土台には切り株を一つ使うようにし、もう一つは杭を打ち込んで石をかい、それぞれ山側に水平になるように丸太を置いた。その上に三本分の厚さの丸太を積み、その上に直角に二本入れ、その上にまた積み、という形で積んでいった。

鉄索

沢戸勝男さん（大正一五年生まれ・松島）は、この地域での集材機を用いた鉄索の導入に関わった方である。以下、沢戸さんのお話による。

小学校の高等科二年の夏休みに父親に連れられて川狩りに行き、日当一円で面白く、学校をやめてそれからずっと川狩りに行き、木馬曳きもした。その頃はまだ鉄索はなく、何でもトビで落として出しをしていた。

その後、材木が傷まないからということで、鉄索による出しが始まり、八番線を八本まとめたワイヤーを張り、細いロープで材を吊って出した。当時は動力を使わず、重力で下ろす鉄索で、「惰力の鉄索」と言っていた（藤澤春雄さんも、発動機を山主に買ってもらう前は重力を使った鉄索で降ろしていたという）。直径五ミリの鉄線を二つのセビにつなぎ、鉄線はドラムに四重か五重に巻き、手動のハンドルでブレーキをかけて材木の下りるスピードを調整した。

鉄索について勉強したかったので関西へ行ったが、京都では鉄索がなく、岡山へ行ったら集材機をやっていたのでこれを勉強し、鳥取、広島、島根を渡り歩いた。

集材機の技術を持って帰郷し浦川で勤めたが、集材機は採用されなかった。その後、原材木店が開業の時に集材機が取り入れられることになり、二俣で集材機を仕入れ、それから集材機が普及していった、とのことである。

木馬《きんま》曳《ひ》き、馬車など

藤澤春雄さんによれば、木馬曳きは専門の人がやり、藤澤さんも一年やったが、木馬が痛むのでだめだと言われてやめたという。地下足袋に「カンジキ」を履いて盤木の上を歩き、踏ん張った。危険なところでは肩縄を外した。木馬道の角ごとに制動用のワイヤーがはわされるようになってからは、木馬の前に一本飛び出ているかじ棒にワイヤーを巻き、それを緩めつつブレーキをかけながら進んだ。木馬道の桟橋は藤づるで縛り、「ちゅうべい」と呼ばれるくさびを打って締めたりしていたとのことである。

また、奥留規夫さん（昭和一五年生まれ・浦川町区）によれば、佐久間町域は木馬が多く、索道がかけられないところで使われ、昭和五〇年代くらいまであった。昭和二〇年代までは、山から道への運搬は主に木馬で行われ、そこから馬車に積んで運んだ。浦川では馬力と言わず、馬車と言った。子供の頃、「馬の糞を踏むと背が大きくなる」と言ってわざと踏んで歩いた。馬かけ屋や蹄鉄屋もあった。大千瀬川の上流から流されてきた材木は、ワイヤーを回して引き揚げ、浦川の製材所で製材し、製材した材木を船で運んでいた。自分の知っている時代は、天竜川での川流しで丸太を運ぶことはしていなかった、とのことである。

第二節　人と物の交流

一　道路整備に伴う変化

三河から浦川、佐久間方面への道路は、早い時期から整備された。大千瀬川を渡る錦《きん》橋は四ツ門《よつかど》きんの篤志により明治三七年（一九〇四）に、天竜川を渡る原田橋は原田久吉の篤志により大正四年（一九一五）にそれぞれ架橋された。

一方、天竜川沿いに二俣から西渡に向かう道路の整備は、昭和に入ってから順次進んでいった。昭和七年（一九三二）一〇月に二俣―西川（現龍山町）間、昭和九年（一九三四）二月に二俣―大井（西渡の対岸）間の道路が開通し、水窪―大井―二俣間が全通した。工事の進捗に伴い、二俣からの路線バスも北進していった。ただし開通時はまだ大井橋が明治三九年（一九〇六年）架橋の木造吊り橋で自動車は渡れず、

写真 4-64　錦橋（明治 37 年架橋）

写真 4-65　原田橋（大正 4 年架橋）

写真 4-66　新旧の大井橋（後方に旧の吊橋）

二俣方面から佐久間への自動車の通行は昭和一一年（一九三六）の新しい大井橋の架橋後である。西渡から天竜川対岸の戸口へ渡る戸口橋は、住民の粘り強い取組により大正一四年（一九二五）に架橋された。

なお、大正一二年から天竜川の鹿島—西渡間を運航していたプロペラ船（通称飛行艇）は、経営難から昭和六年（一九三一）に、天竜川沿いの路線バスを運行する秋葉自動車株式会社に経営譲渡されたが、同社は、二俣から北への道路整備の進捗に合わせ、バスの終点から西渡へのプロペラ船の運航を続けていた。昭和六年（一九三一）一二月の同社の時刻表には、西川までのバス運行と、西川—西渡間の飛行艇の運航が記されている（鹿島—西渡間の運航も残されていた）。二俣—西渡間のバスが開通した後は、鹿島—西渡間のプロペラ船の通常運航はなくなったが、道路整備の進んでいなかった西渡—中部間（自動車の通れる西渡中部天竜線の開通は昭和一七年であった。）において、昭和一五年（一九四〇）までプロペラ船の運航が続けられたといわれる（『佐久間町史下巻』）。昭和一一年（一九三六）一月の遠州秋葉自動車株式会社の時刻表にも、西渡—中部間において一日数本の飛行艇の運航が記されている。このほか、観光用の天竜下りとして、二俣—中部間で飛行艇の季節運航も行われていた。（口絵写真0-18参照）

二　飯田線の影響

飯田線は、前身の三信鉄道が大正一二年（一九二三）に三河川合駅、昭和九年（一九三四）に中部天竜駅まで延伸し、昭和一一年（一九三六）一二月に信州側からの路線とつながって豊橋—辰野間が全通した。

鉄道の開通は、前述の鉱石や木材等の運搬だけでなく、生活物資の流れにも大きな変化をもたらした。

西澤美彦さん（昭和四年生まれ・佐久間）は、昭和一一年（一九三六）の全線開通の時に、祖父と一緒に佐久間から浦川へ飯田線で行ったことがあり、浦川駅に丸太に杉葉を巻きつけたアーチがあったと話す。行商は飯田線で来ることが多く、月に一回ほど来て、次に来た時に払う形が多かった。魚は豊橋からが多かった。中部に魚きんという魚屋があったが、生物は扱わず、いわしは塩漬けだったとのことである。また、西澤さんの伯父は、佐久間で新聞販売を営み、久根鉱山まで配達していたとのことで、佐久間まで鉄道が延びる前は、大正一二年（一九二三）に開通した三河川合駅まで自転車で新聞を取りに行っていたという。

奥留規夫さん（昭和一五年生まれ・浦川町区）によれば、生の魚は豊橋から来た、扱われる魚は、にしん、ほっけ、干物が多かった、一列車に一四、五人の担ぎ屋（行商）が乗って豊橋を出て、七時半に下川合駅に着き、自転車で引くリヤカーなどで運ばれた、帰る時に注文をとった、とのことである。また、通婚は飯田線沿いが多く、昔は三河が多かったが、佐久間ダム建設に伴う昭和三〇年（一九五五）の飯田線の付け替えで、水窪が増えたそうである。

なお、平成三年（一九九一）四月には、当時のJR東海社長の発案により、中部天竜駅横の中部天竜機関区の跡地を利用して、主に昭和初期・中期の貴重な鉄道車両十

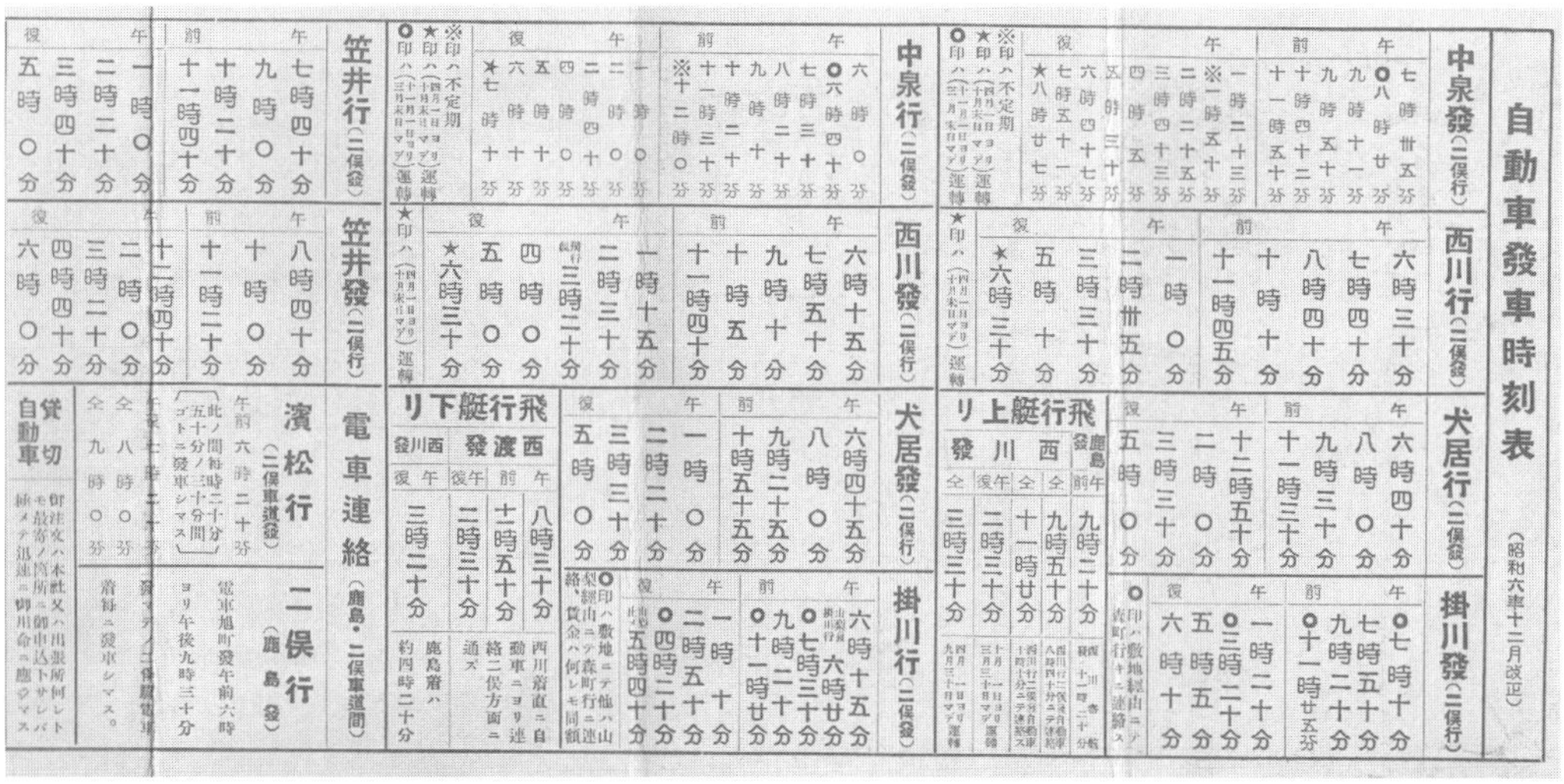

写真 4-67　昭和 6 年 12 月
遠州秋葉自動車発車時刻表
（「飛行艇」の記載あり）

写真 4-71　飛行艇 (西渡付近を遡上)

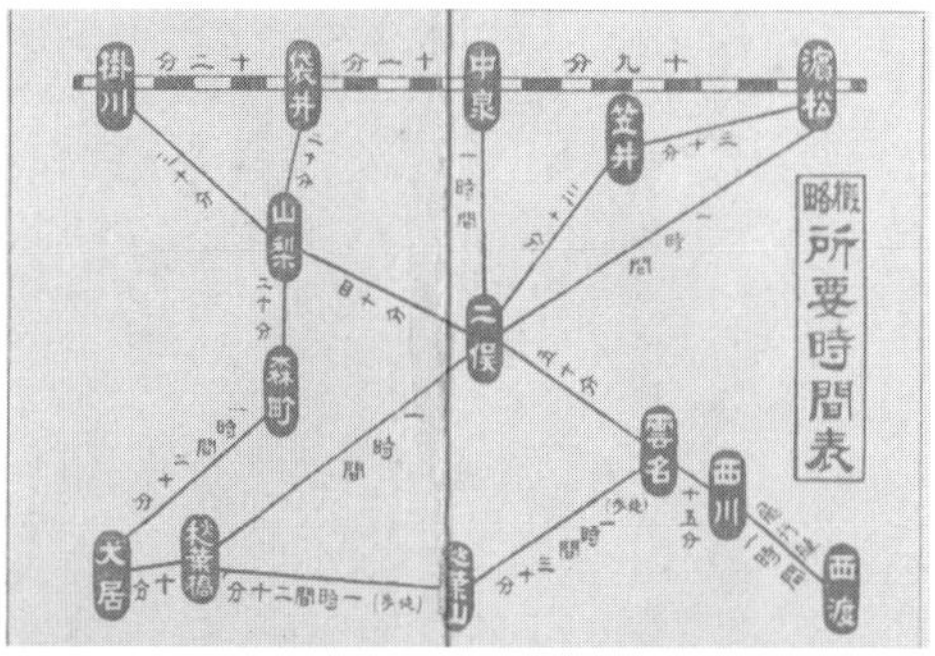

写真 4-68　同自動車時刻表 概略所要時間表 (口絵写真 0-19 参照)

写真 4-72　飛行艇 (久根鉱山前付近を遡上)

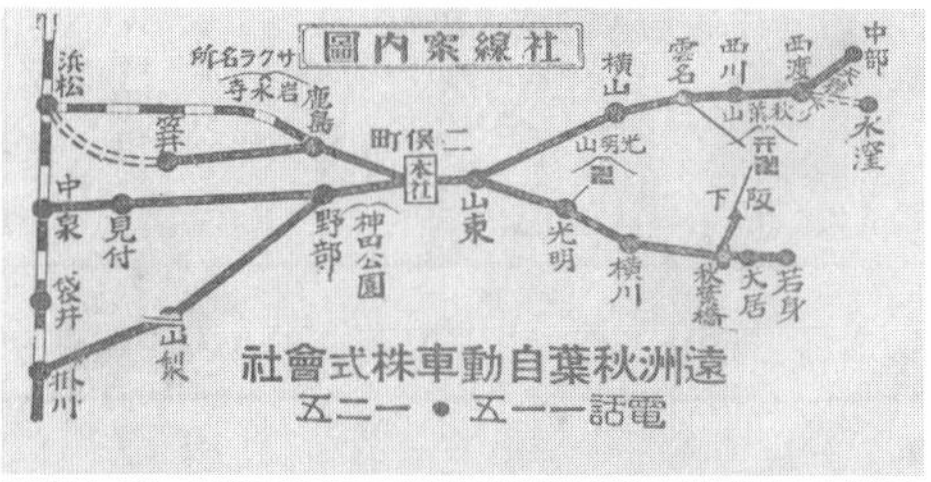

写真 4-69　昭和 11 年 1 月遠州秋葉自動車時刻表 社線図

西渡 ── 中部 ──── 二俣線

二俣發	相津	横山	雲名	西川	生島	大輪	西渡	中部着
……	……	……	……	……	……	……	[redacted]	
〒 6.30	6.48	7.09	7.17	〒 7.40	7.59	8.30	8.40	9.30
8.00	8.18	8.39	8.47	9.00	9.19	9.50	10.00	……
9.10	9.28	9.49	9.57	10.10	10.29	11.00	11.10	[redacted]
10.30	10.48	11.09	11.17	11.30	11.49	12.20	12.30	……
11.30	11.48	12.09	12.17	12.30	12.49	1.20	1.31	2.20
〒12.40	12.58	1.19	1.27	〒 1.50	2.09	2.40	2.50	……
2.00	2.18	2.39	2.47	3.00	3.19	3.50	4.00	[redacted]
3.10	3.28	·3,49	3.57	4.10	4.29	5.00	5.10	……
4.30	4.48	5.09	5.17	5.30	5.49	6.20	6.30	……
× 5.45	6.03	6.24	6.32	6.45	7.04	7.35	7.45	……
⊙ 7.00	7.18	7.39	7.47	8.00	……	……	……	……

中部發	西渡	大輪	生島	西川	雲名	横山	相津	二俣着
……	……	……	……	6.10	6.23	6.31	6.52	7.10
……	6.25	6.50	7.06	7.25	7.38	7.46	8.07	8.25
[redacted]	8.00	8.25	8.41	9.00	9.13	9.21	9.42	10.00
……	〒 9.20	9.45	10.01	〒10.30	10.43	10.51	11.12	11.30
10.00	10.30	10.55	11.11	11.30	11.43	11.51	12.12	12.30
……	11.50	12.15	12.31	12.50	1.03	1.11	1.32	1.50
[redacted]	1.00	1.25	1.41	2.00	2.13	2.21	2.42	3.00
……	2.15	2.40	2.56	3.15	3.28	3.36	3.57	4.15
2.50	〒 3.25	3.50	4.06	〒 4.35	4.48	4.56	5.17	5.35
……	4.35	5.00	5.16	5.35	5.48	5.56	6.17	6.35
[redacted]	5.55	6.20	6.36	6.55	7.08	7.16	7.37	7.55

写真 4-70　昭和 11 年 1 月遠州秋葉自動車　中部ー西渡ー二俣間時刻表 (中部ー西渡間は飛行艇)

写真 4-73　飛行艇 (中部発着所)

写真 4-74　佐久間レールパーク (2009 年撮影)

写真 4-75　同 展示車両 (2009 年撮影)

数台展示する「佐久間レールパーク」が開園した。しかし、名古屋市の金城埠頭駅近くに開設されることになったリニア・鉄道館（平成二三年（二〇一一）三月開館）に展示車両の大半が移設されることになり、平成二一年（二〇〇九）一一月に閉館した。

三　西渡―明光寺峠―水窪の物流

天竜川の舟運が盛んだった時代、西渡は山香地区、城西地区、そして水窪との間で物資を中継する川の港として重要な役割を果たした。

以下、藤澤春雄さん（大正九年生まれ・西渡（下日余出身））と今川淳子さん（昭和二年生まれ・西渡）からのお話による。

西渡の達磨屋あたりから川へ降りる道があり、川の中の岩場に清水の船着場があった。プロペラ船の港にもなっていた。そこで陸揚げされた物資は、西渡の問屋のマルモリ（今の達磨屋の向かいあたりにあった。）や達磨屋、山六、船戸屋等に集められ、そこから浜背負いや振り分け馬で、急な八丁坂を明光寺峠まで約二km、胸突き八丁といわれる登り道を運ばれた。峠には、昔は質屋、茶碗屋、せんべい屋があった。峠から向こうは荷車や馬力に乗せ替えられ、明治二三年（一八九〇）に整備された、山の中腹を通る比較的平らな荷車道を、水窪方面に運ばれた。水窪へ行く現在の川沿いの道が大正一二年（一九二三）に整備されたことから、昭和の初め頃から明光寺峠を経由する物資の往来はなくなり、車曳きの仕事は昭和一〇年頃に終わったという。なお、昭和三六、七年（一九六一、二）頃に山香小学校まで、昭和四七年（一九七二）に明光寺まで、自動車の通れる道ができた。

明光寺峠が物流の要衝だった頃、西渡には馬宿はなく、馬は朝水窪からやって来た。振り分け馬は西渡を朝九時半から一〇時頃に一〇頭くらい出発した。郵便物の逓送も同じ頃の一〇時一〇分に西渡局を出て、足で水窪に運んだ。振り分け馬はそのまま水窪まで行った。馬は米俵を背の両側に背負って二俵運んだ。一人がひもでつないだ二頭の馬を先導した。山の中の道は軽トラが通れないくらい狭く、すれ違う時に後ろの馬が顔を出して怖かったので、向こうから馬が来ると道の横に逃げて隠れたりした。

浜背負いは戦前まで見たことがあり、モンペの作業着で姉さんかぶりだった。酒樽は菰のかかった四斗樽一つを男衆が樫の木の特別な背負子で担いだ。

天竜川の両側の川岸には、上流に舟を引き上げる際に通る船頭の道があった。西渡の川岸に船頭宿があった。

なお、『北遠のしおり 続篇』（一九六八）に掲載されている資料二編を、参考に転記する。

〔秋葉街道のさかんな道　明光寺峠〕

西渡の宿を出るとけわしい坂道にかかる。土地のものはこの坂を「八丁坂」と呼んでいた。水窪川ぞいの県道が建設されない以前、水窪へ通ずる道はこの坂を登り、峠を越えて行く以外にはこれという道はなかった。従って天竜川を上下する船から揚げられた水窪行きの物資はすべてこの坂を越えなくてはならない。西渡の船着き場にある船問屋の倉庫に収められた荷は「浜しょい」人夫の背負子（しょいこ）によって峠の上の荷継ぎ場まで運ばれる。その浜しょいはなかなか強力で米一俵は平気で背に負ったという。

荷継ぎ場には朱塗りの荷車が待っていて浜しょいが運びあげた米を一台に三俵ずつ乗せ水窪まで運んでいった。車の長さは七尺（二m）あったが幅は二尺五寸（約七五cm）というせまいもので、これは細い山道を通るのにくふうされたのだろう。

西渡から水窪への物資の輸送は「しょいこ」と「ひき車」ばかりでなく、荷付け馬も使用された。この荷付け馬は水窪の向市場、奥領家、近郷の百姓馬が多く、やはり峠を越えて西渡、水窪間を日帰り一日行程であった。現在明光寺峠に

写真 4-78　西渡全景

写真 4-76　久根鉱山から見た西渡

写真 4-77　戸口橋から見た西渡 (2015 年撮影)

写真 4-80　西渡船着場（出征兵士見送り）

写真 4-79　西渡船着場（大正時代 旧戸口橋）

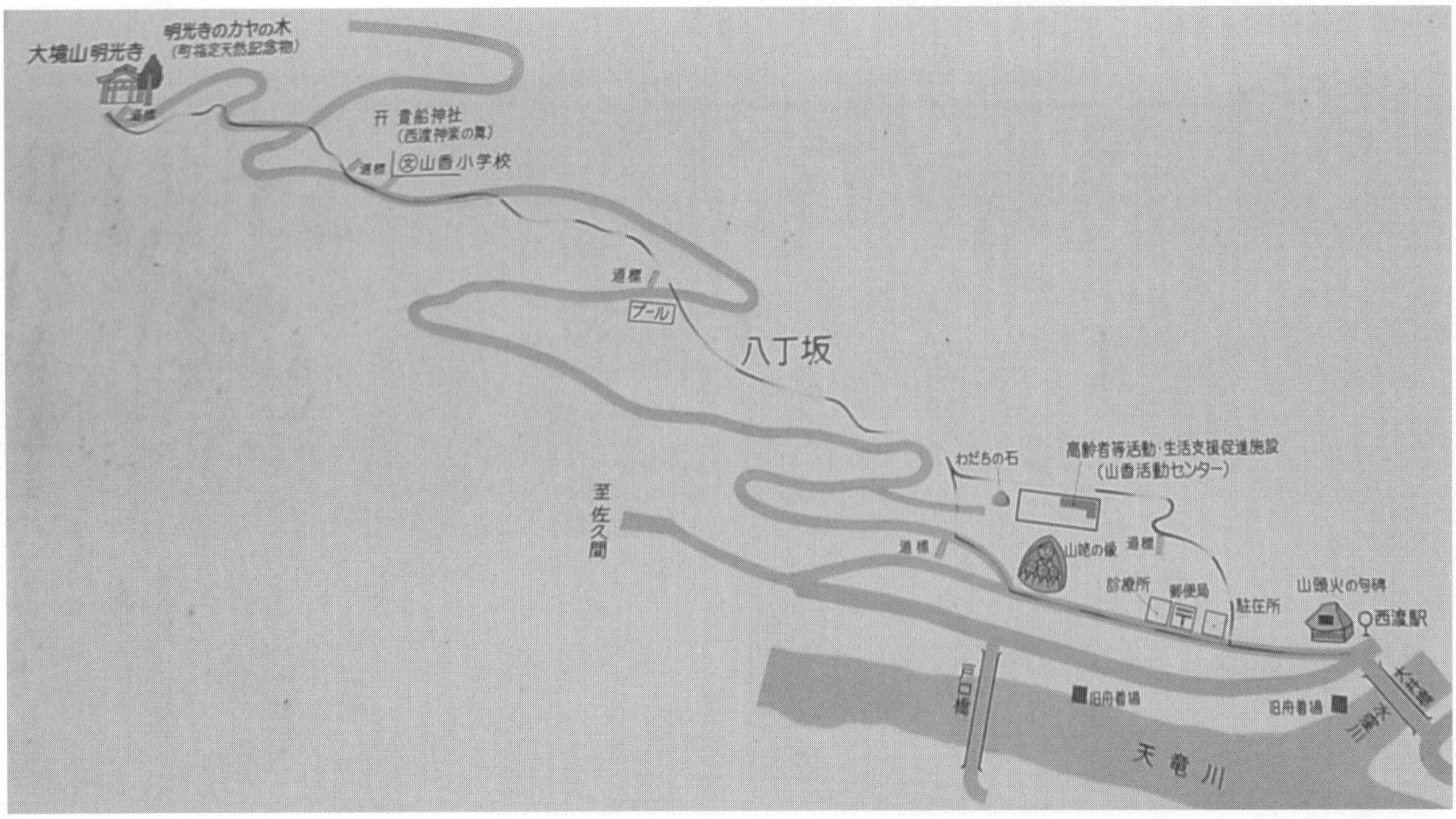

図 4-13　明光寺峠への八丁坂のルート (西渡地区の案内看板)

写真 4-81　明光寺峠への現在の登り口
(左　達磨屋：2015 年撮影)

写真 4-82　浜背負いまつり (2015 年撮影)

写真 4-83　明光寺峠を行き来した振り分け馬

十軒ほど民家が細い峠道を中心に両側に軒を並べてたっているが、この荷継ぎ場のためにひらけた部落で当時は文吉、清次郎の二軒の茶屋があり、いまもその跡をのこしている。峠に住んでいる平出さんの話では峠越えして水窪通いの荷馬は日に五〇頭、ひき車は三〇台で付け荷のおもなものは何といっても米が第一、それについで酒、しょうゆ、塩、魚、雑貨などがあった。城西あたりから車できて、峠で荷を積み引き返すのには、少なくとも城西を朝の二時には出発しなくてはならない。そして城西に帰るのは夕方の七時になったそうだ。一五キロ近い道中に二、三軒の茶屋があって馬追いや車ひきはこの茶屋で弁当を食べ湯茶を飲み馬にも飼い葉をあたえた。（昭和四二年一〇月二〇日発行　杉山良雄作『塩と魚の道・秋葉街道スケッチ画帖』より）

〔旧道松島立原線と旧道山香城西線の開発に伴なう物資交流について〕

古老（新三郎）さんの話によると、今から七〇余年前頃から現旧道に荷車（だいはち車）が通るようになったらしい（※補記：荷車道の開通は明治二三年頃）。それ以前は「背負子」で物を運んだり、荷つけ馬がやっと通れる道であったようで、はるか昔の先祖は大変苦労をして物の交流をはかっていたようである。さて、その昔の事であるが、やっと車道のできた頃は、道も悪く通行も大変で、当時は道路についての見廻りや、修理をしたりする人（道路工夫という）数名があって、月に数回道の管理をしたようであり、その日当は役場より支給されていたようである。しかし台風大雨等の災害のあった時には村人たちが勤労奉仕をして道の修理保全につとめた。こうした事は年に二、三回はあったとのことである。こうして大切な物資の交流の道を守っていたわけである。この旧道こそは、城西水窪の住民にとってはただ一つの生命線であったわけである。

さて今から六〇数年前の「車ひき」の人々の生活の状態であるが、この頃には車専門で生活をたてていた人々が十人近くあったようである。（勿論荷つけ馬も数多くこの旧道を通っていたのである。）この人達は朝は午前二時には荷車に木の皮、木炭、板などを積み込んで、西渡の問屋に向かって出発、暗いローソクの光をたよりに悪い道を息せき切って行ったようである。瀬戸につくのが八時頃、車はここに止めておき荷物を西渡の問屋まで背負いおろして渡し、帰り荷をもらって「浜しょい」という賃取りの人々に背負い上げてもらって瀬戸におろす。（主な物資は米、麦、塩、たばこ、みそ、醤油など）ここで「浜しょい」に賃を支払って荷物を車に乗せて旧道を帰るのであるがこの山坂道を汗流して車引く事は実に大変で城西着は日暮れ近くになる事もしばしばで、注文先への配達やら、水窪の問屋に荷をおろす等していると夜の八時～九時頃に帰宅する事になるという。こうした事は通常の事であったようである。時には西渡の問屋に「ひき荷」がなく車を瀬戸におき、帰宅する事もあったり、ひどい時には二日も三日も荷がなくて、から身で往復する事もあったようである。また一俵の米を二人でわけて荷車で帰る事もあって思うようにお金にならない事もあったようであり、生活は苦しかったとの話であった。古老さん達はこうした苦労と勤勉さをもって現在からみると実に重労働でもありその頃の人々の一般的な生活も想像出来、その頃の人々にはつくづく頭の下がる思いがした。

写真 4-84　明光寺峠手前 (2015 年撮影)

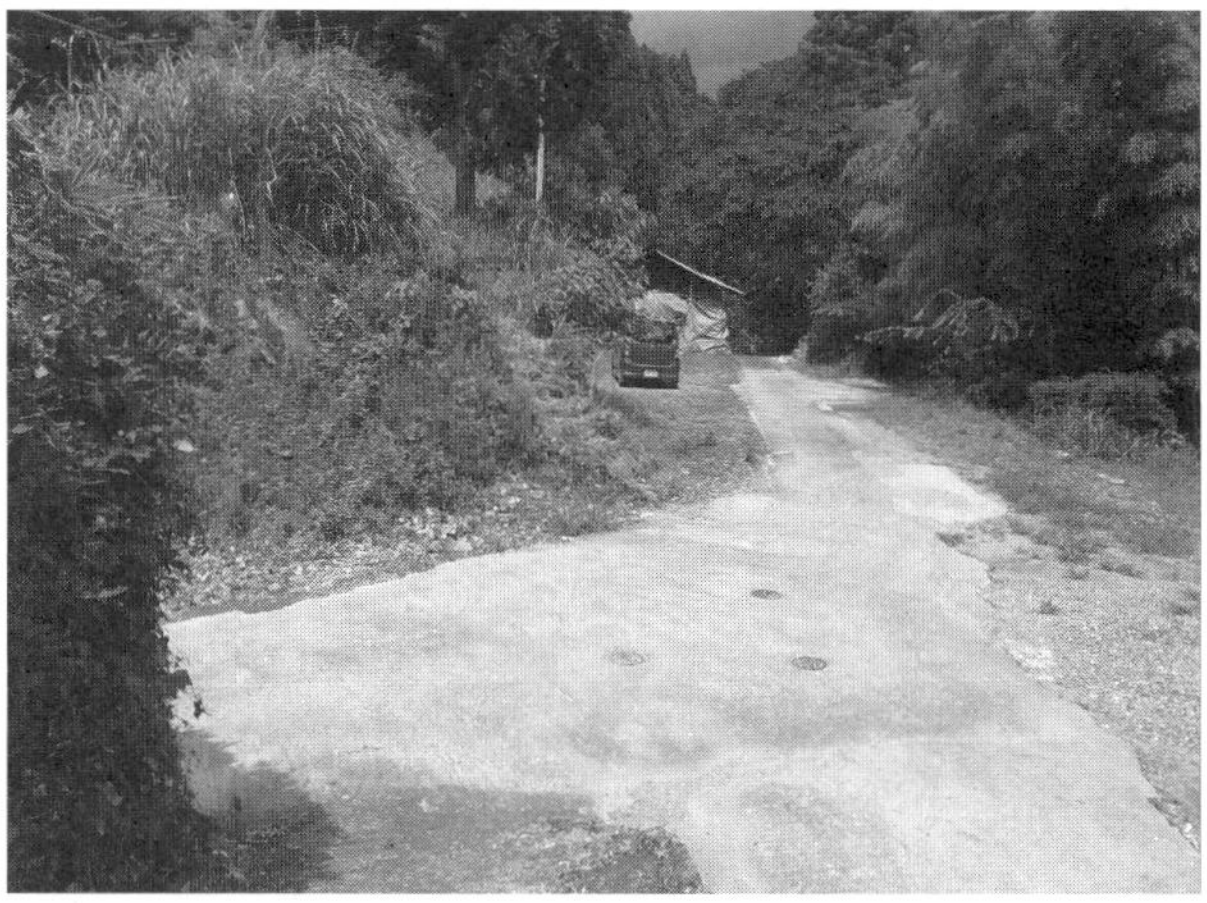
写真 4-85　明光寺峠 (左方　西渡方面、前方　瀬戸方面)

写真 4-86　明光寺峠から瀬戸への道沿いの風景 (2015 年撮影)

写真 4-87　道沿いの庚申塔 (2015 年撮影)

四　久根鉱山の鉱石運搬

明治三二年（一八九九）に古河鉱業に営業譲渡された後の久根鉱山では、前身の原久根鉱山時代に問題となった煙害を避けるため、鉱石はミルで細かくすられて選鉱された後、久根では製錬を行わずに出荷され、東京や大阪での処理を経て、製錬を行う足尾銅山に送られた。

飯田線開通前は鉱石を船に積んで、西鹿島経由で天竜川駅近くの中ノ町まで運ばれた。久根鉱山の鉱石船は「(山)に一」が目印の帆掛舟（峰之沢鉱山は扇の印）で、鉱山下の釜川の船着場に繋留され、選鉱後の鉱石を積んで天竜川を下った。上流に戻る時は、春先から夏の南風が吹く時は帆に風を受けて遡上できたが、それ以外の風を使えない場合は、船頭が細い船頭綱を引っ張って、船を久根まで引き上げた。鉱石船は最盛期には一〇〇隻を数えたという。

昭和九年（一九三四）に三信鉄道（飯田線の前身）が中部天竜駅まで開通後、久根鉱山から中部天竜駅まで三kmの山越えの空中索道が建設され、鉱石は幅約二mの「バケット」に積んで中部天竜駅まで運ばれるようになり、鉱石船に

写真 4-91　久根鉱山の鉱石船

写真 4-90　久根鉱山の船着場（釜川側から見る）

写真 4-88　久根鉱山と鉱石船

写真 4-89　久根鉱山の船着場

写真 4-92　4-91 撮影地の現況 (2016 年撮影)

よる輸送は全廃された。失業する船頭は四〇〇人に及んだが、鉱夫に採用されたり、筏乗りになったりしていった。大輪の南に位置し、戦後主力になった名合支山からの鉱石も、昭和一九年（一九四四年）から対岸の戸口を経由する索道で久根の選鉱場に直接運ばれるようになった。第二章第三節の図2-7「久根鉱山附近地形図」を見ると、選鉱場から中部天竜駅への山越えの索道や、名合支山から戸口経由で鉱石を運ぶ「名合索道」が記されている。

子供の頃、久根鉱山の住宅で育った金田勝さん（昭和六年生まれ・半場）によれば、久根鉱山には全国から人が集まり、近くに親戚はいないので、助け合いの情は深かったという。長屋暮らしで、風呂、トイレは共同だった。現金収入に恵まれ、回りに比べると豊かな生活をしていた。学校の弁当では「久根の人うまいもの食ってる」と言われた。「同心会」というスーパーマーケットのような購買があった。戦後(子供の頃)はクラブで一ヶ月に一回映画を見た。千人入る劇場があった。鉱夫慰問で、東海林太郎、淡谷のり子、永田紘次郎（朝鮮出身のテナー歌手）、井口小夜子（童謡歌手）、並木路子（戦時中の松竹歌劇団時代）などの歌手や、中村福助などの歌舞伎の有名な役者も来ていた。

街灯がついて長屋だったので、「山の熱海」と言われた。飯田線大嵐駅の近くに久根鉱山専用の山があり、炭を焼いて鉄索で下ろし、鉄道で運んで鉱山の人用に使った。また、鉱山で働いていた朝鮮人は、家族持ちは日本人と同じ棟の長屋に住み（間取りも同じ）、共同便所や水道を一緒に使った。朝鮮人の子供も、日本人と一緒に大久根の小学校に通った。独身者は朝鮮人専用の独身寮で生活し、金田さんの母親はそこの賄いの仕事をしていたという。

また、西澤美彦さん（昭和四年生まれ・佐久間）によれば、久根鉱山のクラブは地域の文化活動の中心になっていたという。ブラスバンドもそろっていて、佐久間から提灯を持って見に行った。久根鉱山には近所の農家が野菜を売りに行っていた、とのことである。

写真 4-95　天竜川を遡行する飛行艇と鉱石船（龍山村鳴瀬の急流付近）

写真 4-93　遡上する鉱石船（久根鉱山手前）

写真 4-96　峰之沢鉱山鉱石船の遡行

写真 4-94　天竜川を下る鉱石船

五　王子製紙中部工場の影響

王子製紙は、明治二二年（一八八九）に操業を開始した気田工場（周智郡気田村）に続き、明治三二年（一八九九）に中部工場の操業を開始した。中部工場の原料材は、主に信州の遠山地域から供給され、筏に組まれた大量の材木が天竜川を下り、中部まで運ばれた。製品の洋紙の出荷は、当初は気田工場同様舟運に依存し、帆掛舟で東海道本線近くの中ノ町まで天竜川を運ばれたが、南から延伸してきた鉄道駅まで馬車で運ばれる割合が増えていった。その後、原料材の枯渇から、中部工場は大正一三年（一九二四）に閉鎖され、生産拠点を北海道の苫小牧工場に移した。

西澤美彦さん（昭和四年生まれ・佐久間）によれば、中部工場の閉鎖後も、自分の生まれた昭和四年頃までは、まだ建物があったという。全国から人が集まり、幹部は東京から来て、都会の文化がこの地域にも浸透し、文化レベルは高かった。王子製紙はお金だけでなく、文化の影響も残した。昔ながらの山村というだけではなく、全国の文化が入るところだった、とのことである。

写真 4-97　久根鉱山から飯田線中部天竜駅への鉱石運搬用索道

六　中部付近の舟運・物流

平賀孝晴さん（昭和八年生まれ・中部）は、先祖が商家で、かつては舟運で物資を運ぶ回槽店を営んでいた。元の屋号は天野屋といい、王子製紙との取引が多くなったことから、祖父の代の大正半ば以降、王子製紙の了解を取って屋号を「○王（まるおう）」に変えている。

以下、平賀さんのお話による。

船は船方が個人で持っていて、商店や問屋が集めた荷物を、個人の船方に下ろして船に積み、二俣や掛塚等に運んだ。船方は運賃をもらって運行を経

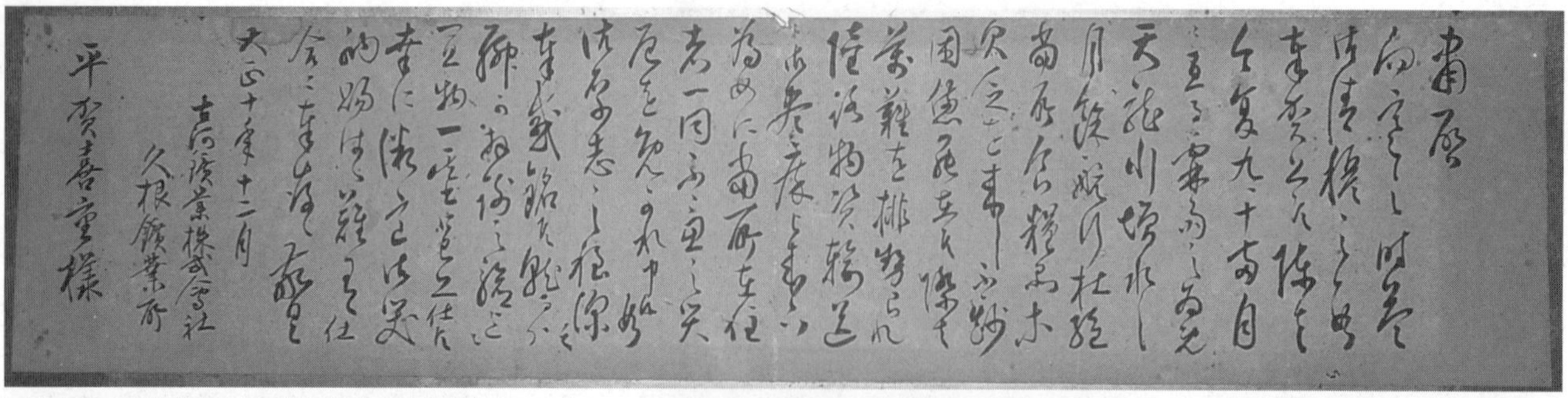

写真 4-99　久根鉱山から平賀回漕店への礼状 (大正 10 年)

写真 4-100　天野屋の大福帳

写真 4-98　操業中の王子製紙中部工場

写真 4-101　炭俵を船に積む (昭和 7 年頃 中部)

営した。中部の荷を扱った船方は中部の五、六人で、一一隻の船を持ち、空いている船に頼んだ。船は鵜飼船で、三人で動かした。下りはその日のうちに着いたが、上りは帆が使えない時は三日、帆が使えても二日かかった。天竜川を下った船のさかのぼりは通年やっていた。

中部の船着場は集落の上流側の左岸にあり、天竜川の中州にあった弘法の松原と集落の間に流れていた天竜川の派川（小流れ）の出口にできた「ドングリ」と呼ばれるよどみが船だまりになっていた。プロペラ船の発着所は船だまりより上流側にあった。

天竜川の舟運は、飯田線の開通を境に減少し、佐久間ダムができてから完全になくなった。終盤取り扱われた荷は、炭が多かった。終戦後はほとんどが炭だった。上流へ上げる荷は少なかった。

中部から浦川を通って三河へ行く道があり、南から中部にもたらされる荷は、三河経由の方が便が良かった。西渡経由の中部へ

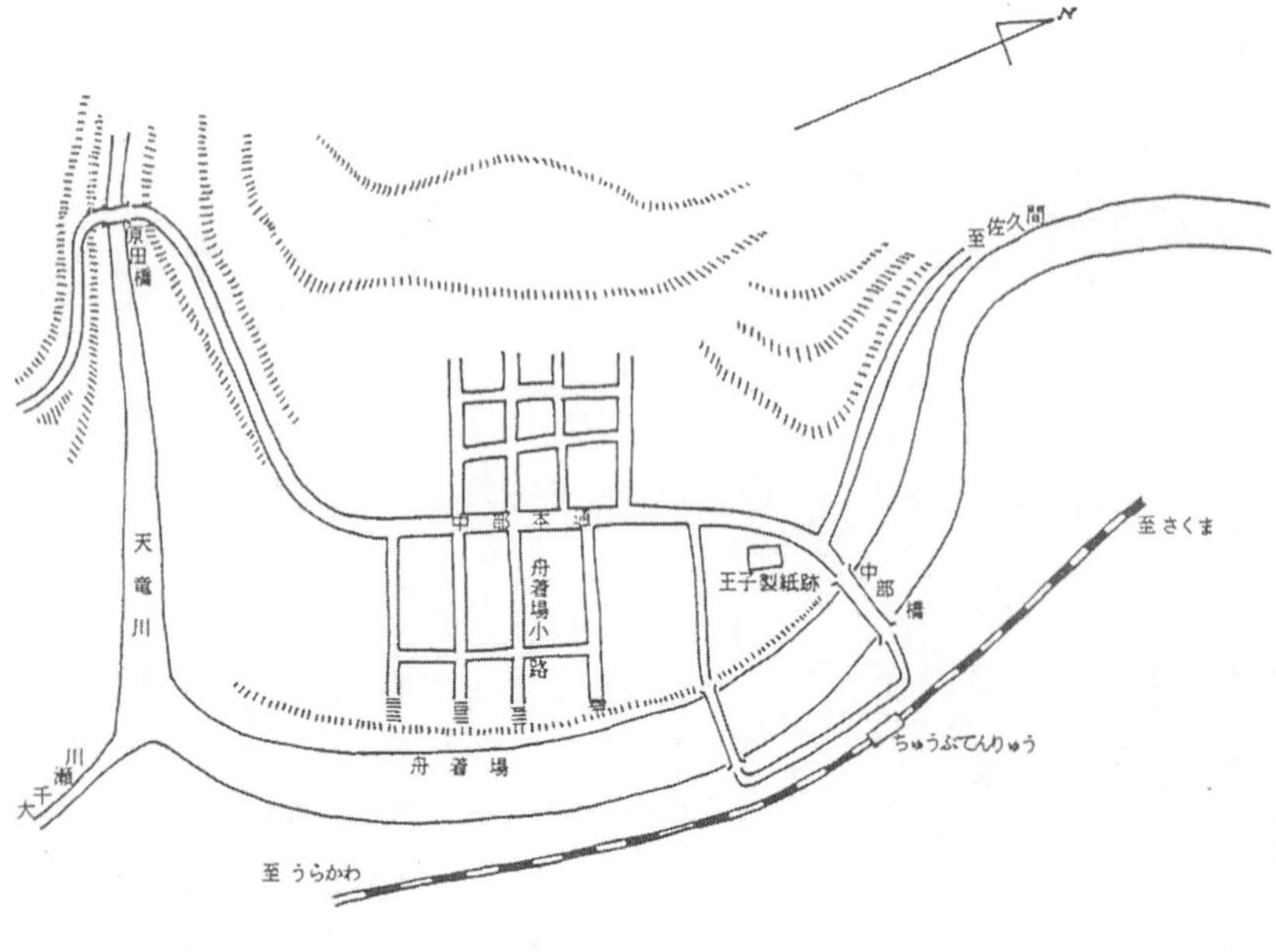

図 4-14　中部付近の見取図

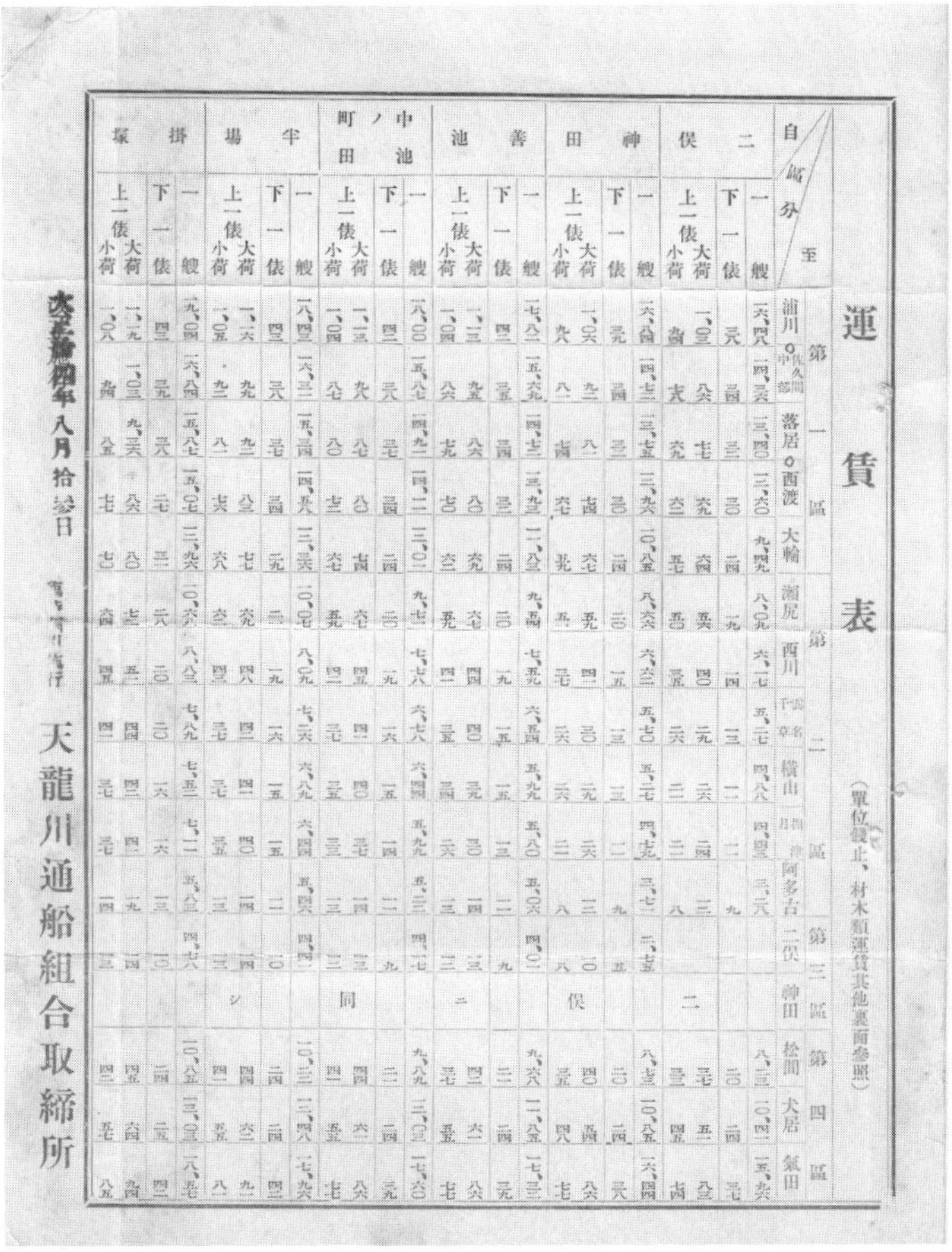

運賃表

(單位錢止、材木類運賃其他裏面參照)

天龍川通船組合取締所

写真 4-102　天竜川通船組合運賃表 (大正 14 年)

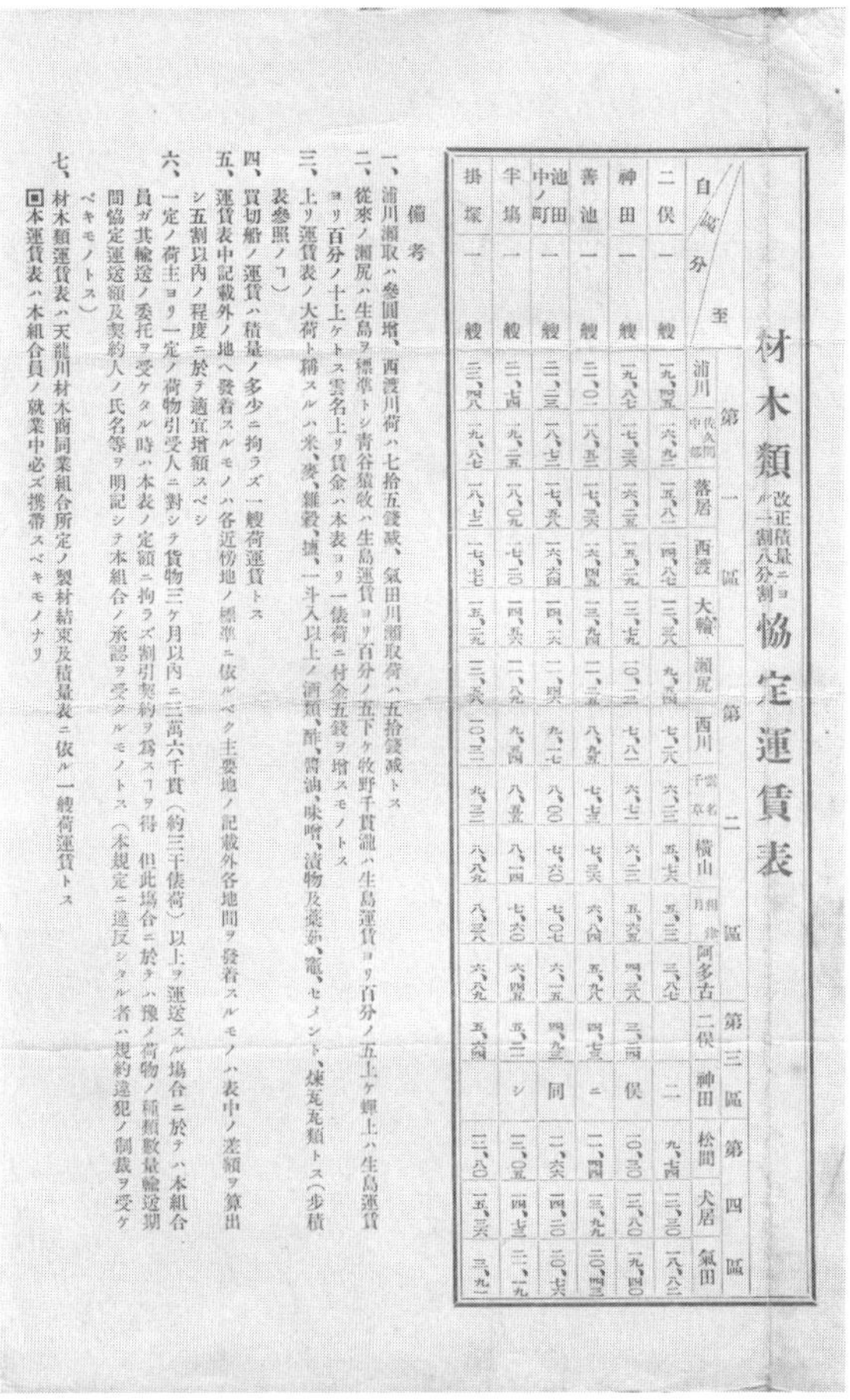

材木類協定運賃表

写真 4-103　材木類協定運賃表 (大正 14 年)

運賃表

大正拾四年八月拾參日改正施行

平賀運送店

運送部

写真 4-105　運賃表 (大正 13 年)

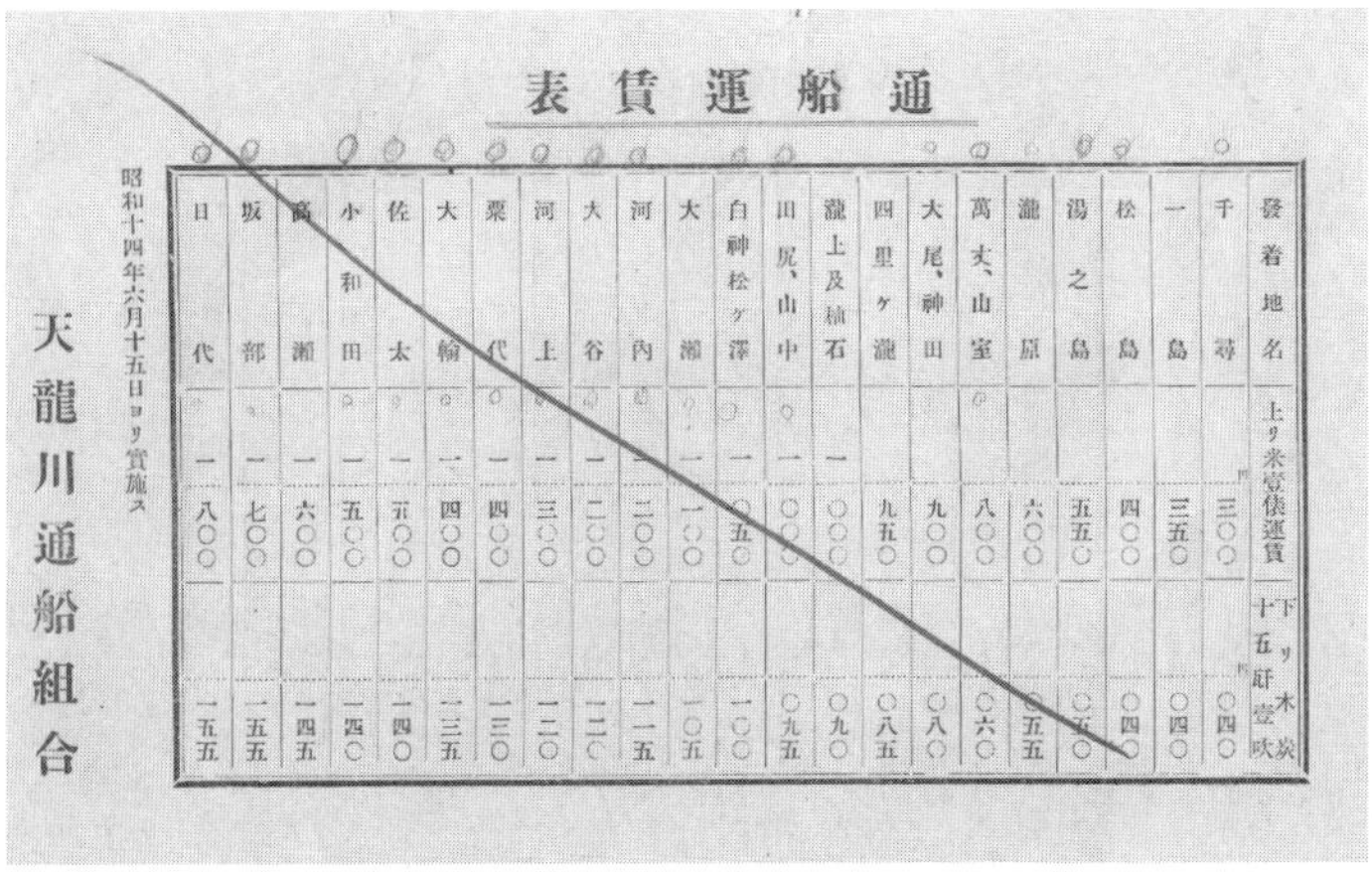

通船運賃表

昭和十四年六月十五日ヨリ實施ス

天龍川通船組合

写真 4-106　天竜川通船組合運賃表 (昭和 14 年)

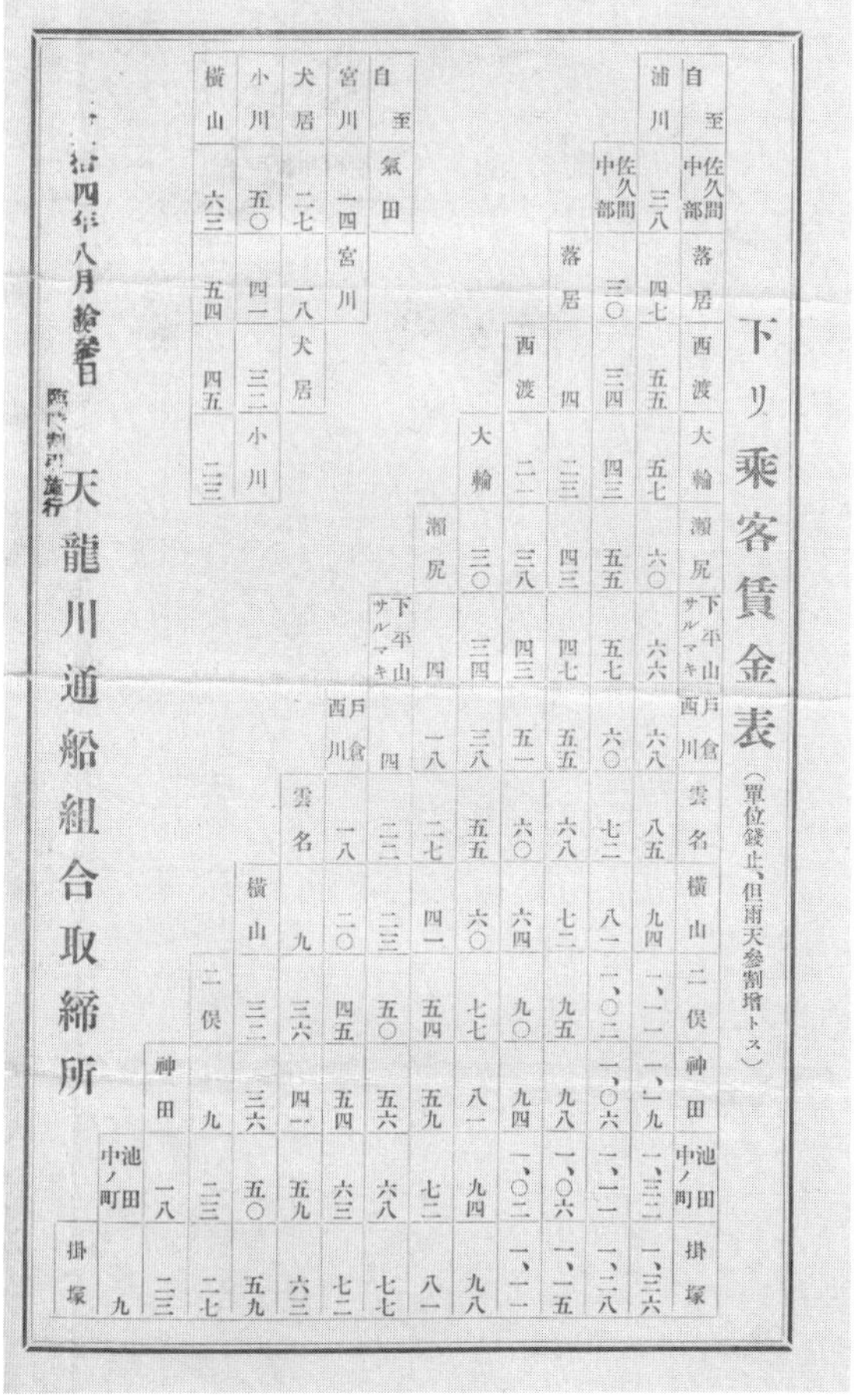

下り乗客賃金表

(單位錢止、但雨天參割增トス)

天龍川通船組合取締所

写真 4-104　下り客賃金表 (大正 14 年)

の上り荷はほとんどなかった。

天竜川下流からの上り荷が西渡を中継して佐久間や中部に来ることはあまりなく、直に佐久間や中部の問屋に運ばれることが多かった。西渡の船方は、水窪向けの荷を主に扱い、西渡の人が中部向けの荷を運ぶことはほとんどなかった（プロペラ船の時はあったかもしれないが）。米は重いので、天竜川下流筋からはあまり来なかった。

浦川では小学校の下が船着場で、三河から届いた荷が船で下川合や中部まで運ばれた。三河からは吉良の塩が主に来た。

三河からは金物、なべ、針、糸、日用雑貨など、いろいろな物資が来た。祖父は名古屋からも仕入れた。

王子製紙へは、食料品、米、塩、工場で使うたがね、鉄材等を扱った。

天竜川が洪水で荷が上がって来ず、久根鉱山が困った時に、うちが三河や信州から来た荷を送って助け、感謝状をもらったことがあった。

中部には、信州から船の物資はあったが、陸路経由の物資は来なかった。上平山や西渡では、水窪経由で信州の物資が来ていた。

明治以前、信州から来る米もあったが、米はあまり食わなかったので、あまり来なかったと思う。ただし、大福帳に「新米二十五俵　満島　筆三郎」という記録もあったりするので、ないわけではなかった。

ここから下流へは、カズ（楮《こうぞ》）、繭、豆、椎茸、茶、キブシ（木の実で、染料、焼き物の釉薬やお歯黒になる）などが荷として出された。

旧幕府時代、天竜川は大きな障壁であり、天竜川の右岸側（川合、浦川、半場、戸口、瀬尻）は西手領と呼ばれ、左岸側とは通婚もなかった。半場も飯田線ができてから交流するようになった。

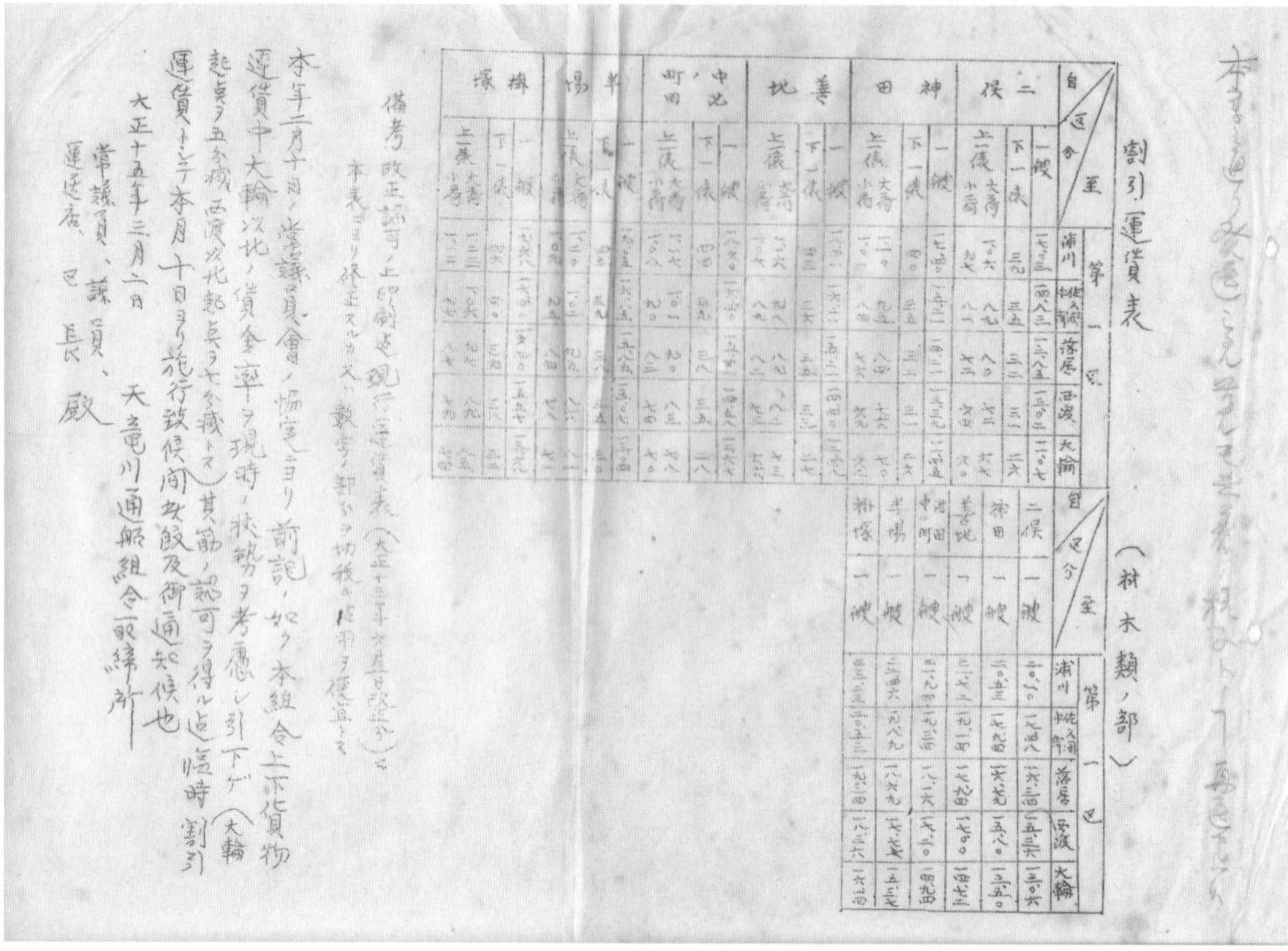
割引運賃表　（材木類ノ部）

本年二月十日ノ常議員會ノ協定ニヨリ前記ノ如ク本組合上下貨物運賃中大輪以北ノ賃金率ヲ現時ノ状勢ヲ考慮シ引下ゲ（大輪起点ヲ五分減西渡以北起点ヲ七分減トス）其筋ノ認可ヲ得ル迄臨時割引運賃トシテ本月十日ヨリ施行致候間此段及御通知候也

大正十五年三月二日　天竜川通船組合事務所

常議員、議員、運送店、戸長　殿

写真 4-107　天竜川通船組合割引運賃表 (大正 15 年)

写真 4-108　帆掛船と筏

写真 4-109　鹿島橋を通過する帆掛船 (昭和 20 年代)

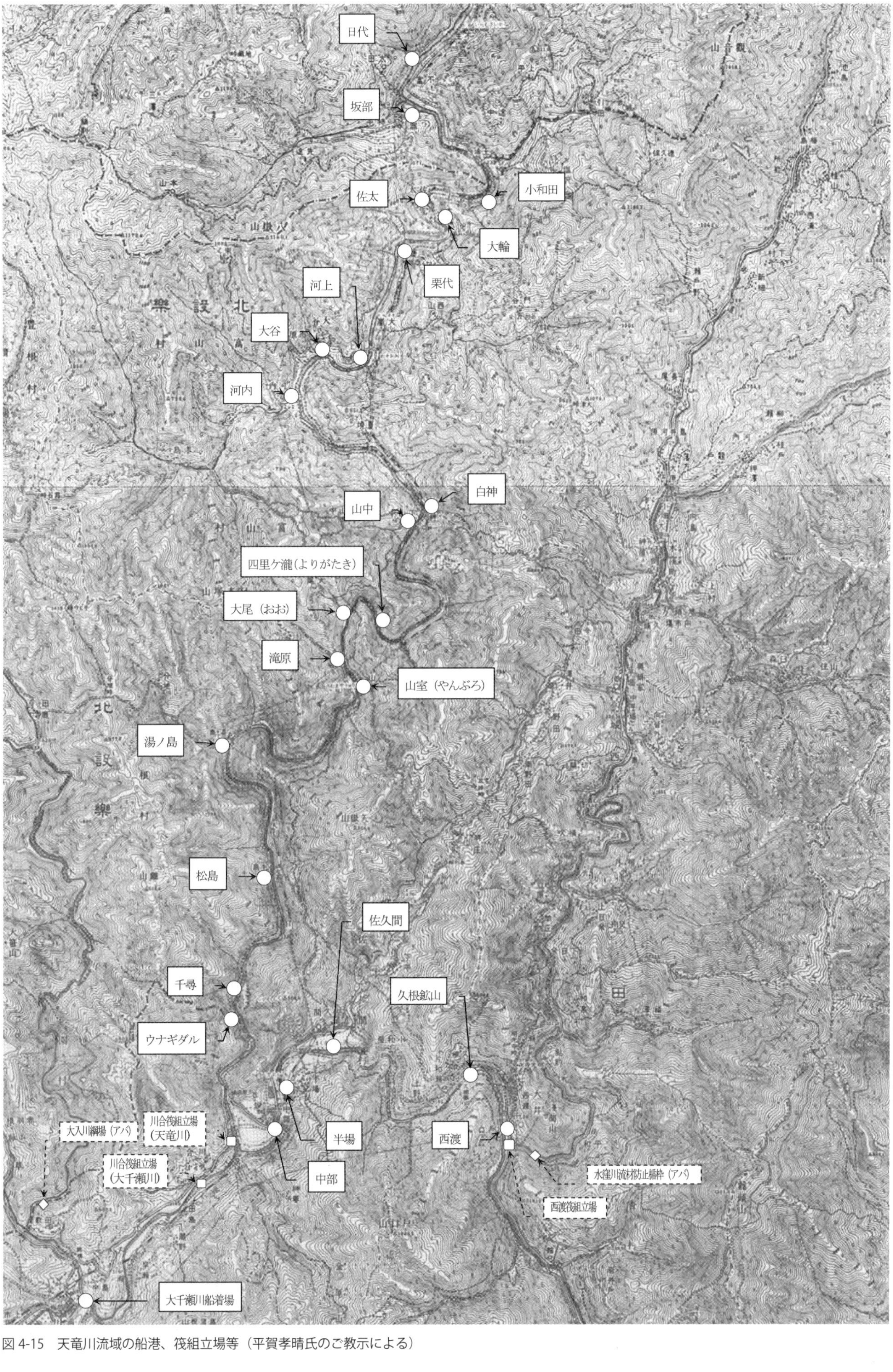

図 4-15　天竜川流域の船港、筏組立場等（平賀孝晴氏のご教示による）

七　旅館

佐久間ダム完成後の昭和三二年頃には、佐久間町内には二三軒の旅館があった。（写真4-110参照）

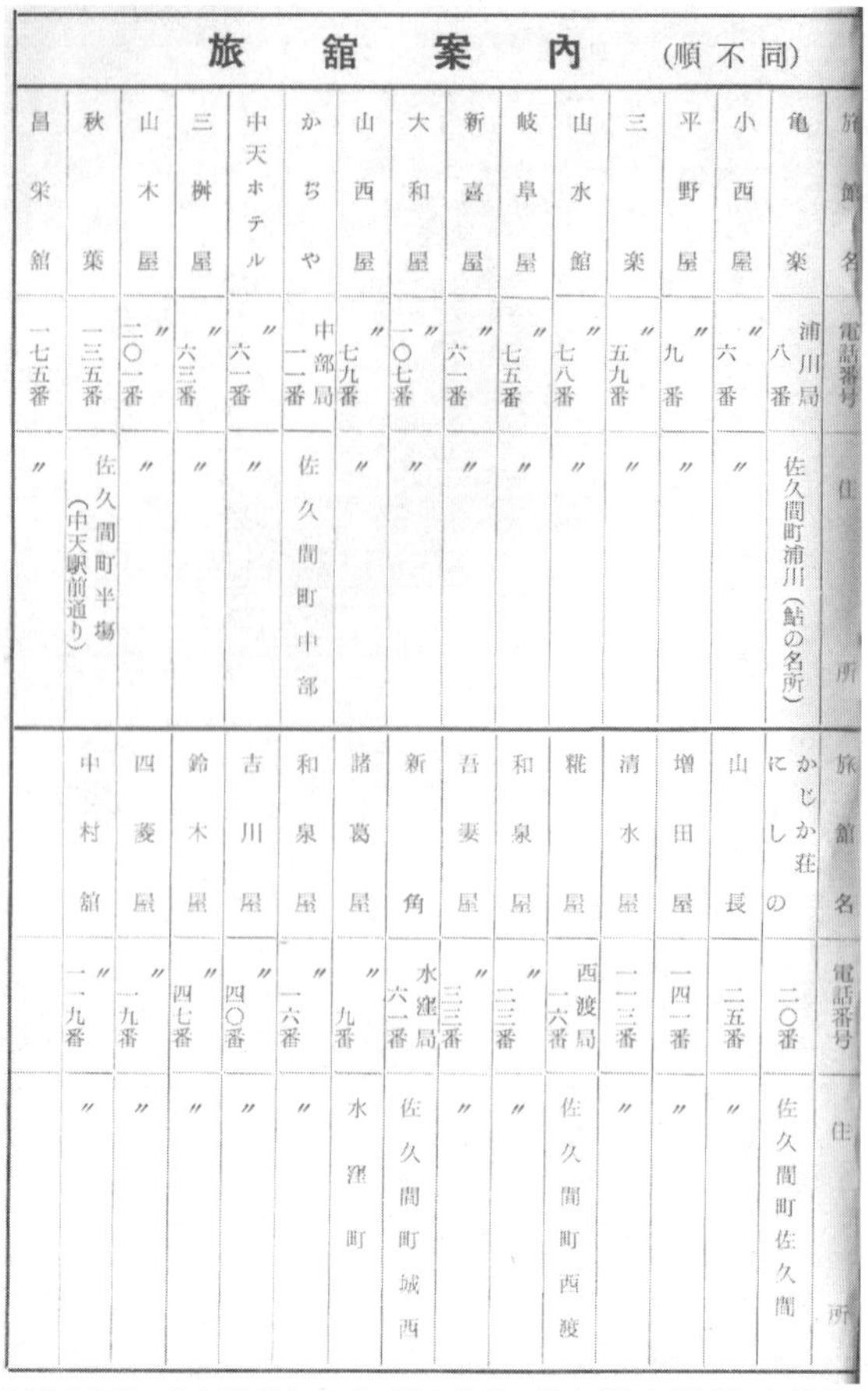

旅館案内（順不同）

旅館名	電話番号	住所
亀楽	浦川局八番	佐久間町浦川（鮎の名所）
小西屋	〃六番	〃
平野屋	〃九番	〃
三楽	〃五九番	〃
山水館	〃七八番	〃
岐阜屋	〃七五番	〃
新喜屋	〃六一番	〃
大和屋	〃一〇七番	〃
山西屋	〃七九番	〃
かちや	中部局一二番	佐久間町中部
中天ホテル	〃六二番	〃
三桝屋	〃六三番	〃
山木屋	〃二〇二番	〃
秋葉	一三五番	佐久間町半場（中天駅前通り）
昌栄館	一七五番	〃
かじか荘にしの	二〇番	佐久間町佐久間
山長	二五番	〃
増田屋	一四二番	〃
清水屋	一二三番	〃
糀屋	西渡局一六番	佐久間町西渡
和泉屋	〃二三番	〃
吾妻屋	〃三三番	〃
新角	水窪局六一番	佐久間町城西
諸葛屋	〃九番	水窪町
和泉屋	〃一六番	〃
吉川屋	〃四〇番	〃
鈴木屋	〃四七番	〃
四菱屋	〃一九番	〃
中村館	〃一一九番	〃

写真4-110　佐久間ダム完成の頃の旅館一覧（『佐久間ダムと観光』佐久間ダム観光開発株式会社 1956 より）

八　産業組合、信用組合

昭和六年（一九三一）、二俣で産業組合大会が開かれたが、その資料によれば、当時山香と浦川に産業組合が組織されていたことがわかる。（図4-16参照）

また、大正時代には、金融機関である信用組合も設立された。山香信用組合の勧誘チラシを掲載する。（写真4-111・4-112参照）

九　人々の往来

城西地区

【栗下袈裟治さん（昭和一〇年生まれ・下日余）談】

高等科卒業後、峰之沢鉱山の支山である大井鉱山に勤めた（日本鉱業）。大井鉱山は銅の含有量が高く、品質がよかった。現在の龍頭の湧き水の対岸の一〇〇m下流の湯の沢と呼ばれるところに坑口があり、階段で一〇〇m下がって水窪川の下を通って上に三〇m上がって掘ったりした。

昭和四四年（一九六九）に閉山した後は、新城の横浜ゴムに飯田線で通い、その後、浜北にあったヤマハ発動機の募集が城西の新角であり、北遠から七五人がバス三台で通った。一五年くらい続き、その後はバスは出なくなったが、定年まで勤めた。

【伊藤九五さん（昭和一〇年生まれ・上日余）談】

中学卒業後、水窪中学にあった「二俣高校水窪分校定時制」に進んだ。夕方、相月から五時のバスに乗り、帰りは夜九時一〇分のバスで降りて、山道を二〇分歩いて通った。

山香地区

【藤澤春雄さん（大正九年生まれ・西渡（下日余出身））談】

天竜川下流方面には、楮、三椏《みつまた》、椎茸、繭が出荷された。秋刀魚はヒノキの葉に包んで運ばれてきた。

信州からは、水引、箱膳などが青崩峠を通って馬で運ばれてきたが、食料品は来なかった。船はセバ石等の難所があるため、信州から西渡にはあまり来なかった。

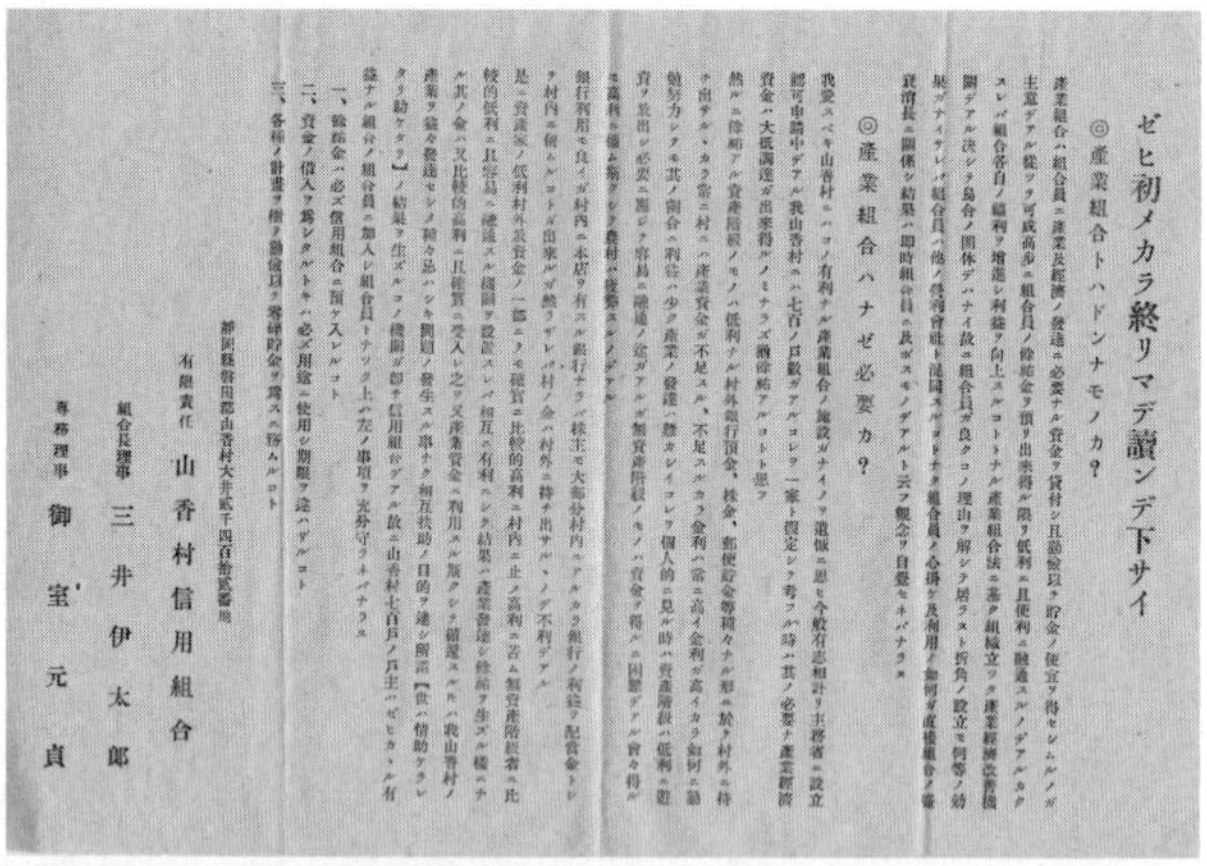

ゼヒ初メカラ終リマデ讀ンデ下サイ

◎産業組合トハドンナモノカ？

◎産業組合ハナゼ必要カ？

有限責任　山香村信用組合

写真4-111　山香村信用組合勧誘チラシ表（大正15年）

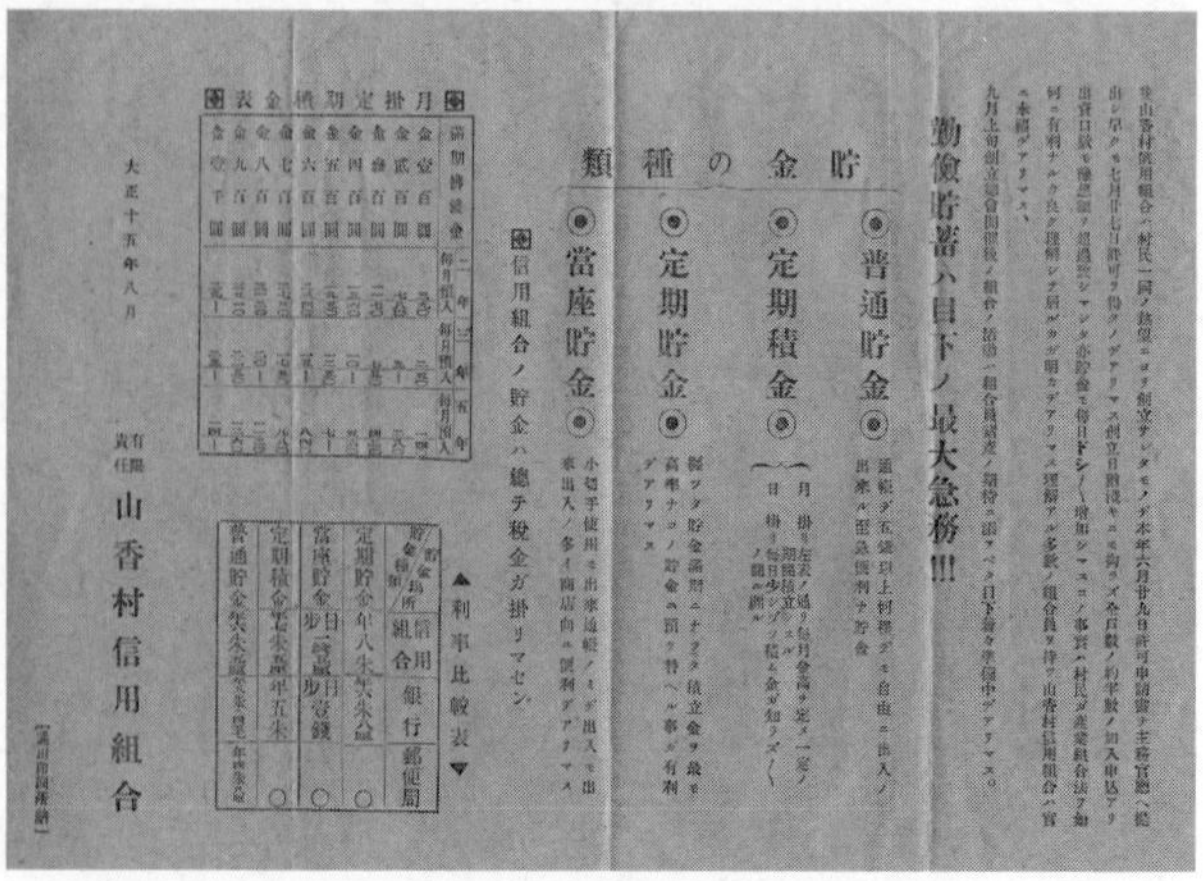

勤倹貯蓄ハ目下ノ最大急務!!!

貯金の種類

◎普通貯金

◎定期積金

◎定期貯金

◎當座貯金

有限責任　山香村信用組合

写真4-112　山香村信用組合勧誘チラシ裏（大正15年）

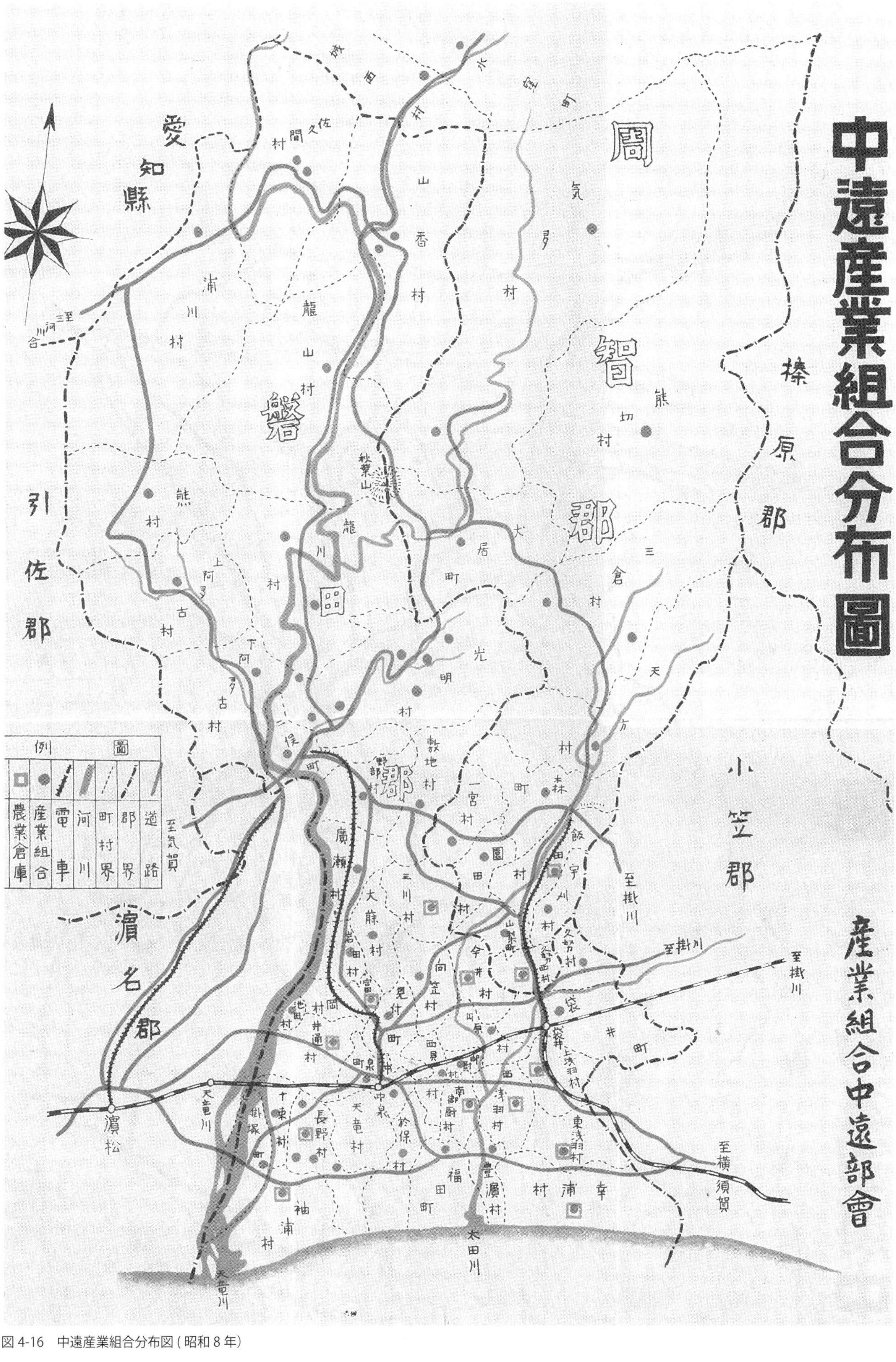

図 4-16　中遠産業組合分布図（昭和 8 年）

西渡には芸妓が三人いた。映画館もあった。種田山頭火は和泉屋に泊まった。

昭和一七年（一九四二）四月に赤紙が来て静岡歩兵三四連隊に入営した際は、四月五か六日に大井の人の飛脚で山の現場に連絡があり、九日に荷物を送る段取をして一〇日に静岡に入営した。自分は秋葉バスで二俣に出たが、中には筏で行く人もいた。中国からの復員は昭和二一年（一九四六）三月で、上海を出て佐世保に着き、下関で隊が解散して三〇〇円もらい、すし詰めの貨車に乗って大阪まで行った。大阪では小麦飯を食べた。大阪からは特別列車で浜松まで行き、遠鉄に乗り換え、西鹿島に夜一一時に着き、奥へのバスの出発点である車道《くるまどう》（山東近く）まで六人で歩いた。バスの出発は朝七時七分と午後二時だったので、コンクリートの車庫に野宿しようとしたところ、三人はタバコ屋、三人は旅館で泊めてもらった。シラミが出るからと遠慮したが、勧められ、結局泊めてもらうことになった。一二時過ぎに五右衛門風呂に入れてもらった。南京米を五合持っていたので、炊いてもらって食べ、残りを泊めてくれた家にあげた。六人のうち、水窪方面に五人、阿多古方面に一人で、自分は熊行きのバスに乗り間違えたが、途中で気が付き、後についていた水窪行きのバスに乗り換えて下日余の自宅に無事帰った。

【北澤明さん（昭和七年生まれ・西渡）談】

西渡は一〇月の祭りで、以前はみちばやしが囃された。

佐久間地区

【西澤美彦さん（昭和四年生まれ・佐久間）談】

旧佐久間村は、中部、半場、佐久間、坂上（さかうえ：下平、峰、羽ヶ庄）に分けられる。久根は佐久間の一部で、元の片和瀬の集落の中の東側一帯にできた。小和屋、上野も佐久間村。小和屋は佐久間小学校、上野は大久根小学校に通った。

秋葉バスは二俣から水窪に行き、西渡から佐久間へのバスは少なかった。佐久間は飯田線の利用の方が主だった。

子供の頃、佐久間から西渡へ、提灯を持って県道を歩いて買い物に行ったことがある。絣の着物の人も洋服の人もいた。歩いて一時間くらいかかった。

佐久間ダム建設の頃勤務していた中部小学校は、ダム建設の地元で、昭和二九年（一九五四）頃から全国いろいろなところ（東北や九州等）から人々が集まり、生徒が増えて倍くらいになり、それが三年くらい続いた。元の村民の生徒は変わらなかった。村民の生活もそれほど変わらなかったが、商売は潤ったと思う。

【金田勝さん（昭和六年生まれ・半場）談】

佐久間への物資は三河と天竜川下流からの両方から来た。魚は浜北や焼津の行商の人が売りに来た。豆腐は東栄から売りに来た。

城西は水窪に買い物に行っていた。

高校は、浦川は新城や豊橋へ送り出し、佐久間は磐田方面だった。学区外の場合は、養子縁組などを理由とする教委の特別許可が必要だった。自分は高等小学校卒業後、浜松師範学校（途中から新制静岡大学）に進んだ。二年目から卒業まで、磐田の西新町にあった久根鉱山関係者子弟用の学生寮から通った。寮生は一五人ほどで、会社から給付金ももらえた。

写真 4-113　西渡のみちばやし

【細澤忠良さん（昭和一〇年生まれ・羽ヶ庄）談】

羽ヶ庄は佐久間、城西とほぼ等距離にあり、城西は通婚圏ではあるが普段の交流はなく、買い物は佐久間へ行った。繭は浦川に売りに行った。

馬力の通る道はあったが、自動車の通れる道は昭和三〇年代にでき、それから物流が盛んになった。羽ヶ庄には佐久間の人がダットサンで魚を売りに来ていた。

浦川地区

【伊東明書さん（昭和八年生まれ・浦川町区）談】

浦川は江戸時代から町と言われていた。津島から天竜川沿いに上がってくる牛頭天王の御師が文化一二年（一八一五）に記した日記には、「町と呼べるのは中ノ町と浦川町」と書かれていた。

浦川には芸者置屋が五軒あり、芸妓が二〇人いた。東北弁の小学生もいた。女給はかぼちゃと言った。

浦川は明治の頃から、養蚕業が盛んで、全盛期は昭和の初め頃が全盛期だった。浦川には繭取引市場があり、春子に始まり晩秋子まで、多い時は年五回市が開かれた。値は春が高く、秋は安かった。水窪や設楽等の村外からも大勢繭を背負って集まり、家族もついてきた。市場の回りは露天商が並び、五平餅、お菓子、酒などもあって、現金を使う客で賑わい、浦川は「北遠の都」と言われた。出荷の後には「カイコアゲ」というお祝いの行事も地区ごとにあった。

浦川小学校には、明治二五年（一八九二）に作られた榎本武揚の扁額がある。戦前、御真影拝戴式の際に一緒に出した。元の紙の揮毫は校長室に飾っている。矢高濤一に頼み、矢高→金原明善→品川弥二郎→榎本武揚に依頼した模様である。

神妻神社にも従二位勲一等榎本武揚の扁額がある。

【奥留規夫さん（昭和一五年生まれ・浦川町区）談】

浦川と佐久間は豊橋とのつながりが強く、愛知県の文化圏にあり、昔は三河ナンバーだった。

行商は魚、菓子が主で、呉服もあった。

浦川では、キャンプ場の小学校のところが渡船場だった。

秋葉街道の支線として和山間峠を越えて西川に抜ける道があった。バクチ峠と呼ばれた。

第五章　衣・食・生活全般

第一節　城西地区

城西は、佐久間でも水窪川に沿った地域にあり、水窪や信州方面との交流が強かった。木挽職人等も地域の中で活躍していたという。

日常生活物資の米、味噌、雑貨類等は、西渡から「浜背負い」や馬などで八丁坂を上り明光寺峠の荷継場まで運び、大八車に代えて横吹、切開、松島、芋堀へと入って来て、水窪信州街道方面にも行っていた。

一　衣生活

着る物に関することは、その手入れ、管理、やりくりまですべて女性に任されていることが多い。

普段着では、肌着は晒し木綿のじゅばんで、寒いときはその上にメリヤスのじゅばんを重ねた上に長着を着て、家事をするときは、袖にタスキをかけて、裾は腰まではしょり、紐で結んで仕事をした。家族の着る物、子供のものすべて、夜なべ仕事に自分で縫った。寒い時の綿入り半纏などもほとんど自分で作って着た。

仕事着では、男は綿のじゅばんに法被を着て、下はももひきやズボンの上に脚絆・はばきで裾を締めて働きやすくした。こうかけ（はだし足袋）は主として山仕事で使う。女は綿の長着（着物）の裾を腰紐で膝まではしょって仕事をしていた。

芋堀の西村志津子さん（大正一二年生まれ）は「女の人の働き着が、二部式の上着とモンペになったのは、戦時中、竹やりの訓練をするようになってからだね」と言っていた。そこにエプロン、手ぬぐいを持って、素手で仕事をした。

寒い時はそれに半纏や、綿入れ袖なしを着た。雨降りでも蓑を着て、ピーピー笠をかぶって働いた。

履物は、普段履きには下駄、竹の皮ぞうり、藁ぞうり、作業用はこうかけ、足袋靴、藁ぞうり等があり。よそ行きには麻裏ぞうりや畳付の下駄もあったという。

芋堀の高氏玉一郎さん（昭和七年生まれ）は、小学四年までは野田分校で、五年生からから城西小学校まで片道一時間歩いて通った。履物は藁ぞうりで、明日履いていくのは、前の晩自分で作って通った。時には雪が降って、十二文の長靴で通った。腰くらいまで積もったこともある。この頃はみんな同じような思いをしていた。

相月の山出志げ代さん（昭和九年生まれ）も藁を叩いてぞうりを作ってもらった。遠足に行く時はもう一足持っていくので自分でも作った。皆そうだった。

子ども着、産着など、お祝い着は別として日常は晒しや浴衣をほどいたもので手作りした。おむつも家の者の着古した浴衣など利用して自分で作った。毛糸物は古いセーターをほどいて湯のして、手編みした。

子供をおんぶする時は防寒用に袖の大きいあわい子半纏を着た。普段用は木綿でよそ行き用は絹などで作った。家事用には簡単な綿入れ小布団（二～三尺）に紐をつけて使った。通称（亀の子半纏）とも言われた。

芋堀の佐藤なつゑさん（昭和九年生まれ）や、相月の山出志げ代さん（昭和九年生まれ）も、子育ての頃は戦後の物のない時代で既製服などなく、自分の着物や浴衣をほどいてパンツやシャツ、甚平、胸当ズボンなどよく作った。手ぬぐいで肌着やよだれかけ、甚平も作った。絽の着物で、子供の夏布団も工夫してかわいく作った。

日常仕事着などの洗濯は女の仕事で、タライに風呂の残り湯を汲み出して、しゃがんで手洗いだった。すすぎは井戸水や川原で洗った。洗剤は大切で、あの頃は木灰のアクを使った。このアクは髪洗い、コンニャク作りなどにも使ったが、堅木より樫の木など広葉樹の灰の方が良いとのことであった。

また、夏は、女性の恒例の仕事として、布団の手入れがあった。昭和二〇～三〇年頃までは、ほとんどの家で家族の日常布団の掛け布・敷布はなかったので、夏中家族の敷き布団を順番に洗った。芋堀の佐藤なつゑさん（昭和九年生まれ）も、毎年姑と一緒に洗っていた。

まず敷き布団の一部をほどいて、綿を取り出し、綿打ちに出す、その三分の一くらいは新しい綿をつけ足す。皮の方は、大きいタライにざるを置き、そこに新聞紙を広げて、その中にたっぷりの木灰を入れてぬるま湯を注ぐ。下に取れた汁が「アク汁」で、これを洗剤として、この中に汚れた布団皮を漬け込み、木ぶたをして重石を乗せてしばらく置くときれいになるので、川に持って行って、よくすすぐと、大変さっぱりときれいになる。

竿に干して乾かし、乾いたら真綿を広げて、打ち直した綿を丁寧に入れて仕上げた。真綿は近所の養蚕をしている方から分けてもらって使った。無い人は購入した。男衆の山仕事の仕事着や胴着なども同じように洗った。

二　食生活

昭和初期生まれの方々が子供の頃は、先代の築いた田畑や山林を大切に、子供たちも一緒になって働いていた。生活の原点でもある食べ物は貴重な財産だった。水稲、陸稲、蕎麦、雑穀、豆類、芋類、根菜類、木の実、季節の山野草、天然の獣、鳥、魚類と、人々の食べ物として貴重な資源の真ん中で暮らしていた。

当時は、今と違って機械化は少なく、自分の体力を直接使う手仕事が主だった。よく太陽と一緒に起きて山仕事に出かけ、寝る間も惜しんで働いていたと聞いた。

日常食についてお聞きすると、その頃の食事は、主食のご飯は大体の家で米二と麦八の割合が多く、その麦は丸麦で、前の晩にえましておいて（柔らかく煮ておいて）朝、米と一緒に炊いたのが普通で、それが炊き上がると釜の周りに麦が寄るので、真ん中の米の部分を神棚、主人や子供の弁当にした。おかずは畑のものや、家にあるものを煮たり焼いたりして、その他年中保存してある漬物類など応用して食した。

ある日の献立例

　お茶の子　　朝六時頃　簡単にあるもの、夕べの残り

　朝　飯　　一〇時　ご飯　味噌汁　つけもの

　昼　飯　　一四時　朝の残り

（山仕事にいく人はメンパのふたとみのそれぞれにご飯を詰めて、その上におかずを載せて一二時と一四時の二食で食べる）

　夕　飯　　夕方六時頃　ご飯、めん（そばかうどん）

　煮ものなど季節にあるものを使う。

雨降りの日には保存食や漬物を作った。普段の日は外仕事に忙しく手間がないので、年中行事食等、物日には手をかけたものや、保存食を食べた。

中芋堀の板倉英雄さん（昭和七年生まれ）は、城西小学校の近くに住んでいた。高等科一年の時終戦を迎えた。当時は食糧難で、学校の運動場や川原を開墾して、サツマイモなど作っていた（当時はどこの学校でもそうであった）。小学校六年の頃、学校の下肥を中野田まで担いで行ったこともあった。また、昭和二〇～二三年頃、七人の仲間で野田から池の平にかけて一町歩の山焼きをして開墾し、稗、粟、黍、蕎麦などを作った。山を開墾するにも三kgもある鍬を振り上げて一日中働いても何日もかかった。鍬の柄も握りが凹んでつるつるになった。山小屋で夜通し火を焚いてイノシシを追ったという。

切開の坂中貞さん（昭和一二年生まれ）は南野田で育ち、家で乳牛を飼っていた。兄たちは出荷場や水窪方面に配達し、私は小学校五～六年頃の二年ほど城西小へ通う時、芋堀方面の配達分六～七本の牛乳瓶を、平たい網袋に入れて背負って配達し、帰りに空き瓶を回収しながら帰った。学校の行事や雪の降った時などはつらかった。牛が乳を出さなくなって売りに出す時、牛が目から涙をぽろぽろこぼしたのは、忘れられないという。

卒業後は浜松東伊場の織り屋で七年ほど働いた。昭和三五年（一九六〇）、髪を結い衣装をつけ、一時間くらい山道を歩いて切開集落に嫁いだ。その時「懲りるよう」と言われたと思い出を語っていたが、この辺では「結婚したら簡単に出戻らぬよう」という意味があったと言う。

お茶や野菜をいろいろ作って働いた。子供が二歳半の頃から姑が面倒見てくれて、水窪町小畑の東海大井電子で二七年間働いた。朝切開を七時発、夕方水窪を七時発のバスで通った。仕事はトランス専門の部署だった。

芋堀の西村志津子さん（大正一二年生まれ）は、日常は畑にある野菜や芋を食べていたという。疎開してきた人は、芋蔓などももらって食べていた。

ヤギ、ウサギなどを飼って食料にしていた人も多い。ヤギは毎日籠いっぱいの草を背負って採ってきても足らないくらいで大変だった。豚を飼っている人もいた。基本的には肉や魚はなく、たまに、イワシ（めざし）を売りに来る程度だった。タンパク源は主に豆類で、煮豆や豆腐、あぶらげ（油揚げ）、おからなどで、川魚も取れたので、アユ、ウナギ　カジカ（ハゼ）などを食べたが、これらはご馳走だった。佐久間ダムができるまでは、アユが一日四〇本くらい捕れた話をよく聞いた。

家は造り酒屋だったので、蒲郡や湯谷から来ていた杜氏さんが冬でもアサリを届けてくれて、蔵にカマスいっぱいのアサリがあった。蔵に入れておくと、冬の間食べられた。麦は十分あったので、麦九対米一の割合でご飯を炊いた。炊き上がると麦は上に浮くので、学校へ行く子の弁当やお客さんには底の方からすくって、後を混ぜて食べた。おやつはサツマイモなどの芋類、とうもろこし、実えんどう、その他畑で採れ

るものだった。小麦粉はあったのでたまにドーナツやヤキモチ、甘酒や汁粉等も作った。砂糖が貴重な時だったので、ドーナツなどは、農作業を手伝ってくれる人に出すと、とても喜んでくれた。里芋の茹でたものに味噌やたまり醤油をつけた串団子はおいしかった。

前記の西村志津子さんの娘さんの伊東愛子さん（昭和二四年生まれ）は、我が家には定番サラダがあって、私はサラダといったらこれのことだと、中学校へ行くまで思っていた。それは、ジャガイモとにんじんを賽の目に切って茹でたものと、寒天の賽の目切り（きゅうりのスライスを塩もみした時もある）、これに果物の缶詰を汁ごと入れて、マヨネーズで和える（この頃はまだマヨネーズは手作りしていた。サラダ油、酢，砂糖、塩をよく混ぜる。伯母が新城女学校時代に覚えたものと思われるという。）。手伝いに来てくれた近所の人に、食事のデザートとして出して喜ばれていた。また、くるみが多く採れたので、来客にはよくコンニャクのくるみ和えを出した。葬式や法事などでも定番の一品だった。うどんも家でのしてよく食べたという。

相月の山出志げよさん（昭和九年生まれ）は二一歳で水窪町地双区根（ね）という集落から嫁に来た。子供の頃から家のことはよく手伝った。唐臼で黍の粉ひきをしたり、家で自給野菜類はほとんど作っていたので、嫁に来てもすぐ自分でできた。正月の餅も、白、栃、粟、黍、など七臼搗いていたが、今は餅つき機で栃餅くらいしか作らないという。五穀餅は当時欠かせないものだった。

家にあるもので何でも作るのが楽しみで、毎年奈良漬け五〇kg漬ける。煮豆大豆も一回五合くらいに、具もわらび、椎茸、にんじん、油揚げ、ごぼう、コンニャクなどあるものを考えていろいろ入れて煮る。竹の子やわらび、ふき等々しっかり味付けしてから冷凍しておく。農作物も収穫した時に刻んだり、味付けしておくと便利に無駄なく使える。そば、うどんも作る。コンニャクも一回八〇個ぐらい作る。会合の時や近所の皆さんに喜んでもらえるのが張り合いになっているという。

芋堀の佐藤なつゑさん（昭和九年生まれ）は昭和三五年（一九六〇）、水窪町向市場から嫁に来た。実父は山仕事で八人兄弟。「踏むところは神様がいる」とか「正直に働くように」と言われて育った。養蚕を手伝い、野菜などを母と町へ売りに行った。中学三年くらいまで、ヤギを三頭飼っていて、朝四時頃乳を搾り、沸かしてビンに小分けして飲んだり、配達もした。豚も飼っていて餌をくれたり、子豚の世話もした。豚買いの問屋のおじさんが竹の皮に包んだ豚肉を持って来てくれて、その夜の鍋物が楽しみだった。

そして昭和三五年、静岡の鉄工場で一〇年修業後、開業していた芋堀の佐藤次夫さん(昭和八年生まれ)のところに嫁いで家業を手伝った。姑は田畑に熱心で、米麦、芋類、野菜類、何でもよく作っていたので、それも手伝い見習うことが多かった。

季節ごとの山菜もよく利用していた。蕎麦打ち、うどん、豆腐、味噌、コンニャク、漬物各種何でも手作りしていた。赤飯、柏餅、餅類（栃、黍、粟、くちなし等）のほか、季節によっては川魚各種、イノシシ、シカなどを時には燻製にもした。時々来る行商のホッケ、塩サバ、イワシ、煮干、削り粉なども利用した。今でも　行事食に使う煮物、供物は何でも手作りしているという。

味噌については姑から「先代の姑の言うとおりにやってくれ」と言われてきた。大豆を柔らかく煮て、つぶして両手いっぱいの団子に丸め、少し乾かして、先のとがった太さ二センチ長さ一五センチの木の棒で真ん中（中心）に穴を開けて、藁縄を通して囲炉裏の上の天井に吊るして焚き火の煙で燻す。何日かで硬くなったら莚〔むしろ〕の上で槌で叩いて割ったり、臼に入れて杵で割り、塩、米麹、麦麹をよく混ぜる。大きな桶に空気を抜きながらしっかり詰め込む、最後に蓋塩を一センチくらいしっかりのばし、木の落し蓋をし、その上にサンザシ〈油紙のようなもの〉をかぶせて、空気を入れないようにしっかり縛って、年月日を必ず書いて暗い涼しい所に置くと必ずおいしい味噌になるという。

中芋堀の板倉いち子さん（昭和八年生まれ）は山香の平和出身で、現在は城西小の近くに住み、近所の仲間と小麦グループを作り、うどん粉にして、一袋一・五キロで販売している。うどん作りは、二時間前にこねて、ビニール袋に入れて寝かせて、もう一度よく練ってからのばすという。のし板（そばは桐で、うどんは樫の木）がよいとのことである。社会福祉協議会の城西ボランティアの会で、一人暮らしのお楽しみ会での食事作りも三ヵ月に一回の担当している。

三　生活全般

昭和の初め頃生まれた方々は、戦争前後の体験の中で心身共に複雑な思いと経験をもっている。子供の頃から家事や農作業を家族と一緒に体験してきている。何をするにも手仕事、手作業が多く、三〇～四〇kg以上の荷物を早朝から担いだり、背負ったり、暗くなるまで働いてきた。どこの誰もが皆そうだったのでそれが普通で、元気ならば当然のこととしてがんばってきた。

家の中の事も、煙たい竈《かまど》から始まり、手作り柄杓、へら、桶、箒《ほうき》など、自然の木や竹の素材を上手に活用して暮らしに生かしてきた。昭和三〇～四〇年代の高度経済成長時代になって電化製品が登場し、家庭内をはじめ農林業の機械化も進んで労働軽減が図られるようになり、人々の暮らし方が大きく変化した。

中芋堀の松下光一さん（昭和六年生まれ）は昭和一九年（一九四四）に学校を卒業したが、当時学校へは背負子と腰鉈を持って行き、従軍している家の勤労奉仕に行ったという。卒業後、次男は自分で稼げと言われて営林署に勤め、その後電源開発に勤めて、水窪ダム、豊根ダム、御母衣ダムなどに行ったという。

向皆戸の清水枚江さん（昭和五年生まれ）は、自宅から二〇〇mのところに嫁いだ。実家は六人兄弟（男、男、男、女、男、自分）で育ち、親が弱かったので高等科二年で卒業した。上の三人は戦死したため、一生懸命百姓をして、薪を山から背負い出したり、家の事も一切していた。

芋堀の西村志津子さん（大正一二年生まれ）は、家で酒を造っていたので、生活水は自宅に直接沢の水を引いていたが、地域には四ヶ所ほど山から沢の水を引いた共同井戸があった。そこで野菜を洗ったり、洗濯していたという。

近所には、山仕事（下刈りや植え付けなど）の人が多く、きこりの人もいた。馬引きをしている人もいて、馬を自宅横で飼っている人も多かった。昭和三〇年頃、中芋堀のバス停までバスが来るようになったという。

芋堀の佐藤なつゑさん（昭和九年生まれ）は小学六年の頃、体の弱い父親を手伝って木馬曳きをしたことがあるという。

父は桜の木の皮で編んだ背負いかごのようなものにカスガイと弁当、竹筒の水筒を入れて持ち、木馬（そり）は弟が前を、なつゑさんが後を肩にかついで、高い遠い山道の木馬道を登った。現場に着いて一回目の弁当を食べる。木材を木馬に積んでカスガイでしっかり止め、木馬を引く。ブレーキ用として細いワイヤーが道、道に用意してあり、急な坂になる寸前に、積んである丸太の右手三〇cmくらい前に出してあるカジ棒に手早く引き掛け二巻くらい巻いてブレーキをかけた。それが大事な命綱かと子供心に思った。休日、祝日、雨降りでない限り、四段積んだ木材の運搬を人力でした。すごい時代だったと思うという。その当時は仕事を手伝うのは普通だった。「何事も、努力、根性でがんばることを、両親より教育され、すばらしい生きた教育だったと、今、両親に心より感謝し最高の余生をありがとう、と言いたい」と言われていた。

ちょっと怖かったがお駄賃がもらえた。父からもらった時のうれしかったこと、小さいがま口に入れて、枕の下に隠して眠った。小学生時代は働いておこづかいをもらって、お正月やお盆には、着物や塗り下駄を買ってもらい楽しかった。幸せだったよき時代を懐かしく思い出すという。

今のなつゑさんの手は、指の関節が際だって曲がって膨らんでいる。当時大半の方がそうであったように、農作業や手作業に明け暮れた日々を物語っているかのようであった。若い頃から夜も眠られないほど節々が炎症を起こし、それが当たり前のように繰り返されるうちに変形してきた。いろいろ機械化されたとはいえ、今なおその経験と技能を生かしている。人があって物が作れる。

山出志げよさん（昭和九年生まれ）によると、相月では例年諏訪神社の例祭（今は七月第四日曜日）の前夜土曜日の夜、地域住民のほか外で働いている家族も帰って来て、学校の先生、地域外の人々も一同に介した盛大な夏祭り行事が行われるという。平成二八年（二〇一六）は七月二三日（土）に一九時～二一時頃まで行われ、子供たちは「もぐらたたき」、婦人会は民芸・銭太鼓、舞踊など、一般はビールの空き缶を積み上げ、その数によって景品が出た。最後は地元の竹下久司さん（昭和二二年生まれ）の自作シナリオによる地芝居（この年は「兄弟船」）が地元民出演で行われた。明けて二四日（日）が諏訪神社例祭で、餅投げが行われるが、撒かれる餅の袋の中にも番号札があり、お楽しみ景品が出る。

また、毎年の行事として、八月二三日に聖隷病院の学生や佐久間病院が来て、地元の方々の手料理で懇親会が催されるという。このほか、一〇月に地域住民総出の運動会もあるなど、地域活動の盛んなところであり、みんなが楽しみにしているという。

芋堀の板倉英雄さん（昭和七年生まれ）によると、昭和三五年頃まで住宅の屋根は、栗の木を細く切って並べ、その上に杉皮葺きで石を載せてあった。四～五年で葺き替えるが昭和五〇年頃まであったという。。建具は格子戸で、しっかりしていたので屋根の葺き替え工事に耐えられたと思うと語る。

西村志津子さん、山出しげよさん、佐藤なつゑさんから、主に食に関わる城西の生活行事について思い出も含めてうかがったので、次に記す。

この地域にも、毎日忙しく働いている単調な暮らしを家族ともども補うかのような、季節ごとの行事がある。現在では生活様式も変わって、従来通りでないところも多いが、その思いは伝えられ、まだまだたくさん行われている。

一二月一三日頃「家中大掃除」タタミをあげて陽に干し、たたいてホコリを出す、その間家の中は笹竹ですす払い、障子も張って新しい年を迎える準備、今は家族も減ってあまりやっていないらしい。

一二月二〇日頃　当主は、ウラジロやシンワラを用意して家中各所の注連飾りや注連縄を作った。現在では昭和五四年（一九七九）より楽寿会にお任せが多い。（楽寿会については後述）

一二月二八日～三〇日「餅つき」白、栃（茶色）、粟（薄茶色）、黍（薄黄色）、高黍（えんじ）、もろこし（黄色）等、お供え餅を中心に家の各所に供える餅を中心に、各種類の餅もいろいろ用意した。朝早くからどこの家でも楽しみな家中の行事であった。お供え餅は神棚、仏壇、恵比寿、仕事場、台所、便所等など日頃お世話になる所に供える。特に大黒柱には注連縄を丸く器のようにして結わえ付け、その中へ小さい丸餅や供え物をする。

一月一日　家の当主が若水汲みをして神棚に供え、それでお雑煮を煮て、家中の各神様（神棚、仏壇、恵比寿様、台所、便所、仕事場等）、歯固めの（干し柿）も添えて、家族そろっていただく。

一月二日「仕事はじめ」仕事に使う道具に供物を供えて拝む。

一月一三日　モチイのために、一五、一六日餅つきをした。そしてすぐ旧正月になるので、また餅つきをした。当時は寒かったので家の酒蔵においておくと、夜凍っているくらいで、かびて困ることはなかった。何臼も搗いたがお供え餅を作る臼のほか、粟、稗など、栃なども搗いた。

二月四日「節分」大豆を炒って、めかごに、ヒイラギやクロモジを刺して軒先に吊るし、炒った豆を「鬼は外、福は内」と言って家中に撒く。

二月七日「山の講」山ノ神祭りで箕ざるに、大きなぼた餅を入れて祀る。

三月三日「雛祭り」白餅、よもぎ、くちなし、桜、粟などの餅を、ひし形にして重ね、丈夫に育つよう願った。また、「あられ」に切って後まで楽しんだ。巳の祓い。

四月八日「お釈迦様の誕生日」とじくり団子（炒った大豆、米、そば粉）をそなえる。

五月五日「端午の節句」屋根にしょうぶ、かや、よもぎを、飾り、柏餅と共に供える。

六月一四日「祇園祭り」茅に色とりどりの幣を飾り、小麦団子を供え、神事の後神官の手で祇園淵に投げ入れ、園坊主のいたずらを鎮める。

七月七日「七夕祭り」笹竹に願い事を書いた色紙を飾り、浴衣や夏野菜を供える。

八月一三日　迎え火を焚き,なすやキュウリで、牛や馬を作って季節の野菜、花、果物,お菓子等供える。お墓にお迎えにいく。

八月一四日―一五日　親戚、近所などそれぞれお参りしたり、家族と過ごす。

八月一六日　朝早くお供えしたものを、川原に納める。その際人に逢っても口を利かない、お精霊様がついて来て、お帰り出来なくなる

一〇月二〇日「恵比寿講」恵比寿講には、そばのかい餅と魚のひれを串に刺して供える。恵比寿講の時は、注連縄は太いほうを左にして掛ける。

一〇月初の亥の日　藁ツトにぼた餅や蕎麦のかい餅を入れて供えた。

一二月冬至の日　かぼちゃを食べる。

※城西シニアクラブ「楽寿会」の活動　会場／いこいの家　野田、相月、横吹、松島、芋堀、中芋堀　発足／昭和五四年より始まり、平成二八年現在会員六〇人　役員／会長一・副会長二（男一・女二）会計一

〈主な活動〉

一、毎月の定例会の他自由に集まって楽しく過ごしている。

二、地元小、中学生との交流会　郷土食の実習や会食・話し合い

三、地域内各家のしめ縄づくり　五四年当初より、松下光一さん（昭和六年生まれ）に教わって一一月頃注文書を配り、有志メンバー五～六人で作る。材料の藁は、長野県平岡に予約しておく。うち二人の女性（佐藤なつゑさん、山出志げ代さん）は森林組合で使う作業用の蓑《みの》合羽も随時注文を受けて作る。

第二節　山香地区

山香は天竜川と水窪川との合流点で、塩の道街道の中心でもある。久根鉱山のあった頃（昭和四五年閉山）までは、社宅の周辺は病院、郵便局、商店、同心会（スーパーのような売店）、劇場とにぎやかだった。それに続く西渡の商店街にも、パチンコ屋が四軒、映画館が三軒、旅館が四、五軒あって軒を連ね、船着場の賑わいもあって、この一帯は「山の熱海」と呼ばれ、西渡に行くということは、「町に行く」というのと同じだったといわれる。

一　衣生活

戦中から戦後しばらくは物資のない時代で、各家庭は手持ちの衣類を家族や子供用に、夜なべ仕事で改良手作りして間に合わすのが普通だった。その様な時、ここ山香は久根鉱山関係で、他の地域よりおしゃれで楽に暮らせたという。

西渡の土井勣夫〔せきお〕さん（昭和八年生まれ）の家は呉服屋を営んでいた。見付中学（現磐田南高）卒業後、浜松マルサ商店で四年間修行し、家業を継いだ。久根鉱山の閉山により外商として、袋井から浜松を歩いた。その後証券会社の寮の管理人をし、七〇歳で山香に戻った。

三井節子さん（昭和一一年生まれ）が瀬戸に嫁いだのは昭和三四年（一九五九）、瀬尻の家から花嫁衣裳のまま坂道を歩いて二〇分くらい下りて国道に出て、バスに乗って三〇分。鮎釣の停留所で降りて雨上がりの道を歩いた。材木の流れる水窪川の上に橋が掛かっており、その橋を渡る時は「すごく怖かった」と思い出を話してくれた。そこから瀬戸に向かって山道を四〇分くらい歩いて登って行った。婚礼道具、衣装類は材木を運ぶトラックと鉄索で運んだ。婚礼仕度の和服類は、浜松に嫁いでいた姉に呉服店マルサで反物を用意してもらい、仕立ては全部自分で縫った。洋服は東海文化で専修科までいたので、ほとんど自分で縫えた。

三井さんの実家の瀬尻の家の横には沢水が流れていたので、たくさんのワサビがあった。当時の生業は、山仕事と「お蚕」と「お茶」の家が多かった。姉達は、その繭を使った近所の人の手織りの紬《つむぎ》を、母が仕立てて嫁に行った。末子だった節子さんの頃にはもうなかったという。

和服といえば、三井家の舅は、夏でも冬でも静岡銀行勤めから帰って来ると、必ず和服に着替えた。夏は浴衣、冬は長着で、寒い時はその上に二重織りの丹前を着ていた。子育ての頃、まだ市販の子供服はほとんどなく、みんな自分の浴衣や家族の浴衣をほどいて赤ちゃんのおしめにした。普段の下着、子供服など、何でも手作りで、セーター、帽子などは手編みで着せた。

あの頃はどこでも農作業で忙しく、家事や子供服のの手作りなどで夜なべ仕事が多かったという。

二　食生活

この地域は、地元の自然農林水産物が豊かにある一方、久根鉱山の社宅の売店や西渡の繁華街もある環境の中での暮らしだった。

大萩の山本とし子さん（昭和二〇年生まれ）は、夫の富男さんがヤマハ発動機に勤めていたので、朝早く出勤する夫を送り出してから両親と共に農林業の仕事をしてきた。山仕事と茶の栽培（信州の方に売った）、それに畑で自給用の野菜類を作っていた。芋類（ジャガイモ、サツマイモ、里芋）、葉物（白菜、キャベツ、みずな、ほうれん草、しゃもじ菜等）、根菜類（大根、にんじん、牛蒡、かぶ等・）、きのこや山菜（椎茸、しめじ、わらび、ぜんまい、竹の子等）はだいたい家で作るもので間に合わせていた。時々、煮干、昆布、干物魚、りんごなども売りに来ていた。置き薬屋も来たし、西渡まで行けば、農協、郵便局、駐在、医者、日用雑貨とだいたいのものは間に合った。

西渡の伴皓雄〔てるお〕さん（昭和八年生まれ）は、父親が西渡の中電発電所の仕事で愛知県新城から来てここに住み着き、五〇年間食料品店を営んでいたが、平成二〇年代に入ってから閉店した。

西渡の杉本十三子さん（大正一五年生まれ）は戦時中嫁に来た。その頃食糧増産で山を開墾して一生懸命畑を作ったが、作った畑は今は杉林になっている。

瀬戸の柿平きくさん（昭和二年生まれ）によると、子供の頃この辺は、浜背負や車引き、馬方が通ってにぎやかで、茶店、鍛冶屋、旅館もある商店街だった。あの頃は大人も子供もみんな一生懸命で、学校に行く前に蕎麦や麦を搗いた。杵つきや返しを、言われなくても自分から手伝っていった。

三井節子さん（昭和一二年生まれ）、森下修子さん（昭和一三年生まれ）山口松子さん（昭和一七年生まれ）から、「山香ふるさと村」のことをうかがった。

山香中学校が昭和六一年（一九八六）三月廃校になり、その翌年の六二年、当時の町議会議員や自治会長の主導で、村おこし地域活性化事業により山香ふれあいセンターができた。様々な自主活動の中で、久根鉱山の閉山などでこの地を去っていった人たちにふる里から季節の便りを送ろうと「ふるさと村」を設立した。当初男性三〇人、女性二〇人くらいで始まり、男の人々による木工品や竹細工なども盛んにあって、それらに加えて、地元で採れる無農薬、無添加の食材中心に野菜、山菜、その加工品（漬物、乾燥野菜など）などを年四回送っていた。あの頃は、上平山の鉄塔の下までわらびを採りに行ったり、沢にふき採りにも行った。最近は、鳥獣被害により食材の確保が難しいことと運営者の高齢化により、地域や季節の情報便りを付けて年三回発送している。

平成二八年（二〇一六）の内容は、一回目（五月）が山香茶・干し椎茸・きゃらぶき・山菜、二回目（九月）が梅漬（中梅・小梅）・ラッキョウ漬け、三回目（一二月）が山香の地味噌・金山時・地コンニャク、しょうが漬け・栗むし羊羹であった。

平成一三年（二〇〇一）からは現在の場所（元久根鉱山の建物、富士機工の跡地）を使っている。開設当時は六五〇名ほどが登録されていたが、本人が亡くなったり、連絡が取れなくなったりして、現在は八〇名ほどで、海外にも送付している。その他、浜松駅前の各種イベントにも地域紹介の意味で、今でも毎月二回出掛けているという。

三　生活全般

山香地区の生活環境は、一般の山間地生活とは少し異なるところがあった。他では経験できないような買い物や観劇などもできた地域の中で、先祖から受け継いだ山や畑の管理を気にかけながら暮らしてきた方々からのお話を伺った。

大萩の山本富男さん（昭和一七年生まれ）は、若い頃は農林業や茶園仕事は両親にまかせ、浜北のヤマハ発動機に勤めた。佐久間方面からバスが三台出ていて、昭和四一～五一年までそこに通った。その後、ヤマハ磐田工場にロットを扱う新しい機械が入ったのを機に磐田に移り、二五年間通った。朝三時半頃起きて六時三〇分に出勤し、帰宅は夜九時頃になった。

退職後は家の仕事に戻り、自治会や市の文化財関係の役をしているが、そのほか、上平山の秋葉山奥の院祭りの復活（八月二七日）をしたり、一二月一四、一五、一六日の火祭りの準備で一〇日頃から寺の方に四～五人で詰めて、注連縄その他の準備を手伝ったりしている。

三井節子さん（昭和一二年生まれ）が瀬戸に嫁いだ頃（昭和三四年）、瀬戸には六三戸あった（現在は一三戸）。「塩の道」の街道筋でもあり、「峠の街道」とも言われ栄えていた。三井家は屋号「大下」で、築一四五年という。嫁に来た時には大姑がおり、家付き娘で養子とりだったので気難しく、日々大変で辛い時もあった。姑は事情があって佐久間上野の御室家で育ち、女学校も出ていて温厚ないい方だった。姑は子供をおぶって西渡まで買い物に行き、映画館で映画を観たり、並木路子、菊池章子、二葉百合子等の興行も鑑賞したりしていた。年を取ったら心豊かに暮らせよと言っていたという。

鈴木真弓さん（昭和一〇年生まれ・現在磐田市石原町在住）は。父の岡田廣雄さんが久根鉱業所の病院長として勤務された関係で、小学校二年から一〇年間を久根で過ごされた。その頃の想い出についてお聞きした。

私は、昭和一〇年、信州の泰阜の辺り（旧泰阜村、現飯田市）に生まれた。飯田線の駅でいうと「田本」の近くに実家の墓があるので、その付近ではないかと思う。祖父の時代に、書類に判を押して倒産した。父が高校生の時で、飯田に一軒家を借りて住んでいたが、ある時、家に帰ると家財道具に赤紙が貼られていた。倒産した父が住んでいた家に一家で移り住んだ。祖母の実家は大きな造り酒屋であったが、平岡ダムの建設（昭和一三年着工）で水没し、飯田の近くに移ったという。

父は松本高校に行き、家が倒産したので松本の医師会長の家の家庭教師をした。ここで作家の作品の校正の仕事をしたり、木曽で行われた夏期講習の講座に参加したりした。この時、芥川龍之介が講師となって来る予定だったのだが、なかなか来ないので不思議に思っていると、芥川が自殺したとの報が入ったということだった。

松本高校から新潟医科大学を受験し、合格して新潟に移った。新潟は海が近く、海に釣りに行ったりして、山育ちの父はまた違った体験をしたようだ。

父にも赤紙（召集令状）が来て、名古屋の連隊に入った。医師だったので二五日間で帰って来た。そのうち二日だけ一般の人と一緒に訓練に参加したという。医師は特別待遇があったようで、帰るとすぐに軍曹になった。医師で従軍した人もたくさんいて、連隊で一緒だった人の半分くらいは戦地で亡くなっている。

山の中の生活でも、戦争の悲惨さはいろいろ体験したが、一つ年上の女生徒のうちに行ったら、そこに陸軍、海軍で亡くなった遺影が五枚掲げてあった。この後、その娘さんはすぐにお婿さんをもらって一家を支えていたと聞いた。久根鉱山の広場でも軍事訓練が行われたし、真っ白の病院も黒く迷彩塗装で塗られてしまった。

久根での生活は快適だった。水道や電気は使い放題だった。住まいは所長の隣で三役の部長も近くに住んでいて、この家族たちが交流していた。ある部長さんは東大出身で、その方の奥さんは音大を出ていて、毎日発声練習をしていた。大将の息子もいたし、公家の出身という方もいた。市川さんという方の奥さんは、毛皮のコートを着て「虫干しよ」と言っていた。誕生会に呼ばれたりもした。

西渡もにぎやかで、静銀の支店があった。薬局やカフェもあった。中部（ナカベ、あるいはナカッペ）まで鉱石運搬のための鉄索がつながっていて、引っ越しの荷物は鉄索で運んでもらった。その途中で、父のお気に入りの紫檀の机が落ちて壊れた。父は残念がって、その材料で小さな机を作った。山神社（鉱山の安全を祈願するために祀られた鉱山だけの神社）では、五月に盛大なお祭りが行われた。藤原義江とかたくさん来た。

病院は内科、外科、産婦人科、歯科の四科があって、それぞれ担当の医師がいた。ここにいた一〇年ほどの間に落盤事故が三回あった。いつもと違うサイレンが鳴った。社宅と社宅の間には街灯がついていて、とても明るかった。その光が天竜川に映って熱海のようだといわれた。父は油絵をやったり、和歌の会を月一回開いたりしていた。所長さんは詩吟をしていたし、皆さん各地から来ているので、いろいろな趣味を持っていた。

周りにはいろんな人がいて、上海で育ったという人からはシルクのチャイナ服と靴をいただいた。捕鯨船に乗っていたという人のところには、クジラに関するいろいろなものがあった。所長さんはテニス場の上でラジオ体操をした。

昭和一九年一二月七日の東南海地震の時は、勤労奉仕中で、山の中で草（麻）を採っていた（当時は衣料も民需に応じられないほど逼迫していたので、小学校生徒には衣料材料となるテラッポ、ラミー、アカソ、または桑の木の皮の採取が数量まで割り当てられ、義務付けられていた。）。父は、坑内の安全点検のため、四回ほど坑内に入った。私も一緒に行くといったら母からひどく怒られた。

隣組のお付き合いをしたのは所長と三役の部長さんたちだった。私たちの住宅の一画は役宅と呼ばれていた。お手伝いさんというか、病院の雑用をやっているような人が、たまに手伝いに来てくれた。

一度、上野の御室家に招かれたことがあった。御室家は代々続いた名家で、お祭りに御馳走を出してくれた。上野は佐久間小学校に入るが、御室家のお子さんは大久根小に来ていた。中学を建てる時に、学校で子供たちに天竜川から石を運ばせた。父はそんなことはしなくていいといって結局私たちだけはその作業をしなくてよくなったので、「社宅の人はいいね」といわれた。

※このような学童によるいわゆる勤労奉仕は、その当時ごく一般的なことであった。

父は、大輪の方にも週に二回、診療に行っていた（久根鉱山の支山が下流の名古尾にあり、その従業員宿舎が大輪にあった）。珪肺はその頃もあったが、父が申請してやるといっても、申請されるのを嫌がる人もいたそうだ（申請して認可されると仕事を外されたり、配置転換になったりして収入が減ることを恐れていた）。

だるまやの竹内さんは高校の教員をしていた。

小学校は、山香小学校に通った。鉱夫の家の人たちは大久根小学校だった。この学校は、鉱山が本格稼働し、鉱夫が急増したため、それに対応するため設置された学校だった。社宅の上の茶畑の中の道を通って通った。西渡から上がる道明光寺峠に上がる道（八丁坂）は三人くらい並んで通れる道だったが、こちらは一人しか通れない細い道だった。

小学校は、学年二クラスずつだったが、着物を着てくる生徒が二、三人いた。また、子守りをしながら学校に来る子もいた。子守りをする子は、教室には入らないで外にいた。

四年生の頃、秋の遠足で福沢まで行った。福沢は、学校から明光寺の峠を越えて水窪川に降り、川を渡って支流の福沢川を三㎞くらいさかのぼって行ったところにある集落である。山香小の周りには田んぼがないので、田んぼを見に行った。

テニスコートの上に浴場があり、ここを青年学校の校舎にした。中学は見付中学に入った。見付中は男子校なので、女子が入学した最初の年だった。磐田の西新町に会社の寮があって、農高、南高、北高や浜北、浜西など浜松の学校に行く人も磐田の寮から行った。この頃まだ東海道の松並木があり、たくさんの高校生が駅からこの道を歩いて通学していた。

筏乗りが住んでいたところに朝鮮人の住宅を造った。昭和一八、九年頃と思う。朝鮮人の「アンドウじいさん」は、終戦後の物資のない時代に、チーズ・バターや化粧石鹸などをどこからか持って来てくれた。峰之沢鉱山の院長は戦後の公職追放令でパージされたが、父は無事だった。朝鮮長屋をまとめていたと思われる「アンドウじいさん」がいたお陰ではないかと思った。

桜の木の下でイサミ写真館の人に写真を撮ってもらった。プールに鹿が飛び込んで、これを解体した肉をもらったことがあった。イノシシなどももらった。モジリで捕ったアユをおいていってくれる人があった。よく来るので、母は「またアユなの」と言って粗末にしていたが、久根を離れてからはしきりと残念なことをしたと後悔していた。ウナギなどもらうと、料理できないので嫌がったが、調理の人にやってもらった。

社宅にいて、道が暗いということは一度も思わなかった。久根鉱山には鉱山独自の発電・変電設備があり、変電所や事務所はずっと明かりがついていた。自分の家からちょうど坑口やトロッコが見えた。ヘッドライトはアセチレンを使っていて、アセチレンの臭いを覚えている。カンテラをぶら下げた人もいた。水道も、独自の貯水タンクを役宅の山上に設置してあった。通称タンク山と呼ばれ、そこでイチゴを取って、ジャムを作ったりパンを焼いたりした。父の和歌の会も、月一回、自宅でやっていたが、倶楽部の部屋を借りてやるようになった。戦後の物資のないときは、同心会で帳面を並べて会社の特配の魚を手に入れた。大きな会社なので、物に困ることもなかった。

昭和二七年に久根を出て中泉の坂の上に移り、岡田医院を開業した。父が亡くなった後は弟が継いだ。ここには、まだ水道も引かれていなくて、ずい分辺鄙なところに来てしまったと思った。

第三節　佐久間地区

佐久間地区は、町内行政の中心部でもあり、山あり、川ありの自然豊かな中で、人々が落ち着いて暮らしやすいところである。

この地域は山間の町ながら早くから次々と近代産業インフラである久根鉱山、王子製紙、佐久間ダム等が進出稼動し、地域の方々の日々の暮らし方に多くの影響を与え、一般の山間地の慣習を越えた雰囲気を感じさせる。

一　衣生活

昔はどこの地域も同じ様に食べ物はじめ着るものも、売っているものはほとんどなく、だいたいの家では親の着物やゆかたなど、あるものをほどいて、子供のものや、下着などは夜なべ仕事で手縫いしていた。仕事着は、木綿の洗濯のできる着物を、腰まではしょって仕事をしていたが、終戦前後の頃は動きやすい服装として、着物風の上着と下はもんぺの二部式の指導もあって、働きやすくなり、それに手ぬぐいをかぶり、エプロン姿であった。

下平の大石幸弘さん（昭和二八年生まれ）は、父親が山林の仕事に携わり、常にゲートルにナタが普段の格好だったという。

佐久間の西澤美彦さん（昭和四年生まれ）の家は染め物屋をしていた。母親が王子製紙で洋裁を教わっていたので、自分のものや子供の服をいろいろ作ってくれた。大久根小学校に六年通った後、佐久間の高等科へ行った。昔は「歩危《ほき》」と言う危ないところがあったので佐久間と中部との行き来は少なかったという。この地を離れたくなくてここに残った、きれいな川や山が自慢だったと語る。

嶋中生まれで浦川小学校に通ったという中部の高橋きぬ子さん（昭和一三年生まれ）は、戦時中で洋服もなく、履いていく靴もなかった。おばあさんが藁ぞうりを作ってくれたが、朝新しいぞうりを履いていっても、家に帰り着くまでにぞうりが擦り切れて半分なくなってしまい、お錦橋から投げ捨てたこともあったという。

半場の金田　勝さん（昭和六年生まれ）によると、半場にあった祖父母のところでは、当時五反歩の畑のうち三分の二は桑畑で昭和三〇年頃まで養蚕をしていたという（桑畑は茶園に変わった）。残りの三分の一は自給作物を何でも作っていた。繭は浦川の蚕市場（浦川中学校だったところにあった）まで持って行った。蚕は半場が一番多くやっていた。また、早瀬の「しょうにい」は、昭和四三年（一九六八）頃まで蚕をやっていたという。

羽ヶ庄の細澤萬里子さん（昭和一三年生まれ）は水窪竜戸の出身で、昭和三三年（一九五八）に結婚したが、羽ヶ庄は佐久間と城西に行くのにほぼ同距離という。若い頃から手芸品が好きで子供の日常着、自分達のものなどを手づくりしていた。

二　食生活

昭和二〇年前後の一般的な日常食は、朝は麦の多いごはんと具の多い味噌汁と漬物。昼は朝の残りと漬物。二食弁当には梅干と里芋、昆布、椎茸の煮しめを入れていた。夜は蕎麦かうどんに、家にある芋や野菜きのこなどをたっぷり使った煮物等だったという。あの頃はどこでも、普段は手作業の多い仕事で忙しく、毎日の食事に手がかけられなかった。家族銘々の箱膳で、中にご飯茶碗、汁椀、皿，お箸、布巾が入っていて、毎食後そのままお茶ですすいで布巾で拭いて置くという家もあった。

ご先祖様の供養とか、年中行事、各家庭の行事や、雨降りの日等には丁寧に作り、近所同士ちょっとした料理、煮物等のやり取りもあったという。

中部の丸山弘人さん（昭和三年生まれ）は、小学校卒業後東京に出て働きながら夜学を出た。終戦で帰郷して、再度東京に行ってみたが、終戦の焼け野原で、食べるものは何もなく栄養失調になってしまい、やむなく帰ってきた。家業は食料品店だったが、当時はすべて配給制度で、魚でもなんでも制限があったが、それを手伝っていた。その内に佐久間ダム建設の話が出始め、佐久間ダムができると同時に洋品店に切り替え、その手伝いをした。二八歳で独立しようと、精肉店も始めた。

佐久間ダム工事関連で、アメリカのアトキンソンという会社が来て、家族を含め八〇人ほどが暮らしていた。その内二八人は技術屋だった。そこで、許可証もあることだしと思い、通訳と社長が来た時に「こういう肉を入れさせてもらえないか」と交渉したら、「日本の肉は一番おいしい」と快く気に入ってくれたので洋品店をしながら、将来の商いとしてはいいだろうと、六四歳までずっと続けてきたという。

釣りでは、桑の棒に結わえた木綿糸にミミズを通した「すずくり」というものをつけて置く。夕方三〇分か一時間で五〇匹くらいのウナギが捕れた。くっついたら放さないので笊《ざる》の中に入れる、夏は何十人もやった。五月頃よりそれがやたら釣れた。ここであれだけ釣れたということは、天竜川に何百万匹というウナギが上ってきたということだ。用水で餌をくれて飼っている人もいた。これはダムのできる前の話だ。ズガニも捕った、ズガニを捕る時は逆に下ってくるのを捕る。ちょっと濁った時はウゲでアユを捕った。ずんぐりした形のウゲで、針金で作ってある。蟹を捕るのは竹だった。蟹は四角の方が入りやすかった。アユがウゲにギシギシいっぱい入ったことがあった。入り過ぎて一人や二人では動かせなくて、近所の人を動員して家族総出で担いだのを見たことがある、それだけアユがいたということだ、と話す。

羽ヶ庄の細澤萬里子さん（昭和一三年生まれ）は、家の周辺の畑に手入れの行き届いた芋類、根菜類、菜類などを季節ごとに数多く栽培している。農地はほとんど住宅や生活道路より下にあり、段差のある田畑を上手に利用・管理している。日常食はもちろん、それらを活用して、農産加工品（沢庵、白菜漬け、梅干、ラッキョウ漬け、大根酢漬）のほか、そば、うどんも、蕎麦や小麦を栽培し、粉にして自分で打つ。人から聞いて良いと思ったら何でもやってみるという。今では、欲しいものがあれば、車で出れば間に合う。魚肉などは佐久間の方から売りに来る。

農産物はほとんど自給のため、納屋には様々な農機具、道具類が、誰が見ても分かるように整理されている。自然相手のゆったりした暮らしぶりが理解できる。

中部の関嶋たつゑさん（大正一一年生まれ、長野県飯田出身）は、一五年くらい前から近所の仲間（現在一九人ほど）と毎月集まって、カレーの食事会をしている。情報交換や歌を歌って元気よく楽しんでいる。これは中部公益会（会長中野氏）から二〇万円の助成金を受けてから始まったものであるという。

中部の塩澤さわさん（大正一二年生まれ、二俣町山東出身）は、徴用で二俣線に一年ほど勤めたことがある。今は一人暮らしで、おしゃべり会に行くのを楽しみにしている。

半場の金田勝さん、羽ヶ庄の細澤忠良さんから、、食に関わる年中行事についてお聞きしたので、ここに記す。

一二月二八日　正月餅を搗き、家中の神仏　各部屋、便所　道具類にお供え餅を用意し(三〇日)、注連飾りと共に各所に供える。家族の雑煮用の切り餅を切る。豆腐を作る、膾（大根、にんじん）、煮豆（大豆、にんじん、牛蒡、しい茸、ひじきなど）煮物（大根、にんじん、ごぼう、コンニャク、ちくわ、など）魚はサンマみりん干し、イワシ、塩鮭。

一月一日〈若水くみ〉当主が一二杯（福）を汲んで神仏に供え、家族の雑煮もそれで煮る。主人が「歯固め」の干し柿を食べてから、家族で食べる。元旦は、ごはんを炊かず、一二月三一日に炊いたごはんを食べる。それは、残りがあってよい（余裕があってよい）。雑煮を煮る時「芋（位）もあがれ、菜（名）もあがれ、身上大根（しんしょうだいだい）餅（もち）あがれ」と唱えて雑煮を食べた。豆腐の田楽、なめし田楽を作った。

二月七日〈山の講祀り〉二月七日と一〇月七日、山の神様の休日で山に入ると(一〇月七日)、木にされると言われた。一個二合位の五平餅を笊に入れて祀り仕事は休んで御馳走を食べた。山の神は女なので男が祀ると喜ぶ。）

二月八日〈コト八日の送り神〉一二月八日の「コトハジメ」に対し「コトオサメ」とも言う。この日をもって、正月行事がすっかり終わる。この日は、村人が行列を作り「オークリカミオークレ」と呼びながら、赤い紙「御幣」をはさんだ竹の棒を持って、誰よりも先に走って、各家に寄り食べ物を貰った。また、この日は針供養ともいい、終日針を使うことを忌み、もし針を使えば、ユルギの中から「コトコトシイヨマメシイヨ」と囃しながら、コトコトバアサが出て祟る《たたる》と言われた。

四月八日〈お釈迦様の誕生日〉「とじくりもち」を作る。炒った大豆と米を煮て砂糖。塩で味付けしそば粉を加え、お釈迦様の頭のようにして仏様に祀る。

五月五日　菖蒲、よもぎ、かやを束ねて屋根の前後三ヶ所に祀り、柏餅を食べる。

七月七日　竹に短冊を吊るし、夏野菜やご馳走を供える。

七月一三日　日が暮れると松明を焚いて精霊さまをむかえる。なすのウマを作って、お供え物をしてゆっくりしてもらう。

七月一六日　朝早くお供えしたものを、川に納める。その時人に会っても口を利かない。振り返らない。精霊様がついて来て帰られなくなる。

〈川原めし〉お供えしたものを子供たちが集め、醤油飯を炊いて一日中川原遊びをした。今では川原のバーベキューを、「川原飯」と言うところもある。

〈峰の送り盆〉日が暮れると村中の電気を消して、村人がお寺に集まり念佛を上げ、初盆の家飾りを持って村境まで行く。その時火の点いた松明を頭上で輪をかきながら「精霊たちも神たちも来年の盆にはまたござれ」と唱える。村境では念仏を唱えながら飾り物に火を点ける。そして帰る時は口を利かない。あとを振り返らない。

八月旧暦一五日〈芋節句〉串芋や、芋ぼた餅を神様、仏様に供える。その晩はこんにゃくを煮て食べるので、こんにゃく節句ともいう。

九月旧暦一三日〈菊節句〉一升枡に月の数だけの里芋と枝豆を盛って箕に入れて屋根の上に祀る。家の中では二合徳利に菊を生けて神棚にあげる。この酒を女の人が飲むと魔に逢わないと言う。

九月二八日〈神送りの行事〉竈《かまど》の神様のお立ちの日として新藁で二又のツトを編んで中に芋餅を入れ、竈の上に吊るす．このつとは竈の神様が、出雲の国へ麦つくりに行く際のお土産で、三〇日その芋餅を食べ、空になった「つと」に（としのみ）という柿を入れ竈の神様に祀っておく。

一〇月二〇日〈恵比須講〉恵比寿様に、蕎麦のかいもちと魚のひれを串に刺して供える。注連縄は太い方を左にして掛ける。

一〇月最初の亥の日〈亥の子まつり〉藁つとにぼた餅や、そばのかい餅を入れて供える

〈神迎え行事〉竈の神が帰られる日、「そばぼっとり」（そば粉をお湯で掻いて丸め、出し汁で煮て供える。神送りのときの（としのみ）の柿もこの日に食べ、空になった「つと」は、柿の木に架けておく。

一二月冬至の日　この晩、かぼちゃを食べると中気にならないという。

三　生活全般

中部の大見岐久夫さん（昭和二八年生まれ）は、佐久間ダムは、生まれた頃始まったのであまりよくわからないが、王子製紙や久根鉱山など近代産業が入っていても、小さい時から住んでいると、それは、自然のことと受け止めていた。外に出てみると、

日本全体の中でもこの地域は、新しい知識、技術が入っていて、文化的にも恵まれていたのではと思うようになった。浜松市となって町の人たちにも広い範囲でこういう山の文化を知ってもらうことが重要と考えるという。

今の佐久間病院から北は全部王子製紙だった。旧道は集会場の前を通って山伝いに佐久間に行った。今の道は王子製紙の会社の道路で、閉鎖してからまっすぐ佐久間に行く道となった。今の道の両側が工場用地だった。

変換所の向こうに西洋式のレンガ造りの建物があった。六階建てと聞いたが、子供の頃は三階だった、建坪は二〇〇～三〇〇坪、正方形の本工場だったという。

羽ヶ庄の細澤忠良さん（昭和一〇年生まれ）の家は、羽ヶ庄の「おたいちょう」といわれる家である。子供の頃の戸数は一五戸（現在一〇戸）だったという。学校は羽ヶ庄分校に四年生まで通い、五年生から本校の佐久間小学校に片道二時間歩いて通った。逆に羽ヶ庄分校へ通ってくる先生もそうだった。教育勅語は、最初羽ヶ庄分校に来てから佐久間の本校に行ったと聞いている。羽ヶ庄分校は玖延寺の跡に建てられていた、そこは今空き地となったが、地域の人たちの拠り所、思い出の場所として活用できたらとの声もある。裏には不動塚があった。

細澤さんは平成二九年（二〇一七）に惜しくも亡くなられたが、ＳＤＴ静岡第一テレビのビデオリポータークラブのメンバーとして地域の自然の魅力をたくさん発信していた。

前述の丸山弘人さん（昭和三年生まれ）は、佐久間ダム建設の頃は、洋品や精肉卸などを扱い、六四歳まで商売した。その間五〇歳の頃自治会長をやり、町会議員活動を一二年間務めた。過疎も始まってきたので、地域再生を願って、上島を再生しようと同士を募り、上島キャンプ場ができた。現在もキャンプ場の管理をしている。

丸山さんから生活水のお話をお聞きした。生活水は対岸の山からパイプで二ヶ所持ってきて貯めていた。井戸は何ヶ所かあったが、そこから各家庭に担いで運んだ。子供も担いだ。井戸の下には必ず用水があった。こちらの山からは、井戸尻といってほんの少ししか出なかった井戸尻は平沢から原田橋から降りて行く道の中間にあり、絞り水が出ていた。出来嶋は水は出るが質はよくなかった。今の上水道は天竜川の伏流水を汲み上げ、原田橋の手前から上に揚げている。夜間電力を利用して山の上に送り、それを火葬場のところまで逆流させ、そこから各戸に流している。旧佐久間村の中はこの水圧で流せる。その前は川合の方からだった。水質は良くておいしい。

今泉尚人さん（昭和一六年生まれ）の家は、佐久間から羽ヶ庄へ登る道の入口の、羽ヶ庄街道に沿ったところにあり、昔は「とんや」と呼ばれ、祖父の若い頃までは生活物資を商っていた。佐久間へは背板（背負子）に、薪、稲、桑の木、日用品などの生活物資をつけて運んだ。佐久間資料館に置いてあった古い資料は現在「かじか荘」に貸している。河内川沿いのヤジマに武田残党が流れて来たとされている。「かぶとぶち」「ようとめ（矢を止め）」の地名はその名残で祠があり、毎年二月一〇日に祀っているという。

尚人さんは学校卒業後二三年間、佐久間町の外の「天竜市」に出ていて、再び地元に帰ってきた方で、現在、「せせらぎ会」会長や「がんばらまいか佐久間」副理事長を務めている。

第四節　浦川地区

浦川は県西北部、愛知県東北部の県境に位置しており、天竜美林と呼ばれる森林があり、古くから住みやすい地域である。この自然を生かした、お茶や椎茸の栽培、養蚕が盛んだった。

交通機関も、ＪＲ東海飯田線が地区内を走り、「出馬」「上市場」「浦川」「早瀬」「下川合」の駅がある。国道四七三号線も通っている。

一　衣生活

町区の内山延子さん（大正一五年生まれ）、寄田秀子さん（昭和二一年生まれ）、坪住艶子（昭和二年生まれ）から、若い頃の暮らしについて、思い出しながら聞かせていただいた。

普段の仕事着は、以前は和服が主で、それにモンペ、エプロンをつけていた。みんなそれぞれ着物を解いては洗って、羽織や袖なし半纏、綿入れと作り直して着ていた。昭和一〇年頃から洋服になってきた。洋服化は学校の先生からで、文化コートや白い服はモダンに思った。国防色の服もあった。だいたいの人は嫁入り前の仕度として和裁、洋裁、編み物などを習っていた。工場で働く人も夜学で習った。

結婚してお産の時、家族の古い着物やぼろ布に汚物をくるんで捨てた。子供のおむつなどは、古い浴衣などをほどいて自分で縫った。丈夫に育つように麻の葉の産着を着せた。子供の鞄なども、自分で作ったという。

町区で育ち、新城に嫁いだ花田（旧姓伊東）幸江さん（昭和一〇年生まれ）も子供の頃は、既製品で売っているものはほとんどなくて、普段日常のものは、母の手作りだった。母の衣服をほどいて、日常着、モンペ、高校のセーラー服も作ってくれた。薄い色物や白いものなどは染め粉で好きな色に染めてくれた。名古屋へ行った時買ってもらった服は一張羅だったので、外出のみで大切に着て下の妹に譲った。古いセーターはほどいて「ヤカン」の蒸気を通して、新しい物に編んでくれた。それも夜なべ仕事だった。寒い夜には真綿（蚕の糸でできた綿）で作ったチャンチャンコを着た。布団の綿も家で栽培した綿を使った。「綿くり器」で種を取るのを手伝った。綿打ちは業者に出した。祖母や母が家族の布団を作る時、真綿を広げる手伝いをした。

二　食生活

前出の内山延子さん、寄田秀子さん、坪住艶子さんによると、日常食は普通米二合麦八合で、丸麦なので前の晩ふやかして煮ておいたものを米に混ぜて炊いた。弁当には米のところを詰めて、残りを全体によく混ぜて食べていた。

買い物は近所に食料品店もあったが、みんなそれぞれ穀類、芋類、豆類など作っていたので、お互いに交換していた。味噌、豆腐、コンニャク、ラッキョウ、梅干、切干大根なども、だいたいの家では手作りしていた。山菜（フキ、タラの芽、蕨、ウド、ゼンマイ、コゴミ等）は採りに行けばいくらでもあった。ヤギやウサギも飼っていた。時々イノシシや，蜂の子やタニシも食べた。

前出の花田幸江さんも、日常のご飯は前の晩に丸麦を煮ておき、朝米と一緒に炊いた。弁当の分は真ん中の米の多いところを取り、残りを全体に混ぜる。サツマイモご飯やサツマイモ粥もおいしかった。

米の籾すり（米の皮取り）も手伝った。その籾殻で焼いたサツマイモの甘さは今でも忘れられないという。

サツマイモは代用食としてこれでお腹いっぱいにした。長期保存には、畑に二m以上の穴を掘り、そこに籾殻とサツマイモを入れて寒さをしのいだ。また洗って蒸してそのまま薄く切って干し芋として保存、時には煮て食べたり、粉にしてお汁粉やお団子にして食べることもあった。芋蔓もきんぴらにしたり、佃煮にした。今でも法事などで作るという。（芋蔓とは、さつまいもを収穫したあとに残る蔓のこと）

里芋は水を張った樽の中で、棒二本を結んだ道具で左右に動かすと、皮がよくむけてきれいになる。それを茹でて一晩置き、朝それを竹串に刺して味噌だれをつけて、いろりの火であぶって食べた。焦げた味噌の香りと食感はおいしかった。五平餅とはまた違う里芋の食感は、畑作地帯の食べ物のひとつと思うという。里芋は米の代わりのかさ増しとして、米と里芋、塩で炊いて、すりこぎでつくと粘りが出て、餅米の代わりのおはぎに丸めて小豆餡やきな粉をつけて食べる。こんがりと鉄器であぶって食べてもおいしい。

里芋（赤芽）の茎の外皮をむいて塩漬けしてアク抜きして食べると、しこしこしておいしい。干したもの（いもがら）を煮て、かんぴょうの代わりに使ったり、酢飯にも切って混ぜるとおいしい。梅酢に漬けてもおいしい。この里芋は正月のお雑煮にはかかせない。寒のうちに里芋入り餅をアラレにしておくと、炒った時にふっくらしておいしい。里芋入り赤飯は思い出深いという。里芋はお腹がふくれる。ぬるっとほっくり食感がおいしく、味付けも簡単で味噌や醤油に合う。小芋が多く子孫繁栄で縁起もよく、折あるごとに親しまれる行事食として代々受け継がれてきた味で、ジャガイモより親しまれてきた。

大豆・小豆も蛋白源として使っていた。よく乾燥して一升壜で保存すると虫がつかない。大豆は煮豆、炒り豆、豆腐、味噌に欠かせない。小豆を使って晴れの日には赤飯、ぼた餅、饅頭、羊羹をよく作った。

ヤギも飼って乳搾りは、子供の仕事だった。ヤギ乳として飲むほか、おやつで作る小麦粉のおやきや蒸しパンにも入れた。

鶏も飼っていて、毎朝卵が楽しみだった。

大根は煮物、なます、沢庵（漬ける時は色付けのために干し柿の皮をかぶせた）、切り干し大根などにした。細い大根は洗ってそのまま丸干しにして、輪切りにすると花形になり、水でふやかして醤油をかけて食べた。

そのほか食材について、次のお話をうかがった。

精米／「てこ」の原理を利用した足踏み式の米搗き臼で玄米を搗いた。子供も

コラム 5-1

沖縄戦に衛生兵として従軍

だるま屋食堂店主・平野芳夫さん

衛生兵として沖縄戦従軍

現在浦川の柏古瀬に住んでいる平野芳夫さんは、瓢箪切り子や竹細工を作り、きれいに家の中に陳列して、来客に観せることを生きがいとしている。最初にお会いした平成二六年（二〇一四）八月六日には九四歳であったが、溢れるばかりの活気に満ちた方である。

芳夫さんは、大正九年（一九二〇）に生まれ、昭和一〇年（一九三五）浦川尋常高等小学校を卒業し、豊橋にあった白宮という材木店で、住み込みで五年間働いた。徴兵検査は第三乙種合格、その年に召集令状がきて、豊橋の第一八連隊（六二部隊）に配属された。三カ月間、豊橋陸軍病院で研修をした後、衛生兵となって戦地に赴いた。六二部隊の衛生兵として北支勤務が続いた。北京、大同、ダイガクチン等の野戦病院に配属になったが、主にはダイガクチンに本部を置いた陸軍師団司令部第二野戦病院で、この野戦病院には左雲、今現、霊丘の三つの診療所があり、芳夫さんは左雲所属の衛生兵であった。

昭和一七年（一九四二）は浙江省の診療所に、そして昭和一八年（一九四三）には華南作戦に参加し、南京の診療所で日本兵の看護をすることが多かったという。この年、タイゲン、輸治（ユジ）の診療所にも居た。この年のこの辺りでは治安がよく、死傷者が運び込まれることはほとんどなく、不安な気持ちには全くならなかったという。昭和一八年七月、移動命令が出て、北支派遣軍第二野戦病院所属の医師、看護婦、衛生兵は上海の第三埠頭より輸送船に乗せられた。行き先は伝えられなかったが、台湾か沖縄へ行くだろうと概ね見当がついたという。沖縄までの航行の間、輸送船を護衛してくれる飛行機は一機しかなく、心細い限りであったという。それでも輸送船は那覇港に着き、上陸した。まだ陽のある午後に着いたが暗くなって、那覇から北へ向って歩き出し、嘉手納を目指した。

嘉手納の野戦病院勤務

嘉手納の小学校には第二野戦病院が設置され、そこで衛生兵の仕事がしばらく続いた。昭和一九年（一九四四）になって小那覇の診療所に芳夫さんは移動になった。昭和一九年夏頃になると米軍機による空襲がしばしばあり、一〇月一〇日沖縄大空襲が起こる。小那覇の診療所に担ぎ込まれる日本兵が多くなったが、あくまでも野戦病院であり、兵のみの治療、看護に当たった。大空襲の後には、米軍の上陸作戦があるであろうとの噂がしきりに流れた。一月に野戦病院は棚原《たなばる》の地下壕へ移された。艦砲射撃の嵐であった。

米軍は昭和二〇年（一九四五）三月二六日に慶良間諸島に上陸し、ついに四月一日、沖縄本島の嘉手納、読谷に圧倒的戦力で上陸を開始した。ここから野戦病院も南への暫時退却が始まる。第二野戦病院は棚原の壕から首里の壕へ移動した。首里の壕は首里城東側の斜面の上部にあり、首里の丘陵を上る道には死体が累々とあり、屍を踏まずに首里の壕に達するのは難しかった。

野戦病院が壕から壕へ移動する際には移動前の壕は空にするという暗黙のルールがあった。医療器具はじめ食料を担ぎ出し、そして傷病兵も全員移動させた。歩行困難な者は担架かわりのトタンで運んだ。遺体はできる限り、壕の外に埋葬した。

首里の壕から出るとき芳夫さんたち

写真 C5-1-1　柏古瀬在住の平野芳夫さん

は多くの遺体を壕の入口出たところ辺りに埋葬した。遺体の数が多く、艦砲射撃の爆弾が周囲に炸裂する中での埋葬作業であり、何人かを一度に埋葬することもあった。土を遺体に被せ終わり、野戦病院の次への移転の仕事に着手しようとその場を離れ、ふと後ろを振り向くと、埋葬した盛り土から兵士の手が上に向いて出ていることがあり、そのときの恐ろしい地獄絵のような悲惨な光景が今も脳裏に焼きついているという。

首里の壕で今でも涙を伴って思い出してしまう情景があるという。首里の壕の上に艦砲弾が炸裂し、首里の壕内に居た者も多くが死傷した。この首里の壕から行動を共にした一八歳ほどの若い看護婦がいた。この看護婦はこの爆撃で眼球が飛び出して失ってしまい、その余りの過酷な状況に気が狂ってしまった。発狂して泣き叫ぶこの看護婦を周りの看護婦、衛生兵で取り押さえ、落ち着かせようとしばらく騒ぎが続いた。その後、この看護婦は大人しくなり、そのまま息を引き取った。周りの同年齢の看護婦がこのまま置いて行くにはかわいそうとこの死んだ看護婦に化粧を施した。若い看護婦が、顔の一部を損傷して死んだ若い看護婦に死化粧を施している姿は、あまりに悲しい光景だったという。

この首里の壕の入口から那覇沖の海が見えた。海が米軍の艦船で埋め尽くされていた。そして夜になるとこの艦船が灯りを点すため、那覇沖の海は灯りで煌々となった。「海の上に都市ができたみたいだった。」という。洋上の米軍艦隊は灯りでその威容を誇示し、沖縄の人々を震撼させた。

摩文仁へ退去

首里の壕を出てからは、既に命令系統は崩壊されていた。ただ第二野戦病院の衛生兵にも、壕にいた兵、避難民にもとにかく「摩文仁へ下がれ。」ということが告げられた。「南へ、南へ下がれ。」ということである。摩文仁は沖縄本島の南端に位置する地名である。沖縄32軍が組織的に抵抗した最後の地である。南へ野戦病院を移すというが、既に秩序、ルールはなく、芳夫さんも衛生兵としての「良心」に従うのみで、野戦病院の体がなく、仕事として果たすことはもはやなかった。

摩文仁近くまで行ったが、壕の中には食料は何もなかった。芳夫さんたちは餓死も覚悟したが、やるだけのことはしようと、夜陰に乗じて壕を出、移動を終わった米軍のキャンプ、テントに入り、そこに残されていた缶詰を集め、壕に帰って、皆に配った。日本軍は撤退に撤退を重ねて沖縄本島の南端に追い詰められていった。この頃になると米軍より拡声機を用いて、投降を促す放送が流された。日本軍兵士には嫌でもこの声が耳に入った。特に芳夫さんたちを惹き付けたのは、つい今しがたまで一緒に戦っていた日本軍兵士が、もう戦争に日本軍は負けた、武器を捨てて出てこいという放送であった。壕の奥深く潜んでいると、壕の入り口から大音量の拡声機で投稿が呼びかけられた。壕の中は死傷者、糞尿に溢れ、暗くて見えないことが幸いしたかもしれないが、その汚さは筆舌に尽くしがたいものであった。芳夫さんは「海岸のきれいなところへ行って死にたい。」と何度も思ったという。

嘉手納から撤退を繰り返し、もう日付も分からなくなっていた。六月二三日第三二軍司令官牛島満中将が摩文仁の壕で自決し、日本軍の組織的抵抗は終焉した。その前後のことだと戦後しばらくして分かった。芳夫さんがいた壕は小さなものであったが奥は深く、外で爆弾が炸裂しても、火炎放射器で焼かれても奥まで達しなかった。服部という少年兵が、この壕の入り口で米軍に抵抗しようと拳銃をもって射撃を始めたら、逆に米兵の銃撃を受け、弾丸は少年兵の首を打ち抜いた。即死だった。この壕には四人が残った。今でも覚えているという。「鈴木」、「藤原」、沖縄の少年、そして私、平野の四人になった。

敗戦時の沖縄

日本軍の投降した者の声だろう、「壕の中に米軍の死んだ兵がいるはずだ。その兵を壕から外へ出すように。」という拡声機の声が聞こえた。壕の中で死んでいる米兵を四人して壕の外へ引きずり出した。その時、わずかだが壕の外の様子を覗き見することができた。芳夫さんはこのとき、日本が負けたのが分かったという。

日、米軍が仕掛けたのであろう、壕

コラム 5-1

の入口で大きな爆破があった。入口は大きく開かれ、これでもはや壕に隠れていることはできないと思い、四人して壕の外に出た。「捕虜になる」ということは教えられていなく、これで殺されると思った。そのとき二〇名ほどの日本人が捕虜となった。その二〇名はトラックに乗せられた。芳夫さんは寡黙に言われるままにトラックの荷台に乗り込み、これから海岸へ連れていかれて銃殺される、と思ったという。トラックは海岸へは行かず、摩文仁からそれほど遠くない収容所に連れていかれた。収容所に入ると着ている物を全て脱がせられ、風呂に入れさせられ、DDTの白い粉末を体中に散布された。厚手のシャツ、ズボン、靴が支給された。シャツの背中にはPW(Prisoner of War)の文字が描かれていた。PWは何を意味するか教えられなかったが、「捕虜」の印だろうと想像した。

収容所での捕虜生活

それからの日々はその日に割り当てられた仕事をただただ寡黙にこなすだけであった。日本が戦争に負けたことは分かったが、その与えられている仕事が捕虜の仕事なのか、何もかわらず、日々を過ぎていった。日本人は二五人一組でトラックに乗せられ、朝に収容所を出て、夕刻に帰る日常を続けた。トラックの行き先は日によって違い、道路の補修、小屋の建設、土木工事などなど、何でもやった。芳夫さんは将校の世話係をすることが多くなった。トラックに乗り、作業現場へ行くと必ず将校がいて、その控え場所で将校の仕事をしていた。その身の回りの世話を芳夫さんが自然とするようになった。将校の部屋、仕事をする事務所を掃除したり、着る物の用意、着る手伝いまでした。

あるときある将校から帰米のときの記念にと、落下傘の絹の布地でネクタイを作れと命じられたことがあった。ちょうど収容所内の日本人に仕立て屋だった者がいて、その者に頼んでネクタイを新調して渡したこともあった。

一年以上、捕虜として収容所での強制労働の抑留生活が続いた。この間、収容所は三ヶ所変わったが、そこが沖縄のどこなのか伝えられもせず、場所がどこか分からなかった。ただ、最後は嘉手納の収容所に居たことは分かった。昭和一八年（一九四三）七月に沖縄へ渡って最初の野戦病院は嘉手納であった。このときの小学校は、捕虜になって行ったときには跡形もなかった。収容所は、嘉手納の飛行場の南にあって四千人も収容できる大規模なものであった。

いよいよ復員

昭和二一年（一九四六）一二月に復員と決まり、芳夫さんも佐久間へ帰還することになった。復員船が出たのは那覇港ではなく、多分金武湾港であっただろうというが、七千トンの大型輸送船が用意され、それに二千人ほどの日本兵が乗り込んだ。昼頃、名古屋港に着いたことはよく記憶しているという。復員の手続きを取り、わずかな帰りの旅費が支払われ、帰還の途に就いた。芳夫さんはその日のうちに名古屋から豊橋へ東海道線で出、豊橋から飯田線に乗り換え、浦川の自宅へ向かった。

芳夫さんは昭和一八年七月に上海から沖縄へ渡るとき、沖縄の野戦病院へ行くことを故郷の父母に手紙で伝えた。そのとき、髪の毛と爪を手紙に同封して家に送っている。髪と爪は形見として送ったつもりであった。それ以来、音信する機会はなく、沖縄は米軍との陸上戦闘の場となった。父母はじめ故郷では芳夫さんは沖縄の玉砕で衛生兵としても犠牲になってしまったであろうと思っていたという。

芳夫さんは昭和二一年暮れの夕刻、浦川駅に降り立った。しかし、沖縄で戦死しただろうと思い込んでいるであろう父母に会うことに気後れを感じ、家の西の小路でしばし佇んでいた。それでも意を決して浦川柏古瀬の実家の戸を開け、「ただいま」と告げた。父母がそれは驚いた顔で迎えてくれた。特に父親からは、足の先から頭のてっぺんまでじっくりと舐めるように見つめられた。息子が生きて帰ってきたことの驚きと、うれしさの表現だったのだろうと今にして思うという。

母親のけさのさんは息子の帰りを信じ、出征したときから毎日欠かさず、朝起きると集落の柏古瀬の南宮神社にお参りし、その後、東の集落の上市場にある大正神社にお参りしていた。信心深い、息子思いの人であったという。

手伝った。

すいとん／里芋、にんじん、大根、ごぼう、椎茸とある野菜を大鍋いっぱい煮て沸騰した中に、小麦粉を硬めに練ったものを一口大くらいずつ落とし、醤油とねぎを加えて作った。とろみが出て、体の芯まで温まった。ごはんも助かると喜ばれた。

おはたき／白い餅でなく、餅米にくず米を入れたものを蒸して臼で搗き、それを棒状に丸めて小判型に切る。普通の餅のようには伸びないが、煮ても焼いてもおいしい。

味噌や醤油の麹作り／五右衛門風呂の熱で麹をねかしたり、大豆を炊き、大きな樽に味噌を仕込んだ。醤油も仕込み、木製の絞り機で手作りした

いも飴／麦を筵［むしろ］の中に入れて麦芽を作り、芋飴を作った、物のない時代おいしかった。

パン焼き／レンガで作った父親の手造り釜で薪を焚き、パン、クッキー、ビスケットなど、酵母菌発酵の手作りパンはおいしかった。

らっきょう／焼酎がめの中に入れ、日なたにころがしておくと良く漬かった。

うどん／小麦を業者に出して粉にしてもらい、粉に塩を加えてよく練り、平らに延ばして帯状にたたんで切る。

川魚／鮎、雑魚などを焼いて乾燥させた。味噌田楽にして食べると骨まで柔らかだった。

海魚／出汁煮してすぐ食べるか、米糠《こぬか》と塩同量の中に漬けて重石を置く。食べる時はこぬかを払って焼いて食べた。

香煎／裸麦や、白米、小豆、大豆を炒ってそれぞれ粉にし、各々の粉を混ぜて水飴や砂糖、湯少々で溶いて食べた。おいしいおやつだった。

糸引納豆／五右衛門風呂の底を浮かして、その上に、煮た大豆を金ボールに入れて、納豆菌を振りかけて一晩置くと、白い膜ができて納豆ができる。風呂は湯加減が丁度よかった。懐かしい思い出である。

蜂矢柿／収穫したら蔵の中でろじ（木の長方形の箱）に並べて保存する。完全に熟した頃、スプーンで食べる、きな粉をつけて食べた祖母を思い出す。とても甘かった。硬い柿は皮をむいて一個ずつタコ糸で吊るし、干し柿にした。一般の柿は竹串に刺して干し柿を作り、手もみ作業をやらされた。手を加えることで糖度も増し柔らかい柿ができた。正月飾りにも供えた。

蔵は一定の温度を保つので、食品を保存するに大変良い場所で、火災防止にもなった。鮭の干物などが吊るしてあった。サツマイモ干しなどは硬くなっても、煮たり焼いたりして食べるとおいしかった。

自給自足の時代、収穫した農産物を如何に保存して食べるかが大事であった。冷蔵庫はなく、調理には薪を焚く竃や炭のコンロを使い、水は手押しポンプで、どこの子供も子守りや家事、農作業を手伝い、働いていた。

父親が磐田の農学校出身で、農産加工も進んで取り入れ、家にある材料でいろいろ作ってくれた。物のない当時としては大変新鮮な食べ物だった。

忘れられない思い出の行事食についても紹介してくれた。

一月一日　家族そろって氏神まいりをして、お札とお守りをいただく。祖先の墓におまいりする。家では床の間にお盆に載せた鏡餅にゆず、うらじろ、注連縄を祭り、家族の健康繁栄、農事家業の隆盛を祈った。歯固めといって干柿、勝栗、小判（輪切りの沢庵）をお供えし、一年間の感謝の気持ちをこめて祀る。そして家中の各神様・恵比寿様・大黒様・年神様・火の神様・井戸神様、便所、物置、車庫、玄関と日頃世話になるところに、小さな供縄と供餅を祀るおせち料理は母が一の重・二の重・三の重とを毎年作っていた。

一月七日　七草を摘み、七草粥を祀り無病息災を願った。

一月一一日〈鏡開き〉鏡餅を手で割り　小豆汁粉で食べる。

一月一五日〈小正月〉小豆粥を食べる。

二月三日〈節分〉恵方巻きをつくってその年の歳神の方を向いて食べる。ヒイラギとクロモジの枝に魚の頭を刺して玄関に置く。一升枡に炒った大豆を入れ『鬼は外福は内』と豆をまく。

二月七日［一〇月七日］〈山の講〉大きな五平餅を作って仕事は休み、ごちそう作り供えて事故のないようお願いした。

三月三日〈ひなまつり〉おひなさまによもぎ、たかきび、しろの三色のひし餅を供えたが、今はからすみをつくってそなえる。

四月二一日〈春分の日〉赤飯を炊いて、ぼた餅をつくった。

五月五日〈鯉のぼり〉屋根によもぎ、しょうぶを飾る。風呂にもしょうぶ、よもぎを入れて体の痛いところをさするとよくなるといわれる。米粉を蒸して皮を作り，小豆餡を包み、柏餅を作った。とうきびの粉で作ると赤系に、よもぎを茹でて入れると草色の柏餅になる。

六月一日　朝、玄関前に、いちじくの葉をしいて、その上に線香一束を灯す。悪い病気、流行病にならないよう無病息災を願った。

七月七日〈七夕〉竹を取り、里芋の葉の露で墨をすり、短冊に願い事を書いて吊るす。夏野菜など供える。

八月一三日　午後二時寺に行き、迎え火を焚き、迎えだんごを供える。

　一四日　ナスでウマを作り、カワラケ九個に野菜、ソウメン、アサガラの箸で供える。

　一五日　夕方、初盆の家に盆義理挨拶に廻り、八時寺にて念仏と寺送り施餓鬼に、松明と、火をつけた線香を持参する。

九月一五日　十五夜（中秋の名月）すすきの穂を花壷にさして縁側の机に飾り、米粉を練ってへそ団子を作り指先でくぼみを作り，熱湯でゆでて供える。砂糖醤油で食べる。近所の子供たちが各戸をまわってもらい歩く。

九月二八日〈お釜様〉ぼた餅を作って重箱に積めて風呂敷に包んで、竃の上に置いて祭り神様を出雲に送り出す。これを夕食にみんなで食べた。

一〇月亥の日　里芋をゆでてすりこぎでつぶし、そば粉を加え、丸めて平らにしてこんがり焼く。ごまや胡桃だまりで食べる。重箱につめて風呂敷で包み竃《かまど》の上に供える。今は竃《かまど》がないのでおはぎを作りレンジの近くに供える

一一月二〇日　恵比寿講、小豆ご飯を炊いて、頭つき魚、大根人参のなます、里芋の煮物、豆腐汁を二膳作って両脇に大根二本供える。財布を供え、増える願いをこめて祀る。

一二月二二日〈冬至〉かぼちゃを煮て食べ、ゆず風呂に入ると中気にならない。朝、井戸水を汲み替えると火事にならないといわれビンやカメに保存して台所の棚におく。

　一二月三〇日　餅つき、墓掃除、大掃除

　一二月三一日　御節料理一の重、二の重、三の重と母が作っていた。

また、小学生の頃は農業の手伝いをする日があって休校となった。田植え、麦刈り、収穫が終わる頃を農休みと言い、ご馳走を作って食べた。

花田さんは今振り返って、子供の頃、手伝いながら教わった農産加工をはじめとしたいろいろな技術が、今の暮らしに役立っていることに、新たな気持ちで感謝し、子供から孫へと伝えることの意義を教えてくれた。

出馬の林政彦さん(昭和一〇年生まれ)が､子供の頃を思い出す食材を挙げてくれた。

　山菜／のびる、にわとこ、いたどり、すいっぱ、ぜんまい、わらび、こしあぶら、たらの芽、椎茸、ふき、やまごぼう、こごみ

　川魚／ワカサギ、ザッコ、オイカワ、ウナギ、アユ、ナマズ、ズガニ、エビ･･･

　穀類／ヒエ、アワ、キビ、モロコシ、サトウキビ、米、蕎麦、大麦、小麦･･･

　農産加工品／味噌、醤油、豆腐、梅干、沢庵、白菜漬、ショウガ漬、ラッキョウ漬け･･･

また、豊橋から毎日「担ぎ屋」（行商）が来ていた。朝五時と昼一時に列車が到着し、一〇～二〇人乗っていた。生の魚もあった。ニシン・キス・ホッケ・ミリン干し・ハンペン・チクワなどで、帰り荷に「椎茸」を仕入れていった。

町区の奥留規夫さん（昭和一五年生まれ）は、元猟友会だったので猟犬もいた。イノシシや鹿も捕った。今はほとんど罠か檻で捕るという。猟友会は今一〇人くらいという。

柏古瀬の平野よし子さん（大正一五年生まれ）は四国愛媛の出身で、昭和二二年（一九四七）に結婚した。浦川駅から東へ二～三分の繁華街でご主人と一緒に「富士田屋」や「だるまや食堂」を経営した。浦川のことなら何でもわかるといわれた活気あるお店だったが、平成元年に二八年間続けたお店を閉めた。

　ご主人の芳夫さん（大正九年生まれ）は、昭和一〇年浦川尋常高等小学校卒業後、豊橋の材木店で五年間働いて、二一歳の時陸軍に入営し、豊橋第一八連隊（六二部隊）に配属され。衛生兵として勤務した。外地の野戦病院各地に赴き、捕虜生活も経験して、昭和二一年無事生還した方で、お店を閉めた後は、プロ級の技の「瓢箪切り子」や「竹細工」などを趣味として生き生きと楽しんでいる。よし子さんは、のんびり菊作りや踊りをしたり、お風呂に行くのを楽しみにしている。

三　生活全般

前出の内山延子さん、寄田秀子さん、坪住艶子さんたちによると、生活水は、昭和二〇年頃は五～六戸の共同井戸で、つるべで汲んで水桶で運び、昭和三〇年頃に手押しポンプや電動ポンプに代わり、昭和四〇年頃に簡易水道に変わったという。風呂は鉄釜の長州風呂で、杉の葉や薪で沸かした。台所の竈は、ロストルのない「おくど」だったが、だんだん改良され、昭和三〇年頃から石油コンロが出て来て、その後プロパンガスになり、今は電気が主流になってきた

前出の花田幸江さんのところは、自家用の手押しポンプで、子供は風呂と台所の水汲みが日課だった。風呂は五右衛門風呂で、薪で焚いた。山に行って杉葉や松葉を拾い集めて焚き付けにした。秋や冬には山に行って、杉葉や松葉、薪拾いをしたという。竈に火を点ける時は、竈の真ん中に焚きつけの葉を置いて火を点け、その上に大きい薪を組んでくべた。燃え残りは「消壷」に入れて蓋をしておくと、消し炭になる。消し炭は火鉢や七輪の火おこしに利用し、魚などを焼く時に重宝したという。

町区の奥留規夫さんも、主な暖房は薪、炭だったが、やがて炭から練炭、おがくず（製材の挽き粉）、石油ストーブになり、電熱になってきた。水道は昭和四〇年頃から簡易水道になった。山の方は竹樋で沢水を引いて使っていた。電話は昭和二〇年代には開通していたという。

また、中学から高校時代にかけて佐久間ダムの建設があり、人々の生活も子供の遊びも大きく変わった。ダム工事が始まって、魚の遡上も減ったという。ダム建設前は川で遊ぶのが主流で、夏は朝から晩まで川で泳ぎ、ひと夏で三回くらい皮膚の皮がむけた。材木の馬車を引く馬の尻尾の毛を抜いて、魚を釣るのが得意だった。お盆のお精霊さまのお下がりで、子供たちが集まって川原飯《かわらめし》をみんなで食べるのが楽しみだった。今でもその名残でバーベキューをするところがあると話す。

川上の永井康則さん（昭和五年生まれ）によると、川上小学校は以前は四〇～六〇人くらいいたが、今は子供が一人しかいない。昔は勉強するより働けと言われて育った。みんなそうだと思う。出征兵士を見送った記憶が強く残ると話す。

町区の伊東明書さん（昭和八年生まれ）も、浦川小学校も昭和三〇年代は九〇〇人くらいいたが、今は三九人。今の中学校の所に高等女学校があったという。

出馬の林政彦さん（昭和一〇年生まれ）によると、いじめは昔から常時あったが、遊びの一つで、そんなことより常時腹が減っている方が大きな関心事だったから、あまり気にしなかった。今は精神的に弱くなっていると思うという。

浦川の内山延子さん（大正一五年生まれ）に若い頃の生活体験をいろいろ聞かせていただく中で、豊川海軍工廠の空襲の話が出た。このことについて内山さんから、伊東明書氏が『浦川風土記』で「十代乙女の戦場・女子挺身隊」としてまとめられているのでそこから、ということなので、以下それに依る。

内山延子さんは昭和一九年（一九四四）三月浦川実科高等女学校本科二年卒後、補習科を修業、続いて三月二六日豊川海軍工廠へ女子挺身隊として入廠した。静岡県内から約千五百名、浦川からは挺身隊員約四五名と、後に学徒動員の本科生約七〇名が入廠した。

内山さんは鋳造工場で働いた。はじめは三直制であったが、後に男子と同じ二直制になった。昼勤は朝五時から夕方五時までを勤めた。昼に四〇分の休憩があった。廠内で青服姿の囚人を見ることもあった。

寮で寝泊りした（学徒は学徒寮に入った。）。寮の食事はご飯、味噌汁、菜っ葉などのおかずがついた。ご飯は米にサツマイモ、ふすま、はるさめなどが交じっていた。家から持ってきたキリボシ、コウセン、炒った豆など食べて空腹を補った。夜勤明けに芋買いに行く工員もいたが、挺身隊員は「勝つまで買いません。がんばります」と誓っていた。

昭和二〇年（一九四五）八月七日午前一〇時頃、仕事中に空襲があった。正門が先につぶれた。防空壕を出て、山手を目指し北門に向かった。路上を馬が飛び空は真っ黒い煙で覆われた。体を伏せ、立ち上がって走り、また体を隠し、そして走った。首が飛んだり、手や足のない人がいた。

ようやく北門を出た。左にかぼそい声が聞こえた。腸がはみでていた。女子挺身隊員だ。助けるすべはなかった。　ゴメンナサイ　今も顔がうかぶ。

イモばたけでなんども伏せた。バンドが切れ、モンペが下がった。着物のはしが裂けた。襟が契れた。靴の片足が消えた。土がゆれた。飛ばされた．仰向けに倒れた。農家に直撃弾が落ち、背中に破片がくい込んだのだ。死ぬかと思った。幸い少年工に助けられた、背負われて山に運ばれた。血を吐いた。

仲間を呼んでくれた。友（伊藤・大空・加藤）がかけつけ病院へはこばれた。四日後、友人がリヤカーで豊川駅まではこんでくれた。工廠内の死体は蛆がわいていた。

友人がつきそい電車で家についた。自分一人では起きれなかった。治療は約一年続いた。

終戦になって連絡があり、海軍工廠の就労に日当がついた。昭和一九年三月末から二〇年八月までの勤務に約六〇円が貯まっていた。それでホウムスパンの洋服を仕立てて、挺身隊の結晶が残った。

内山さんは戦時中、私たちが想像もできないような辛い思いをしてきた。今はお元気に地域の仲間と、衣・食生活について積極的に語ってくださった。

第六章　年中行事

年中行事は豊作を願い、病気や怪我のない一年を願い、季節ごと、月ごとに行ったものである。農業や林業という生産に携わる人口が多い時代のもので、サラリーマン化した現代社会では意味をなさないものもある。

しかし、自然がもたらす豊かさや脅威と密接な関係をもって暮らす日本人は、神の存在を自然の中に見て尊ぶ心を育んできた。それは現代にあっても失ってはいけないものである。神仏を敬う心を形にした年中行事は現代にあってこそ見直されなければいけないものではないだろうか。

残念ながら、山間地であっても年中行事を今も佐久間町で行っている人は少ない。ここでは『佐久間町史　下巻』（以下『町史』）に掲載されたものを基本項目に、新たな聞き取りで得た資料や昔語りを加えて、昭和三〇年代ごろまで佐久間で行われていた年中行事をまとめることにする。

さらに、今も丁寧に続けている人や村、子供のころの記憶を鮮明に憶えている人、あるいは土地の古老の話を聞いて書き記している人などに出会えたので、個人の事例を取材記事として加える。

これはあくまでも個人の家庭の事例で、同じ地区の人々全体に言えることとは限らない。年中行事は戦後、地域ものではなく個々の家庭のものになったからである。

第一節　正月の行事

一二月一三日　煤払《すすはら》い／山から笹竹を切って来て煤を払い、大掃除をして、きれいな家に歳神様を迎えられるように支度をする。

一二月二七日　松花《まつはな》迎え／正月飾りを作るための松や竹、花の葉（樒《しきみ》）を山へ採りに行く。

『町史』には、煤払いを終えて家をきれいにすればいつでも松花迎えに行けるとある。また、松飾りを作る二八日に松迎えをするのは「日帰り松」といって嫌われた。

浦川地区浦川の伊東明書さんの『浦川風土記』には、この日にもち米を洗ったとある。

一二月二八日　松飾り／門松として前庭に男木《おとこぎ》を立てる。杉かヒノキの皮をはいだ生木で、五ｍに及ぶ長い棒を二本作る。これを二間ぐらいの間隔に立て、上に注連縄、下に松竹や花の葉で飾る。男木の棒は秋にソバや麦を干すハザに利用された。

「男木の材だけは黙ってもらってもいいと言われた」城西地区大沼の鈴木忠一さん。

家の内外には、松とガヤ（榧）の枝にカイダレ（紙垂）を付けたものを飾る。床の間、神棚、仏壇、大黒柱、台所、風呂場、便所、井戸、農機具置き場、地の神様、お稲荷様など二〇本以上は作らなければならなかった。

「家の中の松飾りはシキミと松。松は赤松でなければダメ」山香地区瀬戸の柿平国雄さん。

歳神棚／天井に棚を吊るす仕掛けをして、三六〇度回転する棚を吊るす。そこにお神酒《みき》・お洗米《せんまい》・お供え餅を置いた。

「棚板の上には、真ん中に米、その両側に酒と干し柿を置いた」佐久間地区峰の高見秀男さん。

餅つき／早朝から餅をつく。昔は粟餅やきび餅もついた。この餅は一月いっぱい、家によっては二月まで食べた。

一二月二九日　豆腐作り／二九日は「苦餅」といって嫌われたので、この日は豆腐を作った。

「四、五軒が集まって朝の四時から暗くなるまでの一日がかりで豆腐を作った。昔だから固い豆腐だった」佐久間地区峰の高見秀男さん。

なお『町史』には、城西地区の小相月、横吹、立原の一部の家では門松を立てず、庚申様を祀ったとある。

一二月三一日　晦日／大晦日を佐久間ではミソカと言っていた。年取り膳と年取り酒を用意し、日暮れごろから家族揃って食事をする。年取り膳に並ぶのは小豆飯・尾頭付・煮しめ・なます（酢和え）など。膳や椀などの器も赤いものを使った。

『町史』には、年取りには一杯飯を食べるものではないと必ずお代わりをした、年取りの後は早く寝ると早く年を取るから遅くまで起きている、とある。

一月一日（元日）　若水汲み／朝まだ暗いうちに一家の主人もしくは年男が井戸や沢へ行って水を汲む。

『町史』には、注連を張った若水桶を持って行き、汲む場所の周辺を塩で清め、洗米を二、三粒投げ入れた後、アキの方向（恵方）に向かって串柿と洗米を供え、水を一二杯、閏年は一三杯汲む。その時「若水を汲む、なるの水を汲む」と唱えたとある。

「若水を汲む時は話をしない」城西地区大沼の鈴木忠一さん。

コラム 6-1

山で生きていくということ

藤澤春雄さん（大正九年生まれ　山香地区西渡）

写真 C6-1-1　材木商に勤めていた頃の法被を今も使っているという藤澤春雄さん

山香地区西渡の、天竜川を見下ろす斜面に家を構えるのは藤澤春雄さん。大正九年生まれの九五歳だが、山仕事の現役かと思えるほどのキリリと締まった身のこなしだ。

城西地区相月に生まれたが、ここ山香の叔父の家に養子に入り、現在、築二百年になるという家を守っている。父の代からの山仕事、材木の仕事のプロとして歩んできた。

山仕事に従事する人たちは、山に入る時、必ず山の神にあいさつをする。二月七日の山の講には一年の無事を願って山の神をもてなすが、普段から、木を伐り出すときには必ず儀式を行ったという。

木を伐る時は何人かでくじ割をして場所を決める。決まったら、区画のいちばん高いところに「ゴザオリ」という御幣を立てる。赤い紙は山の神用、青い紙は水神用で、くじ割した人数に元締めの製材会社を足した数の紙を重ねて逆三角形の御幣をつくり、割竹に挟む。そのとき、御幣の先端の両脇に「酒樽」と呼ばれる細い竹を曲げたものを下げる。

山の地主と製材会社がお酒を出してくれるので、酒と肴、煮干しや落花生などを背負って山へ行き、ゴザオリの元へお神酒として供え「どうか無事に仕事ができますように」と願いながら、みんなで酒を酌み交わす。これで「山開き」となる。

「親父がよく言っていた。人間、まちがいや失敗はしょうがないが、ウソをつくことだけは、ぜったいにしちゃいかんと。そういう親父を尊敬したし、自分もその通りだと思って守って来た。それは、神仏と共にいるから言えた言葉だと思う。だから山の神に手を合わせる暮らしは大事だと思う」

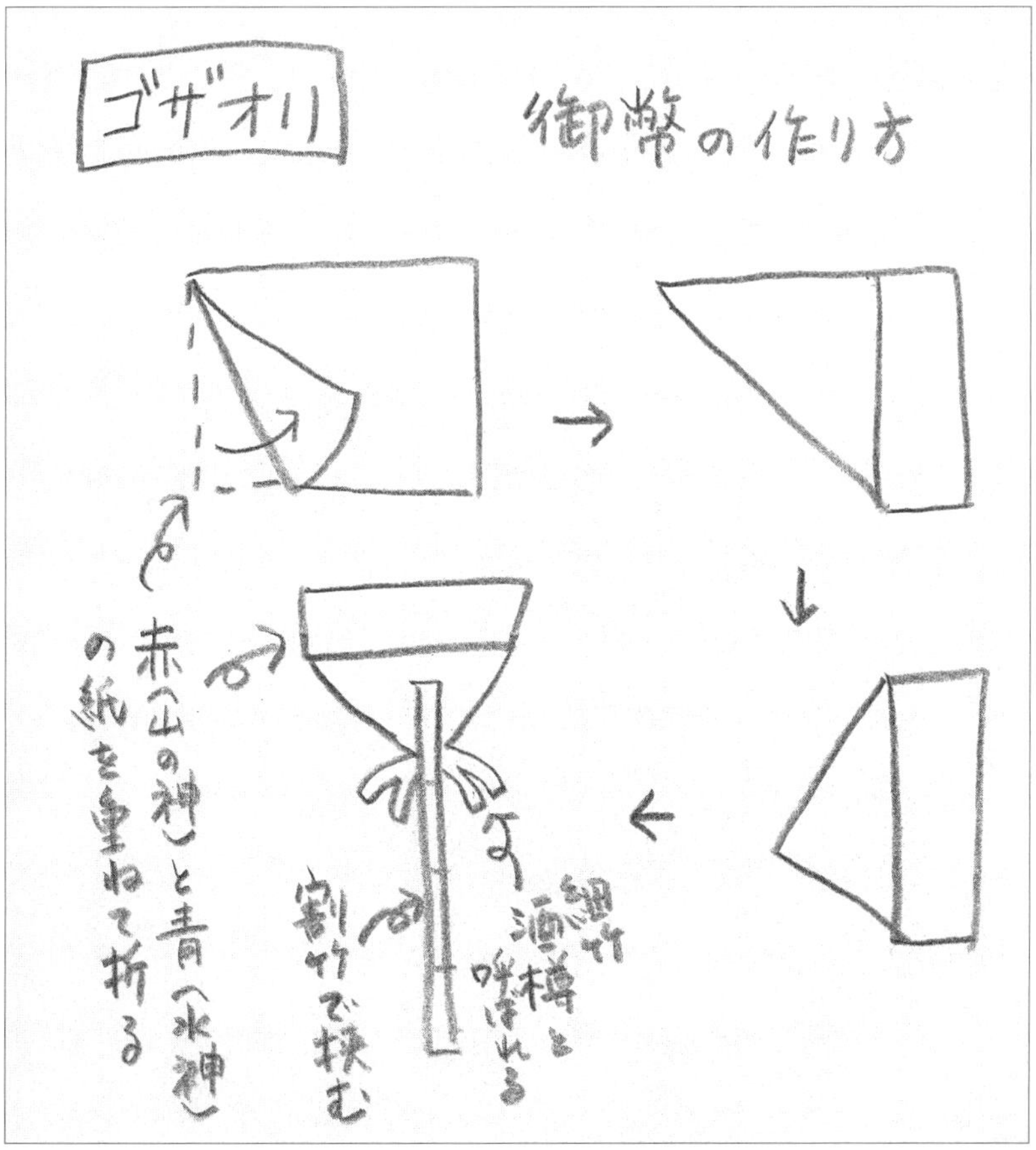

真面目でイッコクな生き方をしてきた藤澤さんに一本通っているスジは山の神を敬う気持ちのようだ。

「機械化して、山や川での人間の仕事はなくなった。機械にはかなわないと言うけど、最初の頃はチェーンソーなんてすぐ歯が止まって使い物にならなかった。ゴウがわいて蹴っ飛ばしたりしてね（笑）」

コラム 6-2

畑しめ

一月一一日は、「畑しめ」の日である。南野田では現在も何軒かの家で朝早くに「畑しめ」が行われている。

亀久保保子さんの話では、「昔はどこの畑でも畑しめをしていたが、うちの家ではお父さんの後に私が畑しめをしている。今は年を取ったので、全部の畑はできなくなってきた。」とのこと。

畑しめに使う松の枝には半紙を付けておくという。半紙を付けておくのは、「この半紙に字を書くと字がうまくなる。」と言われているからだ。そして、畑しめの日にしてはいけないこととしては、「畑しめの日に水を流すと畑が流れてしまうから、その日は、風呂に入らない。髪を洗わない」ことになっているという。

また、畑しめには洗米と干し柿をお供えする。このお供えの柿は、「成り物をかき集める。」という語呂合わせから来ているとのこと。

写真 C6-2　畑しめの様子

コラム 6-3

どんど焼き

半場・大日神社の「どんど焼き」のことを聞いてみた。「七草粥の祭りの事でしょ。」と一月一一日であることを確認してもらった。「どんど焼き」とは、小正月の行事として、正月の松飾り・注連縄・書き初めなどを家々から持ち寄り、一箇所に積み上げて燃やす正月の一連の行事である。

大日神社の境内で隣にいた地元の人に伺うと、「昔は、今の様に正月飾りは派手でなかったので、自分の家で処分したが、今では神社で「どんど焼き」をする様になった。それでも、今は人が少なくなったので、持ち込まれる正月飾りはかなり少なくなったヨ。」「神社にお供えされた松飾りが、昨年一〇個、今年四個と年々減っている。寂しいものだ」と話されていた。

そう言いものの「どんど焼き」の火で焼いた餅を食べれば、一年間健康でいられるということは生きているようだ。

城西の松島でも「どんど焼き」がある。年末に集落の人に日時を聞いてみたが、「宮司さんに聞かないと日取りがわからない」「どんど焼きをする場所は、水窪川の河原だよ」との返事を聞いた。佐久間町では、「どんど焼き」は新しい年中行事なのかもしれない。

写真 C6-3-1　大日神社 どんど焼き

汲んだ若水でお茶をいれ、雑煮など煮ものを作るが、丁寧な家では若水を笹の葉につけて家中を清めた。

日が昇ると産土《うぶすな》さんへ初詣をし、元日祭と言って近所の初顔合わせをした。

「元日の朝は雑煮で餅を食べ「ときとき様（歳神様）」の棚から干し柿を下ろして食べた。それを食べると虫歯にならないと言われた（歯固め）。夜は座敷にL字に座っておじいさんから高膳で食事をした」佐久間地区峰の高見秀男さん。

『町史』には、元日にご飯を炊くものではない、昨年の残りがあったという縁起をかついでいるから、年取りの残りを食べてもいい、とある。

一月二日　キリゾメ／初山《はつやま》ともいい、朝早く山に入って小正月に使う木を切る。栗や樫などの木にお神酒とお洗米を供えて枝を切り、歳神棚に供えておく。

伊東明書さんの『浦川風土記』には初山として「方角のいい方へ行き、カイダレを付けたものを祭り、その時ナムナムと唱えた後でカナギを切ってくる」とある。

このように山へ入って初仕事をするように、二日はすべてを始める日で、畑ではウナイゾメ、家庭内では書き初め、縫い初め、買い初めなどをする。ご飯も二日に新し

コラム 6-4

道具の年取り

南野田の中嶋靖雄（昭和一三年生まれ）家では、今でも一月一四日に「道具の年取り」を行っている。この「道具の年取り」とは、農家では田畑の耕作、山仕事に使う鍬や鎌、鋸等日々の生活に欠かせない道具に対して、感謝を込めて祀る年中行事である。

中嶋家の「道具の年取り」をしている場所は、蔵の横の小屋である。飾られている道具には、鎌や鍬、秤や斧、チェーンソー、そして道具を置いた中央には、お神酒、餅、洗米と赤飯が供えられていた。「道具の年取り」と言っても昔の大きな鋸が飾られていると言う訳にはいかない。

なお、このチェーンソーは、一月二日の朝に「切り始め（仕事始め）として、自分の持ち山に行き、仕事始めとして木の枝を形ばかり切った時に使ったチェーンソーとのことである。

写真 C6-4-1　道具の年取り

中嶋家では、道具の年取りの他に以下の年中行事を行っていると聞いた。

中嶋家の年中行事

一月二日　仕事始め／山林へ行って小正月に祭るニューギを取る

一月五日　松飾り／正月に飾られていた松飾りを取る

一月一一日　畑しめ／田畑へ松花・洗米を祭る。鍬で一二回（閏年は一三回）うなうまねをする

一月一四日　小正月／ニューギを祭る。また、道具の神様としてシートの上で農業道具、山林道具を祭る

二月一日　男木おさめ／玄関に建てられた男木をとる

三月三日　雛祭り／ひし餅を作って雛壇へ祭る。上から赤・緑・白

六月一四日　祇園／花火・野菜等を祭る

八月六日　七夕／　七夕飾りを作る

八月七日　七夕祭り／浴衣・野菜を祭る

八月八日　七夕おさめ／七夕飾りを朝早く納める

一〇月一三日　十五夜／月見団子一五個、里芋、枝豆等イシミへ入れて庇へ祭る

一二月吉日／良い日を見て男木、注連縄を作る。

一二月三〇日　正月用餅つき、新年を迎える準備をする

一二月三一日　大晦日／新年を迎えるしたくをする

ニュウギと男木

佐久間町では、正月に家の玄関先に年神や祖霊、農業や屋敷の神などを迎える目印であった男木（おとこぎ）を立てる家がまだ残っている。この男木は、高さ五mほどの皮をむいた杉の木を二本、玄関前に並べて立てたものであり、二本の杉の間に注連縄がかけられている。当主が高齢化したこともあり、小ぶりな男木となった家もある。

男木には、正月には根元に松、竹などの正月飾りを飾り、小正月には「ニュウギ」（小正月に供える細い割り木で、「十二月」と書いたり、線を一二本引いたもの。閏年には十三月と書く）が飾られる。そして、二月一日の男木納め（この日に正月の庭飾り、うち飾りをすべて片付ける）となり、男木はしまわれる。男木は、他人の山でも取ることを許されていたとのことで、立てた後は以前はハザとして収穫した穀物の乾燥のために使用されていた。

なお、男木を飾る集落は、城西地区が比較的多く残り、特に城西・野田地区では多く見られる。他の地域では、半場にも見られるが、浦川地区では昭和五八年の年中行事の調査でも見られないとの報告がされている。

現在確認できた男木の分布は次の通りである（各地区とも神社等に飾られているものを除く）。

【城西地区】今田・三軒（五m程度の男木あり）、南野田・六軒（五m程度の男木から、当主の年齢に合わせた二m程度のものもある。また、玄関だけではなく蔵の前に立てられた男木もある）、松島・二軒（樫や竹を使用した男木あり、いずれも小ぶり。紙垂は伊勢流を用いる。他の地域は吉田流の三枚紙垂が多い）、切開・一軒（三m程度の男木あり）、横吹・一軒（傾斜地の段差を利用して玄関先に五m程度の男木を立てる）、小相月・一軒（五m程度の男木あり）、島・二軒（杉等の木材の代わりに竹を使用した男木もある。竹を使用したのは、山仕事をしなくなり木を伐り出すことがないため、竹を代用しているとのこと）。

なお、男木が確認できなかった集落は、芋堀・中芋堀・向皆外・沢井・中野田・大沼・上日余・下日余・立原・小休戸である。

【山香地区】和泉・二軒（五m程度の男木あり）。

確認できなかった集落は、舟代・大萩・名古尾・岩井戸・大滝・戸口・西渡・舟戸・仙戸・福沢・間庄・瀬戸である。

【佐久間地区】半場・二軒（五m程度の男木あり。小正月前にしまう家あり）である。

確認できなかった集落は、羽ケ庄、下平、佐久間、上野、中部である。

【浦川地区】島中・町・河内・柏古瀬・地八・和山間・吉沢、上市場・出馬を廻ったが、確認できた集落はなかった。

これらの確認した集落の分布からすると、城西地区に集中していること

写真 C6-5-1　男木 正月飾り（松飾り）

写真 C6-5-2　男木 小正月（ニュウギ）

コラム6-5

がわかる。

男木の形態としては、『町史』の記述と同様の男木もあるが、当主の年齢に合わせて小ぶりになった家や、男木自体を竹で代用しているものもある。

なお、男木に関して聞き取れたことは、次の通りである。

【城西地区】・松島　正月は男木を立てる。ニューギを立てたりする。

・野田では、男木は誰の山から切ってきても良いことになっている。

・南野田　守屋宮司家では、米はハザで乾かしている。昔は木でハザを作ったので、男木も良い木を探していた。

・南野田　中嶋家では、昔は、アワボを木で作り、一本の男木に四つ付けた。

・切開　守屋貞一家では、正月に男木を飾る。神社にも男木を飾る。ただし、サイズは二・五ｍの小ぶりなもの。

・島では、水窪川沿いの一番下にある安達家では、男木が玄関わきにある。高さは二・五ｍ程度。ただし、木ではなく竹で作られている。

・横吹　守屋静雄家では、五ｍほどの男木を立てていた。男木に付ける松は松くい虫で枯れてしまい、水窪の店で売っている物を買ってきたとのこと。香花も同様。このため、男木と比較して小さな松になってしまった。上の御堂にも小ぶりな男木を建てたという。男木は麦のハザに使用した。

・松島　白山神社の持ち家の所に男木がある。高さ二ｍ程度。松島で見た男木は伊勢流の紙垂である。島・横吹も伊勢流。他の所では吉田流の三枚紙垂である。

・『町史』に男木の写真が載っている向皆外の集落では、男木は見られない。今風の松竹梅の門松を飾っている家が二軒ある。

・芋堀・区長さん談では、男木は飾っていないという。

・相月・西尾今朝信さん談では、男木は道路の拡幅工事をした頃からやらなくなったという。

【佐久間地区】・半場では、男木を山もちからもらった。これをハザに使った山もちは木を取ることを断れない。

・半場では、貧乏人の家では男木は立てなかった。

【山香地区】・戸口は、杉本頼安さん談では、村越禰宜が亡くなってから男木を出す家がなくなったという。

【浦川地区】・芳村静雄さん談では、吉沢では畑しめはしていない。昔は道具の年取をした。男木はここではしていない。ニューギも見られないという。

い火で若飯を炊いた。

一月五日　五かん日／浦川地区の記録にはこの日に門松ばらいをしたとある。

一月七日　七日正月／朝、七草粥を食べるので、六日の夜に七草叩きをする。『町史』には「唐土《とうど》の鳥が日本の国へ渡らぬ先に七草ナズナチンチホウホウ」と唱えたとある。

「すり鉢の上にまな板を置きスリコギと火箸で叩いた。春の七草ではなくふつうの野菜を使った」山香地区瀬戸の柿平きくさん。

また六日を「女の年取り」といって麦飯を食べた。『町史』には麦の葉を二、三枚入れて炊いたとある。

七日には松飾りを片付ける家もあった。男木は残し、下に飾った松花だけ下げる。下げた松は、山のきれいなところに片付ける。捨てるのではなく、子供たちが遊びに使えるよう残しておくのだ。

一月一一日　ハタシメ・ヤマシメ／二日のキリゾメで切って来た若木を畑や山に立て松で飾り、注連縄を張り、串柿とお洗米を供えてアキの方角（恵方）に向かって拝む。

『町史』では、畑や山が崩れないように拝むとして、この日に風呂へ入ってはいけない、茶漬けを食べてはいけないという禁忌があることから、水害による畑や山の斜面の流出を防ぐという願いがある、と推察している。

「この日にはお供えを下ろした。松飾りは五日に下ろした」山香地区瀬戸（大井）の柿平きくさん。

一月一五日　モチイ／元日の大正月に対して、太陰暦の時代の元日を小正月と呼んで両方を祝った。モチイとは満月の意。今も人々の記憶に残っているのがニュウギ(新木)である。栗などの割れやすい木を半分に割り、さらに途中まで二つに割り、割った面に「十二月」と書くか一二本の線を描く。閏年は「十三月」と書くか一三本の線を描く。これを家の内外の神仏や、男木を立てている家はその根元に置く。

「小正月を春分けのお祭りと呼んだ」山香地区瀬戸の柿平きくさん。

「一四日の晩に歳神様を恵方に祀った」山香地区大萩の山本富男さん。

「ニュウギを柿の木に藁で巻きつけた」城西地区大沼の鈴木忠一さん。

「お供えと一緒にニュウギを一二本束ねて入れた俵を背負い〝重たいなあ、重たいなあ、今年はありがとうございました。来年も重たく実りがありますように〟と唱えた」山香地区西渡の藤沢春雄さん。

「ニュウギをたくさん作って神様や仏様にも供えた。一二本藁でしばって俵に入れ〝重たいな、重たいな〟と唱えた」山香地区大萩の山本富男さん。

『町史』には豊作を願うアワボ、削り花、ハザノミ、成木責《なりきぜ》めについても記述があるが、現在、記憶にとどめている人がほとんどいないので省略する。

また一四、一五、一六日は道具のお祭り、道具の年取り、道具休めなどといって山の道具や農機具を祀って感謝する日でもある。小豆飯を道具やニュウギにも供えて「今年もマメに暮らせるように」と祈る。

小豆粥とぼた餅を供えたところもある。

女正月といって、二〇日ではなく小正月に女性を休ませるところもあった。

「小正月のご馳走はおひらで〝関東煮〟とか〝おさい〟と呼んだ。ご馳走を作るのは男の仕事だった」城西地区大沼の鈴木忠一さん。

「小正月には墓参りをした。小正月は女正月といって、女が里帰りしたり、何も働かなくていいと言われた。けど、実際は休むなんてことなかったけどね」山香地区瀬戸の柿平きくさん。

一六日には「ツブラ参り」「ツクラ参り」などと呼ばれて墓参りをする日だった。嫁に出た女性も里帰りして墓参りをした。

「ニュウギは一六日に納めた」山香地区大萩の山本富男さん。

一月二〇日　正月が終わる日。男木もこの日に片付けられる。『町史』にはハツエビスコ(初恵比寿講)の記録があるが、今はそれを語る人がいない。

第二節　春の行事

二月一日　男木納め／正月の間に飾った男木をしまう日

二月三日　節分／立春の前日に豆まきで鬼を払い各家で厄除けをする。ヤイカガシとオニオドシを飾った。

ヤイカガシはイワシの頭を真っ黒に焼いてクロモジの二又の枝に刺し、門や表庭、玄関などの門口に飾るもの。臭いもので鬼を追い払う意味である。山香地区の柿平国雄・きくさん夫婦は「ヤッカガシ」と呼ぶ。

ガヤ(榧)やヒイラギ、モミなども一緒に束ねて飾った。

「イワシの頭と尻尾を焼いてクロモジの枝に刺し、ヒイラギ一本とモミ二本を束ねた。ヒイラギは柔らかくモミは硬いからだと言われた」佐久間地区峰の高見秀男さん。

「クロモジとユズリハとカヤノキ(ガヤ)で作った」山香地区大萩の山本富男さん。

クロモジとガヤの枝を束ねたものは神棚や仏壇、台所と家の各所に祀った。

三日の夕方から、前もって神棚に供えておいた豆を炒る。この時クロモジで炒るとされた。もしくはヒイラギ二本で炒る。

「突くと縁起が悪いといって、豆を炒る時に一緒に枝先も焼いて尖らせないようにした」城西地区大沼の鈴木忠一さん。

豆まきは夜に「鬼は外福は内」と、家の主人か年男が家の中から始め、最後に外へ向かってまいた。

「豆を歳の数食べて、残った豆を袋に入れて囲炉裏の自在鉤に吊り下げておき、雷がなった時に食べた」城西地区大沼の鈴木忠一さん。

「昔は〝となりのばんばあ　つびくさいよ～〟なんて言ってまく人もいたよ。〝屁をひって臭いよぉ～〟とかね。きっと、家の中は臭いから入って来ない方がいいよと鬼に言ってるつもりだろうね」山香地区瀬戸の柿平きくさん。

「目が粗い籠を竹竿に結わえつけて、使い古した草履を吊り下げ、玄関の前に立てかけた」山香地区瀬戸の柿平国雄・きくさん夫婦。

籠を逆さにして高く掲げるのは、たくさんの籠の目で鬼をおどすためでオニオドシという。このメカゴにもヒイラギやガヤで飾り物をした。ヤイカガシ同様にイワシの

コラム 6-6

ヤイカガシ

ヤイカガシは、節分に魔除けとして使われる。これは匂いと葉の棘《とげ》で鬼が入ってくるのを防ぐという言い伝えで行われている。

佐久間町では、地域によって使用する植物に違いがあり、佐久間地区（山手側）・城西地区・山香地区は、ガヤ（カヤ）とクロモジ、それに魚の焼いた頭で作る。一方、佐久間地区（天竜川沿い）・浦川地区では、アセビとクロモジ、それに魚の焼いた頭で作る。このことは佐久間町史においても記載されている。

一方、愛知県東栄町史では、アセビとクロモジでヤイカガシを作る。水窪町史や南信濃村史では、ガヤで作るとある。地区ごとに隣接している信州と三河の影響を大きく受けていそうである。

なお、城西地区の南野田で聞いたお年寄りの話では、「二月三日の節分に、イワシの頭・クロモジの枝・ガヤの枝を軒先に祀った。自分の姑さんの時代では、節分には竈《かまど》で一升の豆を炒った。煎る時の箸は、山から取ってきたクロモジの枝を竈の火でバリバリ焦がしてから使った。炒った豆を『福は内、福は内』と言って、家の中を撒きながら歩くと、子供たちもそれについて歩いたものだ。その後、廊下をあけて『鬼は外』と言って、一握りの豆を外に撒いて、「ヒシッ」と戸を閉めた。家にお祀りしている恵比寿様・大黒様・毘沙門様・家の神様・仏壇には、炒った豆とクロモンジの枝を供えた。子供のいた頃は、節分の時に、子供たちが近所の家々を廻ってきたのでお菓子を配ってあげたけど、今は子供がいない。」との話を聞いた。

写真上 C6-6-1　ガヤとクロモジのヤイカガシ
写真下 C6-6-2　アセビと句とモジのヤイカガシ

頭を飾る家もあった。

『町史』では、オニオドシやメカゴは二月八日の神迎えの時に飾る地域が多いが、佐久間地区は節分に一緒に飾る。それは焼畑時代に鳥獣害を防ぐ手段でもあったのではないか、と推察している。

二月七日　山の講／二月七日と一〇月七日に行われる山の神祭り。春は山仕事の無事を願い、秋は無事を感謝して行う。『町史』には、この日は山仕事が休みで、持ち回りの当屋の家に集まり山の神様の掛け軸にぼた餅を供え、みんなで酒を飲んだりご馳走やぼた餅を食べたりした。集落の外れにある山の神様にもお供えした、とある。

「山の神さんは女の神様だから男が行くと言われた」城西地区大沼の鈴木忠一さん。

浦川では、山の講に山の神様（ヤマノカミ）と水神様（ミズノカミ）に供えたと、伊東明書さんの『浦川風土記』にある。その中に、日向繁子氏が故佐々木保治氏からの聞き取りで記した『女性と経験第１１号』女性民俗学研究会編の一部が掲載されていた。

山の神の日は二月七日と十月七日である。山の神は、春は青と赤の色紙、秋は黄と赤の色紙二枚を重ねてヤマノカミ二本、ミズノカミ一本を作る。前日はヨイヤマと言って山の神に一升と新しく炊いた飯を手塩で握って祀った。山の神の日は山の神を祀るから浜に入ってはいけない。一日休んだ。

林業が盛んだった時代は、山仕事の雇い主が従業員に酒食を振る舞う日だった。

二月八日　神送り／春を迎える二月八日はコトハジメ、冬に入る一二月八日はコトオサメで、双方を「コト八日」と呼んだ。

一ッ目小僧が来るといってオニオドシのメカゴを立てる地域が多いが、佐久間では、禰宜《ねぎ》さんを先頭に子供が鉦《かね》や太鼓を叩きながら「送り神送れよ」と言って歩いた。このとき子供たちはカイダレ（紙垂）を各戸に配って歩き、駄賃《だちん》の菓子をもらった。子供たちが流行《はや》り病《やまい》にかからないように願った行事でもある。

「春の送り神は北へ、秋は南に向かって歩いた。風の神様に〝どうか風邪が流行りませんように〟と願った」山香地区瀬戸の柿平国雄さん。

また、『町史』には、この日に針仕事をしてはいけないともある。

三月三日　桃の節供／ひな人形を飾って祝う節供は比較的新しい風習だが、今は全国共通の行事になっていて、佐久間でも一般化している。ひな飾りは一月の正月から

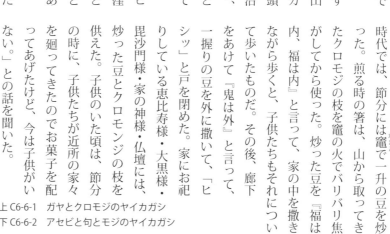

コラム 6-7

山の暮らし

柿平国雄さん・きくさん（昭和二・三年生まれ　山香地区瀬戸）

写真右 C6-7-1　柿平国雄さん・きくさん夫婦
写真左 C6-7-2　撮影させてほしいと頼むと、すかさずきくさん「おじいちゃん、ちゃんとしなきゃね」

「私にとって竜頭山は生活の中心っていうのかねぇ。毎朝、玄関の戸を開けると竜頭山に手を合わせるの。綺麗なんだよこの山は。冬はうっすら衣を着せたように雪が積もるし、十五夜の時は山の端からポンと満月が出てね」

きくさんは瀬戸の暮らしにとても満足している様子だ。同じく西渡から近所に嫁いだ実姉が最近病弱になって、浜松へ下りた。しかし息子に頼んで、ときどき瀬戸に帰って来るという。

「街で楽すりゃいいじゃんって私が言うと、やだよぉ、ちいっと草取りでもと思っても畑はないし、家ん中の掃除は勝手にできんし、近所を散歩すりゃここじゃ誰か彼かに会って話ができるに、街じゃ知ってる人はいんもん——って言って帰って来ちゃうよ。でも、私もここを離れるのはいやだね。ここが大好き。おじいさんと死ぬまでいるだよ。ねっ」

川根奥の接岨にあったという林業の学校で学び、のちに森林組合で働いた、山仕事一筋の柿平国雄さんと、同じ山香の西渡から嫁いで来たきくさんは、幼なじみのまま年をとったような仲のいい夫婦だ。

「子供の頃は、とにかくみんな病気や怪我をしないで無事に暮らすことばっかりだったね。今のように病院もないから、具合が悪ければ〝送り出し〟って言って、御嶽教の神主が夜、オタカラと呼ぶ御幣で病気を追い出すようにお祓いをしたり、子供が熱を出せば縁側に寝かせて頭の下に油紙を敷いて、桶の水を樋で流して頭を水で冷やした。〝水流し〟って言ってね、桶と樋の道具は〝とよ〟っていった」

写真 C6-7-3　柿平家の玄関前からの眺め。正面やや右手が竜頭山で、左手前の山の斜面にあるのが和泉の集落。電話がない時代、崖に立って合図すると通じたのだとか。

国雄さんが今では考えられない行為を笑うと、きくさんがしみじみつぶやいた。「あの頃はみんな一生懸命だったんだよ。子供も、そばや麦を搗いたり、杵つきや返しを、学校へ行く前に自分から手伝っていったもんね。大人も子供も真剣だったよ」「ちょっとでも小遣い稼ぎしたいから、杉皮をランドセルみたいに背負子でしょって学校へ行く途中でトラックの人に買ってもらった。一束三～四銭ぐらいだったかな」

柿平家の玄関の戸を開けると眼前にそびえる一番高い山が竜頭山。

「私にとって竜頭山は生活の中心っていうのかねぇ。毎朝、玄関の戸を開けると竜頭山に手を合わせるの。綺麗なんだよこの山は。冬はうっすら衣を着せたように雪が積もるし、十五夜のときは山の端からポンと月が出てね」

きくさんは瀬戸の暮らしにとても満足している様子だ。同じく西渡から近所に嫁いだ実姉が最近病弱になって、浜松へ下りた。しかし息子に頼んで、ときどき瀬戸に帰って来るという。

「街で楽すりゃいいじゃんって私が言うと、やだよぉ、ちいっと草取りでもと思っても畑はないし、家ん中の掃除は勝手にできんし、近所を散歩すりゃ、ここじゃ誰か彼かに会って話ができるに、街じゃ知ってる人はいんもん——って言って帰って来ちゃうよ。でも、私もここを離れるのはいやだね。ここが大好き。おじいさんと死ぬまでいるだよ。ねっ」

飾る家もあった。

　ようやく春を迎えたことを喜び、山遊びや磯遊びといって一日外で遊ぶ地域もあったと『町史』にはある。

「おひな様は嫁の在所が用意した」山香地区大萩の山本富男さん。

「昔は男の子の祝いでもあったので、三尺ぐらいの竹で幟《のぼり》を作り、吹き流しを木に吊るした」山香地区瀬戸の柿平きくさん
「エンノコといって柳に似た木の花を河原で祀った」城西地区大沼の鈴木忠一さん。

三月二〇日前後　彼岸／春分の日と秋分の日を中心に前後七日間をいう。祖霊を祀る行事で、墓掃除と寺参り、墓参りをする。初日の〝彼岸の入り〟には仏壇に彼岸団子（丸い米粉の餅で作ったもの）を、中日（春分の日・秋分の日）にはぼた餅を、最終日の〝彼岸の明け〟には明け団子を供える。食糧の不足していた時代には、寺にぼた餅や切り餅を持って行ったと『町史』にある。

四月八日　お釈迦様の日／お釈迦様の誕生会・花祭りを佐久間では「お釈迦様の日」と呼んでいる。仏壇にぼた餅を供え、寺参りをし、寺で甘茶を飲む。

　この日は〝とじくり〟を作って振る舞った。豆と米を炒って煮たものに甘みをつけ、最後にそば粉を入れて練る。

「表面が大豆でブツブツしてるので〝お釈迦さんの頭〟と呼んでいる」山香地区瀬戸の柿平きくさん。

「甘茶はアマチャヅルを煮出して作るが、緑茶と同じように湯を注いで出すという人もいる」山香地区大萩の山本富男さん。

第三節　夏の行事

五月五日　菖蒲節句／端午の節供は桃の節句同様、中国から伝来した呼び名で、元は宮中の行事だったものが広まった。農山村では菖蒲節供といって、ショウブの葉とヨモギを束ねて軒の上や軒下に飾った。また、この日は菖蒲湯に入る。

『町史』には、ショウブ・ヨモギ、カヤを、自分の屋根が見えないところから採ってきて、家の屋根の前後三ヵ所ずつ束ねてまつる、とある。また、初節句の家では、鯉のぼりや吹き流しを贈ってくれた人たちを招いてお祝いをした。村の若衆に頼んで凧揚げをした、ともある。

柏餅ではなく朴《ほう》の葉で包んだ朴葉餅を作り、白い餅はなく、ヨモギの緑色とモロコシ（黍《きび》）の紅色の二色だけだった。

五月六日　虫入り／小麦や大豆を炒って光コウセンを作り、「長虫はうな、オサ虫はうな」と唱えながら家の周りにまく。コウセンを食べたり身体に塗ると長虫（蛇）にかまれないと言われた、と『町史』にはある。

五月八日　金物の節供／ヨウダチの節供ともいい、一日仕事を休む日だった。鎌を使わない日という意味で「鎌止め」「鍬止め」とも言われた。

六月一日　線香焚き／いちじくの葉に線香一束をのせて焚く風習。浦川の伊東明書さんの『浦川風土記』では、夏病にかからないといわれた。桑の葉の上で焚く家もあった。その灰を袋に入れて表の鴨居《かもい》の内側に吊したという女性もいた、とある。

「今も焚く家は下町だけだ」とあるが、浦川の街道沿いで「やまはく」という雑貨店を営む赤谷はるえさんもまだ焚いているという。奥に長い町家造りの店先で話してくれた。

「店の戸を開けて表で焚くと、線香の煙が家の中を裏まで通っていく。そうすると蛇や虫が家から出て行くと言われた」浦川地区浦川の赤谷はるえさん。

七月一五日　祇園／京都の祇園祭に端を発する行事で、水辺で穢れを払い水に流すという、牛頭《ごず》天王を祭神とする天王信仰や津島信仰の行事である。

前日の一四日にと、城西地区の野田・芋堀ではヨイ祭、浦川地区ではウタゲ祭りといい、カヤ（茅）に赤い色紙をつけて祀ったり、小麦団子を供えたりした。

また禊《みそぎ》と祓《はら》いの行事なので、一四日は川の淵で水垢離《みずごり》をする。一五日の本祭りでは朝、祇園淵に祭壇を設け神送りの行事を行う。そして一六日の朝はカヤを川に流した。

こうして疫病を除けられるとされた。

「昔は一五日の夜に花火を上げた。イノシシをおどす意味もあった」城西地区大沼の鈴木忠一さん。

第四節　盆の行事

七月（八月）一日　盆道づくり／盆月の一日は地獄の釜の蓋が開く日であり、盆の

地域文化を伝える人

伊東明書さん（昭和八年生まれ・浦川地区浦川）

写真 C6-8-1　浦川の街並みの小さな路地を指して「ここは昔、愛知へ続く街道でにぎわった」と説明する伊東明書さん

街道の風情を残す浦川地区。しかし今、商売をやっている家は少ない。ここは昔、愛知と静岡を往き来する旅人でとてもにぎわった、と言われてもにわかには信じがたい。ごく普通の細い小路に立って、浦川の伊東明書さんは「この道がかつての街道だったんですよ」と説明してくれた。

伊東明書さんは浦川の生き字引である。平成八年から執筆も編集も一人でしてきた郷土史研究の月報が二〇〇号を迎えたところで、それらを平成二四年から『浦川風土記』という名の五冊の本にまとめている。つまり、字引ならぬ、自分が長年にわたって調査研究し続けた成果を本として持っているのだ。

写真 C6-8-2　街道沿いで雑貨屋「やまはく」を営む赤谷はるえさんと無花果線香焚きの話で盛り上がる伊東明書さん。

浦川だけでなく佐久間や水窪全体を含めて、地域の歴史や民俗を掘り起こして記録している。単に歴史好きというだけでなく、文字にして残してあることが重要である。地域の人々が自分の住んでいるところがどんな土地なのか、どんな歴史をもっているかを知る手がかりになるからだ。

何より、地域の文化を次の世代に伝えることができる。伊東さんのような地域の文化を残す人がいると、地元の人たちが自分の地域に誇りをもち、それを伝えたいと願うようになる。

写真 C6-8-3　街道の裏手を流れる相川の、大千瀬川に合流する手前は、かつて洪水対策で、川の流れを人工的に変えた所。

年中行事について教えてもらおうと訪ねた日、まずは浦川の街道沿いから、裏の相川沿いまで、伊東さんの案内付き浦川歴史散歩となった。街道沿いの町家形式のつくりは面白い。街道側はお客様用の玄関で、家の裏側は生活空間としての玄関や門が並んでいる。

街道沿いを歩いている時に、「やまはく」という雑貨店を営む赤谷はるえさんがちょうど表に出て来て、伊東さんと話が弾んだ。

年中行事についてたずねると、真っ先に無花果線香の話をしてくれた。今も毎年、店の前で線香を焚いていて、奥へ細長く建つ商家は煙が這うように流れていき、昔は、その煙で蛇や虫が出ていくと言われたんだと話してくれた。街道筋ならではの文化だ。

社会科の教師だった伊東さんは平成六年に定年退職した時、愛知県に勤務していたので生まれ育った浦川のことをほとんど知らないことに気づき、それで郷土研究を始めたという。平成二四年に『浦川風土記』を発行してから、今も活動し続けている。この六月にも新しい本を出版したという。

「歴史の調査ってのはやってもやっても、必ず新しい発見があるんです」

写真 C6-8-4　伊東明書さんは長年書きだめた『浦川風土記』から、何枚も資料をコピーしてくれた

コラム 6-9

菖蒲節句と無花果《いちじく》線香焚き

「浦川では、六月一日に菖蒲の節句と無花果線香焚きをしている。」との話を聞きつけ、街道沿いをキョロキョロ歩き廻る。やっと、トタン屋根に菖蒲が置かれているのを発見する。「端午の節句＝菖蒲の節句は、強い香気で厄を祓う菖蒲やよもぎを軒につるし、また菖蒲湯に入ることで無病息災を願う祭り」という認識から、「軒先に付けて家から突き出されている菖蒲」と思っていた自分のイメージとは違っていた。

　次は無花果線香焚きを探す。一軒一軒玄関先をのぞき込むが、なかなか見つからない。商店街のお年寄りと挨拶をかわしながら、近くをウロウロし、街道を行ったり来たりをしながらやっと見つけて写真を撮る。

　商店前に座っておられたおばあさんに線香焚きのことを聞くと、「昔、線香焚きは、夏になる時の疫病除けでどこの家もやっていたが、子供がいなくなったのでやらなくなった。自分の家では三〇年～四〇年はやっていない」。隣のおじいさんも自分の家も同じだとのこと。働き手が都市部に出て行き子供もいなくなる流れの中で、無花果線香焚きの風習もなくしてきたのだろうか。

写真 C6-9-1　無花果線香焚き

始まりである。昔は、墓地から集落までを草刈りするなどして〝おショーロ（精霊）様〟が帰る道をつくった。家族や親族のためだけでなく死者の霊を迎えるために山から道をつくるものだとされた。

七月（八月）七日　七夕／笹竹に短冊や飾りを下げるのは今も全国同様に盛んだが、昔は縁側に外と同様、笹竹の小枝に短冊を下げて飾り、机に女性の着物と帯をのせ、ナスやキュウリ、キビなど畑の初物を供えた。

　里芋の葉に溜《た》まった露を集めて墨をすり短冊に文字を書くと字が上手になると言われた。

　佐久間地区峰では七日に寺に集まり念仏をあげ、そのあと酒を飲んだ。『佐久間町史』には城西地区相月でこの日を「チョウバハジメ」と呼んで盆の始まりとしていたことが記されている。

七月（八月）一三日　迎え盆／盆花《ぼんばな》迎えといって、山に花の葉（シキミ）を採りに行き、竹を切って花立筒を作り墓に飾った。

　日が暮れかかるころ、松明《たいまつ》用の松の根で迎え火を焚《た》いた。この時、川原から持ってきた石の上で焚いた。伊東明書さんの『浦川風土記』では「川原から石を一～二個もってきて、松の根を小さく割り約一五束を作る。日が暮れると門口で松の根を燃やし、精霊様を迎える」とある。

七月（八月）一四日　盆中／盆礼といって寺に米一升を持って行った。家の仏様に供えるぼた餅やそうめんとは別に〝無縁様〟のために、庭の雨だれの向こう側に里芋の葉か柿の葉の上にご飯を盛ったものを祀ると『町史』にある。供えたものは盆が終わるまで下げるものではないといわれた、と。

七月（八月）一五日　盆／今は迎え盆の日にキュウリで馬、ナスで牛を作る家が多いが、昔は一五日の朝にナスで馬を作った。馬にはそうめんを上にかけて手綱にした。「瀬戸は駄馬がよく通ってにぎわったので、キュウリもナスも馬と言った」山香地区瀬戸の柿平国雄さん。

　この日は寺施餓鬼《せがき》の日でもある。また、昔はどこも盆踊りをやった。佐久間地区峰の高見秀男さんにとって盆踊りは思い出深い。「寺で盆踊りをやった。一日だけでなく毎晩やったような気がする（記録では一四、一五の二晩）。夕方から始まって朝の四時頃までやっていた」と語る。

コラム 6-10

七夕飾り

「七夕」というと、「天の川に隔てられた彦星（ひこぼし）と織姫（おりひめ）とが七月七日の夜、年に一度だけ会うという中国の伝説にちなむ年中行事」のイメージが強いが、野田での七夕祭りは以下の通りであった。

七夕飾りの準備としては、笹竹に吊るす短冊を作ることから始まる。この短冊を吊るす紐は、シュロの葉を縦に紐状に切ったものを使用する。短冊にはいろいろなお願い事を書き吊るすが、昔は、「裁縫ができますように、作り物ができますように。」と言う短冊がかかっていたという。また、サトイモの葉にたまった露で墨をおろして書くと、字が上手くなると言って、露を集めて墨をおろして使ったそうだ。

このほか、笹竹には提灯・網・巾着を紙で作って飾る。七夕に網を付けるのは、たくさんの成り物がとれたことを示すためとのこと。

並行してお供え物を用意する。お供え物は、畑でできた野菜を盛り付ける。なす・きゅうり・トマトがお盆に盛られる。笹竹に付けた網がたくさん採れたことを意味することもあり、野菜は山の様に盛るのが良いそうだ。

続いて、その年に作った男物・女物の浴衣をお供えする。昔は、嫁に来たら七夕に合わせて浴衣を縫うように姑さんから言われたとのこと。「浴衣を縫える嫁は良い嫁と言われた。縫えなかったら、来年の七夕までに縫えるようになるように言われた。」七夕は、一人前の裁縫ができるかどうか、嫁の腕試しの行事でもあった。

写真 C6-10-1　盛られた野菜と浴衣

しかし、どの家でもこの様な着物のお供えをしたわけではない。家の裕福さで男物・女物二つを出せる家と出せない家があった。帯が出せる家、出せない家もあった。一般には、田がある家は裕福な家であったという。ここら辺では養蚕も昔はやったが、反物自体は買ってきたとのことである。

さて祭り自体であるが、左から男物浴衣・女物浴衣・野菜のお供え物・ススキに赤い半紙を吊るし一升瓶に刺したものを並べて飾り、手を合わせて拝むだけである。

飾る場所は、玄関や居間とのことで、八月六日の朝に飾りを出して、八月七日の朝早くに収めるので、外から来た人は、家を訪れないと七夕飾りをしていることを見ることはできない。また、七夕飾りは新盆の家では、新仏からは七夕が目印になると言われている。新盆でない家は厄払いとして、八月七日の朝に川に流す習慣があるとのことである。

城西地区の町場である城西の通りは、以前は八月六日に、笹竹に短冊を付けた七夕飾りが玄関先にたくさん出されていたが、今では十軒ほどになっている。短冊には、「豊作になりますように」「家内安全」「みんな健康、みんな元気」などの願い事が書かれてあった。この町場でも昔から伝えられてきた年中行事は、まだまだ生きている。

写真 C6-10-2　玄関先に飾られた七夕飾り

コラム 6-11

町場の楽しみ

丸山弘人さん（大正一四年生まれ・佐久間地区中部）

佐久間地区の中部と半場は、明治時代には王子製紙の工場、それにより開通した飯田線の中部天竜駅、そして戦後は佐久間ダムと、佐久間町の中でも早くから発展を遂げたいちばんの町場である。

ここで年中行事の話を聞くと異口同音に「もう月ごとの行事なんてやってる人はないね。夏の花火大会と佐久間ダムの龍神まつりぐらいだね」という答えが返ってくる。その一人、旅館が数件建ち並ぶ中部の街道筋でかつては食料品や肉などの商いをし、現在はキャンプ場の経営をしている丸山弘人さんに、花火大会の話を聞いた。

中部は昔、天竜川の川原の松原公園に馬背神社があり、氏神様の祭りを行っていたが、佐久間ダムを建設するために広場はなくなり、氏神様も山の上の天白神社に移されてしまった。やがて高齢化も影響し神社までの上りを省略し、祭りは規模縮小してしまった。

その代わりに、住民が楽しみにしているのが天竜川の花火大会だ。毎年、半場、中部、佐久間の順に七～八月の週末に開かれる。ここの花火は〝クジャク〟とか〝地割（じわれ）〟といわれて、打ち上げずに川原に半円形に広がる珍しいタイプ。それを百発は上げる。

年中行事なんてもうないよと言っていた丸山さんに昔語りをしてもらううちに、川原に松原公園があったころの、お彼岸まつりの記憶がよみがえった。

「松原公園は松が千本ぐらいあってね。八十八体のお地蔵さん日に、三月二一日にお参りするのが彼岸まつりだったよ」

写真 C6-11-1　中部の花火大会独特の「クジャク」の写真の前で丸山弘人さん。

七月（八月）一六日　送り盆／朝早く、送り火を焚き、精霊流しに行く。朝早くに〝おショーロさま〟と呼ばれる盆の飾り物や供え物を川に納めに行くことである。

川原飯／大千瀬川《おおちせがわ》沿いの地域では、子供たちが納められた〝おショーロさま〟を集めて川原でおかずにしたり醤油飯を炊いたりして食べる。

「七夕飾りに使った竹を残しておき、川原に小屋を建てた。川へ納めるお盆の供え物を集め、小屋でカワラメシを作って食べた。高等科の女子が煮炊きを教えた」浦川地区の伊東明書さん『浦川風土記』より。

「お盆にブク（喪中）の女衆が区長宅でお粥を煮た。夏病みをしないようにと願いをこめ里人にふるまった。雑炊が主食の時代に、米の粥と梅干しはご馳走だった。お粥を施し、ブクの忌みが明けた」伊東明書さんの『浦川風土記』より。

送り盆行事／一六日の夕暮れに寺へ集まり、初盆の家の飾り物を村人が村境まで行列して運ぶ。佐久間地区峰は盛大だった。

「夜の七時頃に寺へ集まり念仏を唱えて、お神酒が入ったところで八時か八時半ごろに精霊様を送る。初盆の家の人はロウソクを灯した紙皿を持ち、その他の人たちは一家に一本松明を持って歩く。村の電気をすべて消して松明を振りながら『精霊たちも神たちも来年の盆にゃ早よござれ』と唱えて歩く」

集落下の傾斜地まで行くと、あらかじめ掘っておいた穴に松明を集めて燃やす。「ホー、ホイッ」と言って行事は終わり、若い衆が火の始末をした。帰る時は霊がついてくるからと、だれも何もしゃべらない。

「穴に集めた松明の燃えかすは昔は捨てなかった。子供たちの遊び道具になったから」「先頭は大きな笹竹に提灯《ちょうちん》やろうそくを灯して練った。〝牧にい〟と呼んだ中村牧二郎さんという人がずうっと盆提灯を振る役だったが、それはそれは綺麗に線を描くように振ったもんだった」佐久間地区峰の高見秀男さん。

『町史』には、城西地区の島では河原に「モウレンダイ」という薹の台を設け初盆の家の飾り物を飾って周りに祭壇を作る。日が暮れるとそれを川の中に引き出し火をつけ、川岸には百八タイのの松明が灯されるとある。

コラム *6-12*

子供時代の思い出は忘れない

高見秀男さん（昭和八年生まれ・佐久間地区峰）

写真 C6-12-1　峰から佐久間町全体が見下ろせる。古代遺跡もあり、町の中でも最初に人が住んだ所と言われる。

人口は減っても、送り盆行事は守り続けているという集落がある。

佐久間の町を一望できる山の上に位置する峰。昼なお暗い杉林を抜けると、突然、明るく穏やかな山里に出る。眺めのいい斜面に建つ、ひときわ目立つ美しい古民家が、高見秀男さんのお宅である。

峰で生まれ育った高見さんにとって年中行事は、子供時代の楽しい思い出のようだ。正月を迎える時、餅つきではなく豆腐を作った。

「近所の人たちが集まって朝の四時から作るんだけど、子供心にそりゃ楽しかったなあ」

昔のように共同体で近所が助け合って暮らした時代は、大人も子供も一緒になって行事の仕度をした。大人に混じって働くことが、子供にとっては何よりうれしいものだったのだろう。

写真 C6-12-2　高見家はひときわ目立つ旧家の構え。蔵の前で昔の蔵の鍵を見せてくれた高見秀男さん。

そんな高見さんが誇りに思っているのが送り盆である。うす暗くなり始める夏の夜の七時過ぎ。金桂寺という村の中心にある寺の本堂に、村人が集まり始める。祭壇の前には初盆の家の数だけ、蓮の絵柄の行灯が並べてある。みんなで念仏を唱え、行灯のロウソクに火を灯したら、いよいよ本堂から出て送り盆の行列。松明をかかげた行列が坂道を下る。子供たちも一緒で、うれしそうにはしゃいでいる。

道を下りたところの林の奥に大きな穴が掘ってある。そこに松明やロウソクを置いてきてしまうので、帰りは真っ暗な道を戻らなくてはならない。しゃべってはいけないと言われているので、逆にみんな興奮する。とくに子供たちが。

美しい山里と、老若男女が楽しむ盆行事がいつまでも続くようにと願わずにはいられない美しい山里である。

写真 C6-12-3　送り盆は夜の８時近く、集落の寺院、金桂院の念仏から始まる

写真 C6-12-4　金桂院の祭壇の前には初盆の人の数だけ行灯が並ぶ

写真 C6-12-5　行灯は紙で蓮の花をかたどったもの

写真 C6-12-6　この行灯を持って暗い夜道を送り盆の道中が坂を下りまた上る。

第五節　秋冬の行事

九月九日　芋節供／『町史』には九月一日を「ツイタチ」といって不成日として仕事を休み、旧暦八月一五日を「芋節供」といって串芋や芋ぼた餅を神仏に供えたとあり、浦川地区の伊東明書さんの『浦川風土記』には九月九日の芋節供として串芋を神様に供え、不成日なので仕事を休んだとある。

九月一三日　お月見（十五夜）／一升枡《ます》に里芋と栗、枝豆を盛り、箕《み》に入れて屋根の上に祀る。浦川の記録にはお神酒と洗米を一緒に屋根の上に祀る、とある。

『町史』には、この日を菊節供（重陽の節供）と呼んで、二合徳利に菊をさして神棚にあげ、その菊酒を女の人が飲むと魔に会わないといわれた、とある。

最近は一般的に縁側にススキを飾り、枡に栗や里芋、大豆、大根などの秋の収穫物を入れて供える。へそ餅といわれる真ん中をへこませた餅ではなく、丸い団子を供えた。昔は、この日の供え物は子供たちが自由に取って歩いていいとされた。

九月二九日　お釜様／神無月の一〇月は神様が出雲へ出掛けて留守の月とされたので、神送り・神迎えの行事が行われた。佐久間では「釜の神様」と呼んで、二九日の朝、旅立つ時のお土産にと、ぼた餅を作ってカマド（竃）に供えた。

『町史』には新藁で二叉のツト（藁を束ねた包み）を編み、その中に芋餅を入れてカマドの上に吊した、とある。

浦川の伊東明書さんが尻平沢（柏古瀬）で聞き取りをした記録は左記の通りである。

> ぼた餅を作って重箱に詰め、風呂敷に包んでオクド（竃）の釜に供えた
> 風呂敷に賽銭《さいせん》を入れた。祀る日が二、三日遅れたら、姑に飛行機賃を包めと言われた

神様が空を飛んで出雲へ行くと考えたから飛行機賃なのだろうと伊東さんは加筆している。

> 旧暦の九月二九日（九月晦日）におかま様を祀った。神様は出雲へ行き、土産を木の枝にさした。ぼた餅だと枝から落ちるから餅にせよと姑が言った。餅を重箱に入れ風呂敷で包んだ。小遣いを入れた

姑が餅を食べたかったのかと、別の項で伊東さんが書いている。

> 手土産を榊ではなく、棒に吊るすと聞いた人もいた

一〇月初亥の日　亥子まつり／ほかの神様が出雲へ行っている留守をまもるのが恵比寿様。残っているのがかわいそうだと、この日に恵比寿様の棚にぼた餅などを供える。

『町史』には、カズの皮をむくために火入れが行われる日だとか、こたつ起こしの日などともいわれ、城西地区の横吹ではこの日に山でイノシシが暴れるといわれた。

一〇月七日　山の講／二月七日と同じ山の神まつりだが、春ほど盛大には行わない。

一〇月二〇日　恵比寿講／浦川の記録には金森暉安さんが、小豆ご飯に尾頭付きを作り、枡にお金を入れて恵比寿様に祀る。大根二本を両側にたてる。夜にそばを打つ、と記している。

『町史』によると、「エベスコ」といってそばのカイ餅と魚のヒレを串に刺したものを恵比寿様の棚に供えるが、農家のエベスコは春（一月二〇日の初恵比寿）だからといって、秋は簡単に済ませている。

浦川の伊東明書さんが聞き書きしたところでは、

「ヨイエビスといって前夜に供え物をした。大根を神棚の両側に二本立てた。人参、芋、豆腐など七品を煮込んだ煮しめ、サンマ、イワシなどの尾頭付きの魚、小豆を入れたご飯、吸い物、お神酒少々などを供えた」

一一月一日　お釜様のお帰り／浦川の金森暉安さんの記録では味飯とそば切りを神様に供えた、とある。

『町史』には一〇月三〇日に、九月のお釜様の日に吊した藁ツトの中のぼた餅を食べ、空になったツトには「トシノミ」といって柿を入れて釜の神様に祀り、一一月一日に中の柿を食べて、空になったツトを前庭の柿の木にかけておく、とある。

一一月一五日・二三日　霜月まつり／各町内で行われる祭りで、産土様で子供の氏子入りの儀式を行う。天竜川の水を湯立ての釜に入れて湯を沸かし、笹竹で、その年に生まれた子供たちが頭に湯をかけてもらい氏子になる。

この時に舞が奉納されるのが今田の花の舞や川合の花の舞で、花祭りといわれる。

一二月八日　神送り／春の二月八日と同じように、禰宜さんを先頭に村境まで歩くコトオサメ。春とは反対の方向の村境まで歩く。

第六節　その他の行事

庚申講《こうしんこう》／年に数回、庚申（かのえさる）の日に、組の人たちが持ち回りで当番の家に集まり、庚申様が描かれた掛け軸をかけて拝む。そのあとは酒食を共にしてにぎやかい夜を過ごす。

佐久間地区峰の高見秀男さんは、年に一回、秋に行ったと記憶している。

「なむ　しょうめい　こんごうろうじ　まいたら　まいたら　すわか　おー　こうしんで　こうしんで」を繰り返し唱えたと、今も暗唱する。

浦川の伊東明書さんが、地八《じはち》の羽根文一さん（大正四年生まれ）から聞いた話の記録には、

「組内の家が門回りで施主を務めた。施主は米二升を炊いた。お菜はあるものをあてた。お神酒二合を買って供えた。夜の七時ごろから一〇時ごろまで冗談を言い合った」

代参／伊勢参りの代参もあるが、秋葉参りの代参が毎年あったと、佐久間地区峰の高見秀男さんは言う。

コウリトリ／浦川の伊東明書さんの『浦川風土記』にある行事。

「重病人が出た時、近所の者五、六人で川へ行って、百回身を浄《きよ》めた。百回を確かめられるよう、藁を一〇本ずつ小さく切って束ねたものがあった。川でのお浄めが終わると重病人のいる家に戻って、その家の地の神様にみんなでお祈りした」

写真 6-1　佐久間地区峰で今も使われている庚申さんの掛け軸

第七章　人生儀礼

この世に生を受け、様々な階段を上りながら、人はこの世の旅を振り返り、決心を繰り返す。その中で、その土地での習わしが誕生してきた。今回は、「産育」、「厄年」、「成人祝」、「婚姻」、「葬制」の各項目について、聞き取り調査の結果をまとめた。

現代社会のように、コミュニケーション・システムの発達していない中で、人々は何を大切に思い、生きてきたのかを考える機会としたい。

第一節　産育

一　妊娠

妊娠中の禁忌伝承　「火事を見ると赤子に赤いあざができる」（中部、山香、相月地区）とか、「夫は土葬に参加しない」（山香地区）、「妊婦は遺体に触れることなく、葬儀にも参加しない」（山香地区）、「妊婦は庚申講には参加しない」（佐久間地区）などが聞かれた。

安産祈願／法多山への参詣（中部地区）や祭典の日に子安神社へ参詣する（山香地区）、産月に大井の子安神社に参詣する（城西地区）などの例があった。

イワタオビ／五ヶ月目に実家からもらった例（中部地区）や、イヌの日に自分で用意したサラシオビを助産婦さんに教わって巻いた話（山香、佐久間地区）と共に、イヌの日に自分でサラシオビを巻いたが、強く締めないと胎児が大きくなりすぎ、難産になるという言い伝え（城西地区）も聞いた。

二　出産

出産場所／昭和四〇年頃までは、ほとんどの地区では嫁ぎ先であった。その部屋は別部屋が多かった。山香地区では、昭和三〇年代には別部屋ではなく普通の部屋で、付近の川の流れの川上の方向に枕を置いて寝たということで、流れに従い順調に出産できることを祈ってのことらしい。

助産師／助産師の呼び方は、「サンバサン」、「オサンバサン」が一般的であった。

後産・ヘソノオ／産後の「後産」の処理は、中部地区では嫁ぎ先の家の屋敷に夫が埋めたり、山香地区では家族が墓地に埋めたりした。「ヘソノオ」は多くの場合、箱に入れて保管していた。中部地区では、家に残した「ヘソノオ」を麻疹の時や死にそうになった時に煎じて飲む、という話もあった。

三　産後

お七夜／産後の「お七夜」には、オサンバサンを招き、家族でのお祝いが各地で行われていた。その中で、相月地区では、オサンバサンが赤子の顔の産毛を剃り、「ヘソノオ」と一緒に箱に入れるという習慣もあった。

名付け／生後一週間くらいで、夫や嫁ぎ先の家族が行う例が多く、中には隣家につけてもらう例や、祢宜様〔ネギサマ〕にお願いする場合もあった。

初宮参り／山香地区では氏神の貴船神社へ、男子は生後五五日目に、女子は三三日目に、嫁ぎ先の母と夫の兄弟衆と参った。また、城西地区ではウブスナサマに、男子は三三日目、女子は三〇日目に、カマドのスミを顔につけて参り、その途中の川の橋の上で十円玉を落とすという習慣もあった。

食い初め〔クイゾメ〕／中部地区では百日目に赤飯、一年後には餅を用意した。

節句／大体嫁の実家から男子には鯉のぼり、女子にはひな人形をもらう例が多い。中には、隣近所から「ノボリ」を贈られることもあった。

氏子入り／山香地区では祭典の時、子供と共に参詣し、「子宝」と書いた酒とお金を供えてくる。また、佐久間地区では餅を持って初参りをする。城西地区では、ウブスナサマの霜月祭りの折、男女とも名付きの重箱に餅を入れてお供えするということであった。

第二節　厄年

地域単位での行事は特に聞けなかったが、個人的には法多山への参詣の例が聞けた。（佐久間・山香・中部地区）

第三節　成人祝

公的な儀式としての成人式以外には特に聞けなかった。

第四節　婚姻

縁談／どの地区でも近隣の知人や親戚の「世話人さま」による紹介が主で、時には「行商人」の紹介によることもあった。

アシイレ／山香地区、佐久間地区、浦川地区では、昭和三〇年頃まではあったと聞いた。

ヨバイ／中部地区では、戦前は祭典（九月）の夜は家にカギをかうなといった。山香地区では、盆の頃、城西地区では祭典の日に、化粧姿で訪ねてくることがあったと聞いたが、いずれにしても昭和三〇年頃までのことであった。

通婚圏／中部地区では、佐久間ダム工事中は近隣同士の縁談が多くあったが、同じ佐久間の羽ケ庄では、水窪の草木や向市場の人との縁談が多かった。山香地区の上平山、大井では、茶摘み仕事が縁となり、水窪出身者との縁談が広がった。浦川地区では、飯田線の影響で三河との縁談が多くなり、佐久間ダムの完成後は水窪地域との縁談も増えた。城西地区の相月でも水窪地域との縁談が多かった。

世話人／各地区ともほとんどの場合、身内や近隣の親しい人が男女それぞれの側に付いて「御世話人」と呼ばれ、時には信州から行き来する「行商人」が世話人となることもあった。

結納／どの地区でも、婿側の世話人が目録を届けていた。

挙式／昭和三〇年頃までは、ほとんどの場合婿の家を式場としていたが、次第に旅館や結婚式場を利用することが一般化した。

嫁迎え／山香地区では、式の当日、婿とその世話人とムカエオンナが嫁の家へ出向き、婿・嫁・嫁の世話人・ツレバアサ（ツレオンナ）が揃って婿の家に来て挙式し、夜には宴会を開き、翌日嫁と姑が近所へあいさつ回りをするという形が一般的で、他の地区でも多くは似た形であった。ただし、浦川地区では特別な嫁迎えの習慣はなかったということであった。

道具送り／中部地区では、式の前日に婿と仲人が荷物を運んだ。

里帰り／中部地区では、式の三日後、「初客」として嫁の実家へツレオンナが同行し、日帰りで里帰りした。山香地区では式の一週間後、嫁と姑が、嫁の実家へ日帰りであいさつ回りをした。佐久間地区でも式後一〇日目の頃、嫁と姑が嫁の実家へ一泊の里帰りをした。

第五節　葬制

一　葬儀

葬儀の呼び方／浦川、佐久間、城西の各地区では、「トムライ」と呼び、他の地区では「葬式」と呼んでいた。

通知／各地区ともにいわゆる隣組である「クミアイシュウ」の中で、「ヒキャク」が各家へ連絡して回った。

禁忌事項／妊婦は遺体に触れず、葬式にも参加しないのが一般的で、山香地区では、四九日が過ぎるまで遺族は神社の鳥居をくぐってはいけないといわれてきた。

通夜／各地区とも自宅で、家族とクミアイシュウ、自由参加の一般人で行う。

湯灌・納棺／身内が腰に縄を巻いて行う。山香地区では、コヌカ・小銭を遺体に添えた。この時、身内の者は、衣類を裏返しにして着、その後、洗って北向きに干す。夜干しは不可とし、三日間干した。

出棺／山香・佐久間地区では、身内の者四人がゾウリを履き、室内を左回りに回ってそのまま外へ出る。中部地区では、墓地への葬送の折は、「祭り道」を通らないとされていた。

二　墓制

墓地／共同墓地の利用が一般的である。

土葬／土葬の折に墓穴を掘るのはクミアイシュウであった。土葬は昭和六〇年頃まで行われ、以後は火葬に移行した。

三　供養

サミシミマイ／死後七日間を「サミシミマイ」と呼び、七日目に僧侶を招いて供養を行った。四九日は寺院で法事を行い、火葬の場合には遺骨を納めるというのが一般的である。

年忌／三年・七年・一七年・三三年と行い、この三三回忌が一応の区切りとなった。

四　盆

八月一四日から一六日にかけて行うのが一般的であるが、地域により若干の違いがある。ここでは中部地区での例を中心に紹介する。

初盆以外の家では、一三日の夕方、「迎えダイ」（迎え火）を庭前に焚くことから始まる。初盆を迎える家では、八月の初め（七月末のこともある）に焚き始める場合がほとんどである。この辺りの地域では一般的に、ナスに棒を四本刺して足とし、ソーメンを「鞍」として背に乗せた「ゴザウマ」とか「ナスウマ」という馬を作り、ヨシで作ったゴザの上に乗せて、盆中線香と共に供える。これを「ショロサマ」と呼んでいる。盆が明ける一六日朝の精霊送りでは「送りダイ」（送り火）とともに盆中の供え物や飾り物、そして「ショロサマ」を川へ出かけて流す。灯篭や飾り物は川原で焼いて流す。そして帰路は振り返らないことになっていた。ただし現在は、川へ流す事については汚染の問題もあり、墓へ一部持ち帰る例もある。

コラム 7-1

野田の捨て墓

北遠地域は両墓制が残る地域である。両墓制とは、遺体を埋葬する墓地（埋め墓）と詣るための墓地（詣り墓）を一つずつ作る葬制である。佐久間町にもこの両墓制を残す集落がある。

野田にも円通寺の裏山の山腹に土葬をした墓が段々畑の様な形状に百基ほどの区分がされている。墓標があるのは数基のみ、後は花を生ける瓶と湯のみ茶碗、ところどころに埋めた場所を示す小さな石が置かれている。

日本では明治六年に火葬令が発令されたが、すぐにそれに従ったわけではない。佐久間町では、佐久間町中部に火葬場が出来ても、平成の時代に入る前までは土葬が行われていた。お年寄りは、「火あぶりになるのは嫌だ。皆と同じに活けてほしい。」と言って、土葬を希望したとのことである。

この円通寺の檀家の人に捨て墓のことを聞いてみると、昔は葬式の際に親戚や隣保の人が沢山出て、捨て墓まで野辺送りをしたものだが、火葬になったり、つぶら参りもなくなり、親族が集まることもなくなってきたという。

自分の家では、屋敷の所に曳いて来た（捨て墓をきれいにして一つの墓にまとめること）という。今では、自分たちが捨て墓に行くと先祖がどちらの墓に行けばよいか迷うから行かないという。

写真 C7-1-1　野田の捨て墓

第八章　信仰

佐久間町の信仰をめぐる習俗は、『佐久間町史 下巻』（一四九二頁以下）に詳しく取り上げられており、水窪同様、篤い信仰形態が記録されている。それによると、祭祀形態は、屋敷ごとに祀られる「屋敷神（地の神）」、一族で祀る「同族神」、村あるいは字を統括する「部落神」と、複層的な祭祀の構造がみられることが指摘されている。特に野田地区など北部の地域では、戸別に多様な屋敷神が祀られていて、中でも「若宮霊神」など、祟り神を祀る「御霊信仰」が卓越していると述べられている。そして、その「屋敷神」が「部落神」に昇格した事例も少なくないことをあげている。

また、地域差については、吉沢の小出一市さん（昭和一二年生まれ）が「水窪の人は、祀りが丁寧で、一月は仕事はしない。」と話されたことが印象に残っているが、佐久間でも、水窪に近い城西地区では、水窪と同じような篤い信仰の傾向を見ることができた。

第一節　御霊信仰

佐久間地域の屋敷神の祭神は、諏訪明神・竜王観音・オクワ様・佐渡権現・山の神・金山神…など数多く存在するが、その中でも、特に「若宮霊神」が卓越していると『佐久間町史 下巻』が紹介している。福沢・向皆戸・今田・沢井・南野田・中野田の六つの集落について屋敷神の詳細な調査を記しているが、これらの集落で屋敷神を所有している家が六〇軒ほどあり、そのうちの二九軒が　若宮を祀っていると報告されている。若宮として祀られた経緯は、水死、心中、転落死など、不慮の事故で亡くなった事例がほとんどである。このようにして亡くなった霊は、この世に怨《うら》みを残し、さまざまな形で祟《たた》るというのが「御霊《みたま》信仰」と呼ばれるもので、その死霊をより強力な神の御子神や眷属神《けんぞくしん》に祀って、その祟りを和らげようとする信仰が「若宮信仰」であるという。

若宮信仰が卓越している理由としては、この地域に丸山教などの教派神道が隆盛であったことも、一つの理由ではないかとしている。しかし、天竜川の激流を下る船頭や、急峻な山地で伐採などの山仕事に従事する杣人たちは、生死の危険と隣り合わせで生活していたのであり、思いがけずに命を落とすことが多かったことが想像される。

上記の六つの集落については、山香《やまか》地区の福沢以外は城西《しろにし》地区にあり、中でも野田地区が多くを占めている。また、早稲田大学の報告書『野田の民俗』の中にも、濃厚な信仰の事例が記述されている。

一　清竜坊大権現

山香地区の大滝は、水窪川が天竜川に合流する西渡から少し南、大輪《おおわ》の集落を上に登った海抜四〇〇mの高所にある。今は、国道から登っていくと行き止まりになるが、かつてはここを秋葉街道が通っており、眼下に天竜川を見下ろし、対岸には「鳴瀬沢《なるせざわ》」を俯瞰する、茶畑に囲まれた集落である。「鳴瀬沢」は戸口山の下で、龍山と山香の境にあり、「鳴瀬の滝」があって、風向きによって沢の音が大きくなったり小さくなったりするという。大滝という地名も、この鳴瀬の滝に由来するという。

大滝に居住する月花《げっか》徳長さん（昭和一四年生まれ）から、「清竜坊大権現」と「松家霊神《まつかれいじん》」のお話をうかがった。御霊信仰につながる興味深い信仰として以下に紹介する。

徳長さんの父方の平出家は、家康から苗字帯刀を許されたという由緒ある家柄で、江戸時代には郷名主を務めている。祖父の照三郎は、八代目の山香村長を務めており、その任期中に木造つり橋の大井橋を架けているが、これが最初の大井橋であるという。また、照三郎の父親、万二郎の弟にあたる片桐旭は、西渡で回漕業を営んだが、初代の山香村長を務め、久根鉱山の公害とも戦い、西渡に顕彰碑がある。

大滝には江戸期に明光寺の末寺となる寺院があったが、この寺は平出家が立てたもので、檀家は平出家だけという、自坊のような存在であった。平出家は村役人を務めていたため、御役所からの通知文を読んだり書き写したりすることのできる書記が必要となり、ある男を頼んで寺に住まわせ、この仕事をさせた。ところが、江戸の中期になってこの寺は廃寺となり、堂宇も取り壊されてしまったため、この男は収入もなくなり、庫裡で物乞いをして暮らしていた。そこで村人は山仕事を手伝わせたが、慣れない危険な作業に従事して、命を落としてしまったという。

その後、疫病が流行したので行者に見てもらうと、この男の祟りだということになり、その霊を「清龍坊大権現」として祀ったのだという。その時期ははっきりしないが、「大権現」という呼称から、江戸時代に祀られたものと思われる。寺の建っていた寺屋敷は、大滝集落の北の端にあるが、祖父の照三郎が村に譲渡して現在は共同墓地となっており、その墓地の中には、照三郎が譲渡した時の記念碑が建てられている。

昭和一四年（一九三九）になって、月花家、平出家が、寺屋敷の少し上に祠《ほこら》を作り、春秋の彼岸に「清竜坊大権現」の祭りを行った。それ以前からも祭りは行われていたが、この時点で基金を作り、毎年の祭典費用を賄うことにしたようだ。その時の様子を記した書類が月花家に残されており、春秋の彼岸の日に月花家と平出家が共同してこの祭りを執行していた。基金は額面二〇〇円の「事変債権」で、その「利息を以て祭典を行ふ事」とあり、利息の七円を毎年祭典費用として使うことにしている。世話人の岡部きくは、祖父月花重蔵の妹に当たる人である。

写真 8-1　大滝の集落から天竜川を見下ろす

写真 8-2　大滝の地名の由来となった鳴瀬の滝

写真 8-3　明治 41 年頃の大井橋

写真 8-4　大滝の寺屋敷跡

写真 8-5　清龍坊大権現

月花家は、徳長さんの父親、愛之助が平出家から養子として入った家である。かつては平和にあったが、明治二〇年頃大滝の松本家が絶え、縁のあった月花家がここに移り住んだという。祖父の月花重蔵が一〇歳くらいの時で、平和の家を解体して大滝に運んだことを覚えていたという。

「清竜坊大権現」は、平成八年に照沢芳郎氏の作った円空仏を譲り受けて御神体として祀り、祠も鉄製のものを新調した。この時の神主は田開純一氏八八歳、参列は月花徳長、同幸子、平出千春、同和代、智伯とある。

二　松家霊神

月花家には、天保一三年（一八四二）の一〇月から一年間、関東の秩父霊場、坂東霊場等を巡礼した際の「納経帳」が保存されている。巡礼をしたのは、月花家が移り住む前の松本家に訪ねてきた見ず知らずの人であったという。その人は、病（らい病か）に罹《わずら》っている様子だったが、ここで働かせてほしいということだった。一見して、満足には働けそうにな

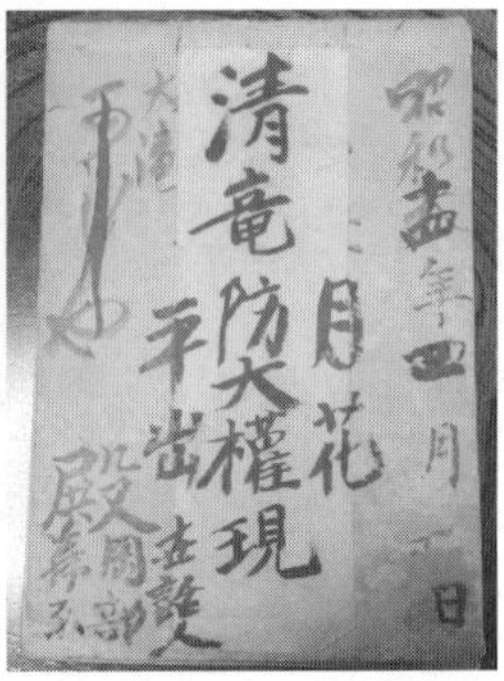

写真 8-6　清龍坊 祭祀記録

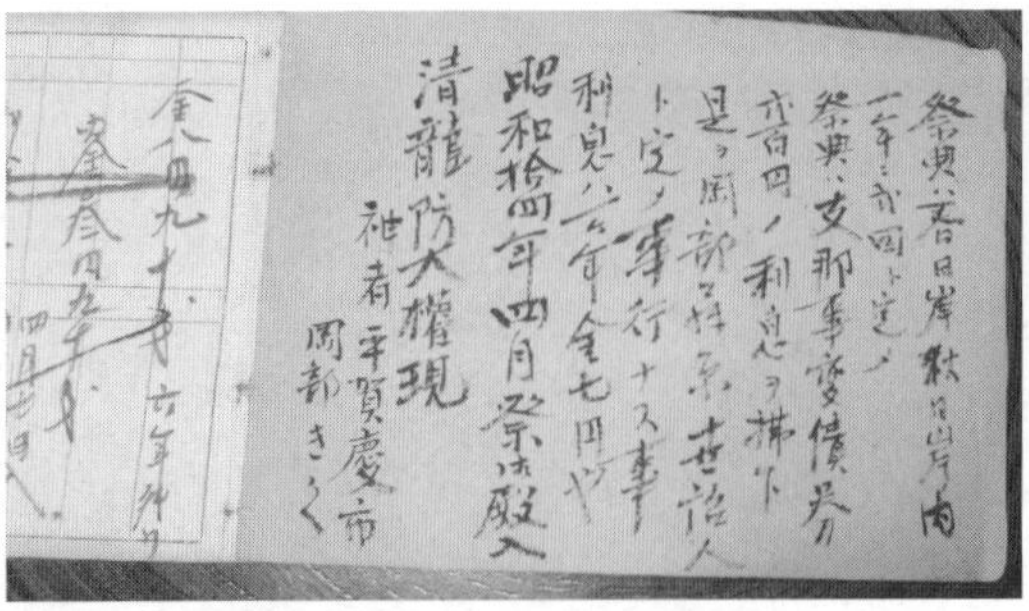

写真 8-7　清龍坊 祭祀由緒

昭和十四年四月　日
月花
清竜防大権現
平出　世話人
大滝　岡部
藤原

【読下し 1】清龍坊 祭祀記録

祭典ハ春彼岸、秋彼岸内
一年二弐回ト定メ
弐百円ノ利息ヲ払下
是ヲ岡部、藤原世話人
ト定メ事行ナス事
利息ハ一ヶ年金七円也
昭和拾四年四月祭御殿入
清龍防大権現
神者　平賀慶市
岡部きく

【読下し 2】清龍坊 祭祀由緒

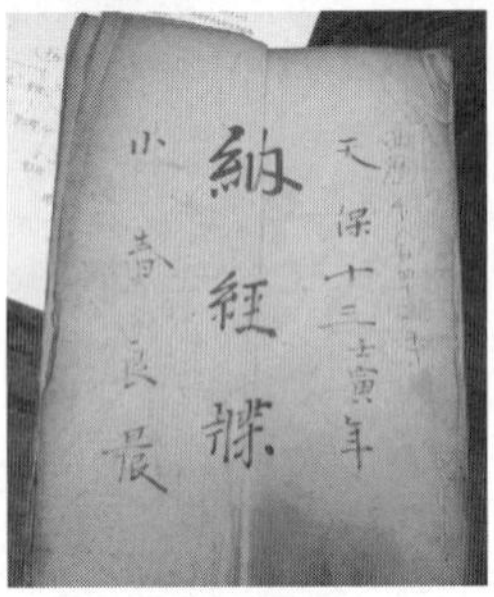

写真 8-8　納経牒表紙

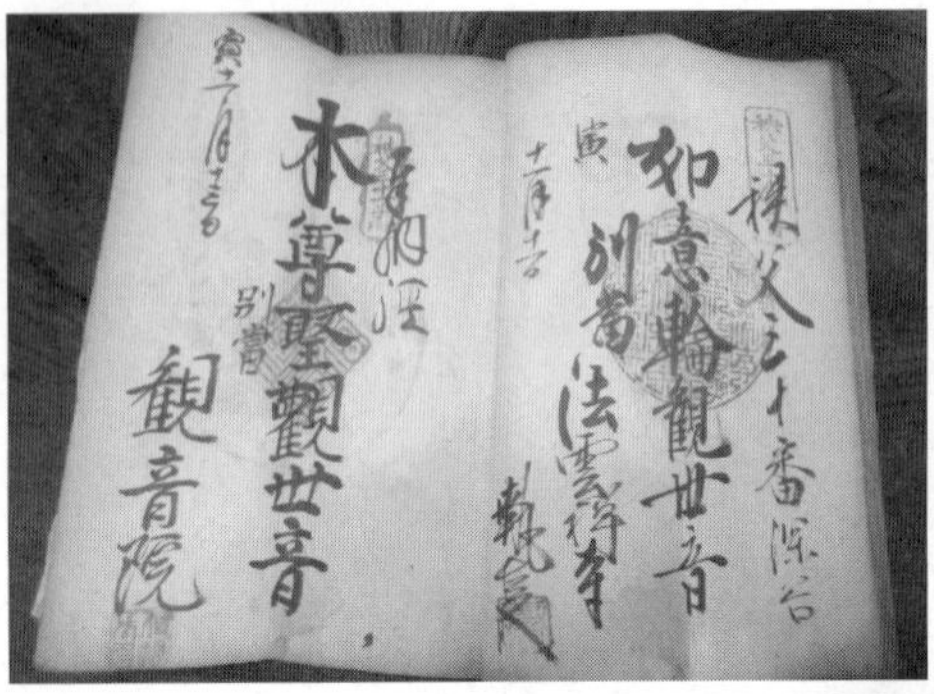

写真 8-9　納経牒内容

秩父三十番深谷
如意輪観世音
寅　別当　法雲禅寺
十一月十一日　執事
奉納経
本尊聖観世音
寅十一月十三日　別当
観音院

【読下し 3】納経牒内容

い様子であったので、この家の主は何がしかの路銀を渡して、巡礼の旅に出るように勧めた。病の身で巡礼に出れば、いつかどこかで行き倒れてしまうかもしれないと、気の毒な思いで送り出したという。しかし、一年後に、秩父三十四ヶ所、坂東三十三ヶ所などを巡って、再び大滝に戻ってきたのであった。

月花家にある「納経牒（帳）」はこの巡礼の経路を詳しく示している。表紙には「天保十三壬寅年小春良晨」とある。「小春」は十月を指す言葉なので、この時に巡礼に旅立ったと思われる。最初の朱印は「天保十三年小春如意珠日」の、「武田信玄菩提所　恵林禅寺」である。「如意珠日」は何かを始めるのによい日ということなので、この恵林寺から巡礼を始めたということになろう。

写真 8-10　松家霊神 左の祠と右から二つ目の地蔵

「納経帳」には、この後一〇月一〇日に甲州の雲峰寺の朱印が記されているので、甲州を経由して秩父に入ったと思われる。秩父は、八番札所から始まって最後の三十四番札所に到達したのが一一月一四日だったので、ほぼ一ヶ月で秩父巡礼を済ませたことになる。ここから坂東霊場の上野（群馬）に入り、一二月には武蔵（埼玉）、下総・安房・上総（千葉）を巡っている。年が明けて一、二月には、安房・上総・下総から常陸（茨城）を巡り、二月末から三月にかけては下野（栃木）に足を延ばして、日光を参拝している。三月には武蔵（東京）の浅草寺、寛永寺を回って、相模（神奈川）の鎌倉に入り、大山寺などの相模の寺を巡った。四月には甲州から信州に入って元善光寺を参拝し、五月には三河の鳳来寺、砥鹿神社、豊川稲荷などを参拝した。この後三ヶ月ほど間が空いて、九月になって最後に遠州の霊場を巡礼している。遠州では、秋葉寺、小国神社、大洞院、蓮華寺、慈明寺、岩井寺、法多山尊永寺、浜松五社神社と回っている。

丸一年を経て、天保一四年の九月に再び松本家に戻って来た。途中で行き倒れるかもしれないと思っていたのに、無事に帰って来ることができたので、松本家では屋敷の外に小屋掛けをしてこの村に住まわせたという。

しばらくここで生活をしていたが、いよいよ死期が近づいたときに、自分が死んだら、自分と同じような業病にかかった人を助けたいので、この地に祀ってほしいと言い残して亡くなった。そこで家人は、死後、この人の霊を「松家霊神（まつやれいしん）」として祀ったという。

「松家霊神」は、「清龍坊大権現」とは反対に、集落の南端にある。旧秋葉街道から大滝の集落に入る少し手前の街道沿いの北側斜面に、六体の地蔵が祀られているが、

写真 8-14　大師堂前の土香炉

写真 8-13　諸国巡拝供養塔

写真 8-11　絵葉書に見る松原弘法

写真 8-15　大師堂移転落慶祝賀祭（『記念帳』より）

写真 8-12　宥泉寺大師堂

このうちの右から二番目が「松家霊神」である。この場所に集められたのは最近で、かつては、集落の中の大きな岩の陰にあり、病気平癒を願う人たちがお参りをしたという。また、これとは別に、地蔵に隣接して霊神の祠も建てられている。

第二節　回国巡礼

「松家霊神」は、御霊信仰の一例と考えることができるが、この人物は、生前、病をおして秩父、坂東等の霊場をめぐっている。このように、各地の霊地をめぐる回国巡礼は、江戸時代から明治・大正にかけて盛んにおこなわれ、佐久間町でも西国三十三ヶ所や四国八十八ヶ所などの回国巡礼供養塔が各地に見られ、大滝にも寺屋敷のすぐ北側にそれがある。

中部の松山公園には、弘法大師像が全山に配置され、新四国霊場として地元の人たちに親しまれているが、この事例を通して、回国巡礼の信仰をみていきたいと思う。

一　中部松原の新四国霊場

昭和三三年（一九五八）三月に発行された『新四国八十八ヶ所開山開眼供養記念帳』（以下『記念帳』）には、この霊場が作られたいきさつが記されている。「大正七年三月中、佐久間、山香両村内に新四国八十八ヶ所の霊場建立を企図し、同志の賛成を得、大正八年二月に至り全部完結し、同年同月二一日開眼供養を挙行す」（句点は筆者）とあり、中部松原（上島）に八八体の弘法大師の像が祀られた。中部松原は、現在は佐久間中学・高等学校がある上島の地である。中部の中野幸子さん（昭和四年生まれ）、依田裕男さん（昭和一五年生まれ）から、その後の経緯などをうかがった。

大正七年（一九一八）に、佐久間、山香の人たちに呼びかけて、高さ三五㎝の弘法大師像と観音菩薩像の二体が石の台座に安置されたものをそれぞれ寄進してもらい、上島に新四国八十八ヶ所霊場が作られた。当時の絵葉書に、「松原弘法」として紹介されているが、松林の間に安置されている大師像がみられる。それぞれの台座には、巡礼札所の番号と、製作年、寄進者の地区名、氏名が刻まれている。

この上島の弘法様は、春秋の彼岸などは大変賑わったといい、切開《きいなま》の守屋貞一さん（昭和六年生まれ）は、子供の頃に切開からこの「弘法様の祭り」に出かけて行った

写真 8-16　大師堂の前に仮置きされた大師像（『記念帳』より）

という。山を越えて二本杉峠に出て、そこから上島まで歩いて行ったが、朝六時か七時に家を出て一〇時頃に着いた。たくさんの露店が出て、大変な賑わいだったという。

中部の宥泉寺には、本堂の右手に大師堂がある。これは、昭和三一年（一九五六）に、上島にあったものをそのまま移築したものである。上島には宥泉寺の「大オッサマ」（大堂彦道師）が常住していたといい、この大師堂が寺院施設として存在したようだ。現在の大師堂の前に石製の土香炉があり、その前面に「御宝前」、後面に「昭和八年秋彼岸日　中部大師堂」と刻まれていて、その周りに住職と寄進者と思われる三三人の名前が記されているので、昭和八年（一九三三）の秋彼岸に建てられたものであろう。また、「記念帳」には、大師堂の前で扇の舞が舞われている写真が掲載されているが、これは三一年三月一八日に行われた落慶祝賀祭の様子であるとあり、大師堂が移築されたのはこの年であった。

二　松山公園への移転

佐久間ダムが計画されると、上島にある砂利をダムの骨材として利用することになり、昭和二八年（一九五三）、弘法大師像は一時宥泉寺の境内に仮置きされることになった。ちなみに、上島の砂利はベルトコンベアで松山公園下の広場に運ばれ、ここで選別された後、再びベルトコンベアでダム建設地まで運ばれた。「記念帳」によれば和讃講の松島てい講長が松山公園への移転を希望し、同志に諮《はか》って賛意を得、松山公園に移転されることになった、とある。

松山公園は王子製紙が大正一二年（一九二三）に区に譲渡したもので、中部の「公益会」がこれを受け取り管理していた。佐久間ダム完成後の昭和三三年三月に、「山香、佐久間両地区に安置せる七十五の大師仏体並びに番外十三体を併せ、同月二十三日、松山公園開園と共に開眼供養祭を挙行」（「記念帳」）したという。この供養祭には、高野山常喜院の加藤諦道法主が導師を務め、宥泉寺、明光寺、川合院、新城の洞雲寺の住職等が参列した。この時の大師像の移転は、佐久間ダム建設にあたった間組が一切の工事を請け負ったということである。

この日は、稚児行列が行われ、中野幸子さんは、その様子を見ていいなと思って和讃講に参加したという。しかし、講に入るとあちこちお参りに回らなければいけないので、農作業などに支障をきたすため、多くの家では嫁さんには講に入ることを勧めなかったという。

松山公園の入口には「親大師」が祀られていて、その脇には、「大正七年中秋　北遠四国八十八ヶ所　親大師」と書かれた石が建っている。その手前に「手引観音」と稲束を担った「イナイ地蔵」が祀られている。親大師の隣に「第一番」があり、すこし離れて「第二番」がある。また、親大師の向かい側には、和讃講の人たちがつくった接待茶屋があったが、平成一〇年頃に取り壊されたという。

「記念帳」には、「祭人者芳名」として一番から八八番までの大師像を祭った人の名前が列記されている。これは昭和三三年の移転時の状況を記したものと思われるが、三一番から四〇番、四八番、七二番、七四番の一三ヶ所は空白になっている。「記念帳」には「七十五の大師仏体」と「番外十三体」を松山公園に安置したとあるが、番外十三体とは何を指すのかわからない。

依田裕男さんに案内をお願いして、松山公園を歩いた。ここ二、三年は依田さん以外はほとんど山に入っていないということで、シダが生い茂り、夏場は歩けない状態だという。

親大師の隣から山道に沿って、一番から順に弘法大師が設置されている。八八番だけは、宥泉寺の門前におかれているので、頂上には八七番が安置されている。「記念帳」で空白になっている三一番から四〇番は、昭和五八年（一九八三）に和讃講が建てたまだ新しい大師像であるが、このうちの三四番だけが、「大正七年、片和瀬、堀田茂吉」と読むことができる。「和讃講」と記載があるのは、このほかに四六番、四八番で設置年は昭和三三年とあり、七四番は「中部寒行連」とあるが年代の記載はない。中野幸子さんによると、和讃講が寒行などで喜捨を集め、その資金で昭和三三年から大師像を寄進したという。

寄進者の地域は、中部、佐久間、下平、上野、片和瀬、西渡などとあり、七三番は「久根頭役、田中」とある。久根鉱山の人たちも、仏像の寄進に協力したのである。

頂上付近には、高野山常喜院が寄進した「子抱大師」が祀られているほか、奥山美濃守を祀る祠がある。この御神体は、「記念帳」によれば、開眼供養祭の前日に松山公園頂上に祭祀されたとある。この頂上の展望台からは、佐久間ダムを正面に見ることができる。

写真 8-17　親大師

写真 8-18　シダに覆われた大師像

写真 8-19　和讃講の名が刻まれた三十一番と三十二番

写真 8-20　子抱大師

写真 8-21　半場大日神社の弘法大師像

三　欠番大師像の行方

松山公園の大師像とまったく同じ形式の、三一番から四〇番までが、半場の大日神社の境内に一〇基並んでいる。最も手前におかれている三三番以外はすべて「大正七年、半場」とあり、氏名が刻まれている。松山公園の像に「半場」と記されたものはなく、空白の三一～四〇番はこの像ではないかと考えられるが、定かではない。因みに大日神社の大師像は、昭和五六年四月に祠を改築したことが記されている。

また、峰の金桂寺にも、「寄進人　中部和讃講一同」と台座に刻まれた六地蔵がある。佐久間の円通寺にある「鯖地蔵」は、弘法松原に祀られていたものといい、「新四国番外鯖大師」とある。

中部《なかべ》の薬師堂の近くにも「北遠新四国三弘法大師」が祀られている。これは大正一〇年（一九二一）三月二一日に中部の「一心講」が御詠歌（一道引大師、二日切り大師、三厄難除）を掲出して供養している。この一心講が呼びかけ人となって弘法松原が作られたようで、それが

写真 8-24　南野田白山神社にある天伯神社

写真 8-22　弘化 3 年に描かれた松島屋持山

和讃講に引き継がれていったようである。

四　和讃講

和讃講の講員は、毎月二一日に集まって、松山公園入口の親大師に参り、それから宥泉寺の大師堂にお参りした。盛大にやるのは、初大師（一月）、仕舞大師（一二月）、春秋の彼岸だが、病気の人の平癒を祈願するときは、般若心経を百回（人数×回数）唱えた。また、昔は「寒行」を行ったといい、松山公園の七四番は、「中部寒行連」とある。依田さんによれば、寒行で自宅に和讃講の人たちが来たのを見たことがあるといい、家の中に入って御詠歌を唱えたという。また、玄関先でお参りする場合は、一人が家に入り、弘法大師のお札を渡して喜捨を得たという。集めたお布施は、松山公園の仏像の新設や、祠の修復などに充てた。現在講員は八人になり、高齢化のため月々のお参りに参加できるのは三人くらいになってしまったという。

写真 8-23　絵図にある亀ノ甲天伯

第三節　天白信仰

天竜川河口にある掛塚の旧廻船問屋津倉家は、材木商も営んでいたので北遠に山林を所有していた。北条峠から池の平に向かう林道は現在整備中であるが、その林道の西側斜面、天竜川に面した四〇町歩余の山林が津倉家所有の山である。字名でいうと「ヨリガタケ」、「ホウキガクボ」というが、幕末の安政三年（一八五六）に地元の地主から買収したもので、その売渡証文と付属の絵図が当家に残されている。絵図は、弘化三年（一八四六）と安政三年にそれぞれ描かれた二種類が存在し、その絵図には、尾根の近くに「沢井天白」「野田天白」「亀ノ甲天白」が書き込まれているが、これは現在も沢井、野田《のた》、芋堀《いもほり》の集落が祀っているものである。この周辺には、ほかにも「天白」が祀られており、今田には、当道家個人が祀っている「当道天白」と、村全体で祀っている「河田天白」がある。何れも険しい山の上に祀られており、村からは一時間以上かけて登っていかなければならないところである。

今田の竹田恒男さん（昭和二二年生まれ）によると、亀ノ甲天白は、今田から登っていくが、一時間半くらいかかる尾根の上にあり、そこからは天竜川を見下ろすこと

写真 8-25　相月守屋邸の庭天伯

ができるという。今は芋堀の人たち十人くらいが参拝するが、かつては村の人総出で列になって登っていったという。当道家が祀っている「当道《とうどう》天白」も「当道の森」といわれるところにあって、登るのに一時間ほど要するようだ。村の天白である「河田天白」は、五、六年前に禰宜《ねぎ》様に頼んで一の宮（花の舞を行う神社）の脇に降ろしてきたという。武田さんが父親から聞いた話では、戦前の頃は、子供も含めて村中の人が河田天白にお参りしたといい、御馳走などを背負い上げて、天白様のもとで酒を飲んだり御馳走を食べたりして、にぎやかに過ごしたという。子供たちは、お菓子や餅、干し柿などを分けてもらったという。

中部の平賀孝晴さん（昭和八年生まれ）によると、古来「天白は暴れる」といわれてきたという。この地域は中央構造線の上にあり、その東西では土質がまったく異なる。地元の人は、「東山」（中央構造線の東側）と「西山」（中央構造線の西側）といって区別した。「東山」は土がいいので「焼畑の適地」であり、「杉は植えるな」と言い伝えられ、それを野田の人たちは固く守ってきたという。

中芋堀の板倉英雄さん（昭和七年生まれ）は、野田から池の平の地域で山づくりを経験し、山林を伐採した後山焼きをして、粟や稗を作ったという。夜通し火を焚いて猪を追った。しかし、「西山」には焼畑は作らず木を植えたが、天白はいずれもこの「西山」の峰にあるのである。この地域での「暴れる」という意味が分かるような気がする。

相月には「庭天伯」が祀られている。相月の守屋登さん（昭和三年生まれ）は、相月諏訪神社のカギトリの家柄であるが、神社を見下ろす高台に住居がある。その玄関先に御幣が建てられているが、これが「庭天白」であるという。荒神祭の時に天白様に御幣を上げるのだという。相月周辺では多くの家で行っている信仰という。

中部にも、馬背神社の奥に天白神社がある。中部の鎮守であるといい、かつて松山にあったものを降ろしてきたというが、更にその前は信州の平岡から持ってきたと伝えている。今田の「河田天白」も信州の遠山谷から持ってきたとの言い伝えがある。沢井天白の祭りは、現在では一一月の第二土曜日、霜月祭りが終わった後に行っており、以前も一一月二三日の霜月祭りの日であったといい、他の天白様も霜月祭りの後で祭りを行っている。切開の祢宜、守屋貞一さんは、以前は、「山の講」と一緒の日にやっていたのではないかという。山の神は普通女神といわれるが、それに対して天白は男の山の神だといわれていたという。平賀孝晴さんはおばあさんから、「ヤマンバが大ボラ山に入っていくと、ここは男臭くてかなわんといった」という話を子供の頃に聞いた覚えがあるという。「大ボラ山」の岩の上には向皆外の天白神社が祀られている。

第四節　荒神祭

城西地区では、一月から二月にかけて各家庭において「荒神祭」が行われた。相月の守屋隆夫さん（昭和二三年生まれ）によれば、荒神祭は「家内《やうち》荒神」といって、うちの中のかまど神などを祀るものという。一升枡《ます》に豆か米を入れ、それに幣串《へいぐし》を挿して神前に置き、祝詞《のりと》を奏上し、玉串を奉奠する。その幣串を家の周りに置くが、小正月にニューギを供えたのと同じ場所に供える。その後、疫神除けのお札を東・西・南・北・中央の五方の柱に貼る。この祭りは自分でやるものではないといわれ、必ず禰宜様を頼んできてもらい、幣串も、家では材料だけを用意して、祢宜様が作ることになっている。ところが近年では、その祢宜をやる人がいなくなり、荒神祭もできなくなりつつあるという。

今田の竹田恒夫さんによれば、荒神祭は御幣の製作などもあり、一軒の家の祭りを行うのに半日を要するという。かつては、祢宜様は毎日各家庭を回って祭りを務めたが、近年では勤めを持っている祢宜様も多く、平日の実施は難しくなって、今田でも続けているお宅はごく少数になってしまったという。

そういう中で、この地域の信仰や行事を何とか残していきたいと考える「歴史と民話の郷さくまを守る会」（理事長　奥山浩行さん）は、佐久間の民俗伝承館において、毎年この行事を行っている。平成二八年は二月一五日に行われ、野田地区の人たち十数人が参加した。

この日は、地元の高氏玉一郎さん（昭和七年生まれ）が祢宜を務め、神殿の前に祭壇を作り、海の幸、山の幸を供え、大豆を入れた一升枡に幣串を挿したものを神前に供えた。高氏祢宜が祝詞を奏上し、玉串を奉奠し、参列者がこれに倣った。御祈祷が終わると、伝承館や付属の施設などをお払いし、伝承館と道路を挟んだ東側にある地蔵菩薩にも祝詞を上げ、玉串を供えてお払いをした。お払いをした後に、東西南北の柱にお札を貼り、幣串（オタカラ）を建物の周りに配置した。【

写真 8-26　大豆の入った一升枡に
幣串を挿す

写真 8-27　地蔵菩薩を祓う高氏禰宜

写真 8-28　祓った後に幣串を置く

写真 8-29　東西南北中の柱にお札を貼る

写真 8-30　南方の柱に貼られた迦具土命のお札

写真 8-31　除夜の鐘が撞枯れる

写真 8-32　仏前に供えられた年越しの膳

『佐久間町史下巻』には、「方位神」、「かまど神」と書かれているが、このお札には「疫除」と書かれており、厄病除けも含まれているようだ。竹田さんによれば、荒神祭は、家の中にあるすべての神をまつるものだという。因みに、東・西・南・北・中央のお札に書かれた神は、木・火・土・金・水神で、五行説に基づいた神々が想定されている。

水窪でも同じような祭りを行っているが、「春祈祷」とか「宅神祭」と呼んでいる。佐久間でも「祈祷（ハルキット）」とも呼ぶようである。年の初めに家中のすべての神をまつり、住居や生活の拠点を祓い清めて一年の無病息災を願ったものと考えられる。

第五節　大般若祈祷会

佐久間の寺院では、正月に大般若経の転読をするというので、平成二七年（二〇一五）の大晦日に、中部の宥泉寺を訪ねた。住職によると、この行事は「大般若祈祷会」といい、以前は一月三日の一〇時から行っていたが、檀家の人たちも何度も出てくるのは大変なので、大晦日の除夜の鐘と一緒にやることにしたという。平成二七年の大晦日、夜の一一時三〇分ころから檀家の人たちが集まり始め、一二時近くなった頃には大勢の人が境内に集まってきた。一二時になって二八年の新年を迎えると、集まった地元の人たちがかわるがわるに除夜の鐘を撞いていた。

除夜の鐘が鳴り始めてから五分くらいして、祈祷会が始まった。本堂には二〇人ほどの檀家の人たちがいたが、この方々は寺の護持会の理事をしている人たちということだった。仏前と位牌堂には年越しの膳が供えられ、ご本尊の横には大般若経を守護するという「十六善神」の掛軸がかけられている。住職の話では、この軸はかなり古いものだという。

祈祷会が始まると、最初に般若心経が読誦され、その後大般若経の転読が始まった。転読をするのは住職お一人である。これが終わると参列者が仏前に焼香し、位牌堂にもお参りする。最後に、檀家各家々の先祖代々の霊を読み上げて終わった。

水窪では、地蔵講や初午、涅槃会に併せて大般若の転読を行っていたが、佐久間では各寺院とも正月の三が日のうちにやるようである。山香の明光寺では、年が明けてすぐに大般若経を転読し、これを三日間続けるという。浦川の円光寺や峰の金桂寺では三日の午前中に行うという。水窪では近隣の住職が集まってにぎやかにやるが、佐久間では住職一人の場合が多いという。

写真 8-33　十六善神の掛軸

写真 8-34　大般若の転読をする宥泉寺の住職

第九章　祭礼と芸能

第一節　概要

佐久間町の観光協会ホームページでは、毎年おこなわれている佐久間町内の行事等の案内が掲載されている。これらの案内の中で世に知られている祭りは「川合の花の舞」であり、佐久間町の各集落で行われている夏の花火大会である。この「川合花の舞」や「花火大会」も、後継者不足、過疎化による高齢化などにより、維持継続が大変な時となっている。

一方、あまり世の中に知られていないが、春夏秋冬に集落毎に行われてきた祭りが数多くあり、水窪をはじめとする北遠地域の貴重な行事として残されている。あるいは、近年まで残されていた。

これらの祭りは、単一の集落の祭りであったり、家としての祭りであったりしたことから、その地域の人以外にはあまり知られずに執り行われてきた。本章では、これらの祭に視点を置いて取り上げていきたい。

佐久間町は、明治以降、王子製紙の進出、久根鉱山の繁栄、佐久間ダム工事、このダム工事に伴う飯田線の付替え工事など、山間の集落に、大都会からの技術・資本・文化が何層にもわたって入ってきたことにより、従来の文化が変容して来た経緯がある。現在でも、これらの技術・資本・文化と直接接した地区と、そうではなく従来の文化が残っている地区とでは大きな違いが見られる。また、文化的にも、信州の文化に接していた城西地区、三河の文化に接していた浦川地区など、佐久間町とひとくくりにできないほど地域ごとに大きな違いがある。

信仰においても、古くから信仰の道「秋葉街道」として信州側から多くの巡礼者が訪れており、また、三河からも秋葉参りが盛んであった。これらの道は、古くは北からも南からも修験者が通る道としても利用され、中世から文化が伝搬した道でもある。また、尾張からの津島信仰等の通り道ともなった。

佐久間町は、天竜川中流域の険しい山岳地域に位置しているが、川に接している所では、水運の要衝として筏の中継基地ともなり、多くの人が行きかう接点となった。一方、天竜川等に面しているものの稲作に適した土地が少なく、古くから焼畑などにより栽培した稗・粟・黍・蕎麦・大豆等の雑穀に依存してきた。この自然条件の厳しさの中で、人間の力ではどうすることもできない自然の力に対する畏敬の念、恐れの念も根強く、この中から神仏に対する加護を願う信仰心が培われてきた。

この様な環境の中で培われてきた佐久間町の文化・信仰の中から、次の事例を取り上げ、現在も残されている芸能・文化の一部を紹介することとする。

「花の舞」 花の舞は、神々を迎え、五穀豊穣や無病息災を祈願して湯立て神事を行い、各種の舞を奉納する湯立神楽であり、三河の花祭と同じ系統である。かつては佐久間町内七ヶ所で行われていたが、現在は、今田と川合の二ヵ所で実施されている。

「湯立て神事」 湯立て神事は、釜で湯を沸かし、その湯を用いて無病息災や五穀豊穣などを願う神事である。佐久間町内では、旧城西村と旧山香村で継承が多い。また、旧城西村の旧奥領家村地区と、その周辺の湯立て神事とでは、一線を画す様な趣がある。そのほか、佐久間町の南に位置する旧天竜市にも湯立て神事を行う集落が点在している。

「神楽舞（獅子舞）」 愛知県の小坂井神楽の流れをくむ神楽舞が、佐久間町内一〇ヵ所の祭礼で舞われている。なお、旧城西村の御鍬祭りに関して記された「伊雑皇太神宮勧請記」が残されている。また、単なる神楽舞にとどまらず、神楽狂言が一時広まった時期があった。

「祇園祭り」 祇園祭りは、神に疫病を鎮めてもらおうとすることを起源とする夏の祭りであり、青垣山を作り祀る古い形の祇園祭りが、旧城西村・島集落に残っている。一方、旧浦川町・旧佐久間村では、祇園祭りを中心とした夏祭りが祭りの中心となっている。なお、津島神社の御師・氷室家の遠州地域の旦那場を巡った江戸時代の日記が残されている。

「盆行事」 佐久間町内では、遠州大念仏の様な念仏踊りは江戸時代で衰退したが、新盆を河原で送る行事や、集落ごとに西国三十三ヶ所御詠歌などの和讃を唱えて新仏を送る行事などが残されている。

第二節　花の舞

佐久間町の花の舞は、愛知県奥三河の花祭、長野県天龍村のお潔め祭り、長野県遠山霜月祭、静岡県水窪町の霜月祭とともに三遠南信地域に広がる湯立て神楽の一種で

地区	字	神社名	祭礼日	神楽舞	湯立て	花の舞
城西地区	芋堀	日月神社	10月第2土日曜日	○	○	
	芋堀	若宮神社	10月第2土日曜日			
	中芋堀	大森神社	11月最終日曜日		○	
	中芋堀	日光神社	11月最終日曜日		○	
	中芋堀	御鍬神社	10月第2土日曜日	○		
	向皆外	金吾八幡宮	11月最終日曜日		○	
	向皆外	御嶽神社			○	
	向皆外	大洞若子加賀守神社	4月第2日曜			
	松島	白山神社				
	切開	八幡宮	10月第2日曜日		○	
	切開	山の神			●	
	横吹	白山神社	11月第2日曜日		●	
	横吹	諏訪神社	11月第2日曜日			
	相月・島	八幡神社・熊野三社神社	11月第3土曜日	○	○	
	相月・島	天白神社	11月第3日曜日			
	相月・上日余	諏訪神社	7月最終土日曜日 & 11月最終日曜日	○		
	相月・上日余	梵天様	11月第1日曜日			
	今田	一之宮	11月第2土日曜日			○
	今田	二之宮	11月第2土日曜日			○
	今田	天伯神社				
	沢井	白羽神社				
	沢井	池大明神	11月第2日曜日		●	
	中野田	稲荷神社				
	中野田	池乃大明神				
	大沼	八幡神社	11月第2日曜日	●	○	
	南野田	白山神社	11月第2日曜日			
山香地区	戸口	明神神社				
	大滝	八坂神社	10月第2日曜日		○	
	大輪	八坂神社			○	
	名古尾	天満の神・諏訪神社	10月第4日曜日		○	
	名古尾	天王さん	10月第4日曜日			
	大萩	諏訪神社			○	
	舟代	諏訪神社	10月・体育の日		○	
	岩井戸	八幡神社	10月第1日曜日		○	
	西渡	貴船神社	9月第2土日曜日	○	○	
	西渡	八幡神社	9月第2日曜日			
	西渡	稲荷神社				
	瀬戸	諏訪神社	10月第2日曜日			
	瀬戸	稲荷神社				
	舟戸	金毘羅宮	9月第2日曜日			
	仙戸	上野神社・津島神社	10月第4日曜日	●	●	
	福沢	諏訪神社	10月第3日曜日	○	●	
	鮎釣	子安神社	11月第2土曜日	○	○	
	和泉	日光神社	11月第2日曜日		●	
	間庄	熊野神社	10月第2日曜日	●	○	

表 1(1)　佐久間町 神社一覧（平成 26 年基準）その 1

地区	字	神社名	祭礼日		神楽舞	湯立て	花の舞
佐久間地区	羽ケ庄	日月熊野神社	10月第2土日曜日	●			●
	峰	八坂神社	11月第2日曜日	●			●
	峰	埴安天王地神					
	下平	龍王観世音	10月第3日曜日	●	●		●
	下平	聖不動明王					
	上野	唐渡神社	10月最終日曜日		●	●	
	久根	久根鉱山山神社					
	久根	稲荷神社					
	佐久間	佐久間神社	8月最終日曜日	●	○		
	佐久間	別所稲荷神社	初午				
	佐久間	南宮神社					
	佐久間	子安神社					
	佐久間	阿多古神社・住吉神社					
	佐久間	水の神・山の神					
	佐久間	正八幡宮					
	佐久間	佐久間電源神社					
	山室	熊野神社					●
	半場	大日神社	7月最終土日曜日 & 11月第3日曜日	▲ ●	○	○	
	神妻	神妻神社	10月16日	●			●
	中部	馬脊神社	8月第2土日曜日			●	
	中部	天伯神社	8月第2土日曜日				
	中部	松茂神社					
浦川地区	川合	八坂神社	10月最終土日曜日	●			○
	島中	津島神社	7月最終土日曜日		●		
	町区	五社神社	8月第1土日曜日				
	柏古瀬	南宮神社	8月第1土日曜日				
	上市場	熊野神社	7月最終土日曜日				
	沢上	八王神社	8月第1土日曜日				
	出馬	玄馬稲荷神社	3月第1日曜日				
	吉沢	八坂神社	8月25日				
	相川	諏訪神社					
	河内	池之大明神社	8月第1土日曜日				
	早瀬	三嶋神社	7月第4土曜日				
	川上	八幡神社	7月第四日曜日				
	地八	産土社					
	和山間	八幡宮	すでに中止				
	和山間	大正社	すでに中止				
	川合蕨野	六社神社	10月中旬・				

神社名が不明な所がかなりあるため、それらは一覧表から割愛した。

神楽舞・湯立て・花の舞に記載してある印は、実施しているものを○、かつて行われていたものを●とした（平成26年基準）。

祭礼の日は、年度により変更がある場合があるため、地域の自治会に確認のこと。

表 9-1(2)　佐久間町神社一覧（平成 26 年基準）その 2

旧村名	現区分	集落名	2010年(平22)		1963年(昭38)		1872年(明5)	
			世帯	人口	世帯	人口	世帯	人口
浦川村	佐久間町浦川	吉沢	18	33	65	337	46	236
	佐久間町浦川	川上	49	115	79	413	42	224
	佐久間町浦川	出馬	33	75	42	228	28	157
	佐久間町浦川	沢上	14	37	17	87	19	103
	佐久間町浦川	上市場	67	161	86	445	29	142
	佐久間町浦川	町区	175	435	239	1,146	53	242
	佐久間町浦川	柏古瀬	91	212	174	739	22	117
	佐久間町浦川	小田敷	10	27	11	126	10	60
	佐久間町浦川	島中	41	95	59	305	23	126
	佐久間町浦川	河内	31	75	49	245	5	30
	佐久間町浦川	地八	10	16	22	131	21	107
	佐久間町浦川	和山間	X	X	23	131	26	161
	佐久間町浦川	早瀬	46	107	53	297	35	191
川合村	佐久間町川合	川合	81	180	118	627	52	250
	佐久間町川合	田島	X	X	66	281	17	99
半場村	佐久間町川合	神妻	35	60	7	36	7	46
	佐久間町半場	半場	131	296	168	699	41	203
中部村	佐久間町中部	中部	276	640	327	1,568	73	312
佐久間村	佐久間町佐久間	佐久間	223	444	374	1,548	63	328
	佐久間町佐久間	下平	19	47	32	153	22	104
	佐久間町佐久間	峯	16	37	29	141	25	125
	佐久間町佐久間	羽ヶ庄	10	24	28	176	26	133
	佐久間町佐久間	山室	X	X	X	X	8	62
	佐久間町佐久間	上野	10	22	22	114	9	55
	佐久間町佐久間	片和瀬	X	X	216	909	10	57
	佐久間町佐久間	久根	X	X			X	X
戸口村	佐久間町戸口	戸口	21	43	54	264	30	133
上平山村	佐久間町上平山	上平山	32	74	84	470	68	227
大井村	佐久間町大井	大滝	18	45	36	192	23	123
	佐久間町大井	大輪	6	13	134	573	X	X
	佐久間町大井	平和	X	X	25	117	6	32
	佐久間町大井	仙戸	9	17	17	101	6	27
	佐久間町大井	福沢	21	50	48	261	18	118
	佐久間町大井	鮎釣	24	53	18	95	8	40
	佐久間町大井	和泉			28	146	27	161
	佐久間町大井	間庄	11	27	24	128	24	128
	佐久間町大井	瀬戸	23	37	58	308	28	153
	佐久間町大井	西渡	72	149	179	787	35	178
	佐久間町大井	舟戸	25	49	91	387	7	21
	佐久間町大井	落合社宅	X	X	43	166	X	X
奥領家村	佐久間町奥領家	野田	77	197	99	592	78	443
	佐久間町奥領家	芋堀	53	164	85	390	47	202
相月村	佐久間町相月	松島	97	226	155	827	65	355
	佐久間町相月	横吹	42	89	105	657	74	459
	佐久間町相月	相月	69	178	118	635	62	414
合計			1,986	4,549	3,707	17,978	1,318	6,884

表 9-2　佐久間町世帯数・人口推移

写真 9-1　川合　八坂神社

ある。この花の舞は、祭りが行われる舞処の中心に湯釜を据えて湯立てを行い、湯清めの舞と祈祷とを行うことにより、太陽の生命の回復とともに人間の生まれ清まりを祈願する神楽である。

　この湯立て神楽の起源は、中世の頃に湯立て神楽を生業とする修験などの宗教者たちが山村にもたらした呪術的な神事が、在地の信仰と集合して成立し、定着したと言われている。

　「川合花の舞」を中心とした佐久間町の花の舞は、奥三河で行われている「花祭」の流れを汲むものである。「花祭」は、神々を迎え、五穀豊穣や無病息災を祈願して湯立て神事を行い、各種の舞を奉納する湯立神楽である。

　佐久間町には、七ヵ所で花の舞が行われていたと言われているが、現在は、川合と今田の二ヵ所のみで花の舞が行われている。そのほかの集落では、峰が平成一七年（二〇〇五）以降中断となっているほか、山室《やんぼろ》が佐久間ダム建設のために昭和二九年（一九五四）の祭りを最後に離村した。そのほか、羽ケ庄・下平・神妻においては、明治の終わりから大正初期にかけて廃絶したと言われている。ただ、廃絶後も、湯立て神事と花の舞を行った時の面が残されている所が多い。

一　川合花の舞

（一）川合花の舞の由来

川合花の舞は、佐久間町川合に鎮座する八坂神社に伝承されている湯立て神楽である。この祭りは、この地方に多く分布する霜月神楽である。昔は、旧暦一一月一四日から一五日が祭礼であったが、現在では一〇月の最終土曜日に行われている。この祭りを行う時期が移動した理由は、川合集落では夏の祇園祭り（『川合郷土史』によれば、八月一三日）と冬の霜月祭り（花の舞）の祭りを以前は行っていたが、年に二つの大きな祭りを維持するのが大変であったからだという。

　このため、昭和四四年（一九六九）まで夏の祇園祭りを行っていたが、この祇園祭りを中止し「花の舞」だけを祭りとして行うこととなり、従来あった二つの祭りの間の時期である一〇月という早い時期に行う様になった。なお、昭和六三年（一九八八）からは、祇園祭りの時に引きまわしていた屋台を復元し、地域の活性化のために八月一三日に夏祭りを行っている。この夏祭りの復活には、数年の時間をかけて地域の若者の集まりである可祝連が寄与したと聞く。

　この川合の花の舞は、奥三河の「花祭」の影響を色濃く残しており、「花祭」の亜流と表現しても良い。この祭りを「花の舞」と呼んでいるのには、祭りの中に子供に花笠を被って踊らせる「花の舞」という演目があり、この舞が強調されたためこの名称が付いたという説がある。なお、奥三河の「花祭」や長野県天龍村坂部の「冬祭り」、愛知県豊根村大谷（旧富山村）の「御神楽」等にも「花の舞」と称する舞があり、いずれも子供が花笠を被り舞う舞が伝承されている。

　現在の川合の「花の舞」は、集落の上に鎮座する八坂神社の境内に、注連縄で仕切られた舞処が設けられており、この中心に湯立ての釜が据えられている。この釜の上方には湯蓋《ゆたぶさ》が吊り下げられ、四方の柱に掛けられた注連縄には「ざぜち」という切り紙が取り付けられる。この空間を舞処として「花の舞」が執り行われる。この川合花の舞は、昭和五一年（一九七六）静岡県無形民俗文化財の指定を受けている。他の地域のお年寄りから聞いたところによれば、無形民俗文化財の指定を受ける前の衣装は粗末な物であり、指定後に今の形になったとの話がある。

　一般に、奥三河の「花祭」は、以前は「花宿」と言われる民家において実施していたが、今では公民館等の建物の中で実施している。この川合でも、明治の中期までは平賀釟三郎氏の家（川合の集落草分けの家、八坂神社の鍵取り）を花宿として花の舞を行っていたという。しかし、土間で花の舞を行っていた際に釜の火により火事となり、集落の人により消火したとも聞く。その時の燃えた跡が今でも平賀釟三郎氏の家の土間の天井にあるという。この後は、八坂神社境内の場所に移して「花の舞」を行う様になったと言われている。

もともと川合の「花の舞」は、半場地区神妻神社の「花の舞」を継承したものと言われているが、明治中期頃に清水仲太郎氏を介して大入系（愛知県北設楽郡東栄町を流れる大入川流域の花祭）の舞を取り入れたと言われている。川合から四キロ上流で大入川と大千瀬川が合流することもあり、川合では大入系の集落との接点があった。この大入集落は、川合の北側の山を越えたところにあったが、第二次大戦後に離村により消滅している。この大入集落では、川合と同様に、天竜川に浜水を汲みに来たとのことである。なお、この大入集落で使用していた花祭りの衣装等一式は、愛知県東栄町の花祭り会館に展示されている。

大入系の花祭りの舞を取り入れた川合であるが、今でも鬼の舞だけは神妻系統を守っているとされている。この神妻系の鬼の所作の特徴を聞くところによれば、「川合の鬼の舞は、他よりテンポが早い。マサカリを上にあげて振り廻すのが特徴。」とのことである。大入系の舞を取り入れたり、神妻の鬼の舞の所作を取り入れている理由として、川合集落が、多くの川の合流点であり、文化の交流点であったことがあげられる。このため、「東西南北の文化の交流により色々な舞の形に変化していき、今の舞の形になったと思う」との話を聞いた。

この様な祭りを守る川合の集落は、天竜川とその支流である大千瀬川との合流点にあり、元は豊田郡に属し、川合の対岸の田島村に代官所が置かれ、古くは木材を運搬する筏運送の中継基地であった。

そのほか、川合では出花（花の舞を行わない他の集落の求めにより、その集落に赴き、花の舞を行うもの）も行っており、佐久間区半場では、川合の人に頼んで花の舞の出花に来てもらったことが一回あるとの話を聞いた。出花に関しては、愛知県東栄町の古戸集落や小林集落が他の集落に赴いた記録も残されている。

そのほか、「湯立の歌楽」の歌詞の中には、「湯の父の湯衣は綾か錦か綾にまいたる湯の羽衣　湯の母の湯衣は綾か錦か綾にまいたる湯の羽衣　とんとんとやれ　それが玉とりよ　火ぶせが玉か　それが玉とりよ」という言い廻しがある。水窪の霜月神楽、城西地区の霜月祭りでは、「玉とり」という次第があり、氏子が、「玉取りとりよ、そでで玉とりあいだ。」と言いながら、湯で場を清めて廻っている。

（二）花の舞の演目

現在の「花の舞」は、まず浜水汲みから始まる。戦後しばらくまでは、天竜川と大千瀬川合流点の特定地点に浜水汲みに行っていた。しかし、今は川合院〔せいごいん〕の井戸から浜水を汲んで釜の水としている。この浜水汲みの後、宮司により釜祓いと称して湯立ての釜を祓い、火伏せの祈祷を行う。

舞の演目は一八あるが、基本的な舞の構成は「地固めの舞」「二ツ舞」「三ツ舞」「山見鬼」「四ツ舞」「榊鬼」「おかめの舞」「湯立の舞」である。

各種の舞の形式として、「地固めの舞」は、法被にたつっけをはき、白鉢巻をしめ、草鞋《わらじ》をはいた男一人が舞処を祓うために太鼓のバチを持って舞われる。このバチを太鼓の叩き手に渡して初めて太鼓が楽に加わることができる。「二ツ舞」（扇の二つ舞、八千代の二つ舞、ホウズカの二つ舞、金山の二つ舞）は、二人の舞手が、法被《はっぴ》にたっつけをはき、たすきをかけ、白鉢巻をしめ、草鞋をはき、右手に扇、左手に鈴を持って舞う。「花の舞」では、幼児または小学生の低学年の児童三名が当たる。法被にたすきがけ、たっつけをはき、頭に鉢巻をしめ花笠をかむり足に草鞋を履《は》く、演目を通じて右手に鈴を持ち、左手に八千代（木製刀）、ボウズカ（色紙の飾りが付いた木製刀）、金山（剣）を持って釜の廻りを舞うものである。

「三ツ舞」（扇の三つ舞、花の三つ舞、八千代の三つ舞、金山の三つ舞）は、「二ツ舞」が二人で舞ったものを三人で舞う舞である。金山の三つ舞では、舞に堪能な者があたり、この後の山見鬼の松明持ちとなる。なお、舞の演目にある「花の三つ舞」は、子供による舞であり、小学校低学年の子供を中心とした舞子が舞うこともあり、父兄を始め多くの観客が集まる。子供たちは一〇月の中旬から練習に励むという。

「山見鬼」では、伴鬼二匹が鉞《まさかり》を持って舞処を舞った後、山見鬼が舞処に現れる。山見鬼は、松明を持った者に足先を照らしてもらいながら舞処に入り、反閇《へんばい》を踏み、鉞を振り回しながら舞う。その後、天井から吊り下がった蜂巣を鉞で叩き落し乱舞する。（『角川古語大辞典』によれば、「反閇」とは、護身法とともに、陰陽師《おんみょうじ》の行う

写真 9-2　川合　花の舞

写真 9-3　川合　神前に置かれた鬼の面

代表的な呪法。中国の反閉局法（遁甲式占）の影響をもちつつ独自に成立した結界の構成法で、呪文を唱えながら特異な足取りで大地を踏み鎮める。これを「反閉を踏む」といった。陰陽師の持ち物によって、大・中・小に分れ、五足（五字）・七足・九足、また三足の踏み方があるとしている）

「四ツ舞」（扇の四つ舞、八千代の四つ舞、ホウズカの四つ舞、花の四つ舞、金山の四つ舞）は、青年四人で舞われる舞（花の四つ舞は子供が舞う）であり、他の舞と同様に八千代（木製刀）、ボウズカ（色紙の飾りが付いた木製刀）、金山（剣）を取り換えながら舞う。

「榊鬼」は、山見鬼と同様に舞処に現れ、重々しく反閇という呪術的な足踏みを神《かん》坐《ざ》で踏む。神坐で五方を静めおえると、榊を鉞に持ちかえ、神坐より釜の四囲へと反閇をくりかえしつつ踏み静め終わる。その後舞処に太夫（禰宜《ねぎ》）が現れ、祢宜との問答となる。問答に打ち負かされた鬼は、舞処で大鉞を天地にふって乱舞する。鉞を小型の物と持ち替え、乱舞して湯釜の火を掻《か》き散らす。なお、現在では、鬼の舞とて、子供が鬼に扮して舞う演目が追加されている。これは、舞手の後継者育成や観客動員等の意味合いがあると感じる。

写真 9-4　川合　榊鬼と禰宜の問答

「おかめの舞」は、おかめ、翁、鈿女《うずめ》、おたふくの四人による面形の舞である。四人は手に味噌のついた御幣餅を持って舞い、一踊りした後、味噌を参詣者になすりつけて舞処を廻る。これは、御幣餅を男根に見立て、女性に振れて廻る、豊穣予祝の所作の変形したものと見られる。

最後の舞は、「湯ばやしの舞」の舞と言われ、四人の成人が手に湯たぶさを持って舞う。この舞の最中に禰宜が登場し、湯釜に向かい火伏せの法を行い、これが終わると、湯釜の湯を御串でかき回す。手桶に三六杯汲み、御串で釜の廻りをなぞる。祝詞を唱えて火伏の法は終了する。なお、この火伏せの法が終わると、「湯たぶさ」を持って舞っていた四人の者が、釜に「湯たぶさ」を浸け、参詣者に向かって「湯たぶさ」にしみ込んだ湯を振掛ける。この湯を浴びると一年不病息災となると言われている。

これらの一連の演目が終了した後、すべての舞が終わると湯上げが始まる。釜の周りに大夫、禰宜の他、保存会、舞手達が並び、中央の釜に湯をたぎらせ禰宜によって祈祷がされる。舞子は釜を囲み鈴を打ちならしながら「この世にせいずる為こそめでたけた　日頃のけだいを　けずりまします。」と三回問える。湯立てでは三六杯の湯を玉取りとして手桶に汲み、手桶を持って本殿で祝詞を唱える。その後、釜の所に帰り、九字を切り神事が終了する。

そのほか、舞処で執り行われる花の舞と並行して、午後八時頃に八坂神社で神事が執り行われ、氏子入りや浦安の舞が奉納される。翌日には本祭りが行われる。

なお、花の舞で舞われる各舞の舞ぶりも定めがある。三つ舞（子供）を例にとると、次の様に細かな舞方が定められている。

三つ舞（子供）

一　宮ならし（四方型めの舞）

イ・出の舞　ロ・振りならし　ハ・扇かえし　ニ・悪魔切り

二　三拍子

イ・輪の舞　ロ・イナダキ　ハ・巴の舞　ニ・シャクミの舞

三　イナダニキの舞

イ・イナダキの一人舞　ロ・イナダキの三人舞

四　ソウリ（テンポの速い舞）

イ・ソウリ　ロ・行きもどりのぼえまわし

五　三拍子

イ・出の舞　ロ・イナダキ

（三）花の舞の現状

平賀釟三郎氏の話によれば、川合の花の舞は、昔は集落の人が多かったことから、集落の一族で執り行っていた。今では、川合集落は六五歳以上の人が四〇％を占める高齢化の集落となっており、川合花の舞を守り通していくために集落全員が保存会に入っている。子供の舞の練習は二週間前から始まるが、小学生が三名となっているため、子供の舞を行うために、浦川から三～四人の子供に来て助けてもらっている。川合では、小学生、中学生が数えるほどの人数になり、このままでは舞手がいなくなってしまう状況である。このこともあり、以前は女性には舞を舞わせないことになっていたが、今では女の子も舞子になってもらっている。この女の子も他の地域から来てもらっている。なお、就職して集落を離れている人も、祭りが好きな人は、祭りの時に集落に帰ってきて、舞・太鼓・笛もしてくれているとのことである。そのほか、集落が高齢化したこともあり、指導者もそうであるが楽屋の高齢化も問題となっているという話をお聞きした。また、祭花作りができる人が一人になったということもあり、昔は結界として四方に取り付けられている注連縄に「ざぜち」が取り付けられていたが、現在は湯飾りにしか取り付けられていない。また、常設の花の舞の舞台が、舞処と外部を金属製のバーで遮断するような形で組まれていることもあり、花祭で見られるような舞を舞っている間に、せいと衆が舞子に合わせて舞処で舞う姿も見られない。

写真 9-2　川合　花の舞

（四）思い出

平賀釟三郎氏、水上宮司の話では、昔は、盆、正月、祭りは特別な食事を取ったり、祭りに合わせてやってきた行商から物を買うのが楽しみであったとのことである。祭りの日はいつもと違う特別な日であった。部落に花の舞が伝わったのも、修験者が生活に必要な食物を手に入れるために、集落の人と接触をする必要があったことが要因であると思う。祭りを介して五穀豊穣を願う人と、五穀豊穣に対して神と接触できる人との結びつきができたと考えていると話してもらった。

なお、アメリカ軍からの爆撃をいつ何時受けるかわからない時だった昭和一九年（一九四四）にも、川合では花の舞の祭りを中止しないで一舞だけ舞って祭りを守り通したと聞いた。

（五）川合花の舞の伝承

『川合郷土史』によれば、その昔、亀七が榊鬼を舞った折、問答中に禰宜の野中仙次郎を激しく突き飛ばし、鉞で頭部を突き、森の中を暴れ廻るのを村人多数で取り押さえて面を外したことがあったという。亀七は「ただ、足は宙に浮き、どうしてやったか自分自身で分からない。」といい、村人はこれに恐れをなし、神妻神社神官に願って鬼面を封じ込めたとの記述がある。

また、天王様は、蓬、タンポポ、クツワ虫を嫌っていると伝承されており、昭和初期まで部落には、蓬、タンポポはなく、クツワ虫は今もって棲息しない。そのほか、新榊鬼面は、神妻神社の花山家が山見鬼面を京都の彫刻師に依頼した事を、山下文五郎が聞き、同じ材を花山家より譲り受けてきた。神官の野中好太郎他で月花家の了解を得て、神妻神社の榊面を参考に半場の夏目徳太郎が彫刻したものであると言われている。この鬼面を彫られた方は、水上久雄氏の祖父惣次郎の弟である。

この伝承のためか、神妻神社の祭りが近づくと鬼面が踊りたくなり、面箱の中でコトコトと音を立てるそうである。『川合郷土史』の筆者である久保田忠氏の幼い頃、よく祖母より聞かされたとの記載がある。なお、水上宮司からは、神妻神社の鬼の面を、川合の花の舞で実際に使用したことがあるとの話を聞いている。

(六)川合花の舞への寄進者

『佐久間町史 資料編』に記載されている『「花祭寄附帳」川合の花の舞 文久三年(一八六三)』の寄付者一覧によれば、多くの集落から花の舞に対する寄進を受けており、川合近隣の集落では、佐久間、半場、神妻、峰、島中、浦川、上市場、中部、上野、小田敷、早瀬、浮留が記載されている。また、天竜川下流域では、現在の天竜区龍山町戸倉雲折《くもり》、天竜区相津、船明《ふなぎら》、二俣町鹿島《かじま》、磐田市掛塚からの寄進も見受けられる。このほか、水窪川流域からの寄進者としては、水久保(水窪)、間庄、大井(西村)の名前がある。愛知県では、東栄町東薗目《ひがしそのめ》、下田、新城市鳳来町大川合など、川沿いに寄進者が見られる。そのほか、下いかだ、江戸ふ川という地名の記載もされている。

これらの地名から、川合集落と、天竜川流域の川の流れに連なった集落とのつながりが見て取れる。前述の様に、川合が筏運送の中継地であり、交通の要衝であったことが、他の集落とのつながりを持つ要因となったと考えられる。

二 今田花の舞

(一)今田花の舞の特徴と歴史

今田の花の舞は、昔は集落の祭りとして一二月二五日から二六日に行っていたが、正月に近く気ぜわしいということから、昭和四八年(一九七三)から一一月二三日の野田地区の秋祭りの前夜祭を兼ねて一一月二二日に行うようになった。その後、一一月八日に変更になり、現在は、一一月の第二土曜日・日曜日に行う様になっている。

以前は、今田に鎮座する二つの神社のうち、一の宮を伊藤家が、二の宮を鈴木家が宮司として管理し、一年交代で祭りを行う場所を換えて花の舞を行っていたが、伊藤家が他へ転出したことから、鈴木家が二つの神社を管理し、一年ごとに二つの神社が交代で祭りをするようになっている。

この一の宮と二の宮は、直線で一〇〇m程度の距離しかないが、一〇数軒の小集落で二ヵ所の神社を維持している。なお、子安様は一の宮に合祀されており、鬼面等も一の宮で保管している。一方、火の王・水の王の二面は二の宮で保管されており、二つの面とも二の宮から出ることができないことから、一の宮の祭りの際は、火の王・水の王の舞は行われない。二の宮で行われる花の舞では、火の王・水の王の舞を本つるぎの舞の前に舞う様になっている。

今田の花の舞は、いつから始まったかは定かではないが、二の宮の宮司である鈴木家には、寛政一一年(一七九九)の霜月吉日の年号のある祭文が残されており、少なくとも江戸の後期からは祭りが行われていたと考えられる。

また、今田の花の舞の囃子は太鼓のみで行われ、笛は囃子に加わらない。今田の花の舞は山室から伝わったと言われているが、地元の人の話によれば、山室からは一部の舞が伝わったのみとのことである。また、「ねぎめん(禰宜面)」の問答では、「がくどうさまへ御礼申す。ふえぞう様に御礼申す。」というセリフがあり、太鼓や笛を奏でる囃子方の人に御礼を申す段がある。このことから、今の今田の花の舞には笛の囃子はないが、昔は何かしら笛が存在していた可能性を示していると考えられる。

そのほか、花祭系では、舞処を飾る「ざぜち」を丹念に切り作るが、今田では、和紙に墨で単純な鳥居の形、馬の絵等を描くだけとなっている。地元の人の話では、「昔からそうだ。派手にしないのが今田の流儀。」とのことである。奥三河の花祭の「ざぜち」も、下粟代の様に、新しく形を整えた集落では、より優美な「ざぜち」へと変容している。より単純な形を維持している今田の「ざぜち」は、より初期の形を維持している可能性がある。

なお、祭りの中心をなす「鬼面」の舞では、花祭系で行われる「テーホイテホエ」の掛け声がない。花祭では賑やかに行われる伴鬼の騒ぎや、せいと衆の騒ぎもなく行われる。「しめきり」では、剱により舞処に飾られていた湯蓋《ゆたぶさ》などを荒々しくすべて切り落とし、神が祭りの場に残らないようにする。花祭でも舞処の注連縄を切り、ひないおろしとして湯蓋を下す形はあるが、今田ではこの様な荒々しい神返しの形が残されている。

(二) 祭りの準備

祭りの準備は、前の週の日曜日の午前中から始まり、神社に集まって祭花作りをする。二の宮で祭りが行われる時は、幟を建てるための旗竿の竹を二の宮横の竹藪から切り出す。集落の人は神社に集まり御幣つくりや注連縄を編む。また、花の舞の冠は、古くなった旗を短冊状に裂き、これを土台の竹ひごに巻く様にして作る。祭花作りは以前は老人会も手伝って当日に行ったが、現在は人手が足りなくなったため前もって作っておくとのことである。

祭り当日は、午前中に飾りつけを済ませ、祭りに合わせて午後六時半に神社に集合する。今田では地滑り地域のためにコメを作るのをやめたことから、野田地区の他の集落から注連縄を作るための藁を分けてもらっているとのことである。また、舞の練習は、仕事が終わってから土曜日に練習を三回行うが、新人がいれば四回行う。「花の舞」と「銚子の舞」は、小学生が舞う舞であるが、集落に子供がいないため、集落から出た人の子供などに舞ってもらっているとお聞きした。

(三) 花の舞の演目

今田の花の舞は、神事と舞から構成されており、「天権祭り」「しめおろし」「神寄せ」「御湯探［おゆたて］(湯買銭)」「鎮め」の演目は神事であり、そのほかは舞である。

写真 9-6　今田　一の宮

次第の順に示すと、「天権祭り」は、拝殿内に太鼓を置き、その上に三角のタカラ(御幣)と神酒を置いて神を降ろす神事である。

「しめおろし」は、禰宜と神役人が舞処の四方に向かって拝礼し、注連縄に神を迎える歌ぐらを唱える。

「神寄せ」は、釜の前に禰宜と宮人が座り、太鼓に合わせて神々を祭りの場に呼び寄せる。花祭系の神事の中では念入りに行われる神事である。

「地がため」は、保存会の長老が一人で舞う舞であり、白衣に烏帽子を被り、右手に鈴・左手に扇を持って、東・南・西・北・中央の五方を浄めて舞う。

「花の舞」は、四人の子供が、白い上着を来て、花の舞のかぶり物を被り、右手に鈴、左手に扇を持って舞う。他の地域では「花の舞」として三人の年少者が舞うことが多い。

「やちご」は、子供四人が右手に鈴・左手に「やちご」(刀のモドキ)を持って舞う。

「扇の三つ舞」は、少年三人が、肩に赤い襷を掛け、右手に鈴・左手に扇を持って舞う。

「扇の手」は、青年四人が、肩に赤い襷を掛け、右手に鈴・左手に扇を持って舞う。

「御湯探(湯買銭)」は、禰宜が釜に向かい、修験の印を結ぶ。湯釜の上に神を集めて湯を献じる。その後、禰宜は湯に手を浸し、湯切りを行い、四方に湯を散らして清める。禰宜は「湯あげ」の願文を唱え、一メートル程の棒の先に紅白の幣を付けたものを用いて、釜の湯をかき回した後、大きな笹竹をもつ介添人が笹竹の葉を湯に浸し、周りの見物人にふりまく。この間、禰宜は氏子の願いを取り次ぎ、家内安全等の祈祷を行う。

「ちょうしの舞(銚子の舞)」は、子供四人が、花の舞と同じ衣装で舞う。一人は、扇の代わりに銚子を持って舞う。

「剣の三つん舞」は、大人三人が、右手に鈴、左手に剣を持って舞う。

「やくじん舞」は、大人二人が、藁を束ねたものに五色幣を刺した物を両手に持って舞う。

「かなやま」は、大人四人が、右手に鈴・左手には剣を持って舞う。

「みかぐら」は、大人三人が、右手に鈴・左手には扇を持って舞う。この舞のみ他の舞とテンポが異なり、山室から習い伝わったとされる。

「火の王・水の王」は、火の王が赤い装束で鉞を持ち、水の王が白い装束で柄杓を持って舞う舞である。なお、舞手は両親が健在な者が舞う。(同舞は、二の宮神社で

花の舞が行われる時のみ行われる）

「ほんつるぎ」は、大人四人が、右手に鈴・左手には剣を持って舞う。

「ねぎめん（禰宜面）」は、ねぎめんをつけた一人が、白装束に烏帽子をかぶり，右手に鈴・左手には幣を持って舞う。途中、羽織袴姿の長老が現れ「ねぎめん」と問答を行う。

「おに面（鬼面）」は、一人が、赤装束に鬼面をつけ，鉞を持って舞う。天地の悪霊を切り、舞処をひと回りした後、榊の小枝を持った禰宜が登場し、禰宜と問答し、四方を切り、舞い上げをする。

「かまあらい」は、成人四人が、藁で作った「湯たぶさ」を持って釜の周りで舞う。その後、「湯たぶさ」を湯に付けて、回りに湯を撒き散らす。

「しめきり」は、成人四人が、右手に鈴，左手に剣を持って、釜の周りで舞いながら，天井からつり下げられた「天蓋」、「ざぜち」、注連縄などを剣ですべて切り落とす。

「鎮め」は、「神送り」をするもので、禰宜と神事役が、「願ばたき」の祭文を五方に向かって唱え、神々をお送り出す。

写真 9-7　今田　天権まつり

写真 9-8　今田　花の舞

（四）本祭り

花の舞の翌日、本祭りが一の宮で行われる。神事自体は、禰宜が神社庁の式次第に従い、祝詞や神饌をあげるのみで、周りの者は太鼓と鉦を鳴らして調子を取る。合祀されている子安様に餅を供える。神社の軒先で、子供たちは、「べつしやへしゃ」と唱えながら榊を振り下ろして「柴の舞」を舞う。この後、お菓子をもらい帰る。これを「子安様のおさがり」という。

氏子入りがある時は、男の子は棒状の木を二本納め、女の子は底の抜けた柄杓を納める。水窪町の草木綾村神社など、周辺の集落でも同様なものを納める事例がある。

（五）伊藤意作宮司の文書

伊藤意作宮司は、一の宮を預かる家の宮司であった。この宮司は、昭和五年霜月吉日に「花乃御湯探」を、昭和三一年一二月に「寛政一一年霜月　御湯探秘法大事」と「寛政一一年霜月　祭式行事」を書き残している。

「花乃御湯探」は、祭典次第における祭文を中心に書かれている。例えば、天権祭の祭文としては、まず先に六根清浄大祓を唱えた後で、「謹正東方に十二八権　謹正南方に十二八権　謹正西方に十二八権　謹正北方に十二八権　謹正中央に十二八権

写真 9-9　今田　御湯探　湯を祓う

写真 9-10　今田　みかぐら

合わせて八十八天権八つが峯八つがたけ（嶽）受け取り給え今日のきく神、諸願成就皆令二満足一とうやまつて申す」と、五方にいる八十八天権に対して、諸願成就を願う祭文を書きとめている。

一方、「御湯探秘法大事」においては、印の唱え方や、祭花作りの注意事項が中心となっており、「祭式行事」では、大祓祝詞・六根清浄太祓・産生神祓等の祝詞が中心となっている。例えば、「御湯探秘法大事」では「ひながた」の作り方については、「ひながたは五色なり　青、赤、黄、白、黒の順で筆線の如くに切るべし」と記されている。

なお、現在では、「今田花の舞　花の舞　舞い形」と記された指導書があり、これを中心に花の舞が行われている。これは、祭り次第に沿って、舞の舞方の手順、問答の歌詞などが書かれている。例えば「花の舞」の舞方については、「二　花の舞（年少の子供があたる（花）五方　わ　さらさら　五方　わのあいぎり　四つがひら　あいぎり　びゃかい下のわのあいぎり」と、舞方の手順を示している。

（六）今田　花の舞に関して

川合の花の舞は、奥三河の花祭圏に隣接しており、愛知県東栄町大入から明治中期に花祭の舞が伝えられたこともあり、現在の形は、花祭の亜流として見てよい位置にある。

一方、今田の花の舞は、奥三河の愛知県豊根村曾川から山室を経て花祭が伝えられたというが、花祭の中心である笛の囃子がなく、鬼が一つの面に留まり、花祭における「山見鬼」「榊鬼」「茂吉鬼」の様に分化していない。また反閇を踏む所作がないなど、一般的な花祭とは異なるところがある。

今田は、旧城西村の野田集落の最北端に位置し、明治の大合併前の旧奥領家村に属している。旧城西村は、磐田郡城西・野田と周智郡相月が合併してできた集落であり、習俗としては水窪に近く、信州の文化圏に属している。

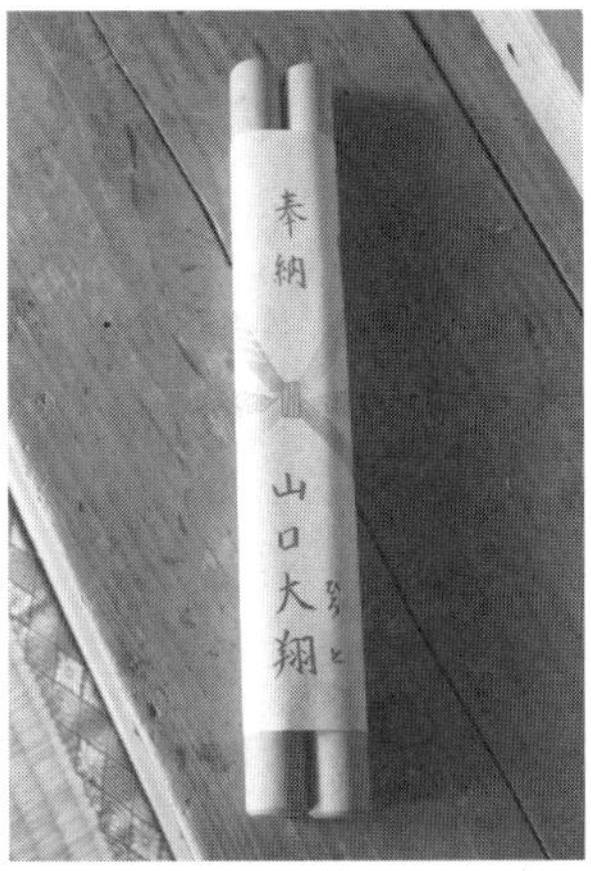

写真 9-11　今田　氏子入り　男子

写真 9-12　今田　氏子入り　女子

水窪町には、湯立て神事を中心とし芸能事が未発達である霜月祭り圏が広がっている。水窪の霜月神楽では、禰宜による舞も残されているが、囃子は太鼓と鈴に限られており、笛は存在しない。この地域には、小坂井神楽系の獅子神楽が広く伝わり、笛を吹ける者も多くいるが、霜月祭りには笛は取り入れられていない。なお、水窪町の北には、遠山の霜月神楽圏が広がっているが、この霜月祭りにおいて、もっとも南に位置して水窪町と接する和田系の遠山霜月神楽においても、水窪町や今田の花の舞と同様に、囃子方に笛は用いられていない。

また、この水窪の霜月神楽の最南端は、同じ野田集落の大沼の湯立祭りであり、今田よりも南部に位置する。この野田地区は、今田・沢井・中野田・大沼・南野田から構成されている。沢井の池大明神は、拝殿に囲炉裏が切られており、戦後すぐまでは湯立て神事があったといわれる。また、より南部の南野田の白山神社でも、高氏元三宮司の二代前まで湯立て神事が行われており、庁屋（社務所）に囲炉裏が切られていた。

一般に水窪の神社では、拝殿あるいは社務所に囲炉裏が切られており、神社の建物の中で霜月祭りを行うことができる形となっていることからも、類似点がある。

山崎一司氏は『猿楽の鬼から榊鬼へ』（民俗芸能研究　第三九号所収）の中で、「今田「花の舞」の鬼面も、花祭りの榊鬼とほぼ同一内容で問答を行うが、ヘンベエは踏まない。もの鬼面に伝播の時点でヘンベエが、現行のように代表的な所作として確立していたら、それを省略することは考えられない。」と述べている。

また、同氏の『花祭りの鬼』（日本風俗史学中部支部「民俗と風俗」　第一六号所収）では、『花祭りの榊鬼はヘンベエをするが、坂部の冬祭りの鬼神・天公鬼・青公鬼は、ともに大きな足を踏み出して力強くドンと床を踏む。しかしこれはヘンベエではない。地域の人からは、「冬祭りでは、ヘンベエという所作も呼称もない。」という。また、かつては存在したが、途中で失われた形跡もない。これは、祭りに取り入れられた当時の猿楽の鬼の所作である。富山の御神楽では、兄弟鬼は両手でヨキを頭上に三回振り上げ、両手で三回ヨキを頭上に三回差し上げ。次に左手をななめに上に三回振り上げ、両手で三回ヨキを頭上に三回さしあげながら、足の方は右足左足と交互に後ろに跳ね上げて床を踏む動作を繰りかえす。ヘンベエという表現はない。」としている。

写真 9-13　今田　鬼面

これらは、三遠南信地域の霜月祭りにおいて、鬼の反閇の所作が確立した後で周りに伝承していたのではなく、祭りが確立していく途中において鬼の所作が確立していったことを示す事例といえる。

また、同報告書では、三遠南信地域の霜月祭りの発展の流れとして、「花祭りの歴史は、武井正弘氏が指摘する様に、鎌倉から室町にかけての時代に、熊野から諏訪へと往来する修験者によって、この地にもたらされた神楽は、従来の「お池様」・龍神などの地主神信仰と結びつき、頭屋による鎮魂儀礼として施行され、素朴な湯立てと清めの祭りであった。浜松市水窪地域では、「素朴な湯立と清め」の形を残した霜月祭りがおこなわれている。このような湯立と清め中心の神楽に、室町時代に流行した猿楽を取り入れたのが坂部の冬祭り、富山の御神楽である。天正検知の影響がこの地に及び、被官層の本百姓身分獲得によって村域の生活が向上し「延年に基づく祈願再生行事として、現在に伝来する次第を内容とした神楽が構成され、大掛かりな祭り」ができたのが大神楽である。江戸時代に「祭礼の施行に行政が介入し、大掛かりな祭りが困難」となったことから、豊根村曽川に居住していた吟生法印が太神楽を臨時祭とし、例年にはこれを再編して一日一夜の花祭を創出した。その後、林蔵法印の活躍する寛文年間に最後の拡張期を迎え、近郷各村に勧請されて、今の花祭地域が確立した。その後、林蔵法印の活躍する寛文年間に最後の拡張期を迎え、近郷各村に勧請されて、今の花祭地域が確立した。」とも述べている。

これからすれば、「今田の花の舞」は、水窪の霜月神楽が根底にある上に、天竜川の西岸の霜月祭り圏の影響も受けながら、現在の花祭りの型が完成しない未分化の段階で、今田に入ってきたのではないかと考えられる。

写真 9-14　坂部　冬祭り　鬼神

写真 9-15　大谷　御神楽　兄弟鬼

三　峰　花の舞

（一）概要

峰の花の舞は、平成一七年（二〇〇五）を最後に中断している。この間、峰の八坂神社の北井宮司が死去し、現在は向皆外の清水宮司が宮司を務めている。

花の舞が中断する前は、舞処で「オニワさま」と言われる祭壇を準備し、神事を執り行った後、「扇の地固め」「剣の地固め」「剣の三つ舞」「花の四つ舞」「赤鬼」「釜洗い」の演目が行われていたという。戦前においては、一三の演目が行われていたとも聞く。年長の人の話では、「峰の花の舞は、川合の舞とは少し違う。山室から習ったのかもしれない。」と語られていた。

平成元年（一九八九）の『広報さくま』には、「峰の花の舞は、戦時中中断しており、花の舞を終戦と同時に人々の活力と憩のために復活しようということで、他地区から四人の師匠を招いて練習し花の舞を再開した。ダムの湖底に沈んだ山室の花の舞と似ているということで、山室に住んでいた人が豊橋から見に来ていたが、このところ見に来なくなった。」との記事が見られる。

（二）戦後の花の舞の演目

戦後、平成一七年（二〇〇五）に峰の花の舞が中断されるまでは、「扇の地固め」、「剣の地固め」、「剣の三つ舞」、「花の四つ舞」、「赤鬼」、「釜洗い」が行われていた。これらの舞は、「花祭」系において欠かすことができない舞である。

舞の概要としては、「扇の地固め」は、大人二名が扇子を持って舞う舞。「剣の地固め」は、大人二人が剣を持って舞う舞。「剣の三つ舞」は、大人三人が鈴と剣を持って舞う舞。「花の四つ舞」は、子供四人が鈴と扇子を持って舞う舞。「赤鬼」は、鉞を持った赤鬼が舞処に入り、松明に導かれながら舞処を乱舞する舞。「釜洗い」は、大人四人が「湯たぶさ」を持ち、湯で舞処などを清めて舞う舞であった。

戦前には、これらの舞の外に、「扇の三つ舞」、「青鬼」、「榊鬼」。「ネギの面」、「オカメ」、「ヤチゴ（八知護）」、「榊の舞」もあったとのことである。「赤鬼」、「青鬼」、榊鬼」と、鬼の舞が三つあることから、今田の花の舞よりも分化した花の舞が行われていたと推測される。

（三）現在の峰の神事

現在、峰の集落は、常時住んでいない家も含めて一八軒から成り立っている。祭り自体は一一月第二日曜日に、向皆外の清水宮司を中心に、禰宜として中野政司氏と夏目淳司氏により執り行われる。

写真 9-16　峰　花の舞　赤鬼

写真 9-17　峰　現在の祭りの様子（湯立て）

まず、八坂神社の拝殿で、神社庁の一連の神事のうち、修祓、大麻、一拝、開扉、灯明、献饌、祝詞、玉串奉奠、大祓いを行い、この後、舞処に出て湯立てとなる。

舞処では、中央に釜を置き、この釜の廻りに五本の笹竹が立てられ、この笹竹に注連縄を廻し結界が作られる。また、本殿から神道が釜の上まで引き込まれている。一般的に、花祭、花の舞では、東・西・南・北・中央の五方を示すために、四本の笹竹の元に五本の御幣が飾られるが、峰では五方を示すために五本の笹竹を立てているのが特異的である。

湯立てでは、「オニワさま」と言われる祭壇の所で、宮司により祝詞をあげる神事を行う。この間、集落の人は、社務所の前に並び、「しめおろし」のうたぐらを歌う。途中から太鼓の調べが変わると、宮司は舞処の中央に構えられた釜に祝詞を唱え、大麻、榊で湯をはね、手で湯切をする。その後、手桶に湯を汲み、笹束をその湯に潜らせて氏子にかける。続いて、本殿、末社を湯で清めて廻る。昔は、湯立てに用いる釜の水は、天竜川から汲んできたという。湯立の神事が終わると、拝殿で撤饌、閉扉を行い一連の神事が終了となる。

なお、峰の花の舞に使用していた面は、八面残されており（鬼四面、おたふく、観音、ひょっとこ、翁が各々一面）、鬼に扮する時の衣装や刀などとともに、神事の際に本殿に向けて飾られている。祭りにおいては、祭りに用いられている「うたぐら集（表紙欠）」のうち、最後の神返しの部分は唱えられていない。

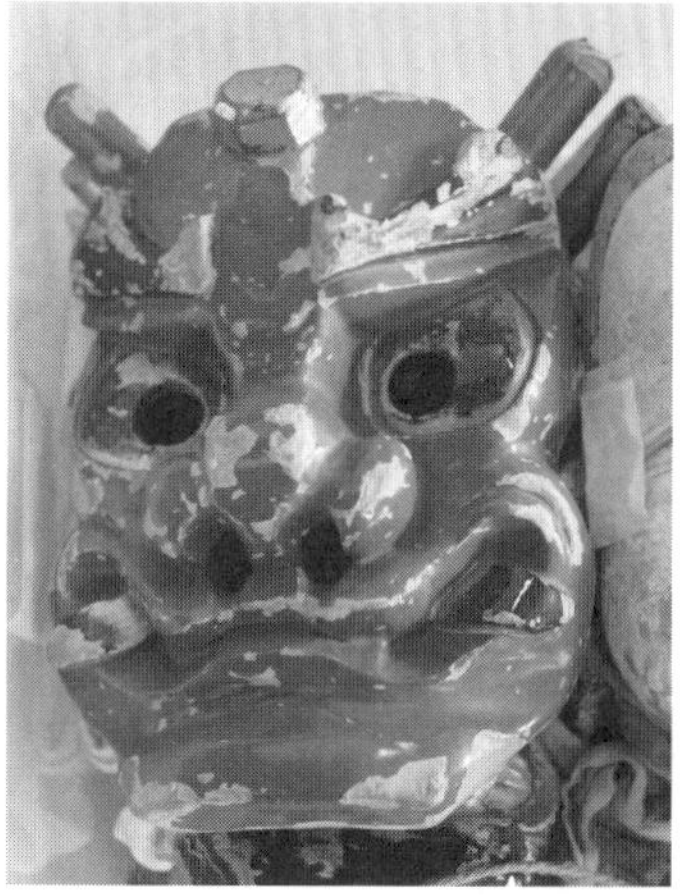
写真 9-18　峰　神前に置かれた鬼面

なお、うたぐらの構成は、「しめおろし」「こぎばやし」「笹大招じ」「お湯立て」「ゆたぶさ　五方」からなっている。「ゆたぶさ　五方」には、「いしやひうや水神の御戸　いしや拝もやれ神の御戸　とんとんとるやなひぶせが玉　それがたまとるやな」と水窪の霜月神楽と共通する「玉取り」の歌詞が含まれている。

四　山室　花の舞

（一）最後の山室の花の舞

山室の花の舞は、佐久間ダムの建設のために、昭和二九年（一九五四）一〇月二三日の祭りを最後に執り行われなくなった。この山室の花の舞は、今田と同様に曾川から伝承されたと言われている。

最後に執り行われた際の次第と人数をみると「地固め」二名、「金山」二名、「刀四舞」四名、「赤鬼」二名、「一ノ舞」二名、「戸が口」二名、「釜洗ひ」四名、そのほか楽屋三名にて七つの演目が行われた。この時の映像を岩波映画が録画したという。また、ダム工事で水没する時、佐久間町の視察に訪れた高松宮殿下の前で山室の花の舞が舞われた。

（二）地域解散式

山室では、昭和二九年（一九五四）一〇月一九日、佐久間ダム建設で水没する山室・豊根口の二〇七世帯一一〇名は、山室の北井福次郎氏宅で地区解散式を行った。その時点で移転先が定まっていたのは一一軒であった。水没する面積は、畑一町七反、山林三町二反、宅地一三八〇坪にのぼり、昭和三〇年（一九五五）五月末までに移転をする必要があった。

昭和二九年（一九五四）一二月末時点では、山室集落のうち、豊橋市に二世帯、豊川市二世帯、佐久間町佐久間殿島に二世帯、浦川町島中に二世帯と、佐久間町あるいは三河へ移転を計画していた。

『広報さくま』昭和二九年八月一〇日版によれば、山室の水没移転該当者は、北井福次郎氏、宮下元目氏、谷口今朝平氏、榊原五六治氏、榊原博氏、竹内今朝太郎氏、藤原忠利氏、喚田花枝氏、熊谷うめ氏、古谷熊吉氏、丸山寧氏、杉山和夫氏、関口保氏、そのほか、山室集落に土地等を持つものが一〇名いるとしている。

（三）山室祭祝詞

ダムにより水没する時期に区長をしていた宮下元目氏は、地域解散式後に豊川市に移住し昭和三一年（一九五六）正月に「山室祭祝詞」を残している。項目としては、「しめおろし」、「参ゐい」、「御湯立」、「所当所」、「神返し」の神事部分である。これ自体は、山室で行われていた花の舞の祝詞部分を書き残したものと考えられる。

写真 9-19　山室 花の舞 赤鬼

写真 9-20　佐久間神社に寄贈されている山室の鬼面

祝詞の中の「所当所の神集」として、北遠一帯の神社をはじめ、豊川市・豊橋市の豊川進雄神社、古宿熊野神社、豊川稲荷様、砥鹿神社、牛久保八幡様、中條中條神社、豊橋八劔神社、豊川べんてん様神を導いている。また、掛詞として、「そうおぶすなも一社ももらさず　おりゐて　お湯めす時の御湯かげは湯のとと見ゑて遊びとどたつ　佐久間村」としており、遠山の霜月祭りに用いられている「お湯めす時の御湯かげ」と同じ様な言葉が用いられている。

（四）もう一つの山室の花の舞

平賀孝晴氏から、昭和四二年（一九六七）に佐久間ダムの水を抜いて泥を取り除く時に、昔の山室集落が姿を現わしたので、昔の村人に集落の姿を見てもらった。その折、神社の近くに幟旗を立てて、佐久間神社で花の舞を舞ってもらった。囃子として笛も吹いてもらい、一〇人ほどで舞ってもらった記憶がある。その時には、かなりの年月が経過していた事もあり、集落の人が舞い方をかなり忘れていた記憶がある。その時の記録を町役場の広報係として社内報『広報さくま』に載せた、との話をお聞きした。

（五）「現在の山室の花の舞の面

佐久間地区の佐久間神社は、伊勢神社と八幡神社が合祀された神社で、その後、山室にあった八幡神社も合祀され、昭和三四年（一九五九）に佐久間神社の名前が付けられて今日に至っている。この合祀に伴ない、山室で行われていた花の舞の面や鉞も、佐久間神社に奉納されている。

昔、佐久間神社の祭りで、御仮屋へ神輿渡御がある時は、お宮の赤鬼とじゃじゃ（小面）の二面とともに、山室で使用された鬼の面も露払いとして神輿渡御に参加したという。しかし、一〇年前に鬼の面が重いことから使われなくなった。なお、山室の花の舞に使用された面は、佐久間神社の祭礼の際に取り出して、本殿に飾られている。

五　そのほかの花の舞

(一) 下平　花の舞

佐久間地区下平では、明治あるいは大正初期まで花の舞が行われていたと言われているが、どのような演目で行われていたかを知る由がない。

現在、下平は一八軒の集落であるが、一〇月第三日曜日（昔は一一月に祭りを行った。）の竜王観世音例祭の時に、向皆外の清水宮司（以前は佐久間の塩澤氏、羽ケ庄の細澤氏、峰の北井氏）により湯立て神事を執り行っている。湯立ての水は、近くの滝の水を使用している。以前は、神社の崖の上の方に池があり、昔はここから水を汲んできたと聞いた。

写真 9-21　下平　湯立てのみ行われている

神事では、神社庁の式次第に沿って、修祓、一拝、祝詞、大祓、玉串奉奠と続いた後、拝殿から庭に出て湯立て神事を行う。庭にある湯立場には、中央に釜を設え、その四方に笹竹を四本立て、神社本殿から神道を布で引き注連縄で結界を作ってある。

湯立て神事は、まず結界の横に設けられた神棚で祝詞をあげ、釜の前で祝詞をあげた後、榊で湯を祓い、祝詞と神名帳を唱える。

その後、大祓いの祝詞上げを行い、御幣で湯に九字を書く、探湯傷を行い榊に湯をくぐらせ、釜の四方を固めた笹竹に湯を払った後で、参拝に訪れた人々に湯をかける。最後に祝詞を唱え、湯立て神事を終える。その後、神社拝殿に戻り撤饌、一拝で神事は終了となる。神事終了後は、笹竹、御幣、ゴジンゴを参拝者に配り、散会となる。

なお、氏子は湯立て神事に用いた笹束の笹を分けてもらい、これを玄関、トイレなどに飾る。こうすると長生きできると言われている。

現在使用している大きな釜は、大石幸弘氏の父の代に愛知県春日井市から譲り受けてきたものとのことである。昔は、湯立ての湯を各家に配っていたが、今は飲む人はいないとのことを聞いた。そのほか、数年前に台風で神社の杉が倒れ、本殿の屋根が壊れたことから、多額の修理費用が掛かったため、それ以降餅投げを行っておらず、集落の人の集まりも減り、寂しい祭りになっているとのことである。

(二) 羽ケ庄　花の舞

佐久間地区羽ケ庄にある日月熊野神社の祭礼は、平成二六年（二〇一四）まで一〇月第二日曜日に、月花利治宮司、副祭主・伊東桂太郎氏にて行われていた。この羽ケ庄も明治あるいは大正初期まで花の舞が行われていたと言われているが、現在どのような演目で行われていたかを知る由がない。

月花宮司によると、昔は湯立ての道具があったが今はなくなったとのことで、月花宮司の二代前の祖父が宮司をしていた頃は湯立て神事を行っていたと聞く。平成二六年の祭礼では、宮司、副祭主の水垢離の後、神社庁の祭礼一式を行うのみとなっている。現在、集落は一〇軒となっており、このうち八軒で神社を守っている。

なお、平成二七年（二〇一五）からは、宮司等が高齢となったこともあり、神社の祭礼も行われなくなった。

(三) 神妻　花の舞

佐久間地区神妻にある神妻神社の祭礼は、祈年祭二月一六日、例祭一〇月一六日、新嘗祭一一月二三日である。神妻神社は、佐久間と浦川の郷社となっており、半場と川合の人が氏子として祭っているが、近頃は回覧板で祭りの案内が廻らないこともあり、半場集落などでは、祭りがあることを知らない人が多い。例祭は、前日に祭礼の準備を行い、当日の朝から祭りとなる。直会は月花家の隣の杣屋で行う。

同神社では、廃仏毀釈の時に多くの修験者が神社を降り、麓の集落に移り住んだと聞く。また、他の花の舞と同様に、明治あるいは大正初期まで花の舞が行われていたと言われている。一説には、川合の集落の人が、神妻神社の祭礼の際に花の舞を奉納してしたとも言われる。

現在の例祭は、祭主・月花道雄氏、井辺宮司にて祭礼を行うが、神社庁の祭礼に従い、一拝、修祓、大麻、一拝、開扉、献饌、祝詞、玉串奉奠（宮司は本殿で、氏子は拝殿で奉奠）、撤饌、閉扉、一拝、直会（杯にお神酒をつぎ、飲むのみ）にて終了となる。氏子は、奉納会「なかよし会」を作ってお宮を祀っている。なお、神妻神社の氏子の方は、誰も湯立てに関しては知らないとのことである。

祭礼の後、半場神妻区にある月花氏の家の向かいの杣屋で直会に同席した際、月花氏のお母様より、「以前、川合の花の舞に神妻の鬼面を出して舞をしたところ、鬼面が舞を舞った人の顔に付いて離れなくなったことがある。」という話を聞いた。また、祈年祭は、道路が凍結するため、現在はこの杣屋で祭りをするとのことである。

そのほか、神妻神社の祭礼に人が集まらないため、一度だけ一〇月一六日ではなく、その日に近い日曜日に祭りをしたことがあったが、集まる人はいつもの人と同じだったので、元通り一〇月一六日の祭礼に戻したとのことを聞いた。

なお、佐久間町で最大の構えを持つ神妻神社の社伝によれば、市巫女が鹿島神に祈願したところ、月の光が懐《ふところ》に入る夢を見て懐妊し、男児を生んだとされ、その子孫が月花氏を称して神職を務めており、その神を神妻というようになったとされている。

写真 9-22　羽ヶ庄　平成 26 年が最後の祭りとなる

写真 9-23　神妻神社の祭礼は、半場と川合の氏子で行われる

神妻神社は、宝亀二年（七七一）の創紀で、関野大明神と称していたが、慶安三年（一六五〇）に鹿島大明神となり、元安元年（一七三六）に神妻神社と称する様になった。明治三年（一八七一）に馬主神社（むまぬしのかのみやしろ）と改称したが、明治六年（一八七三）に神妻神社と改称し、現在に至っているという。末社は、月盛神社、熊野神社、磐田郡誌では摂社二社、末社一三社、境内 末社　八十宮（やすみや）がある。

神妻神社と三河の花祭や天龍村坂部の冬祭りとの関係を見ると、三河の花祭の関係では、大入文書「九条錫杖」の中の神寄せに秋葉と神妻が唱えられている。小林の「日本海道下り神社（申付）」では遠州の神妻を神寄せしており、中設楽や下粟代においても神妻が唱えられ、月の神寄せ「天保三年（一八三九）極月吉日　森下秀郷所蔵」にも神妻が唱えられている。そのほか、小林、東薗目の歌ぐらのなかに、御神妻として歌われている。この様に、かなり広い範囲で神妻神社の存在が知れ渡っていたと言える。

（四）もう一つの花の舞（佐久間高校（現・浜松湖北高校佐久間分校）郷土芸能クラブ）

佐久間町において「花の舞」を演じる地域は、現在行っている川合と今田を含めて七ヵ所である。しかし、この七ヶ所以外に「花の舞」を演じていたところがあった。それは、佐久間高校の郷土芸能クラブである。ただし、今はその活動は行われていない。

静岡県高等学校文化連盟は、静岡県内の高等学校の文化活動の充実と発展を図ることを目的として、昭和六三年（一九八八）二月に設立された。その中の郷土芸能専門部は、平成一二年（二〇〇〇）に静岡県で開催された全国高等学校総合文化祭を部門運営し、静岡県代表として出場させるために平成七年（一九九五）より準備を始め、平成八年（一九九六）に本格的な活動を開始した。

佐久間高校郷土芸能クラブ発足当時の顧問であり、再任で平成二八年（二〇一六）現在も佐久間高校に勤務されている岡田治教諭によれば、郷土芸能クラブは、静岡県からの要請に応え、平成一二年に静岡県で開催される全国高等学校総合文化祭を目指して平成九年（一九九七）四月に発足し、顧問自ら囃子方・舞方・祭文を一から勉強して生徒に教えたとのことである。クラブで使用された花の舞の鬼の面は、地元の面打ち師・福田寅夫氏の寄贈によるものであり、現在は佐久間高校の第一応接室に飾られている。

郷土芸能クラブは、発足した平成九年に浜松駅北口広場で花の舞の実演を行い、平成一〇年（一九九八）八月七日から八月一一日にかけて鳥取で行われた全国大会で静岡県代表として参加し、八月八日に川合花の舞を演じた。この鳥取遠征の際は、川合花の舞の保存会六名の方が指導のために同伴してくれたとのことである。演目としては、四つ舞の中の金山の舞、「榊鬼」のうち、榊鬼と禰宜の問答から伴鬼を含めての乱舞が演じられた。当時の顧問と部員は次の通りである。

顧問／岡田　治　平賀釟三郎　今泉尚人
部員／市村尚士・三年　北村直正・三年　久保口静男・三年　熊谷実穂・三年
熊谷　陽・三年　高藤沙織・三年　根本光由・三年　山下尋己・三年
分部拓郎・三年　池本琴美・二生　岩本由美子・二年　金田恵理・二年
小澤　享・二年　嶋田祐司・二年　巣子守景二・二年　中井一誌・二年
平井真理子・二年　福田祥子・二年　守屋善行・二年　横田仁美・二年
横村奈美・二年　吉野佳代子・二年　追掛貴好・一年　小山貴功・一年
斎藤友也・一年　平賀あゆみ・一年　山下飛鳥・一年　　部員計二七名

逸話であるが、佐久間神社の祭礼の司会をしていた今泉尚人氏（元佐久間高校教員）に聞いた話では、佐久間高校が全国芸能大会に出ることになった際に、静岡県教育委員会から、どうしても花の舞を出してほしいということになった。教育委員会からお金を出してくれるとのことだったが、面を作ると一面百万円かかるということだったため、太鼓一つ百万円で作ってもらうしかなかった。

その後、平成一〇年（一九九八）に地元の面打ち師・福田寅夫氏に面七つを作ってもらった。代金は、面一つについて焼酎一升で作ってもらったとのことであった。

写真 9-24　佐久間高校で使われていた花の舞の鬼面

なお、『五十年の歩み 佐久間高等学校（平成十八年十一月一〇日発行）』に掲載されている当時の写真を見ると、全国大会で使用されたのは福田寅夫氏寄贈の鬼の面ではなく、川合花の舞で実際使用されている面を使用したものと考えられる。

そのほか、平成一〇年一二月の『広報さくま』によれば、第五回静岡県民俗芸能フェスティバルが平成一〇年（一九九八）一一月二八日に佐久間町の「歴史と民話の郷会館」で開催され、西渡神楽連による「貴船神社神楽」、佐久間高校郷土芸能クラブによる「川合花の舞」、浦川歌舞伎保存会による「浦川歌舞伎・朝顔日記（島田の宿の場、恩返し大井川の場）」が上演された。当時、佐久間高校郷土芸能クラブは山下飛鳥さんが代表を務め、部員約三〇名、川合花の舞保存会長・久保田忠氏の指導のもと練習に励んでいるとしている。

なお、平成一二年（二〇〇〇）の静岡で開催された全国大会においては、同校は静岡県の代表となれず、出場を逃がしている。郷土芸能の部に出場する高校は、太鼓を中心に創作したものを演じるクラブが主流を占めており、その当時からは、そちらの方に関心が向いていた様である。現在も、静岡県の郷土芸能専門部に所属する高校一七校のうち、一三校が太鼓による芸能活動となっている。

岡田教諭によれば、佐久間高校郷土芸能クラブの活動は平成一四年（二〇〇二）頃まで続けられたが、その後は途絶えてしまったとのことである。佐久間高校は、佐久間町を中心に水窪町、愛知県東栄町等から生徒が集まるが、当時は一学年三クラス、全校合わせて三百名弱であった。このため、クラブの部員は、川合地区の子供は強制的に部員に、他の地域の子供も、地域ごとの祭りがあるが、無理やりクラブに誘って川合花の舞の練習をしていたとのことで、一般的なクラブ活動というよりも委員会活動的な形を取っていたとのことである。ある程度強制的にクラブに参加させていたことや、静岡県開催の全国大会が終了したこと、佐久間高校自体に入学する生徒が年々減少続けていること等から、佐久間高校郷土芸能クラブの活動は一定期間の活動で一区切りがついたのではと考えられる。

六　奥三河の花祭との比較

「花祭・花の舞　次第」の表で両者の演目を比較すると、祭りの規模がわかる。奥三河の花祭は、昔の形を今に伝えながら、花祭が形作られた当時の様に、丸一日をかけて祭りを行っている。これに対して、花の舞では、祭の主要な要素を残しながら、簡略化した祭りの形を留めていると言える。以下、奥三河の花祭の事例を挙げて、花の舞との比較を行う。

（一）奥三河の花祭とは

奥三河の花祭は、鎌倉時代末期から室町時代にかけて修験者によって伝えられたといわれており、霜月の太陽の力の衰える時期に、太陽の力の復活を願って行われる「霜月神楽」の一種とされている。三遠南信地域では、熊谷家伝記などから室町時代にはすでに湯立て神事が行われていたと考えられている。当初の湯立てと清めの祭りから、今の様な形の花祭りができたのは、江戸時代初期と言われている。

この花祭は、「大入系」、「振草系」及び「大河内系」に分けられている。「大入系」は主に、豊根村から東栄町北部の大入川一体に分布しており、坂宇場、上黒川、下黒川、御園、東薗目、津具等で行われている。「振草系」は東栄町の振草川一体に分布しており、古戸、布川、月、足込、下粟代、中設楽、中在家、河内で行われている。そのほか、「大河内系」として小林がある。なお、「大入系」と「振草系」の形状的な違いは、「大入系」が五徳形式、「振草系」が竈形式で湯立ての場を設けることにあるが、すべての花祭がその様になっているわけではない。

事例として、佐久間町の川合及び今田の花の舞の比較のために、愛知県豊根村・下黒川（大入系）、同東栄町・下粟代（振草系）を比較してみる。下黒川は、花祭の元であった大神楽から祭りに参加していた集落であり、下粟代は、現在も神事や芸能が守られている集落である。

（二）下黒川の花祭

下黒川では、文禄二年（一五九二）の「花祭の次第」が残されており、この頃から何かしらの祭りが行われていたと考えられている。

江戸時代は旧暦の一一月一六日に行われていたが、明治以降、太陽暦の実施により正月となり、一月五日、七日と変更され、現在では一月二日から一月三日にかけて行われている。

次第としては、「神渡り」「締め下し」「島祭り」「神迎え」「楽の舞」「とうごばやし」「式さんば」「地固めの舞（扇）・（ヤチ）・（剣）」「一の舞」「花の舞（扇）・（盆）・（湯桶）・（舞上げ）」「山見鬼」「三ツ舞（扇）・（ヤチ）・（剣）」「榊鬼」「禰宜・巫女・翁」「湯立て」「湯ばやし」「四ツ舞（扇）・（ヤチ）・（剣）」「朝鬼」「獅子」「順の舞」「花育て」「しめおろし」「龍王の舞」「神返し」が執り行われる。

（三）下粟代の花祭

下粟代の旧家には、文化三年（一八〇六）に花祭を催した内容の古文書が残されており、江戸時代から花祭が継承されている。明治初期、廃仏毀釈に伴い花太夫の衣装や祭文の一部を神道化したが、明治の形を現在も継承している。

次第は、「瀧祓い」「高根祭り」「辻固め」「神入り」「天の祭り」「切目の王神」「竈祓い」「しめ下し」「湯立て」「惣神迎い」「楽の舞」「さる囃子」「とうご囃子」「四季囃子」「市の舞（三折）」「地堅めの舞」「花の舞（盆）・（湯桶）・（扇）」「中申し」「山割鬼」「三ツ舞」「榊鬼」「おつるひゃら」「日の禰宜」「四ツ舞」「翁」「湯ばやし」「茂吉鬼」「獅子」「ひいなおろし」「たながえし」「外道狩り」「宮送り」「荒神休め」「鎮め」が執り行われている。

（四）花祭との比較

花祭は、神事や舞が発達している。主な神事としては、「神迎え」（八百万の神々を神座へ招き入れる儀式）、「湯立て」（花祭神事の中心的な行事で、釜の水を沸かし聖なる湯とする。）、「しめおろし」（舞が終わった後、祭場を閉じ勧請した神々を返す儀式）、「鎮め」（花太夫が鎮めの面を付け、数々の作法により荒らぶる神々を鎮める儀式）が執り行われる。振草系では、これに「瀧祓い」（瀧を祓い清め、湯立てに用いる神聖な「お瀧の水」を迎える儀式）、「高根祭り」（小高い場所を祭場として区画し、上空から来る諸霊を祀る儀式）、「辻固め」（花宿近くの平地に幣を立て、祭場を区画し、地上の諸霊を祀り悪霊の侵入を防ぐ儀式）が加わる。

大入系では、「花育て」（五尺の竹を使用し、花と蕾を作り「ひいな」等で飾り、釜の前で地面を突き、五方に「うたぐら」を唱える生まれ清まり儀式）が加わる。

舞としては、「楽の舞」（一人の舞手が、太鼓のばちを採り物として舞い、最後に周囲の人々をお祓いをする舞）、「花の舞（盆）・（湯桶）・（扇）」（三人の幼児の舞子が花笠をかぶり、盆・湯桶・扇を持って舞う舞）、「三ツ舞」（三人の舞手が衣装の上に白衣を着、鈴と扇を持ち釜の周りを舞う舞）、「四ツ舞」（四人の舞手が白衣を持って舞った後、白衣を着、鈴と扇を持って釜の周りを舞う舞）、「湯ばやし」（青年四人が藁を束ねて作った「湯たぶさ」を持ち、舞の終わり頃、舞庭を清めるように、釜の湯をところ構わず振り掛ける舞）、「山見鬼」（山を割り、生命の再生を図り、生まれ清まりの役割をする舞）「榊鬼」（反閇を踏み、大地に新しい生命力や活力を吹き込む所作をする舞）、「朝鬼（茂吉鬼）」（湯蓋に吊るされた蜂の巣（お宝）を槌で払い落とす所作をする舞）、「翁」（翁面をかぶり、翁幣と鈴を持ち舞い、禰宜との問答を行う。）、「獅子」（舞庭を這うように舞い清める。）。これらの神事、舞を含めて一日一夜の祭り

静岡県・花の舞		愛知県・花祭	
今田	川合	下黒川・大入系	下栗代・振草系
01. 天権まつり（神降ろし）	00. カマバライ	01. 神入り祓	01. 内清め
02. しめおろし	01. 地固め	02. 神渡り	02. 滝祓い
03. 神寄せ	02. 金山の二ツ舞	03. しめおろし	03. 高嶺祭り
04. 地がため	03. 扇の三ツ舞	04. 島祭り	04. 宮迎え
05. 花舞	04. 湯戸の三ツ舞	05. 高根祭り	05. 辻固め
06. やちご	05. 八千代の三ツ舞	06. 神迎え	06. 神入り
07. 扇のみつん舞	06. ボーヅカの三ツ舞	07. 楽の舞	07. 棚飾り・天の祭り
08. 扇の手	07. 花の三ツ舞	08. とうごばやし	08. 切目の王神
. 御湯探（湯買銭）	08. （子どもの鬼）	09. 式さんば	09. 竈祓い
09. ちょうしの舞	09. 金山の三ツ舞	10. 二丁鉾の舞	10. しめおろし
10. つるぎのみつん舞	10. 山見鬼	11. 地固めの舞（扇の手）	11. なりもの
11. やくじん舞	11. 花の四ツ舞	. 地固めの舞（やちご）	12. 太夫の大工
12. かなやま	12. 榊の四ツ舞	. 地固めの舞（剣の手）	13. 五方の御門
13. みかぐら	13. 扇の四ツ舞	12. 一の舞（鈴）	14. 小木拾い
14. 火のう様、水のう様	14. ボーヅカの四ツ舞	. 一の舞（扇）	15. 湯立て
15. ほんつるぎ	15. 八千代の四ツ舞	. 一の舞（榊）	16. そうげむかい
16. ねぎめん	16. 金山の四ツ舞	. 一の舞（笹）	17. 楽の舞
17. おにめん	17. 榊鬼	13. 花の舞（扇の手）	18. さるごばやし
18. かまあらい	18. おかめ	. 花の舞（盆）	19. とうごばやし
19. しめきり	19. 湯ばやし	. 花の舞（湯桶）	20. 四季ばやし
20. しずめ	20. 湯上げ	14. 舞い上げ	21. 御神楽
		15. 山見鬼	22. 市の舞
		16. そうげむかい	23. 地固め（扇・ヤチ・剣）
		17. 楽の舞	24. 中申し
		18. さるごばやし	25. 花の舞（扇・盆・湯桶）
		19. 三つ舞（扇の手）	26. 山鬼
		. 三つ舞（やちごま）	27. 三ツ舞（扇・ヤチ・剣）
		. 三つ舞（剣の手）	28. 榊鬼
		20. 榊鬼	29. おつるひゃら・みこ
		21. 禰宜・巫女・翁	30. ひのねぎ
		22. 式ばやし	31. 四ツ舞（扇・ヤチ・剣）
		23. 湯立て	32. 翁
		24. 湯ばやし	33. 湯ばやし
		25. 四つ舞（扇の手）	34. 茂吉鬼
		. 四つ舞（やちごま）	35. 獅子
		. 四つ舞（剣の手）	36. ひいなおろし
		26. 朝鬼	37. 五穀祭り・棚返し・神返し
		27. 獅子	38. 宮送り
		28. 花育て（3年毎）	39. 荒神休め
		29. しめおろし	40. 外道払い
		30. 龍王の舞	41. しずめ
		31. 神返し	

表 9-3　花の舞・花祭　次第

の形態をとっている。

これらの花祭と花の舞を比較すると、川合の花の舞では、「神迎え」などの神事部分が省略されている。また、舞は明治期に大入集落から舞が新たに入ってきた事もあり簡略されているものの、花祭と同様な舞が行われる。なお、川合の花祭りで記述したように、集落として維持するのが精一杯のこともあり、舞う時間や神事が簡素化され、一二時間程度に祭が短縮されている。背景としては、奥三河の花祭の集落も川合の集落も、高齢化や過疎化で祭りを維持していくことが大変となっているが、川合集落は、明治以降、王子製紙、久根鉱山、佐久間ダム工事など、違う文化や工業化の影響を受け、奥三河とは異なる価値観も生じたためかもしれない。

一方、今田の花の舞では、水窪の霜月祭りと同様に、舞の囃子に笛が加わらないこともあり、単調な調べによる地味な舞となっている。また、鬼の舞も、花祭にある反閇《へんばい》を踏まない。「山見鬼」「榊鬼」「茂吉鬼」の様に役割を持った鬼に分かれておらず、未分化の段階に留まっている。そのほか、「天権祭り」「しめおろし」「神寄せ」「御湯探（湯買銭）・おゆたて」の様な、神事の部分が多く残っており、水窪の霜月祭りの湯立てに通じる部分も見られ、根底にある霜月祭りの要素と花祭とが混ざり合うような一面もある。

写真 9-25　大入系　下黒川　神迎え

写真 9-26　振草系　下粟代　湯立て

写真 9-27　下粟代　榊鬼の反閇

写真 9-28　下黒川　榊鬼の反閇

そのほか、花祭では、寒村の財力を考えても多額の費用が掛かるため、祝い行事や家の新築などの祈祷を依頼されて、他の村へ出張して花祭を行うことが盛んに行われた。このような他の村へ出張して祭りを行うことを「出花」と呼んでおり、花祭維持のための大きな力となっている。

事例として、稲武町中当神社の棟札によれば、古戸村の花祭が寛政五年（一七九三）癸丑一一月一八日に、中当神社で行われたと記載されている。この時、花祭一行二五人が訪れ、出演料として三両弐分と六百文を支払っている。なお、中当神社から古戸集落の間には、花祭を行う津具の集落があるが、当時街道沿いで結ばれている月集落との結びつきが強く、また、月の花祭を執り仕切る花大夫の権利を古戸集落が持っていたことから、古戸の花祭を呼んだものと推測される。なお、この様な「出花」は明治以降も多く行われていた様である。

また、小林の花祭を例にとると、小林では集落の花祭の後に近くの村々を廻り、荒神鎮めや神社で湯立てをして清める「出花」を行っていた。その範囲は二六ヶ村に及ぶとされている。寛保三年（一七四三）「御花萬入用覚帳」には、寄進をした集落として遠州吉澤村、遠州浦川村の記述がある。寛保三年（一七四三）から明治元年（一八六八）までの入用覚帳をまとめると、五三ヶ村の名前がある。この多くは北設楽郡であるが、南設楽郡・新城市で八ヶ村、遠州の二ヶ村が含まれ、広い信仰圏が構

写真 9-31　下粟代　滝祓い

写真 9-29　下黒川　竜王の舞

写真 9-32　古戸の出花が行われたという稲武町中当神社

写真 9-30　下粟代　高嶺祭り

築されていた。

川合の花の舞では、広い範囲から寄進を受けているが、寄進を受けた集落に出花を行ったという記録が残されていない。奥三河より南に位置して他の文化の影響を受けてきたこと、経済力的にも川を利用した輸送の中継基地となっていたことも影響したのかもしれない。

第三節　湯立て神事

一　湯立て神事の概要

佐久間町の湯立て神事は、同町の東半分を占める城西地区、山香地区を中心に多くの神社で執り行われている。一方、西半分を占める佐久間地区、浦川地区では、花祭の亜流である「花の舞」が、現在行われている二ヵ所を含め、七ケ所で行われてきた。「花の舞」を行わなくなった神社の多くでは、祭礼において湯立てのみを行っている。

城西地区、山香地区を中心に行われている湯立て神事は、釜で湯を沸かし、その湯を用いて無病息災や五穀豊穣などを願う神事である。三遠南信の広い範囲に湯立てが残されており、他の地域では、仮面を付けての舞等による芸能が発達しているが、佐久間町を含めた北遠地方では、一部を除いて神事のみが行われている。佐久間町内には百ケ所以上の神社があるが、このうち、少なくとも一九ヵ所の神社で湯立てが行われている。過去においては、そのほかの多くの神社で行われていたことが確認できている。(「花の舞」を行っている神社を除く)

湯立て神事の継承は、旧城西村及び旧山香村の集落で多く残っているが、旧城西村の旧奥領家村地区と、その周辺の湯立て神事とでは一線を画す様な趣がある。また、旧城西村の旧相月地区では、禰宜による倭舞があった神社があり、佐久間町の南に位置する旧天竜市でも、複数の集落で湯立て神事が執り行われている。

二　湯立て神事の分布

湯立て神事は、天竜川の支流である水窪川流域及び、水窪川と天竜川の合流点より下流域の神社において多く行われている。この地域を除くと佐久間地区半場で湯立て神事が行われているほかは、「花の舞」を以前行っていた集落で行われているのみである。

ただし、現在行われていない中部においても、『佐久間町史　資料編二「中部区文書」』において、「諏訪明神祭禮例年十一月廿八日湯立仕候」の記載があり、江戸時代には祭りの際に湯立て神事が行われていたと思われる、なお、この諏訪明神は、現在の馬舂神社にあたる。

そのほか、浦川の大正神社（熊野神社）に関して、大正九年（一九二〇）一〇月の神社調査表（神官・井辺俊平氏）によれば、祭礼では氏子により笛太鼓鈴による神楽奉納の旨の記述の他、宝物として火王面、水王面がある旨の記載がされており、この神社においても以前は湯立てに関連する神事、あるいは舞が行われていた可能性がある。これらのことから、佐久間町の西部地域でも古い時代に湯立て神事が行われていた可能性がある。

三　湯立て神事の形式

神社の祭礼において湯立てを行う場所は、水窪の霜月祭り系の湯立て神事を行う野田地区の大沼八幡神社を除くと、神社境内に湯立ての場を設けて行われる。湯立てには、釜や鍋を置くために、竈を築くか、五徳を用意する。この釜や鍋の廻りに笹竹を四本立て、その笹竹に注連縄を廻し、注連縄にタレを一辺に四つ付け、四本の笹竹の上部を、竹を割ったもので十字に縛り止める形を基本とする。

四　「なあなか舞（玉取り）」

湯立て神事の後、湯立てに用いた湯を氏子に振りかけ、一年の無病息災を祈ることを行うが、集落によっては、宮司が笹束に湯をくぐらせて氏子に振りかける所作を行う神社と、宮司の湯立て神事の終了を待って、氏子が笹竹の枝に湯をたっぷりと含ませ、周りの氏子に威勢よく振りかける所作を行う神社がある。後者においては、湯立ての場に設えていた笹竹の枝、あるいは笹竹全部を湯の振りかけに用いる神社や、予め氏子自体が用意したもので湯をかける神社がある。この場合の取り物は、笹のほか榊もある。

また、城西地区においては、「なあなか舞（玉取り）」と称して、「玉取りとりよ、そでで玉とりあいだ。」と歌いながら湯をかける集落がある。この歌詞は、水窪の霜月祭りの歌詞と通じており、「なあなか舞（玉取り）」の所作自体も水窪の霜月祭りと同一の所作を行う集落がある。

五　湯立ての祭りに関して

佐久間町には、多くの小規模な集落が点在し、集落ごとに神社を祀っている。これらの神社は、以前は地元の禰宜が宮司として祭礼を維持してきたが、かなりの集落で地元の禰宜がいなくなったことから、その地域外の宮司に依頼して祭礼を維持してもらう傾向にある。このため、本来の神社の祭礼の形を維持しつつも、本来の集落固有の湯立ての作法と、依頼を受けた宮司の行う作法とが混在して、従来の祭礼の作法ではない形に変わりつつある集落もある。

そのほか、佐久間町の周辺で湯立て神事を行う集落は、北部の水窪町のほか、浦川地区の南の阿多古川水系、天竜川流域の佐久間町より南部にも残っている。佐久間町より南で湯立てを確認できる神社は、旧天竜市に置いて少なくとも七ヶ所以上ある。そのほか、愛知県東栄町にも、佐久間町浦川から湯立て神事が伝わったと伝えられる集落がある。

六　向皆外《むかがいと》　金吾八幡神社

(一) 向皆外の神社構成

城西地区にある向皆外集落は、戸数二八戸である。この集落には、金吾八幡神社と御嶽神社、日光神社と宇佐八幡神社があり、水窪川を挟んで二つの所に集まって祀られている。どちらの氏子も向皆外集落の者が務めている。現在は、午前中に金吾八幡神社で祭典を行い、午後に日光神社で行っている。かつては、一一月八日に金吾八幡神社の祭礼を、一一月一五日に日光神社の祭礼を行っていた。しかし、二週にわたって祭りをすることが大変になったことから、二〇年位前から同一の日に祭りを行う様になった。また、祭礼の日程が現在の一一月最終日曜日に落ち着く前は、一二月第一日曜日に祭りを行っていたが、その日が浜松市の防災訓練の日と重なることとなったために、今の祭礼日に変えたとのことである。

（二）金吾八幡神社祭礼

金吾八幡神社は、国道一五号線から向皆外集落へ向かう橋を渡り、共同墓地の方へと左手に上った道沿いの奥まった所に鎮座する小ぶりな神社である。

同神社の祭礼は、同神社に隣接する御嶽神社（右に御嶽神社、左に金吾八幡宮が並んで建てられている。）で先に祭礼を行い、続いて金吾八幡神社で祭礼を行う。この祭礼と祭礼の間に、宮司により湯立て神事が執り行われる。

まず、御嶽神社祭礼は鎌倉宮司のもとで祭礼を行う。なお、鎌倉宮司の家では、特別に祭りの際に幟を立てることになっているという。祭礼自体は、一拝、祝詞等の神社庁の神事次第に沿って執り行われ、氏子一同が、太鼓と拍子木に合わせて、禊の祓い三回・大祓い一回・三種の祓い五回を唱え祭礼が終わりとなる。この神事の進行の最中、隣接する金吾八幡神社では、清水邦孝宮司（昭和二四年生まれ）が御嶽神社祭礼の進行を見ながら、神社の左手前に設置された湯立て場で湯立て神事を執り行うために場所を移動する。

金吾八幡神社の湯立ての際に立ち会う決まった氏子はいない。本来は、自治会の班長が湯を沸かすことになっているが、実際は手が空いた人が釜に水を入れたり薪に火を付けたりしている。集まった氏子は、湯立の神事に対しては興味を示さない。関心を持つのは、祭礼の最後に「なあなか舞（玉取り）」と称して笹竹の枝で湯をかけ合う時のみである。

写真 9-33　金吾八幡神社　湯立て

写真 9-34　金吾八幡神社　氏子による禊ぎの祓い

湯立ての場は、中央に石組みでコの字に竈が組まれ、その上に鍋が置かれている。その鍋を中心に一メートル間隔で四方に三メートルほどの笹竹を立て、笹竹の廻りに注連縄を廻し一辺ごとに四枚のタレを付ける。笹竹四本は、上部を竹で十字に固定しその十字の部分にタレを付ける。

湯立て神事は、宮司が鍋に向かい神迎えの祝詞を唱えた後、御幣で鍋の湯に文字を書き、九字を切り、湯を手ではらう。その後、手桶に湯を月の数だけ汲む（この湯は、初子入りの際、初子の頭にかけるなどに使用される。）。続いて、祝詞、湯立ての祓いを唱え、神返しの祝詞を唱えて終了となる。時間は一五分程度である。その後、湯を汲んだ手桶を笹竹で覆いながら金吾八幡神社の拝殿に戻る。以前、水窪町山住から越してきた人が住んでいた頃は、湯立ての後に山住神社の「鈴の舞」を奉納したと聞くが、この神社に特有の舞ではなく、その人がいなくなってからは舞の奉納は行われていない。

湯立て神事に引き続き、清水宮司、鎌倉禰宜、平出祭主が金吾八幡神社の拝殿に入り、他の氏子は、下の社務所に座して祭礼が始まる。宮司により、修祓、一拝、祝詞、大麻、献饌、宮司祝詞、初子入り（氏子入りの祝詞《のりと》を唱える）、皆により禊の祓い三回・大祓い一回・三種の祓い五回を唱える。神社の下では、拝殿で祓いを唱える間、太鼓・拍子木をたたきながら、氏子一同が祝詞を唱える。鎌倉禰宜は祝詞が変わるごとに杓を上げて、氏子の祝詞読み上げや太鼓等の鳴らしを止める。

初子入りは、その年に生まれた子供を対象に行われる。初子（ヤシ）の家では、「ヤシモチ」と称して、重箱に一二個の餅（その年の月の数分の餅）を入れて神社に奉納する。初子入りの形は、初子を抱いた母親が、めいめい神社本殿前に並び、宮司から湯立て神事で手桶に汲んだ湯に笹束を潜らせて、笹竹の湯を初子にかけて清めてもらう。初子が参加できない家では、初子の産着を初子に見立てて湯をかけてもらう。氏子入りの終わりに、宮司は六根清浄の祓いを唱えながら、初子入りの奉納に用いた重箱を初子の家に返す。この重箱の中には、他から奉納された餅やミカンを入れて返すとのことである。昔は初子入りの際に初凧も上げていたとも聞いた。この後、「なあ

写真 9-35　湯立て場の飾りを壊す

なか舞（玉取り）」となる。

金吾八幡神社で神社庁の一連の神事が行われている間、氏子は湯立ての場で釜に新たに湯を沸かし「なあなか舞」の準備をする。氏子は、祭りが終わった後で湯立ての飾りとして四方に立ててあった笹竹をむしり取り、笹竹の枝を切り落とす。「なあなか舞」は、この切り落とした笹竹の枝に湯立ての湯を浸し、「玉取りとりよ、そでで玉とりあいだ。」と歌いながら氏子に湯をかけることを行う。この湯を浴びると一年無病息災になると言われている。なお、「なあなか舞」自体は二分～三分で終了となる。昔は、お湯をかける役は子供が担ったという。その後、餅まきとなり、宮司・禰宜・氏子代表により、餅、お菓子、みかんが撒かれた。これで一連の祭礼が終了し、社務所において直会となる。この直会を宮下りと称している。

なお、祭りの前に、社務所で湯立ての湯の権利を一釜百円で集めている。これを湯銭と呼ぶ。百円払うと一釜を買ったと数える。このたびの祭りでは七二釜のお金が集まった。これは、七二人が各々一釜を買ったわけではない。氏子の家では、家から出た子供の家の分も湯銭を支払う。一人が何釜でも購入できるので人の数とは等しくならない。昔は、世帯主がこの釜の湯を買い、湯立ての湯をもらって帰り、自分の家を清めて廻ったとのことである。今は、この一釜を買う行為によって家を清めたことにしている。

直会は、至って質素である。祭りに奉納されていたゴジンゴを氏子に振舞った後、菓子とお茶、あるいはお神酒の振る舞いとなる。つまみはカワキモノ、焼いたメザシなどである。以前、違う日に祭りをしていた時は、金吾八幡神社の直会は鎌倉禰宜の屋敷で行っていたとのことである。

写真 9-36　湯立て場の飾りで、湯をかけ合う

なお、この日振舞われたゴジンゴは、祭主の平出氏が早朝に日光神社で炊きだして、金吾八幡神社に持参して来たという。

そのほか、鎌倉禰宜に御嶽神社と金吾八幡宮が並行して祭りをする意味を尋ねたところ、昔からの形であり、にぎやかに祭りをしたいから、との返事があった。

（三）日光神社祭礼

日光神社は、国道一五二号線沿いに城西の集落に向かって北に上がる途中、祭主の平出家と道を挟むように鎮座している。裏手には御鍬神社がある。

同神社は、天和年間に向皆戸の庄屋をやっていた平出家が勧請して来たと聞く。また、神社内に合祀されている宇佐八幡は村全体の神社とのことである。

祭りは、午後から合祀されている宇佐八幡神社で、清水宮司が祝詞をあげ、一連の神事を神社庁の神事次第に基づき行う。その後、清水宮司は神社の左手前に設けられた湯立ての場に移り、湯立て神事を執り行う。この間、日光神社では、鎌倉禰宜、平出祭主により、神社庁の次第に従い神事が並行して執り行われる。

湯立て神事は、金吾八幡神社と同様に組まれた湯立て場において、清水宮司が鍋に向かい祝詞を唱えた後、鍋の湯に御幣で文字を書き、九字を切り、湯を手で払う。手桶に湯を月の数だけ汲み、祝詞、湯立ての祓いを唱え、神返しをして終了となる。その後、湯を汲んだ手桶を笹竹で覆いながら、日光神社の拝殿にもどる。この神社でも、湯立て神事に関心を示す氏子はない。

この湯立て神事の間、日光神社では、禊の祓い三回・大祓い一回・三種の祓い五回を唱える。湯立て神事が終わり、湯立ての湯が日光神社に持ち込まれた後、初子入りの神事が行われ、一連の神事の終了後、「なあなか舞」、餅まきを行い、一連の祭りが終了する。

（四）平出家のなあなか舞

一連の神社の祭りが済んだ後、宮司、氏子代表は祭主である平出家に赴き、「なあなか舞」、祝詞上げ、直会を行う。これを宮下りと称する。

日光神社は、平出家の個人所有の神社であり、宮下りに参加するのは清水宮司と氏子代表の数名である。まず宮下りで行うことは、平出家を湯で清めることである。玄関、勝手口、仏間、神間を湯で清めて廻る。この時に唱える歌は、「御湯祓い先達の拝み事」に記されており、『七滝八滝　七浜八浜の浜水むかえ　なあ中まいや　八釜の御湯の初湯をもって　玉の御前を　清むとて　おおらがしもで　なあ中　まいや』である。次に床の間にて禊ぎの祓いを三回唱える。この後、平出家当主のもてなしによる直会となる。

直会の席で聞いた話によると、以前は、この平出家での宮下がりは座敷がいっぱいになるほど人が集まり、直会もたくさんの人で深夜に及んだと聞く。また、昔は神社の向かいに駄菓子屋があって、祭りの時にはいろいろなものを売っており、金吾八幡神社の祭りにもその人が出店を出しにぎわっていたという。

向皆外の祭りは、個人の祭りであったものが集落の祭りとして行う様になったことから、祭主は、祭りに参加してくれた集落の人を直会でもてなす形となっている。なお、集落の産土神は、金吾八幡神社にほど近い鎌倉家の奥の竹藪下にある。

写真 9-37　平出家でのなあなか舞　居間・台所などを清めて廻る

七　西渡　貴船神社

（一）西渡の貴船神社

西渡の貴船神社は、国道一五二号線から大井橋を左にわたり、西渡と舟戸の集落の境の坂を、明光寺へ上がる道沿いにある。この道は「塩の道」として整備されている道にも接している。同神社は、山香地区では瀬戸の熊野神社と共に一番古くから創建されたと聞く。昔は、祭りの際は神社の境内にいっぱいの人だかりとなったと聞くが、この神社の氏子である西渡と舟戸の集落は、以前は三百軒ほどあったが現在は七〇軒ほどになっているためか、人の集まりは昔ほどではない。

本来、貴船神社の例祭は、春秋の祈年祭、九月の大祭など年三回の祭があるが、今は九月の祭り一回となっている。そのほかの祭りの際は、宮司が神事を行うだけで氏子は集まらないと聞く。

（二）貴船神社祭礼

貴船神社の祭礼日は、以前は九月一四日から一五日であったものが、一〇月一日から一〇月三日に変更になり、現在の九月第二日曜日に変わっている。この様に祭礼の日取りが動いたのは、祭りをすると必ず雨になったことが要因とのことである。

そのほか、屋台も西渡と舟戸とにあるが、神社までは練りこんでこないと聞く。

貴船神社の祭礼は、田開忠雄宮司（昭和二二年生まれ）により執り行われている。まず、午前中に祭花づくりを行い、正午から湯立て神事、続いて本殿での祭礼となる。なお、この祭礼の前に神楽舞（獅子舞）が練りこんでくる。

湯立てを行う場所は、神社本殿の裏に末社を合祀した所にある。釜の廻りに四本の笹竹を立て、その笹に注連縄を廻し、タレを付け設えられている。この場所は、末社が合祀されているところの一番奥にあることから、神事の様子が見にくい場所となっている。

湯立ての準備は、宮司の奥さんが湯を沸かすところから始まる。この神事は、宮司と奥さん、氏子代表で行われ、他の氏子は神事に対して関心を持たない。

初めに正月飾りなどを燃やし、これを種火として薪に火を付け、釜の湯を沸かす。湯を沸かす行為は奥さんの仕事となっている。なお、神事で火を付ける行為は宮司が行う。湯立て神事一切は宮司が執り行う。

まず祝詞上げをした後、御幣で湯を祓い、笹で湯祓いを行い、九字を切る。この後、湯切をして両手を湯に浸ける。この後、手桶に湯を汲み参拝者に湯をかけ清める。時間として十分程度で神事が終了する。なお、湯立ての祝詞の中に、笹で湯をはねる時の言葉が、「いささかも熱さをしらず」と盛り込まれている。この言葉は、榊で払うと湯が冷めないが、笹で払うと笹の葉を湯が滴る間に温度が下がることを示していると聞いた。また、湯切りでも、火渡りと同じで、まじないをすることで火傷はしないという。
神社では、宮司による湯立て神事と並行して、神楽保存会による道中練の奉納が行われ、道中練の終了後に本殿での神事となる。
本殿での神事は、神社庁の次第に従い、一拝、修祓、大麻、宮司一拝、献饌、開扉、祝詞、神楽奉納、玉串奉奠、撤饌、閉扉、宮司一拝の順序で執り行われる。初子がある場合は、この中に初子入りが行われる。初子入りでは、昔は湯立ての湯を初子の額につけたとのことであるが、現在では初子が火傷をするとのことで、額に湯をつける人はいない。それ以上に、子供自体がいなくなってしまっていると聞いた。また、二〇年前までは、神事の後で神輿が下の集落を練り歩いたという。ただし、この神社では昔から御旅所に出て一泊することはなかったとのこと。この神輿渡御の際は、神楽舞も道中練をして従ったと聞く。

写真 9-38　貴船神社　湯立て神事

神事終了後は、餅投げが行われる。また、祭礼終了後に若連（ほ組連）により、境内において祭りに参加した人に対して福引も行われる。

八　大沼　八幡神社

（一）八幡神社の概要

八幡神社は、国道一五二線から羽ケ庄線へ左折して入る野田集落のうち、羽ケ庄線の支線沿いの大沼集落の茶畑の中にある。大沼集落が属する野田地区は、昔は水窪町と同じ奥領家村に属していたことから、『静岡県史（民俗編三）』で示されている様に、他の佐久間町の湯立て神事とは異なり、水窪の霜月神楽が行われている。水窪の霜月祭りは、神社の中に囲炉裏を設け、この囲炉裏に釜を設けて湯立て神事を行う。これと併せて禰宜による舞等が奉納される祭りである。しかし、隣接する三河、信州の霜月祭りと比較すると、神事の形が色濃く残り、至って地味な祭りである。

なお、大沼の八幡神社の湯立て神事は、土曜日の晩と日曜日の昼に執り行われており、同神社の氏子は、野田地区の沢井、中野田、大沼の三集落で、合わせて五〇軒弱となっている。

（二）八幡神社宵祭り

大沼にある八幡神社宵祭りは、南瀬年一宮司により祭りが行われている。現在の湯立て神事を行う場所は、神社に併設する社務所の中で、囲炉裏を切り、その中央に五徳を置き、釜を据え、囲炉裏の四隅に三メートル程の笹竹を立て、笹竹に注連縄を廻し、一辺ごとに四枚のタレを付ける。笹竹の上部は、竹を割ったものを円にして囲み、その中に竹を割ったものを十字に配している。この湯立場の形式は昔からのものであり、社務所ができる前は、神社の拝殿に囲炉裏が切られ、そこで湯立て神事が行われたという。

まず、一一月第二土曜日晩に氏子が集まり、湯立ての準備を始める。湯立てに使用する釜の水は、天竜川の水を旧佐久間町役場の下から汲んでくる。その水に水道の水を加えて釜に入れる。祭りに出されるゴジンゴは、この年は沢井地区が当番とのことで、沢井の池之大明神で炊きだされた。このゴジンゴの上に榊の葉を置き供物とする。なお、沢井の神社の拝殿にも囲炉裏が切られている。

湯立て神事は、南瀬宮司により行われる。宮司及び禰宜のいでたちは、水干、白の上着、青の袴である。湯立て神事は、一拝、塩で湯立場を清めた後、宮司による付火をし、「かっての祓い」、六根清浄の祓い、天地清浄の祓い、氏子入りの祝詞等を行う。この後、釜の湯に、綾紙、笹、榊の葉をくぐらせ、九字を切り、湯切りをする。手桶に湯立ての湯を汲み、湯立て神事は終了となる。その間、湯立て神事に参列した氏子は、社務所に正座して神事を見つめる。

湯立て神事終了後、場所を神社拝殿に移し、神社庁の一連の神事を行う。この際、神前に釜の湯を汲んだ手桶の上に、笹束を載せて奉納する。神事の手順としては、一拝、修祓、大麻、祝詞、禊の祓いを五回繰り返し、一拝して神事は終了となる。なお、神事の前に、既に開扉、献饌の準備が整っており、献饌はお神酒の蓋を開けることで代わりとする。

この後、直会となる。直会では、燗酒と味噌田楽が振舞われた。昔は、他所の集落の人も宵祭りに来たというが、今では自治会の役員等が集まるのみとなっているため、宮司を含めても一〇名程度であった。

（三）八幡神社本祭り

八幡神社の本祭りは、翌日の日曜日の昼に祭りが行われる。正午前から湯立て神事のための火を焚き始める。

湯立て神事は、宵祭りの時と同じ所作を繰り返す。この時の参加者も宮司を含めて一〇人ほどであり、氏子の湯立て神事に対する関心は薄い。この後、昼飯として、味噌汁と握り飯が参加者に振舞われる。

昼食後、神社庁の神事が行われる。こちらも宵祭りと同じように、神社庁の一連の神事が執り行われる。三〇年前までは、この神事の際に神楽舞の奉納があったと聞く。なお、この大沼の神楽舞が始まったのは古くはなく、中野田に婿に入った人が神楽舞を伝えたとのことである。現在は、祭礼の際に獅子頭を出すこともない。

祭りで初子入りがある時は、湯立て神事で氏子入りの祝詞が唱えられていることから、初子を抱いた両親が玉串を奉納するのみで、特別なことを行わない。また、氏子入りとしての特別な供え物もない。この後、餅まき、直会となる。なお、昭和四二年（一九六七）に佐久間高校がまとめた資料によれば、「木村角弥氏（明治二二年一二月一七日生）、木村わき氏（明治二五年三月九日生）からの聞き取りとして、八幡様のお参りには、女の子はおもち、男の子はお酒七合五勺をひょうたんに入れて持ってくる。」と記されている。

写真 9-39　大沼　八幡神社　湯立て神事（水窪霜月祭り系）

写真 9-40　大沼　八幡神社　社務所に囲炉裏が切ってある

大沼の八幡神社の宮司は、田沼アサゾウ氏、金原トウキチ氏、春山ツカゾウ氏、一時期瀬戸集落の禰宜が宮司をした後、現在の南瀬氏が宮司となっている。現在八〇歳となる集落の人から、自分が子供の時、田沼アサゾウ宮司は、大変な年寄りでありながら神事を行っていた。また、金原トウキチ宮司は、御嶽教の行者をしていた。この人の湯立て神事は凄いもので、大変な湯切りもした。その後の春山ツカゾウ宮司は、相月・島の三井家で修業をしてきたと、一連の宮司の経緯をお聞きした。また、野田地区の沢井には八幡神社の御旅所があり、以前は神輿渡御が行われていた。このこともあり、その地は八幡神社の共有地であったという。

九　島　熊野三社神社

（一）島の祭り

相月・島地区の熊野三社神社は、国道一五二号線を北上し、相月トンネルを入る手前を右折し、横吹集落へ向かう林道へと左折した途中の集落の山手に鎮座する。本殿には、稲荷神社、牛頭天王、唐渡〔とうど〕神社、熊野神社が合祀されている。

島地区では祇園祭りが六月に行われていることが有名であるが、一一月中旬の土曜日に秋祭りが行われる。また、現在は行われていないが、翌日の日曜日は山の中腹で天伯神社の祭礼を行っていたという。

（二）熊野三社神社祭礼

熊野三社神社の祭礼は、三井宮司（昭和三四年生まれ）により土曜日午後から行われる。午前中に祭花作りとともにゴジンゴを炊き、榊の葉を椀としてゴジンゴとお洗米を盛り付ける。また、湯立てに使用する水は、神社下の井戸から汲んでくる。それに足す水は山から引いてきた沢水を使用している。同神社の特殊な供物としては串芋がある。これは、里芋を釜で炊いたもので、竹串に六個ずつ串刺しにして、牛頭天王と熊野三社神社に祀る。また、献饌の三宝には榊の枝で作った箸をつける。箸は祭りが終わった後に神社に納めることとしている。なお、この島地区では元旦祭りと秋祭りだけ神社を使うという。

午後からの祭りは、引き続き三井宮司が務める。祭りの前に、自らを清めるために、不浄の禊、雑気の禊、六根清浄の禊を唱えて清める。

神事は、まず神社庁の祭礼の次第に従い執り行われる。一拝、修祓、開扉、祝詞を行い、祝詞の時に奉納した人の名前を読みあげる。この後、神前に神楽舞が奉納される。この神楽舞が祭りに取り入れられたのは第二次大戦後のことである。この奉納と並行して、神社の左手に設置された湯立て場において、三井宮司により湯立て神事が行われる。

湯立ての場は、三方を囲った竈の形の台座の上に釜を置き、釜の四方に笹竹を立て、その四本を注連縄で括り、タレを付けた形である。この湯立ての場は、天井が低いながらも、半小屋の形態をとっている。

湯立て神事は、祝詞、大祓いを行い、榊で釜をふさぐ。榊をとった後、御幣を釜の湯にくぐらせる。続いて綾紙を釜の湯に五方に浸す。九字を切り、榊の葉を釜の湯にくぐらせる。その後、玉取り（なあなか舞）となる。玉取りは、御串で釜の湯をはねる所作を行う。この所作の回数は、百八回に奉納した者の人数を足した回数を行うとのことである。

この回数を正確に数えるため、割った竹に回数分の目を入れて、一回ごと目盛りを押さえながら回数を数える。この玉取りの間、「玉取りとれよ、それが玉取りがいだ」と繰り返し唱える。玉取りを行う者は、湯に浸した御幣を自分の悪いところに当てて、よくなるように祈るとのことである。

写真 9-41　島　熊野三社神社　湯立て神事

写真 9-42　島　熊野三社神社　なあなか舞

玉取りが終わると拝殿に戻り、玉串奉奠、禊の祓い、三種の祓い、一拝をして神事を終える。この後は、投げ餅、直会となる。なお、熊野神社は奥山家の神社、牛頭天王は三井家の氏神であったと聞いた。

一〇　芋堀　日月神社湯立て神事

芋堀は、国道一五二号線を北上し、水窪に入る手前の集落であり、城西地区でも街を形作る大きな集落である。日月神社は、この集落の西側の山の中腹に鎮座している。なお、以前の日月神社は、今の神社から二百メートルくらい山の中に入った所にあったが、四〇年くらい前に台風のために地盤が崩れ、今の場所に移転した。

芋堀の祭礼は、一〇月第二土曜日と日曜日に行われているが、この神社の湯立て神事は拝殿横に位置する「湯立殿」で、祭礼の前日の金曜日に執り行われる。このため、集まる人は宮司・禰宜・氏子代表のわずかな人数に過ぎない。

現在執り行われている湯立ての祭りは、修祓（宮司）、大麻（禰宜）、祝詞奏上（宮司）、この祝詞の間に宮司が幣串四本を湯に浸し、その幣串を湯立て場の四本の笹竹のもとに立てる。続いて祝詞をあげながら、清水を釜に注ぐ（この湯立てに注ぐ水は、以前は天竜川と太平洋が接するところの水を汲んできたというが、現在は福田の海岸から汲んでくるとのこと。）。次に、宮司が湯切りを行い、右へ左へと湯を祓い飛ばす。続いて、釜の湯を手桶に月の数だけ汲む。これを手桶二つ分繰り返す。この後一拝し、湯立て神事は終わりとなる。

なお、氏子は宮司が「湯立殿」を退出した後、湯立て場に立てられた四本の笹竹の枝を引きちぎり、玉取りと称して、笹竹の枝を釜の湯に浸してお互いに浴びせ合う。この湯を浴びると一年無病息災でいられるという。また、氏子代表は、湯立場の湯飾りの上に飾られている幣串と、玉取りに使用した笹竹の枝を持ち帰り、家の神棚に飾るという。

「湯立殿」の湯立て神事に続いて、若宮神社に移動して若宮神社の祭りとなる。宮司・禰宜・氏子代表の三名が拝殿に上がる。若宮神社の祭りは、修祓、大麻、開扉、献饌、祝詞、玉串奉奠、撤饌、閉扉、一拝の一連の次第で終わりとなる。

この日に行われる祭礼は、至って短い時間で終わり、他の氏子の参列もなく、知る者も少ない神事である。

宮司、氏子代表に聞いた話によれば、芋堀では、昔は松尾の上、日月神社の下に若宮神社があり、その神社で湯立て神事をしてから、日月神社においても湯立て神事を行っていた。現在では、日月神社と若宮神社と一緒に湯立てをする形となっている。日月神社では、「湯立殿」ができるまでは、神社の庇〔ひさし〕がある所で湯立てをしたとのことである。昔は神社の南側に的場があり、神社と的場の間がその場所であったと聞く。

現在の湯立殿は、約二〇年前に日月神社が神社庁の指定神社となった際、百万円の寄付があり、この寄付によって建てられたものと聞いた。

写真 9-43　芋掘　日月神社　湯立て神事

また、宮司の話では、芋堀の日月神社は、江戸時代にはすでに湯立て神事をしていたが、今の形とは違った形の湯立て神事をしていたという。現在の太田宮司の母親の兄が湯立て神事をしていた時と比べても、今の湯立て神事と形の違うやり方で湯立て神事を行ったと聞いた。そのほか、昔は沢山の禰宜がいて、湯立て神事の際は、手首まで湯に手を入れて湯切りをしたとも聞いた。

これらのことから、現在行われている「湯立殿」での湯立て神事は新しい形のものであるが、湯立場の形式は水窪の湯立て神事の形態を取り入れている。湯切りの所作も、大沼等の湯立て神事の形式と似ており、以前の湯立て神事は、奥領家村といわれていた時期の湯立て神事の形式で行っていたものと考えられる。

なお、『草木の霜月神楽』および『静岡県史資料編二五　民俗三』では、同じ旧奥領家村大沼の湯立て神事を水窪の霜月祭りの分布の一つとして数えており、水窪町に近い所に位置する芋堀の湯立て神事も、同報告書が編纂される前に、「湯立殿」に相当する湯立て場があり、旧来の湯立て神事が守られていたなら、異なる評価がされたかもしれない。

一一　間庄　熊野神社の祭礼

（一）間庄集落

間庄集落は、国道一五二号線を北上し、相月トンネルに入る手前の旧道を右折し、島集落を抜け、林道沿いに瀬戸の集落に向かう途中の山際にある集落である。以前は二八軒の家があったが、現在では一〇軒に減少している。かつては片桐屋敷があり、交通の要衝でもあった。

この集落の神社である熊野神社は、林道より急斜面を三〇分ほど登りつめたところに鎮座する。同地域には、室町時代の文明年間に、伊勢信仰・熊野信仰の順で修験の信仰が入ってきたという。

（二）熊野神社境内

熊野神社は、拝殿前の軒先に五色のタレを集めて飾られてある。これは、本殿に納められた五本の五色の御幣と同じようなものを、氏子が外からも拝めるように飾ってあるという。また、同神社の左後方に末社が奉られており、これは、集落にあった神様を集めて合祀したものである。さらに、神社横手前には、左から津島様、右に東照権現様が奉られており、熊野神社の数十メートル手前側には、政五郎霊神が奉られている。

政五郎霊神は、神官をされている三輪氏の五代前の先祖で霊験があった宮司を祀るものである。同宮司は幕末から明治にかけて宮司を務め、霊験あらたかな人であったという。同氏の葬儀の際に、晴れていた空から、急に宮司の棺桶にだけ雨が降り出したことから、神として祀る必要があると考え、霊神として祀ることにしたという。政五郎霊神の社には、政五郎霊神の杓や入れ歯が納められているという。なお、昔は困

写真 9-44　間庄　禊ぎの祓い・三種の祓い

り事があった時は、集落の人がお参りに来たものであったと聞いた。

（三）熊野神社祭礼

間庄の熊野神社の祭礼は、前日に祭花作りを行い、翌日午前にゴジンゴ等を用意し、昼から祭礼となる。昔は九月一五日が祭礼であったが、昭和二五年（一九五〇）から一〇月第二日曜日に祭りをする様になった。

本祭りの前日、まず祭花づくりとして、本殿前に一五本の御幣を作る。うち一つは大御幣を、他の一四本は小御幣を作る。末社の前には小さな御幣二四本を祀る。また、七五膳を用意する。祭りに天狗が七五体入ることから七五の膳の用意をするという。そのほか、境内の掃除等を行い、最後に、瀬戸集落の方に二〇〇メートル程度行ったところの滝見澤（たきんざわ）に、御幣と注連縄にタレを付けて祭花づくりを終わる。

翌日、熊野神社の横に設けられた湯立ての場にある二連の釜のうち、奥の方の釜でゴジンゴを炊きだす。ゴジンゴを炊く時は、榊の枝を釜の蓋として使用する。ゴジンゴが炊き上がると、木製の箱を御櫃としてゴジンゴを盛る。この上に榊の枝を載せるとともに、榊の葉もゴジンゴの上に撒く。この後、ゴジンゴは、七五膳として木椀に盛る。ゴジンゴの上には榊の葉を二枚、葉頭が右に来るように盛り付け、宮司が本殿にお供えする。末社等は、カワラケに同じようにゴジンゴと榊の葉を盛り、お供えする。なお、二連の釜のうち、湯立て神事やゴジンゴを炊くのに用いるのは奥の方の釜だけであり、前の釜は、宮司や氏子が飲む湯を沸かす等に用いられるのみである。

この後、ゴジンゴを炊いた奥の釜をきれいに洗い、水を八分目に入れて湯立ての湯を沸かし始める。これらの準備をしたのち、佐々木宮司が前日に滝見澤から汲んできて沸かしておいた水を用いて本殿等を浄め、この後、湯立て場の釜の周りを清めて祭礼となる。

熊野神社の宮司の佐々木米夫氏（昭和八年生まれ）が祭りを執り仕切っている。同氏は、三〇年前に伊藤賢次氏の父親に神官のやり方を教えられたという。伊藤賢次氏の父親は、作法等に対して厳しい人であり、やり方が悪いと何度もやり直されたと聞いた。

写真 9-45　間庄　湯立て神事

祭礼は、昼過ぎから拝殿で始まり、一連の本殿の神事として一拝、大麻、祝詞奏上を行い、榊の幣串で社殿を祓う。今年は初子があることから、初子の名前を読みあげ清める。続いて、玉串奉奠を行い、太鼓の囃子に従い、禊の祓いを一二回唱え、続いて三種の祓いを三六回唱える。この後、拝殿から降り、湯立ての神事が始まる。

湯立て場は拝殿の山側横にあり、二連の釜の廻りに四本の笹竹を立て、その笹竹を注連縄で囲う形である。注連縄の一辺には、タレを二枚付ける。

まず、宮司が奥側の釜に向かい、祝詞奏上した後、九字を切る。次に湯に綾紙をくぐらせ、注連縄にかける。その後、祭文を唱えながら、釜の熾火を木の枝で振り分け、氏子の名前を書いた紙を釜の上で祓う。一連の神事の後、宮司自ら玉取りの「うたぐら」を唱える。その後、氏子は榊の枝を釜の湯にくぐらせ、集まった氏子に湯をかける。最後に、宮司が火伏を行い、神返しをする。

一連の祭りを済ませた後、宮司は、拝殿の横に初子を抱いた母親を呼び寄せ、初子に向かって祝詞を唱える形で、初子入りの儀式をする。

続いて、末社の祭りとなる。まず、政五郎霊神の祭りを行う。祭りの内容は修祓、開扉、閉扉のみであり、事前に献饌がされている。次に、津島様・東照権現様を祀る。政五郎霊神の祭りと同じ所作を行う。その後、神社奥に集められた末社を祀る。

一連の神事が終了した後、氏子に御札とゴジンゴを配り、福引を引かせる。氏子が引くくじは一人四枚であり、当たりくじの景品交換をするため、氏子は神社を出て下の公民館へ向かう。祭りの後の直会も公民館で行われる。

（四）そのほかの祭り

間庄の集落では、六月の第二日曜日に祇園の祭りとして、津島様と東照権現様の祭りを行う。祀り方は一〇月の祭礼と同様な祀り方をする。

このほか、山の神の祭りを、熊野神社から山の上に一五分程度登ったところにある奥の院の裏で行っている。昭和四二年（一九六七）頃までは、一〇月七日と二月七日に行っていたという。御幣も春は一重の赤の御幣を祀った。冬は袷［あわせ］の御幣を祀っていたという。現在の山の神の祭りは一〇月だけとなり、祭りを行う日も九月の最終日に、山の道を開く時に一緒に行っている。このほか、雨が降らないときには、雨乞いの祭りとして、鉦を打ちながら「雨を降らしてたもれ」といって祭りをしたという。

一二　半場　大日神社

（一）大日神社

半場の大日神社は、飯田線中部天竜駅がある半場集落から林道へと続く道を登った所に鎮座する。城西地区、山香地区では多くの神社で湯立て神事を行っているが、佐久間地区では半場の大日神社のみが湯立て神事を行っている。これは、半場が他の佐久間地区とは天竜川により分断されている一方、隣接する山香地区の戸口集落との関係が強かったことが要因なのかもしれない。また、末社として、大日神社のできる前から村にあった神様である村庚申と稲荷神社を、大日神社の裏手に祀っている。そのほか、五つの末社を神社の拝殿に祀っている。

（二）聖様の祭り

大日神社では、元旦祭、祇園祭り、霜月祭りの三つの祭りが行われている。いずれの祭りも、聖様の祭りから行われる。聖様は大日神社を下った堂地氏の家の近くに祀られている。聖様の祭り自体は、宮司以下、氏子総代により行う祭りで、一拝、祝詞奏上、玉串奉奠のみ行われる。

昔話によれば、高野聖が半場にやって来て、高野信仰を集落の人に伝えた。信仰を広めた後、この聖は堂地氏の土地に穴を掘り、鈴を鳴らせば竹筒の先から水を入れるように伝え、穴に入った。その後、七日後に鈴が鳴らなくなったので、掘り出してみると、即身仏になっていたと伝えられていて、その場所が現在の聖様の場所となっている。なお、この聖様の話は、『佐久間町の昔ばなし』に収録されている。

写真 9-46　半場　聖様の祭り

写真 9-47　半場　大日神社　湯立て神事

（三）大日神社祭礼

大日神社の霜月祭りは、太田宮司（昭和五年生まれ・芋堀）により執り行われた。昔は一一月二七日に行っていたが、現在は一一月中旬の日曜日に行われる。当日、午前中は祭花作り、ゴジンゴの炊き出し（大豆をご飯と一緒に炊いたものを用いる）等を行い、午後から祭礼が始まる。昔は祭りの際に、小豆一升を持ってくることになっていたと聞く。

現在、ゴジンゴは隣保組の班長・副班長の奥さんが薪を使って炊き出しをしている。普通は、大豆を炊いてから米を炊き始めるが、ここでは、大豆を水に浸した後に米と一緒に炊くことになっている。それでも大豆は固くならず上手に炊けるという。また、神前に供える赤飯は、ゴジンゴとは別に囲炉裏で炊く。

祭礼は、まず神社拝殿で、神社庁の神事の次第に従い、一拝、祝詞奏上、玉串奉奠、一拝を行い、その後、場所を湯立て場として釜が設えている境内へ移す。湯立て場は、五徳に釜を載せ、釜の四方に笹竹を立て、注連縄を廻してタレがとりつけられている。釜の水は沢の水を用いている。

湯立て神事は、笹を釜の湯に浸し、塩で釜の周りを清める。続いて笹で釜を祓う。御幣を湯立て場に立てられている笹竹の根元に五本（五方を意味する。）立てた後、六根清浄の祓い、湯立ての祓いを奏上する。湯を手桶に二杯汲み、笹に湯を浸し、時計の逆方向に宮司が廻りながら、湯立て場に来た氏子全員を清める。

その後、場所を神社の拝殿にそのほか移し、修祓、大麻、開扉、献饌、祝詞、玉串奉奠を行い、神事が終了する。なお、玉串奉奠では、宮司・祭典委員の後は、聖を祭っている堂地家が他の氏子より先に玉串奉奠を行う。

祭典終了後は、大豆が入ったゴジンゴを氏子に配るとともに、湯立ての湯を氏子に分け与える。この湯を家に持ち帰り、みんなで飲んで健康を祈願するという。そのほか、祭礼後には婦人会から甘酒の奉仕がある。

この奉仕をしている間に、宮司と氏子代表は村庚申と稲荷神社の祭礼を行う。祭礼自体は、一拝、大麻、祝詞、玉串奉奠、一拝にて終わる。初子入りの時は、以前は小豆を入れたご飯を持ってくるとのことであったが、今は持ってくることはなくなっている。

（四）祭礼に関連して

大日神社の参道には、霜月祭りに奉納する千本旗（家内安全・交通安全等を祈願する物。祈祷料一つ百円）が置かれている。これは最近始めたものであり、昨年の古い旗は湯立ての火で焼かれる。

大日神社の由緒は、洪水の際に本尊が船明、龍山まで大水で流された後、この神社のものとわかって帰ってきたことを忘れないように、神楽舞の歌詞として残してあると聞く。また、半場の天龍寺の横に、初めの神社があったという話もある。

大日神社の社務所には、四人の宮司の写真が飾られている。この宮司は、第二次大戦の戦中まで宮司をしていた木下先一宮司（半場）、その後は、北村貞平宮司（半場）、尾本宮司（和山間）、竹内三郎宮司（半場）であり、代々神社を守ってこられた宮司であるという。これらの宮司の後、平成二八年(二〇一六)まで太田保之宮司(芋堀)が、四〇年近く宮司をされていた。太田宮司が半場の大日神社の宮司になったのは、堂地氏の父親と知り合いであったこと、年三回執り行われる神社の祭礼を欠かさず執り行ってくれることが要件であり、これができる宮司として、城西地区の大田宮司に依頼があったとお聞きした。

一三　大井　大輪　八坂神社

（一）大輪の集落

大輪は、国道一五二号線を北上し佐久間町に入った所にある集落である。その昔、久根鉱山があった頃は、多くの人が住み、神社下には鉱山が運営する図書館があったと聞く。図書館の中ではビリヤードもできる所があり、屋外にはグラウンドが整備され、風呂も完備されていたとも聞く。その集落も現在五軒になっている。

（二）大輪八坂神社の祭礼

大輪八坂神社の祭礼は、本来一〇月第二日曜日に行うが、祭主、あるいは宮司の都合で変更することがあり、いつ行われるかは集落以外の者には分からない。

この八坂神社は、古河鉱業が昭和二八年（一九五三）に大滝の八坂神社から分社して作った神社である。当時は鉱山が盛んな頃でもあり、大輪と大滝の集落には多くの人が住んでいた。二つの集落は天竜川の川筋と、その上の急な坂を上った丘の上であったことから、祭礼等の行き来が不便だったため、大滝から大輪に神社を分社したという。

八坂神社では、従来は五月一四日から一五日の山の神祭りと、秋の祭りを行っていたが、鉱山が閉山してからは秋の祭りだけとなった。閉山した頃の秋の祭りは、一一月第一日曜日に行っていたという。

八坂神社の祭礼は、田開宮司により午後に行われる。神社庁の次第に従い、神社拝殿で、修祓、開扉、献饌、祝詞、玉串奉奠（宮司・氏子全員）、撤饌、閉扉、一拝にて終了する。なお、献饌・撤饌は前もって用意し、お神酒の蓋の開け閉めで献饌、撤饌をしたことにする。

湯立て神事は、この神事の終了後、神社境内の右手前に湯立て場を設けて行う。湯立て場は、他の神社と同様に、釜の廻りに四本の笹竹を立て、注連縄を廻しタレをつるす形をとる。湯立て神事は宮司により執り行われる。まず御串で釜の湯に九字を書く、祝詞、御串で釜に九字を書く、素手で湯に手をくぐらせる（九字を切りながら指先を湯に浸す）、笹束を湯にくぐらせ氏子にかける。その後、釜の湯を茶碗に汲み、

写真 9-48　大輪　八坂神社　湯立て神事

飲む所作をする。以上で一連の湯立ての神事が終了となる。

直会は、二、三年前までは氏子が集まり、昼食等をとっていたが、現在は人が少なくなったこともあり、お神酒をカワラケで飲むのみとなっている。この後、氏子にお札を配って解散となる。

一四　上平山地区の湯立て神事

(一) 上平山地区

上平山地区は、合併して佐久間町になる前は山香村に属していた。『山香村広報誌(昭和二九年九月一五日号)』によれば、山香村の祭礼は、戸口と平和は九月一五日、上平山舟代は九月一八日、舟戸と西渡は一〇月一二日、和泉と鮎釣は一〇月三日、上平山大萩は一〇月五日、瀬戸は一〇月一四日、間庄と仙戸は一〇月一五日、大滝は一〇月一六日、大滝と上平山岩井戸は一一月一五日、福沢は一一月一五日、上平山名古尾は一一月一六日に祭りを行うと記載されている。

現在、この地域は人口が激減しており、平和のように廃村を余儀なくされた集落もある。特に上平山地域の岩井戸・名古尾・大萩・舟代の四集落は、天竜川右岸に沿って南北に走る国道一五二号線の対岸の県道大輪天竜線から上にある尾根沿いを走る、林道上平山線・林道天竜名古尾線に沿った集落であり、旧龍山村の対岸を占める広い範囲に、二〇数軒の家が点在するのみとなっている。人口減少が激しく、いずれの集落も祭礼の維持が困難となっている。

同地域は、昭和三八年（一九六三）当時八四世帯・四七〇人が暮らしていたが、平成二二年（二〇一〇）には三二世帯・七四人となり、平成二八年（二〇一六）には、岩井戸・四世帯、名古尾・二世帯、大萩・八世帯、舟代・一〇世帯となっている。

また、同地域では、昭和五〇年当時は、地域の四つの神社を、宮司が午前一ヵ所・午後一ヵ所ずつ廻って二日間で祭りをしていたという。しかし、二日間で祭りを廻るのは大変であるとのことで、現在の様に別々の日に祭礼をすることになったという。

(二) 名古尾の祭り

名古尾の諏訪神社は、林道天竜名古尾線から一つ上の旧道である塩の道から、北へ数百m入った所にあり、鳥居には「天満の神」「諏訪神社」と併記されている。本殿横に稲荷様、奥に浅間様と山の神様が合祀されている。また、どの家でもお茶づくりが盛んであったことからなのか、境内の神木は、「お茶うす様」と呼ばれている。

昔は二四軒あった集落も数軒まで減少したこともあり、祭花作りをして祭りの準備を行うものの、以前は鳥居に二本・上の段に二本立てていた幟を立てなくなっている。

また、湯立ての水は、昔は沢から竹の樋で水を引いてきて使用していたが、今では水道の水を使用するなど、簡略化されている。なお、氏子に対しては、湯立てには湯銭料として百円支払うことが決められており、湯立ての際にお金を支払った人の名前を読み上げる。

神社の祭礼は、拝殿で修祓・禊の祓・大祓を唱えた後、神社横に設えた湯立て場で湯立て神事を執り行う。この神事では、宮司が湯立ての祓いの後に、釜の湯に向かって九字を切り、御幣を釜の湯をくぐらせた後、茶碗に湯を月の数だけ汲む。この汲んだ湯を榊の枝にくぐらせて氏子に振りかけ、祭礼一式が終わり、直会となる。

なお、直会の後に小祭りを行う。小祭りは、御幣五〇本を神社の末社・鳥居・茶うす様・社殿・湯立て場に祭る行事である。

この様に行ってきた祭りであるが、祭の運営を集落から出た人に頼って行ってきたことや、集落の人が高齢化し平成二八年（二〇一六）には二軒のみとなったこともあり、平成二七年（二〇一五）の祭りを最後に中断となっている。

(三) 岩井戸の祭り

岩井戸の集落は、大輪から林道上平山線を通り、最初にある集落である。八幡神社はこの林道の枝道を上に上り詰めたところにある。岩井戸も昔は一五軒の集落であったが、現在は四軒となっている。

同集落は小さな集落ではあるが、明治の初めに政治的に力のある人がいた事もあり、昭和三年（一九二八）に『磐田郡神社史』として神職会が出版した書籍には、「村社

写真 9-49　名古尾　諏訪神社　湯立て神事

幣帛供進　明治一二年（一八八九）九月二二日村社に列す。」とある。

例大祭の前には、神社から百メートル程離れたところにある岡部氏の石碑にお供え物をする。この岡部氏は、以前の宮司とのことで、昔は祭りの際に神輿渡御を石碑の所まで行ったという。

例大祭は、当日の午前中に祭花作りをした後、午後から神社庁の祭礼次第に従い、修祓、一拝、大麻、開扉、献饌、祝詞、玉串奉奠、撤饌、閉扉、一拝を行う。この後、拝殿横に設けられた庚申様に対して、修祓、献饌、大麻、祝詞、一拝を行う（戦前までは、庚申様は集落持ち回りで行っていたというが、現在は例大祭に合わせて行う様になっている）。

この後、拝殿脇に供えられた湯立て場に移り、湯立て神事を執り行う。次第は、修祓、大麻、祝詞奏上（祝詞の途中で、氏子奉納者の干支と性別を読み上げ家内安全を祈願する。）、宮司が釜の湯に向かい幣串で九字を切り、一回幣串を湯にくぐらせ祝詞をあげる。引き続いて手桶に釜の湯を月の数だけ汲み、なあなか舞を唱えながら、手桶の湯に榊の枝を浸し、氏子にかけて清めて廻る。これで祭礼は終了となり、神様にお供えしたものを氏子に下げ渡す。湯立てに用いた湯は、持ち帰ったり飲んだりはしない。

直会は、神社下の宮下家で、女性と男性が別々に二つの部屋に分かれて開かれる。

写真 9-50　岩井戸　八幡神社　湯立て神事

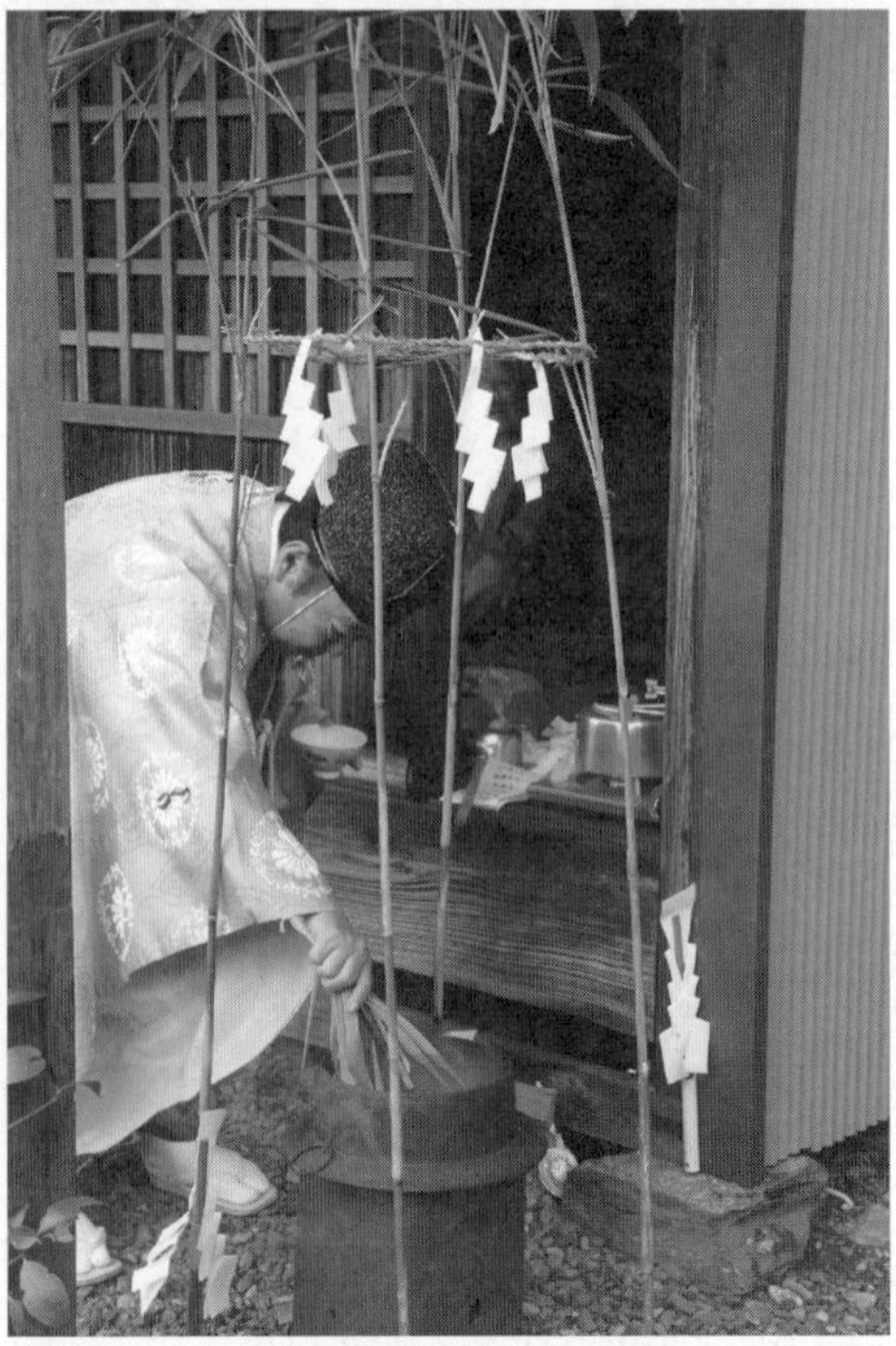
写真 9-51　舟代　諏訪神社　湯立て神楽

（四）舟代の祭り

舟代は、旧龍山村瀬尻から天竜川にかかる瀬尻橋を渡り、林道天竜名古尾線のはじめにある集落である。以前は二四軒の集落であったが、一〇軒まで減少している。

諏訪神社は、同林道から下の集落に降りたところに鎮座する。なお、同神社は、八幡大菩薩と市杵島大明神を合祀したことから、三社宮という名称が掲げられている。また、幟には産土神社御寶前と記されてあった。

祭礼は、午前中に祭花作りを行い、午後から例大祭となる。拝殿で神社庁の祭礼に従い、修祓、大麻、献饌、祝詞、玉串奉奠を行う。続いて、拝殿に設けられた山の神の祭りを執り行う。次第は、祝詞、一拝（山仕事をしている人が代表で行う。）で終了となる。なお、山の神に祀られていた御幣と注連縄は、祭礼一式が終了後に山の神へ納められた。

拝殿における神事に続いて、拝殿横に設けられた湯立て場で湯立て神事が執り行われる。湯立て場は、他の神社の湯立て場と比較して、至って小振りなつくりとなっている。

湯立て神事の次第は、宮司が祝詞奏上（祝詞の途中で手に御幣を持ち、釜の上を祓う。）を行い、組長が氏子氏名の読み上げを行う。この後に、宮司が釜に向かい御串を湯に浸す。茶碗に釜の湯を汲む。笹竹の枝を釜の湯に浸し氏子にかけ、湯立て神事が終わりとなる。この後、拝殿に戻り、撤饌を行い、一連の神事を終える。直会の前に、日章旗、幟などの祭の片づけを行う。湯立ての湯飾りは神社裏に納められ、拝殿において直会となる。

田開宮司の話では、湯立ての際は煙がひどく、ほとんど目を開けることができない状況で行っているとのことである。また、この神社の宮司を一〇年以上行っているが、昔は子供が大勢いて賑やかだったが、今は子供がいなくなり寂しくなったと話されていた。

（五）大萩の祭り

大萩は、林道天竜名古屋線を舟代から北に行ったところにある集落で、現在八軒になっている。大萩の諏訪神社は、林道の山側に接した石段の上に鎮座している。

集落の人に聞いた話では、宮司は西渡の田開氏にお願いをしており、八月の終わりに祭礼を行っている。以前は一〇月に祭りを行っていたが、学校が休みでないことから数十年前に八月に祭礼の日を移した。昔は、湯を煮たてて湯立てをしたという。現在でも小ぶりな釜で湯立てを行っている。その他、集落に生まれた子供がいる時は、初子入りとして祭礼の際に、宮司にお願いして初子の成長を祈願してお祓いをしてもらったとも聞いた。

（六）そのほかの地域の湯立て神事

佐久間町では、城西地区、山香地区を中心に、各集落で湯立て神事が秋の祭りとして執り行われている。その神事においては、厳かに行われるもの、あるいは、氏子により荒々しく湯を祓うことを行う神社があるが、いずれも、一年の無病息災を願う気持ちが強い。なお、他人に見せるという芸能的な部分が少ないこと、また、各地で同じ時に祭りが行われていることから、多くの集落の祭りがどのように行われているかを見る機会は少ない。

そのほか、特徴のある神社としては、鮎釣の子安神社では、神楽舞が盛んである。この神社の湯立てにおいては、宮司が湯立ての祝詞を唱えている間に、氏子は手に榊の枝を持って釜の廻りに集まり、祝詞奏上が終わるのを待ち構えている。宮司が祝詞奏上等の一連の神事を終えて場を外すと、氏子は手に持った榊の枝を湯に浸して激しく湯のかけ合いを行う。取り物は異なるが、同様な所作をする神社として、瀬戸の諏訪神社がある。

中芋堀の大森神社の湯立て場では、鍋を自在鉤の様なもので支える形状になっている。現在は、鍋への下に竈の様なものが築かれており自在鉤自体の必要はないが、わざわざこの形が残されているのは、仕立ての際に室内で鍋が吊るされていたことが根底となっている可能性がある。また、宮司は湯立ての祝詞を唱えるが、湯の扱いには関与せず、禰宜が執り行っている。この神社のなあか舞は、湯立て場に立てかけられている四本の笹竹をそのまま引き抜き、笹の葉を鍋の湯にくぐらせて豪快に湯をかけ合う。

写真 9-52　鮎釣　子安神社　湯立て神事

写真 9-53　大滝　八坂神社　湯立て神事

写真 9-54　瀬戸　諏訪神社　湯立て神事

写真 9-55　松島　大森神社　湯立て神事

写真 9-56　切開　八幡宮の湯立て神事

切開の八幡宮の湯立て神事は、守屋貞一宮司により執り行われている。湯立て神事においては、拝殿で禰宜が禊ぎの祓いと三種の祓いを各々六回唱えている間に、宮司一人で社殿の外に設けられた湯立て場に移動し、釜に向かい九字を切り、禊ぎの祓いを唱え、さらに九字を切る所作を行う。続いて、五方を清めることを意味するものか綾紙五枚・笹の葉五枚・榊の葉五枚を釜の湯に潜らせる。この綾紙を釜の湯に潜らせるあいだ、宮司は「東は薬師の浄土でまします〜」と歌ぐらを唱える。この歌ぐらは水窪の霜月神楽で歌われている歌くらに近似している。

次に、「雪か氷か水となれ。」と唱えながら水を釜の湯に潜らせる所作を行う。次に、右手で湯に御串を二本右手に持ち、釜の湯に九字を描く、続いて再度九字を切り手桶を釜にくぐらせ湯を汲み、「玉取り取る様〜」と玉取りを謡いながら宮司自ら御串で釜の湯を跳ねる。続いて手桶の湯を御串ではねて場を清め湯立て神事を終える。

この所作が終わると、集落の者による玉取りとなる。待ち構えていた村人二名が榊の枝を釜の湯に潜らせ、湯を集落の者に振りかけて無病息災を願う。この間、別の村人二名が、笹竹の柄を二つに裂いたものを用いて、「玉取り取る様〜」と玉取りを謡いながら湯を掛ける所作が七五回行われたかを数える。なお、この二つに裂いた笹の柄には数字を数えるための切り込みが入れられている。また、笹の柄には祭日当日に御賽銭をお供えした村人の人数分の錦糸銀糸が巻かれており、玉取りの回数を数えながら金糸銀糸を外していく。玉取りが七五回が終わると大きく「ほー」と叫んで玉取りを終える。

一五　旧天竜市　湯立て神事

(一) 天竜市の湯立て神事

現在は、浜松市天竜区として一つの行政区になっているが、佐久間町の南に旧天竜市が広がっている。『天竜市の民俗』(には、上阿多古地区の熊野神社、同神明神社、熊地区の六所神社、同八幡六所神社、竜川地区の春日神社、同八幡神社に湯立て神事あり、と記載されている。これらの神社の中には一時中断した神社もあるが、現在も湯立て神事を行っている。このほか、上阿多古地区、佐久地区など、他にも湯立て神事を行う神社がある旨の話を聞いた。

なお、これらの神社では地元の禰宜がいなくなり、現在は、佐久間町浦川地区の井辺宮司、日名地宮司、横川地区の内山宮司が、祭礼を行っている。湯立て神事であるが、湯切りの様な修験的な要素は含まれておらず、神事を中心とした湯立てとなっている。

(二) 大栗安・六所神社の祭礼

大栗安は、旧天竜市の左岸を阿多古川沿いに北上した熊地区にある集落である。大栗安・六所神社の祭礼は、昔は九月一七日と一八日に行っていたが、現在は一〇月第一日曜日に執り行われる。宮司は佐久間町浦川地区の井辺宮司が務める。同神社での湯立て神事は、一時中断後復活し、今日に至っている。

湯立ての場は、神社本殿の東側の一段高い所に設けられている。この湯立場も、中央にブロックで竈が築かれ、その上に釜が置かれる。釜の四方に笹竹を立て、笹竹に注連縄を廻しタレをつるす形態をとっている。なお、同地区は過疎化が進み、三三軒の集落になっているという。

祭礼は、午前中に神社拝殿において神社庁の神事次第に従い、大麻、一拝、開扉、献饌、祝詞(氏子入りの祝詞、交通安全の祝詞)、玉串奉奠(宮司、初子、結婚した人、氏子の順番）、撤饌、閉扉、一拝で終了となる。

湯立て（おゆだちの儀）は、この一連の神事の後に、湯立て場として設えた所に移動し、宮司、禰宜、氏子代表の四名で行われる。湯立て神事自体は、祝詞、大麻（釜、社、氏子代表、氏子の順で祓う。）、一拝、祝詞、切り紙を撒く（湯の神事を行う左手・東から、正面へと時計回りに四方で撒く。）、柄杓で釜の湯をかき混ぜ、湯を汲む。笹束に湯をくぐらせ、氏子代表、氏子にかける。玉串奉奠（宮司・氏子代表）で神事は終了となる。

この後、湯立て場近くにいなかった氏子に、禰宜が湯立てに用いた湯を笹束に含ませてかけて廻る。続いて、神社と社務所の間にビニールシートを敷いたところで、子供にお菓子を配る。また、参拝者に甘酒を配る。餅まきは行わない。

（三）東藤平・神明神社の祭礼

東藤平の神明神社は、上阿多古集落から東藤平地区へ川沿いに北上した所に鎮座する神社であり、一〇月中旬の日曜日午後から祭礼を行う。佐久間町浦川の日名地氏が宮司として祭りを執り行うが、昨年は横山地区の内山宮司が宮司として執り行った。湯立ての水は沢の水を用いる。

午後より、神事を神社拝殿において神社庁の次第に従い、一拝、修祓、大麻、開扉、献饌、祝詞（交通安全の祝詞、初子入りの祝詞含む。）、玉串奉奠（宮司・氏子代表・拝殿参加者氏子全員）、撤饌、閉扉、一拝を行い終了となる。この後、神社の左横の川沿いの湯立て場に移動する。湯立て場は、釜の廻りに四本の笹竹を立て、注連縄を廻しタレをつるした形である。

宮司が行う湯立て神事は、一拝、祝詞（探湯の神を招く。）、塩を釜の湯に入れる。御串で湯の中に九字を書く。笹束を湯に浸し、湯を氏子代表・氏子に振りかける。右手で三回塩をつかみ、火にかける。串で熾火に九字を書く。氏子代表が湯を手桶に汲み、氏子に配り、湯立て神事が終了となる。

祭りの締めとして、最後に氏子にお守りを配るとともに、祭りの参列者全員に甘酒を配り、終わりとなる。湯立て神事の間、氏子は神社の拝殿で湯立て神事を見守っている。

（四）佐久・春日神社の祭礼

佐久の集落は、天竜川沿いを国道一五二号線沿いに北上し、「道の駅 天竜相津・花桃の里」横の道を山の中に進んだところにある集落である。佐久の春日神社の祭礼は、八月一四日の午後から祭礼を行う。天竜区の内山氏が宮司として執り行った。

本来は、湯立ての儀を先に行う様であるが、湯の湧き方が遅くなったこともあり、まず、本殿で神社庁の祭礼に従い、一拝、修祓、開扉、献饌、祝詞、玉串奉奠、撤饌、閉扉、一拝の順で祭礼を行った。その後、拝殿の前に設えられた湯立て場で湯立ての儀を行った。

神事自体は禰宜が行い、湯が沸き続ける鍋に塩を入れ、御串を湯にくぐらせ、御串で九字を湯に書く、持ち物を笹竹に取り換え、湯に潜らせて氏子に湯立ての湯を振りかける。その後、御棒で熾火を祓い、塩をかけて火伏の行を行う。続いて、御棒で九字を熾火に書き、気を入れて神事を終えた。なお、宮司の話では、同日だけでも他の二ヶ所の神社で湯立て神事を行うとのことであった。

一六　そのほかの湯立て神事

湯立て調査の際に、佐久間町の禰宜に影響を受けた愛知県側の集落の話を聞いたことか

写真 9-57　大栗安　六所神社　湯立て場

写真 9-58　上阿多古　神明神社　湯立て神事

ら、状況を記述する。

（一）愛知県東栄町上岡本の湯立て神事

東栄町上岡本は、東栄町の中心である本郷へ向かう国道一五一号線のトンネルを抜けた所に位置する戸数二五軒の集落である。地域のお年寄りに聞いたところでは、一月第二日曜日に行われる上岡本の湯立て神事は、浦川の和山間の行者禰宜から伝わった行事とのことである。

今は東栄町粟代の原宮司が宮司となっているが、祭りをする場所は上岡本組の組長宅で行う。上岡本組の人は、組長宅に朝集合し、祭祀場作りや湯立て場の湯を沸かすことを行う。用意が整うと、組長宅の床の間で修祓、大麻、手桶に汲んできた湯で廻りを祓う。続いて、庚申講の儀、献饌、祝詞（秋葉講の祝詞）、玉串奉奠（宮司と組長の二名が行う。）、撤饌、一拝にて室内の神事を終える。床の間には、持ちまわりで伝えられているという掛け軸三本（御開運、天照皇大神、正一位秋葉神社）が飾られている。

写真 9-59　東栄町　上岡本の霜月祭り

この後、屋外の湯立ての儀となる。宮司による大麻・祝詞の後、四〇センチ程度の笹竹を釜の湯に潜らせ、その湯を組員にかける。その後、一拝して終了となる。その後は、組員が持ち寄った瓶に湯をめいめい汲んで家に持ち帰る。この時、組の人は湯立て場の四方に立てられた笹竹にくくりつけてある榊の枝を取って帰る。この榊の枝で、汲んだ湯を家にかけて家を浄めたり、家で湯を飲むという。

なお、湯立ての場は、アルミ製の筒状の物の上に釜を置き、その釜を中央として四方に笹竹を立て、笹竹ごとに榊をさす。この笹竹四本に注連縄を廻し、それにタレを付ける。笹竹の上部には、二本の竹を十字に組み、その下に湯飾りを付ける。湯飾りは、四〇センチの長さの薄い板四枚を井形に組み、その周囲をまた板の様なもので覆う。この飾りの四辺に沿って切込みを入れた、半紙の飾りを付ける。また、四方の角と中央にタレを五枚付ける。湯立て飾りで特異なこととしては、笹竹の上に十字に組んだ竹の先頭にミカンを付ける。この理由は地元の人もわからないとのことである。

この後、道路の反対側にある秋葉灯篭のところで、宮司と組長二名で祝詞をあげ、献饌、玉串を捧げる。この間、組の人は祭りの撤収を行い、直会となる。直会では、一年間の組の会計報告等が行われる。

上岡本の集落に湯立て神事を伝えたという浦川地区の和山間集落には、大正社という神道修成派の道場があり、灯篭には大正一三年（一九二四）の日付が刻まれている。また、昭和二八年（一九五三）一〇月一五日建立、神道修成派　祐宏霊神、天火光正霊神、雷陞霊神と刻まれた大ぶりな石碑がある。和山間のお年寄りに聞くと、八幡宮・大正社の祭りは数年前まで行われており、昭和三〇年代までは、神社に二〇人位が集まって川合の花の舞の様な神事を行っていたとのことである。なお、祭り場にはタレを付けて、護摩を焚いて太鼓をたたいて祭りをしたが、湯は沸かさなかったともいう。

また、東栄町柿野は、上岡本から国道一五一号線を数キロメートル北上し東の山側に入った所にある集落である。本来は花祭系の湯立てを行い、集落の者が三つ舞等を奉納していたというが、最近においては花祭系でない教派神道系の湯立てが行われていた集落である。集落の人から聞いたところでは、「ここら辺は、二月から三月にかけて佐久間町浦川の和山間の禰宜が来ていた。集落で数軒が祈祷する時は、和山間に頼んで禰宜に祈祷をしてもらった。」とのことである。

そのほか、柿野の秋葉講では、平成二七年（二〇一五）までは年二回、秋葉山に代参し、平成二八年（二〇一六）からは一回となったが、欠かさず秋葉神社に代参しているという。昔は、自転車で前の晩に秋葉山に行って泊まったと聞いた。これらの浦川地区に近い東栄町の集落に、何故、湯立ての神事が遠州から伝わって来たのかの検証をする必要がある。秋葉信仰をはじめとして、遠州から何らかの信仰等に関する影響があったと推測される。なお、愛知県東栄町からさらに北上した長野県売木村では、二百年くらい前から念仏講が続けられている。この講では、西国三十三カ所御詠歌、善光寺念仏の他に、秋葉山念仏も唱えられており、三州街道沿いにも秋葉信仰が広がっていたと考えられる。

（二）水窪の霜月祭りとの比較

佐久間町の北に位置する水窪町においても、湯立て神事を行う神社が点在している。これらの神社のいくつかにおいては、今でも禰宜による舞が伝承されている。水窪の神社の祭りを見ると、神社庁の一連の神事を行う宮司と湯立て神事を行う禰宜が並立する神社と、神社固有の神事一切を宮司が行う神社がある。水窪町南部においては、宮司と禰宜が並立し、北部では宮司が神事一切を執り行う所が多い。

　宮司と禰宜が並立する祭りとして、小畑諏訪神社霜月祭りと上村日月神社の霜月祭りを、宮司が神事一切を執り行う祭りとして、草木綾村神社霜月祭りを取り上げ、佐久間の湯立て神事との相違を例示する。

（三）小畑諏訪神社霜月祭り

　小畑諏訪神社は、水窪の中心街の一番北に位置する小畑地区の西側斜面を登り切った所に鎮座する。この小畑諏訪神社の霜月祭りの正式な名称は、「湯立て祭り」である。一一月二二日に宵祭りを、一一月二三日に本祭りを執り行っている。宮司は、神社庁の一連の神事を主宰して行うが、湯立て神事には宮司は関与しない。

①宵祭り　宵祭りにおいては、神事の前に浜水汲みと囲炉裏の火を付ける神事が行われる。浜水汲みは、両親が健在である氏子の中の子供が、禰宜とともに社務所にある水道から浜水を汲む。昔は天竜川の河口に浜水を汲みに行ったが、現在は簡略されている。宵祭りのはじめに囲炉裏に付ける火は、両親が健在である子供がマッチで松の木ぎれに火を移し、囲炉裏の薪に火を移す。

写真 9-60　小畑　諏訪神社　玉取り

写真 9-61　小畑　なあなか舞　集落を清めて廻る

　まず、「湯立ての神事」では、権宮司が湯殿の釜に向かい、呪文を唱えながら九字を切る。両手に松明を持ち釜の火を松明に付け、湯に浸す。九字を切りながら釜の前で拳を開く所作を行う。「祝詞上げ」では、権宮司と三人の禰宜とで三六回の中臣の祓いを唱える。宮司、禰宜の各人の唱えた回数の合計が三六回となったところで終了する。「四季の祓い」では神歌を、禰宜の歌い出しに合わせて他の禰宜が後を歌う形式で唱える。調子を合わせるために太鼓と鈴が入る。「舞の口開く」は、神前に四人の禰宜が一列に向き、右手の鈴を上にかざし、左右に振るようにして東西南北一周しながら舞う。「湯の口開き」は、禰宜一人により湯殿の東から舞われる舞である。「玉取り」は、禰宜や氏子役員により行われる。各人御幣を右手に持ち、「玉取りとよ袖に玉取るやな」の歌詞に合わせ、時計回りに廻りながら釜に礼をしながら、湯に御幣の柄で釜の湯に漬ける。「神送り」は、神前で東西南北中央の五方に神送りの祝詞を唱えながら、さんごう（米三合）を蒔く。

②本祭り　祭りでは、宵祭りで行われた、湯立ての神事、祝詞上げ、四季の祓い、舞の口開く、湯の口開き、玉取りの他に、宮清め、湯祓い、剣の舞、神送りを行い、さらに宮司により神社庁の一連の神事を執り行う。「宮清め」は、釜の湯を汲み、神歌をうたいながら神社の内外を湯で清めて廻る。「湯祓い」は、禰宜が湯立てのお湯による祓いを希望者する家を清め祓って廻る。「剣の舞」は、神前に四人の禰宜が一列に向き、右手の剣を上にかざし、左右に振るようにして東西南北一周しながら舞う。

（四）上村の霜月祭り

　上村神社は、水窪町の向市場の踏切を越してほどなく左に折れる道を山の上へと登る途中に鎮座する神社である。上村の日月神社では、宵祭り、本祭りとも、湯立て神事が執り行われており、「幣付」「御湯祓」「四節の祓」「神喝（神よせ）」「祝詞奏上」「湯の舞」「五色」「湯汲み」「宮払い」「地固めの舞」「みかぐら」「剣の舞」の次第により、宵祭り、本祭りとも行われている。

　「幣付」は、囲炉裏の釜にかかる一連の神事であり、釜の周りに四方に笹竹を立て、注連縄を張り巡らせる。続いて浜水汲み、神迎えとしてタカガミ様（山の神・地荒様）にみそぎの祓いを唱え祀り、釜の火入れを行う。「御湯祓」は、小禰宜一同が、舞台の東に一同に座し太鼓に合わせ「てうたぐら」を歌う。「四節の祓」は、太鼓に合わ

写真 9-62　上村　日月神社　禰宜による神返し

せて小禰宜一同による「うたぐら」を歌い祭を行うことを神に告げる神事となっている。「神喝（神よせ）」は、太鼓に合わせて小禰宜一同により神の名を上げ、祭に神をお招きする神事を行う。「祝詞奏上」は、唯一宮司が行う神事であり、祝詞奏上、釜に新しい火を加える所作を行う。この後、舞台より退出し、この後は湯立ての祭りには一切関わらない。「湯の舞」は、小禰宜の先達によって舞われる舞である。東・南・西・北・中央の五方をダダを踏む仕草を行いながら、笹、綾紙、御幣、湯笹を持ち替えながら舞う。水窪の他の集落では「湯の口開き」と言われる神事に相当する。「五色」は、他の神社に置ける玉取に相当する。この五色は、子禰宜一同で行ない各自一二回幣串を湯にくぐらせる所作を行う。「湯汲み」は、小禰宜の先達が釜の正面より釜の湯を杓子で手桶に汲むとともに、杓子で水を釜に継ぎ足す所作を一六回繰り返す。「宮払い」は、小禰宜の先達がこの手桶を持ち、小禰宜一同で神殿、社務所、神社の庭などを清めて廻る。「地固めの舞」は、先達により、右手に鈴、左手に扇を持ち東・南・西・北・中央の五方を舞う。「みかぐら」は、小禰宜四人による舞であり、右手に鈴、左手に扇を持ち、四人が東・南・西・北の位置を保ちながら囲炉裏の回りを舞う。「剣の舞」は、子禰宜の舞と同じ所作で左手に剣、右手に鈴を持ち舞う。この後、神返しを行う。この神返しでは、神におかえりを願う祝詞を子禰宜によりうたうとともに、釜にある飾りをすべて引き抜き、神社の庭に投げ捨てる。これにより祭が済んだことから、すべての神に元の本国にお帰り願う。

（五）草木の霜月祭り

草木の集落は、国道一五二号線を北上し、水窪町の北端の草木トンネルを抜けた後、左折して川沿いに少し南下したところに集落がある。草木では、昭和六一年（一九八六）に静岡県の無形民俗文化財に指定された水窪綾村神社の霜月神楽が残されている。祭自体も本祭りだけとなり「湯はやし」「みかぐら」「おしいばちの舞」「剣の舞」などの神楽舞は途絶えている。

①現在行われている次第　祭の次第として残されているものは、「神前でのおつとめ」「楽のきよめ」「湯火のおこない」「湯の口開き」「玉取り」「はらい」「ぶたい」「オンベイ納め」である。

写真 9-63　草木　綾村神社　神寄せ

写真 9-64　草木　綾村神社　玉取り

「神前でのおつとめ」は、綾村様の前で太夫・釜洗い・禰宜が座し、みそぎの祓い、六根清浄の祓い、中臣の祓いなどの祝詞を唱える。「楽のきよめ」は、太夫が、太鼓の前に座り、六根清浄の祓いを唱え、東から東西南北に大豆一粒ずつを投げて場を清める。「湯火のおこない」は、太夫（宮司）が、禊ぎの祓い、六根清浄の祓い、中臣の祓い、天津祝詞、三宝荒神の祓い、三種の祓いの祝詞を唱える。その後、呪文を唱え、九字の印を結ぶ。「湯の口開き」は、太夫が湯殿の東側で太鼓と鉦子に合わせて身体を左右に振る所作を行いながら神楽歌を歌う。神楽歌が終わると、笹の葉、綾紙を釜に浸して囲炉裏にくべる。「玉取り」は、「玉取りとるよ　袖に玉取るやな」と歌いながら、御幣（タカラ）の柄で釜の湯をかき混ぜる所作を行うもので、百八回繰り返す。「はらい」は、釜の湯を潜らせてた湯たぶさで神社の本殿、拝殿等を清める。「ぶたい」は、氏子入り（ぶたい）のことで、釜の南で太夫が湯たぶさを持ち、円弧を描くように湯たぶさを振り、神楽歌に合わせるように身体を動かしながら舞うような所作を五方に向けて行う。その後、釜の湯にくぐらせた湯たぶさを、氏子入りのために訪れた親子の頭の上で振り、湯を振りかけて終わりとなる。「オンベイ納め」は、綾村様の神前に太夫が登り、禊ぎの祓いなどの祝詞をあげる。オンベイ（御幣）を持ち、その場で東から五方を踏みオンベイを綾村様の祠に納め、扉を閉め鍵を掛ける。その後、他の祀られている祠の扉も閉めて終わりとなる。

②過去に舞われていた舞　民俗文化材として指定された祭では、「湯はやし」「みかぐら」「おしいばちの舞」「剣の舞」が舞われていた。

「湯ばやし」は四人の禰宜により舞われる舞である。右手に鈴、左手に扇を持ち、綾村様の前で東南西北中央の五方を礼をする格好で舞う。また、「みかぐら」「おしいばちの舞」は、「湯ばやし」と同様な舞であり、「剣の舞」は、右手に鈴、左手に剣を持ち「湯ばやし」の様に舞う。

（六）佐久間と水窪の霜月祭りの相違点

三ヵ所の水窪の霜月祭りと、佐久間町の各地で行われている湯立て神事を中心とした霜月祭りを比較すると、下記の点に相違点が見られる。

まず神社のつくりであるが、水窪町の神社は、神社の拝殿あるいは社務所に囲炉裏が組まれており、ここに釜を据えて霜月祭りをする形式となっている。この形式は、過去に奥領家村として水窪と一つであった野田地区においても同様なつくりである。一方、佐久間町においては、屋外の一定の場所に竈が作られ、その周りに笹竹を建て湯立て祭りをする場所を作る。

湯立て神事を行う宮司であるが、水窪では、宮司は神社庁の神官の資格を持った者がなるが、湯立て神事は禰宜が執り行う。また、水窪町北部の宮司は、神社庁の資格を持つ神官ではなく、日本惟神教〔やまとかんながらきょう〕の神官の資格を持つ者が対応していることが多い。なお、南信州の遠山郷の霜月神楽でも、日本惟神教の神官の資格を持つ者が祭りを行っている。これに対して、佐久間町では神社庁で資格を得た宮司が湯立て神事を行っているが、従来は行者が湯立て神事を行っていたと考えられる。

湯立て神事においては、湯を神に献じることで生命力の復活を願うとともに、氏子の無病息災を願う。この神事の所作として九字を切るなど、修験の所作も取り入れられている。また、一連の神事として、玉取り（なあなか舞）があり、湯立ての湯を浴びることで病気にかからないことを願うとともに、湯立ての湯で禰宜に家や氏子を清めてもらうことを、水窪町、佐久間町城西地区では共通して行っている。

また、佐久間町城西地区の島地区では、古くは霜月祭りに禰宜の舞が舞われていたこと、同じ相月でも禰宜による倭舞があり、水窪町山住神社の神官の舞に似ていたということから、芸能ごとにおいても、素朴な水窪の霜月祭りと同じ部分が共通して行われていた可能性がある。

霜月祭りの祝詞として、水窪町、佐久間町城西地区では、禊ぎの祓い、三種の祓いなど共通して唱える祝詞があり、共通した要素が多い。また、遠山霜月祭りでも、旧上村上町（現飯田市）八幡神社の宵祭りで、禊の祓い二回、三種の祓い三回が唱えられているように、遠山地区の上村地区、木沢地区でも同様な祝詞が確認されている。

なお、佐久間町山香地区の湯立て祭りは、明治に入ってから広まってきたという話もあり、山香地区の北部で行われている湯立て神事における御利益というものが、当時の山香地区の人々が求めていたものと一致したために、広まったのではないかと考えられる。

そのほか、浦川地区及び佐久間地区においては、北三河の霜月神楽である花祭の影響が強い花の舞が行われていた地域が点在していることから、同じ三遠南信地域で守られてきた修験道の祭りの流れのうち、本来は、より芸能事の要素が強い地域の霜月祭りの影響がより濃く伝わっていたものと思われる。

一方で、佐久間地区中部において湯立て神事が行われていたものが、現在は知る由もなくなっている。佐久間町が水窪町よりも南に位置して明治以降の王子製紙、鉱山開発、ダム工事、鉄道工事等、外部から近代的な生産方式や文化が入ってきたことが、集落の変容を大きくし、結果として、自然に対する恐れや神への畏敬の念や神事に対する関心が希薄となり、集落の祭礼として伝承されてきた事柄の簡略化につながったものと考えられる。

第四節　神楽舞（獅子舞）

一　神楽舞（獅子舞）概要

城西地区および山香地区においては、多くの集落で神楽舞（獅子舞）が舞われている。これらは愛知県の小坂井神楽の流れをくむ神楽舞であり、現在でも佐久間町内一〇カ所の祭礼で舞われている。以前は、より多くの地域で伝承されていたが、この一〇年～三〇年の間に中断した集落も多い。

神楽舞の由来については、旧城西村を通っていったという御鍬祭りに関する「伊雑皇太神宮勧請記」が残されている集落などもあるが、伝承の由来は明らかでない。しかし、今日の様に佐久間町内に広く神楽が広まった理由は、大正末期に神楽舞の使い手であった下平の小山善七氏が、各地の集落に広めたことから、佐久間町内に広がったと言われている。小山善七氏が広めるまでは、佐久間町内にそれほど広く神楽舞は行われていなかったようである。

また、小山善七氏は、神楽舞を舞うのがうまいだけではなく、神楽芝居や狂言の台本も自分なりに作ったようで、それらも各集落で行われるようになった。佐久間の神楽芝居は、一幕すべてやることはなく、芝居の中の良い場面だけをやった様である。現在でも、御鍬神社で神楽舞の後に、「おかめの舞」と称する狂言に類する舞が行われている。

そのほか、戦後の昭和二〇年代までは、門付として小坂井から神楽舞（獅子舞）もやってきたと聞いた。また、神楽舞を行う村の人も、近所の集落に門付けにまわったようである。この門付けの中で、芝居の触りをやったこともあったと聞いている。

二　中芋堀　御鍬神社

（一）中芋堀

中芋堀は、国道一五二号線を北上し、城西の集落の南側に位置する集落である。この集落に御鍬神社が鎮座している。この神社に奉納する神楽舞を行う集落は、松島、中芋堀、向皆外の三つであり、一〇月第二土曜日から日曜日の御鍬神社の秋祭りにおいて、獅子舞（神楽舞）が舞われている。『奥天竜ろまん紀行 巻二』によれば、明和四年（一七六七）に伊勢椿神社の獅子舞を村人が覚えてきたとされる古〔ひな〕の舞、その後に木曽の御嶽山参りの際に信濃の国から伝授されたとされる中〔なか〕の舞、近代になり愛知県小坂井の門付け神楽師から学び覚えたとされる新〔しん〕の舞が伝わっているとされる。

なお、新の舞の内、「のさ舞」の歌詞には、「詣らする　神もつつしめて　一とおどり　もとはナ　もとは門村の　あわ又和田に　ソーレハ　ソレ花なわナ　花は三ツ島の　アイヤ土場に咲く　ソーレハ」と、南信州の旧上村・旧南信濃村の地名とおぼしきものが含まれている。

なお、中の舞の「のさ舞」では、「詣らする神もつつしめて一とおどり　竹にナ竹にすずめは　しなよくとまるソーレハ　ソレとめてナ　とめてとまらぬアイヤ色の道ソーレハ」となり、古の舞の「のさ舞」では、「天の岩戸をおし開く神もなされて　詣らする　竹にャ　竹に短冊く　七夕様は　ソーレハ　ソレ思いナ　思いゝの　アイヤ　うたを書く　ソーレハ」とかなりの歌詞の違いが見られる。

（二）御鍬神社

御鍬神社の氏子代表の方の話では、御鍬神社は新しい神社で、江戸時代後期の明和年間に創建され、若衆が獅子頭を盗んできてご神体にしたとのことである。

小松藤一氏の『藤一の歴史諸々控帳』には、明治二一年生まれの高山熊吉氏の話として、明和三年（一七六六）旧三月二七日に、伊勢の五十鈴の川上磯部から御鍬神社をお迎えしたと記されている。また、横吹の勝木家文書「勝木家年々覚書」には、文政一〇年（一八二七）を「おくわおどり六十一年」と記載されており、これによれば、明和元年（一七六四）がお迎えした年ということになる。

一方、西垣晴次氏の『御鍬神考』には、おかげまいりとともに御鍬様について論じられている。明和四年（一七六七）に尾張・美濃・三河・遠江の東海地方一円で流行した御鍬様に関し、同年六月に水久保（水窪）の渡辺正庵が記した「伊雑皇太神勧請記」に今の佐久間町北条峠を越えて水窪大原に勧請された記述が残されており、この中で、芋堀の西の往来道に鳥居が立てられたと記されている。これらのことから、御鍬神社は明和年間に創建されたものと思われる。

また、御鍬神社は、明治六年（一八七三）に相月の諏訪神社に合祀されたが、明治一〇年（一八七七）八月一二日に村人の願いにより御鍬神社としてもとに戻されたという。なお、小西久男氏が大森神社とともに御鍬神社の宮司をされている。

（三）舞の種類

御鍬神社の神楽舞（獅子舞）は、三種類の形式が伝授されている。古《ひな》の舞、中《なか》の舞、新《しん》の舞は、いずれも「鈴の舞」「幌の舞」「悪魔祓い」から成り立ち、一舞一五分程度演じられている。三種類の中では中の舞が短めの舞となっている。

三種類の舞は所作や調子が異なる。中の舞は余韻を残して舞う。古の舞はゆっくり舞う。新の舞は比較的リズムの強い舞となっている。御鍬神社の獅子舞はいずれも雌獅子の舞と言われるように穏やかな舞の所作であり、「鈴の舞」のはじめには「三尺の大幣を持って悪魔を祓い……　泰平楽世とあらためる……。」という言葉で、囃子方の音出しから始まる。三種類の舞は、言い伝えから伝播した地域が異なっており、同様な形態でも、拍子の調べや舞の所作に変化が見られる。

写真 9-65　御鍬神社　神楽舞　導中練り

神楽保存会の会員は約三〇名程度おり、神楽舞を踊れる人は神楽衆としては一五名程である。なお、この三種類の舞方であるが、ほとんどの人は覚えやすい新の舞を舞うため、現在、中の舞を舞えるのは一名、古の舞を舞えるのは二名となっている。祭りの一ヶ月前から「楽人始め」とし、一週間で舞の練習をしている。

舞手には二〇～三〇歳代の若手が数名おり、囃子手も含めかなりの人数で盛んに執り行われているものの、集落の人は獅子舞にそれほどの関心がなく、御鍬座の舞台に人が集まるのは子供のダンス、演芸会、福引き、餅投げの時だけである。

（四）道中練り

御鍬神社の神楽舞は、一〇月第二土曜日と日曜日の祭礼の日に、奉納舞として御鍬神社下の御鍬座で舞われる。まず、御鍬神社にほど近い国道一五二号線の道路わきに、朝九時から太神楽屋台を置き、その前にろうそくを二本つけて立て、お神酒を榊にくぐらせて太神楽屋台等を清める。そのお神酒を神楽衆でまわして飲み、この後に練り込みが始まる。なお、太神楽屋台には「神武天王祭」の紙をつけている。この紙は、毎年新しい紙に「神武天王祭」と書き、裏に年号を書いて積み重ねていくとのことである。昭和二五年（一九五〇）頃、一度積み重ねた中を見てひどく長老に怒られたと話す人もいた。

練り込みは、道路から坂を上がって御鍬神社下の御鍬座舞台まで、獅子二匹で練り込む。所作は右手に鈴、左手に幣を持ち「鈴の舞」を舞いながら舞台まで練り込む。練り込みの調子は、古《ひな》、中《なか》のリズムで、優雅さを漂わせた練り込みである。練り込んだ後は、十二段の神楽舞を舞台で奉納する。

（五）十二段の神楽舞

十二段の神楽舞は、三種類のどの神楽舞を奉納してもよく、土曜日、日曜日とも一二回の神楽舞を奉納する。井沢保存会長の話によれば、ここの神楽舞は五方に向かって三回ずつ舞うのが本当の舞の方法であるが、今は簡略化されてはいるものの一舞だけは五方を三回舞って本来の形を保っている。この正式の舞方は、練り込みと十二段の初め舞に受け継がれており、この五方三舞（三回）を神事として舞って、舞い継いでいるとのことである。

また、十二段の神楽舞を舞うのは、初子入りにおいても一年の月の数に由来して一二個の餅を神社に納めるように、一年の月の数に由来するとのことである。奉納される神楽舞の所作は、まず「幌の舞」を行い、鈴と御幣を持ち「鈴の舞」を舞った後、御幣のみに持ち替え一舞を舞う。この後に幌持ちがついて幌を高々と広げて「悪魔払い」を行い、一段の神楽舞が終わりとなる。

三種の舞が伝わるが、多くは舞手の申告により舞が決められる。囃し手は、舞手の答えに対して節回しを変えて調子をとるが、ほとんどは新の舞であり、古の舞、中の舞は十二段の中でそれぞれ一舞程度舞われるかどうかである。

そのほか、現在は十二段の神楽舞の途中、一二時頃に地域の子供たちのダンスもあり、十二段の神楽の終了は一四時頃となる。

（六）おかめの舞

「おかめの舞」は十二段の神楽舞の後に舞われる。この舞は、おかめが面白おかしく舞う舞であるが、舞の途中に神主とおかめの問答が取り入れられており、神事の神楽舞から演芸としての神楽狂言に移行する過程の産物ではないかと考えられる。

「おかめの舞」の掛け合いとしては、

神主　ヤア〽おかめ女郎〽

おかめ　かめかめはしゃんすは　何処のどなたさんでござんすかェー

神主　下の町の神主

おかめ　神主さんか、こなさんか、わしゃこなさんの事ばっかり明昏妻殿にっちんがったんするらんとするのは、ないきさんではないかいのと、こなたさんではないかいのと」のような、掛け合いが行われる中で、囃子方から「思いが胸に岸打つきゅだり、おつさんやれ〽

のような合いの手が飛び出す。

現在は、守屋修氏が「おかめの舞」を舞っている。なお、「おかめの舞」自体は一〇分間程度で終わる。この「おかめの舞」で、神楽保存会による御鍬神社秋祭りへの奉納は終了となる。

この「おかめの舞」は、同じく三河の小坂井神楽の流れをくむ南信（飯田市）の立石の獅子舞にも見られたという。そのほか、『藤一の歴史諸々控帳』（小松藤一著）によれば、大正時代に御鍬神社の祭りで、奥山与吉氏等がお神楽のあともちで刺鳥差（さいとりさし）を歌いながら踊ったとの記載があり、立石の獅子舞においても、同じ様な「さいとりさし」が演じられたことが、民俗芸能第三巻第一号に記述されている。

写真 9-66　御鍬神社　神楽舞・十二段の奉納舞

写真 9-67　御鍬神社　おかめの舞

（七）御鍬神社の神楽舞そのほかについて

御鍬神社では、昔は雨ごいの際にも神楽舞を舞ったという。舞うと雨が降ったと言われている。なお、御鍬神社は、小西宮司が祭りを執り行っているが、他の神社の湯立て場と同様に、神社左わきに湯立て場が備えられている。しかし、この湯立て場ではゴジンゴを炊くものの、湯立て神事は行われない。この理由は、この神社が江戸時代後期の明和年間にできた新しい神社で、若者の神社（御神体は獅子面、若衆が獅子頭を盗んできてご神体にした。）であるため、湯立て神事は執り行わないとのことである。

自治会長さんから聞いたところによれば、「お鍬講で伝わった。御鍬講が来て宿を貸したときに神楽が伝わった。伊勢の椿神社の神楽舞を、三日三晩見て盗み取ってきたものを、小学校の上の「さるだ座」に持ってきた。」など、色々と言い伝えがあるという。

三　西渡　貴船神社

西渡の貴船神社の祭礼は、九月第二日曜日に執り行われる。この祭礼において神楽舞（獅子舞）の奉納が行われる。

神楽奉納者は、神社下の弓道場に集まり、着替えを済まして出番を待つ。この弓道場には、以前使用されていた大神楽屋台も保管されているが、すでに骨組だけとなっており、使用されることはないとのことである。

神楽舞の奉納を行うのは、藤原好一氏、森下英之助氏、加藤正昭氏の三名であり、囃子方は、向井季男氏、宮下唯夫氏が行う。いずれも七〇～八〇歳代の高齢となっている。

まず、午後から祭礼の始まる前の時刻に合わせて、神社へ登る石段下の鳥居のところから、右手に鈴、左手に御幣を持ち、道中舞（幌舞）を行う。貴船神社の石段は急階段であることから、鳥居から神社前までの道中練に一〇分を要する。なお、囃子方が少ないこともあり、お囃子はテープを流すことで対応している。この様になったのは、六～七年前に笛を担当していた人が体調を崩したことが原因とのことである。

この神楽の道中練の最中、宮司と氏子代表は神社裏で湯立て神事を行っており、神楽連の神社到着と湯立て神事の終了とが時間的にかぶることがある。

神社拝殿での神楽舞奉納は、神社の祭典の時間に組み込まれており、宮司一拝、修祓、大麻、宮司一拝、献饌、開扉、祝詞、神楽奉納、玉串奉奠、撤饌、閉扉、宮司一拝の一連の次第の中に収められている。

奉納舞は、幌舞（獅子の胴体を表す布を広げ、後持ちが幌の裾を持ち、前後左右に舞う舞）、鈴舞（獅子が手に鈴と幣を持ち舞う舞。この鈴は、七五三の順に鈴が付く「神楽鈴」であり、途中鈴を置き、幌だけを持ち舞う。）、悪魔祓い（幌を大きく開き、後持ちが幌の裾を高々と持ち上げる。獅子は、頭を天地左右に激しく動かして舞う。）を舞う。この一連の舞で一五分を要する。

奉納舞であるため、この神社では本殿を向いて舞うのであるが、参拝者が多い時は、道中練の後に、参拝客に向かって幌舞、鈴舞、悪魔祓いを舞ってもらえることがある。

初めて西渡の神楽舞を見た時は、集落以外の参列者は自分一人であったことや、貴船神社の祭りは、必ず水窪祭りと同じ日であるにもかかわらず、貴船神社に来てくれたとのことで、特別に自分に向いて舞っていただいた。

写真 9-68　西渡　貴船神社　奉納舞

写真 9-69　福沢　諏訪神社　奉納舞

四　福沢　諏訪神社

福沢集落は、国道一五二号線の龍頭大橋の手前を、福沢キャンプ場に向け数キロm入った所にある集落である。この福沢集落にある諏訪神社は、集落から福沢川の対面の山の中腹にあり、百段余りの石段を登り切った上に鎮座する。

福沢・諏訪神社の獅子舞は、一〇月第三日曜日に行われ、午前中の祭礼で諏訪神社に奉納した後、午後は集会場で行われる直会の出し物として舞われる。なお、諏訪神社はもともと宮平という所にあったが、地滑りのために今のところに移されたとのことである。

同神社でも昔は湯立て神事が行われたと推測されるが、現在は、湯立て場を設けてはいるものの、ゴジンゴの炊き出しのみに使用されている。

鈴木孝司氏の話では、福沢の獅子舞を行っているのは一〇名ほどであり、若い人でも六〇歳代である。舞人は四名、太鼓二名、笛四名となっている。毎年、幌舞や鈴舞などを、通常は二番から三番舞う。また、キツネ、ひょっとこ、おかめの面もあり、おかめは、神楽の幌持ちもするとのことである。なお、長谷川国弘氏（昭和二〇年生まれ）、三井純三氏等が神楽舞の主な舞手となっている。

神社に奉納する神楽舞は、玉串奉奠の前に、下の鳥居のところから鈴舞で神社へ練り込み、この後、神社拝殿で幌舞、鈴舞、悪魔祓いを行う。囃子方はブクの関係もあるが、囃子手が少ないこともあり、テープを流すことで対応している。午後の集会場における余興で獅子舞も登場し、大いに盛り上がる。この余興においても幌舞、鈴舞、悪魔祓いが行われ、後持ちはおかめの面を付け、幌を持つ。

なお、伝承としては、愛知県小坂井より伝承されたものが、明治二〇年頃に佐久間の下平に住む小山善七氏より松井タダエモ氏に伝授され、広められたと言われている。

五　大井　瀬戸　諏訪神社

瀬戸は大井の西渡集落から明光寺を越え、間庄へ抜ける林道の途中にある集落である。昔は七四軒あったと聞くが、現在は一五軒となっている。この集落の山手に諏訪神社があり、神社に行くためには、集落の家の前庭を抜けて登って行く必要がある。この諏訪神社の祭礼は、一〇月第二日曜日に行われる。この諏訪神社においても湯立て神事が執り行われており、湯立ての湯は天竜川から汲んでくる。また、浜砂も取ってきて、塩とともに釜を浄めるために使用している。

この神社に奉納する神楽舞は、既に集落の中に舞手はおらず、浜北に移り住んでいる柿平示男氏（昭和一二年生まれ）が、祭礼に合わせて舞の奉納に来ている。

なお、集落で舞手が多くいた頃は、道中練を舞い、神社で三番は舞上げたと聞く。また、朝から門ごとに希望者の家でも舞ったと聞くが、今では舞手がいないこともあり、行われていない。

獅子頭は雄の獅子で、この地域では珍しい形である。また、本来は神社に奉納する神楽舞であることから、本殿を向いて舞うものであるが、この諏訪神社の神楽舞は、参詣者に向かって舞う。

奉納舞は、幌舞、鈴舞（途中、鈴を置いて幣にて舞う）、悪魔払い（オトシという）を奉納する。なお、鈴の舞の最中、正面前を向き、横座りをし、振袖を触りながら袂を直すような所作を行う。囃子方は、笛と太鼓をする人がおらず、テープで代用している。テープを流してやる様になったのは、八年くらい前からとのことである。テープ自体は二〇年くらい前に録音した音とである。この奉納舞は一五分ほどの奉納で終わり、この奉納舞を済ませてから神社庁の一連の神事を拝殿で行い、その後、境内に場所を移して湯立て神事を行う。

写真 9-70　瀬戸　諏訪神社　奉納舞

写真 9-71　芋掘　日月神社　道中練り

以前は、祭典が開始される時に、鳥居から社殿へと、お練りの囃子に合わせ、道中舞が舞われたという。現在は拝殿の奉納舞のみとなっている。その奉納舞も、以前は幌舞の後持ち役が、おかめやひょっとこの面を付けておどけた調子で舞い、笑いを誘っていたという。

写真 9-72　芋掘　日月神社　奉納舞

同神社の神楽舞は、江戸末期から明治にかけて愛知県小坂井より伝承されたが、一時中断し、その後、大正一三～一四年頃に古老達の指導により復活したものという。また、神楽芝居は小山善七氏により伝授され、祭典において仮設の舞台が設けられ、地芝居が演じられたという。神楽芝居では「朝顔日記」や「お軽勘平」がよく演じられ、女形の神楽に人気があったというが、すでに廃絶している。

六　芋堀　日月神社

芋堀の日月神社は、国道一五二号線に面する城西地区の北側に面する集落にある。同神社の神楽舞は道中舞と奉納舞がある。道中舞（獅子舞）は、若者に一夜漬けで覚えてもらい、舞ってもらっているとのことである。奉納舞は、祭りの一月前から毎週一回、午後七時から練習をしている。保存会は現在二〇名であり、若連を抜けると神楽保存会に入ることになっている。若連の年齢は以前は三四歳までだったが、現在は三九歳までに伸びている。なお、現在神楽を舞えるのは、二六歳、三八歳、五〇歳の三名である。

道中舞は、日曜日正午前から、芋堀と中芋堀の境の河内橋のたもとから、鈴舞にて芋堀の町の通りを練りながら、日月神社までの坂の長い坂を上って神社に練り込む。街道沿いの番所で一舞することもある。少し前までは、初子の家や新築の家がある時は、呼ばれて舞ったというが、今は子供や新築の家もないので、呼ばれなくなった。

日月神社では、以前は四年に一度、神社から町に神輿渡御を行い、鉄工所の隣にある仮御所まで渡御したという。この神輿渡御の間は、若者が四六時中警護をしたという。この神輿渡御において道中舞をしながら露払いをしたという。しかし、この二〇年間は神輿渡御が中断していると聞いた。

奉納舞は、若宮神社と日月神社で執り行う。この若宮神社は、以前は日月神社に上る道の中腹にあったが、今は日月神社の境内に移されている。若宮神社では、幌舞と悪魔祓いを行う。日月神社では、浦安の舞に次いで、練り込みと悪魔祓いを舞う。

現在使用している神楽舞の道具は、昭和三六年（一九六一）に芋堀に大火事があった時、獅子舞の道具がすべて焼けてしまったことから、昭和三六年（一九六一）に京都で獅子頭を買ってきて、現在に至っている。

芋堀の祭りの伝承記録としては、昭和五年（一九三〇）に編集された神楽沿革誌が保存されている。これによれば、日月神社の神楽舞は、明治一五年（一八八二）に山香の和泉に住む坂本八治郎氏によって伝授されたという。その後、明治二〇年（一八八七）に、水窪西浦の坂口兵恵茂氏により再度伝授される。昭和五年（一九三〇）には、明治四一年（一九〇八）以降中絶していた神楽舞を、太田福蔵氏、三浦松弥氏、三井半五郎氏、米山喜市氏、知久善太郎氏によって再現し、現在に至っているという。

なお、御鍬神社は雌獅子で穏やかに神楽舞を舞うが、日月神社は雄獅子で激しく神楽舞を舞うといわれる。神楽舞自体は、御鍬神社の方が古くから行われているようである。神楽舞は笛の囃子が中心であり、しんぐるま、祇園囃子、連中囃子がある。このお囃子は練り込み、しくい、舞台、あいさにて行われる。これらの囃子を覚えないと笛はできないとのことである。昔は神楽狂言も行われており、その台本は、はじめ松島屋にあったが、今は太田宮司の所に保管されているのではないかとも言われている。

七　半場　大日神社

半場地区は飯田線中部天竜駅のある集落である。この集落を見渡す高台に日月神社があり、七月最終土曜日から日曜日の夏祭りにおいて、神楽舞の奉納が行われる。

まず、祭礼が始まる前に、かなりの急斜面の数百ｍの坂であるが、集落から神社への参道を、右手に御幣、左手に鈴を持ち、幌舞で道中練りを行う。

奉納舞は、神社庁の祭礼一式を行った後、神社の境内で、幌舞、鈴舞、悪魔祓いを舞う。この奉納舞の際は、本殿に対して正面で舞うことはない。この舞が終わると神事は終了となる。獅子頭は雌獅子で、優しいしぐさの舞である。神事が終わった後に餅まきをするため、奉納舞の際には集落の多くの人が集まり、その数、百数十人となる。昔盆踊りをやった塔の上から餅をまく。

獅子舞の舞手は五名であるが、全部舞える人はそのうちの二名である。囃子手は一〇人くらいいるとのことである。半場では保存会のような会はないが、祭りの前に集まって練習をしている。

平成二七年（二〇一五）の神楽舞は、山西和行氏（昭和二三年生まれ）が舞った。昨年後持ちをした人である。平成二六年（二〇一四）の舞手は、日下部文宏氏（昭和四四年生まれ）で、半場に神楽舞を伝えた人の直系である。

伝承によれば、相月の日下部長太郎氏、小沢茂一氏の兄弟が半場へ養子に来て、この兄弟によって半場の神楽舞は広められたという。時期は、明治後期から大正初期とのことである。主に、日下部氏が笛と舞を、小沢氏が太鼓を受け持ったとのことである。この兄弟は相月の生まれで、半場に養子にきた後に自分達が習い覚えた神楽舞が村中の悪魔を退散させ、村人の安全をもたらすものであることを説き、村人に受け入れられて、大日神社の祭典の中に組み入れられたといわれる。

写真 9-73　半場　大日神社　奉納舞

また、半場の神楽舞には神楽芝居もあった。以前は祭りになると仮設の舞台が設けられ、地芝居が盛んに行われ、この芝居の中に女形となった神楽獅子が出演し、人気を集めていたという。他部落の祭典に招かれて神楽芝居を演ずることがあったと聞く。

神楽芝居と段物は、奉納神楽とは異なり、

神楽舞を芸能化したもので、歌舞伎の所作や浄瑠璃に堪能であった日下部氏により、神楽芝居や段物が伝授された。神楽芝居は、獅子頭を付けた女形が歌舞伎の中に登場し、浄瑠璃に合わせて所作をするもので、他の立役や脇役は素面の姿である。段物は、歌舞伎の様な仮設の舞台が設けられて演じられるものではなく、歌舞伎御輿（一番楽屋と呼ぶ）と共に村中を廻って歩き、奉納神楽が済むと、太鼓の囃子に合わせ、浄瑠璃の語りによって神楽獅子を付けた者が所作を行うものである。時として素面の立役で演じられることがあったという。この芸能も、日下部氏の他界と共に受け継ぐ者もなく、大正末期に廃絶したという。

　この神社での奉納舞のほか、神輿渡御が浜降りとして御旅所に赴いた時にも奉納舞を行う。この神輿渡御（浜降り）では、軽トラに乗せられた神輿が集落を練り歩いた後、天竜川護岸の鉄橋下の御旅所で祭礼を行っていたが、非常に熱い中で集落の中を歩くため、年寄りにはきついことなどから、平成二六年（二〇一四）を最後に行われなくなった。また、以前は、この御旅所での奉納舞の他に、神輿渡御の露払いとして道中舞が行われていたと聞く。近年は担ぎ手がいなくなったことから、神輿は小ぶりなものに変更され、軽トラに乗せられて公民館まで運ばれ、そこを御旅所として一晩を過ごす。翌日、大日神社に戻り、神楽の奉納舞を行う。

なお、平成二七年（二〇一五）に獅子頭が新調され、歯で棒をくわえて固定する旧来の形から、ヘルメット型の獅子頭となった。しかし、継続して新型の獅子頭を使用しているわけではなく、舞手によって、新型・旧型を使い分けている。

八　佐久間　佐久間神社

　佐久間地区の佐久間神社は、飯田線佐久間駅から山手側に登った所に鎮座する神社である。同神社は、伊勢神社と八幡神社が合祀されたもので、その後、山室の八幡神社も合祀され、昭和三四年（一九五九）に佐久間神社の名前となり、現在に至っている。

　同神社の祭礼は、八月最終土曜日から日曜日にかけて行われていたが、平成二七年（二〇一五）からは神輿渡御がなくなったことから、最終日曜日に行われるようになっている。神輿渡御を行っていた時は、神社及び仮御所で一連の神社庁の神事を行った後、神楽舞の道中練りを先頭に、集落を回って仮御所あるいは神社に行き、一連の神社庁の神事を行う形であった。

　同神社では、神輿渡御の際の露払いとして神楽舞（獅子舞）による道中練りが行われていたが、神輿渡御が行われなくなったことから、神社の境内で道中練りをするのみとなっている。

写真 9-74　佐久間　佐久間神社　奉納舞

　平成二七年（二〇一五）は、餅まきの前に、小林恒夫氏が、右手に鈴、左手に幣を持ち、鈴舞を舞いながら拝殿から階段を降り、道中舞を舞いながら、境内の下の庭で時計回りに二周廻り、拝殿へ戻る道中練りを行った。この間、囃子連は、下の庭で笛と太鼓でお囃子を行った。また、他の神社の様に以前はあったと推測される奉納舞は行われていない。また、獅子頭は雄と雌と一つずつあり、道中舞には雌の頭を使用する。なお、現在、神楽を踊れる人は三名である。このため、幌は獅子舞をする人の腰の所でまとめ、幌持ちをする人もいない。囃子方は、屋台が町内から出るので、その囃子方が囃子をしてくれている。神楽保存会という形はない。

　一方、神社で奉納される浦安の舞は、昔は四名で舞っていたが、舞手の人が少ないこともあり、現在は二名で舞っている。後継者不足とのことである。なお、氏子入りの儀式は同日におこない、玉串奉奠を七番目に行うのみである。

　祭礼の順序は、修祓、大麻、宮司一拝、開扉、献饌、祝詞奏上、氏子入り、玉串奉奠、神楽奉納、撤饌、閉扉、宮司一拝、餅まきである。直会は、巫女からお神酒の振る舞いがあるのみで、氏子が車座になっての直会はない。神事に組み込まれている神楽奉納は、この次第の中で道中舞を奉納する。

　昔の佐久間神社の祭りの話として、昭和三四年（一九五九）に合祀されるまで八幡様と熊野様の二社で合同の祭りをしていた。二社が合祀される前は、祭りの初日の正午を過ぎると、二人で担ぐ小ぶりの神輿で八幡様を迎えに行き、現在の神輿に熊野様と二体を移し、浜降りと称して村を半周し、天竜川河原へ渡御する。神輿が安置されると大祭が始まる。そして夜になると神前で打ち上げ花火や仕掛け花火をしたという。花火の次に祭りを華やかにするため、天竜川の河原の仮設ステージで、供奴、御所車、神楽舞などを青年団が踊ったという。

二日目は、河原は朝からにぎわい、昼過ぎに投げ餅があった。やぐらを立てて上から撒いたという。餅まきの後に神輿は、神社へと長い行列を組んで帰る。神輿は、権現の下を通って矢嶋を経て八幡神社へ着き、ご神体を納めて熊野神社へ帰り、神事は終わる。二日目の夜は、矢来場が中心の祭りであったという。

昭和の初めの屋台は小さな屋台で、大太鼓を載せるとそれ以上は載せることができなかったので、笛の連員は歩いて吹いていた。この頃、王子製紙で発展した中部には、立派な屋台があったとのことである。

若連は、一七歳からであったが、人が少なくなったということで、一四歳で若連に入るようになった。この早く入った若連を「十五日」とよんだ。数え年一五才のもじりである。

佐久間のお囃子は、春道、道ゆき、祇園囃子、おばば、馬鹿囃子の五つで、春道は、昭和一〇年頃浦川の福住昇一氏が教えたのが始まり。道ゆきは、神楽囃子で、下平の古山善七氏に西沢小左氏が習って舞ったのが初めである。祇園ばやしは、京都の祇園ばやしとは少し違っている。おばばは、岐阜のもので別名を岐阜音頭と言って囃子に用いた。

そのほか、佐久間神社の神楽舞は、伝承では昭和一一年（一九三六）頃、下平から伝承されたと言われている。また、西沢小友氏が、小山善七（下平）から神楽芝居を伝授されている。西沢小友氏は、神楽芝居の舞振りを生かし祇園囃子に合わせた舞を生み出したとも聞く。道中舞、御輿の渡御の際、道々の悪魔祓いにおいて祇園囃子に合わせて御串と鈴を持って舞ったという。また、神楽芝居は、祭典の夜に地芝居が花付け（寄付金）によって開かれ、この芝居の中で女形となって神楽芝居が演じられたとのことである。

九　鮎釣　子安神社

鮎釣地区は、国道一五二号線を北上し、鮎釣橋の手前の急斜面を右手に登った所にある。また、子安神社はこの集落の一番上にあり、急階段を登り切った上に鎮座する。鮎釣・子安神社は、和泉地区が守ってきた神社であり、昭和の初期から鮎釣も加わって祭りをする様になった。その後、鮎釣と和泉が同じ地区となり神社自体も和泉地区から鮎釣地区へ移ったと聞く。なお、同神社は昭和一七年（一九四二）に旧山香の村社となった。現在、和泉二四軒、鮎釣一五軒で子安神社を守っている。

子安神社の霜月祭りは、以前は一一月三日が祭礼であったが、現在は一一月第二土曜日に執り行われ、この祭礼の際に、湯立て神事を行うとともに神楽舞が奉納される。祭礼は午後から始まり、祭礼に合わせて神社下の鳥居から神楽舞が道中舞として鈴舞（右手に鈴、左手に御幣）を舞いながら練り込む。これを「お練り」と呼んでいる。この後、拝殿横の一段下がった通路の様な所で奉納舞を行う。これを「五方」と呼んでいる。神社の神事自体は、この奉納舞の後に、神社庁の次第に従って行われる。この後、湯立て神事、合祀している神社の小祭りとなる。

神楽舞は、お年寄りにも加わってもらい、保存会として続けている。保存会は常時は七人（臨時で一名増）であり、このうち三人が神楽舞を舞える。神楽舞は舞手の他に笛三人・太鼓二人の構成である。なお、囃子の人が足りない場合はテープを利用しているという。神楽舞をする人は、山桐久次氏、鈴木文人氏、坂口賀津弥氏の三名とのことである。

神事に奉納する奉納舞の他に、神社における神事が終了した後、余興として、神社隣の紅白の幕を張った平地のところで神楽舞を舞う。舞は、幌舞、鈴舞（右手に鈴、左手に御幣、その後、御幣を右手に持ち舞う）、最後は悪魔祓いをする。

また、神楽舞は、子供が生まれた家や区長宅など、頼まれた家でも舞っており、平成二六年（二〇一四）は三ヶ所で舞うと聞いた。同年、区長の有賀英司氏の家で神楽舞が舞われ、幌舞、鈴舞（右手に鈴、左手に御幣）、悪魔祓いが、舞手・山桐久次氏により舞われた。

神楽舞の後ろ持ちの人は、道化として仮面を付けて行うが、仮面は、おかめ、ひょっとこ、天狗など多数あるとのことである。この年は、翁の面を使用した。

写真 9-75　鮎釣　子安神社　奉納舞

写真 9-76　鮎釣　有賀家での神楽舞

霜月祭りでは、道中舞と奉納舞が行われる。昔は、神楽舞は三八歳までの人が舞ったという。道中舞は、神社の下の鳥居から鈴舞で練り込む。かなりの急斜面の石段を舞い登るため、息が切れる。奉納舞は、神社の拝殿で神社庁の神事の次第を行っている最中、宮司の祝詞が済んでから奉納される。この奉納舞は神社の前の境内で舞われ、幌舞、鈴舞（右手に鈴、左手に幣、その後に右手に幣を持ち舞う）、その後、悪魔祓いを奉納する。この間、宮司は湯立て場に赴き、湯立て神事を行う。このため、二つの行事が並行して行われる形となる。

なお、祇園祭りで神楽舞が奉納される時は、三井宮司の座敷で奉納舞が行われ、一連の神事が終了した後、床の間に飾られた牛頭天王の掛け軸に向かって奉納された。また、囃子方は続きの間でお囃子を行ったという。

そのほか、子安神社の神輿は、六〇年に一回神輿渡御が行われると言われているが、長老も渡御を見たことがないという。また、昔は、祇園祭りの際に鬼が榊で邪鬼を払っていたとの話を伺った。また、『静岡県の民俗芸能』によれば、かつて、湯立て神事の後に、扇の舞と剣の舞が行われており、拝殿で禰宜四人により舞われたという。扇の舞では扇子と鈴を、剣の舞では真剣と鈴を手にして舞ったという。この舞は数十年前に中断したが、一〇年ほど前に記憶のある男性四人が一度舞ったと記載されている。舞自体は、山住神社の舞に近いものであったとしている。そのほか、「みこさん」という、獅子の後持ちのおかめ、ひょっとこが五方に舞うことをしたとも記されている。

一〇　島　熊野三社神社

島の熊野三社神社の霜月祭りは一一月第三土曜日に行われる。この祭りにおいて、神楽舞が奉納されている。以前は、六月の祇園祭りにも奉納されていたが、ここ数年は奉納されなくなっている。祇園祭りに奉納されなくなったのは、舞手が年を取り、舞うのがつらくなってきていることと、囃子方がいなくなっていることが原因とのことである。島の神楽舞の歴史は新しく、第二次世界大戦後に、祭りを盛り上げるために相月から習い伝えられたという。

一一　相月　諏訪神社

相月の集落は、国道一五二号線を北上し相月橋を右折した所にある。以前は、百軒あった集落であるが今は七〇軒以下になっている。この集落の諏訪神社は、諏訪橋を渡り、続いて宮橋を登った所に鎮座する。

神社では、夏祭り、霜月祭りなどが行われているが、神楽舞・浦安の舞が奉納されるのは七月第四日曜日の夏祭りである。以前は、信州本社の諏訪大社の御射山祭りが七月二六日から七月二八日にかけて行われているため、相月の諏訪神社の例祭も七月二六日に行われていたが、昭和五三年（一九七八）からは、この日に近い日曜日に例祭をするようになったという。また、諏訪神社の祭りには、学校が休みになり、みんなが祭りに集まったという。

平成二七年（二〇一五）の祭礼は、安達士郎宮司により執り行われた。神社庁の次第に従い、宮司一拝、修祓、開扉、献饌、祝詞、次に三名による乙女の舞、神楽舞の奉納、玉串奉奠（最後に氏子入りをした家が玉串奉奠をする。）、末社への一拝、撤饌、閉扉、一拝、境内での餅まき（子供におもちゃを分ける。）で終わりとなった。その後は形ばかりの直会となる。

聞くところによれば、昔はこの夏祭りには、四年に一度の閏年の際に神輿渡御を行い、集落の反対側の旧小学校の所まで行っていたが、現在は鳥居の外に出すのみになっていると聞く。昭和五八年（一九八三）には神輿渡御が行われ、旧小学校の所まで行き、御仮屋で幌舞、鈴舞、悪魔祓いが行われたようである。この夏の神輿渡御の時、行列に加わる面としておかめの面はあったという。神輿は重いために、四人ではなくて八人で担いだとのことである。子供の神輿も作ったが、子供がいなくなり使用されていない。

現在の神楽舞は、若い衆が五人で奉納をしている。囃子はテープを使用しており、今生きていれば百二〇歳の人の囃子を使用しているという。

神楽舞は一匹で舞われ、祭礼の始まる前に笛の合図により鳥居の外から道中舞で舞い込む。拝殿での奉納舞は、本殿を向いて舞うのではなく、拝殿に座った氏子の方に向かって舞う。舞は幌舞、鈴舞（初めは捕り物を持たず、両手を合すようにして一舞い舞う。続いて右手に鈴、左手に幣を持ち舞う。その後幣のみを持ち舞う。）、悪魔祓いを舞う。本殿に向いて舞うのはほんの少しの時間だけである。氏子入りした子供も拝殿に座しているが、氏子入りをした家から特別のしるしを貰う訳ではないという。なお、昔は神楽の奉納舞は三回舞ったというが、現在は一回となっている。

平成二七年（二〇一五）に神楽舞を奉納したのは、奥山享司氏（昭和四四年生まれ）である。神楽舞を舞うことができるのは二～三人とのことで、過去に舞った人もいるが、今では舞えなくなっているとのことである。また、笛太鼓ができる人はいなくなっている。

写真 9-77　島　熊野三社神社　奉納舞

写真 9-78　相月　諏訪神社　奉納舞

写真 9-79　かつて相月・諏訪神社に奉納されていた倭舞

『諏訪神社』（安達三四郎著・昭和六〇年発行）でも、昔は若連が笛太鼓をして鳥居から神楽舞の練り込みがあったが、今では囃子手が少なくなり、テープを利用して神楽舞を奉納する旨の記述があり、かなり昔から囃子手がいなくなっていたことが分かる。なお、神楽舞自体は、相月から半場や島へ伝えられたとも聞いた。

四年に一度の閏年に行われる神輿渡御であるが、平成二八年（二〇一六）の神輿渡御は、神社拝殿を降りたところから鳥居までの参道を、獅子、巫女、旗、神輿の順序で進み、鳥居をくぐり出た所に設けられた御旅所で一連の神事を行った。また、帰りも神事終了後に同じ隊列を組んで神社に戻った。この神輿渡御の露払いとして、竹本タカノリ氏が鈴舞（右手鈴・左手幣）を舞いながら道中練りを行った。

この神楽舞とは別に、昭和四〇年代頃までは神官による倭舞があった。神官の舞は舞い手が二名で行う舞であり、囃子は太鼓と鉦を使った。舞の名称は、「サンシャコ舞」「剣の舞」と言われ、倭舞は神官の装束で、右手に鈴、左手に扇を持ち、二名で舞われた。新嘗祭でも倭舞の奉納があったと聞く。

『諏訪神社』（安達三四郎著）の記載では、倭舞と神楽舞が古くから舞われており、いつの時代から行われたかは不明であるが、昭和六〇年（一九八五）までに奉納者として確認できる人として、倭舞の奉納者二三名、神楽舞の奉納者二五名、神楽舞楽屋八名、神楽舞の笛吹一四名が記されている。

また、祭礼において乙女の舞と浦安の舞が舞われているが、今は一舞だけ舞うようになっている。この舞が祭礼に加えられたのは新しく、乙女舞は、昭和三一年（一九五六）の祭典を盛大にするために導入され、四人の女の子が水窪町神原八幡宮で森町天宮神社宮司・河合久三郎氏の指導で覚え、奉納したという。浦安の舞は、昭和三二年（一九五七）に浦川大正神社で、同神社の宮司井辺元文氏の指導のもと、四名が参加して覚え、奉納したという。これに伴い、乙女の舞の四人分の衣装が昭和三一年（一九五六）に用意され、浦安の舞の二人分が昭和三二年（一九五七）用意されている。この後、集落の女子全員が乙女の舞と浦安の舞を覚え、祭典に全員で奉納するまでになったようである。なお、現在は、子供があまりいない状況となっている。

一二　そのほか　現在中断されている神楽舞

（一）川合の神楽芝居

川合の神楽舞に関しては、『川合郷土史』に記述がある。これによれば、大正九年（一九二〇）一一月に、氏神祭礼の華やかしのために、有志により滑稽連を設立した。また、神楽芝居を習うために、佐久間村切開より古山善七氏を師匠として迎えたとある。この記述から、神楽舞は大正時代には行われていたと考えられる。

なお、神楽芝居は、浦川村各地の祭典余興に招かれ、評判がよく、毎年行ったという。神楽芝居が行われた場所は、浦川の南宮神社祭典では旭座、出馬では本間宅、和山間では種間宅、そのほか、分地・かぎ野へ泊まり込みで興行したとある。演目は、関取千両旗、三日太平記、箱根霊験記、傾城阿波鳴門等と記されている。

（二）島中の神楽

島中の津島神社の勧請は、文政年間（一八一八～一八三〇）と聞く。同神社では、この地を訪れた愛知県津島市の津島神社の神官により持ち伝えられた神札を、ご神体として祀られた。その後、昭和六三年（一九八八）の夏に新しい社が建立された。

島中の神楽は現在中断されているが、元日や祇園の祭礼の際は、津島神社の山麓の片桐家の池の前庭が獅子神楽の舞処となり、幌舞、鈴舞、悪魔払いを二〇分ほど舞ったという。

また、島中区内全戸を神楽舞が廻った時があったという。柏古瀬の南宮神社祭礼に神楽舞を奉納したり、町区の五社神社の祭礼に招かれて舞ったこともあったという。

なお、神楽舞を伝えるために、野田地区に行って神楽の笛や太鼓を教えたと聞く。また、祇園祭りの際には区長宅で獅子頭をつけて神楽芝居をもしたと聞く。演目には「朝顔日記」「八百屋お七」があった。

いつから神楽舞が始まったかは不明であるが、島中で明治三〇年頃の神楽や義太夫の本が出てきたということから、少なくとも明治には神楽舞は舞われていたと思われる。

この神楽も戦時中に中断し、戦後に復活したが、その後途絶え、昭和五八年（一九八三）に再度復活した。しかし、現在では担い手がいなくなり、神楽舞は途絶えている。

神楽舞を舞っていた当時は、祇園祭りの前には約一ヵ月の練習をしたという。復活した当時の昭和五九年（一九八四）に新たに獅子頭を買い求めたという。また、神楽屋台もあり、屋台の上に太鼓を置き、下に小物を入れて地域を廻ったという。

（三）間庄の神楽舞

佐々木宮司により、一〇月第二日曜日に霜月祭りが執り行われ、この時に湯立て神事が行われた。昭和二五年（一九五〇）から今の一〇月第二日曜日に祭りをしているが、その前は九月一五日に祭りをしたとのことである。神楽舞はこの祭りに奉納されていたが、一〇年前に舞われなくなり、獅子頭などの道具は区民館にしまってある。

間庄の神楽舞は山住神社の舞に似ており、勝坂から伝わったと聞いている。囃子は岡崎を流す。獅子頭は、伊藤賢次氏の三代前の伊藤安太郎氏が明治の初め頃、小坂井から買ってきたとのことである。

この集落には、尾根沿いに鳥居があり、鳥居オツと呼ばれている。昔は、この鳥居から神楽舞の道中練りをして拝殿へ舞い込んだとのことである。一〇年前に中断する前は、神社手前の鳥居の所から道中練りを行った。神楽舞の奉納は幌舞、鈴舞、悪魔払いを庭で舞ったと聞いた。今でも神楽舞を舞うことができる人は集落にいるが、笛太鼓を行う囃子方がいないために、神楽舞は中断となっていると話された。

（四）横吹の獅子舞

守屋静男さん（昭和一一年生まれ）の話では、横吹の集落は、昔二五軒であったが、今は四軒となっている。部落にある神社は白山神社と熊野神社であり、今では、祭りと言っても、集落の者が三軒集まって祝詞を唱えるだけとなっている。

この神社の祭りにおいて、三〇年前までは獅子舞を舞っていた。獅子頭は神社にしまってある。また、芋堀の神楽舞は、横吹から伝わったと聞いているとのことである。

（五）下平の神楽舞

下平は戦国時代は八軒の集落であったが、最盛期には三三軒まで増加し、現在は一八軒となっている。

かつては、下平の竜王観世音例祭に神楽舞が奉納されており、幌舞の時は、おかめの面を被った者が幌持ちをしていた。神楽芝居も行っていたという。近所に住む目の不自由な人に囃子や舞を習ったとも聞いた。セリフとしては、「もみじがあるのに雪が降って大変でしょう〜」というものであった。

神楽舞では、家々を廻って門付けもした。昭和三〇年代は、佐久間の通りの店まで行って門付けをしてお金を集めたという。神楽面は昭和一七年（一九四二）に製作し、三〇年前に塗り替えた。しかし、この神楽舞も一〇年前に舞われなくなったとのことである。

（六）大沼の神楽舞

伝承によれば、大沼八幡神社の神楽舞は、向皆外から養子に来た川島藤一氏によって広められたという。時期は昭和三一年（一九五六）頃である。奉納舞は、幌舞、鈴舞、幣舞、悪魔払いを舞った。道行舞は、鈴舞で幣を持って舞い、部落内の神輿渡御の際に露払いとして舞われた。隣の沢井集落に八幡神社の御旅所があり、神輿渡御はそこまで行ったという。

鎌倉つや氏により、神楽舞の獅子頭が奉納され、これによって始まったとういう。

写真 9-80　島中の獅子頭

写真 9-81　間庄の獅子頭

写真 9-82　下平の獅子頭

神社脇の家では、神社に神楽舞を奉納する前に、衣装替えに使用させてもらっていたこともあり、この家の座敷でも神楽舞を行ったと聞いた。神社の拝殿には当時の神楽連の写真が飾られてあるが、三〇年位前に舞われなくなったという。

一三　小坂井神楽とは

佐久間町だけではなく、佐久間町に隣接する水窪町でも神楽舞を伝承する地域が残っている。ここの神楽舞も振袖を着て、獅子頭を被り舞う小坂井系の神楽である。以下では小坂井系の神楽の概要を説明するとともに、佐久間町の神楽舞との比較のために、水窪の神楽舞を例示する。

（一）小坂井神楽の概要

佐久間町及び水窪町の各地では、現在・過去を含め、多くの集落で神楽舞が演じられている。この神楽舞は五穀豊穣・邪気退散を願うものであり、神輿を先導する「道中舞」と本殿前の「本舞」がある。本舞における獅子の舞は、幌舞、鈴舞、悪魔祓いからなっている。また、『愛知県史別編　三河　民俗三』によれば、小坂井神楽や形原神楽などは、駿河の三保まで行く者と、奥三河から木曽路へ行く者があったという。この旅の神楽から伝授を受けて自分達の芸能とするところも多かったと記載されている。そのほか、佐久間町日余や水窪町向市場では、小坂井神楽から神楽を学んだと記述されている。

この遠州地域に広く伝わった小坂井神楽は、『小坂井町史』の獅子神楽の記述では、「伊勢のお祓いと称し、諸国を巡って悪魔祓いの祈祷や門払いをし、時に散楽風の曲芸や舞、地狂言を演じた。また、小坂井の大字宿字中島（通称院内・博士村）の地は、昔から太神楽をもって知られている。江戸時代末期には大流行して、秋祭りや近郷近在はもちろん、特に遠州方面に出稼ぎをしていた。」と、遠州地域の関わりが強いことが記されている。

早川孝太郎の『花祭』に収められている大正一五年（一九二六）当時の調査記述「地狂言雑記」によれば、「神楽組は、三河から国境を越えて静岡県地内に入ると、引佐郡奥

写真 9-83　水窪神原　八幡神社の奉納舞

写真 9-84　水窪竜戸　熊野神社の奉納舞

山村狩宿神楽、同じく浜名湖畔庄内の堀江神楽、ずっと山地にはいって、鎮玉村渋川字寺野神楽等もあった。神楽組は、いずれも獅子頭とこれに才蔵を中心とした釜祓いの舞ぬさで、これに幕の舞いまたは幣の舞いなどがあり、いずれも獅子の幕を才蔵が持って舞うのである。神楽組と村々の関係は、期を定めて回って来て、一通り門付けをやり、心付けの多寡によって、それぞれの舞を演じた。」と記されている。

　神楽組の巡業の区域は、「これは期によって定まっていて、戸金神楽では、春は近在から豊川に沿って西岸の村々を信州街道を流して進む。一方、小坂井院内の組は、豊川の東岸の村々を流してゆくのが以前の風であった。夏季は東海道を東に向かって、遠江の浜名湖畔の村々から、中泉、袋井、それから駿河にはいり金谷から島田、岡部、藤枝と回って、駿河の東端伊豆の三島まできたものというが、近年獅子舞に才蔵の持つ「ささら」の棒の形が風俗を乱すものとして、静岡県島田の警察から禁止を命ぜられ、以来島田より東には出ぬことにした。」と記述している。

(二) 神原獅子舞

　水窪町神原は、水窪の中心街をなす通りの中ほどにある地区である。神原の獅子舞は、水窪祭りにおいても奉納されている。同祭りでは、八幡神社本殿を起点とし、水窪本町まで道中舞が行われ、その後、水窪橋の永楽屋の前の御旅所における神事の後に、奉納舞が舞われる。午後からは本町から大里に引き返す途中、道中舞を行いながら、水窪町山村開発センターにある御旅所まで進み、水窪橋と同様に奉納舞を舞う。道中舞では、幌舞を舞い、奉納舞では、幌舞、鈴舞、悪魔祓いを舞う。

　幌舞は、一人が獅子頭〔がんた〕を被り、もう一人は布〔ほろ〕を広げ持ち二人で舞う形態であり、鈴舞は、一人が獅子頭を被り、右手に鈴、左手に御幣を持ち、もう一人は布を丸めて持ち二人で舞う形態である。悪魔祓いは、「みな　三尺の大のさを持って　悪魔を祓せ　泰平楽世と改まるヤ。」と唱えながら、右手に御幣を持ち、大きく廻しながら舞う弊の舞と、一人が獅子頭を持ち、獅子頭を足下まで下げると同時に、もう一人が布を高く持ち上げ、獅子を大きく見せながら二人で舞う舞である。

　また、現在では獅子舞だけを演じているが、昭和の時代までは神楽芝居（獅子狂言）をやっていた。「阿波の鳴門」やそのほか二から三の演目は、今でも台本があるとの事で、水窪文化会館で平成のはじめに「阿波の鳴門」を演じて、大喝采を受けたとのことである。そのほか、神原神楽では、正月の獅子舞の門付けを昭和五〇年代まで行い、集落の悪魔払いをした。一日五〇軒、一軒一五分程度舞ったとのことである。舞う所も家の中に入って、舞清めをしていた。

　なお、神原神楽の由来は、初めて神原で獅子舞を始めたのが、昭和初年（一九二六）の八幡宮の矢場開きの時であり、河内の北村松蔵氏に依頼して河内の舞子に獅子舞を舞ってもらった。この後、神楽舞を希望する者が増え、神楽舞を集落の者が舞う様になったと伝えられている。

(三) 竜戸の獅子舞

　水窪町竜戸は、水窪駅の北側を右折し水窪ダムへと続く道を一kmなど山の方に入った集落である。竜戸の獅子舞は、昭和六〇年（一九八五）頃に復活されたものである。現在の竜戸神楽保存会は二〇名余の会員数を擁し、竜戸神楽の維持保存のほか、熊野神社の大祭奉納や、水窪夢街道などのイベントに参加している。神原神楽の由来から見ると、今から百二五年くらい前に、「昔、竜戸のガサオレの下の家に耳塚佐太郎という人がおり、三河の国から獅子舞を習ってきた。」としている。

　熊野神社の大祭では、保存会の人が竜戸公民館に集まり、集落の家々を鎮める道中舞を鈴舞にて行う。露払いとして「おかめ・ひょっとこ」が榊に五色の幣を垂らした物を持ち、おかしく舞いながら先頭を歩く形である。

熊野神社への奉納舞は、四種類の舞があり、道中舞と同じく鈴舞が一舞奉納された後で、「てぐるま」と言われる幣舞の形で幣を廻しながら社殿四方を緩やかに廻る舞を行う。続いて、獅子頭に巻いた幌を開き舞う幌舞を行い、最後に、獅子頭を抜き上下左右に大きく廻す悪魔祓いの舞が行われる。

「てぐるま」の舞は、佐久間町城西・御鍬神社のひなの舞に近く、ゆったりと手に持った幣を振り、しなやかな女形の仕草の所作を取る舞である。神社に舞を奉納した舞い手の方の話では、この「てぐるま」の舞は、近隣にはない舞であるとのことである。なお、竜戸においても昔は獅子狂言が行われていたとのことである。

水窪町と佐久間町の神楽舞を見ると、いずれも獅子頭を被り、女物の振袖を着て、幣舞、鈴舞、悪魔祓いをするものであり、北遠州地域の神楽舞では、いずれも小坂井神楽の影響を受けていると言ってよい。小坂井神楽自体も戦後昭和二〇年代までは門付けなどに廻ってきていたという。また、伝承された時期は新しく、江戸末期から明治・大正にかけて神楽舞が伝わって来たが、いずれも初めの由来が明確でない。幾たびか中断したり、他の集落の神楽舞の評判を聞いて新たに再興したりしている。そのほか、獅子狂言も行われた集落もあり、正月の門付けも行っていた様で、かなり神楽舞に熱を入れた時代があったと思われる。しかし、現在においては、娯楽の多様化で関心が薄くなり、神楽舞が廃絶してしまった集落も多い、現在行われている集落にしても、神楽舞の舞手や囃子方の高齢化、継承者不足で、中断、廃絶に向かう集落が多い。

第五節　歌舞伎

一　歌舞伎概要

佐久間町にいつ頃歌舞伎が伝えられたかははっきりしていない。歌舞伎の中心であった江戸において、天保一二年（一八四一）に中村座が焼失し、江戸三座（中村座・市村座・守田座）が浅草の猿若町に移転させられている。また、天保の改革に伴い、天保一三年（一八四二）に奢侈を理由とする市川團十郎を江戸所払いや、役者の生活の統制（平人との交際の禁止、居住地の限定、湯治・参詣などの名目での旅行の禁止、外出時の網笠着用の強制）、興行地の限定（江戸・大坂・京都のみ）などが行われた。この頃から、江戸に入れない歌舞伎役者が地方巡業を行い始めている。

文政八年（一八二五）の『諸国芝居繁栄数望』は、相撲番付の体裁に倣って全国各地の芝居地を格付けした見立番付であり、東西四段に分かれて各地の芝居名が掲載されている。この中に、三州吉田・三州岡崎・池鯉鮒といった三河の興行地の名が見られる。

三代目中村仲蔵（一八〇九～一八八六）の随筆『手前味噌』を見ると、「文政一二年（一八二九）三月、江戸三座の類焼後に仲蔵が大坂へ向かった道すがら、懇意にする坂東彦三郎の伊勢芝居出演を知り、自身も興行への参加を決める。伊勢中之地蔵芝居で興行中に、岡崎から興行の話が持ち込まれ、上演終了後、一行は岡崎六地蔵芝居に向かう。この興行は大入りが続き、この評判を聞いた名古屋の興行師から依頼があり、一行は名古屋へ向かっている。」この様に、伊勢・岡崎・名古屋においても興行師による歌舞伎の流通機構が存在していた。このほか、仲蔵が嘉永四年（一八五一）に三州吉田～岡崎～西尾を巡業していたことも記されており、小規模な興行地も含めて東海地方全体に歌舞伎興行の広がりがあったと考えられる。

この様な興行のつながりが出てきたことから、天竜川や豊川に沿って、佐久間町にも歌舞伎の波が来たのではないかと考えられる。明治に入ると、吉沢（至誠座）、浦川（旭座）、川合（可祝座）、中部（栄座）、佐久間（殿嶋座）、城西（明亀座）など、佐久間町内に十数か所の常設の歌舞伎小屋ができたと聞く。

江戸時代も終わりとなると、役者を招いて歌舞伎の興行を行うだけではなく、自らも歌舞伎を演じる農村歌舞伎が広がっている。このうち、佐久間町においては現在も浦川歌舞伎という農村歌舞伎が残されている。なお、城西地区にも、平成の初めまで農村歌舞伎が行われていたという。

これらの歌舞伎は、昭和の高度経済成長時代に一時中断することがあったが、浦川歌舞伎は現在も連綿と、歌舞伎の伝統を引き継いでいる。なお、浦川歌舞伎の発祥として、歌舞伎役者・尾上栄三郎の話が残されているとともに、中断した浦川歌舞伎の復活に尽力した市川升十郎氏など、今の歌舞伎復活に尽力した方々がおられた。

二　浦川歌舞伎

(一) 浦川歌舞伎の伝承

浦川歌舞伎は、安政五年（一八五八）に浦川の歌舞伎公演を最後に病死した江戸の歌舞伎役者・尾上栄三郎による歌舞伎上演が発端となり、この地域の村人により受け継がれてきた素人歌舞伎とされている。この歌舞伎も、昭和三〇年代に一時途絶えていたが、歌舞伎の公演を復活させようと地域住民の有志が集まり、平成元年に保存会が発足した。現在、役者から裏方まですべてを、浦川歌舞伎保存会の会員が行っている。なお、戦前の浦川には「万人講」と称する歌舞伎愛好家の集まりがあった。旭座そのほかの芝居小屋で興行を行った。信州の田舎に芝居に行って、尾上菊五郎や中村吉右衛門の名をかたって、玄人芸で地元の人の大喝采をあび、多くのおひねりをもらったが、警察にばれない様に急いで帰ったという話も伝わっている。

(二) 歌舞伎の復興

『ぱんぷきん（一九八九年・一一〇号）』によれば、映画やテレビの普及で忘れ去られていた浦川歌舞伎であったが、昭和五三年（一九七八）一〇月の佐久間町城西の御鍬神社の祭典に、小西毅一氏、若連の富永和範氏ほか七〇歳以上のお年寄り二名を含めた七名で、歌舞伎を復活させたことが契機となり、浦川でも歌舞伎復活の気運が高まったという。

昭和六二年（一九八七）一二月五日に、北遠農協組合長の本間武美氏らの音頭取りで浦川歌舞伎保存会が結成され、昭和六三年（一九八八）に復活公演を行う予定であったが、昭和天皇の御病気悪化のために延期され、平成元年（一九八九）五月の佐久間町観光協会浦川支部役員会で「尾上栄三郎百三〇回忌追善公演」として平成元年（一九八九）九月二三日に復活公演を行うことが決まった。保存会では、市川少女歌舞伎の生みの親である市川升十郎氏の指導のもと、出演する一〇名が熱心な指導を受けた。

「尾上栄三郎百三〇回忌追善供養祭」は平成元年（一九八八）九月二三日に尾平峠にある栄三郎塚で営まれ、続いて追善歌舞伎公演を、浦川キャンプ村に仮設された舞台で、午後四時に開演する予定としていたが、雷雨のため一時間半ほど遅れて開演された。古井地稔之保存会長のあいさつの後、尾上栄三郎の最後の舞台となった「仮名手本忠臣蔵五段目・山崎街道の場」「六段目・勘平腹切りの場」と絵本太功記十段目「尼ヶ崎の場」が演じられた。会場には中茶屋が設けられ、五平餅、弁当、おでん、お酒などが販売された。舞台袖にはご祝儀ビラが寸分の余地がないほど貼られ、芝居見物の雰囲気を盛り上げだ。二七年ぶりの歌舞伎復活であったと記されている。

平成元年（一九八九）の『広報さくま』においても、観光協会浦川支部長・斎藤茂氏談として、今年から観光協会に浦川支部が設置され、地域の特色を生かす独自のものはないか探していたところ、尾上栄三郎の百三〇年回忌に当たることがわかり、これを機に尾上栄三郎と歌舞伎を掘り起こせば世間に広く関心のある事業ができるのではと追善興行を計画した。

この地域では、一流の役者を呼ぶのが伝統になり、三〇年前までは中村雁次郎や市川左団次などが訪れている。浦川には江戸歌舞伎の流れがあり、そこを掘り起こせば観光に結び付けられる。指導は市川少女歌舞伎の育ての親である市川升十郎氏（豊橋市）にお願いした。尾上宗家と連絡を取り、尾上菊五郎氏・尾上梅幸氏から挨拶状を貰った。

このつながりが浸透し一流役者が来るようになれば、浦川を宣伝する大きな材料になる。俳優・役者は庶民に浸透しやすく外にも広く宣伝しやすい、イベントとして成功する確率が高い。大衆娯楽を掘り起こし継承することで地域のコミュニケーションも図れる、と述べている記事も載っている。

一方、浦川歌舞伎保存会会長・広野勝也氏（昭和二〇年生まれ）の話では、歌舞伎小屋は「旭座」の名前で、平成元年（一九八九）から二〇年の間、キャンプ場に仮小屋を建てて公演をしていた。現在は旧浦川中学校に場所を移している。太夫は竹本文氏（東栄町古戸の佐々木経人氏）、三味線は豊川市在住の鶴沢友枝氏、下座には杵屋健社中を呼んでいる。

当初は、午後五時から一一時まで公演をしていたが、子供の時間としては遅いということで、平成二六年（二〇一四）から開始時間を昼に移した。白浪五人男は、平成五年（一九九三）から子供を入れ、想い出作りにと小学六年生に演技をやってもらうようにした。以前は子供の数が多く、みんながができるわけではなかったが、今は子供の数が減り、人を集めるのが大変になってきている。

平成元年（一九八九）に浦川歌舞伎復活の話が始まった時、自分はちょうどグランドでソフトボールをしていて、歌舞伎をする人が一名足りないということで誘われたのが、自分が歌舞伎を始める様になったきっかけで、それからずっと歌舞伎をやっている。

歌舞伎は、豊川の市川升十郎氏に指導してもらった。自分が名古屋の三国座で勧進帳絵を見て、どうしてもやりたくなり、師匠からは、セリフを覚えないといけないと言われて、一年かけてセリフを覚えた。また、プロのビデオを見て所作を覚えた。当時勧進帳は、素人がやる歌舞伎の演目ではなかった。初めて勧進帳の歌舞伎をする頃は、師匠は寝たきりになっていたが、寝ながら芝居を指導してくれた、と話していただいた。

なお、現在の浦川歌舞伎は、本番の二ヶ月前に台本を渡される。立ち稽古でセリフを覚えて、一ヶ月前から練習が始まる。本番の途中でセリフを忘れた時は、黒子の後見がいて台本を持ってフォローしてくれるが、歌舞伎をする保存会の者は必死にセリフを覚えているという話を伺った。

写真 9-85　浦川歌舞伎　白浪五人男の場面

写真 9-86　浦川歌舞伎　楽屋にて出番を待つ

(三) 尾上栄三郎とは

尾上栄三郎は、三代目菊五郎の三男であり、『嗚呼尾上栄三郎』(伊藤美登里著・実名伊藤秋広)では、江戸の大火後に地方巡業に出て東海道を西に進み、吉田城下で興行中、川路出身で吉田藩に仕えていた足軽の熱心な誘いにより、信州の川路で芝居をしたが病気になった。浦川の名医である三輪見龍に病気を見てもらいに来た。しかし良くならず、病をおして旭座の舞台に立ち、舞台の上で亡くなったとされている。

この尾上栄三郎の最後の舞台は、初代旭座である。浜松の小野田一座に、音羽屋座員二名が加わり尾上栄三郎特別出演による江戸歌舞伎を開演した。この時、尾上栄三郎は享年二九であった。この公演のあと、中部栄座、佐久間殿嶋座、川合可祝座、城西明亀座、奥山八幡座からも出演依頼が入っていたと言われている。

なお、尾上栄三郎が残したものとされる旅日記がある。この日記は、辰の六月六日(安政三年(一八五六)六月)から始まる日記で、「松竹梅　辰の六月六日　岡部驛おきんさんより　金三分受トル　酒屋より　金二分　受取」の書き出しで始まっている。この年から遠州・駿河に滞在し「安政五(一八五八)午正廿三日駿州岡部驛を出立、同月廿五日駿州沼津驛へつく　同二月六日ニ沼津を出立、同月九日ニ甲州府中柳町藤屋と申宿ニとまる。」とあり、安政五年(一八五八)正月には岡部宿温泉場へ、その後、「廿六日竹佐様ニ百姓いっきこゝり、それゆへ芝居はしめても見物もなし。又竹佐へのゑんりよニ而八月までのびる。五月廿九日朝、八十八殿山本へきたる。六月十日ニ嶋田八幡町ヲ出立、當山トゆう所へ行、此はなはだなんぢう、上村とゆう所へ行、芝居できず、ここに三日いる。十三日ニ和田村とよう所へゆく。」と信州で芝居公演が上手くいかず苦渋していることがづづられた日記となっている。残念ながら日記の後半部分が欠落している。

(四) 旭座

『浦川風土記』によれば、浦川の旭座は転々と場所を移しており、初代旭座は、旧相川河川敷(旧静岡銀行の敷地横)にあったという説と、二代目旭座があった西村屋敷の所にあったという説がある。平成六年(一九九四)九月に、佐久間商工会と佐久間観光協会の両浦川支部長名で静岡銀行へ標柱建設の申請をしたが、銀行から建設を拒まれ、やむなく、現在の浦川小学校の北口の道沿いに旭座跡の石碑が建っている。なお、この場所は明治五年(一八七二)の相川直流工事まで河川敷であった。

二代目旭座は、明治二二年(一八八九)に西村家当主が初代浦川村長に就任し、この時代に栄三郎ゆかりの西村屋敷に常設舞台を建てたと考えられている。西村屋敷の母屋の近くに舞台があり上市場（西向き）を向いて建てられたという。ただし、客席は野天であった。この二代目旭座も、大正元年（一九一二）一〇月七日の浦川大火で延焼した。

三代目旭座は、大正九年（一九二〇）に町勇連（町区のお祭り若連）が寄付を募り竣工した。建設にあたり、町勇連は三〇日の奉仕作業が義務付けられた。廻り舞台（廻り舞台の下に穴倉があった。芯の柱から四本の木の棒が出ている。床上からトントンと合図があると、四人がそれぞれの棒を肩にあてて舞台を廻した。高さが十分に作られているので動いても頭が天井に届くことはなかったという）があり、舞台の左手に花道、中央に客席、右手前には上げ座敷があった。天井は碁盤の目の様に仕切られており、商店の広告が張られていた。また、二階へ行く階段には中茶屋が二軒あったと言われている。しかし、昭和一五年（一九四〇）六月二五日に幕を盗んだ者が放火し、焼失した。

その後、歌舞伎を演じる舞台となった浦川会館は、浦川尻平沢の鉄道線路横に昭和二二年（一九四七）に竣工した。追掛父子（柏古瀬）、坂口氏、福部氏、追掛（河内）氏らが資金を出して会館を建てたと言われている。大きさは「マコバリ七間」と言われ、旭座ほどの大きさだった。昭和二二年の会館ができた時の最初の芝居には、中部電力からの電気工事が遅れ、他から配電してもらったという逸話も残っている。この浦川会館は、歌舞伎を始め、映画、剣劇なども興行されていた。

昭和二八年（一九五三）に佐久間ダム建設工事が始まると、ダム工事の人夫達が映画を見に来て、最盛期には昼間も上演されたほどだったが、昭和三一年（一九五六）にダムが完成すると観客が減り、最後にはお客が五〜六名になったと言われる。その後浦川会館は、昭和四〇年（一九六五）に鳳来町に売却移築されたとのことである。平成元年（一九八九）に浦川歌舞伎が復活すると、同年浦川キャンプ場に舞台が作られた（四代目旭座）。平成一九年（二〇〇七）からは旧浦川中学校体育館を使用しており、五代目旭座となっている。

（五）浦川会館公演

三代目旭座の後、四代目旭座ができるまでは、浦川会館で映画や歌舞伎が多く上演されていた。記載したものは、年度別の歌舞伎等の上演回数である。会館ができた昭和二二年（一九四七）の歌舞伎公演は一回であったが、昭和二六年（一九五一）から二八年（一九五三）にかけては、年間三回から四回の公演があった。

昭和二二年（一九四七）　歌舞伎公演一回
昭和二三年（一九四八）　歌舞伎公演一回
昭和二五年（一九五〇）　歌舞伎公演一回　映画九回
昭和二六年（一九五一）　歌舞伎公演四回　映画一五回
昭和二七年（一九五二）　歌舞伎公演四回　映画一八回
昭和二八年（一九五三）　歌舞伎公演三回　映画三六回
昭和二九年（一九五四）　歌舞伎公演ゼロ　映画一八回
昭和三〇年（一九五五）　歌舞伎公演二回（消防団による大会一回）
　映画一〇回
昭和三一年（一九五六）　歌舞伎公演ゼロ
　映画七回　昭和三一年映画館ブーム
昭和三二年（一九五七）　歌舞伎公演ゼロ　映画三〇回
昭和三三年（一九五八）　歌舞伎公演三回（地元の歌舞伎発表会一回）
　映画一四回
昭和三四年（一九五九）　歌舞伎公演一回（地元の歌舞伎発表会一回）
　映画八回
昭和三五年（一九六〇）　歌舞伎公演一回（地元の歌舞伎発表会一回）
　映画三回
昭和三六年（一九六一）　歌舞伎公演二回（地元の歌舞伎発表会一回）
　映画二回
昭和三七年（一九六二）　歌舞伎公演三回（地元の歌舞伎発表会一回）
　映画一回
昭和三八年（一九六三）　歌舞伎公演ゼロ　映画ゼロ
昭和三九年（一九六四）　歌舞伎公演ゼロ　映画ゼロ
昭和四〇年（一九六五）　浦川会館取り壊し

（六）栄三郎ながし

浦川の歌舞伎が盛んであった昭和二〇年代に「栄三郎ながし」という歌が作詞・服部竜太郎氏、作曲・服部良一氏により作られている。歌詞は「嗚呼　尾上栄三郎」の話をもとに作成された。昭和二八年（一九五三）六月二六日にお披露目が浦川会館で行われた。

栄三郎ながし

作詞　服部竜太郎　作曲　服部良一

一　天竜下りの　音羽屋一座　町から町を　流れてうてば
　夜ごとの夢は　都の空へ　ゆくえあてない　栄三郎よ

二　旅の夜風に　疲れしこの身　浦鹿の里に　起き伏しすれば
　山家の人の　見にしむなさけ　こころせつない　栄三郎よ

三　どうせ舞台で　死ぬ身じゃものを　せめて見残りに　得意の勘平
　見事果たして　倒れる姿　影もさみしや　栄三郎よ

四　安政なかばの　春まだ遠く　旅の一座にゃ　こころも寒い
　からす鳴け鳴け　地八の峠　あわれはかない　栄三郎よ

（七）尾上栄三郎塚

尾上栄三郎塚は、浦川の尾平峠にある。塚の正面に「尾上榮三郎塚」、右側面に「安政五年（一八五八）午八月二日」が彫られている。

『浦川風土記』の中で、酒井正三（明治三九年生まれ）は、「尾上栄三郎塚は三輪貫之助が二五歳の厄年に建てた。三輪家に務める医師の森慶助が字を書き、根地島與助が字を彫った。」と伝えている。貫之助は尾上榮三郎を診た二代目三輪見龍の孫、明治元年（一八六八）生まれである。過去には、塚は「おできの神様」として信心を集め、鳥居があったとされているが、現在鳥居は撤去されている。

写真 9-87　尾上栄三郎祭り　尾平峠にて

（八）尾上栄三郎祭り

尾上栄三郎祭りは、昭和三一年（一九五六）から始まったと言われている。九月二三日の午後、尾平峠の尾上栄三郎の塚で行われる。彼岸花が満開となる時期である。祭りは、石田武好会長をはじめとして尾上栄三郎奉賛会の人が、浦川の寺の住職を呼んで行う。祭りの後には餅まきと、子供にはお菓子が振舞われる。浦上歌舞伎保存会は、祭りの際にお金を包んで奉納するが、祭り自体には出席しないとのことである。なお、『広報さくま』には、尾上栄三郎祭りで紙芝居を上演し、尾上栄三郎の紹介をしたとあるが、尾上栄三郎奉賛会の方からは、紙芝居が行われたのは栄三郎一五〇周忌の時のみであり、この時に紙芝居保存会に頼んで上演をしてもらったとお聞きした。また昔は祭りの際に、尾上梅幸氏・尾上菊五郎氏から生花が送られてきたが、今では送られてこなくなったとのことである。

祭り自体は、石田会長の挨拶、住職の読経として般若心経、大悲心陀羅尼経（だいひしんだらにきょう）を唱え、その後転読を行う。この間に、参拝者は、線香を一本ずつ塚に手向ける。また、同じ尾平峠の遠山土佐守の墓（墓自体は信州の方を向けて立ててある。）でも、住職による読経が行われる。なお、塚に置かれていた尾上栄三郎のお札二百枚は、祭りの後に区民に配るとのことである。

（九）伊藤美登里氏とは

伊藤美登里氏は、浦川歌舞伎と尾上栄三郎のことを書物としてまとめた『嗚呼　尾上栄三郎』を書いた作家である。

伊藤美登里氏の実名は伊藤秋広と言い、浦川小学校校歌、浦川中学校校歌を作詞した方である。昭和一九年（一九四四）一月二七日には、浦川小学校学習発表会で五年生が、「嗚呼　尾上栄三郎」を演じている記録がある。伊藤秋広氏の略歴は次の通りである。

明治三九年（一九〇六）、山香村に生まれる。
大正一〇年（一九二一）、佐久間町学校卒業。佐久間役場に勤める。（教員検定試験・訓導の免除を取得）
大正一一年（一九二二）、半場小学校に勤める。
昭和一七年（一九四二）、浦川実践高等女学校に勤める。（学校制度改革で学校はなくなる。）
昭和二五年（一九五〇）、大久根小学校校長となる。その後、佐久間小学校長。
昭和三二年（一九五七）、佐久間高等学校事務長となる。その後、教育委員会社会教育主事となる。

佐久間町に伝わる民話を数多く発掘し、小冊子にまとめて紹介をした。たくさんの学校の校歌を作詞。浦川小学校、佐久間小学校、山香小学校、上平山小学校、浦川中学校校歌等。

昭和三九年（一九六四）、佐久間町佐久間で死去

（一〇）市川升十郎氏

浦川歌舞伎復活に尽力された市川升十郎氏とは、どの様な人であったか調べた結果、次の様な経歴を見つけることができた。

中日新聞の昭和五九年（一九八四）版、及び『かぶき人生』（昭和五八年・市川升十郎著・豊文堂）によると、市川升十郎氏は、本名を田中大二と言い、大正二年（一九一三）に豊川市平尾町に生まれる。昭和三年（一九二八）、一七歳の時に半田を中心に活躍していた女歌舞伎の市川米寿一座に入る。昭和九年（一九三四）から旅廻りの劇団を廻り、昭和一八年（一九四三）に団吉一座を結成する。妻の市川寿美八とは九州の巡業中に知り合う（市川寿美八は踊りの名手とのこと）。

豊橋市在住の昭和二三年（一九四八）八月一五日に娘が生まれる。この昭和二三年から市川団吉として、のちの市川少女歌舞伎の師匠となる。それまで市川少女歌舞伎の少女には、豊川市千両町の古河芳一氏が教えていたという。古河芳一氏は一六歳から義太夫に打ち込み、竹本錦太夫の名を持つほか、短い期間ではあるが、地方の役者である勝川又蔵氏に弟子入りし、勝川勝之丞の名をもらっている。

昭和二四年（一九四九）に稽古のため豊川市に移住し、その頃豊川市牛久保で生活を送っていた市川海老十郎氏に出会い、師事したという。市川海老十郎氏は九代目市川団十郎の直系の弟子である。市川海老十郎氏が東京を出たのは、看板の序列で松竹と衝突、あるいは昭和の初めに新興芸術であった映画に出たことが原因と言われている。

昭和二六年（一九五一）一二月、宗家市川三升（昭和三一年（一九五六）死去　贈一〇代目　市川団十郎）が浜松に来て、浜松座の市川少女歌舞伎の公演を見、それからは月に一度、浜松座に公演を見に来るようになる。この宗家市川三升から昭和二七年（一九五二）七月二〇日に、浜松市の旅館「高砂」で市川の名の伝達を受け、市川升十郎を名乗るようになる。市川少女歌舞伎の各位も、この時から正式に市川を名乗るようになる。

昭和三四年（一九五九）に、市川少女歌舞伎と浜松座の専属契約が解消され、昭和三七年（一九六二）の東京読売ホールでの公演を最後に市川少女歌舞伎が営業活動を停止した以降、市川升十郎は地域の歌舞伎振興に寄与し、平成一〇年（一九九八）一月に没する。

三　川合の歌舞伎

川合の常設の芝居小屋は、可祝座〔かわいざ〕と呼ばれていた。『川合郷土史』によれば、明治後期に各人が役割分担をして作り上げたと言われている。この舞台には廻り舞台があり、当時は珍しいとして日本放送協会の「ふるさと里自慢」という番組で放送されたという。小屋は川合集落の花田家の上の広場に常設され、芝居小屋の入口には杉の大木があり、一段高いところが店番の場所であったという。この店番には、寄付ビラを配る場所、落し物の届出場所、三役の座る場所となっていたという。

常設小屋の横の道には花道を仮設し、花道通りは消防団員の席となっていた。提灯を若連と消防団員が吊り飾りして並べ、きれいであった。

花状は消防席の壁や舞台屋下に飾られ、芝居小屋の周りにも戸板に花状が飾られていた。天空は天幕を張り、風が吹くと上下して波を打った。天幕は富士山と桜花に可祝座を図案化し、天幕に染めこまれた可祝座の意匠は、右上に可を、中に片仮名のクをヨツビシに入れ、左下に座をひし形に染め抜いていた。これは商店会の名入りのものであった。もう一つの幕は、エンジ・黒・緑の立縞の上に可祝座と大きく書いていた。こちらは浦川興業元の森田屋の寄付であったという。

当時は娯楽がないので、中部や浦川の方面から多数の見物人があった。夜店は中部の元気屋が来て店を開いた。最後の芝居は昭和三一年（一九五六）秋に行われた。建物が老朽化したことで、昭和五〇年（一九七五）に廃座となった。現在は駐車場として利用されている。

可祝座で芝居を行ったのは主に地元の若連である。若連への加入は、学校卒業から、二五歳から三〇歳まで（時代によって年齢差がある）で八月盆の一六日が入退日となっていた。この若連が、祇園祭、大念仏、春秋二回の歌舞伎興行（一回は地芝居や新派劇を演じた）をしたという。

芝居の時は、中茶席を開き、演目の三幕が済むと中入となり、若連は売り子をした。

千秋楽には、最終列車で歌舞伎道具を発送するので、若連に入ったばかりの一年～二年の者は、芝居も見ないで駅まで道具を運搬したという。廻り舞台の時はカグラで廻す役をした。

また、興行の挨拶は、中部まで太鼓を二人で担ぎ打ち鳴らしながら、五人で行ったという。川合から中部までは距離があるため、行くのを途中でやめて帰ってきたことがあったというが、その時は中部から挨拶に来ないということになり、皆に叱られてあわてて挨拶に廻ったという逸話もある。

なお、お盆休みに天幕唐紙の虫干しを舞台の広場で行ったという。そのほか、大正時代から昭和初期までは、南宮神社の余興で旭座の興行が済むと、次の三日間は川合で興行をしたとのことである。

四　中芋堀の歌舞伎

（一）歌舞伎の概要

『広報さくま』及び集落での聞き取り調査によれば、城西区に歌舞伎が根付いたのは明治初期に旅の芸人が来て居着いたことから始まる。明治の頃は手拭いで頬かむりする程度の歌舞伎であったが、本格的には昭和になってから盛んになった。特に昭和二五年（一九五〇）頃から歌舞伎が盛り上がったという。

昭和二七年（一九五二）頃までは芋堀と松島の二つの地区で歌舞伎が演じられていたが、飯田線の付替え工事で一つの舞台が労働者の寄宿舎として使用されたため、それ以来は松島区だけで歌舞伎が行われるようになった。

地元を離れて他の集落に歌舞伎興行に行くこともあり、昭和二七年（一九五二）に山香地区の大滝に興行に行った際は、全部で四〇人ほどの人数で行った。歌舞伎芝居を一晩に四幕行い、二晩で合計八幕の歌舞伎を興行した。大道具、小道具は大滝には何もなかったのでトラックで大輪まで運び、そこから人力で担ぎあげた。神社の境内に舞台を作り、観覧席は満席になったとのことである。

中芋堀にある御鍬神社では、昭和三〇年（一九五五）頃に歌舞伎が一番盛んであった。見に来る人が多かったので昭和三〇年（一九五五）の初めは小学校を舞台にして歌舞伎をしていたが、昭和三〇年代半ばに歌舞伎を行わなくなった。

歌舞伎が途絶えた中芋堀であるが、昭和五三（一九七八）年一〇月七日の秋の祭りに、御鍬座で二〇年ぶりに村人が演じる素人歌舞伎が復活している。演目は「絵本太功記十段目」で、三百人の観客が集まったという。この歌舞伎には、小西毅一氏、若連の富永和範氏をはじめ、七〇歳以上のお年寄り二名を含めた七名で歌舞伎を復活させて、一〇年くらいは歌舞伎を続けたと聞いている。

また、「年金友の会」の余興で、浦川歌舞伎と一緒に公演したことがあるとのこと。この時は、松向中（松島区。松島・向皆外・中芋堀からなる。）は「弁慶」を、浦川は「安達ケ原」の芝居をした。浦川歌舞伎は復活したばかりの頃なので、当時の浦川歌舞伎の技量はまだまだの状態であったとのことである。

松島区の歌舞伎の復活にあたっては、愛知県作手村の菅原宇一氏に師匠になってもらった。八〇才を過ぎてから一〇年くらい、佐久間町へ歌舞伎の指導に来てもらったり、こちらから通ったりしたという。同氏が亡くなられた後は、城西の歌舞伎も絶えている。

（二）菅原宇一氏とは

『作手歌舞伎の今昔』によれば、菅原宇一氏は、歌舞伎役者、三味線、義太夫、振付師と、歌舞伎の道をたゆまず歩いてきた人で、菅原宇昇太夫と呼ばれ、作手歌舞伎の育ての親であった。

明治三二年（一八九九）八月一日に、愛知県南設楽郡作手村田原（現新城市）に生まれる。その頃の作手村では、娯楽も食べ比べ、力比べなどに限られていた。大正時代になると、作手村にも芸者置屋、料理屋、飲食店等ができ、歓楽街が戦後まで栄えた。この当時、村人の一番の娯楽は、各神社に奉納される「地狂言（農村歌舞伎）」であった。

宇一氏が三歳の時、岡崎「大国屋」の旅館で、夕食の御膳の上で、でたらめに踊って初めての「おひねり」をもらったのが、歌舞伎の事始めであるとのことである。一八歳の時に「義経千本桜」で役者としての初舞台を踏む。二二歳の時には、下山村の買芝居で、声を枯らしてしまった仲間の代わりに義太夫としての初舞台を踏む。四〇歳を過ぎた頃から師匠として、作手村だけでなく近隣の地域へも指導に行く。八〇歳を過ぎてからも一〇年間、佐久間町へ指導に行くなど、歌舞伎伝承の活動は極めて積極的であったとのことである。

宇一氏が本当に歌舞伎に接したのは一六歳の時である。大阪から来た「とさお」という旅芸人（五四歳～五五歳の女義太夫）が、半年ほど宇一氏の家で、一五人ほどの弟子を抱えて本場大都会の芸を教えながら逗留していた。宇一氏が初めてついた師匠である。とにかく頑として厳しい人で、「義太夫は言葉だ」と云って「ア」が三〇通りくらいきちんと発音できないと入門を許さないほどであった。特に三味線は素晴らしく、宇一氏も熱心に学んだ。作手歌舞伎が今日あるのは、「とさお」師匠のおかげと云われる。また、その頃は師匠を村に呼んでくることが多く、宇一氏も多くの師匠について芸を磨いている。

宇一氏の青年時代には、歌舞伎上手な人が集まって作る「万人講」という集団があった。衣装、かつら、小道具など、すべて自給自足し、所作も表現も大げさで、立体感あふれる演出が特徴であった。方々の村から歌舞伎芝居が買われて、寺などに泊りこみで二晩の日程で興行した。歌舞伎全盛時代であった。演目は、普段上演している中から選び、舞台が終わるとお酒を酌みかわして歌舞伎談義に花が咲いた。貴重な娯楽と研修の機会であった。

戦後復興した歌舞伎も、高度成長の時代を迎え、テレビの普及によりまさに消え去らんとした。宇一氏もその危機を憂い、昭和三八年（一九六三）に後継者育成のため、作手歌舞伎保存会「若芽会」を発足させ、多くの後輩の指導にあたった。なお、現在は御子息が歌舞伎を継いで指導をされているとのことである。

（三）芋堀　歌舞伎舞台

芋堀の歌舞伎舞台は、明亀座〔めいきざ〕といって旧城西地区のテニスコートの所にあった。廻り舞台が付いており、人力で動かす構造であった。戦時中は舞台の花道の下に防空壕を掘ったとのことである。中芋堀の御鍬座の方の歌舞伎は、はじめ水窪の大里のお寺にあった大道具を使用したが、芋堀で大道具一式があることを知ってからは、大道具を芋堀から借りる様になったとのことである。城西地区の歌舞伎の中心は、芋堀であったとのことである。

芋堀の歌舞伎は一〇月一五日に行われ、テントを張って舞台等を作ったが、風が吹いてくるときは風に飛ばされないように押さえるのが大変だったという。舞台を組む木材は材木屋が出してくれ、この材で小屋を組み立てたという。このため、ご祝儀として材木屋の名前を張り出した。歌舞伎芝居自体は花芝居として、入場料を取るのではなく、御祝儀をもらう形であった。夜中の一時～二時まで、二晩の歌舞伎興行をした。師匠は、新城市の松屋・市川しだんじ氏を呼んで教えてもらったとのことである。その頃は浦川歌舞伎を冷やかしにいったという話もある。

歌舞伎では、狂言方、三味線、義太夫などの役割がある。狂言方が面白かったという。調子木を鳴らすチョボは、舞台の幕の開閉や進行の状態を確認して、進めたり遅らせたりする重要な役目であった。熟練しないと歌舞伎が上手く進まなかったと、裏方の話も聞かせてもらった。

五　佐久間の歌舞伎

『風来雑記』には、佐久間地区佐久間にあった殿嶋座（住吉鶴吉談・大正一三年生まれ）のことが書かれている。佐久間村は、殿嶋、中部、半場が合併して、明治二二年（一八八九）にできた。殿嶋の青年団は、小学校卒業から二五歳まで加入したという。

殿嶋座では、水窪や田峯で二月に行われた歌舞伎興行の中から、内容の良い芝居を興行師と話をして買ってきた。興行の話がまとまると、一軒一役を担って村中総動員で舞台掛けをし、その後は、青年団の役割となった。舞台にはテントを張り、張り終えると舞台掛けの済んだ晩から場所取りが始まった。舞台の表には仲茶屋もできた。昔は村の商店が入札で仲茶屋を張ったが、興行の収益のほかに売上げを上げるため、若連が出店を出すようになった。芝居の幕間に青年団の連員が売り子をした。

舞台は、座敷と野空（野外）に分かれており、座敷は、平場、二重、高二重、御殿と分かれていた。殿嶋座誕生についての古老の話では、安永二年（一七七三）に前身の森田座ができ、安政五年（一八五八）に守田座に改名となり、明治八年（一八七五）に新富座に改名した。この後新富座として一八年間続き、殿嶋座となる。

昔の舞台掛けは、竹で円く骨組をつくり、座席の天井とした。テントがなかった頃は、炭かます（炭俵）を縫い付けるように天井に敷いた。このため、屋根の設置に三日かかったという。電気がない頃は沢山のランプをつるしたというほどの芝居小屋であった。

戦時中は九月に歌舞伎を行った。芝居の演技中は外の虫の声が聞こえるほど静かだった。戦前は、高麗蔵と名乗る役者が座長をしていた一座によく来てもらった。戦後は、小坂井に疎開していた市川海老十郎に来てもらった。市川少女歌舞伎の初めの頃、地方に出た初舞台は殿嶋座であった。

殿嶋座自体が何時建てられたかは不明である。その後、昭和四七年（一九七二）、老朽化のために市民館に建て替えられることが決定し、同年一一月一一日から一二日にかけてお名残興行が行われた。その後、就業改善センターに建て替えられる話になり、殿嶋座は昭和四九年（一九七四）二月一二日に解体された。

なお、解体された殿嶋座では、昔は太夫の部屋が放送室の所にあったという。昭和一五年（一九四〇）に放送設備が導入され、太夫の控室部屋となっていたところに設置されたことから、太夫の場所は出がたりになった。見番には連長・副連長・会計の三役が座り、客を迎えた。歌舞伎自体は花祝儀をもらう形で運営された。祝儀をもらうと、中身を確認して名前と祝儀の額を貼り出した。廻り舞台があり、舞台の大道具の裏は化粧部屋という構造になっていた。

六　そのほかの佐久間町内

『佐久間町史・史料編二　増田家文書（佐久間町上平山）』に依れば、享和三年（一八〇三）被仰渡書御請印形帳が書かれ、この中に、大念仏の飲食施ねだり、博奕賭之勝負、追放所払之者立帰り、芝居踊狂言角力の記載がある。また、『佐久間町史・史料編三上　勝木家文書（佐久間町相月）』においても、文化五年（一八〇八）二月一五日野田狂言、同二八日西村狂言始まる、の記載がある。この狂言は地歌舞伎の事である。これらの文書から、この当時に佐久間町においても歌舞伎が興行されていたことがわかる。

また、明治に入っては、歌舞伎公演を役所に届け出る必要があり、公演興行願（明治一九年（一八八六）一二月一三日）として、上平山村の願人・坂井勝蔵が見付警察署へ公演興行願を提出している。八幡神社祭典で中村玉之丞他一一名により、午前八時から午後五時まで、雨の日を除き三日間地狂言をするので勧進させてほしい旨の願である。演目は一ノ谷嫩軍記、近江源氏先陣館、御所櫻堀川之段、妹背山深七上使場、仮名手本忠臣蔵、白石噺子、本朝廿四孝であった。この公演興行願には、芸人の登録番号、住所、生年月日、演目の概要、配役等も書かれている。

そのほか、集落を廻って聞いた話としては、福沢の諏訪神社では、昔は村人で村芝居を行ったとのことである。大滝・八坂神社の祭礼においても、昭和四五年（一九七〇）くらいまで地芝居や神楽を行っていたと聞いた。下平においても神社の横に社務所があり、昭和四二年（一九六七）までここにテントを張って地芝居をやったとのことである。東栄町から役者を呼んできた買い芝居であった。この社務所で興行する前は、田んぼか民家で歌舞伎興行を行っていた。

これらも含め、明治以降佐久間町の至るところで、歌舞伎が娯楽の中心として盛んに演じられていたものと思われる。

七　近隣の歌舞伎

一方、近隣の新城市では、寛文三年（一六六三）に歌舞伎を行った記録や、寛政一二年（一八〇〇）から下町の氏子が操芝居を始めたとの記録がある。

水窪には、小畑地区大原の附属寺下の広場に「三嶋座」、神原地区大里の大井電子の工場になっている所に「八幡座〔やはたざ〕」、水窪地区の国道一五二号線沿いに「水窪座」があった。この三座の持ち回りで上演された正月芝居は、地元の人が演じるのではなく、旅芝居の一座を買って芝居を打つ方法がとられた。この様な買い芝居は、都市から芝居を買う場合もあったが、多くは三河の地役者たちの一座を買うことが多かった。近くでは浦川から地芝居の役者が来たと言われている。水窪の事例からすると、浦川には他の集落から興行を頼まれるほどの玄人肌の者もいたと考えられる。

（一）横尾歌舞伎保存会

引佐町で現在演じられている農村歌舞伎は横尾歌舞伎のみであるが、引佐町内には横尾歌舞伎を上演する開明座をはじめ、現在でも歌舞伎を演ずることができる舞台が一〇カ所以上ある。回り舞台を持つ舞台も狩宿《かりしゅく》地区に現存し、最盛期には引佐町に一八カ所もの舞台があった。この中で、戦中・戦後の混乱期を除き、江戸時代以来絶えることなく伝承されてきた農村歌舞伎は、横尾歌舞伎だけである。

白岩地区に伝わる寛政六年（一七九四）十月の御定書に「神事の節又は盆中に『狂言』、『あやつり』、或いは『にわか』等決して致すまじき事。」とあることから、少なくとも江戸時代の中期以降から歌舞伎をやっていたものと考えられる。

江戸時代、横尾と白岩の歌舞伎はそれぞれ独立していて、成立経過が異なっていたが、明治四四年（一九一一）に両地区の青年団が統合され、一緒に狂言を行うようになった。横尾・白岩狂言は、太平洋戦争中の昭和一八年（一九四三）から一時中断し、舞台も軍宿舎として接収され、回り舞台が外されたが、戦後すぐの昭和二二年（

一九四七）に再開され、戦後復興に際して地域の連帯意識の回復に大きな役目を果たした。しかし、占領政策や物質的な窮乏もあり、昭和二五年（一九五〇）から昭和三八年（一九六三）までは開催されなかった年もあった。この低迷から脱出するきっかけとして、昭和四〇年（一九六五）に「引佐町芸能保存協会」が結成され、今日の横尾歌舞伎の隆盛に至っている。

写真 9-88　公演を知らせる幟旗「さくま歴史と民話の郷会館」

（二）三遠南信ふるさと歌舞伎交流浜松・佐久間大会の開催

平成二六年（二〇一四）一一月三〇日、天竜区佐久間町「歴史と民話の郷会館」大ホールで「第一四回・三遠南信ふるさと歌舞伎交流浜松・佐久間大会」が開催された。この歌舞伎交流大会は、平成六年（一九九四）に静岡県湖西市で第一回が開催され、現在も続いているものである。

この「三遠南信ふるさと歌舞伎交流」は、三遠南信地域は歌舞伎（地芝居）が盛んに行われており、その保存会が一堂に会し上演することにより、民俗文化財に対する市民の関心を高め、保存継承の意識高揚を図るとともに、保存会間の交流を深め相互協力や情報交換を通じ、技術向上と保存会組織の運営強化を図ることを目的としている。

この佐久間大会には、大鹿歌舞伎保存会（長野県下伊那郡大鹿村）、下條歌舞伎保存会（長野県下伊那郡下條村）、豊橋素人歌舞伎保存会（愛知県豊橋市）、湖西歌舞伎保存会（静岡県湖西市）、雄踏歌舞伎保存会万人講（浜松市西区雄踏町）、浦川歌舞伎保存会（浜松市天竜区佐久間町）の六団体が参加した。

演目は、寿式三番叟（浦川歌舞伎保存会）、鬼一法眼三略巻一条大蔵譚（豊橋素人歌舞伎保存会）、絵本太功記尼ヶ崎の段（大鹿歌舞伎保存会）、神霊矢口渡頓兵衛住家の場（雄踏歌舞伎保存会万人講）、菅原伝授手習鑑寺子屋の段（下條歌舞伎保存会）、恋飛脚大和往来封印切（浦川歌舞伎保存会）、御所桜堀川夜討弁慶上使（湖西歌舞伎保存会）であった。

なお、三遠南信のふるさと歌舞伎交流では、大道具作りは開催地の保存会が一ヶ月前から作るとのことである。多くの団体が集まるので大道具作りの作業は大変であるが、持ち回りなので仕方がないとの話を聞いた。以下、三遠南信ふるさと歌舞伎交流に参加している主な保存会を紹介する。

①雄踏歌舞伎保存会「万人講」　雄踏歌舞伎保存会は、「万人講」を雄踏町文化遺産として復活・保存伝承するために、文化センター落成を契機に平成元年（一九八九）七月に結成された保存会である。

「万人講」は、雄踏地域の村祭りの余興として招いた歌舞伎一座から芝居を教わった村人達が「講」を組織し、芝居を奉納したことから始まり、戦後は昭和二一年（一九四六）一二月七日の喜楽座での芝居で復活したが、その後、昭和二七年（一九五二）の舞台を最後に途絶えてしまっていた。また、上演場所であった「喜楽座」も取り壊され、衣装や舞台装置も全て失ってしまっていた。

しかし、平成元年（一九八九）の雄踏文化センター完成で歌舞伎の上演場所が確保されて万人講の復活が可能となり、活動がはじまった。雄踏では、昭和初期に亡くなった地元の役者、坂東國四郎（本名:中村留次郎）が所蔵していた台本も残っており、豊橋市の歌舞伎役者市川升十郎氏の指導を得て復活させることができた。

②湖西歌舞伎　湖西歌舞伎の起源についての明確な史料は発見されていないものの、今から約二百年前には既にこの地区で地芝居が行われ、江戸時代の大衆娯楽「万人講芝居」となっていたとされている。

湖西では、戦後まで市内に大黒座という芝居小屋があり、買い芝居が行われていた。その後、芝居小屋はなくなり、市内で歌舞伎が演じられたのは昭和三五年（一九六〇）一一月二二日から一一月二三日に中学校体育館で行われたのが最後となっていた。

こうした中で、昭和五四（一九七九）年四月に湖西歌舞伎保存会が結成され、昭和五五年（一九七〇）から、毎年六月第四日曜日に湖西市民会館で定期公演を行うようになり、現在に至っている。市川升十郎氏の指導を受けての復活と言われる。

③豊橋素人歌舞伎保存会　江戸時代中期より始まったといわれる歌舞伎が、地狂言として全国で盛んとなり、豊橋地方でも各地のお祭りで盛んに歌舞伎の上演が行われていた。しかし、時代の流れと共に衰退していった。

このような歌舞伎の衰退の中で、昭和五八年（一九八三）九月に「素人歌舞伎フェスティバル愛知大会」が豊橋の西川芸能練習場で開催され、これを契機に、豊橋の地芝居（農村歌舞伎）の復興をめざす機運が高まった。こうした中で、昭和六一年（一九八六）に豊橋素人歌舞伎保存会が結成され、昭和六二年（一九八七）の豊橋市制八十周年記念公演に参加した。

市川升十郎氏に指導を受けた市川少女歌舞伎の市川寿々女、市川美満寿両師匠に指導を仰ぎ、市川団十郎氏の流れを受け継いで「三遠南信ふるさと歌舞伎交流」に参加している。

この様に、浦川、湖西、雄踏、豊橋の各歌舞伎保存会を見ると、歌舞伎が始まった経緯はさまざまであるが、いずれも第二次大戦後に中断していたものを、市川升十郎氏あるいはその門弟が指導者となって復活させ、今日に至っていることがわかる。師匠の縁続きもあり、今日の三遠南信ふるさと歌舞伎交流が続いているものと考えられる。

写真 9-89　寺施餓鬼　川合　川合院にて

写真 9-90　畑の施餓鬼旗

第六節　お盆

佐久間町では、各地の集落にある寺院でお盆前後の日を決め、各地の寺院に僧侶を呼んで寺施餓鬼が執り行われている（餓鬼とは、生前の悪行によって亡者の世界に落とされた魂や、無縁仏となっているような霊や魂のことを言い、そういう者たちにも食べ物や飲み物などの供物を施すことで餓鬼の供養を行う法要）。施餓鬼供養には、新盆の家を始めとして、集落の多くの人が集まる。また、施餓鬼供養に使用された施餓鬼札が虫の害から作物を守る（施餓鬼札が風によりひらひらすることで、虫が寄ってこない）ということで、畑の作物の傍に置かれるなど、日々の営みの中で盆の供養が営まれている。

一方、寺院が行う施餓鬼ではなく、集落が主体となって、迎え盆、送り盆などの念仏供養や、集落の人による西国三十三ヶ所御詠歌、善光寺念仏などを行う集落が今でも残っている。また、盆にお供えした供物を河原で調理して食べる「河原飯」の風習も、以前は浦川地区を中心に残っていた。

これらの盆の行事のうち、『佐久間町史』『広報さくま』等に取り上げられていた事例が現在どの様に行われているかを見てみた。

一　峰の送り盆

峰の送り盆は、佐久間の他の地域とは異なり、金桂寺に集まり念仏を唱えた後、新盆を村はずれまで送り出し、新盆の灯篭を燃やすとともに、新盆を天に帰す形式を取っている。近隣では、水窪町の大野集落、水窪町の西浦地区中組等の送り盆と類似している。

峰の送り盆では、夕方になると集落の檀家の人が金桂寺に集まる。平成二十七年（二〇一五）の新盆の家は五軒であるが、すべて峰の集落以外の人であった。峰にある金桂寺の檀家の範囲は広く、峰だけでなく久根、下平、羽ケ庄、佐久間の一部も含まれるという。この送り盆では、寺の本堂を借りるが、運営は峰の集落の者が行うのみで、住職はかかわらない。なお、新盆の家では、寺施餓鬼を八月一五日に済ませており、集落以外の人は送り盆には誰も来ず、従って、送り盆は村の人だけで送って行くという。

送り盆の念仏は、念仏を唱える人を先頭に、集落の人が和して平念仏を唱える。この平念仏では、南無阿弥陀佛を二〇回繰り返し唱える。この念仏と念仏の間の休憩時間には、接待として酒の振る舞いもあった。

峰の新盆の灯篭は、小ぶりなものになっている。灯篭の作りは、紙で作られた円筒の手持ちの灯篭で、直径一五cm・高さ二〇cm程度のサイズとなっている。

送り盆の世話は、自治会の会長と副会長が行うことになっている。外での村境までの新盆送りの手配は副会長が行い、自治会長は寺の内部における送り盆の運営の一切を担う。

この年の送り盆には、寺での念仏回向に十数人の集落の人が集まった。平念仏を唱え、休憩後、住職が灯篭に火を付けるのを合図に二回目・三回目の念仏が始まる。集落の人が念仏を唱えだすと、住職は本堂から退出して念仏には加わらない。平念仏では、鉦を叩きながら先達に従って平念仏を唱える。この平念仏の間、一人ずつ立ち上がり正面に貼られた五人の戒名に焼香する。外ではこれに合わせる様に、松明に付ける火の準備を始める。

写真 9-91　峰　金桂寺より新盆を送り出す

写真 9-92　峰　村境にて　新盆の灯篭を燃やす

この念仏が終わると、「精霊立ちも、神達も、はやござれ。」の言葉とともに、寺から新盆を送り出す行事となる。この行事に際しては、自治会長・副会長の合図により、峰や下平の家に明かりを消すように連絡し、集落のまわりを真っ暗とする。

集落の者が五つの灯篭を持ち、送り盆を始めると、金桂寺の明かりも消される。念仏衆は外に出て、寺の庭の隅に設けられた焚火で竹で作った松明に火を付ける。七、八名がこの松明を持ち、これを明かりに村はずれまで新盆を送り出す。この送り盆の間は「精霊立ちも、神達も、はやござれ。」と唱えつつ、新盆を送る場所へと進む。子供は灯篭を持ち、これに従う。この行列が集落の外れに向かう途中、集落の各家から大人や子供が合流してくる。子供は送り盆の灯篭を持つ役割を担っている。

峰の新盆を送り出す場所は、峰の集落の最も北の端に位置する人家を過ぎた曲がり角から、人しか通ることができない細い急な道を石段を踏みしめながらまっすぐに下へ下へと降りて行く。寺からは十分以上歩き、下へ下へと降り下った曲がり角の所に、送り盆の火を置く穴が掘られている。この穴は直径一メートル以上、深さ五〇センチどの穴である。

送り盆に参加した人は、まず灯篭、続いて松明を、掘られた穴の中に置き、寺から運んできたすべてのものを、この場所で焼き払い、炎とともに新仏の魂を送り出す。人々は、松明が燃えている間は先達に合わせて平念仏を唱える。先達が、「来年の盆にはまた来いよ。」と唱えるのを合図に、念仏を唱えることを止め、無言で闇の中を帰路に着く。話をしたり後ろを振り向くと霊がついてくると言われている。

人々は、無言でめいめいの家の前まで来ると一人、また一人と家の中に消えていく。この間、集落に灯がつくことはない。送り盆に参加した人が家に帰りついても、家の灯はつけない。新盆は松明の明かりとともに天に帰る。松明の灯のない帰り道は漆黒の闇である。なお、一連の仏事を行った後に、世話役による直会となる。

『広報さくま』平成四年八月号で峰の盆行事を紹介している。この時の写真では、今の様な小ぶりな灯篭ではなく、一般的な盆灯篭で送り盆をしている写真が掲載されている。集落の人の数が少なくなり、灯篭の持ち手を子供の役割にした頃から、小ぶりな提灯になったと推定される。聞いた話では、一〇年ほど前に寺の方で変更をしたとのことである。

　なお、盆踊りは、寺で二段のやぐらを建てて、炭坑節の様なものを踊ったというが、二〇年ほど前にやらなくなった。昔は、盆踊りと並行して念仏を唱えており、念仏が終わると盆踊りも終わりとなったと聞いた。

写真 9-93　野田　本飾り

二　野田の送り盆

　佐久間高校（現・浜松湖北高校佐久間分校）が昭和四二年（一九六七）に野田地区の年中行事の調査をした際は、八月一六日の送り盆の際、提灯を送り出す前に部落の若者によって念仏を唱えて送り出す、と記載されている。この送り盆の様子は、野田地区の最南端の南野田集落から、大沼集落、中野田集落、沢井集落の家々から新盆の提灯が合流しながら北上し、今田集落との合流点まで提灯行列がやって来て、この列に今田集落の提灯も合流し、野田地区の提灯全部が集まって、「光明返上　十方世界念仏すいしゃ、せいしふうしゃ、なんまいだ仏　なんまいだ仏　なんまいだ仏」と三回繰り返して提灯に火を付け、沢井のドンドン淵で新盆送りをしたと記録されている。

　現状の野田の送り盆を「野田やまびこ会」（農業振興会の朝市グループとして始まり、昭和五八年（一九八三）に女性だけの会として発足。朝市やイベントでそばやとじくりを販売。平成二年（一九九〇）の民俗文化伝承館オープンに伴い、同会が佐久間町から依頼を受けて、そば処を運営することになった。）の人に確認したところ、野田地区の方々の家では、八月一六日の晩に新盆飾りのうちの提灯一つを残しておいて、その提灯を沢に送っていく。一〇年くらい前までは焼いていたという。この焼くのも提灯を一つ焼くだけで、念仏もしなくなったという。南野田のある家では、「自分の家の送り火は、南無阿弥陀仏と唱えて、家の横の沢で焼いた。」とのことであった。昔の様な盆行事はなくなっている。

　昔の盆送りのことを確認したところでは、昔は電話がないので、送り盆の時は、新盆の提灯を担いで、南野田、大沼、中野田、沢井、今田と北へ上がってくる提灯の明かりを見て、「送り盆の灯りが見えるから、さあ一緒に出ていこう。」と言いながら、新盆の各家が合流して大変賑やかな送り盆だった。今は何もやらなくなった。このため、親戚が集まることもなくなってきている。この送り盆をした頃は切子燈籠を使っていたが、今は農協の普通の提灯になっているとの話を伺った。

　次に、野田の新盆の家の飾りはというと、八月一五日の夕方に家でできた野菜を盆に盛り飾るとともに、ナスの馬を作る。これに黄粉餅と牡丹餅を一つずつ供える。野田ではキュウリで馬は作らない。なぜキュウリで作らないかという理由はわからないという。ナスの馬などを盛る器はサトイモの葉を使う。黄粉餅と牡丹餅を供える理由は、新仏が天から家に返ってくるとき、また旅立っていくときの踏み台にするとのことである。

　ナスの馬の作り方は、割箸で四本の足を作り、耳は南天の葉を用いる。尻尾はトウモロコシの毛を使う。そうめんで手綱と鞍の形を作り、ナスの上に置く。そうめんを湯がく家と、水に浸して使う家があると伺った。

　野田地区では八月一日から盆になる。新盆のある家では、この日からは家を空けないようにする。八月七日に盆礼として隣保の人が新盆見舞いにやってくる。子供が小学校三年生くらいになると、丸いお盆の上に盆供を載せて新盆見舞いの使いに行くようになる。新盆の家では、盆供返しと子供に二〇円くらいの小遣いをくれるとのことである。普段はお使いに行くのを嫌がる子供が、この新盆見舞いの時は進んでいくと聞いた。

　新盆では、初盆の家で隣保の人により西国三十三ヶ所御詠歌を唱える。この御詠歌は八月一三日に行うが、新盆が多いと八月一三日と一四日の二日間で行う。神道の家では西国三十三ヶ所御詠歌の代わりに大祓い、中臣の祓いを唱える。

写真 9-94　芋掘　集落での西国三十三ヶ所御詠歌　光福寺にて

写真 9-95　芋掘　精霊送り　水窪川にて

新盆の家では、八月一五日の午前中に足洗い粥を作る。夜はご馳走を作る。晩は遊び松明を燃やす。かつては、野田地区では八月一六日につぶら参りをしたが、今では親戚も集まらないのでしなくなった。

盆踊りは、八月一四日から一六日に行った。手踊りのセショー、ノーサは四〇年くらい前までは踊っていたとのことである。その当時も多くは東京音頭などであったという。一〇年くらい前までは野田の学校の運動場にやぐらを組んで盆踊をやったというが、今は行われていない。昔は盆踊りが盛んで一晩中踊っていたという。
なお、聞いた話として、八月一五日に夜遅くまで盆踊りを踊り、ナスの馬を作るのを忘れて寝てしまったことがあった。亡くなった姑さんが夢の中に出てきて、「ナスの馬の用意はしたか。」と言われ、慌てて懐中電灯をつけてナスを取りに行って用意したことがあった。慌てて起きたので真っ暗でも怖いと思わなかったという話も聞かせてもらった。

また、盆飾りは沢に送りに出すが、浦川で盛んであった河原飯の様なことはしなかった。沢が狭いせいかもしれないとの話をしてもらった。

写真 9-96　芋掘　水窪川にて新盆を送る

三　芋堀の送り盆

芋堀では、八月一一日に光福寺で善住寺の僧侶に来てもらい、寺施餓鬼を行う。一方、集落の者が主宰する盆行事としては、八月一四日に光福寺に集まって西国三十三ヶ所御詠歌を唱える。

八月一四日の西国三十三ヶ所御詠歌は、光福寺で自治会の主催で行う。平成二八年の新盆の家は三軒であった。新盆の家では、仏式・神式を問わず寺院の左手奥の座敷で集落の到着を待つ。集落の人は時間に合わせて三々五々に寺院に集まり、最初に新盆の家に盆供養の挨拶を行い、中央あるいは入り口側の座敷に座して御詠歌の始まる時間を待つ。

西国三十三ヶ所御詠歌は、一番から三十三ヶ所の札所ごとの歌を書き綴った歌車を、役員の人が廻しながら札所の寺院名を呼び上げる。集落の人はそれに従い、番所ごとの御詠歌を鉦に合わせて和する。新盆の家もこれに和して御詠歌を詠う。

続いて、善光寺念仏を唱え、平念仏「光明遍照　十法世界　念佛衆生　摂取不捨　南無阿弥陀佛」を三回唱え、「舎利礼文」を三回唱えて、八月一四日の御詠歌は終わりとなる。なお、芋堀地区では、西国三十三ヶ所御詠歌は、新盆だけではなく、葬式の際も隣保で唱えるという。

八月一六日の送り盆は、光福寺で平念仏として「光明遍照　十方世界　年仏衆生　摂取不浄　南無阿弥陀仏」を三回唱えるのみである。この平念仏を唱えた後、水窪川の河原まで鉦を打って芋堀の通りを歩く。その後ろに新盆の提灯を持つ人が続き、これに親族の人や集落の人が従い、列をなして水窪川の河原に新盆を送りに行く。

芋掘と中芋堀の境まで来ると、水窪川の河原におり、寺から持ってきた新盆の提灯を焼く。芋堀では切子燈籠はあるが、河原で焼くのは普通の提灯である。なお、お盆には、新盆見舞いとして盆礼を子供に持たせていかせるが、大人は別の日に行くとのことである。

芋堀の盆行事で特異なものは、八月一六日の送り盆の時に「馬引き」というものを行っていたことである。この時に使用する馬は、まず胴体を竹で作った後に馬の足として竹四本を胴体に据え付け、それに馬の首を竹で刺し藁を被せて馬を作った。この馬に盆灯篭を刺し、川に流す風習があった。馬の背に新仏を乗せて、阿弥陀の浄土へ送るために行ったという。この馬は、直径一ｍ五〇㎝、長さ六ほどもあったと聞いた。手綱も付けた馬であった。馬は送り盆のために寺で作り、若連の連長が道までおろしたという。馬は雄と雌一つずつ作り、川で一つに合体させ、藤屋という家の所で川に流した。

かつて、この送り盆の馬を街道に引き出す時、水窪の集落の者が邪魔をして水窪の集落の方へ引っ張って行ったので、芋堀の者がまた引き直すなど、ワイワイと馬引きを行った。それはそれは賑やかだったと聞く。この馬引きは昭和四四年（一九六九）に水窪ダムができる頃までやったが、このダムができて川の水量が減ったため、馬を川に流すことができなくなり、保証金をもらって「馬引き」をするのをやめたとのことである。馬を川に流していた当時、松島区の堰堤の所の柱に馬が引っかかって、しばらく流れないでいた記憶があると話す人もいた。

その後、藁で舟を作り、小ぶりの馬に灯篭をのせ、火を付けて流す時もあったが、その後、平成の初めまでは、畳一畳ほどの馬を河原で作って、馬引きの代わりとした。藁と竹で作った馬に盆灯籠をさして、火を付けて燃やしたというが、今は見られなくなっている。行事をしなくなった要因としては、行事を担っていた若衆がほとんどいなくなったことと、藁が手に入らなくなったことがある。なお、平成二八年（二〇一六）には、水窪川の河原に長さ六〇㎝ほどの馬が用意されていた。

四　中芋堀の送り盆

中芋堀では、八月一一日に念仏供養が、八月一六日には送り盆が薬師堂にて行われる。

八月一一日の念仏供養では、晩から始まる念仏供養のために、集落の人が鉦を叩いて始まりの合図を行う。薬師堂内には、初盆の家の人をはじめとして集落の人が集まる。以前は西国三十三ヶ所御詠歌を唱えていたが、一五年前に行われなくなったこともあり、現在では平念仏のみを唱える。

まず、薬師様への念仏として平念仏「光明遍照　十法世界　念佛衆生　摂取不捨　南無阿弥陀佛」を三回唱える。続いて、新盆供養のために平念仏を三回唱える。この年の新盆は「板倉はつの」さん一人であった。この後、新盆の親族による集落の人への接待があり、その後に、薬師様へのお返し念仏として、平念仏を三回唱えておしまいとなる。

八月一六日には、薬師堂で新盆送りをするが、提灯を焼くことはしない。中芋堀の送り盆は、初めに鉦を叩き、平念仏を三回唱え、再度鉦を鳴らして終わりとなる。三〇数年前までは、薬師堂で新盆の提灯を燃やしたという。薬師堂で燃やさなくなった後は、河原（ハシバ淵）に焼きに行ったというが、一〇年前からはそれも行われなくなっている。また、新盆送りの後で、薬師堂でお菓子を配ったという。今では平念仏を三回唱えるのみである。

そのほか、八月一日からは、新盆の家にお参りに来た人には必ずご飯を出したという。知らない人が来ても出したという。また、新盆灯篭を焼いたりしなくなったので、五年前までは灯篭をリースで借りていたとも聞いた。新盆の御詠歌としては、一五年

写真 9-97　中芋堀　集落による薬師堂の念仏供養

写真 9-98　中芋掘　初盆の家にて

写真 9-99　大輪　明光寺住職による川施餓鬼

写真 9-100　相月観音堂の双盤

ほど前までは新盆の家に小字ごとに隣保の人が集まって西国三十三ヶ所御詠歌を唱えたと聞いた。今では、平念仏（神道の家では禊ぎの祓い）を唱えるとのことである。なお、中芋堀と芋堀は、小さな川を挟んで国道一五二号線沿いに街並みが並んでいるが、地域の人もお互いにどの様な盆行事をしているかよくわからないとのことである。

また、水窪川を挟んで、芋堀、中芋堀と並行している向皆外の送り盆の行事は、まず新盆の家から新盆の切子灯籠を持って御堂へ行き、お宮下の御堂から寺に寄りながら川まで下りて河原まで行く。河原に親族、集落の人が集まり、盆灯籠を焼く。向皆外の送り盆に用いられる盆灯籠は水窪と同様な切子灯篭である。また、近隣の松島でも送り盆等を行うが、かつて行われていた西国三十三ヶ所御詠歌は行われず、平念仏を唱えるのみとのことである。ただし、西国三十三ヶ所御詠歌を唱える時に使った手車が薬師堂の中に残されていると聞いた。

五　川合の送り盆

川合の盆行事は、現在新暦八月に行われており、八月一三日に川合院で寺施餓鬼供養が行われている。なお、『川合郷土史』によれば、旧暦七月一三日の夜に、金毘羅様横の川施餓鬼供養念仏に合わせて鉦、笛、太鼓を打ち、若連の提灯を並べて川合院へ打ちならしながら念仏の練りこみをしたという。翌七月一四日には、川合院境内で初盆回向小踊り供養として、二組に分かれて鉦・笛・太鼓を競って念仏をした。七月一五日は、一般の年忌回向、小踊り供養を行い、七月一六日は、神仏回向、小踊り供養をおこなった。この時、運動場では、御嶽節、おっさま甚句、ノーサ節を踊ったという。七月一六日の夜、弓に紫布を飾り、上部に南無阿弥陀仏の提灯を吊り下げ、その下部へ白い長い紙を張ったものを先達が持ち、子供たちは若連の提灯を高く上げ小井戸まで続き神仏送りをした。この行事も昭和三〇年頃に、念仏を唱える人が高齢化したのでやらなくなったと記載されている。現在は、八月一三日の川合院で施餓鬼供養のあと、歩行者天国とて屋台の引き回しをしている。

写真 9-101　神原　虫送り念仏　五方拝

なお、『川合郷土史』に記述されている「川合のノーサ節」は次の様な歌詞である。

盆の十五日は　闇ならよいが　共に年をとり　きびの中
そばに添い寝て　この子が出来た　その子　そばの子　いろじろい
おどれ若い衆　こよいかぎり　明朝日は　お山で　すらをひく
声はすれでも　姿はみえず　まだごろじょか　わしゃ知らぬ
唄のころばし　手振りのよさよ　足のふみかた　よくそろった

六　そのほかの盆行事

佐久間町のそのほかの盆行事に関し、次の聞き取りを行った。

佐久間地区では、西国三十三ヶ所御詠歌は行わない。初盆は、「ナンマイダブツ

ナンマイダブツを繰り返すのみ。」であり、初盆、葬式は念仏を隣組で執り行う。

半場では、八月一四日昼過ぎから旧天龍寺で村施餓鬼を行う。八月一六日朝に、新盆の家に祀ってあったものを川に納めに行く。この時に出会った人と言葉を交わしてはいけない。一言でもいうと霊が返ってくると言われている。

浦川の河原飯は、八月一六日の朝に河原に供物を納めた物を、子供が朝早く河原に来て、河原に流したナス・キュウリをもらい飯として食べた。食べると健康になるとして食べた。今は行っていない。下川合でも昔は同様に河原飯を行ったという。

大輪では、八月一六日の晩に川施餓鬼を行う。明光寺から住職に来てもらってお経をあげてもらう。また、大輪の各家の人は、お経の最中に施餓鬼に線香を手向ける。住職の話では、この様な形は明光寺の先代住職の時代には行われていたという。

なお、以前の川施餓鬼はもっと早い時刻にしていたが、今は大輪に来る前に西渡で施餓鬼をするため、遅くなっているとのことである。西渡も以前は灯篭を川に流し、盆飾りは河原で焼いていたという。現在では学校跡で行ったり、寺で送り盆を行ったりしているという。

川施餓鬼の時は、大輪の各家から誰かしらが参加をして行われるが、この年は五名であった。なお、川施餓鬼を行う石碑には「溺死一切情霊」と書かれた石碑が二体あり、古い方は明治四四年と記されている。この大輪の集落では、久根鉱山が栄えていた頃は、天竜川のナルセの滝で、多くの人が亡くなったという。また、佐久間ダムができるまでは、多くの滝があり、天竜川は急流であったという。

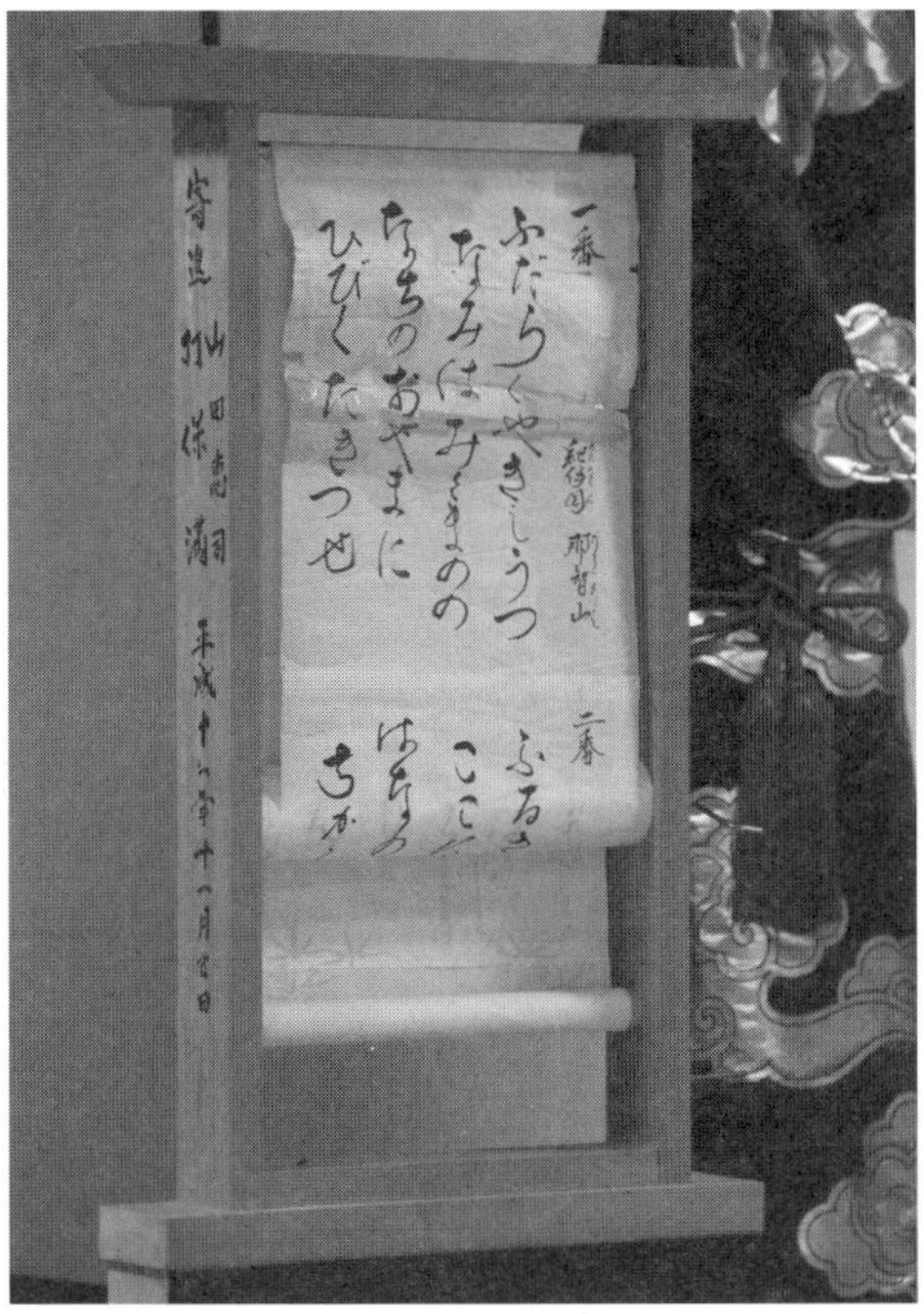

写真 9-102　西国三十三ヶ所御詠歌の手車

そのほか大輪では、川施餓鬼の時に新盆の人がいると、一緒に拝んでもらう。

島中では、新盆の家ではお盆におかゆを出して、忌明けをした。上平山では、盆は隣保で念仏を上げるだけで、それ以上の事はしていない。

そのほか、『浦川風土記』には、昔は浦川でも送り盆があり、一六日の夜に錦橋の傍で施餓鬼が行われ、終わると燃える盆提灯を橋の上から投げ落とした。柏古瀬東組では、木と竹ひごと色紙で作った灯篭（底一〇cm四方、高さ一五cm）約二百個ほどを川に流した。流した灯篭は井堰で止まって燃え尽きた。川岸では松明を焚いたと記されている。

相月では、観音堂に双盤と太鼓、切子燈籠一対が置かれている。この双盤と太鼓は、盆に双盤と太鼓を二つずつ使って、相月と上日余の二組で集まって念仏をしたときの名残りという。双盤を使った念仏は、四〇年から五〇年前まで行われていたとのことで、絶えて久しい。

また、念仏をする時は、現在行われている水窪の神原・向市場の虫送り念仏と同様に、初めに五方拝をしてから念仏をしたという。この五方拝に用いた十字に組まれた組棒も、観音堂の天井裏に残されている。

相月の念仏は、八月一四日に、相月・上日余の集落の人が東林寺に練り込んで、夕方から夜一二時過ぎまで念仏を唱えた。そして、観音堂の前で新盆の灯篭を焼いたという。なお、現在は八月一六日の送り盆に新仏を送り出し、観音堂の前で提灯を焼くのみとのことである。

相月でも行われていたという五方拝の所作の参考として、水窪町神原虫送り念仏の五方拝を見てみることにする。神原では薬師堂前で、トウロウサシという保存会の最長老が「五方拝」という所作を行っている。この所作は、二本の弓を十字に組んだ灯籠を用い、まず薬師堂正面に向いて右足を一歩踏み出して中央・東・南・西・北を灯籠で指し示す所作を四回繰り返す。この所作の間、声に出さないで唱えながら五方を指している。「五方拝」は、五方の悪霊を鎮め、その場を清める所作であり、一歩踏み出す所作はダダを踏む所作（地面を踏み固める所作）と考えられる。向市場虫送り念仏でも同様な所作を行っている。『川合郷土史』にも同様な行事が記述されている。「五方念仏」は、東西南北に中央を加えた五方をさし、薬師・観音・阿弥陀・釈迦・大日如来の五仏を配置して場を清め、場を守る内容となっている。五方拝は、この「五方念仏」を具体化して場を清め、守護を求めることにつながっていると考えられている。

写真 9-103　水窪西浦　送り盆

写真 9-104　阿南町新野　送り盆

七　西国三十三ヶ所御詠歌

西国三十三ヶ所御詠歌の西国三十三ヶ所とは、近畿二府四県と岐阜県に点在する三十三ヶ所の観音霊場の総称であり、これらの霊場を札所とした巡礼行が古くから行われている。この「三十三」の数については、「法華経・観世音菩薩普門品」で示されている観音菩薩が衆生を救うとき、三十三の姿に変化するという信仰に由来している。また、西国三十三ヶ所の観音菩薩を巡礼参拝すると、現世で犯したあらゆる罪がなくなり、極楽往生できるとされている。

現在においても、新盆の家庭の供養には、新盆の家あるいは寺に隣保の人が集い、この西国三十三ヶ所御詠歌を唱え、新盆の霊を供養しており、一番札所から三十三番札所まで丁寧に御詠歌を唱えている。

この西国三十三ヶ所御詠歌の後に、「よをてらす　ほとけりしるし　ありければ　まだともしびも　きゑぬなりけり」「いままでは　おやとたのみし　おひづるを　ぬぎておさむる　みののたにぐみ」「みはここに　こころはしなのの　ぜんこうじ　みちびきたまへ　みだのじょうどへ」と続けて唱え終える。「みはここに　こころはしなのの　ぜんこうじ　みちびきたまえ　みだのじょうどへ」は、善光寺御詠歌の第三番御詠歌である。善光寺は長野県の寺院であり、善光寺聖が布教のために各地に足繁く通っていた。佐久間の城西地区は信州に近いところに位置しており、昔は奥領家に属していたこともあり、信濃から風習や信仰が伝わりやすい地域であったのではと考えられる。

この善光寺聖の活躍の名残は、佐久間町の廻りに残されている。信州との行き来の中心であった昔の中馬道沿いである水窪町草木の遠木沢の念仏には、「善光寺わさん」が残されており、「き明長善光寺如来のはじめハ天地くの。くわんかい長じやが。もり立て。ゑんぶ。だんこの。金なれバ金で。いたてる。仏成り。守屋の大人あくじんで。なんばの池ゑと。とふてなげ。此時よし光良親でその　仏めされたり」という歌詞である。

これに類似した和讃は、三河の中馬の集積地であった足助にある。「綾戸夜念仏和讃の善光寺和讃」には、「ひそかに信濃の善光寺　阿弥陀如来の由来をたずぬれば　天竺、唐と我国と　三国一の如来かな　渡らせたもうがありがたや　聖徳太子のごきげんに　守屋大臣悪逆の　心をもちてさまざまと　すでにたたらになんたびか　かけつ金づち金床で　打てどたたけど不思議かな　光明輝くありがたさ　～　」という和讃が残されている。これらの和讃は、親鸞八十八歳御筆「正像末和讃」の善光寺如来の歌詞に類似している。この「正像末和讃」の歌詞には「善光寺の如来の　われらをあわれみましまして　なにわのうらにきたります　御名をもらしぬ守屋にて　～」と、仏教の日本伝来のいきさつを語りつなぐ和讃となっており、この節が、草木や足助の和讃として残されている。

この歌詞とは異なるが、天竜川を挟んで接する愛知県豊根村の牧ノ嶋、栗世、山内、大沢の大念仏では、善光寺の名称はないもの、「大念仏と申すには、どこの国から始めた　信濃の国の大寺で本尊たちが始めて　国々に広めて寺々で習いて～（大沢）」と暗に善光寺の存在を高めて示している。また、同じく、三河の田峯の念仏には、六〇才以上で亡くなった人を弔う和讃として「善光寺和讃」があり、「信濃なる信濃なる　川中島の善光寺　一度参拝したならば　地獄へとても落とすまい　落とすまいとの御請願　額に御判を納めける」と、一度は善光寺詣ですることを勧誘するような歌詞となっている。これらの歌詞から、善光寺聖などが、信州から三河、遠州にかけて、善光寺詣での勧進に広く関わり、念仏和讃にも影響を与えていたと考えられる。

八　灯篭流し

灯篭流しは、本来は新盆の灯篭を川に流すことであったが、現在の城西の各地区では、新盆の灯篭（あるいは提灯）を河原に集め焼くことで、新盆の霊を天国に送る行事となっている。

隣接する水窪町でも、送り盆の晩になると、めいめいの家から盆灯籠を持ち寄り集まって、太鼓を叩きながら水窪川まで行き、川原で焼く。あるいは、河原に集めて僧侶に読経をあげてもらい焼く。念仏踊りを踊り、集落の境まで灯篭をもち、一ヵ所に集めて燃やす等を行うことで、新盆の霊を送り出している。

豊根村牧野、天龍村大河内においても、念仏踊りの後に、集落の者が新盆の家の灯篭を持ち、集落の境に集めて焼いている。阿南町新野では手踊りの後に、同様に集落の者が新盆の家の灯篭を持ち、瑞光院参道脇の広場に集めて焼いている。この様に三遠南信では、新盆の灯篭の扱いに共通点が見られる。

写真 9-105　遠州大念仏　滝沢組　新盆宅の庭にて

写真 9-106　水窪向市場　虫送り念仏

九　大念仏

遠州地方では、遠州大念仏、水窪の念仏踊りなど、念仏踊りが広く分布しており、近隣の龍山村にも大念仏が行われていた記録が残っている。遠州地方の念仏行事には、死者の亡霊を慰める供養としての要素と、農作業の害虫を避けるための虫送り・五穀豊穣・雨乞いなどの農作儀礼の要素が複合されている。

まず、死者の亡霊を慰める供養としての要素をみると、遠州大念仏の起こりとして、元亀三年（一五七二）一二月の三方原の戦いで、徳川方の謀った布橋の奇計に掛かり、犀ケ崖で戦死した武田軍の兵士の霊を鎮めるために始まったとの話が伝えられている。

これに関する記述としては、寛政一一年（一七九九）に内山真龍が著した『遠江風土記伝』に、「犀ケ崖は浜松城の西にある深い渓谷であり、樹木が茂って深さがわからないぐらいである。元亀三年（一五七二）三方原合戦の時、武田軍の将兵が崖から落ちて溝が埋まった。宗円という僧が崖の上に住み、村人と共に念仏を唱えたところ、不思議に亡魂は鎮まった。」と記されている。

同様な記述としては、元禄三年（一六九〇）に浅井了意の残した『狗張子』、宝暦二年（一七五二）に平右衛門が記した『旅篭町平右衛門記録』、享和三年（一八〇三）の兵藤庄右衛門の『遠江古跡図絵』等、犀ケ崖の謀で亡くなった武田軍の将兵の霊を慰めるために遠州大念仏が起こった記述が残されている。この様な事から、十七世紀には既に「犀ケ崖で戦死した武田軍の兵士の霊を鎮めるため」という説が確立している。

次に、農作業の害虫を避けるための虫送り・五穀豊穣・雨乞いなどの農作儀礼の要素として、慰められない荒御霊が虫の形となり、農作物に害を与えるので、その霊を鎮めるために遠州大念仏が起こったという説がある。農作物の害から転じて、夏の干ばつに対する雨乞いや五穀豊穣祈願へと転じた説もある。

事例として、龍山村瀬尻中村の「中村大念仏」の由来には、「元亀三年（一五七二）の三方原の合戦の際、布橋の計により武田の軍勢が犀ケ崖に墜落戦死した。その後、その場所より害虫が多数発生して作物が実らず、地方の農民が困窮した。そこで、犀ケ崖の三井寺の大谷法師が念仏を起こし、農民に伝えたところ、漸く害虫が退散し、

写真 9-107　東栄町月　放下踊り

写真 9-108　下栗　かけ踊り

五穀が豊かになった。それよりこの念仏が遠江一円で行われ、一郷一人ずつ大谷法師の元に来て教えを受けてから帰郷し、害虫退散・五穀豊穣の祈祷として大念仏が行われた。」としている。

また、雨乞いとしては、「遠州大念仏滝沢組伝承記録」に、嘉永年間、うち続く干ばつの折、雨乞いのため村人が近くの観音山に登り、松明を灯して祈願した。更に牛淵大龍において水神に雨乞いを祈願した。大勢で双盤を鳴らして都田川枕瀬へ害虫を送り出した。この時用いた双盤を、後に大念仏で使用する様になったとしている。

佐久間町でも、古文書から見る限りでは、『佐久間町史　史料編二　増田家文書』より、上平山で、享和三年（一八〇三）被仰渡書御請印形帳として、大念仏　飲食施ねだり、博奕賭之勝負、追放所払之者立帰り、芝居踊狂言角力に関するお触れが出ている。

また、浦川の大念仏に関し、安永五年（一七七六）の中泉代官所の通達に「米沢村始川合浦川迄」という大念仏についてのお触れが、川合浦川まで送られている。川合の平賀家文書の差上申御請書之事において、盆中大念仏停止ノ請願が、文化八年（一八一一）未七月に中泉代官所に出されている。浦川の山田家文書では、御吟味請書一札ノ事として、大念仏之儀御吟味被仰付候の書付が文化九年（一八一二）に書かれている。浦川の庄田家文書にも、新貝御屋敷代官当てに、正徳元年（一七一一）に村中掛ケ念仏に関して願書を提出している。これらより、川合や浦川でも同様に大念仏が行われていたと考えられる。

一〇　近隣の念仏踊り

佐久間町の近隣には、南信濃の掛踊り、三河の放下踊り、南遠州の遠州大念仏など、お盆に執り行われる念仏踊りが沢山残されている。

遠州大念仏は、旧浜北市を中心に残されている念仏踊りであり、水窪の念仏と同様に双盤の音のもとで勇壮な太鼓の踊りが行われる。七〇団体ほどの保存会が活動を行っている。

遠州大念仏では、新仏の家ごとに廻って念仏踊りを行っている。まずその家の手前で隊列を組み、頭先〔かしらさき〕の提灯を先頭にして、笛・太鼓・鉦〔かね〕・歌い手など三〇人以上の構成で、新仏の家へ出向く。大念仏の一行が初盆の庭先に入ると、太鼓を中心にして、その両側に双盤〔そうばん〕を置いて、音頭取りに合わせて念仏やうたまくらを唱和し、太鼓を勇ましく踊るようにして打ち鳴らし、初盆の家の供養を行っている。

水窪の南部である神原・向市場・上村の虫送り念仏は、虫の形に姿を変えた霊魂を鎮めて送り出す念仏踊りであり、呪術的な傘鉾を使用しての五方拝の所作が残されている。この傘鉾は、水窪北部まで使用されているが、遠州南部の遠州大念仏においても、一対の傘鉾が呪術的な意味合いを持って使用されており、呪術的な傘鉾に由来する所作は南部から伝わってきたのではと考えられる。同様な五方拝は、佐久間町相月でも聞くことができた。

現在、佐久間、龍山の念仏踊りは衰退し、水窪と大念仏は離れた位置にある念仏踊りのように捉えられが、本来は同様な念仏集団であったと考えられる。遠州南部の大念仏は、江戸時代より華美な様相に変化していった一方、水窪では旧来の系統を維持しているということができる。昔の形を留めるものとして、集落ごとに行われている小念仏と言われる和讃がある。この和讃も新盆の年齢等により、「野辺の送り念仏和讃」「妻和讃」「賽の河原和讃」など、多くの種類がある。

南信濃には、掛け踊りが残されている。名称は様々であるが、紙のシデをつけた菅笠を深くかぶった踊り手が、念仏や和讃を唱えながら太鼓や鉦、ヒッチキの激しいリズムに合わせて躍動的に踊る念仏踊りである。「下栗のかけ踊り」は、神仏をまわる盆行事とともに、念仏踊りが雨乞い踊りに変化したものである。

下栗は、急傾斜地にわずかな耕地や民家が点在する集落であり、水に乏しい環境から、雨乞いをして豊穣祈願する願かけ踊りを行い、「お池」（御池山）まで水をもらいに行き、それを神社におさめて降雨を祈願し、その道中で歌や太鼓の音を天に響かせ、踊りを奉納したという。

奥三河では、「放下踊り」と呼ばれる念仏踊が残されている。先祖や新仏供養に、大団扇やヤナギを背負い勇壮に踊るものであり、大団扇（大・念・佛と書かれた大団扇を三人の若者が背負う。）、割竹に千切りの白紙を巻いたヤナギ（一人）の一行が、「道中」を囃しながら庭に繰り込み、背負った大団扇を揺らしながら勇壮に踊る。大海の様な大きな集落では新盆の各家を廻るが、三河の多くの集落では過疎化も進み、集落の寺院に集まって念仏踊りを行う形式となっている。

佐久間町では、これらに類する念仏踊りを行った記録が各地の古文書として残っているが、現在行われている集落はない。相月の集落で双盤と太鼓を見せていただき、かつてどの様な念仏が行われていたかを聞いたことは大きな収穫であった。

二一　盆踊り等

（一）概要

佐久間町の各地の盆踊り会場を見て廻った。当然のこととして、ノーサ、セショウ等の手踊りはなくなっている。浦川音頭、佐久間音頭は、小学校の授業にも取り入れられているとのことで、老若男女が踊れるものの、多くの盆踊りは浦川音頭、佐久間音頭ではなく、全国的に踊られている盆踊りの中から新しいものを取り入れる流れとなっている。アンパンマン音頭やスカイツリー音頭なども飛び出していた。

（二）佐久間音頭

佐久間地区・佐久間の盆踊り大会は、佐久間駅の広場を貸切にして八月一四、一五日に行われる。佐久間地区の盆踊りでは、始めと終わりに佐久間音頭を取り入れるとのことである。時間になっても人があまり集まらないのは、女性は御客が家にいると相手をしなければならないのでなかなか家から出ることができないからとのことである。私のリクエストに答えていただき、佐久間音頭と佐久間小唄のテープを流していただいた。この佐久間音頭等は佐久間ダムができた当時に町の観光宣伝のためにできたものである。

佐久間地区・半場の盆踊りは、半場にある工場のグランドを借りて行われる。ここでも最後に、佐久間音頭をかけて終わりとなるという。地元の人の話では、佐久間音頭は学校で教えてくれるので、誰でも踊れるとのことである。

（三）浦川音頭

浦川地区・川合の盆踊り大会は、最後に浦川音頭を踊る。この後、景品付きのジャンケン大会となり、多くの人で盛り上がる。盆踊り会場は、原田橋の崩落後に仮設道路ができた場所の脇である。聞くところによれば、浦川音頭は学校で教えており、学校の運動会で踊るとのことである。

浦川地区・浦川の盆踊りも、最後に浦川音頭を踊るという話であったが、訪れた日は踊らず、花笠音頭を中心に踊っていた。場所は飯田線浦川駅の広場を利用し、櫓（やぐら）は作らずトラックの上に太鼓を出し、人の輪から離れているところで太鼓を叩く形である。

盆踊りに来ていたおばあさんに聞いたところでは、手踊りは昭和三〇年頃までは行っていたとのことで、自分も小さいときにお年寄りに教えてもらったが、既に踊れなくなっているとのことだった。

（四）そのほかの盆踊り

写真 9-109　半場　盆踊り

相月では、七〇歳代のおばあさんに聞いたが、自分が嫁に来た当時、既に手踊りは行われておらず、手踊りのセショー、ノーサは四〇年くらい前までは一部で踊っていたが、その当時も多くは東京音頭などであった。その盆踊りも一五年くらい前までで終わってしまったとのことである。

峰でも、寺の境内に二層の櫓を組んで、二〇年前までは盆踊りをしていたという。盆踊りの最中に寺で送り盆の念仏が終わると、盆踊りも終了となり、共に盆送りをしたという。

相月、野田と同様に過疎化が進んでいる他の集落でも、過去には手踊り、盆踊り大会が行われていたというが、すでに盆踊り自体も行われなくなっている。

（五）そのほかの地区の手踊り

佐久間町では、セショー、ノーサといわれる手踊りが伝えられていたが、既に行われているところがなくなっている。佐久間町に隣接する水窪町においても同様に、ほとんどの所で行われなくなっている。

一方、南信濃では、この手踊りが残されている集落がある。手踊りとしては新野の盆踊りが有名である。八月一四日から一六日にかけ、夜を徹して踊り明かす盆踊りであり、音頭だしの声に従い、「すくいさ、高い山、おさま甚句、音頭、十六、おやま、能登」の七種類の盆踊りを踊る。毎夜の踊りは、まず「すくいさ」で踊り出し、あとは「すくいさ」を含めて六種の踊りを交互に自由に変えながら繰り返し踊る。踊りの動作は、いずれもゆっくりとしたもので、右手に扇を持つものと、何も持たないものがあり、扇を持つのは「すくいさ」「音頭」「おさま」「おやま」である。また踊り手は、踊りながら進んでいくが、その方向が左回りであるのは「すくいさ」と「十六」で、あとは逆方向に進む。これらの踊りは近隣の集落でも踊られているが、過疎化の影響により念仏踊りの合間に少しだけ踊られる程度となっている。

なお、「能登」は、一七日の明け方、踊り神を送る時だけの特別な踊りである。一六日の夜に、新盆の家々から、残しておいた切子灯籠が持ち寄られ、音頭台の周囲に下げられる。これらの切子灯籠は、この「能登」に合わせて踊られる中、お寺へ運ばれ、境内で燃やされ、お盆の行事が終わりとなる。新野の盆踊りの中の「おさま」は、「おさま甚句は　どこからはよた　三州振草　オッサマ　下田から」の歌詞からも、愛知県奥三河から踊りが伝播したことがうかがえる。北遠でも同様の手踊りが踊られていたところもあり、同じ三遠南信地域として文化的な交流があったものと考えられる。

第七節　祇園祭り

一　概要

浦川地区や佐久間地区の川沿いの集落では、祇園祭りを中心とした夏祭りが祭りの中心となっている。祇園祭りは、牛頭天王の力を借りて神に疫病を鎮めてもらおうとすることを起源とする夏の祭りであるが、青垣山を作り祀る古い形の祇園祭りが城西地区の島集落に残っている。また、城西地区、野田地区では、各家庭で祇園の飾りを作り飾るほか、集落として祇園祭りを行っている。

祇園祭りの中に、神輿渡御の先達として、鬼面をかぶり榊を振り邪気を払う鬼が登場する。数年前までは四つの神社に鬼が登場したが、今年は二ヶ所となっている。この鬼の伝承に関しては確かなものがないが、ここと同様に鬼が祭りの邪鬼払いとして登場するところが、豊川市や豊橋市等の東三河南部に多く見られる。

一方、江戸時代に津島神社の御師・氷室作大夫家が、遠州地域の旦那場を巡った手引帳が残されており、御師の活動が、浦川地区を中心に祇園祭りを包括した夏祭りが盛んとなった理由とも考えられる。

二　祇園信仰とは

祇園信仰とは、牛頭天王に対する神仏習合の信仰であり、御霊信仰を背景に行疫神を慰めることで疫病を防ごうとしたのが始まりである。中世までに祇園信仰が全国に広まり、牛頭天王を祀る祇園社あるいは牛頭天王社が作られ、御霊会（あるいは天王祭）が行われるようになった。

一方、明治の神仏分離令で、神社での仏式の行事が禁止され、神社の名前に「牛頭天王」「祇園」を使うことが禁止されたことから、祇園社・牛頭天王社はスサノオを祀る神社として八坂神社・津島神社等に名前を変え、今日に至っている。

祇園信仰の中心は、京都の八坂神社もしくは兵庫県の広峯神社であるが、東海地方では津島市にある津島神社が中心となっている。佐久間町内の神社を見ると、大滝・八坂神社、仙戸・津島神社、峰・八坂神社、川合・八坂神社、島中・津島神社、吉沢・

八坂神社など、多くの神社で津島神社や八坂神社を合祀している。

佐久間町での祇園祭りを記したものとして『広報さくま』一九六八年六月号を見ると、「『津島様を祀る』と言って、カヤを取ってきて赤い紙をつけて祭り、一七日の朝に川へ収める。部落の定まった場所、あるいは各家々で花火を上げることが広く行われている。立原では、昔は氏神におこもりをして水垢離を取ったりした。現在は、一五日に村中で集まり災難がないようにお神酒をいただいている。島では、水窪川の祇園淵に祭壇を設け、神をその場で昇天させる行事を行っている。」と記されている。

三　島の祇園祭り

城西地区島の祇園祭りは、島集落の鎮守である熊野三社権現社が、文明九年（一四七六）に造営されてから、同神社の禰宜を務める三井家の祭りであったとされるが、今では集落の祭りとなっている。

本来、島の祇園祭りは、六月一四日から一五日に祭りをするものであったが、三井宮司（昭和三四年生まれ）の仕事の関係もあり、現在はこの日に近い土日に行われるようになっている。

写真 9-110　島　祇園祭り　青垣山

祭りは、宵祭り（お日待ち）と本祭りで構成されている。宵祭りでは、三井家で祭壇に津島牛頭天王の掛け軸を掛け、集落の前に流れる水窪川の祇園淵の河原に晩に集まり、白装束の宮司が川で水垢離を行う。この際、宮司が「ほーい、ほーい」の掛け声とともに水を手で跳ね飛ばすのに続き、宵祭りに集まった集落の氏子も「ほーい、ほーい」と声をだして水を跳ね飛ばす。この後、宮司が水の中に字を描く様な所作をおこない、神社の方へ拝礼をして水垢離を終える。河原の水垢離を終えた後、三井家で神降ろしなどの神事が行われる。以前は、その後の余興として神前において神楽舞（獅子舞）が奉納されていた。

この神楽舞自体は新しいもので、戦後に隣村の村祭りで行われていた神楽舞が評判を呼んで多くの人を集めていたため、それに倣って行うようになったと聞いた。現在は中止となっているが、平成二七年（二〇一五）は特別に奉納していただいた。

『佐久間町史　下巻』には、かつては宵祭りにおいて、最後にノーサー甚句踊りが庭先で夜が白み始めるまで踊られたとの記述がある。このノーサー等の手踊りは、水窪や南信地域で広く踊られていたが、ほとんどの地域で踊られなくなり、水窪町の西浦地区等でセショウ等が辛うじて踊られている程度となっている。

本祭りでは、三井家に集落の人が集まり、水窪川の祇園淵まで行き、祇園淵の川べりに青垣山と呼ばれる茅と笹竹を組み合わせて祭壇を設ける。

この青垣山は、両脇に立てた桂竹に沿って茅を河原に立てて並べ、二本の横竿を楮《こうぞ》の皮で作った注連縄で張り巡らしたものである。これに、木の神（白）、火の神（赤）、土の神（黄）、金の神（紫）、水の神（緑）として、それぞれの色の彩やかな御幣を立てて掛ける。そのほか、祭壇には、御神酒と、平らな石の上に蒸した小麦と炒った小麦で「おひねり」を作って供える。

写真 9-111　島　祇園祭り　祇園淵にて

神事自体は宮司による祝詞奏上と玉串奉奠を行うのみであり、この間、そのほかの神職や集落の人はその場に直立して神事に参加する。最後に、三井宮司により「おひねり」を祇園淵に投げ入れることで、神事が終わる。

平成二八年（二〇一六）の本祭りは、島集落のそばを流れる水窪川の祇園淵で、三井宮司と氏子一同により行われた。青垣山の前で、宮司ほか神職は立って祭りをした。以前河原に砂があった時は、莫蓙「ござ」を敷いて祭りをしていた。また、この二年間は雨が祭り当日に降ったために、河原で祭りができず、三井家で行ったという。

　神事の次第は、祝詞（不浄の祓い、座着の祓い、六根清浄の祓い、禊の大祓い）、修祓（榊は付けていない）、ろうそくに点火、御神酒の蓋を開け、鈴を鳴らす。護身神法（九字を切る）、祝詞奏上、神楽等（降神祝詞・昇神祝詞、祇園祝詞）、玉串奉奠の順で、宮司に続いて氏子代表等が玉串を捧げる。

　この後、三井宮司が大祓いを唱えるが、この間、氏子は禊の祓いを唱える。続いて、三種祓いを十二回唱える。大祓い、三種祓いを唱える間、宮司は鈴を鳴らし続ける。続いて、護身神法（九字を切る）、祝詞（一切成就の祓い）、鎮めの祓いを唱える。そして、小麦が入った小さな包みを祇園物に投げ、神事が終わりとなる。この後、河原で直会となり、御神酒を茶碗で飲みかわす。集落の人は、祭壇におかれている小麦を蒸したものや焼いたものを「おひねり」といい、これを持ち帰り、家のお浄めとして用いる。

　なお、三井宮司によれば、島を含めたこのあたりは一番古くから祇園の祭りをしており、この島の祭りが廻りの集落に広まったと話されていた。また、この地域は京都の八坂神社の所領であり、祇園所領と言われていた地域であるとも聞いた。

　この神事の由来は、祇園の頃祇園坊主が現れて、集落の者に悪いいたずらをするのを鎮めたというものであり、他の祇園祭で悪霊を払うのと同様な清めとなっている。

　そのほか、島の祇園祭では、河原にしつらえた青垣山を川に流すようなことは行われない。ほぼ水面の傍に青垣山がしつらえられていることから、川の水が増して自然に流れるままにしているとのことである。

四　野田の祇園祭り

　野田地区の祇園祭はめいめいの家で行われる。六月一四日に、居間あるいは縁側などにススキを二本ほど瓶に刺し、赤い四角の半紙を一枚付けて飾る。また、小麦粉から丸く蒸した団子を作り、これに供える。ススキはどこから取ってきても構わないとのことである。

　この祇園の飾りは一晩家にお祀りして、翌日各家で決められている沢へ納めに行く。こうすると疫病から逃れられるという。ススキと共に疫病も流すという意味である。野田では祇園祭りとして他に行うのは、夜に花火を上げるのみとのことである。野田では祇園講として行うのではなく、個人として家で祇園祭りを行っている。また、祇園祭りの際には唱えごとはせず、手を合わせるだけとの話を聞いた。なお、ある家では、昔からススキの祇園の飾りと団子の横に津島様のお札を横に置くとの話も聞いた。

写真 9-112　野田の祇園飾り

五　切開の祇園祭り

　切開《きいなま》の八幡宮は、国道一五二号線を北上し、相月トンネルを抜けた後、切開集落へと進む林道を一kmほど登った所から参道を二百メートル山側に入った所にある。

　同集落の祇園祭りは、切開の八幡宮で六月一四日に守屋貞一宮司（昭和六年生まれ）により執り行われる。同神社は、右に鎌倉様、左に霊神様を合祀している。外には靖国様を祀る。

　この集落では多くの祭りが残されており、秋の霜月祭りを始め、祇園祭り、夏越の祓い、二月七日と一〇月七日の山の神祭り、大祓い、庚申講（下の組で庚申講の掛軸を入れた箱を順番に廻して、その当番となった家で祭りを行う。）を行っているという。また、正月飾りとして、個人の家にも男木を立てている。

　まず、祇園祭りであるが、八幡宮の横の靖国様の前に津島様を下す神棚を設ける。この神棚の四方に三mほどの笹竹を四つ角に括りつけ、この四本の笹竹に注連縄を廻しタレを付け、笹竹の下に御幣を飾る。神棚には大き目の御幣を飾るとともに、献饌として洗米、塩、お神酒を備える。

　当年の祭りは、ブクの家が多いこともあり、守屋宮司を合わせて七名で執り行われた。祭り自体は八幡宮の拝殿で行われ、神社庁の次第に沿って、修祓、一拝、大麻（本殿・

外に設けた神棚・氏子を祓う）、拝殿に戻る際に、神棚に備えた幣串を本殿に持ち帰る。献饌（酒の蓋をあけることで省略。事前に三宝に供えてある）、祝詞（大祓い・禊の祓三回・三種の祓六回、三種の祓いは、三回・六回・一二回のいずれかで行うとのこと）、一拝で終了となる。外の神棚で神事は行わない。この後、祭りの終わりとして爆竹を鳴らす。津島様の神棚では祭りごとはせず、御神酒を出すだけである。神が降りてくる場としてしつらえるのみである。

なお、六月三〇日の夏越の祓いは、チガヤの輪を作り、この輪に参拝者の名前・年齢を書いた紙を付けて、チガヤの輪をくぐった後、宮司が祝詞をあげて半年の穢れを落とす、という説明を受けた。大祓いにも参拝者の名前を読み上げるという。

そのほか、守屋宮司は、村中・家内安全を祈願して、御幣一本を毎月一日に八幡宮に捧げることを欠かせないという。また、同神社の土地は鎌倉家の土地である。もともと八幡宮が下のところにあったものを、今の所に動かしたため、鎌倉様を合祀する形になっている。また、鎌倉家のいわれとしては、七三代白河院の時、源義家の家臣で鎌倉推五郎影政という者の流れから、鎌倉家が続いていると言われている。

余談であるが、直会の時に切開の集落の人の家でも、ススキの葉に赤い四角の半紙を一枚付けて祇園の祭りに祀ることをしている家があると聞いた。この家のおじいさんは、同じ切開から養子に来ており、他の集落の慣習を持ち込んだのではないとのことである。他の家ではそのような習慣はないとの話を聞いた。

写真 9-113　切開　祇園の迎え棚

このススキに赤い半紙を付けて祇園祭りをする風習は、国道一五二号線を北上した北隣の城西地区の芋堀では既に残っていない。一方、城西地区から羽ケ庄線に入って山間にある野田地区には色濃く残っている。横吹から野田へ抜ける現在の規格での林道ができたのは近年のことである。この切開の上組から北西側の山を越え一キロメートルほどで野田地区の南野田に出る。山越えの小道を通じての行き来は思ったより近いもので、集落の結びつきを考える上では、今の感覚とは違う尾根沿いの行き来についてとらえておく必要を感じた。

そのほか、近隣の間庄の集落でも、六月第二日曜日に祇園祭りを行う。祭りでは、熊野神社拝殿外の石垣に五角形の木製灯篭を三つ用意して、中に蝋燭を灯す。ただし、灯明を灯すだけでそれ以外の事は行わない。

祭り自体は、拝殿で宮司が大祓い、天地一切の祓い、六根清浄の祓い、三種の祓いを唱える。この間、氏子は禊の祓い一二回・三種の祓い三六回を唱えるのみである。この祝詞を唱えることを「おつとめ」という。

続いて、滝の坊様（行者であったという。）へ移り、滝の沢に茅で鳥居を作り置く。その下の水で水垢離をする。宮司が大祓い、天地一切の祓い、六根清浄の祓い、三種の祓いを唱える。この後、九字を切り神返しを行う。なお、間庄でも、島と同じように間庄口の水窪川の所を祇園淵とよび、河原に二本の御幣を立てる。

六　そのほかの祇園祭り

『佐久間町史　下巻』では、和山間では、村に入る入口すべてに竹を立て、それに注連縄を張り、そこに津島様のお札を結んで祀り、一六日に五寸ぐらいに切った茅百八本を七つに分け、七つの瀬で流す「ヨシ流し」が行われるとの記載があるが、現在は行われていない様子である。

そのほか、祇園祭りを芋堀地区で行い、一升瓶にススキを飾り、これに赤い紙を付けて祀ったとの記述があるが、町で見かけたおばあさんに問いかけても、「城西では昔からやっていない。」という返事も帰ってくることから、習慣が既に絶えて久しいのではと感じられる。

七　川合の祇園祭り

川合では、旧暦六月一四日から一五日に行っていた夏祭りを廃止し、昭和四四年（一九六九）から霜月祭典に統合している。その代わりに八月一三日に歩行者天国を開催している。

『川合郷土史』によれば、かつての祇園祭りでは、六月一四日に各家庭で軒花と祇園提灯を軒下に飾り、昼からは仮装行列に山車がついて廻ったという。午後四時頃に神社から浜降りが行われ、露払いに天狗と山鬼が榊を持って降りてきて、悪魔祓いをしながら逃げる子供たちを追いかけた。神楽が御幣を持って先導し、道行囃子の中、神主、禰宜、神輿、氏子総代、織旗、役員、氏子が随行した。神輿を担ぐ者は烏帽子をかぶり禰宜の衣装を着用した。昭和二八年（一九五三）頃から巫女が行列に付きだした。

金毘羅様の前に仮屋を置き、神輿を安置し、鬼面二つを置き、午後八時から神事をする。神事が済み次第、花火を打ち上げた。打ち上げ後は平踊りを一一時頃までした。六月一五日は、昼から仮装大会、午後三時に還御となり、神事が済み次第投げ餅をして終了。夜は花火の合図で屋台引き回し、平踊りをしながら一二時に解散となったと記されている。

一方、現在の川合では祭りが霜月祭りと統合されたことから歩行者天国が開催されている。屋台の引き回し（中野宅前から藤本屋前までの折り返し）、催し物として金魚すくい、ヨーヨー釣り、ビンゴゲーム、花火大会を行っている。

八　祇園信仰と津島の御師

愛知県の豊橋市、豊川市、静岡県の湖西市新居町から、佐久間町浦川地区・佐久間地区、そして長野県売木村へと伝わっている祇園祭は、誰が伝えたものかを考えてみたい。

花祭りの里である東栄町、豊根村においても祇園祭にかかわる「牛頭天王嶋渡祭文」が発見されている。また、花祭り圏外の旧富山村でも同様な祭文が発見されている。一方、長野県天竜村坂部の『熊谷家伝記　二ノ巻』には、文亀二年（一五〇二）に、尾張の津島牛頭天王社から信仰を迎え入れたとしている。これらのことから、津島の御師が山奥まで津島信仰を担いできたことが推測される。なお、売木村は、これらの地域に隣接した村であること、同地域を開拓した小嶋氏（天保年間に松村姓から小嶋姓に改姓）が、御館として集落を支配しており、小嶋氏の氏神である白鳥神社も尾張から三河に分布していることから、尾張あるいは三河から同地に移り住んできたことがうかがい知れ、津島信仰を取り入れる土壌は十分あったと推測される。

また、北三河の同地域には、中世後期から伊勢の御師の活動が活発化しており、霜月祭りとして広まっている湯立て神事もここから伝わってきている。そのほか、尾張・津島牛頭天王社と伊勢の皇大神宮は、「伊勢、津島どちら欠けても片参り」と流布されたように、お互い深い関係があったとも聞いている。

一方、文化一二年（一八一五）に尾張国津島の牛頭天王社の御師である氷室作大夫家が、自分の旦那場であった東三河と北遠の布教（祈祷）とお札の配布のために巡回した時の手引書として、「三河遠州行き旦廻之事　荷物ハ前々（不明）ニも　宮宿迄荷物送り置くへし　先年ハ宮宿より」から始まる『三州遠州旦廻手引帳』が残されている。

この日記には、当然として豊橋市や豊川市などの東三河の地名もあるが、佐久間町から水窪町にかけての集落の地名も多く記されている。佐久間町内の巡回した集落としては、鳳来町大野から鳳来町七郷一色を経由して、浦川地区の相川・吉沢に入り、龍山村白倉へ抜けている。その後、龍山村を廻り浜松市・豊田町・天竜市・龍山村と北上し、佐久間町の川合・浦川・戸口・半場・大井・西渡・峰・瀬戸・間庄・和泉・平和・福沢・相月・鮎釣・下日余・上日余・立原・横吹・切開・芋堀を経て、水窪へと回ったことが記載されている。水窪からの帰り道も、芋堀・沢井・峰・片和瀬・上野・中部・半場・戸口・川合・神妻・早瀬・島中・柏古瀬・浦川を廻り、三河大野へ出ている。

これからすると、津島の御師・氷室作大夫家は、佐久間町内の小字の集落まで細かく旦那場を作り、布教（祈祷）と御札の配布のために廻っていたことがうかがい知れる。これだけ丹念に活動を行っていることからして、佐久間町史の記述の様に、佐久間町で祇園祭が盛んなことも納得できる。

これらのことから、中世以降、伊勢の御師の後を続く様に、津島の御師が三河や遠州に旦那場を作り、牛頭天王を掲げて廻った様子が資料からも見い出せる。

なお、第七代氷室種房が養子として氷室作大夫家に入った時に、先代が書き残したものが「三州遠州旦廻手引帳」である。これに対して、第七代氷室種房は、より詳しい手引書として天保三年（一八三九）に「御油宿より吉田宿迄之帳面ニ而馬士と引合て、大村之内大磯村庄屋猪兵衛殿へ着ス、御油宿より大村への駄賃ハ、本馬ニして馬ちん遣し候へとも、又々少々増て百文ニ而附込候様引合也」から始まる『三遠州旦廻手引帳』を書き残した。これは、三遠地方の廻村についての道順、宿先、配札先や配布札方法、現地における荷物手配や輸送、現地の地理地形案内、心得など全工程計画書である。最後には「卯九月十四日　一金弐分　遠州川合村わらひの村　治郎衛門忰新助　喜助　右ハ代参ニ来り帰りニ旅用ニかし此度請取」の記述の様に、借用の授受まで示されている。

同手引書の静岡県内の道順としては、現在の新城市（旧・鳳来町）から、遠州に入り天竜川沿いの横山村（浜松市天竜区）に行き、横山町から浜松宿へ天竜川の下りの船便を利用して南下する。ただ、天候によって、船が出ないときは、陸路周りで村々を廻る。

浜松では、二泊から三泊して、浜松以東、東海道筋の集金、配札依頼などをしてから、再度天竜川を上り、横山へ戻る。横山からは、天竜川の支流の水窪川をのぼり、水久保（水窪町）の草木まで行く。帰りは、水久保から羽ケ庄、神妻村、浦川と廻りながら、三河へ抜ける行程となっている。なお、氷室種房は、『三遠州旦廻手引帳』を書き残した後に、より詳しい手引書を残してもいる。この様に詳しい手引書を残したのも、自らも婿養子を迎えていることが要因かもしれない。

この行程のうち、佐久間町では一一泊し、周りの村々へも廻っている。これを夏冬と繰り返していることから、津島天王信仰の普及浸透に大きく影響を与えたと考えられる。

『三遠州旦廻手引帳』には、津島の御師邸で参詣や代参に来た檀家に宿を提供したり、旅費を貸し付けたりの世話をしたことも記されている。御師邸を宿にして世話をすることは、檀家の津島天王信仰に対しての求心力強化に一役買っている。また、同手引帳の末尾には、津島で貸し付けた金銭の記録があり、請取印が押されていることから、旦場廻りの際に回収も行ったものと思われる。

この様な氷室作大夫家であるが、本家の氷室光大夫家は神楽方として所領高六石五斗五升の所領を持っていたが、その分家の氷室作大夫家は庶子として所領の有無が明らかでない。従って、収入を上げていくためには旦那場の維持・獲得が必須であったと思われる。

氷室作大夫家の文書を見ると、駿河が見られるのは寛政九年（一七九七）『駿州富士川端岩本村旦方帳』、寛政十年（一七九八）『駿州沼津旦方名前帳』であり、三河遠州では、享和三年（一八〇三）『遠州三州定例村々御札納方帳』、文化一二年（一八一五）『三州遠州旦廻手引帳』等からである。

これより、まずは尾張が旦那場とて経営され、駿河、三河、遠江と旦那場経営が拡大、その後、美濃も旦那場となり。八二〇〇戸ほどの旦那場を持つ御師へと成長していったと考えられる。

この氷室作大夫家の建物は、平成元年（一九八九）三月四日に氷室家から津島市へ寄附され、平成二年（一九九〇）三月二一日に津島市所有形文化財に指定されている。屋敷は二階建てで、二階部分は祭祀室と座敷からなり、祈祷や神楽が行われたり、代参の者の宿泊に使用されたと考えられている。なお、敷地は一〇四〇平方メートルほどの広さを有しており、津島神社から五〇〇ｍほど離れているものの近くには芝居小屋等もあり、華やかな界隈に面していたと思われ、津島神社の参詣と観光にはうってつけの場所であったと思われる。

九　祇園祭りの所作に関して

『津島信仰のお仮屋』（関西大学博物館紀要一五号所収）に、島地区の祇園祭に関する記述がある。これによれば、「旧暦六月一五日だった祭りを新暦六月第二日曜日に行っている。三井家（禰宜屋）が祭りの中心で、七日前から家の中の祭壇で御幣を祀り、前日には祭りの準備と祇園淵で水垢離を行う。当日は、祇園淵の川原に青垣山をつり、禰宜屋が祝詞を奏上し、参加者が榊を捧げた後、白紙に包んだ麦を「祇園ボーズ」と唱えて川へ放り投げる。これは、祇園坊主が悪さをするのを鎮めるものだという。津島信仰と共通する水神の祭りと麦の収穫祭、疫神送りの要素があり、お仮屋ができる以前の茅を使った古い神籬〔ひもろぎ〕の形態が残っている。』としている。

神籬とは、神道において神社や神棚以外の場所で祭りを行う場合、臨時に神を迎えるための依り代となるもので、悪御神葭〔おみよし〕流し事は、疫病をもたらす悪御に憑〔つ〕けて川に流し去る神事である。スサノオを祀る愛知県の津島神社では、御葦〔みよし〕（＝神葭）放流神事という極秘の神事がある。これは神主家でさえかかわれない秘事であり、服部勾当太夫ただ独りが執行したと記述してある。

また、河童に関しては、「左甚五郎や飛騨の匠といった大工の棟梁が、神社仏閣、城郭などを建立する際、人手が足りないので呪術を駆使し、藁人形に魂を入れて手伝わせた。工事が済めば藁人形は不要となり川に捨てた。捨てられた人形は河童と化し人畜に悪さをして、人間の尻子玉を取るようになったとされる。」との記述があり、島の祇園祭では、この神籬はないものの、あえて青垣山が流されるところにしつらえていることや、この季節に水遊びをすると、「尻ッコ玉」を抜かれると言い、水遊びに注意喚起する行動がとられており、疫神送り、河童に関する考え方等に共通点がうかがえる。

一〇　夏祭りの鬼

『佐久間町史　下巻』に記載があった様に、佐久間町では広く祇園祭りが行われている。特に、浦川地区から、佐久間地区の川沿いの集落は夏の祇園の祭りが集落の最大の祭りとなっており、盛大に花火の打ち上げを行っている。この中で、神輿渡御の露払いとして鬼が出る集落が多々あることから、その鬼に視点を当てて集落の祭りを考える必要がある。

佐久間の夏祭りは、邪鬼を祓う祇園祭りに関連する要素を含んでいる。佐久間町では、城西地区・山香地区・佐久間地区の山側の集落では秋に大祭を行い、浦川地区と佐久間地区の川沿いの集落では夏に大祭を催している。

写真 9-114　佐久間　佐久間神社の鬼

写真 9-115　浦川町区　五社神社の鬼

特に、浦川地区の中部・天白神社、佐久間柏古瀬・津島神社、浦川・五社神社では鬼が祭りに出る。どの神社も、神輿渡御の際に鬼が昔から出ていたとの話を聞いており、ある程度昔から祭りの一つに組み込まれていたようである。

かつては島中も鬼が出ていたが、三〇年前にやめたとの話もある。『川合郷土史』では、祇園祭りの露払いに天狗と山鬼が榊を持って降りてきて、悪魔祓いをしながら逃げる子供たちを追いかけたとある。祇園の鬼は、昔は榊の葉をむしった枝だけのもので子供をたたいたとのことで、「叩かれると健康になる。無病息災に暮らせる。」等、鬼が邪鬼を祓う役割を果たしていると考えられる。

（一）佐久間神社　祭礼

佐久間神社では、夏祭りに赤鬼とじゃじゃ（小面）という鬼が出る。この二人の鬼は、参拝者を榊の枝で撫で、邪鬼を祓っている。なお、昔は、鬼役の者は面をかぶって行っていたが、現在は暑いこともあり、腰に面を付けている。また、山室の花の舞に使用されていた面が佐久間神社に奉納された後は、この山室の花の舞に使用した鬼の面を付けて行列に参加したとのことであるが、重いため、軽い面を作ったという。この軽い面も、既に十年以上前から使用されていない。

（二）浦川　町区の鬼

五社神社は、元は八月二日から八月三日が祭りであったが、現在は八月第一土日曜日に祭日が変更となった。聞くところによれば、昔から赤鬼・青鬼が出ていたという。周りの神社も、五社神社と同様に真似をして鬼が出るようになったとの説明を聞いた。

浦川の町区の夏祭は朝早い。早朝より神輿渡御が始まり、一〇時から御旅所での祭典となる。この間、宮司のお祓いを受けた四匹の鬼（赤鬼二匹・青鬼二匹）が、厄払いのために榊を持って町内を走り廻る。子供が鬼に対して「鬼さんこちら」とはやすと、鬼の榊でミミズ腫れができるほど激しく体をぶたれる。ぶたれると厄落としになるという。一方で大人の人には、優しく榊の枝で頭を祓う。

鬼は、若連に入ったばかりの人がやる役とのことで、二〇代の若者が鬼になる。若連には三〇歳まで加入するという。鬼の面は四面あり、古いもの二面、新しいもの二面である。どちらも青と赤の鬼面である。古いものは花祭りの伴鬼の顔をしているが、新しいものは似せて作られていない。

（三）浦川柏古瀬の鬼

八月第一土曜日の晩から津島神社の祭礼となる。祭礼自体は、同日津島神社に先だって行われた南宮神社の祭礼と同様な内容で進められる。数年前までは、南宮神社の祭りは四月に、津島神社の祭りは八月で行っていたというが、現在は二つの祭りを八月にまとめてやる様になった。

この簡素化の中で、平成二五年（二〇一三）から町内を神輿が廻ることがなくなった。これは、祭りに参加する人が少なくなり、台車に囃子方を載せて廻ることもできなくなったからとのことである。祇園祭りに鬼が出る事もこの年から中止となった。神輿渡御に参加し邪鬼を祓っていた鬼は赤鬼一面であり、平成二六年（二〇一四）には鬼の面を祭礼に出して飾ったが、平成二七年（二〇一五）からは鬼の面を出すこともなくなっている。

写真 9-116　浦川柏古瀬　雨宮神社の鬼

（四）中部　馬背神社例祭

馬背神社では、平成二五年（二〇一三）までは、お仮屋まで渡御を行っていた。かつて御仮屋は佐久間高校の前にあったが、お運びするのが辛くなり、オガタの前に御仮屋を設けるようになり、神輿渡御をして翌日神社に帰ってきたという。

写真 9-117　柏古瀬　屋台

写真 9-118　中部　馬背神社の鬼

今では、神社から神輿が出ることはなくなっている。

鬼はこの神輿渡御の露払いをしていたという。鬼面は三面あり、出る前から榊の枝の葉を全部取って、ボウズにしてから邪気払いに町に出たという。子供は鬼に対して喜んでからかったと聞くが、からかっていた子供自体がいなくなっている。鬼役は中学生に頼んでいたが、その中学生もいなくなった。中部では、鬼は子供のいる家には土足で上がるのが許されるほど無礼講であったというが、今では鬼の三面は本殿に飾られるだけとなっている。

このほか、山香地区鮎釣においても、昔は、祇園祭りの際に鬼が榊で邪鬼を払っていたとの話を伺っており、天竜川沿いにはそのほかにも鬼が出ていた場所があったかもしれない。

この様に、佐久間町の浦川地区を中心として、夏祭りの神輿の露払いの際に、邪鬼を祓いに鬼が出ているが、近隣の地域で花祭りの様な霜月祭りを除くと、最も多く鬼が出るのは、豊川市、豊橋市の東三河地域である。

一一　そのほかの地域　新居と売木村

（一）新居町諏訪神社

新居町は、浜名湖の西に位置し東海道の宿場町として栄えた街である。現在は合併して湖西市となっている。かつては三河と陸続きであったこともあり、豊橋市にあった吉田藩の所領となっていた地域も多い。

写真 9-119　浦川地区の花火

この新居町にある諏訪神社は、夏の手筒花火の奉納で名高いが、この諏訪神社の神輿渡御は午後三時から花火の合図で始まる。七月の終わりの熱い最中、旧の

写真 9-120　新居町　諏訪神社の鬼

写真 9-121　売木村　白鳥神社の鬼

町内を廻る渡御の列に赤鬼・青鬼が加わる。鬼の取り物として槍を持ち、行列の二番目について渡御するが、邪鬼を祓うような所作は行わない。なお、渡御の列の一番目の人の役割は、榊に手桶の水をくぐらせて場を祓う役である。猿田彦も行列に参加する。

（二）長野県売木村白鳥神社

長野県売木村は、豊橋市から国道一五一号線を北上し、長野県に入る新野峠を左折したところにある村である。この村の中心にある白鳥神社においても、春の祭礼に赤鬼、青鬼が参加する。

白鳥神社は三河に多くある神社であるが、白鳥神社として存在するのは売木村が最北端である。奥田栄宮司（昭和一三年生まれ）によると、鬼の面と神輿は同時に寄進されたもので、鬼の面（赤鬼と青鬼の二面）は、伊藤龍生氏が昭和三二年（一九五七）に寄進して神輿渡御に加わった新しいものという。また、浦安の舞は昭和二七年（一九五二）頃から始まったという。

現在、神輿渡御に従う鬼は、行列の先頭で露払いをするのではなく、神輿の後方に付き従う。ただし、神社を出ると神輿とは別の行動をとり、各々の鬼が一軒ずつ集落の家を廻り寄進を受けるとともに、家の人にお神酒を振る舞う。しかし、鬼は杖を持って歩くものの、集落の人に対して何の言葉も所作も行わず、呪術的な側面は見られない。

一二　豊川　豊橋の鬼

愛知県豊川市、豊橋市では、数十ヶ所の神社において、春祭り、あるいは秋祭りにおいて祭の神輿渡御に加わり、集落を清めて廻る鬼が出る。この鬼の所作は、佐久間町浦川地区と同じように、榊の枝で人を叩いて邪気を払うものと、オンビと言われる五色の色紙で作られた御幣の束を持ち、人々をなでたりする。また、福を授けるとしてタンキリ飴、今ではお菓子を配って廻る。これらの神社の詞事例を列記して、浦川地区の鬼を考えてみたい。

（一）豊川市大崎町住吉神社

豊川市大崎町住吉神社では、春の祭りの際に赤鬼と青鬼が現れる。一連の神事の後で、二匹の鬼が結界として設けられた神社拝殿の前に張られた注連縄を切り取る。その後、二匹の鬼は勢いよく境内を走り回り、各々の持ち物により子供たちを叩いたり抱き上げるなどして、邪気を払っていく。

このように境内の邪気を払った後で、御神輿と獅子が隊列を組み、獅子舞を奉納した後に、仮御所に向かって渡御を行う。その後、神社の境内の邪気を払った鬼と獅子が仮御所に赴き、渡御の一行とともに神事に参加し、神社に戻る。なお、豊川市史等によれば、鬼は春と秋の祭りに出ていたが、現在はいずれかの祭りにだけ出るようになったと記されている。

（二）豊川市千両町上千両神社

豊川市千両町上千両神社の春祭りには、露払いを行う鬼面がある。この鬼は、御幣を持ち祓って廻る鬼二面と、おたふく一面である。この三面で御幣を持ち、町内を廻る。廻りながら御幣の紙を集落の人に配る。この御幣の紙をもらうと健康でいられるといわれている。

（三）豊川市上長山若宮八幡神社

豊川市上長山若宮八幡神社では、鬼面として三つの面がある。一面は般若の面で、奇声をあげて集落を廻る。手には「オンビ」を持ち、子供の頭を「オンビ」で撫でる。また、求めに応じて「オンビ」で撫でられると頭がよくなる、健康でいられるという。

（四）豊橋市賀茂町賀茂神社

豊橋市賀茂町賀茂神社では、拝殿から鬼一匹、獅子頭一匹が出る。鬼の名前を藤四郎という。石巻町の四ヶ所の神社では、鬼はほとんど境内から出ない。この鬼は、幼児が居る所では獅子頭の口を開閉して邪鬼を祓う所作を行う。この時、「ヨシコイ」の掛け声をかける。藤四郎が単身で境内を走り廻り、門ごとで菓子を撒く。これをもらうと御利益があると言われ、子供が大勢従う。

なお、豊川市や豊橋市には、戦後になって、鬼が出ている神社の真似をして鬼が祭りに出る様になった神社がある。この鬼が祭りに出るようになった理由は、祭りの賑やかしのためだと聞かされた。

（五）豊川豊橋の鬼とは

三河の平野部における鬼について、『鬼の受容と展開』（民俗芸能研究第三七号所収）で、所作等に関する解釈がなされている。

東三河の豊川下流域では、鬼が出る祭りが数多く伝承されているが、豊橋市明神社の赤鬼を上限として近世におけるものがほとんどである。

「元となる明神社の修正会は、鬼に飛礫を投げることから、神職や参拝者がタンキリ飴を鬼に投げて追い払う演出に変化し、地域の人が希求する善鬼へと変身を図る行為が採り入れられる中で、タンキリ飴を赤鬼から人々に向かって投げるという逆転の所作となった。」としている。

この明神社の赤鬼を始めとして、豊川下流域の鬼は、石巻神社の様にタンキリ餅を撒く神社と、服織神社の様に祓いを主体とした神社とに二分化される。

タンキリ餅を投げる神社は、神明社・石巻神社・正八幡宮、お菓子を配る神社は、豊川水系で一七社ある。

お菓子を配る神社は、祭りに鬼が取り入れられたのが近年であり、祭りを賑やかにするためであった。取り入れたのは農家の人の発想であり、祭りを賑やかしてくれる鬼、氏子を盛り上げてくれる鬼でなくてはならなかった。そのため、氏子にお菓子をくれる鬼となった。

服織神社では、「オンビ」と称する大きな御幣を掲げ持って氏子を祓う、神輿渡御で先導することは、穢れや災難を除去して浄める儀式である。鬼がお菓子を配る行為とは異なり「オンビ」をもらう行為は他の祭りの影響として後からついたものと考えられる。

この形の神社は、一宮町大木神社・進雄〔すさのう〕神社、豊川市千両町、上千両町など六社である。この様な鬼が広まった時代ははっきりしないと報告されている。

以上の解釈からすれば、佐久間町の鬼は、豊川市・豊橋市に沿って伝わってきた修正会をもとにした鬼と解釈さ

写真 9-122　豊川市上長山町　若宮八幡宮の鬼

写真 9-123　豊橋市　賀茂神社の鬼

写真 9-124　豊橋市　明神社　鬼祭り

れ、「オンビ」と称する大きな御幣を掲げ持って氏子を祓う流れの鬼に属しているが、伝播の過程において、「オンビ」から榊を持つ鬼へと変わっていったのではないかと推測される。

なお、この伝播のうち、鬼が祭礼に出る事のみが伝わった神社においては、形態のみで所作がない形となっている。浦川地区の鬼においても、榊で人を叩く等の行為はあるが、呪術的な所作は見られない。

第八節　そのほかの祭り

一　出馬玄馬稲荷神社祭礼

出馬玄馬稲荷神社は、出馬の集落の前を流れる相川の対岸に位置し、三月の第一日曜の午前中に祭礼が執り行われる。以前は九月の第一日曜日にも祭礼が行われていたが、平成一八年（二〇〇六）より春のみ行われるようになった。なお、春の祭りの際に、集落の人は正月の古い札を納めに来る。

現在の神社は平成一八年（二〇〇六）一一月に百年ぶりに再建された神社である。平成一八年（二〇〇六）以前は、現在の神社から山の上に登る道を上がった所に旧神社があり、その旧神社で祭りが執り行われていた。上に神社があった時は三つの神社が置かれていたが、下に神社を降ろした時に、津島神社と秋葉三尺坊大権現を浦川の五社神社に合祀したと聞いた。

なお、今でも上の神社の所に徳廣稲荷の石碑があるが、これは豊橋から来た人が納めたもので、玄馬稲荷とは関係がないために上に置いたままになっている。

出馬玄馬稲荷神社祭礼は、井辺宮司によるお札清めの儀から始まる。この清めの儀は、祝詞、一拝、修祓、大麻と、至って簡略されて行われる。続いて、神社拝殿に宮司と氏子総代が昇り、氏子は拝殿外に座して祭りを見守る。本殿には、中央に玄馬稲荷神社、左に津嶋神社、右に秋葉三尺坊大権現の掛け軸が掲げられている。そのほか、昔は神社の横に弓場があったこともあり、金的中の額が祭られている。

神事は神社庁の祭礼に基づき、祝詞、一拝、修祓、大麻、一拝、開扉、献饌、祝詞、氏子入り祝詞（初宮詣での祝詞。この時、お守りが三方に載せられて本殿に献饌される。）、御清めの鈴（氏子入りの親子が、神前で低頭し、宮司より鈴を鳴らしてもらう。この際、宮司は息がかからないようにマスクをして行う。）、玉串奉奠（宮司・自治会長・神社総代・組長代表・初子親子・一般参列者代表の六名が玉串を捧げる）、撤饌、閉扉、一拝と、一連の次第を行った。

写真 9-125　出馬　玄馬稲荷神社祭礼

続いて焼納祭を行う。祭りは本殿の東横の焼却機の所で行う。井辺宮司により、祝詞、大麻、一拝、献饌、祝詞、切紙を舞撒く、ストーブに火入れをする。一拝、玉串奉奠（宮司・代表の二名）、撤饌、一拝にて終了となる。続いて直会（お神酒を飲む）と神社の片づけを行い、区民館で餅投げとなる。

出馬玄馬稲荷が出馬集落の対岸にあること、急な石段を上がった上に神社があることから、三々五々に集まる人数は数十人程度である。昔は、春は初午の時に祭りをしており、この頃は甘酒の振る舞いをしたこともあり、子供が大勢出てきた。また、出店も出て賑やかだったという。今は集落の人が少なくなっており、若い人は就職のために浜松、豊橋、名古屋に出ているとのことであった。

そのほか、焼納祭に合わせて神社の古いお札を納めに来るのであるが、現在はお札だけではなく、正月飾りも納めに来ている。昔は正月飾りを、屋敷墓の横に納めるか、川で焼いていたと聞いた。

二　大洞若子城主加賀守神社祭礼

大洞若子城主加賀守神社は、向皆外集落の高台にある。祭礼は、旧暦三月三日に行われていたが、現在は四月の第二日曜日の午前中に行われている。本来は松島区の祭りであるが、なかなか人が集まらないこともあり、向皆外の集落で祭りを維持している。以前は、秋にも祭りがあり、御鍬神社と同じ時に祭りを行ったが、現在は行われ

写真 9-126　向皆外　大洞若子城主加賀守神社祭礼

写真 9-127　南野田　若宮霊神　例大祭

ていない。

神社は大洞若子城の城郭の中にあり、沢を登り、隠し田と言われている農地を抜けた奥にある。同神社では稲荷様と天満様を祭っている。

神社の由来としては、新しく書き示した棟札が数枚残されており、大正一二年（一九二三）四月二〇日付けの若子神社明細書や、大正三年（一九一四）旧三月三日の棟札がある。

祭礼は、清水宮司が執り行い、宮司一拝、修祓、祝詞（身潔の祓い三回、大祓い一回、三種の祓い五回。氏子は、祝詞に合わせて、太鼓一つ、拍子木二つで調子を合わせながら祝詞を唱える。）、玉串奉奠、拝礼、宮司一拝と、神社庁の一連の次第を行う。なお、拝殿には宮司、祭主である奥山清氏、禰宜が昇り、集落の氏子は神社拝殿の下に莫蓙〔ござ〕を敷き座る。

神社の祭礼が終わると、祭主である奥山清氏の家で宮下がりを行う。宮下がりには、清水宮司をはじめとして自治会役員等が残り、奥山家の床の間で身潔の祓いを唱える。この後に直会となる。この祭りも、家で祀っていたものが集落の祭りとなった祭りである。

なお、奥山家は大洞若子城の登り口にあり、庭先には若子城の若殿が遊んだ岩と言われる岩が残されている。この岩の上には、砲丸投げの砲丸とほぼ同じ大きさの丸い石があったが、今ではどこかに行ってしまった。昔、この石で若様が遊んでいたという話が伝わっている。

三　南野田・若宮霊神例大祭

南野田は、野田地域の最南端に位置する集落である。南野田の氏神は白山神社であるが、このほかに集落にある小さな祠のお祭りをしている。

一月三一日は、若宮霊神の祭礼である。若宮霊神に祭られている神様は、南野田を開いた人が神として祭られたものであり、御嶽の行者が神おろしを行ったところ若宮霊神のお告げがあり、今の所に動かしたと言われている。以前は坪井家で若宮霊神管理をしていたが、坪井家が浜松に転出したこともあり、今は白山神社と同じく南野田の集落で管理をしている。この祭礼にあたっては、南野田の一五軒の家から一人ずつ参加をする。

祭礼は、高氏宮司により、神社庁の神事の次第に沿って修祓、一拝、大麻、一拝、開扉、献饌（酒の蓋をあける）、祝詞、玉串奉奠、閉扉、撤饌を行う。なお、祭花作りはその日の午前中に行う。その後、白山神社の社務所で直会となる。

浜松に転出した坪井家に聞いたところによれば、坪井家から集落にすべての管理をお願いしたのは三年くらい前とのことで、それまでは、お盆の飾りや新年の注連縄等は浜松から通って坪井家で行っていた。ただし、以前からお預かりしていたお賽銭に関しては、留守屋では管理できないので、一〇年ほど前に高氏に預けて管理を引き継いでもらっている。坪井家で行っていた祭礼自体も、若宮様で祝詞をあげて、その後、坪井家で直会（新年会を兼て）を行っていたという。

若宮様の置かれている場所は、若宮様自体が南野田を開いた方で、その方をお祭りしているのだから、「南野田がすべて見回せる場所」になったと聞いている。坪井の屋号「あげんざ（上座）」は、若宮様の祀りごとを行っていたからついた屋号である。坪井家自体も、神社の横にある家であった。

四　個人で祀る神社

北遠地域では、個人の家ごとに氏神を祀る家が多い。多くは小さな社であるが、中には、鳥居を持ち、神社自体も一〇人程度が入って神事ができる大きさの神社がある。水窪でも数ヵ所の個人で祀る神社の中を見させていただいたが、自分の先祖を祀るものから、もともと家に付属していた神社であったものや、行者の見立てで若宮として祀ることになり神社を建てたものなど、色々である。

　佐久間町の西渡の学校跡にある八幡神社も、個人が祀る神社である。同神社の祭礼は、西渡の貴船神社の祭礼と同じ日に行われる。八幡神社は、この貴船神社から約百メートル離れた北東の位置にあり、杉本家一族以外は祭礼に参加する人はいない。祭りの準備は、貴船神社の祭礼と並行して杉本家一族で行われるが、参加する人は三名である。当然、祭礼自体もこれ以上の人は集まらない。同神社の宮司は、神妻の月花若狭守に宮司をしてもらっていたが、現在は田開氏に宮司をお願いしている。

　杉本家のおばあさんの話では、この神社は個人の持ち物の神社のため、一族で祭っている。昔は、八幡神社は八幡宮と言われ学校の所に神社があったが、学校を建てるということで土地を寄付して現在の所に移動した。校庭跡には神木であった楠が残されている。また、以前に神社に掲げられていた「八幡宮」の額も見せていただいた。何故名前が変わったかというと、「八幡神社の氏子は、天皇万歳と言って敵に突進する。」ので、アメリカから恐れられたため、戦後八幡神社を取り壊そうとしたこともあり、神社の名前を変えたとのことである。

　神社の由来としては、南北朝の落ち武者であった大地氏がここに土着し、一族の氏神として八幡神社を祀ったことが始まりとのことである。大地氏は南朝方に属しており、まず諏訪湖へ逃げてからこの西渡に落ち着いたとの伝承があり、主従六名で動乱の時代に落ち着き場所を探して移動したとのことである。江戸時代までは大地氏と名乗っており、この家の木材には丸に十字をあしらった印を付けていた。

　この佐久間町でも、南北朝の動乱の時代に、天竜川対岸の長野県天龍村坂部の成り立ちを記述した「熊谷家伝記」の記述の様に、南北朝の動乱の時代に生きるための場所を見つけ住み着く者も多かったのかと思う。近くの下平集落等においても、落ち武者が開いた集落との話を聞いている。

　落ち武者の話もある様に、かつてはこの神社の周囲でも弓術が盛んにおこなわれており、その名残として、同神社の中に「金的中」の額が多く飾られている。矢場も神社横の細い杉が植えられている場所にあったと聞いた。

　祭り自体は、田開宮司により祭花づくりが行われ、神社の裏に御幣を一二本、鳥居二本、手洗い場二本、岩の下に二本供えて廻る。祭礼は神社庁の祭礼に従い、一拝、開扉、献饌、礼拝、祓い、祝詞、玉串奉奠、撤饌、閉扉と執り行う。その後、形だけの直会（お神酒の振る舞い）となり、解散となる。祭り自体に至って特色はないが、一族の氏神の祭礼を守って行きたいという気持ちが強く感じられた。

写真 9-128　西渡　八幡神社祭礼

五　佐久間の足神様

北遠で有名なのは水窪の足神様である。昔は小さな祠であったが、現在は大きな社に建て替えられ、周りには、お札等を販売する社務所並びに駐車場が整備されている。その道の奥は遠州最北の青崩峠につながり、遠州と信州の境の峠に続くなど、地理的条件も人の足を向けさせる好位置にある。

　足神様の由来自体も、応徳元年（一〇八四）信州諏訪神家守屋一族の守屋辰次郎畑義入道が、諏訪大明神の御幣を背負って信州から池島に移り住み、鎌倉時代には、諸国をめぐっていた北条時頼公の足の病を直し、「守屋辰次郎、医術に優れ、仁徳、人望厚き無類の名庄屋である。高齢のため万一何かあれば、ゆかりの地にその徳を讃えて霊神として末永く祀るべし。」と手紙をよこし、辰次郎の亡き後、村は「足神霊神」として祀ったという由緒がある。

　この様な足神様は方々に祀られている。峠など山深い道を歩くしかなかった時代、足を痛めることがいかに辛いことであったであろう。人々がどれほどの願いを込めて神に救いを求めたかがうかがいしれる。この足神様の話は、信州の泰阜村、天龍村、そして佐久間町にもある。

佐久間町の足神様は、羽ケ庄線の野田へ抜ける山間部の折れ曲がった狭い道沿いにあり、車を止める場所もままならない。道沿いの狭い小道を登ると二柱の石碑が目に入ってくる。その横には「足神様縁起」の解説版が掲げられている。

この縁起には、「明治二〇年（一八八七）頃に、佐久間の片桐栄蔵が、子供紀一郎の足の病の治癒のために常陸の国の足尾神社へ朝夕祈願し、治癒したお礼に石碑を建てたことから、近郷の足の病に悩む人々が参拝するようになり、「足神様」と呼ぶようになった。」と記されている。これが一柱の石碑の由来である。

もう一柱の由来は、矢島の里の山下勘五郎という人が足の病にかかり、この足神様に祈願したところ快癒したことから、同様の石碑を建てたものだという。この由緒自体も、平安時代の醍醐天皇が祈願し足の病が治ったという「足尾山信仰」に由来していると推測される。下平の「足神様」や羽ケ庄の「足神様」にも同様なものがある。どちらも「常陸足尾大権現」の関連である。

それにしても、「足神様」のあるところはどこも険しい道沿い、昔の人の峠越えの気持ちが伝わる所である。また、治癒したお礼に奉納されている物が、草鞋や足の木型などリアルなものばかりで、現世御利益を物語る造形として気をそそる。このほか、街道沿い集落の廻りには、馬頭観音、若宮霊神、行者様など、多くの石仏があり、人々の信仰のよりどころとなっていた。

なお、この峠道を登りつめた二本松峠には、多くの馬頭観音が奉納されている。以前は馬の背に荷物を積んで、人々が行き来したことがしのばれる。現在は、これらの石仏は一つの所に集められ、正月には松飾りが飾られている。

写真 9-129　佐久間　足神様

写真 9-130　佐久間　二本松峠　石仏群

写真 9-131　横吹　朽ちた廃屋

六　横吹の神社

横吹の集落は、国道一五二号線を北上し、相月トンネル手前の旧道へ右折して入り、島の集落から間庄へ抜ける林道の枝道を進むどん詰まりの所にある。これ以上奥へ進む道路はない。

山の斜面にしがみ付いた細い道を上へ上へと進むと、横吹の集落となる。守屋静雄さん（昭和一一年生まれ）に集落の話をお聞きしたところでは、横吹の集落は昔二五戸の集落だったが、今では四戸ほどになっている。このうち一戸は静岡から来た猟師で、集落としての付き合いはないという。

横吹の集落では、白山神社と熊野神社の二つの神社を持っている。二つの神社の祭りは、一一月一五日と一六日だったものが一〇月一五日と一六日へ、そして一〇月第二日曜日へと祭典の日を変えて執り行っていた。しかし、この数年間祭りを行っていないという。祭りが中断する前までは、島の三井宮司や横吹の守屋宮司に来てもらって集落の者が三戸集まって祝詞を唱えたという。今では高齢者だけの集落となり、これからも祭りはできそうにない。

集落の二つの神社は、集落を登ったそ

写真 9-132　横吹　白山神社

写真 9-133　横吹　お堂

の先に二所に分かれて鎮座しているが、先に白山神社が朽ちてしまったこともあり、熊野神社で二つの神社の湯立てを合わせて祭りを行ったという。神楽舞も三〇年前までは舞ったが、既になくなっている。

神社へと進む道は、鹿が人家の近くまで出てきているため、ものすごい数の山ビルがでる。また、神社へ続く道もイノシシがミミズを探すため、掘り起こされて穴だらけである。このため、夏場に神社まで行くことは困難である。

横吹の集落には、神社以外に幾体ものお地蔵様を安置した地蔵堂と、天保年間に無住となった曹洞宗の寺があり、この寺の檀家は隣の立原集落も含まれるという。お寺には小作りの仏像が置かれ、百万遍の数珠や経文が供えられている。また、寺の裏の石垣のところは捨て墓になっており、共同墓地ができるまで使用されていた。なお、以前の相月村は、松島区、横吹区、相月区からなっており、この横吹の集落は神社や寺を有する集落として、廻りの集落の中心をなしていた。

冬に二つの神社詣でを行った。白山神社は、朽ちかけていると聞いた通りの神社であり、中に踏み入れれば床が抜けて落ちてしまいそうな感がある。既に祀る人がいない神社となっている。神社の廻りに打ち捨てられた物を見ると、昔祭りをした残り香を感じ、祭りができなくなった神社の悲しさを感じさせる。

熊野神社へ登る道沿いには、庚申塚など五体を祀ってある石碑群がある。この先の熊野神社への道は半分消えかけており、山の斜面を転がるように神社にたどり着いた。熊野神社の戸口が開いて大きな御幣が見えるが、新しい榊の姿はない。ここも祭りが執り行われない神社となっている。集落へ降りる道筋、多くの枝道と廃屋を眼にすることができた。

七　平和の集落などを思う

国道一五二号線沿いに、西渡に向かう大井橋を渡らずにそのままトンネルをくぐり、水窪川に沿って数百メートル進むと、竜頭山登山口がある。登山口には、不動明王の姿と「奥の院是右五十丁」の文字が刻まれた石碑と、「右あきは左おくのゐん道」と刻まれた石碑が迎えてくれる。

この登山口から登り始めること数百メートルで、平和集落跡が目に入ってくる。集落跡と言っても、昭和四九年（一九七四）頃に離村したことから、既に四〇年以上人が住んでいない。

平和の集落は、壬申戸籍（明治四年（一八七一）太政官布告第一七〇号により明治五年（一八七二）に編成された最初の全国的戸籍）によれば、戸数六軒・人口三二人であったが、山香村調査・昭和二九年（一九五四）七月三一日では二六世帯・一五七名の集落となっている。これが、昭和四〇年（一九六五）の国勢調査では二四軒・一〇三人、昭和四五年（一九六五）八軒・二五人となり、蝋燭《ろうそく》の火が消えるようにいなくなったという。

平和の集落の記録が出てくるのは、元禄二年（一六八九）に記された「巳ノ御竿帳寫　大井之内上福澤村　大井村中　惣高勘定覚　元禄弐年巳ノ極月　長谷川瀬兵衛用之」である。これによれば、大井村の他の集落である大瀧村、千戸村、下福沢村、鮎釣村、間庄村、西村、泉村、上福沢村、瀬戸村と並んで、石高は小さいものの平和村の記述がある。

地元の国学者である内山真龍（一七四〇～一八二一）が、一〇年の歳月をかけて寛政一一年（一七九九）にまとめた『遠江国風土記伝』の豊田郡大井村の中に「里は六

つ　西ノ渡、戸口に封、天龍河の渡場なり、大瀧、和泉の久良機山、山姥の住む所、跡あり、平輪、瀬戸、小川、七久保山、間庄、公門世々茲に住む。」と、平和（平輪）の集落の文字を見ることができる。

また、弘化三年（一八四六）に書かれた『弘化三年　遠州豊田郡大井村去巳年村入用帳　丙午三月』によれば、大井村では、本百姓百弐十六軒江割　壱軒分　銭四百四拾文の記載がある。この資料から見ると、平和には五軒の本百姓がいたことがわかるそのほか、津島の御師である氷室家の旦場廻帳の段にも、『文化十二亥年記而入三州遠州旦廻手引』では、瀬戸村から大瀧村江移り、着候ハヾ村片廻りして、翌朝は、平和・福沢と勤めて和泉村泊リ」と平和の日程が記されている。また、『天保十年亥二月（一八三九）三遠州旦廻手引帳　御師　氷室作大夫種房』によれば、大瀧村の御宿として御室治兵衛家に泊まり、当家と名主の平出甚左衛門殿で加持祈祷を勤め、平和村庄屋　林左衛門にて平和村の御初尾を受取、荷物は福沢村へ送り、和泉村庄屋・持長四郎座衛門殿泊りと心得る様に日程を決めている。これらにより、秋葉道（相月道）の脇道として平和集落の存在を確認することができる。

平和の地名を考えると、「ヒラ」とは崖や傾斜地、または山の一部が平になっている所。「ワ」は山裾、川の曲がりくねったあたりを示す語である。実際、水窪川と天竜川が合流する地点で、水窪川が山裾に沿って蛇行した突先に平和の集落があり、語彙に沿った地名と考えられる。

写真 9-134　平和口の阿弥陀堂

この平和に活気があった頃を偲ばすものとして、集落の西に残されている阿弥陀堂がある。このお堂は、竜頭山への登山道から沢沿いに見上げたところに建てられており、お堂の前には数体の石仏が並んで置かれている。お堂の内部は朽ち果てており、安置されている仏様の御姿もない。しかし、お堂の梁には、昭和一〇年（一九三五）の青年団からの寄進を示した、集落の若い衆の名前が二六名列記されている。それと同数の娘さんもいるとすれば、かなりの若い人が住んでいたと思われる。

一方、東の外れには神社が建てられている。こちらは現在の竜頭山への道から支道に上がり、その脇道を進みながら左の石段を登り、がけ崩れで道がなくなった先に鎮座している。既に集落がなくなったこともあり、柱が朽ち果てそうになっているが、未だに神社の威厳を保っている。中には祭礼に使用されたと思われる太鼓が残されていた。

阿弥陀堂、神社は、集落の人々の心のよりどころ、祖先と自分達をつなぐものであったろう。そこには、盆行事に連なる盆踊り、秋の祭りに連なる種々の民俗芸能もあったであろう。戦後まもない頃には、百人以上住んでいた集落が、跡形もなく消え去っている。これは平和集落だけのこととして片づけてよいのであろうか。集落は残っているものの、多くの行事・芸能ごとが絶えようとしている集落が多く見られる。

写真 9-135　平和の神社

星野紘氏は、『過疎地の伝統芸能の再生を願って』という書籍の中で、「芸能のことだけに限定しないで、それを伝承している地域の人々の生活環境全体を考慮に入れた総合的視点での調査研究を」「伝承状況の実態をデータ把握するなど、客観的なものとして提示し、また要因分析などを加えて、事態の対応策を裨益するような調査研究を」「伝承者の立場に立っての民俗芸能理解を」掲げられている。佐久間町の調査実施に際して、地域のことを考慮し、十分な調査活動ができたか、調査を行った自分への問いかけでもある。

第一〇章　民話・昔話

写真 10-1　まめこぼし（斉藤朋之氏撮影）

第一節　民話と伝承の郷・佐久間

佐久間地区は、日本の何処にでも見られるような急峻な山間地に小集落の点在する、過疎化を食い止める手立てを容易に見つけることのできない中山間地区であるが、「民話と伝承の郷」として、古くから伝えられた昔話をキーワードにまちおこしを始めた。

確かにこの地区には、その土地に根差した伝説が多く残り、古くからの言い伝えを大切に、景観とともに守ってきた文化がある。平成一七年に浜松市に合併された後の旧庁舎は、「歴史と民話の郷会館」という特色ある名称が付けられた。

これも合併に先立ち、旧佐久間町の全戸総意による「NPO法人がんばらまいか佐久間」の設立によるところも大きいとは思われるが、そちらは他の章に譲ることとし、ここではこの地区を特徴付けている「民話・伝承」について述べていきたい。

ただ、現在ではこのような昔話を祖父母や両親から伝え聞くという伝統はほとんど姿を消し、昭和の時代に編纂された数冊の本を元に、お話の会や民話保存会の活動などで継承されているのが現状であり、本章の構成も聞き取り調査によるものよりもその民話からの考察に依ることが多くなることを御容赦願いたい。

第二節　語り継がれた昔話

一　地名由来譚

語り継がれている物語の中で特徴的なのは、地名に由来するものが多いことが挙げられる。その土地のいわれや通称を昔話という形で後世に伝えてきた人々の知恵である。現在でも人が入るのが困難な急峻で険しい山間地である。しかも少しでも手を入れないところは、あっという間に人の入植を拒絶するかのような勢いで緑がはびこるこの土地に、人々が定住するに至るのは余程の覚悟と苦労があったことは想像に難くない（彌八山と佐伝次山・山犬の話）。その土地を開拓したり、尽力した人々の苦労を記憶するため残された話も多い（南野田を開いた男）。特に急峻な地形のため、耕地面積の限られた土地を守り生きてゆくための労力は、計り知れないものがあっただろう。

　地名の由来などは、まさにこの土地に根差した物語であり、子供達にとっても身近なものであったに違いない。（まめこぼし・きんたまやきど）

　大蛇の住む沼や不思議な音の聞こえる淵など、うっそうとした昼なお暗い危険な場所に簡単には近づかないように、子供達に悟らせる知恵でもある（たっくり淵・鳴瀬の淵・大沼の大蛇）。

二　山の記憶（暮らしに根ざした話

　また秋葉街道や別所街道など、主要街道の交差する地でもあった佐久間は、多くの旅人や行者も行き交い、交易や文化をもたらしていた。中には旅の途中に倒れ、ここで尽きる人もあったことだろう。峠道や崖の脇などに置かれた地蔵や祠のいわれなどは、その人々を忘れることなく今なお語り継ぎ、祀り続けているこの土地の人々の心根の優しさであろう（北条峠の地蔵様・聖様・柴折り婆さん・盲目地蔵）。

　くらしの中で人々の自然への敬意や畏怖による信仰心も、山中に点在する神社や祠に物語とともに受け継がれている（飛び地蔵・神妻神社・相月諏訪神社・白髭明神）。

　天竜川や、その大天竜に注ぐ多くの支流が流れるこの地域でさえも、幾多の旱魃に見舞われる年があった。その旱魃時の記憶や雨乞いなどを語り継いだ話も残されている。（雨乞い祭り）

川は恵みでもあるが災害の元でもあり、「天竜」の名の示す通り流れのきつい荒々しい水流には竜蛇の伝説が多いと、語り部「やまんばの会」の小嶋さんは教えてくれた。反対に流れの緩やかな場所には河童が住むのだという。佐久間でも浦川の緩い流れの土地にだけ河童伝説が残っている（河童のくれた目薬）。

　この土地で生きてゆく中での苦労や知恵を、代々受け継ぐ手段としての語りでもあった昔話は、具体的な地名やいわれが単独で語られるのではなく、その由来となる話が関連づいて残されている場合、その話は実際に元となる出来事や信仰があったものであることをうかがわせるものである。

三　戦国の記憶

　地名由来譚と重複するところもあるが、戦国乱世の世を語り継ぐ物語も数多く残されている。

　山深いこの地域も、南に下れば太古より栄える遠江国の北端であり、その遠江国は船であれば都や伊勢からも近く、律令時代より朝廷の息吹が色濃く残された土地である。そして、東国に興った武士達の都へ上がるため必ず通った道であり、朝廷と武家の対立の最前線の地でもあった。

　源平の合戦の折には落ちて流れた武者たちの隠れる里としては絶好の地であり、事実平家の落人の話も残されている。南北朝時代には後醍醐天皇の皇子宗良親王が遠州

写真 10-2　ほうじ峠の地蔵様 (斉藤朋之氏撮影)

写真 10-3　聖様 (斉藤朋之氏撮影)

写真 10-4　相月諏訪神社

写真 10-5　竜王淵

写真 10-6　目の神様

写真 10-7　七人塚

写真 10-8　二本杉峠

写真 10-9　鶴ヶ城

写真 10-10　若子城

写真 10-11　遠見石（斉藤朋之氏撮影）

に入って南朝の前線として戦ったのは有名な話であり、敗戦の後、この地を経て信濃へ逃れていった。

都の皇子や中央の武士達は、山間地の米さえ満足に栽培のできない急峻な土地にへばりつくように暮らしていた人々にとって、いきなり現れたマレビトと呼んでいい存在であったに違いない。

浦川地区の「七人塚」の話は、常に食べていくのがやっとの生活の村に、七人もの落ち武者が住み着き、更には盗みを働いたがために、村人が七人を殺してしまうという、なんとも無残な話である。彼らが実際に村で盗みを働いたのか、あるいは村人の思い込みで単なる濡れ衣であったのかは解らないが、問題はそこに在ったのではない。村に突然に異人が来て異変が起こった事が、村人たちには大事だったのである。そしてそのことを語り継いできたことが大切なのである。

やがて戦国の世を迎えると、この地は鎌倉幕府方の天野氏の支配下となるが、信濃から奥山氏が勢力を伸ばし南下してくると、またしても両者が対峙する地となった。それを指し示すように、佐久間地区の山の其処《そこ》ここに戦国の山城址が残され、鶴ヶ城や水巻城、小川城、若子城など、昨今の発掘によってその全貌が考古学的にも証明されるようになってきている。

機織淵など、地の娘と落武者の悲しい恋物語や、地元の武家奥山氏の骨肉の争いや、奥山氏と天方氏の壮絶な戦いなどの話（赤子池・大滝の合戦・藤蔓の橋など）は、乱世の武家たちの言動が、人々の暮らしに大きく関わっており、身近な出来事だったことを物語っている。

第三節　山姥

佐久間地区の昔話の特徴の一つに、「山姥」の話が挙げられる。山姥は全国各地にその伝説が残されているが、山深い土地であれば必ずいるという存在でもない。天竜川水系に残されているが、佐久間でも相月地区から水窪にかけてきわめて局所的である。

山姥とは、ボサボサの髪を振り乱し、鋭い眼光で口が耳元まで裂け、人を食う恐ろしい存在として知られているが、ここ佐久間の山姥は（人を食う話は勿論あるが）、藤から布を織る技を教えたり、機織りが上手で村の娘の手ほどきをしたり、子守りや産婆をしたりと、人々の生活の中に入り込み、また自身も出産の苦しみを石に刻み付けるなど、極めて人間臭い話を多く残している。

一　山姥と藤布

（一）　藤布

「藤布」という布がある。現在では「あった」と称すべき存在かもしれない。かつては北海道と沖縄を除く、本州全ての山間地域で織られていた布である。コイノ・コギノ・コギヌ・コノ・タフとも呼ばれる。

現在我々が普段身につける衣類の主流は木綿であるが、綿が日本に入ってきたのは鎌倉時代と言われ、更に全国的に庶民レベルで普及するのは江戸時代も中期を過ぎた頃からである。木綿は、それまでの繊維を草木から採っていた時代の布と比較すれば、格段の柔らかさと暖かさを持つもので、木綿を手にした日本人は、まさに大いなる衝撃を受けたに違いない（この辺りのことは柳田国男「木綿以前の事」に詳しい）。また木綿自体の栽培適地が温暖な海岸部であったため、佐久間地区に入ってきたのは、かなり後のことであったと考えられる。

では、それまで人は何を衣類としていたか。一般に古墳時代より麻の繊維が良く知られているが、以前の考古学分野の研究では、衣にそれほどの重点を置いていなかったせいか、草木繊維のものは全て麻として括られ、大麻・苧麻・青苧・赤蘇・葛・榀・藤・楮などの細分はされていなかった。

藤布自体、永く人々の衣として日本に定着していたものであったが、木綿の席捲に押され、すでに絶えたと思われていた。三五年前に京丹後の上背屋地区でわずかに残っていることが確認され、保存会が立ちあげられた。藤布を作成していた二人は既に鬼籍に入られてしまったが、藤布織の技術は着実に次世代に伝えられ、京丹後の藤布は平成三年（一九九一）、国指定有形文化財に指定された。

写真 10-12　やまんば

写真 10-13　機織淵

そんな藤布であるが、現在は佐久間の方々に聞いて回っても、「へー、藤から布が作れるの？」とかえって驚かれるほど全く残っていない。わずかな記憶として語られる布の話は、蚕を飼い絹布を織っていた祖母の姿を覚えているというくらいの遠い記憶ばかりである。機織り自体が既に生活の中から消えてしまって久しいのである。

しかし、藤布は、かつては衣類として主流の布であったはずである。年貢としての米が採れなかったこの地域では、古くは荘園時代の貢物として「遠江国風土記伝」山香荘の段に「貢物は式に曰く、貲布（さよみの・木の皮から作った糸で織った布の事）」という記述がみられ、江戸時代に入っては年貢の一つとして半物装束一具を納めていたとの記録もある（『佐久間町史下巻』）ことから、藤布や葛布・楮布（どの繊維であったかは今後検証すべき問題は残される）などの草木布を織っていたことは間違いない。また、『佐久間町史 下巻』所収の寛保二年（一七四二）の川合村「指出明細帳」に「女は藤を採り布に織・・・」の記述や、天保八年（一八三七）の浦川村「村方明細帳」に「女は□布を織、または藤を織稼ぐ仕事」の記述などが残されている（『水窪の民俗』の特別寄稿「山の民俗思想」五、藤と葛 に、この地方での草木布に関しての詳しい記述がある。）。今でも葛はクゾフジと呼び、肥料とする草場の草を束ねる紐に使用したり、ハザ掛けの竹を結ぶのに利用し、藤はマフジと呼んで区別している。

天竜峡坂部では、男児が生まれると一枚の藤布衣を贈り、この衣は生涯祭りの際の正装となり、死亡時の装束として一緒に葬るのだという。水窪の西浦田楽の神衣も現在は麻布であるが、かつては藤布であったことが確認されている。

（二）藤布の製作工程

丹後藤布保存会を訪ね、実際に藤布を蔓から採取する行程を学んできた。少し詳しくなるが体験を交えてその工程を書き記しておきたい。

ア　藤刈り

山に入り藤蔓を刈る。

蔓は木に絡んだり撚《よ》れたりしたものは避け、まっすぐに伸びていて節や小枝の少ないものを選ぶ。成っていた時の性が出るといい、うねった蔓は繊維にしてもうねったままであり、布に織った時にそのうねりが織りムラとなって質を下げるのだという。また刈った際に蔓の頭（アタマ）と根（スエ）の方向がわからなくならないように、アタマの部分を鎌で削いで印をつける。糸にする際にはアタマから績んでいくためである。

俗に「象の鼻」と呼ぶ、肌目がレンガ状に割れたものが極上品とされる。

藤は、山深く入り、大木の間を縫うように生えている親指大の太さの蔓を鎌で刈り取るため、かなりの重労働である。一本一尋（ひとひろ）、つまり一五〇から二〇〇cmくらいの真っ直ぐな蔓を選び、この蔓七十本で約一反の布を織る。

イ　藤へぎ

刈ってきた蔓が乾かないうちに生皮を剥ぐ。

木の砧でまんべんなく蔓の表面を叩き、浮いた外皮を中の芯を外すように剥いてゆく。この時も頭から剥く。

藤蔓は表皮（オニガワ）と中皮（アラソ）、芯（ナカジン・木質部）の三層からなっている。繊維にするのは中皮の部分のみであり、この作業は、まず芯を抜き、表皮と中皮のみにする。ここも全て手作業で行うが、ベテランも加えて十数人で半日作業し、二百本ほど剥けたであろうか。

剥き終えた蔓は、さらに表皮の堅く黒い部分を除くため、鎌でアタマの方の表皮と中皮の間に切れ目を入れ、表皮をめくるように手で剥いでいく。剥いだ蔓は五本で束ねてまとめる。その束の単位を「フジヒトツ」と呼ぶ。フジ二十ツあれば一反と言われた。糸になる前でも、この様に一反分の量を、工程の都度確認している所に感心させられた。

ウ　灰汁だき

剥いだアラソ（中皮）は、木灰の灰汁で炊き、アラソの不純物を除いてきれいな繊維だけを取り出す。

この時も五本の束を一まとめにし、崩さないように数か所を縛って灰汁の鍋に入れる。一鍋（ヒトナベ）分の目安はフジ五ツほど。

灰汁だきに使用する木灰は、杉や檜の灰よりも、堅木と呼ばれる椎や楢、樫の灰がいい。囲炉裏やオクド（竈）、風呂の窯など、山木を焚木として使っていた頃は、暮らしの中でいくらでも調達できた。現在保存会の方々は、この灰汁を取るための良質な灰を手に入れるのに一番苦労しているという。

この木灰を入れた釜を煮立て、アラソの束を入れ四時間炊き、沸騰してから二時間、天地を返してさらに二時間炊く。ほぼ一日の作業である。

炊きあがったアラソは、灰汁が強アルカリのため、表面がぬめっている。アラソの端をつまんで撚りがかかり、ぬめりが取れるようであれば完成である。

エ　藤こき

炊きあがったアラソは川に持っていき、流れの中で灰の汚れや不純物を、コウバシという専用の道具を使って、アタマからスエに向かって洗い流し、きれいにする。

コウバシは竹と竹の皮で作られ、その人の手に合うように各自自分で作っている。

写真 10-14　刈り取ってきた藤蔓

写真 10-15　藤蔓を叩く砧

写真 10-16　灰汁だき

写真 10-17　コウバシ

写真 10-18　フジコキ

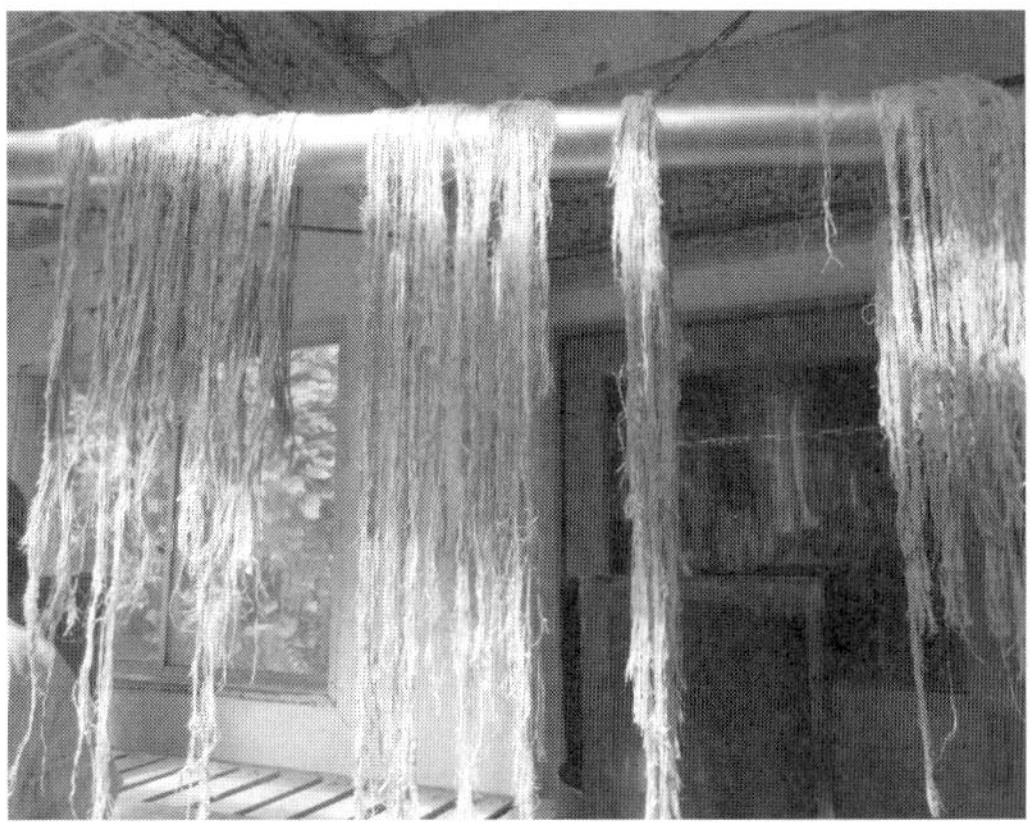

写真 10-19　干し風景

写真 10-20　シャミボウキ

写真 10-21　織りあがった反物

コウバシにする竹はシノベ竹といい、普通の竹よりも小柄である。

強くしごくとすぐに切れてしまうため「髪をなぜるように」優しく洗うものだと教えられた。またこの作業は夏に行ったので、川の水に浸っての作業は気持ちよかったが、冬の冷たい水でしごくと、灰汁も落ちやすく白く仕上がるのだと、丹後のお婆さんたちからは教えられたそうである（「ユキシルミズ＝雪解け水＝が一番」）。

オ　ノシ入れ

藤こきを終えたアラソは、米糠を溶かした湯に浸してから糠を落とし、竹竿にかけて干す。

米糠の油分を繊維に与えることで、しなやかでふっくらした糸になる。浸す時も干す時も、最初の基準であるフジヒトツを単位にまとめ、必ずアタマを先に束ねておく。干す時はアタマを外側にして通気性を良くしておく。通気性が悪いとカビが生え、繊維がダメになってしまう。

灰汁だきからこのノシ入れまでが、朝から晩までの一日の仕事であったというから、相当朝早くから作業に取り掛かっていたことがわかる。

カ　藤績み

絹や木綿の様に繊維を絡めながら繋いで糸にするのを「紡《つむ》ぐ」といい、藤やその他の草木布のように、繊維の端を繋いで糸にしてゆく方法を「績《う》む」という。

乾いたアラソの繊維は、アタマからスエに向けてフジコキで使用したコウバシを使ってしごき、繊維を裂く。荒くしごき裂いた後に、足の指に挟んで、アタマから績む太さになるまで裂く。裂き終えた糸はもつれないよう足元に並べ、端から績んでいく。

保存会で二人のお婆さんから実際に手ほどきを受けた経験のある方は、囲炉裏に両足を投げ出し、足指に糸端を引っ掛けて繊維をさばきながら手で糸を繋ぎ、口には補修用の細い糸をくわえて藤糸を績んでゆく姿は、蚕が繭を作る時の様に全身を使っている作業であったと語った。

キ　撚《よ》り掛け

フジウミされた糸は、繊維の端同士を撚り合わせて繋いだだけのものでまだ弱いため、糸車で全体に撚りを掛け、強度を付ける。

草木布全般に言えることであるが、乾燥すると糸が切れやすくなるため、撚り掛けの前にフジウミの終わった糸をぬるま湯に浸し、軽く絞ってから撚り掛けをする。これで糸が完成する。

糸は枠に巻き取るか、藤玉にして保存する。

その後、布にするためには整経（ヘバタ）→機上げ（ハタニオワセル）→経通し（ヘトオシ）の作業を経て、縦糸に糊掛けをし、機織りに入る。縦糸の糊は、米粉と蕎麦粉を半々に混ぜたものを水に溶き作る。糊をひくのも、「シャミボウキ」という松葉を束ねた刷毛を作り用いる。これも黒松でオマツの葉のみを使用する。

作り作業は、丹後では雪の間にし、機織りは三月から一ヶ月の作業だという。現在では高機《たかはた》を使用し、一反を二―三日の工程で織るが、大正の頃までは腰機（地機）で、一反織るのに五日から一週間かかったという。この布を一から全てできなければ嫁に行けないと言われたそうだ。

上の工程を見てもわかるように、簡単で単純な作業でなかったことは明白である。得手・不得手も当然あったであろう。女たちにとって大変な作業であり、それを上手にこなす手の者は自然と尊敬もされ、若い娘にも教えたであろう。

はるかに卓越した技術を持ち、他よりも秀いで抜きん出ていた者は、それだけで人とは違うとみなされ、そんな女性が神に選ばれた巫女《みこ》となるのは当然の成り行きであり、山の神の巫女や山姥と成り得たのである。山姥が藤布織を人々に伝え、娘の手を助けたという物語も納得がゆくことではないだろうか。

自然の恵みを活かし、人の英知で布を織る。その技を伝えることで命を繋ぎ、藤の生命力を身に着ける。数千円で買えるファストファッションの現在に、藤布が伝えてきてくれた事を考えさせられた。

また前出のやまんばの会の小島さんから、紫の花の咲く藤は人間が使ってもいい藤で、白い花の藤は山姥の藤だから人間が切ってはいけないと伝えられている、と教えていただいた。興味深い話である。

二　母としての山姥

全国に残る山姥の話の中には、一度のお産で七万八〇〇〇千の子供を産んだ（長野県上村）とか七百の子を三度産んだ（徳島県）とか、多産で安産の話が多く残されているが、ここ佐久間・山香の山姥はとても人間に近く、苦しみながらお産をしたという。

その苦しみを物語る「山姥の子生石（コウミタワ）」という岩が明光寺山の峠道の途中に残されている。この岩は古くから有名であったようで、江戸末期の遠州の国学者・内山真龍の「遠江国風土記伝」にも記述されている。これは山姥がお産の際に、その苦しさからしがみついた岩だとされ、ちょうど岩肌の角の辺りに、ツメ跡のような線状痕がくっきりと記されている。最近は峠道を通る人もなくなり、草深く獣たちの楽園と化しているような場所となり、苔むして落ち葉に覆われてはいるが、落ち葉を払えばその跡はまだはっきりと読み取れるという。訪ねた時期が夏であったため、鹿の置き土産の山ビルやマダニ被害を避けるため入山は叶わなかったが、案内してくれた明光寺の今川純子さん（昭和二年生まれ）は「山姥であっても出産は苦しかったんだと思いますよ」と語ってくれた。いつの世でも母は、この苦しみを超えて次世代を産み繋いできたのだ。この明光寺山には山姥神社もある。

この時山姥は三人の子を産んだとされている。その子供はそれぞれ

竜頭峰の竜築坊
神之沢の白髪童子
山住奥の院の常光坊

と、山の主である天狗となった。この山々はいずれも高い峰を持ち、秋葉から連なる修験者の修行の山でもある。ここからも読み取れるように、この地での山姥の存在は、単に人々を恐怖に落とし入れるだけの存在ではなく、山の主（神）の母という存在であり、大地の母ともいうべき位置づけである。西渡の塩の道分岐点に据えられた山姥の木像には三人の子がともに彫られている。

また山香には子生（コンダ）という字があり、ここは山姥が子供を産んで育てた場所と言われている。

仮宿（借宿、カリヤド）という地名もある。伝説では平家の落人伝説由来と伝えられているが、もともと出産のための仮小屋を仮宿と呼ぶ地域もあり、その名残とも考えられはしないだろうか。

三　退治される山姥

そんな山姥も、いよいよ退治される時がやってくる。

伝説では山姥は、和泉から福沢に行く途中にある倉木山に住んでおり、福沢の里へよく下りてきては、機織りや藤を裂いて糸を績むことを教えたり、農繁期の忙しい時に子守りをして、里人を助けたりしたと伝えられる。面白いのは、福沢でも実在の特定の家に訪れたことが語られる事である。

しかし子守りの際に本性が出て、守りをした子を食べてしまい、村人たちから成敗される。大好物の蕎麦団子と見せかけた焼石を食わされ、天竜川に落ちて死んでしまったという福沢に伝えられた伝説がひとつ。また似たような話であるが、場所が舟戸とされているものもある。

もう一つは、山姥が出て村に被害を及ぼすため村人が山姥退治を信濃の代官所（一説には朝廷）に願い出る話である。これは天徳年間（九五七〜九六一）と具体的な年代も記され、その折、代官所から平賀中務少輔と矢部後藤左衛門という二人が派遣され、山姥退治に当たったという。この時山姥は秋葉山に逃げて行ったとされ、死んではいない。

山姥を退治したという平賀中務は実在の人物とされている。山姥が秋葉山に逃げて

いった後、二人はこの土地に残り、浦川に永住したと伝えられている。実際、今でも浦川の川合には、この平賀中務の末裔だという平賀家が存在し、代々この地区の名主を務めていた。

ではこの平賀氏は、どこの出身で如何なる人物なのであろうか。信濃の代官所から派遣されたとされるのであれば、信濃の出なのであろう。しかし信濃に平賀姓はあれど、どこの系列に属するのかは、続く名前の中務も少輔も共に役職や官名であるためはっきりとはわからない。しかも戦国時代に信濃国で覇を成した信濃平賀氏は、その興りを清和源氏義光の一流とし、源義光（新羅三郎一〇四五～一一二七）の子盛義が佐久郡平賀邑を手中にしたことを始まりとすることから、天徳年間よりだいぶ後の話となる。この天徳年間は第六二代村上天皇の御代で平安時代中期に当たり、この頃平賀邑を治めていた有力地頭が平賀を名乗っていたのかもしれない。いずれにせよ、御上から派遣された侍がその後も浦川に住みつき、それからも地域の名主として公文屋敷の格式を持ち、村の御役所的役割を果たしていたことは事実である。

もう一つここで注目しておきたいものがある。山姥退治に村人が用いた山姥の好物の蕎麦団子である。蕎麦は痩せた土地でも良く育ち、生育も早いため、救荒食としても最良の食物である。佐久間でも地場産品の一つとして蕎麦や蕎麦団子を商品化している。山の暮らしと蕎麦、実に当たり前の様に思われるが、この蕎麦は焼畑をする際にはじめに植えられる作物である。様々な生活史を聞く中で、草刈り場の存在や焼畑の記憶など、貴重な山の民俗の断片が民話からも読み取れる。この土地でも確実に焼畑が行われていた。

そして山姥の子供である三人の天狗たち。天狗はその形相からこの世のものではないと思われる節もあるが、一説では焼畑を行う際の火の管理をした山伏を表したものではないかと言われている。火を扱う際の焼ける顔が天狗の赤ら顔に、天狗の持つ葉は五葉の栃の葉で油を多く含み、火を扱う際には消すにも煽《あお》るにも最良とされている。焼畑は、どの山の地をどのくらいの範囲で行うか、事前に切る木を決めたり周囲の草を払ったり、風向きを読んで確実に正確に行う必要がある。ちょっとの間違いが山火事を起こし、大惨事となる危険を伴うもので、熟練の技と自然を読む知恵が必要である。皆が誰でも出来たわけではない。厳しい修業を積み多くの知識を習得している山伏は、里の人々から畏敬の念で見られていたことだろう。そんな焼畑を管理する山伏＝天狗と、蕎麦が好物の山姥の関係は、民俗を紐解くうえでも興味深い。

写真 10-22　子生石

写真 10-23　山姥神社（斉藤朋之氏撮影）

写真 10-24　平賀家

写真 10-25　山の神（斉藤朋之氏撮影）

また山の神の母（天狗の母）である山姥とは、すなわち大地の母であると述べた多くの民俗神話学者も、山姥と土地の神や神話のオオゲツヒメ・イザナミノミコト等との類似を指摘している。更に興味深いことに、お隣中国の神仙の祖とされる西王母の姿は、虎の尻尾を持ち、耳元まで裂けた口に虎の歯が生えていて、頭はザンバラ髪で頭の上に勝《かち》（糸枠）をのせた異形であるという。糸枠から機織りを司るともとらえられるこの西王母の姿は、あまりに山姥と似通ってはいないだろうか。

ほんの少し前までの日本では、山姥的存在のモノは確かに実在していた。キリスト教の名のもとに迫害を受け、消されていった西洋の魔女とは違い、時を重ね知恵を持った先祖に対する敬意や自然への畏怖を具現化した、人でもなく、異界の魔物ではないもの、人と異界・自然界を結ぶ仲介の存在として、山姥は確かに存在していたのである。特にこの佐久間の地では、かつて山姥が度々訪れては子守りや機織りを教えたと伝えられる家や、山姥を退治した役人の末裔と伝えられる家が今も存在し、山姥の話を語り継いできているように、実際に我々の暮らしに身近に寄り添う存在なのである。

このような山の暮らしや自然を体現した姿のような山姥が退治され、人々の暮らしから消されていく過程に、人々の暮らし方の変化に伴う神々の零落した姿を見るようである。近代に入って、キツネやタヌキに化かされる人間がいなくなってきたのと同じように、かつて山姥が担っていた役割もまた、非科学的という常識のもと人々の記憶の中から消されてゆく存在となった。

第四節　語り部たちの活動

このような昔話を大切に語り継いでいる地元の方々がいる。「やまんばの会」と称し、平成元年（一九八九）に元小学校教諭であった北井先生の呼び掛けによって結成された。初代会長の北井先生はすでに故人となっているが、現在は三代目会長として小嶋直美さんが引き継いでいる。会の活動としては、一年おきに地元の小学校の一―二年生を対象にして、民話のいわれとなった地を訪ね、その場で民話を語って聞かせている。この活動は子供達に大変喜ばれているというが、小学校の統廃合とともにそのような機会がなくなりそうで、非常に残念だと語っていた。その他には月に一度、北条峠の「民俗伝承館」で民話の語りをしている。メンバーは五人で、月一ペースで会合を開き、次回の語りの順番や話す物語などを決めているという。

このように人の口から耳に語り継いでゆくことは、大切なことだと思う。文字に起こし本にして残すという形も必要なことであるが、遠い記憶の中の祖父母や近親者の語り口調や息遣い、その時感じる質感までは残せない。凍える夜の囲炉裏端であったのか、風が木々をざわめかせ、魔物の息吹のように感じられた夜であったのか、母の腕に抱かれた温もりのあるまどろみの中であったのか。人によってその記憶は様々であろうが、幼少期の記憶とともに郷愁の念を持って思い起こさせるものではないだろうか。

幸いにしてこの佐久間地区は、比較的早い段階から昔話の多く残された里として知られ、昭和九年（一九三四）に県事業として静岡県女子師範学校の生徒達によって収集された『静岡県伝説昔話集』にも、たくさんの話が収録され、保存が良い。親から子へと語り継ぐ文化は希薄になっていると思われるが、佐久間の様に地域に根付いた古くからの民話や伝説は、郷土の記憶として今後も長く伝えていってほしいものである。「やまんばの会」の方々の活動に敬意を表したい。

第五節　昔話に関する一考察

〝昔話は文化財である〟というと、奇異な感覚を持たれるだろうか。口頭伝承というものは時代を超え、人から人へと語り継がれた民間の知恵の結集であると考えれば、民間の立派な無形文化財であるととらえられはしないだろうか。

口伝により語り継がれてきた方法は、教育の浸透とともに書物にまとめられ、その書物を読んで聞かせるという形になってゆくのも時代の流れの中で仕方のないことなのだろう。しかし、昔話を通して我々の先祖がたどってきた道程を検証しておくことは、無駄ではないと思う。

文字という伝えるべき手段を持たなかった人々が、幾世代も語り繋いできた物語は、単なる子供のための娯楽の一部であったはずもない。文字がまだ一部の特権階級のものであったころ、紙もまた貴重な税の一部であり数少ない換金産物であった。楮自体、紙にするよりも布にして利用していた。子供であっても一家の働き手の一人として扱われ、手作業の家事を手伝うことが当然であった。物語は、その作業の手技の伝授と同じように、山に生きる術として語られてきたものと考えられる。いつの世も庶民は生きる事に全力であったのである。地元に密着した伝承は、日常を生きる子供達に、日々目にする地蔵の由来や、沼や沢のいわれなどを伝え、自分を生み育んだ土地への理解を深め、先人の知恵を残し次世代へと伝えてゆく方法であり、学校で教えてもらう技術や知識よりもより具体的で、この土地で生きてゆくための術を知る手段として有効であった。

山姥をはじめ天狗や河童、いたずらをする狸や狐など様々な怪異と呼ばれる物《もの》の怪《け》たちの話も民間の中では根付いていた。これら物の怪たちを、科学を知らない未開な民たちの創造物として一括して片付けてしまうのは簡単である。昨今では空想や科学ではあり得ない話を子供にすることは、子供が現実認識をする力を阻害するのではないか、という意見さえも教育者の中から聞かれるし、また近頃の子供はそんな馬鹿げた話に興味を示さないという人もいる。しかし、物語が長く語り伝えられてきたその根底にはもっと深いものがあるのではないか。科学もテクノロジーも大切であるが、人の営むこの世界は科学では割り切れない非合理ばかりである。その中でも、人が生まれ死んでゆく事は何よりも不思議なことではないだろうか。生命の誕生を説明することはできるようになっても、その命がどこから来るのかを説明できる術をいまだ人類はもっていない。命の誕生は神秘であり、それゆえに死もまた不思議である。人は他人の死を客観的にとらえ割り切ることはできても、自分の死や肉親の死を受け入れるのは困難である。その摂理を受け入れるために、古来から人は宗教という手段をあみ出してきた。日本では無宗教（宗教を自覚していないだけであるが）の人が多く、宗教は意味をなしていないという意見もあるが、人の「死」はなくなっていないし、その非合理を受け入れられる人も少ない。

そんなに大きなテーマではなくとも、人は生きてゆくうえで他と関わりながら生きてゆく。他人という非合理や自然との関係性をどのようにとってゆくかという方法もまた、『物語』の中から学んでゆくのではないか。心身を蝕む病にこんなにも多くの人が脅かされるのは、非合理な社会を受け入れられない合理的な教育に縛られている社会のせいではないかと思うことがある。「客観的正義」は必要であるが、人は「客観的に正しい」事ばかりしているわけではないし、何より自然は「非合理」の塊である。

遠い昔から父母・祖父母の口から語り継がれてきた昔話を、大人になってからも鮮明に記憶しているのは、単なる郷愁の念からだけではなく、より深いところに刻み込まれた人類の記憶に重なるものがあり、情緒形成期の大切な部分に接触しているからではないだろうか。テレビやＤＶＤなどで、西洋のおとぎ話を美しい映像とともに与えられ育ってきた現代の子供たちは、いったいどこで先祖の記憶をたどればいいのだろうか。

時代の風雪に耐え生き延びて語られ続けてきた昔話は、その中に普遍的真実があるからこそ残されていると考えられる。人間の営みの中には、確かに守らなければいけない最低限の決まりごとがあり、その一線を超えると、普段はおとなしいこれらの物の怪たちが暴れ出すという、一つのブレーキ的役割もあったのではないか。そして、人間には決して超えられない自然の大いなる力をそこに見、自然界への畏怖と敬意・恵みに対する感謝を忘れないよう生きよと伝えられた話であると思うのである。

人知を超える災害や常識を逸した犯罪が頻発している昨今、我々はもう一度立ち止まり、古人の残し伝えて来た英知に耳を傾ける必要があるのではないだろうか。

◎佐久間の民話リスト

地名由来の話／豆こぼし（佐久間）・二本杉峠の大杉（佐久間）・羽ヶ庄（佐久間）・みこ岩（山香）・仁王岩（山香）・倉木山（山香）・弥八山と佐伝二山（山香）・借宿（山香）・赤子淵（城西）

暮らしを伝えるもの／河童の目薬（浦川）・狸を騙した金蔵さん（浦川）・柴折り婆さん（浦川）・地八峠の猿（浦川）・七人塚（浦川）・きんたまやきど（佐久間）・つぶて石（佐久間）・南野田を開いた男（佐久間）・山犬の話（山香）・役人沢（山香）

民間信仰／雨乞い祭り（浦川）・飛び地蔵様（浦川）・聖様（佐久間）・竜王権現（佐久間）・竜になった妻（佐久間）・盲目地蔵（山香）・白髭明神（山香）・山姥の井戸（佐久間）・北条峠の地蔵様（城西）・大沼の大蛇（城西）・池の平（城西）・鮎釣り（城西）・梵天様の大蛇（城西）・鮎釣り（城西）・八大竜王（城西・相月）・滝壺の蛇（城西）・お犬様（城西・相月）・鳴瀬の淵（城西）・相月の諏訪神社（城西）

戦国の記憶／鶴ヶ城（浦川）・七人塚（浦川）・人肉の話（浦川）・機織淵（佐久間）・水巻城（佐久間）・谷獄山藤蔓の橋（佐久間）、二本杉峠（佐久間）・大滝の合戦（山香）・小川城（山香）・家康と桶屋（山香）・若子城（城西）・家康と安達家（城西）・赤子淵（城西）・おくわ様（城西）

山姥伝説（山香地区）／藤布を織る（倉木山）・お産を助ける（借宿）・子守りをする（福沢）・退治される（日向・西渡）

地域を特定しないもの（全国的に他地域でもみられる話）

椀貸し伝説の淵／竜王権現（佐久間）・明神淵（山香）・淵後の膳椀（城西）・大大淵の竜（城西・相月）

狐の話／馬の足音（浦川）／ネズミの天ぷら（城西）

狸・貉《むじな》／化かされた話（浦川）・真似狸（浦川）

狼・山犬／狼と山犬（佐久間）・山犬と塩（佐久間）・狼のお礼（浦川）

猫／娘になり替わった怪猫（城西）・猫の恩返し（城西）・かしゃ（城西）・猫と死人（城西）

猪・熊／夜追い（城西）・熊を裏切った猟師（城西）

虫／たっくり淵（蜘蛛）（佐久間）・むかぜ（城西）・かんなご（コオロギ）（城西）・蜘蛛の糸（城西）

鳥／ほととぎすと百舌（城西・佐久間・浦川）・伊勢神宮の使いセキレイ（佐久間）・もずきち（佐久間）・ほっこ（梟）（佐久間）・ちょんのすみ（みそさざい）（城西・佐久間）・燕と雀（佐久間）・水乞鳥（アカショウビン）（城西・浦川）

蛇の婚姻譚／ヒキガエルの恩返し（城西）・滝壺の蛇（城西）

継子／継子いじめ（城西）・栗拾いの土産（城西）

その他／捨て子の話（城西）・狐と獅子（城西）・昔話（浦川）・心がけの良い娘（佐久間）・尾上栄三郎の話（浦川）

第一一章　佐久間のくらし（「衣・食・生活全般」別編）

第一節　衣生活

一　地域で作られていた素材

養蚕は明治期以降終戦頃まで、山香《やまか》・佐久間・浦川地区で盛んだった。浦川地区では蚕は一年に三回飼った。忙しくて、子供も学校の勉強より家の手伝いが第一で、勉強しなさいなんて、いっきゃあも言われたことない、仕事をしなさいと言われたそうだ。山香の森下修子さん（昭和一三年生まれ・西渡《にしど》）は、昭和一七、八年頃まで自分の家で蚕を飼っていて、自家用には真綿を作った。母親は東栄から来た人で、五平餅などを作ってくれたけれど機織りはしなかったが、親戚の機《はた》が家にあり、織見本みたいなものや織った布も最近まで家にあったとのこと。龍山で生まれ育ち山香に嫁いできた三井節子さん（昭和一二年生まれ・瀬戸）も売りに出せなかった繭を母や姉が紡いで織り、晴れ着にしたり嫁入りに持って行ったりした。染めは信州の染物屋さんに頼んだが、華やかな緑色だったり、大きな矢絣だったりと、とてもしゃれていて、子供心にもきれいだと思った。この染物屋が信州のどのへんから来ていたかは定かでない。また、北遠一帯に来ていたかどうかも不明である。紬はとても着心地がよくて味わいのある着物だったと三井さんは述懐している。このように、生糸を生産していても、絹を衣料に用いることはごく稀で、紬も贅沢品だったと言える。山香の山口松子さん（昭和一七年生まれ・西渡）になると、もう、蚕のことは直接は知らないが、子供が昭和五〇年（一九七五）頃、学校で研究として蚕を育て、賞をいただいたと言う。

藤布は佐久間地区で有名な山姥伝説に出てくるが、実際に藤布を織っていた形跡は今は残っていない。藤蔓を木材などの結束に使った話は聞いても、繊維を採り出し、布や綱や縄などにした話は耳にしなかった。

葛布は遠州南部では今も残る伝統工芸品だが、北遠ではどこで聞いても、葛の繊維を利用した話はなかった。三井節子さんによると、葛のことは「クゾバ」と言っていて、糸としては全然使わなかった。田んぼのハゼをクゾバで縛ったり、芽と花を天ぷらにしたりした。戦後、食糧難の時、根を掘り、澱粉をとってそれで子供を育てた人がいる。何べんもこずませてすごく大変だったそうだ。じゃが芋で澱粉をとった人なら他にもいるけれど、とのこと。昔から葛布織りは行われていなかったのだろうか。ただ、前出の三井節子さんから、「太いクゾバを裂くといい音がするが、『こんないい音だから嫁に聞かすな』と言われた。いい物はなんでも『嫁にやるな』と言われたから、そういう意味」というお話を伺った。

佐久間の話ではないが、水窪の「西浦の田楽」で、「庭定め」の際にグゾバヅルの注連縄を縦横に張るというのが気にかかる。中国の「禮記」には「葛☒（カツテツ）という葛で作った紐を喪の時に首と腰につける」という記述があり、また、水窪の正月では男木とアクンボーを結わえるのにグゾバのつるを用いたという話、更に、ちょっと遠いが、鹿児島県の甑島《こしきじま》には、かつて、八月節句（旧八月一日）に子供行事として、男の子は葛つるで綱を作り「カズラタテ」をして遊ぶ風習があった等から、葛のつるで作った綱や縄には、わが国でも特別な意味があった可能性もあるかもしれない。三遠南信や飛騨地方その他各地で葛を「グゾバ」と呼ぶのは、単純に「葛の葉」からの変化かもしれないが、平安末期に荘園管理のために置かれた役所を「公所・ぐぞ」と言ったこととも考え併せると、「グゾ」は語感から推測されそうな悪い意味ではないように思える。他方、茅葺屋根の茅の束と垂木を縛るのに昔は葛の蔓を用いたという例が神奈川県や宮城県などにあって、稲藁がなかったか入手困難だった時代には葛が縄や綱に使われており、それで注連縄等にも使われていたのかもしれない。いずれにせよ北遠での「グゾバヅル」は歴史の貴重な手がかりであろう。

オバコ（またはオンバコ、ヤブマオ）は戦時中、全国で供出させられたものだが、山香の森下修子さんも、小学校一、二年の時だったか、学校のみんなで山へ行って採り、皮を剥いて提出した経験がある。そのオバコはその後何に使われたか。学生服で、織目が粗い、ホームスパンのような布があって、自分はずっとそれだと思っていたけど、本当はどうなんだろう、分からない、と修子さんは述べている。佐久間の川添和枝さん（昭和七年生まれ・佐久間）も、戦時中オンバコを採って供出した記憶がある。また、桑の皮や竹のスジも供出したとのこと。

二　衣生活の工夫…手作り・リメイク・リサイクル

古い衣類等はリメイクされて大切に使われた。山香の森下修子さんの忘れられない思い出が「中一の頃だったか、コール天の詰襟があったのを、おじいちゃんが『ボタンを付け替えて修子に着せてやれ』と言って、学校に着て行ったが、学校でお金が盗まれる事件があり、全員身体検査されたら、私のそのポケットから真っ赤くなった古いタバコが出て来たので、先生が大笑いした」こと。そのように、古い物をつぶして子供に着せたりしていた。

山香の三井節子さんは子供の頃、母がお嫁に来た時持ってきたモスや帯を〈こまして〉半纏《はんてん》に作ってくれた。「昔から『帯はこますもんじゃない』と言われていたけど、そんなこと言ってられない。物がない時代だったから。」という。また、長襦袢を綿入れに作ったり、古い物をほどいて毛糸を編んでくれた。コール天とか、ある布を使って足袋も手作りしてくれた。なので、自分も未だにほころびた靴下の先を縫ったりしている。周りからは「そんなことしてるの！」と言われるけど、豊かな時代になってもやらずにはいられないとのこと。

リメイクに男性が協力した例もあった。戦前の運動会には、女子は海老茶の袴を短くしてはいていたのだが、畳屋さんが自分で着物を短く縫って子供に着せたことがあるそうだ。職業柄、針で縫うことができたからだと佐久間の川添和枝さんは話す。なお、リメイクではないが、男性で「絽刺し《ろざし》」という刺繍を趣味でやっていた人があった。絽刺しは奈良東大寺で仏像の敷物に使用された歴史のある刺繍技法で公家などの手すさびとして流行した。明治になって一度廃れたが、尾張徳川第十九代当主夫人米子の貢献などもあって復活し、大正・昭和初期には一般に親しまれ、女性のみならず男性にも流行したという。

小学校時代、手袋を手作りした人もいる。「メリヤスのシャツを持って来なさい」と先生に言われ、そのシャツ地に先生が持って来た手袋の型を写して、みんな自分の手袋を作るよう先生が教えてくれた。手袋をする子としない子がいたので、先生がかわいそうに思ってやってくれたという。

女性達は家族の衣類を手作りした。毛糸の編み物や洋裁もした。どうやってそのやり方を習得したのだろう？　山香の三井節子さんはお母さんが洋裁を習いに行ったし、自身も習いに行ったという。また、佐久間の住吉れんさん（昭和二年生まれ・佐久間）は、西渡の本屋に編み物や洋裁の本もあったので、本で覚えたそうだ。本屋・薬局・文房具屋が一緒の店内にあり、当時としては割と大きな店だったそうだ。本屋は女性たちにもよく利用されていたことが窺える話である。れんさんは今も編み物が好きで、とてもむずかしい編み方のおしゃれなセーターを手編みしている。

履き物も手作りだった。ぞうりは竹の皮や藁で編んだ。山香の三井節子さんは、毎日親が作るので、学校から帰ると「藁をたたいておきなさい」と言われた。森下修子さんは子供の頃、親が裏にタイヤの切ったのを貼りつけて、丈夫な草履を作ってくれた。古タイヤはお父さんが知り合いの自転車屋さんからもらってきたものだが、タイヤは当時貴重で、なかなか手に入る物ではなかったから、これは特別にいいぞうりということになる。

佐久間地区には下駄屋さんもあった。福島あい子さん（昭和八年生まれ・佐久間）

コラム11-1

おしゃれ

西渡は子供の着る服が違ったと言う。大人も子供もみんなおしゃれ。役宅（久根鉱山の会社の役員の住宅）があったから。百姓の普段着はもんぺに、つぎの上につぎをあてて、うわっぱりを着た（名称が特になくてうわっぱり）。西渡商店街は、あそこに行けばなんでもあるというふうに、すごく便利だった。仕立て屋さんもあったくらい。風呂屋もあった。お金払えば、誰でも入れる風呂屋と、もう一つは久根鉱山の人が入るお風呂。タバコ屋が三軒もあった。昔は専売公社がタバコ屋は何百mおきとか決めていたのに、三軒もあったということは、それほど賑わっていたということ。キャンデー屋さんもあった。アイスキャンデーを作って売っていた。大きな氷をおが粉の中に入れて、その中にキャンデーを入れて自転車で売り歩いた。腰にもチリンチリン鈴をつけて。アイスクリームはなかった。お餅屋もあった。静岡銀行もあった。お医者さんも二軒あった。（以上　森下修子さん談）

そんなに賑やかだったので龍山からよくバスで買い物に行った。時々バスがエンコして、途中から歩いて行った。大輪橋のところでは鉱山の男性に冷やかされて怖かった。私達とは別のタイプの人達だと思った。（以上　三井節子さん談）

コラム *11-2*

山の畑で子供を見守る

久根鉱山の人は四時に仕事が終わるので、帰ってから畑をやっていた。みんな畑をきれいにしていた。野菜類はたいてい自分で作っていた。いつも誰かが畑に出ており、畑は山の斜面にあるから、よそから人が来ると見ていて、情報が伝わる。誰さんちに人が来たとか。通学の子供のことも見ていたから、みんなの目があって子供たちも安心だった。今は小中学校は親が送迎する。交通事故やいろいろな事件が心配だから。山香公民館跡が駐車場になっていて、そこまで親が送迎し、そこから学校まではスクールバス。今は一人で学校へ行くことは遠くてできない。昔は集落ごとに子供が大勢で並んで通学し、遠い所は朝六時に家を出た。一年生は疲れてしまい、上級生がカバンを後ろと前に背負ってあげたり、涙ぐましい光景もあった。帰りに途中で寝ちゃっても当時は別に心配しなかった。どっかへ行っちゃってみんなで探したなんてこともあった。戸口区は川向こうで、戸口橋は吊り橋だったので、風のひどい日は危なくて渡れず、子供を一か所に集めて学校から先生が教えに来ていた。

によると、普段の日は自分で作った藁ぞうり、雨の日は下駄で、女の人は爪皮を着けた。歯が擦り減ると、歯を差し替えられる下駄もあった。ここの坂は急だけれども当時は下駄で歩いた。今の人はとても歩けない。飯田線で学校へ通った人は、汽車が来るのが見えると、近道して鉄橋を下駄で渡って駅へ行った。汽車が近づくと下駄で鉄橋を走り、大変怖かったそうだ。

山香の山口松子さんは、もう草履は履かなかったが、小学校に通うのに、冬、雪が降ると長靴に藁を巻いて行った。小学校が坂の上にあったので滑るためである。今はその小学校はないし、統合した後の小学校には親が送り迎えするので、もうそういうことはないと述べている。

第二節　食生活

一　戦中戦後の食料生産

山香では戦時中、平らな所は全部耕して食料を作った。今川淳子さん（昭和二年生まれ、西渡）によると、標高四百メートルもある明光寺峠にも、西渡の人が坂を上って来て、畑を作っていた。肥やしは大切な肥料だから、下から担いで上がってきた。小学校の肥やしは、地域ごと順番を決めてみんなで分け合った。作物について、じゃが芋は、もったいないので探って掘って、大きいのから順に採るようにした。いんげん豆、枝豆、大根、人参、牛蒡《ごぼう》、黍《きび》などを育てた。種子も買うのではなく、自分の畑のをとっておく。種子の保存方法は、乾してから布袋に入れ、口をからげて吊るくっておく。豆、特に小豆は虫がつきやすいので、使う時広げて虫食いの豆を除くのは子供の仕事だった。山の上で水がないのでお米は作れないから買った。福沢と仙戸《せんど》だけは高いところでも水が溜められる所があって、何軒かの家が田んぼを作っていた。上平山の増田さんとかにも田んぼがあったそうだが、今は沼になっている。

二　手作り食品

「佐久間と言えば、蕎麦《そば》」と地元の人が言うくらい、蕎麦はなんといっても郷土食だ。たいてい家に石臼があり、自家で収穫し挽いて粉にした。食べ方は、山香の森下修子さんは、「そば粉一〇〇%なので長いと切れてしまい、五㎝ぐらいの長さだった。家族からは、もっとツルツルッと食べるような長いのがいいと言われてしまうけど。食べ方は、油揚げがないから千切り大根を油で炒め、煮干しと椎茸のダシで醤油味のおつゆにして、おそばの上にかけ、おつゆを出してまた入れて、そうしておそばを温めて食べた」と話す。ダシは、乾鮎の場合もあったそうだ。

佐久間の住吉れんさんもやはり十割そばで、短くて、千切り大根を煮た醤油味のおつゆにそばを入れたりするそうだ。ちなみに、佐久間の隣の龍山ではおつゆは味噌味だと三井節子さんは言う。また、川添和枝さんは、そば米を野菜と一緒に煮たそば雑炊も作った。歯触りがよくて、とてもおいしいものだそうだ。このそば雑炊も毎年一月の「佐久間そば祭り」に出しているが、すぐ売り切れる。お金（儲け）のことを考えないので一杯一〇〇円で安く出してしまう。年越しそばにやっと新蕎麦が間に合うというくらいだから、年越しそばは「ごちそう」であり、収穫祝いということ。せっかくだからそば祭りも新ソバでやりたいので、そば祭りは一月にやっていると川添さんは話していた。梅雨越したそば粉は「ねこ」と言って避けた。

　お蕎麦を短冊に刻んだ大根や葱や椎茸を煮た汁で食べる食べ方を、よそから来た人は初めて知ったと言うが、一方、信州や飛騨地方にも「お煮かけ」という、よく似た蕎麦の食べ方があり、また、それが味噌味だったりうどんだったりという変化形もある。こうしたものは、もともとは神事後に食べる神聖な食べ物だったそうだ。北遠でも冬の神事の後、汁物を共食する例は多い。信州では「とうじそば」と言って、そばを一玉ずつ「とうじカゴ」という竹でできた柄付きのカゴ（ザル）で鍋の煮汁に入れ、そばを温めてから椀に入れて食す食べ方があるが、これには山香の森下修子さんの食べ方との共通点を感じられ、興味深い。

　秋には山香の公民館で、子供たちがお蕎麦を打って食べる「ふるさと学習」という学校行事がもう何十年も続いており、山香シニアクラブの人達が蕎麦打ちを子供たちに教えてくれる。その子たちが大きくなって他所へ出てお正月に戻ってくると、「よし、俺がそばを打ってやるよ」というので、蕎麦打ちが伝えられているところもある。この辺りでは蕎麦粉には二割の小麦粉を入れている。

　蕎麦以外にも多様な粉食レシピがあり、今も好まれ食べ続けられている。佐久間の川添和枝さんの作る「芋餅」は、里芋をゆでて皮をむき、つぶしてそば粉をまぜ、型に入れて固め、それを切って焼き、醤油や甘辛あんをかけたりしていただくものである。今は、フライパンでオリーブ油で焼いたり、ダシ醤油と刻みネギをかけたりもする。じゃがいもの時もある。じゃがいもの時は小麦粉と片栗粉を混ぜる。できたての芋餅は、糯米の餅ほど粘らず、ふっくら食べやすく、里芋の風味が残っていて、あっさりした、やさしい味わいだ。

　また、「焼き餅」は小麦粉を熱湯で練って、芋餅同様、焼いて醤油を付ける。熱湯で練るとモッチリするが、水で練るとパサパサになる。たくさん作らない場合には小さく丸めて平らにのばし、指三本押して型を付ける。

　すいとんは、小麦粉を熱湯で練ってから、味噌を入れる前の煮汁の中にヘラで切るようにして入れる。幅広いきしめんのようなものである。味噌を入れてからすいとんを入れると、すいとんが溶けちゃう、と住吉れんさんは経験からの知恵を語ってくれた。甲斐の「ほうとう」や岩手県南部藩

写真 11-1　芋餅

コラム 11-3

餅と粉食

　芋餅も焼き餅も、今普通に「餅（もち）」と言っているような、糯（もち）米を蒸して搗いたモチではない。しかし、漢字「餅」（ピン）は、もともとは粉で作った食べ物を指すそうなので、佐久間の「焼き餅」「芋餅」が現代のいわゆる餅でなくても少しもおかしくないし、実際、全国にも粉が材料でも「餅」という名が付く「団子」や、「まんじゅう」的な食べ物がたくさんある。また、昔の日本のモチは、生米を水に浸してすりつぶして粉にした「シトギ」だったという（参考　Food Watch Japan ホームページ「日本の餅と中国の餅」参照）。シトギはナマコ型にまとめて薄く切ったりもした。静岡県中西部地方にも残る郷土食「おはたき」は、これがルーツではないかと言われている。

　また、岩手県遠野市近辺の郷土食「焼き餅」も、佐久間同様、いわゆる「餅」ではなく粉食（小麦粉とそば粉）だが、形は餃子とか耳に似ていて、中にはクルミと黒砂糖や味噌が入っている。一度茹で、後で食べる時には焼くという。実は佐久間でも昔、そば粉を熱湯で練り、餡を入れて団子にし、茹でると蕎麦のアクが抜ける、そういう食べ方があったので、今、それを復活させようと試みているところだと川添さん（前出）は言う。北遠は甲斐とも近い。甲斐南部氏は奥州南部氏発祥の地であることを考えると、食文化の面でも繋がりが多々ありそうで、調べてみると面白いと思われる。

コラム11-4

現代の行商

西渡商店街のお店は、もうほとんどやめてしまったが、閉めてしまった食料品店がそれまでの取引相手に頼んで、行商がいろいろ来てくれている。豆腐屋は何曜日とか決まっている。魚屋は御前崎の方から来ている。儲かるというより、今までのつながりで、みんなのために来てくれている。いろいろ積んでくるし、ない物でも頼めば次の時に持ってきてくれる。筆者が平成二七年（二〇一五）に見かけたミニバンの行商人は高齢の女性で、こちらも高齢化が進んでいるらしい。

の「ひっつみ」とも相通じるものを感じる。

三　保存食・常備食・非常食

味噌は佐久間では戦後すぐぐらいまでは各家庭で作った。大きな樽《たる》なので、昔は隣組で樽を持っていて、順番に、「今日は、うち」とやっていたそうだと佐久間の住吉れんさんは語る。その樽も村にある桶《おけ》屋さんが作ったという。樽と言えば、城西《しろにし》地区では、戦後また祭りをやろうとしたが太鼓がなかった。山羊を飼っていた家があったのでそれで皮を張ったという。此田みさえさん（昭和一六年生まれ、佐久間）の話である。太鼓まで自給できたのである。

今も山香ふるさと村で作っている地味噌は、いわゆる信州みそ系の薄茶色だが、山香の小嶋直美さん（昭和三八年生まれ・相月）の自家製味噌は濃色だ（こげ茶色に近い茶色で、赤だし味噌や名古屋味噌のような色）。三年熟成させるとこの色になるという。小嶋さんは麦麹と米麹を半々にしているが、比率は各家庭でいろいろだそうだ。小嶋さんはこの三年熟成の自家製味噌で、郷土料理「煮味噌《にみそ》」をよく作る。やり方は、まずキノコを鍋に入れて加熱し、材料から水が出たらダシ（今は粉末）と砂糖を入れ、葱と味噌を入れて煮ながら食べるという家庭料理で、ご飯にとてもよく合う。水を入れないで煮るので、キノコは雨の後などの水分をたっぷり含んだ物を使うとよいという。また、春なら葱でなく分葱《わけぎ》を使うとおいしい。浜松から帰省した子供や孫たちに今でも人気だそうだ。ご主人は山仕事での昼食にも煮味噌をするそうで、その時はダシは使わないとのこと。寒い季節に野外で働く時、熱い煮味噌での昼食はさぞおいしく、また、体に良いだろうと思われる。三河地方沿岸部に伝わる漁師の食事「煮味噌」もよく似ているが、そちらの方は海産物を使っている。

漬物も、梅干し、らっきょう漬け、胡瓜《きゅうり》、蕨《わらび》、紫蘇《しそ》の実、山椒《さんしょう》の実などの塩漬けや醤油漬けなど、いろいろ作られているが、城西出身の此田みさえさん（昭和一六年生まれ・佐久間）は筍《たけのこ》をおから漬けにした。塩とおからで漬けると、冷蔵庫や冷凍庫がなくてもたけのこを保存できた。今は茹でて冷凍保存しているそうだ。ちなみに、愛知県の郷土食に鰯《いわし》のおから漬けがある。

非常食については、普段から家の周りで採れた物を食べているし、保存食もあるので、特に意識して非常用に備蓄して置くということは少なかったそうだ。昔は黍《きび》（トもろこし）をたくさん作って保存し、粉に挽いて利用していたが、ネズミに食われたり、また、一時カラスがたくさんいてやられてしまったこともあり、黍を作らなくなった。今はカラスは少なく動物が多い。

四　買った食品

鮎はたくさんとれたが、海の魚は行商人から買った。佐久間では中部《なかべ》の魚屋さんが天秤棒でかついで鰯を売りに来た。山香にも行商の魚屋さんが回ってきた。山香の三井節子さんは、鰯を一箱買って毎日毎日食べたという。鮭は吊るしておいて少しずつ切って食べた。山香の森下修子さんは、さんまの目に藁を通して吊るしておいたそうで、食べる時、おじいちゃんは一匹、みんなには半分ずつだった。久根の鉱山住宅から明光寺の方まで行商人が回って来ることがあったが、そういう時でないとなかなか魚は食べられなかったのでうれしかったと今川淳子さんは語る。買う魚は干物で、さんまの干したのか鰯の目刺しだった。塩鯖は上等の方だったそうだ。

明光寺峠への坂を上って豆腐屋も売りに来た。戦後、車の道ができるまでは、西渡から缶に入れて背負子《しょいこ》で背負って来た。坂にずっと点々と家があったので、順に売っていた。更にその前の時代は、堅い豆腐を藁でしばって坂を上って来たという。佐久間では豆腐屋さんが近所にあった。堅くて、経木で包んで藁でしばって持った。「気を付けないと、こまかっちゃう」と住吉れんさんは当時を思い出す。

醤油、塩、砂糖などの調味料や酒は店で買った。佐久間駅前の平尾商店は塩だけ売っていた。紙の袋で、大袋・中袋・小袋があった。その店は今も残っているが、今は他の食料品や日用雑貨も扱っている。

　城西出身の此田みさえさんは子供の頃、塩とか醤油とかお父さんのお酒とかを、学校の帰りに買って帰った。一升瓶を下げて片道一時間を歩いて帰った。それが子供の仕事だったという。

五　行事食

　佐久間地区半場の大日神社の霜月祭りでは、三方に小高く盛った小豆の赤飯を神前に供え、社での祝詞奏上後、裏手斜面の山神様の石碑のそばの、木の根元に置いていた。山の動物が食べるということだった。城西地区今田の高橋勝美さん（昭和一八年生まれ）によると、中野田では年取りの晩、豆が入った赤いご飯を炊くという。相月の小嶋直美さんは、年取りの晩は粳米《うるち》に小豆の赤い御飯を炊くそうだ。赤飯文化啓発協会ホームページによると、その昔、赤米ご飯を神に供える風習があったのが、後に今のお赤飯（小豆飯）が代用として広まった。一般農民は江戸時代の中期まで赤米を食べていたが、白米を食べるようになってから脚気予防などの意味もあって、赤飯（小豆飯）が広く食べられるようになり、慶事などの行事食となったということだ。山神様に赤飯を供える例は全国各地に見られ、またその時、魚などの海産物も一緒に供えられることも多いが、大日神社でも湯立て神事の後、煮干しを煎って参加者に配ってくれた。山香の森下修子さんの、夏の暑さ除けに小豆粥、また、お盆のうち一日は小豆粥か小豆のご飯を食べたという思い出も、それに関係しているかもしれない。

　一方、相月の小嶋直美さんによると、城西（相月）では山神様《やまがみ》のお供えには赤飯はない。山仕事は危険な仕事なので、何度か同じ所で事故などがあったりすると、そこは「バチやま」と言ってお祀りし、山に入る時は山の神様にお酒を上げる。一一月と二月に「山の講」をするが、神様にお洗米とお酒と塩を上げ、その後みんなで会食。それがまた楽しみ。集落のそれぞれにも、おまつりがたくさんあるが、庚申様もそうだけれど、みんなの楽しみでもあるという面が大きいと小嶋さんは語ってくれた。因みに、今田一宮のそばに住む高橋勝美さんの話では、正月の飾りを外した後、舅がそれを庭の南天の木の根元に置いていた。そこに神様がいるんだと舅は言っていた。南天の木に供物等は特にしなかったそうだ。各家にこのように神様があったという。「とんど焼き」とはまた異なるやり方が興味深い。

　赤い御飯に関係するが、北遠でよく栽培され食べられていた「たかきび」も赤い色だ。「たかきび」は別称「モロコシ」「高粱（コーリャン）」「トウキビ」、古代熱帯アフリカ原産で日本には一五世紀頃、中国を経由して伝来し、五穀として栽培されたという。北遠での栽培がいつからかは定かでないが、赤色のご飯やお粥の中には「たかきび」だった場合がありはしないか？　たかきび粉を水で練って焼くとモチモチとしている。佐久間名物「とじくり」は、煎った米と大豆に糖蜜と蕎麦粉、ときには米粉等、ありあわせの物を材料として作るが（北条《ほうじ》峠の民俗伝承館では現在、蕎麦アレル

コラム 11-5

太鼓といえば・・・

　佐久間町唯一の太鼓グループ「佐久間飛龍太鼓」は、平成元年に「佐久間町の町おこし・自分おこしをしよう」ということで町内に回覧板が回り参加者を募って始まったが、最初は太鼓も指導者も無かった。それで役場の人が調べて、関市の「孫六太鼓」がいいとのことで、太鼓を借り、曲を作ってもらい、指導者にも来てもらった。平成五年からは、中部（なかべ）地割れ花火のお祭りの太鼓と笛をやっていた青島仙光《のりみつ》さんをリーダーに迎えた。青島さんは関市の「孫六太鼓」で修行し資格をもらい、「佐久間飛龍太鼓」という名前も付けてもらった。現在はたいへん立派な太鼓を複数所有し、ダム祭りやいろいろなイベント等に招かれみごとな演奏を披露するまでになっている。大人だけでは人数が少ないが、子供が意欲的に参加してくれており、とても向上心があるので、子供には難易度が高いような曲にも取り組めていると山本さんは語る。

　先年、「孫六太鼓」の人に来て演奏してもらったが、それを聴いた佐久間の人が「なんか懐かしいね。」と言っていたそうだ。この太鼓繋がりは偶々だけれど、佐久間には山師などで岐阜の方から来ている人もおり、ご縁を感じる。

コラム11-6

おこわ名人

佐久間の此田みさえさんの作る山菜おこわ、ふっくらして、とてもおいしい。具は普通の山菜おこわだが、なにか滋味を感じる。作り方をうかがうと、もち米は予め水に浸しておく。湯気が上がって二〇分ほどしたら、具を煮たつゆをかけ、まんべんなく混ぜ合わせ、またもう一度蒸す。水をかけながら蒸す。心を込めて丁寧に何度も、まんべんなく水をかける。手間がかかるけど、隈なくかける。それをやるからおいしいおこわになる。おばあさん（姑）に教わったとのこと。「この人がやるととても美味しいおこわになるんだよ。」と皆さんもほめる。昔は子供会の卒業生を送る会などに、赤飯おこわを七〇升も炊いたそうだ。おこわはなくてはならない行事食だったのだ。そのおこわを上手においしく焚けると言うことは、素晴らしい技能だったに違いない。そして今でもやっぱり、みんなを喜ばせ、幸せな気分にさせる、貴重な技術力であることに変わりはないと思う。

ギーの客を考慮して小麦粉を使用している）、きび粉は使わなかっただろうか？

城西地区今田の高橋勝美さんの話では、佐久間地区は新しいことが入ってきて昔のことがだいぶなくなっているが、水窪は昔のやり方を守る人が多い。城西地区も水窪文化圏で、たとえば、葬式の時には昼に一人一人膳を出す。ご飯、味噌汁、煮物、漬物、こんにゃくのクルミ和え。仙戸の人も、水窪と同じように「もちい」をやったという。明光寺の今川淳子さんによると、山香地区では「もちい」は「女の年取り」「女正月」と言い、一月一五日に墓参り・寺参りをする。また、正月に搗いた餅が残っていても、また餅を搗き、正月のご馳走を作って食べる。今でもやっている家があるそうだ。

六　特色ある食べ物

「へぼ」は佐久間の特色ある食文化のひとつだ。「へぼ」とは「クロスズメバチ」のことで、この辺では昔「ハエ取りバチ」とも呼んでいた。へぼ捕りやへぼの飼育も、煮付けたへぼやそれを混ぜたへぼ飯のことも、みな「へぼ」と呼んでいる。「へぼ愛好会」の代表を務める山香の森下栄之助さん（昭和九年生まれ・西渡）によると、「へぼ」という呼び方は、串原村（愛知県稲武町と岐阜県の境）から来たのではないかということだ。山香地区の住人に「うちはもともと岐阜出だ」と言う人が何軒もあり、岐阜県との繋がりを感じる。その串原村では昔も今も「へぼ」が盛んで、採取や飼育方法、食べ方も佐久間とほぼ同じ、販売目的ではなく大人も子供も楽しんでいる点も同じだ。なお、栄之助さんは東栄から婿に来たが、東栄でも昔から「へぼ」があった。栄之助さんは子供の頃、川で遊んだ帰りに友達と連れだって山へ行き、小さい巣を見つけて持ち帰って、「そうめんばこ」と呼ぶ小さい箱で飼ったのが懐かしい思い出だ。以下、森下栄之助さんに伺った詳細を記す。

六月末から七月頃は「へぼ」の巣取り。まず仕掛け（道具）を準備する。薄手の白いビニール（レジ袋）を２㎜×５㎝くらいに細長く切り、その片端に一〇〇番のミシン糸を結びつける。その糸でマッチの頭弱の大きさの肉片を縛る。その肉片をへぼ捕り用のエサにするわけである。肉片は今はたいてい鶏肉。また、以前はビニールではなく、綿を使った。綿の端を細長く伸ばして細くひねり、それに肉片を捻じ込むように付ける。

次にへぼ（蜂）を呼び寄せる。山へ行って地面に棒を立て、その先に肉塊を付ける。その肉の匂いに呼び寄せられて、へぼ（蜂）が来る。蜂は大きな顎で、その肉をマッチの頭弱の大きさに噛み切ると、まっすぐに巣に運ぶ。その時はただ飛ばしてやり、大体の方向と時間を測る。一分〜三〇秒、距離は五〜五〇ｍくらい。時計を持っている訳ではないから、大体で。

蜂が何匹も来ると、皆、巣が違うことがある。それで、蜂の背中に、昔は白墨で、今はサインペンで、ちょっと印を付ける。山の中で肉なんて貴重だから、蜂は欲しくてしょうがないから、人間が少しぐらいさわっても平気なのだ。

蜂はうれしくて、エサと巣を何度も往復する。そこで今度は蜂が肉塊を噛み切るのに夢中になっている時に、串などの先に仕掛けの肉片を付け、蜂の後ろの方からそっと差出し、蜂に持たせてやると、肉塊を噛み切る手間が省けるので蜂はそれを持って飛び立つ。肉が重いと蜂は途中、木でひと休みし、そうすると、杉の木の肌などはガサガサしているので、綿だとくっ付いてしまうから、今のビニールの仕掛けの方がいいのだ。

次に、蜂を追跡する。蜂に仕掛けを持たせて飛ばす係の他に、蜂が向かう方向が分かっているので、その方向に多くて三〜四人、少なければ二人、並び、蜂の後を追う係がいる。子供の頃は、仲のいい遊び仲間で大きい子が小さい子に教えながらやった。巣は土の中にあるので、それを採って来て、箱で飼う。

蜂は巣から自由に外へ出入りしている。砂糖水と鶏肉を巣箱の入口に置いてやると、蜂がそれを巣の中に持ち帰り幼虫に与える。砂糖水は二〇〇ccぐらい、肉は一〇〇gぐらいのが、半日でなくなる。そばへ行くと蜂が肉を噛み切っている音がシュワシュワと聞こえるほどの勢いである。

エサを置くとき刺されることがあるので、栄之助さんは覆面と長いゴム手袋をする。スズメバチだからエサを取って来るだけでなく杉や桧の皮を巣材として運んで来るので、ひっきりなしに外と往復し、どんどん巣を大きくして行く。栄之助さん宅で見せていただいたのは、幅・厚み各四〇cm、高さ五〇cmぐらいもあった。中は何段にもなっていて（九段の例も）、その中に幼虫がたくさんいる。

秋、女王蜂が育てられる。巣の中には女王蜂になる幼虫が増えて行き、やがてそれが巣から飛び立ち、外で待ち受けていたオス蜂と交尾する。巣は一年こっきりであり、オス蜂と働き蜂は冬には死に絶え、女王蜂は山のどこかで越冬するが、生き残れるのはわずかだ。この生き残った女王蜂が春に一匹で「ひとおつ」（一つ）の巣を作り、何千という卵を産む。女王蜂は特別のエサで育てられると言われているが、よく分からない。お茶の花の花粉がそのエサらしいと言われており、確かに茶畑には花の咲く頃、クロスズメバチがいる。

一一月頃、巣を入れている箱の外から、蜂取り専用の花火（煙幕、市販されている）の煙をかける。そうすると、箱のふたを開ける前に、蜂が酔っちゃって仮死状態になるので、その時に箱を開け、ササッと巣を出し、段を分け、ゴミをどけて、酔った蜂と一緒にビニール袋に入れて口を縛る。蜂が目を覚ますと刺されるから急いでやる。さなぎと幼虫を取り出す。この頃は巣の半分くらいが女王蜂を育てる段になっている。女王蜂は体の大きさが働き蜂の三〜四倍あり、巣穴も大きい。さなぎが入っている穴は真っ白に塞がれている。

取り出した幼虫とさなぎを佃煮にするのは、栄之助さん手ずからである。丹精した「へぼ」を大切に、細心の注意を払って焦がさないようゆっくり炒りつける。昔の人は、保存のきく濃い味にしたと思われるが、栄之助さんご自慢の味付けは、酒とみりんと醤油のあっさりして滋味深い薄味である。でき上がった「へぼ」は、炊き立てのご飯に混ぜると、コクがあるがクセはないおいしい「へぼ飯」に、また、酒には絶好の佳肴となる。冷凍保存しておき、「珍しい人がおいでると蜂ご飯に炊いて出したり、近所の人にお世話になったので持って行こうか、とか」と奥様はおっしゃる。みんなが楽しみにしている季節の美味である。

写真 11-2　へぼの仕掛けに肉片を縛る

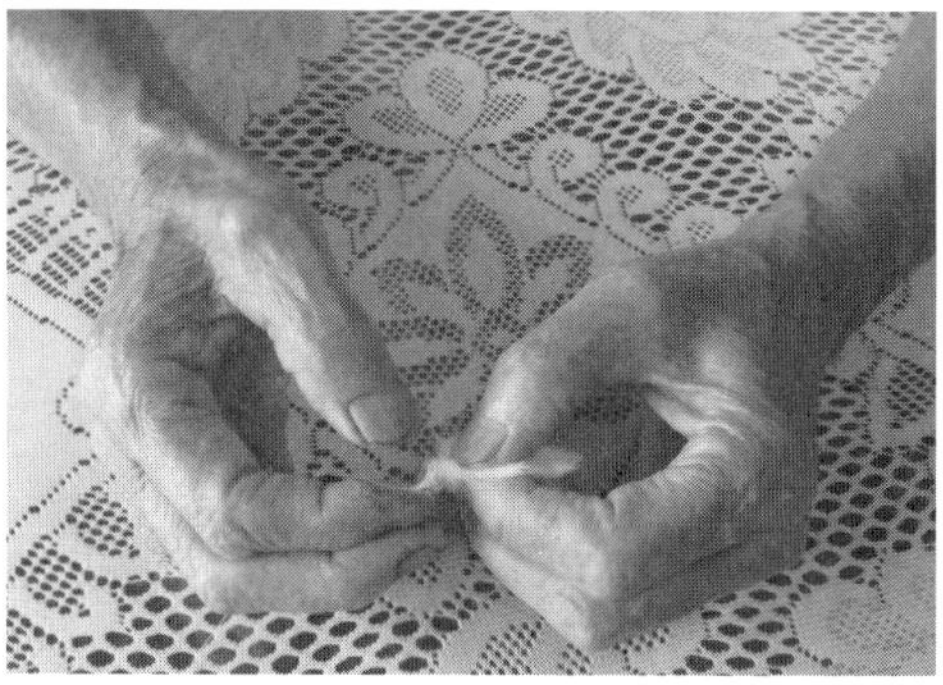
写真 11-3　綿で作ったへぼの仕掛け

写真 11-4　へぼの巣箱にエサを置く栄之助さん

写真 11-5　煮付けたへぼ

この「へぼ」捕りの技法は、多くの人々の長い経験と工夫が積み重ねられてできている。蜂を捕るのは、もともと魚がない三遠南信や岐阜などで、山奥の人達にとって蛋白源の補充だったという。しかし、実用目的ではあるが同時に、子供にとっても大人にとっても仲間と楽しめる要素もある故に、長く受け継がれて来たのだろう。へぼを飼っているのはこのへんでも何軒かある。個人でやっている人もあるし、仲間でやっている人もあるが、愛好会はきっちりした組織ではなくゆるいグループでやっている。公務員や会社員などを退職した人もおり、子供の頃を思い出し楽しんでいる。蜂の世話は毎日しなければならないが、たまに不在にするとき、へぼ仲間に頼んで出かけることがある。「へぼ」は捕ることも飼育も「へぼ」飯も、今で言う、アウトドア・ライフ流の楽しみ方ではないか。また､フェスタさくま等のイベントに出店するなど、地域おこしにも一役買っている。地域の男性たちは「へぼ」愛好でゆるやかに結びついている。

七　食べ物に対する取り組み

「山香ふるさと村」の地味噌で味噌汁を作ると、とてもいい香りがたつ。これぞ日本の味噌汁という、ふるさとを感じさせる香りだ。そして実においしい。ダシもほとんどいらないくらい、摘み菜などのシンプルな具で十分だ。山香の森下修子さんは、生の青唐辛子を一つ、スッと縦に切り込みをしてから椀に入れ、暑い味噌汁を注ぐといい香りがすると教えてくれた。修子さんの夫・栄之助さん（東栄出身）から教わったと言う。ただし、うっかり青唐辛子を食べてしまわないよう、そこは気を付けねばならない。

「佐久間パンプキン・レディース」は、もともと子供にいいものを食べさせようという気持ちから始まったと川添和枝さんは当時を振り返り､次のように話してくれた。昭和四六年（一九七一）か四九年（一九七四）頃、消費者グループ「かな」を作り、生活全般の勉強をした。なるべく合成洗剤を使わず粉せっけんを使うようにしようとか、こんにゃくを作る人が少なくなったので、できる人（長谷川さん）に教わり、フェスタ佐久間でたくさん作って売るなどの啓発活動をした。材料のこんにゃく芋は茶畑の中に生えていて、取らなければ増える。その家の人の都合のいい時に取って来て作ることができる。みんなでおいしく安全に食べようということだった。フェスタ佐久間は当時は浦川でやったが､お店を出す人が少なくて声をかけて回った。その他、川の水温を測る検査などをした。お金のことは考えず、日当も出ずにがんばった。静岡新聞水窪支局の人も手伝ってくれた。新聞社の人は地域の人に可愛がってもらって楽しかったそうで、イキイキしていた。昭和四九年（一九七四）頃、子供のお菓子に入っている危険な添加物が世間で問題となった。合成添加物の多用は生殖器官に害があるそうなので、将来に重大な影響があっては大変だから、子供にいい物を食べさせたい、おやつが大事だということで、みんなで相談し、いろいろ試作してみた。そして佐久間中学校の生徒に試食してもらい、ゴマのお菓子「ごまちゃん」が誕生した。このネーミングもラベルのデザインも佐中の生徒が考えてくれた。その付き合いは今も続いている。できた「ごまちゃん」は消費者グループでは販売できないので、「佐久間パンプキン・レディース」を起ち上げた。「ごまちゃん」は掛川の「これっしか処」などに置いてもらったこともあるが、今はイベントで販売するのと、近所の商店（西渡の林商店）に置いてもらっているだけになったが、よく売れている。ごまちゃんを作るきっかけは、たまたま行った高山で、ゴマのお菓子を買ったら堅かったので、もっと食べやすいものをと作ってみたがなかなか固まらない。それで、図書館に行って調べて、「砂糖は一二〇℃でガラス化する」と分かったけど、一二〇℃という温度計がない。八〇℃の温度計しかないのを一二〇℃まで印をして､様子を見ながらやった。できたごまちゃんには、機械でなく手作りならではの表情が出るよう、平らなのをちょっとねじっている。熱いうちに瞬間的にやるので、気を付けてやっているとのことだった。このようにお母さんたちの熱意と研究があってできたごまちゃんは、添加物がない自然な味と、ほどよい堅さ、大きさと愛嬌のある形で、定番商品になっている。

毎年恒例になっている「そば祭り」は「NPOがんばらまいか佐久間」が始めた。川添和枝さんはそれに協力し､「年会費千円でみんなのためになるから」と頼んで歩いた。始めるに当たって松本へ視察に行った時、赤花ソバの種子があったので買って来てプランターに播いたが、種ができなかった。その後、今度は松本へ「うまい蕎麦があるので、食べながら…」と視察に行ったりしていろいろ研究した。そば祭りは毎年一月一六日頃にやっている。はじめは出してくれる人が少なかったが、今は大賑わい。蕎麦畑は浦川の上市場にある。元は田んぼだったところをNPOで借りた。今は当時の反数より作付がかなり増えている。始めた時は人がいなくて困ったが、今度は人が増えても年齢が高くなったので、今はコンバインを入れている。常葉大学の人が交流で島中峠の畑に来てくれていて、また、今は農協の人も手伝ってくれる。「NPOがんばらまいか佐久間」の他に、佐久間には「そば友の会」がある。男衆も集まれる場所があった方がいいと言って有志が会を作り、放置畑など、空いている土地をを蕎麦畑に活用して、ソバ畑がだんだん増えている。でも、やる人も段々年をとってきているし、また、会員には畑をやったことのない人も多いので、農家の人がリーダーとなって教えているが、細かく教えなければならない。でも、それも楽しいよ。耕運機も最初はなくて、持ってる人が持って来たが、今は会で持っている。そば畑の苦労としては、けものが危なかった。そば作の合い間に小麦を作ったけれど、鹿に入られて三回、芽を食べられちゃった。でも電気柵が入ったので大丈夫になった。川添和枝さんはこのように、地域のみんなで知恵と力を出し合ってそば祭りを楽しんでいる様子を話してくれた。今は他県からも出店があり、多数の客がつめかける賑やかなイベントになっている。

城西地区相月の「縁側カフェ　結《ゆい》」は県東部から移住してきた山田ひろ子さん（昭和二四年生まれ）ご夫婦が開いたカフェで、週末営業、冬季は休業する。定年後は山村で暮らしたいと、各地を回ってここを選んだ。それに先立ってまず地元の人に相談し、看板や駐車場の許可をもらってから始めたそうだ。そば粉クレープと地元野菜などのヘルシーでおしゃれなランチを出し、雑誌にも掲載された。自宅の柚子を使った手作りジャムやお菓子、手編みのバッグなども販売し、また、布草履などの委託販売で地元の制作家の支援をしている。ご当地グルメなどのイベントにも積極的に出店している。地域の人が手伝いに来たり、月一度は手芸サークルを開くなど、いろいろな女性たちが自然に集まる場となっている。一緒に手芸を楽しんだ後は持ち寄りランチで、手製の山菜料理などがテーブル狭しと並び、おしゃべりに花が咲く憩いの場になっている。手芸サークルには浦川から飯田線で通って来る人もいる。車より早くて便利だという。相月駅からは徒歩でも行けるが、普段は友達が車に乗せてくれるそうだ。

「芝垣ゆず園」は会社は水窪だが、佐久間町に県内最大本数を有する柚子園がある。西尾ふくよさん（昭和二二年生まれ）の実家である芝垣家にもともと柚子畑があったのを拡大し、ゆべし（柚餅子）の生産も手掛けるようになったものだ。こちらの柚餅子は、甘いお菓子の柚餅子ではなく、珍味と呼ばれる発酵自然食品で、製法は、柚子の実をくり抜き皮の中に自家製手作り味噌と自家製そば粉とクルミとゴマを混ぜた練り味噌を詰めて蒸し、三〜四ヵ月ほど乾燥させる。食べる時は薄く切って、胡瓜やチーズを添え酒肴にしたり、ご飯のおかずにする。独特の芳香濃厚な味わいが食通にも好まれ、東京にも出荷している。この柚餅子の製法は西尾ふくよさんが信州に行って学んで来たもので、同様の柚餅子は奈良県の十津川村、岐阜県恵那市、和歌山県龍神村、そして南信の下伊那郡天龍村、泰阜村などで特産品として今も作られているが、起源は源平の時代に遡るとも言われ、もともと保存食や、修験者・武士などの携行食であったそうだ。

「芝垣柚子園」では他に柚子味噌、柚子ジャム、独自に研究開発した柚子酢などを製造、道の駅や掛川駅の名産品売り場「これっしか処」などで手広く販売し、また、東京の料亭などとも取引がある。夫と長男が栽培と製造の中心で、妻のふくよさんは営業も担当しいつも忙しく飛び回っている。孫も柚子に興味を持ち、後を継いでくれそうだ。

柚餅子は浦川の農産物店「東農」でもご夫婦の手作りで生産、販売されているほか、北遠ではわずかだが家庭でも手作りされ、農協直営店などで時折見かけることがある。

コラム11-7

書店・図書館の存在

お母さんたちが砂糖が固まる温度を図書館で調べたというのに感心する。家族の編み物や洋裁をするのに、本を西渡の本屋で入手し情報源とした人たちといい、書籍への親和性がこの地域の女性の研究心・向上心を物語っているだろう。だからこそ、今も佐久間図書館は元気で、地域の人と密着し地域の人に愛されている、特色ある図書館として続いているのだろう。小学校の体験学習に積極的に協力している山香ふるさと村や、中学生と協同でごまちゃん作りの授業をしているパンプキンレディース、全国でもそう多くない民話の語り部サークル「やまんばの会」など、リーダーを中心に協力し合って活動してる達がたくさんいることからも、この地域の人達が勉強家で前向きな姿勢であることがわかる。

写真 11-6　柚餅子 (ふじのくに文化遺産データベースホームページより)

北条峠の民俗伝承館で手打ちそばや「とじくり」を提供している山びこ会、同じく手打ちそばとうどん、季節の惣菜を提供し、地元の人だけでなく遠来のファンも持っている「ＮＰＯえんがわ」も研究熱心なグループだ。

第三節　生活全般

一　お風呂・洗濯

風呂は、昔は薪だったからすぐ冷めず、いつまでも大勢の家族が入れた。洗濯は、豆を茹でた泡の水でやった。茶の実を集めたことがあるが使途は覚えていないと山香の森下修子さん。また、戴き物の石けんを大事にためておいたのを、戦中・戦後に少しずつ使ったという。一方、三井節子さんは、石けんなんて使わなかったという。水で洗うだけ。でも何となく汗の臭いが取れなかった。自分がネズミに触ってしまった時は、衣類を母が熱湯消毒したことがあると述べている。

二　暮らしと山

城西出身の此田みさえさんは、子供の頃、山にたきぎ拾いに行った子供は「もや（たきつけ）拾い、大人は薪拾い。山の持ち主が木を売る時、山一帯の木を伐り払って、枝を払う。それをもらって来た。その時はみんなが「背負《しょ》い出し」に来て賑やかだった。「遊んでいるなら山に行って来い。山にはいい物がたくさんあるから」と大人から言われた。一方、久根鉱山の社宅で育った川添和枝さんは逆に、「山に遊びに行く暇はない」と言われた。この辺の人はあまり山に行かない、キノコ採りもしない、山は深くて怖いと言われていたそうだ。

城西出身の此田みさえさんによると、山や畑に行く人は蚊よけのため、ボロ布をきつく撚って火をつけ、腰に吊るした。とてもきつく撚ってあるので、炎は出ず、煙だけが出たので衣服に燃え移らなかった。「かこ」と呼んだりした。一五㎝ぐらいの長さ。燃えるのではなくいぶるだけ。左なえでないとだめ。右なえではだめ。左なえだとよじりが戻らないから。携帯用蚊取り線香だ。今は少なくなったけど昔は、夏は家の中にも蚊がすごかった。だから青い杉の葉を七輪に入れたりしてボウボウ燃やし、煙を出した。

三　女性の暮らし

女性も山へ行って働いた。冬はたきぎ拾いだった。此田みさえさんはおばあちゃん（姑）が子供の面倒を見てくれている間に行って来た。片道一時間かかった。昭和三四年（一九五九）に三ヶ日から佐久間に嫁いで来た塩澤はつゑさん（昭和一二年生まれ・佐久間）は、姑と朝早く薪拾いに行った。家を出た時はまだ地面が凍っていて、帰る時はそれが融けて滑って大変だった。疲れて家に帰って来るとみんなまだ寝ていた。「何だか知らないけど、よく働いた～」「よくここまで体がもったよ～」とお二人は今、しみじみ言う。

炭焼きは、城西では各家庭で使う分だけ自分で焼いた、と此田みさえさんは言う。さつま芋の芽を立てるのに使っていた穴を掘って炭を焼くのに使ったりもした。夫が早く亡くなり男がやる仕事である炭焼きを女がやっていた人がいた。そしてそれを息子に教えた。きつい仕事だったけど、おかげで炭焼きを覚えられたと息子は感謝していたと言う。一方、佐久間では、農家じゃないので炭は焼かなかったと川添和枝さんは言う。

塩澤はつゑさんは、昔の人は「見て覚えよ」という主義で、お姑さんは教えてくれなかったので、なんでも自分で考えて一所懸命やったと言う。自分には青春時代はなかった、でも、だから今どんなことでも我慢できると述懐している。

山香へ県外から嫁いできた女性は、ここに来た時にまず教わった言葉「ありがとう　すみません　どうぞお先に　お願いします　私がやらせていただきます」を大切にし、

「ありがとう」「おはよう」と会う人には皆あいさつを交わした。当時は大人でも子供でもそうだった。なお、「おはようございます」は朝だけではなく、その日初めてあった人なら一〇時でも一一時でも、昼までぐらいは「おはようございます」だった。また、姑から「たんすの金具はピカピカ光っているのがいいのじゃない」（中身が大事ということ）とも教わったと言う。

四　子供の暮らし

城西出身の此田みさえさんの子供時代は、夏は一日中ずうっと川で遊んだ。寒くなると岩に乗って体をあたため、また川に入った。パンツで遊んだ。川で遊んでも子供が危なくないようにと、ギオン様のお祭りの時、禰宜様を呼んでおがんでもらった。おやつに小麦を蒸した物を食べた。おいしかった。八月に甘柿も食べた。干し柿ではなく、八月に甘くなる柿があった。

遊んだだけでなく、お手伝いもたくさんした。此田みさえさんは、お茶の時期はご飯前におばあちゃんに起こされて、ホイロの手伝い。おばあちゃんがカラカラ回した。それから板の間に雑巾がけをして、それから学校へ行った。家の向こう側にバスが来るのを見て、走って行った。学校が終わって家に帰ると子供が待ってて、おんぶ。母がお乳飲ませる時もおんぶしたまま。でも、楽しかった。女の子の遊びはまりつき。ゴムボールなんてなかったから、まりを手作りした。イモガラ（芋の茎）やゼンマイの綿を丸めて芯にし、まわりを糸でしっかりからげた。芯を紙や布で包んでから糸で巻いた人もいた。糸がほどけないよう、まわりに針で糸を刺したが、その刺し方がいろいろあって、楽しかった。ゼンマイの綿は子供が自分で山に取りに行ったり、母親が取ってきてくれたりした。糸は、ほどいた糸を取っておいて、今で言うリサイクルだった。ポンポンとよく弾んだ。この手まりは、大人になってからはきれいに作って、子供が生まれた時のプレゼントにしたりした。

お茶の休み（学校が休み）は三日ぐらい。野田《のた》の人は上の方なので、もっとあったということだ。

久根では両親が働いていることが多く、子供はおばあちゃんが、自分の家の子もよその家の子も区別なく面倒見ていた。川添和枝さんもよく、年の離れた妹や近所の小さい子の世話の手伝いをした。戦後まもなくは久根で働く韓国人労働者も多かったが、区別なく子供の世話をしたり、また、韓国料理や水飴や芋飴の作り方を教えてもらったり。水で溶いた小麦粉を白菜に付けて鉄板で焼き、クルクル巻いたものなどおいしかった。久根には秋田や山形の人も来ていて、みんな仲良く暮らしていた。そうして育った川添さんは、久根を出てからも、自身も孫や近所の子供たちの面倒を見た。時には遊びに来る子が八人にもなったので、おやつは買っていると大変だから手作りして出した。

そうやって世話をした子供たちが大きくなり、今、ばあば、ばあばと言って、よくしてくれるそうだ。

今は地域に子供がいない。昔は集落のそれぞれに分校があったが、合併となり、若い人は悩んでも結局は子供のために学校のある所に転出してしまう。お祭りなどには近くに住む子供や孫が遊びに来てくれて賑やかになるが、と相月の小嶋直美さんは述べている。

コラム 11-8

久根の助け合い精神

近所で助け合う様子は、久根鉱山の社宅で暮らしていた人が多いことも関係しているようだ。久根では、親が働いているのでおばあさんが面倒見てくれた。おばあさんは、よその孫も自分の孫と同じように面倒を見てくれた。当時はどこもそんな感じだった。近所でみんな助け合う。久根に居ったおかげ。お産にしても、親が遠いから、近所で助け合う。骨髄炎で手術する人がいた時、その人が泣いて泣いて。それで、手術の日は病院の周りでみんな「どう?どう?大丈夫?」と言って心配した。

プロ野球選手になった江川が友達に「つらい」と言った時、その友達は、お前の「つらい」はぜいたくだ、みんな就職口がなくて困っているのにと言った。

久根は、思い出のある人が無理をしても今でも見に行くところだ、と川添和枝さんは言う。

五　高齢者の暮らし

佐久間に移住を呼びかける活動もあるが、来る人は微々たるものだから、人口は減る一方。川添和枝さんは、「年取ったら老人ホームに入れてもらうか、子供のところに行くかしかないかと悩んでいる。浜松市中にいる子供は、こんな山の中に置いとけないから来いと言ってくれるけれど、そちらでは買い物に行くにも車でないといけないし、行ってもやることがない。仲間と共に楽しくやれるのが一番だから、やれるだけみんなと一緒にやりたいと考えている。」と語る。川添さんはNPOの代表として仲間とともに積極的に活動し、山の中とは言えなかなか忙しい日々を送っているのを家族は良く知っているのだ。イベントの日には孫が時々手伝いに来てくれるし、何かあったらすぐ行くよと孫はいつも言ってくれるそうだ。孫のところから佐久間まで一時間で来られるので、遠くは感じないと言う。また、川添さんは今、友達同士で互いにあげたりもらったり、近所の店で買ったり、車に乗り合わせて二俣や浜松まで買い物に行くこともある。周りの人には生協の宅配を頼んでいる人が少なくないが、それだと売り上げは本社のものになり、地元には還元されないから、なるべく地元の店で買ってと友達には言っているそうだ。

現在一人暮らしの女性も少なくない。福島あい子さん（昭和八年生まれ・佐久間）は、朝目が覚めると、「あ、起きた！」と思うそうだ（今朝も生きていた、ということ）。起きたら血圧を測るようにして、自分で健康に気をつけている。また、生協に買い物に行った帰りに図書館へ寄り、本を読むのを楽しみにしていると言うし、NPOの活動も欠かさないから、それもおのずと健康管理になっているようだ。高齢者はお互い気遣い合い、一日顔を見ないと「今日はあの人見ないね。どうしたんだろう？」と心配し、家に様子を見に行く。体が不自由になった友達の家には、時々手作りの食事を届けに行ったりもしている。そんなふうにして助け合うのが自然なことになっていると川添和枝さんは語る。

福祉施設への協力も地域との繋がりと言えよう。佐久間にある「わかすぎ工房」は知的障碍者の作業所で、作っているのはつまようじのカバー、洗濯バサミの表に和紙貼り、紙漉きしてカレンダー作り、焼き物など。在籍は一〇人ぐらいで、ふだんは数人が活動している。近所から通っているのは一人で、あとは山香や浦川から来ている。山香から親が歩いて送って来る人もいる。一一月の工房祭でパンジー、キャベツ、ブロッコリーなどの苗を売るので、川添和枝さんなど近所の人は買って協力しているそうだ。

みんなで集まって話していると、最近周りで亡くなった人の話題が出ることがある。お風呂で亡くなっていた人は一晩でも体がふくれて、浴槽から引き出すのが大変だったそうだ。顔を見ないから心配して行くと返事がなく、中に入ろうとしても鍵がかかってて、仕方がないから戸を壊して入ったってこともあったので、家族とか近所の人とかが心配して来た時に入れるよう、どこか一か所だけ開けとけと言われる。開けておいたら鍵をかける意味がないから全部閉めて寝るけど、ときどき朝起きて、あ、玄関閉め忘れてた、なんてこともよくある。でも、もともと物騒な所じゃないからいいけど。と、みんな他人ごとではないと、佐久間のお母さんたちの話が続いていた。どの女性の思い出話にも舅姑が出て来たのに、今の時代は多くが高齢者のみの世帯で、そのうち一人世帯も多い。この人たちは今までの時代にはなかった体験をしつつあるわけだ。

若年層の流出は、広域合併も一因となっているだろうと考える地元の人は少なくない。静岡県磐田郡佐久間町だった頃は町役場があって、役場の人は佐久間町の人だった。浜松市に合併して役場は支所になったが、職員の人数が減って部屋が空き、農協や保険屋に貸すなどして、建物にいろいろな団体が入り「協働センター」となった。支所には市の職員はよそ（佐久間町以外）から回って来るので、佐久間町のことは分からず、書類の申請に行っても分からなくて手間取ることがある。浜松まで行かなければならないこともあって大変である。逆に、佐久間町出身で他地区へ職員として行っている人もあるわけだが、そういう若い人たちはそこで結婚して、もう佐久間町に戻ってこない。支所の職員の数も予算もどんどん減らされてきている。また、合併したばかりの頃は、浜松市長が佐久間に来てNPOと一緒に昼食を食べながら話を聞いたりしてくれたが、今は顔も見たことがない、山に住んでいるより街に来いという姿勢だと憤ったり、合併したのを悔やんだりする声をたくさん聞いた。

六　病気と治療、薬、

佐久間には、個人の医院や歯医者があって、久根には病院があったから、川添和枝さんにとっては、昔から病院がないということはなかった。お産は水窪にも佐久間にも産院があって、産気づくと助産婦さんを呼びに行って来てもらった。佐久間の川添和枝さん、塩澤はつゑさん、此田みさえさんは、お産の後は三週間休めと言われた。休まないと後がたいへんだからと言われ、寝ていた。お粥に梅干しから始まって、母がゼンマイを油炒めして煮た物、里芋の茎を油炒めして煮た物を作ってくれたりした。刺激の強い物はなるべく食べないようにと言われた。今は産後に病院で刺身とわさびが出たりしてびっくりする。また、産後一週間で退院なのも驚きだと言う。

此田みさえさんの話では城西には「鈴木回春堂」という医者があり、やけどの特効薬が評判で遠くから薬をもらいに来た。真っ黒い水薬だった。コルクの栓だったこともあって長くはもたなかったから、買い置きはできなかった。そこは眼医者もやっていた。代々の医者だった。往診もした。やけどや眼以外にも、何でも診た。今は「鈴木回春堂」はない。

城西や水窪あたりでは、「何か憑き物がついた時」とか、病気が長引いた時などでも憑き物につかれたといって、祈祷師に来てもらったという。「あの人はキツネにとっつかれた。ピョンピョン跳ねる」とかいう話を聞いたそうだ。また、布団の下にさしがねを入れると憑き物がおりるといって、おばあさんの布団の下に入れ、おばあさんが、寝られなくなってハフハフ言っていた（六〇年くらい前）という。山香の大井でも、昔は病気にかかると禰宜様を呼んでいた家もあった。風邪ひいても禰宜様、何でも禰宜《ねぎ》様にきてもらい、おがんでもらっていた。祈祷とは祝詞《のりと》をあげること。禰宜様は水窪から来た。禰宜様の資格を持っている人だった。神社の禰宜様ではなく、普通の家にいる。今でも山香では病気の時禰宜様を頼む家もある。

薬草採りについて、佐久間の塩澤はつゑさんは、当薬やゲンノショウコ（ネコアシ）を採って乾かし、お腹の薬にしたという。ゲンノショウコはとても苦い。一方、城西のあたりの人は薬草採りはしないで、病気になったら医者に行ったと此田みさえさんは語る。有毒植物の話についてはどちらも耳にしなかったとのこと。富山の薬売りは佐久間には昔も今も来ている。

七　山の暮らしと動物

川添和枝さんの話では、佐久間では昔は、けもの自体が今みたいにいなかった。だから何もしなくてよかった。夜、遠くの方でキツネの鳴き声が聞こえたくらい。でも、ここ五、六年はすごい。今は、朝起きると家の前にイノシシが子供を連れて通った跡や鹿の足跡がある。近所の九四才のおじいさんが家のすぐそばの小さな畑で大根やじゃがいもを作っていて、「好きな時に持ってけ」って言ってくれるんでうれしかったけど、その前に動物に食べられてスッコロボウズになっちゃう。でも猿は腕で抱えて持っていく様子がかわいいけど、一匹怖いのがいて、ギャーッと威嚇《いかく》してくる。ウサギ・カモシカは、ネギなんか芽が出てウルウルのを全部食べちゃう。大豆もサルや鳥に取られちゃう。今はブロッコリー、ゴーヤ、唐辛子、茄子《なす》など、動物にやられない物だけを作っていると言う。また、昔は鹿やカモシカはこのへんまで来なかったのに今は来て、来ると山ビルを落としていく。こんな所にいるはずないと言う所に山ビルがいるようになった。茶畑と山の境で草取りしていた人が山ビルに脇の下を食いつかれ、取れずに医者に行ったことがあったそうだ。キツネやタヌキも増えている。電気柵は若い人はやるけれど、二〇万円も三〇万円もかかるので大変だということだった。

「相月縁側カフェ結」の山田ひろ子さんも、家の前の畑にも蛇や山ビルがいるので、草取りもためらうと言う。

コラム 11-9

弓

佐久間では狩猟をする人はいないが、的を射る弓を趣味でやる人達はいる。誰が指導者と言うことはなく、先輩が後輩を教えて、仲間で楽しんでいる。久根鉱山の社員の中には、テニスや玉突き、野球、剣道をやった人がいたが、しかし、弓は久根の人達から始まった訳ではないようだ。相月でも弓が好きでよく試合をやったと言う。相月には諏訪神社があり、昔は御射山という矢を射る神事があったし、今も弓を楽しむ人がいるそうだ。佐久間の弓も神事が関係しているのではないか。

山香の今川淳子さんも猿・鹿・イノシシ・アナグマ・ハクビシンなど、けものの被害に悩んでいる。孟宗竹《もうそうちく》のたけのこを猿とイノシシがごっそり取ってしまい、人間はその残りをいただくという状態。今はもう、畑に何も作っていない。作れない。鹿は道路に凍結時の滑り止め用塩を舐めに来ることがある。最近日本カモシカに噛みつかれたという事件も聞くので怖い。夜、外に出ると動物の目がピカピカ光ってる。怖いのであまり外に出ることはない。ある家では夜、縁の下にラジオを置いて音を流している。庭で畑を作っているので。そういうやり方もあるんだなと思う。鹿にはダニ、ヒルも付くので、とてもやっかい。猪は山百合の根を掘って食べるので、この頃山百合を見掛けなくなった。猪が行けない崖のところには残っている。石垣に山百合があると猪が掘るので、石垣が崩れてしまう。猿は八重桜が咲く頃に三〇匹くらいの群れで来て騒いでいる。山の上には見張りの猿がいる。母猿が子を何匹も連れていて、猿が増えるわけだ。でもこの頃は減ってきたけど。このへんでは二グループいるらしい。畑の大根や南瓜《かぼちゃ》を持って行ってしまう。左右の腕に一個ずつ抱え、小さい南瓜を口にくわえて走って行く。初めはその様子を見て可笑しくて笑ってしまったけど。せっかく大きくなって今日取ろうか明日取ろうかと思っていたのに取られてしまうのでガッカリ。大根はおいしい首の部分だけ食べて行く。

瀬戸の三井節子さんも、猿が南瓜を持って行く様子を見るとやはり笑ってしまうそうだ。猿に物を投げると投げ返されるとか、猿は女性をバカにするとか聞くので、猿にバカにされないよう、自分は畑に出る時は長靴をはいて大きな音を立てて猿を脅すことにしていると語る。

民話の語り部「やまんばの会」代表の小嶋直美さんによると、ずっと昔は、「夜追い小屋」というのがあって、畑の作物を荒らす動物を追い払うため、小屋に泊まり込んで一晩中火を焚き、番をした。その小屋は、小屋と言っても、板を寄せ集めて茅で葺いた、雨風をしのぐ程度の粗末な物だった。動物は煙のにおいが嫌いで、特に人の髪の毛を燃やす臭いをいやがると言う。案山子を「カカシ」と言うのは臭いをかがせる「かがし」から来ているという。夜追い小屋に関しては佐久間の昔話の「つぶて石」や「きんたまやぎど」などの話に登場する。

佐久間は鉱山や木材業で栄え賑やかだった所だし、狩る人もいなかったということで、野生動物の肉を食べる習慣がなかった。川添和枝さんは最近、鹿肉をくれた人がいたので、何とかして食べようと、ハンバーグを作ろうとした。味噌を入れたりして工夫したら、食べた人がおいしいからこれを地元の特産品にしろと勧めてくれたが、鹿肉を誰が獲るよ？　動物を獲る人は佐久間町にはあまりいない。動物が出なかったから、獲る人も少なかったと語っている。また、塩澤はつゑさんは、ここのへんの人達は、動物があんまりいなかったし獲らないから、あんまり食べないので、今も鹿とかイノシシとか、食べたいとも思わない。肉を食べるなら店で売っている豚肉ぐらい。正月の雑煮にはダシを使い、肉は入れない。ある時猟師の人がワナをかけ、イノシシがかかったが、逃げて、それが崖から落ちて畑の柵に引っかかったのを見たけれど、いやだった。動物の死体はみんな見たくない、とのこと。他地区から猟師に頼んで来てもらうことはあったそうだ。（JA愛知HPホームページ参照）

マムシは薬にするほか、食べることもある。城西の猟師さんによると、山にはマムシがどこにでもいる、いくらでもいる。他の蛇と違って動きが遅いのですぐ目につく。丸くなっていたりするので、箸《はし》（はさむ物）で捕まえることができる。赤マムシや灰色のやいろいろいるが、高く売れるのは赤マムシ。マムシの目は人の目にいいし、皮は痛風に効くと言うので飛騨の人に頼まれて皮を送ってあげたら、お返しに飛騨牛が届いた。でも皮を干す時はすごい臭くて大変だ。マムシ酒もすごく臭い。マムシの毒が入っているから飲んだら毒だ、という人もあれば体にいいと言って飲んでいる人もある。マムシ酒は自分は湿布に使うが、傷があるとそこから毒が入ると言われているので気を付けなきゃならない。マムシのイガ（胆のう）は苦いが、体にいい。昔は皮を剥いた時、その場で生でイガを呑んだ。マムシは一匹三〇〇〇円で売れるので、戦後、あるお母さんはマムシで子供を育てた（マムシを捕り、売ったお金を生活費にして子供を育てた）。その女性は「マムシ好き」と言われた。

マムシのかば焼きはこのあたりでは今でも食べることがあり、おいしいとのことだった。体にもよさそうである。相月諏訪神社の「蛇道」の「大神様」とはマムシかもしれないという説がある。近辺はマムシが多く、障りがないよう祀り上げる気持ちからかもしれないという。

バンドリ（ムササビ）の鳴き声は夜聞くとギャーという化け物のような気味悪い声なので、知らない人は震え上がるそうだ。バンドリは明光寺本堂前の森にもいたと今川淳子さんは語る。樹齢四百年の杉も何本もある、うっそうとして暗く、夏は涼しいと言われた森だったが、伊勢湾台風の被害で木がねじれて切れたり倒れたりして、危ないので伐ってしまった。明るくなったけれどバンドリもいなくなった。

　野生動物ではないが、ネズミは、昔は布団をかじられたり、板をかじられたりしたと山香の山口松子さん（昭和一七年生まれ・西渡）。今はネズミ取りでくっ付けてポイと捨てる。大きいネズミをネズミ捕りで捕まえたことがあるが、ギューギューと鳴き、あまり大きいのでネズミ捕りの中で鼻先が擦れてしまっていた。川に漬けに行く時、重かったとのこと。

八　お寺と地域とのかかわり（山香地区西渡　明光寺《みょうこうじ》の場合）

　峠にその名を冠されている山香（大井）の名刹・明光寺は一四〇〇年頃、他宗で創建され、慶長五年（一六〇〇）日洲是寅（せいしゅうぜいん）師を請して曹洞宗明光寺となった。開祖は総持寺の系統であった。その後天保三年（一八三二）二月二八日夜に火災。弘化元年（一八四四）から安政四年（一八五七）までかかって、村の人々の協力で玄関・本門・庫裏・山門が再建された。村の人々は主に山仕事で生計を立てていたが、寺の再建のために仕事を休み食べるにも事欠くことがあった中、空《から》の弁当箱を持ってでも働きに来てくれたことは美談として『明光寺誌』に残っている。明治の廃仏毀釈で無住の寺となった時は荒れて、寺の物や建物の一部を持ち去られたりもした。彫りのある欄間まで持ち去られたが、当人が不幸に遭い、祟りと感じて返しに来たりした。今は永平寺傘下で、本寺は掛川市幡鎌《はたかま》にある最福寺である。昔は末寺が二〜三カ寺あった。今は、その流れで、お堂があって、お盆の法事に行く。

写真 11-7　明光寺施食棚（明光寺所蔵写真）

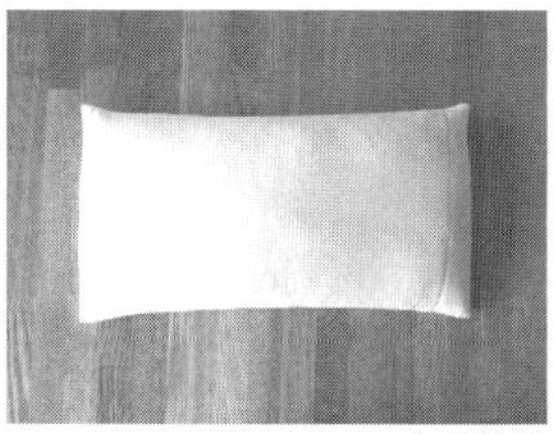

↑男性用

↑女性用

写真11-8　施餓鬼米　男は四角形、女は三角形（浜松市中区の米屋えなじーたかはしのブログより）

　主な年間行事は、正月は除夜の鐘を撞き、正月三が日に大般若のご祈祷《きとう》をし、お経を上げたお札《ふだ》を三〜四日かけて檀家《だんか》にお配りする。他に涅槃会《ねはんえ》や花祭りなど、一般的な行事をこの寺もやっている。春秋のお彼岸には村の中の檀家回りをする。久根鉱山があった時は檀家は四四〇軒あったが、閉山になって減り、今は百九〇軒ぐらい。檀家回りは昔は歩いて行き来した。昭和三六年から三七年（一九六一〜六二）に車が通れる道路が出来た。お盆の日は、龍山地区は七月、佐久間・水窪は八月一五日で、六月から新盆（七月）にかけては外回り（町外の檀家回り）をする。愛知、岐阜、東京、掛川、磐田、袋井などを回るが、一字《ひとあざ》半日かかったりする場合もあり、とても大変だ。八月盆は内回りをする。（地元の檀家を回る）

　お盆の送り施餓鬼は、河原でしていたが、川が危ないということで、中学校校庭で送り、それから公民館でするようになった。しかし「宗教的なことを公民館でするのはいけない」という意見があり、西渡区と舟戸区の人は、八月一六日の夕方六時頃から、お寺で送り施餓鬼をしている。この辺の人は仏教の人でなくてもお盆になれば隣におがみに行ったりして仲良く共存している。盆道作りを七月と秋に行っていた。西渡は昔から半日だった。瀬戸は細い道（家から家へと繋ぐ）がたくさんあって一日かかった。お盆とお彼岸にはお寺へお参りしてお墓へ行く。法事は個人宅やお寺で集まって行うことがある。その後お墓参りをする。葬式はセレモニーホールで行われることが多くなった。昔は土葬だったからお墓が山にあり、お参りが大変だった。今は西渡に宗派を問わない共同墓地があり、区が管理している。船明にも大きな市営墓地ができた。

　八月一三、一四、一五日は、終戦後は盆踊りをやった。明光寺の境内にやぐらを組んで紅白の布を巻いて、踊り詰め、太鼓たたき詰めで賑やかだった。昔、娯楽が何もなかった頃、瀬戸（明光寺の北）や近くの集落から大勢、百人くらいもの人が集まった。電燈つけてレコードかけて踊って、男女が出会う場でもあった。お婆さんたちも楽しみに見ていた。住職が浜松に踊りの講習会に行き、習って来て皆に教えた。アンプになる前は小学校でオルガンを借りて来て、オルガンに合わせて歌って踊った。歌う人には砂糖水を置いておき、それを飲んで歌ったそうだ。沢の水元から竹で引いてきた

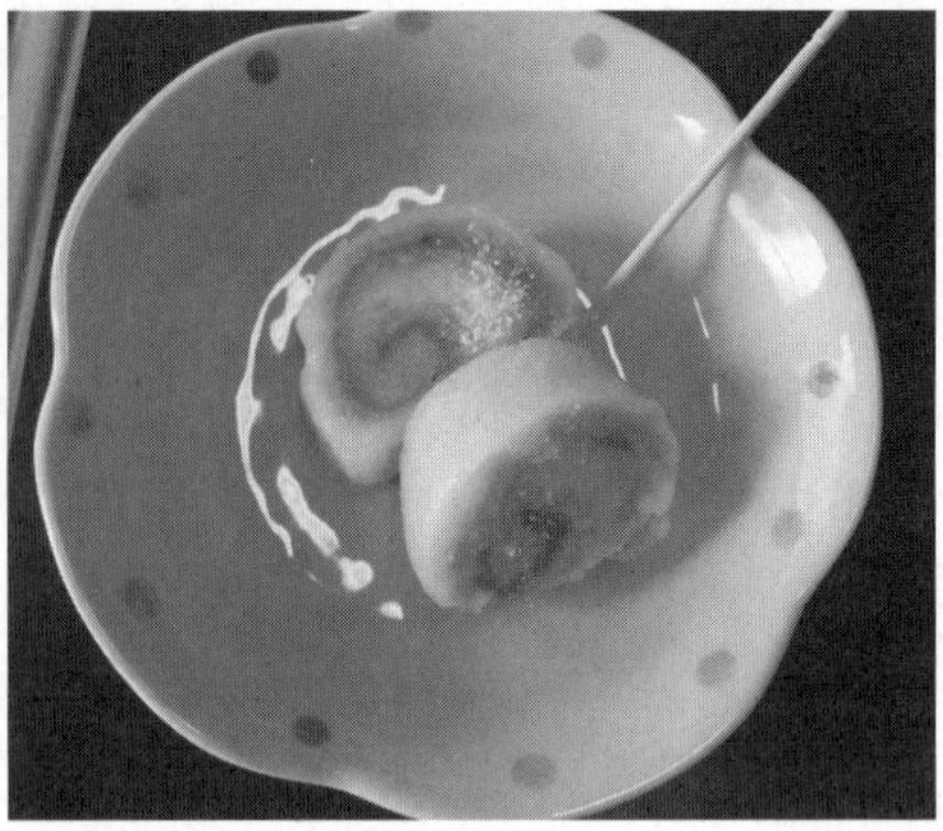
写真 11-9　明光寺の涅槃団子

水を、バケツに入れて柄杓を入れておくと、みんな汗をかいて踊り、その水を飲んでは、また踊った。夢中になって踊っていた。

今川淳子さんは昭和二年（一九二七）名古屋で生まれ、昭和三一年（一九五六）に縁があって明光寺に嫁いできた。初めて本堂の裏の位牌堂に入った時、金色に輝いていて、自分はここに来るべくして来たのだと感じたそうだ。山の景色は美しく、空気もいいのでここが好きだ。大変と思うこともなかったわけではないが、ここに来てよかったと思っていると話してくれた。

明光寺は塩の道沿いにある。昭和三六〜三七年頃に小学校の給食が始まるため道路ができ、昭和四七年（一九七二）に道路がお寺まで入った。浜背負いの道のルートを車の道用に作ったため急カーブが多い。浜背負いの道は胸つき八丁と言われたが、その道を、西渡の土場（天竜川の船着き場）から馬や人が背負い上げた荷と、水窪から大八車などで運ばれた荷が、明光寺峠で相互に交換や商いされ、弁当を食べたりもして賑やかだったそうだ。その人たち目当てに色々商売する人もあり、茶碗屋まであった。浜背負いの中には女性でも四斗樽を背負って上った力持ちがいた。峠では馬も休んでいたので、小学校の昼休みに子供たちが来て、男の子たちは面白がって触って喜んでいたが、女の子たちは怖がっていた。終戦直後にはユニセフの脱脂粉乳を小分けにして、子供たちが学校まで運び上げた。

「学校道」と言って、遠い集落から子供たちが並んで通学した道は大事に手入れされていたが、学校がなくなって今は通れなくなっている所もある。

水は貴重だった。沢の水を使った。孟宗竹を切って節《ふし》を抜き、つないで長くし、それで水元から水を引いた。「峠組合」ができていて、掃除や修理をした。水元の掃除、竹の掃除（詰まらないよう）など、働き盛りの人がいっぱいいたのでできた。冬になって水元が凅れると、峠に大きな水槽（レンガを積んでコンクリートで固めた物）があって水が溜めてあるところまで汲みに行った。自分が出産した時は、お姉さん（叔母に当たる人）が桶で担いで持ってきてくれた水なので、おしめを洗うのが申し訳なかった。嫁に来た時は一〇人家族だった。山から引いた水は、家の内のお勝手に、風呂桶より大きいコンクリートの水槽があって、溜めて使った。今思うときたないようだけど。水の出が割り箸ぐらいの太さの時は（出が細い）、大事に使わないとおばあちゃん（淳子さんの姑）に「水バチがあたる！」と言われたほど水は大切だった。

戦時中の檀家回りは大変だった。その頃は檀家も多かったし、戦死者も多かったので、住職だけでは回り切れなくて、やむを得ず軒数の少ない不便な所はおばあちゃん（淳子さんの姑）が回ってお経を上げていたが、後に淳子さんも一緒に回るようになった（姑は昭和五一年没）。一集落に、多いと一五〜一六軒とか、少ないと九軒とか、いろいろだった。着物に、足許はわらじではなく白い運動靴。平和《ひらわ》には、山を四〇分くらい歩いて登ったところに一軒だけあった。今はない。昔はいっぱい家があった。小川城《こがわじょう》があったともされる所で、水窪から流れて来る川を昔は小川《こがわ》と言ったという。てっぺんが小川城で、下から点々と家があり、てっぺんに一番近い（つまり格式が高い）平賀さんが最後に残った（佐久間には「平賀」姓が多い）。仙戸《せんど》には家が一〇軒ぐらいあった。今は五軒ぐらい。お彼岸には、近道するため平和から木こりの道を仙戸に上がり、田んぼを見てヤレヤレと思ったのを覚えているという。昭和四五年（一九七〇）頃からは車で回った。

葬式は、近所の代表の人が裃《かみしも》を着て、お寺に葬式を頼みに来た。日の短い時は夜になってしまうので、台所で仕事をしていると、林のむこうの方から提灯の灯がチラチラ見え、「あ、お寺まいりだ！」と気が付く。そうするとあと一五分くらいでお寺に着くので、座布団を本堂に並べて火鉢の火を手あぶりに分け、準備した。一軒不幸があると、その村全体が相互扶助で執り行った。またみんな、その代表の言うことをよく聞いた。葬式の道具はその日の朝に、二人くらいで背負子で取りに来た。一晩とめておくとよくないといわれていたので。その家の人は煮炊きをしてはいけない。近所の人（組合衆）がみんなやる。まず、片付けから始める。人が亡くなると、組合衆は三、四日は仕事を休んでも手伝った。相互扶助で育った人たちだからできた。

佐久間と水窪の曹洞宗のお寺で御詠歌の会を始めた時には、水窪・佐久間の寺族で豊橋へ、飯田線に乗って御詠歌を習いに行った。途中、列車の中でいろいろな話をしたり、練習したりして、楽しかった。帰ってから村の有志の人にその御詠歌を教えた。

ほとんど女性だったが、男性も少数いた。みんな、声を出すのが気持ちいいし、みんなで声を合わせるのがまた楽しかった。毎年の全国大会では北海道まで行ったこともある。現在も梅花講を続けている寺は水窪にあるが、会員の高齢化と交通の不便なことから、現在は二講である。何かの折に昔の御詠歌仲間に再会すると、話が合ってとても楽しい。

御詠歌の人達に夏の草取りや寺の行事の手伝いをしてもらった。ありがたかった。その後、おそうめんを出したりしたが、おそうめんのダシは干した鮎と椎茸。鮎はたくさん獲っても食べきれないので干物にしていた。一斗缶の上下を抜き、上に網を置き、コンロに炭で燻製にした。椎茸はよく採れる。お茶をやっている人はお茶の乾燥機で乾燥させたのでカラカラになった。今はダシも市販の物を使うが、昔のダシの方がおいしかった。

新暦二月一五日には涅槃会と言って、涅槃団子をまつった。練った米粉（うるち）に黄・赤・白・青に色を付け、のして重ねて巻いて蒸かして切る。御詠歌の人達二〇人ぐらいで拵《こしら》えて供えた。お寺で準備し、みんなで作った。いろいろな色合いの団子ができてみんなで作るのが楽しみだった。涅槃団子を「はなくさ」「はなくさもち」と言う所もある。

四月下旬には弘法様《こうぼう》の祭りをした。明光寺では大正の終わり頃に弘法様を受けてお堂ができている。「弘法様のまつり」（ご縁日）は弘法大師の命日とされる三月二一日だが（月命日の場合もある）、明光寺ではタケノコの出るのを待って四月下旬に弘法様をした。おばあちゃんたち（五〇、六〇代）が一五人ぐらい朝早くから来て、鉢巻きを巻いて前掛けをして準備してくれた。餅を搗き、刻んだたけのこや油揚げ、人参、わらび、椎茸を前の日に煮ておいたもので混ぜご飯を炊いた。九升炊いた覚えがある。子供たちは学校の帰りに寄って、カバンを置き、拝んでから、おばあさんたちの接待で混ぜご飯をもらい、二杯も三倍も食べていた。なお、東海地方には他にも「弘法様のお祭り」に、子供が家々を回ってお菓子をもらうという、子供が主体の行事の例があり、ここの「弘法様」も子供のおまつりの意味が大きいように見受けられる。また、「接待」という言葉が使われている点にも注目したい。）

四月八日の花祭りには、とじくりもち。お釈迦様の頭ということで。大豆の炒ったのと米の炒ったのに、米粉やそば粉を入れて混ぜ、蒸かした。

彼岸には団子。米粉で作って、積んで、蒸かした。一個一個を蒸かしてから積むのではなく、三角形に積み上げて蒸した。

法事や葬式には一人ひとり正膳を出した。昔は葬式を家でやったので、そのための膳を区で二〇ぐらい持っていた。明光寺でも持っていた。葬式の日はその正膳を一〇ぐらい並べておき、来た人から食べ、食べ終わると次の部屋に用意しておいた正膳とさっと取り換え、それを繰り返したので、準備する方はすごく大変だった。正膳には「おひらパン」が付いた。ぞうりのような形と大きさなので皆から「ぞうりパン」と呼ばれていた。パンと言うよりビスケットに近いような堅さで、二枚一組で袋に入っている、このパンは浜松の会社が作っている。遠州地方では葬式の香典返しに「おひらパン」、別名「ぞうりパン」が付くところがある。このパンは、昔、葬儀の後の正膳の「おひら」に飛龍頭が乗っていたのが簡略化されてぞうりパンとなり、やがて正膳を出すこと自体も簡略化され、ぞうりパンは香典返しとなった。ぞうり型なのは、黄泉の国に旅立つ時のぞうりの代わりと言われている(以上、有限会社アルホームページより)。飛龍頭が簡略化されてぞうりパンになったことについては、戦時中の事情が関わっていた。食糧難と戦時という事情により正膳が簡略化され、そのかわりに軍隊式の堅パンになった。精進料理に飛龍頭が付くのは全国的だし、葬儀の精進料理が軍隊式の堅パンに変化したのも遠州地方だけではないが、その堅パンが現在も仏事用品として残っているのはぜんこくてきに珍しいようだ。他県で形状・材料・食味が似ていて時に名称も「ぞうりパン」だったりするものはあるが、普段に菓子として食べられている。

久根で火事があった時には、サイレンも鳴らしたが、お寺の鐘も鳴らした。西渡は坂なので、火事になると火が坂を駆け上がって来て、水利も悪いので一気に燃えてしまうので。昔はこのように、地域の人とお寺とで関わり合って来た。今は境内の草刈りなどはシルバーさんに頼んでいる。秋にはシニアクラブで落ち葉掃除に来てもらい、ありがたい。以前は年一回老人クラブの懇親会におにぎりやお寿司やお菓子、ビールなどを出したりしていたけれど、今は出さないことになった。だんだん時代は変わって行く。

デイサービスに行くと、周りは同世代なので話が合う。特別何がなくても楽しい。癒される。帰って来るとすごく疲れてるが、快い疲れ。職員の方々がやさしい。「仕事ですから」と言われるけど、仕事以上のやさしさ。普段、昼間は一人ぼっちで家にいたけど、一人ぼっちはよくない。御詠歌は仲間作りになったので、皆のためにもよかったと思うし、その仲間と今も会うと楽しいから、よかったと思う。

以上、お寺と村の人とのかかわりについて、明光寺の今川淳子さんに伺ったことを記した。今川淳子さんは民話の語り部「やまんばの会」でも長く活動されていらしたことを申し添える。

資料編

『佐久間町史』未掲載原稿

佐久間町史編纂の時期に書かれ、どこにも発表されずに眠っていた原稿について、明光寺の今川淳子さんから提供がありましたので、往時を偲ぶ資料として掲載させていただきます。

昔の天気予報

渡辺　らい

昔は今のようにラジオ・テレビはなかったので、いろいろなことを経験や勘で判断することが多かった。お天気などは、明日は晴れか、雨か、嵐かといったようなことは雲の様子で決めた。たとえば、雲が上がる（北の方へ行く）ときは雨、雲足が速く、明光寺の方向に行けば嵐、また、その年の蜂の巣が高い所にあるときは、その年は台風が来ないといった。

地震でその年の占いもした。昔は一二時を九つ、二時を八つ、四時を七つ、六時を六つ、八時を五つ、一〇時を四つとよんでいた。そこでこれを例えて「九は病、五七の雨に四つ日照り、六つ八つ刻は風を知るべし」といわれた。たとえば、六つに地震があったときは、今年は台風が多くなる。また、九つに地震があると悪い病気が流行するといった。

このようにして、昔の人は長い経験からいろいろなことを判断し、しかもこれは的確な判断で日常生活に大きく役立っていた。

戸口のはじまり

竹島　甚平

戸口に村人が住み着くようになったのは、およそ七百年位前になると思う。亡くなった村瀬政平さんは、鎌倉時代ではないかといったこともあった。私の家は安永三年、今から二百年前にはあった。

戸口に村ができる前は、一代（ひとじろ）と赤石というところに部落があったが、今でいう台風に遭い、住処を失った。一代と赤石の部落民は生活する所を失い、移住する所を探していた。たまたま「戸口」（その時代に「戸口」といったかどうかはわからない）というところは日当たりもよく、水都合もよいということで、この戸口に移ることにした。そして今の平井さんのところで待ち合わせることにした。このとき戸口に移転してきた人は七世帯あったという。

平井さんの所で「クジ引き」をして地割をした。一番良いところを「庄屋」がとり、家屋敷を構えた。村瀬さんは今住んでいるところを、水都合や日当たり等を考えて決めたそうである。瀬尻に下村というところがあるが、これは一代、赤石の下に部落があったので下村と名付けられたそうである。今でも赤石には氏神様もあり、一代には寺屋敷もある。堀内さんの住んでいたところは寺屋敷であった。日名地清さんの屋敷は、その昔徳川家よりもらったともいわれている。こうしたことにより、今の戸口ができたことが考えられる。

西渡、船戸に家が建ち始めたのは、おそらく明治一〇年代だと思う。小栗七郎さん、三井屋、山六、花井屋等がこの時分に建ったようである。商店等もなく、瀬戸に「富田屋」という雑貨屋があっただけである。これは瀬戸の守屋清さんの家がそうであると思う。この富田屋では、信州から舟で運んできたものを、上野の船着場から背負って久根を通り運搬した。戸口では、日常の物資はこの富田屋まで買いに行ったものである。

食べるものも今では栄養、栄養でやっているが、昔などただ腹一杯食べれば満足していた。栄養など考えても見なかったが、

座敷には「タタミ」を敷いてある家はなかった。主にイノハキムシロを敷いていた。これは百姓家でタタミなど敷いていると「木の止り」といわれた。これは贅沢だということではないかと思う。

冬はまったく寒かった。今のように毛糸、綿入れなどはない。寝るときなどは、おばさんが「いろり」の中に石を入れてあたため、そして熱くなった石にお湯を掛けて保温をし、これを布にくるんで足を温めた。「あんかと」として使用した。現在のように電気毛布、電気アンカなどはない。考えてみれば、おばさんは寒い思いをしたことと思う。

私の所に安永三年の「御水帳写御年貢鐚勘定帳」がある。今の税金の納付書のようなものではないかと思うが、以下に原文のまま記載する。

御水帳写御年貢鐚勘定帳

安永三年

午九月　戸口村　甚蔵

御水帳写御年貢鐚勘定帳

覚

いろかいと

一　廿四間半、上畑壱反九畝拾八歩

三十弐拾四間
同所
一　拾四間、上畑八畝拾弐歩　同人
　十八間
たけ下
一　四間、　屋敷壱畝拾歩　同人
　拾間
松の本
一　拾壱間、上畑四畝拾弐歩　同人
　拾弐間
北かいど
一　弐拾弐間、上畑五畝弐拾六歩　源七
　八間
いろがいと
一　楮拾三束
　反別合三反九畝拾八歩
上畑　三反八畝八歩
　此永五百七拾四かへ
屋敷　壱畝拾歩
　此永弐拾かへ
楮　拾三束
　此永五拾弐かへ
高三石弐斗三升
　永合六百四拾六文
　此取鐚弐貫五百八拾四文
　外
　鐚四拾壱文六分　立物弐わり出
　同七拾八文八分　御口鐚
　同三拾弐文三分　御蔵前入用
納鐚合弐貫七百三拾六文七分
右は当時所持之高反別品訳御年貢鐚勘定書面
之通相違無之候以上
　安永三年午九月
　改遺ス
　名主代
　瀬尻村｜　｜
　名　主｜　｜
　戸口村名主　十次郎
甚蔵殿
旨

鳴瀬の由来

竹島甚平

片桐一兵衛さんに、まささんという娘があった。まささんは水窪に嫁に行き、たきさんという娘があった。ところがこのたきさんの目が悪くなり、「ほう者」にみてもらったところ、「この家の何代か前の人が水窪川に洗濯に行き、たらいに乗って流れ、この人が天竜川のナルセというところに上がったが、その霊を祀る人がなく成仏できない。この霊を八代龍王として祀れば娘の目は治る」といわれた。

そこでまささんは、娘のたきさんを連れ自分の家を出て大井橋付近に住み、ナルセの霊を八代龍王として祀った。そしてしばらくすると娘のたきさんの目が治った。

大正六、七年頃と思われるが、犬塚乾満さんが上平山の「たく坊様」今の奥の院へ行を積むために来た。一〇日くらいここに滞在しておったが、理由は分からないが、のちに来てまささんの家に立ち寄り、いろいろ話をしているうちにナルセの八代龍王の話が出て、この八代龍王を祀ってくれるよう頼んだところ、快く引き受けてくれ、今日まで祀るようになった。

大塚さんは八代龍王を祀るため、あの滝に打たれながら千の行を積んだ。この間は似煮たものは一切食せず、すべて生ものを常食としながら行を積んだといわれている。

二俣から西渡まで飛行艇　大正一二年就航

片岡勝治

大正一二年から昭和六年まで、二俣町鹿島（現在天竜市）から山香村西渡（現在佐久間町）までの天竜川に飛行艇が就航し、天竜川における唯一のスピード交通機関として一時代を画したものであった。飛行艇というのは、船の後にプロペラを付け、これを回すことによって船が走ることから飛行艇と名付けた。

開業間もない大正一二年一〇月五日上り西渡行の飛行艇は、鹿島橋の上流で岩に衝突転覆し、一二名の死者を出す大惨事となり、天竜地方における運輸機関の発達史の上に一頁を画する事件となった。こうした惨事の半面、しぶきを浴びながら激流を上り下りした飛行艇の雄姿は、その頃の風物詩であった。その飛行艇が消えて四〇余年になるが、今ではその資料もなく、当時の天竜川飛行艇カブシキガイシャノ取締役で当時の役員の中ではただ一人の生存者である片桐勝治にその頃の話をまとめてもらった。

天竜川は浅瀬が多いため水中にスクリューをつけた船では運行できないため、船の後部に大型の「プロペラ」を取付けてこれの推進力によって運行した。鹿島、西渡間を上り三時間半、下りに時間を要した。今のバスの停留所と同じようにこの飛行艇にも八か所の船着場があった。

二俣、船明、横山、雲名、西川、瀬尻、上平山、西渡。乗客はどこの船着場からでも乗降することができたが、一番多かったのは二俣と西渡で、その大部分が二俣から西渡全区間の乗客であった。各船着場の乗客数は、おおむね次の通り。

上り乗客数　いずれも二俣から

二俣から船明　三人、横山　一八一人、雲名　五十九人、西川　三一七人、瀬尻　一四〇人、上平山　七人、西渡　三七三人、その他　八一人、　計一一六二人。

下り乗客数　いずれも西渡から

上平山　〇人、瀬尻　一三人、西川　四五人、雲名　十三人、横山　二四人、船明　〇人、二俣　五七三人、計六六八人。その他西渡以外からの乗客数五七五人で、合計一二四三人であった。

一ヶ月の運航回数は、飛鳥丸が一九回、白竜丸が一七回、合せて三六回であった。

飛行艇は飛鳥丸と白竜丸の二艇あり航行回数は一日一回又は二回であった。一ヶ月の航行回数は飛鳥丸が十九回、白竜丸が一七回、両方合わせて三六回であった。一ヶ月のガソリンの消費量は二〇〇缶で、一航行当り五・五缶の油を消費し、当時一リットル当り一一銭であった。

この飛行艇が会社として発足したのは大正一二年で、この年に西渡に大火があり、又昭和五年一一月一七日に船戸の和泉屋まで六六戸が焼失したが、この時に飛行艇は救援活動に活躍した。そしてその数か月後に運航を取りやめた。この事は、西渡の大火に就航し、大火に運航を取りやめたことは何か偶然のことといえる。

大正十三年十月戸口橋架設委員協議日誌（原文のまま）

大正十三年十月五日午後区長日名地清十方ニ於テ、天竜川戸口、西渡間ニ橋梁架設ニ係ル協議会ヲ開会　会スル者左記ノ氏名

区長日名地清十、佐々木米作、竹島甚平、日名地令一、伊口千代太郎、宮田宗平、宮沢庄太郎、水口松太郎

一．西渡、戸口間橋梁架設ハ交通上尤モ必要ヲ感ジツツアルモノナリト認メ各員一致シテ架設スルコトヲ協議ス

二．橋梁架設ニ関シテワ工事費ノ負担関係モアリ架設費用トシテ金五千円内外ヲ制限シ以上工費ノ多額ヲ要スル場合ハ之ヲ中止スルモノトス

三．架設工事費用ノ出資方法ニ付テハ、戸口区有財産処分法ヲ村長ニ申請シ、財産ノ全部又ハ一部分ヲ整理シ区有財産ノ内ヨリ金弐千円以上参千円以内ノ範囲内ニ於テ工事資金ニ提供シ不足額ハ村ノ補助ヲ仰ギ、且ツ有志者ノ寄附金ヲ募リ該費用ニ充ツルコトヲ協議ス。

四．架設工事ノ仮予算参考上必要ヲ認メ、竹島甚平氏ヲ以テ竜山村瀬尻笹原伝吉氏ヲ紹介シ同氏ヲ雇ヘイシテ翌七日仮設計ヲナスコトニ協議ス。

五．橋梁架設ニ付テハ修繕ノ方法及修繕資金ニ関シ各区民諸氏ノ意見トシテ壱戸平等ニ壱ヶ月金参拾銭宛（一日各壱銭）ヲ貯金シ之レヲ集金ナシ銀行予金トナシ之ヲ修繕資金ニ積立ツルコトニ協議ス。

六．栗田伊平氏出席ナキニヨリ同氏ニ会見協議ノ結果ヲ報告シ且ツ諸般ノ協議ニ関シ佐々木米作、宮田宗平翌六日栗田氏ヲ北遠銀行西渡支店ニ訪問協議スルコトニナシ各自閉会

七．拾月六日佐々木米作、宮田宗平北遠銀行西渡支店ニ栗田氏ヲ訪問シ前日ノ協議テン末ヲ報告尚橋梁架設方法ニ付協議ス。

八．仝日竹島甚平氏瀬尻ヘ出張ス。

九．拾月七日竹島甚平氏、笹原伝吉ト同道ナラレシ仮測量、及橋梁設置ノ位置見立ヲナス。之ニ参加シタル諸氏左ニ

日名地清十、佐々木米作、宮田宗平、栗田伊平、竹島甚平、比奈知令一、伊口千代太郎

拾．臨時手伝トシテ左記ノ諸氏

森田要一、大沢兼吉、芝本熊吉、遠山政一、北井友一

拾壱．森田佐平氏方ニ於テ設計予算ノ概略ヲ笹原伝吉氏ニ聞クコトニナス。会スル者左ニ、

区長、日名地令一、佐々木米作、竹島甚平、伊口千代太郎、宮田宗平、北井友一

拾弐．拾月九日区ノ総会ヲ開ク、橋梁架設ニ付テハ戸口区ノ一大改革事業トシテ尤モ至難ノ大事業トテ議論区々ニ別レ容易ニ纏マザルモ最後ニ至リ架設スルコトニ満場一致協議纏ルニ工事資金方法左ニ

一．区有財産整理シ現金参千円位ニ取纏メ資金ニ当ツルコト。

二．村ノ補助ヲ仰グコト。

三．有志ノ寄附金ヲ蒙ムルコト。

拾参．区有財産ノ壱部、字寺藪、畑壱筆現ニ墓地ニナリオリツアル分、之レハ村ヘ提供シ墓地ニ編入方ヲ村長ニ求ムルコト。

拾四．橋梁架設資金ニ付テハ、区有財産ノ整理金、及村ノ補助、有志者ノ寄附金ニシテ工事金ニ不足ヲ来タス

場合ニハ区民ハ拾壱月現在ノ村税負担額ノ割当率ニヨリ橋梁架設費トシテ徴収スルコトニママ異議ナク承諾スルコトニ協議、之ニテ閉会ス。

拾五．橋梁架設委員七名ヲ選挙スルコトニ決定、内壱名委員長外六名委員ノ選挙ヲナス開票ノ結果左ニ

委員長栗田伊平氏当選受任ス

委員左ノ六名

佐々木米作、伊口千代太郎、宮田宗平、竹島林蔵、宮沢庄太郎、日名地令一、以上当選受任ス。

拾六．区長及区長代理者、委員長、委員六名ハ区有財産ノ処分ニ付キ村長ニ意見ヲ求ムル件右ノ翌拾日村役場へ出張方ヲ協議シ散会ス

拾七．拾月拾日委員諸氏村長ニ会見ス。村長ノ意見トシテ、弐拾日ノ前後ニ出郡スル公用アリ之ニ区ヨリモ同行ナシ郡長ノ意見ヲ質ス必要アリトノコトニテ村長出郡当時ニ栗田氏村長ト同行ナシクレルコトニテ退場ス。

拾八．拾月拾九日区ノ総会ヲ区長宅ニ開ク栗田氏ヨリ来ル弐拾参日村長出郡スルニ当リ区ヨリ壱、弐名同行セラレタシトノ意見ニヨリ竹島林蔵氏、佐々木初五郎両氏同行方ヲ依頼承認ス。但シ出張ノ実費額ハ区ノ負担、区民承諾ス。

拾九．拾月弐拾四日佐々木米作、竹島林蔵両氏出郡、村長栗田氏ニ会見、郡長ノ意向ヲ纏メ弐拾六日帰村ス。

弐拾．拾月弐拾八日区長宅ニ委員会ヲ開ク左記氏名出席ス。

伊口安五郎、日名地勘三郎、宮沢庄太郎、栗田伊平、佐々木初五郎、宮田宗平

弐壱．委員ノ出郡経過ヲ聞ク、区有財産ノ処分ハ全部是レヲ整理シテ神明神社境内ノ壱部ヲ村エ提供シ村名儀ニナスコト。

弐弐．委員ハ異議ナク尚区民一同へ之ヲ謀リ異議ナシ。区ノ財産ノ整理ニツイテハ価格ノ見積リ、境内ヲ村へ提供スルニハ境内ノ分筆及境界ノ確認ヲ要スルニ付コノ点ニ付キ現場検分ノ必要アリ、参拾壱日委員之ヲ検分スルコトニ協議ス。

弐参．拾月参拾壱日実地踏査ヲナス左記氏名

栗田伊平、竹島林蔵、宮田宗平、伊口安五郎、宮沢庄太郎、佐々木初太郎

弐四．架設工事寄附金ノ承認ヲ求ムルニ付キ野原氏ト会見方ニ付キ出京方ヲ依頼サレ区長宮田宗平拾壱月六日出京スルコトニス。

弐五．拾壱月六日区長、宮田宗平出張、三井村長ヲ出張先キ浜松紅木屋ニ訪袮郡ノ経過及橋梁設計方ニ付キ技師ノ意見ヲ聞ク。

弐六．拾壱月七日八時四九分ニテ出京ス。仝日午後五時半東京駅着日没。鍛治橋旅館ニ投宿ス。

弐七．拾壱月八日午後九時野原方ヲ訪袮氏ニ会見架設計画ノ是迄ノ経過テン末ヲ報告、寄附金ニ付キ申込ミタルニ直チニ快諾サレタリ。

弐八．拾壱月九日午後拾時野原氏ヲ出テ拾時拾分下リニテ東京駅発車

佐久間の民俗芸能資料

花の舞

「川合　花の舞のしおり」　川合花の舞保存会　佐久間町川合若連　佐久間町教育委員会

一　地固めの舞

舞の開始に先立ち、舞処をふみ固める意味の舞である。法被にたつつけをはき、白鉢巻をしめ、わらじをはいた男一人が太鼓のバチを持って笛の音のみにて舞処を五方に舞い、踏み固める所作をする。

二　扇の二つ舞

小学生二名が当たる。衣装は法被にたっつけをはき、たすきをかけ、白鉢巻をしめ、わらじをはき、右手に扇、左手に鈴を持って太鼓・笛の音に合わせて舞処を東西南北中央と五方を舞う。

三　八千代の二つ舞

小学生または中学生二名が当たる。衣装は扇子の二つ舞と同様にて、右手に扇、左手にホウヅカと呼ばれる剣を模したものを持ち楽に合わせて五方に舞う。

四　ホウズカの二つ舞

小学生または中阿学生が当たる。衣装は扇子の二つ舞と同様にて、右手に扇、左手にホホウズカと呼ばれる剣を模した物を持ち楽②合わせて五方に舞う。

五　金山の二つ舞

若連または保存会員二名が当たる。衣装は法被にたすきがけ、たっつけをはき、白鉢巻をしめ、わらじをはき右手に扇、左手に剣を持つて、楽に合わせて舞処を五方に舞う。

六　扇の三つ舞

扇の二つ舞と同様な衣装をつけ、道具を持った小学生三名が、楽に合わせて舞処を五方に舞う。

七　花の三つ舞

幼児または小学生の低学年の児童三名が当たる。法被にたすきがけ、たっつけをはき、頭に鉢巻をしめ花笠をかむり足にわらじをはく、右手に扇、左手に鈴を持って楽に合わせて五方に舞う。

八　八千代の三つ舞

八千代の二つ舞と同様な衣装をつけ道具を持った小学生・中学生三名が楽に合わせて五方に舞う。

九　金山の三つ舞

金山の二つ舞と同様な衣装にて行う、ただし舞手が三名となる。この金山を舞う人々はの舞に堪能な者があたり、この後の山見鬼の松明持ちとなる。

十　山見鬼

一名山の神ともいわれ、真赤な衣装に鬼の仮面をかむり手には鉞を持って反閇《へんべい》といわれる呪術的意味を持つ足踏みをしつつ舞処を松明にみちびかれつつ静かに鎮め歩く。楽の拍子が変わると舞処の上に吊り下げてある蜂の巣を鉞でたたき落とし乱舞となる。

十一　扇の四つ舞

扇の二つ、三つ舞と同様にて舞手が四人となる。

十二　八千代の四つ舞

八千代の二つ、三つ舞と同様にて舞手が四人となる。

十三　ホウズカの四つ舞

ホウズカの二つ、三つ舞と同様にて舞手が四人となる。

十四　花の四つ舞

花の三つ舞と同様に舞手が人となる。

十五　金山の四つ舞

金山の三つ舞と同様にて、舞手が四人となり二つこの舞の後に行う榊鬼の松明持ちとなる。

十六　榊鬼

真赤な衣装に鬼の仮面をつけ、榊の枝を持ち太鼓、笛の音に合わせ、松明に導かれつつ、重々しく反閇という呪術的な足踏みをカンザ（神座）にて五方を静めおえると、いったん小休止する。榊を鉞に持ちかえ、カンザより釜の四囲へと反閇をくりかえしつつ踏み静め終わる。今まで静かに流れていた楽の拍子が変し乱打に変わると禰宜が現われ榊鬼と禰宜の問答となる。問答に打ち負かされた鬼は舞処いっぱいを大鉞を天地にふって乱舞する。途中鉞を小型の物と持ち替え、燃えさかる釜の下の火を鉞にて四囲にかきちらし終わる。榊鬼には二匹の伴鬼が付き、榊鬼の真似をしつつ、また榊鬼の休みの間は鉞を天地にふりかざしつつおもしろおかしく舞う。

十七　おかめの舞

おかめ、しおふき、女郎、翁の四つの仮面をかぶった舞手が手にわら草履と五平餅を持って、腰ぶりもおもしろおかしく舞う。一通り舞処で舞い終えると、しおふき、女郎、翁はわら草履の裏にぬられたのり、五平餅の味噌を見物者に塗りつけて歩く。大変人気のある舞である。

十八　湯立の舞

この舞は、四人で両手にわらの湯たぶさを持ち衣装は白装束にて舞処に立つ最後の舞であるから歌ぐら、笛、太鼓共に名調子そのもので舞子の中で最も優れた者がそれにあたる。舞終が盤に入るころ釜の湯を一段とたぎらせ禰宜によって祈祷が行われる。祈祷が済むと湯たぶさを釜の中につけ、それを四囲の氏子に向かってかけるのであるが、不思議とこのしぶきにあたっても熱さを感じないという。湯かけが済むと、この舞の最も美しい舞が披露される。舞の始まりより終わりまで約一時間三〇分くらいを要する舞である。

十九　湯あげ

すべての舞が終わると湯上げが始まる。中央の釜に湯をたぎらせ禰宜によって祈祷がされる。舞子は釜を囲み鈴を打ち鳴らしながら「この世にせいずる為こそめでたけれ　日頃のけだいを　けずりまします。」と三回問える。祈祷が済むと禰宜が湯桶に釜の湯を汲み取り八坂神社に献じて終える。

○舞ぶり

(一) 二つ舞

一　宮ならし（四方型めの舞）

イ・出の舞　ロ・振りならし　ハ・扇かえし　ニ・悪魔切り

（移動の舞で、舞が変わる時に見られる）

二　三拍子

イ・輪の舞　ロ・イナダキ　ハ・巴の舞　ニ・シャクミの舞

（現在は巴とシャクミが同時に行われる）

三　ソウリ（テンポの速い舞）

イ・ソウリ　ロ・行きもどりのぼえまわし　ハ・相手舞

四　三拍子

イ・出の舞　ロ・イナダキ

(二) 三つ舞（子供）

一　宮ならし

イ・出の舞　ロ・振りならし　ハ・扇返し　ニ・悪魔切り

二　三拍子

イ・輪の舞　ロ・イナダキ　ハ・巴の舞　ニ・シャクミの舞

三　イナダキの舞

イ・イナダキの一人舞　ロ・イナダキの三人舞

四　ソウリ

イ・ソウリ　ロ・行きもどりのぼえまわし

五　三拍子

イ・出の舞　ロ・イナダキ

(三) 三つ舞（大人）

一　宮ならし

イ・出の舞（剣の舞は神座より始め、剣をとぐ動作に始まる）

ロ・振りならし　ハ・悪魔切り　ニ・輪の舞　ホ・巴の舞　ヘ・シャクミの舞

二　三拍子

宮ならしと同じ動作をくりかえすが、シャクミの舞が異なる

三　イナダキ

イ・イナダキの一人舞　ロ・イナダキの三人舞

四　ソウリ

イ・ソウリ　ロ・行きもどりのぼえまわし

五　ヒットラー

イ・ヒットラー（鈴は腰にさす）ロ・きっさきのぼえまわし

六　トウロクサン

イ・トウロクサン（ゆるやかな拍子からだんだんと早くなる神座で八の字を描く）

ロ・きっさきのぼえまわし

七　かぶり

イ・行きもどりのぼえまわりのかぶり　ロ・もどり

八　天のうち

イ・行きもどりのぼえまわりの天のうち　ロ・もどり

九　すりこぎ

イ・行きもどりのぼえまわりのすりこぎ　ロ・もどり

十　こしとり

イ・行きもどりのぼえまわりのこしとり　ロ・もどり

十一　三拍子

イ・出の舞　ロ・イナダキ

(四) 四つ舞

①子供の四つ舞　②大人のよし舞　は、三つ舞に順ずる但し、ソウリが神座にて輪を描く。

○舞の道具

一　楽人

保存会員用法被　太鼓・バチ・笛

二　謡唱人

同上　台本

三　舞踊人

衣装（法被、たっつけ、赤たすき、白鉢巻、わらじ）

四．持ち物

扇二十本、八千代六本、ボウズカ六本、鉞五本、タイマツ二十本、鈴十本、花笠八個、湯たぶさ八本、剣四本、盆四個、　湯筒四個

五　現状

衣装、持ち物等は神社に併設されている保存庫の罐の中に入れ整理保存する。但し、わらじ、タイマツ等は祭りの都度作成する。

○**発表と賞**

一　昭和六年五月十六日
　浜松放送局ラジオ放送
二　昭和八年六月
　浜松放送局ラジオ放送
三　昭和三十三年四月
　静岡県芸能発表会　静岡市
四　昭和三十九年十月
　SBSテレビ佐久間局開局記念　佐久間町
五　昭和四十五年四月二十三日
　ふるさとの歌まつりNHKテレビ放送
六　昭和四十八年十一月三日
　第一回全国山村振興シンポジウム　佐久間町
七　昭和四十九年三月二十四日
　SBS学苑祭　静岡市
八　昭和四十五年十一月七日
　静岡県教育委員会より受賞

「川合　花の舞　うたぐら」

七滝八滝の水を「くみあげて」　日頃のけがれを笹葉できよめる
伊勢の国高間が原が「ここなれば」集り給ひ四方の神々
伊勢の国　天の岩戸を「押開き」　花や神楽を舞や遊ぶら
伊勢の国　高間原の「八重つつじ」　花のさかりに　あそべ目出度し
伊勢の国　国に見が浦で「引くあみは」　度力さなれば　あられなるもの
伊勢の国　国に見が浦で「さすしおのは」　ごぜさに召ば　氷ひや水
伊勢の国　参へるわ　遠し「見るかがみ」　おりてたたみて　近くまへらな
伊勢の国　浅間岳で「立つ煙」　千早五色の花のかざする
産土のおりえのござに「綾ち張る」　錦を敷きて　こざとまえらす
産土のお前に立けたる「綾杉は」　うらさき分て　こざとまえらす
産土のお前をかざるわ「みるめ竹」　うらさき分てこざとまえらす
産土のおみとはいくし「左はし」　右か九つ中が拾六
産土の今ぞお渡る「七浜は」　足げの駒にたつなよりかけ
産土と呼ばわりけるこそ「うれしけり」　神諸共にうけてよろこぶ
産土のけきようの帯は「ものむすび」　ごぜよりほかにたれが解くかよ
産土のござ葉のつゆは「雨かとよ」　雨にまえたるあられなるもの
産土の北の林て「鳴く鹿は」　けぎょうの声をきくぞうれしき
産土のお前に立ちたる「お七五三竹」　根うら揃へて山とかざるで
障子屋に障子のお七五三は「幾重張る」　七重も八重もかさね八代張る
障子屋に障子のおこもは「幾重張る」　七重も八重もかさね八代敷く
秋過ぎて冬の始めは「今日かとよ」　風ももろかに八代に咲く花
宮川をかいつれのぼる「群からす」　羽を揃へてこざとまえらす
紀伊の国音無川の「皆神を」　にごめて立つはかもやおしどり
日よの山太鼓の音の「するときは」　三郷七社の舞となるらん
万亀石寄るなさわるな「つえつくな」　廻して通れや神の通路
峯は雪ほかなる時雨「里は雨」　雨にあられの時雨なるらん
峯七つ谷が九つ「八つが岳」　一重におがむ富士の白雪
山の神そだちはどこだ「奥山の」　戸山の奥の榊木のもと
庭中に七つ釜立て「わかす湯は」　ごせさに召さば氷ひや水
諏訪の海みなこそ照す「小玉石」　手にわとれども袖はぬらさて
鈴が森　今日の吉日に「綾を張り」　錦を敷きてこざとしようする
あれを見よ津島の沖で「こぐ舟は」　行けとはこがる遊べとよこく
神道や千道諸道「道七つ」　中なる道は神の通道
七里や八里の水を「くみあげて」　日頃のけがれを今ぞきよめる
尾も白し頭も白し「尾長が鳥」　にごめて立つは鴨やおしどり
花の舞差出るすがた「花かとよ」　花とさしでてすがた見られる

銀の八つ目の鈴を「振りならし」　ごせの為とて舞や遊ぶら

湯はやしの湯元の登る「湯衣は」　神が七尺丈が六尺

剣立勢田の宮に「われいらば」　日頃の汚れを削きよめる

東方いかなる神で「ましませて」　照る六月の小雪さらさら

東方紫雲が「西えさす」　さぞや東はさむしかるらん

東方小松かきわけ「出る月は」　西へわやらでここわてらす

霜枯のかや葉をござと「降る雪は」　冬さく花と見るめかもの

霜枯の雪のしきげた「雨だるき」　氷のえつるつゆのふき草

宇治川であなたこなたと「呼ぶ声は」　大社が呼ぶか鳥居がまねくか

宮川をかいつれ登る「鮎の子が」　鼻を揃えてござとまえらす

雲のおびかのこのこそで「雪中に」　立てるはするがの富士の山かな

山住のかさおの松は「根はしげて」　うらさき栄へてござとまえらな

秋葉山杉のこつえ立「多けれど」　色ある杉は久さしかるもの

秋葉山杉のこそ立「おおけれど」　中なる杉に想ひ杉あり

秋葉山谷の木の葉が「八重かさね」　一重におがむ富士のお滝を

秋葉山北の林に「松植て」　枝諸共に氏子繁じょ

秋葉山太鼓の音の「するときわ」　三郷七社の舞となるらん

秋葉山北の林で「住む鹿は」　妻声かけて三声こそなり

水神はどこがそだちぞ「かもが池」　白柳の下にこそすむ

繁山は如何なる神で「ましませて」　照る六月小雪さらさら

冬来れば川の瀬ごてに「氷橋」　架け渡したる神のくれ橋

冬来れば斬場にさがる「つららこそ」　架け渡したる神のしんきょく

大神宮障子けるこそ「うれしける」　神諸共にうけてよろこぶ

八幡山城の山吹「今日かとよ」　風ももろかに八代に咲く花

鶯やまだ巣の中に「いたかとよ」　春はこれども　ほうける間もなし

花の舞さしでる姿「帯もせいで」　たすきもかけ舞や遊ぶら

七五三の内八つ目の鈴を「振り鳴し」　ごぜの為とて近く参いらん

四つ舞差出る姿「花かとよ」　花と差出てすがた見られる

金山は何処なる神か「ををき中に」　ほどよく立て鍛冶をしたまで

伊勢の国に見が浦の「八重つつじ」　花は咲けども小金さくらん

氏神の北や南が「浜なれば」　在所へ降りて遊べ蛤

「川合　湯立の歌楽」

この笹は洗ずる身にこそ似たりける、日頃のけたいを削りまします（三度）

東方東は句々及智の神の御前に綾を張り　錦を敷きて御座とまいらす

南方南は火具土の神の御前に綾を張り　錦を敷きて御座とまいらす

西方西は金山の神の御前に綾を張り　錦を敷きて御座とまいらす

北方北は水速売の神の御前に錦を張り　錦を敷きて御座とまいらす

天中方は天照す神の御前に錦を張り　錦を敷きて御座とまいらす

湯の父のちろたい誰をか生ずる　尾張なる熱田の宮の禰宜を生ずる

湯の母は誰をか生ずる　尾張なる熱田の宮の禰宜を生ずる

湯の父の湯衣は綾か錦か綾にまいたる湯の羽衣

湯の母の湯衣は綾か錦か綾にまいたる湯の羽衣

とんとんとやれ　それが玉とりよ　火ぶせが玉か　それが玉とりよ（三度）

「川合　榊鬼と太夫の問答」

太夫　ことざん申しきなりをして神ほうべんの庭を踏み荒す何じ何者にてサムロウ

鬼　愛宕山の大天狗ひよの山の小天狗　荒みさき荒天狗とはわれらがことにてサムロウ

太夫　サムロウは何万才をへるとや

鬼　八万才をへるとや　そういう者は何万才をへると

や
太夫　玉は九ぜん　神は十ぜん　王のくらいにて
十二万才をへるとや
鬼　この榊と申するは　一本が千本、千本が万本、一
枝片枝といえども山の神三千宮
　おしみ、きしみたもうこの榊、誰にゆるされて迎
え取った
太夫　伊勢天照皇大神宮、春日大明神、住吉大明神、雅
子の若子をもうけそうよく
　千代のため迎え取ったこの榊
太夫・鬼
　引いても引かれる　こいてもこかれぬ　十二方で
万才楽、千秋楽

「今田　花の舞」
　花の舞　舞い形

舞の始め
寛政　壱拾壱年　霜月
第　壱百壱拾九代　光挌天皇　御代
紀元　弐千四百五拾壱　巳年（1799年頃）
徳川　壱拾壱代将軍　家斉公

一　地がため
二　花の舞
三　やちご
四　扇の三つん舞
五　扇の手
　御湯探（湯買銭）
六　ちょうしの舞　（銚子の舞）
七　剣の三つん舞
八　やくじん舞（厄人舞）
九　かなやま
十　みかぐら（御神楽）
十一　ひのう様　みずのう様　（二の宮のみ）（火の神
水の神）
十二　ほんつるぎ（本剣）
十三　ねぎめん（禰宜面）
十四　おにめん（鬼面）
十五　かまあらい（釜　洗い）
十六　しめきり（締め切り）

一　地がため（保存会の長老があたる）
　五方　わ　さらさら　五方　　わのあいぎり
二　花の舞（年少の子供があたる）（花）
　五方　わ　さらさら　五方　あいぎり　　四つがひ
ら　あいぎり
　　びゃかい下のわのあいぎり

　花の舞（湯　楽）
　花の舞　さし出る時わよ　　花かぞや　花かぞや
花を揃えて
　ござと　まいらす
三　やちご（子供があたる）（たすき・はっぴ）
　五方　わ　さらさら　五方　らい　四つがひら　ら
い　びゃかい下のあいぎり
四つがひら　あいぎり　　びゃかい下のらい
やちご　らいの時（湯　楽）
夜がほげて　神々が御日の　射すまで　遊び　とど
まる
四　扇の三つん舞（青年があたる）（袴・たすき）
四方（東方にて、大手四度　あと二度にてよし）
わ　六度　さらさら　四方（鈴・扇は鼻の前にもっ
て来ること）
（始め扇にて、廻らず座す　廻らず立ち　廻って鈴　中
腰扇　中腰鈴　終二度足運び）
　わ　扇三度　鈴三度　四つがひらに出る時は、腰に
鈴を付ける
四つひら（一番が四度一人舞　二・三番が三度一人
舞）
さんや　三度（三番は一・二番の間に入るように八
の字を描く）
わ　ゆるぎ　右廻り
五　扇の手（少年があたる）（青の上着・たすき）
五方　わ　さらさら　五方　らい　四方がひら　ら
い　びゃかい下あいぎり
四つがひら　あいぎり　　びゃかい下のらい
御湯探（湯買銭）
六　銚子《ちょうし》の舞

（一番の扇の替わりに銚子を持つ
五方　わ　さらさら　五方　あいぎり　四つがひら
あいぎり
びゃかい下のわのあいぎり
ちょうしの舞（湯　楽）
東方東は、薬師寺　南　観音
　西　阿弥陀
　北　御釈迦
　中央　大日如来　の
領土に三千ごうや　ごぼう申　ごうや　をまいる時
はい　いくらなある
七重の　ちょうし　ちよのさかずき　おをもしろ

七　剣の三つん舞（大人があたる）（はかま・たすき）
四方（東方にて、大手四度　あとに二度にてよし）
わ　六度　さらさら　四方（鈴・剣は鼻の前にもって来ること）
（始め剣にて、廻らず座す　廻らず立ち　廻って鈴　中腰剣　中腰鈴終二度足運び）
わ　剣三度　鈴三度　四つひらに出る時は、腰に鈴を付ける
四つがひら（一度が四度一人舞・二・三番が三度一人舞）
さんや　三度（三番し一・二番の間に入るように八の字を描く）
わ　ゆるぎ　右廻り

八　やくじん舞（大人があたる）（はかま）
五方　わ

九　かなやま（大人があたる）（はかま・たすき）
五方　わ　大わ　腰付　担ぎ剣　担ぎ鈴　揚げ剣揚げ鈴
四つがひら　担ぎ剣　担ぎ鈴　揚げ剣　揚げ鈴（組舞だけ）
腰付にてびゃかい下に入る　びゃかい下　大わ　担ぎ剣　担ぎ鈴
揚げ剣　揚げ鈴
（一人舞はなし）
かなやま（湯　楽）
かなやまわ　いかなる神で　ましまする　てる六月も
小ゆき　さらさら

十　みかぐら（大人があたる）（たすき）
五方　わ　大わ　腰付　担ぎ扇　担ぎ鈴　揚げ扇揚げ鈴
四つがひら　組舞　腰付　担ぎ扇　担ぎ鈴　揚げ扇
揚げ鈴
行きつ。戻りつ舞　一廻りして腰付にてびゃかい下に入る
びゃかい下の　わ　腰付　担ぎ扇　担ぎ鈴　揚げ扇
揚げ鈴
（一人舞あり）
みかぐら（湯　楽）
一　おぼえなす　ちよのみかぐら　まいらする　おをめし　こしめし　玉の明神
二　おぼえなす　ちよのみかぐら　まいらする　ちわふる神が　うげて　よろこぶ

十一　ほんつるぎ（袴・たすき）
（舞初めに座して、前に鈴一二巻き、一礼後太鼓を叩く事）
五方　わ　さらさら　五方　らい
四つがひら　らい　ぴゃっかい下　さいや（向会い・背合わせ）
四つがひら　さんや　組舞　一人廻り
一番が南座　二番が西座　三番が北座　四番が東座
火切（帯　たすき　鉢巻き　切っ先　束）
行きつ、戻りて舞う　さらさらで入る　組舞なし
びゃっかい下　あいぎり　四つがひら　あいぎり
びゃっかい下　らい
（舞終わりに座して　後ろに鈴一二巻き　剣は腰付にて行う）

十二　ひろう様　みずのう様（二ノ宮のみ舞う）
（湯　木・ひしゃく・面）（鬼面と同じ）
五方　天の悪魔を切り地の悪魔を切り　四つがひらに出て
天地の悪魔を切り　一廻りして
四つがひら　火切　びゃっかい下にて四方悪魔を見て入る
（両親が健在な者が舞う）

十三　ねぎめん（禰宜面）

五方　済まして　四つがひらを一廻りする。かせかい　済まして
四つがひら　あいぎり　びゃっかい下の　わのあぎり

ねぎ面のからかい（台詞）

神　ねぎとも非ず、商人（あきうど）とも非ず、ぶらり　しゃらりと　何者だ
ねぎ　伊勢のふるいち、ねぎにて　そうろう
神　ねぎとも在れば、祓（はらい）を讀め（よめ）讀まねば通さぬぞ
ねぎ　高天原に神　とどまります
神　まだあり　まだあり　火の神様に御礼申せ　申さにゃ通さぬぞ
ねぎ　火の神様に、御礼申す
神　まだあり　まだあり
尾のない　毛のない　じょうろ様に御礼申せ　申さにゃ通さぬぞ
ねぎ　尾のない　毛のない　じょうろ様に御礼申す
神　まだあり　まだあり　がくどう様に御礼申せ　申さにゃ通さぬぞ
ねぎ　がくどう様に御礼申す（太鼓の方を向く）
神　まだあり　まだあり　ふえぞう様に御礼申せ　申さにゃ通さぬぞ
ねぎ　ふえぞう様に御礼申す
神　まだあり　まだあり　そうだ様　まんだ様に御礼申せ　申さにゃ通さぬぞ
（この時、ねぎ面は東方向に廻って）
ねぎ　そうだ様　まんだ様　ぐるぐるべったり御礼申す

神　此のしょいたるものは、何だ
ねぎ　これは。文こうりだ
神　其の文こおりを讀め　讀まねば通さぬぞ
ねぎ　さて、困った　ともどもに頼む
神・ねぎ
東せば東海道　南せば南海道　四国西国　北陸道
大阪よりは、東が三十三ヶ国　西が三十三ヶ国
合わせて　六十六ヶ国
此処は　遠州佐久間町　御名を申せば今田村という所に於いて　霜月（第二土曜日）の晩に
七石半の　御湯がたったと聞きたもう
其れを書物に　たち歸る（たちかえる）

一四　おに面（鬼面）

五方　天の悪魔を切り地の悪魔を切り　四つがひらに出て　天地の悪魔を切り　一廻りして
（からかい）
四つがひらにて火切　びゃっかい下にて四方悪魔を　見て入る

おに面（鬼面）（からかい）（台詞）

神　やいやい　なんじが何者にて、ことざんもしきなりをして
此神　ほうべんの舞を　踏み荒らすとや
鬼　なんじが事にて候とや
神　をを　其方の事にて候とや
鬼　あたごさんの　大天権（だいてんごん）千代の山
小天権
山々　たけだけを踏み荒らす　荒天権とは我等の事にて候とや
神　をを　そおゆう其方は、何万財をへたるとや
鬼　八万財をへたるとや　其方は何万財をへたるとや
神　神が十ぜん、佛が十ぜん　神佛の位をもって十二万財を　へたるとや
鬼　四万財をへたるとや
（神が榊を、鬼の手に持たせる）
神　やいやい　此の榊と申するは、一本が千本　千本が万本　ちえだ　はたえだまでも、山の神三千本の御示したる此の榊　だれが許しを持って此れまで　切り取ったとや
鬼　伊勢天照大神宮　春日大明神　八幡大菩薩
千代の御ためをもって、これまで切り取ったとや
（うたぐらにて、鬼と共に）
引くに引かれず、こくうにこかれず
此の榊　まことに　神代わ　有難い　まことに神代わ　有難い

一五　かまあらい（うすひき・たすき）

五方　わ　さらさら　五方　らい
四つがひら　らい　びゃっかい下　さんや（向会い・背会わせ）
四つがひら　さんや　組舞　一人廻り
一番が南座　二番が西座　三番が北座　四番が東座
火切（帯　たすき　鉢巻き　切つ先　束）
行きつ、戻りて舞う　さらさらで入る　組舞なし
びゃっかい下　あいぎり　　四つがひら　あいぎり
びゃっかい下　らい

（ほん剣と同じ）

一六　しめきり（うすひき・たすき）
五方　わ　さらさら　五方　らい
四つがひら　らい　びゃっかい下　さんや（向会い・背会わせ）
四つがひら　さんや　組舞　一理廻り
一番が南座　二番が西座　三番が北座　四番が東座
火切（帯　たすき　鉢巻　切っ先　束）
行きつ、戻りて舞う　さらさらで入る　組舞無し
びゃっかい下　あいぎり　四つがひら　あいぎり
びゃっかい下　らい

（かまあらいと同じ）

（湯楽）
伊勢の国　ここも高天原なれはせ　集まり給え　よもの神々
綾村大明神へ　上ぐる湯は　綾をわゐ錦を敷きて　ござとまいらす
山の神　育ちはいずく　奥山の　遠山の　奥の榊　清く増します
水沢は　水のそらえに　御神影を　霧留めて　清く増します
所　當所のかざをの松は根は朱げて　うらかき分けてござとまいらす
伊勢の国　参るは遠し　絹なれば折りいて畳みて　近く参らす
山住の　かざをの松は根は朱げて　うちかき分けてござとまいらす
秋山は　みな色々と色みける　みくしを染めてござとまいらす
綾村大明神はにぎよりきたより出でる水あさくら池も深くたまはる
日月は　雲のそらえに　御神影を　露留めて　光増します
冬くれば　川の瀬ごとに　氷　橋　架けや渡いた　かねのくれはし
八和田山　城の山吹　今日はとよ　風ものろかに　やよに吹く花
日代の山　太鼓の音の　する時は　山王七社も　うれしかるもの
神妻路を　降りつ昇りつ　つね頃も　袴を付けて　ござとまいらす
秋すぎて　冬の始めは　今日はとよ　風ものろかに　やよに咲く花
壱の宮　湯湧きが元で　打つ包み　てんとわならで　小夜とこそなれ

「峰　花の舞歌詞」
一　東方　東は薬師の浄土にしめをすをこす寒さに　ちはやぶる古村栄えて　氏子栄えて　神栄えする
一　南方　南は　観音の浄土に　〃
一　西方　西は阿弥陀の浄土に　〃
一　北方　北は釈迦の浄土に　〃
一　中央には　大日浄土に　〃
一　東方　東にじんぱち　咲いたわ　宮のさむろを
一　南方　南に　〃
一　西方　西に　〃
一　北方　北に　〃
一　中央　中に　〃
一　東方　東になりものなりて　ふうきし　天んじゅくのくろうものには　雀がつるいでとるちよものには
一　南方　南に　〃
一　西方　西に　〃
一　北方　北に　〃
一　中央に　〃
一　秋過ぎて　冬の初めはよサー京かとよ　ゝよ　風ものろかにエー　八代に咲く花　、　花やれおもしろい
一　うずら草にたにござしくを　ゝ　霜は冬の始めと見る目かるもの
一　冬くるとたがいけわたる　北のなるしぐれの雲を山のくりする
一　霜枯れの　かやばを　ごもと降る雪　冬咲く花と見るめこそする
一　霜柱　雪は北国　両たるき　古の葉かえつる　風は吹きかや
一　うぶすなのおわたる道に綾を　あえ錦を敷きてござと舞ろん
一　ところでは　ところの神がおわすれな
一　伊勢の国　高間が原が此処なれば　集り給ひ四方の神々
一　山の神　そだちはいづく奥山の　とやまの奥の榊葉のもと
一　水神は　いづくがそだちか　かもが池　目白柳の元にこそすれ
一　二の宮のおざさのつゆは　雨かとよ　雨に舞ひたるあられなるもの

一　東山小松かきわけ　出づる月　西えはやろじ此処を照さん

一　神妻路におなわしないかと　男身であれでも　舞ふよ　神の誓で

一　秋葉山　招じろれても　うれしげに　神もろともに舞やあそぶら

一　伊豆なしに　人住む事は　なれども　誰がきたくや香の煙りよ

一　村雀　住家はいづく　伊勢の国　梅の梢が住家なるもの

一　伊勢野の国　天の岩戸を押開き　神は無いかと　舞やあすぶら

一　あれを見よ　津島が沖でこぐ船を　天王が島でこぎや　あすぶら

一　法来寺　十二がお嶽に　立つ煙り　ちはや錦の花のかざする

一　山住のかざをの松は根はしゆげし　うらさきわけてござとまいらん

一　金山は伊の山いでし　京七日　八日とゆう日に　剣ぎいくらん

一　八幡山　白の山ぶき　京かとよ　風ものろかに　八代に　咲く花

一　うぶすなのげ京の帯も　もゝ結び　俺より外にだれがとくらよ

一　はぐ山のおざさのするみは　帯もせで　たすきもかけて　すせいこそすれ

一　東照は　西本国は北より辰巳より　吹き来る風は花のかざする

一　阿多古山　おろす　嵐がはげしくて　谷ある霧を吹きやはらうら

一　伊豆箱根　あけて拝めば　鏡山　五尺のかつら　からのかけおび

一　峯は雪　谷は古の葉の八重かさね　一重に拝む　富士のお嶽を

一　大明神は　右より北より　出でる水　あさくら池を深く給はる

一　お亀石よるなさわるな　いえいくな　よけて通れよ新客のもの

一　諏訪の海　みなそこ照すこだま石　手にわとるとも袖はぬらさじ

一　神々はしでの葉ごてに　おるゝ神　神あらはれてげ京まします

一　紀の国や　音無川の水上を　にごめて立てよ　かもやおしどり

一　住吉は西も東も浜なれば　大社が沖で　あすぶはまぐり

一　熱田港はみなと拝めば　前は海　後は龍王　前は前殿

一　日除の山太鼓の音のする時は　さんや七社の遊びこそする

一　神々のをりいのござに　綾をあえ　錦ほ敷きてござとまいらん

一　四季なれば　四季程申す幾度も　おめせ越めせ　玉の時神

こぎばやし

一　此のこぎは　いづくのこぎぞ　奥山の　とやまの奥のとびやまのこぎ

一　此の照しは　いづくの照いようさく原に　ましますいなりやは　たのかねのとほしき

一　此のかぞは　いずくのかぞくまのなる　こけよりすその石のかぞかぞ

一　此の土は　いづくの土ぞ　舟こいで　大舟こいで七舟の土

一　此の石は　いづくの石ぞ　坂超えて　大坂越えて七坂の石

一　此のすさは　いずくのすさぞ　国超えて　大国超えて　七国のわら

一　此の釜は　いずくの釜ぞ　国超えて　大国超えていつじの釜

一　此の火打は　いすくの火打ぞ　ひやうりまします七だりやはたのかじが火打ぞ

一　此の塩は　いずくの塩ぞ　浜越えて　大浜越えて七浜の塩

一　此の桶はいずくの桶ぞ　ひでのなる　ひだのたくみが　ゆいしゆい桶

一　此の蓋は　いずくの蓋ぞ　奥山の　とやまの奥のさわら木の蓋

一　此の長柄は　いずくの長柄ぞ　吉野なる　ひだのたくみが　まげた長柄

一　此の水はいずくの水ぞ　滝越えて　大滝越えて　七滝の水

一　此の笹はいずくの笹ぞ　宮越えて　大宮越えて　七宮の笹

笹大招じ

一　招じ招して庭中に　七つ並て沸す湯は　ごせさに

召せば氷冷水

一　金山は伊乃山いでて今日七日　八日とゆう日に剣つくらん

一　金山はいかなる神で事ましませば　照る六月も小雪さらさら

一　金山はいかなる神で沖中に　ほど八つ立てゝかじをした給ひ

お湯立て

一　秋過ぎて　冬の始めはよサー　京かとよ　ゝ　風ものろかにえの

　八代に咲く花　ゝ　やれおもしろい

一　うづらぐ　草下にござしく置く霜は　冬の始めと見るめかるもの

一　冬来れば　川の瀬ごてに氷橋　掛けや渡さんごぜのくれ橋

一　東方や　薬師の奥の立てし戸は　入重殿を七重を明けて　八重開く一重　のこして神の御戸神なき里はさむしかるもの

一　南方や　観音の奥の立てし戸は

一　西方や　阿弥陀の奥の立てし戸は

一　北方や　釈迦の奥の立てと戸は

一　中央や　大日の奥の立てと戸は

一　うぶすなのをわたる道に綾をあえ　錦をしきてござとまいらん

一　神々のおわたる道に綾をあえ　錦をしきてござとまいらん

一　津島路に八つある手が八つ七つ　花を揃えて　ござとまいらん

一　東山　小松かきわけ　出づる月　西えわやらじ此処を照さん

一　山の神　そだちわいずく　奥山のとやまの奥の榊葉のもと

一　水神はどこがそだちか鴨が池　目白柳の本にこそすれ

一　伊勢の国　高間が原が此処なれば　集り給ひ四方の神々

一　東国や古木の村立をけれども　色ある枝はみしかるもの

一　神妻路よをなわしないかと男身で　あれども舞ふよ神の誓ひで

一　秋葉山　杉のこそだち多けれど　色ある杉は久しかるもみ

一　山住のかざをの松は根はしげし　うらさきわけてごさとまいらん

一　紀の国や　きりでが森のなきの葉を　片手に持ちてござとまいらん

一　法来寺十二がお嶽に立つ煙　ちはや錦の花のかざする

一　熱田港は　みなと拝めば前の海　後は龍玉　前は前殿

一　八幡山　白の山咲　京かとよ　風ものろかに八代に咲く花

一　諏訪の海　皆底照らすこだま石　手にはとるとも袖はぬらさじ

一　白山のをざさのするみわ帯もせで　たすきもかけてすせいこそする

一　かねかけと　とうて訪ねて来て見れば　こけつのじぞうした指にこそする

一　伊豆乃路に人住む事はなけれども　誰が来たくや香の煙よ

一　宮側で貴男こなたと呼ぶ声は　大社が呼ぶか島がまねくか

一　伊豆箱根あけて拝めば照る鏡　五尺のかつらからのかけ橋

一　二の宮を笹の露は雨かとよ　雨に舞いたる　あられなるもの

一　大明神は右より北より出づる水　あさくら池を深く給わる

一　峰は雪　谷は木の葉の八重がさね　一重に拝む　富士之初雪

一　宮ならば　たれをかしよし　伊勢乃国　ようたえかよう　せうのわかねぎ

一　下月のあからが島に　をを立てし　しめより栄えとりや　あすぶら

一　霜柱　雪は北国　雨たるき　木の葉かえいる風は咲きかや

一　霜枯のかやばをござとぶる雪は　冬咲く花と見るめかるもの

一　あすひやに玉打すまばよもすがら　嶺もさやかにあすびかえらむ

一　神々はしでの葉ごてに　降る神　神あらはれてげ京まします

一　東照は西本国は北より　辰巳より　咲き来る風は花のかざする

一　四季なれば　四季程申す幾度も　おめせ　玉の時神

ゆたぶさ　五方
一　たぶさを　もろ手に持ちて
東方みかどを拝むには東方の神が受けて喜び給ひ
一　南　ゝ　ゝ
一　西　ゝ　ゝ
一　北　ゝ　ゝ
一　中央　ゝ　ゝ
一　湯の母が湯殿にお渡る湯衣は　袖が六尺　丈が七尺
一　湯のねぎが湯殿はどことさしきたる　雲こえ湯殿
前は前殿
一　庭中に七つ立て沸す湯は　ごさにめせば　氷冷水
一　今日の身湯は　たがめみす湯と　栄えたり弁財天の
大釜きよめて　大きよめ花の身ゆたちしそ栄えたり

いしやひうや水神の御戸　いしや拝もやれ神の御戸
とんとんとるやなひぶせが玉　それがたまとるやな

『山室祭詞』
昭和三十一年正月　持主　豊川市豊川町止通り
藤原重義
開運町　宮下元目書

一　しめおろし
一　参ゑい
一　御湯立
一　所当所
一　神返し

一　東方東にしめをろす　をろすさむさにちはやふる
こう村栄ゑて　氏子栄ゑる　神さ栄へする
二　東方東にじんぱちさいたは　宮三郎よ
三　東方東にふりものふらしふきし天んじくのくろうが
わには　ほうしのくらいかする　めがつるいてとるちや
うものよ

一　参ゑい秋すぎて、冬の始めよ佐あ　京かとよゝ　風
はのろかにゑ　八代に咲く花ゝ　ヤラオモシロ
一　うずらぐさ、下に御ざしくよ佐ー　をくしもはゝ　照
冬の始めとゑ見めか者ゝ　ヤラオモシロ
一　霜枯れの、かやばを御ざとよー佐ー　降る雪はゝ
冬咲く花とゑ、見めかるもの　ヤラオモシロ
一　霜枯れの、雪のしぎケをよ佐ー　西たるきゝ　氷の
ゑつるゑ　霜のふき草　ヤラオモシロ
一　しよじやに　しよじのしめはよ　佐あ　幾重はるゝ
七重も八重もゑ重ね　八よはるゝ　ヤラオモシロ
一　しよじやの　しよじこもはや　佐あ　幾重はるゝ
七重も八重もゑ重ね　八よはるゝ　ヤラオモシロ
一　御ぶすなの織井のござによ　佐あ　あやを針ゝ　に
しきをしきてゑ御ざと　舞らな　ヤラオモシロ
一　神々の織井の御ざによ　佐あ　あやを針ゝ　にし
きをしきてゑ御ざと　舞らな　ヤラオモシロ
一　御ぶすまの　御前に立ちたるよー　佐あ　あやすぎ
わゝ　うらさきわケてゑ　御ざと舞らなゝヤラオモシロ
一　おぶすなの　御前に立ちたるよー　佐あ　をしめだ
ケゝ　根うら揃ゑてゑ山とかざるらゝ　ヤラオモシロ
一　おぶすなの　前戸をかざろよ　佐あ　見めだケゝ
うらさき分けてゑゝ　ござと舞らなゝ　ヤラオモシロ
一　おぶすなのお御戸は幾つよ　佐あ　左やっゝ　右が
九のつゑ　仲が十六ゝ　ヤラオモシロ
一　おぶすなの　気京の帯はよ　佐あ　桃ゆすびゝ　ご
ぜより外にゑー　誰がとくらよゝ　ヤラオモシロ
一　おぶすなの　御さ々の露はよ　佐あ　雨かとよゝ
雨にまいたるゑー　あられなる者ゝ　ヤラオモシロ
一　おぶすなの　北の林でよ　佐あ　なく鹿かはゝ　気
京の声おゑ　聞ようれしやゝ　ヤラオモシロ
一　東かた　如何なる神でよ　佐あ　ましますらゝ　照
る六月もゑ　小雪さらさらゝ　ヤラオモシロ
一　東から　むらさき雲がよ　佐あ　西ゑさすゝ　さぞ
や東がゑ　さむしかる者ゝ　ヤラオモシロ
一　東から　小松かきわけよー　佐あ　出る月ゝ　西ゑ
はやらでゑ　此所はてらてらゝ　ヤラオモシロ
一　西東　かけておがめばよー　佐あ　照る鏡みゝ　五
尺のかずらゑー　からの掛帯ゝ　ヤラオモシロ
一　伊勢の国　高まの原がよ　佐あ　此所なればゝ　集
り給いゑ　四方の神たちゝ　ヤラオモシロ
一　伊勢の国　高天の原のよー　佐あ　八重つつじ　花
の盛りにゑー　合ふよ目出たいゝ　ヤラオモシロ
一　伊勢の国　二見浦でよ　佐あ　引あみはゝ　度重な
ればゑー　あらわれる者ゝ　ヤラオモシロ
一　伊勢の国　二見が浦によ　佐あ　さすしをはゝ　御
ぜさにめせばゑ　氷りひや水ゝ　ヤラオモシロ
一　伊勢之国　天の岩戸をよ　佐あ　押開くゝ　神はな
いかとゑ　舞や遊ぶらゝ　ヤラオモシロ
一　伊勢の国　参るはとをしよ　佐あ　きめなればゝ
折りてた々みてゑー　近くまいらなゝ　ヤラオモシロ
一　宮川を　かいつれ上るよ　佐あ　鮎の子がゝ　はな
を揃ゑてゑー　御ざとまいらなゝ　ヤラオモシロ

一　宇治川で　あなたこなたとよー　佐あ　呼ぶ声はゝたいしやが呼ぶかゑー　鳥が招くかゝ　ヤラオモシロ

一　きの国や　音なし川のよ　佐あ　皆神をゝ　にごめてたつはゑー　かもやおしどりゝ　ヤラオモシシロ

一　ひよの山　たいこの音のよ　佐あ　するときはゝ参の七尺ゑ　遊ぶはまおりゝ　ヤラオモシロ

一　おかめ石　よるなさわぐなよ　佐あ　杖つくなゝまはりて通れゑ　旅の新客ゝ　ヤラオモシロ

一　峰は雪　ほなかはしぐれよ　佐あ　さとは雨ゝ　雨にまいたるゑー　あられなる者ゝ　ヤラオモシロ

一　峰七つ　谷が九つよ　佐あ　八つがたケゝ　ひとゑに拝むゑー　富士の白雪　ヤラオモシロ

一　くもの帯　かのこのすそでよ　佐あ　雲仲にゝ　だてはするがのゑー　富士の山かなゝ　ヤラオモシロ

一　法来寺　十二がおたけによ　佐あ　立つ煙ゝ　ちはや御色のゑー　花のかざするゝ　ヤラオモシロ

一　山住の　かさをの松はよ　佐あ　ねたしげくゝ　うらさき分てゑ　御ざと舞らなゝ　ヤラオモシロ

一　秋葉山　杉のこそだちよ　佐あ　多ケれどゝ　ゐろある杉はゑ　久しかる者ゝ　ヤラオモシロ

一　やわた山　を呂すあらしがよ　佐あ　はげしくてゝたになるきりはゑ　ふきやはらふゝ　ヤラオモシロ

一　そうづ山　どうでだずねてよ　佐あ　来て見ればぞうではなくてゑ　神のぼんでんゝ　ヤラオモシロ

一　山之神　そだちはいずくぞよ　佐あ　奥山やゝ　とや山の奥のゑー　榊きはのもとゝ　ヤラオモシロ

一　水神は　どこがそだちぞよ　佐あ　かもが池　目白やなぎのゑー　下にこそ住むゝ　ヤラオモシロ

一　金山は　如何なる神でよ　佐あ　ましますらゝ　照六月ゑー　小雪さらゝ　ヤラオモシロ

一　金山は　如何なる神でよ　佐あ　をき仲にゝ　ぼと八つたケてゑー　かじをしたもの　ヤラオモシロ

徒是すき事

一　参ゑ此こぎは　いずくのこぎぞとよ　佐あ　奥山ゝと山が奥のゑ　とびやまのこぎゝ　ヤラオモシロ

一　此の土は　いずくの土ぞとよ　佐あ　うねこゑてゝのうねこゑてゑ　七うねの土ゝ　ヤラオモシロ

一　此の沙は　いずくの沙ぞとよ　佐あ　はまこゑてゝのうはまこゑてゑ　七はまのすなゝ　ヤラオモシロ

一　此しほは　いずくの志ほぞとよ　佐あ　はまこゑてゝ　のうはまこゑてゑ　七はまの志ほゝ　ヤラオモシロ

一　此の石は　いずくの石ぞとよ　佐あ　つかこゑてゝのうつかこゑてゑー　七つかの石ゝ　ヤラオモシロ

一　此の釜は　いずくの釜ぞとよ佐あ　国こゑてゝ　のう国こゑてゑー　伊津のじの釜　ヤラオモシロ

一　此のながゑ　いずくのながゑぞよ佐あ　よーのなるゝ　まげしながゑとゑー　よしのながゑとゝ　ヤラオモシロ

一　此の桶は　いずくの桶ぞとよ佐あ　ひだのなるゝひだのたくみがゑ　ゆいたゆい桶ゝ　ヤラオモシロ

一　此の水は　いずくの水とぞとよ佐あ　たきこゑてゝのうたきこゑてゑ　七たきの水ゝ　ヤラオモシロ

一　此の火打　いずくの火打ぞよ佐あ　ひだのなるゝひだりやわたのゑー　火事の火打ゝ　ヤラオモシロ

一　此のかどは　いずくのかどぞとよ佐あ　くまのなるゝ　こけから生じたゑ　石のかどゝ　ヤラオモシロ

一　此のへらし　いずくのへらしぞよ佐あ　ひよりますゝ　左りやわたのゑ　金のともしび　ヤラオモシロ

一　此のふたは　いずくのふたぞとよ佐あ　奥山ゝ　と山が奥のゑ　とびやまのこぎ　ヤラオモシロ

一　此の宮は　いずくの宮ぞとよ佐あ　宮こゑてゝ　のう宮こゑてゑ　一の二の宮ゝ　ヤラオモシロ

一　此のさゝは　いずくのさゝぞとよ佐あ　宮こゑてゝのう宮こゑてゑ　二のみやのささ　ヤラオモシロ

一　ささを　生じて

一　宮を　生じて

一　水を　生して

一　ふたを　生じて

一　ながゑを　生じて

一　をけを　生じて

一　釜を　生じて

一　てらしを　生じて

一　かどを　生じて

一　ひうちを　生じて

一　しをお　生じて

一　すなを　生じて

一　土ちを　生じて

一　しようじゝのには中にゝ　七ゝつ　ならせべて　わかすゆわゝ　ごせ

さにめせば　氷りひや水ゝ　オモシロ

一　つるかめの　ふみやまいたる　其のにはゑ　あくまはよせて　とびぞ入りますゝ　オモシロ

一　金山を　おどりはねきる　そのにはゑゝ　あくまはよせて　とびぞ入りますゝ　オモシロ

オワリ

御湯立詞

一　湯ざぶさを　もろてにもちて東方みかどを　おがむ
には東方の神がうけてよろこび給ゑ
一　湯さぶさを　もろ手にもちて　南方みかどを　おが
むには　南方の神がうけて　よろこび給ゑ
一　湯ざぶさをもろ手にもちて　西方みがどを　おがむ
には　西方の神がうむて　よろこび給ゑ
一　湯ざぶさを　もろ手にもちて　北方みかどをおがむ
には　北方の神がうけて　よろこび給ゑ
一　湯ざぶさを　もろ手にもちて　中央みかどをおがむ
には　じじんの神がうけて　よろこび給ゑ
一　東方東は薬師の大ユの立てし　ぞうは　八重のと七
重をあけて八重ひら一重のこして　神の道　神なきさ
とはさむしかるもの　ちゝのまちゝのくらしき神の会参
一　南方南はくばんの大ユのタテシゾウワ（前の句をよ
む）
一　西方西はあみだの大ユのタテシゾウワ（前の句をよ
む）
一　北方北はしやかの大ユのタテシゾウワ（前の句をよ
む）
一　そら中おうには大日大ユのタテシゾウワ（前の句を
よむ）
一　神々のいまぞをおわたる　湯の玉ゑ　あしげのこま
に　たずなよりかけ
一　湯のねぎが　湯どのゑ　おわたる　湯ころもわ　た
けが七尺　そでが六尺

一　湯のちゝが　湯どのゑ　をわたる湯ごろもは　そで
が七尺　たけが六尺
一　湯の母が　湯どのゑをわたる　湯ごろもわ　そでが
六尺　たけが七尺
一　湯のねぎわ　湯どのはどこよとさし下るしもこそ
湯どのはまゑはまいよには　中に七つならべて　わかす
湯は　御ぜさにめせば　氷りひや水入りまして　いかな
る神がいりそめて　入り手の後は神栄する
京のみゆはだがめす　みゆと栄たり　べかざい天のおか
まを　おきよめ　花のみゆたつ　たつとさかゑたり
べんざい天のおきよめ花のみゆたつ　たつとさかゑたり
いさひらごじれ神の道　トントンとるやな　それがまた
取るやな　京の日のさんきく神、くしげくぎやうよ　時
まろ日のしゆく神　いちりゆ日月　なるいがづちのごぜ
んごくよ　八万四千の星のみかどよ　その風に　三郎は
かよいな
一　すまのごぜ　七十二丈は大とくうよ　三十二丈は中
玉とくよ　十六丈はしの玉とくよ
一　天荒神地、あら神、三方荒神　年神、門神、御玉の
御神　お釜の御神　三神五玉　九万八千　金山十五とう
東方東は太郎の王子
一　薬師、十二神　一万のけんぞく　十万の金ごどうじ
南方南は次郎の王子　観音勢至よ一
魔のけんぞく　十万の金ごう堂子　西方西は三郎の王子
あみだのさんとく　一万のけんぞく　十万の金ごう堂子
よ　北方北は四郎の王子　しやか如来　一万のけんぞく
十万の金ごう堂子よ
一　そら中おうには　五郎のおひめ　宮大日大社　うか
いのびしやもんでん　一万のけんぞく　十万の金ごう堂

子よ　おりゑてをゆめすときの　み湯かげは湯のととみ
ゑて　あすびとどたつ
次に生産村戸主不
残入る
次に郷午
法来山には薬師の十二神　とうしやうに大権現、神妻
に天照大神　鹿嶋の大明神、ざ玉どんたり　秋吉国　吉
風の三郎を国の大明神、秋葉に正王観音、正一大権現
奥の院には新沢不動明王　伊勢の国には天照大神　宇治
には四十ま社　玉子ようだは　八十ま社王子、天まの岩
戸は大日如来　浅間たけには　ふまんこくぞうぼさつ
大山天狗　するがは富士八千元大ぼさつ　きの国熊野は
三社ごんげん　しんぐは薬師よ　ほんじはあみだの　な
ちいは　ひろう権現　尾張はあつたのやつるぎ大明神、
津志がおきには　牛頭天王　八王子　八万八千渡りの御
神　三河の国　ちりやうさなぎの大明神　大峯ゑんの行
者　りげん大師
とよ川八大龍王　四国はさぬきの金毘羅大権現　御前
立には十一めん観音　高野に弘法大師　大和とは鹿島の
大明神、ならわ七どう大がらん、ひゑい山にはぼんでん
ぎやう大師　ふもとは　みののうらまがたけに　びしや
もんでん　花の都は白山権現　かも川　十万八千　稲荷
大明神　ひたちは間島の大明神　三十三ケ所　じゆんれ
い観音　八十八ケ所　じゆんれい観音　大坂西も三十三
ケ所　大坂東も三十三ケ国　ぜんこうじいちの如来　九
頭龍権現　戸がくし大明神　遠山六ケ村には八万大ぼさ
つ　根はたりはわたり　高根は大とうたどう権現　木に
は小たまよ　岩には社ごじよ　道にはとうらく神よ　川

にはじやくろの水神
地こう主も　神こう主も　じこう主も　山こう主も　河こう主も　左のかんきゆ　右のかんきゆ　しめこう明こくぞう　奥の院にはまり四天王　春の山には　ぼんでん大しやく大日如来　伊豆権現　箱根は権現　三島大明神

一　諏訪上下大明神
一　あや村大明神
一　龍王金山火王
一　はんこん大王天神
一　ちんじゆあし神
一　とはたり権現畑神
一　山之御神
一　日光権現
一　白山権現
一　十二権現
一　稲荷大明神
一　七曜九曜二十八宿
一　高木は大神
一　引木は小神

大小神の神志ゆく不残あたご山には地蔵権現　いつなの太郎十二八天狗よ残ず老社ももらさず　おりいておゆめすときの湯のかげは湯のとと見ゑて　よろこびやなるたち川の渡りして　如来何に大社も嬉かるもの

所当所の神集
　所当社は熊野三社や　諏訪の三社や　天照皇大神宮　八幡様や　五頭天王様や　若宮神社や　藤原大明神十二ケ薬師や　天白様や　天神様や　村庚申様や　村金比ら様や　村荒神様や　大和大明神　村金山様や　村山之神や　粟代秋葉の神社や　村あ多古様や　村社古子様や　村足神様や　大尾には滝山不動　熊野三社や　諏訪の三社や　天照皇大神宮　八坂の神社　藤原大明神　豊川進雄神社　古宿熊野神社　豊川稲荷様や　市の宮　砥鹿神社　牛久保八幡様や　中條中條神社　豊橋八剱神社豊川べんてん様や　豊川天神様や
　そうおぶすなも一社ももらさず　おりゑて　お湯めす時の御湯かげは湯のとと見ゑて遊びとどたつ　佐久間村
　そうおぶすなも一社ももらさずおりゑて御湯めす時の御湯かげは　湯のとと見ゑて遊びとどたつ

神返し
一　神のかゑり遊びに合ふ　人はちとせはここに　神栄する
明時のひいなおろしによがほけて　明てつとめて　福を給はる

「神楽舞資料」

嶋中　神楽舞
ほろの舞
　ひっちょこひゃ　ゝゝ　ひちょ　ゝゝち　ちりりりとろーひゃ
　ひゃらりと　ゝゝちる　ひゃらららりとろ　ひひとろ　ひひとろ
とひりとひゃらひちち　とろーろひるひゃら　ひちちちちるひゃとひゃ
とろーろ　ひるひゃら　ひちちち　ちるひゃとひゃらちるひゃとひゃら
ちるひゃと　ひゃ　ちるひゃゝ　とひりとひゃら　ひちち　ちちん　ちんて
とひゃらりと　ひゃらら　ちちん　ちんてん　ちひゃらりと　ひゃらら
ひゃらりと　ひゃらら　とひりりひと　とひりりひひとろ
とひりひひとろーひゃるゝゝゝ　しとろとひり　とひののひひりと
とひりりひひとろーとひりひひとろーひゃるゝゝゝひゃろ　りと
ひゃらりと　ひゃらりと　ちる　ひゃららりと　ひひとろ　ひひと
とひりとひゃら　ひちち　とろーろひるひゃら　ひちちちるひゃと　ひゃら　とろろ
ひるひゃら　ひちち　ちるひゃと　ひゃら　ちるひとひゃ　ちるひゃとひゃ　ちるひゃ
ちるひゃ　ちひりとひゃら　ひちち　ちゅーちち　ちゅーちち　ちちちち　ちちん
ちんてん　とひゃらりと　ひゃらら　ちちん　ちんてんとひゃらりと　ひゃらら
ひゃらりと　ひゃらり　とひりりりひと　とひりりひひとろ　とひりひとろ
ひゃーる　ひゃーる　ゝゝゝゝ　しとろとひり　とひりりり　ひひと
とひりりひひとろー　とひりひひとろ　ひゃーる　ひゃるゝゝ　（オットコシヨイ）
ひちょこひゃゝ　ひちょゝゝち　ちりりり　とろーひゃ
（アアコリヤ）

(唄) 皆さん じやいくの すがらかか どんどん お
のさ お持って あくま はらーを 目出たいなあ す
つからかか どんどこ

鈴の舞
(唄) 太平楽よーと あら たまるいなあー
ちーるひゃららーらりと とひりひりちる ちる ひ
ゃらららーりとろ
「きまったよー」ちーるーひゃらららーりと とひり
ひりつーとひゃらりとひゃ
「ああしめこめ どっこいしょ」ちりちりひゃりとろ
とひりと ひゃ
(唄) やあーはれなー神楽舞う衆の腰つきょお ごろじ
ょなあー あれわせいーコリヤ
とひゃらりと ひゃらら とひりひり ちるるちる ひ
ゃららら らーりと
とひりひり ひっちょこ ひゃところ ちぃちぃち と
ひりひり ちるちる
ひゃらららーりとろ「きまりだよー」ちーる ひゃら
らららりと とひりひり
ちーとひゃらりと ひゃ「ああしめこめ どっこいしょ」
ちりちりひゃいとろ とひりとひゃ
(唄) やあーはれなーはりと鳴るぞよ お強くおやりな
あれわいせいー コリヤ
とひゃらりと ひゃららら「ひとつ張り上げて」ひゃー
らりと ひゃらりと〵ちる
ひゃらららりとろ「もう一つおまけに」ひゃーらり
と 〵〵ちる
ひゃらららりとろ ちち とーろろひゃらら とーろ
ろひひゃらら
とひりひち〵 どんどん「おさめ そうだよ」ちょち
ょ ちりひゃいとろ
ひゃららら ちりひゃとろ ひゃららら ちぃちち ち
りひゃいとろ ひゃらら ちぃちち とひりひち
とひりひち〵 どんどん「きまりだよー」ちるーひゃら
らら らりと
とひりひり ちーとひひゃらのとひゃ「ああしめこめ
どっこいしょ」ちりちりひゃとろ とひりとひゃ
(唄) やあーはれなあー 此れが納めか お名残りおし
やな あれわいせい コリャー
とろろ ひゃらら とーろろひゃらら とひりひち と
ひりひち とひりひち ちーち ちーとこひゃ
ひちょこひゃ 〵 とひりと ひゃら ちーち
(唄) 舞いまする 神も納められたり ひとひと通り「ス
ッカラカカドンドン」さあしてもな
さあしても見事や「スッカラカカドンドン」お家の飾り
するわいなー
悪魔祓い
ちーとこひゃ やんわり持込だる 奴なんじゃ 悪魔
祓いよ(祭典神楽よ)
ようでかしたなー ちきちー つくつく ちきち つ
くつく
とひやりとひゃーとひゃりと ひや
ちとり ひゃり とひゃりと ひゃ ちいりひやり
とひゃりとひや
ひゃい ひゃい つくつう ひゃい ひゃい つくつ
う
ひゃつく ひゃつく 〵〵 チー

御鍬神社・十二段神楽舞
新の舞
◎鈴舞
仰せ皆へ三尺の大のさを持てヤレ悪魔を払うめでたいね
太平楽世とあらたまるセー
ヤレコリヤネー
御鍬ナ様へと舞上げ奉る ヤーレネー
神楽ナ舞衆の腰つきよオごろじょ ヤーレネー
お前ナどちょ行くわしゃこちょ行く ヤーレネー
五穀ナ豊じょうのお神楽様だ ヤーレネー
お家ナ はんじょうのお神楽様だ ヤーレネー
エー 一丁 二丁 三丁とは将棋のこまだ ヤーレネー
どうだ こうだよどうするのだ こうするのもご了見
だい ヤーレネー
牛のつのへハチが刺いた 痛くもかよくもなんともな
いわい ヤーレネー
乗ったか はねたか成瀬の瀬に 背中がしやくしにな
りそうだ ヤーレネー
親の前でも子の前でも あたけてさすのはキセロづつ
だい ヤーレネー
よわった事だよお前だで話すが借りたふんどしォ盗ま
れたわい ヤーレネー
弱った事だよ となりの婆さん しよんべんだめへと
のさばりこんだい ヤーレネー
ぐざ〵 こいては 〵 こいては 夜のねしよねかしや
がらない
のさ舞

詣らする　神もつつしめて　一とおどり
もとはナ　もとは門村の　あわ又和田に　ソーレハ
ソレ花なわナ
花は三ツ島の　アイヤ土場に咲く　ソーレハ

中の舞

ほろ舞
エーサ　そこだいそこだい　しっかとやらかせ
南無大神遍照金剛　めっちゃくちゃとだんぎらかせ

鈴舞
仰せ皆へ三尺の大のさを持てヤレ悪魔を払う
めでたいね　泰平楽世とあらたまるセー
ヤレコオリャネー
御鍬ナ様へと舞い上げ奉るネー
神楽ナ舞衆の腰つきよオごろうじよネー
エー　一丁　二丁　三丁　とは将棋のこまだネー
どうだこうだよどうするのだこうするのもご了見だい
ネー

のさ舞
詣らする神もつつしめて一とおどり
竹にナ竹にすずめは　しなよくとまるソーレハ
ソレとめてナ　とめてとまらぬ
アイヤ色の道ソーレハ

ひねの舞

鈴の舞

仰せ三尺の大のさを持てヤレ　悪魔を払う払うとナ
太平楽世とあらたまるセー
ヤレノー
昔しなじみがェ　横向い通るよ
こちのおせどにやェ　みようがとふきとサ
向い小山のェ　ひのもとすすきサ
御鍬様へとェ　舞上げ奉るよ

のさ舞
天の岩戸をおし開く神もなされて　詣らする
竹にナ　竹に短冊く　七夕様は　ソーレハ
ソレ思いナ　思いゝの　アイヤ　うたを書く　ソーレハ

おかめの舞
囃　荒い風にもおってのおっかめさんも、よそへ出す世話も、お世話もほんに世話じゃと申します
神主さんの世話じゃと申します。
神主　ヤアゝおかめ女郎ゝ
おかめ　かめかめと云はしゃんすは　何処のどなたさんでござんすかェー
神主　下の町の神主
おかめ　神主さんか、こなさんか、わしゃこなさんの事ばっかり明昏妻殿にっちんがったんすともらんとするのは、ないきさんではないかいのと、こなたさんではないかいのと、
囃　思いゝが胸に岸打つきゅだり、おつさんやれゝゝゝ
おかめ　わーや　此の様に思います。

神主　さようこそ　それ程迄に　思ってくれなさる此のや一両日や二日三日逢ねばとて　どうやら良い女娘に成りましたナア
おかめ　おなぶりか、おせゝりか、こないだ一両日や二日三日逢ねばどうして其の様な良い子に成れましようか
ホ…そうや其のはず御座んする。かめも生から成人すれば、只今では父様や母様のきつい物の言付け、おっつけ良い事と成られたんでは御座います
神主　ホ…追着け良い事とは、嫁入りの事とでもござるかナ
おかめ　イエゝ　嫁入とやらはした事はなし、隣の六兵衛さんに聞いたれば、おらが嫁入りする時は、第一まゆを細めるやら、ほゝに紅をしすぐやら、頭におはぐろぬったぐるやら、姿見るのに鏡はなし、こまどの本堂見る様に裏のつるべ井戸へ行って、水鏡に写して　見ようと思ったら、コロゝゝおかめが井戸へ入ったげな、村の若い衆大さわぎ梯子をかついでとんで来るやら、豊年棒を持てし来てやぢり込むやら、首になわを付けるやら頭に鳶口くすぐやら、上る調子を開いてください
囃　エ…、追っ立てさつ立てヨーイヤサッサ、痛いか、かゆいかヨーイヤサッサ、ヨーイト、ヨイノヨイゝゝゝ
おかめ　此の様な調子で上りました。
神主　ホ…　そらやえらいお取り持ちに成りましたナア

おかめ　そしや、そのはずで御座んする。かめも生から成人すれば、只今では名も改めかめとば申しません
神主　そりや定めし何と申さるゝか。
おかめ　大倉の備前朝日の命と申します
神主　して、大倉の大の字は大神宮様の大の字とでも書きなさるかナー
おかめ　イウく大倉の大の字でも大きな大ぬっすとの大の字を書きまする。
神主　ホホ　して倉の字は人かんむりに君とでも書きなさるかナー
おかめ　しようこもない　しようこもない、六辺が六辺こそゝ辺に毛もたまらん、こちらのほうからコソ　ゝゝゝと書きなさるんで御座います
神主　ヤアゝこれはゝいやらしい事をお書きなさるナー
おかめ　マアーお恥かし事これにておいとま致します
神主　マアゝよいではないか、お前一つ頼み有る。此の村富貴繁盛する様に、かめの為も良い様に、主の為にも良い様に荒神舞も一と舞舞ってもらいたい
おかめ　宣敷うございます。此の村富貴繁栄する様、神主さんの為も良い様に、おかめの為にも良い様に、荒神舞を一と舞舞って上げませう。
おかめ荒神舞を舞う
囃　荒神の舞なるお主女は、幾重有る七重も八重も九重も有って拝むはありがたい。十七八はねむい頃、梅の木のさがりし小枝を枕に、コチャさがり小枝を枕に、お前も持ちゝ　かやの外蚊くわれて七ツの鐘の鳴る迄　こちや七つツの鐘の鳴る迄ホ…
河原の石は幾つある。千五百、又千五百、八つ七つ
七つコチヤ又千五百八つ七つ

●芋掘　神楽沿革誌

昭和五年十月　神楽沿革誌　芋掘若連団

とこやみになれしいわとのかわらぬわ　宇受売の神のいさをなりたる
常やみを　てらすみかげのかわらぬは　いまもかしこき　月よみの神

巻頭語

敬神崇祖は、我国建国の精神である立国の大道であります。現今思想界の変遷するにまして　神社を中心として国家思想の統一をはかり　国体観念を充実するの急務なるは言を候（ママ）たざる所であります。先に当神社は創建千二百年祭を挙行いたし氏子諸兄の御努力によりまして、益々敬神の念を深からしめたる事は最も感激に堪えない所であります。

今回当区若連各位と計り、左記沿革を作り製し、ひろく氏子の方々に其の意を頒ち、以って敬神普及の資に供し、郷土をして一層に和に、穏健に精進する事を希望するものであります。

凡そ此に記録なきは、闇夜に灯火なく、又一盲衆盲を引くが如く、ここに拙き筆もかえりみず起稿いたした次第であります。

御神楽之由来

神代の昔、創業の祖神天照皇大神は高天原にまし座して、天下を統治し玉ひ陸田水田五穀の道を開き収穫豊穣にして豊葦原瑞穂国の称であり、農業の大本を建設して神徳功績共に絶大なる大神なりき、大神の御弟すさのうの命御気質猛く坐まして其の暴状甚だしく、大神も遂に天の岩戸に深く閉居し給ひしかば、天地わ晦冥となり、世は日月を失へり、八百万神等は衆議にはかり、思慮ふかき八心恩兼神をして天宇賣神に御神楽を行せしめ、大神の心気御神楽に動かされて変して一時闇黒となり天地も快晴となり、全く公明を見るに至りたれば、八百万神は愁眉を開き欣快言語に絶するものありき、後世御神楽は此の時に始まれりと言う。

沿革

一　祭神　大日孁貴命　月夜見命
一　創建　養老五年
一　創建　以未明治六年迄森跡に鎮座
一　明治六年三月
浜松県布達に依り、同年六月廿四日　奥領家日月神社県社山住神社に合祀す
一　明治十三年九月二日
老若男女参拝に便之為め、山住神社より許可復旧せり。是より現在の場所に鎮座して今日に至る。
一　明治十五年
当芋掘区における元祖として御神楽の師匠山香村和

泉の人　坂本八治郎氏によりて開始さる。昭和の今日再興を見るに至りたるも同氏によりて起因するものなり。

一　明治二十一年

祭典を隆昌ならしめ老若男女参拝者の余興に供せん為め、奥領家西浦の人　坂口兵恵茂氏を御神楽師の師と仰ぎ、同氏に依りて又一層祭典を賑かしめたり

一　明治三十二年

県社山住神社以下現在の水窪城西両町村無格社、神輿之神幸式挙行、水窪を発して芋掘大里を径る。同所において祭典を行い、記念の撮影をなせり。各所に於いて青年男女大余興を行い盛にして財界の　の今日想像も及ばざる大祭を執行せり。

一　明治四十一年

日月神社本殿新築落成式により、御神楽余興等を行ひ神前に奉仕せり。

一　大正十四年

同社日月神社創建千六百年祭に相当するを以て投餅、余興尚ほ来賓を招き待して盛なる祝典を施行せり。

一　昭和五年霜月

好景時代対象七・八年は急転直下財界の悲境に陥り、思想界は一大変化を生ずるに至れり、茲に当区　太田福蔵・三浦松弥・三井半五郎・米山喜市・知久喜太郎氏各位は此れが対策に感銘して、同氏青年時代に行せし御神楽苦心努力、組織して当時若連に習得せしめ、五十有余年久しき中断も再興を見るに至れり。昭和五年霜月此れが神事を挙行神代時代を偲ぶの感ありき、老若男女参拝者織るが如く郷土平和の光全く其の偉大さを覚ゆ。

昭和七年二月十一日　祝郎

若連総務　伊藤作次
日月神社々掌　起稿者　太田為之助
若連幹事　関係者　山田金一
坂口逸太郎
当時　若連幹事　伊藤左平次
松田金蔵
小原半三郎

鮎釣　神楽舞歌詞

あらしたい
半まわりでござんす　どんどんまわれ　かやいてやらかせ
大まわりさんだよ　どんどんまわれよ　三寸下ればおまえの在所だ
あらしたい
みな三尺のおのさを持ちては　悪魔をはらう　めでたいよ
太平楽世とあらたまるせ
やれな　かぐら舞う衆の腰つきよ
こごろうじなれな　しめたらゆるすな
やれな富士のふもうとの　ふたもとすすきなやれなしめたらもってこい
やれなこれではりやげて　あとよく頼むでれな
一つ上げましょうか　一つ上げましょう
やれな　これで納めか　お名残りほしいやな　やれな
神かぐらいさめられては　おんどるぜ　すみのな　すみのすみよし
住吉様は　こりゃどこいったえー
どっこい　もちこんだところ　なんとめでたいな
それは　そうずら　よくできました
ごほおく　ごこくほうじょう　まいあげまつる　一本さいた　まだかやいて
あらよいしょな　よいしょな

（表紙）

伊雑皇太神宮勧請記

伊雑皇大神宮御鍬之社大原御鎮座ノ事

明和四年丁亥の春の頃美濃尾張参河　遠江東海道筋、勢州磯部より伊雑皇太神宮　奉勧請、御鍬祭と奉申五穀成就国豊民　安全のため祭申由、商人、旅人の物語承り候、因茲此在所にても祭はやと申所、早中部　佐久間にても右御神奉迎由及承、領家　地頭方両村名主組庄屋初惣百姓立合相談之上、両村一統に可奉迎に定りし也、扨、御迎には誰を勢州え可遣と相談之所、領家地頭方
両村之枝郷、御鬮を以差越可申に相定、領家名主之館におゐて御鬮を窺ひ候所、
小畑、川内、水久保三ケ村之御鬮下り、五月十六日　御迎之代参出立、六月二日佐久間村迄右代参　下向致し羽ケ庄村領家村境牓示峠に軽ク仮屋を建、領家地頭方両村之氏子御迎に参るを相待也、扨、御迎に参候氏子之仕度第一米五斗八升の御備、弐尺八寸四方の脚付の台に居へ餝立、五升八合の神供を御輿にすえ、五升八合の御酒双樽に入、是も弐尺八寸四方の台にすへ、台の前後に七五三を張り　神輿の四方に鳥居を建、是又七五三をはり　人夫四人にて是を舁牓示峠へ参向して尊師の祠官代参より御正体請取之、神輿へ奉遷入領家地頭方より腹巻に陣羽織着したる鉄砲役六拾六人出立、行烈の道すがら

間なく鉄砲打申事壱人して八九拾ほどづゝ終日打申候、尤本玉ハ打不申紙玉也、

一度に二つ三つつゝ三拾挺の鉄砲にて間なしに前後左右にて打立、山も谷も響渡恰も大雷の鳴ルかことし、是ハ邪神を追ひ払フ為也、村々氏子より大旗小旗金蘭紅ミ更佐染めの布の旗相調、長弐尺八寸より五尺八寸、九尺八寸の旗二千本程立並へ御供申也、当所之禰宜神主ハ烏帽子狩衣を着し神輿の前後を守護し、六根清浄中臣の祓誦之、又水久保町内小畑より獅子舞其外色々の餝物仕立、供奉の行装　目を驚ス見物也、中部、佐久間、川合、西村、瀬戸、間庄、切開、松島、相月郷中、遠山、八重河内村、和田村、小川路峠、西遠山辺より見物の諸人何ほと共数をしらす群集して、六月二日羽ヶ庄牓示峠を出御して、南野田大浪八幡宮社中に暫御昼休成より芋堀通地頭方の地へ移り、久頭郷通向市場

天王神社にて御休、氏子此所にて酒盛有り、此所を御立、

役人氏子此所にて酒

盛有り、此所を御立、神原八幡宮社中に御神輿休メ、禰宜氏子直居して、御目得いたせし也、右御神何方より可奉納と是又御鬮に奉窺所、大原諏方の社中ニ御鎮座可在依テ御鬮に、六月三日八幡森より御輿を催し大里村前広川原に百間四方の踊庭を拵へ、其中に神輿を休仮屋を調、此所にて麻四ツ時より未刻迄謡ひ踊遊ひ、両村氏子より奇進いたして神酒拾八石奉備、大里村前川原にて此神酒三石六斗禰宜氏子方々より乍見物参詣之老若男女に至迄、此神酒を呑セ申、前代未聞の大酒盛也、売屋より茶碗借り寄、数弐百程の茶碗に手桶に酒を入、ひしやくを以汲呑セ申也、寔に放念の極興なりと不悦人はなく、神慮の御鎮ましましてや途中へ御迎に参向せし氏子禰宜の装束の袖に金銀の沙降懸りし事

誠に難有事候也、皆挙て申せし事也、其外所々にて神変不思議の事とも

有之由風聞有之候得共難尽筆紙に神輿御通之辻々に仮に鳥居を立候事、横六七尺つゝに作り立し也、六月三日大原諏方の杜え奉遷宮首尾能相済目出度次第也、

右精進之次第

一御迎の代参首途セし其の日より代参両人の　家内ハ勿論右精進の人数に加ハりし村々氏子の家々に七五三を張、鍬を清めて新こもを舗しめをはり、何挺にても家内に有程の鍬を取集、右新こもの上にならべ置なり、無拠鍬入用之時ハ農人用立候共、又晩ニは元のことく清め新こもにならべ置也、是御鍬祭のゆへ成りしとかや、右御遷宮の禰宜神主其外太鼓持笛吹　御輿舁旗持惣て露払の諸役人

滑稽連　川合

大当り

大正十年一月

大神楽笛歌綴

大入吐　滑稽連

オヒリ　ヒャリトロ　チョトヒ。ヒャララ　ヒャラ。
ツヒリト。ツヒャラヒト　ヒャラ　チチチ
ヲヒリ　ヒャヒリトロ　トヒリヒト　ヒャララ。
ヒリト　ヒャリトロ　トヒリ　ヒト　ヒャラ
ヒトロ　ツヒャラヒ　ツヒャラ　トヒリトロ。
ヒリト　ヒャヒリトロ　トヒャラヒトツルヒャラ
ツーヒヒフヒャ。チ・・トロヒャラ。ツーヒヒフヒャ。
チ・・トロヒャラ。ヒリットヒャラ。ゝゝ
チ。チチトトロヒャラ。ツヒリヒャ。ゝ。チ・・トロヒャラ。
オヒリヒャヒリトロ　トヒャラヒトヒャララ。
ヒリト　ヒャヒリトロトヒャラヒト　ヒャラ。
オヒリトヒリトロ　ゝゝゝ　ヒャヒャ・・・　オヒー。
ヒャラゝゝ　ヒフーヒャラ。
ヒャーラリ。トロ。ゝ　ヲヒリリ・・・ヒリ・
トロ・・・　ヒャラン　ランランラン。
皆参着くせーい。　イャ　お。のせて～持ちまして
あくまをはらふの。イャ　目出たいふァ～。
太平楽よと～　あらたまるせい～
オヒリト　ヒャーラ　ゝゝ　トロ・・・
オヒリ・・・ヒリ・。　トロ・・。ヒフーヒャラ
あら　ちょいと舞ってふあ～。
オヒリー　ヒャラ・・トロ　ツヒャラチリ
ヒャヒリトロ一ツ　ヒリヒッツル　ヒャリトロ　ツヒリ
ヒッツルヒ
ヒリトロ　トヒリト　ヒャラ・・。
コト　ハイトナー　御家ヨンヤサー　御繁昌と　守らせ
たまへの　ヤァー
コリャュサイ　そうだい　才蔵が番だで。
才「可愛よくてゝゝ　ふあらぬのー」ヤァー
ヤー　ほんまえーかいナァー
ツヒャラ　チツヒャー　ラ・トロ　チリ
トッチ　トッチウヒャ　チゥゝ。
トッチー　ヒー　ゝゝ　ヒャラ
アラ　ちょいと　舞ってよー

オヒリ　ヒャーラ・・・トロ。ツヒャラ
チッ　ヒャヒリトロロ　つひりヒッツル　ヒャヒリトロ
ロ　ツヒリ　ヒツツルヒ
ヒャヒリトロ　トヒリト　ヒャラ・・・・
よれ　ワイトナ　目出度ヨらンヤサー　目出度が
しっかとふりたのヤァー
張上「チョイト　張リャ　上ゲテ」
チキチ・・・・。オヒリヒャヒリトロ　オヒリー。
ヒャラ・・・　ヒットヒャラ　ヒットヒャラ。
オヒリ　ヒャヒリトロ　オヒリ　ヒャラ・・・・
ヒット　ヒャラ　区の返し　オヒッラ　ヒッチャ
ヒッチャヒ　オヒャラ　ヒッチャヒッチャヒ
オヒャラ　ヒッチャ〳〵
オヒャラリト　ソリャ　ツヒリヒャ〳〵
ツヒリヒリトロ　オヒリー　ヒャラ　チョロ。
ヒョロ　トロ　トッピッヒャ
ちょいと舞ってよー。

●大日神社神楽舞

◎ホロ舞

（笛出し）
ピィー　ピィー　ピィー　ヒャヒ
（舞に入る）
チィヒャ　チィヒャ　チィヒャ　トヒャ
リヒャヒトロ　チーヒャヒトロ
えーまんだせー　まんだせー　二十五日は　法事で
三十五日は天神さんだー
（笛）
トヒヤラリ　ヒャヒトロ

◎鈴舞

（唄）
皆三尺のー　おのーおのさ　もうては　悪魔払いせー
太平楽くようと　払いたまんせー
（笛）
チットヒャラ　ヒャラ　ヒャヒト　トッチヒャヒト
ロヒャ
やー晴れナエー　目出た　目がー出たー　枯れ木の枝
にヨヤ　晴れナエー
（笛）
チットヒャラ　ヒャラ　ヒャヒト
トッチヒャヒトロヒャー
どっこい　そこだよ
（笛）
トヒャラリ　ヒャヒトロ　トッチリ　ヒャヒトロヒ
ャー

やー晴れなえー　神楽舞いー衆のー　腰付きよー
ごろうじよや　晴れなえー
（笛）
チットヒャラ　ヒャラ　ヒャヒト　ヒャラヒャヒトチ
トヒャ
チチヒャヒトロ　チチ
どっこい　そこだよ
（笛）
トヒャラリ　ヒャヒトロ　チッチヒャヒトロヒャ
あら　よんやさのせーえ
（笛）　チットヒャラ　ヒャラ　ヒャヒト　トッチヒヤヒ
トロヒャ

やー　晴れなえー　一つあげましょう
なげ盃づきによやー　晴れなえー
（笛）
チヤトヒャラ　ヒャラ　ヒャラト　ヒャラヒャヒト
一つ上げましょう
（笛）
トヒヤラリ　ヒャヒトロ　ピー
ヒャヒトロチットヒャラ　ヒャララ
もう一つおまけに
（笛）
トヒャラリ　ヒャヒトロ　ピー　ヒャヒトロヒャー
おっさ　そうだよ
（笛）
チットロ　チットロ

「舞人　戻って　歌」
あら　よんやさのせー
（笛）
チットヒャラ　ヒャヒト
やー　晴れなえー　これで納めだ　後よくー舞やんせ
な　晴れなえー
（笛）
チヒャ　チヒャ　ヒャララ

「舞人　鈴を置き戻って　唄」
神　神楽　勇められては　あら　音頭とるとせ　住み
のなー　住みよしー
（笛）
トヒャラリ　ヒャヒトロ　トヒャラリト　ヒャララ

住みよし様は　それは　どこえいったえー
「獅子舞」
（笛）
ピピピヒャヒー
事はさんさらりと　静まりったりや　お後の役は　何と
候う
「かけ合い」
「大日様の　悪魔払いだ」「それもそうだが　よく
こいた（いった）
（笛）
チチヒャヒトロ　チヒャヒ　トトチチ　トトチチ
終わり「ご苦労様でした」

「歌舞伎資料」
栄三郎旅日記

松竹梅

辰の六月六日
　岡部驛
　おきんさんより
　金三分受トル　酒屋より
金二分　受取
金壹分壹朱　岡部より
かごちん

八両也　おきんさんより
金壹朱　おきんさんより受取
金三分　かたびら　おきんさんより
金弐分　羽折　おきんさんより
　二匁　もん
　壹匁　ひも
金三両　そろい弐丁町
金壹分　おきんさんへ　木蔵さんよりわたす
手ぬぐい三両のところ
金壹分弐百文又
廿八日に　一金弐分壹匁　わたす
　金壹分　萬吉さんより
　金壹分　木蔵さんより
　金弐分弐百　おきん〆わたす　手ぬぐい
　金壹両三分弐朱ト六百弐十文也
手ぬぐい台　㊞
惣〆八両壹分壹朱百八文
おきんさんもの　三分
〆金三両
さし引
おきんさんよりかり
一〆金三両三分㊞
十日　金拾両
江戸二月
一金壹両　植木や五良兵衛さん
一金壹両　隣お米さん
一金壹両　小の蔵
イセタ　一金壹分弐朱　のぼり
イセタ　一金弐朱　かつぽ

〆金三両弐分㊞
かした外二金弐分
七月十一日　ふちう二而
一金二分　わたす
重吉二ひま
七月ヒチ㊞
一金弐朱　なるみしぼり弐へ物
同ヒチ　一金弐朱ト壱百文をび
同ヒチ　一金壹分弐朱　べんけい嶋あわせ
同ヒチ　一金壹分壹朱　かたびら
〆金弐分弐朱ト四百
七月第一の夜　ふちう
天ま町より蔵屋〆行
廿三㊞（花押）
一金三朱　いれる
七月廿一
一金壹両弐分　たび　いれる　ふ中新道おやこて受取
ヒチ辰五月十八日
　嶋ちりめんあわせ壱まい
藤枝驛　八百吉より
ヒチ
一金弐分二朱　ちりめんなるみしぼりたん物
一金壹分弐朱　よね澤羽折
□　弐丁町喜蔵より
ヒチ
辰七月廿七日　新道柳屋内より
一金弐分弐朱　ちりめん壱へ物かたびら
ヒチ同㊞
一金□分　□きさし㊞

辰七月廿六日
一七〆弐百八拾四文　傳馬丁
一五百三拾弐文　よしのやはらいいれる
廿九日
金壹分　傳馬丁　上藤やへいれる
八月七日　一金弐分弐朱　いれる
七月廿一　一金弐分弐朱ト三百五十文　魚勘へのぼり
八月廿二日
一金壹両　南科入
府中梅や丁　卬市殿より九月十五日まで頼む
八月廿二日　府中上ふじやはらいやる
一金壹両　あト金壱分弐朱のこり八日晦日まで
一四百文　きぬいき物うら　岡部芝田や内より
ヒチだけ
一金四両壹分弐朱
惣〆高　金六両戸壹分　ヒチ　ろきん　ちや代のこらず
辰の八月廿八日まで
金六拾四両三分三朱　ヒチいろゝかいもの
辰九月四日夜
一金弐分　うけせう是しうぎ□より
同月三日夜
一金弐朱　たたみやへり上様より
一金弐朱　ハキザシサヤ
一金弐両　遠州ノカ子
岡部ニ而折勝さんよりうけとる
遠州ノ金の内　音さんより
一金三分　ちりめんき物うけだす
遠州かけ川　名屋熊蔵様より
一金是分　しうぎ

遠州の金
一金弐両　音さんよりうけトリ
同一金三分　音さんよりうけとり
同一金弐両　しよゝよりいうぎ
遠州掛川芝居
金三両弐分　音キよりうけとり
十月廿七日タツ　見付ざい芝居　三日ニ而
一金三両ニ而（不明）
一金三両（不明
秋葉芝居の手付　見付ニて
十月晦日
一金壹両　西鶴之助よりうけトル
十一月朔日　遠州かけ川　ヨコヤマ宇チヱ
一金弐分　イレルコト
お竹さんより
一金弐朱　貸やたてかいニイレル
秋葉芝居十月五分はらい
一金五両キメ
金弐両三分　先五ツ日　あと五ツ日　金イチ一両二分二
朱きめ
十日晦日㊞
一金三朱　お竹さんのき物カリ
十一月朔日夜
一金弐分弐朱　手付は秋葉山ヨリむかいの人ニかりる
十一月四日
一金壹分　秋葉芝居ノ金ウケトル
一金壹両弐分　（不明）
一金壹分　ヨコヤマヘイレル
一金弐分　イレル

一金壹両弐朱ト弐百文　金太郎殿ヨリカリル
一金壹分　お竹ヨリかリル
一金弐分　石原やよりコイショー
一金壹分　ヲナジク　コイショー
一金壹両　ヲナジク
辰ノ三月　をち合　中村芝居
十日
一金拾両　日のべ三日　太夫之物　金弐両
四日
うけせう　中村新田芝居　太夫之内
十日
一金六両　日のべ四日弐両
六月府中芝居ニ而
十日
一金八両　太夫之をりはつ
九月瀧澤芝居弐日ニ而
二日
一金三分　太夫之をり勝
掛川芝居ニ而
十日十月
一金三両二分　太夫之音き
見付ざい芝居
壱日十一月
一金壹両　太夫之
秋葉路長蔵寺村芝居ニ而
五日十一月
一金弐両三分　太夫之土之助
村芝居壹夜
一金壹分弐朱

〆金三拾六両壹分弐朱　芝居きき金
中ね新田ニ而
一金五両壹分　しうぎ
掛川ニ而
一金弐両　しうぎ
長蔵寺村ニ而
一金壹両　しうぎ
掛川ニ而　幸楽寺へ弐朱上ル
かけ川　一金壹両　コイシヨリ
府中　一金壹両弐分　タビヤ
岡部　一金壹両　　ヲキョウ
しうぎ
〆金拾壹両弐分
出入　おきん正（証）文　金十両
惣高〆金五拾七両弐分弐朱

安政四巳年正月二日
一金壹分弐朱　小長ヨリ
巳年三月五日
一金壹両弐朱　小長やヨリ
一金弐分　キモノヤル
掛川芝居三月廿日大入
金弐両弐分　うけ鳥
一金二朱　音キサムヨリ
巳卯月十三日の日　松十郎のかりかへす
一金壹朱　その太夫ニヤル
一金弐朱　江戸弐島ニタリヤル
一金三朱　竹次郎さんヤル
四月十日ニわたす　あくる朝たつ

一同月七日岡部よりお竹きたる
掛川中町かぢやより　卯月十七日ニかりる一金弐朱
掛川中傳馬町三州屋内ヨリ
一金壹分二朱　チリメンキモノヒモ
同三州屋　シヤクヨウ
一金壹分
卯月十七日　掛川ニ而　音キサムヨリ
一金弐朱　うけとる
音きさんニ掛川ニ而
〆金壹分二百文うけトル
掛川大黒屋音キ　うけやいのこり
一金弐両壹分ト六拾四文
大黒ヤ内□
一金壹両　いれる
一金弐分　イレル
一三〆二百文　イレル
一弐〆八百文　イレル
一壹〆文　イレル
一三〆四百文　イレル
〆金四両三分壹朱ト百四拾弐文
遠州佐野郡
掛川驛中傳馬町大黒屋内はらい
一金三分弐朱　かぢや　三州や　かけ川ニかり
巳四月十一日ニ掛川芝居千秋楽
ふじ枝へ十七日の夜たつ
五月十七日
一金壹分　おび　ふとん　ぢばん　きぬうら　細ぢばん
一五月十七日　弐〆四百八拾四文　此内金弐朱入レ
ふじ枝傳馬町萬年ヤ内

四同日
一七百八十文　ヒチ　くしやへんのぢ
（消不明）
キ辰十一月
一金壹両弐分　キモノ
一金三分　ハヲリ
ヒチ
一金弐朱弐壱百文　ヲび
一金弐朱　ふじ枝刀さや
一金壹両　岡部□
〆金六両壹朱弐壱百文也
巳壬五月廿七日乃ひニ　遠州掛すつか
石屋内へきたル
為殿　受相たてかへ
一金弐分　石や内
一金三分　西鶴ニ而こづかい
一壹朱　是ハおき殿もちくる
〆金壹両壹分壹朱
辰ノ十一月掛川詣ヒチ
一金弐分弐朱　見そこ嶋き物
同十二月
一金壹分　おめしたんぜん
同三月
一金壹両　はかた女おび
同一金壹両　り共ニ　かたびら
巳ノ五月十七日
一金壹分　萬年や内のこり
四月四日
一金壹朱　寿しや

四月
一金壹分　萬年やヨリいろゝヒチ
巳ノ七月朔日ニ岡部湯泉場ヱ
一弐壱百文　内いれ
一金二朱　内イレ
一四百文　内イレ
一金壹両壹分
温泉場〆ハ
金壹分六百　いれる
巳八月晦日　栄蔵□しやく用
江戸かい物覚
出きりまろぐ
一地雷弥作　草紙　金弐分
下丸ほどの
一三光ジ玉　金壹朱
右之通　ニタ品受あひ
巳八晦日
一金弐両壹分二朱
湯泉場　喜助殿受あいにて
栄蔵殿よりしやく用
一巳ノ九月四日ノ朝お詣たつ
巳ノ九月六日
一金壹両弐分
　栄蔵殿よりしやく用
掛川ひきやく
九月八日　壹両弐分のうち
金壹分　栄蔵殿ニかへす
同九日
一金壹分弐朱

栄蔵殿ニしやく用
〆しやく用金
のこり
一金壹両弐朱
九月十日
一金二朱　掛川〆ひきやちん
湯泉場　喜助殿たてかえ
金壹両□分□
き物なおし
〆一金三両弐部
栄蔵殿かり
巳九月十三日
一金三両　湯泉場喜助殿ニかへす
同月日
一金弐朱　ひきやちん
たてかえ両　千代さんニかへす
一金弐分弐朱　三ツやき物
一金弐朱　掛ツヘ日用
巳九月十三日にし鶴（不明）
庄三郎殿岡部驛（不明）
一金弐両壹分弐朱　おきぬ入用
八月晦日
金九月十三日栄蔵殿方へ喜助殿ニもたせかへす
一金拾三両　お詣
三年三月
金壹両三分　道入用
金弐両弐分入り　お詣のてへ
金弐両弐分入り
金八両三分　くる

一五百五拾問　おしんさん
此内壹朱やル
一百七拾八文　中わた
一百五拾六文　ぞうり
〆壹〆弐百四拾八文
引のこり
一金壹両弐朱
栄蔵殿　しやく用
一金壹両弐朱　栄蔵殿へかへす
九月十三の夜
惣〆金三両弐分　かへす
銀こう箱モチうけ
一金壹朱ト弐百文
九月十四日
一金壹分　萬年や
同
一金壹分　ふし枝立かへす
一金弐百文　キンセンバ　えいたつけ　うち入
巳九月十五日　駿州沼津驛お詣方へき物うら
手紙つきだす
一弐百文　湯泉場たてかえ
一金弐朱　栄蔵殿き物
一金壹分　喜助殿よりかりる（不明）物
一金弐朱　弥助殿ニわたす
一金壹分　喜助殿ニわたす
一金壹分　喜助殿内へいれる
一金壹朱　喜助殿ニヤル
一金弐朱　清左衛門殿ニわたす
一金壹両　栄蔵殿よりうけとり

一金弐分　黒石（不明）おはまさんより□
一金三朱　中ぢや屋はらい
ざっと三両
一金弐両ノヨ　岡部よりしうぎ
一金弐朱　弥助ニやる
一金壹分　喜助殿ニかし
一〆金三分壹朱　喜助殿ニわたす
壹分はべつノやし
壹朱ハやル
一〆金壹分　弥助ニわたす
一金壹両二分　栄蔵よりトル
金八両三分ノ入用
巳九月十二日
一金三両　湯泉バ喜助殿かへす
同
一金三両弐部　掛川ひきやくちん
一金弐分　ふじ枝にもつ
一金壹朱ト弐百文　銀こう箱モチうけ
一弐百文　ヲンセンハへかし
一金壹朱　き物ぬいちん
巳九月十八日
一金壹両壹分　煙草入
一金壹朱　酒寿し
九月十八日
一金壹朱　府中日用
同
一金三朱ト弐百文　白地ゆかた
一三百文　きせるしん中
一百文　手掛一ツ

一弐百文　のこり
〆金九両
金八両三分　お詣より
此内金壹分　おはまさんより

是より金入用の部
一金壹朱　かし屋はらい
一金壹朱　つるや山一会のせこやる
十月廿五日
一金弐朱　中茶やかへす
一金弐朱　大工
一金弐分　ふとん　どうぎしとつ物
十一月四日
一金壹分　喜助さんニかし
一金壹分弐百文　もも引
一金壹朱　たび
一金弐朱四百文　きせる　まごさげ
一金壹朱　ふじ枝こづかい
一金壹両弐分　黒印
一金壹分　田中
〆金三分壹朱　喜助さんニイレル
一金弐朱　田中
一金壹両　こづかい
一金壹三分の入用
十一月四日
一金壹分　喜助さんニかし
一金壹分　もも引
一金壹分壹朱　きせる　まごさげ
一金壹朱　はら掛

一金壹朱　小づかい
一金壹朱　鯛壹まい
〆金壹両
かねいり覚
一金九両　お詣より
一金三両　岡部しよゝよりいうぎ
一金壹両弐分　栄蔵殿より
一金弐分　黒石より
芝居ニ而
一金弐分　遠童ぜう内
一金壹分　栄蔵殿き物ヒチ
一金壹両二分　黒い石より
一金壹分　田中より
一金弐朱　弥助わたすやル
西鶴やかし文
一金弐分　き物壹まい
同
一金壹両二分　羽折壹まい
一金壹両二分　いろゝヒチ
是わ西鶴や庄三郎さんへ礼としてやル（不明）者
〆金弐両弐分
巳十一月廿二日よ
一金二朱　喜助さんニわたす

沼津いき入用の部
十一月晦日
一金壹両三分弐朱ト六百文　いづやはらう
一金弐朱　折物ニてかゑす
一金弐朱ト三百文　弥助き物

是ハ十二月二日ニかへす
巳十二月二日
一金壹両弐分　いづやはらい
同
一金壹分　弥助路金
同
一金壹分　いづや内へ茶代
〆金四両壹分弐朱ト百文
巳十二月二日
一金三両三分弐朱　田中かねより
一　き物
一　をび
一　き物　三しな田中かねより
巳十二月四日
一金弐朱　黒石より湯泉場やる
巳十二月
一金壹両　岡部御役人酒代ニやる
一金壹分　田中遠童より
一金壹分壹朱　刀帯うけだし
惣〆金四拾三両壹分
一金三朱　府中おきん江
拾両の内へやる
十二月廿八日
一金壹両　田中伊崎より
一金壹両　喜輔さんニかへす
十二月晦日
惣〆高金四拾四両三分
安政五年午の初春

巳十二月
〆一金五両　湯泉場へかゑす
安政五年午の正月
一金壹朱　湯泉場へいれる
正月十二日
一金壹分　喜助さんへいれる
正月十日
一金壹分　黒石より
正月五日よ
一金弐分　伊崎サマより
正月一六日
一金壹朱　湯泉場へかへす
一金弐朱　喜助さんかへす
惣〆金五両弐分
岡部宿湯泉場喜助さんニかへす　かりなし
午年正月十五日
一金弐朱　弥輔ニやる
正月一五日よ
一金三分弐朱　黒石
同
一金壹朱　黒石
正月
一金四両　田中伊崎より
正月二十三日
一金弐朱　弥助ニやる
一金三朱　伊藤さまヲイシヤ
一金壹分二朱　□はんゝ
一金壹分　〃　□

一金壹分　〃　□
一金三朱　〃　□
甲府芝居のかね　初日ニうけとる
一金四両三分弐朱
金太郎殿よりうけとる
弐月廿七日よ
一金壹分両三分　うけとる
一金弐朱　藤ニやる
参月廿八日
一金弐朱　藤ニやる
四月二日
一金三両とる　かづらうけだし芝居かね
一金壹朱　金太郎ニあづけ
安政五年年五月八日
一金壹分　初親方　吉親方　両家よりかりる
同五月廿日
一金壹分弐朱　べんけい嶋どてら地判ヒチおき
同廿日
一金壹分　七ヽ栗ばアさんニかりる
五月廿九日
一金壹朱　山本村大黒や内ニ而かりる
五月八日
一金壹朱　藤吉ニわたす
午ノ二月十日
一金弐分弐朱ト四百文
甲府連雀町ニ而　岡部弥助ニやル
安政五年正廿三日駿州岡部驛を出立、同月廿五日駿州沼

津驛へつく
同二月六日ニ沼津を出立、同月九日ニ甲州府中柳町藤屋と申宿ニとまる。

十一日ニ連雀町三丁目幡磨屋金太郎殿方へゆく。沼津より甲府ゑゆく道ゆきにてはなはだなんぢう。

三月二日甲ふ芝居大入、四月四日ニ千秋楽、同月十日ニ甲府を出立、同月十四日ニ信州七ヽ栗へつく、大黒屋内へとまる。嶋田ニ名しやあり。

是ニてみヽのようぜうする。ひどくからだむつかしくい、あすも命をつかしきようニいい、そりより江戸森田のをじさんの門弟八十八殿と申ひと種々しんせつニ而、道がとうくてハようぜうできがたきゆへニ、八幡町代田屋と申内へ五月七日くる。

兄ついぜん芝居いよヽ廿弐日ニきまる。廿三日に八幡町代田屋内ヲたつ、其日山本大黒や内へかへる。

五月廿二日ニ嶋田せんせいニくすり壹トまわりぶんもらう。

此ころ藤吉とゆう、ごうぜうなる男ヲつかう。やはり江戸浅草三谷ニすめる者なり、
ごうぜうなれ共しんせつきあるもの成。

はらたちぽい事ごくずいなり、人よきゆへなり。

廿六日竹佐様ニ百姓いっきこり、それゆへ芝居はしめても見物もなし。又竹佐へのゑんりよニ而八月までのびる。

五月廿九日朝、八十八殿山本へきたる。六月十日ニ嶋田八幡町ヲ出立、當山トゆう所へ行、此はなはだなんぢう、上村とゆう所へ行、芝居できず、ここに三日いる。十三日ニ和田村とゆう所へゆく、此あいだあめつづき上村ト和との間ニ丸太壹本の橋あり、役者皆〃なくなく此橋ヲ通、あとより馬ニ疋ゑいせう、役者のにもついろヽつけ、我等にもつは、半分ハあとの馬ニつけ、先へくる馬ニかづらのにもつおつけ其馬くだんの橋より川へおち、あら川の事なれバ馬も二三丁ハいきあれ共、それよりさきハ馬のすがたも見へず、村の人、役者のこらずにお上ニ行け共ほもうようにもゆかず、いせうのニハのこらずあがる。

かのふとこ山、我等、八十八、三代橋のにもつすこしもあがらず。

三代橋のにハあくるしあがる。和田より二りほどさきニて くろいつづらとこもづつみのにあがりしと、しらせニきしゆへ、あくる日太夫之落吉ニタリニ而とりニゆけ共、
とこ山のニハ己たせ。

(以下欠分)


「**お盆資料**」

浦川音頭　昭和二十八年六月二十六日

一　大千瀬川に　友釣れば　竿はしないて　弓と張る三国一の　鮎どころ　エー
そうもそうずら　鮎どころ　浦川ヨイヨイよいところ　チャッとナー

二　浦川みやげ　百目鮎　川面じゃ光る　銀の色　酒の肴にゃ　あとをひく　エー
そうもそうずら　あとをひく　浦川ヨイヨイよいところ　チャッとナー

三　向かいの山の　ソンデから　ひびくは杣の　音のよさ　風に流すか　木やり唄　エー
そうもそうずら　木やり唄　浦川ヨイヨイよいところ　チャッとナー

四　かわらぬ四季の　眺めには　浦川富士の　あの峰と流れも清い　大入川　エー
そうもそうずら　大入川　浦川ヨイヨイよいところ
チャッとナー

五　しし肉たべて　酒のんで　暖炉にあたりゃ　気もゆるむ　ちゃっと来い来い　里の春　エー
それもそうずら　里の春　浦川ヨイヨイよいところ
チャッとナー

佐久間音頭

一　ハー広い日本もエー　佐久間がなけれやヨ　どこに明るいソリヤセノアリヤセ　どこに明るいとこがある　ソーダエー　ソーダエー　サッサ佐久間へドンとドンとな　サツサ三十五万キロ

二　ハアー天竜しぶきに　七いろ虹を　かけて美事な佐久間ダム

三　ハアー城は水巻き　天竜はしぶき　心ばかりが　谷嶽山

四　ハアのぼりや信濃路　下れば天竜よ　中の佐久間はダムところ

五　ハアー日本一なら　柵の間へおいで　ダムぢや佐久間が日本一

六　ハアあまりよい月　ソンデで逢ふて　ダムの八里をひとめぐり

七　ハアなにを織るやら　機織滝よ　猿も聞いてる　音のよさ

八　ハアー晴れてあなたに　色づく紅葉　馬背の神さま

輿で来る
九　ハアー佐久間音頭のおどりに更けて　月も八里の
水かがみ

佐久間小唄

一　泣いて見返り　また呼びとめて　紅葉散らした　こ
ともある
知らぬ他国で　暮らしていても　何で佐久間が　忘
らりよか
ホンニソーダエ　忘らりよか
二　度胸だめしの　つり橋わたり　逢いに来たのか　な
つかしや
男飛竜は　あなのこころ　わたしや待ちます　原田
橋
三　鮎の名所で　ふと知りそめて　馴じみ重ねりや　恋
もつる
舟はゆくゆく　片袖しぶき　中部天竜の　灯がまね
く
四　河鹿なく頃　別れたままよ　久根の鉱山　気にかか
る
飛んで行きたい　つばさが欲しい　間の難所が　ま
めこぼし
五　ダムの水さえ　せかれりや咽ぶ　まして天竜の　河
育ち
燃えてこがれて　七色十色　末は火となる　灯をと
もす
六　あの娘年頃　佐久間の生れ　ダムでお化粧の　水か
がみ
晴れて都へ　花嫁だより　流す三十五万キロ

佐久間村音頭　昭和二十八年十二月十五日

一　ハアー　遠州三河の天龍境に　ヨイトナ
杉の木立ちに、杉の木立ちに　ちらほらと
見える文化は　佐久間村　サテ　ヤートナ　ソレヨ
イヨイ
ヤートナ　ソレヨ　ヨイ　ヨイ　ヨイ
二　ハアー　世界に名高い天竜川に　ヨイトナ
建てうれしい　建てうれしい佐久間ダム
三十五萬で、夜を照らす　サテ　ヤートナ　ソレヨ
イヨイ
ヤートナ　ソレヨ　ヨイ　ヨイ　ヨイ
三　ハアー天龍下りは天下の難所　ヨイトナ
一度下りやんせ、一度下りやんせ
男度胸のすえどころ　サテ　ヤートナ　ソレ　ヨイ
ヨイ
ヤートナ　ソレヨ　ヨイ　ヨイ　ヨイ
四　ハアー　思い出します真夏の頃を　ヨイトナ
鮎釣る竿に、鮎釣る竿に　心もかるく
涼味豊に、血潮がおどる　サテ　ヤートナ　ソレヨ
イヨイ
ヤートナ　ソレヨ　ヨイ　ヨイ　ヨイ
五　ハアー繭は小金、銘茶の出処　ヨイトナ
白木黒木は、白木黒木は　泉となして
とうと押し出す、建設日本へ　サテ　ヤートナ　ソ
レ　ヨイヨイ
ヤートナ　ソレヨ　ヨイ　ヨイ　ヨイ

「祇園資料」

三遠州旦廻手引帳

天保十亥二月　之
三遠州旦廻手引帳
御師　氷室作大夫種房
一　御油宿より吉田宿迄之帳面ニ而馬士と引合て、大村
之内大磯村庄屋猪兵衛殿へ着ス、御油宿より大村への駄
賃ハ、本馬ニして馬ちん遣し候へとも、又々少々増て百
文ニ而附込候様引合也
(抹消ノ印アリ)
「一　御礼土産残りの品。内金村問屋久左衛門殿ニ去春
預置、浅畑村江行かけニ立寄請取へし、宣敷礼言て、伝
言いゆふ也」
一　初日　宮宿山城屋吉左衛門泊り
一　二日め　御油宿桐屋与左衛門泊り
一　三日め　吉田在大村へ着ス、三夜泊り
着之日ハ、長瀬村、大蚊里村、嶋村、此三カ村相勤ル、
翌日吉田御組へ参り候事、御宿ハ東組加藤清蔵殿へ着ス、
御家中之御札預ケ御初尾二三ケ年之御初尾滞付、請候付、
請取事
大村御宿ハ　大磯ニ而鈴木猪兵衛殿
右吉田相勤て翌日、大村四郷之内廻るへし、夕方荷物志
らべて、翌日浅畑村へ馬ニ而遣りもらひ、馬士へ銭五拾
文と元結七わ遣ス、大村より野田村へ、次野田村より新
城町へ、次新城町より浅畑村へ着

浅畑村泊り　御宿年番庄屋衆
去夏の御初尾請取へし
下平村　昼通
大峠村　同
引地村　泊り　御宿年番庄屋衆
是より橋平村、湯谷村ニ村勤てかへり、引地泊り也、
翌日大野村へ着ス
大野村　泊り　御宿大黒屋和三郎殿
着候ハヽ、歩行を呼ニもらひ、小供二人宛ニ而村方家別
相勤ル也、御初尾ハ帰りニ受取也、不用之品此御宿ニ預
ケ置、帰りニ請取、荷物より調へ、大野村より帳面附て、
新城町へ継立候也、又右之御油宿へ帰り、帰国するべし、
歩行へハ帰りニ弐百文、夏祓之世話ニ到候付、三十弐文
も外ニ遣ス、子供へハ直様三拾弐文ツヽ遣スてよし、此
宿ニ而遠州横山村より浜松井在村々之御礼土産しらへ
て、二箇ハ巣山村より書付して熊村孫左衛門殿へ送り置
へし、熊村在枝郷村も一々封して先達而遣し置也、半ふ
せき御礼封して荷物之上ニ附て、かをれ村庄屋九兵衛殿
へ遣ス、此処より熊村へ荷物送りもらひ候、此大黒屋ハ
宿料はらひニ付、壱人分何程、浦川村より帰り之節ニ相
払候事、翌日巣山村泊と心得へし、又翌日大野村■■登
瀬村泊り也
下平村　昼通
六郎貝津村　昼通
持泰村　昼通

中村　昼通
鹿髪村　昼通
右村両度御初尾日待講共ニ大野御宿へと申置へし
巣山村泊り　年番庄屋衆へ
右村泊りて大野村へ帰り、夫より荷物持て継立もらひ、
能登瀬村江と急キ、村方家別して泊り
井代村　昼通
御礼持て二三軒寄所あり
能登瀬村泊り　御宿年番庄屋衆
右村軒別勤て、翌日川合村泊りと心得へし、此川合村も
軒別ニ而大小供弐人頼、壱人ニ付元結五わツヽ、遣てよし、
翌日ハ川合村泊り也
名越村　昼通
柿平村　昼通
名号村　昼通
川合村　泊り　御宿　佐太郎殿
此村夕方庄屋衆逢ニ見へ候付、其心得ニ而挨拶
すへし、翌日六本松村泊り心得へし、御宿ハ当番庄屋か
五郎兵衛殿ニ有之、荷物急キ先触ニ遣ス也
大島村
■■庄屋付、此村へハ凡ニ畧計、■■■川を越て行也、
其■（心カ）得ニ而仕事すへし
六本松村　泊り
御宿　年番庄屋衆か五郎兵衛殿ニ而
右村へ五穀成就御箱壱門納ル、人別懸銭上ル也、但シ正

五九月之日待ニ而御初尾請取之事、翌日ハ相川村御宿孫
作殿ニ泊り、世話合也、多くハ吉沢村泊りにれ共、此処
ニ度々泊り世話ニ合也、宣敷伝言申へし、翌日吉沢むせ
へ移ル、白くら村御札ハ吉沢村より荷物ニそへて送ても
よし、石打村行と書付して、御初尾も石打村へ荷物と壱
箇一所ニ出候様頼遣てよし、参り候節ハ吉沢村より御札
と荷壱箇持参して、荷物ハ石打村へ送りもらひ、又右之
吉沢村へ帰り、荷物壱箇次もらひ、熊村へ移ルへし
浅川村　立より　当番庄屋へ
黒沢村　立寄り
名主　荻野丈左衛門殿
相川村　御宿　大石孫作殿
懇意也人伝言へし
吉沢へ行かけニ河内村治郎左衛門殿へ立寄り、夫より吉
沢村へ移ル
吉沢村　御宿御庄屋
白くら村　御宿　青山善三郎殿
行時ハ泊り村也
右村行□時ハ泊り、送り札之時ハ吉沢村より荷物ニ御札
添遣てよし、尤荷壱箇不用之荷物遣し、石打村へ出候様
申遣しへし
熊村泊り　青山孫左衛門殿
右村へ大野村より荷物と御札来ル、此宿へハ此度御札納
ル也、村々御札御初尾両度之請取へし、翌日熊平村へ移
ル、石打泊りと心得へし
熊平村　昼通　御庄屋附

此村と沢丸村と預ケ、御初尾ハ取替、両度之御初尾上ル、夫より柴村へ移ル、石打村泊り心得へし

柴村　昼通
右村両度之御初尾上ル心得へし

石打村　御宿寄進　山形屋八左衛門殿
今ハ平河屋権左衛門殿
此村へ行かけニ御庄屋へ立寄り、宣敷伝言申して御宿へ着ス、御札ハ御宿へ頼くはりもらひ候、両度之御初尾上ル也、此処ニ而荷物一箇ハ横山村より浜松行持参、又壱箇ハ西川村酒屋　和田左大夫殿へ書付して送り置へし、是より横山泊り、行かけニ寄室村へ立寄り、大為平村へより、横山村へ着ス

寄室村
右村甚十郎殿より安蔵村之御札送りもらひて、石打村ニ而封して送し、御初尾ハ横山村御名主へ出候様申遣シ

大為平村
右村清十殿へ立寄り、御初尾受取、夫より横山村へ移ルへし

横山村泊り　御宿御名主　鈴木惣右衛門殿
右村家此日旦廻相済し、浜松行之用意致すへし、着候ハヽ出船御座候ハヽ、浜松行度候間、便舟無御座候哉、相頼へし、若々便無之候ハヽ、大白気村へ翌日移ルへし、其時ハ月村泊りと心得へし、便船ニ而参り候ハヽ、壱人なれハ百五十文位、弐人なれハ三百文位、船人江遣ス、子安村と申所へ上り、夫より中野町問屋与兵衛殿へ行、馬か人足やとひもらひ、浜松名残町御庄屋へ着ス、此時者両鹿島村之御札封し置て、船より鹿島村へ船人上ル候節ニ送りもらひ、但シ問屋三郎右衛門殿へ頼、帰りニ立寄り、御初尾受取へし

横山村より便船無ハ節ハヽ、帳面見合大白気村へ立寄り、大蔵村へ立寄り、津行村、月村泊りと心得へし、翌日伊砂村へ立寄り、日明村泊りと心得へし、此村より鹿島村へ御無利なから鹿島村へ船ニ而御送り可被下候様、能々相頼申候、人足弐人なれハ六十四文酒代遣スへし、鹿島村問屋三郎右衛門殿へ上り、浜松名残り町へ馬御頼被下候様頼て、馬ニ而名残丁へ行へし、馬も四百文か四百五十文位ニ而頼へし、尤鹿島村西北ニ村一ツニ封て、三郎右衛門殿よりもらひ置、帰り之節立寄両村御初尾受取へし

浜松
名残町　二夜泊り　御宿庄屋附
着候ハヽ、東追分、西追分御札頼遣して、一両日中ニ御初尾上り候頼遣ス、冨塚村へ行かけニ立寄受取へし、夫より町内家別ニ名前の知れ候人を頼ミ旦廻相勤ル、夫より組屋敷、善□山、沢新田へ行て、御札預ケ御初尾八年送りニ上ル、請取へし、小藪村ハ冨塚村へ行かけニ立寄り、御札預ケ御初尾ハ冨塚村へと頼置へし

冨塚村　三夜泊り
御宿庄屋附　春御初尾金壱分上ル
右村御祈祷無之節ハ二夜泊り、枝郷冨新屋、寸田ケ屋、馬生村、馬船村へ早々御札送りへし、御初尾ハ明日両度御初尾冨塚村へ出候節申遣し置事

有玉村　泊り　御宿　高林権右衛門殿
右村ハ大夫旦家ニ有之候得共、先年より一宿宛世話合、翌日馬やとひ候而船明村阿原迄附させて、駄賃三百五拾文也、着候ハヽ能々頼へし、此村ハ権右衛門殿親類計、薬三品持参ニ而見舞候、但シ御札ハ不入

立寄り　西鹿島村
立寄り　庄屋衆江
立寄り　大角又三郎殿
立寄　問屋三郎右衛門殿

右村御札ハ浜松へ行かけニ預ケ有之、両度御初尾請取へし

立寄　北鹿嶋村　立寄り名主　大角嘉平二殿
同村神主　立寄り　大角孫之丞殿
此村御初尾ハ嘉平次殿より請取て、神主へも立寄り、急キ船明村之阿原へ着し、日明村ハ向ニ見へる、おいゝとよハり候ハヽ、船ニ而越被呉候、其心得ニ而急べし

立寄りてニ俣村へかかり、船明村へ移ルへし、若先ニ顕置候通、横山村より船無之節ハ、大白気、大蔵、津行、月村、伊砂、日明と懸り、相済候故、船明村名主へ荷物為□、此村より伊砂渡シ場まて人足ニ而荷物送りもらひ、壱人ニ弐拾四文ツヽ遣してよし、此時ハ伊砂村名主か孫

左衛門殿ニ一宿取り頼へし、夫より月村より横川村へ帰り、西雲名村、上雲名村、鮎つり村、西川村泊りと心得て、急キ早朝ニ立へし、船明村より移ル時ハ泊り

いすか　伊砂村　泊り

御名主　松本治郎左衛門殿

神主立寄　市川孫左衛門殿

右村御初尾日待夏御初尾請取て、早朝西川泊りと心得へし、若帳面通横山村より船都合ニ而浜松へ参り候節ハ、船明村より日明村○泊り伊砂村、月村泊り、翌日津行村、大蔵村、大白気村泊り、翌日早朝立て、西川村泊りと心得、又横川村へも立寄急くへし

立寄り　西雲名村　御名主　鈴木三郎右衛門殿

右村直ニ御初尾請取、上雲名村へ移ル、両度御初尾上ル、受取へし

立寄り　上雲名村　荷物継立所

右村御初尾直ニ上ル

鮎釣村　立寄り

名主立寄り　青山佐左衛門殿

同立寄り　和田孫左衛門殿

右村御初尾直ニ上ル、請取西川村泊り心得へし

西川村泊り　御宿　和田佐左衛門殿

此村へ石打村より荷物送り有、村々御札封して佐大夫殿へ頼、御初尾ハ取替上ル、夏御初尾三百文惣村中より上ル也、夏之御札かわご送り有、請取て持帰り候

一　秋葉山へ参詣ならハ、帳面見合、大峯村、青谷村、下里村之御札封して荷物ニ添遣して、生嶋伊大夫殿へ荷物と御初尾着候申遣し、夫より御山へ参詣いたすへし

一　秋葉山門前ニ帳面通弐軒有之、御札納メて御参詣也、夫より奥之院道信州海道へ下り、生島村へ行、天龍川向ニ而おいゝとはり候へハ、船ニ而越しもらひ、天野伊大夫殿泊り也、心得へし、此処へ大峯、青谷、下里之御初尾ハ出有之筈、尤荷物も来り有之也

一　西川村より瀬尻村青谷村へ移り候節ハ、大峯村青谷村とかゝりて、生島村泊りと心得へし

生島村　泊り　御名主御宿　天野伊大夫殿

御札納メ翌日同村之内

御宿　宮沢茂左衛門殿

此村ハ家別故心得へし、此御宿ニ雨か雪ふり候ハヽ、泊りてもよし、大くハ下茶村泊りと心得へし、夫とも御宿之都合次第にしてよし

大庭村　昼通　庄屋　宮沢金左衛門殿

行かけニ御札持て立寄り　宮沢民平殿

同断立寄　神主　山崎与大夫殿

右村御初尾請取、下茶村泊りと心得へし

下茶村　泊り　庄屋御宿　宮沢仙之助殿

右村ハ草札計、帳面引合御札渡ス

立寄り　寺尾村　庄屋　宮沢覚右衛門殿

右村へ御札渡シ御初尾請取

立寄り　中村　庄屋　片桐孫兵衛殿

右村へ御札渡シ御初尾請取

尾曲村　庄屋　林左衛門殿

右村御初尾請求取へし

下村　泊り　庄屋御宿　片桐宇右衛門殿

右村初尾日待講初尾も請取、夫より翌日早朝戸口村へ移り、大瀧村泊りと心得へし

戸口村　御名主　比奈地仁兵衛殿

右札御初尾ハ峯村久大夫殿へと頼置へし

西村　御名主住吉庄五郎殿

右村御札預ケ、御初屋ハ峯村曾久大夫殿へ頼置へし、荷物壱箇ハ真庄御屋敷片桐右馬之丞殿へ送り置へし

一　片和瀬村御札送り置へし

大瀧村　泊り　御宿　御室治兵衛殿

立寄り名主　平出甚左衛門殿　先年より御宿

右村家別ニ相勤ル、是より和泉村泊りと心得へし
　平和村　庄屋　林左衛門殿
右村御初尾受取、荷物ハ福沢村へ継
　福沢村　庄屋　持長四郎座衛門殿
　立寄り庄屋　長谷川瀬座衛門殿
右村御初尾請取、和泉村へ移ル、泊ル也
和泉村泊り　庄屋御宿　近藤勝兵衛殿
　御宿　紺屋弥三郎殿
右村ハ泊り勝兵衛殿ニ泊り、朝飯ハ弥三郎殿也、御宿ニ
夏祓送り之かわご有之候、請取持帰るへし
鮎連村
和泉村より御札送ル、御初尾ハ瀬戸村へと申遣し
下日除村　立寄　庄屋　守屋新右衛門殿
右村御札預ケ御初尾請取へし
上日除村　立寄　庄屋　伊藤友治郎殿
右村御初尾ハ直ニ請取、相月村へ移ル
相月村　昼通　御名主　奥山八左衛門殿
右村御初尾直ニ受取、真庄村泊りと心得へし、夏と此度
両度之御初尾受取、跡江成而ハ不宣間心得へし
嶋村
右村ハ相月村より送り御札御初尾ハ北芋掘村へと申遣し
候
立原村
右村御札預ケ真庄村へ急き行、御初尾ハ明日奥へ行かけ
ニ受取
真庄村　泊り　大井御屋敷　片桐右馬之丞殿
御懇意之御家宣伝言申へし
右村御札預ケ御初尾直ニ不上候ハ、、峯村へと頼置へし、
荷物も壱箇西村より送り有り
一　奥様ハ名古屋御家中より相見へ、帰り之節あつらへ
物有之ハ持参してよ
し
瀬戸村　置札　庄屋　片桐治郎右衛門殿
右村真庄村より移ル、又帰りて立原村より北芋掘村泊り
と心得へし、此村御初尾ハ峯村久大夫殿と頼置へし
横吹村　庄屋　当番へかゝり
右村ハ御初尾直ニ請取去戌年御初尾も受取へし、但夏冬
共
切開村　立寄り　庄屋　安達仙蔵殿
此村両度之御初尾御日待共直ニ受取、若跡より上り候
ハ、、北芋掘村庄屋衆迄と申置へし
松島村　立寄　庄屋　伊藤半左衛門殿
右村御初尾も直ニ請取へし
　向島村　御名主屋敷　片桐仁助殿
向皆外村　留五郎殿
右ハ中芋堀村茂七殿より送ル、御初尾ハ北芋掘村へと預
置へし
　下神原村　立寄　庄屋　平出兵吉殿
右村御初尾両度北芋掘村御宿へと申置へし
沢屋村
此村下神原村より送ル
中芋掘　庄屋　守屋茂七殿
右村御初尾北芋掘村へと頼置へし
北芋掘村　泊り　御宿　金原丹治殿
右村御札御宿へ預ケ、此所ニ而村々送札沢山有之候、能
帳面引合して送り、奥々へ行、又帰りニも立寄御初尾請
取也、うつらへの本遣ス事
同村　上組庄屋　太田甚太郎殿
右村御札御宿より送り、御初尾ハ御宿へ出有之候
久頭郷村　立寄り　与市右衛門殿
右村へ川越六ケ敷節ハ、向市場村へ送り札也
向市場村　立寄り　庄屋　三輪嘉兵衛殿
右御札預ケ、門桁村、山住村、上村、向島村、五ケ村之
御初尾ハ、両度とも此江出候間、帰り之節請取へし

右村御札預ケ、御初尾ハ両度共向市場村へ御出シ可被下
候と頼置へし

水久保村　町内家別　泊御宿　庄屋　米山宋三郎殿
右町内家別ニ相回ル、西在七ケ村此所より頼送ルへし、
御初尾も出候様頼置、押沢村も御札送り置へし、奥々村々
勤て帰りニ立寄ル也、夏之御初尾と今之御初尾帰りニ受
取

神原村　帰り泊り　庄屋年番江附
右村御札預ケ置、夏と両度御初尾取集メ可被下候と頼ミ、
帰りニ一宿泊り、能々引合置へし、帰りニ泊りて御初尾
受取

小畑村　泊り　御屋敷　奥山平右衛門殿
懇意之御家伝言申へし
右村家別ニ廻ル、是より奥在江翌日勤ル、又帰り之節も
立寄りて、神原村泊りと心得へし
龍戸村、柳瀬村、三ケ村帳面ニ未有、御札送り置へし

長尾村　立寄り　庄屋　熊谷善七殿
右村御札預ケ、両度御初尾ハ小畑村屋敷へ頼置へし

同村　清水甚左衛門
右之通同断

大栗平村　置札　庄屋　伊藤傳右衛門殿
右村御札、新細村、沼本村、大久名村、四村とも御札預
ケ、両度之御初尾ハ小畑村御屋敷江御出シ可被下候と頼

置へし、是より山之下タニ二三軒有之、勤て

梅之島村　泊り　御宿　遠山清二郎
殿
右村御初尾両度直ニ受取、荷物ハ池島へ送り置くし

中場沢村　立寄り　庄屋　遠山文次郎殿
右御札預ケ御初尾直に受取

かつら山村　立寄り　与惣右衛門殿
右同断
政二郎忰茂吉殿へ御守壱通遣してよし

所能村　立寄り　源左衛門殿
右村両度御初尾直ニ受取へし

ふんなぎ　立寄り　庄右衛門殿
奉書御ふせき納ル

池島村　泊り　庄屋御宿　守屋彦次郎殿
右村御初尾両度御ふせき共直ニ上ル、たつのと村、上鶯
村へ御札送ル、御初尾ハ御宿より取替上ル、此村日高ニ
候ハヽ、草木村泊りと心得へし

草木村　泊り　庄屋御宿　守屋菊左衛門殿
御札預ケ明朝迄ニ御初尾上ル

北島村　九郎左衛門殿
草木村より送り、御初尾遠木沢へ行かけニ受取

遠木沢村　熊右衛門殿
右村御初尾直ニ請取

針間野村　泊り　御宿　高氏清大夫殿
右村御札早々くはりもらひ、時原村へ御札早々送ルへシ、
御初尾ハ切山村へと申し遣し

切山村　御荷物継立所　作蔵殿　由蔵殿
右二軒之村也

有本村　立寄り　庄屋　守屋儀右衛門殿
右村御札預ケ、御初尾直ニ受取

大寄村　平野乙右衛門殿
右村三軒之村也、御初尾直ニ上ル

大根村　泊り　御宿　金沢源衛門殿
右村御初尾直ニ上ル、翌日戸中より瀬戸口、瀬戸尻、両
久頭村、下田和村泊りと心得へし、荷壱箇ハ下田和、壱
箇ハ戸中と遣へし

戸中村　立寄
御初尾直ニ上ル

瀬戸口村　同断
同断二軒

瀬戸尻村　同断
同断

小又村　同断
同断
両久頭村　庄屋　原　祖先右衛門殿
御初尾ハ直ニ上ル、是より下田和村へ荷物継貫、至而之
山道心得へし
下田和村　泊り　庄屋御宿　高橋与五左衛門殿
右村御札預ケ、御初尾両度直ニ上ル
大野村　立寄り
泊りてもよし　当番庄屋ニ而世話也
右同断
大沢村
右村御札ハ大野村より送り、御初尾も急ニ出候様ニ申遣
シ
畑梨村
右村ハ便り之節大野村より御礼送りもらひ候事
河内村　立寄り
先達而御札送り有、御初尾受取
龍戸村　立寄り
右同断御初尾受取、是より小畑村へ行立より神原泊りと
心得へし
神原村　泊り
右村両度之御初尾請取、翌日沢井村泊と心得へし、水久
保村、向市場村、北芋掘村へ立寄、御初尾請取
沢井村　泊り　庄屋御宿　伊藤道助殿
右村御初尾直ニ上ル、今田村御初尾も同所へ出有也弥五
右衛門殿へ行かけニ立寄り御札納ル
中野田村　立寄　庄屋　奥山龍右衛門殿
右村御初尾両度分直ニ上ル
南野田村　立寄り　庄屋　高氏惣右衛門殿
大日待御札行候節納ル也
羽賀庄村　庄屋　伊藤重三郎殿
右村ハ小札之方ハ北芋掘より送り置、大札之方ハ行候節
納ル、山室此処へ御初尾出候筈ニ而受取へし
横尾村　庄屋　細沢作左衛門殿
右村御初尾ハ直ニ請取
明村　頭孫七殿
右村御初尾七尾ニ受取
紙屋平村　左重殿
右村御札預ケ、御初尾ハ峯村へと言
下平村　庄屋　村瀬走左衛門殿
右村御札預ケ峯村へと言
峯村　泊り　御宿懇意也　荒川日田大夫殿
右村御札預ケ、大小御札見わけて村々相渡、御初尾ハ直
ニ上ル也、此宿ハ先年より懇意之御家ニ而心得へし
片和瀬村
右村ハ西村より送り有、若不送候節ハ、峯村より送るへ
し、大ハ西村より送ル也
上野村　立寄　御名主　御室佐太郎殿
右村御初尾ハ両度共直ニ上ル
権現村　庄屋　太田藤大夫殿
右村同断、両度御初尾直ニ上ル
谷嶋組　立寄り　平賀要二郎殿
右村御札預ケ、御初尾同断、家別ニ帳面通、中部村へ移
ル時立寄
西替外村
右村組頭へ御札預ケ、帳順ニ立寄へし、御初尾ハ明朝迄
中部庄屋まてと申置也
中部村　泊り　御宿　喜十殿
右村ハ家別ニ相勤ル、廻り仕舞て半場村泊りと心得へし、
荷物ハ川合村ニ預ケ置、入用之御札等持参して泊り込ニ
行へし
半場村　泊り　御名主　平賀文左衛門殿
此村ハ家別ニ廻ル、勤仕舞て案内之者壱人かりて、神妻

山へおくりもらひ候事
神妻山村　立寄り　神主　月花若狭守殿
此村御札預ケ、御初尾直ニ上ル、是より川合村泊りと心
得へし

川合村　御宿名主　片桐助大夫殿
右村家別ニ相廻り、是より順ニ浦川泊りと心得、早瀬村、
嶋中村、小田敷村、柏古瀬村と置札して、御初尾ハ浦川
江言て頼置へし
早瀬村　置札　御庄屋　矢部宋左衛門殿
此村家々へ帳面通立寄り、御札持て立寄也、嶋中村へと
移ルへし
嶋中村　立寄　御庄屋　片桐源左衛門殿
此村御札預ケ、御初尾ハ浦川村へと申置也、帳面通道寄
り有り、心得へし
柏古瀬村
此村御札預、御初尾同断
浦川村　泊り二三夜
御屋敷懇意之御家　日名地東作殿
此村へ着候ハヽ、枝郷之内、地八村、和山間村、小田敷
村へ御札包して送りへし、御初尾ハ浦川へ早々出候様ニ
申遣し置
世話人　常吉殿

此家へ立寄りて、毎々日御世話被下候様頼ミて、日名地
東作殿へ行、御世話ニ合也、此屋敷先年より至而懇意ニ
付、宣敷伝言申てよし、一日ハ御祈祷、是ハ日名地東作
殿繁栄之祈念勤也、名代ニ而ハ不相勤共よろし、冬廻り
之節相勤ル也、夫共御亭主之思召ニよりて相勤候
一　此村相済して、右之三州大野へ出候而、荷物能しら
へて駄賃帳附て馬やとひ、国元へ帰ルえし
一　此浦川村より川合村迄馬やとひもらいて荷物遣し、
川合村ニ而小石武兵衛殿と申遣し、是より右大野村へ馬
ニ而遣シ被下候様頼へし、此処より書付して、武兵衛殿
より大野村へ送り非下候と申遣しへし
請取申候□□□代残ゆ
卯六月廿五日
一金弐朱　遠州瀬尻下里村　佐五右衛門悴　友吉　青谷
村猶吉　彦兵衛〆三人
右ハ大峯帰りニ立寄かし　冬廻り之節、伊大夫殿へ出筈
卯九月十四日
一金弐分　遠州川合村わらひの村　治郎衛門悴　新助
喜助
右ハ代参ニ来り帰りニ旅用ニかし此度請取
卯六月
一金弐朱　遠州瀬尻生嶋村　天野伊大夫殿

此ハ六月年々御初尾あつらへ来り候処　御失念か参り不
申一寸相尋可申事
〆
一金弐両　浦川　平三郎
辰三月五日
一弐百文　遠州浦川郷　黒瀬村与大夫かし
右ハ四国参帰り立寄かし
辰六月十四日
一金弐分　遠州切開村　庄屋おと□外ニ壱人　弐人代参
かし
辰六月十四日
一金弐分　遠州川合村　御宿　助右衛門殿かし
右ハ慥ニ受取可被下候
未四月受取申候
一金弐分　浦川屋敷　日名地東作殿
未年六月十四日
一金弐分　遠州瀬尻村之内　下村冨士之助かし
未十二月七日帰り泊り
一金弐分弐朱　遠州遠木沢村　新右衛門　善七かし
右ハ伊勢参りニ而
一未□正月十九日

一金弐朱　遠州沢井村　多十　文弥　近藤かし
右ハこんひら参詣ニ而帰り立寄り三人へ昼支宅出申候
引残而
一金壱両　遠州浦川町　日名地平三郎殿
酉七月九日
一金壱両也　三州名越村　源兵衛殿御子息かし
右ハこんひら帰り三人泊り
酉六月十四日
一金弐朱　遠州池島村　高橋久次郎
戌正月七日
一金弐分　遠州針間野村　安治郎　八郎　草木村　亀次
郎
代参ニ参り候節　かし請取へし
戌九月十九日
一金弐分　瀬尻村　生島分　与茂助へかし
四月十二日受取
〃十一月
一金壱分　針間野村　時原村　□蔵　清□□
代参ニ参り候節かし　丑四月五日請取
子正月六日
一金壱分　遠州羽賀庄村　文次倅半左衛門殿　伊勢参り
帰りかし
六月より小札請取

子五月より丑三月迄
一金弐両也　遠州浜松宿　名残町　友吉殿へ
三　御請取可被下様奉願上候　内壱両也　寅三月請取
安政三辰三月受取申候
壱両也　三州浅畑村　与兵衛倅供
丑ノ十一月五日夜泊り　翌日六日滞留〆ニ矢夜泊り、七
日昼頃ニ立、伊勢へ参り、五日夜ふとん大小ニツ焼け、
迷惑いたし候、右尋申候所、当人気が間違イ、卯三月廿
一日尋　女房も子も親もきりすて、四国西国へ参ルト申
て、家敷居不申、親類よく☒御断申候
遠州佐久間村　西替外村　政六殿　桿栄蔵
一　寅
二月廿三日
一　四匁□□　四月廿日受取申候　三州六本木村
二
卯三月廿四日　受取申候　久太郎殿　程勝蔵殿
一　金壱分　外泊り二夜
氏分請取
〆一分ト　六百文　書付預り　氏分不足
寅六月十四日草札
一金壱分　遠州羽賀庄村　庄屋藤左衛門倅へ
氏分受取申候　卯四月廿一日

大峯山へ参詣之由取替かし
〃八月廿二日夜
三州六本木村　六反沢村　太吉倅　太郎吉倅
一　弐人泊り
一　小札百五十本　此□　助蔵
卯三月廿四日　宮三郎と申　右之通り□受取申候
三州川合村　講頭　大原安兵衛殿
一　日待講四拾五軒と丁相見へ、配帙御禦御札預置申候、
御初尾ニ三年上り不申、此度御請取可被下候、尤壱両余
御座候様相見へ申候、安兵衛殿御頼申候
遠州石打村　西川屋八三郎殿　程　周作殿
卯十二月十四日
一　金　三朱也　津島　伊勢代参節
三月二日
右之通慥受取右帰り取替
一　金弐分也　遠州浜松在　沢新田村　内藤彦左衛門殿
受取来ル　辰正月□□伊勢参りかし
卯九月二十四日
一金弐歩也　遠州水久保村在　大野村　代参　亀蔵殿
栄吉殿
右ハ伊勢津島代参節かし
一　金弐朱　同村　栄吉殿

御行残□
辰三月五日
一　金弐歩
伊勢参り帰候節　小畑善衛門殿悴へ遣ス
巳月朔日請取申候

巳二月
一　弐朱ト五百文　遠州　有本村
かし□□□引請分　祢キ役も命置ト被申候かじやも致
ト申事
巳　五月廿六日受取申候
巳　五月廿六日受取申候
一　金弐分　遠州　瀬戸村　次郎右衛門　悴次平
三月□□
内三貫三百文受取　一両度致シ百文不足　巳六月十四日
祭ノ節
一　金弐両　遠州　切開村　仙蔵　横吹村　初五郎
三月廿日受取申候　津島参詣大峯参ニて
六月廿二日
一　金弐分　遠州石打村　重右衛門　庄二郎
廿五日
一　金弐朱　小畑村大原　定蔵悴　長太郎
是ハ水久保今野屋　甚兵衛ト申者召使　三月廿日請取申
候
一　金弐両ト銭三百文　水久保村　高嶋屋　里平殿
午三月廿八日　旦□ノ節かし

亥三月九日
一　金弐分　遠州　夏焼村　才市
同日
一　金三歩也　草木村　針間野村　遠木沢村　藤助
一　三百文　三州引地村　春吉　小重
亥四月七日請取申候
酉二月十九日
一　八百文　かつら山村　徳左衛門かし
小札廿軒外ニ□用かし

三州遠州旦廻手引帳
文化十二亥年記而入三州遠州旦廻手引

三河遠州行き旦廻之事　荷物ハ前々□ニも
宮宿迄荷物送り置くへし　先年ハ宮宿より
附出シ宿之人馬継立之事　近年替格ニ
相成神守宿より附出シ候得ハ　此節馬士ニ人馬
帳面共相渡シ神守附出シ　次宿ニ而し人足
四人　軽尻壱疋為附　此帳面共宮宿此之
俄ニ預置様ニ申渡てよし　但シ宮宿ハ
先年吉野屋善次郎殿ニ而候処　近年ハ
取扱方不都合ニ付　山城屋吉左衛門へ送リ遣ス
何レ（不明）通ニ得心送リ遣へし
（不明）名古屋ニ而調へ物有之候ハヾ
名古屋買物調へ　宮宿泊り　翌朝
正八ツ時ニ宮宿を立　宿之人馬継立
御油宿桐屋泊と得心へし　此所より
継場ハ東海道なら吉田宿　鳳来寺道

けが海道ならハ大木村継　此方毎年
吉田領大村之内大磯村之御庄屋江行候得ハ
其段桐屋江宵之内ニ頼置　尤帳面ニハ
吉田宿迄之附出シ　（不明）宿ニ泊リ候ハヾ
問屋場ニ而し大村附込ニ頼込ニ頼賃銭之儀毎年
吉田宿迄之本馬之賃銭遣シ　旦
問屋場ニ不都合之振有之候ハヾ　古之通ニ
吉田宿迄之賃銭払　道ニ而馬士ニ引合
大村江行候事も有ル
大磯村御庄屋江着候ハヾ挨拶済候ハヾ
荷物を開き御礼土産ニこしらへて
いそぎ長瀬村芝屋大蚊里家別ニ
村方小札預御初穂ハ　明日迄ニ大磯村へと頼
立寄之家江御札納夫より大村之内
住吉分又ハ柴屋分ニ而も翌々日を廻し
都合□様勤置へし　□御宿へ戻り
吉田御家中行之御札調へ早朝より
勤へシ　尤此日西組ヨリ始メ東組之
嘉藤小八郎殿ニ而茶付をもらひたへて

夫より御宿へ戻ルへシ　但シ小八郎殿
父加藤勇左衛門殿先（不明）万端御世話ニ
被下別而年々共御深切（ママ）預リ候　依之
御組之御城内御初尾共　此小八郎殿江
寄集リ候　此所より御宿へ戻リ　又翌日之
大村分惣旦廻用意音認置き早朝より
日くれ迄ニ勤仕舞夜之内ニ荷物
調へ　翌早朝鳳来寺海道野田村迄
馬ニ而送りもらひ（不明）年（不明）馬士
紙□ニ入壱元結五厘銭五文ツヽ遣へし
但シ弐疋ならハ百文遣てよし
右荷物野田村問屋ニ而軽尻壱疋取

新城迄又問屋ニ而浅畑村迄之馬継取
浅畑村庄屋江行此賃銭百三十弐文ツヽ
毎年払候　浅畑村へ着候ハヾ荷物開き
村札并下平村も共ニ御宿江渡シ　翌日
下平村御庄屋へ立寄リ　御初穂受取夫より
引地村迄順ニ立寄行　引地泊リ
着候ハヾ大野入用之分不残相認メ
翌朝大野村御宿へ行　但引地村江
着候ハヾ庄屋所ニ而案内橋平村又
湯谷村御札持参すへし　御初尾毎々通
大野村御宿へ明朝大野村御宿へ移ル
先年ハ藤屋右左衛門殿其後槌屋加兵衛殿
又其後ハ　袴田源市殿ニ泊ル　此宿代
壱人一夜百文ツヽ戻リニはらひ
大野村江着候ハヾ御宿より先歩行呼ニ遣シ　参候ハヾ

先年之通村方御（不明）三箱并例年之
家内之御札共　當番之御庄屋へ為持遣ス
但シ先年ハ弐箱ニ候得共　小林江納度よし
文化年数頃徳左衛門殿より厚キ頼ニ付
依之先年より都合三箱ツヽ相納候　此御初尾
家々定例御初穂共ニ　奥村〃江行候
跡ニ而歩行取集帰リ之節調へ受取候　又
右之御札為持遣し候ハヾ直様歩行并
札くばりの子供弐人連て村方順廻ス
いそぎ廻り仕舞夫より荷物仕分ニ掛ル
但シ廻リ順ハ大野より翌日細川通巣山村迄

旦廻相勤巣山村ニ宿ス　但シ此所より荷物
壱箇熊村行着送リ　此荷物巣山村より
河連村夫より熊村ニ継場所なり

此河連村ハ乙若太夫旦家ニ候処　先年より
信心寄近ニ而熊村迄送リ被下候　依之
右為祈祷之半□壱問村なかへ遣
此所江不立寄候時ハ　此御坊札荷物と一所ニ
遣てよし　巣山村より大野村へ帰リ
仕置候荷物と一所ニ帳面村順川登リへ
勤てよし　此順ニ大野村ニ而荷物仕分ケ
川ならハ大野村より川登リ大川合并
一色村四郷　相河　吉沢　白鞍　石打村迄之

入用之荷物調へ祈祷入用共ニ　川登行
之荷物へ入置へし　巣山村行へ
西川より奥々并横山村より浜松領

惣入用之分調て入テ巣山村へ継なり
其時ハ巣山村朝早く立　道筋直ニいそぎ
大野村へ泊リ　歩行を（不明）川登リ行く

村継人足當テ能登瀬泊リと心得へし
若日くれなハ井代村ニ泊ル事も有ル
乍併定例ハ能登瀬泊リ　此所へ着候ハヾ
村方旦廻札くはりの案内頼て日之内
勤仕舞又　翌日ハ村順ニ村々へ立寄札を置
大川合泊りと得心へし　此所へ着候ハヾ荷
物しらへて又日之内ニ村方相済ス　翌朝
荷物共一色村之内大嶋へ立より夫より

同六本松村泊リ　此所へ着候ハヾ早束ニ

村方組之御札仕分御宿へ相渡御初尾ハ
今宵より明早朝迄ニ残不寄りニやう
頼へし　但シ五郎兵衛殿　五郎右衛門殿
両家格年ニ寄る廻ニ而御宿被下候　但し
大島　黒沢　相川へ不立寄時ハ　大野村より

大川合村迄勤て大野村へ帰り　夫より細川筋
巣山泊リ　夫より六本松泊リ　夫より川
連村　熊村泊リと心得へし　此時ハ大島
黒沢　浅川村ハ六本松より送ル　相川
河内ハ大野村より送リ　御発尾ハ大野村へと
書記類遣わへし　吉沢村ハ熊村より
又　白くら村ハ右打村よりおくりてよし
其時ハ白鞍村初尾ハ西川村　吉沢村ハ

近日大野村御宿リ　亦ハ　戸村五兵衛江と
数遣へし　此時ハ熊村々御初尾は
三十かめ斗リ之内ニ大野村戸村五兵衛殿へと
（不明）速すべし　又先顕巣山村より
熊村迄送り捨候之時ハ　熊村々分調へ
小キ波籠テヒ入　御初尾ハ五三日之内ニ参候間
道御苦労其節迄ニ御取集置可被下候様ニ
頼遣へし

先例本順ニ勤候時ハ　六本松村より村々江
立寄リ吉沢泊リ　白鞍村ハ石打村より

送リ　熊村多クハ熊村泊リ　熊より村々江
立寄リ御札納　石打泊りと心得へし
此所へ着候ハゞ村方御札渡シ　又夜中ニ
西川村より奥々入用ハ西川左太夫殿江
壹箇遣　横山村より下嶋・濵松領井
鮎釣村入用之分ハ貳箇ニして
横山村へ送ル　翌朝石打村を出て
寄室村甚十殿へ立寄安蔵村送札ハ
此所ニ頼御初尾ハ横山村へと頼遣わへし
夫より大為平へ立寄峯山村ハ此所よりの

御初尾ハ右同断　夫より横山村へ着ス
日之内ニ村廻仕舞夜之内万事
荷物調へ翌朝中野町へ之便舟何分ハ
為乗貫ひ荷物共ニ行てよし　若又
便舟無之時ハ不得止事逗留いたし候　但シ
天龍川筋池田乗下ケ（不明）来六ツケ敷

右候得ハ中野町おり彼是之入（不明）申（不明）ニ付
此邊得乙若太夫旦家候ニ付　乙若太夫より
川役所江無故障先年之通中野町江
乗下ケニても不苦候様ニ熊々頼もらひ
置て仍而川会所江舟頭参候ハゞ毎之通り
中野町江おり候頼遣へし　船頭へ
貳人ならハ百文壹人なら五十文舟玉ニ遣へし
尤先年ハ壹銭も不遣候得共　當時之人気
當代より□　右之□儀を候　中野町問屋之
庄兵衛殿江あがり毎之通リ濵松名残
町迄馬を頼もらひ　名残丁行賃銭
乗軽尻なら百貳三文くらひ　人足なら

七八文より五六文くらひ　先年ハ□も人ニ而
六拾文くらひニ而参候よう也　庄兵衛殿へ
半坊札壹門納へし　但シ御初穂ハ不
受取御初尾之挨拶有之候ハゞ　乙若太夫へ
被遣被下候も挨拶ス　名残町へ着候ハゞ
案内之人足ニ三人當テいそぎ
荷物を開き御役人へ御坊札并
家内御札共為持遣夫よりいそぎ
御祖御家之旦廻并両追分共ニ
日之内ニ勤御初穂ハ今宵より明早
朝迄ニ名残り町御宿へとくれ〻
挨拶すへし　先日不勤ニ而御初尾
跡ニ成申候　夜分ニ翌日入用能調へ
毎之通茶付をたへいそぎ旦廻
勤仕舞荷物調へ冨塚村江移ル
冨塚村へ着候ハゞ早速村方旦廻并

送り札いそきせ遣へし　御初屋明日中ニ
冨塚村御宿へと申遣ス　旦廻相済候ハゞ

定例之通家々之御祈祷相済
旦々亦旦廻之節毎年通御祈祷之
御願御座ハゞ毎之通紙十枚竹貳本
御宿へ為持被遣候　札くはり　よく〻
云て遣へし　尤先年ハ家々江
御祈祷勤ニ参候事ニ候得共　道筋ニ
不浄多有之候ニ付　仍而近年御宿ニ而
右御祈祷相勤ル　是相済候得ハ直ニ
御宿出立いたし候　此時馬ニて有玉村
西はたや細田之内　権右衛門殿迄馬ニて
おくりもらひ　但シ冨塚村より有玉
とまり　着候ハゞ権右衛門殿親類中へ
先年より見舞ニ行　翌朝有玉村より
船明村河原迄馬やとひ軽尻ニ乗リ
行べし　此馬之賃銭三百五文ツ〻
若又出水の又ハ　日明迄便舟ニ荷物
為乗遣候なら　馬士より百文此方へ戻ス

出水ニて馬越シなき時　右同断百文戻ス
其時ハ東鹿嶋より北鹿嶋へ人足ニて
継もらい　又北鹿嶋ニて人足頼此所より
船明・日月村向の河原川端へ継もらい
但シ送リ置候両鹿嶋御初穂受取　右之
川端へ行　おい〻と呼候得ハ　船明より
舟ニて連ニ来ル　有玉村一所ニ而候事同様之事
物此日明村先年不信ニ付　社家并

社僧共一向一統不為寄申脇之一統
中（不明）いたし旦廻相止リ候得共　先年より
旦家之儀ニ候得ハ式礼之通御祈祷ハ
相勤この儀能ク伝へ有之候　其後
瀬尻伊太夫殿より挨拶有之ものニ而ハ
先年之通御札相納候　日明村へ着候ハヽ
早束村方旦廻済翌朝伊砂村へ立寄

月村泊リと心得へし　月村其日ニ
村廻リ相勤　翌朝平岩　津行　大蔵村
立寄リ大白気村泊り　早速村札渡し
翌朝はやく　横山　雲名　鮎釣へ是より
西川泊り　此所江着候ハヾ　家内其外
村々送リ札認渡し　今宵迄ニ御初尾
寄リ候頼へし　翌日先達而送り
置候荷物共ニ送リ遣へし　此所より
秋葉山へ参詣する時ハ　荷物と一所ニ
大峯村之御札を添へ改ミて遣へし
御初穂ハ此荷物ニ添いそぎ瀬尻之内

青谷村へ送リ被下ハヾ数遣へし
参詣之時ハ佐太夫殿ニ御茶付をもらい
たへて　御門前貮軒へ立寄り　夫より
参詣相済奥ノ院道通を乙若太夫
旦方之内下平山村江下り　青谷村

伊太夫殿川向へ下リおいゝゝと呼へハ
船ニ而向ニ来リ候　此所ニ伊太夫殿水車
着候ハヾ村方并送り札認メ相渡し

御初尾ハ早朝迄と申遣へし　青谷ニ
泊り　翌日ハ生嶋　大（不明）立より所済シ
下条泊りと得心へし　又翌日ハ村々
立寄リ下村泊リとしるへし　此所ニ而
遠州川合村より浦川迄之入用并
廻仕舞迄不用之荷物能取り調へ　此荷
物壹箇ハ戸口村より半場村へ送り置て
下村よりを立戸口村泊り　翌日ハ西村
大瀧泊し心得へし　片和瀬村御札ハ
西村より送リ御初尾ハ峯村久太夫殿へと
頼遣へし　又西村より荷物壹箇并
村札共ニ瀬戸村江送りてよし

但シ瀬戸村江不立寄時ハ荷物ハ次村
真庄村へかいづみ村へと書記能頼て
遣へし　御初尾ハ峯村へと頼遣へし
立寄時は瀬戸村ニ願置荷物貮箇共
大瀧村江移ル　着候ハヾ村片廻り翌朝
平和　福沢と勤て和泉村泊リと
心得へし此福沢村より先年ハ相月
村泊リニ而相月村へ継もらひ候事も
有之候得共　近年ハいつみ村継斗リ也
相月継ハ道ハよし　和泉村へ着候ハヾ
先ツ鮎連村御札送ル
御初尾直ニいつみ村へと
翌日　下日余　上日余　相月泊リ
又ハ真庄泊リ
但シ相月より立原間庄之御札斗リ持て行

真庄より瀬戸村へ行又夫より真庄　立原　横吹へ帰ル
先年より切開村泊リ　夫より翌日ハ
北芋掘村泊リ　此所へ着候ハヾ夜分へ向て
村々送リ札確ル　村数多認候得ハ　甚以
大世話敷　先達而其心かけしてよし
北芋掘より　向市場へ立より　水久保村へ移ル
但シ荷物ハ先年より芋掘村より蒲原村継
其心得ニ而水久保入用ニ取出して水久保へ
着候ハヾいそぎ案内頼て村方廻リ夫より
神原村へ島渡立より小畑村泊リ　着候ハヾ

案内願て村方廻ル　日之内勤仕舞て
翌朝長尾村へ移ル　此所ハ親父ト小父ト
両方より村継有ル　大栗平継と一所ニ添
新細　沼本　大栗平　大久名と勤て嶋泊リ
中場沢　かづら山ハ大栗平か嶋よりおくり
御初尾□之内ニ小畑村へと頼遣へし

又　所能村へハ嶋へ着候ハヾ直ニ是より
翌日池嶋か草木村泊リ　池嶋ならハ
草木　北嶋　遠木沢と立寄　針間野村泊リ
翌日ハ切山村　有本　大寄　大根泊リ
戸中村之御礼渡し　翌日瀬戸尻　瀬戸ノ口
小又　両ク頭　下多和か大野村泊リ此所よりいそぎ
大沢村御札送リ遣へし　大野より先達而送リ
置候村々江立寄リ　御初穂受取　小畑村江出ル
此所ニ而所々御初尾受取いそぎ神原泊リ
其日ニ神原村中廻り朝いそぎ荷物
芋掘村江送リ出シ　水久保　向市場へ立寄り

御初尾受取芋掘村へ出　沢井村泊りと行
朝はやく沢井村を出　峯村泊リ　此間道遠く
立寄多し　其心得ニてよし　峯村より片和瀬
上野　佐久間村々江立寄リ中部泊リ　此所より

御庄屋ニて船越す頼もらひ　向へ越し　半場村へ
移リ　半場村旦廻勤泊りて戸口村より送り
置候荷物ハ川合村へ継もらひ　紙妻江
立より　御札納め　川合村泊リと心得へし
川合村へ着候ハヾ其日ニ上下ハらひの共ニ
旦廻相勤翌朝浦川組の内早瀬村又
嶋中村　柏古瀬ノ御札納　浦川町泊リ　但シ　荷物ハ早
瀬村より
出ル　浦川町泊リ　但シ　荷物は早瀬村より
直ニ浦川江継場心得ニ而嶋中　柏古瀬
の御札に取出ししてよし　浦川町
柴田東作殿江着候ハヾ　昔の御宿
伊藤長右衛門殿呼もらい　此長右衛門案内ニ
置札の村々相勤ル　夫より町内旦廻
勤仕舞荷物よく調へ丹仕舞ス
但シ　御世話人長右衛門殿へ残り土産糸壹并
□子等其外有合〆物からハ見合せ両
荷物取調への事残土産御礼類ハ
□調へ書留明荷壹箇納　此壹箇ハ
三州大野村御宿ニ預に置又貳箇ハ

津嶋江戻り荷　先年より此三箇を
ニしょいニして浦川町より吉太夫旦所
川上村庄屋右衛門殿迄継もらい
又市右衛門殿ニ而頼三州川合村御宿迄
継もらい川上村より川合村迄賃銭
百五文ぐらい　近年ハ高値ニ相候て
貳百文も懸り候　此川上村より川合
御宿へ着候ハヾ　(不明)府之通勝嶋行
貳箇ハ為替賃銭ニ而吉田積出し
川合村より内金村へ馬附ニて参候得ハ
其節大野村願置し荷物壹

箇も大野村迄一所届き候やうニ
御宿ニ頼置也　為替賃銭ニ候得ハ賃銭

不入津嶋へ届き次第惣積賃はらい
右船積ニ而荷物送リ候時ハ　着物并
諸帳面等為持戻ル　又道中軽尻ニ而
帰リ候時ハ　津嶋戻の貳箇荷物へ
万事仕込　右之通ニしよいニ認メ
浦川より川上村夫より川合村此所より
又戻リ馬ニ而大野村迄の賃銭払イ
大野村御宿へ着　大野村ニ而軽尻壹疋
附出してらい　賃銭はらい新城継也

但シ　荷物川廻しニ而も人馬帳付出しハ
大野村附出しト心得へし　大野ニ而
村々より寄候初穂并大野村御初尾共
調へ受取日高ならシ新城泊リ　日暮
ならハ大野泊リ　此所より新城へハ五十丁
三里ニ而候得ハ遠成候而ハ馬不出
川上村より川合村江人足賃銭余リ高値ニ
相成候ニ付　右三箇浦川町より川合村迄
産馬ニ而川村へ附もらい候事も有
川合ニ而津嶋戻リ　大野預荷物不留違
やうニ取調へ遣し多ハ浦川より
川合村泊りと成ル

先年ハ夜具荷　琉球包ニ而浦川より
瀬尻天野伊太夫殿迄　賃銭百文ニ而送り
もらい候処　其後ハ極山道故難渋ニ付
浦川ニ而改出候ニ付　仍而近頃ハ小畑
奥山平右衛門殿ニ預置　小畑村より奥々江
持手も有ル　奥々へ持候ハヾよくよく
わして右之通袋ニ入　又渋紙ニ包テ
小畑村ニ預テ置へし　尤奥々持先年之
ようニもなく　少々ハふとんなども
出来候様其心得ニ而斗へし

三州鳳来寺麓旦家ハ河村九郎太夫
旦家ニ而堀田権太夫江譲り有ル　是又
安永年数ニ此方へ譲り百文　旦所ニなら
乍併　右九郎太夫より村々江大々神楽
相勤則講金ハ略受取御祈祷并
修行一統右之村之ふきゑニ付　大ニ迷
惑いたし　旦廻し御初尾も大ニ減ツて
両年余程ツゝたしまいりしやう及聞
尤其後　追々一統気分なをりして
相応ニ信心も有之候　此事よくよく
心得ニ而取扱に□申聞有之候

右新規之廻り方之候得ハ　廻り順
先年ニ替り候事も有　仍而し供連之れ節ハ
吉沢村より壹人ハ白くら泊りニ而石打へ
出ル　壹人ハ熊村出とかる事も有
又いそぎ候節ハ西村より壹人ハ大瀧行

壹人ハ瀬戸　此時ハ大瀧行ハ大瀧泊り
和泉泊りニて　翌日下日余　上日余　相月
向皆外之勤　北芋掘出合　瀬戸
行ハ　瀬戸真庄村泊り　立原　横吹　切開
泊り　翌日　松嶋　相月村之内嶋村　下神原
中芋掘　沢屋と勤　北芋掘村へ出
いそぎ村々送り札之用意すへし
また小畑村より長尾村へ移り壹人ハ
荷物と一所ニ新細　沼本　大栗平
中ばさ　かづら山と勤　池嶋泊り
荷物もかづら山村より直ニ池嶋継
嶋村へ荷物継候事大ワなくなり
又壹人ハ荷物壹箇と長尾を出
大久名　□嶋　所能と勤て池嶋泊り

又草木村江行　壹人ハ北嶋　遠木沢
針間野　時原　切山　有本村　大より村
大根泊り　夫よりとふけ越しニ下
多わ村へ出ル　壹人　草木村より有本村
大寄　根　戸中　瀬戸ノ口　瀬戸尻
小又　両久頭泊り　此所より下多わ出合
所々ニ而手分之節　右之通勤候節も
有之候　其所々ニ而よく聞合てよし

佐久間町年表 1

※横書きの年表ですが、図表として右から左へ掲載します。

西暦	年号	年	月	日	記事	出典等
1868	明治	元	1		1月8日まで、京都淀川にて西東の諸大名の大合戦あり。西が勝つ(鳥羽伏見の戦)。	勝木家文書
	明治	元	4		江戸が東京となる。	勝木家文書
	明治	元	4		雨風多く、作物不出来。	勝木家文書
	明治	元	9		円光寺、朱印上納。	浦川村郷土誌
	明治	元	9		矢高翁浮森堀割工事発起する。	浦川村郷土誌
1869	明治	2	1		正月米1両1斗5升。2月稗11貫目1両2分。5月上茶1本代8両。11月箱入上茶正味8貫目にて18両。12月米1両に8升。大豆1両に1斗。	勝木家文書
	明治	2	7		大風あり。年中しけり世の中悪し。	勝木家文書
1870	明治	3	8		野田白山神社、合祀する神社を合わせ、白山神社と改号する。	棟札
	明治	3	9	8	大風吹く。18日も大風吹き、、木折れる。屋根普請多し。	勝木家文書
	明治	3	11		米1両に1斗3升。大豆1両1斗5升。稗8貫目。金1両2分。上茶1本代8口15両。	勝木家文書
1871	明治	4	7		矢高翁、静岡県藩庁より勤農堤防取扱申付けられる。	浦川村郷土誌
	明治	4	11		浦川村戸長に矢高濤一中泉郡制頭より任命される。	浦川村郷土誌
	明治	4	11		矢高翁浮森堀割工事を完了する。	浦川村郷土誌
	明治	4	11		矢高翁大字川合大千瀬川堤防修築工事を了える。	浦川村郷土誌
	明治	4			寺、後朱印他残らず返納する。	勝木家文書
	明治	4			大豆1斗6升　1両、 米1両1斗2升、上茶1本代12両2分。	
	明治	4			麦よし。夏作よし。秋作よし。11月米2斗5升(1両に)楮8貫で1両。	
1872	明治	5	11		矢高濤一浜松県庁より堤防附属方を任命される。また、天竜川被新専務を任命される。	浦川村郷土誌
	明治	5			麦1両に4斗。大豆よし。蕎麦よし。芋よし。稗よし。一茶よし。茶上1本代10両。楮8貫目。	勝木家文書
	明治	5			人み髪そりがはやる。	勝木家文書
1873	明治	6	1		正月より地券改めあり。山地まで反畝歩を出し、絵図面にのせる。	勝木家文書
	明治	6	2		矢高濤一学区取締兼務を任命される。(戸長と兼務)	浦川村郷土誌
	明治	6	4	10	奥林東三郎中部村戸長拝命。	中部小学校沿革誌
	明治	6	6	10	浜松県小学区劃章程。(第二中学区、浦川)	静岡県教育史　資料編　上44 S48.10.31
	明治	6	10		遠江風土歌出版される。	
	明治	6	11	27	周智郡上平山村を学区とし創設し横山小学校上平山分校として発足。	磐田郡教育会　磐田郡誌 397　磐田郡役所T10.6.20
	明治	6	11		地券状下る。この年の費用1軒に付7両2分5百文。	勝木家文書
1874	明治	7	1		天竜川材木商会発足。	太田祐治　北遠近代百年史年
	明治	7	2		宥泉寺本堂を假用して開校し佐久間学校中部分校として発足す。	磐田郡誌
	明治	7	2		佐久間村の内佐久間小学校の本校を置き、中部、半場、羽ケ庄に分校を置き創立す。	磐田郡誌
	明治	7	2		佐久間村佐久間に学校を置き羽ケ庄は佐久間学校の分校となる。	羽ケ庄分校沿革誌
	明治	7	7	1	西渡郵便局開設。	
	明治	7	8	1	浦川郵便局の事務を開始する。	浦川村誌
	明治	7	8	1	水窪郵便局通常郵便事務取扱を開始。	周智郡誌
	明治	7	8		大井村西渡に大井学校を創設する。	磐田教育会　磐田郡誌　398 磐田郡役所　T10.6.20
	明治	7			麦よし。芋よし。大豆出来悪し。上茶1本代金15両。	勝木家文書
	明治	7			浦川村円光寺を假用して開校する。浦川学校。	磐田郡誌
	明治	7			川上寺院の一部を假用し浦川学校の分校として開校し川上分校と称す。	磐田郡誌
	明治	7			明治7年浦川学校分校として川合寺院の一部を假用して開校し川合分校と称す。	磐田郡誌
	明治	7			浦川学校開校の際、本校は家庭教授の方法により開始する。(吉沢)	磐田郡誌
	明治	7			天竜寺の本堂を仮用し佐久間学校に附属し半場分校として発足する。	半場小沿革誌
	明治	7			佐久間学校の分校として半場分教を開く。	磐田郡誌
	明治	7			金原明善天竜川築堤のため治河協力社設立。	金原明善
1875	明治	8	3		地券改調査のため松永竹四郎浜松よく来る。	勝木家文書
	明治	8			浦川小学校川上分校の附属となる(吉沢)	
	明治	8			麦中。芋よし。きび悪し。大豆悪し。蕎麦中なり。上々茶1本15円。	勝木家文書
1876	明治	9	8		大井小学校を佐久間学校の分校となす。	磐田郡誌
	明治	9	11	1	御年貢調あり。相月村、地頭方村、野田、沢井、今田、西浦、草木村さわぐ。浜松県願書出し御年貢百分の三ときまる。	
1877	明治	10			本年日旱り。よの中中なり。	勝木家
	明治	10	3		3月より9月まで九州鹿児島騒動敵西郷隆盛、長坂。	勝木家
1878	明治	11			名古屋1人佐藤新吾久根再興す。	佐久間村誌
	明治	11			茶9口1本代8円也。麦中なり。芋よし。本年雨多い。	勝木家文書
1879	明治	12	6	7	大日旱り。麦わるし。きびよし。秋もの悪し。	
	明治	12			川上分校と分離し校舎を建築し浦川学校の分校となり吉沢分校と称す。	磐田郡誌
1880	明治	13	5	18	中部村硝子灯の設置。	戸長　中野源平、県令大迫貞清、硝子灯設立願　中部区所蔵
	明治	13	9	25	周智郡堀之内小学校分校となる。(上平山)	磐田郡教育会　磐田郡誌 397　磐田郡役所　T10.6.20
	明治	13			白木(伐木よし)。よの中半吉。白米7升1円。	勝木家文書
1881	明治	14	12	26	豊田郡瀬尻小学校の分校となる。(上平山)	磐田郡教育会　磐田郡誌 397　磐田郡役所　T10.6.20
	明治	14			上茶九入1本代20円なり。世の中大いに悪し。9月に大風吹くなり。	勝木家文書
1882	明治	15	1	3	3日より2日間雪ふる。大雪となる。	勝木家文書
	明治	15	3	28	佐久間小学校羽ケ庄分校の教室を羽ケ庄字茂原平に新築する。	羽ケ庄分校沿革誌

佐久間町年表２

西暦	年号	年	月	日	記事	出典等
	明治	15	5		大井村字森下に大井村立福沢小学校を創設する。	磐田教育会 磐田郡誌 399 磐田郡役所 T10.6.20
	明治	15			吉沢分校教員住宅の新築をする。	浦川村郷土誌
1884	明治	17	1		元薬師領を払い下げ敷地として新築落成移転す。(中部小)	磐田郡誌
	明治	17	5		浦川拡産会社(のち浦川銀行)設立される。	
	明治	17	7		豊田郡佐久間村立佐久間尋常小学校半場分校と改称す。	半場小沿革誌
	明治	17	7		浦川村に浦川銀行を設立する。	磐田郡誌
	明治	17			豊田郡第17学区村立小学浦川学校という。吉沢、川上、川合の三分校もこれに準ずる。	浦川村郷土誌
	明治	17			茶安し。上茶1貫目60銭。麦4斗入1円。楮高値3貫500目1円なり。	
1885	明治	18	1	1	浦川郵便貯金取扱をする。	浦川村誌
	明治	18	1		浦川村私設消防組を編成する。	浦川村郷土誌
	明治	18	5		浦川267番地に校舎を新築し移転する。(浦川小学校)	磐田郡誌
	明治	18	5		浮森1反6畝20歩を浦川小学校の敷地とする。	浦川村郷土誌
	明治	18	10	16	水窪郵便局郵便貯金事務開始。	周智郡誌
	明治	18			茶上。1貫目1円。麦出来悪し。	勝木家文書
1886	明治	19	1		地押しあり。(1月より12月まで)。	勝木家文書
	明治	19	3		金原明善瀬尻の官林に献植開始。	
	明治	19	7		連合戸長役場を浦川村に設置するに当り、浦川学校の分校となり浦川学校中部分校とす。	磐田郡誌
	明治	19	7	1	豊田郡浦川尋常小学校半場分校と改称し、教育学科を尋常科と定む。	半場小沿革誌
	明治	19	7	1	浦川尋常小学校半場分教場となる。	磐田郡誌
	明治	19	7		学区変更により大井小学校の分校となる。	磐田郡誌
	明治	19	7		佐久間小学校が大井小学校の分校となりしため大井小学校の分校となる。	羽ケ庄沿革誌
	明治	19	7		佐久間小学校を大井小学校の分校とする。	磐田教育会 磐田郡誌 398 磐田郡役所 T10.6.20
	明治	19	8		中部消防組の創立。満18歳以上満40歳以下の者をして組織とし な組消防と称す。	佐久間村誌
	明治	19	10		堀之内小学校犬居小学校と改称により、犬居小学校上平山分校と改称す。	磐田教育会 磐田郡誌 398 磐田郡役所 T10.6.20
	明治	19			学校令発布により浦川尋常小学校となる。校舎新築落成の祝典を挙ぐる。	浦川村郷土誌
	明治	19			奥山村に湯浅製糸場設立。	周智郡誌
1887	明治	20	4		浦川村巡査駐在所を創立する。	浦川村郷土誌
1888	明治	21	4	1	二俣分署相月巡査駐在所を相月村松島に置く。	周智郡誌
	明治	21	4		天竜川筏に筏税が賦課される。	
	明治	21	8		浦川郵便取扱を浦川郵便局と改称する。	浦川村郷土誌
1889	明治	22	4	1	佐久間村円光寺内に奥山分署佐久間村巡査駐在所を置く。	佐久間村誌
	明治	22	4	1	二俣分署佐久間村駐在所を佐久間村佐久間円通寺に置く。	周智郡誌
	明治	22	4		浦川村村議会選挙を行なう。	浦川村郷土誌
	明治	22	5	27	村長御室坦三氏就職。	佐久間村沿革誌
	明治	22	6		浦川村村長を有給とすることを許可される。	浦川村郷土誌
	明治	22	7	1	豊田郡浦川村立浦川尋常小学校と称し、吉沢、川上、川合の三分校もこれに付属する。	浦川村郷土誌
	明治	22	7	1	豊田郡佐久間村佐久間尋常小学校半場分校と改称する。	半場小沿革誌
	明治	22	7	1	町村制施行に当り、浦川学校より分離し、佐久間尋常小学校中部分教場となる。	磐田郡誌
	明治	22	7		町村制施行により、佐久間尋常小学校半場分教場となる。	磐田郡誌
	明治	22	8		大風吹き、大水諸国大荒れする。	勝木家文書
	明治	22	12		半場～長岡往還及び浦川～薗目往還改良線の測量を出願する。	浦川村郷土誌
	明治	22			町村制施行により佐久間に本校を置き中部、半場、羽ケ庄に分校を置く。	磐田郡誌
	明治	22			町村制実施により山香村立山香尋常小学校上平山分教場となる。	磐田教育会 磐田郡誌 398 磐田郡役所 T10.6.20
1890	明治	23	4		品川弥二郎、瀬尻御領林視察。	
	明治	23	6	1	佐久間村 奥山分署佐久間村 巡査駐在所を佐久間に新築ス。(久根?)	
	明治	23	6	1	佐久間巡査駐在所を佐久間村佐久間に移転する。	周智郡誌
	明治	23			教育勅語が下賜される。	浦川村郷土誌
1891	明治	24	10		中部邨新道紀功碑 (中部村共同建立)	佐久間村誌
	明治	24	5	5	佐久間中部間道路改良申請許可される。新道399間 中6尺。費用600円。原田久吉寄附。同年同月6月着工。	佐久間村史 94 佐久間村教育会 T2.1.15
	明治	24	10	31	中部道路改良。265間。幅一丈。費用915円60銭。王子製紙K.K.より出願。	佐久間村史 94 佐久間村教育会 T2.1.15
	明治	24	10		10月大地震ゆる。	勝木家文書
	明治	24	12	18	半場長岡往還及び浦川薗目往還道路改良測量の許可となる。	浦川沿革誌
1892	明治	25	4		浦川村々会議員半数を改選する。	浦川村郷土誌
	明治	25	4		山香村立福沢尋常小学校と改称す。	磐田教育会 磐田郡誌 399 磐田郡役所 T10.6.20
	明治	25	5	7	修業年限4ヵ年の許可を受け、同年7月1日、佐久間村半場尋常小学校として独立する。	
	明治	25	5	16	水窪郵便局国内郵便為替取扱事務開始。	周智郡誌
	明治	25	5	19	浦川尋常小学校へ高等小学校を併置する。但、修業年限4ヵ年とす。	村会決議書M22年 佐久間町所蔵
	明治	25	5		浦川尋常小学校より独立して川合尋常小学校となる。	磐田郡誌
	明治	25	5		佐久間尋常小学校より半場尋常小学校となる。	磐田郡誌
	明治	25	6		大日旱り続き。7月14日に大風が吹く。	勝木家文書
	明治	25	7	1	中部小学校独立開業祝賀式を行う。	中部小学校沿革誌

佐久間町年表３

西暦	年号	年	月	日	記事	出典等
	明治	25	7	1	山香小学校より独立し、上平山尋常小学校となる。	磐田教育会　磐田郡誌　398 磐田郡役所　T10.6.20
	明治	25	7	1	佐久間尋常小学校を分離し、佐久間村立中部尋常小学校とする。	磐田郡誌
	明治	25	7		浦川学校と分離独立して吉沢尋常小学校と称す。	磐田郡誌
	明治	25	7		浦川学校と分離して川上尋常小学校と称する。	磐田郡誌
	明治	25	7		佐久間小学校の羽ケ庄分校を家庭教育となる。	羽ケ庄分校沿革誌
	明治	25	10	28	半場長岡、浦川園目往還道路測量終了する。5月10日より10月28日まで。	浦川沿革誌
	明治	25	10		浦川村農会設立。	磐田郡誌
	明治	25	10		佐久間村農会設立。	磐田郡誌
	明治	25	10		山香村農会設立する。	磐田郡誌
	明治	25	11		天皇、皇后両陛下御真影下賜。	浦川村郷土誌
	明治	25	12	1	佐久間村羽ケ庄尋常小学校として独立する。	羽ケ庄分校沿革誌
	明治	25			石田庄七、原秀次郎ノ共有トシテ久根採掘ス。	佐久間村誌
	明治	25			米1升90銭。酒1升19銭。	勝木家文書
1893	明治	26	5	20	5月20日より7月10日まで日旱り続く。夏もの、秋もの悪し。冬旱り陽気悪し。	勝木家文書
	明治	26	5	26	村長御室坦三氏辞職す。	佐久間村沿革誌
	明治	26	5	27	太田帯刀氏村長に就任。	佐久間村沿革誌
	明治	26	12	14	半場長岡往還の内、第2.3区愛知県界より本村出馬切通しまで、工事施行及工費補助出願につき許可される。	浦川沿革誌
	明治	26			浦川郵便局舎を浦川村浦川2759番地に移転する。	浦川村郷土誌
1894	明治	27	1	1	浦川郵便局国内為替取扱。	浦川村誌
	明治	27	2	12	半場小学校へ補習科設置する。修業年限3年とする。	半場小沿革誌
	明治	27	3		佐久間村羽ケ庄尋常小学校を廃止し、佐久間尋常小学校へ合併される。	羽ケ庄分校沿革誌
	明治	27	5	15	佐久間村消防組半場部を組織する。	佐久間村誌
	明治	27	5	15	な組消防を佐久間村消防組中部消防と改称す。	佐久間村誌
	明治	27	6		6月から唐戦さあり。唐のいかへと言う所までせめ和睦せり。	勝木家文書
	明治	27	7	5	半場長岡往還改良工事、同年1月25日着手。同年7月5日に竣功する。	浦川沿革誌
	明治	27	7		半場長岡往還ノ内第2, 3区(県境より出馬切通まで工事竣巧する)。	浦川村郷土誌
	明治	27	8		浦川村公設消防組を設置する。	浦川村郷土誌
	明治	27	9		天竜川通船組合西渡改船所請願巡査派出所を置き二俣分署より巡査一名派遣。	周智郡誌
	明治	27	10	12	半場長岡往還の内、第1区、町より出馬字切通しに至る間工事施行及び工費補助願につき許可される。	浦川沿革誌
	明治	27	10	30	佐久間村消防組佐久間消防を組織する。	佐久間村誌
	明治	27	12	2	周智郡教育会より、奥山村教育委員会脱会し、新たに北遠教育会を設立する。	周智郡誌
1895	明治	28	1	1	浦川郵便局外国為替取扱。	浦川村誌
	明治	28	4		浦川村々会議員半数を改選する。	浦川村郷土誌
	明治	28	7	21	半場長岡往還、第1区町より出馬切通しまでの改良工事竣功する。同年1月14日着手、7月21日竣功。	浦川沿革誌
	明治	28	7		半場長岡往還の内第1区(町より出馬、切通迄)工事竣功す。	浦川村郷土誌
	明治	28			世の中よし。唐戦さに出た兵士6月より9月までに帰る。	勝木家文書
1896	明治	29	2	18	周智郡農会創立総会を開く。創立委員として奥山村奥山桂一郎氏。	周智郡誌
	明治	29	4		郡名が磐田郡と改称する。	中部小学校校務日誌
	明治	29	12		磐田郡北部茶業組合発足。	
	明治	29			世の中よし。	勝木家文書
1897	明治	30	2		矢高濤一氏信州にて病没す。享年77歳。	浦川村郷土誌
	明治	30	5	26	村長太田帯刀氏辞職す。	佐久間村沿革誌
	明治	30	5	27	山崎小十郎氏村長に就任す。	佐久間村沿革誌
	明治	30	6		西渡銀行設立する。	
	明治	30	8	16	中部小学校新築の札入965円にて関口亀一氏落札。	中部小学校々務日誌
	明治	30	11		原秀次郎専有とし久根採掘をす。	佐久間村誌
	明治	30	10	30	大井小学校に補習科を設置する。	磐田教育会　磐田郡誌　398 磐田郡役所　T10.6.20
	明治	30	11		明治30年11月の通常縣会(31年度)。(建議書)銅鉱毒取締法新設の件。弐拾壱番河井重蔵提出(※宜しく取締法を制定して取締りを厳にせられたい。)21番(河井)遠江国磐田郡佐久間村銅山鉱毒の為近傍の草木蔬菜其害を被り遂には天竜河畔の生草を枯凋せしめ河水奔流のため大いに堤塘を危殆ならしめている。※)	静岡縣議会　静岡縣議会史第2巻　350　S29.4.25
	明治	30			米1升18銭。茶1貫目1円。楮6貫目2円。麦4斗2円70銭。大豆4斗4円。	勝木家文書
1898	明治	31	2	9	(生徒へ)貯金の勧誘29名。5円28銭あり。浦川郵便局へ送金する。	中部小学校々務日誌
	明治	31	2	24	二俣高等小学校教員、二俣高等小学校への勧誘のため生徒に話しあり。	中部小学校々務日誌
	明治	31	3	3	天理教山名大教会遠参支協会の設立を認可なる。浦川315番地。	磐田郡誌
	明治	31	4	11	中部尋常小学校を平沢に新築する。	磐田郡誌
	明治	31	4		水窪中部往還、県道補助道路第5類に編入する。	周智郡誌
	明治	31	4		奥山村教育会設立。	周智郡誌
	明治	31	11	15	修業年限二カ年の高等科を併設し浦川尋常高等小学校と云う。	磐田郡誌
	明治	31			麦4斗3円。豆9斗5合。	
1899	明治	32	1		王子製紙中部分工場設置創業す。	佐久間村誌
	明治	32	1	12	王子製紙社内にて出火あり。	中部小学校校務日誌
	明治	32	4	19	中部、王子製紙会社内ニ請願巡査派出所設置す。	佐久間村誌
	明治	32	8	18	村長山崎小十郎氏辞職す。	佐久間村沿革誌
	明治	32	8		中部小学校へ幻燈器映画影写器寄附76円。	中部小沿革誌
	明治	32	9	6	北井市作氏村長に就任す。	佐久間村沿革誌
	明治	32	9	11	中部郵便局郵便受取所設置す。	佐久間村誌
	明治	32	9	30	王子製紙会社請願巡査派出所廃止す。	佐久間村沿革誌
	明治	32	9		明治32年9月.引佐郡西浜名村、磐田郡下阿多古村、佐久間村中部の3ヵ所に支店を置く。遠江銀行中部支店。	佐久間村誌

佐久間町年表 4

西暦	年号	年	月	日	記事	出典等
	明治	32	9		奥山村商業合資会社設立。	周智郡誌
	明治	32	10	17	秋葉神社に1泊にて28名、午前3時に出立する。(遠足か?)	中部小校務日誌
	明治	32	10	19	生徒の帽子30個購入する。上27銭、中24銭、桜花の記章なり。	中べ小校ム日誌
	明治	32	12	1	浦川郵便局小包郵便の取扱を行う。	浦川村誌
	明治	32	12	1	水窪郵便局小包郵便事務取扱。	周智郡誌
	明治	32	12	16	浦川郵便局欧文電信の取扱を行う。	浦川村誌
	明治	32	12	16	浦川郵便局和文電信の取扱を行う。	浦川村誌
	明治	32			浦川尋常高等小学校教員住宅建築。	浦川村郷土誌
1900	明治	33	2	11	佐久間村峯に出火起り、寺、民家合せて6戸を焼失して鎮火する。	佐久間小沿革誌
	明治	33	2		原秀次郎より古河市兵衛買い受け試掘ヲ行なふ。	佐久間村誌
	明治	33	7		浦川村伝染病隔離病舎新設する。	浦川村郷土誌
	明治	33	10	13	伝染病隔離病舎の建築の許可を受ける。第1号吉沢区、第2号川上区、第3号出馬、沢上区、上市場区、第4号町、柏古瀬、小田敷区、第5号島中、第6号早瀬区、川合区、蕨野、田島、第7号和山間区、第8号地八区の8カ所を設置する。	浦川沿革誌
	明治	33	11	30	中部区隔離舎、平沢611番に設置する。	佐久間村誌
	明治	33	11	30	殿島隔離病舎小和屋に設置する。	佐久間村誌
	明治	33	12	9	製紙会社の開業運転式として生徒一同職員共招待される。	中部小学校々務日誌
	明治	33			川上　　地に校舎を新築し移転す。	磐田郡誌
	明治	33			よの中よし	勝木家文書
1901	明治	34	4	1	二俣分署より所属変更となり奥山分署天竜川通船組合西渡改船所請願巡査派出所と改称する。	周智郡誌
	明治	34	4	1	二俣分署より所属変により奥山分署佐久間巡査駐在所となる。	周智郡誌
	明治	34	4		佐久間小学校附属山室夜学会として二階付き校舎を新築し発足する。	山室教場沿革誌
	明治	34	5	8	修業年限2ヵ年の高等科を併置し、中部尋常高等小学校とする。	磐田郡誌
	明治	34	5	15	佐久間村中部に奥山分署中部巡査駐在所を設置。中部、半場を管轄区域とす。中部一番地。	佐久間村誌
	明治	34	5	15	佐久間村巡査駐在所を佐久間巡査駐在所と名称を変更する。	周智郡誌
	明治	34	5	15	奥山警察分署中部巡査駐在所を設置する。	周智郡誌
	明治	34	7		浦川村会議員半数改選をする。	浦川村郷土誌
	明治	34	10	13	久根鉱山釜川請願巡査派出所設置。	佐久間村誌
	明治	34	11	15	佐久間小学校、中部小学校、半場小学校の秋季連合運動会を中部川原にて開く。	佐久間小沿革誌
	明治	34	12	20	中部郵便局と改称。通常郵便、小包郵便、為替、貯金を取扱う。	佐久間村誌
1902	明治	35	3	17	中部尋常高等小学校補習科廃止される。	中部小校務日誌
	明治	35	8	1	周智郡教育会第4支部教育会(奥山村)を成立。	周智郡誌
	明治	35	11	3	浦川村青年会発足する。	磐田郡誌
	明治	35			半場区隔離病舎を設置する。当時民家に修繕を加へたるもの。	佐久間村誌
	明治	35			奥山村翁製糸場設立。	周智郡誌
1903	明治	36	4		佐久間村羽ケ庄夜学会を設置する。玖延寺を会場とする。	羽ケ庄分校沿革誌
	明治	36	4		浦川村漁業組合を成立なる。	浦川村郷土誌
	明治	36	5	22	学校新聞第1号発刊す。黒板に書きて外に掲示。日曜または大雨の外は連日発刊のこと。	中部小学校々務日誌
	明治	36	6		浦川村漁業組合知事より認可を受く。	浦川村郷土誌
	明治	36	9	5	村長北井市作氏辞職す。	佐久間村沿革誌
	明治	36	9	22	矢部茂生氏村長に就任す。	佐久間村沿革誌
	明治	36	12	1	奥山村より分離し、城西村を独立する。芋堀5555番地(大日堂)に仮事務所を置く。	城西村沿革誌
1904	明治	37	1		半場小学校新築落成する。	半場小沿革誌
	明治	37	2	28	城西村部内衛生巡回専務員(1名)設置する。	城西村沿革誌
	明治	37	3	2	吉沢学校々舎改築落成をする。	吉沢小沿革誌
	明治	37	4	3	中部商業株式会社創立す。	佐久間村誌
	明治	37	4		中部商業株式会社(金銭貸付業)が設立し営業を開始する。	磐田郡誌
	明治	37	4		浦川尋常高等小学校の高等科の修業年限を延長して4ヵ年とする。	磐田郡誌
	明治	37	4		浦川村会議員半数を改選する。	浦川村郷土誌
	明治	37	6	22	動員令下り予備、後備兵6人出発に付生徒一同小和屋まで見送る。	中部小校務日誌
	明治	37	7	12	片和瀬郵便受取所として設置。久根鉱業所法元盛良氏同所取扱人ヲ命ぜられる。	佐久間村誌
	明治	37	7		錦橋竣功する。	浦川村郷土誌
	明治	37	7	25	四ツ角きん、大千瀬川通字舟付場橋梁寄附につき採用する。	決議書　明治37年　佐久間町所蔵
	明治	37	8		天竜川貨物運送営業規則廃止により通船組合消滅となり天竜川通船組合西渡改船所請願巡査派出所廃止となる。	周智郡誌
	明治	37	8		天竜川通船取締により山香村大井字西渡に大井巡査派出所を設け、明治42年4月30日より山香村巡査部長派出所より交互派出し事務に当る。	周智郡誌
	明治	37	9	7	遼陽占領ノ祝捷会を開く。午後生徒職員神社に参詣し、校庭及河岸にて数回競技を行う。夜に入りて、4学年以上の男女60余名提灯行列に参加する。	中部小校務日誌
	明治	37	11	8	遼陽首山堡にて戦死をした伊藤槇太郎氏の遺髪到着につき職員生徒中部渡船まで出迎へる。同月17日村葬を行う。	中部小校務日誌
	明治	37	11	30	チョウチフス病患者発生。3名内2名死亡1名全治する。	城西村沿革誌
	明治	37	12	7	戦地へ慰問袋高等科生徒寄贈分11袋役場へ届ける。	中部小校務日誌
	明治	37	12		城西村伝染病予防委員を設置(1名)する。	城西村沿革誌
	明治	37			ロシアと大戦争あり。大山巌、日本軍人総大将にて満州へ上陸する。	勝木家文書
1905	明治	38	1	4	旅順に陥落の祝捷会を開く。職員生徒一同旗行列に参加。夜に至り提灯行列に加る男女百有余名一同と共に神社に参拝す。	中部小校務日誌
	明治	38	3	29	明治37、38年戦後記念村立小学校基本林として造林する。沢上■258の1、5反歩。同258の2、1反8畝25歩。杉3,800本、桧2,700本。	浦川村沿革誌
	明治	38	4		片和瀬郵便受取所を片和瀬郵便局と改称す。	佐久間村誌
	明治	38	4		修業年限2ケ年の補習科を吉沢学校に加設する。	磐田郡誌

佐久間町年表５

西暦	年号	年	月	日	記事	出典等
	明治	38	5	8	5月8日より6月30日まで大雨。	勝木家文書
	明治	38	10	12	日露戦争兵士、松島太恵茂氏凱旋に付、中部渡船迄職員、生徒出迎へる。	中部小校務日誌
	明治	38	12		浦川に北遠産牛馬組合を設立する。	浦川村郷土誌
1906	明治	39	1	25	吉沢小学校へ補習科(2ヵ年修業)設置の認可となる。	吉沢小沿革誌
	明治	39	3		大井小学校補習科を廃止す。	磐田教育会　磐田郡誌　398 磐田郡役所　T10.6.20
	明治	39	3		犬居水窪往還、第3類補助道路に編入する。	周智郡誌
	明治	39	3		水窪中部往還、県道補助道路第3類に編入。	周智郡誌
	明治	39	4	28	高等科、補習科29名、秋葉神社へ修学旅行を行う。	中部小校務日誌
	明治	39	4		大井小学校に修業年限2ケ年の高等科を併置する。	磐田教育会　磐田郡誌　398 磐田郡役所　T10.6.20
	明治	39	5	2	城西村衛生組合役員選挙を行う(3名)。	城西村沿革誌
	明治	39	5		明治37、8年戦役を記念して浦川村立小学校基本林の植付をする。	浦川村郷土誌
	明治	39	7	21	城西村役場を相月字中芋堀2875番地に仮移転す(邑上善太郎氏宅)。	城西村沿革誌
	明治	39	7		片和瀬郵便局を久根郵便局と改称す。	佐久間村誌
	明治	39	8	27	赤痢患者発生。5名。内2名死亡。3名全治する。	城西村沿革誌
	明治	39	10	21	浦川村青年会吉沢支部会組織成立し、小学校が事務所となる。	吉沢小沿革誌
	明治	39	11		浦川村青年連合会を組織し発会式を行う。	浦川村郷土誌
	明治	39			ロシア降参する。アメリカ大統領仲裁にて米国ワシントンにて講話談判を開き樺太半分に30億万円を取る。軍人は3月までに凱旋する。	勝木家文書
1907	明治	40	3	7	明治6年県社山住神社へ合祀の処明治40年2月23日復旧奉祀する。(野田白山神社)	棟札
	明治	40	3	8	流行性感冒のため欠席児童多し。(34名)	中部小校務日誌
	明治	40	4	15	磐田郡在郷軍人会佐久間村部会を創立す。	佐久間村誌
	明治	40	4	16	校舎新築のため区民石及木材を運搬。(4月29日まで続く)	中部小校務日誌
	明治	40	4	29	城西村、隔離病舎新築。	城西村沿革誌
	明治	40	4	30	校舎新築開始する。	中部小校務日誌
	明治	40	5	9	尋常科教科へ唱歌、裁縫を加える。	中部小校務日誌
	明治	40	5	23	村瀬倉吉突然行方不明となり、区民職員一同総出にて徹夜捜索ス。其ノ夜不明ナリシモ翌朝に至り帰宅ス。其ノ原因経過ヲ聞クモ本人少シモ覚なく倉吉午前11時半校ヲ出て直ちに上島豌豆畑に横臥し遂其の夜を徹し翌朝本心にかへり帰宅せしなり。	中部小校務日誌
	明治	40	5	26	午後2時中部製紙工場マシン火災午後4時鎮火。	中部小校務日誌
	明治	40	7	21	久根鉱山大切請願巡査派出所設置。	佐久間村誌
	明治	40	7	25	トラホーム眼病検診を行う。	城西村沿革誌
	明治	40	8	26	赤痢患者発生1名全治せり。	城西村沿革誌
	明治	40	9	21	村長矢部茂生氏辞任す。	佐久間村沿革誌
	明治	40	9	22	矢部茂生氏村長に就任す。	佐久間村沿革誌
	明治	40	10	5	陸軍省より日露戦役戦利品下付せられる。連発歩兵銃、三吋連射野炮薬莢、三吋榴散弾、被筒、方匙、鶴嘴、清国式軍刀。	中部小校務日誌
	明治	40	10	29	中部小学校増築工事竣功する。建築費用239円31銭9厘。	中部小沿革誌
	明治	40	11		周智教育会第4支部(奥山・城西村)と長野下伊那郡第5部連合学会と青巒教育会を組織する。	周智郡誌
	明治	40	12	17	忠愛旗披露式を行う。	中部小校務日誌
	明治	40			東林寺江湖あり。鉄善和尚なり。	勝木家文書
1908	明治	41	1	1	中部青年会が創立す。	佐久間村誌
	明治	41	1	4	佐久間村青年機関雑誌エッキス号第1号発刊。	中部小校務日誌
	明治	41	2	8	吉沢小学校郡学第28号に対する学校トラホーム予防規程を制定する。	吉沢小沿革誌
	明治	41	3	31	吉沢小学校、改正小学校令により明治40年度限り補習科を廃し、更に5、6学年を加設する。	吉沢小沿革誌
	明治	41	3		蚕種製造販売。水窪蚕業株式会社が設立する。	周智郡誌
	明治	41	4	1	義務年限を延長し、従来の高等科を廃し修業年限二カ年の高等科を併置する(中部尋常高等小学校)。	磐田郡誌
	明治	41	4	1	尋常5、6学年を大井尋常高等小学校に合併す。と同時に大井尋常高等小学校の分教場となる。	磐田教育会　磐田郡誌　399 磐田郡役所　T10.6.20
	明治	41	4		義務教育年限に際し従来の高等科を廃止、更に修業年限2カ年の高等科を併置し、大井尋常高等小学校と称す。	磐田教育会　磐田郡誌　399 磐田郡役所　T10.6.21
	明治	41	4		福沢小学校を大井尋常高等小学校の分校とする。	磐田教育会　磐田郡誌　399 磐田郡役所　T10.6.22
	明治	41	4		義務教育年限延長に際し、吉沢尋常小学校の補修科を廃止する。	磐田郡誌
	明治	41	4		義務教育年限延長に際し、従来の高等科を廃し更に修業年限2カ年の高等科を併置する(浦小)。	磐田郡誌
	明治	41	4		浦川村、三輪村静愛橋組合の件内務大臣より許可を受ける。	浦川村郷土誌
	明治	41	10	2	衛生幻灯講話会を各部落で開く。	城西村沿革誌
	明治	41	10	3	中部小増築工事落成式。	中部小沿革誌
	明治	41	10	3	中部尋常高等小学校々舎落成祝賀式を行う。	中部小校務日誌
	明治	41	11	3	佐久間村連合青年会発足する。	磐田郡誌
	明治	41	11	25	片足飛びの遊び危険の恐れあり。差止む。	中部小校務日誌
	明治	41	12	12	奥領家1689-1番地へ城西村役場を変更。	城西村沿革誌
	明治	41			城西学校新築のため、1戸につき人工30工、金10円也。	勝木家文書
1909	明治	42	3	21	電信架設す(中部郵便局)。	佐久間村誌
	明治	42	3	21	水窪郵便局和文電報取扱事務開始。	周智郡誌
	明治	42	4	1	中部小教員住宅新築する。	中部小校務日誌
	明治	42	4	16	高等科、尋常科5、6年男子生徒、豊橋、豊川へ修学旅行(2泊3日)。	中部小校務日誌

佐久間町年表6

西暦	年号	年	月	日	記事	出典等
	明治	42	7		川合、川合院本堂焼失する。	浦川村郷土誌
	明治	42	8	7	中部巡査駐在所類焼により、中部学校に仮駐在所を設ける。	佐久間村誌
	明治	42	8	7	中部の料理店より出火し中部巡査駐在所類焼する。	周智郡誌
	明治	42	8	27	中部巡査駐在所を中部51番地に新設移転。	周智郡誌
	明治	42	10		佐久間村消防組を組織変えし佐久間村消防組佐久間第一部とし発足す。	佐久間村誌
	明治	42	10		校舎を新築して之に移転する(浦川小学校)。	磐田郡誌
	明治	42			上茶1貫目2円30銭。米1円に6升6合。楮1円に1貫500目。	勝木家文書
	明治	42			奥山村に養蚕伝習所開所。	周智郡誌
1910	明治	43	1	1	佐久間村消防組中部消防を佐久間村消防組佐久間第二部として発足。	佐久間村誌
	明治	43	1	29	中部巡査派出所、中部151-1に新築す。	佐久間村誌
	明治	43	3		浦川村、日清、日露戦没者忠魂碑の建設。	浦川村郷土誌
	明治	43	4	1	浦川村青年会報が発行される。	磐田郡誌
	明治	43	4	5	日清、日露両役に於ての戦没者の忠魂碑建立除幕式を行なう。	吉沢小沿革誌
	明治	43	4	20	西の方へ箒星が出、穂を東に向けた。	勝木家文書
	明治	43	4		川合小学校2学級編成となる。	浦川村郷土誌
	明治	43	7	2	赤痢患者1名発生。全治する。	城西村沿革誌
	明治	43	11	27	吉沢小学校校舎建築に付、本日より仮校舎森山新太郎方に移転し授業を行なう。	吉沢小沿革誌
	明治	43			上茶1貫目2円50銭、稲悪し。米1円に5升6合。楮3貫目で1円。白木高し。	勝木家文書
1911	明治	44			帝国在郷軍人会佐久間分会の組織成立。2月12日中部尋常高等小学校に於て発会式を行う。	佐久間村誌 311
	明治	44	4		浦川村、川上、吉沢の各小学校を2学級編成とする。	浦川村郷土誌
	明治	44	4		浦川村青年会図書館を開設する。	浦川村郷土誌
	明治	44	4		帝国在郷軍人会浦川分会を創立する。	浦川村郷土誌
	明治	44	5	3	吉沢小学校校舎、教員住宅の完成。	吉沢小沿革誌
	明治	44	5		浦川村～園目村往還局部改良修繕工事竣功する。	浦川村郷土誌
	明治	44	5		明治37、8年戦役忠魂碑建立。忠魂碑115円12銭5厘。記念碑建設費189円66銭。	佐久間村誌
	明治	44	6	19	暴風のため福沢分教場潰倒し、そのため福沢、和泉両区の民家を隔月交互に使用して授業をする。	磐田教育会 磐田郡誌 399 磐田郡役所 T10.6.20
	明治	44	7	10	大満水にて薤数えがたし。船止めにて米売なし。	勝木家文書
	明治	44	8		暴風両被害甚し。天皇陛下より救恤金34円60銭下賜される。浸水家屋80戸。重傷者2名。全潰家屋4戸。半潰家屋16戸。	浦川村郷土誌
	明治	44	10		矢高涛一翁の碑を南宮神社境内に建設す。	浦川村郷土誌
	明治	44	9	21	村長矢部茂生氏辞任す。	佐久間村沿革誌
	明治	44	9	22	矢部茂生氏村長に就任す。	佐久間村沿革誌
	明治	44	10	7	村長矢部茂生氏辞職す。	佐久間村沿革誌
	明治	44	10	25	平賀源八氏村長に就任す。	佐久間村沿革誌
	明治	44	11	9	吉沢小学校にストーブ2台入れる。	吉沢小沿革誌
	明治	44	5	24	大風吹く。	勝木家文書
1912	明治	45	4	18	浦川外三ケ村道路組合設立の許可を受ける。浦川村一。佐久間村一。城西村一.。奥山村一。	浦川沿革誌
	明治	45	6	24	佐久間村青年会第六、七区の青年会を創立す。第六、七区、佐久間地区。	佐久間村誌
	明治	45	6	27	佐久間村青年会第一区より第五区の青年会が創立する。第一区片和瀬、上野。第二区峯。第三区下平。第四区羽ケ庄。第五区山室。	佐久間村誌
	明治	45	7	24	天皇陛下御不例に付注意。第三課より通知あり。	中部小校務日誌
	明治	45	7	25	天皇陛下御不例に付本校職員生徒一同午前10時校庭ノ遥拝を終わり、天王神社に参集。謹んで御平癒を祈願し奉る。	中部小校務日誌
	明治	45	7	29	天皇陛下御危篤の電報其筋よりこれ有。午前8時職員生徒一同校庭の遥拝に引続き神社へご平癒祈願をなす。	中部小校務日誌
	明治	45	7	30	天皇陛下午前零時43分御崩去遊ばされたる趣電信を以て達せられ、上下驚愕哀悼の極に達し恐懼措く能はず依て何分の通知ある迄左記事項実行すべき旨達せられる。国旗に黒布を付すること。本日休業すべきこと。	中部小校務日誌
	大正	元	3	6	福沢分教場を廃止し本校に併合する。	磐田教育会 磐田郡誌 399頁 磐田郡役所 T10.6.20
	大正	元	7	31	本日より年号を大正と改元する。(大正元年7月31日)。本日より5日間歌舞楽曲を禁止	中部小校務日誌
	大正	元	8	1	午後4時職員生徒一同及び区民全体当学校に集り、先帝御真影に対し恭しく弔意を表し礼拝する。	中部小校務日誌
	大正	元	8	6	午前8時生徒一同を招集し、先帝崩御に付郡長の訓示の基き職員出席の上二時間勅語並に御大喪心得を教誡す。	中部小校務日誌
	大正	元	8	12	大風あり。五穀高し。	勝木家文書
	大正	元	8	17	大行天皇陛下御二十日祭執行午前8時学務員、村会議員及職員生徒一同出席。御真影礼拝、校長の訓示あり。	中部小校務日誌
	大正	元	8	28	大行天皇陛下三十日祭挙行学務委員、職員生徒一同出席。御真影礼拝後校長訓示あり。	中部小校務日誌
	大正	元	9	3	今上天皇御践祚の勅語奉読式挙行。	中部小校務日誌
	大正	元	9	5	半場青年会が創立す。	佐久間村誌
	大正	元	9	7	大行天皇陛下四十日祭を行う。	中部小校務日誌
	大正	元	9	13	先帝陛下、御葬儀御執行に付本村民学校生徒、在郷軍人一同村社境内に集り厳かなる祭壇を設け礼拝を挙行する。(本日より向3日間休業)	中部小学校務日誌
	大正	元	9	14	先帝陛下、御霊柩浜松駅御通過を期し区民及学校生徒一同校庭に集合し遥拝式を挙行する。	中部小校務日誌
	大正	元	9	17	明治天皇五十日祭執行す。	中部小校務日誌
	大正	元	9	21	英国コンノート殿下天竜船下りを行なう。	佐久間小沿革誌
	大正	元	9	21	明治天皇御大葬御参列の英国皇帝御名代コンノート殿下天竜川御通下御帰国につき学校職員生徒一同出迎へたり。	中部小校務日誌
	大正	元	9	24	一昨来の暴風雨にて住宅の屋根破れ天竜川出水多し。	中部小校務日誌

佐久間町年表 7

西暦	年号	年	月	日	記事	出典等
	大正	元	10		浦川村町区大火、焼失132戸、半焼2戸、天皇陛下より金300円を下賜される。	浦川村郷土誌
	大正	元	11	4	佐久間村羽ケ庄夜学会を廃止する。	羽ケ庄沿革誌
	大正	元	11	4	佐久間尋常小学校羽ケ庄仮教場を設置玖延寺を校舎に充てる。	羽ケ庄分校沿革誌
	大正	元	11	4	佐久間村佐久間小学校羽ケ庄家庭教育を廃し同地に本校仮教場を玖延寺に設け	佐久間小学校沿革誌
	大正	元	12	1	中部小学校増築工事落成する。原田久吉氏寄付1750円、間口11間、奥行5間、平屋	中部小沿革誌
	大正	元	12	13	村長(名誉)三輪貫之助認可せられる。大正元年12.12～大正3年12.10	告示原簿　大正8年
	大正	元	12		大正元年12月より同2年1月まで、佐久間村誌の調査をなす。	佐久間小沿革誌
1913	大正	2	1	15	佐久間村々誌完成す。	佐久間村誌編纂委員会　佐久間村誌　1巻213頁
	大正	2	4	14	尋常5年生以上教室日誌を記すことを実行する。	中部小校務日誌
	大正	2	4		佐久間尋常高等小学校羽ケ庄仮場と改称する。	羽ケ庄分校沿革誌
	大正	2	4		浦川小学校増改築工事(45坪)。	浦川村郷土誌
	大正	2	4		町村制改正により村会議員の総選挙を行なう。	浦川村郷土誌
	大正	2	4		浦川郵便局新築移転をする。	浦川村郷土誌
	大正	2	6		原田久吉氏による早瀬境神地内道路新設工事竣功。	浦川村郷土誌
	大正	2	8	9	赤痢患者2名発生。全治。	城西村沿革誌
	大正	2			白米1升24～5銭。	勝木家文書
1914	大正	3	3	8	佐久間小学校物置より出火。物置を全焼し鎮火する。	中部小校務日誌
	大正	3	3	14	14日、15日天赤し。月、星、火のごとし。	勝木家文書
	大正	3	3		山室教場生徒の増加により教室、運動場の狭隘のため、校舎を移転増築し佐久間尋常高等小学校山室仮教場として発足する。	山室教場沿革誌
	大正	3	4	1	佐久間小学校へ高等科を併置し、校名を佐久間尋常高等小学校とする。	佐久間小学校沿革誌
	大正	3	4	1	佐久間小学校山室教場を設置する。	佐久間小学校沿革誌
	大正	3	4		錦橋の記念碑を建設する。	浦川村郷土誌
	大正	3	5	18	有限責任浦川村信用購売組合。	磐田郡誌
	大正	3	5		浦川信用購売組合創立。	浦川村郷土誌
	大正	3	5		帝国在郷軍人会周智郡連合分会設立。	周智郡誌
	大正	3	7		ドイツ国と戦さ始る。	勝木家文書
	大正	3	9	5	有限会社奥山甲寅信用組合設立(産業組合)	周智郡誌
	大正	3	9	27	東久邇宮殿下信州より御来船にて天竜川を御通過、職員生徒送迎する。午後2時。	中部小校務日誌
	大正	3	11	2	麦播につき児童欠席多し。(232名中30名欠席す)	中部小校務日誌
	大正	3	11	8	青島陥落祝賀のため午後2時旗行列、同6時提灯行列を行う。	中部小校務日誌
	大正	3	12	1	中部小学校へ電話架設される。電話器東京日進社より購入。	中部小校務日誌
	大正	3	12	7	清国こうしゅう湾をせめおとす。	勝木家文書
	大正	3			春、子供はしか流行し、人をなやます。	勝木家文書
1915	大正	4	1	14	村長三輪貫之助一身上ノ都合に依り大正3年12月10日辞職す。	議決書 大正4年
	大正	4	1	25	吉沢青年会夜学を開始する。	吉沢小沿革誌
	大正	4	2	14	山香村青年会発足する。	磐田郡誌
	大正	4	4	21	城西村相月隔離病舎を移転する。(1359の2)	城西村沿革誌
	大正	4	4	22	中部小学校副築校舎落成式を行う。	中部小沿革誌
	大正	4	4	22	中部小学校々舎落成及び原田橋開通式を行う。	中部小校務日誌
	大正	4	4	22	原田橋竣功落成する。	磐田郡誌
	大正	4	7	23	熊村、浦川村改良道路組合設立。	議決書　大正4年
	大正	4	7	29	熊村、浦川村道路組合設立の許可。浦川村、熊村。	浦川沿革誌
	大正	4	10	24	村長平賀源八氏辞任す。	佐久間村沿革誌
	大正	4	10	30	御尊影下賜職員児童原田橋迄迎える。	中部小校務日誌
	大正	4	10		浦川～早間、浦川～園目間の里道工事竣功する。	浦川村郷土誌
	大正	4	11	8	中野幸太郎氏村長に就任す。	佐久間村沿革誌
	大正	4	11	10	大正天皇即位。大典奉祝儀式挙行する。	中部小校務日誌
	大正	4	11	12	中部小同窓会、中部区青年団発会式を行う。	中部小校務日誌
	大正	4	11	15	佐久間村中部小学校女子同窓会の発会式を行う。	中部小沿革誌
	大正	4	11		御即位を奉祝し浦川村々内高齢者による記念植樹を行なう。	浦川村郷土誌
	大正	4	11		浦川村、浦川處女会を創立する。	浦川村郷土誌
	大正	4	12	20	大字浦川有、同川合有の墓地部落有財産統一のため村会に於て浦川村へ贈与と議決する。	浦川村沿革誌
	大正	4	12	20	実業補習学校設置。浦川農業補習学校は浦川尋常小学校ニ附設す。川上農業補習学校、川上尋常小学校に附設す。吉沢農業補習学校、吉沢尋常小学校に附設。川合農業補習学校、川合尋常小学校に附設す。	議決書　大正4年
	大正	4	12	27	浦川戸口往還、町から川合界に至る1568間5分の里道完成する。	浦川村、会議録並議案
	大正	4			青茶、繭、絹糸安し。	勝木家文書
1916	大正	5	2	8	村長中野幸太郎氏辞任す。	佐久間村沿革誌
	大正	5	2		浦川～和山間に至る里道の一部改良工事を竣功する。	浦川村郷土誌
	大正	5	3	6	吉沢小学校内に実業補習学校設置許可される。	吉沢小沿革誌
	大正	5	3	6	御室坦三氏村長に就任。	佐久間村沿革誌
	大正	5	3	9	城西村青年会設立	周智郡誌
	大正	5	3		諏訪神社を熊野神社へ合祀し大正神社と改める。	浦川村郷土誌
	大正	5	4	27	浦川尋常小学校へ蓄音機一台、音譜32枚、酒井志うより寄付。	議決書　大正5年
	大正	5	4		桑樹害虫捕獲、5172匹。代金5円17銭2厘。30名。	半場小校務日誌
	大正	5	5	2	吉沢大地野峠トンネル開通式。	吉沢小沿革誌
	大正	5	6	16	昨日来より降続き夜来大雨。本日きりまなく降雨のために天竜川出水渡船止めとな	半場小校務日誌
	大正	5	6	26	夜来強雨。渡船止め。	半場小校務日誌
	大正	5	11	3	立太子礼奉祝式挙行。	半場小校務日誌
	大正	5	12	3	日本赤十字社から忠愛旗を授与される。	周智郡誌
	大正	5	12	9	村長御室坦三氏辞任。	佐久間村沿革誌
	大正	5	12	18	町区の内より河内を分離し、河内区を設ける。	浦川村会議案

佐久間町年表 8

西暦	年号	年	月	日	記事	出典等
	大正	5	12	18	浦川村役場敷地166坪9合2勺浦川有の処、部落有財産統一のため、浦川村へ贈与とする。	浦川村沿革誌
	大正	5	12	18	浦川有土地矢部廉へ贈与する。文中に「明治20年中共同墓地新設」とある。	議決書　大正5年
	大正	5			浦川尋常高等小学校の敷地拡張工事を行なう。	浦川村郷土誌
1917	大正	6	3	19	浦川衛生組合助成金決議書中に、「浦川村衛生組合は清潔法其他伝染病予防救助に関し、施行するため、明治31年県令第21号により設ける。」とある。	議決書　大正6年
	大正	6	4		浦川村々会議員総選挙。	浦川村郷土誌
	大正	6	7	18	御室坦三氏村長に就任。	佐久間村沿革誌
	大正	6	8		吉沢小学校に林間学校を創設する。	吉沢小沿革誌
	大正	6	11	3	中部小学校々旗制定式を行う。	中部小沿革誌
	大正	6	12		浦川小学校敷地3反6畝6歩を拡張する。	浦川村郷土誌
	大正	6			青繭1貫め10円。絹糸高し。1こうり1700円。よの中悪し。米1升30銭。	勝木家文書
1918	大正	7	4	25	川合、早瀬、嶋中、小田敷、柏古瀬、町、上市場、沢上、出馬の九区、灯数483灯の電気が灯る。遠三電気株式会社、戸口地内成瀬沢に於て水力発電を行なう。工事大正6年6月28日着手。同7年4月10日竣功する。	浦川村沿革誌
	大正	7	4		浦川～地八にいたる里道改良工字の竣功。	浦川村郷土誌
	大正	7	7	1	村長御室坦三氏辞任す。	佐久間村沿革誌
	大正	7	8		米価騰貴により、天皇陛下より内帑金3百万円御下賜となり、本村へ金174円1銭配当され、137戸へ配分す。	浦川村郷土誌
	大正	7	8		地八に至る里道中、河内川、地八橋より字馬洗石に至る迄の改良工事を竣功する。	浦川村郷土誌
	大正	7	9		9月頃より塩される。	勝木家文書
	大正	7	10	11	悪風流行り、又死に多し。	勝木家文書
	大正	7	10	28	流行性感冒猖獗をふるう。風聞に又新聞にて承知せり。児童に注意を与える。	半場小校務日誌
	大正	7	11	1	中部小学校運動会悪性感冒猖獗につき無期延期となる。	半場小校務日誌
	大正	7	11	7	流行性感冒に罹り臥床中の児童1名死亡する。	半場小校務日誌
	大正	7	11	11	流行性感冒の為出席児童在籍の半ばにみたず同12日向う一週間休校とせり。	半場小校務日誌
	大正	7			よの中悪し。白米1升52銭。	勝木家文書
1919	大正	8	1	6	外米弐俵半。壱俵ニ付拾五円四拾銭づつ。	中野田班長記録
	大正	8	3	3	松原へ弘法大師安置に付、代表者と打合せ。	中部小校務日誌
	大正	8	3	16	王子製紙会社々宅2棟焼く。火元たまつき倶楽部。	中部小校務日誌
	大正	8	3	19	自治改良委員設置。(浦川村)	告知原簿　大正8年
	大正	8	4	4	村川源七郎氏村長に就任す。	佐久間村沿革誌
	大正	8	4		道路法施行により二俣～飯田線、中部～新城線、中部～本郷線は県道に編入され	浦川村郷土誌
	大正	8	6		浦川小学校校地拡張工事費として大石貞次郎氏より金5千円の寄附を受ける。	浦川村郷土誌
	大正	8	7		大水あり。白木高し。尺一本代15円、白米1升60銭。絹糸1こうり4000円。	勝木家文書
	大正	8	11	15	佐久間村立大久根尋常小学校として許可される。	大久根小沿革誌
1920	大正	9	1	8	大井尋常高等小学校に委託ありし児童を本校に引取り本校並に創立する。	大久根小沿革誌
	大正	9	3	27	村道認定路線を定める。(浦川村)86路線	議決書　大正9年
	大正	9	4	3	佐久間村大久根小学校の開校式を行う。	大久根小学校沿革誌
	大正	9	4	21	飲料水樋新設工事竣功する。	大久根小校務日誌
	大正	9	5	13	飛箱の新調。	中部小校務日誌
	大正	9	5	19	大久根小学校の校医が決まる。(大井光象氏)	大久根小沿革誌
	大正	9	7	2	遠三電気株式会社は電力不足のため、出馬河内川に発電所を設ける。大正8年8月20工事着手、大正9年7月2日竣功発電力数量50KW。	
	大正	9	7		浦川村出馬河内川に発電所を設ける。	浦川村郷土誌
	大正	9	10	15	大久根小学校通学道路工事竣功する。	大久根小沿革誌
	大正	9	10	24	馬背神社の鳥居落成する。	中部小校務日誌
	大正	9	10		第一回国勢調査が行なわれる。	浦川村郷土誌
	大正	9	11	2	村長村川源七郎氏辞職す。	佐久間村沿革誌
	大正	9	11		旭座劇場竣功する。	浦川村郷土誌
	大正	9	11		東三自動車本村地内(浦川)運転許可。	浦川村郷土誌
	大正	9	12	4	北井市作氏村長に就任す。	佐久間村沿革誌
	大正	9	12	16	浦川村外三ヶ村道路組合を解除する。県道に編入のため。	浦川沿革誌
	大正	9			春穀高く、秋穀安し。	勝木家文書
1921	大正	10	1	5	佐久間小学校に於て佐久間老人会を開く。	佐久間小沿革誌
	大正	10	1	31	愛知県北設楽郡三輪村、静岡県磐田郡浦川村、静愛橋組合を解除するものとす。※理由、道路法施行に依り共同處弁事務消滅の結果存置の必要なきに由る。	議決書大正10年
	大正	10	1	31	愛知県北設楽郡三輪村、静岡県磐田郡浦川村、静愛橋組合ヲ解除するものとす。※理由、道路法施行に依り共同処弁事務消滅の結果存置の必要なきに由る。	大正10年浦川村議案書
	大正	10	2	12	鉄道速成に関する請願書を貴衆両院並鉄道大臣へ提出。(掛川駅より二俣愛知県大野、浦川、武節を経テ岐阜県大井に至る鉄道及大野付近より分岐して長篠に至る鉄道並浦川付近より分岐して佐久間村に至る鉄道を速に敷設せられんことを懇願す)。	浦川村議決書(大正10年)
	大正	10	3	8	浦川裁縫補習学校を浦川尋常高等小学校に併設する。	議決書大正10年
	大正	10	3	8	浦川裁縫補習学校を浦川尋常小学校に併設す。	大正10年浦川村々会議案
	大正	10	3	29	静愛橋組合を解除する。理由、大正10年4月1日より道路法施行により県道へ編入に	浦川沿革誌
	大正	10	3	29	熊村浦川道路組合を解除する。理由)県道に編入のため。	浦川沿革誌
	大正	10	4		村会議員総選挙。(浦川村)	浦川村郷土誌
	大正	10	9	3	皇太子殿下帰還奉祝のため授業休止。神社参詣。夜青年会と連合提灯行列を行う。	中小校務
	大正	10	9		前村長大石貞次郎氏より浦川小学校校旗を寄贈される。	浦川村郷土誌
	大正	10	9		浦川村青年会図書館新築落成。	浦川村郷土誌
	大正	10	10	12	浦川村長矢部六三郎当選の認可す。	稟請及指令書　大正10年
	大正	10			春穀悪し。夏蚕、秋蚕安し。五穀高く、世の中悪し。	
	大正	10			村長矢部六三郎履歴書中、明治25年1月浦川村長に当選。明治30年11月22日村長を辞任す。	稟請及指令書　大正10年
	大正	10	12	28	村長北井市作氏辞任す。	佐久間村沿革誌

佐久間町年表9

西暦	年号	年	月	日	記事	出典等
1922	大正	11	1	2	大久根小学校同窓会「北風会」成立。第一回例会を開く。	大久根小沿革誌
	大正	11	2	6	中部小学校新校舎建築移転認可。	中部小校務日誌
	大正	11	2	12	中部小学校井戸開鑿工事竣功する。（平賀清一氏寄付）。	中部小沿革誌
	大正	11	2	15	鈴木清平氏村長に就任す。	佐久間村沿革誌
	大正	11	2		浦川小学校学友会より大時計を寄贈される。(浦小)	浦川村郷土誌
	大正	11	3	11	天龍川河水引用に関し関西電気株式会社長伊丹弥太郎と契約締結する。	大正11年 浦川村議案
	大正	11	4	20	技芸学校仮校舎として宥泉寺借用に付修理改築打合せ。	中部小校務日誌
	大正	11	4	25	実写幻燈機械一台、原田久吉氏より寄附。	村会関係書類 大正11年
	大正	11	4		中部小学校校舎副築、旧校舎移転完了する。便所新築。（旧校舎北側校舎を正面に正面校舎を西南に移転。北側跡に新校舎副築）。	中部小学校沿革誌
	大正	11	6	21	磐田郡二俣町外12ケ村高等女学校設立維持の為、町村学校組合を設立。（二俣町、野部村、敷地村、広瀬村、光明村、龍川村、龍山村、山香村、佐久間村、浦川村、熊村、上阿多古村、下阿多古村）	大正11年 浦川村議案
	大正	11	9	1	中部技芸校仮開校する。	中部小校務日誌
	大正	11	9	6	中部小学校新校舎建築起工式挙行。	中部小校務日誌
	大正	11	10	23	中部小学校新校舎上棟式挙行。	中部小校務日誌
	大正	11	10	28	町区、前島火災。	浦川村郷土誌
	大正	11	10	30	学生頒布50年記念式挙行。お伽劇挙行。	中部小校務日誌
	大正	11	11	8	中部小学校へ東京お伽会幹事猪狩氏来校講演する。	中部小校務日誌
	大正	11	11	13	二俣町外12箇村学校組合の設立許可される。理由、高等女学校設立の目的を以って、二俣町、野部村、敷地村、広瀬村、光明村、竜川村、竜山村、山香村、佐久間村、浦川村、熊村、上阿多古村、下阿多古村	浦川沿革誌
	大正	11	11	19	佐久間村教育会創立する。	中部小校務日誌
	大正	11	11	28	児童通学の途伐採中の材木が落ち、1名死亡、5名が重傷をおう。	大久根小沿革誌
	大正	11	11		二俣町外12カ村学校組合設立の許可となる。	浦川村郷土誌
	大正	11	12	7	腕用喞筒フランス式三号火形、1個。浦川尋常高等小学校防火用として、井辺俊蔵、三高貞次、大友明太郎、鈴木富三郎氏より。	村会関係書類 大正11年
	大正	11			木材安し。天〆1本西渡渡場5円。米安し、1俵12円50銭。金づまり、絹糸高し、1こうり1900円、春こまい1貫目11円、秋こまい1貫目8円。楮2貫500目1円。	勝木家文書
	大正	11			皇太子、イギリス、フランス、イタリアの国々をまわりて9月帰る。返礼にイギリス皇太子が来る。	勝木家文書
1923	大正	12	2	1	午後新道に失火あり。民家1軒を焼く。	大久根小沿革誌
	大正	12	3	4	中部小井戸汲初式挙行する。	中部小校務日誌
	大正	12	3	21	浦川尋常高等小学校高等科を3ヶ年に修業年限を延長認可申請。大正12年3月30日認可す。	差出人 浦川村長 矢部六三郎 宛名人静岡県知事 道岡秀彦 浦川尋常高等小学校高等科修業年限延長認可申請 佐久間町 稟請及指
	大正	12	4	16	大久根小学校校地拡張(借地塩沢兼吉氏より)	大久根小沿革誌
	大正	12	4	30	中部小新校舎開校式及び原田久吉翁銅像除幕式を挙行する。	中部小校務日誌
	大正	12	4		中部小学校学制頒分50年記念として、校門の移転、並に改築工事竣功する。（工費190円。原田久吉氏寄付）	中部小沿革誌
	大正	12	5	13	久根鉱業所寄贈の上台、雲梯、鉄棒、平行棒が大久根小学校に据付けられる。	大久根小沿革誌
	大正	12	7	21	午前11時58分23秒、大地震ゆり、大火事あり。東京大被害。	勝木家
	大正	12	7	28	中部小学校巌谷小波先生来校お伽講演あり。	中部小校務日誌
	大正	12	7	28	岩谷小波先生浦川旭座にて講演される。	吉沢小沿革誌
	大正	12	9	1	午前12時頃より数回の強震あり。児童を帰宅したる後、何等の異状もなし。翌日の夕刻にいたり、東京横浜を中心として大災害を受けしことを知る。	大久根小校沿革誌
	大正	12	11	13	浦川女子実業補習学校を浦川裁縫女学校に改称認可申請提出。	差出人 浦川村長代理 助役 堂森実蔵 宛名人 静岡県知事 道岡秀彦 佐久間町稟請及指令書 浦川村
	大正	12	12		浦川村少年警備隊を創設する。	浦川村郷土誌
	大正	12			有限責任川上水電利用組合設立。	出願書類 大正12年
1924	大正	13	1	26	御成婚式挙行。旗行列小股河原にて万歳三唱。	中部小校務日誌
	大正	13	1	26	御成婚式を行いたり。なが子女王を迎えたり。	勝木家文書
	大正	13	2		浦川村消防組金馬簾一條使用允許。	浦川村郷土誌
	大正	13	2	22	大久根小後援会より、196坪の学校園地を提供される。	大久根小校務日誌
	大正	13	3	3	天然痘流行につき種痘をする。	大久根小学校
	大正	13	3		浦川村青年会の名称を浦川村青年団改む。	浦川村郷土誌
	大正	13	4	10	メートル宣伝日につきメートル法につき講話し、各種の物につき実測する。	大久根小沿革誌
	大正	13	4	30	中部小学校新校舎落成式を行う。	中部小沿革誌
	大正	13	4		川上巡査駐在所創立。	浦川村郷土誌
	大正	13	6	15	6月15日より7月20日まで日旱り。春こ1貫目6円30銭。秋こ1貫目7円30銭。茶1貫目5円50銭。	勝木家文書
	大正	13	7		村立浦川実業補習学校の校名を変更する.	浦川村郷土誌
	大正	13	7		大日本山林大会閉会式を浦川小学校にて行う。	浦川村郷土誌
	大正	13	8		左側旧校舎を前面へ移動する。	浦川村郷土誌
	大正	13	10	12	庭球北遠大会を佐久間小学校に於て開催。	佐久間小沿革誌
	大正	13	11	3	体育デー宣伝日となす。楽隊を先頭に宣伝ビラを散布しつつ区内を巡回する。	中部小校務日誌
	大正	13	11	8	奥領家1528番地の2の1及び同1526番地の2を役場建築用地として購入する。	城西村沿革誌
	大正	13	12	17	マルケン全廃。独楽、木胴を引きに廻 外禁止。	中部小校務日誌
	大正	13	12	25	竹馬の寸法に付注意す。独楽は成るべく廃止すべきこと金胴禁止。	中部小校務日誌
1925	大正	14	2	25	浜松67連隊混成一個大隊中部に宿泊に付、歓迎のため製紙工場附近まで出迎へ	中部小校務日誌
	大正	14	2	27	クビッチョにて鳥捕獲について禁止すること。	中部小校務日誌

佐久間町年表10

西暦	年号	年	月	日	記事	出典等
	大正	14	2		早瀬区火災。	浦川村郷土誌
	大正	14	3	14	佐久間、半場、川合各小学校へ技芸高等科入学勧誘をする。	中部小校務日誌
	大正	14	4	10	城西村消防組 金馬簾授与式。	差出人 城西村消防組頭 金田鉄十郎 宛名人 野田区長 池本藤吉 野田区
	大正	14	4		町村道小田敷道路竣功する。	浦川郷土誌
	大正	14	5	1	城西村役場新築なる。	城西村沿革誌
	大正	14	5	3	学校道路改良竣功祝賀会を行う。	中部小校務日誌
	大正	14	5	7	大久根小職員室増築並に校舎修繕の着手。同年6月22日竣功する。	大久根小沿革誌
	大正	14	7	12	中部處女会発会式を挙行する。	中部小校務日誌
	大正	14	7		浦川小学校地拡張工事終了し校舎一棟新築落成式を行う。	浦川村郷土誌
	大正	14	7		錦橋架換工事竣功。	浦川村郷土誌
	大正	14	9	22	上平山尋常小学校々舎火災により焼失する。	山香村沿革誌
	大正	14	10	31	大井～戸口間の戸口橋が竣功する。	山香村沿革誌
	大正	14	12		浦川村少年警備隊水窪警察署長より表彰される。名誉旗を贈られる。	浦川村郷土誌
	大正	14			水窪大火あり。新町の橋より神原の下まで焼ける。	勝木家文書
1926	大正	15	2	14	村長鈴木清平氏辞任す。	佐久間村沿革誌
	大正	15	2	19	平賀喜重氏村長に就任す。	佐久間村沿革誌
	大正	15	2		日清、日露、日独三役記念碑を小学校西側校庭に設置。	浦川村郷土誌
	大正	15	4		上平山尋常小学校々舎新築竣功。	山香村沿革誌
	大正	15	4		校長住宅及器具室の建設(浦小)。	浦川村郷土誌
	大正	15	7		青年訓練所を浦川小学校に附設する。	浦川村郷土誌
	大正	15	9	4	中部小学校台風により(大正12年4月竣功二階建校舎)倒壊する。	中部小校務日誌
	大正	15	9	17	午後2時頃より暴風雨となる。	中部小校務日誌
	大正	15	11	20	中部青年団より高飛用スタンドの寄付。	中部小沿革誌
	大正	15	12	16	天皇陛下御脳御平癒を児童一同と天白神社、馬背神社に祈願す。	中部小校務日誌
	大正	15	12	25	天皇陛下、崩御の旨警察電話にて村長の許に通話ありし趣村長より通知あり。依て児童一同に其趣を伝え哀悼の意を表す。	中部小校務日誌
	大正	15	12	26	改元、昭和となる。	中部小校務日誌
	大正	15	12		浦川小学校内へ電燈用設備をする。	浦川村郷土誌
	昭和	元	12	31	児童を召集し、大喪中に関する注意及休暇中の心得に付訓示を与う。謹慎静粛を旨とし奉悼の誠意を致すべきこと。1.服務其他の装飾は目立つべきものを避けしむること。1.娯楽の為に催及之を遠慮すべきこと。1.喪章を添付すべきこと。	中部小校務日誌
	昭和	元	12		大正天皇おかくれ昭和の年号となる。	勝木家文書
	昭和	元			城西小学校建つ。1戸に付4人。青年2人づつ奉仕。	勝木家文書
1927	昭和	2	1	1	御諒闇中に付拝賀式を行はず。	中部小校務日誌
	昭和	2	1	8	大久根少年赤十字団の入団式を挙げる。	大久根小学校沿革誌
	昭和	2	1		浦川村消防組有志より浦川少年警備隊へ服80着を寄贈される。	浦川村郷土誌
	昭和	2	1		銀婚式記念として広文庫寄贈される(堂森、林、坂根、二久山)。	浦川村郷土誌
	昭和	2	2		北遠繭絲販売購売利用組合(市場)を創設する。	浦川村郷土誌
	昭和	2	2		相川橋、裏鹿橋、河内川橋ノ復旧工事竣功する。	浦川村郷土誌
	昭和	2	3	2	中部小学校新築校舎工事開始に付抜式及手斧始式を行う。	中部小学校務日誌
	昭和	2	4	12	百間谷という山より出火夜に至るも火勢おとろえず、3日間もえ続け14日にようよう鎮火する。焼失山林反別50町歩	中部小校務日誌
	昭和	2	4	16	中部小学校々舎上棟式を挙行する。	中部小校務日誌
	昭和	2	4		アメリカ人形米より届く。歓迎唱歌会を開く。	浦川村郷土誌
	昭和	2	6	20	中部小学校新校舎落成する。	中部小学校沿革誌
	昭和	2	6	20	中部小学校新築校舎工事を全て終る。同月25日生徒新校舎に移る。	中部小学校務日誌
	昭和	2	10	17	中部小学校々舎落成式を挙行する。	中部小校務日誌
	昭和	2	10	18	中部小学校に中部公益会より優勝旗が寄贈される。	中部小校務日誌
	昭和	2	11	12	愛知県北設楽郡下川尋常高等小学校にて挙行された児童競技大会に出場優勝旗を持ち帰る。その費用65円区民有志の特殊寄付。同月16日競技会連捷祝賀のため提灯行列を行う。	
	昭和	2			農作物全部不出来	勝木家文書
1928	昭和	3	1	25	痲診流行に付注意を加う。	中部小校務日誌
	昭和	3	1		浦川村消防組金馬簾二條使用允許。	浦川村郷土誌
	昭和	3	1		静岡県消防連合会長より浦川少年警備隊表彰される。	浦川村郷土誌
	昭和	3	2	7	村長平賀喜重氏死亡により辞任。	佐久間村沿革誌
	昭和	3	2	25	痲診及び感冒流行につき2月27日より3月2日迄授業休止する。	中部小校務日誌
	昭和	3	3	1	鈴木清平氏村長に就任す。	佐久間村沿革誌
	昭和	3	4	9	大久根小学校手工科加設の許可せられる。	大久根小沿革誌
	昭和	3	4	19	山香明光寺峠火事あり。	中部小校務日誌
	昭和	3	4	27	結核予防デーとして校長及び太田校医の講話。一般家庭に結核予防ポスターを配布する。	中部小校務日誌
	昭和	3	5	9	第三師団へ動員下令。中部区より6名、佐久間区より5名、半場区より4名応召される。(済南事件)	中部小校務日誌
	昭和	3	4		済南事件にて出征。	勝木家文書
	昭和	3	5	13	出征軍人武運長久祈願祭を村社にて挙行する。	中部小校務日誌
	昭和	3	5	14	支那山東地方動乱のため、4名応召される。児童同心会前まで見送る。	大久根小沿革誌
	昭和	3	5		支那山東動乱のため三師団に動員下令。本村より32名応召する。	浦川村郷土誌
	昭和	3	6	17	中部青年庭球クラブ発会式及庭球大会を校庭に於て行う。	中部小校務日誌
	昭和	3	6	30	中部小学校へブランコ(4人用)ニ台(原田久吉氏より)の寄付。	中部小沿革誌
	昭和	3	6		浦川小学校裏山取壊工事着手する。	浦川村郷土誌
	昭和	3	7	1	狂犬予防週間を施行する。	城西村沿革誌
	昭和	3	7	7	伝染病予防週間につき、第3時限神社参拝。境内に於て予防に関する説話。	中部小校務日誌

佐久間町年表 11

西暦	年号	年	月	日	記事	出典等
	昭和	3	7		予備、後備帰る。済南事件にて使し銭1円札にて180尺という。	勝木家文書
	昭和	3	10		浦川小学校グランドピアノ第1号A型を(1,400円)3年年賦にて購入。	浦川村郷土誌
	昭和	3	12	22	コーヒー売商人来校す。	中部小校務日誌
	昭和	3	12		浦川村浦川女子青年団創立する。	浦川郷土誌
1929	昭和	4	2		特設電話開通する。	浦川村郷土誌
	昭和	4	4		浦川商業組合貨物自動車運転許可される。	浦川村郷土誌
	昭和	4	5	18	健康相談日を設け、太田校医の薄弱児童の検診。一般児童に対し衛生講話をなす。伝染病予防。1.食事の時顔、手を洗うこと。ハエを駆除すること。1..寝冷知らずを掛けること。中毒について、乳汁の出るもの、一般に黄色の花が咲く植物に注意すること。	中部小校務日誌
	昭和	4	6	21	佐久間村教育会創設の発会式を佐久間小学校にて行う。	中部小沿革誌
	昭和	4	7		浦川小学校二階建校舎新築落成をする。	浦川村浦川郷土誌
	昭和	4	8	13	城西村健康診断を実施する。	城西村沿革誌
	昭和	4			白米西渡にて12円30銭。	勝木家文書
1930	昭和	5	1		浦川小学校卒業生豊橋高製糸工場工女一同より伊勢内・下宮神殿を寄贈され、作法室に安置する。	浦川村郷土誌
	昭和	5	2	14	久根銅山に火事起る。	中部小校務日誌
	昭和	5	2	20	衆議院議員選挙あり。	
	昭和	5	3		チフス予防注射を実施する。	城西村沿革誌
	昭和	5	4		浦川少年警備隊用腕用ポンプ及水槽車新調。	浦川村郷土誌
	昭和	5	8		浦川小学校同窓会を創設発会式を行う。	浦川村郷土誌
	昭和	5	11		浦川村消防組金馬簾三條使用允許。	浦川村郷土誌
1931	昭和	6	4		特設電話架設開通なる。	城西村沿革誌
	昭和	6	3		浦川小学校裏山取壊工事終了する。	浦川村郷土誌
	昭和	6	4		浦川小学校高等科第三学年を休止する。	浦川村郷土誌
	昭和	6	4	28	浦川小学校高等科児童、女子実践生徒授業科の件認可される。	浦川村郷土誌
	昭和	6	4		浦川村少年赤十字浦川支部が設置される。	浦川村郷土誌
	昭和	6	5		満州事変あり。	勝木家文書
	昭和	6	7	4	大久根小ラジオ聴取許可を受ける。	大久根小沿革誌
	昭和	6	7		浦川中部乗合自動車許可運行。	浦川村郷土誌
	昭和	6	10	26	中部小学校へ消火用ポンプ1台、佐久間村消防組より寄贈される。	中部小沿革誌
	昭和	6	12	28	中部小学校へ少年野球用グローブ、バット他中部野球倶楽部より寄付。	中部小沿革誌
	昭和	6	12		浦川村浦鹿橋竣功渡橋式を行う。	浦川村郷土誌
	昭和	6	12		浦川村二宮先生幼少の銅像除幕式を行う(高橋善治郎氏寄贈)。	浦川村郷土誌
1932	昭和	7	1	31	大井尋常高等小学校々舎新築落成す。	山香村沿革誌
	昭和	7	3	1	鈴木清平氏村長に辞任す。	佐久間村沿革誌
	昭和	7	5	5	荘田芳根先生校医となる。	中部小校務日誌
	昭和	7	11	13	中部小学校少年消防隊創立記念式。	中部小沿革誌
1933	昭和	8	1	10	弁当保温器を入れ児童の弁当を温める。	大久根小沿革誌
	昭和	8	2	24	野犬掃蕩を行う。	城西村沿革誌
	昭和	8	4	20	豚コレラ予防週間を実施する。	城西村沿革誌
	昭和	8	5	18	佐久間小学校に二宮金次郎の銅像除幕式を行なう。	佐久間小沿革誌
	昭和	8	8	31	村長鈴木清平氏辞任す。	佐久間村沿革誌
	昭和	8	11	7	佐久間小学校一週間精神作週間の行事を行う。1日敬神崇祖日、2日国威顕揚日、3日勤倹力行日、4日克己報回日、5日生活改善日、6日家庭協同日、7日博愛共存日	佐久間小沿革誌
	昭和	8	11	24	吉沢少年赤十字団を設立する。	吉沢小沿革誌
1934	昭和	9	2	15	養蚕地として天気予報の必要を生じ、皆久保順三氏の寄付により、天気予報塔の建設をする。	半場小沿革誌
	昭和	9	6	11	徳富蘇峰先生を送迎する。	中部小沿革誌
	昭和	9	9	7	少年団歌制定、少年団宣誓、宣誓される	大久根小沿革誌
	昭和	9	10	15	蛭川勝智氏職務管掌として就任。	佐久間村沿革誌
	昭和	9	10	29	職務管掌蛭川勝智氏辞任す。	佐久間村沿革誌
	昭和	9	10	31	三輪広吉氏村長に就任。	佐久間村沿革誌
	昭和	9	12	2	中部小学校卒業生及青年団他の寄付により校内神社の建設をする。	中部小学校
1935	昭和	10	1	5	佐久間村女子青年団結成式。	佐久間小沿革誌
	昭和	10	7	10	中部小学校へ中部公益会より二宮金次郎銅像が寄贈される。青年団員の労力奉仕	中部小沿革誌
	昭和	10	10	10	腸チフス患者発4名、1名死亡3名全治す。	城西村沿革誌
1936	昭和	11	1	13	感冒のため欠席児童激増す。22名欠席する。同月15日34名、同月16日46名、17日54名、18日62名、20日67名	中部小校務日誌
	昭和	11	1	20	感冒罹病児童多きため、21日～25日まで5日間臨時休校となる。	中部小校務日誌
	昭和	11	2	21	ピアノ到着する。	中部小校務日誌
	昭和	11	3	3	中部小学校へ、中部公益会よりピアノ1台寄贈される。	中部小学校沿革誌
	昭和	11	3	28	中部小学校へ、中部公益会より肋木の寄贈。	中部小沿革誌
	昭和	11	6		大風あり。	勝木家文書
	昭和	11	7	30	佐久間報徳社発会式を開催する。	佐久間小沿革誌
	昭和	11	9	29	村長三輪広吉氏辞任す。	佐久間村沿革誌
	昭和	11	9	29	酒見新一佐久間村長臨時代理者に就任す。	昭和11年佐久間村事務報告 佐久間村々会議案書
	昭和	11	9	29	酒見新一氏臨時代理村長として就任。	佐久間村沿革誌
	昭和	11	9	29	三輪広吉村長退職す。	昭和11年佐久間村事務報告 佐久間村々会議案書
	昭和	11	11	10	三信電鉄中部天竜より天竜山室間開通する。	佐久間小沿革誌
	昭和	11			腸チフス患者発生、2名全治する。	城西村沿革誌
	昭和	11	12	2	大久根小学校屋根改築記念学芸会を開く。	大久根小学校沿革誌
1937	昭和	12	5	4	臨時代理村長酒見新一氏辞任す。	佐久間村沿革誌
	昭和	12	5	4	鈴木宗覚氏臨時代理者に就任す。	佐久間村沿革誌

佐久間町年表 12

西暦	年号	年	月	日	記事	出典等
	昭和	12	5	13	教員給与米券が交付される。	中部小校務日誌
	昭和	12	6	9	沖六鳳氏来校尋4以上書方の指導を受ける。	大久根小沿革誌
	昭和	12	7	7	支那事変始まる。	勝木家文書
	昭和	12	9	15	臨時代理者鈴木宗覚氏辞任す。	佐久間村沿革誌
	昭和	12	9	15	北井陶四郎氏村長に就任す。	佐久間村沿革誌
	昭和	12	9	17	支那事変出征軍人に贈る慰問文を全校児童に記載し送る。	中部小校務日誌
	昭和	12	9	20	三信鉄道開通式を行う。	佐久間小沿革誌
	昭和	12	12	14	南京陥落祝賀行進をなす。夜提灯行列をなす。	中部小校務日誌
	昭和	12	12	19	大久根小校門門柱新築する。	大久根小沿革誌
	昭和	12	12	19	南京陥落旗行列を行う。	大久根小沿革誌
1938	昭和	13	1	5	中部橋落成式を挙行する。	中部小校務日誌
	昭和	13	1	19	中部小学校電話架設される。	中部小校務日誌
	昭和	13	1	29	府県道二俣、水窪線(秋葉街道)を町村道に路線を認定す。	昭和13年山香村決議書
	昭和	13	3	12	鏡山一行の大角行久根鉱業所に来る。4年以上見学。	大久根小沿革誌
	昭和	13	5	21	自治制発布50周年記念式挙行	昭和13年佐久間村事務報告 佐久間村会議案書
	昭和	13	9	6	佐久間村防護団結成式を行う	佐久間小沿革誌
	昭和	13	9	16	有史前の我が郷土(金子氏)発行	半場小校務日誌
	昭和	13	10	27	武漢三鎮陥落につき村内旗行列をする。同夜提灯行列をする。	半場小校務日誌
	昭和	13	10	28	久根鉱業所と連合し漢口陥落祝賀旗行列を行う。	大久根小沿革誌
	昭和	13	11	12	佐久間村国防婦人会佐久間村分会発会式を行う。	佐久間小沿革誌
	昭和	13			日支事変の費用は正月迄に150億円という。	勝木家文書
	昭和	13	12	23	私設山林消防組の解散	昭和13年山香村決議書
1939	昭和	14	4	13	満蒙開拓青少年義勇軍に吉沢伊堂昌治君を送る。	吉沢小沿革誌
	昭和	14	4	23	佐久間村消防組解散し、警防団を結成する。	佐久間小沿革誌
	昭和	14	4	23	佐久間村警防団発会式を中部小学校で開く。	中部小校務日記
	昭和	14	5	22	吉沢小学校電話組合設立。同6月1日に開通する。	吉沢小沿革誌
1940	昭和	15	4	17	報国農場を作る。桃20本、楠2本、区画を整理する。玉蜀黍を播種する。	中部小校務日誌
	昭和	15	4	24	二千六百年記念の植樹を行う。桧苗400本、同月25日杉桧苗400本、同月26日楠100	中部小校務日誌
	昭和	15	6	3	桑條剥皮の為、尋常5年生以上各養蚕家に出動する。5日間続く。	中小校務日誌
	昭和	15	6	3	桑條剥皮作業を吉沢河内方面にて作業する。	吉沢小沿革誌
	昭和	15	6	16	佐久間少年赤十字団結成する。	佐久間小沿革誌
	昭和	15	7	20	城西村乳幼児一斉体力検査を実施する。	城西村沿革誌
	昭和	15	8	23	モーターサイレンの取付を行う。	中部小校務日誌
	昭和	15	8		佐久間小学校山室仮教場を廃止する。	佐久間小学校沿革誌
	昭和	15	10	1	国勢調査執行。	昭和15年佐久間村事務報告 佐久間村々会議案書
	昭和	15	10	21	吉沢小学校増築移転校舎落成式を行う。	吉沢小沿革誌
	昭和	15	11	6	東邦電力株式会社空地利用食糧増産のため耕地として開墾する。	中部小校務日誌
	昭和	15	11	10	紀元二千六百年奉祝式挙行。	昭和15年佐久間村事務報告 佐久間村々会議案書
	昭和	15	11	11	節米並に実用料理講習会	昭和15年佐久間村事務報告 佐久間村々会議案書
	昭和	15	11	21	布製靴が配給となる。	中部小校務日誌
	昭和	15	11	25	皇軍将兵に対し慰問袋発送。個数483個。	昭和15年佐久間村事務報告 佐久間村々会議案書
	昭和	15	12	10	120億貯蓄達成運動に協力して臨時貯金を行う。	中部小校務日誌
	昭和	15	12	14	私立久根青年学校設置に付大久根青年学校を廃止する。	佐久間村沿革誌
1941	昭和	16	2	7	大政翼賛会佐久間支部結成式　佐久間小学校にて挙行。	昭和16年佐久間村事務報告 佐久間村々会議案書
	昭和	16	4	1	本日より校名変更。静岡県磐田郡佐久間村中部国民学校となる。	中部小校務日誌
	昭和	16	4	1	佐久間村佐久間国民学校と名称を変更する。	佐久間小学校沿革誌
	昭和	16	4	23	校庭へ桐苗10本植込み。	中部小校務日誌
	昭和	16	4	29	吉沢地区、吉沢少年団結成式を挙げる。	吉沢小沿革誌
	昭和	16	4	29	佐久間村青少年団結成式挙行。佐久間国民学校。	昭和16年佐久間村事務報告 佐久間村々会議案書
	昭和	16	5	5-6	出征軍人家族並戦没者遺族慰安会。	昭和16年佐久間村事務報告 佐久間村々会議案書
	昭和	16	6	11	本日より肝油球ピタホリンをふくよう。	中部小校務日誌
	昭和	16	6	16	本日より学校給食を実施する。	中部小校務日誌
	昭和	16	7	18-21	国防婦人会染色講習会。	昭和16年佐久間村事務報告 佐久間村々会議案書
	昭和	16	8	1~9	児童ラミー採集を行う。	中部小校務日誌
	昭和	16	9	14	村長北井陶四郎氏辞任す。	佐久間村沿革誌
	昭和	16	9	15	北井陶四郎氏村長に就任す。	佐久間村沿革誌
	昭和	16	10	3-7	銃後奉公強化運動の実施。	昭和16年佐久間村事務報告 佐久間村々会議案書
	昭和	16	11	20	戦線将兵に対し慰問袋。478個。	昭和16年佐久間村事務報告 佐久間村々会議案書
	昭和	16	12	8	朝会礼に於いて「我が帝国陸海軍が今朝未明英米と西太平洋に於いて交戦状態に入りしこと」学校長より発表。職員児童の奮起を望む。	中部小校務日誌
	昭和	16	12	8	英米国と戦始めたり。	勝木家文書

佐久間町年表13

西暦	年号	年	月	日	記事	出典等
	昭和	16	12	8	十二月八日月曜日 天気晴 温度三度 監護当番 宮田･下位 出勤九。一、朝会礼に於いて「我が帝国陸海軍が今朝未明英米軍と西太平洋に於いて交戦状態に入りしこと」学校長より発表。職員児童の奮起を望む。 一、第一時限宥泉寺、馬背神社、忠魂碑、墓碑、学校神社に参拝。交戦状態に入りしことを報告。加護を祈る。 一、第三時限、全校体力増強駈歩実施。 一、第四時限初全生徒玄関前に集合。宣戦の大詔渙発の放送並訓話をきく。 一、時間割発表。正午より読合せを実施す。 一、午后五時警戒警報発令。富田訓警戒のため登校。異状無。	
	昭和	16	12	18	米英打倒必勝村民大会。午前8時30分より本校々庭に於いて開催。終了後馬背神社参拝。戦勝祈願。街頭行進。	
	昭和	16	12	18	必勝村民大会開催。	昭和16年佐久間村事務報告 佐久間村々会議案書
	昭和	16	12	20	郷社に於て対米英宣戦奉告祭並ニ戦捷祭執行。	昭和16年佐久間村事務報告 佐久間村々会議案書
	昭和	16	12		山香村育児奨励貯蓄を開始する。	山香村昭和17年村会議決書
1942	昭和	17	1	10	二宮尊徳先生銅像降納式。	中部小校務日誌
	昭和	17	1	12	銅鉄回収が始まる。	中部小校務日誌
	昭和	17	1	12	大東亜戦下銅･鉄類回収に依り二宮金次郎銅像応召。佐久間村役場に献納す。	半場小沿革誌
	昭和	17	2	16	シンガポール陥落につき訓話。後神社参拝、戦勝奉告、国威宣揚祈願。ビスケット。	中部校務
	昭和	17	2	18	大東亜戦争第一次祝賀式。戦没者墓碑清掃参拝。慰問文、図画、習字作成、祝賀菓子配布。	中部校務
	昭和	17	2	18	新嘉坡陥落祝賀並ニ祈願祭を村社に於て執行す。	昭和17年佐久間村事務報告 佐久間村会議案書
	昭和	17	2	23	原田翁銅像降納式	中部小学校日誌
	昭和	17	3	2	ブラススバンドが到着する。	中部小校務日誌
	昭和	17	3	6	二宮金次郎石像到着する。	中部小校務日誌
	昭和	17	3	12	大東亜戦争第二次戦勝祝賀会。	中部小校務日誌
	昭和	17	3	21	佐久間村翼賛壮年団結団式を挙行。（佐久間国民学校）	昭和17年佐久間村事務報告 佐久間村会議案書
	昭和	17	4	1	山香村翼賛壮年団を結成する。	昭和18年山香村議決書
	昭和	17	4	18	空襲警報発令。東京、横浜、名古屋方面に敵機来襲。	大久根小学校沿革誌
	昭和	17	4	30	衆議員総選挙投票を執行す。	昭和17年佐久間村事務報告 佐久間村々会議案書
	昭和	17	5	21	佐久間村々会議員選挙を執行す。	昭和17年佐久間村事務報告 佐久間村々会議案書
	昭和	17	5	22	少年団にて桑條剥皮奉仕をする。	中部小校務日誌
	昭和	17	7	2	弾丸切手代（2.00）富士道場建設資金（. 50）徴集。	中部小校務日誌
	昭和	17	7	28	初等3年以上148名心身鍛錬海浜生活実施。（前芝海岸）	中部小校務日誌
	昭和	17	8	1	農会雨乞祈願を馬背神社にて行う。	中部小校務日誌
	昭和	17	8	12	警戒警報発令される。	中部小校務日誌
	昭和	17	8	13	警戒警報発令。	中部小校務日誌
	昭和	17	8	14	警戒警報発令。	中部小校務日誌
	昭和	17	8	15	警戒警報発令。	中部小校務日誌
	昭和	17	9	8	ラミー製学生服9着配給あり。	中部小校務日誌
	昭和	17	9	17	模型飛行機滑空飛翔大会。	中部小校務日誌
	昭和	17	9	21	長靴及布製靴配給される。長靴5足、布靴35足。	中部小校務日誌
	昭和	17	9	26	初等科5年以上全員神妻に薪運びに行く。（勤労奉仕）	中部小校務日誌
	昭和	17	9	30	午前11時警戒警報発令。	中部小校務日誌
	昭和	17	10	3	10月3日より6日間 軍人援護強化運動。	中部小校務日誌
	昭和	17	10	14	綿製品配給服券 男10着、女20着分。	中部小校務日誌
	昭和	17	10	18	大日本婦人会佐久間村支部結成式を挙行。（佐久間国民学校）	昭和17年佐久間村事務報告 佐久間村々会議案書
	昭和	17	10	30	学制頒布70年記念式挙行。	中部小校務日誌
	昭和	17	11	11	長靴6足、メリケン靴5足配給あり希望児童の調査をする。	中部小校務日誌
	昭和	17	11	22	午後10時警戒警報発令。	中部小校務日誌
	昭和	17	11	24	長靴2足、メリケン靴1足配給。	中部小校務日誌
	昭和	17	12	8	郷社神妻神社に於て大東亜戦争完遂必勝祈願祭執行。	昭和17年佐久間村事務報告 佐久間村々会議案書
	昭和	17	12	9	井上けい子先生歓迎音楽会を開く。独唱井上けい子、末松和男両氏、伴奏井上ちゑ	中部小校務日誌
	昭和	17	12	28	浦川町吉沢国民学校に高等科設置1件認可。	稟請及指令書大正10年
	昭和	17			南洋方面にて米国と戦い大戦果挙げたり。	勝木家文書
1943	昭和	18	1	13	長靴17足配給あり。	中部小校務日誌
	昭和	18	2	15	長靴の配給13足。	中部小校務日誌
	昭和	18	2	25	翼賛壮年団々旗奉載式を役場会議室に於て挙行す。	昭和18年佐久間村事務報告 佐久間村会議案書
	昭和	18	2	28	村社に於て満蒙開拓青少年義勇軍祈願祭執行す。	昭和18年佐久間村事務報告 佐久間村会議案書
	昭和	18	3	2	満蒙開拓青少年義勇軍山崎文平君出発。	中部小校務日誌
	昭和	18	3	2	県道西渡中部天竜停車場線工事起工式及地鎮祭を行う。（佐久間町並に山香村に於て）	昭和18年佐久間村事務報告 佐久間村会議案書
	昭和	18	3	3	浦川女学校火災。	昭和18年佐久間村事務報告 佐久間村会議案書
	昭和	18	3	5	婦人会、女子青年団合同玄米のタキカタ講習会を行う。	中部小校務日誌
	昭和	18	3	5-6	佐久間及中部国民学校に於て婦人会の主催玄米食講習会を開く。	昭和18年佐久間村事務報告 佐久間村会議案書

佐久間町年表 14

西暦	年号	年	月	日	記事	出典等
	昭和	18	3	24	翼賛壮年団必勝大会(佐久間国民学校)を挙行す。	昭和18年佐久間村事務報告 佐久間村会議案書
	昭和	18	3	28	久根労務報国会結成式挙行。	昭和18年佐久間村事務報告 佐久間村会議案書
	昭和	18	4	22	布靴98足配給になる。	中部小校務日誌
	昭和	18	5	13	警戒警報発令。21時30分。	中部小校務日誌
	昭和	18	5	14	警戒警報発令。	中部小校務日誌
	昭和	18	5	15	警戒警報発令。16時解除。	中部小校務日誌
	昭和	18	5	19	桑皮割当330貫勤労。	中部小校務日誌
	昭和	18	5	20	布靴40足、長靴13足が配給となる。	中部小校務日誌
	昭和	18	7	6	浦川国民学校に於て第二国民兵の簡閲点呼を施行す。	昭和18年佐久間村事務報告 佐久間村会議案書
	昭和	18	7	13	長靴配給1～3年、高2年は1足宛。4年～高1まで2足宛。	中部小校務日誌
	昭和	18	7	22	佐久間国民学校に於て慰問袋作成講習会を開く。	昭和18年佐久間村事務報告
	昭和	18	7	29	久根鉱山に於て転換労務入所式挙行。	昭和18年佐久間村事務報告 佐久間村会議案書
	昭和	18	8	26	勤労奉仕。神妻製材より川合駅まで薪搬出。783把。午前8時～11時30分まで。(5年以上)	中部小校務日誌
	昭和	18	8	30	勤労奉仕。薪運搬　初5年以上900把。	中部小校務日誌
	昭和	18	9	27	村社に於て応召兵武運長久祈願祭。	昭和18年佐久間村事務報告 佐久間村会議案書
	昭和	18	10	4-5	出征軍人家族慰安会を執行す。(半場、中部国民学校)	昭和18年佐久間村事務報告 佐久間村会議案書
	昭和	18	10	14	日婦県主催に依り佐久間、山香、浦川各町村幹部修練会を開催。	昭和18年佐久間村事務報告 佐久間村会議案書
	昭和	18	10	26	中部国民学校に於て青年学校に於て青年学校査閲す。	昭和18年佐久間村事務報告 佐久間村会議案書
	昭和	18	12	6	どんぐり、茶の実の集荷。	佐久間小沿革誌
	昭和	18	12	8	郷社に於て大東亜戦争二周年必勝祈願祭施行す。	昭和18年佐久間村事務報告 佐久間村会議案書
	昭和	18	12	18	ドングリ10俵出来上る。(1俵2.34円)　1年1.4貫0.86円、2年2.2貫1.35円、3年5.0貫3.07円、4年4.8貫2.94円、5年3.5貫2.15円、6年8.0貫4.90円、高1　8.0貫4.90円、高2　7.0貫4.29円　計24.46円	中部小校務日誌
	昭和	18	12	24	佐久間国民学校に於て婦人会主催縫足袋講習会を開く。	昭和18年佐久間村事務報告 佐久間村会議案書
	昭和	18	12	12	佐久間村一億総神拝日。	佐久間小沿革誌
	昭和	18	12	25	佐久間小学校初等科5年6年薪搬出。	
	昭和	18	12	26	佐久間小学校初等科5年以上薪搬出。	佐久間小沿革誌
	昭和	18	12	28	佐久間小学校初等科5年以上薪搬出。	佐久間小沿革誌
	昭和	18	12	28	巡査駐在所敷地地鎮祭。	昭和18年佐久間村事務報告 佐久間村会議案書
1944	昭和	19	1	10	女子造兵挺身隊員壮行会を中部国民学校に於て挙行す。	昭和19年佐久間村事務報告 昭和20年村会議案書
	昭和	19	1	17	佐久間小学校勤労奉仕薪搬出。	佐久間小沿革誌
	昭和	19	1	19	神妻神社門前より製材所まで竹運搬作業。放課後籠作り作業を行う。	中部小校務日誌
	昭和	19	1	21	佐久間小学校勤労奉仕。薪搬出。	佐久間小沿革誌
	昭和	19	1	23	戦争により生徒数の減少によりその運営が出来ない為、一時青年学校を閉さする。	佐久間村沿革誌
	昭和	19	2	5	佐久間小学校高等科薪搬出。	佐久間小沿革誌
	昭和	19	2	10	女子挺身隊11名出発。	中部小校務日誌
	昭和	19	2	18	佐久間小学校高等科児童炭搬出伐採。	佐久間小沿革誌
	昭和	19	3	22	初6、高等科佐久間渠排水勤労奉仕。	中部小校務日誌
	昭和	19	3	24	松原火災。午後2時。	中部小校務日誌
	昭和	19	3	25	山香村立青年学校は佐久間村、山香村組合立青年学校設立と同時に之を廃校す	昭和19年山香村村議決書
	昭和	19	3		佐久間村、山香村、青年学校の設立。	昭和19年山香村村議決書
	昭和	19	4	22	勤労奉仕作業。山室へ薪運搬。	中部小校務日誌
	昭和	19	4	23	勤労奉仕。山室へ薪運搬。44名。	中部小校務日誌
	昭和	19	4	27	高二、山室へ薪運搬。午前8時17分～午後4時2分帰宅。	中部小校務日誌
	昭和	19	5	9	勤労奉仕。高1、高2山室へ木炭運搬。	
	昭和	19	5	10	中部部落に於て「ガソリンポンプ」供出壮行式挙行す。	昭和19年佐久間村事務報告 昭和20年村会議案書
	昭和	19	5	14	第1回日曜廃止授業。※日曜日行事として朝5時より行う。一般に可なれども形式的の点あり。	中部小校務日誌
	昭和	19	5	17	フープ佐久間駅着。高2男放課後取に行く。	中部小校務日誌
	昭和	19	5	18	佐久間村銃後奉公会及警防団第二分団より中部小学校へフープ2台寄贈される。	中部小沿革誌
	昭和	19	5	22	勤労奉仕。薪運搬。午後1時40分より。雨のため苦労する。	中部小校務日誌
	昭和	19	5	24	中部国民学校に於て第二回女子挺身隊員壮行式挙行。	昭和19年佐久間村事務報告 昭和20年村会議案書
	昭和	19	5	25	勤労奉仕。薪運搬。	中部小校務日誌
	昭和	19	5	30	勤労報国作業。炭運搬。山室駅(高等科)。薪運搬(初等科5、6年)。	中部小校務日誌
	昭和	19	6	1	理科室硝子紙貼りをする。	中部小校務日誌
	昭和	19	6	15	警戒警報5時半。空襲警報1時～1時30分解除。	中部小校務日誌
	昭和	19	6	16	警戒警報発令中。	中部小校務日誌
	昭和	19	6	17	警戒警報発令中。	中部小校務日誌
	昭和	19	6	17	村長北井陶四郎氏辞任す。	佐久間村沿革誌
	昭和	19	6	18	警戒警報解除。	中部小校務日誌

佐久間町年表 15

西暦	年号	年	月	日	記事	出典等
	昭和	19	6	20	勤労奉仕。公益会山林より木材運搬作業(高男)。	中部小校務日誌
	昭和	19	6	25	初等科5以上、道路除草並開墾作業(7時30分から10時30分)	中部小校務日誌
	昭和	19	6	28	午後、奉献農園大豆播種。初4(茶豆)、初5(黒豆)、初6(赤豆)、高1(青豆)、高2(白豆)。記念謹呈写真撮影。	中部小校務日誌
	昭和	19	6	31	勤労奉仕。公益会山林より木材の搬出(高男)。午後。	中部小校務日誌
	昭和	19	7	3	午後高等科道路開墾作業。	中部小校務日誌
	昭和	19	7	4	午前9時15分警戒警報発令。午後桑皮集荷250貫。	中部小校務日誌
	昭和	19	7	5	警戒警報解除。	中部小校務日誌
	昭和	19	7	7	警戒警報発令、午前0時30分。午前2時30分解除。	中部小当直日誌
	昭和	19	7	9	第2日曜日、出校日。初等5年以上出校勤労奉仕作業。高二飛行場用材石運搬道作業(佐久間と合同作業)。初5以上道路端の大豆播種。	中部小校務日誌
	昭和	19	7	11	初5年以上薪搬出。勤労奉仕。7時30分～正午まで。1156把。	中部小校務日誌
	昭和	19	7	17	御室佐太郎氏村長に就任す。	佐久間村沿革誌
	昭和	19	7	19	サイパン島将兵、在留邦人全員戦死。1. 黙祷一会礼。2. 米英撃滅祈願参拝。3. 宮城遥拝。	中部小学校務日誌
	昭和	19	7	22	二俣町外20ヶ町村林業学校組合を設置する。	昭和18年19年佐久間村々会議案書
	昭和	19	7	26	勤労奉仕。森林組合供出杉皮搬出。初5年以上122名。	中部小校務日誌
	昭和	19	7	27	勤労奉仕。杉皮運搬。	中部小校務日誌
	昭和	19	7	31	勤労奉仕。杉皮運搬。	中部小校務日誌
	昭和	19	8	1	未召集兵教育訓練実施に付入隊式挙行。	昭和19年佐久間村事務報告 昭和20年村決議書
	昭和	19	8	10	勤労奉仕。桑皮積込。	中部小校務日誌
	昭和	19	8	11	午前1時警戒警報発令。午前2時空襲警報発令。3時30分解除。	
	昭和	19	8	20	佐久間村青年学校及佐久間村立女子青年学校は佐久間村、山香村組合立青年学校設立と同時に之を廃止するものとす。	昭和18、19年佐久間村々会議案書
	昭和	19	8	20	午後19.00警戒警報発令。	中部小当直日誌
	昭和	19	9	1	羽黒山一行久根鉱業所に巡業。児童見学する。	大久根小沿革誌
	昭和	19	9	6-7	勤労奉仕。竹皮包装作業。	中部小校務日誌
	昭和	19	9	11	勤労奉仕。久根鉱業所鉱石積込み作業。	中部小校務日誌
	昭和	19	9	18	校内模型飛行機大会。	中部小校務日誌
	昭和	19	9	25	勤労奉仕。初5, 6年。供出竹運搬作業(午後)。	中部小校務日誌
	昭和	19	9	26	苧麻、ラミー集荷。27貫750メ。	中部小校務日誌
	昭和	19	9	28	勤労奉仕。午後初5, 6年高等男子竹運搬作業。	中部小校務日誌
	昭和	19	10	1	佐久間殿島に巡査駐在所新築落成す。	昭和19年佐久間村事務報告 昭和20年村決議書
	昭和	19	10	2	勤労奉仕。初5以上神妻竹搬出作業。	中部小校務日誌
	昭和	19	10	12	佐久間村、山香村組合立久根青年学校開校式挙行。	昭和19年佐久間村事務報告 昭和20年村決議書
	昭和	19	10	14	勤労奉仕。初6以上神妻製材　挽屑、薪運搬。	中部小校務日誌
	昭和	19	10	19-21	銃後奉公会主催出征軍人遺家族慰安会を開催す。	昭和19年佐久間村事務報告 昭和20年村決議書
	昭和	19	10	23	勤労奉仕。神妻製材　薪、用材運搬。	中部小校務日誌
	昭和	19	10	25	午前10時35分警戒警報発令。午後12時10分解除。	中部小校務日誌
	昭和	19	11	1	2時頃空襲警報発令。3時30分解除。	中部小校務日誌
	昭和	19	11	5	10.8分警戒警報。10.45分空襲警報発令。12.00解除。	中部小校務日誌
	昭和	19	11	7	0時35分警戒警報発令。2時55分解除。	中部小校務日誌
	昭和	19	11	13	10時50分空襲警報発令。11時5分解除。	中部小校務日誌
	昭和	19	11	14	勤労奉仕。初5年以上。神妻製材、薪、挽粉、製品搬出作業。	中部小校務日誌
	昭和	19	11	19	勤労奉仕。神妻製材(初5以上)。製品(厚板)搬出。	中部小校務日誌
	昭和	19	11	23	0時5分警戒警報発令。0時15分空襲警報発令。1時5分解除。	中部小校務日誌
	昭和	19	11	24	0時警戒警報発令。0時10分空襲警報発令。2時50分解除。	中部小校務日誌
	昭和	19	11	26	中部国民学校に於て女子体力検定会執行。	昭和19年佐久間村事務報告 昭和20年村決議書
	昭和	19	11	27	0時15分警戒警報発令。0時35分空襲警報発令。2時30分解除。	中部小校務日誌
	昭和	19	11	29	前1時～2時空襲警報発令。前4時～5時警戒警報発令。	中部小校務日誌
	昭和	19	11	29	放課後、防空資材、火タタキ、タンガ、箒を作る。	中部小校務日誌
	昭和	19	11	30	第1工場勤労奉仕。薪及用材搬出。	中部小校務日誌
	昭和	19	11	30	午前1時～2時空襲警報発令。午前4時～5時警戒警報発令。午後2時～3時警戒警報発令。	中部小校務日誌
	昭和	19	12	3	午後2時30分より約2時間空襲警報発令。	中部小校務日誌
	昭和	19	12	4	ラミー乾茎、アカソ集荷する。	中部小校務日誌
	昭和	19	12	7	午後6時50分空襲警報発令。	中部小校務日誌
	昭和	19	12	8	午前3時40分～4時20分警戒警報発令。	中部小校当直日誌
	昭和	19	12	8	勤労奉仕。神妻製材。材木、挽粉、薪運搬。(初5年以上)	中部小校務日誌
	昭和	19	12	9	午後8.30～9時警戒警報発令。	中部小当直日誌
	昭和	19	12	9	10時10分～10時30分空襲警報発令。	中部小校務日誌
	昭和	19	12	10	午後8時20分～10時警戒警報発令。	中部小当直日誌
	昭和	19	12	10	午後2時10分～2時30分警戒警報発令。	中部小校務日誌
	昭和	19	12	11	12時、3時、5時30分警戒警報発令。	中部小校当直日誌
	昭和	19	12	12	午前7時～8時警戒警報発令。	中部小校当直日誌
	昭和	19	12	13	午後1時30分～4時10分空襲警報発令。	中部小学校務日誌
	昭和	19	12	14	勤労奉仕。初6年以上大嵐へ久根鉱山木炭搬出。	中部小校務日誌
	昭和	19	12	17	午前4時20分～5時空襲並警戒警報。	中部小当直日誌

佐久間町年表 16

西暦	年号	年	月	日	記事	出典等
	昭和	19	12	17	第三日曜日。授業日。初4以下学力補充。勤労奉仕初5以上神妻製材へ。午後9時10分～9時50分空襲警報。	中部小校務日誌
	昭和	19	12	18	午前4.30～5.00空襲警報。午後12.30～3.00空襲警報発令。午後8時30～9.00空襲警報発令。	中部小校務日誌
	昭和	19	12	20	10時～10時30分警戒警報発令。	中部小校務日誌
	昭和	19	12	22	12.25～15.30分空襲警報発令。	中部小学校務日誌
	昭和	19	12	24	勤労奉仕。初5年以上神妻製材。	中部小校務日誌
	昭和	19	12	27	12～14時20分空襲警報発令。	中部小校務日誌
	昭和	19	12	29	午後3時、9時警戒警報発令。	中部小当直日誌
	昭和	19	12	30	0時15分～0時50分解除　空襲警報発令。午前4時35分同発令～4時50分解除	中部小当直日誌
	昭和	19	12	31	0時15分～0時50分　4時35分～4時50分空襲警報発令。	
	昭和	19	12		大地震ゆるる。	勝木家文書
	昭和	19			アリューシャン、マリアナ群島退却し、6月サイパン島取られ、10月より日本本土空襲あり。11月フィリッピンへ米軍上陸し、フィリッピン決戦始めたり。	勝木家文書
1945	昭和	20	1	3	2時25分～3時50分空襲警報発令。	中部小校務日誌
	昭和	20	1	4	午後6時50分～7.40分警戒警報発令。	中部小校務日誌
	昭和	20	1	5	午前2時～4時40分、10時警戒警報発令。	中部小校務日誌
	昭和	20	1	6	午後7時30～8時、8.20分～8.40分警戒警報発令。	中部小校務日誌
	昭和	20	1	7	午前2時～5時警戒警報発令。	中部小校務日誌
	昭和	20	1	8	1時警戒警報発令。5時解除。	中部小当直日誌
	昭和	20	1	8	ラミー、アカソ出荷。	中部小校務日誌
	昭和	20	1	9	午後1.15分～3.10分空襲警報発令。初等科待避。高等科警備。	中部小校務日誌
	昭和	20	1	10	午後8.30分警戒警報発令。	中部小校務日誌
	昭和	20	1	10	午前3時警戒警報発令。	中部小校務日誌
	昭和	20	1	11	前2時警戒警報発令。	中部小校務日誌
	昭和	20	1	14	午後2時15分～3時58分空襲警報発令。	中部小校務日誌
	昭和	20	1	15	0時警戒警報発令。	中部小当直日誌
	昭和	20	1	16	勤労奉仕。初5以上神妻製材。薪運搬、及木炭材料採取作業。	中部小校務日誌
	昭和	20	1	16	6時45分、11時、午前4時、警戒警報発令。	中部小当直日誌
	昭和	20	1	17	高二男生炭焼作業。	中部小校務日誌
	昭和	20	1	17	午後7.50～8.30分、同9.30～10.00警戒警報発令。	中部小当直日誌
	昭和	20	1	18	午後7時0分、19日午前3時警戒警報発令。	中部小当直日誌
	昭和	20	1	19	午後1.15警戒警報。1.25空襲警報。2.40分解除。	中部小校務日誌
	昭和	20	1	21-22	高男木炭材料採取作業。	中部小校務日誌
	昭和	20	1	22	午後7時40分、23日午前5時10分警戒警報発令。	中部小当直日誌
	昭和	20	1	23	2.25分～4.25分空襲警報発令。	中部小校務日誌
	昭和	20	1	27	12.10分警戒警報発令。12.25分空襲警報発令。～15.10分解除。	中部小校務日誌
	昭和	20	1	29-30	防空壕材料伐採のため午後松山に行き作業する。	中部小校務日誌
	昭和	20	1	30	アルミ貨回収をする。6,700個185円80銭。	中部小校務日誌
	昭和	20	2	2-3	防空壕掘り作業。	中部小校務日誌
	昭和	20	2	11	児童勤労奉仕に対し、佐久間村林業報国隊より表彰を受ける。	中部小校務日誌
	昭和	20	2	14	9.10分警戒警報発令。	中部小校務日誌
	昭和	20	2	16	7.0分警戒警報発令。8.20分空襲警報発令。16.30分解除。16.50分空襲警報発令。17.20分解除。	中部小校務日誌
	昭和	20	2	17	8時空襲警報発令。2時45空襲警報発令。2時35分空襲警報発令。15時10分解除。	中部小校務日誌
	昭和	20	2	18	全児童家庭作業。（グラマン空襲のため）	中部小校務日誌
	昭和	20	2	19	1時40分警戒警報発令。1時50分空襲警報発令。4時45分解除。	中部小校務日誌
	昭和	20	2	21	13時40分警戒解放発令。14時15分解除。	中部小校務日誌
	昭和	20	2	22	大雪にて午前にて授業を中止する。	中部小校務日誌
	昭和	20	2	28	浦川町外2ケ村組合立浦川高等女学校組合を結成。	昭和20年山香村議決書
	昭和	20	2	28	浦川外2ケ村組合立静岡県浦川高等女学校に関する事務を共同処理するため町村組合を設置する。	昭和20年佐久間村決議書
	昭和	20	2		千機を以て空襲あり。B29百機にて東京、静岡を空襲したり。毎日空襲あり。	勝木家文書
	昭和	20	3	4	第1日曜日授業。8時50分空襲警報発令。高男防衛部署に付き、他学年児童待避下校。9時35分解除。	
	昭和	20	3	7	勤労奉仕。高等科児童白神へ木炭搬出作業。	中部小校務日誌
	昭和	20	3	8	午前、午後に警戒警報が発令される。	中部小校務日誌
	昭和	20	3	12	前0.30分～3.30分空襲警報発令。	中部小校務日誌
	昭和	20	3	15	浦川町外2ケ町村婦人練成会を佐久間国民学校に於て開催。	昭和20年佐久間村事務報告 佐久間村々会決議書
	昭和	20	3	18	勤労奉仕。初5以上薪、桂搬出作業。薪1,119束、桂（4寸、3.5寸、3寸）212本。	中部小校務日誌
	昭和	20	3	20	初3年以上、運動場を開墾する。	中部小校務日誌
	昭和	20	3	24	運動場開墾地、報国農場に馬鈴薯植付作業を行う。	中部小校務日誌
	昭和	20	3	24	午前11時～午前1時30分空襲警報発令。爆風による戸障子の振動を感ずる。	中部小校務日誌
	昭和	20	3	29-30	学年末修練第1日～第2日。初5以下落葉拾い。初6以上開墾地農場整備。	中部小校務日誌
	昭和	20	4	5	食糧増産のため運動場開墾作業開始。4月26－完了馬鈴薯植付ける。	大久根小沿革誌
	昭和	20	4	5	磐田地方事務所主催の本村部落会指導者練成講習会を佐久間青年会館に於て開催。	昭和20年佐久間村事務報告 佐久間村々会決議書
	昭和	20	4	7	午前9.20分～13.30分空襲警報発令。	中部小校務日誌
	昭和	20	4	13	午前10.00分～12.10分空襲警報発令。	中部小校務日誌
	昭和	20	4		佐久間村後山栗平を報国農場として開拓する。面積1反6畝	佐久間小学校沿革誌
	昭和	20	5	7	防空壕掘作業開始。同月11日完了。校庭西及南計5ケ所　深さ5尺　巾4尺　長さ2間。	大久根小沿革誌
	昭和	20	5	18	浦川町外2ケ村婦人練成会を佐久間国民学校に於て開催。	昭和20年佐久間村事務報告 佐久間村々会決議書

佐久間町年表 17

西暦	年号	年	月	日	記事	出典等
	昭和	20	6	8	浦川町外2ヶ村大日本婦人会解散す。	昭和20年佐久間村事務報告 佐久間村々会決議書
	昭和	20	6	20	戦争ますます激しくなり、高等科児童は連日のごとく労力奉仕を行なう(佐久間小)。	佐久間小学校沿革誌
	昭和	20	6	23	防衛隊員入隊式を浦川国民学校に於て挙行。	昭和20年佐久間村事務報告 佐久間村々会決議書
	昭和	20	6	29	少年学徒隊結成式挙行。	大久根小学校沿革誌
	昭和	20	6		佐久間村真渕の河岸砂地を開拓し佐久間学徒隊決戦農場とする。	佐久間小学校沿革誌
	昭和	20	7	31	裏山開墾作業開始。	大久根小学校沿革誌
	昭和	20	8	14	終戦となり15日陛下の終戦に関する勅語放送あり。	大久根小学校沿革誌
	昭和	20	8	15	大東亜戦争終息。	昭和20年佐久間村事務報告 佐久間村々会決議書
	昭和	20	9	4	山香村国民学校後援会設立。	昭和20年山香村決議書
	昭和	20	9	10	鉱山の山木運搬奉仕作業開始。	大久根小学校沿革誌
	昭和	20	9	15	英米、ソ、其の他の国々に対し無条件降伏したり。米軍上陸して来た。	勝木家文書
	昭和	20	9	28	郷社戦争終息奉告のため臨時奉幣祭を執行。	昭和20年佐久間村事務報告 佐久間村々会決議書
	昭和	20	9	30	村社戦争終息奉告のため臨時奉幣祭を執行。	昭和20年佐久間村事務報告 佐久間村々会決議書
	昭和	20	10	10	半島出身児童男18人女12計30人帰鮮の為遽かに退学する。	大久根小沿革誌
	昭和	20	10	29	佐久間村婦人会の結成。	佐久間小沿革誌
	昭和	20	12	15	佐久間小学校武道具、銃剣道具を処分する。	佐久間小沿革誌
1946	昭和	21	2	11	各国民学校に於て紀元節遥拝式を行なふ。	昭和21年佐久間村事務報告 佐久間村々会決議書
	昭和	21	2	15	食糧事情逼迫につき本日より当分午前中5時間、午後授業なしとする。	大久根小沿革誌
	昭和	21	4	10	衆議院議員選挙(投票所、役場、大久根国民学校)	昭和21年佐久間村事務報告 佐久間村々会決議書
	昭和	21	4	29	各国民学校に於て天長節遥拝式を行なふ。	昭和21年佐久間村事務報告 佐久間村々会決議書
	昭和	21	5	2	浦川町外2ヶ村方面委員会を佐久間国民学校にて開催。	昭和21年佐久間村事務報告 佐久間村々会決議書
	昭和	21	6	25	中遠自給製塩組合が設立される。91町村。	山香村決議書
	昭和	21	6	28	大井国民学校旧校舎、教員住宅二棟火災により焼失する。	昭和20年山香村議会決議書
	昭和	21	7	12	佐久間小学校奉安殿の処分をする。	佐久間小沿革誌
	昭和	21	10	4	国立浜松病院巡回班健康相談実施。	昭和21年佐久間村事務報告 佐久間村々会決議書
	昭和	21	10	17	佐久間村青年団結成式を行う。	佐久間小沿革誌
	昭和	21	11	3	新憲法発布祝賀式を佐久間国民学校にて挙行す。	昭和21年佐久間村事務報告 佐久間村々会決議書
	昭和	21	11	14	水窪警察署長、河合経済主任、今井刑事来村。民衆警察協議会を殿島青年会館に於て開催。	昭和21年佐久間村事務報告 佐久間村々会決議書
	昭和	21	11	16	村長御室佐太郎氏辞任す。	佐久間村沿革誌
	昭和	21	12	13	磐田地方事務所林業課長外来村薪炭増産協議会開催。	昭和21年佐久間村事務報告 佐久間村々会決議書
	昭和	21			山香村婦人会の結成	昭和21年山香村議決書
	昭和	21			山香村遺族会の結成	昭和21年山香村議決書
1947	昭和	22	1	1	摘発物資(密柑)を配給する。	大久根小沿革誌
	昭和	22	1	11	佐久間、西渡間道路起工式を行なう。	佐久間村議会議案綴
	昭和	22	2	1	マ元帥の指令によるスト中止命令全国に下る	大久根小沿革誌
	昭和	22	2	11	六･三制に関する打合会開催。各国民学校長出席。	佐久間村議会議案
	昭和	22	2	27	学制改革準備委員会開催。	佐久間村議会議案
	昭和	22	4	1	周智郡城西村立城西国民学校の校地校舎の一部を本校に充当し鍬神社並に光福寺に分散し、城西村立城西中学校として開校する。	城西中沿革誌
	昭和	22	4	1	昭和22年3月31日、学校教育法により、周智郡城西村立城西中学校として同村立城西国民学校の校地校舎の一部を本校に充当し、鍬神社並に光福寺に分散し同年3月城西村国民学校初等科卒業及び高等科1、2年修卒業生を以って周智郡城西村立城西中学校として開校する。	城西中学校沿革誌
	昭和	22	4	1	佐久間村佐久間小学校と改称する。	佐久間小学校沿革誌
	昭和	22	4	11	村瀬正雄氏村長に就任す。	佐久間村沿革誌
	昭和	22	4		城西村PTA会長に坂口林太郎氏就任。	城西村沿革誌
	昭和	22	4		六三制により山香中学の教場を大井小学校と久根青年学校をあて授業を開始する。	昭和22年山香村議決書
	昭和	22	5	2	佐久間村立佐久間中学校開校式。	佐久間村議会議案
	昭和	22	5	2	学制改革により暫定として中部小学校に村立佐久間中学校を併置し開校をする。	佐久間村沿革誌
	昭和	22	8	15	浦川、沢上258-1と2に存在する立木1,181石浦川第一中学校建設資金として、天竜川木材産業組合に売却す。20万円。(杉2,500本、桧1,250本)	浦川村沿革誌
	昭和	22	8	22	海外同胞引揚促進大会を佐久間小学校にて開催。	佐久間村議会議案
	昭和	22	8		山香村消防団を設置。	昭和22年山香村議決書
	昭和	22	10	10	臨時国勢調査実施。	佐久間村議会議案
	昭和	22	10	21	佐久間村警防団解散式並に佐久間村消防団発会式を佐久間小学校にて行う。	佐久間村議会議案
	昭和	22	11	25	佐久間小学校学校給食を開始する。	佐久間小沿革誌
	昭和	22	11	26	佐久間小学校隣家屋から出火職員室及人家2軒消失。	佐久間村議会議案
	昭和	22	11	26	佐久間小学校職員室類焼する([redacted]氏火災により)。	佐久間小沿革誌
1948	昭和	23	1	22	浦川高等女学校開校八周年記念式挙行。	佐久間村議会議案
	昭和	23	2	21	府県道天竜線起工式を挙行(山香村にて)	佐久間村議会議案
	昭和	23	2	23	静岡県軍政部司令官クック中佐来村。	佐久間村議会議案

佐久間町年表 18

西暦	年号	年	月	日	記事	出典等
	昭和	23	4	17	横山橋梁完成祝賀会（龍川村）	昭和23年佐久間村事務報告 佐久間村々会決議書
	昭和	23	4	24	郡消防協会結成式（磐田市）。	昭和23年佐久間村事務報告 佐久間村々会決議書
	昭和	23	5	2	消防協会第六支会結成大会を浦川会館にて行なう。	佐久間村議会議案
	昭和	23	5	5	佐久間小学校新校舎落成する。	佐久間小沿革誌
	昭和	23	6	26	援護会主催の同胞援護資金募集映画会開催。	昭和23年佐久間村事務報告 佐久間村々会決議書
	昭和	23	7	30	全国一斉常住人口調査実施。	佐久間村議会議案
	昭和	23	8	10	佐久間村衣料品登録店舗選挙執行。	佐久間村議会議案
	昭和	23	10	5	静岡県教育委員会委員選挙執行。	昭和23年佐久間村事務報告 佐久間村々会決議書
	昭和	23	10	18	軍政部総合査察隊来村。	昭和23年佐久間村事務報告 佐久間村々会決議書
	昭和	23	11	1	第四回県復興宝籤発行。	昭和23年佐久間村事務報告 佐久間村々会決議書
	昭和	23	11	30	農業調整委員会委員選挙。	昭和23年佐久間村事務報告 佐久間村々会決議書
1949	昭和	24	1	18〜19	磐田税務署員より相続税の打合会開催。	昭和24年佐久間村事務報告 佐久間村々会決議書
	昭和	24	1	23	衆議院議員並に最高裁判所裁判国民審査投票執行。	昭和24年佐久間村事務報告 佐久間村々会決議書
	昭和	24	1	24	軍政部視察隊が来村。1月23日執行の選挙投票結果を調査。	昭和24年佐久間村事務報告 佐久間村々会決議書
	昭和	24	2	26	役場卓上電話の取付をする。	昭和24年佐久間村事務報告 佐久間村々会決議書
	昭和	24	4	1	佐久間中学生徒を佐久間新校舎へ。佐久間、大久根小学校区は1年生及び全校区の2年生を収容する。中部小学校へ、中部、半場小学校区の1年生及び全校区の3年生を収容する。期間を1ヵ年とする。	佐久間村議会議案綴
	昭和	24	4	7	大久根学校子供郵便局創設する。	大久根小学校沿革誌
	昭和	24	4	9	県議会議員選挙執行。	昭和24年佐久間村事務報告 佐久間村々会決議書
	昭和	24	5	3	佐久間中学校生徒を佐久間新校舎へ、佐久間、久根小学校区の全生徒を収容。中部小学校へ中部、半場小学校区の全生徒を収容し授業を行なう。	佐久間村議会議案
	昭和	24	4	10	村長村瀬正雄氏辞任す。	佐久間村沿革誌
	昭和	24	5	20	村長選挙執行。榊原康雄氏当選。	昭和24年佐久間村事務報告 佐久間村々会決議書
	昭和	24	6	20	中遠製塩組合の閉鎖。	佐久間村議会議案
	昭和	24	6	20	0時30分頃佐久間林産株式会社工場より出火。同工場全焼す。	昭和24年佐久間村事務報告 佐久間村々会決議書
	昭和	24	6	22	豊川工廠中部機銃分工場払下げにつき委員会を設置。	佐久間村議会議案綴
	昭和	24	6	24	村議会解散請求による賛否投票執行。	昭和24年佐久間村事務報告 佐久間村々会決議書
	昭和	24	6	25	右投票の結果解散に賛成する者が過半数を占め故にこの日を以って村議会解散す。	昭和24年佐久間村事務報告 佐久間村々会決議書
	昭和	24	7	26	七班水泳大会（第1回）開催（久根プール）。	大久根小沿革誌
	昭和	24	8	10	村議会議員選挙執行。	昭和24年佐久間村事務報告 佐久間村々会決議書
	昭和	24	10	22	第1回七班陸上運動会佐久間小学校にて開催。	大久根小沿革誌
	昭和	24	12	9	村長榊原康雄氏退職。	昭和24年佐久間村事務報告 佐久間村々会決議書
	昭和	24			横吹学校新築を始めたり。	勝木家文書
1950	昭和	25	2	13	学校給食開始される。	大久根小沿革誌
	昭和	25	3		山香中学校敷地の確保をする。	昭和25年山香村議決書
	昭和	25	6	15	学校林の購入。字マキノヤグラ、八反歩（実面積約三町歩）。土地買収費1万5千円	昭和25年佐久間村村会決議
	昭和	25	6	22	佐久間小学校に於てナトコ映画上映する。	佐久間小沿革誌
	昭和	25	9	1	大久根小PTA事業として毎月2回母親学級講座開設。	大久根小沿革誌
1951	昭和	26	4	15	佐久間小学校PTAの総会が開かれる。	佐久間小沿革誌
	昭和	26	7	1	周智郡より磐田郡に編入によって磐田郡城西村立城西中学校となる。	城西中学沿革誌
	昭和	26	12	17	大久根小PTA及久根鉱業所と合同寄附による放送施設が寄贈される。9万円余、電蓄用レコード60枚。	大久根小沿革誌
1952	昭和	27	1	20	給食室拡張工事完了する。	大久根小沿革誌
	昭和	27	2	19	自由党、電源開発促進法案を内定。	電発10年史
	昭和	27	3	25	電源開発促進法案、国会に提出。	電発10年史
	昭和	27	4	23	松本公益事業委員長、合同審査会で電源開発促進法案に反対を表明。	電発10年史
	昭和	27	5	10	衆議院、電源開発促進法案を可決。	電発10年史
	昭和	27	6	7	大久根小コンクリート校門2基完成する。	大久根小沿革誌
	昭和	27	6	18	第1回山香村製茶品評会を開く。山香中学校。	茶業関係綴 農業改良普及事務所
	昭和	27	7	3	大久根小子供郵便局表彰を受ける。	大久根小沿革誌
	昭和	27	7	31	電源開発促進法成立。	電発10年史
	昭和	27	8	6	電源開発株式会社設立事務所開設。（旧日発社屋）	
	昭和	27	8	22	電源開発促進法施行令、電源開発調整審議会令を公布。	
	昭和	27	9	16	電源開発会社設立総会 「電源開発株式会社」発足。	
	昭和	27	10	15	電発佐久間建設所開設	

佐久間町年表 19

西暦	年号	年	月	日	記事	出典等
	昭和	27	10	15	電源開発株式会社佐久間建設所開設。	
	昭和	27	10	20	第4回電源開発調整審議会、電発の佐久間地点開発を決定。	
	昭和	27	12	10	天竜川水系総合開発協会発足。(会長大野伴睦)	
	昭和	27	12	15	大久根小保健室完成する。建坪2坪、教員室へ併設。	大久根小沿革誌
	昭和	27	12	29	国鉄自動車西天竜線の開通。横山＝熊＝浦川＝佐久間、40km余。	村議会関係書綴(昭和27年度) 国鉄自動車開通記念招
	昭和	27	9	16	電源開発会社設立総会、「電源開発株式会社」発足。	
1953	昭和	28	1	7	天竜川水系3県漁業振興会意見書建設大臣へ提出	
	昭和	28	1	7	天竜川水系三県漁業振興会意見書(建設大臣へ)	
	昭和	28	2	8	佐久間ダム工事入札	
	昭和	28	3	25	佐久間ダム工事、間・熊谷組グループ落札。	
1953	昭和	28	4	1	山香村茶業会が設立される。	茶業関係綴 農業改良普及事務所
	昭和	28	4	15	ダム工事契約調印	
	昭和	28	4	20	佐久間ダム工事着工	
	昭和	28	4	20	ダム工事開始	
	昭和	28	10	1	電源開発対策全国協議会発足。	弘報山香第1号
	昭和	28	10	9	飛竜橋完成。(佐久間ダム工事用道路橋)	
	昭和	28	11	6	久根鉱業所よりピンポン台寄贈される。	大久根小沿革誌
	昭和	28	11	7	秋葉ダム建設に要望書を電源開発KKに提出	弘報山香第1号
	昭和	28	11	15	弘報山香発行(第1号)	
	昭和	28	11	20	国鉄、電発、飯田線付替工事覚書。	
	昭和	28	12	1	飯田線付替工事契約書。	
1954	昭和	29	2	4	佐久間村公共補償了解妥結。	
	昭和	29	2	7	佐久間、秋葉ダム公共補償、静岡県知事裁定。	
	昭和	29	2	9	2号排水路貫通。	
	昭和	29	2	22	飯田線付替工事起工式。	
	昭和	29	2	26	川合、浦川、丸共、山三、4筏組合補償協定書に調印。	
	昭和	29	3	9	静岡県知事、佐久間ダムの水利権、使用書に調印。	
	昭和	29	3	28	佐久間ダム第1次仮締切り。	
	昭和	29	4	7	国鉄の補償単価決定。	
	昭和	29	4	10	久根婦人会よりピアノ購入資金として2万5千円の寄付あり。	大久根小沿革誌
	昭和	29	4	28	秋葉ダム入札。	
	昭和	29	5	10	佐久間ダム耕地補償解決。	
	昭和	29	5	24	佐久間村教育委員、騒音対策で県教委へ要望書提出	
	昭和	29	5	26	産業開発青年隊入所式(於佐久間)。宿舎中部薬師堂横。	
	昭和	29	6	3	佐久間ダム記録映画見学。中部公民館	大久根小沿革誌
	昭和	29	6	5	国鉄総裁、飯田線工事現場視察。	
	昭和	29	6	28	高松宮夫妻、ダム工事見学。	
	昭和	29	7	12	大久根小、危険校舎耐用検査	大久根小沿革誌
	昭和	29	7	16	ダム用鉄道引込線完成。	
	昭和	29	10	26	電発総裁、ダム工事視察。	
	昭和	29	11	3	岩盤洗い作業開始。	
	昭和	29	11	12	大久根小教員住宅竣工する。	大久根小沿革誌
	昭和	29	11	16	知事、電源地帯を視察。	
	昭和	29	11	20	富山村、個人補償仮調印。	
	昭和	29	12	20	山室部落解散式。	
	昭和	29	12	22	発電所第1号圧力トンネル貫通。	
1955	昭和	30	1	8	ダム、コンクリート、打ち込み開始	
	昭和	30	1	26	山香村町村合併促進協設会発足	
	昭和	30	5	12	大久根小児童生徒原因不明の熱病流行のため18日まで臨時休校とする。	大久根小沿革誌
	昭和	30	5	30	飯田線峰トンネル貫通。	
	昭和	30	6	14	県婦人少年局長、特飲店を視察。	
	昭和	30	7	1	半場小学校校舎増改築工事竣功する。	半場小沿革誌
	昭和	30	7	7	知事、佐久間、秋葉ダム水没住民への慰謝料につき裁定(3県)。	
	昭和	30	7	21	飯田線大原トンネル貫通。	
	昭和	30	9	11	井上靖『満ちてくる潮』毎日新聞連載開始(～31.5.31)	
	昭和	30	11	11	国鉄飯田線付替工事竣功式	佐久間小沿革誌
1956	昭和	31	1		飯田線付替部分試運転	
	昭和	31	1	31	蛍光燈1.2.3年教室、職員室に点灯する。	大久根小沿革誌
	昭和	31	3	20	佐久間発電所、発電開始。	
	昭和	31	4	3	佐久間発電所、営業送電開始。	
	昭和	31	4	12	大久根小放送室改築工事竣功。	大久根小沿革誌
	昭和	31	7	5	大久根小二人用机改造し、一人用机とする。	大久根小沿革誌
	昭和	31	7	14	大久根小図書館落成する。	大久根小沿革誌
	昭和	31	7	15	大嵐橋開通。	
	昭和	31	9	10	四町村議会、佐久間町建設計画議決。(合併決議)	
	昭和	31	9	14	四町村、佐久間町建設計画書を知事へ提出。	
	昭和	31	9	28	佐久間村解村式挙行。5.6年生参列。	大久根小沿革誌
	昭和	31	9	29	ダム完成後、初の満水	
	昭和	31	9	30	佐久間町成立。	
	昭和	31	9	30	佐久間町発足。町長職務執行者に三代美平氏就任。	
	昭和	31	9	30	旧佐久間村役場に本庁を、旧浦川、山香、城西村役場に支所を置く。(本庁は庁舎が狭いため民家を借用、分室を置く)	
	昭和	31	9	30	磐田郡佐久間町立城西中学校となる。(町村合併により)	佐久間小沿革誌

佐久間町年表 20

西暦	年号	年	月	日	記事	出典等
	昭和	31	9	30	町村合併により佐久間町立城西中学校と改称する。	城西中学校
	昭和	31	10	15	佐久間ダム完成式。記念切手売出し。	
	昭和	31	10	15	佐久間ダム、発電所完工式参列。	大久根小沿革誌
	昭和	31	10	15	佐久間ダム完工式を行う	佐久間小沿革誌
	昭和	31	11	1	町長、町議会議員選挙執行。初代町長に北井三子夫氏就任。	
	昭和	31	11	8	第1回佐久間町町議会臨時会を開会。初代議長に三輪直助氏就任。	
	昭和	31	11	8	佐久間町教育委員会発足。初代教育長、竹島留次郎氏就任。	
	昭和	31	11	11	佐久間町消防団結団式。初代団長に下秀三氏就任。	
	昭和	31	11	11	飯田線付替線開通式。(於水窪中学校)	
	昭和	31	12	6	佐久間ダム湛水開始。	
1957	昭和	32	1	4	佐久間町庁舎落成移転。	
	昭和	32	1	18	合併及び庁舎落成祝賀式を挙行。	
	昭和	32	3	22	佐久間小学校廃校式を行う	佐久間小沿革誌
	昭和	32	3	31	佐久間小学校を閉校する。	佐久間村沿革誌
	昭和	32	3	31	半場小学校閉校式を行う。	半場小学校沿革誌
	昭和	32	4	1	佐久間、中部、半場の3小学校が統合、佐久間小学校として開校。	
	昭和	32	4	3	国鉄二俣佐久間線、調査線に決定。(国鉄佐久間線(二俣～佐久間間)となる)	
	昭和	32	4	8	組合立佐久間高等学校開校。校舎、電源開発事務所をあてる。	
	昭和	32	4	8	佐久間小学校校舎落成。	
	昭和	32	6	10	天竜県立公園に指定される。	
	昭和	32	9	16	佐久間町農業委員会選挙執行、16名無投票にて当選。	
	昭和	32	9	25	皇太子殿下佐久間ダム御視察のため行啓。	
	昭和	32	10	28	両陛下奉迎のため佐久間に遠足。	大久根小沿革誌
	昭和	32	11	10	佐久間町家屋評価を実施。(2ヵ年を要す)	
1958	昭和	33	2	1	役場内に佐久間駅前簡易郵便局を開局	
	昭和	33	2	12	農道わらび野線第一期工事起工	
	昭和	33	5	7	こども郵便局郵政大臣表彰を受ける。	大久根小沿革誌
	昭和	33	5	29	佐久間高等学校校舎落成。	
	昭和	33	6	13	山香診療所落成開所。	
	昭和	33	7	3	林道上平山線起工。	
	昭和	33	7	19	大久根小へ久根区、久根労働組合よりテープレコーダーの寄贈を受ける。	大久根小沿革誌
	昭和	33	10	28	第1回佐久間ダム殉職者慰霊祭を執行。	
	昭和	33	12	15	林道上野線起工。	
	昭和	32	12	17	浦川小学校校舎増築工事落成。	
1959	昭和	34	4	1	佐久間高等学校、県立に昇格、静岡県立佐久間高等学校となる。	
	昭和	34	5	2	大久根小学校名古屋地方貯金局貯金局長より表彰。	大久根小学校沿革誌
	昭和	34	5	15	浦川中学校体育館落成	
	昭和	34	7	1	林道和山間線第2期工事起工。	
	昭和	34	7	26	山香小学校増築工事落成。	
	昭和	34	11	14	佐久間高等学校特別教室落成。	
	昭和	34	11	20	女児全員スモック新調して着用。	大久根小沿革誌
1960	昭和	35	1	2	消防団組織地区隊編成を方面隊編成とし、定数を1280名に減員。	
	昭和	35	2	1	大久根小校舎建設地鎮祭を行う。	大久根小沿革誌
	昭和	35	5	26	大久根小、テレビが設置される。	大久根小沿革誌
	昭和	35	6	30	林道福沢線第1期工事起工。	
	昭和	35	7	1	林道川上線第2期工事起工。	
	昭和	35	7	29	佐久間町第2次建設計画を策定。	
	昭和	35	8	15	農道深造線起工。	
	昭和	35	9	1	大久根小新校舎落成。新校舎入校式を行う。落成式(10月17日)	大久根小沿革誌
	昭和	35	10	10	国勢調査実施。(人口18,858人、3,877世帯)	
	昭和	35	10	17	大久根小学校校舎落成。(老朽改築)	
1961	昭和	36	3	28	城西集会場落成。	
	昭和	36	3	31	佐久間町立佐久間中学校と合併廃校。	城西中学校沿革誌
	昭和	36	4	1	佐久間、城西中学校統合。(佐久間中学校となる)	
	昭和	36	5	9	浦川中学校増築工事落成。	
	昭和	36	5	16	林道静岡、長野線完成。(ダム湖東線)	
	昭和	36	6	11	浦川診療所落成開所。	
	昭和	36	6	28	梅雨前線豪雨により戸口橋流失。	
	昭和	36	6	28	佐久間ダム湖に家蚊大発生。70万円を投じて撲滅。	
	昭和	36	9	9	山香中学校校舎増築工事落成。	
	昭和	36	12	25	農道深造線竣工。	
1962	昭和	37	2	18	農道川合線第1期工事起工。	
	昭和	37	3	20	林道川上線、第2期工事起工。	
	昭和	37	4	1	大久根小校歌制定。作詩伊藤秋広、作曲愛知教育大今井円治氏。	大久根小沿革誌
	昭和	37	4	1	久根、片和瀬部落統合、久根区として発足。	
	昭和	37	4	7	城西幼稚園開園。	
	昭和	37	4	28	国鉄佐久間線、建設決定報告、ならびに祝賀大会。(天竜市)	
1963	昭和	38	7	23	大久根小学校管理室、特別教室落成する。	大久根小学校沿革誌
1965	昭和	40	6	7	大久根小、ミルク給食開始。	大久根小沿革誌
	昭和	40	10	25	大久根小教員による岩石園づくり	大久根小沿革誌
1967	昭和	42	8	3	大久根小学校プール落成式を行う。	大久根小学校沿革誌
1979	昭和	54	5	8	農山村医学研究所施設完成。	
	昭和	54	5	9	山香幼稚園開園。	

参考文献

◎共通

・佐久間町『佐久間町史上巻』（佐久間町 一九七二）

・佐久間町『佐久間町史下巻』（佐久間町 一九八二）

・佐久間町『佐久間町統計三十五年』（佐久間町 一九九二）

・佐久間町役場企画課『佐久間町統計四十五年』（佐久間町 二〇〇二）

・佐久間町教育委員会編『佐久間町の「山・川に生きる諸用具」等保存活用』（佐久間町教育委員会 二〇〇一）

・佐久間町総務課企画係『広報さくま復刻版一・二』（佐久間町 一九七八）

・水窪町史編さん委員会『水窪町史 下巻』（水窪町 一九八三）

・磐田市史編纂委員会『天竜川流域の暮らしと文化 下巻』（磐田市 一九八九）

・愛知県・長野県・静岡県『天竜東三河特定地域 天竜川流筏の実態並びに対策調査報告書 昭和二八年度総合開発調査』（静岡県総合開発事務局 一九五四）

・日本人文科学会『佐久間ダム　近代技術の社会的影響』（東京大学出版会 一九五八）

・早稲田大学日本民俗研究所『野田の民俗 中間報告書』（早稲田大学日本民俗研究所 一九八五）

・北井三子夫『天竜の山村に生きて』（北井三子夫 一九八三）

・田中元二『古道案内 信仰の道 秋葉街道』（白馬小谷研究社 二〇〇六）

・伊東明書編『浦川風土記 一』（私家版 二〇一四）

・伊東明書編『浦川風土記 二』（私家版 二〇一四）

・伊東明書編『浦川風土記 三』（私家版 二〇一四）

・伊東明書編『浦川風土記 四』（私家版 二〇一五）

・伊東明書編『浦川風土記 五』（私家版 二〇一五）

・金田勝『さくま歴史探訪 久根鉱山 鉱山（やま）の歴史・鉱山（やま）のくらし』（私家版 二〇〇三）

・城西小学校沿革誌編集委員会編『蛍窓百年 城小のあゆみ』（同委員会 一九八六）

・遠州常民文化談話会『水窪の民俗』（遠州常民文化談話会 二〇一二）

◎第一章

・佐久間町総務課『第一回全国山村振興シンポジウム報告書』（第一回全国山村振興シンポジウム事務局 一九七五）

◎第二章

・建設省中部地方建設局浜松工事事務所『天竜川　治水と利水』（建設省中部地方建設局浜松工事事務所 一九九〇）

・町村敬志「「佐久間ダム」研究の課題と方法」『開発の時間　開発の空間　佐久間ダムと地域社会の半世紀』（東京大学出版会 二〇〇六）

・町村敬志「地域社会における「開発」の需要」『開発の時間　開発の空間　佐久間ダムと地域社会の半世紀』（東京大学出版会 二〇〇六）

・町村敬志「ポスト・ダム開発の半世紀—地域社会に刻まれる佐久間ダムのインパクト—」『開発の時間　開発の空間　佐久間ダムと地域社会の半世紀』（東京大学出版会 二〇〇六）

・寺田篤生「ポスト佐久間ダム開発期における地域文化統合様式の歴史変容」『開発の時間　開発の空間　佐久間ダムと地域社会の半世紀』（東京大学出版会 二〇〇六）

・田中研之輔「佐久間ダム開発後の山村生活」『開発の時間　開発の空間　佐久間ダムと地域社会の半世紀』（東京大学出版会 二〇〇六）

・神山育美「佐久間町における「地域リーダー」の変遷」『開発の時間　開発の空間　佐久間ダムと地域社会の半世紀』（東京大学出版会 二〇〇六）

・丸山真央「「平成の大合併」と地域社会の論理」『開発の時間　開発の空間　佐久間ダムと地域社会の半世紀』（東京大学出版会 二〇〇六）

・長谷部成美『佐久間ダム　その歴史的記録』（共益株式会社 一九七七）

・石川純一郎「山村における村落祭祀と家の祭祀」『研究紀要』1（佐久間郷土遺産保存館 一九八三）

・石川純一郎『天竜川—その風土と文化』（静岡新聞社 一九八〇）

・佐久間町『佐久間町町制四〇周年記念要覧 まほろばの郷』（佐久間町 一九九七）

・静岡県『静岡県史 資料編一八 近現代三』（静岡県 一九九〇）

・静岡県『静岡県史 資料編二一　近現代六』（静岡県 一九九四）

・久根会『久根会名簿』（久根会実行委員会 一九八七）

・天野武弘・永井唐九郎『天竜川中流域の銅鉱山遺構―久根鉱山と峰之沢鉱山―（産業遺産研究 第六号所収）』（中部産業遺産研究会 一九九九）
・NHK静岡放送局『静岡の昭和史 上』（ひくまの出版 一九八一）
・大川英三『鉱山の一生』（講談社出版サービスセンター 一九七四）
・古河鉱業株式会社『創業一〇〇年史』（一九七六）
・高杉晋吾『日本のダム』（三省堂 一九八〇）
・間宮茂輔『続あらがね』（小山書店 一九三八）
・電源開発株式会社『佐久間発電所計画概要』（電源開発株式会社 一九五四）
・兼岩芳夫『天竜林業技術史』（一九七五）
・竹内康人著『調査・朝鮮人強制労働⊠財閥・鉱山編』（社会評論社 二〇一四）
・海老原勇『粉塵が侵す！』（悠飛社 二〇一一）

◎第三章

・田崎哲郎『三輪見龍の手紙』（二〇一五年七月一四日付『東日新聞』掲載）
・浦川小学校創立百周年記念事業委員会編『浦小の百年』（同委員会 一九七六）
・伊東明書『浦川史記5』（私家版 二〇一八）
・『浦川村沿革誌』（作成者・時期不明）
・前崎理一『明治大正 埋れ木』（前崎氏手記 一九六五）
・『郷土誌浦川村』（作成者・時期不明）
・静岡銀行『静岡銀行史』（静岡銀行 一九六〇）
・『山香村沿革誌』（作成者・時期不明）
・『西渡戸口間橋梁架設協議会日誌』（作成者・時期不明）
・『山香村自治回顧録 自治制度実施五十周年紀念』（編集者不明 一九二四）
・澤田猛『くにざかいの記録』（伝統と現代社 一九八一）
・『佐久間村沿革誌』（作成者・時期不明）
・佐藤秀太朗『王子製紙中部工場おぼえ書』（私家版 一九八〇）

◎第四章

・社団法人全国山林会連合会『天龍川流域林業経営調査報告書』（同会 一九三八）
・静岡県内務部山林課『天龍ノ林業』（同課 一九二二）
・二俣町森林組合『二俣貯木場竣工記念写真帖』（同組合 一九四二）
・静岡県木材協同組合連合会『静岡県木材史』（静岡県木材協同組合連合会一九六八）
・千木良泰彦、三谷仁史、加藤麻里子『静岡県天竜林業地の地域森林景観』（二〇〇二 東京大学大学院農学生命科学研究科森林科学専攻森林風致計画学研究室ホームページ）
http://www.fuchi.fr.a.u-tokyo.ac.jp/lfl/report/2002tenryu/report.html
・神谷昌志『天竜川と秋葉街道』（明文出版社 一九八七）
・沖和雄『秋葉街道覚書』（私家版（川中子真）一九九一）
・日下部新一『天竜川交通史』（伊那史学会 一九七八）
・日下部新一『天龍川の水運』（建設省中部地方建設局天竜川上流工事事務所 一九九一）
・磐田郡第五班社会科研究部会編『北遠のしおり 社会科郷土資料』（同会一九六七）
・磐田郡第五班社会科研究部会編『北遠のしおり 続篇社会科郷土資料』（同会 一九六八）
・天竜市『天竜市史 下巻』（天竜市 一九八八）
・佐久間町『轍 佐久間町閉町記念誌』（佐久間町二〇〇五）
・東海旅客鉄道株式会社飯田支店監修『飯田線百年ものがたり』（新葉社 二〇〇五）
・『そう別冊 探訪三遠南信1飯田線』（春夏秋冬叢書二〇〇七）
・『週間歴史でめぐる鉄道全路線 国鉄・JR No．3 飯田線・身延線・小海線』（朝日新聞出版 二〇〇九）

◎第五章

・小林佳弘『塩の道今昔物語』（ふるさと寺子屋遊行塾二〇一〇）

◎第八章

・太田朋子・神川靖子『飯田線ものがたり 川村カネトがつないだレールに乗って』（新評論 二〇一七）
・『新四国八十八ヶ所開山開眼供養記念帳』（私家版一九五八）

◎第九章

・佐久間町『佐久間町史 資料編一』（佐久間町一九六六）
・佐久間町『佐久間町史 資料編二』（佐久間町一九六七）
・佐久間町『佐久間町史 資料編三上』（佐久間町

一九六八）
・佐久間町『佐久間町史 資料編三下』（佐久間町 一九六九）
・静岡県『静岡県史 資料編二五 民俗三』（静岡県 一九九一）
・久保田忠『川合郷土史』（私家版 時期不明）
・東栄町誌編集委員会『東栄町誌 伝統芸能編』（東栄町 二〇〇四）
・早川孝太郎『花祭 前編・後編』（国書刊行会 一九八八）
・山崎一司『猿楽の鬼から榊鬼へ（民俗芸能研究 第三九号所収）』（民俗研究学会二〇〇五）
・山崎一司『花祭りの鬼（民俗と風俗 第一六号所収）』（日本風俗史学中部支部 二〇〇六）
・須田悦生『伝承の場を歩く』（三弥井書店 二〇〇八）
・静岡県立大学短期大学部日本文化学会『日本文化研究 第一三号』（静岡県立大学短期大学部 二〇〇一）
・静岡大学教育学部『静岡県教育学部研究報告 人文社会科学編 一九号』（静岡大学教育学部 一九六九）
・静岡文化芸術大学『日本・東アジア文化研究 第一号』（日本・東アジア文化協会 二〇〇二）
・伊藤意作『花乃御湯探』（私家版 一九三〇）
・伊藤意作 改書『寛政十一年霜月 御湯探秘法大事』（私家版 一九五六）
・川合花の舞保存会・佐久間町川合若連・佐久間町教育委員会『川合 花の舞のしおり』（川合花の舞保存会 不明）
・佐久間町教育委員会『佐久間町の花の舞』（佐久間町 一九九八）
・さくま郷土遺産保存館『研究紀要 一』（佐久間町 一九八四）
・浜松市楽器博物館『フィールドワーク報告書 一号』（浜松市楽器博物館 一九九八）
・山崎一司『鬼の受容と展開（民俗芸能研究 第三七号所収）』（民俗研究学会 二〇〇四）
・愛知県『愛知県史別編 三河 民俗三』（愛知県 二〇〇五）
・中村茂子『花祭りの信仰圏（民俗芸能研究 第二五号所収）』（民俗芸能学会 一九九七）
・武井正弘『花がたり（広報とよね 第一六三号～二三四号所収）』（愛知県北設楽郡豊根村二〇〇三）
・北設楽花祭保存会『花祭りの伝承』（北設楽花祭保存会 一九八〇）
・山崎一司『花祭りの起源』（岩田書院 二〇一二）
・山崎一司『「花祭り」の意味するもの』（岩田書院 二〇一五）
・中村茂子『奥三河の花祭り』（岩田書院 二〇〇三）
・民俗芸術の会『花祭りの研究（民俗芸術 第三巻 第五号所収）』（地平者書房 一九三〇）
・名古屋市博物館『奥三河のくらしと花祭・田楽』（名古屋市博物館 二〇一三）
・静岡県立佐久間高等学校『五十年の歩み』（静岡県立佐久間高等学校 二〇〇八）
・倉光設人『小坂井伊勢神楽資料』（自家本 一九五四）
・水窪町教育委員会『草木の霜月神楽』（水窪町教育委員会 一九八六）
・池原真・神語り研究会『神語り研究三 調査報告 草木霜月神楽』（春秋社 一九八九）
・井上隆弘『霜月神楽の祝祭学』（岩田書店二〇〇四）
・天竜市教育委員会『天竜市の民俗』（天竜市教育委員会 一九七三）
・岩田勝編『神楽 歴史民俗学論集 一』（名著出版 一九九〇）
・静岡県教育委員会『静岡県の民俗芸能』（静岡県教育委員会 一九九七）
・安達三四郎『諏訪神社』（私家版 一九八五）
・日本史研究会『日本史研究 特集 祭りと権力「ええじゃないか」』（日本史研究会 一九八八）
・市川升十郎『かぶき人生』（私家版一九八三）
・作手村文化協会・若芽会『作手歌舞伎の今昔』（作手村文化協会・若芽会 一九九六）
・佐久間町教育委員会『郷土の発展につくした人々』（佐久間町教育委員会 一九八一）
・静岡県文化財団『静岡の文化 六三号 歌舞伎と静岡』（静岡県文化財団二〇〇〇）
・新城市『作手村誌 本文編』（新城市 二〇一〇）
・住吉坦『風来雑記』（私家版 一九九二）
・愛知県史編さん専門委員会民俗部会『愛知県史民俗調査報告書四 津島・尾張西部』（愛知県 二〇〇一）
・豊川市『新編 豊川市史 第九巻 民俗』（豊川市 二〇〇一）
・黒田一充『津島信仰のお仮屋（関西大学博物館紀要 一五号所収）』（関西大学博物館 二〇〇九）
・龍山村『龍山村史』（龍山村 一九八〇）
・水窪町教育委員会『水窪町の念仏踊』（水窪町教育委員会 一九九七）
・田村貞雄『秋葉信仰の新研究』（岩田書院 二〇一四）

・城西小学校『城にし 城西小卒業記念』（城西小学校 一九七三）
・小松藤一『藤一の歴史諸々控帳』（私家版 二〇〇二）
・神職会編『磐田郡神社史』（神職会 一九二八）
・県立佐久間高等学校社会クラブ『城西の正月行事』（一九六七年度 文化祭展示）
・無格社大正神社『神社調査表』（無格社大正神社 一九二〇）
・浜松史跡調査顕彰会『遠江 二五号』（浜松史跡調査顕彰会 二〇〇二）
・西垣晴次『伊勢信仰 二 近世（民衆宗教史叢書 第一三巻）』（雄山閣出版 一九八四）
・静岡県教育委員会『静岡県の祭り・行事』（静岡県教育委員会 二〇〇〇）
・野本寛一『峠越えの時空（伊那民俗研究 第一九号所収）（柳田國男記念伊那民俗学研究所 二〇一一）
・星野紘『過疎地の伝統芸能の再生を願って』（国書刊行会 二〇一二）

◎第一〇章

・内山真龍『遠江国風土記伝』（歴史図書社 一九六八）
・御手洗清『遠州伝説集』（遠州出版社 一九六八）
・佐久間町教育委員会『さくま昔はなし』（佐久間町教育委員会 一九八二）
・佐久間町教育委員会『改訂版／さくま昔はなし 再編』（佐久間町教育委員会 一九九六）
・静岡県女子師範学校郷土研究会編『静岡県伝説昔話集上・下』（羽衣出版 一九三四）
・野本寛一『民俗誌 女の一生 - 母性の力 - 』（文春新書 二〇〇六）
・佐野一丸『土のいろ 第五巻第四号「山香村伝説集」』（ひくまの出版 一九八三）
・宮本常一『山の道』（八坂書房 二〇〇六）
・柳田國男『現代日本文学大系二〇 柳田国男全集「妖怪談義」「山の人生」』（筑摩書房 一九六九）
・日本民家集落博物館『シリーズここまでわかった考古学「機織りの歴史展＝古代の織物生産を考える＝」』（財）大阪文化財センター 二〇〇六）
・高島葉子『人文研究「民話説話・伝承における山姥・妖精・魔女」』（大阪市立大学大学院研究紀要 二〇一四．三）
・京都府ふるさと文化再興事業推進実行委員会『丹後の藤織り』（はしだて印刷 二〇〇七）
・小松和彦『妖怪文化入門 天狗と山姥』（せりか書房 二〇〇六）
・小松和彦『怪異の民俗学五 天狗と山姥』（河出書房 二〇〇〇）
・河合隼雄『おはなしの知恵』（朝日文庫 二〇〇〇）
・金太郎・山姥伝説地調査グループ『金太郎伝説 - 謎解きと全国の伝承地ガイド - 』（夢工房 二〇〇〇）
・西山聡子『金太郎の母を訪ねて—母子を巡る日本のカタリ—』（講談社 二〇一六）
・有賀競『秘境はるか 塩の道秋葉街道』（印刷センター 一九九三）
・宮田登『日本を語る一一「女の民俗学」』（吉川弘文館 二〇〇六）
・宮田登『日本を語る一三「妖怪と伝説」』（吉川弘文館 二〇〇七）
・谷川健一『日本民族文化資料集成八「妖怪」』（三一書房 一九八九）
・矢口美喜子『山姥伝承の形態と性格（日本民俗学八三号所収）』（日本民族学会 一九七二）
・小松和彦『日本民俗文化大系四「神と仏」「魔と妖怪」』（小学館 一九八三）

◎第一一章

・Food Watch japan ホームページ（日本の「餅」と中国の「餅」）
・赤飯文化啓発協会 ホームページ
・JA愛知 ホームページ
・『明光寺誌』（明光寺所蔵）
・有限会社アル ホームページ

おせわになった方々

◇城西地区
芋堀
伊東　愛子
太田　保之
太田　好美
坂口　義和
佐藤　次夫
佐藤　なつゑ
高氏　玉一郎
西村　志津子
中芋堀
伊藤　義信
板倉　英雄
板倉　いち子
清水　章男
平出　郷
松下　光一
耳塚　貴久子
松島
小西　久男
沢戸　勝男
守屋　修
向皆外
清水　邦孝
清水　枚江

井沢　一郎
井沢　唯一
奥山　清
切開
大石　すみ
坂中　貞
遠山　ふみ
守屋　貞一
横吹
渥美　桂一
守屋　静男
島
三井　敏郎
守屋　隆夫
立原
森谷　勝
今田
坂本　辰男
高橋　勝美
竹田　恒男
沢井
中谷　徳江
中野田
奥山　浩行
大沼
鈴木　忠一
南瀬　年一
南野田
亀久保　保子

中嶋　靖雄
中嶋　たけ子
高氏　秀佳
平賀　良平
森下　久己
上日余
伊藤　九五
下日余
栗下　袈裟治
相月
安達　士朗
奥山　享司
川口　菊枝
小嶋　直美（やまんばの会）
西尾　今朝信
守屋　登
守屋　隆夫
山田　ひろ子（縁側カフェ「結」）
山出　志げよ
◇山香地区
間庄
伊藤　賢次
佐々木　米男
瀬戸
柿平　国雄
柿平　きく
三井　節子（山香ふるさと村）

三井　信男
西渡
今川　淳子（明光寺）
今川　普雄（明光寺）
片桐　保雄
北澤　明
杉本　幸子
杉本　十三子
田開　忠雄
照澤　芳朗
土井　勣夫
橋爪　しん子
伴　皓雄
藤澤　春雄
森下　栄之助（へぼ愛好会）
森下　修子（山香ふるさと村）
山口　松子（山香ふるさと村）
山口　祐一
戸口
杉本　頼安
福沢
鈴木　孝司
長谷川　かつ
長谷川　国弘
藤澤　謙次郎
守屋　利夫
守屋　とし子
鮎釣
有賀　英次

水本　作一
山桐　久次
大滝
月花　徳長
大輪
渡辺　貞一
岩井戸
中村　多一郎
宮下　武臣
大萩
松本　りん
山本　富男
山本　とし子
名古尾
坂口　利雄

◇佐久間地区
羽ケ庄
月花　利治
細澤　忠良
細澤　萬里子
下平
大石　幸弘
山下　勝彦
峰
高見　秀男
中野　政司
須永　義昭

佐久間
今泉　尚人
小田　正
塩澤　恒男
西澤　美彦
川添　和枝（佐久間パンプキンレディース）
此田　みさえ（佐久間パンプキンレディース）
塩澤　はつゑ（佐久間パンプキンレディース）
住吉　れん（佐久間パンプキンレディース）
馬場　真弓（佐久間パンプキンレディース）
福島　あい子（佐久間パンプキンレディース）
中部
伊藤　禎二
大見　芳
大見　岐久夫
小澤　雪子（元山室）
塩澤　さわ
関島　たつゑ
高橋　きぬ子
平賀　孝晴
藤原　幸治
中野　侃治
中野　幸子
丸山　弘人
邑田　昭平
邑田　将利
依田　裕男
半場
青島　仙光（佐久間飛龍太鼓）

金田　勝
新間　勉（元横吹）
堂地　正之

◇浦川地区
川合
小川　祐希（山里くらし応援隊）
長沢　忠司
平賀　釟三郎
水上　文夫
柏古瀬
平野　芳夫
平野　よし子
沢上
荒河　ふさ
蕨野
笹野　正孝
町区
浅岡　篤司
伊東　明書
内山　延子
奥留　規夫
廣野　勝也
近藤　与志雄
坪住　艶子
福住　友輔
三輪　和夫
寄田　秀子

出馬
岩間　代治
林　政彦
川上
永井　康則
長屋　清一
吉沢
大鷲　利治
小出　一市
芳村　静雄

◇その他
佐久間図書館
長谷川　陽子
松本　由佳
北野谷　啓代
佐久間協働センター
松本　勝
山本　幸夫
天竜区（旧佐久間）観光協会
邑瀬　三男
天竜区水窪町
高木　俊二
西尾　ふくよ（芝垣ゆず園）
天竜区龍山町
和田　芳博
浜松市浜北区
守屋　文雄（元西渡）

守屋　政子（元西渡）
浜松市東区
岡田　典子（元横吹）
坪井　明（元南野田）
浜松市中区
松野　明（元横吹）
浜松市南区
西沢　昭桜（元瀬戸）
周智郡森町
平賀　奈美枝（元西渡）
磐田市
斉藤　朋之
鈴木　真弓
佐口　行正（古絵葉書）
新城市
花田　幸江（元町区）
豊川市
榊原　博（元山室）
榊原　幸子（元愛知県豊根村）
藤原　忠光（元山室）
堀内　一二（元戸口）
豊橋市
市原鬼三郎（元中部）
東京都
津倉　幹雄
京都府
丹後藤織り保存会
長野県
遠山ふじ糸伝承の会

◇出典一覧（写真・図・表）

注）『　』は参考文献参照

口絵

番号	出典
(写真0-)1、2	中山正典撮影
(写真0-)3〜5、8〜11	山内薫明所蔵絵葉書
(写真0-)6	二俣町観光協会発行（山内薫明所蔵）
(写真0-)7	佐久間村観光協会発行（山内薫明所蔵）
(写真0-)12	平賀孝晴氏所蔵
(写真0-)13、17	山内薫明撮影
(写真0-)14、15	旧さくま郷土遺産保存館保管
(写真0-)16	舟戸・西渡自治会製作
(写真0-)18、19	山内薫明所蔵（図0-18は複製版）
(図0-)1	佐久間町発行（1994年）

第1章（執筆者：中山正典）

番号	出典
(図1-)1〜3	『佐久間町史　上巻』
(写真1-)1〜2	執筆者撮影
(表1-)1〜4	執筆者作成
(図1-)4	大日本帝国陸地測量部発行5万分の1地形図「水窪」(1911年発行)
(図1-)5	地理調査所発行5万分の1地形図「水窪」(1948年発行)
(図1-)6	国土地理院発行5万分の1地形図「水窪」(1966年発行)
(図1-)7	国土地理院発行5万分の1地形図「水窪」(2013年発行)
(表1-)5、6 (図1-)8	『佐久間町史　下巻』の資料をもとに執筆者作成

第2章第1節1〜3（執筆者：中山正典）

番号	出典
(表2-)1〜3	『佐久間町史　下巻』の資料をもとに執筆者作成
(図2-)1	浜松市提供1万分の1地形図
(表2-)4〜7 (図2-)2	執筆者作成
(写真2-)1〜19	執筆者撮影

第2章第2〜4節（執筆者：中山正典）

番号	出典
(表2-)8〜11、14、15 (図2-)21	執筆者作成
(表2-)12	守屋文雄氏所蔵資料をもとに執筆者作成

(写真 2-)20〜25、27、29〜38、41〜49 51〜56、73〜78、80、81	執筆者撮影
(写真 2-)26 (図 2-)12	守屋文雄氏所蔵
(写真 2-)50	『静岡の昭和史 上』
(図 2-)3、5、6、14、16 (表 2-)19	『佐久間町史 下巻』
(図 2-)4	大日本帝国陸地測量部発行5万分の1地形図「水窪」(1936 年発行)
(図 2-)7	三井信男氏所蔵
(図 2-)8〜11	金田勝氏所蔵
(写真 2-)28、40	佐口行正氏所蔵絵葉書
(写真 2-)39	旧さくま郷土遺産保存館保管
(表 2-)13	『天竜川治水と利水』をもとに執筆者作成
(図 2-)13、15、17 (表 2-)16〜18	『佐久間ダム 近代技術の社会的影響』
(表 2-)20	『さくま』第 12 号
(図 2-)18、20	榊原博氏所蔵
(図 2-)19	藤原忠光氏からの聞き取りにより執筆者作成
(写真 2-)57〜63、66〜68、70	電源開発(株)作成山室写真集（榊原博氏、藤原忠光氏所蔵）
(写真 2-)64、65、69、71、72	藤原忠光氏所蔵
(写真 2-)79	大見芳氏所蔵

第3章（執筆者：大石　龍）

番号	出典
(図 3-)1	執筆者作成
(図 3-)2	佐久間村発行（榊原博氏所蔵）
(図 3-)3	水越仁平氏作成の図に執筆者加筆
(写真 3-)1〜3	平賀孝晴氏所蔵

第4章（執筆者：山内薫明）

番号	出典
(図 4-)1〜3、14	『天竜川の交通史』
(写真 4-)1〜3、8、9、58〜62	執筆者撮影（協力：藤澤春雄氏）
(写真 4-)4	中山正典撮影（協力：藤澤春雄氏）
(写真 4-)5、14、23、47、53	『二俣貯木場竣工記念写真帖』
(写真 4-)6、36、48〜50、64、65、89、95、98、109	執筆者所蔵絵葉書
(写真 4-)7	執筆者撮影（旧さくま郷土遺産保存館保管）
(写真 4-)10〜12、29、66、96	ホームページ「自然と歴史の中を歩く！」(斉藤朋之氏)
(写真 4-)13、15、17、18、20、21、23、24〜28、 30〜32、34、37、74、75、77、81、82、84〜87、92 (図 4-)13	執筆者撮影

(写真 4-)16、38、39、41、46、52 (図 4-)9〜12	『天竜東三河特定地域 天竜川流筏の実態並びに対策調査報告書 昭和 28 年度総合開発調査』
(図 4-)4	地理調査所５万分の１地形図「水窪」(1952 年発行)に執筆者加筆
(写真 4-)19、113	北澤明氏所蔵
(写真 4-)22	『蛍窓百年 城小のあゆみ』
(写真 4-)31、66、71、73、76、78、88	佐口行正氏所蔵絵葉書
(写真 4-)33、57、63	『天龍川流域林業経営調査報告書』
(写真 4-)35、42〜45、93、94、101、108	旧さくま郷土遺産保存館保管
(図 4-)5〜8	執筆者作図
(写真 4-)40	斉藤朋之氏撮影（旧龍山郷土文化保存伝習施設保管）
(写真 4-)51、67〜70、111, 112 (図 4-)16	執筆者所蔵
(写真 4-)54〜56	電源開発(株)作成山室写真集（榊原博氏所蔵）
(写真 4-)72、91、97 (図 4-)14	守屋文雄氏所蔵
(写真 4-)79、83	明光寺所蔵
(写真 4-)80	西渡地区内所蔵
(写真 4-)90、99、100、102〜107	平賀孝晴氏所蔵
(図 4-)15	地理調査所５万分の１地形図「満島」(1954 年発行)及び「水窪」(1952 年発行）に執筆者加筆
(写真 4-)110	『佐久間ダムと観光』

第６章（執筆者：平野斗紀子）

番号	出典
(図 6-)1	執筆者撮影

第８章（執筆者：名倉愼一郎）

番号	出典
(写真 8-)1、2、4〜10、12〜14、17〜34	執筆者撮影
(写真 8-)3	月花徳長氏所蔵
(写真 8-)11	山内薫明所蔵絵葉書
(写真 8-)15、16	『新四国八十八ヶ所開山開眼供養記念帳』

第９章（執筆者：伊藤久仁俊）

番号	出典
(表 9-)1〜3	執筆者作成
(写真 9-)1〜15、17、18、20〜78、80〜135	執筆者撮影
(写真 9-)16、19	旧さくま郷土遺産保存館保管
(写真 4-)79	相月諏訪神社所蔵

第 10 章（執筆者：大島たまよ）

番号	出典
(写真 10-)1～3、6、11、23、25	斉藤朋之氏撮影
(写真 10-)4、5、7～10、12～22、24	執筆者撮影

第 11 章（執筆者：渡水三枝子）

番号	出典
(写真 11-)1～5、9	執筆者撮影
(写真 11-)6	ホームページ「ふじのくに文化資産データベース」（静岡県文化振興課）
(写真 11-)7	明光寺所蔵
(写真 11-)8	ブログ「浜松市中区の米屋えなじーたかはし」

コラム

コラム番号	執筆者	写真・図 番号	出典
2-1～3	中山正典	(写真)いずれも執筆者撮影	
2-4	中山正典	(写真 C2-4-)1	執筆者撮影
		(写真 C2-4-)2、3	堀内一二氏所蔵
2-5	中山正典	(写真 C2-5-)1	『天竜の山村に生きて』
		(写真 C2-5-)2	電源開発(株)作成山室写真集（榊原博氏、藤原忠光氏所蔵）
2-6	中山正典	(写真 C2-6-)1、2	榊原博氏所蔵
2-7	中山正典	(写真 C2-7-)1	執筆者撮影
		(写真 C2-7-)2	電源開発(株)作成山室写真集（榊原博氏、藤原忠光氏所蔵）
2-8	中山正典	(写真 C2-8-)1、2	執筆者撮影
		(図 C2-8-)1、2	榊原博氏所蔵
		(写真 C2-8-)3	平賀孝晴氏所蔵
2-9	中山正典	(写真 C2-9-)1、2	執筆者撮影
		(写真 C2-9-)3	『佐久間町史　下巻』
2-10	中山正典	(写真)いずれも執筆者撮影	
4-1	中山正典	(写真)いずれも執筆者撮影	
5-1	中山正典	(写真)いずれも執筆者撮影	
6-1, 7, 8, 11, 12	平野斗紀子	(写真)いずれも執筆者撮影	
6-2～6, 9, 10	伊藤久仁俊	(写真)いずれも執筆者撮影	
7-1	伊藤久仁俊	(写真)いずれも執筆者撮影	

【執筆者等一覧】

第一章　環境と生業　中山　正典
第二章　産業
　第一節（一～三）、第二～四節　中山　正典
　第一節（四～七）　北島　金三
第三章　社会組織　大石　龍
第四章　交通・交易・運搬　山内　薫明
第五章　衣・食・生活全般　今村　純子
第六章　年中行事　平野　斗紀子
第七章　人生儀礼　永井　豪
第八章　信仰　名倉　愼一郎
第九章　祭礼と芸能　伊藤　久仁俊
第一〇章　民話・昔話　大島　たまよ
第一一章　佐久間のくらし（「衣・食・生活全般」別編）　渡水　三枝子
コラム　2-1～10　4-1　5-1　中山　正典
　6-1、7、8、11、12　平野　斗紀子
　6-2～6、9、10　7-1　伊藤　久仁俊
　11-1～9　渡水　三枝子
資料編
　一　佐久間町史未掲載原稿より　（提供）今川　淳子氏
　二　佐久間の民俗芸能資料　伊藤　久仁俊
　三　佐久間町年表　（提供）平賀　孝晴氏
　（整理）長谷川　陽子氏
　松本　由佳氏
　北野谷　啓代氏

（調査参加者）後藤　敏完　野村　和広　袴田　克臣　松井　とくえ
松村　幸彦　米津　幸男

【編集後記】

遠州常民文化談話会では、平成二二年から二四年（二〇一〇～一二）にかけて、会員が水窪町域の民俗調査を行い、平成二四年（二〇一二）一〇月に調査報告書『水窪の民俗』を刊行いたしました。これに続いて、隣り合う佐久間町域の調査に着手することを決め、佐久間協働センター等の御協力をいただいて、地域の皆様に調査の趣旨をお伝えいただきました。そして、平成二六年（二〇一四）三月二二日の浦川地区を皮切りに、同年六月二八日に佐久間地区、平成二七年（二〇一五）一月一二日に山香地区、同年四月五日に城西地区で、地域の多くの皆様にお集まりいただいて、合同の聞き取り調査を行いました。また、平成二七年（二〇一五）一一月三日と平成二八年（二〇一六）三月二八日に久根鉱山周辺、平成二七年（二〇一五）一一月二二日に浜背負い祭りを合同で見学しました。そのほか、会員が個別に地域の皆様のところに訪問し、貴重なお話をお伺いいたしました。

佐久間町域は、昭和三一年（一九五六）に合併する前は四つの町村に分かれていた広範な地域で、生活文化、生業、習俗など、いずれについても地区ごとの多様性に富むとともに、久根鉱山や佐久間ダムなど、中央の大資本や国家プロジェクトが展開した、山間地域として稀な歴史も有し、調査を重ねるほど、ぜひ記録し、後世に伝えたいと思う事象が増えるばかりとなりました。

執筆、編集作業の遅れもあり、着手から四年余りの歳月を要してしまいましたが、地域の皆様の温かい御協力のおかげで、ようやく報告書の形にまとめることができました。ここに深く感謝申し上げます。

また、各自治会、佐久間協働センター、佐久間図書館、浜松市博物館ほか、おせわになった皆様に心よりお礼申し上げます。

佐久間の民俗

平成三〇年一一月一八日　発行

編著・発行　遠州常民文化談話会
代表　名倉愼一郎
磐田市掛塚一四五九ー一
電話番号　〇五三八-六六-四七七五

制作　株式会社たまらんプレス

印刷　インサイド　代表　佐藤友章
静岡市清水区駒越西二丁目一七ー二七
電話番号　〇八〇-六九五七-三一八一